제4판

상담 및 심리치료의 이론

제4판

상담 및 심리치료의 이론

Linda Seligman, Lourie W. Reichenberg 지음

김영혜, 박기환, 서경현, 신희천, 정남운 옮김

Σ 시그마프레스

상담 및 심리치료의 이론, 제4판

발행일 | 2014년 9월 5일 1쇄 발행
      2015년 4월 20일 2쇄 발행

저자 | Linda Seligman, Lourie W. Reichenberg
역자 | 김영혜, 박기환, 서경현, 신희천, 정남운
발행인 | 강학경
발행처 | (주)시그마프레스
디자인 | 이상화
편집 | 정영주

등록번호 | 제10-2642호
주소 | 서울시 영등포구 양평로 22길 21 선유도코오롱디지털타워 A401~403호
전자우편 | sigma@spress.co.kr
홈페이지 | http://www.sigmapress.co.kr
전화 | (02)323-4845, (02)2062-5184~8
팩스 | (02)323-4197

ISBN | 978-89-6866-189-1

THEORIES OF COUNSELING AND PSYCHOTHERAPY:
SYSTEMS, STRATEGIES, AND SKILLS, 4th Edition

＊책값은 책 뒤표지에 있습니다.

이 도서의 국립중앙도서관 출판예정도서목록(CIP)은 서지정보유통지원시스템 홈페이지(http://seoji.nl.go.kr)와 국가자료공동목록시스템(http://www.nl.go.kr/kolisnet)에서 이용하실 수 있습니다.(CIP제어번호: CIP2014024742)

역자 서문

Linda Seligman의 상담 및 심리치료의 이론 제2판을 역서로 낸 지 3년 만에 제4판으로 개정하게 되었다. 제2판에서는 전통적인 상담 이론과 최근에 주목받고 있는 접근법들을 잘 정리해주었고 각 이론의 주요 기법들을 축어록 형태로 설명해주었다. 무엇보다 이 책에서는 상담 전공자가 익혀야 할 주요 상담 이론들을 각 이론이 중점을 두고 있는 영역, 즉 성장배경, 사고, 행동, 정서로 나누어 살펴볼 수 있다는 장점을 보여주었다.

제4판에서는 이러한 장점을 그대로 가지고 있으면서도 실제 상담 장면에서 많이 사용할 수 있는 최근의 치료 이론들을 포함시킴으로써 한층 더 실질적인 이론서의 역할을 해주고 있다. 많은 장점을 가진 이론서임에도 불구하고 이를 지속적으로 보완하고 사례예시 및 기법을 설명하는 축어록들을 다듬어놓은 제4판을 보면서 원저자의 애정과 노고가 깊이 다가왔던 책이다.

이 책은 상담을 처음 시작하는 학생들뿐 아니라 대학원생들과 상담 현장에서 일하고 있는 치료자들에게 필요한 이론적 지식을 제공하고 실제로 적용 가능한 기법들을 쉽게 설명하고 있어서 여러모로 도움이 될 만한 교재로 기대된다. 이 책의 사용은 저자 서문에 설명된 바를 따르거나 학생들의 필요에 따라 적절하게 구성하여 진도를 나갈 수 있다.

이 책의 번역은 지난 제2판 때와 마찬가지로 5명이 힘을 모았다. 제1~4장은 가톨릭대학교 정남운 교수, 제5~8장은 아주대학교 신희천 교수, 제9~12장 및 저자 서문은 가톨릭대학교 박기환 교수, 제13~16장 및 저자 소개는 아주대학교 김영혜 교수, 제17~20장은 삼육대학교 서경현 교수가 각각 맡았다. 역자들의 번역 과정을 믿고 기다려주신 (주)시그마프레스의 관계자 여러분께 깊이 감사드린다.

2014년 8월
대표역자 김영혜

저자 서문

이 교재는 2001년에 처음 출판되어 그 이후로 수만 명의 학생들이 사용하여 왔다. 상담과 심리학에서의 발전과 강의 때 이 교재를 사용한 교수와 학생들로부터의 피드백을 토대로 이번 상담 및 심리치료의 이론 제4판에서는 많은 변화를 주었다.

BETA 형식, 주요 치료 접근에 대한 기술, 기법 개발, 사례연구, 대집단과 소집단 및 개인을 위한 연습을 포함하는 교재의 기본적인 구조는 그대로 유지하였다. 게다가 각 접근의 타당성을 보여주는 관련 연구에 대한 논의가 확장되었다. 많은 것들에 대해 상당히 확장된 정보를 제공하는 등 이 교재에 제시한 모든 치료 접근에 대한 최근 정보를 반영하였다(서문 후반부에 나오는 '새로이 추가된 특징'을 참조하라).

이 교재의 구성

이 교재는 상담 및 심리치료의 주요 이론들을 4개의 큰 범주인 성장배경(background), 정서(emotions), 사고(thoughts), 행동(actions)으로 구분한다. BETA 형식에서 각 절은 기저의 이론들의 강조점을 보여준다.

- 성장배경 : Sigmund Freud와 고전적 정신분석, Alfred Adler와 개인심리학, 후기 Freud 학파와 신 Freud 학파, 단기정신역동치료
- 정서 : Carl Rogers와 인간중심치료, 실존치료, 게슈탈트 치료, 새로운 접근들(이야기 치료, 해결중심치료, 페미니스트 치료)
- 사고 : Albert Ellis와 합리적 정서적 행동치료, Aaron Beck과 인지치료
- 행동 : 행동치료, 수용과 마음챙김 접근을 포함한 인지행동치료, 현실치료

이 네 영역 각각에 대한 도입부 장은 각 범주의 이론들 간 공통점을 알 수 있게 해준다. 치료 체계를 제시하는 각 장은 비교와 사용 편이성을 위해 동일한 구성을 따르고 있다. 각 장은 치료 접근에 대한 간략한 개관과 그 접근 개발자의 간략한 전기로 시작하여 이론적 개념, 목표, 치료 전략들로 옮겨간다. 특히 다양한 성장배경을 지닌 사람들에게 각 치료 체계를 적용시키는 것에 주의를 기울였다. 마지막으로 각 장의 끝에는 기법 개발과 몇 가지 연습들을 제시하여 학생들이 각 치료에 대해 배운 지식을 적용해보도록 만들었다. 이 연습들은 다음과 같다.

- **기법 개발** : 개관하고 있는 치료 체계와 관련된 한두 가지의 핵심 기법을 가르쳐 준다.
- **디아즈 가족의 사례** : 에디, 그녀의 남편 로베르토, 그들의 딸 에바가 등장하여 치료가 남녀, 다양한 연령, 다양한 문화적 배경에 따라 어떻게 사용될 수 있는지 예시해준다.
- **대집단 연습** : 이 연습은 각 치료 접근에 대한 토론을 촉진하여 더 깊이 이해하도록 구성되었다.
- **소집단 연습** : 이 연습은 필수적인 기법 개발을 위해 연습하도록 해준다.
- **개인 연습** : 이 연습은 독자들이 자각을 촉진하고 배움을 굳건히 하도록 해준다.

이 교재는 개인치료로 고안된 상담 및 심리치료 체계에 주로 초점을 맞추고 있지만, 제18장에서 가족체계이론을 개관하고 있다. 제19장에서는 통합절충치료 체계의 특성, 강점, 단점을 논의한다. 이 두 장은 다양한 치료 접근을 살펴보지만, 그 구성은 일반적으로 이전 장들의 형식을 따르고 있다. 제20장에서는 주요 이론 체계들의 종합, 어떻게 치료자가 자신이 선호하는 치료 접근을 선택하는지에 대한 정보, 독자에게 자신의 신념과 개인 스타일을 가장 잘 반영하는 접근을 확인하도록 해주는 질문지로 끝을 맺는다.

Seligman 박사는 상담 및 심리치료의 이론과 짝을 이루어 사용할 수 있는 BETA 형식에 따라 구성된 두 권의 교재를 썼다. 첫 교재는 *Fundamental Skills for Mental Health Professionals*(Pearson, 2009)로 이론보다는 기법에 중점을 두고 있다. 상담 및 심리치료의 이론에 나오는 기법 중 일부와 더불어 실제 상담에서 필요한 추가적 기법들을 소개하고 있으며, 모두 깊이 있고 종합적으로 다루어지고 있다. 두 번째 교재인 *Conceptual Skills for Mental Health Professionals*(Pearson, 2009)는 사례개념화, 다문화적 역량, 내담자 위기 다루기와 같이 치료자에게 필요한 더 고급의 개념적 기법들을 가르쳐준다. 이 두 교재는 별도로 만들어졌지만 함께 사용할 수도 있다. 이상적으로는 학습자가 처음에 이 책을 사용하여 BETA 형식과 중요한 치료 체계를 이해할 수 있고, 이후에 다른 두 권의 교재를 사용할 수 있다. BETA 형식과 치료 체계에 친숙해짐으로써 학습이 촉진되고 기법 적용이 촉진될 수 있다.

새로 추가된 특징

검토자들 및 대학원에서 이 교재를 사용한 교수들의 언급을 토대로 제4판에서는 중요한 변화가 있었다. 내 의도는 학생과 선생 모두에게 실용적이고 기능적인 교재를 만드는 것이었다.

구성의 변화

- BETA 형식의 각 부분을 소개하는 장들은 각 부분에 포함된 이론들을 학생들이 개관할 수 있도록 개정하였다. 이러한 개시 부분은 성장배경, 정서, 사고, 행동에 대한 학생들의 이해를 증진시키면서 각 부분에서 논의될 이론들을 간단히 소개하려는 목적이 있다. 강의 기간과 검토자들이 강의에서 실제 사용한다고 보고한 내용을 고려하여 기법 개발, 사례, 연습 부분은 이러한 도입부 장들에서 뺐다. 결과적으로 보다 인기 있는 기법 개발 중 일부는 다른 장으로 옮겨졌고 일부는 없어졌다.

- 제6부 기타 **치료 접근**은 해당 장들이 BETA 형식의 일부가 아니라는 것을 정확하게 반영하기 위해 제목을 만든 것이다. 제18장은 이제 **가족체계 접근**이다. 제19장은 **통합치료**, 제20장은 **치료 체계에 대한 이해**를 다지기이다. 통합치료 체계의 이 부분이 교재 끝에 남아 있는 이유가 있다. 학생들은 우선 심리치료의 주요 이론들을 읽고 배운 뒤 어떤 접근이 자신의 철학과 가장 잘 맞는지를 고려한 후 다양한 이론적 지향에서 기법들을 선별해내야 한다. 나는 대부분의 치료자들이 통합적 접근을 사용한다는 것을 잘 알고 있는데, 이 접근은 제19장에서 체계를 구성할 때 고려해야 하는 주요 사항에 대한 논의와 함께 다루고 있다.
- 연구에 의해 지지된 치료를 강조하는 최근 추세에 맞추어 각 장들은 최근 연구들을 포함하여 업데이트되었다. 예상대로 새로운 연구의 대부분은 (제12장에서 제16장까지 보게 되는) 인지치료와 인지행동치료와 관련된다. 정신역동치료, 경험적 치료, 대인관계 심리치료도 새로운 연구의 초점이 되고 있으며, 제2, 5, 6, 18, 19장에서 다루게 된다.
- 공통요인 접근과 효과적이고 지속적인 치료 동맹의 중요성에 대한 지지가 새롭게 출판되는 많은 연구의 초점이 되고 있다. 이러한 정보는 교재에서 적절한 곳에 (대개 치료 동맹에 대한 논의에) 통합되었다. 제1장 **효과적인 치료의 맥락**은 이론적 통합에 대한 장에서와 마찬가지로 상세한 논의를 포함하였다.
- 이 교재 제4판은 다문화적 측면을 더욱 강조한다. Hays의 ADDRESSING이라는 약어를 설명하는 제1장을 필두로 하여 교재의 각 장에는 더 문화적으로 민감해진 개정된 다문화적 설명이 있다.

각 장의 변화

- 구성주의 이론(제11장)은 이제 이전 판에서 해결중심치료라는 개별 장으로 있었던 내용을 통합하여 재구성하였다. 페미니스트 치료에 대한 절은 상당히 확장되었다.
- 후기 Freud 학파와 신 Freud 학파(기본적으로 Adler를 제외한 모든 정신역동 이론)에 대한 장은 항상 쉽지 않다. 이 장에서는 후기 Freud 학파의 정신역동 이론을 종합적으로 살펴볼 수 있다는 점에서 좋은 소식과 나쁜 소식을 똑같이 가지고 있다. 어떤 강사는 매우 좋아하고, 어떤 강사는 너무 정보량이 많기 때문에 강의계획서에서 제외시킨다.
- 통합치료에 대한 제19장은 Wachtel의 순환성 정신역동과 변화의 초이론적 모델을 더욱 고려하여 재구성되었다.
- 제12장에서 제16장까지를 통해 인지치료와 인지행동치료의 차이를 명료화하였다. 많은 중복된 특징과, 새로운 수용 및 마음챙김 기반 이론들이 정말 인지적인지, 행동치료의 새로운 물결인지, 동양 종교 전통의 일부여서 영적인 것인지에 대한 많은 논란들을 제16장에 포함시켰다. 중복을 줄이기 위해 제15장과 제16장을 완전히 재구성함으로써 행동치료의 역사는 도입부 장으로 옮겨졌고, 행동 변화의 계획과 실행에 대한 논의는 제16장으로 옮겨졌다. 노출기반치료와 CBT 기법에 대한 더 많은 정보도 제16장에 추가하였고, 기법 개발은 물건을 버리지

않고 쌓아두는 문제를 가진 내담자를 위한 노출기반치료를 포함하는 것으로 완전히 개정되었다. 제16장의 또 다른 개정은 마음챙김 기반 인지치료를 포함한 것이다.

● 마음챙김 기반치료와 변증법적 행동치료를 제16장으로 옮기면서 최근 접근들에 대한 장을 없애기로 결정했다. 검토자들은 초개인치료에 관한 절이 흥미롭다고 했지만, 15주 학기의 시간 제한 때문에 강의에서 가르치지 않는 경향이 있었다. 그래서 초개인 접근은 이번 판에 포함되지 않았다.

모든 장에 걸쳐 많은 변화와 추가 내용들이 있었다. 대부분 최근 2년간의 400개 이상 되는 새 참고문헌들이 추가되었다. 많은 경우 각 장의 응용 부분에 추가된 새 연구들이지만, 일부는 위에 설명한 변화의 결과로 생긴 새로운 참고문헌이다.

이러한 변화와 추가는 오늘날 사용되는 15개 이상의 주요 치료 체계에 대한 종합적인 분석과 거의 50개 이상에 대한 간략한 논의를 제공한다.

이 책을 효과적으로 사용하는 방법

여러 해에 걸쳐 나는 지방 대학에서 상담 이론, 이상심리학 및 다른 과목들을 가르치면서 상담 활동도 유지해왔다. 매우 다른 경험이지만, 개인적으로도 전문적으로도 학생과 함께 하는 것과 내담자와 함께 하는 것이 똑같이 보람 있다는 것을 알게 되었다. 두 가지 경험은 전문가들이 상담 이론 교재에서 원하는 것이 무엇인지, 학생들이 이론을 실천하기 위해 필요한 것이 무엇인지를 내가 이해할 수 있게 해주었다. 난 항상 학기 말에 어떤 학생이 "이건 내가 갖고 싶은 심리학 교재야!"라고 말하는 것을 들으며 기뻐했다.

이 교재는 쉽게 또 융통성 있게 사용할 수 있도록 만들어졌다. 각 대학에는 각자의 교과과정과 필수과목들이 있지만, 이 책은 상담과 심리학의 대부분 교과과정에서 사용할 수 있고, 수련을 위해서도 사용할 수 있다. 이 교재를 사용하기 위한 몇 가지 제안은 다음과 같다.

1. 이 책은 이상적으로는 상담 및 심리치료의 이론과 기법에 대한 두 학기에 걸친 강의에 가장 적합하다. 그러한 교과과정은 학생들이 상담 및 심리치료 분야를 깊게, 또 종합적으로 이해하도록 해줄 것이다. 제1부에서 제3부까지는(서론 부분, 성장배경중심치료 체계, 정서중심치료 체계를 포함한 11개의 장) 첫 학기에 다루고, 나머지 내용은(인지, 행동, 절충주의치료 접근) 두 번째 학기에 다룰 수 있다. 만약 수업에서 매주 1개 장씩 진도를 나간다면, 진도를 다 나가고 남는 수업 시간은 역할극과 시험으로 이루어질 수 있다.

2. 이 교재는 한 학기 과정으로도 사용할 수 있는데, 특히 깊이 있는 지식을 추구하는 박사과정이나 석사과정에서도 사용할 수 있다. 다음은 한 학기 15주 동안 이 책을 다루는 방법을 예시한 것이다.
   • 1주 : 제1, 2장 — 효과적인 치료의 맥락, 성장배경중심치료 체계의 개관
   • 2주 : 제3장 — Sigmund Freud와 고전적 정신분석

- 3주 : 제4장—Alfred Adler와 개인심리학
- 4주 : 제5, 6장—후기 Freud 학파와 신 Freud 학파 : 분석심리학 · 자아심리학 · 대상관계 · 자기심리학, 단기정신역동치료
- 5주 : 제7, 8장—정서중심치료 체계의 개관, Carl Rogers와 인간중심상담
- 6주 : 제9, 10장—실존치료, 게슈탈트 치료
- 7주 : 제11장—정서와 감각을 강조하는 최근 접근들
- 8주 : 제12, 13장—사고중심치료 체계의 개관, Albert Ellis와 합리적 정서적 행동치료
- 9주 : 제14장—Aaron Beck과 인지치료
- 10주 : 제15, 16장—행동중심치료 체계의 개관, 행동치료와 인지행동치료
- 11주 : 제17장—현실치료
- 12주 : 제18장—가족체계 접근
- 13주 : 제19장—통합치료
- 14주 : 제20장—치료 체계에 대한 이해를 다지기
- 15주 : 총정리, 기말 시험

3. 특정 장들을 선택적으로 구성하여 한 학기 과정을 만들 수도 있다. 예컨대, 다음 15개의 선택된 장들은 BETA 형식(성장배경, 정서, 사고, 행동)에서의 네 유형의 치료 접근들을 포함하면서, 확립된 상담 이론들로 한 학기 과정을 구성하고 있다.

- 제1장 : 효과적인 치료의 맥락
- 제3장 : Sigmund Freud와 고전적 정신분석
- 제4장 : Alfred Adler와 개인심리학
- 제5장 : 후기 Freud 학파와 신 Freud 학파 : 분석심리학, 자아심리학, 대상관계, 자기심리학
- 제8장 : Carl Rogers와 인간중심상담
- 제9장 : 실존치료
- 제10장 : 게슈탈트 치료
- 제11장 : 정서와 감각을 강조하는 최근 접근들
- 제13장 : Albert Ellis와 합리적 정서적 행동치료
- 제14장 : Aaron Beck과 인지치료
- 제16장 : 행동치료와 인지행동치료
- 제17장 : 현실치료
- 제18장 : 가족체계 접근
- 제19장 : 통합치료
- 제20장 : 치료 체계에 대한 이해를 다지기

15주의 학기를 통해 매주 1개 장씩 다루면서, 주요 치료 접근들에 대한 이해가 가능하다.

4. 이 교재의 내용들로 다양한 단기 강좌나 세미나를 만들 수 있다. 예를 들어, 제2부는 정신역동치료와 정신분석치료 강좌에 사용될 수 있다. 제3부는 상담 및 심리치료에서 과정-경험적 접근에 대한 강좌로, 제4부와 제5부는 인지치료와 행동치료를 종합적으로 고찰하기 위해, 제6부는 통합절충주의 치료 접근 강좌에 사용될 수 있다.

5. 각 장에서의 기법 개발은 그 장에서 배운 치료 체계를 따라서 만들어졌다. 하지만 이 부분은 상담 및 심리치료의 이론 강의 후 다음 학기에 가르치거나, 기법 개발을 촉진시키기 위해 실습과목 혹은 수련과정의 일부로 사용하는 식으로, 이론 부분과는 별개로 사용할 수도 있다.

6. 기법 개발처럼, 연습도 각 장에서 치료 체계의 개관을 따르도록 만들어졌다. 하지만 융통성 있게 사용할 수 있도록 만들었다. 대집단 연습은 수업 토론을 하기에 적합하다. 소집단 연습은 4명의 학습자가 한 조가 되어 자신의 치료 기술을 연습하고 향상시키기에 좋은데, 동료들의 피드백과 지지를 받을 수 있는 이점이 있다. 개인 연습은 일지에 쓴 자신의 반응을 가지고, 혼자 작업하면서 스스로에게 자신이 배운 것을 적용해볼 수 있는 기회를 준다.

물론 교수는 각 장에 있는 연습들을 모두 사용할지 일부만 사용할지 선택할 수 있다. 이상적으로는 수업 중이나 수업시간 외에 각 장에서의 대집단 연습과 소집단 연습의 적어도 일부만이라도 해보는 시간이 있어야 한다. 하지만 시간이 모자란다면, 개인 연습을 통해 학생들이 계속 배우고 기법을 익히도록 할 수 있다. 교수는 학생들이 개인 연습을 했는지 확인하기 위해 수업 말미에 학생들의 일지를 훑어볼 수도 있지만, 학생들이 자유롭게 자신을 표현하고, 새로운 기술을 시도해보며, 배움과 자기자각을 얻을 수 있다고 느끼기 위해서는 일지에 점수를 매기거나 평가하지 않는 것이 좋다. 교수는 학생들의 일지를 훑어보는지 여부를 수업 초반에 알려주어야 한다.

감사의 글

이 교재를 쓰기 위해 혼자 작업할 수 있도록 해준 가족과 친구들의 관용에 감사를 표한다. 이번이 내가 토끼굴로 뛰어든 네 번째이며, 오로지 내 일에만 빠져 있는 동안 다른 사람들이 맡게 되는 책임을 나는 항상 인식하고 있다. 나는 Sumita Anand Changela, MA에게 특별한 감사의 빚을 지고 있는데, 그녀는 여름 내내 연구를 도왔고 이 책에서 다문화 집단에의 상담 이론 적용을 업데이트하였다.

나는 Pearson의 선임 원고검토 편집자인 Meredith Fossel에게도 빚을 졌다. 그녀의 노력이 없었다면 이 교재는 출판되지 못했을 것이다. 그녀의 보조편집자인 Krista Slavicek과 출판담당자인 Don Laurila와 빈틈없는 편집의 눈과 날카로운 빨간펜의 교열담당자인 Lorretta Palagi에게도 감사를 드린다.

유용한 코멘트와 제안을 해준 검토자들에게도 진심으로 감사드리고 싶다 ─ 이스턴 미시간대학교의 Devika Dibya Choudhuri, 올버니뉴욕대학교의 LaRae M. Jome, 펜실베이니아 에딘버러대학교의 Susan H. Packard, 윌리엄패턴슨대학교의 Timothy S. Vandergast.

그러나 무엇보다도 25년을 같이 하며 이야기에 대한 나의 열정뿐만 아니라 우리의 어린 손주 세 명 Izaak, Jaycee, Orion에 대한 나의 열정을 공유해준 남편 Neil Reichenberg에게 감사를 표하지 않을 수 없다.

요약 차례

차례

제4부　사고를 강조하는 치료 체계

제14장   Aaron Beck과 인지치료

제5부   행동을 강조하는 치료 체계

제15장   행동중심치료 체계의 개관

제16장   행동치료와 인지행동치료

제17장   현실치료

제 1 부

효과적인 상담의 기초

제 1 장 효과적인 치료의 맥락

효과적인 치료의 맥락

여러 상담 이론의 내용을 구체적으로 살펴보기에 앞서 이 이론들이 발전해온 과정에 대해 먼저 소개하려고 한다. 심리치료는 효과가 있다. 여러 요인들이 치료 성과와 밀접한 관계가 있다. 이 장에서는 다음과 같은 주제들에 초점을 맞춘다.

- 치료에서 성공하는 내담자들의 특징
- 치료 동맹
- 효과적인 치료자의 훈련, 기법, 경험
- 치료자의 개인적, 전문적 특징
- 문화적 특성을 존중하는 상담
- 치료 세팅
- 윤리 지침과 행동 표준
- 상담 구조화

이 장의 뒷부분에 디아즈 가족(로베르토, 에디, 에바)이 소개된다. '기법 개발' 부분에서는 효과적인 질문과 면접 기법, 그리고 이를 활용하여 초기 평가를 생산적으로 하는 방법에 대해 소개한다. '연습'에서는 이 기법들을 사용하는 활동을 하게 된다.

상담 및 심리치료 이론의 발달

19세기 말 이전에 우리는 정서적인 문제와 정신질환에 대해서 아는 바가 거의 없었다. 증상이 심각한 사람들은 강제로 구금되어 별다른 효과가 없는 치료를 받았고, 문제가 비교적 경미한 사람들은 대개 아무런 전문적인 도움도 받지 못한 채 방치되었다.

Sigmund Freud가 이끈 정신역동적 접근의 발전으로 인해 심리치료의 첫 번째 세력이 등장하였다. 정신역동적 접근은 과거의 경험을 현재의 정서적 문제의 원천으로 보았으며 무의식적 과정과 장기간의 치료를 강조하였다. 이 접근은 심리치료 분야에 견고한 기초를 제공하였으나 제한점도 뚜렷하였다.

행동주의자인 B. F. Skinner, 그리고 보다 최근의 이론가들인 Albert Ellis, Aaron Beck, William Glasser, Donald Meichenbaum 등은 두 번째 세력, 즉 인지행동치료 이론의 등장을 이끌었다. 1970년대에 널리 사용된 행동적 접근은 1980년대에 개발된 인지적 접근과 통합되면서 인지행동적 접근의 발전을 가져왔다. 이 접근은 1990년대에 많은 관심과 경험적 증거의 뒷받침을 받았다. 인지 및 행동치료 체계는 생각이 행동과 감정에 미치는 영향력을 강조한다. 이 접근은 일반적으로 과거보다는 현재에 초점을 맞추며 역기능적 인지와 행동을 줄이는 한편 보다 긍정적이고 유익한 생각과 행동을 채택하는 것을 추구한다.

1960년대에 시작된 Carl Rogers의 혁신적인 작업은 심리치료의 세 번째 세력인 실존적-인본주의적 심리치료의 발달을 가져왔다. Fritz Perls, Viktor Frankl 등도 이 세력에 기여하였다. 이 접근은 정서와 감각의 중요성과, 개인이 자신의 삶에서 의미를 발견하고 책임을 지는 일이 중요함을 강조한다. 또한 이 접근은 치료 동맹의 중요성에도 많은 관심을 기울이게 하였다.

21세기가 시작된 이 시점에 와서 치료자들은 네 번째 세력의 시대에 접어들고 있다. 앞선 세력들의 여러 요소들을 통합하여 사람을 가능한 한 철저하게 이해하고자 하는 종합적이고 전체적인 노력을 기울이고 있는 것이다. 치료자가 성별, 문화, 나이 등 다양한 요인들을 잘 이해할 때 치료 관계도 더 긍정적인 것이 될 수 있고 치료 계획도 더 효과적으로 세울 수 있다. 내담자의 입장에 서서 그들이 자기 자신과 세상을 바라보는 복합적인 관점을 이해하는 일은 현대의 치료자들에게 필수적인 임무이다. 다른 정신건강 전문가들과 지역사회 자원의 공급자들 그리고 내담자에게 중요한 사람들과 협조관계를 잘 유지하는 것도 치료의 한 부분으로 인정받고 있다. 상담의 이론과 실제는 네 번째 세력의 요구에 반응하여 변화를 모색하고 있다. 이야기 치료, 변증법적 치료, 동양 사상과 철학에 기반을 둔 치료와 같은 새로운 접근들이 가세하여 사람들의 경험 세계를 더 철저하게 이해하고 그들이 자신의 감정과 지각을 변화시키는 데 더 적극적인 역할을 하도록 돕는 강력한 방법을 제공하고 있다.

상담 및 심리치료 이론에 대한 이해

상담 및 심리치료 이론은 치료 체계, 치료 모델, 치료 접근, 변화 이론 등등의 용어로도 불린다. 이 책에서는 이들을 혼용할 것이다. 상담 이론은 다음과 같은 것들을 설명하고 묘사하는 데 유용한 통합적인 개념 틀이다.

- 정서 발달의 단계, 패턴, 주요 요소들
- 건강한 정서 발달 및 비정상적 정서 발달
- 기능 손상과 심리적 고통을 가져오는 증상을 감소시키고, 긍정적인 방향으로 발달하도록 돕는 방법
- 치료자의 역할, 그리고 그 역할이 치료에 어떻게 기여하는지에 대한 설명
- 이론을 상담 실제에 적용하는 전략(예 : 인지적 왜곡의 확인과 수정, 감정의 반영, 행동 변화를 위한 계획 수립)
- 치료 접근의 적용을 돕는 구체적인 기법들(예 : 생애 최초 기억의 탐색, 꿈 분석, 심호흡)
- 해당 치료 접근을 통해 도움을 받을 가능성이 높은 사람들에 대한 정보. 이 정보에는 나이, 문화적 배경, 증상, 장애의 종류, 치료 환경 등이 포함될 수 있음

Hansen, Stevic과 Warner(1986)에 의하면 효과적인 이론은 "모호하지 않고 이해와 소통이 쉽고… 일관성이 있어 서로 모순되지 않으며… 다양한 현상을 설명하고… 명료하여 연구를 촉진한다"(p. 356). 효과적인 이론은 인간의 발달에 대한 이해에 그 토대를 둔다. 정보를 수집하고 체계를 잡는 일과 성격을 탐구하는 일에 뼈대를 제공하며, 사람과 그들의 관심사를 이해하는 데 도움을 주는 발달과 변화의 이론을 제공한다. 학습과 성장을 촉진하는 동시에 그러한 변화를 평가하고, 필요하다면 치료 절차를 수정할 수 있게 하는 절차를 알려주고, 치료자가 안심하고 따를 만한 방향을 제시한다. 또한 검증 가능한 가설을 산출하여 그 접근의 타당성과 유용성을 확인할 수 있게 하고 더 많은 연구를 촉진하며 치료 과정의 개선을 북돋운다.

Stuart(1998)에 따르면 긴 시간에 걸쳐 그 가치를 증명한 치료 접근들은 이론적으로 "강력하고… 타당성이 입증되고… 치료적 개입을 위한 실제적 절차가 잘 정의되어 있다"(p. 7). 물론 치료의 진행을 항상 관찰하여 내담자의 문제가 개선되고 있는지 확인해야 하며, 내담자가 처한 환경의 변화에 따라 치료 목표 또한 조절되어야 한다(Lambert, 2010).

심리치료는 효과가 있다

심리치료는 효과가 있다. 뿐만 아니라, 정신건강 문제를 다루는 가장 효과가 좋은 수단 중의 하나이다. 대부분의 심리적 장애에서 심리치료는 초기 10~20회기 사이에 긍정적인 효과를 가져온다(Schnyder, 2009). 또한 심리치료의 긍정적 성과는 치료 종결 후에도 오래 지속된다는 사실이 밝혀졌다. 심리치료의 효과를 입증하는 기념비적인 연구라 할 수 있는 Martin Seligman(1995)의 연구를 보면, 치료 전에 상태가 "아주 나쁘다"라고 보고한 사람의 87%와 "상당히 나쁘다"라고 보고한 사

람의 92%가 치료 종결 시점에 이르러 분명한 호전을 보였다. 또한 이 연구는 이러한 개선이 장기간 지속되며, 주 호소 문제의 변화뿐만 아니라 직업·대인관계·개인적 영역 등에서의 긍정적 변화도 가져옴을 보여주었다. 이 연구에 따르면 장기치료는 일반적으로 단기치료, 특히 보험의 한계 때문에 치료가 조기에 종결된 경우에 비해 더 우수한 성과를 보였다. 이 상담 성과 연구의 결과는 현실을 있는 그대로 반영한 자연적 상황에서의 연구라는 점에서 매우 큰 의미를 지닌다. 실제로 치료가 어떻게 이루어지는지에 대한 정보를 주기 때문이다. 이 연구에는 내담자들이 자신의 변화에 대해 만족할 때까지 치료를 지속한 경우뿐만 아니라 원하는 도움을 받지 못하거나 치료비를 계속 지불할 여력이 없거나 다른 이유가 생겨서 일찍 종결한 사례들도 포함되었다. 치료의 방법과 절차의 측면을 보면 절차를 인위적으로 통제하기보다는 치료 효과를 높이는 쪽으로 융통성 있게 조정하도록 허용하였고, 여러 특정한 접근 및 통합적 접근을 다양하게 포함하였으며, 단일 문제보다는 다양한 문제를 다루는 경우가 많았다.

　　Lambert와 Cattani-Thompson(1996)의 문헌 개관 연구는 주로 구조화되고 계획적인 효과 연구들에 초점을 맞추었지만, Seligman과 유사한 결론에 이르렀다. 이들에 따르면 "상담은 효과가 있다… 상담의 효과는 비교적 지속적인 것으로 보인다. 이 효과는 비교적 짧은 시간 내에 획득되는데, 상담 회기 수가 증가함에 따라 실질적인 개선을 보이는 내담자들의 비율도 증가한다"(p. 601).

　　보다 최근의 문헌들도 이러한 긍정적인 치료 효과를 확인해주고 있다(Leichsenring, 2009; Levy, Ablon, & Kachele, 2012). 내담자 중 약 75~80%는 상담과 심리치료에서 상당한 유익을 얻는다 (Lambert & Ogles, 2004). 이런 개선 비율은 다른 의학적 절차들에 비해 조금도 손색이 없다. 상담의 효과는 지속되는 경향이 있다.

　　심리치료는 경제적이다. 정신과 입원이나 다른 의료 서비스에 드는 비용을 줄여주고 업무 생산성을 높여주기 때문이다. 예컨대 심리치료 보험을 군인 가족들에게 적용한 뒤로 정신과 문제로 인한 입원 환자 수가 줄어들었는데 이로 인해 미국 정부는 3년간 약 2억 달러를 절약할 수 있었다.

　　다양한 치료 양식들 사이의 효과의 차이는 크지 않다. 그래도 치료적 접근과 전략을 효과적으로 사용해야 한다는 명제는 여전히 중요하다. 오히려 이 사실은 치료의 영향력을 결정하는 데 다양한 요인들이 작용함을 보여준다. 치료의 성과는 치료 기간, 치료적 접근과 전략, 내담자, 치료자, 그들 간의 상호작용, 환경적 요인 등등 수많은 요소들에 의해 결정된다. 치료 접근들 사이의 효과의 차이가 크지 않다는 증거는 점점 더 증가하고 있다(Robinson, Berman, & Neimeyer, 1990; Smith, Glass, & Miller, 1980; Wampold, Minami, Baskin, & Callen Tierney, 2002).

　　모든 치료가 다 효과적이라고 한다면 이제 더 도전적이고 더 복잡한 질문을 던질 수밖에 없다. 성공적인 치료 관계의 구성요소는 무엇인가? 심리치료가 가장 효과적인 때는 언제인가? 성공적인 치료자는 어떤 특성을 가지고 있는가? 치료가 잘되는 내담자는 어떤 특성, 태도, 행동을 보이는가? 이러한 특성들을 어떻게 강화할 수 있는가? 어떤 상황에서 어떤 치료 체계와 전략이 효과적인가? 효과적인 상담에 필수적인 기법이 있다면 그것은 무엇인가? 이런 질문들은 오늘날의 치료자들이 가진 중요한 질문의 일부분일 뿐이다. 이 책에서는 이런 질문들을 다루려고 한다.

효과적 치료의 공통요인

지금까지 알려진 상담 및 심리치료 형식은 400가지가 넘지만(Stricker & Gold, 2006), 성공적인 치료 접근들은 변화를 촉진하는 공통의 요소들을 가지고 있다.

- 다음과 같은 특징을 지닌 치료 관계 : 협력, 신뢰, 치료 과정에 대한 두 사람의 심리적 투자, 상호존중, 진솔성, 긍정적인 감정, 내담자와 그의 배경과 환경에 대한 포괄적인 이해
- 안전하고 지지적인 치료 환경
- 목표와 방향 감각. 목표는 명시적인 것이 바람직하지만 때때로 암묵적일 수 있음
- 치료에서 다룰 문제의 성격과 이를 해결하기 위한 변화 과정에 대한 공동의 이해
- 내담자의 증상을 다루기 위한 신뢰할 만한 치료 접근
- 치료적 학습. 대개 피드백과 교정적 체험을 포함
- 자기효능감과 문제해결 기술 습득을 위한 격려
- 감정을 알아차리고, 생산적으로 표현하고, 조절할 수 있는 능력의 발전
- 생각을 알아차리고, 타당성을 평가하고, 조절할 수 있는 능력의 발전
- 역기능적인 행동을 평가하고 변화시키는 한편, 대처 능력과 충동통제력과 관계 능력 그리고 정서적 · 신체적 건강을 촉진하는 더 효과적이고 새로운 행동을 수행할 수 있는 능력의 발전

성공적인 치료는 내담자의 태도의 변화에 반영된다. 더 좋아질 것이라고 기대하는 사람은 실제로 좋아질 가능성이 크다. 희망과 낙관적인 마음, 그리고 숙달감과 자기효능감을 증진시키는 치료자는 치료의 성공을 가져올 가능성이 높다(Anderson, Lunnen, & Ogles, 2010; Duncan, 2010; Seligman & Reichenberg, 2012). 치료자가 협력적 치료 관계를 만들고 유지하는 데 관심을 기울이면 내담자들은 치료를 떠나지 않고 치료에서 좋은 결과를 얻을 가능성이 더 높아진다(Anderson, Ogles, Patterson, Lambert, & Vermeersch, 2009). 이런 중요한 치료 조건들에 대해서는 이 장의 후반부에 더 자세히 다룬다.

정신건강이란 무엇인가

치료 체계들과 전략들을 공부하는 데 필요한 배경지식으로서 긍정적인 변화에 내재된 요소들의 다양성을 이해하는 것이 중요한 것처럼, 정신건강에 대한 바른 개념을 가지는 것도 중요하다. Witmer와 Sweeney(1992)는 다음과 같은 삶의 다섯 가지 측면들을 상세하게 묘사하는 포괄적인 건강 모델을 제안한 바 있다.

- 영성(가치관, 신념, 윤리, 목적과 방향성, 낙관성, 내적 평화)
- 자기조절 능력(자기가치감, 삶에 대한 통제력, 자발성과 정서적 반응성, 유머감각, 창조성, 현실 지각력, 신체적 건강)
- 심리적, 사회적 만족을 주는 일(직업, 자원봉사, 자녀양육, 가사, 교육 등)
- 우정(만족스러운 활동과 상호작용이 포함된 긍정적인 대인관계와 사회적 지지망)

● **사랑**(친밀하고 믿음이 있고 함께 나누고 협력하는 장기간의 관계)

이 다섯 가지 영역은 건강한 기능이란 무엇인지를 보여주는 일종의 지도다. 이 책의 목적과 관련해서 더 중요한 것은, 이것들이 평가의 영역을 상세하게 보여준다는 점이다. 이들 다섯 가지 영역 중 어딘가에 결손이 있다면 정상적 기능에 문제가 생길 것이고, 고통을 초래할 것이며, 따라서 전문적 도움을 필요로 하게 할 것이고, 치료의 초점이 되어야 할 것이다. 치료 체계와 전략과 기법에 대한 치료자의 지식은 내담자가 건강한 기능성을 회복하는 방향으로 변화할 수 있도록 돕는 데 중요한 역할을 한다.

상담 및 심리치료 이론의 다양성

이 책은 현대 치료자들의 전문적 지식 체계의 한 부분을 이루는 상담 및 심리치료 이론들을 개관한다. 치료자가 여러 이론을 절충하는 접근을 하든 아니면 특정한 하나의 이론적 모델을 따르든 이 책에서 다루는 모든 이론은 사람들이 제기하는 문제와 변화 과정을 조명해주며, 정서적 건강을 촉진할 방법들을 제공해준다. 치료자들은 더 이상 유일하게 옳은 이론을 찾지 않는다. 그 대신 내담자와 바람직한 치료 동맹을 형성하는 데 도움이 되고, 내담자의 문제를 개선하고 성장과 발달을 촉진할 수 있는 치료 계획을 수립하는 데 도움이 되는 개념과 기법을 찾고자 한다.

그러나 상담과 심리치료의 체계와 전략들은 치료 과정의 한 부분일 뿐이다. 최근의 연구들에 따르면 치료적 접근과 개입은 변화를 가져오는 하나의 요인에 불과한 것으로 보인다. Miller, Duncan과 Hubble(1997)이 조사한 바에 의하면, 내담자들은 자신이 치료에서 체험한 변화의 40%를 치료 외적 요인들(자신의 내적 자원, 삶에서 일어난 일 등)에 귀인하고, 30%는 치료자-내담자 관계에, 15%는 특정한 기법과 개입에, 그리고 15%는 긍정적 변화에 대한 희망과 기대에 그 원인을 돌린다고 한다.

이 사실로부터 우리는 몇 가지 중요한 시사점을 얻게 된다. 첫째, 치료자는 자신이 생각하는 것만큼 영향력 있는 존재가 아닐지 모른다. 변화에 있어서 가장 영향력 있는 요인은 내담자 본인의 체험과 내적 자원인 것 같다. 그러므로 치료자는 내담자를 알고 이해하는 일에, 즉 그들의 이야기를 경청하고, 그들이 세상에 대해 가지고 있는 관점을 파악하고, 그들의 삶에 대해 깊이 이해하는 일에 시간을 투자해야 한다. 치료자가 이런 자세를 취할 때 내담자는 자신의 치료 외적 요인들을 최대한 활용할 수 있다. 둘째, 치료 동맹이 매우 중요하다. 변화를 격려하는 긍정적인 치료 관계 수립은 치료 과정의 성패를 좌우한다. 치료 기법과 개입이 변화에 15%밖에 기여하지 못한다고 하면 독자들은 이렇게 묻고 싶을 것이다. "그러면 왜 치료 이론과 전략을 학습하는 데 그렇게 많은 관심을 기울여야 하는가?" 그러나 실제로는 내담자 변화의 60% 이상이 치료적 접근에 영향을 받는다. 치료적 개입의 직접적인 영향력(15%)에 더하여, 치료자의 기술과 전략은 치료 동맹의 발달(30%)과 긍정적 기대와 희망의 고취(15%)에 큰 영향을 미친다. 또한 상담과 심리치료는 사람들이 자신의 지지 체계나 지역사회의 자원, 혹은 교육 프로그램을 유익하게 활용하는 능력에 변화를 가져올 수 있다. 그러므로 치료 이론과 전략은 증상과 문제에 직접적으로 영향을 미칠 뿐만 아니라 치료 동맹 및 치료의 성공과 관련된 내담자의 태도와 행동의 측면에도 간접적으로 중요한 영향을 끼친다.

치료에서 성공하는 내담자의 특징

"치료가 도움이 되도록 하는 사람은 다름 아닌 내담자들이다"(Bohart & Tallman, 2010, p. 94). 내담자의 개인적 특성과 배경은 치료의 성패를 좌우한다. 치료자는 다음과 같은 세 가지 방법으로 이 요인들의 영향력을 바람직한 방향으로 극대화할 수 있다.

- 첫째, 치료자는 치료 성과와 관련 있는 내담자 특성들을 알고 있어야 한다. 내담자의 장점과 자원을 잘 알면 첫 회기의 시작부터 장점에 기반을 둔 관점을 촉진할 수 있다(Gassman & Grawe, 2006). 자신이 잘 기능하고 있다고 생각하는 내담자는 진단이 어떠하든 그 이상의 역량을 보이고, 조기 종결될 가능성도 낮다(Duncan, Miller, Wampold, & Hubble, 2010).
- 둘째, 치료자는 내담자가 동기가 있고 변화될 가능성이 크다고 믿어야 한다. 이런 믿음이 있을 때 내담자에게서 희망과 낙관적 태도를 북돋울 수 있다.
- 셋째, 치료자는 내담자가 말하기 어려운 감정들을 표현하고 새로운 아이디어를 시험해볼 수 있는 안전한 분위기를 만들어 내담자가 치료에 적극적으로 참여하도록 해야 한다. 진정한 협조가 이루어지는 환경을 만들면 긍정적인 치료 성과로 이어지는 따뜻함과 애정과 상호존중의 태도를 내담자에게서 이끌어낼 수 있다. 자신의 치료자와 동일시할 수 있는 내담자는 긍정적 치료 성과를 얻는 경향이 있다. 내담자와 치료자의 상호작용의 질에 따라 내담자의 이런 동일시 능력에 차이가 생긴다.

내담자의 역할

치료를 받기 이전에 내담자에게 이미 존재하는 특성들뿐만 아니라 치료 과정 중에 드러나는 특성들도 상담 성과에 큰 영향을 미친다. 아래 기술되는 회기 내 내담자 행동과 태도는 치료 과정에 중요한 역할을 한다.

동기 여기서 동기라는 용어는 폭넓게 쓰여서 치료에 대한 내담자의 준비도나 치료 과정에 생산적으로 관여할 수 있는 능력을 가리킨다. 내담자 동기의 중요한 측면으로는 적극적인 참여와 협력, 자기개방, 문제에의 직면, 변화를 위한 노력, 그리고 궁극적인 유익을 위해 필요하다면 일시적인 불안과 불편을 기꺼이 참고자 하는 마음가짐을 들 수 있다. 내담자가 강한 동기를 가지고 있음을 보여주는 또 다른 지표로는 낮은 방어성과 치료의 필요성에 대한 믿음을 들 수 있다. 당연한 이야기지만 스스로 상담을 받고자 하는 내담자가 다른 사람에 의해 오게 된 내담자보다 치료를 조기 종결할 가능성이 더 적다.

동기촉진 면접 기법은 내담자를 준비시키는 데 매우 긍정적인 영향을 미칠 수 있다. Miller와 Rollnick(2002)가 개발한 기법들은 내담자들이 상담을 잘 받도록 준비시키는 일에 유익한데, 특히 물질사용장애와 섭식장애와 같은 행동상의 문제를 보이는 사람들에게 도움이 된다.

치료에 대한 긍정적이고 현실적인 기대 희망과 낙관적 태도는 치료의 또 다른 필수요소이다. 상담은 내담자와 치료자 모두에게 힘든 과정이다. 그런 과정을 버티고 치료가 유발하는 불안을 참아내며 시간과 비용을 지불하려면 그 치료가 뭔가 긍정적인 것을 자신에게 줄 것이라는 믿음이 있어야 할 것이다.

심리치료의 장점과 한계를 분명하고 정확하게 이해하면서 치료 과정으로부터 유익을 얻기를 기대하는 사람들은 성공적인 치료 결과를 얻을 가능성이 크다. 상담 구조화를 통해 치료 전에 내담자를 준비시키는 것은 치료에 대한 기대와 몰입 정도, 자발적인 자기개방, 치료자와의 동맹에 큰 차이를 가져온다(Acosta, Yamamoto, Evans, & Skilbeck, 1983; Lawe, Horne, & Taylor, 1983). 상담 첫 회기부터 내담자를 치료에 효과적으로 개입시키면 치료가 성공할 가능성이 높아진다(Odell & Quinn, 1998).

치료에 전념하는 태도 치료에 성공하는 내담자들은 상담에서 자유롭게 자신의 관심사를 표시하며, 치료자와 협력하고, 자신의 삶을 개선시키기 위한 단계를 밟아나간다. 그들은 문제해결적인 태도를 취하며 지속적으로 변화를 기대한다(Sexton & Whiston, 1991). 그들은 자신의 어려움이 적어도 일부분은 자기 자신에게서 비롯된다는 생각을 하며, 자신이 상황을 개선할 수 있다는 믿음을 가지고 있다. 그들은 개인적 변화를 추구하는 일이 중요하다고 여기며, 자신의 구체적인 문제점을 인지한다(Lambert & Cattani-Thompson, 1996). Asay와 Lambert(1999)를 인용하자면 "심리치료에서 성과를 얻고 그것을 유지하는 내담자들은 치료에서 일어난 변화가 일차적으로 자신의 노력의 결과물이라고 믿는다"(p. 32). 이들은 치료 성공의 결과로 자신에게서 힘을 느끼며, 치료가 끝난 후에도 계속해서 긍정적인 변화와 바람직한 선택을 할 수 있다는 낙관적인 전망을 가진다.

기타 특성들 내담자의 지능, 교육, 사회경제적 수준, 초기의 우울 또는 불안증상이 치료 성과와 정적인 상관이 있음을 보여주는 연구들이 있다. 내담자의 성별이나 나이는 성과와 무관한 것으로 보인다.

내담자와 치료자의 다양성

우리는 다양성의 세상에서 살고 있다. 2012년 자료를 보면 백인 부모에게 태어나는 아이들보다 소수 인종 계열의 가정에 태어나는 아이들이 더 많다(Tavernese, 2012). 2000년부터 2010년까지 10년간 전체 미국 인구 증가분의 약 92%를 소수계가 차지하는 만큼, '소수'라는 명칭이 과연 타당한지 의문이 들 정도이다(p. 23). 2050년이 되면 유럽계 백인의 비율이 전체 인구의 절반 이하가 될 것이라고 한다(Sue & Sue, 2008).

상담을 받고자 하는 사람들의 다양성은 괄목할 만큼 증가하였다. 1960년대만 해도 심리치료를 찾는 사람들은 대부분 주류 문화권의 중산층들이었다. 전문적인 문헌들도 이런 배경에 맞지 않는 사람들의 요구에 대해서는 거의 관심을 기울이지 않았다. 그러나 1970년대에 이르러서는 대부분의 치료자들이 내담자들의 인종적이고 문화적인 배경에 치료 방식을 적응시켜야 할 필요성이 있음을 인식하게 되었다. 치료자들은 자신의 편견을 더 잘 자각하게 되었고 내담자의 가치를 존중하는 일의 중요성을 깨닫게 되었다.

다양성에 대한 이해는 1990년대에 이르러 더욱 정교해졌다. 다양성이라는 개념은 인종적 문화적 소속을 넘어서서 나이, 능력, 사회경제적 지위, 성별, 성적 지향 등 많은 특성을 포괄하는 방향으로 확대되었다. 현재의 문헌들은 각 개인이 다양한 개인적 특성들과 배경 경험들로 인해 복합적인 관점을 가지고 있음을 인정하고 있다. 나이와 성별과 문화적 배경이 비슷한 사람이라도 서로 다른 세계관을 가질 수 있고, 가장 적절한 치료적 접근이라는 것도 서로 다를 수 있다.

조기 종결 비율은 사회경제적 지위가 낮거나 소수 민족 집단에 속하는 사람들에게서 유의하게 더 높다(Reis & Brown, 1999). 이 사실과 더불어 내담자들의 다양성이 증가하고 있는 현실을 감안하면 치료자들은 내담자들의 복합적인 시각과 치료자 자신의 선입견을 잘 인식하고 있어야 한다. 치료자는 내담자들의 문화적, 인종적, 사회경제적, 가족적 배경이 내담자 본인의 개인적인 문제와 정신질환, 그리고 그러한 문제들을 다루는 상담이라는 활동을 보는 관점에 어떤 영향을 미칠 것인지를 항상 생각해야 한다. 예컨대 심리치료라는 것에 대해서 아프리카 농촌 지역에서 최근에 미국으로 이민 온 여성과, 로스앤젤레스에서 오랫동안 살아온 앵글로색슨계 중산층 백인 여성이 가지는 태도는 서로 많이 다를 것이다. 내담자가 처한 맥락과 내담자의 관점에 주의를 기울이는 일의 중요성은 아무리 강조해도 지나치지 않다. 이렇게 함으로써 치료자는 내담자의 세계관과 다문화적 특성을 그 내담자와 함께 논의하고, 내담자의 특별한 필요에 치료 절차를 맞추고, 내담자가 가진 다양성에 민감하게 반응하는 효과적인 치료를 더 잘할 수 있게 될 것이다.

치료자는 내담자들의 세계관(그리고 성별, 나이, 문화, 사회경제적 지위, 종교, 가족배경 등)이 자신들이 가진 문제에 대한 경험과, 상담에 대한 태도에 어떤 영향을 주었는지 이해해야 한다. 치료자는 또한 문화적인 역량을 가지고 자신과는 문화적 배경이 다른 내담자들에게 적합한 반응을 할 수 있어야 한다. 사회문화적이고 관계적인 맥락 안에서 만들어진 우리 자신과 타인의 '사회적 자리'를 이해하고 기억하기 위해 Pamela Hays(2001, 2008)가 만든 ADDRESSING라는 두문자어를 떠올리는 것이 유익할 듯하다.

A = 나이(age)

D = 후천적(중도) 장애(disability, acquired)

D = 선천적 장애(disability, developmental)

R = 종교(religion and spirituality)

E = 인종(ethnicity)

S = 사회적 지위(socioeconomic status)

S = 성적 지향(sexual orientation)

I = 문화적 전통(indigenous heritage)

N = 출생지(national origin)

G = 성별(gender)

Hays는 이 약어가 모든 요소들을 다 담고 있는 것은 아니지만 다양성을 이해하는 모델의 기초가 된다고 보았다. 이 모델에 따라 내담자와 치료자 자신을 보면 Brown(2008)이 '정체성의 요소들'이 라고 불렀던 넓은 범위의 '자리'를 이해할 수 있을 것이다(p. 24). 사람들은 각자 자신의 자리에서 학습한 편견을 가지고 있다(Brown, 2008). 치료자들은 새로운 내담자를 만날 때마다 이 요소들을 고려해야 한다.

치료 동맹

50년 동안 이루어진 수많은 연구들이 보여주고 있듯이, 치료 동맹은 치료자의 이론적 지향과 무관 하게 상담 성과를 보여주는 가장 강력한 예측요인 중 하나임이 분명하다(Norcross, 2010). 그러므로 치료자는 긍정적인 치료 동맹의 구성요소들에 대해 잘 이해해야 하고, 내담자와 성공적인 작업 관 계를 만드는 데 필요한 기법과 전략을 익혀야 하며, 내담자가 치료 동맹의 가치를 인식하고 적극 적으로 참여할 수 있도록 자신의 치료 스타일을 조절할 수 있어야 한다. 또한 치료자는 작업 동맹 에 주목하여 치료 관계를 늘 염두에 두고 이 동맹에 결렬이 생겼을 때 이를 되돌리는 능력을 키워 야 한다.

제3부에서 자세하게 논의할 Carl Rogers의 인간중심상담은 내담자의 자존감과 자기효율성을 촉 진하는 핵심적인 치료자 특성을 강조한다. 그는 공감과 무조건적인 긍정적 존중과 진솔성이라는 이 특성들을 치료적 변화의 필요조건이라고 불렀다.

이것은 직관적으로도 타당하다. 치료자는 유능해야 하고, 따뜻하고 돌보는 마음이 있어야 하며, 신뢰할 수 있어야 하고, 대인관계 기술도 훌륭해야 한다. 50년에 걸친 경험적 연구들은 '관계성'이 가장 중요한 변화 요인임을 거듭하여 보여주었다. 치료가 가능하려면 치료자 편에서의 돌봄과 위 로가 있어야 함을 누구나 직관적으로 알고 있다(Norcross, 2010, p. 113). 비록 치료자의 구체적인 개입 등 다른 요인들도 치료 성과에 영향을 미치는 것이 사실이지만, 치료자와 내담자가 맺는 치료 관계에 다음과 같은 핵심적인 조건들이 있어야 그러한 개입이 성공할 수 있을 것이다.

공감 공감은 내담자의 눈으로 세상을 보고, 그렇게 이해한 바를 내담자에게 전달할 수 있는 능력 이다. 이를 통해 내담자는 치료자가 자신의 이야기를 진심으로 듣고 있음을 느낀다. 또한 치료자가 자신이 경험한 것들과 접촉하고 있으며 자신과 정서적으로 함께 있다고 느낀다. 치료자의 공감은 내담자의 긍정적 변화와 매우 강한 연관성이 있다. 아마도 치료 기법 그 자체보다 치료 성과를 더 많이 예언해줄 것이다. 실제로 어떤 연구들에 의하면 공감은 치료 성과 변량의 9%를 설명해준다 (Elliott, Bohart, Watson, & Greenberg, 2011).

무조건적 긍정적 존중 무조건적 긍정적 존중은 정서적 따뜻함, 내담자에 대한 관심과 신뢰감의 표 현, 내담자의 힘을 북돋는 치료적 기법의 사용을 통해 내담자에게 전달된다. 이를 통해 내담자는 자신이 중요하다는 메시지를 듣게 된다. 치료자는 내담자의 경험이 항상 치료자의 전문성을 능가 한다는 것을 인식함으로써 "내담자의 경험에 특권을 주고"(Norcross, 2010, p. 117), 내담자에게 비판단적인 태도를 취할 수 있다. 따뜻하고 돌보는 태도를 가진 치료자는 공격적이고 직면적인 치료자보다 더 긍정적인 성과를 얻을 가능성이 높다(Lambert & Cattani-Thompson, 1996).

진솔성 진솔성 혹은 일치성도 긍정적인 치료 관계를 만드는 데 기여한다. 진솔한 치료자는 내담자에게 분명하고 정확하고 모호하지 않은, 정직하면서도 민감한 메시지를 보낸다. 겉으로 내담자에게 관심이 있음을 표시하면서 마음속으로 점심시간까지 몇 분이 남았는지를 계산하지 않는다. 진솔한 치료자는 내담자가 해로운 선택을 한다고 믿을 때 이를 명료화하고 분명한 피드백을 주며 다른 가능한 선택이 있음을 이야기해준다. 그러나 결코 내담자를 모욕하거나 공격하거나 윽박지르지 않는다.

다른 필수적인 치료 조건들에도 중용이 필요하듯이, 치료자는 내담자에게 긍정적인 변화를 격려하는 역할을 벗어나 권위적인 자세를 취하는 자리에까지 나아가서는 안 된다. 내담자를 과도하게 가르치려 한다든지 내담자의 생각, 감정, 행동에 대해 일방적인 가치 판단을 해서는 안 된다. 이따금 내담자가 자신이나 남에게 위험한 행동을 하려고 할 때는, 치료자가 적극적이고 강하게 개입하여 자살 시도나 신체적 상해의 위험을 막아야 한다. 그러나 대부분의 경우에 치료자는 내담자가 스스로를 위한 최선의 선택이 무엇인지를 결정할 수 있는 권리가 있음을 인정하고 존중해야 한다.

치료의 필요조건들은 상호의존적이다. 그래서 공감과 무조건적 긍정적 존중과 진솔함은, 치료자의 지지와 격려와 확신 있는 태도가 그러하듯이 내담자의 희망을 고취한다(Odell & Quinn, 1998). 또한 두 사람이 동의한 분명한 목표와 절차, 방향성과 낙관적인 태도의 전달, 내담자의 강점에 대한 강조, 내담자의 문제행동과 태도를 드러내어 다룰 수 있는 능력, 협력적인 내담자-치료자 관계 등 이 모두가 내담자에게서 변화에 대한 긍정적인 전망과 기대를 이끌어낸다(Miller, Hubble, Duncan, & Wampold, 2010).

상담 과정에 대한 이해의 일치와 상담 목표의 공유도 치료 동맹 형성에 또 다른 중요한 요소가 된다(Hill, 2009). 내담자와 치료자가 성공이 기대되는 중요한 노력을 함께 하고 있다고 여기고, 상호합의된 분명한 목표를 가지고 있으면서, 그 목표를 이루는 데 유용한 과제와 절차에 대해 합의하고 있다면 그들의 협동작업은 순조롭고 효율적일 것이다.

긍정적인 치료 동맹을 형성하느냐 하는 여부는 치료자와 내담자 모두에게 달려 있다. 만약 내담자가 자신의 치료자가 공감적이고 따뜻하고 신뢰할 만하다고 생각하며 이해를 받고 있다고 느낀다면 그는 치료에서 진전을 이룰 것이다. 그러나 만약 내담자가 현실적 근거가 있든 없든 자신의 치료자에 대해 부정적인 시각을 갖게 된다면 상담에서 진전을 이루기 어려울 것이다.

'함께 한다'는 느낌은 치료 관계를 고양한다. 두 사람이 공유하는 온기와 애정과 긍정과 존중의 마음은 치료 효과를 높인다. 자신의 치료자와 동일시하는 내담자는 좋은 결과를 얻을 가능성이 더 높다. 내담자와 치료자의 상호작용은 이런 '함께'라는 느낌과, 자신의 치료자와 동일시할 수 있는 능력에 차이를 만들어낸다.

이 책에서는 극히 중요한 이 치료자-내담자 관계를 강화하여 치료 성공의 가능성을 최대화할 수 있도록 돕는 많은 기법과 전략들을 소개하고 있다. 내담자-치료자 관계는 시간이 흐름에 따라 발전하고 개선될 수 있지만, Walborn(1996)은 치료가 성공하려면 긍정적인 치료 동맹이 5회기에는 만들어져야 한다고 보았다.

긍정적 치료 동맹을 형성하고 유지하기 위한 지침

치료 동맹을 측정하는 객관적 검사들은 대개 치료자와 내담자의 동맹 지각이 일치함을 보여준다. 그러나 항상 그런 것은 아니다. 연구들에 따르면 치료자와 내담자의 평가가 다를 때 치료 효과에 영향을 주는 것은 내담자가 보는 치료 동맹의 질이다. 따라서 치료자는 성공적인 치료 동맹에 대한 자기 자신의 기준을 충족시킬 뿐만 아니라 내담자 또한 두 사람의 관계에 대해 긍정적인 시각을 가질 수 있도록 도와야 한다. 치료자는 내담자의 언어적·비언어적 메시지에 귀를 기울여야 하고, 치료적 접근에 대한 피드백을 내담자에게 요청해야 하며, 긍정적인 동맹을 형성하는 데 방해가 되는 것은 어떤 것이든 기꺼이 다루려고 해야 한다. 치료 관계를 평가하고 발전시켜나가기 위해 치료자는 자신과 내담자가 치료에 무엇을 가지고 오는지를 주목하고 치료 과정의 효과를 점검해야 한다.

미국심리학회(American Psychological Association, APA)의 제29분과회는 효과적인 치료 관계의 요소들에 대한 메타분석을 수행하였다. Norcross(2011)는 이 연구를 확장시켰다. 공감과 무조건적 긍정적 존중과 진솔성에 대해서는 이미 언급하였다. 아래에 긍정적 치료 동맹을 발달시키는 데 도움이 되는 또 다른 절차와 개입에 대해 기술한다.

- 내담자가 치료를 시작하고자 할 때 치료자는 함께 협력적 관계를 만듦으로써 내담자의 노력을 촉진해야 한다. 치료자와 내담자가 치료 목표와 치료 과정에 대해 공동의 이해에 도달할 수 있도록 힘써야 한다.
- 치료에서 첫걸음을 떼는 일의 중요성과 도움을 얻고자 하는 것이 용기가 필요한 일임을 이야기해주어 내담자가 치료를 시작할 수 있도록 격려해야 한다.
- 치료에 대해 내담자가 가진 기대를 표현하도록 하고, 긍정적인 변화에 대한 현실적인 희망을 가질 수 있도록 격려해야 한다. 내담자가 가진 어려움에 대해 이해를 표시하고, 치료에서 그런 문제가 어떤 식으로 다루어지는지 알려주어야 한다.
- 작업 동맹을 긍정적으로 평가하는 내담자가 치료에 더 오래 머물고 긍정적인 결과를 얻을 가능성도 더 높기 때문에 치료 관계에 어려움이나 결렬이 생길 때는 반드시 이를 다루고 관계를 복구해야 한다. 그러나 어떤 연구들이 보여주는 바와 같이, 치료자들은 내담자가 언제 치료에 대해 부정적인 느낌을 가지는지 혹은 언제 작업 동맹이 결렬되는지 잘 모르는 것 같다. 그래서 치료자들은 그들의 관계를 항상 살펴보고, 치료에 대한 느낌이 어떤지 내담자에게 확인하고, 관계상의 문제가 영구적인 손상에 이르기 전에 충분히 그 문제를 토론할 수 있어야 한다 (Safran, Muran, & Eubanks-Carter, 2011).
- 내담자의 행동이나, 그 행동이 미치는 영향에 대해 내담자에게 적절한 피드백을 제공해야 한다. 이때 피드백은 우호적이고 긍정적인 방식으로 전달되어야 한다. 치료자는 내담자가 그 피

드백을 잘 수용할 수 있도록 준비시켜야 한다. 특히 우울하거나 피드백을 부정적으로 해석할 가능성이 있는 내담자에게는 더욱 주의해서 치료자의 진의를 전달해야 한다.

- 치료자가 자신에 대해 약간의 정보를 제공하거나 자기개방을 하는 것은, 특히 그것이 치료자 와 내담자 사이에 있는 어떤 공통점을 강조하는 것이라면 이를 통해 치료자의 진술성이 전달 될 수 있다. 내담자의 고향에 치료자가 가본 적이 있다거나, 내담자처럼 치료자도 동생이 일 찍 죽었다는 사실을 간단하게 언급하는 것이 그 예가 될 수 있을 것이다. 그러나 치료자 자신 에 대해 너무 길게 혹은 개인적인 정보를 너무 상세하게 나누지 않도록 주의하여야 한다.
- 내담자가 치료 과정에 적극적으로 개입하도록 하고, 내담자가 치료에 자신감을 가질 수 있도 록 도와야 한다. 내담자가 회기와 회기 사이에 해 볼 수 있는, 비교적 어렵지 않고 도움이 되 는 활동이나 과제를 하도록 제안하는 것이 도움이 된다.
- 치료가 효과적이려면 내담자에 대한 감정을 잘 조절해야 한다(Hayes, Gelso, & Hummel, 2011). 치료자는 공감과 자신에 대한 이해를 추구하고, 자신의 불안을 잘 조절하고 자기통합 을 유지함으로써, 또한 사례개념화 능력을 키움으로써 자신의 역전이 반응을 다루고 조절할 수 있다(Norcross, 2011). 치료자는 도움이 필요할 때는 슈퍼비전을 받거나 그 자신이 치료를 받아야 한다.

　좋은 동맹적 관계가 치료자와 내담자 사이에 만들어지면 치료적 접근의 종류와 무관하게 내담자 는 그 관계를 치료적이라고 느낀다. 치료자의 문화적 역량이 긍정적 치료 동맹의 선행 조건이 된다 는 것은 굳이 말할 필요도 없을 것이다.

치료자의 기법, 훈련, 경험

훈련과 경험은 치료자들의 능력에 차이를 만든다. 일반적으로 "치료 목표를 성취할 가능성이 높은 서비스를 제공하기 위해서는 경험적 연구들이 산출하는 최선의 증거들과, 내담자의 특성이 드러나 는 임상 자료들을 통합할 수 있는 임상적 전문성이 요구된다"(증거기반치료를 위한 APA 특별위원 회, 2006, p. 284). "가장 유능한 치료자는 매 임상적 순간마다 치료 전략을 융통성 있게 적용하고 변경할 수 있는 역량을 가진 사람이다"(Douglas, 2008, p. 451). 이런 전문성에는 자신의 기술과 지 식의 한계를 인정하고, 임상적 판단에 영향을 줄 수 있는 자신의 편견을 인식할 수 있는 역량이 포 함된다.

　최근의 연구들은 치료자에게 어떤 기법과 경험이 필요한지에 대해 의견의 일치를 이루는 방향으 로 나아가고 있다. 내가 개관한 문헌들은 다음과 같은 영역에서 치료자들이 준비되어야 한다고 제 안한다(Norcross, 2010; Seligman, 2004).[1]

- 대인관계 기술　이미 언급한 바와 같이, 성공적인 치료자는 적절한 대인관계 기술을 습득하고 있어야 하며, "내담자의 기본적인 가치감을 확증해줄 수 있도록 내담자를 존중하는 태도를 전

---

1 Seligman, L.(2004). *Diagnosis and treatment planning in counseling*(3rd ed.). New York: Plenum에서 인용함.

달할 수 있어야 한다"(Norcross, 2010, p. 123). 치료자는 분노를 표출하거나 자살 시도를 하는 내담자에게 적절하게 반응할 수 있어야 하고, 또한 자신의 감정과 내담자의 감정을 구분할 수 있어야 하고, 협력적 관계를 만들고 유지할 수 있는 기술을 가지고 있어야 함(Anderson et al., 2009; Zuroff, Kelly, Leybman, Blatt, & Wampold, 2010)

- **전문성, 정체성, 직업윤리** 상담 전문직의 역사, 정신건강 전문가들의 기능과 역할, 관련 전문가 조직과 자격 제도, 윤리 강령, 전문적 역할을 향상시키는 과정 등에 대한 지식

- **상담 전문직의 사회적, 문화적 기반** 여기에는 다문화적 문제에 대한 민감성 · 인식 · 지식 · 역량, 사회적 문제들의 원인과 해결 방안에 대한 이해, 봉사 · 예방 · 사회 변화 · 사회적 연대 · 지역사회 개입이 포함됨

- **인간의 성장과 발달** 개인 발달 · 가족발달 · 성격 발달 · 인지 발달 · 성(性) 발달 이론에 대한 지식, 건강한 발달과 건강하지 않은 발달을 구분하는 능력, 건강한 발달에 대한 정보를 제공하고 그러한 발달을 촉진하는 능력

- **생활양식과 직업발달** 경제적 · 직업적 영역에 대한 이해와 그것이 사회 · 개인 · 가족에게 주는 의미에 대한 이해, 직업발달에 대한 지식, 만족을 주는 건강한 직업발달과 결정을 돕는 상담 · 정보 · 검사 · 기술 등 자원을 사용하는 능력

- **상담 및 심리치료 이론** 긍정적 치료 동맹을 만드는 능력, 내담자가 잘 받아들일 수 있는 치료 방법에 대한 지식과 그것의 적용 방법에 대한 지식, 면접을 효과적으로 수행하고 적절한 치료 목표와 치료 계획을 세우고 위기에 처한 내담자를 돕는 능력, 자문 기술

- **집단 상담** 집단의 발달과 역동 및 집단의 종류 그리고 집단 리더와 구성원들의 역할과 기능에 대한 이해, 집단을 대상으로 하는 효과적인 치료 방법에 대한 지식, 이러한 방법의 적절한 적용 및 장단점에 대한 인식

- **심리검사와 심리평가** 평가 도구들(성격, 능력, 직업발달 등을 측정하는 검사)에 대한 폭넓은 지식과 그것을 적절하게 사용하는 능력, 평가를 계획 및 실시하고 그 결과를 치료 과정에 통합시키는 능력, 접수면접을 실시하고 정신상태를 평가하고 관찰할 수 있는 능력, 심리평가와 관련된 통계적 개념에 대한 이해와 다문화적 상황에 대한 적응 능력, 심리평가 의뢰의 시기와 방법에 대한 이해

- **연구와 프로그램 평가** 연구의 중요성에 대한 인식과 연구를 수행하는 데 필요한 통계적 · 기술적 절차에 대한 지식, 연구를 계획하고 실행하는 기술, 연구 결과들을 이해하고 이를 상담 효과를 높이기 위해 활용하는 방법에 관한 지식

- **진단과 정신병리** 건강한 성격과 병리적인 성격의 주요 특징들에 대한 지식, 미국심리학회 진단 및 통계편람(DSM) 최신판에 대한 지식, 사례개념화 능력, 내담자에게 있을 수 있는 위험성과 위기를 평가하고 다룰 수 있는 방법, 정신과적 또는 신경학저 평가를 위한 의뢰의 시기와 방법에 대한 이해

Sexton(1995)이 수행한 한 연구에 따르면, 치료자들은 자신이 가진 기술의 중요도를 평가할 때

상담 및 심리치료 이론에 대한 지식과 개인치료에서 사용되는 개입 전략들에 대한 이해를 가장 중요한 두 가지로 손꼽았다. 이 두 종류의 능력은 이 책의 주된 관심사이기도 하다. 아주 중요한 것으로 평가된 또 다른 능력인 이상 행동에 대한 이해도 상담 및 심리치료 이론과 전략을 성공적으로 사용하는 것과 밀접하게 관련된다. 이 부분은 이 책의 제7부에 소개될 것이다.

이 장에 기술된 광범위한 기법과 능력의 리스트가 독자들을 움츠러들게 할지도 모르겠다. 그러나 초심 치료자라 하더라도 훈련을 시작하는 시점에 이미 그 일부를 가지고 있음을 말하고 싶다. 또한 대학원 과정에서 많은 기술들을 배우게 될 것이고 어떤 것들은 인턴 과정과 졸업 후 현장에서 배우게 될 것이다. 이 능력들은 경험이 쌓여가면서 더욱 발전하고 자라게 된다.

효과적인 치료자의 개인적, 전문적 특징

앞서 우리는 공감, 신뢰성, 애정, 진실성, 설득력, 그리고 희망을 고취하는 능력이 치료자에게 중요함을 이야기하였다. 관련 문헌들을 보면 치료 성과를 높이는 또 다른 개인적, 전문적 특징들이 있음을 알 수 있다. 이 중 많은 것들이 우리가 친구와 동료들에게서 높이 평가하게 되는 것들과 일치한다. 효과적인 치료자가 가지고 있는 특성이란 많은 면에서 정서적으로 건강한 사람의 특징과 비견된다(Ackerman & Hilsenroth, 2003). 효과적인 치료자는 전형적으로 다음과 같은 특징들을 보인다.

- 인내심, 따뜻함, 애정, 유머감각, 친절함을 포함하는 뛰어난 대인관계 능력
- 진솔함, 적절하게 자기를 개방하고, 유용한 피드백을 줄 수 있으며, 자신의 실수와 한계를 인정함
- 정서적으로 안정되고 성숙하고 책임감이 있음
- 잘 적응하고 만족감을 느끼며 자각의 수준이 높음. 긍정적이고 현실적인 자존감, 좋은 인간관계, 방향감각, 보상을 주는 생활양식을 보임
- 인지 능력과 개념화의 수준이 높음
- 자신과 타인에 대한 훌륭한 통찰력
- 다문화적 특성과 차이에 대해 민감하고 그것을 존중하는 태도를 보임
- 개인적, 전문적 성장과 학습의 가치를 높게 인정하고 추구함
- 윤리적이고 객관적이고 공정함
- 변화와 새로운 경험에 개방적이고 융통성이 있음. 합당한 위험을 기꺼이 감수함
- 다른 사람을 격려하고 지지함
- 말과 글이 분명하고 효과적임

Walborn(1996)은 정서적인 고통을 경험하고 외로움을 느낀다는 것이 어떤 것인지를 아는 사람들 중에 치료자가 되려고 하는 사람이 많다고 하였다. 또한 효과적인 치료자는 타인을 이해하고 지지하고 돕기 위해서 자신의 욕구를 적어도 잠시 동안 보류할 수 있는 능력이 있어야 하고, 정서적인 건강과 안녕감을 경험하고 표현할 수 있어야 한다. 과거에 개인적인 어려움을 겪었다는 사실이 나

중에 정서적으로 건강하고 효과적인 치료자가 되는 길을 막지 못한다는 것은 분명하다. 사실 자신의 문제를 정직하게 직시하고 용감하게 그것과 씨름하는 과정은 성공적인 치료자에게서 발견되는 긍정적인 자질들을 그 사람 속에 키우는 것 같다. 치료자의 가치관도 상담 성과에 영향을 미치는 것 같다. Lafferty, Beutler와 Crago(1989)는 효과적인 치료자들은 그렇지 않은 치료자들에 비해 부유하고 신 나는 삶을 사는 것을 덜 중요하게 여기고, 자신을 돌아보고 반성하는 지적인 삶의 방식을 더 중요하게 여긴다는 것을 발견하였다. 훌륭한 치료자들은 자신의 삶을 조화롭게 잘 영위하고, 자신의 욕구가 치료 과정을 방해하지 못하도록 하며, 잘 통합되어 있고, 자신과 자신의 삶을 가치 있게 여긴다. 정서적으로 안정되고 적응을 잘하며 낙관적인 치료자가 그렇지 못한 치료자에 비해 더 효과적인 치료자가 될 가능성이 높다.

연구 결과들을 보면 특정한 연령이나 성별, 혹은 이론적 지향이나 배경이 성공적인 치료 성과와 관련이 있는지는 뚜렷하지 않다. 그러나 내담자들은 종종 특정한 연령층이나 성 혹은 특정한 문화나 종교 배경을 가진 치료자를 선호한다. 예컨대 많은 여성들이 여성 치료자를 원한다(Wintersteen, Mensinger, & Diamond, 2005). 자신이 선호하는 치료자에게 치료를 받는 내담자는 치료가 도움이 될 것이라는 믿음을 더 크게 갖는다. 이는 치료 동맹에 도움이 될 것이다. 그러나 선호하는 성별에 따라 치료자를 선택한다고 해서 효과가 더 좋다는 증거는 아직 없다(Cottone, Drucker, & Javier, 2003). 앞으로 더 많은 연구가 필요한 부분이다.

치료 세팅이 치료 과정에 미치는 영향

치료의 세팅은 상담에 영향을 미치는 또 다른 중요한 변인이다. 치료 프로그램들은 대체로 치료가 가능한 내담자의 범위나 문제의 종류에 한계를 둔다. 또한 회기 수나 빈도, 심지어 치료 접근의 방식에도 제한을 둘 수 있다. 예컨대 고등학교 상담실에서 하는 상담은 학대 생존자를 위한 개인치료나, 심한 우울이나 정신병적 장애를 가진 환자를 위한 입원 치료와는 많이 다를 것이다.

치료 세팅은 내담자의 기대에도 큰 영향을 준다. 직업상담센터를 찾아온 사람과 지역사회 정신보건센터를 방문한 사람은 분명 서로 다른 기대를 갖게 될 것이다.

치료자는 자신의 일터가 요구하는 것들과 지침을 잘 알아야 하며, 또한 그 세팅에서 만나게 되는 전형적인 내담자들이 어떤 사람인지를 잘 알아야 한다. 물론 치료자의 주된 목표는 사람들에게 그들이 원하는 도움을 주는 것이다. 하지만 때때로 내담자를 의뢰해야 할 때가 있다. 그들이 찾아온 곳이 그들이 원하는 종류의 도움을 줄 수 없는 곳일 수도 있기 때문이다.

윤리 지침과 행동 표준

미국심리학회(APA, 2002)나 미국상담자협회(American Counseling Association, ACA, 2005) 같은 전문 학회들은 각각 윤리 강령을 가지고 있다. 이러한 윤리적 기준을 잘 알고 또 그것을 지키는 것은 임상 활동에 필수적이다. 그 이유는 다음과 같다(Seligman, 2004).

- 윤리적 기준은 정신건강 전문가 집단에 신뢰성과 힘을 부여한다.

- 윤리적 지침은 치료자가 바른 결정을 하도록 돕는다.
- 치료자가 어떤 경우에 내담자의 비밀을 지키고 또 어떤 경우에 그렇지 않은지를 포함해서, 중요한 윤리적 지침과 관련된 정보를 내담자에게 제공하는 것은 내담자로 하여금 자신의 치료에 대해 충분히 이해한 상태에서 중요한 결정을 내릴 수 있도록 한다.
- 윤리적 기준에 따라 상담을 하는 것은 소송을 당하는 등 전문성에 도전을 받을 때 치료자를 보호해준다.
- 윤리적 · 법적 기준을 잘 알고 있어야 치료자, 심리학자, 또는 사회복지사 자격과 면허를 취득할 수 있다.

치료자는 자신이 윤리적으로 행동해야 할 뿐만 아니라 자신의 동료들 또한 윤리 기준을 인식하고 지킬 수 있도록 도와야 할 책임이 있다. 어떤 동료가 비윤리적으로 행동하고 있음을 알게 된 치료자는 먼저 그 문제를 동료와 대화해야 하며 필요한 정보를 제공해야 한다. 그렇게 했는데도 그 동료가 계속 비윤리적인 행동을 한다면 치료자는 이 문제를 자격위원회와 학회에 보고하는 것을 반드시 고려해야 한다.

여러 정신건강 전문가 집단의 윤리 기준을 자세하게 논의하는 것은 이 책의 범위를 넘어서는 일이지만, 윤리 문제는 늘 내담자를 만나는 치료자들과 직접적인 관련이 있는 중요한 부분이므로 여기서 간략하게 살펴보고자 한다. 정신건강 전문가 집단들의 윤리 강령은 차이점보다는 유사점이 훨씬 더 많다. 이 지침들의 근저에는 다음과 같은 일반적인 윤리적, 도덕적 원칙이 자리 잡고 있다 (Corey, Corey, & Callanan, 2011; Herlihy & Corey, 2006).

- **자율성** 치료자는 내담자가 기술과 역량을 키워서 자기 자신을 위해 현명한 선택을 할 수 있도록 도와야 한다. 치료자가 다양성을 이해하고 존중해야 한다는 명제도 이 원칙에 내포된다.
- **무해와 유익** 치료자는 항상 내담자의 안녕을 적극적으로 추구하고 내담자에게 최대의 유익을 제공해야 한다.
- **공정성** 공평함은 치료자가 맺는 전문적 관계에 빠질 수 없는 요소다. 그 대상이 내담자든 동료든 학생이든 마찬가지다.
- **성실성** 치료자는 "자신의 내담자와 자신이 하는 전문적 업무에 지속적으로 헌신한다. 치료자는 믿을 만하고 책임감이 있으며, 내담자와의 관계를 변함없이 신뢰하고, 치료 동맹을 가치 있게 여기고 보호하며, 내면과 일치하는 진실한 의사소통을 한다"(Seligman, 2004, p. 356).

이러한 일반 원칙에 더하여, 가장 중요한 윤리 지침들로 다음과 같은 것들을 들 수 있다. 각 표제어는 미국상담자협회(ACA)의 윤리 강령(2005, p. 3)에서 따온 것이다.

- **상담 관계** 앞서 언급한 것처럼 치료자는 항상 내담자에게 최대한의 유익을 주기 위해 노력해야 한다. 치료자는 치료 계획을 세우고 적절한 접근 방법을 사용하는 데 유능하여야 한다. 만약 자신의 치료가 내담자에게 더 이상 유익하지 않다고 생각한다면 보다 적합한 사람이나 기관에 의뢰해야 한다. 소속 학회의 윤리 강령에 따라 내담자에게 잠재적으로 해가 될 수 있는 이중 관계(예 : 자신의 학생, 가족 등)를 피해야 하며, 과거나 현재의 내담자와 성적 관계를 맺어서는 안 된다. 내담자에게 상담의 방식과 절차에 관한 정보를 제공하고 해당 지역에서 일반적으로 통용되는 상담비를 청구해야 한다. 치료자는 자신의 모든 전문적 교류 속에 다양성 및 인간의 권리와 존엄성에 대한 존중심이 반영되도록 해야 한다.

- **비밀 유지** 치료자는 비밀 유지의 의무와, 그것을 지킬 수 없는 예외적 경우에 대해 내담자에게 알려야 한다. 대부분의 경우에 치료자는 내담자의 비밀을 지켜야 하며 고용된 직원 또한 이 윤리 기준을 따르게 해야 한다. 내담자가 미성년자이거나, 자신이나 타인에게 위험한 행동을 할 때, 혹은 아동·노인·장애인의 학대와 관련이 있을 때는 비밀 보장의 원칙을 지킬 수 없으나 이때에도 충분히 심사숙고하여 대처해야 한다.

- **전문적 책임성** 치료자는 자신의 역량이 미치는 범위 안에서만 일해야 한다. 전문성을 키우고 유지하는 일과, 관련 학회의 활동에 적극적으로 참여해야 한다. 동료들과 바람직한 관계를 맺고 필요할 때 기꺼이 자문을 구하며, 경력과 자격증 등을 정확하게 공개하고, 결코 내담자나 피고용인을 이용하거나 착취해서는 안 된다.

- **심리평가와 검사 해석** 치료자는 진단과 심리평가에 대해 충분한 전문적 지식을 갖추고 내담자에게 도움이 되는 범위에서 그것을 사용해야 한다. 내담자의 문제와 관심사에 적합하면서 치료자의 역량을 벗어나지 않는 도구만 사용해야 한다. 검사의 선택·실시·채점·해석은 확립된 절차를 따라야 하며, 다문화적 주제를 충분히 고려해야 한다.

- **교육, 훈련, 슈퍼비전** 교육자와 슈퍼바이저에게도 치료자와 유사한 윤리 기준이 적용된다. 교육과 슈퍼비전의 내용과 방식은 분명해야 하며 수련생들이 이에 대해 정확하게 알 수 있도록 해야 한다. 교육자와 슈퍼바이저는 자신이 가르치는 사람들에게 정확하고 유용한 피드백을 제공해야 하며, 수련생이 교육적 혹은 정서적 어려움을 겪을 때는 필요에 따라 다른 전문가에게 의뢰할 수 있어야 하고, 만약 수련생이 자신의 전문적 발달과 관련해 부당한 결정이 내려졌다고 믿을 때는 이를 호소할 수 있는 방안을 마련해야 한다. 교육자와 슈퍼바이저는 자신의 수련생이 해당 전문가 집단의 윤리적 기준을 잘 알고 그것을 지킬 수 있도록 해야 한다.

- **연구와 출판** 정신건강 분야의 저술가와 연구자들 또한 윤리적 기준을 지켜야 한다. 연구자는 연구 참여자에게 해를 끼쳐서는 안 된다. 참여자들이 자발적으로 동의할 수 있는 기회를 주어야 하며, 참여자와 동료들에게 자신이 하고 있는 연구에 대해 분명히 알려야 하며, 전문 학술지에 투고할 때는 관련 지침을 지켜야 한다. 다른 사람으로부터 도움을 받았을 때는 이를 적절하게 공지해야 한다.

상담 구조화

치료를 본격적으로 시작하기 전에 치료 과정에 대한 정보를 제공받는 내담자들은 대체로 치료의 절차와 자신의 역할을 더 잘 이해하고, 긍정적인 변화에 대한 기대가 더 크고, 자신의 관심사에 대해 더 잘 이야기하고 더 기꺼이 자기개방을 하려고 한다. **상담 구조화**는 내담자에게 치료를 소개하는 과정으로서, 치료자는 이를 통해 내담자가 치료 과정을 잘 이해하고 활용하여 상담에서 좋은 결과를 얻을 수 있도록 돕는다. 상담 구조화는 내담자와 치료자가 공동의 작업에 생산적으로 참여하도록 북돋우며 상담의 성공과 효율성에 크게 기여한다.

구조화를 하는 치료자는 치료 초기에 다음과 같은 주제들을 내담자와 나눈다. 그리고 그 주제들을 내담자가 잘 이해하고 편안하게 느끼는지를 확인한다.

- 치료 과정의 속성
- 치료는 어떻게 긍정적 변화를 촉진하는가
- 상담과 심리치료에 잘 반응하는 문제들
- 내담자-치료자 관계의 협력적 속성
- 치료자의 역할과 책임
- 내담자의 역할과 책임
- 내담자의 솔직성과 자기개방의 중요성
- 치료 관계의 윤리적 측면. 특히 비밀 유지의 원칙과 예외 상황에 관한 지침
- 치료자에게 연락을 취하는 방법과, 내담자가 위급한 상황에 처했을 때의 행동 요령
- 보험사 등 제삼자로부터 상담비를 지불받는 절차
- 상담비와 상담 스케줄
- 치료를 통해 현실적으로 기대할 수 있는 변화의 종류
- 치료에 따르기 마련인 어려움들

상담 구조화는 대체로 첫 면접에서 이루어진다. 다음 자료는 디아즈 가족에 대해 소개하는 글인데, 이 책 전체에서 이 가족이 계속 등장할 것이다. 질문하기와 면접을 위한 연습 및 초기 면접 자료가 뒤이어 제시된다.

디아즈 가족에 대한 소개

이 책은 이론에 대한 이해와 함께 상담 기법을 익히는 데도 역점을 두고 있으므로 가능하면 실제 사례를 많이 제공하려고 한다. 그중에서도 가장 자주 만날 내담자는 디아즈 가족이다. 이들은 각 장의 마지막에 등장하여 그 장에서 논의된 치료 접근의 한 측면을 예시하게 된다. 3명으로 구성된 이

가족을 통해 나는 독자들에게 남녀, 부모와 자녀, 문화적 다양성을 가진 사람들에게 어떻게 치료적 개입이 이루어지는지를 보여주려고 한다. 이 가족은 에디 디아즈와 남편 로베르토, 그들의 딸 에바로 구성된다. 이들은 여러 가지 문제를 드러내지만, 이들이 자신의 삶을 더 잘 살 수 있도록 돕는 방법 또한 다양하게 제공된다. 앞으로 사례들이 이 점을 보여줄 것이다. 사례를 공부함으로써 독자들은 각 장에 등장하는 이론과 전략과 기법을 적용하는 방법을 익히게 될 것이다.

에디 디아즈

에디 디아즈는 가족의 치료를 요청한 사람이다. 38세인 그녀는 유대계 백인으로, 뉴욕의 브루클린에서 태어났으며 어렸을 때 생부, 생모 그리고 언니와 함께 지냈다. 아버지는 회계사였으며, 어머니는 주부였다. 에디가 4살이었을 때 어머니는 아버지가 바람을 피우는 것을 알고 이혼을 요구하였다. 에디와 매우 가까웠던 아버지는 가족을 떠나게 되었다.

이혼 후 어머니는 아이들과 함께 친정으로 돌아갔고 가족을 부양하기 위해 백화점에서 점원으로 일하기 시작했다. 아이들을 돌보는 일은 외할아버지와 외할머니가 맡았다. 외할머니는 아이들을 떠맡게 된 것에 대해 짜증을 부렸고 아이들, 특히 에디에게 매우 비판적이었다. 외할아버지도 아이들에게 심하게 대했다. 현재 두 사람은 고인이 되었으나, 에디는 그때 받았던 상처를 생생하게 기억하고 있으며 그들에 대해 여전히 강한 분노를 느끼고 있다.

에디는 10살이 되었을 때 암 진단을 받았다. 약물치료를 받으면서 머리카락이 빠지고 체중이 불었다. 급우들의 놀림으로 안 그래도 낮은 자존감이 더 낮아졌다. 그렇지만 한편으로 좋은 점도 있었다. 아버지를 자주 만나게 된 것이다. 아버지는 선물을 들고 병원을 자주 방문하였다. 그 일은 에디에게 다시 한번 가족이 있다는 느낌을 주었다. 에디와 아버지는 그 후 계속 연락을 주고받았는데, 지금도 최소한 한 달에 한 번씩은 만나고 있다.

암 발견 당시 에디의 예후는 별로 좋지 않았지만 치료를 받은 이후로 지금까지 건강한 상태로 지내고 있다. 그렇지만 항암치료는 임신을 어렵게 하는 문제를 가져왔고, 에디의 마음속에 지속적인 불안을 남겨놓았다.

에디가 14살이 되었을 때 어머니는 재혼을 하였다. 에디는 의붓아버지를 신체적으로나 정서적으로 매우 거친 사람으로 묘사하였다. 그는 아이들에게 소리를 지르고, 아무짝에도 쓸모없다고 욕하고, 자주 폭력을 행사했다. 에디는 가능한 한 그를 피하는 것으로 이 어려움을 대처했다. 어머니에게 불평하면 어머니가 화를 내고 벌을 주리라고 두려워하였다.

에디는 18살까지 어머니, 의붓아버지와 함께 살았다. 학교에서는 항상 좋은 학생이었고 대학에서는 장학금을 받았다. 대학을 졸업한 후 도서관학 분야에서 석사학위를 받고 딸 에바를 출산할 때까지 사서로 근무하였다.

에디는 로베르토를 만나기 전까지 남자와 데이트를 해 본 경험이 별로 없었다. 로베르토는 에디가 일하던 도서관에 와서 컴퓨터를 설치한 적이 있었는데 그때 에디에게 접근하여 점심을 같이 먹자고 하였다. 6개월 동안 데이트를 한 후 그는 프러포즈를 하였고 에디는 이를 받아들였다. 에디가

24살, 로베르토가 28살 때 두 사람은 결혼을 하였다. 이들은 다양한 관심사와 취미 활동을 공유하면서 매우 가까운 관계를 맺었지만, 아이를 갖기 위해 긴 시간 너무 애쓴 것이 결혼 생활에 부정적인 영향을 끼쳤다. 1년간 불임치료를 받고 마침내 에바를 가지게 되었지만, 둘째를 갖는 데는 실패하였으며 이것이 에디에게는 큰 슬픔의 근원이 되었다.

에디는 첫 불임치료를 받을 때부터 결혼 생활의 곤란과 정서적인 어려움을 느꼈다고 하였다. 에바가 태어난 후에는 딸을 돌보기 위해 직장을 그만두었다. 그것은 성공적인 경력을 포기하는 일이었으나, 하나뿐인 딸을 지키기 위해서는 모든 힘을 쏟아야 한다고 느꼈다. 에디는 슬픔과 외로움을 오랫동안 느꼈는데 이것이 더 심해지고 있다고 말하였다. 결혼 후에 에디는 체중이 20kg 이상 늘었다. 로베르토와의 관계에서도 즐거움이나 친밀감을 거의 얻지 못하고 있다. 작년에 에바가 9살이 된 뒤로 다시 사서 일을 시작하였지만 에바에 대한 걱정과 죄책감, 자신감 상실을 크게 느끼고 있다.

에디는 친아버지뿐만 아니라 어머니, 언니와도 계속 연락을 하면서 지내고 있다. 어머니는 에디를 함부로 대했던 의붓아버지와 여전히 함께 살고 있다. 에디는 의붓아버지와 함께 있으면 고통스럽고, 에바 혼자만 의붓아버지와 있게 하는 일은 결코 하지 않는다고 하였다. 언니와는 이메일로 자주 연락을 주고받지만 사는 곳이 멀어서 직접 만나는 일은 드물다. 언니는 그동안 여러 남자들과 만족스럽지 않은 관계를 이어왔지만 최근에는 한 여성과 매우 친밀한 관계를 맺고 있다.

로베르토 디아즈

로베르토의 가족배경은 에디와는 아주 다르다. 로베르토의 조부모와 부모는 푸에르토리코 출신이다. 로베르토는 8남매 중 다섯째로 뉴욕 시에서 출생하였다. 그는 부모와 자주 만나지만, 부모는 그가 어렸을 때부터 별거 상태에 있었다. 그래도 그는 자신의 가족이 따뜻하고 사랑이 많으며 언제라도 도움을 주려고 한다고 묘사하였다.

로베르토의 이웃들 중에는 거친 사람들이 많았다. 그도 어린 나이에 갱단과 어울려 지냈다. 아버지는 그에게 주먹과 무기로 자신을 지키라고 가르쳤다. 그는 몸집도 크고 겁도 없어서 또래들 중에서 리더 역할을 하였다.

로베르토는 학교생활은 별로 관심이 없었고 독학을 선호했다. 그는 17살 때 자퇴를 한 뒤 고졸검정고시를 통과하였고 컴퓨터 업무 훈련을 받았다. 지금은 인터넷 시스템을 설치하는 일을 즐겁게 하고 있다. 그는 자신의 능력과 가족을 위해 꽤 많은 수입을 올리는 것에 커다란 자부심을 느끼고 있다.

로베르토는 에디를 만나기 전에 짧지만 두 번의 결혼 경력이 있었으며 많은 여자들을 만났다. 그는 에디의 지능과 안정감 그리고 다정한 태도에 매력을 느꼈다. 결혼을 통해 그는 자신이 찾던 헌신적이고 사랑이 충만한 관계를 누릴 수 있으리라고 기대하였다. 그러나 그는, 자신이 비록 가족과 매우 가깝기는 하지만 에디가 오랜 기간 동안 계속해서 불행감을 느끼는 것에 낙담하였다고 말하였다. 그는 이즈음 부부 사이가 친밀하다고 느끼는 일이 거의 없고 만족감이 없다고 하였다. 그는 치료자에게 자신이 '거의 한계에 도달'했으며 에디가 빨리 변해야 이 결혼이 지속될 것이라고 말하였다. 42살인 그는 자신의 삶이 제 궤도에 다시 오르기를 간절히 바라고 있었다.

에바 디아즈

에바는 10살로, 키가 크고 외모와 기질이 아버지를 닮았다. 최근 학교에서 말썽을 부리고 있는데, 담임교사는 에바가 약한 아이들을 괴롭힌다고 하였다. 학업 성적은 좋은 편이어서 영어와 역사 과목에서 뛰어난 점수를 받지만 점점 학교에 흥미를 잃고 있는 것 같았다. 에바는 이웃에 사는 친구 1명과 가깝게 지내지만 다양한 아이들과 두루 잘 사귀는 편이다.

독자들은 이 책 전반에 걸쳐서 디아즈 가족을 만나고 그들의 장점과 어려움에 대해 더 많이 알게 될 것이다. 또한 에디와 로베르토와 에바, 그리고 독자 자신의 내담자들을 돕는 효과적인 방법들을 배우게 될 것이다.

기법 개발 : 질문과 면접

이 장에서는 두 가지 중요한 기법을 소개한다. 질문하기와 첫 면접(또는 접수면접)하기가 그것이다. 질문은 이론적 지향과 상관없이 모든 치료자들이 하는 일이다. 그들은 치료 과정 전체에 걸쳐 질문을 하여 정보를 얻고 내담자의 자기탐색과 자각과 표현을 촉진한다.

초기 면접을 할 때도 질문은 첫 번째 도구가 된다. 많은 정신건강 기관들이 내담자 정보를 체계적으로 얻는 방법으로 구조화된 접수면접을 한다. 접수면접은 일관성 있고 철저하게 정보를 파악하는 데 도움이 되며, 각 내담자를 이해하는 데 필수적인 정보를 얻을 가능성을 높여준다. 학교에서 일하는 치료자나 개인 상담실을 운영하는 치료자들은 공식적인 접수면접을 하지 않을 가능성이 많으나, 이들도 접수면접에서 다루는 주제들을 염두에 두면서 상담을 하는 것이 좋다. 물론 공식적인 접수면접보다 덜 구조화된 방식으로 정보를 얻을 것이다.

⚙ 질문하기

질문은 강력한 도구다. 질문은 치료가 핵심 주제에서 벗어나지 않게 하며, 정보를 얻고, 탐색을 촉진하고, 자각과 이해를 깊게 한다. 그러나 질문은 치료자와 내담자 사이의 권력의 불균형을 심화시킬 수도 있다. 내담자로 하여금 판단받고, 공격당하고, 무시당한다고 느끼게 하며, 상담 시간을 심문 시간으로 변질시킬 수 있다. 내담자의 진술에 치료자가 네 가지 다른 질문을 하는 다음 예를 보라.

내담자 : 오늘 상담 오는 길에 과속 딱지를 끊었어요.
치료자 반응 1 : 무슨 일이 있었죠?
치료자 반응 2 : 그 일에 대해 어떻게 느꼈어요?
치료자 반응 3 : 왜 그런 일을 했어요?
치료자 반응 4 : 얼마나 빨리 달렸어요?

각각의 질문은 상담 시간을 다른 방향으로 이끈다. 그중 어떤 것은 다른 것보다 더 바람직하다. 앞의 두 질문은 내담자에게 도움이 될 수 있다. 반응 1은 그 사건을 묘사하고 처리할 수 있는 기회를 준다. 이를 통해 내담자는 아마도 행동상의 문제와 충동통제의 어려움을 더 잘 자각할 수 있을 것이다. 반응 2는 감정의 탐색을 북돋운다. 자신의 치료와 관련된 느낌을 함께 논의할 수 있는 기회가 될 수도 있다. 이 두 반응은 판단적이지 않으며 내담자가 반응할 수 있는 범위를 폭넓게 열어둔다. 그러나 반응 3과 4는 치료 과정에 긍정적인 영향을 주기 어렵다. 반응 3을 들은 내담자는 자신이 어리석은 선택을 했고 벌을 받아 마땅하다는 뜻으로 치료자의 말을 해석할 수 있다. 반응 4는 한정된 구체적인 정보를 얻고자 했다. 이 정보가 상담 과정상 적절할 수도 있으나, 내담자의 언급 직후에 속도를 물어본 것은 그것이 가장 중요하다는 뜻으로 들릴 수 있다. 만약 정말 너무 빨리 달렸다면 그 정보를 치료자에게 공개하는 것이 내담자를 당혹스럽게 할 수 있고 심지어 실제 정보를 숨기도록 할 수도 있다. 질문의 성격과 타이밍은 라포를 형성하고 상담 목표를 성취하는 데 중요한 도구가 된다.

목적을 가지고 질문하기 치료자가 내담자에게 어떤 질문을 할 때는 상담 시간을 어떤 방향으로 이끌고 싶은지, 또 자신의 반응이 내담자에게 어떤 영향을 주기를 바라는지를 생각한다. 초심 치료자에게는, 그런 수준의 자각과 의도를 가지는 것은 거의 불가능해 보일 것이다. 그러나 훈련과 경험은 그런 임상적 판단을 매우 빠르게, 심지어 자동적으로 하게 한다. 초보 치료자들도 상담 축어록을 보고 치료자 반응의 의도와 효과를 추론할 수 있다.

질문을 구상할 때는 다음 사항을 고려해야 한다.

- 어떤 정보를 얻고 싶은가
- 그 정보가 치료 과정에 어떤 기여를 할 것인가
- 질문에서 강조하거나 초점을 맞추고 싶은 부분은 무엇인가
- 상담 시간을 어떤 분위기로 만들고 싶은가

개방적 질문과 폐쇄적 질문 질문은 개방적이거나 폐쇄적이다. 개방적 질문은 대체로 내담자의 묘사와 이야기를 이끌어내고자 하는 목적이 있다. 그 이야기에는 내담자의 감정, 생각, 행동, 경험이 들어 있다. 개방적 질문은 폐쇄적 질문에 비해 더 길고 더 깊은 반응을 이끌어내며, 대체로 더 강력하고 생산적이다. 개방적 질문은 답변의 폭이 넓은 만큼 내담자에게 책임감과 융통성을 부여한다. 개방적 질문은 종종 "어떻게", "무슨", "왜" 등과 같은 단어로 시작된다. 앞의 반응 1, 2, 3이 그런 예가 된다. 이런 질문을 받으면 적어도 몇 개의 문장으로 반응하게 된다. 이런 개방적 질문은 내담자의 자각과 탐색을 촉진하기 때문에 치료자들은 폐쇄적 질문보다 개방적 질문을 훨씬 선호한다.

폐쇄적 질문은 구체적인 정보, 특히 어떤 사실에 대한 정보를 요청하는 것으로 몇 마디의 한정된 반응만을 이끌어낸다. 이런 질문은 종종 "누가", "언제", "어디서"와 같은 단어로 시작되거나 "…을

했나?", "…이 맞나?"와 같은 단어로 끝맺는다. 폐쇄적 질문을 받은 사람은 즉각 대답해야 한다는 압박감을 느낄 수 있다. 앞의 반응 4는 그런 예가 될 것이다.

그러나 폐쇄적 질문도 상담에서 적절하게 사용될 수 있다. "형제가 있습니까?", "다음 주 상담 시간을 잡고 싶으세요?", "어디서 태어났어요?"와 같은 질문들은 중요한 정보를 이끌어낸다. 또한 폐쇄적 질문은 표류하고 있는 상담 시간에 초점을 부여하거나 감정이 혼란스러운 내담자들로부터 좀 더 분명한 정보를 얻을 수 있게 한다. 예컨대 치료자는 이렇게 말할 수 있다. "강도를 당한 일이 대단히 무서웠을 것 같습니다. 그날 일어난 일을 좀 더 분명하게 알고 싶군요. 누가 따라온다는 걸 언제 처음 눈치챘어요? …그 강도가 뭐라고 말했어요? …돈을 주기로 한 건 언제였어요? …강도당 한 일을 누구에게 처음으로 말했어요?" 보통은 감정에 초점을 맞추는 일이 유익하지만, 내담자가 매우 혼란스러워할 때는 폐쇄적 질문이 내담자로 하여금 객관적 사실을 바라보게 하는 데 도움이 된다. 감정에 초점을 맞추는 일은 그다음에 하면 된다.

솜씨 있게 질문하기 다른 개입도 마찬가지지만, 질문은 분명하고 간결하며 이해하기 쉬운 말로 해야 한다. 질문은 내담자에게 용기와 힘을 주고, 치료에 진전을 가져와야 한다. 일반적으로 "무엇"이나 "어떻게"와 같은 질문은 탐색을 촉진하고 내담자가 받아들이기 쉽지만, "왜"로 시작되는 질문은 앞의 치료자 반응 3처럼 비난하는 듯한 느낌을 줄 수 있다.

질문은 의문문의 형식을 취할 수도 있고 그렇지 않을 수도 있다. "강도 만난 일에 대해 좀 더 이야기해주세요"는 후자의 예가 될 것이다. 이런 간접 질문도 직접 질문과 동일한 지침을 따르면 된다.

완급을 조절하며 질문하기 쉼 없는 질문은 치료 과정에 부정적인 영향을 끼친다. "왜"로 시작되는 질문이 그렇듯이, 연속 질문은 내담자의 방어성을 증가시키고 치료자의 힘을 과장하게 된다. 정보 탐색이 많이 이루어지는 초기 면접이라 하더라도 질문 폭격을 퍼부어서는 안 된다. 그 대신 감정이나 의미의 반영과 같은 다른 기법이 질문 사이사이에, 혹은 질문과 함께 자리 잡아야 한다. 그렇게 해야 상담 회기에 대화의 흐름이 생기고, 상담의 본래 특성인 협력의 분위기가 만들어진다. 아래 대화는 연속 질문이 다른 개입과 함께 사용되어 더 부드럽게 전달되는 상담 장면을 예시한다.

내담자 : 어제는 너무 불안이 심해서 이러다가 정신을 잃는 게 아닐까 싶었어요.

치료자 : 몹시 무서웠겠어요. 무엇 때문에 불안했을까요?

내담자 : 아마 그 전화 때문인 것 같아요.

치료자 : 전화요?

내담자 : 남동생한테서 전화가 왔어요. 벌써 몇 년째 연락도 없이 지냈는데, 갑자기 전화를 해서는 자기 딸 결혼식에 오라고 하지 뭐예요.

치료자 : 아마 그 전화가 여러 복잡한 감정을 불러일으켰나 보군요.

내담자 : 맞아요. 충격을 받고 화가 났어요. 하지만 동시에 걔로부터 소식을 듣게 되어 다행이다 싶었어요. 도무지 살아 있는지조차 몰랐다니까요.

치료자 : 긍정적인 감정과 부정적인 감정이 섞여 있었네요! 그 전화와 관련해 또 어떤 생각을 했어요?

질문의 주제 질문의 방식과 속도가 치료 관계 발달에 영향을 미치듯이, 질문의 내용도 당연히 그것에 영향을 미친다. 상담에서 나누지 못할 주제는 없지만, 내담자가 어느 정도 편안하게 다룰 수 있을 때 그 주제를 대화의 테이블에 올려야 할 것이다. 예를 들어, 첫 상담을 시작하자마자 10분 동안 내담자가 학대받은 사실을 이야기하도록 하는 것은 아마도 어리석은 일이 될 것이다. 하지만 내담자와 어느 정도 라포가 형성된 다음에는 그것에 대해 이야기하는 것이 치료의 성공에 꼭 필요한 일이 될 것이다.

치료자는 자신의 질문이 내담자에게 큰 고통을 가져오지 않도록 조심해야 한다. 내담자가 아직 나누기를 주저하는 영역이나, 고통스러운 기억, 혹은 맺힌 것이 많은 주제들은 매우 조심해서 질문해야 한다.

질문은 치료에 직접 관여하지 않는 사람보다는 내담자 본인에게 초점을 맞출 때 더 유용한 정보를 이끌어낸다. 예컨대 "어머니가 아버지를 떠난 이유가 무엇일까요?"보다는 "어머니가 아버지를 떠났을 때 당신은 어떤 생각을 했었나요?"라고 질문하는 것이 더 생산적일 가능성이 많다. 첫 번째 질문은 초점을 내담자에게서 거두어들이고 내담자에게는 독심술을 요구한다. 그러나 두 번째 질문은 초점을 내담자에게 맞추고 자기탐색을 격려한다. 이 장의 마지막 부분에 나와 있는 연습은 독자들의 질문 기술을 향상시키고 여기서 다룬 개념을 적용할 수 있는 기회를 줄 것이다.

초기 면접과 평가

초기 면접은 내담자를 다른 치료자에게 의뢰하기 전에 시행하는 공식적인 절차일 수도 있고(접수면접), 전체 상담의 첫 회기나 둘째 회기 동안 실시하는 구조화된 면접일 수도 있으며, 상담의 초기에 내담자를 알아가는 비구조화된 면접을 가리킬 수도 있다. 초기 면접은 내담자와 치료자, 그리고 맥락에 따라서 매우 다르다. 예를 들어 학교치료자가 구조화된 초기 면접을 하는 경우는 매우 드물다. 그보다는 학생을 여러 차례 짧은 시간 동안 만나면서 서서히 정보를 모으는 경우가 더 많다. 병원 응급실에서 이루어지는 접수면접은 주로 현재에 초점을 맞추고, 내담자 증상의 심각성을 평가하는 용도로 사용된다. 지역사회 정신건강센터에서는 일반적으로 구조화되고 종합적인 초기 면접이 이루어진다.

종합적인 초기 면접의 주된 목적은 내담자의 과거사, 현재 상황, 주 호소 문제, 기타 특성들에 대해 충분한 정보를 얻어서 정확한 진단을 내리고 성공할 가능성이 높은 치료 계획을 세우는 데 있다. 또한 내담자가 자기 자신이나 다른 사람을 해칠 위험이 있는지도 평가한다. 대개 초기 면접은 치료 관계의 처음 몇 회기 동안 이루어지기 때문에, 치료자는 이 시간을 이용해 내담자에게 치료에 대해 설명하고(상담 구조화) 라포를 형성하며 협력적인 치료 동맹을 촉진해야 한다.

초기 면접 동안 내담자는 기본 정보를 제공하는 질문지를 작성할 수도 있지만, 초기 면접은 기본적으로 내담자와 치료자가 대화를 하는 과정이다. 질문이 주된 도구가 되겠지만, 앞서 논의한 것처럼 질문 폭격은 중요한 정보를 얻는 일에서나 라포를 형성하는 일에서 전혀 생산적이지 않다. 초기 면접을 할 때는 앞에서 논의한 질문하기의 지침들을 따라야 한다.

초기 면접의 내용 종합적인 초기 면접은 다음 주제들을 포함한다. 이때 질문의 내용과 주제의 순서와 면접의 심층성은 내담자의 나이, 문제, 동기, 자기개방 수준, 면접이 이루어지는 세팅, 치료자의 이론적 지향에 따라서 조정된다(Seligman, 2004).

- 인적 사항과 인구통계학적 정보 ─ 나이, 결혼 여부, 거주지 등
- 주 호소 문제 ─ 상담을 신청하는 이유, 증상, 문제가 시작된 때와 지속 기간, 문제가 내담자의 생활에 미치는 영향, 문제해결을 위해 그동안 했던 노력 등
- 이전에 경험했던 정서적인 문제와 부가적인 문제들
- 현재 상황 ─ 중요한 관계, 직업 및 교육 활동, 사회 및 여가 활동, 스트레스의 원천, 만족의 원천 등
- 인종, 문화, 종교, 사회경제적 정보
- 가족배경 ─ 원가족 및 현재 가족의 구성, 가족구성원 간의 관계, 양육 스타일, 부모가 보여준 역할 모델, 가족의 핵심 가치, 가족의 장점과 문제점 등
- 발달사
- 직업적 경력과 교육적 배경
- 신체적 건강 ─ 과거와 현재의 주요 질병, 중요한 의학적 치료 경험 등
- 건강 관련 활동 ─ 약물과 알코올 사용, 운동, 섭식, 전반적인 자기관리 등

치료자가 이런 주제들을 탐색하고 질문하는 것에 더하여, 내담자에게 자신이 중요하다고 여기는 것에 대해서 치료자에게 말할 수 있는 기회를 주어야 한다.

초기 면접의 예

다음은 에디 디아즈와의 첫 면접이다. 에디는 집에서 가까운 지역사회 정신건강센터를 방문하여 상담을 신청하였다. 그녀의 치료자는 에디보다 10살 정도 많은 여성이다. 에디는 첫 면접을 시작하기 전에 상담에 대해, 또 내담자 역할에 대해 기본적인 정보를 제공받았다.

이 축어록을 읽을 때 독자들은 면접에서 질문이 어떻게 사용되는지에 대해 특히 관심을 기울여서 보기 바란다. 질문이 개방형인지 폐쇄형인지, 질문이 치료자의 다른 반응과 어떻게 조화를 이루는지 주목하라. 각 질문에서 치료자의 의도를 추측해보라. 또한 이 면접의 내용과, 초기 면접에서 일반적으로 다루어지는 주제들을 비교해보라. 한 번의 초기 면접에서 모든 주제를 다 다루기는 어렵다. 혹시 내담자의 삶에서 중요한 부분이 누락되었는가? 그 영역은 이 시간에 다루는 게 좋았겠는가, 아니면 에디와 치료자가 라포를 형성할 때를 기다려 나중에 다루는 것이 좋겠는가? 어떤 주제와 질문이 특히 유익했는지, 또 어떤 것들이 부정적인 영향을 끼쳤을지도 생각해보라. 당신이 치료자라면 이 초기 면접을 어떤 식으로 개선해보겠는가?

치료자 : 에디, 지금까지 우리는 상담 동의서를 작성했고, 상담 과정에 대해서도 이야기를 나눴어요. 혹시 더 궁금한 게 있으세요?

에디 : 아니요. 모든 게 상당히 분명해졌어요.

치료자 : 혹시 우리가 같이 상담하는 중에라도 질문이 있으면 편안하게 하세요.

에디 : 고맙습니다. 그렇게 할게요.

치료자 : 신청서를 보니 당신은 38세고, 남편 로베르토, 딸 에바와 함께 살고 있네요.

에디 : 예.

치료자 : 어떤 일로 지금 이 시점에 상담을 신청하게 되었나요?

에디 : 여러 가지요. 뭣부터 시작해야 할지 잘 모르겠어요.

치료자 : 어떤 것이든 괜찮아요. 한 가지 이야기를 하다 보면 아마도 자연스럽게 또 다른 이야기가 연결되어 나올 거예요. 그렇지만 상담 약속을 잡으려고 전화기를 들 때는, 사람들은 보통 어떤 구체적인 관심사를 생각하거든요. 에디의 경우에도 그랬는지 궁금하군요.

에디 : 음, 맞아요. 나도 그런 것 같아요. 에바가 몇 주 뒤에 10살이 되는데 걔하고 생일 파티를 계획하고 있었어요. 그러다가 에바가 자러 들어갔는데, 문득 내가 10살 되던 해를 떠올리게 되었어요. 참으로 힘든 시기였어요.

치료자 : 제가 보니, 그때를 생각만 해도 강한 감정이 올라오는 것 같아요. 무슨 일로 그렇게 힘들었어요?

에디 : 10살 때 제가 암 진단을 받았는데, 참 무서웠어요. 항암치료를 받고, 머리가 모두 빠지고, 심지어 눈썹까지 다 빠지고… 체중은 엄청 불었어요. 그 나이 여자애한테 그게 어떤 일이었는지 이해하실지 모르겠네요. 나는 무슨 이상한 별종 같았어요. 모든 사람들이 내가 곧 죽을 것처럼 행동했어요. 거의 모든 사람들이….

치료자 : 참 끔찍한 일을 겪었군요. 정말 무서웠겠어요.

에디 : 정말 그랬어요. 같은 일이 에바에게 생길까 봐 겁이 나요. 에바는 내게 모든 걸 의미해요. 내가 겪었던 일을 그 애가 겪는다면 전 못 견딜 것 같아요. 그리고 제 건강에도 여전히 자신이 없어요. 이미 오래전에 의사들이 저더러 완치되었다고 말해줬지만 여전히 믿기가 어렵네요.

치료자 : 당신에게 그토록 중요한 에바 걱정도 되고, 당신 자신에 대해서도 걱정이 된다는 말이네요…. 아까 암에 걸렸던 때를 이야기할 때 누군가를 떠올리는 것 같았어요. 다른 사람들과 달리 당신의 병세에 대해 희망을 가졌던 사람이요.

에디 : 예, 아빠가 그랬어요.

치료자 : 그 일이 어떤 영향을 줬을까요?

에디 : 엄청난 영향을 줬어요. 모든 것이 혼란스러웠을 때 유일하게 좋은 일이었어요. 아빠는 제가 4살 때 엄마와 이혼을 했어요. 엄마 말로는 아빠에게 다른 여자가 있었대요. 그래서 이혼했고, 엄마는 저와 언니가 아빠를 만나는 걸 싫어했어요. 그 후 한 6년 동안 아빠를 별로 못 봤지요. 그런데 제가 암 진단을 받았다는 말을 듣고 저를 꼭 만나야 되겠다고 고집을 부리신 거예요. 그때 처음으로 부녀 관계라는 걸 만든 셈이지요. 저를 데리고 나가서 아이스크림도 사주시고 제게 일어난 일에 대해 설명도 해주셨어요. 아무도 안 그랬는데요, 아빠가 그때 제 곁에 있어 주신 거죠. 그 후로 계속 가깝게 지내요.

치료자 : 말씀하시는 걸 들어보니 아빠와의 관계는 정말 중요했군요.

에디 : 그럼요. 로베르토도 에바와 그렇게 친밀하게 지냈으면 좋겠어요.

치료자 : 암과 관련된 경험은 이후에 더 이야기할 기회가 분명히 있을 거예요. 지금은 기왕 이야기가 나왔으니 가족 이야기를 좀 하면 좋겠어요. 로베르토와 에바의 관계는 어떤 것 같아요?

에디 : 재미있게도 둘이 닮았어요. 둘 다 키도 크고 골격도 크고 성격도 비슷하거든요. 그런데 종종 싸워요. 둘 다 고집이 세요. 로베르토는 정말 일중독자예요. 일을 하지 않으면 컴퓨터 앞에 딱 붙어 앉아가지고, 무슨 새로운

소프트웨어를 돌려보거나 인터넷 서핑을 해요. 직장에서는 유능하고, 힘든 일을 맡겨도 잘해내요. 그렇지만 집에만 오면 하숙생 같아요.

치료자 : 그게 당신에게 어떤 영향을 주고 있을까요?

에디 : 정말 상실감 같은 것을 느껴요. 남편과 나는 결혼 당시만 해도 참 행복했어요. 그보다 더 가까울 수는 없다고 느꼈으니까요. 같이 산책하고, 춤도 추러 다니고, 해변에 놀러가고 했었는데… 우리가 함께 했던 모든 게 다 좋았지요. 그런데 차츰 변해갔어요.

치료자 : 변했다고요?

에디 : 제 생각엔 아기를 갖기로 결정했을 때부터가 아닐까 해요. 그놈의 암이, 다시 제 삶에 끼어든 거예요. 의사들은 제가 온갖 치료를 다 받았으니 임신이 어려울 것 같다고 했지만, 저는 결심을 굳히고 전문가란 전문가는 다 만나봤어요. 그리고 몇 달이 지난 뒤에 에바를 가지게 된 거죠. 그렇지만 그런 모든 것들이 우리 결혼 생활에 걸림돌이 된 거예요. 섹스도 임신을 위해 스케줄에 맞춰 했으니까요. 에바를 가진 건 참 가치 있는 일이었지만 그 이후로 우리 사이는 어려워졌어요.

치료자 : 그러니까 에바를 가진 건 참 큰 기쁨과 행복이었으나, 상당한 대가를 지불해야 했다는 뜻이군요.

에디 : 맞아요. 그리고 두 번째 아이를 가지려고 시도했을 때는 일이 더 나빠졌어요. 몇 년을 노력했는지 몰라요. 이제는 자포자기했어요. 에바도 참 좋은데, 여전히 하나가 더 있었으면 하고 바라요.

치료자 : 그 바람이, 슬프게 들려요.

에디 : 예….

치료자 : 그런 감정에 대해서도 나중에 더 이야기를 하고 싶을 거예요. 그렇지만 지금은, 전체적으로 큰 그림을 그려보려면 다른 부분들도 좀 살펴보는 게 좋을 것 같아요. 보통 하루를 어떻게 보내시는지도 궁금하네요.

에디 : 별로 흥미로울 건 없어요. 일찍 일어나서 옷 입고, 에바와 로베르토를 깨우고, 아침 준비하고, 에바 챙겨주고, 둘 다 나가면… 일하러 가는 날이 아니면 집 안 청소하고, 쇼핑도 좀 하고, 저녁에 뭐 먹을지 챙기고, 에바가 집에 돌아오기 전에 꼭 집에 먼저 가요. 여유가 있는 날은 책을 읽거나 텔레비전을 보고요. 작년에 파트타이머로 직장에 복귀했어요. 도서관 사서로 일주일에 이틀 일해요.

치료자 : 그렇게 하루를 보내는 것에 대해 어떻게 느끼세요?

에디 : 좋아요. 늘 집에서 에바 곁에 있고, 도와주고 싶어요. 그래도 최근에는 일을 좀 더 해 볼 생각을 했었어요. 집에서 에바와 함께 있는 것도 좋아했지만, 그래도 직장 생활, 바깥일을 좀 더 했으면 하고 바란 것도 사실이에요. 너무 오랫동안 손을 놓고 있어서 도서관의 새로운 컴퓨터 시스템을 익히는 게 걱정이 되기도 했어요. 그래도 지금까지는 잘 해오고 있어요.

치료자 : 그러니까 지금은 가족을 돌보고 파트타임 일을 하는 데 주로 시간을 보내고 있군요. 또 다른 측면들도 좀 보죠. 아빠 이외에, 다른 가족들하고는 어떻게 지내세요?

에디 : 엄마는 꽤 자주 만나요. 적어도 일주일에 한 번씩은 오세요. 보통 에바가 학교에서 돌아온 후라 같이 시간을 보낼 수 있죠.

치료자 : 엄마하고 같이 있으면 어떠세요?

에디 : 대부분… 서로 잘 지내요.

치료자 : 어쩐지 좀 복잡한 감정이 느껴지는데요.

에디 : 그냥 우리 엄마가 내렸던 결정이 마음에 들지 않고, 그것 때문에 화가 나요. 우리 엄마는 내가 14살 때 재혼을 했는데, 이런 이야기는 하고 싶지 않지만 그 남자는 정말 싫어요. 제가 그 집에서 4년을 같이 살았는데, 내 기억엔 그 사람은 단 한 번도 나한테 친절하게 대해준 적이 없어요. 교과서를 아무 데나 둔다든가, 하여튼 무슨 아주 사소한 잘못이라도 하면 소리 지르고, 때리고… 엄마한테도 그런 식이었고 심지어 지금도 그래요. 왜 도

대체 그런 남자와 사는지 모르겠어요.

치료자 : 의붓아버지에게 대단히 화가 나 있는 것 같아요. 그런 감정이 막 올라오면 어떻게 하세요?

에디 : 의붓아버지에 대해서는 별로 생각을 안 하려고 해요. 만날 일도 별로 없고. 당연하지만 에바 혼자 그 사람과 있게 하지 않아요. 하지만 화날 일은 여전히 생겨요. 지난주에 엄마가 왔을 때, 그때 에바 데리고 파티에 입을 옷을 사러 가려고 했거든요. 근데 막 나가려는 순간 전화가 왔어요. 집에 일찍 온다고 엄마더러 와서 저녁을 차리라는 거예요. 엄마는 뒤도 안 보고 가버렸어요.

치료자 : 의붓아버지에 대해서는 화가 나고, 엄마에 대해서는 뭔가 안 좋은 감정이 있네요. 그런 감정들이 엄마하고의 관계에 어떤 영향을 미쳤을까요?

에디 : 내 감정이 어떤지 엄마한테 여러 차례 말했었거든요. 청소년 시절에 내가 얼마나 행복하지 않은지 엄마한테 분명히 이야기했어요. 하지만 아무 소용도 없었어요. 그래서 그냥 포기했죠. 엄마는 내 생각을 알지만, 안 변해요. 우리 사이에 벽이 있어요.

치료자 : 해 봐야 소용도 없고, 그저 엄마하고 관계를 현 상태로 유지하는 방법을 찾았다는 뜻이지요? 하지만 더 잘 지내고 싶은 바람이 있는 것 같아요.

에디 : 맞아요. 있어요.

치료자 : 그 점도 나중에 다루도록 하지요.

에디 : 그러고 싶어요.

치료자 : 위로 언니가 있는 걸로 아는데, 언니하고는 어떻게 지내세요?

에디 : 그것도 벌써 몇 년째 문제가 있어요. 어렸을 때는 정말 친하게 지냈거든요. 저보다 4살이 많고, 절 보호해 주려고… 하여튼.

치료자 : 보호했다고요?

에디 : 우리는 할아버지 할머니하고 문제가 좀 있었어요. 그렇지만 그 이야기는 별로 안 하고 싶네요.

치료자 : 좋으신 대로 하세요. 앞으로 상담을 같이 하다 보면 그 이야기도 하고 싶을지 모르겠지만, 하지만 어디까지나 당신이 선택할 수 있어요. 요즘은 언니하고 어떻게 지내죠?

에디 : 서로 자주 못 봐요. 언니는 라스베이거스에 살고, 한 방에 인생역전을 꿈꾸죠. 언니 이름이 베스인데, 베스는 남자들, 약물, 도박, 온갖 문제가 있어요. 언니를 설득하려고 노력도 하고, 몇 차례 돈 문제도 도와줬어요. 사실은 최근에 일종의 정착을 하고 있는 셈인데, 어떤 여자하고 같이 살고 있어요… 그 여자는 레즈비언 같아요. 처음에는 정말 견디기 어려웠지만, 전화를 해 보면 언니가 잘 살고 있는 것 같은 거예요. 그러니까 지금까지 만난 사람 중에선 언니한테 제일 좋은 관계라는 말이죠.

치료자 : 언니와의 관계에 일종의 역전이 생긴 거네요. 어렸을 때는 언니가 어떤 어려운 상황에서 당신을 보호해주려고 애썼는데, 어른이 되어서는 당신이 언니를 보호해주려고 애쓰는군요.

에디 : 그러네요. 하지만 언니도 나도 사실은 서로를 보호해줄 힘이 없었죠.

치료자 : 좀 달랐더라면 참 좋았을 거라고 바라는 거죠?

에디 : 맞아요. 그래도 언니는 지금 잘 지내고 있어요.

치료자 : 그게 참 당신에게 위로가 될 것 같아요. 그런데 당신 자신은 약물이나 알코올 때문에 어려움은 없는지 궁금하네요.

에디 : 그런 문제는 없어요. 암에 걸렸을 때는 무슨 약이든 원하는 대로 먹을 수 있었지만. 술은 많이 마신 적이 없어요. 임신하려고 오랫동안 노력하면서 아예 완전히 끊었고 그러고는 다시 시작도 안 한 거예요.

치료자 : 암에 걸렸던 이야기를 해주셨는데, 현재 건강 상태는 어떤가요?

에디 : 의사들 말로는 상태가 좋대요. 그래도 아마 빨리 폐경이 될 거라고 하던걸요. 항암치료 때문이래요. 그리고

임신 전에 비해 한 20kg 체중이 불었어요. 많이 피곤한데… 아마도 체중 때문인 것 같아요.

치료자 : 잠자고 식사하는 건 어떠세요?

에디 : 거의 매일 밤 잠이 잘 안 오고, 그리고 아침에 일찍 일어나니 하루 종일 피곤해요. 먹는 것도 좀 그래요. 가족을 위해 영양가 있는 음식을 만들려고 하는데, 저는 수시로 군것질을… 땅콩버터, 쿠키, 하여튼 주변에 보이는 대로 먹는 것 같아요. 좀 체중 조절도 하고 운동도 해야 한다고 생각은 하는데, 몇 년째 말만 하지 실천은 못하고 있네요. 그것도 선생님이 좀 도와주셨으면 해요.

치료자 : 그 문제도 분명히 다루도록 해요. 오늘 시간을 마치기 전에 몇 가지만 더 물어볼게요. 도서관 사서로 일하시는데, 학교 공부와 직업에 대해서도 좀 더 말씀해주세요.

에디 : 저는 학교에서 항상 좋은 학생이었고, 학교가 좋았어요. 집에서 겪는 모든 문제로부터 피할 수 있는 도피처 같은 것이었을 거예요. 학교가 싫었던 때는 암에 걸렸을 때뿐이었는데, 모든 애들이 절 놀리고 전 학교 가는 게 싫었어요. 저는 사교성이 있거나 인기가 좋은 적이 없었지만 그때 이후로 더 그랬던 것 같아요. 그래도 성적은 계속 좋았지요. 제 목표는 장학금을 받아서 대학을 가서 집을 떠나는 거였는데, 정말 그렇게 했어요! 그래서 고등학교 졸업하고 집을 떠나 주립 대학에 갔죠. 영어 전공이에요. 독서를 좋아했으니 전공이 잘 맞잖아요. 하지만 졸업을 한 뒤로는 정말 뭘 해야 할지 모르겠더라고요. 세일즈 일을 잠깐 했는데 그건 저한테 전혀 아니었어요. 한 1년쯤 뒤에, 도서관학으로 석사학위를 받기로 작정했어요. 아빠한테서 돈을 좀 빌려서 대학원을 갔지요. 학위 받고는 곧바로 뉴욕 공립도서관에 좋은 자리에 취직했고, 빌린 돈도 갚고, 승진도 하고, 그 무렵에 로베르토와 결혼을 했어요. 제 생각엔 그때 저의 우선순위가 바뀌었어요. 결혼에 더 초점을 두고 임신하려고 노력했어요. 그랬지만 일하는 게 저한테는 여전히 좋았어요. 그 일이 바로 제 자리라는 그런 느낌 있잖아요.

치료자 : 그러니까 학업적인 성취와 사서라는 직업은 당신에겐 성공과 자부심의 중요한 원천이었군요.

에디 : 음… 제 표현보다 좀 강하게 말씀하셨는데요, 맞다고 생각해요. 어떤 점에선 그 어떤 곳보다도 더, 도서관에서 일하는 게 만족스럽게 느껴져요.

치료자 : 위로의 원천이기도 하네요. 도서관에 대해 이야기하실 때는 거의 어떤 영적인 느낌까지 있는 것 같아요. 그러고 보니 종교나 영성이라는 것은 당신에게 어떤 의미일지 궁금하네요.

에디 : 공식적인 종교 활동은 이제 더 이상 큰 의미가 없어요. 부모님은 유대인이지만, 회당에 거의 안 가고, 신년제와 속죄일에만 갔어요. 종교 교육도 거의 받은 바 없어요. 무슨 서류에 종교를 써넣는 칸이 있으면 그냥 유대교라고 쓰긴 하지만, 실제로는 아무 활동도 안 해요. 로베르토는 유대인이 아니고, 집안이 가톨릭이거든요. 교회에 가죠. 그렇지만 로베르토는 몇 년째 안 다니고 있어요. 에바에게 종교 교육을 전혀 안 하는 게 걱정이 되긴 하는데 걔도 별로 하고 싶어 하진 않는 것 같아요. 그래도 하나님에 대해 이야기는 해줘요. 저는 어릴 때 하나님을 믿는 게 위로가 되었거든요. 우리 딸도 그런 느낌을 느끼길 바라요. 딸에게 어렸을 때 잠자기 전에 하는 기도를 가르쳐줬었는데, 지금은 기도하지 않더라고요. 선생님 질문에 제가 참 길게 대답을 했네요. 그런데 이것도 제 삶에 혼란을 주는 부분 같아요. 항상 하나님과 뭔가 연결되어 있고, 저의 어떤 영적인 부분과 연결되어 있다고 느껴왔지만, 내가 위선자 아닌가, 전혀 무슨 종교 활동 같은 걸 안 하니까. 같이 이야기해 보면 좋겠다 싶긴 하지만, 이건 리스트상에는 저 밑에 있는 거라고 할 수 있어요.

치료자 : 그래도 그 이야기도 할 수 있을 거예요. 어렸을 때 이야기를 조금 더 듣고 싶어요. 오늘 부모님의 이혼, 부모님과 언니와 의붓아버지와의 관계, 암 발병과 치료, 대부분 즐거웠던 학창 시절 이야기 등을 하셨는데 그 외 또 다른 중요한 일들이 있었을까요?

에디 : 뭐 특별한 건 없는 것 같아요. 엄마 말로는 아기였을 때 조숙해서 걷고 말하는 게 빨랐대요. 이웃에 친구들이 몇 명 있었지만, 전 항상 좀 수줍음이 많은 편이었고 그렇게 인기 있었던 적은 없었어요. 남자는 로베르토 만나기 전에 서너 명 아주 짧게 만난 적이 있었을 뿐이고요. 외할아버지, 외할머니에 대해서는 말씀 안 드렸네요.

치료자 : 그분들과 관련해서는 무슨 이야기를 하고 싶으세요?

에디 : 엄마가 이혼하고 직장에 다닐 때 저희들을 돌봐주셨는데, 지금은 별로 그 이야기는 하고 싶지가 않네요.

치료자 : 좋아요. 그 이야긴 선반 위에 올려두었다가 당신이 원할 때 꺼내도록 해요. 또 다른 중요한 건 없으신가요?

에디 : 제 친구 샌디에 대해서도 이야기하고 싶어요. 이웃에 살았는데, 제가 에바를 가졌을 때 샌디도 첫애를 낳았어요. 둘이 잘 놀고, 우리 둘이도 좋은 친구가 되었죠. 그런데 3년 전에 캘리포니아로 이사를 갔어요. 정말 보고 싶네요. 그래도 서로 연락은 해요. 이메일이 있으니 참 다행이잖아요.

치료자 : 샌디도 당신에게 중요한 사람이군요. 그리고 여기서도 어떤 상실을 겪었네요. 오늘 상담 시간을 마치기 전에 꼭 하고 싶으신 이야기가 있으세요?

에디 : 다 한 것 같아요. 이렇게 많은 이야기를 할 줄 생각 못했어요!

치료자 : 예, 참 많은 부분들을 이야기했지요. 상담을 통해서 도움을 얻고자 했던 것은 정말 중요한 선택이었다고 생각하고, 또 이미 그 과정에 잘 들어오셨다고 생각해요. 오늘 이야기한 것들을 이제 앞으로 다시 살펴보고, 또 혹시 이야기 못한 게 있으면 그것도 나중에 나누도록 하지요. 오늘은 마쳐야 할 시간이 되었어요. 오늘 첫 상담에 대해 어떤 느낌이 드세요?

에디 : 선생님과 이야기하는 게 좋았어요. 오기 전엔 긴가민가했거든요. 이제 이 다음은 어떻게 되나요?

치료자 : 다음 약속 시간을 잡고, 우리 상담 목표에 대해 집중적으로 의논합시다.

연습

집단 연습과 개인 연습을 위한 일반적인 지침은 이 책의 서론에 나와 있다. 연습을 시작하기 전에 그 내용을 미리 읽어보기 바란다.

대집단 연습

1. 디아즈 가족을 소개하는 부분을 읽어보라. 에디와 로베르토 부부는 매우 다른 배경에서 성장하였다. 에디는 유대계 백인 중산층 출신으로 가족과 함께 도시 근교 지역에서 자란 반면, 로베르토는 가톨릭 신앙을 가진 중하층 남미계이며 도심지에서 성장하였다. 이런 성장배경의 차이는 상담에 대한 태도와 기대에 영향을 미칠 수 있다. 다음 사항을 토론하라.

   • 에디와 로베르토의 성장배경은 상담에 대한 이해와 태도에 어떤 차이를 가져올 수 있는가?
   • 긍정적인 치료 동맹을 발전시키려면 에디와 로베르토에게 각각 어떻게 접근해야 하는가?

2. 다음 연습은 질문과 초기 면접을 더 잘할 수 있도록 돕기 위한 것이다. 여기 제시된 연습을 성실하게 할 뿐만 아니라, 일상생활에서 자신이 어떤 질문을 어떤 식으로 하는지, 특히 처음 보는 사람을 만났을 때 어떻게 하는지 의식적으로 잘 관찰해보기를 바란다. 개방형 질문을 많이 하는가, 아니면 폐쇄형 질문을 많이 하는가? 당신이 하는 질문은 그저 대화를 이어나가기 위한 것인가, 아니면 그 사람을 더 잘 알기 위해서 하는 의식적인 노력인가? 당신은 당신이 알고 싶어 하는 바로 그 반응을 이끌어내는가? 그렇지 않다면 어떻게 다르게 질문해볼 수 있겠는가?

   이제 다음 3개의 내담자 진술과 그 각각에 대한 네 가지 치료자 반응을 주의 깊게 읽어보라. 내담자는 42세 여성으로, 최근에 남편이 사망하였다. 치료자 반응을 읽을 때 다음 측면들을 고려하고, 어떤 반응이 가장 좋다고 생각되는지 의견을 나누어보라.

- 이 질문은 개방형인가, 폐쇄형인가?
- 이 질문은 당신이 알고 싶은 정보를 이끌어내는가?
- 이 질문은 상담을 어떤 방향으로 이끌 것인가?
- 이 질문은 내담자에게 어떤 느낌을 주고, 어떤 영향을 미칠 것인가?

내담자 반응 1

내담자 : 남편이 죽은 지도 3개월이 지났고, 상담을 받은 지도 2개월이 지났어요. 그런데도 남편이 죽은 직후보다 지금이 오히려 더 그리워요.

치료자 A : 왜 그렇다고 생각하세요?

치료자 B : 제가 상담에서 뭔가 잘못하고 있다고 생각하세요?

치료자 C : 무엇이 남편의 죽음을 극복하는 걸 방해하고 있을까요?

치료자 D : 남편을 그리워하고 생각할 때는 어떤 감정이 올라오나요?

내담자 반응 2

내담자 : 비록 남편이 보고 싶지만, 직장에 복귀했고, 일에도 꽤 잘 집중하고 있어요.

치료자 A : 어떻게 그렇게 할 수 있었어요?

치료자 B : 그 점에 대해 어떻게 느끼세요?

치료자 C : 이제 상담을 그만둘 준비가 됐다고 생각하세요?

치료자 D : 직장에 나가면 지금도 예전처럼 그렇게 할 일이 많습니까?

내담자 반응 3

내담자 : 이제는 바깥출입도 하고 사람도 새로 만나야 한다는 걸 알지만, 뭔가에 묶여 꼼짝을 못하겠어요.

치료자 A : 어디에 묶여 있을까요?

치료자 B : 저번에 우리가 합의했던 그 예술 강좌에 등록했어요?

치료자 C : 이전에 뭔가에 묶여 있다는 느낌이 들었을 때는 어떤 일이 도움이 되었나요?

치료자 D : 변화를 위한 노력을 피하고 있다고 생각하세요?

소집단 연습

질문을 잘하는 능력을 키운 다음에는 면접에서 그것을 활용해야 한다. 4명으로 집단을 구성한 뒤, 다시 2명씩 짝을 짓는다. 그리고 한 조씩 돌아가면서 면접을 진행한다. 이때 한 사람은 치료자 역할을, 다른 사람은 내담자 역할을 맡는다. 치료자는 이 장의 앞에 제시된 면접 주제들을 염두에 두고 자신의 면접을 진행해나간다. 면접 내용은 녹음을 한 뒤 분석과 피드백에 활용한다.

내담자 역할을 하는 사람은 나름대로 편안한 방법을 찾아야 한다. 자신이 잘 아는 어떤 사람을 떠올리고 그 사람이라면 어떤 이야기를 하게 될지 상상하는 것도 괜찮다. 그 사람의 사적 정보를 보호하기 위해 세부사항에 변화를 줘도 좋다. 혹은 괜찮다면 자기 자신에 대해 이야기해도 좋다. 물론 다른 내담자와 마찬가지로, 치료자의 모든 질문에 반드시 답할 필요는 없다. 원하는 만큼 자기를 공개할 수 있다. 그러나 지금은 연습을 하는 상황이므로 협력적인 내담자가 되어야 하며, 치료자에게 너무 많은 부담을 주어서는 안 된다. 20분간 면접을 하고, 10분간 피드백 시간을 갖는다.

한 쌍이 초기 면접을 할 때 다른 쌍은 관찰하고 기록한 뒤 면접이 끝난 후에 피드백을 준다. 피드백을 줄 때는 장점을 우선 강조해야 한다. 문제점을 찾았을 때는 좀 더 좋은 대안을 제시할 수 있어야 한다. 피드백은 다음 주제들을 포함해야 한다.

- 면접의 전체적인 분위기
- 중요한 정보가 다루어진 정도
- 질문의 특성(개방형-폐쇄형, 간접형-직접형)
- 질문의 초점(질문 이후 상담의 전개 방향)
- 질문의 분위기와 내담자에게 끼친 영향
- 면접에서 발견한 장점
- 개선 방향과 개선 방법

개인 연습

개인 연습을 위한 일반적 지침은 서문에 나와 있다. 이 연습을 시작하기 전에 다시 한번 읽어보기 바란다. 다음 연습에 대한 반응을 각자 기록한다.

1. 앞에서 우리는 효과적인 치료 관계의 세 가지 핵심 특성을 확인하였다. 그것은 공감, 무조건적 긍정적 존중, 진솔성이다. 치료자는 또한 내담자에게 희망을 불러일으킬 수 있어야 한다. 종이를 준비해서 이 특성들을 적고, 자신이 이미 가지고 있는 자신의 장점이라고 생각하는 특성을 적어도 한 가지 선택한다. 그리고 그렇게 선택한 이유를 적는다. 예를 들어 당신 자신을 공감적이라고 본다면 그 이유로 사람들과의 대화에 쉽게 참여할 수 있고, 옳고 그름을 판단하지 않으면서 경청하는 능력이 있기 때문이라고 적을 수 있을 것이다.

   선택하지 않은 항목에 대해서는, 그 능력을 최대한 키우기 위해 어떤 변화를 시도할 수 있는지 적어보라. 예컨대, 내담자에게 무조건적 긍정적 존중의 태도를 전달하고 싶다면, 내담자가 자기 자신에 대해 긍정적으로 묘사하는 언급을 그냥 지나치지 않고 치료자가 의도적으로 인정하려고 노력할 수 있을 것이다. 희망을 전달하는 능력을 키우고 싶다면, 내담자에 대해 판단하는 언급을 줄이고 대신 내담자에게서 새로운 가능성을 찾아보려고 노력할 수 있을 것이다.

2. 당신이 내담자라면 어떤 요구와 기대를 가지고 상담에 임하겠는지 상상해보라. 당신의 요구와 필요에 부응하려면 치료자가 어떻게 하는 것이 좋을 것 같은지 적어보라. 이런 역지사지의 관점을 연습함으로써 치료자인 당신은 무엇을 배웠는가?

요약

이 장에서는 상담 및 심리치료 이론들의 발달사, 유용한 이론이 갖추어야 할 요소들, 정신건강에 대한 모델, 긍정적 변화를 가져오는 치료 요인들을 소개하였다. 긍정적 치료 동맹의 속성, 내담자 및 치료자 특성, 문화적 역량의 중요성, 윤리적 기준들을 소개하였다. 기법 개발을 위한 부분에서는 유용한 질문 사용법과 초기 면접을 하는 방법을 소개하였다.

추천 도서

Duncan, B. L., Miller, S. D., Wampold, B. E., & Hubble, M. A. (Eds.). (2010). *Heart and soul of change in psychotherapy* (2nd ed.). Washington, DC : American Psychological Association.

Seligman, L., & Reichenberg, L. W. (2012). *Selecting effective treatments*: *A comprehensive, systematic guide to treating mental disorders* (4th ed.). Hoboken, NJ : Wiley.

제 **2** 부

성장배경을
강조하는 치료 체계

성장배경중심치료 체계의 개관

상담에서 과거 경험을 다루어야 하는 이유
정신역동적 심리치료 모델들의 기본 가정
치료자의 역할 : 전이, 역전이, 역전이 개방
정신역동적 심리치료 이론들에 대한 소개
　　Sigmund Freud와 고전적 정신분석
　　Freud 동시대 인물들 : Alfred Adler와

Carl Jung
자아심리학, 대상관계이론, 자기
　심리학
단기정신역동치료
정신역동적 심리치료의 미래
요약

이 책에서 논의되는 치료 접근들은 내담자의 성장배경, 감정, 생각, 행동(background, emotions, thoughts, actions, BETA) 중 주로 무엇을 강조하는가에 따라 분류될 수 있다. 그중 성장배경을 강조하는 치료 체계들은 내담자의 과거의 미해결 문제들을 이해하고 훈습하는 것을 가장 중요하게 본다. 이러한 접근을 주장하는 치료자들은 치료를 통해 과거의 상처를 치유하고 발달적 장애물을 제거하지 않는다면 사람들은 여전히 해롭고 역기능적인 패턴을 반복한다고 생각한다.

상담에서 과거 경험을 다루어야 하는 이유

정신역동적 치료자들은 현재 문제의 뿌리가 과거에 있으며, 과거 경험의 탐색과 해석이 당면 문제를 해결하는 데 필수적이라고 본다. 독자들이 이 견해를 공유하든지 그렇지 않든지 간에 과거를 이해하는 것은 분명히 어느 정도 그 사람의 현재 문제의 속성과 역동을 조명하는 데 유익하고, 문제를 보다 온전히 이해하는 데 도움이 된다. 과거 경험을 살펴보는 과정에서 내담자의 반복되는 패턴과, 현재와 미래의 문제촉발 요인들을 찾을 수 있다. 예를 들어, 교사에게 무례하게 행동하는 청소년의 경우 그가 오랫동안 권위적 인물과 문제를 겪어왔는지 아니면 이번 경우에만 특별히 그랬는지를 안다면 당면 문제의 성격을 제대로 이해하는 데 큰 도움이 될 것이다.

　내담자가 제시하는 문제가 항상 가장 중요한 문제는 아니다. 당혹감과 죄책감, 혹은 지각의 왜곡이나 제한으로 인해 정말 중요한 주제에 대해서는 말하지 않고 사소한 관심사만 꺼내는 내담자들도 있다. 예를 들어 한 젊은 여성은 최근에 어떤 사람과의 관계가 끝나게 된 일을 다루고 싶다며 찾아왔지만, 그 후 과거사를 탐색하는 과정에서 아버지와 오빠에 의한 학대와 일련의 자기파괴적인 관계 양상을 치료자에게 털어놓았다.

미국심리학회의 **진단 및 통계편람**(DSM-5, APA, 출판 중)에 따라 진단을 하는 일도 치료자의 중요한 역할 중 하나다. 정확한 진단을 하기 위해서는 내담자의 증상이 지속된 기간과, 같은 증상 혹은 또 다른 증상을 과거에 얼마나 자주 경험했는지를 아는 것이 필요하다. 내담자의 과거 경험을 주의 깊게 살펴보는 일은 진단에 필수적이다.

내담자의 과거사에 대한 지식은 효과적인 치료 계획을 세우는 일에도 크게 기여한다. 교통사고 후에 상담을 받게 된 두 사람을 생각해보자. 한 사람은 사고 경력과 알코올남용의 이력이 없다. 사고를 낸 날, 그는 직장에서 해고 통보를 받았고 가족을 부양할 생각에 마음이 심란했다. 그는 집으로 가기 전에 '침착해지기 위해' 맥주를 서너 잔 마시고 운전대를 잡았다. 이 사람은 아마도 정신장애가 없는 것 같지만, 취업 전략과 대처 기술을 강조하는 단기간의 상담이 도움이 될 것이다. 한편 두 번째 사람은 전혀 다른 과거사를 가지고 있었다. 사고도 많이 냈고 자살 충동도 있었다. 그의 어머니는 그가 어릴 때 자살하였다. 이 사람은 아마도 기분장애가 있고, 인지행동치료에 정신역동적 치료와 약물치료를 겸하는 것이 좋을지 모른다. 우리는 이 두 사람의 서로 다른 배경을 이해할 때만 바른 진단과 치료 계획을 수립할 수 있을 것이다.

상담과 심리치료의 포스트모던 시대를 사는 치료자들은 이제 한 내담자를 이해하는 데 전인적 접근이 필요함을 인식한다. 내담자의 발달사와 문화적 사회경제적 배경과 가족에 대해, 그리고 그의 능력과 다른 여러 측면들에 대해 알아야 한다. 모든 내담자는 자신의 이야기를 가지고 있다. 치료자는 그 이야기를 경청하고 그의 삶을 잘 알아야 바로 그 사람의 눈으로 세상을 볼 수 있다. 이렇게 할 때 치료자는 자신의 편견과 선입견에서 좀 더 자유로워질 수 있고 그 내담자를 특별한 개인으로 이해하고 반응할 수 있다.

내담자의 과거사를 아는 것은 효과적인 치료를 위한 필수조건이다. 그 이유들을 생각할 때, 나는 모든 치료자들이 비록 깊이와 체계가 부족하다 하더라도 내담자의 과거를 탐색하는 데 많은 관심을 기울일 것을 강력하게 요청하고 싶다. 어느 정도나 시간을 들이고 주의를 기울일지는 치료자의 이론적 선호와 내담자의 배경, 관심사, 개방성의 정도에 달려 있다. 어떤 독자는 정신역동적 이론을 채택하여 내담자의 성장배경에 대해 광범위한 관심을 기울일 것이고, 또 어떤 독자는 알게 된 배경정보를 다른 이론적 입장과 통합하는 정도로만 활용할 것이다. 이론적 지향이 어떻든지 간에 내담자의 과거를 탐색하는 것은 매우 중요하다.

정신역동적 심리치료 모델들의 기본 가정

Freud가 제시한 고전적 정신분석으로부터 오늘날 널리 사용되는 좀 더 단축된 관계 중심적 치료에 이르기까지 정신역동적 심리치료가 어떻게 발전되어왔는지를 살펴보기 이전에, 정신역동적 치료의 범주에 들어가는 모든 치료 유형들이 공유하는 기본 가정들을 먼저 알아두어야 할 필요가 있다 (Fonagy & Target, 2009).

1. **행동의 이면에 심리적 인과관계가 있다** 정신역동적 접근은 심리적 문제와 장애의 뿌리에 의식적이거나 무의식적인 생각, 감정, 신념이 자리 잡고 있다고 가정한다.

2. **무의식은 우리에게 영향을 미친다** 모든 생각과 감정과 행동이 우리에게 의식되는 것은 아니다. 능동적 무의식이 우리 모두의 내면에 존재하며, 우리가 이것을 완전히 자각하지는 못한다. 정신역동적 치료의 목표는 우리의 행동을 촉발하는 이러한 무의식적 생각들을 의식함으로써 무의식의 영향력을 감소시키고, 보다 의식적인 선택에 기반을 둔 행동을 하는 것이다.

3. **대인관계는 우리 속에 내면화된다** 대인관계, 특히 초기 애착 인물들은 우리 속에 내면화되어 인간관계에 대한 기대와 자기 자신에 대한 태도에 영향을 끼친다. 이것은 우리의 성격 구조를 형성한다.

4. **심리적 갈등은 불가피하다** 생각과 감정과 욕망은 내적 갈등의 원인이 되고, 건강한 발달을 방해할 수 있다.

5. **누구나 방어기제를 사용한다** 방어기제는 자아를 보호하고 불안을 줄인다.

6. **행동의 이면에 복잡한 동기가 작용한다** 증상 행동의 뿌리에 복잡한 의미가 있다. 예를 들어, 사람들과 어울리지 않는 것은 수치심의 반영일 수 있다. 이런 감정들은 무의식적일 수 있다.

7. **치료적 관계는 강한 힘이 있다** 치료 관계가 내담자에게 도움이 된다는 것은 일반적으로 인정받는 (또한 경험적으로 입증된) 가정이다.

8. **발달적 관점이 중요하다** 정신역동적 치료자는 발달적 관점을 가지고 상담에 임한다. 성장배경은 심리적 문제가 어떻게, 그리고 왜 형성되었는지를 이해하는 데 중요한 자료를 제공한다.

치료자의 역할 : 전이, 역전이, 역전이 개방

정신역동적 치료가 발전하면서 치료자의 역할에 큰 변화가 생겼다. 분석가는 더 이상 초연한 익명성에 머무르지 않는다. 피분석자의 투사를 받는 빈 스크린이 아니다. 현대 정신분석은 치료자와 내담자 모두, 각자 자신의 문화적 렌즈와 성장배경과 편견을 통해 세상을 본다고 가정한다. 즉, 치료자는 절대적 의미에서 객관적이거나 중립적일 수 없다. 치료자와 내담자는 서로 협력하여 적절한 치료적 접근을 결정하고 그것이 어떻게 전개되는지에 함께 영향을 미친다.

Freud 이후의 대부분의 치료자들은 자신의 역전이 감정을 활용한다. Freud 시대에는 내담자에 대한 치료자의 반응이란 어떻게든 피해야만 하는 부정적인 것이었다. 그러나 현대적 관점에서는 이런 역전이 감정이 대인관계의 정상적 산물이며, 관계를 증진시키고 치료를 깊게 하는 데 사용될 수 있다고 본다. Ferenczi(1980)를 비롯한 많은 사람들이 치료 과정의 상호성을 강조하고, 내담자와 치료자가 항상 서로에게 영향을 미친다는 점을 상기시킨다. 자신의 역전이 감정과 잘 접촉할 수 있는 치료자는 이런 감정을 치료를 위해, 그리고 내담자가 자신과 자신의 관계 방식을 잘 이해하도록 돕는 일을 위해 사용할 수 있다.

"환자에 대한 치료자의 정서적 반응은 치료 작업을 위한 가장 중요한 도구 중 하나이다"(Strean, 2001, p. 7). 역전이 감정을 내담자에게 개방하는 것에 대한 태도도 변했다. Freud 시대에 이것은 기법적 오류였다. 이와 달리 현대의 정신역동 이론에서는 필요할 때 역전이를 개방하도록 한다. 이때 무엇을 언제 개방할지를 아는 것은 매우 중요하다. Maroda(2010)는 치료자들이 내담자에 대한 느낌을 나눌 때 적절한 방식으로 해야 한다고 경고한다. 왜냐하면 그런 개방이 치료에 긍정적인 영향을 줄 때도 있지만 부정적인 영향을 줄 때도 있기 때문이다. 그는 다음과 같은 일반적 지침을 제공하였다.

- 역전이 개방은 현재 드러나고 있는 것에 대한 것이어야 한다.
- 그것은 내담자에 대한 즉각적이고 정서적인 반응이다.
- 그것은 오직 내담자의 유익을 위해 사용되어야 한다.
- 치료자는 자신의 삶에서 가져온 자료를 나누지 않는다.
- 역전이 개방은 치료자 자신의 문제를 다루기 위한 것이어서는 안 된다.
- 역전이 개방은 유혹적이어서는 안 된다.

치료자가 사려 깊고 신중하게 내담자에게 피드백을 제공한다면 치료 동맹은 강화되고, 내담자의 자존감은 높아지며, 치료 장면 밖에서 내담자가 이 새로운 지식을 활용할 가능성 또한 높아진다. 이런 치유적 학습은 일종의 '교정적 정서 체험'이 된다. 우리는 이어지는 장에서 전이와 역전이에 대해 더 배우게 될 것이다.

정신역동적 심리치료 이론들에 대한 소개

모든 정신역동적 이론들이 앞에서 언급한 가정에 기반을 둔 나름의 체계와 모델을 제공하지만, 모든 사람에게 다 맞는 단일 이론이란 없다. 우리 모두가 새로운 환경에 적응하며 변화하는 것처럼, 심리학 이론들도 내담자의 변화하는 (그리고 도전적인) 요구에 적응하면서 성장한다. 아래에는 이 책의 제1부의 초점이 될 정신역동적 이론들을 간략하게 소개한다. 이들은 Sigmund Freud가 최초로 그 기반을 세운 이래로 지난 한 세기 동안 계속 발전해왔다.

Sigmund Freud와 고전적 정신분석

고전적 정신분석이라는 용어는 Sigmund Freud가 한 세기 전에 정립했던 전통적인 심리치료 체계를 가리킨다. 비록 수많은 인간발달 및 심리치료 이론들이 Freud 이후에 등장했지만 그는 항상 심리치료의 아버지로 불려왔다. 그의 아이디어는 21세기에도 가치 있는 정보를 주고 치료 전략에 기여한다.

고전적 정신분석은 1900년대 초기에 시작되었다. 당시의 치료 장면을 보면, 내담자는 카우치에 눕고 분석가는 내담자의 시선이 미치지 않는 카우치 머리맡의 의자에 앉는다. 내담자는 꿈과 환상과 치료자에 대한 전이 감정을 포함해 마음에 떠오르는 자료는 어떤 것이든 자유연상을 하며 '무의식을 의식화'(Freud, 1957)하는 작업을 하였다. 이런 분석이 주당 3, 4회씩 수년간에 걸쳐 이루어지는 일이 드물지 않았다.

Freud의 정신분석은 폭넓은 적용 가능성을 가지고 있었지만, 적지 않은 제한점이 있었다. 이러한 집중적인 치료 방식을 받아들일 수 있는 시간과 재정적 여유가 있는 사람이 많지 않았다. 또한 진행 과정이 느리고, 내담자의 역할이 상대적으로 수동적이며, 성과 초기 아동기와 무의식에 대한 강조로 인해 많은 사람들이 정신분석에 쉽게 접근할 수 없었다. 위기 상황에 있거나 치료에서 적극적인 역할을 하고 싶은 환자, 유아기 성의 중요성에 대한 Freud의 관점이 불편한 사람들은 정신분석에 긍정적으로 반응하지 않았다.

확실히 정신분석을 받는 사람들의 수는 제한되어 있다. 2006년의 경우 5,000명 미만의 사람들만이 전통적인 정신분석을 받는 것으로 알려졌다(Adler, 2006). 이런 전통적 정신분석의 제한점에도 불구하고 뉴욕 시나 워싱턴 등 대도시에는 정신분석 수련기관이 많이 있다. 사람들은 이들 기관에서 수련을 받고자 하며, 내담자들 또한 이런 곳이나 다른 개인 분석가들로부터 분석을 받으려고 한다. 하지만 현대의 정신분석가들 중에서 오직 Freud의 관점만을 취하는 사람은 드물다. 분석가들은 그의 관점에 기초를 두되, 그의 동시대 인물들(Adler와 Jung)과 자아심리학, 대상관계이론, 자기심리학, 관계 중심의 이론들이 제공하는 아이디어들도 수용하는 경향을 보인다.

Freud 동시대 인물들 : Alfred Adler와 Carl Jung

Alfred Adler와 Carl Jung은 처음에는 Freud와 함께 하였지만 나중에 각자 자신의 고유한 이론을 세웠다. 1902년에 Alfred Adler는 비엔나 정신분석학회의 모체였던 수요 정신분석 모임의 창립멤버가 되어 Freud와 함께 활동하였다. 처음에 Adler는 인간발달과 심리치료에 대한 Freud의 관점을 수용하였다. 그러나 자신의 관점을 발전시키면서 Freud가 심리적 발달에서 생물학적인 결정 요인들을 강조하는 것에 반대하였다. Adler는 초기 아동기의 경험이 이후의 발달에 중요한 역할을 한다고 믿었지만 Freud의 개념이 너무 결정론적이고 제한적이라고 생각하였다. Adler는 결국 인간발달과 심리치료에 대한 자신의 고유한 이론인 개인심리학 체계를 확립하였다.

Adler는 실제적이고 목적론적인 접근을 발전시키면서 Freud의 성추동과 리비도 이론을 버리고 대신 목적추구적인 인간본성을 앞세웠다. 그가 볼 때 사람의 모든 행동은 목표지향적인 것이었다. 그의 관점에서 사람이란 생물학적 조건이나 환경의 희생자가 아니라 자신의 목표와 행동을 능동적으로 변화시킬 수 있는 존재이다. 사회적 관심은 개인심리학의 주요 개념이다. 이것들을 비롯해 Adler의 여러 개념들은 실제적이며 유용하여서 오늘날 가족과 아동을 돕는 치료 장면 등에서 폭넓게 사용되고 있다. Adler 학파의 치료자들은 생활양식 평가, 초기 아동기 기억, 출생순위 등을 치료에 활용한다. Adler와 그의 개인심리학에 대해서는 제4장에서 자세히 다룬다.

Carl Jung 또한 수년간 Freud와 밀접한 관계 속에서 활동하다가 이후 자신의 고유한 이론을 발달시킨 분석가이다. 그의 이론인 분석심리학에는 심리학뿐만 아니라 그가 큰 관심을 가졌던 철학, 종교, 형이상학이 반영되어 있다. Jung은 직관적이며 영적인 사람이었다. 그는 무의식이 두 부분으로 나뉜다고 믿었다. 하나는 개인 무의식으로, 그곳에는 억압된 기억들과 원형들 그리고 인격의 어두운 부분인 그림자가 저장되어 있다. 다른 하나는 집단 무의식으로, 인류의 오랜 역사가 남긴 원형들과 신화 및 상징들이 담겨 있다. 그의 이론적 모델은 Freud의 모델보다 훨씬 더 복잡하며, 그의 생애에 걸쳐 수차례 변화하고 발전하였다. 그는 상징, 꿈 분석, 제의, 신화 등의 개념을 사용하여 내담자가 자신들의 삶에서 더 깊고 영적인 의미를 발견하도록 도와주었다.

Jung의 분석심리학은 최근 영성과 심리학과 철학의 합일을 추구하는 사람들 사이에서 일종의 재탄생을 경험하고 있는 것 같다. 관련 문헌들은 신성하고 형이상학적이고 초월적인 주제에 대해 새롭게 관심을 보이고 있다. Jung의 아이디어는 또한 알코올중독자 자조모임(AA)에 영향을 주었고, MBTI라는 성격 유형 검사에 이론적 기초를 제공하기도 했다. 그가 죽고 50년이 지난 후에 그의 개인적인 기록과 그림 등이 최근 공개되었는데, *The Red Book*이라고 불리는 이 문서는 분석심리학 분야에 상당한 파란을 일으켰다. Jung의 업적에 대해서는 제5장에서 자세히 다루게 된다.

자아심리학, 대상관계이론, 자기심리학

고전적 정신분석에 충실한 치료자들도 일부 있지만, 대부분은 Freud의 사상의 기본 주장을 채택하면서도 고전적 이론과 구분되는 또 다른 정신역동적 심리치료 모델들에 이끌린다. 여러 접근들의 차이는 아동발달의 여러 측면들 중에서 어떤 부분을 강조하느냐의 차이를 반영한다(Sharf, 2012).

Sigmund Freud는 성격 발달을 결정하는 요소로서 생득적 추동에 초점을 맞추었다. 그런데 그와 함께 생활하며 정신분석적 연구에 몰두했던 그의 딸 Anna Freud는 환경에 적응하려고 하는 자아의 필요에 더 많은 관심을 기울였다. 그녀는 아동들의 주제에 관심을 갖고, 구조화되고 발달적인 접근을 임상 작업에 적용하였다. 그녀는 또한 불안에 발달적 요소가 있음을 처음으로 밝혀냈다.

Karen Horney와 Erik Erikson 등은 Freud가 제안한 마음의 삼원구조(이드, 자아, 초자아)에 기반을 두면서도 자아의 발달에 큰 관심을 기울였다. 그들은 병리의 원인이 리비도적인 추동에 있는 것이 아니라 잘못된 자아발달에 있다고 보았다. 그래서 이들을 '자아심리학자'라 부른다. 특히 Erikson은 전 생애에 걸친 정체성 발달에서 초자아(사회적 규준)와 생물학적인 추동들 사이의 상호작용에 관심을 기울였다. 그는 인간의 전 생애를 8단계로 나누고, 각 단계마다 성취해야 할 중요한 삶의 과제가 있다고 생각했다. 그는 또 80대에 이르러 인생의 마지막 9단계에 대해 연구하기 시작하였는데, 이 내용은 그의 유작이 된 *The Life Cycle Completed*(Erikson, 1982)에 소개되었다.

Karen Horney는 최초로 여성의 시각에서 Freud의 오이디푸스 콤플렉스를 비판하였다. 그녀와 Helene Deutsch는 모성 추동과 같은 여성의 생득적인 추동의 존재를 제안하였다. Horney는 또 발달 과정에서 문화와 환경의 역할을 강조하고, 사람들이 흔히 그녀가 '당위의 폭정'이라고 부른 것, 즉 우리 자신과 타인이 우리에게 부과한 과도한 기대들의 희생자로 전락하기 쉽다는 점을 강조하였다. 그녀는 1937년의 저작에서 이렇게 기술하였다. "가장 중요한 신경증적 갈등은 어떤 경우라도 항상 일등이 되고자 하는 강박적이고 무차별적인 욕구와, 모든 사람들로부터 사랑받고자 하는 또 다른 욕구 사이의 것이다"(Horney, 1937, p. 258).

1980년대와 1990년대에는 본능적 추동이론이 쇠락하는 한편 발달 중심적이고 관계 중심적인 시각이 전면에 등장하였다. 그래서 이제는 고전이 된 John Bowlby와 Mary Ainsworth의 연구가 주목을 받게 되었다. 이들은 초기 아동기 애착과 안전기지라는 개념을 제안하였다(Ainsworth, Blehar, Waters, & Walls, 1978; Bowlby, 1978). 대상관계이론가들은 초기 '대상'(양육자)과 어린 아동 사이의 애착에 많은 관심을 기울였다. 이들에 따르면 초기 아동기의 애착은 성격 발달의 출발점이며, 이후의 인간관계가 형성되는 출발점이 된다.

관계 중심 이론가들은 내담자와 다른 사람들 간의 관계뿐만 아니라 특히 내담자와 치료자 간의 관계에 주목하였다. Harry Stack Sullivan의 업적은 정신분석 분야에 대인관계적 관점의 부흥을 가져왔다. Stephen A. Mitchell(1988) 또한 관계 중심 정신분석 이론의 선도적 주창자이며 저자이다. 관계 중심적 모델은 애착에 대한 Bowlby의 초기 업적, 주관적 경험의 중요성, 인간본성의 관계 추구 경향성, 좋은 인간관계가 정신건강에 보호적 효과가 있음을 보여주는 최근의 발달 및 신경학적 증거들을 포괄한다. 오늘날 많은 정신역동적 치료자들이 이러한 대인관계 모델을 따르고 있다.

Heinz Kohut(1971)은 *The Analysis of the Self*라는 저서의 출판과 함께 자기심리학의 주요 개념들을 제안하였다. 그는 다른 많은 사람들이 그랬던 것처럼 Freud의 추동이론을 거부하고 그 대신 개인의 주관적 경험을 강조하였다. 그의 자기심리학은 발달적이고 관계 중심적이다. 즉, 유아의 최초의 욕구들에 주목하고, 사회적 상호작용, 또는 Kohut이 자기대상 경험이라고 부른 것의 중요성을 강조하였다. 이 경험은 전 생애에 걸쳐 성장의 가능성을 우리에게 열어준다. 자기에 대한 긍정적인 느낌을 북돋고 자존감을 키워주는 자기대상 경험, 치료자가 내담자를 공감할 수 있도록 해주는 대리적 내성, 내담자로 하여금 진정한 자기됨의 가치를 발견하게 해주는 건강한 자기애 등등 Kohut이 제안한 개념들은 인간의 자기경험을 이해하는 일에 특히 성격장애, 자기애, 전이 관계 등에 대한 우리의 시야를 넓히는 일에 크게 기여하였다. 자기심리학은 그 발전과 함께 많은 추종자를 얻었고 일부 비판자들도 낳았다.

제5장에서 정신분석의 최근 경향을 다룰 때 자아심리학자, 대상관계이론가, 자기심리학자들의 업적과 성과에 대해 좀 더 자세히 알아볼 것이다.

단기정신역동치료

단기정신역동치료는 정신역동적 관점과 틀을 존중하면서도 다른 이론들에서 가져온 방법들도 포함하는, 소수의 치료 초점을 가진 시간제한적 접근이다. 의료보험이나 다른 재정적 사항을 고려하지 않을 수 없는 최근의 환경은 심리치료가 보다 효율적이고 효과적이기를 요구한다. 그래서 많은 정신역동적 치료자들이 단기 모델을 채택하고 있다.

모든 종류의 정신역동적 치료가 증상을 감소시키고 인간관계를 개선하고 정신건강을 촉진하는 데 효과적이라는 사실은 부인할 수 없다. 경험적 증거들은 이 접근들의 효과성을 지지한다(Lazar, 2010; Norcross, 2011; Shedler, 2012). 연구 결과들에 대한 메타분석은 보다 장기간의 치료가 내담자에게 도움이 될 뿐만 아니라 치료가 종결된 후에도 오래 지속되는 유익을 내담자에게 준다는 것을 보여준다(Shedler, 2010).

정신역동적 심리치료의 미래

모든 정신역동적 치료 접근들이 성장배경을 중요시하고, 그 관점에서 치료 작업을 한다. 그러나 이론들은 계속 발전하고 있으며 또 다른 시각을 치료 과정에 포함시키고 있다. 오늘날에는 정신화, 변증법적 이론과 도식 이론, 마음챙김 개념들, 내담자의 장점과 탄력성을 강조하는 접근들이 등장하여 주목받고 있다. 우리는 이러한 통합적인 개념들을 나중에 좀 더 자세하게 소개할 것이다. 다양한 이론들이 통합되어 치료자에게 더 많은 융통성과 더 많은 자율성을 제공해주는 흥미진진한 발전이 이 분야에서 이루어지고 있다.

요약

이 장에서는 성장배경의 중요성을 살펴보았다. 그리고 정신역동이라는 큰 범주에 들어가는 몇 가지 중요한 이론적 접근과 이론가들을 소개하였다. 여기에는 고전적 정신분석(Sigmund Freud), 개인심리학(Alfred Adler), 분석심리학(Carl Jung), Freud 이후의 현대 정신분석 이론들(자아심리학, 대상관계이론, 자기심리학), 단기정신역동적 접근들이 포함된다. 이것들은 제3~6장에서 자세히 다룬다. 제3장에서 우리는 Sigmund Freud의 삶과 업적을 좀 더 깊이 있게 살펴보려고 한다. 그는 개인의 과거사를 활용하여 그 사람을 긍정적인 방향으로 변하게 하는 일에 있어서 거장다운 면모를 보여주었다.

Sigmund Freud와 고전적 정신분석

2006년 뉴스위크지는 Sigmund Freud 탄생 150주년을 맞아 "Freud는 죽지 않았다"라는 선언을 표지 제목으로 올렸다. 정신분석은 구시대의 유물인가 하는 질문은 그동안 자주 제기되었다. 그러나 이런 현상 자체가 역설적으로 Freud의 사상이 지닌 힘과 영향력을 증명해준다. 미국심리학회(2006)에서 발간하는 학술지 *Psychoanalytic Psychology*도 "21세기를 위한 Sigmund Freud"라는 제하의 특별호를 제작한 바 있다. Freud는 오늘날 이루어지고 있는 상담과 심리치료의 기반을 놓았다. 그는 성격과 인간발달과 심리적 증상에 대한 우리의 지식을 현대적인 것으로 변모시키는 데 성공하였다. 무의식, 방어기제, 자아 등의 개념은 그것이 Freud로부터 비롯되었다는 사실조차도 인식되지 않은 채 널리 사용되고 있다.

　　Freud의 노력은 큰 용기를 필요로 하는 것이었다. 그는 당대의 상식적인 사고와는 근본적으로 다른 주장을 펼쳤고, 말과 글로 자신에게 가해진 공격을 긴 세월 동안 견뎌야 했다. 그는 자신의 아이디어를 발전시키기 위해 엄청난 노력을 하였다. Freud의 공헌은 오늘날 모든 심리학적 탐구 영역들에서 확인할 수 있다. 생물심리학과 진화심리학도 Freud의 독창적인 과학적 이론들에 그 뿌리를 두고 있다. 비록 Freud 이론의 모든 면이 수용되는 것은 아니지만, 그의 유산 덕분에 정신건강에 관한 현대의 이론들이 그 기반을 얻을 수 있었다.

Sigmund Freud

Sigmund Freud는 1856년 5월 6일 모라비아의 프라이버그에서 태어났다. 그의 아버지는 첫 부인과 사별한 뒤, 40세의 나이로 당시 19세인 두 번째 부인과 결혼하였다. 2년 뒤 Freud는 그들 사이의 첫 번째 아이로 출생했다. 집안의 장남이자 어머니가 가장 총애했다고 알려진(Jones, 1953) 그는, 그 후 10년 동안 7명의 동생들이 더 태어나기는 했으나 가족 중에서 특별한 위치를 차지하였다. 바쁜 상인이자 근엄하면서도 부드러운 성품을 지닌 그의 아버지는 아들에게 역할 모델이 되었던 것 같 다. Freud가 19개월 되었을 때, 8개월 된 남동생 Julius가 사망한 일이 있었다. 그의 기억에 따르면 그는 동생에게 처음에는 질투와 분노를 느꼈고, 동생이 죽은 후에는 자기 자신을 비난하였다. 이와 같은 기억들이 아마도 이후 그가 초기 아동기 경험의 중요성을 강조하는 데 영향을 미쳤을 것이다.

그의 가족은 유대인이었다. 이러한 문화적, 종교적 배경은 그의 평생에 걸쳐 영향을 주었다. 배우는 일과 가족의 중요성을 강조하는 유대적 전통은 연구, 가족사, 심층적 분석을 중요하게 여긴 그의 태도에 일조하였다. 그의 배경은 거주지와 직업선택, 그의 작업에 대한 사람들의 반응, 히틀러 집권 후 오스트리아를 떠나야 했던 일에 이르기까지 많은 영향을 끼쳤다.

Freud의 가족은 그가 어렸을 때 유럽을 휩쓴 유대인 박해의 광풍을 피해 당시 비교적 안전했던 오스트리아의 비엔나로 이사하였다. 그리고 그는 거기서 생애의 대부분을 보냈다. 그는 명민한 학생으로, 1873년에서 1881년까지 비엔나 대학에서 공부하고 의과대학을 졸업하였다. Jones(1953)가 기록한 바에 따르면 당시 유대인에게 열려 있던 직업은 사업, 법률, 의학이었다고 한다. Freud는 정치나 사회사업 분야에 매력을 느꼈지만 의학을 자신에게 허락된 최선의 선택으로 받아들였다. 그는 사람의 마음을 탐구하는 일에 흥미를 느끼고 신경학 분야의 전공의가 됨으로써 의사로서의 경력을 시작하였다.

1884년에 그는 정신능력을 고양시키는 도구로서 코카인에 대해 연구하였다(Mahoney, 1998). 그러나 이 약물이 동료들에게 부정적인 영향을 주는 것을 본 뒤 처음의 열의가 사그라졌다.

사랑 또한 그의 경력에 중요한 영향을 미쳤다. 그는 1882년에 함부르크의 수석 랍비의 딸인 Martha Bernays와 약혼하였다. 결혼과 가족부양을 위해 돈이 필요했던 그는 정신과 병원에 자리를 잡았다. 4년이 넘는 약혼 기간 동안 그는 900통 이상의 편지를 약혼녀에게 보냈는데 여기에는 당시 그의 일상생활이 자세히 담겨 있다.

1886년에 그녀와 결혼한 Freud는 비엔나에서 개인 진료실을 개업하였다. 어릴 때 대가족에서 자란 경험이 아마도 그 자신이 대가족을 형성하고, 또한 가족과 함께 있는 것을 중요시하고 편안하게 여긴 그의 태도에 영향을 주었을 것이다. 그들 부부는 결혼 후 10년 동안 6명의 자녀를 두었다. Martha의 자매인 Minna도 1896년부터 1941년 사망할 때까지 가족의 일원으로 함께 지내면서 Martha를 돕고 Freud에게 정서적 지지를 아끼지 않았다.

그의 가족은 그의 일과 더불어 그의 삶에 가장 중요한 부분이었다. Jones(1955)가 묘사한 바에 의하면, 그와 그의 아내 사이에는 "흔들리지 않는 헌신과, 상호이해의 완벽한 조화"(p. 386)가 있었다. 또한 자녀를 키울 때도 통제와 비난을 최소화하고 자녀의 개성이 자유롭게 발달하도록 허용하는 분위기를 만들려고 노력했다고 한다. 그는 하루에 10명씩 환자를 보는 일도 흔했지만, 골동품 수집, 전기와 문학 작품 읽기, 버섯과 희귀 야생화 연구, 여행 등의 취미를 즐기기 위해 시간을 마련하였다. 그는 가족의 행복과 불행에 크게 영향을 받았다. 그의 편지를 보면 아들 3명이 군대에 간 일, 그중 1명이 1차 대전 중에 포로가 된 일, 1920년에 딸 Sophie가 죽은 일, 1923년에 손자가 죽은 일 등에 아주 큰 영향을 받았음을 알 수 있다.

1923년에 Freud는 암으로 진단받았는데, 아마도 매일 담배를 많이 피운 것과 관련이 있었을 것이다. 그 후 사망할 때까지 33번에 걸쳐 턱과 입천장 부위에 수술을 받았다. 그 덕분에 생명이 연장되기는 했지만 심한 고통을 피할 수 없었다. 말년에 그는 입에 보철물을 했는데, 그 극심한 불편감과 잦은 수술에 대해 자주 글을 썼다. 그러나 이러한 고통에도 불구하고 그는 죽을 때까지 계속 환자를 돌보고 글을 썼다.

1938년 3월에 나치는 오스트리아를 침공하였다. 그때는 이미 나이가 82세나 되었고 병도 심했지만 그는 오스트리아를 떠나기로 결심하였다. 딸 Anna와 아들 Martin이 이미 나치에 의해 조사를 받고 있던 상황이었고, 그의 가족들의 판단으로는 만약 비엔나에 머무르면 오래 생존하기가 어려울 것으로 예상되었다. Freud는 아내와 딸 Anna와 더불어 비엔나를 떠나 영국으로 가서 친구들을 만났다. 당시 그는 여동생 4명도 데려가려고 했으나 불행하게도 출국이 금지되었고 그들을 위해서는 그저 돈을 남겨놓는 도리밖에 없었다. 그 후 5년 이내에 여동생들은 모두 나치 수용소에서 죽음을 맞았다.

그는 영국에서 수술을 더 받았지만 암이 치료될 가망은 없었다. 그는 가능한 한 계속해서 글을 쓰고 환자를 보기를 원했기 때문에 사망 4개월 전까지는 정신을 흐리게 한다는 이유로 진통제를 맞지 않았다. 그는 1939년 9월 23일에 사망하였다. 그가 남긴 정신적 유산은 그의 많은 제자와 동료들이 이어받아 현대적인 심리치료로 발전시켰다.

정신분석의 발달

Freud의 초기 연구는 주로 신경학 분야의 것이었는데, 뇌와 척수에 관한 연구로 그 분야에서 주목할 만한 기여를 하였다. 1880년대에 그는 비엔나의 유명한 의사인 Josef Breuer의 연구에 흥미를 느꼈다. Breuer는 정서장애를 치료하기 위해 최면과 '말로 표현하게 하는 방법'을 사용하였다. 그의 유명한 환자인 Anna O는 다양한 전환 증상(팔의 마비, 보고 먹고 말하는 것의 곤란 등) 및 아버지의 죽음과 관련된 해리성 증상을 보였는데, 이러한 것들이 Freud의 눈길을 붙잡았다. 이후 그는 심리적 장애와 치료에 점점 더 큰 관심을 가지게 되었다(Freud, 1938). 그는 Charcot에게서 최면치료의 방법을 배웠고, 정서적 문제를 가진 사람들을 위한 전기·목욕·마사지 치료법 등의 효과도 연구하였다. Freud 자신도 때때로 최면을 사용하였지만, 다른 모든 방법들은 효과가 없어 보였다. 많은 실험 끝에 그는 '정신집중 기법'이라는 치료법을 개발하였다. 이 방법은 환자에게 누워서 눈을 감게 한 뒤 환자의 이마에 손을 얹고 어떤 생각이든 떠오르는 대로 말하도록 요구하는 것이었다. 이때 그는 환자들이 기억을 회상하고 자기탐색을 하도록 돕는 질문을 사용하였다. 이것은 현대적 심리치료의 초기판이라고 할 수 있을 만한 것이었다. 나중에 그는 환자에 대한 이런 신체 접촉이 성애적 반응을 촉발할 수 있음을 보고 이 방법을 중단하였다. 그러나 환자의 자기표현과 자유연상의 중요성에 대한 강조는 변하지 않았다.

Freud가 처음으로 정신분석이라는 용어를 사용한 것은 1896년의 논문에서였다. 1890년대에 그가 쓴 저작물들을 보면, 그가 사람들의 삶에서 성(性)이 차지하는 역할의 중요성을 점점 더 많이 인식하였음을 알 수 있다. 처음에 그는 히스테리와 신경증 증상들이 아동기의 성적 경험, 특히 부친에 의한 유혹과 같은 외상적인 성적 학대에 의해 생긴다고 믿었다. 이 가설은 증명하기도 어려웠고 또 사람들의 부정적인 반응도 심했기 때문에 그는 점차 자신의 생각을 바꾸게 되었다. 후에 그는 정서적 문제를 일으키는 원인이 실제적인 성적 경험보다는 유아기의 성적 환상에 있다고 보기 시작했다. 이제 와서 생각해보면, 그는 자신이 생각했던 것보다 더 현명했던 것 같다. 100년이 더 지난 지금에 와서는 모든 치료자들이 아동기 성적 학대가 실제로 많이 발생한다는 사실을 잘 알고 있다. 아마도 어린 시절의 성 학대에 대해 그에게 말했던 환자들 중 일부는 실제로 그 같은 경험을 했을 것이다.

인간의 마음에 대한 관심과 그 자신의 삶에서 경험하는 어려움을 다루고자 하는 노력은 Freud를 자신의 꿈과 환상의 의미에 대한 탐구로, 또한 아동기에 어머니에게 가졌던 성적 감정과 아버지에게 가졌던 분노 감정에 대한 탐구로 이끌었다. 1899년에 완성된 그의 주 저작물 중 하나인 꿈의 해석(Freud, 1938)에서, 그는 꿈이 억압된 소망을 반영하며, 정신적 과정과 신체적 과정이 서로 관련이 있음을 설득력 있게 제시하였다. 이 책이 출판되었을 때만 해도 그의 이런 생각은 거부되고 무시되었지만, 그는 거듭하여 자신의 아이디어를 주장하였고 결국 '마음과 신체의 밀접한 연결'이라는 개념이 폭넓게 인정을 받게 되었다.

그의 연구에 대한 반응은 복합적이었으나, 그는 한 걸음 더 나아가 자신과 관점을 공유하는 사람들과 연대하고자 하였다. 1902년에는 Alfred Adler를 비롯한 몇몇 사람들에게 자신이 연구한 것들에 대해 토론하는 모임을 갖자고 제안하였다. 이 모임은 나중에 비엔나 정신분석학회가 되었고, 매주 그의 집에서 모임을 가졌다. 1910년에는 Carl Jung을 국제 정신분석학회의 회장으로 추천하였다. Adler와 Jung은 나중에 정신분석학회를 탈퇴하고 심리치료의 역사에 각자 중요한 기여를 하게 된다. 이에 대해서는 제4장과 제5장에서 다룬다.

그의 연구는 국제적으로 널리 알려지게 되었다. 그는 1909년에 클라크대학교의 학장인 Stanley Hall의 초청으로 미국을 방문하여 일련의 강연을 하였는데, Hall은 실험심리학의 선구자로 Freud의 연구가 심리학에 중요한 기여를 하였다고 보았다. Freud의 강연은 자신의 생각을 쉽게 설명한 것으로, 나중에 정신분석에 관한 5개의 강의라는 제목으로 출판되었다. 많은 사람들이 이 책을 읽었고 그의 연구는 더 널리 알려졌다.

이 무렵에 Freud는 분석에서 최면 대신 자유연상을 사용하였으며, 분석가들에게 자신이 먼저 분석을 받으라고 요구하였다. 이 지침은 지금도 정신분석가를 훈련하는 프로그램들이 요구하는 필수 조건의 하나가 되었다. 그는 환자들이 치료를 받을 때 카우치에 눕도록 하였는데 이는 환자의 긴장을 풀고, 자기표현을 촉진하며, 전이 반응이 발달되도록 하고, 분석가가 자신의 비언어적 메시지에 대해 신경 쓰지 않고 자유롭게 생각할 수 있도록 하기 위해서였다. 그는 또한 환자들에게 어떤 생각도 숨기지 말고 이야기하라고 요청하였다. 이를 통해 초기 아동기 경험에 뿌리를 둔 성적인 환상과 그 속에 반영된 무의식의 내용을 이해하고, 증상의 근원을 파헤칠 수 있었기 때문이었다.

이 시기에 Freud는 이론적인 연구뿐만 아니라 그의 관점을 잘 보여주는 사례연구들도 발표하였다. '도라(Dora)'(Decker, 1998)는 그가 11주에 걸쳐 분석한 18세 여성 환자에 대한 보고서다. 도라의 아버지는 한 유부녀와 불륜 관계에 있었는데, 그 여자는 도라에게 친근하게 대하고, 그 여자의 남편은 도라에게 성적으로 접근하여서, 많은 사람들이 정서적 어려움을 겪을 만한 상황을 만들었다. '어린 한스(Little Hans)'(Freud, 1936)는 말에게 물릴까 봐 집 밖을 나서지 않으려는 5세 소년에 대한 분석 보고서이다. Freud는 소년의 아버지만 만나는 간접적인 방식으로 소년을 분석하였는데, 그는 소년이 아버지에 대한 두려움을 말에게로 전치시켰다고 보고 아버지를 통해 소년을 도와주었다. 14년 후에 이 소년은 Freud를 방문하여 그때의 분석이 자신의 말 공포증을 치료하였음을 보고하였다. 또 다른 중요한 사례로는 '쥐 인간(Rat Man)'이 있다. 이 환자는 Freud가 강박신경증이라고 부른 문제를 가지고 있었는데, 의심과 강박행동 그리고 쥐와 관련된 끔찍한 꿈에 시달렸다. 11개월에 걸친 이 사례의 분석도 성공적이었다. '늑대 인간(Wolf Man)'은 다른 종류의 강박행동 때문에 무력해진 경우로, 23세 때 Freud에게 도움을 요청하였다. Freud는 이 환자가 어릴 때 부모의 성교를 목격한 후 아버지에 대한 양가감정이 더 악화되었다고 보았다. 이 환자는 4년에 걸친 분석 끝에 심각한 증상으로부터 자유로워졌다.

1차 대전 무렵에 Freud는 하루에 12명에서 13명의 환자를 보았는데, 각각 55분간 분석하고 그 사이 5분간 쉬는 시간을 가졌다. 그의 환자들 중에는 부유하고 유명한 사람들도 많았다. 그는 지휘자 Bruno Walter의 오른팔 마비 증세를 6회기 만에 고쳤고, 작곡가 Gustav Mahler의 발기불능증을 불과 4회기 만에 완화시켰다. 증상의 기저에 있는 역동적 기원을 탐구한 결과였다(Jones, 1957).

전쟁의 시기를 지나면서 Freud의 관심사도 그 폭이 넓어졌다. 그는 당시에 전투 신경증 혹은 외상 신경증이라고 불렸던, 전쟁 경험에 노출된 후에 발생하는 증상에 관심을 기울였다. 그 문제에 대한 당시의 주된 치료법은 피부와 근육에 전기적 자극을 주는 것이었다. 그러나 Freud는 전기가 아니라 정신분석이 적절한 치료법이라고 주장하였다. 왜냐하면 그러한 증상은 전장에서 도피하고 싶은 욕구와 명예롭게 자신의 의무를 다하고 싶은 욕구 사이의 정서적 갈등을 반영한다고 믿었기 때문이다. 그의 생각은 이후 외상후스트레스장애를 이해하는 데 길을 닦아주었다.

Freud는 동성애에 대해서도 관심을 기울였다. 그는 "동성애는 분명 아무런 이득도 없는 것이긴 하지만, 부끄러워할 일도 아니고 악덕이나 타락도 아니다. 그것은 질병으로 분류될 수 없다"(Jones, 1957, p. 195)고 하였다. 여기서도 그의 시각이 매우 진보적이었음이 드러난다. 미국정신의학회나 미국심리학회도 1970년대에 이르러서야 동성애가 정신질환이 아니라는 공식적인 결정을 내렸다. Freud는 여성을 이해하는 데 있어서는 그리 철저하지 못했고, 이론에 논쟁점을 남겨두었다. 이 점은 이 장의 뒷부분에서 다시 논의될 것이다.

Freud의 후기 저작물을 보면 그의 관심사가 더욱 확장된 것을 알 수 있다. 그는 사람의 마음뿐만 아니라 예술, 종교, 인류학, 사회학, 생물학, 문학과 관련된 글을 썼다. 그는 사회적 맥락과 그것의 영향력을 이전보다 더 강조하고, 그것이 인간의 발달에 스며들어 발달의 양상을 조성한다는 것도 인정하였다. 그는 억압된 자료의 저장고로만 보던 무의식의 정의를 확장하였으며, 성(sexuality)도 더 넓은 관점에서 에너지의 원천으로 바라보았다. 그는 또한 "의사가 아닌 분석가"도 인정하였다. 그의 딸 Anna Freud처럼, 의사가 아니지만 분석 훈련과 개인 분석을 받은 사람들이 분석가가 될 수 있는 길을 열어준 것이다. 이들은 오늘날 심리치료 서비스를 공급하는 많은 비의료 치료자들, 즉 심리학자, 치료자, 정신보건 사회복지사, 정신보건 간호사들의 선구자라고 볼 수 있을 것이다.

중요한 이론적 개념들

Freud는 이론가로서 출발했다. 그가 만든 통합적 성격 이론 체계는 그의 대표적인 공적이라고 할 수 있다. 여기서는 그의 이론의 핵심이라고 할 수 있는 중요한 측면들, 즉 인간의 본성, 성격의 삼원 구조, 성격 발달의 과정, 의식의 수준, 꿈과 무의식, 방어기제 등을 개관한다. 그의 아이디어는 이 책에 소개되는 다른 많은 이론가들의 것처럼 매우 심층적이고 복잡하다. 여기서 제공하는 것은 개관에 불과하다. 따라서 독자들은 이론가들에 대해 더 많은 자료들을 읽어야 한다.

인간의 본성에 대한 관점

Freud는 생물학적 영향력과 초기 아동기 경험의 영향력을 매우 강조하였다. 그의 관점에서 보면 사람은 생물학적 존재이기 때문에 미리 정해진 일정한 단계를 따라 심리사회적 발달을 이루게 되며, 강력한 성적 추동과 사회적으로 수용되는 방식으로 행동하고자 하는 필요 사이에서 적절한 균형을 찾는 투쟁을 해야 한다. 그에 따르면, 생물학적 과정들은 생애 초기의 애착 패턴과 발달 단계에서의 타협적 시도에 의해 중재된다.

Freud는 맥락과 환경의 중요성도 강조하였다. 예를 들자면 그는 인간을, 가족과 사회가 부과한 규율을 따름으로써 사랑과 인정을 얻으려고 하는 존재로 보았다. 이러한 관점은 다양성과 다문화주의에 대한 현대적 시각과 조화를 이룬다.

그동안 Freud는 결정론적인 입장을 취하고, 인간을 비합리적이고 본능적인 힘의 희생물로 본다는 비판을 받아왔다. 확실히 그는 그러한 힘들이 중요하다고 보았으나, 그의 연구가 내포하는 핵심적인 메시지는 사람들은 생물학적 힘의 희생자가 될 필요가 없다는 것이었다. 오히려 사람들은 심리치료나 다른 종류의 도움을 통해서, 개인적인 성장을 통해서 자기 자신에 대한 통찰을 얻고, 무의식의 영향력을 줄이고, 스스로 의식적이고 건강한 선택을 할 수 있다고 보았다. 초기의 발달 과정을 이해하고 리비도와 초자아의 압력을 이해함으로써, 그리고 우리 자신의 자아를 튼튼하게 함으로써 진정으로 원하는 삶을 살고 인간관계를 만들어나갈 수 있다고 믿었다. Freud 자신이 개인적으로나 전문적인 영역에서 많은 것을 성취하였다는 사실은 자신의 내부에 있는 서로 상충하는 압력들 사이에서 그가 성공적으로 균형을 이루었음을 보여준다.

성격 구조

Freud에 따르면 성격은 이드, 초자아, 자아라는 세 가지 시스템으로 이루어진다. 이들은 각자 고유한 특징을 가지고 있지만, 뚜렷하게 구분되는 별개의 실체로 존재하지 않고 서로 밀접하게 연결되고 중첩된다. 이드(생물학적 요소), 자아(심리적 요소), 초자아(사회적 요소)라는 그의 개념은 성격의 특징을 명료하게 보여주는 일종의 지도로 이해하는 것이 좋을 것이다. 각 지역이 인위적인 경계선으로 나눠지듯이, 성격의 구조도 인위적 구성체로 나눠지지만, 실제로 이들은 우리의 성격을 구성하는 내적인 힘으로서 함께 작동한다. 그러나 이런 이론적 구조를 가정하는 것은 성격에 내포된 문제영역들 및 서로 충돌하는 힘의 관계를 이해하는 데 도움이 된다.

이드　이드는 성격의 첫 번째 시스템이다. 출생할 때부터 존재하며, 본능 등 유전적으로 부여된 모든 것들을 포함하며, 주로 무의식적이다. 이드는 그 에너지를 신체 과정에서 얻으며, 신체의 요구와 밀접하게 접촉하고, 가능할 때마다 그 요구를 만족시키려고 한다. 이드는 주관적·감정적이고, 그것의 순수한 형태는 외부의 세계에 영향받지 않는다. 간단하게 말해서, 이드는 자신이 원하는 바로 그것을 자신이 원하는 시간에 원한다. 이드는 마치 유아처럼 긴장과 고통과 불편을 전혀 참지 못하고 회피하며, 즉각적인 쾌락과 만족을 추구한다(쾌락 원리). 논리와 도덕성과 사회적 제약이 아니라, 바로 이런 요구가 소망의 방향을 결정한다.

　쾌락을 얻기 위한 이드의 주요 전략 두 가지는 반사 행동과 일차 과정이다. 반사 행동은 목이 간질거릴 때 기침을 하고 눈에 먼지가 들어갔을 때 눈을 깜빡이는 것처럼, 생물학적 성질을 가진 긴장을 줄이려는 자동적인 과정이다. 일차 과정은 좀 더 복잡하다. 일차 과정을 통해 사람들은 불편을 해결해주는 정신적 이미지를 형성한다. 즉, 일차 과정은 소망 충족 기능을 한다. Freud는 꿈이 이러한 기능을 하여 소망 충족적인 이미지를 제공한다고 보았다. 이런 이미지는 어느 정도 불편감을 누그러뜨리지만, 실제 문제를 해결하는 데 실패함으로써 좌절을 가져온다. 사람들이 소망을 충족시키는 실제적 방법을 찾고 불편감을 현실적으로 감소시킬 수 있게 하는 것은 이드가 아니라 바로 자아다.

　Freud는 사람에게 삶의 본능과 죽음의 본능이 있다고 생각했다. 이드의 요구를 반영하는 삶의 본능은 우리를 쾌락을 추구하고 고통을 피하도록 이끈다. 출생 시부터 존재하는 리비도는 삶의 본능의 주요 측면이다. 처음에는 Freud는 이것을 성적 욕구와 같은 뜻으로 사용하였으나, 나중에는 그 의미를 더 확대하여 삶에 대한 열정 혹은 에너지와 활력으로 개념화하였다. 이렇게 보면 성적 만족을 위한 욕구는 삶의 본능의 한 단면에 불과한 것이지만, 인류의 생존을 가능하게 한다는 점에서 그 자체도 매우 핵심적인 것이라 할 수 있다. 죽음의 본능(타나토스)과 삶의 본능(에로스)은 선과 악이 그런 것처럼 상극 개념이다. Freud가 말하는 죽음의 본능 혹은 '죽음의 추동'이란 우리가 출생 전에 경험했던 무존재의 상태로 되돌아가려는 욕망이다(Higdon, 2012). 이 개념은 그의 시대에 논쟁을 유발했고 지금까지도 그리 많은 지지를 받지 못했다. 그렇지만 자기패배적인 행동과 반복적인 자해와 죽음을 바라는 태도는 내면화된 공격성의 표현으로서, 인간에게 피학성과 자기혐오의 힘이 있음을 보여준다. 죽음의 본능에 의해 만들어진 에너지가 외부로 향하면 폭력과 공격성의 표출로 드러난다. 모두에게 적용되지는 않는다 하더라도 적어도 어떤 사람들에게는 자기파괴의 추동이 존재하는 듯하다.

Freud는 문명 속의 불만(1930)에서 문명과 관련된 2개의 힘이 작동하고 있음을 설명하였다. 삶의 본능은 사람과 가족과 국가를 연대하게 하지만, 죽음의 본능은 그것을 반대의 방향으로 이끌어 파괴를 가져온다. "이 투쟁이 모든 삶의 핵심 구성요소가 된다…"(p. 122). 그는 인간이 공격성을 가지고 태어난다고 믿었지만, 파괴적이지 않은 활동들(스포츠, 힘, 긍정적 에너지)로 그 방향을 이끌 수 있다고 생각했다. 죽음의 본능은 쾌락의 원칙과 상반되는 인간의 파괴적 경향을 설명하기 위해 그가 제안한 개념이다. 이런 힘이 존재할 가능성을 염두에 두는 것은 인간의 행동, 특히 반복하려는 강박이 가져오는 특정한 행동 패턴을 이해하는 데 도움이 된다.

초자아 초자아는 이드의 반대편에 서 있다. 초자아는 일종의 엄격한 양심으로서, 개인이 몸담고 있는 세상의 지침과 규칙들을 내재화한 것이다. 부모와 교사와 사회의 메시지와, 인종과 문화와 국가의 전통이 초자아를 발달시킨다. 초자아의 도덕률은 완벽주의적이며, 끊임없이 선과 악, 옳음과 그름을 구분한다. 초자아가 형성되면 부모의 통제를 대신하는 자기통제가 가능해진다. 초자아의 이상적 규율을 따를 때 그 사람은 자부심과 자신이 옳다는 느낌을 얻지만, 때로 쾌락과 만족을 희생할 수 있다. 반면 어떤 사람이 초자아를 무시할 때는 수치심, 죄책감, 또는 불안이 생길 수 있다. 초자아는 이드의 추동을 완화시키는 매우 중요한 기능을 수행한다. 그러나 이드처럼 초자아도 너무 통제적이고 너무 극단적인 방향으로 사람을 몰아갈 수 있다.

자아 자아는 초자아와 마찬가지로 아동의 발달과 함께 이드로부터 분화된 것이다. 이때 이드의 에너지가 자아와 초자아에 힘을 공급한다. 자아는 출생 시에는 존재하지 않지만, 아기가 자신이 어머니와 분리된 존재라는 것을 깨달으면서 차츰 발달해간다.

자아는 이드의 압력과 초자아의 제약을 인식하고, 둘 사이를 중재하고 욕구를 조절한다. 자아는 "합리적이고 자의식적인 자기됨의 정신적 주체"(Brunner, 1998, p. 83)로 묘사된다. 자아는 중재자요, 조직자이다. 현실 원칙을 따르며, 상당한 힘을 행사한다. 환경의 변화를 도모하고, 본능적 욕구 충족을 연기하거나 억제하며, 건전한 도덕적 판단과 유연성을 추구한다. 건강한 자아는 논리와 지적 능력과 객관성과 외적 현실에 대한 판단을 기초로 하여, 내적·외적 압력들을 숙고하고, 통합하고, 변모시킨다. 그런 내적·외적 요구들에 언제, 어떻게 반응해야 할지를 결정하고 자기를 보호할 수 있는 현명한 선택과 행동을 찾는다.

⚙️ 발달 단계

Freud는 사람들이 예측 가능한 단계를 따라 발달하며, 생애 첫 5년이 가장 중요하다고 보았다. 생래적 추동들을 이 시절에 어떻게 경험하는가 하는 것이 이후 그 사람의 성격 발달을 결정하는 핵심 요소가 된다.

구강기　구강기는 유아의 첫 1년에 해당된다. 이때의 유아에게 입은 신체 중에서 가장 중요한 부위다. 유아는 빨고 먹는 것으로 양육을 제공받고, 이를 통해 구강-함입적인 시기에 삶을 유지한다. 깨물기는 그다음 하위단계인 구강-공격적 시기에 유아로 하여금 공격성을 표현할 수 있게 한다. 입은 또한 유아의 첫 번째 성감대(erotic zone)가 된다. Freud는 이 시기의 발달적 문제가 이후 상징적이고 승화된 형태로 나타나 쉽게 속거나(무엇이든 삼키기), 많이 먹거나, 지나치게 논쟁적인 모습(구강적 공격성)을 띨 수 있다고 보았다.

항문기　Freud는 만 1세 무렵부터 3세 직전까지의 기간인 이 두 번째 단계를 항문기라고 이름 붙였다. 이 시기의 배변 훈련과 배설 과정의 중요성을 강조한 것이다. 이 단계에서 만족의 초점은 구강적 기능들에서 벗어나, 부모에게 영향을 미치는 데서 오는 사회적 쾌감과 장을 비우는 데서 오는 신체적 쾌감으로 옮겨간다. 정신분석이론에 따르면 아동에게 대소변 통제를 가르치기 위해 처벌과 강압을 사용하는 부모는 자녀로 하여금 인색 · 강박 · 통제 · 억제라는 성격 특성을 가지게 하고, 자녀의 적절한 대소변 가리기를 아낌없이 칭찬하고 인정하는 부모는 자녀의 창의성을 촉진하게 된다. 이 시기는 또한 아동이 자신의 몸과 그 기능에 대한 느낌을 형성하는 때이기도 하다. 아동의 신체 기능과 그 후의 성격 발달의 관계를 잘 이해하는 것은 초기 발달적 문제에서 비롯되는 정서적 어려움에 대한 통찰을 제공해줄 뿐만 아니라 바람직한 부모역할에 대해서도 많은 정보를 준다.

남근기　만 3세에서 5세 사이에 해당하는 이 세 번째 단계는 남근기라는 이름을 가지고 있다. Freud에 따르면, 이 복잡한 단계는 성인기의 이성관계와 크게 관련이 있다. 이 시기 동안 쾌감은 성기와 연합되고, 자위와 성적 환상이 등장한다.

　Freud는 이 시기의 아동들이 이성 부모에게 무의식적인 성적 욕구를 가지는 한편, 이 욕구의 방해물인 동성 부모를 제거하고 싶어 하는 무의식적 소망을 품는다고 믿었다. 남아의 경우 이 현상은, 자기도 모르는 사이에 어머니와 결혼하게 된 고대 그리스의 신화 속 인물의 이름을 따서 **오이디푸스 콤플렉스**(Oedipus complex)라고 한다. 아버지로부터 보복을 당할 것이라는 두려움은 남아에게 거세불안을 낳고, 이로 말미암아 남아는 어머니에 대한 욕구를 억압하고 아버지와의 동일시를 통해 자신의 감정을 적절하게 해소하게 된다.

　여아에게 일어나는 이와 비슷한 현상은 자신의 아버지에게 강한 애정과 헌신을 보인, 그리스 문학 작품에 나오는 여성의 이름을 따서 **엘렉트라 콤플렉스**(Electra complex)라고 한다. Freud는 거세불안에 해당하는 여아의 상태를 남근선망이라고 가정하였다. 남근선망을 가진 여아는 자신에게 남근이 없음을 알고 질투하고 화를 낸다. Freud는 여아들도 남아들처럼 자신의 동성 부모와 동일시하면서 이 시기의 갈등을 해소한다고 보았다.

현대의 정신분석가들은 여아가 남근선망을 경험할 가능성이 있다고 보는 한편, 남아도 자궁 혹은 유방에 대한 선망을 가질 수 있다고 본다. 그러나 이들은 이것이 아동발달에 영향을 주는 많은 내적, 외적 경험들 중의 한 가지에 불과하다고 보고 그 중요성을 높게 평가하지 않는다. Freud 자신도 남아와 여아가 이 시기를 통과하는 방식에 유사점이 많다고 생각했으나, 많은 현대 이론가들은 남아와 여아 모두에게 전형적으로 어머니가 최초의 애정의 대상이 되고 양육의 원천이 된다는 점을 강조한다. 어머니는 여아에게는 동성이지만 남아에게는 그렇지 않다. 그래서 대부분의 여아들은 주된 애착의 원천을 여성에서 남성으로 옮겨야 하지만, 대부분의 남아들은 그럴 필요가 없다. 이 점이 사랑과 애착의 발달에 있어서 중요한 차이점을 만들 수도 있을 것이다.

잠재기 Freud는 만 5세에서 11세에 이르는 기간을 심리성적 발달에서 상대적으로 평온한 시기로 보고 **잠재기**라고 불렀다. 성적 추동은 덜 중요해지고 대신 사회적 관심이 증가한다. 아동은 밖으로 시선을 돌리고, 인간관계를 맺으며, 학교생활에서 진보를 이루고, 자신에게 보상이 될 만한 취미와 활동들을 개발한다. 정서 발달의 초점은 새로운 도전과 노력으로 성공을 경험하는 것과, 현실적인 목표를 설정하고 그것을 성취하는 것에 맞춰진다. 이 단계를 성공적으로 통과한 아동은 자신에게 힘이 있다는 느낌을 갖지만, 이 시기의 요구를 잘 다루지 못한 아동은 낮은 자존감을 갖게 된다.

성기기 Freud 모델의 마지막 단계인 성기기는 잠재기 이후에 등장하여 평생에 걸쳐 지속된다. 이 단계의 청소년과 성인들은 자기정체성을 확고하게 하고, 다른 사람을 돌보는 이타적 태도를 발달시키며, 애정 어린 이성관계를 형성하고, 직업과 진로에서 진보를 이룬다. 발달의 각 단계는 이전 단계의 성장과 학습을 기반으로 하여 새로운 성취를 통합하고, 이상적으로는 정서적으로 건강한 성인의 발달 수준에 이른다.

의식의 수준

사람들은 3~4세 이전의 일들을 거의 기억하지 못한다. 또한 우리의 경험 내용 중에는 전혀 기억해 낼 수 없는 것들도 있고, 어떤 촉발 자극이 있을 때만 의식에 떠오르는 것들도 있다. 이런 기억들에는 무슨 일이 일어난 것일까?

Freud에 따르면 인간의 의식은 의식, 전의식, 무의식이라는 세 수준으로 나뉜다. 의식은 우리가 언제나 자각할 수 있는 부분이다. 전의식은 현재 자각의 범위에는 들지 않지만 쉽게 인식할 수 있는 정보를 담고 있다. 이 자료는 예컨대 우리가 예전에 잘 알고 지낸 어떤 사람을 우연히 만나게 되어 당시의 기억을 떠올리는 경우처럼 긍정적인 것일 수 있다. 혹은 자동차 브레이크의 소음을 들을 때마다 떠오르는 교통사고의 기억처럼 혐오적인 것일 수도 있다. 무의식은 (부모에게 품은 성적인 감정처럼) 억압된 충동이나, 의식 혹은 전의식에 두기에는 너무 고통스럽고 용납할 수 없는 기억들, 즉 고도로 정서적인 자료들을 담고 있다. Freud는 무의식이 의식이나 전의식보다 훨씬 더 많은 기억을 보유하고 있다고 믿었다. 정신분석은 무의식에 있는 기억을 의식으로 가져온다. 치료의 도움이 없을 때 그런 기억들은 그대로 무의식의 영역에 머물러 있거나, 꿈이나 증상에서 볼 수 있듯이 상징적이거나 왜곡된 방식으로 의식에 등장할 수 있다.

꿈 : 무의식의 반영

Freud는 꿈, 증상, 실수 등은 무의식적 환상을 반영한다고 믿었다. 그가 쓴 **일상생활의 정신병리**(1938)와 **꿈의 해석**(1938)은 무의식이 드러나는 과정을 심도 있게 다루고 있다. 그는 모든 꿈은 의미가 있으며, 꿈 분석이 사람을 이해하는 가장 중요한 길이라고 생각하였다. 그는 꿈이 의식적으로 용납할 수 없는 소망과 충동을 충족시키는 방법이며, 혼란스러운 생각과 감정을 처리하는 수단을 제공한다고 보았다. 사람들은 꿈의 현시된 내용(현재몽)을 기억하지만, 자아방어는 그 꿈이 가진 기저의 의미를 치환하고 압축하여 원래의 의미를 위장한다. 무의식적인 사건과 감정이 꿈속에서 그다지 중요하지 않은 경험으로 표상될 수 있지만, 그것이 가진 잠재적인 의미는 불안을 유발할 수 있다.

Freud는 실수, 실언, 허술한 일처리 등에도 잠재된 의미가 있다고 보았다. 'Freud식의 실언'이란 무의식적인 소망이나 감정을 드러내는 말실수를 뜻한다. 한 남자에게 소포가 잘못 배달되어 왔다. 그가 은근히 좋아하는 루(Lou)라는 이웃 여성에게 갈 소포였다. 그는 소포에다 메모지를 붙여 그녀의 집에 갖다 두었는데, '실수로' 메모지에 'Dear Lou'라고 써야 할 것을 'Dear Love'라고 써버렸다.

방어기제

우리는 대부분 불안감으로 고통을 당한 경험이 있다. Freud에 의하면 사람에게는 긴장과 불안을 감소시키려는 타고난 추동이 있다. 그는 특히 자신이 **신호불안**(signal anxiety)이라고 이름을 붙인 것에 관심을 기울였다. 이 신호불안은 내적 추동과, 내면화된 금지나 외적 현실에서 오는 억제하는 힘 사이의 갈등에서 비롯된다. 사람들은 초기 아동기 동안 내적 갈등, 불안, 고통, 수치심, 슬픔 등의 부정적인 감정에 대처하기 위해 자아방어기제를 학습하고 개발한다. 신호불안은 이 방어기제를 자동적으로 작동시킨다.

우리는 누구나 방어기제를 가지고 있다. 그중의 어떤 것은 적응을 촉진하고, 바람직하지 않은 소망을 충족 가능한 형태로 변모시킨다. 건강하고 성숙한 종류의 것이다. 예컨대 승화는 파괴적인 성적 욕망을 예술 작품을 창조하게 하는 욕구로 바꾸어놓는다. 그러나 어떤 방어는 현실을 왜곡하고 좋은 인간관계를 방해한다. 분열(splitting)이라고 하는 방어를 예로 들자면, 이 방어를 주로 사용하는 사람들은 자신과 타인을 전적으로 좋거나 전적으로 나쁘다고 보고, 자신과 타인을 이상화했다가 평가절하 하는 일을 반복한다. 특정한 시점에 어떤 방어기제를 사용하는가 하는 것은 그 사람의 발달 수준과 그 사람이 경험하는 불안의 정도에 달려 있다.

관련 문헌들은 40가지가 넘는 방어기제들을 소개하고 있다. 이들은 다음과 같이 구분할 수 있다.

- 기본(일차) 방어기제 대 이차 방어기제—기본 방어기제에는 억압과 부인이 있다. 이것들은 수용할 수 없는 생각과 충동을 의식에서 차단한다. 이차 방어기제는 기본 방어기제에서 나온다.

투사, 승화, 반동형성 등이 그 예가 될 수 있다.
- 발달 단계에 따른 구분─부인과 같은 원초적인 방어기제는 구강기와 관련이 있다. 퇴행, 취소, 반동형성은 항문기와 연결되어 있다. 좀 더 정교한 방어기제들은 더 나중의 발달 단계에 속한다. 예를 들어 주지화는 성기기, 승화는 잠재기와 연결된다.
- 정신병적 방어 대 신경증적 방어─정신병적 방어는 꿈이나 아동에게서, 그리고 정신병적 장애를 가진 사람들에게서 볼 수 있다. 이것에 속하는 부인, 망상적 투사 등은 현실 접촉의 상실을 반영한다. 신경증적 방어도 대부분 정서적인 어려움과 관련 있지만 정신병적 방어에 비해서 훨씬 흔하다. 합리화, 주지화, 치환 등이 그 예가 된다.
- 미성숙한 방어 대 건강한 방어─미성숙한 방어는 청소년이나, 정서장애·성격장애·충동통제 장애를 가진 사람들에게서 흔히 볼 수 있다. 투사, 분열, 행동화를 그 예로 들 수 있다. 건강한 방어에는 유머, 이타적 행동, 승화, 의식적 억제 등이 포함된다.

아래에 가장 흔히 볼 수 있는 방어기제들의 일부를 간단한 정의와 함께 제시한다(American Psychiatric Association, 2000).

건강하고 적응적인 방어기제
- 친애 행동─도움과 지지를 바라며 다른 사람에게 다가가지만, 동시에 자신의 문제에 대해 스스로 책임을 질 줄 안다.
- 이타 행동─다른 사람을 돕는 일에 힘을 쏟고 그것에서 만족을 얻는다.
- 현실적 예측─앞으로 일어날 수 있는 가능한 결과들을 숙고하고 그것을 효과적으로 다룰 방법을 모색함으로써 불안을 줄인다.
- 유머─상황에 내재된 재미있고 즐거운 측면에 초점을 맞춘다.
- 승화─해로운 감정과 충동을 사회적으로 수용될 수 있는 방향으로 수정한다.
- 억제─비생산적이고 혼란을 가중시키는 문제, 경험, 감정에 매몰되지 않도록 의도적으로 딴 곳으로 주의를 돌린다.

미성숙하고 부적응적일 수 있는 방어기제
- 행동화─적절한 생각과 감정을 사용해 문제상황을 다루는 대신 부정적인 행동만을 표출한다.
- 회피─문제상황이나 경험에 직면하는 것을 거부한다.
- 부인─다른 사람들에게는 명백하게 보이는 현실적 측면들을 인정하지 않고 거부한다.
- 치환─강한 감정을 촉발한 원래의 상황을 피해 덜 위협적인 상황에 감정을 표출한다(예 : 직장 상사 대신 개를 걷어찬다).
- 해리─어떤 상황을 기억하거나 의식하지 못함으로써 일시적으로 그 상황에서 벗어나려고 한다.
- 불평과 도움 거부─끝없이 힘든 것을 호소하고 도움을 구하면서, 막상 도움을 주려고 하면 그것을 거부한다.

- **이상화** — 어떤 사람이나 상황이 가지고 있는 부정적인 측면을 무시하고 긍정적인 측면만을 과장한다.
- **동일시** — 인정을 받기 위해 다른 사람을 그대로 따라 한다.
- **주지화** — 인지적이고 추상적인 측면에만 초점을 맞추고 감정을 회피한다.
- **격리** — 생각과 감정을 분리한다.
- **수동공격** — 분노와 적대감을 간접적인 방식으로 표현한다(예 : 상대방이 소중하게 여기는 도자기를 '실수로' 깬다).
- **투사** — 자신의 용납할 수 없는 생각, 감정, 반응을 다른 사람의 것이라고 지각한다.
- **합리화** — 자신의 선택을 타당하지 않은 방식으로 자기에게 유리하게 해석한다.
- **반동형성** — 용납할 수 없는 생각과 감정을 정반대의 것으로 대치하여 과잉으로 보상한다.
- **퇴행** — 발달적으로 더 낮은 수준의 생각, 감정, 행동을 보인다.
- **억압** — 혼란을 주는 생각과 감정을 현실적으로 다루는 대신 무의식의 영역으로 추방한다.
- **저항** — 긍정적 변화에 도움이 되는 기억, 통찰, 방법을 거부하고 차단한다.
- **신체화** — 심리적 갈등을 신체적 증상으로 표현한다.
- **분열** — 자기와 타인을 전적으로 좋거나 전적으로 나쁜 존재로 지각한다.
- **취소** — 수용할 수 없는 생각, 감정, 행동을 무효화하려고 한다.

사람들이 사용하는 방어기제들에 대한 유익한 연구들이 지금도 이루어지고 있고, 치료자들은 여기에서 통찰을 얻어 내담자들이 불안이나 다른 정서적인 곤란을 적절하게 대처하도록 도움을 주고 있다. 그동안의 연구 결과는 방어기제라는 개념을 여러 문화와 종교에 걸쳐서 적용할 수 있음을 보여주었다(Tori & Bilmes, 2002).

고전적 정신분석을 이용한 치료

정신분석에서 사용되는 풍부한 치료 전략들에 숙달하려면 폭넓은 훈련과 슈퍼비전이 요구된다. 이 책에서는 이런 전략들을 간략하게 개관하지만, 독자들은 이것을 솜씨 있게 사용하려면 많은 훈련이 필요하다는 것을 꼭 기억해야 한다.

정신분석의 목표

정신분석의 일반적 목표는 이드와 초자아 사이에서 최선의 심리적 평형을 이루는 것이다. 또한 자아가 충분히 강해서 삶의 여러 요구를 잘 다루고 "죄책감이나 수치심이나 신경증적인 불안에 압도되지 않는"(Austad, 2009, p. 69) 것이다. 자아가 이런 능력을 얻으려면 훈습의 과정을 거쳐야 한다. 구체적인 치료 목표는 다음의 것들을 포함한다.

- 자아의 능력을 향상시켜 의식적이고 성숙한 방식으로 비합리적이고 해로운 충동과 본능을 통제할 수 있도록 한다.
- 자아방어기제의 작동방식과 종류를 풍부하게 하여 보다 효과적이고 성숙하고 적응적인 방어를 사용하도록 한다.
- 현실에 대한 정확하고 분명한 평가에 바탕을 둔, 적응에 도움이 되는 성숙한 시각을 발달시키도록 격려한다.
- 자신에게 궁극적으로 도움이 되는 방식으로 자기 자신을 표현하는 능력과 함께, 타인과도 건강하고 친밀한 관계를 형성할 수 있는 능력을 발달시킨다.
- 초자아의 완벽주의, 경직성, 처벌 경향성을 완화시킨다.

Freud의 저술은 이런 목표를 이루는 데 도움이 되는 접근들을 풍부하게 제공하고 있다.

치료 동맹

정신분석은 Freud 당시의 것이든 현대의 치료자들이 하는 것이든 대체로 장기간에 걸쳐 집중적으로 이루어진다. 정신분석은 전형적으로 매주 2~5회기씩 3~5년에 걸쳐 진행된다. Freud는, 환자는 카우치에 눕고 분석가는 환자가 볼 수 없도록 환자 머리맡의 의자에 앉도록 했다. 이는 환자가 아무런 방해도 받지 않고 이완된 상태에 있도록 하는 동시에, 치료자가 가능한 한 익명의 존재로 머무를 수 있도록 하기 위함이었다. 치료자의 중립성은 전이의 발달을 촉진하는 데 매우 중요한 역할을 한다.

분석 시간 동안 이야기를 주로 많이 하는 사람은 내담자이지만, 치료자 또한 치료가 의미 있는 방향으로 나아가고 억압된 자료들이 출현할 수 있도록 능동적으로 이끌어주어야 한다. 달리 묘사하자면, 치료자는 제3의 귀를 가지고 숨겨진 의미, 상징, 모순, 생략 등을 잘 들어서 내담자의 무의식에 이르는 길을 찾아야 한다. 질문, 해석, 자유연상은 정신분석가들이 사용하는 주된 개입 기법들이다.

전이와 역전이

전이가 일어날 때 내담자는 치료자에게 어떤 다른 사람(대체로 부모 중 한 사람)의 특성을 투사하고, 마치 치료자가 그 특성을 실제로 가지고 있는 것처럼 반응한다. 전이에는 왜곡 또는 잘못된 지각이 포함되기 때문에 전이 반응은 치료자의 실제 행동에 대한 직접적인 반응이라고 할 수 없다. 중립적인 태도를 견지하는 분석가는 적극적으로 상호작용 하거나 자기개방을 많이 하는 치료자보다 전이 반응을 이끌어내기가 더 쉽다.

전이는 긍정적이거나, 부정적이거나, 이 둘이 혼합된 것일 수 있다. 예를 들어 내담자는 치료자에게 유혹적이지만 사랑이 많은 어머니의 특성을 투사하거나(혼합), 화를 내고 거부하는 아버지의

태도를 투사하거나(부정), 따뜻하게 잘 돌보아주었던 할머니의 특성을 투사할 수 있다(긍정). Freud
는 이런 전이의 출현이 치료 성공의 열쇠가 된다고 보았다. 내담자는 전이를 훈습함으로써 개인적
성장을 이루게 된다.

전이를 훈습하는 긴 과정은 크게 세 단계로 이루어진다. 우선 전이가 일단 형성되면 이것은 더욱
촉진되고 탐색되어 억압된 자료를 이끌어내게 된다. 그다음에는 점차적으로 원래의 역기능적인 패
턴이 재출현하는데, 치료자에 대한 전이의 형태로 드러나게 된다. 마지막으로 이러한 전이의 원천
에 대한 이해가 깊어지고 이를 해소하게 되면서, 자아가 강해지고 좀 더 건강한 방식으로 사람들과
관계를 맺을 수 있는 자유를 얻게 된다.

고전적 정신분석에서 역전이, 즉 치료자가 내담자에게 느끼는 감정은 피해야만 하는 것이었다.
치료자는 내담자의 전이 감정, 예를 들어 안나 오(Anna O)가 Freud의 동료인 Breuer에게 성애적 전
이를 발달시켰을 때 보였던 그런 종류의 감정에 반응하지 않도록 훈련받았다(Freud, 1915, 1925).
Freud는 내담자들이 치료 과정의 결과로 긍정적인(성애 또는 애정) 전이와 부정적인(분노와 적대)
전이 모두를 발달시킬 수 있음을 지적하였다. 그는 치료자들이 내담자의 전이와 치료자 자신의 반
응을 반드시 구분해야 한다고 강조하였다. 여기서 내담자에 대해 치료자가 느끼는 감정은 치료자
본인의 미해결 주제에서 비롯된 것으로 여겨졌다. 치료자는 자신이 기술이나 통찰력이 뛰어나서
역전이 반응을 느끼지 않을 것이라고 자만해서는 안 된다. 내담자에게 어떤 강한 감정이 든다면 그
감정을 잘 살펴서 그것이 역전이가 아닌지 심사숙고해야 한다. 치료자가 자신의 반응을 자각하는
것은 대단히 중요하다. 그래서 정신분석가를 훈련시킬 때는 개인 분석을 반드시 요구한다.

오늘날에는 정신분석적 지향을 가진 많은 치료자들이 역전이를 내담자에 대한 자연스러운 반응
으로 보고 그것에 대해 주의를 기울인다. 이런 관점에서 보는 역전이는, 치료자가 내담자를 이해하
고 그들에게 교정적 정서 체험을 제공하도록 돕는 치료적 도구가 된다. 어떤 관점을 취하든 치료자
는 자신의 역전이적 감정을 자각해야 하고, 그것이 부적절한 반응으로 이어지지 않도록 관리해야
한다. 필요하다면 치료자는 슈퍼비전을 받거나 자문을 구하거나 개인치료를 받아야 한다. 자신의
역전이 감정을 관찰하고 이해하는 것은 전 생애에 걸친 과정이다. 역전이의 치료적 활용은 제5장에
서 보다 자세하게 다루어진다.

⚙ 자유연상

Freud는 억압된 자료에 접근하기 위해 꿈 분석, 전이 분석, 자유연상 등을 포함한 다양한 방법을 사
용하였다. 자유연상의 과정에 정신분석에서 가장 중요한 규칙이 반영된다. 그것은, 마음속에 떠오
르는 생각은 어떤 것이든 검열과 판단을 배제하고 말해주어야 한다는 것이다. 자유연상은 우리 모
두가 경험하는 바와 같이, 한 생각 뒤에 다른 생각이 자동적으로 연결되어 떠오르는 것을 말한다.
예를 들어 어떤 노래를 들었을 때, 그 노래를 처음 들었던 댄스파티가 떠오르고, 그다음에는 그때
데이트했던 파트너가 떠오르고, 그다음은 그날 늦게 들어가서 엄마가 엄청 화냈던 일이 떠오르고,
그다음은 엄마에게 맞았던 일이 떠오르고, 그리고 화가 나서 엄마에게 욕을 해주고 싶었던 심정이

떠오를 수 있다. 이렇게 하여 우연히 듣게 된 노래가 연상의 긴 고리를 거쳐 강한 불안감을 유발할 수 있다. 왜냐하면 그 노래는 우리가 성공적으로 처리할 수 없었던 충동 혹은 감정과 연결되어 있기 때문이다. Freud는 내담자가 자유연상을 할 것을 격려하였다. 이를 통하여 과거의 자료를 기억해내고 그와 연관된 강한 감정을 방출할 수 있도록 촉진하고자 했던 것이다. 만약 자유연상에 어떤 막힘이 일어난다면 그것은 억압된 자료에 대한 또 다른 정보원이 될 수 있다.

소산

Freud는 억압된 자료를 드러내는 일을 특히 강조했지만, (우리가 이 책의 제3부에서 중점적으로 논의하게 될) 감정의 중요성을 도외시한 것은 아니다. 그는 과거의 자료가 가진 의미와 중요성이 어떤 것인지를 성공적으로 이해하고 훈습하기 위해서는 기억에 정서가 수반되어야 한다고 믿었다. Freud는 억압된 정보의 회상과 정서 사이의 이런 연결을 촉진하기 위해 종종 소산 작업을 격려하였다. 소산(消散, abreaction)이란, 이전에 억압하고 있었던 고통스러운 경험을 의식에 떠올리고, 그 고통스러운 경험과 그로 인해 생긴 갈등을 기억 속에서 재생하여 철저하게 느끼고, 그 경험을 분석하고, 그리고 이런 모든 과정의 정점에서 정서적인 해소에 이르는 것을 말한다. 오늘날 이 기법은 정신분석적 치료뿐만 아니라 과거의 경험에 대해 강한 정서적 반응을 느낄 때 이에 대처하도록 돕는 방법으로서 다른 여러 치료 접근들에서도 사용되고 있다.

해석과 분석

정신분석에서 가장 근본적인 기법은 자각과 통찰을 촉진하는 분석과 해석이다. 치료의 초점은 꿈, 실언, 전이, 자유연상, 증상 등 다양한 곳에 맞추어질 수 있지만, 무의식적 자료를 의식으로 가져오는 도구는 바로 분석과 해석이다. 그리고 이런 의식화가 이루어지면 내담자는 이전에 억압하였던 자료에 대해 통찰하고 이를 훈습할 수 있으며, 과거의 경험과 현재의 어려움 사이의 관련성을 알아차리고, 그 결과 긍정적인 변화를 이룰 수 있다.

　분석이란 치료 시간에 내담자가 내어놓은 자료를 살펴 그 무의식적 의미를 철저하게 탐색하고 이해하는 과정을 일컫는다. 예를 들어 꿈을 분석할 때, Freud라면 꿈에 등장한 각각의 요소들이 갖는 의미를 내담자와 함께 탐색하려고 했을 것이다. Freud는 내담자로 하여금 그 꿈에 대해 자유연상을 하도록 하고, 꿈에서 느낀 감정 및 꿈에서 깨어났을 때와 그 꿈을 회상할 때 경험한 감정에 대해 이야기하도록 하며, 그 꿈을 촉발했을 만한 최근의 사건에 대해 생각해보도록 격려했을 것이다. 그리고 그 꿈에 소망 충족의 내용이 반영되거나, 수용 불가능하여 억압하였던 성적인 혹은 다른 종류의 충동이 시사되는지에 초점을 맞추었을 것이다.

　해석이란 내담자가 제시하는 자료에 담긴 상징성 또는 무의식적 의미를 설명하고, 그러한 새로운 통찰과 현재 제기된 관심사나 저항 간의 관계를 명료하게 하는 과정을 뜻한다. 무의식에 숨겨두었던 자료를 꺼내어 인지적·정서적으로 훈습함으로써 사람들은 과거의 경험이 미쳤던 영향을 이해하고, 보다 성숙한 방어와 전략을 사용하여 과거의 부정적인 힘에서 좀 더 자유롭고 좀 더 지혜로운 선택을 하게 된다.

정신분석의 적용과 현황

Freud는 자신의 접근 방법이 일부 사람들에게만 제한적으로 적용될 수 있다는 점을 인식하였다. 독자들은 정신분석적 과정의 길이와 깊이를 생각할 때 심한 정신장애를 가진 사람들에게 적합하리라고 생각하기가 쉽겠지만, 사실은 그 반대다.

진단 집단에 적용

Freud가 활동할 무렵 정신장애는 정신병과 신경증이라는 2개의 광범위한 범주로 분류되고 있었다. **정신병(정신증)**은 현실과의 접촉을 상실한 상태, 즉 내적·외적 경험을 정확하게 지각하고 해석하는 능력에 중대한 결함이 있는 상태를 말한다. 정신병적 장애를 가진 사람들은 망상, 환각 등 지각적 왜곡을 경험하는 경향이 있기 때문에 정신분석에서 요구하는 자기관찰에 참여할 수 없다. 그러므로 이런 치료 방식에서는 유익을 얻지 못한다.

반면 **신경증적** 장애를 가진 사람들은 건강하게 기능하는 능력을 방해하는 생각, 감정, 행동상의 곤란을 겪는다. 이들의 방어와 곤란이 경험의 의미를 오해하게 하고 다소간의 혼란을 가져다주기는 하지만 이들은 대인관계를 형성하고, 생산적인 분석 과정에 참여하며, 꿈이나 환상을 현실과 구분할 수 있는 능력을 갖추고 있다. Freud 시대에는 다음 여섯 가지의 주요 신경증이 구분되고 있었다(Stafford-Clark, 1965).

1. 히스테리아 — 의학적 원인이 없는 시력 상실 혹은 마비와 같은 현상에서 볼 수 있는 감각 또는 운동 기능의 상실이나 장애(즉, 전환장애)
2. 불안상태 — 비합리적인 공포가 포함된 공포증 및 일반화된 불안장애
3. 강박장애 — 불안, 반복적 생각과 행동을 특징으로 하는 장애
4. 우울, 특히 멜랑콜릭한(반응성이 아닌) 유형의 우울
5. 편집적 태도 — 광범위한 의심, 과민성, 질투 등을 특징으로 하는 장애(오늘날의 편집성 성격 장애)
6. 성도착

Freud는 신경증을 전이적 신경증과 자기애적 신경증의 두 종류로 분류하고, (위 목록의 1~4에 해당하는) 전이적 신경증만이 정신분석으로 치료될 수 있다고 믿었다. 그러나 대부분의 현대 정신분석가들은 모든 종류의 비정신병적 장애들이 정신분석으로 치료가 가능하다고 본다.

다문화 집단에 적용

전통적인 정신분석을 비서구 문화권 내담자들에게 적용하는 것이 적절한가 하는 의문이 여러 가지 이유에서 제기된다. 정신분석은 치료자의 익명성을 강조한다. 또한 정신분석은 자기만족과 개인적

발달의 중요성을 사회적, 가족적 관여와 헌신의 중요성보다 더 크게 보는 것 같다. 정신분석은 숨겨진 것을 드러내려는 태도, 대화, 분석 등을 강조한다는 점에서 서구적이고 유럽 중심적인 색채가 강하다. 그래서 다른 문화적 배경을 가진 사람들은 이런 정신분석적 접근을 잘 받아들이지 않을 수 있고, 강한 종교적 신념을 가진 이나, 상호의존과 집단 응집성을 높이 평가하는 집단주의적 사회에 사는 사람들은 정신분석을 거부할 수도 있다. 그러나 현대 정신분석은 그동안 더욱 유연해지고, 협력적인 치료 동맹을 더 많이 강조하고, 문화적 배경의 중요성 또한 더 많이 인식하게 되었다. 관계 중심의 정신분석은 '두 사람 심리학'에서 벗어나 구성주의적 관점으로 그 시각을 확대하고 있다. 그로 인해 내담자의 영적 삶에 대해 좀 더 열려 있는 대화가 가능해졌다.

　　최근 Tummala-Narra(2009)와 같은 이들의 논문은 영성과 종교가 현대 정신분석의 관점에서 볼 때 정체성 형성에 유익한 한 부분이 될 수 있음을 보여주었다. 정신분석과 영성은 정체성을 찾고자 하는 목표를 공유하기 때문이다. 인도 출신의 정신분석가인 Kakar(2006)는 치료자가 문화적으로 열린 태도를 보여야 함을 강조한다. 치료자는 자신이 태어나고 자란 문화와, 자신이 치료자로서 훈련받은 문화의 배후에 있는 가정과 전제들을 충분히 인식함으로써 다문화적 감수성을 키울 수 있다. 현대의 정신분석가들은 사람이란 삶의 경험의 산물이며, 그래서 사람을 이해하기 위해서는 반드시 내담자와 치료자 자신의 문화적 배경을 고려해야 한다는 점을 인식하고 있다.

고전적 정신분석의 현황

전통적인 정신분석은 인간관계와 직업과 여가 활동 등을 통해 어느 정도 성공적이고 만족스러운 삶을 살고, 적어도 중간 이상의 자아강도를 지닌 사람들에게 가장 적합한 것으로 보인다. 이런 사람들은 현실과 적절하게 접촉하고 있으며, 표면적으로는 정상적이고 상당히 기능적인 삶을 사는 것으로 보일 수도 있다. 하지만 사실은 이들은 뚜렷한 의학적 이유 없이 오랜 기간 동안 우울, 불안, 성적 혹은 신체적 증상으로 고통을 당한다. 이들은 삶의 제약이 심하고, 자기파괴적인 행동으로 인해 일과 인간관계의 영역에서 실패를 반복하며, 스스로 손해를 입히는 성격 패턴을 가지고 있고, 자신의 문제를 해결하려는 시도에서 실패한 사람들이다.

정신분석에 대한 평가

Freud의 아이디어가 끊임없이 사람들의 주목을 받고 있다는 사실 자체가 그것이 지닌 중요성과 지속성을 잘 보여준다. Freud는 후대의 이론가들이 자신의 작업을 더 정교화하고 확장할 수 있도록 탄탄한 기초를 제공하였다. 그들의 공헌에 대해서는 이 책의 제2부의 후속되는 장에서 논의될 것이다.

한계

정신분석은 여러 제한점이 있다. 무엇보다 정신분석은 시간이 많이 걸리고 비용이 많이 든다. 게다가 이 접근은 긴급한 현안이 있는 내담자를 돕는 용도로 개발되지 않았고, 다문화적 차원에 적절한 관심을 기울이지 않으며, 건강한 성인의 생활양식을 촉진하는 방안에 대해서 별다른 언급이 없다.

　　비록 Freud 스스로 여성에 대한 자신의 이해가 제한적임을 인정하기는 하였으나, 불행하게도 그는 여성에 관한 몇 가지 잘못되고 해로운 아이디어를 주장하였다. 여성이 아동의 주된 양육자라는 점에서 그는 아동의 정서적 문제에 대해 주로 어머니들을 비난하고 아버지들에게는 대체로 면죄부를 주었다(Enns, 1993). 그는 또한 (성관계 중에 경험하는) 질 오르가슴과 클리토리스 오르가슴을 구분하고 질 오르가슴이 여성의 성적 성숙도를 반영한다고 언급한 바 있다(Matlin, 1996). 또한 여성들이 남근선망을 경험하며 아이를 출산함으로써 이를 부분적으로 해소한다고 하였다. 그는 남성들이 여성들보다 정서적으로 더 건강하고(Bradley, 2007) 여성들은 자기애, 피학증, 수치심, 질투로 인해 더 많은 고통을 받는다고 본 것 같다. Freud의 이런 여성관에 반대하는 주장들은 이미 1920년대부터 제기되었다(Mitchell & Black, 1995). 많은 사람들은 Freud가 남근 중심적 시각을 가지고 여성 성기관의 중요성을 무시하였다고 생각한다. 여성의 성에 대한 그의 이론은 여성을 "본질적으로 거세된 남성"(Moore, 2007, p. 321)이라고 간주한다. 하지만 Freud 자신도 "대체로 여아들의 발달 과정에 대한 우리의 통찰은 만족스럽지 않고, 불완전하며, 모호한 것"(p. 321)임을 인정하였다. 남근선망, 거세불안, 오이디푸스 콤플렉스에 대한 그의 아이디어는 "남근의 보유를 성인 남성의 정체성의 핵심으로 삼는 것이었다"(Bradley, 2007, p. 67).

　　정신분석에서 이런 그릇된 신념들을 제거하는 데 많은 시간이 걸렸다. 그동안 이런 신념은 아마도 여성들에게 상당한 해를 끼쳤을 것이다. 오늘날 우리는 아동이 가진 문제의 원인을 규명하기 위해서는 가족체계를 아우르는 총체적 접근이 필요하다는 것과, 오르가슴은 그것을 어떻게 얻든지 간에 단 한 종류만이 있을 뿐이라는 것과, 소녀와 성인 여성이 경험하는 질투심은 남성들이 누리는 특혜를 포함한 많은 요인들에서 비롯된다는 것과, 남성이 여성보다 더 건강한 것은 아니라는 사실을 잘 알고 있다. Freud는 Gilligan(1993)이 관찰의 편파라고 불렀던 것, 즉 "…남성의 삶의 형식을 유일한 표준으로" 사용하고, "남성의 옷에 여성을 맞추려고"(p. 6) 시도한 잘못을 저질렀다. 최초의 여성 정신분석가 중 1명인 Karen Horney(1950)는 Freud의 시각을 공개적으로 비판한 최초의 여성이기도 하다. 그녀는 오이디푸스 갈등을 중요하게 여기지 않았고, 오히려 여성의 출산 능력을 질투하는 이는 다름 아닌 어린 소년들임을 주장하였다. Horney와 자궁선망 개념은 제5장에서 더 자세히 다룬다.

　　Freud의 이런 오류들에 대해 읽다 보면 화가 날 수도 있고, 그래서 그의 이론 전체를 버리고 싶은 마음이 들 수도 있다. 하지만 그런 부분은 그가 제시한 아이디어의 일부분에 지나지 않는다는 사실, 그리고 여성의 존재와 역할과 관련해 그가 살았던 시대가 지금과는 무척 달랐다는 사실을 기억해야 할 것이다. Freud는 항상 여성들을 높이 평가했다. 그의 아내와, 나중에 우리가 다시 언급하게 될 그의 딸 Anna와, 그의 여성 내담자와 동료들과 후원자들을 존중하였다. 그의 후기 저작을 읽어 보면 여성에 대해 좀 더 현대적인 관점을 가지게 되었음을 볼 수 있다. 예컨대 그는 어떤 결정을 내림에 있어서 여성이 남성보다 더 개인적이고 정서적인 면이 강함을 보았고, 또한 여성이 더 유연한 초자아를 가지고 있음을 보았다.

고전적 정신분석의 가치를 뒷받침하는 연구는 그리 많지 않다. 부분적으로 이 문제는 정신분석적 치료가 장기적이고 집중적인 치료 방식이라는 점에서 비롯된다. 1명의 분석가가 치료할 수 있는 사람이 제한되어 있고, 각각의 치료 과정이 매우 독특하기 때문이다. 어떤 사람들은 정신분석은 경험적 연구에 개방적이지 않기 때문에 자신이 가진 가치를 결코 증명할 수 없다고 주장한다. 그러나 정신역동적인 장기치료의 효과를 보여주는 증거들이 누적되고 있다. Shedler(2010)는 다수의 연구들을 인용하면서 장기간의 심리치료(50~150회기)를 받은 내담자들이 증상의 개선을 보였을 뿐만 아니라 그 효과가 오래 지속됨을 보여주었다.

장기간의 정신역동적 심리치료는 경계선 성격장애(Levy, Wasserman, Scott, & Yeomans, 2012)와 공황장애(Levy & Ablon, 2012) 등에 효과가 있다. Cogan(2007)의 연구에 따르면 증상 감소와 같은 치료적 목표, 일과 사랑을 할 수 있는 능력, 기꺼이 인생의 도전에 직면하려는 태도가 정신분석에서 유익을 얻는 사람과 그렇지 않은 사람을 구분한다(p. 206).

Fonagy와 Target(2009)은 의식적 마음은 빙산의 일각에 불과하고 많은 생각, 감정, 경험이 의식 밖에 있다는 것을 보여주는 최근의 신경생물학적 연구들과 Freud의 무의식 모델 사이의 일치점을 지적한다. 인간의 의식은 부적응 행동의 배후에 있는 원인을 이해하지 못한다. 정신병리에 대한 발달적 관점 또한 타당해보인다. 다수의 종단연구에 따르면 정신적 장애가 있는 성인의 4분의 3은 아동기에 진단 가능한 증상들을 보인다(Kim-Cohen et al., 2003).

정신분석적 개념에 기초를 둔 새로운 정신역동적 치료의 효과를 보여주는 경험적 증거들도 있다(Shedler, 2010, 2012). 이런 새로운 접근들은 고전적 정신분석에 비해 치료 기간이 짧고 필요한 회기 수가 더 적다. 현대의 정신역동적 이론들에 대해서는 이어지는 장들에 더 구체적으로 언급된다.

강점과 공헌

Freud의 공헌 중 가장 중요한 것을 꼽으라면 아마도 그의 생각이 인간발달에 대한 우리의 이해에 아주 심대한 영향을 미쳤다는 점을 들 수 있을 것이다. 이제 대부분의 사람들은 아동기 경험의 중요성을 인정하며, 발달에서 성이 중요한 역할을 함을 이해하고, 부모가 우리 삶에 강력한 영향력을 미침을 인식한다. 꿈과 실언에도 종종 의미가 있다고 가정하며, 무의식의 존재를 받아들이고, 우리 대부분의 성격 내부에 내적 갈등이 일어난다는 것도 인정한다. 또한 치료 관계가 가진 치유적 힘을 인식하고, 언어를 통한 치료가 긍정적 변화를 촉진하는 강력한 도구임을 믿으며, 심리치료가 사람들이 더 생산적이고 보람 있는 삶을 살도록 촉진하는 데 도움이 된다는 낙관적 견해를 가지게 되었다. 정신분석적 치료 모델에 동의하든지 그렇지 않든지 간에, 또 유아의 성에 대한 강조에 동의하든지 그렇지 않든지 간에 Freud가 심리적 발달에 대한 우리의 이해와 심리치료와 관련된 지식의 발전에 크게 기여했다는 사실은 부인할 수 없다. 실제로 정신분석가가 되는 독자는 극소수겠지만, 우리 모두는 Freud의 정신분석에서 배운 지식이 정신건강과 장애에 대한 자신의 이해와 자신의 치료적 접근을 상당 부분 채색하였음을 나중에 알아차리게 될 것이다.

기법 개발 : 역전이 분석

이 책의 대부분의 장에는 실제적 상담 기법 개발을 위한 부분과, 이론의 적용을 보여주는 사례가 제시된다. 우리는 제1장에 소개된 디아즈 가족(에디, 로베르토, 에바)의 이야기를 통해 정신역동적 심리치료에서 역전이가 어떻게 활용되는지 보여주려고 한다. 앞에서 기술한 바와 같이 역전이는 Freud가 만들어낸 개념으로서, 치료자가 자신의 삶에서 가지고 온 것을 내담자에게서 느끼는 현상, 즉 치료자 편의 전이를 가리켰다. 오늘날에는 보다 관계 중심적인 치료 접근들이 등장하고 애착과 치료 과정에 대한 연구 성과들도 축적되면서, 치료자가 내담자에게 느끼는 '정상적인' 혹은 예측 가능한 반응까지 포함하는 개념이 되었다.

역전이는 내담자의 대인관계적 역동 및 다른 사람들이 내담자에게 보이는 반응을 이해하는 데 큰 도움을 준다. 정신역동적 치료자들은 자신의 역전이 감정을 살펴서 이 정보를 치료에 도움이 되는 방향으로 사용한다. 내담자에 대한 임상적 정보가 역전이에 풍부하게 담겨 있기 때문이다.

기법 개발 : 역전이 활용

다음 축어록은 치료자와 에디가 나눈 대화이다. 독자들은 이들의 치료 관계와 치료자가 자신의 역전이 자료를 개방한 것에 대해 살펴보고, 이것이 치료 과정에 도움이 되는지 아니면 해가 되는지 판단해보기 바란다. 치료자가 내담자와 어떤 것을 함께 나누고 또 어떤 것을 혼자 간직하는지도 살펴보기 바란다. 이어지는 연습 부분에서 자신이 관찰한 것을 다른 동료들과 나누어볼 수 있다.

역전이 활용을 보여주는 대화

에디 : 늦어서 미안해요. 그런데 좀 일찍 끝내야 할 것 같아요.

치료자 : 무슨 문제라도 있으세요?

에디 : 아니요. 그냥 일이 좀 많아서요.

치료자 : 그렇군요. 일단 시작할까요?

에디 : 요즘엔 너무 바빠서 로베르토와 이야기를 나눌 시간이 별로 없고, 이야기를 해도 대부분 에바에 관한 것뿐이에요. 예를 들어 학교 끝나고 누가 에바를 데리러 갈지, 점심을 먹었는지 물어봤는지 뭐 그런 것들이요.

치료자 : 두 사람 사이가 좀 소원해졌다고 느끼시나요?

에디 : 우리가 언제 가까운 적이 있었나 싶어요. 그 사람은 항상 컴퓨터를 끼고 살아요. 일중독이라고 말씀드렸었죠? 컴퓨터 때문에 날 버린다는 느낌이 항상 있어요.

치료자 : '버린다'라는 말은 상당히 강한 단어인데요.

에디 : 그럼 뭐라고 해야 하나요? 결혼했지만 밤마다 혼자인걸요. 그러니까 그 사람도 집에 있기는 하지만, 지하실에서 컴퓨터만 쳐다보고 있어요. 다른 여자 만나느라 나를 내버려두는 듯한 느낌마저 들어요. 그 사람에겐 '여자'가 컴퓨터라는 것만 빼면.

치료자 : 상당히 화가 나신 것 같아요. 남편에 대한 느낌과 비슷한 느낌을 느꼈던 경우가 또 있었는지 한번 생각해보실래요?

에디 : (잠시 생각한 후에) 음… 부모님이 갈라설 때도 그런 느낌이 들었는데… 두 사람은 정말 많이 싸웠어요. 내가 5살 때 마침내 아버지가 집을 떠났는데, 아직도 버림받은 그 느낌이 기억나요. (조용히 울기 시작한다) 그냥 떠나버렸어요. 어떻게 그럴 수 있었을까요? 어느 날 그냥 아버지는 나라는 사람의 인생에서 빠져나가버렸어요.

그 후 6년 동안 못 봤어요. 생일날마다, 명절날마다, 그 전날이 되면, 내일이면 아버지가 전화를 할 거라고 간절하게 기다렸는데, 아니요, 아무 일도 없었어요. 그렇게 시간은 흐르고 나는 그런 일에 익숙해졌지요. 어린애였을 때 나를 떠올리면 그 나이의 에바를 생각하게 돼요. 그 일은 너무나 충격적이었어요. 아버지가 찾지 않는 아이라니… 에바를 가지려고 참 많이 노력했어요. 그 애를 떠난다는 것은 나는 상상도 할 수 없어요. 우리 아버지는 어떻게 그런 일을 할 수 있었는지 정말 알 수 없어요.

치료자 : 그때 느낌이 기억나나요?

에디 : 혼자라는 느낌… 버림받고… 화가 난.

치료자 : 로베르토가 컴퓨터 방으로 내려갈 때 느끼는 것과 비슷한?

에디 : 아, 그러네요. 똑같아요. 마치 그가 나를 버리고 떠나는 듯한… 그래서 그 사람에게 화가 많이 나요.

치료자 : 하지만 아래층에 있는 건데요.

에디 : 그렇죠…. (생각한다)

치료자 : 남편이 당신을 '버릴' 때 느끼는 그 강한 반응은, 어릴 때 아버지가 떠나버렸을 때 느꼈던 그때 감정과 관련이 있겠다는 생각이 드는군요.

에디 : 예, 소파에 앉아 그가 되돌아오길 기다리는 어린아이가 된 듯하죠.

치료자 : 누구를 기다리죠? 아버지인가요, 남편인가요?

에디 : (살짝 웃으며) 둘 다요. 제 반응이 똑같은 것 같아요. 하지만 방금, 적어도 남편은 일을 한다는 생각이 들었어요. 다른 여자 만나러 간 것도 아니고 포르노나 보고 있는 것도 아니고, 사실은 그렇게 일해서 돈을 더 벌어 살림에 보탬이 되고 있거든요.

치료자 : 지금 말씀하는 걸 들으니, 남편이 당신을 버린다는 그런 느낌이 아니네요.

에디 : 아니요. 정말 아니에요. 전 이때까지 이런 식으로는 생각해보지 못했어요. 사실 그 사람은 그저 우리 집을 위해 돈을 벌려고 노력하고 있을 뿐인데. 선생님 말씀은, 우리 아버지가 내가 어렸을 때 집을 나가버렸기 때문에, 모든 사람들이 다 그렇게 나를 버릴 거라고 생각한다는 뜻이죠?

치료자 : 그렇게 느낀 적이 또 있는지 궁금하네요.

에디 : (계면쩍게 웃는다) 그게 사실은, 오늘 여기 오기 전에요, 그다지 바쁘지는 않았어요. 사실은 오늘 올까 말까 망설이다가 늦었어요. 사실 선생님을 믿고 내 이야기를 할 수 있을지, 다른 치료자들처럼 나와의 약속을 저버리지 않을지 걱정했어요. 그래서 오늘 빨리 끝내고 가야 될 것 같다고 한 거예요. 그런데, 그렇게 하고 싶지 않아요. 나 자신에 대해서 뭔가 알게 되었어요. 나를 버리는 듯한 느낌이 드는 사람에게 나는 참 화가 많이 나는 것 같아요.

치료자 : 화를 내는 게 어떤 역할을 할까요?

에디 : 무슨 뜻인지…?

치료자 : 당신이 화를 낼 때 사람들은 어떻게 반응하나요? 가까이 다가오나요, 아니면 더 멀어지나요?

에디 : 아, 더 멀어져요. 내가 화를 내면 사실 아무도 내 곁에 오려고 하지 않지요.

치료자 : 그렇다면 화를 내는 건 어떤 목적달성에 도움이 되는 셈이군요.

에디 : 그런 것 같아요. 그게 아마, 사람들을 멀리 밀어내는 것 같아요.

치료자 : 그렇게 되면 사람들과 가까이 지내지 않아도 되고요.

에디 : 그리고 내가 연약하다는 느낌도 안 들고요. 일종의 악순환 같은데요? 남편과 가까워지고 싶지만, 그 사람이 밤에 일하려고 컴퓨터 앞에 앉아 있으면, 나는 버림받은 느낌이 들어서 화를 내게 되고, 그러면 그 사람은 내 곁에 가까이 오지 않으려 하고, 그냥 침대로 직행해서 잠을 자요. 그러니 서로 대화는 안 하고.

치료자 : 자, 이번 주에 생각할 거리가 많이 생겼네요.

정신역동적 치료 시간의 핵심은, 어린 시절에 적응적일 수 있었던 감정과 태도에 대해 깊이 생각해보고(즉, 에디의 경우 아버지에게 화가 난 것은 우울에 빠지거나 너무 슬퍼하게 되는 것을 막아주었다), 그것이 현재 상황에 적용되지 않거나 도움이 되지 않는다는 사실을 깨닫도록 돕는 데 있다. 예를 들어 로베르토의 일중독 경향은 에디에게 스트레스를 주는 것은 사실이지만 그것이 그가 아내를 버린다는 뜻도 아니고, 오히려 아내와 딸을 위해 더 열심히 일한다는 뜻이었다. 그럼에도 불구하고 에디는 마치 4, 5살 어린아이처럼 반응하였다. 치료자는 부드럽게 해석을 하였고, 에디의 마음은 열려 있었다. 그래서 그녀는 과거의 관계가 현재 관계에 어떤 영향을 주고, 또 지금-여기에서 치료자에게 느끼는 감정에 어떤 영향을 주는지 통찰할 수 있었다.

연습

1. 방금 읽은 자료에 대해 토론하라. 치료자 개입에 대해 다음 차원에서 평가해보라 — 타이밍, 목적, 내용, 내담자-치료자 관계에 미친 영향, 전반적인 효과. 당신이 치료자라면, 어떻게 했을 것 같은가? 만약 치료자가 역전이 감정을 공개하지 않기로 선택했다면 그것은 에디에게 어떤 영향을 주었을까? 에디에게 도움이 되었을까, 안 되었을까? 그 이유는 무엇인가? 만약 치료자가 계속 침묵을 지켰다면 그것은 치료 관계에 어떤 영향을 미쳤을까? 상담 후 에디는 남편과의 관계를 어떻게 바꾸려고 했을까? (역주 : 이 자료에서 상담자는 자신의 역전이 감정을 정확하게 공개하지는 않았다. 그것이 무엇이었을까 추측해 보라. 상담자는 그것을 어떻게 활용하였는가?)

2. 때로 역전이의 사용은 치료자의 활동과 거의 불가분의 관계에 있다. 위의 사례에서 치료자는 에디가 자신의 아동기 감정과 성인으로서의 감정 간의 차이를 인식하도록 적극적으로 도왔다. 그런데 만약 에디와 남편의 관계가 아주 나빴다면, 그래도 치료자는 같은 태도를 취했을까? 치료자가 더 지시적이어야 하지 않았을까?

연습

대집단 연습

1. Freud 이론을 비판적으로 평가해보라. 이론의 기저에 있는 개념들(무의식, 이드, 자아, 초자아, 방어기제)에 대해 어떻게 생각하는가? Freud는 심리치료 분야에 어떤 긍정적인 (혹은 부정적인) 기여를 했는가? 그의 이론에 빠진 게 있다면 그것은 무엇인가? 장기적인 정신분석이 현재 상황에 잘 맞는다고 생각하는가?

2. Freud의 추동이론을 비평해보라. 당신은 사람이 가진 모든 본능이 삶의 본능(생존, 쾌락, 종의 번식, 사랑)과 죽음의 본능(자기파괴적 행동, 피학증, 공격성, 폭력)으로 나누어진다는 그의 주장에 동의하는가? 그의 이론이 오늘날에도 적용 가능하다고 생각하는가?

3. 앞에서 소개한 방어기제 목록을 다시 읽어보라. 그중에서 에디가 불안에 대처하면서 전형적으로 사용할 것 같은 방어기제 두세 가지를 골라보라. 또한 그의 남편 로베르토가 불안에 대처하면

서 전형적으로 사용할 것 같은 방어기제도 두세 가지 골라보라. 방어기제 선정의 이유를 밝혀야 한다.

소집단 연습

두 사람씩 짝지어, 총 4명으로 이루어진 집단을 만든다. 짝을 이룬 두 사람은 1명은 치료자, 1명은 내담자 역할을 맡아 내담자의 초기 아동기 경험에 대해 면접을 실시한다. 10~15분에 걸쳐 내담자에게 다음 사항에 대한 기억을 물어본다.

- 수유 경험
- 배변 훈련 경험
- 동성의 부모에 대한 동일시 경험
- 자율성 및 주도성과 관련된 어린 시절의 경험

각각의 면접이 끝날 때마다 집단원들은 치료자에게 서문에 제시한 지침에 따라 피드백을 준다. 피드백은 다음 사항을 포함해야 한다(이것에만 국한하라는 것은 아니다). (1) 질문 사용 방식 (2) 정보를 이끌어내는 능력 (3) 내담자-치료자 라포 (4) 시선처리 및 다른 비언어적 행동.

이 연습뿐만 아니라 이 책에서 제안한 모든 연습을 하는 동안 당신 자신을 충분히 배려해야 한다. 초기 아동기의 경험과 관련해서 어떤 것을 이야기할지는 당신에게 달려 있다. 강한 감정이 촉발된다든가 어떤 고통스러운 기억이 떠오른다면 그것을 다른 사람들과 나누는 것을 조심해야 한다. 이것은 연습일 뿐이며, 상담 시간이 아니란 것을 기억해야 한다. 만약 연습을 하는 것이 매우 힘들게 느껴진다면 상담을 받는 것을 고려해보라. 그런 감정을 이해하고 다루는 데 도움을 얻을 수 있을 것이다.

개인 연습

1. 성격을 구성하는 세 요소인 이드, 초자아, 자아에 대해 이해하게 되었으므로 당신 자신의 내적 갈등에 내포된 역동을 좀 더 잘 자각할 수 있을 것이다. 당신의 이드와 초자아 사이에 갈등을 느낀 경험과 그것을 해결했던 방법에 대해 간략하게 적어보라.

2. 우리는 모두 실수를 저지르고, 실언을 하고, 약속을 잊어버린다. 다음 한 주 동안 이런 일이 일어날 때 주의 깊게 그 과정을 살펴보라. 만약 이런 실수를 한다면 그것이 그저 우연하게 일어난 일인지, 아니면 어떤 바람이나 심리적인 과정에 의해 일어난 일인지 생각해보라.

요약

이 장에서는 Freud가 개발한 정신분석이론과 치료 전략에 대해 개관하였다. 이 장은 또한 Freud의 성장배경과 그가 제시한 개념의 발전 과정에 대해서도 정보를 제공하였다. 그의 개념은 심리발달, 정신건강, 정신장애의 치료에 관한 현대적 관점에 초석을 놓았다. Freud의 이론은 삶과 죽음의 추동이라는 개념에 바탕을 둔다. 그의 이론은 성격의 삼원구조(이드, 초자아, 자아), 심리성적 발달의 5단계(구강기, 항문기, 남근기, 잠재기, 성기기), 방어기제, 의식의 수준(무의식, 전의식, 의식) 등을 강조한다. 치료에서는 꿈을 비롯한 무의식에 대한 단서들을 분석함으로써 통찰을 촉진한다는 점이 강조된다. 해석, 훈습, 소산, 전이와 역전이의 분석도 강조된다.

추천 도서

Freud, S. (1938). *The basic writings of Sigmund Freud*. (A. A. Brill, Trans.) New York : Modern Library.

Higdon, J. (2012). *Psychodynamic theory for therapeutic practice*. (2nd. ed.) New York, NY : Palgrave Macmillan.

Jones, E. (1953, 1955, 1957). *The life and works of Sigmund Freud*. (3 vols.). New York, NY: Basic Books.

Roth, M. S. (Ed.) (1998). *Freud : Conflict and culture*. New York, NY: Alfred A. Knopf.

Stafford-Clark, D. (1965). *What Freud really said*. New York, NY: Schocken.

Alfred Adler와 개인심리학

Alfred Adler는 Freud의 영향력에서 벗어나 인간행동에 대한 심리성적 관점 대신 심리사회적 관점에 초점을 맞추었다. Adler는 인간발달에 대한 자신의 이론을 개인심리학이라 불렀다. 이 용어는 초기 아동기에 형성되는 각 개인의 독특한 신념과 기술이, 이후 개인의 태도와 행동 그리고 자기 자신과 타인과 사회에 대한 사적 관점을 좌우하는 기준이 됨을 강조한다.

    Adler의 아이디어는 정신건강에 대한 오늘날의 관점과 부합된다. Adler 학파의 치료는 사회적 맥락과 가족역동, 아동양육에 많은 관심을 기울인다. 이 접근은 현상학적이며, 과거보다는 현재와 미래 지향적이고, 내담자의 힘을 북돋우는 것을 중시한다. 그 결과 Adler의 아이디어는 현재 중요한 심리치료 이론 중의 하나로 인정받고 있다. 특히 아동상담과 가족상담을 하는 치료자들이 이 접근에 많은 관심을 보인다.

Alfred Adler

Alfred Adler는 1870년 2월 7일 오스트리아 비엔나에서, 상인인 Leopold Adler의 여섯 자녀 중 셋째로 출생하였다. Alfred Adler는 힘든 아동기를 보냈다. 그가 3살이었을 때 같은 침대를 사용하던 형이 사망하였다(Orgler, 1963). Adler 자신도 사고와 질병에 시달렸다. 그는 두 번이나 차에 치었으며, 폐렴을 앓았고, 골연화증과 나쁜 시력으로 인해 고통을 당했다. 그는 병약하고 예민했다. 이런 건강상의 문제 때문에 그는 특히 어머니에 의해 응석받이로 자랐다. 그러나 남동생이 태어난 뒤 어머니의 관심이 아기에게로 집중되고, 그는 마치 폐위된 왕과 같은 느낌을 갖게 되었다. 이를 계기로 Adler는 자신의 관심을 아버지와 또래들에게로 옮겼다. 그리고 그들로부터 "용기, 동료의식, 사회적 관심"을 배우게 되었다(Orgler, 1963, p. 3). 나중에 Adler가 출생순위, 열등감, 부모의 과잉보호에 관심을 가지게 된 것도 이러한 아동기 경험에서 비롯되었을 것이다.

Adler는 원래 뛰어난 학생이 아니었다. 그의 선생님은 아버지에게 아들을 계속 공부시키지 말고 제화공으로 훈련시키라고 권고하였다. 그러나 그 후 Adler는 유능한 학생으로 변모하였다. 사람이 자신의 목표와 삶을 바꿀 수 있음을 몸소 보여준 것이다. 아동기 이후로 그는 심리학과 사회적인 문제들에 관심을 기울였다. 의과대학을 졸업한 후 처음 일하게 된 전문 영역(안과)에서도 전인적 관심을 가지고, 정신과 신체 간의 연결과 그것이 일과 사회적 삶에 미치는 영향을 이해하려고 노력하였다. Adler가 그 후 일반의로 일하면서 더 큰 만족감을 느꼈던 것도 그 일이 자신의 신념과 잘 어울렸기 때문이었다. 하지만 그는 말기 환자를 치료하면서 심한 무력감을 느꼈다. 이 일은 그로 하여금 새로운 경력을 추구하게 하였다. 그는 신경학 분야에 뛰어들었고, 계속하여 심리학과 사회과학을 연구하면서 인간을 좀 더 온전히 이해하려고 노력하였다.

성격 발달에 대한 통찰력으로 명성을 얻은 그는 Freud의 관심을 받게 되었다. 1902년에 Freud는 Adler를 비롯해 신경학 및 심리학 분야에서 두각을 드러낸 몇몇 사람들에게 편지를 보내 자신의 연구 주제에 대해 토론하는 모임을 갖자고 제안하였다. 이 일이 계기가 되어 Adler는 비엔나 정신분석 학회에 가입하게 되었다.

Adler의 성격이나 개인적 스타일에 대한 묘사는 복합적이다. Orgler(1963)의 연구에 따르면 그는 온화하고 친절한 사람이었다. 그러나 Freud의 전기 작가인 Jones는 그를 "까다롭고, 심술궂으며, 전투적이고, 뚱한"(1955, p. 130) 사람이었다고 묘사하였다. 이런 차이는 Adler의 성격의 일면이 반영된 점도 있겠지만, 다른 한편으로는 성적 충동을 심리발달의 기본 결정 요인으로 보는 Freud의 신념에 대한 그의 불쾌감이 반영되었기 때문일 것이다.

이런 불화 끝에 Adler는 결국 자신이 영향력과 리더십을 쌓아왔던 정신분석학회를 탈퇴하고 개인심리학 학회를 결성하였다. 그는 나머지 생을 인간에 대한 이해를 깊게 하고 사람들을 돕는 더 좋은 방법을 찾는 일에 바쳤다. 그는 사회적 관심이 아주 강했다. 그래서 자녀양육과 교육에 대해 많은 글을 쓰고 강연을 했으며, 비엔나의 공립학교에 아동생활지도클리닉을 세웠고, 교사·사회사업가·의사 등 다양한 전문가들을 훈련시키는 프로그램을 만들어 아동의 정신건강을 촉진하려고 하였다. 그는 일반 대중을 위해 치료 실연을 해 보이고 책을 썼다. 이를 통해 자신의 아이디어와 기법을 많은 사람들이 알 수 있도록 했던 것이다. 이런 일은 그에게 중요한 것이었다. "강인한 여성주의자이자 정치적 활동가"로 알려진 그의 아내 Raissa는 Adler의 이런 사회적 활동에 대해 열렬한 지지를 보냈다(Sherman & Nwaorgu, 2002, p. 181). 그는 1920년대부터는 미국을 자주 방문하였다. 그는 그곳에서도 상당한 관심을 받았다. 그의 지칠 줄 모르는 열정은 1937년 5월 28일 스코틀랜드에서 행할 강연을 준비하는 도중에 심장마비로 숨질 때까지 계속 이어졌다.

개인심리학의 발달

Adler의 전문적 성장과 발달은 크게 4개의 시기로 나눌 수 있다. 첫 번째 시기는 의과대학을 졸업한 이후 처음에 의사로, 그다음은 신경학 분야 연구자로 활동한 때였다. 그는 이 두 영역에서 나름대로 기여를 했지만 이 일들이 그에게 아주 적합한 것은 아니었다. 그는 신체보다는 주로 마음에 관심을 쏟았다.

　Freud의 정신분석운동에 합류하여 이를 발전시키고자 했던 때를 그의 두 번째 활동 시기로 볼 수 있다. 이때 그는 적어도 일시적으로는 자신의 자리를 찾은 것 같았다. 그의 주 관심사는 건강한 정서 발달을 촉진하는 데 있었다. 그러나 오래가지 않아 그는 Freud의 일부 신념과 전인(全人)에 대한 관심 부족에서 비롯된 경직성에 숨이 막히는 느낌을 받았다.

　Freud와의 결별은 세 번째 시기의 출발점이 되었다. 이 일 후 그는 자유롭게 자신의 아이디어를 펼쳐나갔다. Ansbacher와 Ansbacher(1956)에 따르면, Adler는 "생물학적, 외적, 객관적 인과론을 심리학적, 내적, 주관적 인과론으로"(p. 9) 대체하였고, 성적 추동과 리비도 개념을, 힘과 우월성을 얻고자 하는 추동과 온전히 기능하는 성인이 되고자 하는 추동으로 대체하였다. 그의 개인심리학의 목표는 독특한 개성을 가진 개인을 이해하고 돕는 것이었다. 이는 그가 볼 때 Freud의 과잉일반화된 아이디어와는 아주 다른 것이었다.

　Adler의 전문적 경력의 마지막 단계는 1차 대전에 정신과 의사로 복무한 이후 시작되었다. 그는 전장에서 병사들끼리 강한 유대를 형성하는 것을 목격하고, 사회적 관심에 대한 욕구가 우월성과 힘에 대한 욕구보다 더 강하다고 확신하게 되었다. Adler는 "사회적 관심을 향한 타고난 소인"(Grey, 1998, p. 8)이 사람의 기본적인 동기라고 제안하였다. 그는 사람은 중요성, 자기가치, 사회적 관여의 욕구에 의해 일차적으로 추동된다고 보았다. Adler의 사상은 현대의 많은 사람들이 치료의 근본 목표로 보는 것과 일치되는 방향으로 전개되었다. 그것은 곧 내담자들이 힘과 용기를 얻고, 자기실현의 느낌을 누리며, 유익한 사회적 관계를 형성하며 적극적으로 사회적 기여를 하도록 돕는 것이다.

중요한 이론적 개념들

Adler의 이론은 Freud의 이론처럼 심층적이고 풍부하다. 그의 핵심 개념들은 한 개인의 통일성과 독특함을 강조한다. 그는 한 사람을 이해하기 위해서는 그의 목표와 욕구, 가족구도, 사적 논리, 사회적 맥락, 생활양식을 알아야 한다고 믿었다. 그에 따르면 인간은 생물학적 원인이나 환경의 희생자가 아니라, 자신의 목표와 행동을 자신이 원하는 방향으로 변화시킬 수 있는 존재이다. Adler는 삶의 방향을 결정하는 많은 요인들이 무의식적이라고 보는 Freud의 신념을 공유하였다. Adler는 무의식을 분석하여 개인의 목표와 생활양식을 의식화해야 한다고 믿었다.

인간의 본성에 대한 관점

Adler는 Freud와 마찬가지로 생애 첫 5년이 인간의 향후 발달에 큰 영향을 미친다는 것을 인정하였다. 그러나 그의 관점은 Freud의 그것에 비해 결정론적 요소가 덜했다. 그는 생물학적인 요인들이 장래의 성장에 가능성의 범위를 제공해준다고 믿었지만, 동시에 "자기는, 그것이 지닌 본성의 하나인 창조적인 힘과 함께 중요한 중재 변인이 된다"(Ansbacher & Ansbacher, 1956, p. 179)고 믿었다.

　Adler가 볼 때, 유전과 초기 양육에 의해 지니게 된 특성들은, 그것들을 재료로 하여 그 사람이 무엇을 만드는가 하는 것보다 덜 중요했다. 그는 우리의 행동이 목표지향적이라고 믿었고, 우리가 우리의 행동을 성장을 촉진하는 방향으로 선택할 수 있다고 믿었다. Adler는 또한 사람들에게 정말 중요한 것은 의미 있고 보람을 느낄 수 있는 목표를 성취하기 위하여 발전하고 노력하는 것과, 자기 자신에 대해 긍정적으로 느끼게 해주고, 다른 사람 및 공동체와 연결될 수 있도록 해주며, 일을 만족스럽게 하도록 이끌어주는 생활양식을 갖는 것이라고 믿었다(Adler, 1963a).

열등감의 중요성

우월성의 추구는 Adler 이론의 중요한 요소이다. 다른 사람보다 우월해지는 것을 추구하는 것이 아니라, 자신의 삶에 대한 통제력을 얻고 자신의 열등감을 극복하고자 하는 이 동기는 Freud의 '추동'이나 Carl Jung의 '자기실현'만큼이나 강력한 목표이다. Adler(1963b)는 초기 아동기 동안 느끼는 열등감이 발달에 큰 영향을 미친다고 보았다. 거의 모든 아동들이 이러한 감정을 느끼며, 그 자신을 부모나 손위 형제들에 비해 작고 약하다고 지각한다. 이때 이 아동이 어떤 대우를 받으며, 또 이 열등감을 어떻게 다루느냐 하는 것이 그의 성격을 형성하는 데 아주 중요하다. 작은 삶의 과제를 숙달하고 우월성을 얻는 것을 통해 아동은 성취의 느낌을 얻는다. 사람은 자신만의 내적 목표를 만들고 그 기준에 이르기 위해 애를 쓴다. 노력하고 한발 더 나아가고 성공하고 완성함으로써 사람은 자신의 높은 기준에 부합되는 삶을 산다. 모든 사람은 자기 나름의 이상적 자기상을 가지고 있으며 그것에 이르려고 노력한다. 우월성을 향한 이러한 추구는 달리 말하면 열등감을 극복하고자 하는 시도이다.

　Adler의 이러한 이론은 그 자신이 여러 가지 아동기 질병과 어려움을 극복하려고 투쟁하였던 것을 반영한다. 자신이 남과 다르다는 느낌과 열등감을 장점과 역량을 키우면서 줄여나가고, 현명하고 창조적인 선택을 하고, 성장 지향적인 건강한 방향으로 나아가려고 애쓰는 아동들은 긍정적인 발달을 이루게 된다. 반면 응석받이로 자라거나 방치된 아동, 힘을 키우고자 하는 노력을 저지당한 아동은 긍정적인 발달을 경험할 가능성이 크게 훼손된다. Adler는 응석받이로 자란 아동은 다른 사람들이 자신을 돌보아줄 것으로 기대하기 때문에 자기 자신의 능력을 키우지 못하게 되고, 방치된 아동은 열등한 역할을 극복하려는 노력이 무시당하고 거부될 때 쉽게 용기를 잃고 무력감을 느끼게 된다고 보았다.

열등감을 극복하려는 노력은 그 사람의 전반적인 생활양식에 영향을 미친다. 예를 들어, 운동으로는 힘이 센 형과 경쟁할 수 없는 아동이 공부를 통해 형을 이기려고 할 수 있다. 인기 좋고 유능한 언니를 도저히 따라잡을 수 없는 동생은 학교 다니는 것을 포기하고 다른 생활양식을 찾아 마술 숭배 집단의 리더가 되려고 할 수도 있다. 그 방향이 어떠하든지 간에 개인이 삶에 만족을 얻고 성취하며 통제력을 가지는 것은 우월성을 추구함으로써 이루어진다.

⚙ 가족구도와 출생순위

Adler는 발달에 영향을 미치는 또 다른 초기 변인들인 가족구도와 출생순위에도 상당한 관심을 쏟았다. 이런 관심은 그가 인간문제의 사회적 속성을 강조한 것과 일맥상통한다. 그는 가족구도를 살펴봄으로써 개인의 생활양식을 이해할 수 있다고 믿었다. 이를 역으로 말하면, 우리는 개인이 삶을 어떻게 조망하는지를 알 수 있다면 그가 가족 내에서 어떤 역할을 하는지도 이해할 수 있다 (Dreikurs, 1973).

가족구도에는 가족의 구성, 각 구성원의 역할, 개인이 초기 아동기 동안 형제자매 및 부모와 맺은 관계의 양상이 포함된다. 이들과의 상호작용에서 아동은 단순히 수동적인 대상으로 머물지 않는다. 아동은 부모와 형제자매가 아동 자신에게 어떻게 반응할지에 영향을 미친다. 아동은 가족 내 상호작용에 의해 정해지는 특정한 역할을 하게 된다(Adler, 1963b).

아동은 다른 가족과의 닮은 점과 다른 점 모두에 영향을 받는다. Adler에 의하면, 우리는 자신과 다른 면이 가장 많은 형제자매에게 가장 크게 영향을 받는다. 그런 차이는 우리 자신을 다른 사람과 비교하고 대조하게 하며, 새로운 가능성을 보게 하며, 우리가 우리 자신의 삶에서 맡게 된 역할과 선택에 대해 다시 생각할 수 있는 기회를 준다.

출생순위는 가족의 또 다른 주요 측면으로, Adler(1963b)는 이것이 발달에 심대한 영향을 미친다고 보았다. 그는 가족에 다섯 종류의 심리적 위치가 있다고 하였다. 다음에 제시된 것은 각 위치와 관련 있는 특징들이다(그림 4.1 참조).

맏이   둘째   가운데 아이   막내   외동이

그림 4.1 출생순위

1. **맏이** 이들은 다섯 집단 중에서 가장 머리가 좋고 성취 지향적인 경향이 있다. 특히 언어능력이 뛰어나다. 첫 번째로 출생한 아이는 처음에 어른들로만 이루어진 가족에서 성장하게 되어서 의존적이고, 체계적이며, 책임감이 강한 경향이 있다. 일반적으로 행동이 바르고 협동심이 있으며, 사회 규범에 순응적이고, 전통 지향적인 편이다. 이런 많은 장점들로 인하여 리더십을 발휘하는 위치를 얻게 된다.

    아직 동생이 태어나지 않았을 때 맏이는 관심의 초점이 되며 때때로 버릇없는 응석받이가 될 수도 있다. 하지만 동생들이 태어남으로써 맏이는 마치 왕좌에서 밀려난 느낌을 갖게 되고, 외둥이로서의 지위 상실에 대한 반응으로 분노와 두려움과 질투심을 느낄 수 있다. 이때 동생의 출생에 성공적으로 적응하면 맏이는 더 친화적이고 더 자신감 있는 아이가 될 수 있다. Laird와 Shelton(2006)은 맏이의 상당수가 나중에 물질남용 문제를 갖게 되는 것을 발견하고, 이것을 맏이가 겪게 되는 관심의 상실과 관련 있다고 보았다.

2. **둘째** 이들은 맏이를 따라잡고 경쟁해야 한다는 압력을 느낀다. 두 번째로 출생한 아이들은 대체로 맏이가 이미 성공적으로 성취한 분야에서는 그 이상으로 잘해낼 수 없다는 것을 깨닫고, 맏이가 잘 못하거나 관심을 두지 않는 분야에서 노력을 기울이는 경향이 있다. 그래서 흔히 볼 수 있는 양상으로, 맏이는 영어나 수학 같은 전통적인 영역에서 두각을 나타내는 반면, 둘째는 노래나 그림 그리기 등 보다 창의적이고 덜 관습적인 영역에서 성공을 추구하고 학업적 성취보다 사회적 성공을 더 강조하는 경향이 있다. 맏이가 성공적이면 성공적일수록 둘째는 행동이 바르고 성취 지향적인 맏이와는 반대 방향으로 움직일 가능성이 높다. 두 번째로 출생한 아이들은 맏이보다 타인을 더 잘 돌보고 우호적이며 표현이 풍부한 경향이 있다.

3. **가운데 아이** 출생순위가 가운데인 아이들은 종종 둘째이기도 하다. 그래서 둘째가 가진 많은 장점을 보여준다. 그러나 어떤 경우는 이미 자기 자리를 확보하고 있는 첫째와, 사랑과 관심을 많이 받고 있는 것 같은 동생 사이에 끼어 압박감을 느끼기도 한다. 가운데 아이들은 때때로 자신의 특별함을 드러내는 방법을 찾는 데 어려움을 겪고 용기를 잃기도 한다. 자기 자신이 사랑스럽지 않고 무관심 속에 방치된다고 느낀다. 이 패턴은 2~3명의 아이들이 동시에 가운데 아이의 역할을 하는 대가족에서는 별로 드러나지 않지만, 아이가 3명인 가족에서는 특히 발생할 가능성이 높다. 그러나 아이의 용기를 북돋우는 좋은 양육을 제공한다면 가운데 아이들 또한 적응을 잘하고, 우호적이고, 창의적이며, 꿈을 크게 가지고, 자신의 개인적 장점들을 즐겁게 누리게 된다.

4. **막내** 이들은 흔히 3개의 함정을 만나게 된다. 이들은 가족들로부터 응석받이로 자랄 가능성이 있다. 이들은 손위 형제자매들을 따라잡기 위해 항상 최고의 속도로 달려야 한다는 압박감을 느낄 수 있다. 또한 이들은 형제자매들과 경쟁하는 일에서 용기를 잃어버릴 수 있다. 이들은 가족들이 대신 결정을 내려주는 일이 흔하기 때문에 자신이나 타인을 위해 책임을 질 필요를 느끼지 못할 수 있다. 그래서 Adler는 이들이 강한 열등감을 느낄 수 있다고 보았다. 하지만 막내들은 가족 내에서 많은 권력을 획득할 수도 있고, 그들이 받는 특별한 관심을 즐길 수도

있다. 이들은 모험을 좋아하고, 태평스러우며, 공감을 잘하고, 사교적이며, 혁신적인 사람이 될 수 있다. 이들은 대개 형제자매들과의 경쟁을 피하기 위하여 자신만의 관심사를 추구한다. 이들의 동맹자가 될 가능성이 가장 큰 사람은, 자신이 다른 형제들과 다르다는 느낌을 공유하고 있는 맏이이다.

5. **외둥이** 이들은 맏이와 막내가 가진 특성들을 많이 공유한다. 이들은 맏이처럼 성취를 추구하고, 막내처럼 관심의 초점이 되는 것을 즐긴다. 이들은 응석받이로 자라 오직 자신의 욕구만 중요시할 수도 있지만, 맏이의 성취 지향성과 맏이가 아닌 아이의 창의성을 겸비하고 통합할 수도 있다. 이들은 다른 가족이 모두 어른인 환경에서 자라기 때문에 대개 일찍 성숙하고, 어른들과 편안하게 협력할 수 있다. 그러나 만약 부모가 안정적이지 못한 사람이라면, 외둥이는 부모의 걱정과 불안을 그대로 물려받을 수도 있다.

그동안의 연구는 Adler가 가정한 대로 출생순위가 성격에 영향을 미칠 수 있음을 보여주는 한편, 그런 가정과 불일치하는 결과를 보여주기도 하였다. 따라서 성격과 출생순위 간의 관계에 대해 말할 때는 상당한 주의가 필요하다(Grey, 1998; Herrera, Zajonc, Wieczorkowska, & Cichomski, 2003; Lombardi, 1996; Parker, 1998). 가족 내 변인들은 이런 패턴에 복잡한 영향을 미칠 수 있다. 예를 들어, 쌍둥이가 출생하면 가족들은 흔히 한 아이는 손위 형제로, 한 아이는 손아래 형제로 취급하여 인위적으로 출생순위를 결정한다. 맏이가 딸이거나 혹은 어떤 장애가 있을 때 가족들은 매우 부주의하게 둘째를 맏이 자리에 올려놓기도 한다. 이때 둘째에게는 너무 많은 기대를 하고, 맏이는 마치 동생인 것처럼 취급한다. 또, 어떤 대가족은 아이들을 두 집단 혹은 그 이상으로 나누고, 각 집단마다 맏이와 막내와 가운데 아이들이 있는 것처럼 취급하기도 한다. 이는 특히 아이들의 집단과 집단 사이에 나이 차이가 크게 나는 경우에 더 그렇다. 이와 더불어, 그저 주어지는 출생순위뿐만 아니라, 아이들이 그 위치에 반응하는 방식도 이들의 성격과 행동에 큰 영향을 미친다.

치료자는 출생순위에 대한 고정관념으로 사람을 어떤 틀에 밀어넣으려고 해서는 안 된다. 동시에, 출생순위가 내담자의 성격 발달에 미친 영향을 탐색함으로써 그 내담자를 더 잘 이해할 수 있다. 출생순위 척도(예 : White-Campbell Psychological Birth Order Inventory, White, Campbell, & Steward, 1995)를 사용하는 것도 출생순위가 개인에게 미친 영향을 정확하게 평가하는 데 도움이 될 것이다.

출생순위에 관한 연구들은 가족 내에서의 위치와 특정 생애 사건들 사이에 뚜렷한 관계가 있음을 보여준다. 예를 들어, 동생들은 맏이에 비해 위험한 행동에 개입될 가능성이 더 높다(Sulloway & Zweigenhaft, 2010). 가운데 아이는 부적응적 완벽주의 점수가 더 높다. 직업선택이나 생활양식 주제와 관련된 측정치 또한 출생순위와 상관이 있다(Ashby, LoCicero, Kenny, 2003; Gfroerer, Gfroerer, & Curlette, 2003; Laird & Shelton, 2006; Rule & Bishop, 2005). 이 연구들은 개인의 생활양식이 가족 내 위치와 관련이 있다는 Adler의 이론을 지지한다.

생활양식

가족의 구성과 상호작용은 개인의 생활양식을 형성하는 데 가장 중요한 영향을 미친다. 생활양식은 Adler 이론의 또 다른 핵심 개념이다. Grey(1998)는 생활양식을 Adler 이론의 가장 기본적인 개념으로 보고, 이를 "개인이 지닌 모든 태도와 열망의 총합이며, 타인의 눈으로 볼 때도 자신이 중요한 사람임을 믿고 싶다는, 바로 그 목표를 향해 나아가도록 그를 이끄는 힘"(p. 37)이라고 묘사하였다. 생활양식은 "창조적인 자기인 동시에 창조된 자기"이다(Sherman & Nwaorgu, 2002, p. 183).

성격이나 자기(self) 개념과 비슷하게, 생활양식도 다음 네 가지 구성요소를 포함한다. (1) 개인의 주관적인 세계관. 여기에는 자신과 타인에 대한 신념, 가치, 내면의 이야기, 기대, 태도가 포함된다. (2) 목표, (3) 목표를 이루고 인생 여정을 협상하기 위해 개인이 사용하는 행동 전략들, (4) 그 행동이 초래한 결과들. 생활양식은 이런 네 영역을 탐색함으로써 비공식적으로 평가할 수도 있고, 검사 도구를 통해 평가할 수도 있다.

생활양식은 각 개인의 독특한 삶의 방식으로, 우리 각자는 이를 통해 세상 속에서 자신의 자리를 찾고자 하고, 열등감을 극복하고자 하며, 목표를 달성하고자 한다. 이 목표에는 거의 항상 의미, 우월성, 능력, 숙달감의 성취가 포함된다. 모든 사람들은 이런 목표가 달성되면 삶이 어떠할 것인지에 대한 이미지(대개는 무의식적인)를 가지고 있다. Adler는 이런 목표나 이상을 공상적 목적론(fictional finalism)이라고 불렀다. 그는 이 목표가 6세에서 8세 사이에 확고하게 형성되며 평생에 걸쳐 유지된다고 믿었다. 개인심리학의 발전에 크게 기여한 Dreikurs(1973)는 우리가 우리의 생활양식과 목표추구 방식을 정당화하기 위해 사용하는 내적 논리인 사적 논리(private logic)에 대해 상세하게 묘사한 바 있다.

사적 논리

사적 논리는 Adler의 또 다른 주요 개념이다. 사적 논리는 우리 자신과 세상 속 우리의 위치에 대한 주관적 신념으로서, 개인의 생활양식에 그 기초를 둔다. Adler는 모든 것이 우리가 취하는 관점에 달려 있다는 세네카의 가르침을 인용한다. 그렇게 사적 논리는, 그것이 아무리 오류가 많은 것이라 하더라도 삶의 패턴 혹은 인생의 방향에 관한 법칙을 제공한다. 이것은 아동기에 시작되며 우리 삶을 인도하는 나침반의 역할을 한다. 만약 이 사적 논리에 오류가 있다면 언젠가는 현실의 벽에 부닥칠 것이다. 그때도 우리의 욕구 자체는 변하지 않는다. 그 대신 그 사람이 가진 세계관 혹은 사적 논리가 어떻게 해서든 그의 생각과 행동을 추동한다(Adler, 1998).

우리는 우리가 속한 사회 시스템의 일부분이다. 우리는 그 시스템과 상호작용하는 방법을 반드시 배워야 한다. 그래서 열등감을 극복하고 또 목표를 달성하도록 도와주는 일련의 법칙들을 만든다. 예를 들어 신발을 안 신고 싶지만 엄마가 신으라고 강하게 요구하는 상황에 처한 4살짜리 남자 아이가 있다고 하자. 아이는 이 상황을 평가한 뒤에 엄마에게 협조하지 않을 도리가 없음을 알게 된다. 하지만 어떻게 하면 엄마의 바람에 굴복함으로써 느낄 열등감을 해결할 수 있을까? 아이는 자신의 사적 논리를 사용하여 해결책을 찾았다. 엄마에게 눈을 감으라고 한 것이다. 그의 사적 논리에 따르면 엄마가 눈을 감고 자신이 신발을 신는 것을 보지 않는다면, 엄마는 승리한 것이 아니고, 자신 또한 투쟁에서 패배한 자의 열등감을 맛보지 않아도 되는 것이다.

사적 논리는 각 개인에게 고유한 것이다. 그런데 항상 논리적이지는 않다. 사회적 관심이 없는 사람은 세상과 연결되지 않고, 집단과 상호작용 하는 데 불안을 느끼며, 거절을 두려워할 수 있다. 이러한 열등감은 자기에게만 초점을 맞추는 결과를 가져온다. 이것은 신경증, 정신병, 중독으로 이어지며 세상에 대처할 능력을 앗아간다. 정신병질자의 경우 잘못된 사적 논리가 다른 사람과 협력할 수 없고 사회적으로 고립되는 반사회적 성격을 발전시키는 결과를 가져온다.

Adler 학파의 치료의 목표는 내담자의 사적 논리를 이해함으로써 내담자로 하여금 일상의 적응을 방해하는 자신의 신념을 더 잘 이해하도록 돕고, 사적 논리의 잘못된 사고방식을 완화하고, 사물을 좀 더 건강한 방식으로 볼 수 있도록 마음의 틀을 변화시키는 것이다. 사적 논리는 개인마다 다르다. 그래서 우월감이나 열등감은 오직 그 사람에게만 의미가 있다. 세 가지 삶의 과제(일, 사랑, 사회적 관심)를 어떻게 성취하는가 하는 것도 각 사람의 책임이다. 이들 과제 중 사회적 관심은 건강한 생활양식을 발달시키는 데 핵심 요소가 된다(Manaster, 2009).

🛠 목표

Adler는 건강하고 잘 기능하는 성인은 독립적이고, 정서적으로나 신체적으로 타인에게 과도하게 의존하지 않으며, 생산적이고, 개인적인 유익뿐만 아니라 사회적인 유익을 위해 타인과 협력할 줄 아는 사람이라고 하였다. Adler는 심리치료와 교육을 통해 사람들이 자신의 고통과 부적절감이 다른 사람 때문에 생긴 것이 아니라 바로 자신의 그릇된 논리와 그 논리로부터 나오는 행동과 태도 때문임을 깨닫기를 바랐다. 치료자는 내담자가 자신의 그릇된 논리를 자각하고, 현실적이며 보람을 주는 건강한 목표를 설정하고, 자신의 생활양식과 사고와 행동을 이 목표와 일치되게 조정할 수 있도록 도와야 한다. 그렇게 할 때 치료자는 열등감과 의존적 태도와 과도한 실패 공포를 극복할 수 있게 내담자를 도울 수 있다. 그때 내담자는 자기신뢰와 사회적 관심을 발전시키고 보다 건강한 적응을 이루며 보다 보람 있는 생활양식을 형성할 수 있다.

이 개념들을 가상의 내담자 에디 디아즈에게 적용해보자. 에디는 사랑과 지지가 충만한 가정의 아내요 어머니가 되겠다는 자기이상을 생애 초기에 발달시켰다. 그녀의 장단기 목표들은, 그녀가 가진 생활양식의 많은 요소들이 그런 것처럼 이 이상을 성취하는 데 초점이 맞추어졌다. 그러나 아동기에 경험한 방치와 학대는 그녀가 열등감을 극복하는 데 큰 장애물을 만들었다. 그녀는 자신의 목표를 성취하고, 가족과 공동체의 일원이 되며, 자기 자신을 인정하고 존중할 방법을 알지 못한다. 그녀는 상담을 통해서 효과적인 사적 논리와 생활양식을 만들고, 자신의 자기이상과 생활양식을 조율하기 위해 노력하고 있다.

🛠 사회적 관심

Adler는 정서적 건강에 대해 분명한 견해를 지니고 있었다. 그는 잘 적응하는 사람과 그렇지 못한 사람을 그 사람이 지닌 목표와 생활양식에 따라 구분하였다. 잘 적응하는 사람은 상식과 사회적 관심을 반영하는 사적 논리를 가지고 있다. 그들은 자신이 공동체에 소속되어 있음을 느끼고 개인차를 존중한다. 적응을 잘 하지 못하는 사람은 자기 자신의 필요에만 관심을 쏟고 자신이 속한 사회의 상황이나 타인의 욕구의 중요성을 무시한다.

이런 견해는, 인간의 발달은 일차적으로 심리성적 역동이 아니라 심리사회적 역동에 의해 설명될 수 있다는 Adler(1963a)의 신념과 일치한다. 그는 인간은 원래부터 사회적 존재로 태어나 집단에 소속되어 자신이 속한 사회의 문제를 해결하고자 하는 열망을 가진다고 믿었다. 자신이 공동체의 일원임을 자각하고 사회적 관심을 발전시킴으로써 우리는 열등감과 소외감과 불안을 감소시키고, 소속감과 행복감을 키운다. 우리는 더 이상 자신이 혼자라고 느끼지 않으며, 자신을 높이려고 남을 낮추지 않게 된다. 그 대신 공동체의 선과 악 일체가 우리에게 영향을 미친다는 것과, 중요성과 유능성의 성취라는 자신의 목표를 달성하는 가장 좋은 방법이 공동의 선에 기여하는 데 있음을 인식하게 된다. 사회적 연대에 대한 Adler의 강조는 다양성에 대한 이해와 관용, 다문화적 작업의 능력을 치료자에게 요구하는 현시점에 매우 시의적절한 것이라고 할 수 있다.

개인의 사회적 관심은 Adler가 세 가지 인생 과제라고 이야기한 직업, 사랑, 사회적 관심의 성취에 가장 잘 반영된다(Adler, 1938). 한 사람이 가진 사회적 관심을 평가하려면 그가 얼마나 성공적으로 대인관계를 만들어가는가, 그 관계에서 친밀감을 지속적으로 유지할 수 있는가, 자신이 살고 있는 사회에 어떻게 얼마나 기여하고 있는가를 보면 된다. Freud도 사랑과 일이 우리 삶에 매우 중요한 영역임을 인식했으나, Adler(1938)는 여기에 사회적 관심을 덧붙였다. 그는 이를 "유대감, 협력, 인간애, 초자아를 갖고 사는 일"(p. 86)이라고 정의하였다. Adler는 초기 아동기의 경험이 사회적 관심을 결정하는 데 중요한 역할을 한다고 보았다. 그러나 동시에 그는 사회적 관심이 이후에도 더 개발되고 학습될 수 있다고 믿었다. 이렇게 그는 개인 차원뿐만 아니라 우리 사회 전체를 위한 낙관주의를 전파하였다.

현상학적 조망

Adler는 객관적 실체로서의 현실이나 타인이 지각하는 현실보다 한 개인의 주관적인 지각의 중요성을 강조하였다. 이는 인간의 발달과 변화에 대한 현대적 관점과 부합되는 또 다른 측면이다. Adler에게 있어서는 내적이고 주관적인 세계가 외적이고 객관적인 세계보다 더 중요하였다. 그래서 그의 이론은 **현상학적인** 것이라고 말할 수 있다. 개인의 내적 현실, 그 사람이 세상을 지각하는 방식에 초점을 맞춘다는 뜻이다. Adler는 각 사람이 독특한 존재이며, 그래서 그 사람이 세상을 보는 방식, 그의 사적 논리, 생활양식 그리고 그의 목표를 이해해야 진정으로 그를 알 수 있다고 믿었다. 이것이 Adler의 개인심리학의 핵심이다.

개인심리학을 이용한 치료

Adler의 이론은 낙관적이고 성장 지향적이며 교육적이다. 그는 사람들이 좀 더 행복하고 충만한 삶을 살기 위해 자신의 목표와 생활양식을 변화시킬 수 있는 능력이 있다고 믿었다. 그의 아이디어가 오랫동안 생명력을 유지할 수 있었던 것은, 그것들이 Freud의 정신분석의 중요한 개념들에 뿌리를 두는 한편, 현대적인 인지행동치료와 인간주의적 치료에서 중요하게 보는 요소들을 포함하고 있으며, 그 위에 그 자신의 가치 있고 유용한 관점들을 더하고 있기 때문이다. 그의 아이디어는 또한 상식에 부합된다.

치료 동맹

Adler는 치료자-내담자 관계에 대해 Freud와 다른 견해를 보였다. Adler는 협력적 상호작용의 중요성을 강조하였으며, 치료자와 내담자 사이에 치료 목표의 공유 그리고 상호신뢰와 존중이 있어야 한다고 보았다. 이런 관점은 그가 주장하는 치료의 목적과도 일치한다. 그가 치료에서 중점을 둔 것은 책임감과 사회적 관심의 고양이었다. 그래서 내담자와 치료자가 함께 목표를 세우고 이를 이루기 위해 함께 노력하는 치료 관계를 만드는 것 자체가 내담자의 성장을 촉진하는 데 중요하다고 본 것이다.

　Adler의 접근을 따르는 치료자는 다양한 역할을 수행하고 다양한 기법을 적용한다. Adler 접근을 따르는 치료자는 교육자이다. 사회적 관심을 촉진하고, 사람들이 자신의 생활양식과 행동과 목표를 수정하도록 교육한다. 치료자는 또한 분석가이다. 그릇된 논리와 가정을 찾아내고, 출생순위와 꿈과 초기 기억과 충동이 가지는 의미와 영향력을 탐색하고 해석한다. 치료자는 또한 역할 모델이다. 명료하게 사고하고, 의미를 추구하며, 타인과 협력하고, 뜻있는 목표를 세워서 그것을 이루어 나가는 모습을 보여준다. 치료자는 또한 지지자이며 격려하는 사람이다. 내담자에게 위험을 무릅쓰도록 촉구하며, 자신의 실수와 불완전성을 받아들이도록 돕는다.

　Adler 학파의 치료자는 내담자의 성장배경뿐만 아니라 내담자의 생각과 행동을 주된 목표물로 삼는다. 사적 논리, 생활양식, 삶을 이끄는 자기이상 모두가 유전과 초기 경험에서 나온다. 이런 개념들을 이해하도록 내담자를 도우면 내담자는 자신의 신념에 도전하고 수정할 수 있게 되며, 보다 긍정적인 새로운 목표와 생활양식, 보다 건설적인 사회적 관심과 행동을 개발할 수 있게 된다.

치료의 단계

Adler의 모델에서는, 때로 서로 중첩되기는 하지만 대체로 4단계의 치료 과정을 볼 수 있다. (1) 협력적 치료 관계 만들기와 치료 목표의 공유 (2) 내담자와 그가 가진 문제에 대한 평가, 분석, 이해 (3) 변화를 촉진하는 격려와 해석 (4) 통찰을 행동으로 옮기고 약점보다 장점에 초점을 맞춤으로써 삶의 지향점을 재설정하기(Carlson, Watts, & Maniacci, 2006; Day, 2008).

1단계 : 치료 관계 확립과 목표설정 Adler는 긍정적인 치료 관계의 중요성을 강조한 점에서 시대를 앞서 나간 인물이다. 그는 후대의 Carl Rogers가 치료 관계를 형성하는 데 필요하다고 묘사한 여러 가지 접근들을 주장하였다(제8장 참조). Adler는 진정한 돌봄과 관여, 공감, 언어적이고 비언어적인 경청 기법이 매우 중요하다고 믿었다. 이를 통해 내담자들이 상담실로 가지고 들어오는 두려움과 열등감을 극복할 수 있다고 본 것이다. 치료자는 상담의 첫 면접에서 내담자에게 치료에 대해 어떤 기대를 하고 있는지, 자신의 문제를 어떻게 보고 있는지, 자신의 삶을 개선하기 위해 어떻게 노력해왔는지, 지금 치료를 받으러 오게 된 계기가 무엇인지를 질문해야 한다.

내담자에 대한 격려는 이 초기 단계의 필수적 구성요소이며, 이후 전 치료 과정을 거쳐 내담자가 낙담할 때마다 치료자가 보여야 할 기법이며 태도이다. Sweeney(2009)는 상담이나 다른 관계에서 상대방을 격려하기 위해 사용할 수 있는 일곱 가지의 행동을 다음과 같이 서술하였다.

- 수행의 정도를 평가하는 대신 그가 무엇을 하였는지에 초점을 맞추라. "어떻게 해서 전 과목을 통과할 수 있었어요?"라고 질문하는 것이 "반에서 제일 좋은 성적을 받았어요?"라고 질문하는 것보다 더 좋다.
- 과거나 미래보다는 현재에 초점을 맞추라.
- 성격보다는 행동에 초점을 맞추라. "조심스럽게 운전했던 것이 갑작스런 눈보라를 헤쳐 가는 데 크게 도움이 되었군요"라고 하는 것이 "당신은 훌륭한 운전자군요"라고 하는 것보다 좋다.
- 결과보다는 노력에 초점을 맞추라. "스케이팅 기술을 갈고닦은 것에 대해 스스로 기분 좋게 느끼시는 것 같아요"라고 하는 것이 "스케이트 팀에 들어가도 될 정도로 기술이 훌륭한 것 같군요"라고 하는 것보다 좋다.
- 외적 동기보다는 내적 동기에 초점을 맞추라. "자신에 대해 크게 만족감을 느꼈겠군요. 열심히 공부한 덕분에 결국 변호사 시험에 합격했다는 걸 알았을 때 말입니다"라고 하는 것이 "드디어 변호사 시험을 통과했군요. 이제 곧 승진하게 되겠네요"라고 하는 것보다 좋다.
- 몰랐던 부분이나 부족한 부분보다는 그것을 통해 배우게 된 부분에 초점을 맞추라. "그런 어려운 관계를 겪으면서 무엇을 배우게 되었는지 궁금하군요"라고 하는 것이 "친구를 사귈 때는 더 신중하게 선택해야만 합니다"라고 하는 것보다 좋다.
- 부정적인 면보다는 긍정적인 면에 초점을 맞추라. "그러니까 당신에게 승산이 있다는 말이군요"라고 하는 것이 "그러니까 의사가 당신의 병이 재발할 확률이 40%라고 말했군요"라고 하는 것보다 좋다.

상담과 심리치료에서 치료자는 내담자를 격려하고 그에게 진정한 관심을 보여줄 수 있는 수많은 기회를 만난다. 위기를 만난 내담자에게 전화를 하고, 입원한 내담자에게 위로 카드를 보내고, 처음으로 집을 사려는 내담자에게 주택 구입과 관련된 기사를 보여주는 일은 모두 내담자에게 동반자의 느낌을 주고 지지와 격려를 보내는 좋은 방법이 된다.

내담자와 치료자가 협력적이고, 민주적이며, 서로 신뢰하는 관계를 만들어감으로써 두 사람은 문제를 분명하게 규정할 수 있고, 또한 의미 있고 현실적인 목표를 설정할 수 있게 된다. 그들은 치료 과정의 구성, 치료의 절차와 원칙에 대해서도 논의하여 합의에 이를 수 있다.

2단계 : 내담자와 그의 문제에 대한 평가, 분석, 이해 Adler 학파 치료의 두드러진 특징 중 하나는 심층적 평가에 초점을 둔다는 점이다. 가족구도가 개인의 기능에 미치는 영향과 출생순위 및 최초 기억의 중요성 등이 강조된다. 초기 면접과 생활양식 면접은 내담자의 현재 기능 수준과 문제발생의 배경에 대한 상세한 정보를 제공한다(Carlson et al., 2006). Adler(1956)가 '일반적 진단'이라고 부른 최초 면접에서 치료자는 여섯 가지 핵심 영역—인적 사항, 배경, 현재 기능 수준, 호소 문제, 치료에 대한 기대, 요약—에 대한 일반적 평가를 실시한다. 이 단계의 목표는 내담자의 가족배경·생활양식·사적 논리와 목표를 이해하고, 내담자의 자기파괴적인 행동과 그릇된 논리를 찾아내는 것이다.

생활양식 평가 Adler 학파는 생활양식 평가를 심층적으로 한다는 특징이 있다. '생활양식 면접'(그림 4.2)은 세 번의 연속된 회기 동안 10개의 세부영역에 대해 진행되는 반구조화된 면접이다(Carlson et al., 2006). 9개 세부영역은 가족구도 면접이라고도 부르는데, 초기 아동기에서 청소년기까지의 정보를 얻는다. 마지막 세부영역은 초기 아동기의 기억에 대한 것이다. 치료자가 우선적으로 초점을 맞추는 부분은 내담자가 사랑과 일과 우정이라는 과제를 어떻게 풀어나갔는가 하는 점이다. 이를 통해 치료자는 내담자를 전체적으로 이해하고 그가 가진 목표와 사적 논리를 파악하려고 한다.

내담자가 자기 자신과 자신의 인간관계와 자신의 삶에 대해 얼마나 만족하는지를 평가하고, 그릇된 논리의 예들을 찾는 것이 특히 중요하다. 치료자가 생활양식 평가를 종합적이고 풍부하게 할 수 있도록 도와주는 구조화된 지침들도 있다. *Understanding Life-Style: The Psycho-Clarity*

다음 목록은 Adler 학파 치료자가 생활양식 면접을 할 때 탐색하는 정보의 예이다(Carlson et al., 2006). 앞의 9개 영역은 가족구도와 관련되고, 마지막 10번째 영역은 초기 아동기 기억에 관한 것이다.

1. 형제자매 관계 : 이름과 나이, 동기들과의 관계 양상, 내담자에 대한 형제자매들의 행동, 현재 관계

2. 신체 발달 : 건강, 아동기 성장력

3. 학교경험 : 교사와의 관계, 학교에 대한 태도

4. 삶에 부여된 의미 : 종교적 신념, 아동기의 두려움·꿈·야망, 만약 아동기의 어떤 부분을 바꿀 수 있다면 당신은 무엇을 바꾸고 싶은가?

5. 성적 발달 : 성이나 자위에 대한 태도, 성적 학대 경험

6. 사회적 발달 : 우정(깊이와 넓이)

7. 부모의 영향 : 아버지 및 어머니와의 관계, 그들이 갈등을 다룬 방식, 그들이 애정을 표현한 방식, 편애

8. 아동기 시절 이웃과 지역사회가 미친 영향 : 사회경제적 수준, 문화적 요인, 지역사회에서의 가족의 역할

9. 기타 역할 모델 : 역할 모델이 되었던 사람 혹은 아동기 삶에 큰 영향을 주었던 관계

10. 초기 기억 탐색 : 10세 이전의 초기 기억들

그림 4.2 생활양식 면접의 개요

Process(Power & Griffith, 1987), *Individual Psychology Client Workbook*(Power & Griffith, 1986), *BASIS -A Interpretive Manual*(Kern, Wheeler, & Curlette, 1997), *Manual for Life Style Assessment*(Shulman & Mosak, 1988)가 여기에 포함된다. 생활양식 평가는 여러 상담 영역의 치료자들이 즐겨 사용하는 도구가 되었다. Fisher와 Fisher(2002)는 이 평가를 약물의존 내담자들에게 적용한 바 있다. Adler가 아동의 종합적 평가를 어떻게 하였는지 알고 싶으면 *Social Interest: A Challenge to Mankind*(Adler, 1938, pp. 218~225)를 보면 된다.

가족구도와 출생순위 가족구도가 내담자에게 미친 영향을 이해하려면 객관적인 정보와 주관적인 정보 모두를 얻어야 한다. 객관적인 정보란 내담자의 출생순위, 형제자매의 수·성별·나이 차이 등을 말하며, 그 외 형제자매의 사망이나 장애 여부 등 특별한 상황도 포함된다. 주관적인 정보란 내담자가 아동기의 자신에 대해 어떻게 느끼는지, 부모와 형제자매들에 대해 어떻게 느꼈는지, 부모가 자녀들을 어떻게 대했는지, 형제자매들이 어떤 점에서 서로 닮고 서로 달랐는지, 가족 내에서 협력과 경쟁의 패턴이 어땠는지 등을 말한다. 출생순위와 관련된 부가적 정보들은 이 장의 앞부분에 제시된 바 있다.

꿈 Adler는 꿈을 자각을 촉진하는 도구로 사용하였다. 그가 중요하게 본 것은 꿈의 상징성이 아니었다. 그는 꿈이 내담자의 생활양식과 현안에 대해 중요한 정보를 제공한다고 보았다. 그는 과거와 현재의 꿈들이 유용한 정보원이며, 특히 반복되는 꿈과 반복되는 주제들이 중요하다고 믿었다. 그에 따르면 꿈을 이해하는 열쇠는 그 꿈이 만들어내는 감정, 그리고 현재 삶의 문제를 해결하는 데 그 꿈이 가진 유용성이다.

최초 기억 Adler는 내담자의 최초 기억들이 현재의 생활양식을 보여주는 중요한 정보원이라고 생각하였다. Adler(1931)에 따르면 그 기억이 정확한지는 중요하지 않다. 사람들은 자기 자신을 보는 관점과 일치하는 초기 기억들만 보유하기 때문에 사람들이 보고하는 기억이 중요하다는 것이다.

Adler 학파의 치료자들은 최소한 3개의 초기 기억을 보고하게 하여 반복되는 주제와 패턴을 찾는다. 내담자가 기억을 떠올리고 기록한 뒤에 치료자는 이를 내담자와 함께 자세히 탐색한다. 치료자는 그 일이 일어난 때와 그 일과 관련된 생각과 느낌을 물어본다. 그 기억에서 드러나는 내담자의 역할, 다른 사람들과의 관계와 상호작용은 그 내담자의 생활양식을 반영한다. 이 장의 기법 개발 부분에 최초 기억 분석에 대한 부가적 정보가 기술되어 있다.

우선순위와 행동 방식 어떤 사람이 하는 행동은 그 사람의 생활양식을 보여주는 아주 풍부한 정보원이다. 일정 기간 동안 내담자가 했던 행동과 일련의 선택들을 자세히 탐색하면 일관성 있고 반복되는 행동 패턴을 볼 수 있는데, 이는 그의 생활양식을 반영한다. Adler와 그의 동료들(Adler, 1956; Mosak, 1971)은 흔히 볼 수 있는 생활양식으로 다음과 같은 것들이 있다고 하였다. 이 생활양식은 사람들이 세상을 대하는 방식에 반영된다.

- 타인을 지배하고 다스림
- 대인관계나 다른 삶의 도전들을 회피함
- 타인을 기쁘게 하려고 하거나 타인의 인정을 구함
- 통제하고 조종함
- 타인에게 의존하고 돌봐주기를 요구함
- 우월성과 완벽을 추구함
- 성취를 추구함
- 순교자나 희생자가 됨
- 안락함을 추구함
- 사회의 안녕과 진보를 촉진함

발견한 것들을 요약하기 탐색, 평가, 분석의 집중적 과정을 거친 다음 치료자는 내담자의 생활양식과, 목표실현에 방해가 되는 그릇된 가정과, 자기파괴적인 사고 및 행동들에 관한 가설을 세운다. 그리고 이 가설을 내담자와 함께 의논하고 수정하여 다음 단계의 치료 과정을 위한 초석으로 삼는다.

3단계 : 재교육, 통찰, 해석 3단계는 치료자들에게 특히 어려운 시기이다. 내담자를 격려하는 동시에 직면과 도전도 해야 하기 때문이다. 지지적인 태도를 유지하는 한편, 해석과 직면을 통해 내담자가 자신의 생활양식을 자각하고, 자기행동의 숨은 이유를 인식하며, 그 행동의 부정적 결과를 인정하고, 긍정적인 변화를 시도하도록 도와야 한다. 이 어려운 시기를 지나는 동안 치료자가 내담자를 지지하는 태도를 유지할 수 있도록 해주는 몇 가지 전략들이 있다.

- 과거보다 현재에 초점을 맞춘다.
- 행동의 무의식적 동기보다 결과에 더 큰 관심을 보인다.
- 해석을 할 때는 내담자가 치료자의 의견을 수용하기 쉽도록 표현한다.

치료자는 고압적이고 권위적인 자세를 버리고 자신의 해석을 일종의 추측 혹은 느낌으로 제시해야 한다. 예컨대 이렇게 말할 수 있을 것이다. "동생의 모자를 하수구에 버린 것은 어쩌면 부모님으로부터 관심을 더 많이 끌고 싶어서가 아니었을까 싶군요", "집을 팔려고 내놓으면서 좀 더 현실적인 가격을 부르라는 주변의 조언을 거절하셨는데, 혹시 그 집이 어떤 의미에서 당신의 이상적인 자아상을 대표한다고 느꼈기 때문이 아니었을까요?" 이런 부드러운 해석을 통해, 치료자는 내담자를 설득하려고 하기보다는 내담자의 자각과 통찰, 그리고 상호논의를 촉진하고 교육하려는 시도를 하게 된다.

치료자는 이 시기 동안 계속해서 적극적인 역할을 수행한다. 대안적 가능성을 제시하고, 정보를 제공하며, 내담자가 자신의 선택지들을 평가하여 결정을 내리도록 돕는다. 이때 치료자의 초점은 내담자의 신념과 태도와 지각에 맞추어진다. 왜냐하면 Adler(1998)에 의하면 이것들이 변하고 사회적 관심이 생길 때만 행동이 달라지기 때문이다.

4단계 : 지향점 재설정, 강화, 종결, 추수 상담 내담자가 자신의 왜곡된 신념에 대해 어느 정도 통찰을 얻고 그것을 변화시키기 시작하면서 자신의 삶의 지향점을 조정하고 새로운 관점과 행동을 채택할 준비를 갖추게 된다. 내담자는 이제 자신의 삶을 이전과는 다른 시각에서 바라보고, 이전보다 더 큰 보상을 가져다줄 선택을 할 수 있다. 치료자는 내담자가 자신이 속한 사회 시스템 속에 온전히 참여하고, 자신의 역할과 상호작용 방식에 변화를 주며, 새롭게 설정한 목표를 이루는 데 도움이 될 행동을 하도록 돕는다. 치료자는 낙관적 태도와 융통성의 모델이 되어 내담자에게서 이를 북돋는다. 또한 불완전할 수 있는 용기를 키우며 성장과 보상을 가져올 도전들에 맞서도록 내담자를 지지한다.

지향점을 재설정하는 이 단계는 다음 네 부분으로 나눌 수 있다(Sweeney, 2009).

> 1. 내담자는 자신의 목표를 명료하게 하고 이것이 현실적인지를 평가한다.
> 2. 내담자의 감정, 신념, 목표를 평가할 때 상식과 명료한 사고를 적용한다. 내담자에게 그의 선택은 그 자신의 것임을 상기시키지만, 사고의 내용을 평가할 때와 이를 바꿀 필요가 있을 때 상식을 사용하도록 돕는다.
> 3. 새로운 학습이 내담자의 생활에 적용된다.
> 4. 내담자의 진보에 방해가 되는 것들을 살펴보고 제거한다.

이 마지막 단계는 내담자로 하여금 그동안 상담을 통해서 얻은 유익을 공고화하고 좀 더 건강하고 충족된 삶을 사는 쪽으로 나아가도록 한다. 치료자는 계속 교육하고 기법을 가르치고 해석을 한다. 그러나 가장 주된 역할은 긍정적 변화를 강화하는 일이다. 내담자와 치료자는 함께 그동안의 진보를 평가하고, 사회적 관심과 건강한 신념을 강화하며, 목표성취를 위한 장래의 계획을 수립한다. 이들은 상호논의하여 상담 종결 시점과 추수 면담 절차를 정한다. 추수 면담을 통해 두 사람은 내담자가 바른 방향으로 계속 나아가고 있는지를 확인한다.

치료적 개입

Adler의 개인심리학은 창조적이고 유용한 다양한 개입 방법들을 제공한다. 그중 최초 기억의 활용이나 가족구도 및 출생순위의 해석과 같은 방법들은 이미 논의하였다. 아직 다루지 않은 기법들 중에는 다음과 같은 것들이 있다.

- 마치 ~인 것처럼 행동하기(acting as if) 내담자가 아직 성취하지 못했다고 믿는 어떤 것을 마치 이미 성취한 것처럼 상상하고 행동해보도록 내담자에게 요청한다. 예를 들어 남편의 폭언에 겁을 먹고 있는 여성에게, 남편이 자신을 무시하는 언행을 계속할 때 과감하게 그 자리를 떠나는 용기를 보여줄 수 있는 힘 있는 아내인 것처럼 행동해보도록 제안할 수 있다.
- 수렁에 빠지는 것을 거부하기(avoiding the tar baby) 내담자가 익숙한 함정에 쉽게 빠져드는 것

을 거부하도록 돕는다. 이를 위해 치료자는 반복되는 패턴에 참여하는 것을 거부하고, 내담자가 예상하지 못했던 방식으로 반응하여, 내담자가 지속적인 자기파괴적인 행동을 바꾸도록 촉구한다. 예를 들어 만약 내담자가 밤마다 청구서 뭉치를 앞에 두고 아무런 유익도 없는 고민을 하면서 자기연민에 빠져 시간을 보낸다면, 치료자는 더 열심히 일하도록 격려하는 대신 저녁시간을 친구들과 보내도록 하고, 하루에 한 가지 청구서만 처리하도록 제안할 수 있다.

- **일단 멈추기**(catching oneself) 내담자가 자신의 반복적인 그릇된 목표와 생각을 더 잘 의식하도록 돕는다. 치료자는 내담자에게 곤란한 일이 다가오고 있음을 보여주는 경고 사인이 무엇인지 확인한 다음, 내담자로 하여금 이것을 일종의 '정지' 표지판으로 사용하여 지금 하고 있는 것을 멈추고 방향을 돌리도록 격려한다. 이와 같은 구체적인 접근은 내담자의 자각을 촉진하고, 내담자가 자기비판을 하지 않으면서 자신을 관찰하도록 한다. 예를 들어 화를 잘 내는 한 남성은 분노가 폭발하기 직전에 온몸이 긴장되는 것을 느낀다. 치료자는 내담자가 이런 신체적 긴장을 자각하여 정지 표지판으로 삼고, 심호흡을 통해 분노를 누그러뜨리도록 연습시킬 수 있다.

- **버튼 누르기**(pushing the button) 내담자로 하여금 감정이 자신을 통제하도록 허용하는 대신 자신이 감정을 통제할 수 있음을 느끼도록 돕는다. 치료자는 내담자를 격려하여 즐거운 경험과 불쾌한 경험을 번갈아가며 상상하도록 하고, 각각의 상상에 따라 감정이 어떻게 변하는지 관찰하여, 자신이 누를 버튼을 스스로 선택할 수 있음을 인식하도록 한다. 한 젊은 여성은 사람들과 어울리는 자리에서 술을 너무 많이 마셔 문제를 일으키곤 했다. 치료자는 그녀에게 술을 절제하여 자부심을 느꼈던 상황(즐거운 경험)과 술을 너무 많이 마신 후 해서는 안 될 행동을 하고 몸도 많이 아팠던 경우(불쾌한 경험)를 떠올리게 하였다. 뚜렷하게 대비가 되는 두 상황을 생생하게 떠올려본 일은 그 후 과도한 음주를 절제하는 데 도움이 되었다(건강한 버튼 누르기).

- **내담자의 수프에 침 뱉기**(spitting in the client's soup) 치료자는 내담자의 자기패배적인 행동의 이면에 있는 동기를 파악하여 그것의 매력을 손상시킴으로써 내담자가 기대하던 이익을 쓸모없게 만든다. 다음의 대화에서 그 예를 볼 수 있다.

  내담자 : 그녀가 결별을 선언할까 봐 정말 겁이 나요. 요즘 자살하고 싶다는 생각을 하고 있어요.

  치료자 : 제 생각에는 당신은 그녀가 죄책감을 느끼기를 바라는 것 같군요. 그렇지만 만약 자살을 한다면, 그녀가 어떻게 느낄지 볼 수가 없겠네요. 혹은 전에 이야기했던 대로 대학에 갈 수도, 차를 살 수도 없겠죠. 그냥 가만히 무덤에 누워 있는 수밖에 없겠군요.

Adler의 이론적 모델을 따르는 치료자들은 이런 구체적인 기법들뿐만 아니라 다양한 기법들, 예를 들어 이 책에서 언급했던 격려, 해석, 질문을 사용한다. 그 외에도 다음과 같은 기법들도 사용한다.

- **즉시성**은 내담자와 치료자 사이의 상호작용에 초점을 맞추는 일이다. 상담 시간 내의 이러한 상호작용이 상담 시간 이외의 관계에서 내담자가 보이는 전형적인 행동을 닮은 경우가 많기

때문이다. 예를 들어 한 내담자가 자신의 자녀양육 방식과는 상반되는 양육 행동을 권하는 치료자에게, 치료자가 자신을 싫어한다고 비난을 하였다. 치료자는 이러한 상호작용에서 얻은 정보를 근거로, 사람들이 내담자의 의견이나 방식에 동의하지 않을 때 내담자가 이를 자신을 싫어하는 증거로 삼고 있다는 것을 보여줄 수 있었다.

- **증상 처방하기**는 (역설적 의도라고 불리기도 하는데) 내담자에게 문제행동을 극대화하도록 요청하는 것이다. 예를 들어 불면증이 있는 내담자에게 잠을 자려고 하지 말라고 말할 수 있다. 이 기법의 목적은 내담자로 하여금 문제행동을 자각하고 그 결과를 인식하여 그것을 변화시킬 통제력이 내담자 자신 안에 있음을 이해하도록 하는 것이다. 증상을 과장하는 것 자체가 웃음을 유발하기도 한다. 만약 증상이 자해행동이나 음주, 자살 시도처럼 위험한 종류라면 이 기법을 사용해서는 안 된다.

- **직면**은 내담자가 제시하는 자료들에서 드러나는 불일치를 직시하도록 촉구하는 일이다. 예를 들어 치료자는 다음과 같이 말할 수 있다. "목걸이를 사는 데 5,000달러를 쓰기로 결정했다고 하셨는데, 아까는 주택 구입을 위한 계약금 치를 돈이 부족해 걱정된다고 하셨지요. 이해를 할 수 있도록 더 설명해주시겠어요?"

- **과제 부여**는 치료의 전 과정에서 사용될 수 있다. 두 사람의 동의하에, 내담자는 예컨대 분노를 느낄 때마다 이를 관찰하여 기록할 수도 있고, 혹은 일주일에 세 번 운동을 할 수도 있다. 특정한 과제가 치료를 진전시키는 면도 있지만, 과제에 대해 합의에 이르고, 그것을 완수하기 위해 노력하고, 과제를 계획하고 실행하는 일 자체가 유능감과 책임감을 강화한다.

- **유머, 침묵, 조언, 감정의 반영**도 Adler 학파의 치료자들이 사용하는 기법 목록에 들어 있다. 이 접근과 관련이 있는 많은 기법들은 치료자들에게 내담자와 라포를 형성하고, 내담자의 통찰과 자각을 촉진하며, 바람직한 변화를 북돋우는 다양한 방법들을 제공한다.

개인심리학의 적용과 현황

Adler의 개인심리학은 다양한 상황과 내담자들에게 적용된다. 개인, 부부 및 커플, 가족, 집단 상담에서 사용될 뿐만 아니라 진로 지도, 교육, 훈련, 슈퍼비전, 자문, 조직 개발 등에도 사용된다.

아동에 적용

Adler의 개인심리학은 아동에게 잘 적용된다. 그래서 많은 학교치료자들과 아동치료자들이 이를 사용해왔다. Adler의 접근은 치료자들에게 융통성이 있으면서도 구조적인 접근을 제공하여 아동과 청소년의 장단기적인 관심사와 문제를 다루는 데 유용하다. 그는 협력, 인격 형성, 자존감의 발달(열등감 극복) 등을 강조하였는데, 이는 현대의 아동 및 청소년 상담에서 강조되는 것들과 일치한다.

Nicoll(1994)은 Adler 이론에 기초를 둔 교실 내 생활지도 프로그램을 개발한 바 있다. Nicoll은 학급 내에서 사용할 수 있는 5단계 모델을 제안하였다.

1. 개인차를 인정하고 이를 존중하도록 가르친다.
2. 인간이 느낄 수 있는 감정의 종류를 가르치고, 자신의 감정을 자각하도록 격려하며, 우리의 행동이 다른 사람의 감정에 어떤 영향을 미치는지 파악하게 하고, 공감 능력의 발달을 촉진한다.
3. 바람직한 의사소통 능력을 키우도록 한다.
4. 서로 협력하는 기술을 키우도록 한다.
5. 행동의 결과를 보게 하고 책임감을 키우도록 격려한다.

치료자이자 작가인 Rudolf Dreikurs는 Adler의 사상을 교육자들과 부모들에게 널리 알린 대표적인 사람이다. 그는 효과적인 부모역할에 관한 글을 쓸 때 주로 Adler의 아이디어를 차용하였다. 그가 쓴 *Children: The Challenge*(Dreikurs & Stoltz, 1964)는 이 분야의 고전으로 지금도 부모교육 강좌에서 사용되고 있다. 그는 아동의 문제행동은 그 아동이 가진 목표와 생활양식을 반영한다고 보았다. 그는 아동의 문제행동의 이면에 다음 네 가지 동기가 있다고 보았다(Dreikurs & Cassel, 1972).

- 관심 끌기
- 힘
- 복수
- 부적절감의 표현

교사나 부모들은 아이들의 문제행동에 부정적으로 반응하기 마련이다. 그러나 그런 자동적인 반응이 아동의 바람직하지 않은 행동을 오히려 강화하는 경우가 드물지 않다. 예를 들어 힘을 확인하고 행사하고 싶어 하는 아동과 권력 투쟁을 벌이거나, 관심을 끌고 싶어 하는 아이를 질책함으로써 아동이 원하던 것을 본의 아니게 제공할 수 있다. Dreikurs는 아동의 문제행동에 내포된 목표를 이해함으로써 그 행동을 더 성공적으로 다룰 수 있다고 제안하였다. 예를 들어 교사와 부모는 관심을 끌고 싶어 하는 아동의 행동 중에서 긍정적인 행동에만 관심을 기울이고 강화를 주어야 하며, 자신의 힘을 확인하고 싶어 하는 아동에게는 그 힘을 인정하되 협력과 책임감을 리더 역할의 필수적인 부분으로서 격려해주어야 할 것이다.

Don Dinkmeyer(1982)는 Developing Understanding of Self and Others(DUSO)라고 불리는 프로그램을 통해서 Adler의 개념을 학교장면에 적용하는 일에 일조하였다. DUSO는 초등학교에서 아동의 자기이해와 긍정적인 사회화, 그리고 유능감을 키우는 용도로 사용되었으며, 아동의 발달을 돕는 일에 격려가 얼마나 중요한지를 일깨워주었다.

Adler 학파의 놀이치료는 또 다른 적용 예가 될 것이다. Kottman과 Johnson(1993)을 인용하자면, Adler 학파의 놀이치료가 가진 목적은 "아동과 치료 관계를 형성하는 것, 아동이 자기 자신과 타인과 세상을 보는 관점을 탐색하는 것, 아동이 가족 내에서 그리고 학교생활을 통해서 자신의 존재감을 얻는 방식을 이해하도록 아동을 돕는 것, 다른 사람과 교류하면서 자신의 존재감을 얻는 새로운 방법을 탐색하도록 아동을 돕는 것이다"(p. 42). 아동의 긍정적 변화를 위해 Adler 학파의 놀이치료자들이 사용하는 기법들로는 다음과 같은 것을 들 수 있다.

- 격려
- 치료적 은유로서 놀이와 이야기 사용하기
- 한계 설정하기
- 초기 기억과 생활양식 분석
- 가족구도와 분위기에 대한 토론
- 내담자 말 따라가기(verbal tracking)
- 가설을 나눔으로써 자각을 촉진하기
- 새로운 행동 가르치기

부모교육에 적용

Adler의 아이디어들, 특히 Dreikurs와 Dinkmeyer 등에 의해 해석된 것들은 부모역할훈련이나 가족기능 강화, 건강한 아동양육법 등을 부모들에게 제공하는 일에 견고한 기반을 놓았다. Dreikurs가 꿈꾸었던 가족은 행동의 자연적이고 논리적인 결과에 대한 인식 · 의사소통 · 존중 · 격려 · 교육이 강조되고, 아동이 그 나이에 어울리는 책임감을 가질 것이라는 기대가 있는 가족이었다. 그는 또한 온 가족이 함께 즐거운 일을 하는 것이 중요하다고 보았다. 바쁜 현대 사회에서 간과되기 쉬운 가족생활의 주요 측면을 강조한 것이다. 그는 모든 가족들이 매주 같은 시간에 모여 가족의 모든 현안과 어려움에 대해 의논하는 가족회의 시간을 가질 것도 주장하였다. 그는 이때 어린이들도 꼭 참석하여 자신의 의견을 밝힐 기회를 가져야 한다고 하였다. 이런 과정은 가족의 기능을 향상시키고, 모든 가족구성원에게 힘을 주며, 사회적 모임의 중요성을 어릴 때부터 가르칠 수 있게 한다(Zuckerman, Zuckerman, Costa, & Yura, 1978).

Adler의 아이디어에 기반을 둔 구조화된 부모교육 프로그램은 여러 종류가 있는데, 그중에는 Dinkmeyer와 McKay(1997)가 개발한 Systematic Training for Effective Parenting(STEP)도 있다. 이 프로그램은 동기부여, 훈육, 이해, 의사소통, 격려하기 등 자녀양육을 위한 지침들을 제시한다. 또한 행동의 결과를 강조하고, 반영적 경청을 가르치며, 자녀이해를 위한 도구로서 출생순위의 중요성을 알려준다.

Adler의 개인심리학의 원리와 기법을 훈련시키는 프로그램들은 대개 교육을 강조하고, 자녀양육 및 다른 대인관계 기술을 가르치기 위해 청중 앞에서 시연을 보인다. 보통 치료자가 한 가족의 구성원들을 면담하면 다른 가족들은 이를 관찰한 후 피드백을 제공하고, 그 면담에서 나왔던 정보들을 자신들의 가족에 적용하는 방안에 대해 토론을 한다.

커플에 적용

커플 상담에도 Adler의 방법이 적용될 수 있다. Carlson과 Dinkmeyer(2002)가 개발한 Time for a Better Marriage 프로그램은 Adler의 아이디어를 적용하여 부부의 관계를 향상시킨다. 이 프로그램은 치료자의 도움 없이 부부 스스로 사용할 수도 있고 상담의 보조도구로 사용할 수도 있는데 두 사람이 서로의 목표를 이해하고, 서로를 격려하며, 책임을 회피하지 않고, 효과적으로 의사소통을 하는 방법을 알려준다. 프로그램이 제공하는 작업 도구와 기법 카드는 두 사람이 학습한 것을 실행할 수 있도록 도와준다. Dinkmeyer는 결혼 생활의 행복은 자존감과 사회적 관심과 유머감각이 결합될 때 얻을 수 있다고 보았다. 이는 Adler의 생각을 간결하게 요약한 것이라고 할 수 있다.

평가에 적용

Adler의 이론은 생활양식과 사적 논리에 대한 이해를 강조한다는 점에서 내담자 평가를 위한 도구 개발에도 적합하다. 실제로 많은 유용한 검사 도구들이 개발되어 치료자들이 Adler 이론을 적용하는 데 도움을 주었다. Wickers(1988)는 Misbehavior Reaction Checklist를 만들어 교사와 부모들이 아동의 문제행동이 가진 목적을 이해하는 데 유익한 정보를 주었다. 생활양식 평가에 유용한 도구들도 여러 종류가 개발되었다. 예를 들어 Kern Lifestyle Scale(Kern, 1992)과 Basic Adlerian Scales for Interpersonal Success-Adult Form(BASIS-A; Kern et al., 1997)은 생활양식에 대한 정보를 제공하는 자가채점식 검사지로서 진로나 대인관계 상담, 혹은 기업 장면에서 자기이해를 높이는 용도로 사용할 수 있다. 이 검사지들과 다른 검사 도구들, 녹음테이프, 책자, 기타 Adler의 아이디어에 기반을 둔 자료들이 CMTI Press(http://www.cmtipress.com)에서 출판되었다. 이런 도구들은 모두 Adler 학파 치료자들의 작업에 도움을 준다.

진단 집단에 적용

상담과 심리치료에서 볼 수 있는 대다수의 문제들과 정신장애들은 Adler 학파의 치료로 다룰 수 있다. Sherman과 Nwaorgu(2002)에 따르면, 이 접근이 다루는 문제는 폭이 넓어 개인적인 "오류로 인해 부정적인 생활양식을 가지게 된 일로부터, 모든 사회적 문제들, 예컨대 인종갈등, …차별, 전쟁, 빈곤, 마약, 민주주의 문제, 그릇된 자녀양육 등에 이른다. 이렇게 개념화를 한다면, 모든 사람이 문제를 가지고 있고, 이것은 인간조건의 한 부분으로 존재한다"(p. 192).

문헌들을 보면 이 접근이 "정신병리의 모든 주요 범주들"에 적용될 수 있음을 알 수 있다 (Sherman & Nwaorgu, 2002, p. 193). 확실히 Adler의 접근은 기분, 불안, 성격장애를 가진 사람들에게 유용한 것으로 보인다. 이런 문제를 가진 사람들은 흔히 비효율적이고 도움이 안 되는, 그리고 자신이 소속된 사회나 가족보다는 자기 자신의 욕구에만 과도하게 초점을 맞추는 사고와 행동을 보이는 경향이 있다. 이와 같은 문제를 가진 대부분의 내담자들은 Adler 접근의 핵심을 이루는 자기관찰과 자기이해와 학습이 가능하다.

관련 문헌들은 개인심리학이 다른 종류의 장애와 문제들에 사용된 예들도 많이 보여준다. 예컨대 Morrison(2009)은 이 접근이 외상적 경험에 역기능적으로 반응하는 문제를 가진 사람들에게도 유익함을 발견하였다. 자존감이 낮고 사회적 관심과 대인관계에 대한 관심이 낮은 사람들도 Adler 학파의 치료에서 유익을 얻을 수 있을 것으로 보인다. 품행 문제나 정신적 외상 경험이 있는 아동들도 Adler 학파의 놀이치료에 잘 맞는다(Morrison, 2009).

마약과 알코올 문제, 범죄 행위 등 충동통제장애를 가진 사람들도 이들이 힘과 소속의 욕구를 긍정적인 방식으로 충족시키는 데 실패한 사람들이란 점에서 Adler 모델을 통해서 이해와 도움을 받을 수 있다(Adler, 1979; Gladding, 2010; Rule & Bishop, 2005). Adler의 이론은 알코올중독자 자조모임(AA)을 비롯한 12단계 프로그램과도 잘 어울린다(Carroll, 1999).

정신병적 장애를 가진 사람들은 아마도 Adler 학파의 치료가 요구하는 자기관찰을 할 수 없을 것이다. 그러나 Adler의 아이디어를 통해 이들을 더 잘 이해할 수 있고, 이들이 받는 의학적 치료를 최대한 활용하도록 도울 수 있다(Sperry, 2006). 개인심리학은 정신병적 장애를 가진 사람들이 겪는 현실 접촉 상실의 문제에 대한 이해를 깊게 하고 이들을 돕는 유용한 아이디어를 제안할 수 있다.

다문화 집단에 적용

개인심리학은 다문화 집단에 호소력 있는 이론적 내용들을 많이 가지고 있을 뿐만 아니라, 차별과 기본권 박탈과 같은 현실적인 사회 문제에 대해서도 적극적인 자세를 보인다. Sherman과 Nwaorgu(2002)에 의하면 "Adler 학파 치료자들은 인종, 성별, 빈곤, 종교, 교육수준 등에 따른 사회적 차별의 문제를 내담자 치료에 있어서 고려해야 할 주제로서 매우 진지하게 다루고 있다"(p. 193).

Adler 이론은 문화(인종, 계급, 종교, 공동체, 성별, 나이, 생활양식을 포함하는 넓은 의미에서), 사회적 관심, 가족구도, 협력의 중요성을 강조한다는 점에서 사회 문제와 관련해 발언할 수 있는 범위가 넓다. Adler의 관점에서 보자면 사회적 편견과 인종차별주의, 성차별 등은 타인을 낮춤으로써 자신의 우월성을 확보하고자 하는 잘못된 시도에서 나오는 것이다. 진정한 자존감은 타인을 억압하는 데서 나오는 것이 아니라, 타인과 협력하여 공동의 선에 기여하고, 타인과 자신을 동시에 존중하며, 인생의 도전에 함께 맞서는 데서 나온다.

Adler 학파의 치료는 내담자의 장점을 강조하고 그것을 격려한다는 점에서 ADHD나 품행장애를 보이는 아동이나 위기를 겪는 청소년들에게도 효과적이다(Day, 2008; Sapp, 2006). Adler가 공동체와 사회적 관심을 강조한 것은 집단주의적 문화를 가진 중동, 아시아, 남미 등 여러 나라에서 온 내담자의 가치관과도 잘 부합된다. 종교와 영성도 Adler 이론과 조화를 이룬다. Adler의 이론이 종교를 사회적 관심의 일부분으로 보기 때문이다(Carlson & Englar-Carlson, 2008).

Adler의 접근은 장애를 가진 사람들에게 특히 적절하다. 그는 낙담과 열등감에 대해, 그리고 이를 극복하기 위해 기울인 노력에 대해 글을 썼다. 이 요소들은 장애를 가진 사람들이 흔히 경험하는 것들이다. Adler는 이러한 역동을 이해했으며, 부적응을 이해하고 건강한 힘과 책임감, 현실적인 자존감을 촉진하는 일의 중요성을 강조하였다. 따라서 그의 이론은 신체적인 혹은 심리적인 도전에 맞서는 데 어려움을 겪는 사람들을 상담할 때 충분한 유용성을 가진다고 할 수 있다(Livneh & Antonak, 2005; Livneh & Sherwood, 1991). 물론 치료자들은 장애가 있는 모든 사람들이 열등감을 경험할 것이라는 가정을 하거나 과잉일반화를 하지 않도록 주의하여야 할 것이다.

　장애를 가진 사람들에 대한 Adler의 통찰은 또 다른 삶의 도전에 직면했던 사람들에게도 적용될 수 있다. 예컨대 최근에 이민을 온 사람들, 편부모 가정에서 성장한 사람들, 빈곤이나 학대를 경험한 사람들, 혹은 또 다른 이유에서 기본권을 박탈당했던 사람들이 여기에 속할 수 있을 것이다. 초기 경험과 생활양식 및 목표의 발달 사이의 관계에 대한 Adler의 이론은, 어려운 배경을 가진 사람들이 어떻게 자신의 인생에 대처하는지에 대한 통찰을 주며, 또한 어떻게 이들을 도와 힘을 북돋울 수 있을지에 대한 통찰도 제공해준다.

　이렇게 Adler의 이론은 다문화적 상황에서 상담을 하는 치료자에게 유용한 지점을 제공한다. 그렇다고 하더라도 치료자들은 개인심리학을 적용할 때 주의를 기울여야 한다. 전통적인 방식의 Adler식 접근은 심층적이고 기간이 오래 걸린다. 따라서 위기 중에 있는 사람이나 자기분석에 대해 동기나 인내심이 부족한 사람들에게는 적절하지 않다. Adler는 개인의 책임과 힘, 초기 기억의 탐색을 중요하게 보았다. 비서구 문화권의 사람들 중에는 이와는 다른 사고방식을 가진 사람도 있을 것이다. 따라서 이러한 내담자를 상담할 때는 접근의 수정이 필요하다.

개인심리학에 대한 평가

Adler의 접근이 가진 장점은 약점보다 훨씬 더 많다. 이 이론이 등장한 것은 거의 한 세기나 지났지만, 그의 아이디어는 현재의 관점에서 보더라도 시기적절하고 타당하다.

한계

성장배경을 강조하는 다른 이론들이 그렇듯이 Adler 학파의 치료도 경험적 연구의 부족에 시달리기는 하지만, 연구 문헌들은 대체로 "Adler 이론의 핵심 개념들"의 타당성을 지지한다(Carlson et al., 2006, p. 36). 예를 들어 출생순위의 영향력에 대한 Adler의 가설을 검증한 경험적 연구들이 있다 (Rule & Comer, 2005; Sulloway, 1995). 또한 보호구역에 거주하는 미국 원주민 여성의 생활양식을 평가하기 위해 Adlerian Lifestyle Inventory를 사용한 연구가 이루어졌는데, 생활양식 개념의 측정이 폭넓은 유용성을 가진다는 증거를 제공해주었다(Roberts, Harper, Caldwell, & Decora, 2003). 하지만 개인심리학의 중요성이 증대하고 있는 현실에 비추어보면 더 많은 경험적 연구들이 이루어져야 할 것이다.

　여기에 더하여, 공상적 목적론과 우월성의 개념 등 Adler의 많은 개념들이 충분히 명확하게 정의되지 않았고, 과잉단순화의 위험이 있음을 지적할 수 있다. Adler 이론은 정신병리의 배후에 있는 심리적이고 사회적인 요소들에 대해서는 많이 이야기하지만 생물학적이고 유전적인 요인에 대해서는 설명하지 않는다. 불안과 기분장애 및 조현병 등에 유전적 요인이 작용하고, 생물-심리-사회적인 요인들이 많은 문제의 발생에서 상호작용을 한다는 것을 우리는 알고 있다. Adler는 또한 사람들이 사회적 관심을 가지고 태어난다고 믿지만, 이 주장이 너무 낙관적이라고 생각하는 사람도 있다. 경험적 연구가 더 필요한 부분이다.

강점과 공헌

Adler의 공헌은 심리치료의 실제에만 그치지 않는다. 그가 다른 이론가와 지도자들의 사상에 미친 영향은 지대하다. Rollo May, Viktor Frankl, Carl Rogers, Abraham Maslow 모두가 Adler에게 빚을 지고 있음을 인정하였다. 그래서 Albert Ellis는 Freud보다 오히려 "아마도 Adler가 현대 심리치료의 진정한 아버지일 것이다"라고 말하였다(Watts, 2003, p. 1). 인지치료, 현실치료, 인간중심상담, 게슈탈트, 실존치료, 구성주의, 사회 정의를 강조하는 접근들이 Adler의 아이디어에 영향을 받았다(Rule & Bishop, 2005). 치료자들이 자신이 Adler의 접근을 따른다고 인정하든지 그렇지 않든지 간에, 거의 모든 상담과 심리치료 접근이 그가 주창한 개념의 일부분을 반영하고 있다. 예를 들면 다음과 같다.

- 사회 정의에 대한 강조
- 초기 경험과 가족구도가 현재의 기능에 미치는 영향
- 마음, 신체, 영혼을 모두 고려하는 전인적 접근의 중요성
- 개인을 이해하려면 그가 속한 가족, 사회, 문화의 맥락을 이해해야 한다는 관점
- 생각이 감정과 행동에 영향을 미친다는 인식
- 장점, 낙관성, 격려, 지지에 대한 강조
- 생활양식과 목표의 중요성
- 반복적인 자기패배적 행동을 파악하고, 그 목적을 이해하며, 그것을 수정해야 할 필요성
- 협력적 치료 동맹의 중요성
- 치료자와 내담자가 상호합의된 현실적 목표를 설정하는 일이 주는 유익
- 문제와 어려움을 겪는 것은 삶의 정상적인 부분이며, 이것은 병리이기보다는 성장을 위한 기회가 된다는 인식
- 심리치료는 치료적 과정일 뿐만 아니라 교육적이고 성장 촉진적인 과정이라는 관점

Watts(2000, p. 26)는 다음과 같이 묘사하였다. "개인심리학이 지닌 아름다움은 그것이 가진 융통성에 있다. Adler 학파의 치료자들은 이론적으로는 통합적이고 기법적으로는 절충적이다" 개인심리학은 많은 현대의 치료 이론들과 쉽게, 효과적으로 결합될 수 있다. 신념과 행동에 대한 강조는 인지행동치료, 합리적 정서적 행동치료, 현실치료와 잘 조화된다. Adler 학파의 생활양식 평가는 이야기 치료가 삶에 구조를 제공하는 이야기들에 강조점을 두는 것과 공통점이 많다. 초기 기억과 아동기 경험에 대해 보이는 깊은 관심은 정신분석과 그 기원을 같이하는 한편, 치료 동맹에 대한 강조는 인간주의적 접근의 특징과 닮았다.

　　Adler의 관점과 주장은 현대 사회에 널리 퍼져 있는 문제들을 생각할 때 그 중요성이 더욱 분명하게 드러난다. 광범위하게 자행되고 있는 아동학대와 그것이 끼치는 지속적인 해악을 점점 더 많이 알아갈수록 우리는 초기 아동기 경험과 기억이 성인에게 미치는 영향이 매우 크다는 것을 알게 된다. Adler가 여성의 사회적 평등, 문화적이고 종교적인 다양성 존중, 소수 집단을 소외시키는 현상의 종식을 촉구한 것 또한 우리 사회에서 여전히 주목을 받아야 한다(Carlson et al., 2006). 그가 책임감, 탄력성, 인격 육성, 사회적 관심을 강조한 것도 우리 사회에 만연한 폭력을 생각해볼 때 특히 의미가 깊다고 할 수 있다. 아버지의 중요성과 형제자매와의 관계의 중요성도 최근 관심을 끌고 있는 또 다른 영역이다. 아마 Adler가 가장 크게 공헌한 점을 꼽으라면, 서로서로가 개인차를 존중할 것을 강조한 일과, 우리 각자가 더 큰 사회 시스템에 기여하는 사람이 되어야 한다고 강조한 일일 것이다.

기법 개발 : 최초 기억의 분석

어떤 사람에게 가장 초기의 기억을 떠올리게 하고 이를 분석하면 그 사람의 생활양식과 세상을 보는 관점을 이해할 수 있다. 아래 제시되는 4단계 절차와 예를 보면 초기 기억을 상담에서 어떻게 활용하는지를 배울 수 있을 것이다. 이 기법을 연습할 수 있는 기회는 이 장의 뒷부분에 제시된다.

1. **기억 떠올리기**　내담자에게 기억나는 아동기 경험 중 가장 오래된 사건을 적어도 세 가지 이상 떠올려 묘사하게 한다. 이 사건은 단순한 가족이야기가 아니라 내담자 자신이 포함되어야 하고 뚜렷하게 기억할 수 있는 것이어야 한다. 치료자는 내담자가 그 기억들을 묘사할 때 이를 받아 적는다.
2. **기억 탐색**　그때 느꼈던 감정, 그때의 행동(특히 내담자와 다른 사람 사이의 상호작용), 가장 생생하게 기억나거나 중요하게 여겨지는 부분, 그 사건이 가지고 있는 의미에 대해 물어본다.
3. **기억 분석**　특히 기억들 사이의 공통점을 살펴본다. 이때 내담자의 역할, 감정, 등장인물들과의 상호작용, 당시 상황의 특징, 그 사건과 상호작용에 대해 내담자가 반응하는 방식에 주의를 기울인다.
4. **해석과 적용**　기억들에 등장하는 공통의 주제와 패턴에 입각하여, 이 기억들이 내담자의 목표와 생활양식에 대해 어떤 것을 보여주는지에 대해 가설을 세운다. 이 가설을 내담자에게 제시하여 함께 의논하고 명료화한다.

다음 초기 기억은 27세의 미혼 여성이 제공한 것이다.

기억 1 : 내 침대에 누워 있던 기억이 난다. 아주 어두웠다. 나는 두려움을 느끼고 울었다. 그러자 아버지가 내 방으로 오셨다. 그리고 나를 안아주었다. "왜 그러니? 이제 괜찮아." 이런 비슷한 말을 하셨다.

기억 2 : 백화점에 갔다. 어쩌다 보니 엄마를 잃어버렸다. 주위를 돌아봤지만 엄마를 찾을 수 없었다. 어떻게 해야 할지 몰라 소리를 지르며 울기 시작했다. 백화점 직원 같은 남자가 다가와 나를 작은 방으로 데려갔다. 아마 사무실이었을 것이다. 그리고 내게 엄마를 찾아주겠다고 하고, 내 이름을 물었다. 조금 있다가 스피커에서 미아가 있다는 방송이 흘러나왔다. 그 남자는 내게 사탕도 주고 계속해서 말을 붙여왔다. 시간이 너무 길게 느껴졌지만 마침내 엄마가 오셨다. 엄마도 울고 있었다. 엄마를 다시 만나 너무 행복했다.

기억 3 : 세발자전거를 타다가 넘어졌다. 주변에 도와줄 사람이 아무도 없었다. 무릎에선 피가 났다. 나는 울었지만 아무도 오지 않았다. 마침내 이웃 사람이 내가 우는 소리를 들었다. 그 남자는 와서 보더니 엄마를 불러주었다. 나를 도와줄 사람을 보는 순간 기분이 훨씬 더 좋아졌다.

분석 : 3개의 기억 모두에서 이 여성은 겁에 질려 있었고 다른 사람의 도움이 필요하다고 느꼈다. 울어버림으로써 자신이 도움이 필요하다는 것을 사람들에게 알렸지만, 달리 스스로 해결할 방법을 찾지는 못했다. 세 경우 모두에서 그녀는 돌봐주는 남성에 의해 구조되었다. 그들은 그녀를 안심시켜주고 그녀가 필요로 하는 도움을 주었다. 2개의 기억에서 엄마가 결국 왔지만, 정말 도움이 필요할 때 그녀 곁에 다가온 사람은 남성이었다. 그녀는 인생을 살아가는 일과 특히 경력을 계속 쌓아나가는 면에서 자신의 능력을 믿을 수 없고 종종 두려움을 느낀다고 하였다. 그녀는 이전에 두 번 약혼을 한 적이 있었으며, 당시 결혼을 하고 싶다는 마음이 매우 컸다고 한다. 그러나 두 번 다 약혼자들 편에서 약혼을 깼다. 그러면서 그녀에게 너무 요구가 많고 의존적이라고 말하였다고 한다. 논의 과정에서 그녀는 비록 그동안 성공적으로 교사 생활을 해왔지만 어떤 식으로든 문제에 봉착할 것이라고 두려워했고 결혼을 함으로써 직장의 요구를 피해가고자 하였음을 인식하였다. 또한 그녀는 사람들을, 특히 여성을 별로 믿지 않으며, 일상의 부담에 압도당하는 일이 종종 있다고 인정하였다. 무력하게 타인의 도움을 요구하는 역할을 하는 것은 실제로는 관계를 해치는 일이었지만, 그녀는 남자가 자신을 구하도록 하기 위해서는 마치 어린아이가 큰 소리로 울며 도움을 구하듯이 가능한 한 의존적인 자세를 취해야 한다고 믿고 있었다. 이런 정보들은 이후 그녀를 상담하는 데 크게 도움이 되었다.

사례

에바는 10살이며, 에디와 로베르토의 딸이다. 이 가족의 치료자는 에바와 몇 번의 개인 상담을 하기로 하였다. 에바가 가족 내에서 하는 역할을 더 잘 이해하고, 에바와 좋은 관계를 맺고자 했기 때문이다. 에디와 로베르토는 에바의 행동에 문제가 있다는 걱정을 하였다. 그들은 에바가 항상 고집이 세고 자기 마음대로 하려고 하는데, 최근 몇 달 사이에 더 심해지는 것 같다고 하였다. 에바는 집에서나 학교에서나 다른 사람의 말을 들으려고 하지 않았다. 담임선생님은 에바가 너무 '독불장군' 행세를 해서 아이들이 에바와 놀고 싶어 하지 않는다고 하였다. 게다가 에바의 성적은 점점 떨어지고 있었다.

에바는 치료자를 만나는 것을 좋아했고, 상당히 개방적이었다. 상담 첫머리에 에바는 타잔 만화가 너무 재미있다고 하면서, 특히 타잔이 나무 사이를 줄을 타고 날아다니며 '나쁜 놈들'을 혼내주고 모든 동물들을 구해주는 게 아주 멋지다고 하였다. 에바는 가족이야기도 하였다. 엄마는 "많이 울고 얼굴을 찌푸리고 있다"고 하였고, 아빠는 일을 많이 하며 "그냥 모든 일에 소리를 지른다"고 하였다. 에바는 또 이상한 나라의 앨리스에 나오는 장면과 비슷한 꿈을 꾸었는데, 거기서 엄마가 점점 작아지고 자신은 점점 커졌다고 하였다. 에바가 이야기를 하는 동안 치료자는 에바의 생활양식과 목표, 문제행동의 이유에 대한 가설을 세우기 시작했다.

상담 시간이 끝나갈 무렵 치료자는 에바의 최초 기억에 대해 물어보았다.

기억 1 : 4살 무렵 거미를 무서워하였는데, 어느 날 아빠와 산책을 하다가 자신의 구두에 거미가 붙어 있는 걸 보고 깜짝 놀랐다. 아빠는 거미를 떼어내서 발로 밟아 으깨버렸다. 이 일은 에바에게 강한 인상을 심어주었고, 그래서 벌레를 볼 때마다 밟아버리곤 했다. 엄마가 못하게 하여 중단하였다.

기억 2 : 그 일이 있은 지 1년 정도 지나서 친구 로리의 엄마가 로리와 에바를 데리고 수영장에 갔다. 에바가 자동차에서 내리려고 문을 열다가 옆에 세워둔 차에 흠집을 냈다. 그 차에 앉아 있던 사람이 로리의 엄마에게 항의를 했지만, 그녀는 "아무것도 아닌 일로 소란을 떨지 말라"고 말하고는 아이들을 데리고 수영장으로 들어갔다.

기억 3 : 마지막 기억은 에바가 유치원에 다닐 무렵 일어났던 부모 사이의 다툼에 관한 것이었다. 엄마는 저녁식사에 내어놓기로 한 고기 요리를 하다가 그만 그것을 태워버렸다. 아빠가 퇴근 후 집에 와서 그 일을 알고는 엄마에게 조심성이 없다고 소리를 질렀다. 엄마는 울기 시작했지만 아빠는 이를 무시하고 다른 방으로 가서 피자를 주문하였다. 에바는 피자가 고기 요리보다 훨씬 낫다는 생각을 했다고 하였다.

이 3개의 기억 모두에서 에바가 한 주된 역할은 관찰자였다. 앞의 2개의 기억에서 어떤 역할을 하기는 했지만, 에바가 가장 선명하게 기억한 것은 힘과 분노를 과시하며 권력과 통제력을 얻는 어른들의 행동이었다. 뒤의 2개의 기억에서는, 타인의 감정이 무시되었다. 아빠와 친구 엄마는 감탄할 만한 대상이었고, 엄마는 약해보였다.

이 기억들은 치료자가 세운 가설의 많은 부분을 확인해주었다. 에바의 문제행동은 힘을 얻기 위한 잘못된 시도로 볼 수 있었다. 에바는 힘을 행사하고 싶어 했고, 다른 사람의 통제는 중단시키기를 원했다. 에바의 기억이 시사하듯이, 에바는 힘을 획득하기 위해서는 자신의 아버지나 다른 사람이 그랬던 것처럼 지배적으로 행동하고 다른 사람에게 명령을 내려야 한다고 믿었다. 엄마는 매우 다른 스타일의 사람이었다. 엄마는 힘이 없다는 이유로 에바의 마음속에서 평가절하 되었다. 이것은 에바가 학교생활에 흥미를 잃어버리게 된 데도 영향을 주었다. 에바의 엄마는 학교생활을 가치 있는 일로 여겼다. 에바의 행동은 또래 및 부모와의 관계를 손상시키고 있었다.

이 첫 면접 이후의 상담은 놀이치료와 대화가 병행될 것인데, 이를 통해 치료자는 에바가 힘을 얻으려는 목적에서 자기파괴적인 시도를 하고 있음을 인식하게 하고, 자신의 사적 논리와 행동의 레퍼토리를 바꿔 좀 더 바람직한 방식으로 힘을 얻는 방법을 찾도록 도울 것이다. 상담에서의 대화는 부모와의 관계와 에바의 역할, 어렸을 때 배웠던 기본적 메시지와 대처 행동, 현재의 생활양식, 에바의 신념과 행동이 삶의 핵심 목표를 이루는 데 도움이 되는지에 대한 것 등을 포함하게 될 것이다. 에바에 대해 알게 된 정보들은 이후 로베르토와 에디를 상담할 때 그들이 에바를 좀 더 효과적으로 양육하도록 돕는 데도 사용될 것이다.

연습

대집단 연습

1. 자신의 최초 기억을 사람들 앞에서 이야기해줄 수 있는 자원자 2, 3명을 선발한다. 한 사람씩 돌아가며 자신의 기억을 이야기할 때 칠판에 그 내용을 적고, 앞의 기법 개발 부분에 제시된 지침에 따라 그 기억들을 탐색하고 분석한다. 이때 기억을 제공한 사람이 그 분석에서 적극적인 역할을 하도록 격려해야 하다. 기억에서 드러난 패턴과 그 사람의 생활양식의 관계에 대해 토론한다.

2. 이전 장들에 제시된 로베르토의 개인사를 다시 읽어본 뒤, 로베르토 역할을 할 사람과 그를 면접할 사람을 선발한다. 로베르토 역할을 하는 사람은 이미 알려진 정보와 어긋나지 않는 범위 내에서 창의성을 발휘하여 새로운 정보를 덧붙일 수 있다. 면접자는 가족구도와 출생순위, 최초 기억들, 아동기와 성인기에 경험한 성공과 실패, 목표와 가치, 사회 활동과 인간관계에 대해 질문할 수 있다. 가상 면접이 끝난 후, 토론을 통해 로베르토의 사적 논리, 목표, 우선순위, 생활양식을 파악해보라. 이 연습을 할 때는 적어도 45분 정도의 시간이 필요하다.

3. 연습에 참여한 사람들을 출생순위에 따라 맏이, 막내, 가운데, 외둥이의 네 집단으로 나눈다. 각 집단은 15~20분 정도 시간을 들여 출생순위와 관련된 다음 질문을 놓고 토론을 한다.

> - 당신이 속한 집단의 사람들이 보이는 공통적인 특징은 무엇인가?
> - 당신이 속한 집단의 사람들이 보이는 중요한 차이점은 무엇인가?
> - 사람들은 당신이 속한 집단의 사람들에게 어떤 오해나 선입견을 가지고 있다고 생각하는가?
> - 당신은 다른 세 집단에 속한 사람들의 특성에 대해 어떤 선입견을 가지고 있는가?
> 각 집단은 대표를 1명 선발하여 집단 내에서 내린 결론을 전체 모임에서 발표하게 한다.

소집단 연습

1. 이전 장들을 학습하면서 당신은 상담 면접을 이끌고 개방적 질문을 하는 방법을 배웠을 것이다. 여기서는 그런 기법들을 사용하여 다음 연습을 한다. 4명으로 구성된 집단을 만들되, 이번에는 이전에 연습했을 때와는 다른 사람을 면접하도록 한다. 15분 정도 다음 네 가지 영역에 초점을 맞추어 면접을 진행하라.

- 아동기 행동과 문제행동
- 가족구도
- 중요한 가치와 목표
- 그 목표를 이루기 위해 사용했던 방법

그다음 면접자는 이상의 면접 내용에서 드러나는 패턴에 대해 피면접자와 논의하는 과정을 거친다. 이때 피면접자를 공감하고 격려하여 편안한 분위기를 만들도록 노력해야 한다.

면접이 끝나면 5~10분 정도 시간을 내어 면접자 역할을 한 사람에게 다음 측면에 대해 피드백을 준다.

- 치료 동맹
- 개방적 질문의 사용
- 위의 4개 주제와 관련해 의미 있는 정보를 이끌어내는 능력
- 격려하기

2. 4명으로 이루어진 집단에서 구성원들은 아동기 때 문제행동을 했던 기억에 대해 서로 이야기를 나눈다. 이때 그 행동의 동기가 힘, 관심 끌기, 복수, 부적절감의 표시 중 어떤 것이었는지를 판단할 수 있도록 서로를 도와야 한다. 그리고 당신의 교사나 부모가 당신의 그 문제행동에 대해 어떻게 반응했었다면 당신에게 도움이 되었겠는지를 토론한다.

개인 연습

1. 당신의 최초 기억을 적어도 세 가지 이상 떠올린 다음, 앞에서 제시한 지침대로 그것을 구체화하고 분석하라. 어떤 패턴이 등장하는가? 그것에서 어떤 종류의 목표와 생활양식이 시사되는가? 이 정보는 당신의 자기이미지와 어떤 관련이 있는가? 당신의 일지에 최초 기억과 더불어 이들 질문에 대한 답을 기록해보라.

2. 당신이 직면한 어려움 가운데 성공적으로 다루기 어렵다고 느껴지는 것을 구체적으로 떠올려 보라. 이제 그 문제를 충분히 다룰 수 있는 능력이 자신에게 있다고 상상해보라. 이때 자신의 이미지를 가능한 한 분명하고 생생하게 마음에 그려야 한다. 그리고 그런 이미지를 가진 사람이라면 어떻게 그 문제에 대처해나갈지 생각해보라. 당신이 실제로 그 문제에 맞닥뜨리게 되면 당신이 마치 앞에서 상상한 그 이미지와 일치하는 사람인 것처럼 행동하고, 그 상황을 충분히 다룰 수 있다고 자기 자신에게 계속해서 상기시켜야 한다. 약간의 진보를 이룬 다음에는 자신의 성공 경험을 잘 관찰해야 한다. 오늘 연습한 이 기법이 어느 정도나 도움이 되었는지, 그리고 이 기법의 효과를 어떻게 향상시킬 수 있을지를 자세히 생각해야 한다. 이 연습에서 경험한 것들을 요약

하여 기록으로 남겨두라.

요약

Adler의 개인심리학은 상담과 심리치료에 중요한 기여를 해왔으며, 지금도 폭넓게 상담 실제에 적용되고 있다. "개인심리학이 지닌 아름다움은 그것이 가진 융통성에 있다"(Watts, 2000, p. 26). 그의 모델은 다양한 사람들과 상황들에 유용하게 적용될 수 있다. Adler는 병리보다는 격려와 논리를, 성(性)보다는 힘과 의미를, 무의식보다는 가족과 사회를 더 강조하였다. 그래서 Adler의 이론은 사람들에게 좀 더 호소력 있게 다가갈 수 있었고, 사람들의 용기와 힘을 북돋는 데 기여할 수 있었다. Adler가 제시한 개념들, 예컨대 목표, 사적 논리, 우선순위, 생활양식 등은 사람을 이해하는 데 유용한 틀을 제공해주었다. 또한 그의 모델에서 나온 개입 방법들과 도구들을 통해 치료자들은 내담자를 평가하고, 교육하고, 변화를 격려하는 일에서 많은 도움을 받았다.

　Adler의 이론과 치료에 대해 더 배울 수 있는 기회들이 많이 있다. North American Society of Adlerian Psychology, International Association for Individual Psychology, Rudolf Dreikurs Institute는 연차대회를 개최하고 있으며, 메릴랜드 주의 부이주립대학교나 시카고와 뉴욕 시 등 여러 도시에 있는 Alfred Adler Institute에서 교육을 받을 수도 있다. 이런 프로그램에 대한 정보는 North American Society of Adlerian Psychology에서 얻을 수 있다.

추천 도서

Adler, A.(1938). *Social interest : A challenge to mankind* (J. Linton & R. Vaughan, Trans.). London, UK: Faber and Faber.

Adler, A.(1963). *The practice and theory of individual psychology*. Paterson, NJ: Littlefield, Adams.

Carlson, J., & Maniacci, M. P.(2011). *Alfred Adler revisited*. New York, NY: Routledge.

Dreikurs, R., & Stoltz, V.(1964). *Children: The challenge*. New York, NY: Meredith.

Grey, L.(1998). *Alfred Adler, the forgotten prophet : A vision for the 21st century*. Westport, CT: Praeger.

Hoffman, E.(1994). *The drive for self : Alfred Adler and the founding of individual psychology*. Reading, MA : Addison-Wesley.

Journal of Individual Psychology: The Journal of Adlerian Theory, Research, and Practice, http://www.utexas.edu/utpress/journals/jip.html

Stein, H. T.(2007). Adler's legacy: Past, present and future. *Journal of Individual Psychology, 63*, 205－213.

Sweeney, T. J.(2009). *Adlerian counseling : A practitioner's approach*(5th ed.). Philadelphia, PA: Taylor & Francis.

제 5 장

후기 Freud 학파와 신 Freud 학파 : 분석심리학, 자아심리학, 대상관계, 자기심리학

Freud의 가장 위대한 업적 중 하나는 인간발달과 심리학에 깊은 관심을 가지고 있는 훌륭하고 혁신적인 사상가들이 스스로 Freud의 사상에 관심을 가지게 한 그의 능력이다. Carl Jung은 Alfred Adler와 함께 Freud의 가까운 동료였으며, Freud 학파의 정신분석의 개념에 커다란 영향을 받았다. 그러나 Jung은 Freud의 일부 주요한 이론적 개념들에 동의하지 않았고, 자신만의 혁신적인 생각을 계속 발전시켜나갔다. 전통 정신분석학파(strict psychoanalytic orthodoxy)의 대안적인 학문을 발전시킨 학자는 Jung과 Adler뿐만이 아니다. Anna Freud는 Sigmund Freud의 막내딸이다. Hergenhahn(2009)에 따르면, 그녀는 아버지인 Freud가 사망한 후 "정신분석학의 대변인(the spokesperson for psychoanalysis)"(p. 565)이 되었다. 그리고 그녀는 아동심리학의 선구자이며 아동분석, 교육, 양육 분야에 있어서 Freud의 이론을 확장하였다. 비슷한 시기에 Melanie Klein은 아동분석에 대한 자신의 관점을 발달시켰고, 또 다른 정신분석학의 추종자인 Karen Horney는 '해부학적 구조는 운명(Anatomy is Destiny)'이라는 Freud의 이론(숙명론)에 동의하지 않았으며, 대신 남성이 여성의 재생산력(capacity for motherhood)을 선망한다는 주장을 펼쳤다. Horney의 연구는 페미니스트 이론(feminist theory)의 근원(first seeds)이다.

　이들은 각자 전통 정신분석의 대안을 처음 제기한 주요 인물들이다. Harry Stack Sullivan, John Bowlby, Heinz Kohut 등 다수의 학자가 이들의 뒤를 이었으며, 이러한 사람들을 Freud 학파의 수정론자라고 부른다. 이들은 초기에는 Freud 학파의 정신분석을 받아들였으며, 이후 그들 자신의 혁신적인 사상을 발전시켜나갔다. 후기 Freud 학파는 대략 다음의 네 집단으로 범주화할 수 있다.

- 분석심리학자—Carl Jung
- 자아심리학자—Karen Horney, Harry Stack Sullivan, Anna Freud
- 대상관계이론가—Melanie Klein, John Bowlby, Harry Stack Sullivan, Stephen Mitchell 등
- 자기심리학자—Heinz Kohut 등

　이제부터 우리는 이러한 이론가들 각각에 대해 간략히 살펴볼 것이다. 이 장의 후반부에 제시한 기법 개발은 정신분석이론의 한 가지 기법으로 해석을 소개한다.

Carl Jung과 분석심리학

Carl Jung은 한때 Freud와 가까운 동료였다. 그러나 다수의 이론가들과 마찬가지로, Jung의 아이디어는 그의 직업생활 60년 동안 여러 단계들을 걸쳐 변화되었고, Jung 자신만의 고유한 이론으로 발전하였다.

Carl Jung의 일대기

Carl Gustav Jung은 1875년 7월 26일 스위스의 케스빌(Kesswil)에서 태어났다. 그의 아버지는 스위스 개신교회와 연계된 오래된 성직자 혈통을 이어받은 목사였다. Jung은 어렸을 때부터 무서운 꿈을 꿨던 외롭고 내향적인 아이였다(Ewen, 1993; Jung, 1963).

　부모님에 대한 Jung의 인상은 그의 연구에서 보여지듯, 그의 생각에 큰 영향을 주었다. Jung은 아버지가 자기의 신앙을 온전히 경험하면서 믿지 못했기 때문에 아버지에게 실망했다. Jung은 영혼의 경험에 대해서 크게 강조했고, 그것을 우리의 내부 세계의 중요한 부분으로 간주했다(Schwartz, 1995). 그의 아버지는 모순된 것(신앙을 믿지 않는 성직자)처럼 보였으며 그의 어머니도 그랬다. 어머니는 사회적으로 용인된 것을 따르는 여성이었고, 외현적 행동으로는 억제적 기준을 따랐지만 속으로는 달랐고 내면의 자기에 대한 투시력을 갖고 있었다.

　청소년기 이래로 Jung은 스스로 철학, 인류학, 비학(occult), 초심리학을 공부했던 열광적인 독서가였다. Sedgwick(2001)은 Jung을 "사고하는 직관적인 유형의 사람이며, 사변적인 것과 관계된 능력과 신비한 경험을 추구하는 성향을 갖고 있었다"(pp. 20~21)라고 묘사하였다. Jung은 바젤대학교의 의과대학에 들어갔고 그곳에서 내과를 전공했지만, 이후에 관심을 정신과학으로 돌렸다.

Jung에게 있어 1907년은 중요한 전환점이 되었다. 그는 하이델베르크대학교의 한 교수가 Freud를 공격하는 데 대항하여 Freud를 보호했다(Kelly, 1990). 이것을 계기로 Freud가 제자이자 영원한 후계자로서 Jung을 받아들였다. 그들이 가진 생각의 중요한 차이점은 인식하지 못한 채 말이다(Jones, 1955). 이후로 Freud와 Jung은 6년간 함께 작업했다. 그 시기에, Jung은 Freud와 함께 미국 클라크대학교 강의에 동행하기도 했다. 그러나 1913년에 Jung은 국제정신분석학회의 회장이자 회원으로서의 지위를 모두 사임했는데, 그 이유는 망각과 환각은 억압된 기억을 반영한다기보다는 보편적 원형을 반영한다고 믿었기 때문이었다.

Jung은 그의 생애를 통틀어 18권이라는 전집을 저술했을 정도로 다작의 이론가였고 저술가였다. 그럼에도 불구하고 직업생애에 걸쳐, 자신에 대한 의문을 갖고 자신에 대한 회의를 해결할 방법을 찾기 위해 자신의 무의식에 빠져들어 많은 시간을 보냈다. Jung은 자신의 무의식에 대한 이해를 발전시키는 매체로 모래놀이치료, 꿈속의 인물들과의 대화 그리고 예술을 사용하였다. Jung은 말년에도 활발히 연구했다(Ewen, 1993). 그의 연구는 중년기부터가 창조성과 성격 통합이 최고조에 이르는 시기라는 믿음을 반영해준다. Jung은 1961년 6월 6일, 85세의 나이로 사망했으며 자신의 커다란 영향력을 지켜볼 만큼 오래 살았다.

Jung 이론의 발달

그는 정신장애에 대한 저술로 일찍이 명성을 얻었는데, 특히 *The Psychology of Dementia Praecox*가 유명하다(Jung, 1907/1960). Freud와 연계했던 초기 동안 Jung의 저서는 주로 단어연상, 기억, 정서적 변화에 따른 신체적 반응에 대한 실험적 연구에 초점을 맞추었다. *Symbols of Transformation*(Jung, 1912/1956)이라는 책은 Freud와의 관계를 종식하게 만들고 그의 저술에서의 변화를 가져왔다.

이후 20년 동안 Jung의 작업은 정신분석에서 나온 많은 개념을 다루어왔다. '분석심리학, 자아, 의식과 무의식'이 바로 그것들이다. 그러나 이러한 개념들에 대한 그의 관점은 Freud와는 매우 달랐다. Jung은 이 시기에 예술, 문학, 문화에 관해서도 저술했다.

그의 저술은 인생의 마지막 25년 동안 또 변화했다. 그의 작업은 점점 영적으로 되어갔다. 그리고 원형, 집단 무의식, 아니마와 아니무스, 그림자 등을 포함한 그의 연구를 독특하게 만드는 많은 구성요소를 발전시켰다(모든 것들은 이 장에서 언급될 것이다).

말년에 Jung은 저술활동을 계속했을 뿐 아니라 심리치료 활동을 계속했고 전 세계적으로 강연도 했다. 그는 많은 영예와 상당한 직업적 명성을 얻었다. 1966년에 Jung 분석학파의 훈련과 승인 기관으로서 국제분석심리학회(International Association for Analytical Psychology)가 취리히에 설립되었으며, 여기서 그의 작업은 여전히 계속되고 있다.

중요한 이론적 개념들

분석심리학이라 알려진 Jung의 이론은 그의 '정신'의 개념에 기초한다. 심리치료에 대한 Jung의 생각은 바꿔 말하면 사람들을 통합시키도록, 정신이나 성격의 측면을 의식적으로 만드는 것을 돕는

데 초점을 맞추었다.

정신의 구성요소들 정신에 대한 Jung의 개념은 Freud보다 훨씬 더 복잡하다. 그림 5.1은 정신에 대한 Jung의 개념을 간략화한 것이다.

의식 Jung에 따르면 정신의 기능은 의식, 집단 무의식, 개인 무의식의 세 가지 수준을 포함한다. Jung은 Freud와 마찬가지로 의식은 오로지 자아, 페르소나, 두 가지 태도, 네 가지 기능을 포함한 영혼의 작은 파편에 불과하다고 믿었다.

자아 자아란 의식적 마음의 중심이다. 자아는 세상과 현실의 감각을 우리에게 제공한다. 그래서 그것은 우리가 환경과 교류하는 데 막대한 영향을 끼친다. 자아는 우리의 자각 안에 있고 우리에게 정체성을 부여하는 지각, 기억, 사고, 감정 등으로 이루어진다. 신체의 감각에 더하여, 자아의 발달은 우리를 타인으로부터 구별할 수 있도록(차별화할 수 있도록) 허용한다. 비록 자아가 영혼의 다른 부분과의 연관에 있어서 상대적으로 약하다고 할지라도, 그것은 억압의 과정을 통해서 위협적 자원을 개인 무의식으로 인도함으로써 자신을 보호할 수 있다. 이러한 방법으로 그것은 성격의 의식적, 무의식적 수준을 연결하고 통합한다.

페르소나 페르소나는 우리가 외부 세계에 보여주는 우리 자신의 이상화된 부분이고 집합적 영혼의 얼굴이라 할 수 있다. 이 가면 혹은 보호적 표면은 우리의 문제점과 슬픔을 감추지만 사회 속에서 우리가 잘 기능하도록 하고 다른 사람들과 잘 어울리도록 하며 우리의 일상적인 욕구와 활동을 추구할 수 있게 한다. 우리의 페르소나는 사회적 상황에 적응하려는 노력 여하에 따라 변할 수 있고 특정한 시기에 우리가 함께 하는 집단이나 사람에 의해서도 영향을 받는다. 페르소나란 일종의 타협이라 할 수 있다. 그것은 사회적으로 용인되지 않는 우리의 진정한 생각과 감정을 반영하지 않는다는 점에서 진짜가 아니다. 동시에 그것은 우리가 누구인지 그리고 무엇을 필요로 하는지를 어느 정도는 반영한다.

의식
자아
페르소나
두 가지 태도(외향성과 내향성)
네 가지 기능(사고, 감정, 감각, 직관)

무의식

집단 무의식	**개인 무의식**
원형	억압되거나 잊힌 기억
자기	콤플렉스
아니마/아니무스	원형
그림자	그림자
다른 이미지, 신화, 상징	

그림 5.1 Jung이 주장한 정신(Psyche)의 개념

태도와 기능 두 가지 태도는 **외향성과 내향성**이다. 네 가지 기능은 **사고**와 그것의 대극인 **감정**, **감각**과 그것의 대극인 **직관**이다. 사람들은 이 네 가지 기능 중의 하나를 통해 세상과 상호작용 하는 경향이 있는데 주 기능 혹은 우월한 기능이라고 한다. 그것의 대극(반대) 기능은 가장 덜 발전되고 열등한 기능이 되면서 가장 문제가 된다. 예를 들어 만약 누군가의 주 기능 혹은 우월한 기능이 '사고'라면 사고는 그의 판단의 대부분을 안내할 것이다. 반면 그것의 대극인 '감정'은 아마도 잘 발달하지 못했을 것이고 그 사람은 결정을 하는 데 있어 감정에 비중을 두기가 어려울 것이다. 성격에 있어서의 '대극'은 심리적 에너지를 제공하며 잘 기능하는 사람은 대극의 조화를 이룬 사람이다. 이와 같은 태도와 기능은 MBTI(Myers-Briggs Type Indicator)의 토대를 형성한다(다음에 상세히 설명되어 있다).

무의식 Freud와 Jung은 무의식의 근원에 대해 동의했다. 두 사람 모두가 그것이 정신의 크고 강력한 부분이며 억압된 자원이 포함되어 있다고 믿었다. 그러나 Jung은 무의식에 대해 좀 더 복잡하고 잠정적으로 긍정적인 관점을 제시했다. 또한 혼란이나 증상으로뿐만 아니라 창조성과 영적이고 정서적인 성장의 근원으로 간주하였다. 무의식은 환상, 지식과 학습, 경험의 기억과 대인관계 그리고 사건이나 사람에 대한 주관적 반응을 포함한다(Sedgwick, 2001). Jung에 따르면 이러한 것들은 개인 무의식과 집단 무의식 속에 녹아 있으며 이것이 무의식의 두 가지 수준이라 할 수 있다. 개인 무의식은 한 개인의 역사를 반영하는 반면, 집단 무의식은 사람의 마음에서 "세상의 역사와 관련된 것이며… 진화적인 역사"와 연관된 것이다(Sedgwick, 2001, p. 32).

  집단 무의식 집단 무의식은 특정한 방식으로 세상에 반응하도록 과거로부터 물려받은 잠재된 기억 흔적의 저장고라고 묘사되어 왔다. 집단 무의식은 개인적 경험을 초월하고 "전체 진화적 과거를 통해 얻어진 점진적 경험"을 반영한다(Hergenhahn, 2009, p. 556). 어둠과 뱀에 대한 공포는 Jung이 집단 무의식 안에서 유래되었다고 믿었던 반응의 예이며 이는 인류의 오래된 유산을 나타낸다.
  집단 무의식은 또한 풍부한 신화·이미지·상징들을 포함하는데, **원형**은 특히 중요한 신화·이미지·상징의 본보기이다. 원형은 인간경험의 반복으로부터 온 무의식적인 보편적 에너지이고 사람들로 하여금 특정한 방식으로 세상을 바라보고 그들의 지각을 조직하도록 한다. 원형은 타고난 것이며 문화와 세대를 통해 전달된다. 원형은 꿈과 환상에서도 나타나고 종종 상징을 통해서도 나타난다. 또한 우리 삶 전반을 통해 우리가 어떻게 사고하고 느끼고 행동하는지에 영향을 준다. Jung은 잘 발달된 특정 원형들에 대해 광범위하게 기술했다.
  자기 가장 중요한 원형인 자기는 성격의 조절 중추이고 의식과 개인 무의식, 집단 무의식의 욕구와 메시지를 통합하고 중심을 잡는다. 집단 무의식에 주로 위치하며 '자기'는 꿈, 상징, 지각, 이미지를 통해 나타날 수 있다. 그것은 우리 삶의 중년기 전에는 좀처럼 나타나지 않는다. 또 우리의 영적이고 철학적인 태도가 반영된다. 자기는 성격의 통합, 평형, 안정성을 제공한다(Jung, 1953, 1960). 그것은 성격 발달의 목표인데, 접근되긴 하지만 좀처럼 도달되지는 않는다.
  아니마/아니무스 아니마는 남성 안의 여성적 심리요소이고, 반대로 아니무스란 여성 안의 남성적인 심리요소이다(Schwartz, 1995). 아니마와 아니무스는 경험의 전수를 통해 진화해온 원형들이다. 그것은 자기의 한 부분이고 또한 타인을 향해 투사되는 두 가지 기능을 가지고 있다. 이러한 원형들은 우리가 자신의 남성적 측면과 여성적 측면을 어떻게 느끼는지에 대해 영향을 주고 그러한 측면을 어떻게 드러낼지에 영향을 준다. 아니마와 아니무스는 우리가 맺는 관계, 특히 다른 성과의 관계에 큰 영향을 미친다.

그림자 그림자는 조상으로부터 물려받은 원형에서 전래되지만 집단 무의식과 개인 무의식 모두에서 나타날 수 있다. 그것은 우리가 인정하고 싶지 않아 하는 어두운 측면이다. 그래서 우리는 우리 자신과 타인들로부터 그것을 감추고자 한다. 그림자는 도덕적으로 불쾌한 특징이나 충동들이고 사회적으로 용인되지 않거나 수치스럽고 사악한 생각, 감정, 행동들을 끌어내는 가능성을 포함한다. 동시에, 그림자의 억제되지 않고 일차원적인 본성은 에너지와 창조성, 활기의 원천이다. 어떤 의미에서는 그림자가 페르소나의 반대라고 할 수 있다. 그림자가 사회적으로 적절하지 않은 것을 포함하는 반면 페르소나는 사회적인 수용과 승인을 추구한다.

개인 무의식 개인 무의식은 개개인에게 독특한 것이며 인간의 일생을 통해 형성된다. 그것은 잊어버리거나 억압된 사고, 감정, 경험의 기억들을 포함한다. 즉 시간이 지나면서 강도가 약해지고 중요성을 상실해왔던 것 혹은 의식에 들어가기 위해 충분한 에너지를 부여하지 않았던 것들이다.

개인 무의식으로부터 온 이미지는 일상의 자극으로 인해 촉발될 수 있다. 예를 들어, 조랑말 위에 탄 아이의 모습은 어린 시절 조랑말 위에 올라탔었지만 오래도록 망각해온 자신의 이미지를 기억나게 할 수 있다. 중요하지 않기 때문에 개인 무의식 속에서 망각되거나 묻어두었던 기억들은 어떤 무언가가 의식 속으로 그들의 통로를 촉발시켰을 때, 명백히 혹은 파편으로나마 회상될지도 모른다. 그러나 억압된 요소들은 주로 불완전하거나 왜곡된 형태로 꿈이나 상징 등을 통해 발현될 것이다.

콤플렉스 콤플렉스는 개인 무의식에 위치한 성격의 역동적 구조이다. 콤플렉스는 감정, 사고, 지각, 기억의 연관되고 감정적으로 결합된 집합체를 이끄는 원형을 핵심에 가지고 있다. 콤플렉스는 우리 일상의 삶에 영향력을 미치고 있지만 무의식적으로 자리 잡았기 때문에 보통 우리의 자각에서 벗어나 있다. 문학 작품에서 광범위하게 논의되었던 콤플렉스는 오이디푸스 콤플렉스와 어머니 콤플렉스이다.

인간발달의 개념 Jung은 사람들의 삶을 두 가지 시기로 나누어서 그려보았다. 인생에 있어서 앞부분의 절반 동안, 우리는 파트너를 찾고 직업을 선택하는 등 우리의 위치를 발견하고 가치와 흥미를 발전시키는 기본적인 과제를 달성한다. 인생의 나머지 절반 동안 이러한 토대 위에 우리는 개성화(individuation)를 향해 나아간다. 개성화의 발견은 한 사람이 "심리적인 개인화, 즉 분할할 수 없는 것 혹은 전체"가 되는 일생에 걸친 과정이다(Jung, 1953, p. 383). 그 과정의 일부로서 통합된 성격은 발전한다. 우리는 무의식과 잠재적 가능성에 더 잘 접근할 수 있게 된다. 우리는 더 큰 균형 · 조화 · 평형을 향해 움직이고, 또 타인과의 관계에서 자신을 더 명확히 한다. 우리는 더욱 우리 자신이 되어가고 우리 삶을 통해 프로그램 되어온 방법을 점점 덜 사용한다. 인생의 나머지 절반 동안에 자기(Self)는 진화하고, 페르소나는 약해지며, 그림자는 더 통합되고 이해된다. 또한 원형은 우리에게 힘을 부여한다. 우리의 가치는 물질, 성, 생식에서부터 영적이고 사회적이며 문화적인 가치들로 이동한다. 우리 삶의 목적과 의미는 점점 더 명확해진다.

인간발달에 대한 Jung의 이론은 낙관적이다. 즉 수명이 있는 한 가속화할 수 있는 성장을 강조한다. 그의 아이디어가 지닌 매력 중 하나는 인생의 나머지 절반의 인간발달에 대한 긍정적인 관점이라 할 수 있다. 우리 삶에서 의미를 찾는 것에 강조점을 두었다는 점에서 Jung의 이론과 실존주의 사이의 연관은 분명히 드러난다.

균형과 대극 Jung에게, 인생은 대극으로 구성되며, 대극의 균형은 심리적인 건강과 인간의 발달을 결정한다. 극단을 그는 해로운 것으로 바라보았는데 왜냐하면 그것은 반대적인 요소를 깨닫게 하지 못하고 만족할 만한 표현을 차단해버리기 때문이다. 불균형으로 인해 어떤 극단적인 정서가 시간이 지나면서 정반대가 되는 경우가 있다. 예를 들어, 만약에 사랑의 대상이 이상적인 이미지로 부응하는 데 실패했다면 이상화된 비현실적인 사랑은 증오로 변형될 수 있을 것이다.

사람들은 에너지의 흐름을 이끌고 균형을 유지하는 자기조절 체계를 타고났다. 이것들은 등가(equivalence)의 원리인데 이는 한 체계에서 잃은 에너지 상태는 또 다른 체계에서 다시 나타날 수 있고 결국 에너지의 총량은 일정하게 유지된다는 것이다. 그리고 엔트로피(entropy, 평형)의 법칙은 리비도(Jung은 전체적인 정신 에너지로 광범위하게 정의하였다)가 한 영역에서의 에너지 과잉을 막기 위해 더 강렬한 것에서부터 덜 강렬한 요소로 흐르는 경향이 있다는 것이다. 자기조절은 초월 기능에 의해 촉진되고 그것은 우리 성격의 한 차원에서 다른 차원으로의 이동을 가능하게 한다(Kelly, 1990).

성격의 차원 Jung은 2개의 차원으로 성격의 개인차를 보았다(Jung, 1921/1971). (1) 사람들이 내부적 · 외부적 자극을 받아들이고 이해하는 전형적인 방식, (2) 리비도의 특징적 지향점.

네 가지 기능 네 가지 기능은 사람들이 어떻게 내부, 외부 자극을 처리하는지를 결정한다.

1. **사고(Thinking)** : 사고 기능을 가진 사람들은 인식력 있고, 지적으로 주로 반응하고, 자극을 해석하고 이해하는 것을 추구한다.
2. **감정(Feeling)** : 감정 기능은 사고 기능과 반대된다. 감정 기능은 주로 정서적으로 반응하며 좋고 싫음, 분노 또는 자극에 의해 발생된 다른 감정들에 초점을 맞춘다.
3. **감각(Sensation)** : 감각을 통해 신체 자극(Physical stimuli)을 받아들이고 확인하며, 그것을 의식으로 다시 내보낸다. 주요한 기능으로서 감각을 가지고 있는 사람들은 사실과 자극 자체를 보며 그 의미와 가치의 구체적인 증거를 찾는다.
4. **직관(Intuition)** : 직관은 감각 기능과 반대된다. 직관이 지배적 기능인 사람들은 자극이 어

디로부터 나왔는지, 어디로 가는지, 그 가능성이 무엇인지에 대한 직감에 의존하여 그 자극
과 관련된 반응과 결정을 판단한다.

사람들 각자는 무의식과 가까운 자신의 열등한 기능뿐 아니라 경험과 지각을 구성하는 우월하고
지배적인 기능을 가지고 있다. 우리는 열등한 기능을 잘 통제하지 못하며, 그것은 우리에게 큰 불
편함을 가져다준다. 모든 기능에 균형을 이루거나 모든 기능에 접근하게 되는 것은 사람들로 하여
금 어떤 상황을 충분히 다룰 수 있게 한다.

무의식의 기능 중 하나는 대극의 성향을 촉진함으로써 우월한 기능의 지배를 보상하는 것이다.
무의식의 노력에도 불구하고 과도하게 한 면으로 쏠린 성격은 심리치료를 통해 균형을 회복할 수
있다.

두 가지 태도 성격의 두 번째 결정 요인은 리비도(혹은 에너지)의 운동 방향이다. 개개인에게, 주
로 에너지는 다음 두 가지 방식 중 하나로 이동한다.

1. **외향성(Extraversion)** 이러한 태도를 지닌 사람들은 에너지가 외부 세계를 향해 있다. 그들
   은 외향적인 경향이 있고 외부의 변화에 쉽게 적응한다. 그들은 혼자 있을 때보다는 사회나
   대인관계 상황에 있을 때 힘을 얻는다.
2. **내향성(Introversion)** 이것은 외향성과 대극에 있다. 내향성이 지배적인 사람들은 그들의 리
   비도가 내부로 향할 때 가장 편안하다. 그들은 좋은 사회 기술을 가지고 있을지도 모르나
   자신의 내면을 성찰하는 경향이 있으며, 혼자 있을 때 에너지를 보충한다. 사람들의 무리는
   그들을 지치게 한다.

첫 번째 차원에서 네 가지 기능들 각각은 두 번째 차원에서의 두 가지 태도와 짝지을 수 있다. 그
것들은 8개의 가능한 성격 유형을 만든다(예를 들어 사고와 내향, 사고와 외향, 감정과 외향). 기능
과 태도는 익숙하게 들릴지도 모른다. 왜냐하면 그것들이 MBTI의 토대를 형성하기 때문이다.

Jung 분석심리학을 이용한 치료

Freud 학파의 정신분석과 같이 Jung 학파의 분석가들은 장기적이고 집중적인 과정으로 치료를 바
라보았다. 이상적으로, 내담자와 치료자는 적어도 한 주에 두 번은 만나야 한다(Schwartz, 1995).

심리치료의 목표 Jung 학파의 분석은 깊고 집중적이며, 개인 무의식과 집단 무의식 모두의 문제를
드러내고 이해하도록 돕는다. 퇴행은 무의식으로의 접근을 촉진하며, 고통스럽고 용인될 수 없는
무의식의 요소들이 의식될 수 있고, 수용되며, 의미 있는 것으로 바뀌어가면서 치료적 진전을 이루
게 된다. 이것은 궁극적으로 내부의 갈등 해결, 개인의 더 높은 수준의 조화와 통합, 개성화, 창조성
과 에너지의 성장, 영적인 감정의 확장을 이끈다. Jung은 사람들에게 행복을 가져다주려고 하기보

다는 오히려 그들이 인생의 불가피한 정신적 고통(pain and suffering)을 대처할 수 있고 기쁨과 슬픔 사이의 균형을 발견할 수 있도록 했다.

Jung의 치료는 전형적으로 네 가지 단계를 거친다(Ewen, 1993).

1. **카타르시스와 정서적 정화** 치료 동맹이 형성되는 동안 강한 감정이 분출된다. 사람들은 그들의 과거를 이해하기 시작하지만 다시 재생할 필요는 없다. Jung은 과거 외상의 재생을 바람직하지 못한 것으로 간주했다. 오히려 카타르시스와 과거-현재 모두의 이해가 사람들로 하여금 고통을 주지 않고 현재의 어려움을 개선할 수 있도록 한다.

2. **설명** 증상의 의미, 아니마와 아니무스, 그림자, 그 사람의 현재 삶의 상황, 어려움들을 명료화한다. 또한 사람들은 그들의 미성숙하고 비현실적인 사고나 환상뿐만 아니라 정서적인 문제의 아동기 기원을 훈습(work through)한다. 전이와 역전이는 탐색되고 분석된다. Jung은 전이와 역전이 모두 우리에게 치료에 대해 무언가를 알려주고 치료를 안내할 수 있다고 믿었다.

3. **교육** 교육은 부적응이나 불균형에서 비롯된 발달이나 성숙의 어떠한 공백도 치료하도록 도울 수 있다. 이 과정 동안 치료자는 사람들을 지지하고 격려하면서, 자신의 삶을 개선시키고자 하는 모험을 감수할 수 있도록 돕는다. 많은 사람들은 이 시기에 치료를 중단하지만 일부는 네 번째 단계를 지속한다.

4. **변화** 이것은 사람들이 집단 무의식과 원형에 깊이 접근했을 때 일어난다. 변화는 자아와 자기 (Self)의 대화를 촉진하고, 더 깊은 자기와 더 큰 균형의 출현을 이끈다. 이것은 바꿔 말해 개성화와 자기실현을 촉진한다(Dehing, 1992).

치료 동맹 Jung 분석가들은 치료 과정에서 적극적이다. 그들은 분석가일 뿐 아니라 교육자이고 치료의 시도에 있어서 협력자이다. 중재를 통하여(다음 부분에서 설명하였다) 치료자들은 무의식의 자각과 분석을 촉진하는데, 보통 개인 무의식과 그림자뿐 아니라 아니마와 아니무스를 인식하는 것으로 시작한다. 자각을 함으로써 그 성격 요소들은 통합될 수 있고 그것이 미친 영향을 더 잘 이해하고 수정하게 되어, 더 큰 사회적 자각과 개인적 변화로 이어진다.

Jung은 전이 대상으로서뿐 아니라 한 개인으로서 치료자의 사람됨을 크게 강조했다. 그는 내담자와 치료자 모두 서로에게 무의식적인 영향을 주고 있어서 치료를 촉진할 수 있다고 믿었다. Jung에게 치료는 타인의 긍정적인 변화로부터 각각의 참여자가 혜택을 받음으로써 내담자와 치료자 모두 치유와 성장을 경험하는 상호과정이다. 그래서 치료자의 정서적인 성장은 치료에 있어서 장벽이 되지 않는다. Jung은 자신의 치료 방법을 따르는 모든 치료자들은 반드시 개인 분석을 받아야 한다고 주장했다.

Jung은 또한 심리치료 과정의 특별한 환경에 대해 강조했다. 심리치료 과정을 성스러운 것으로 간주했으므로, 그는 심리치료를 치유와 편안함 그리고 방향감을 제공해주는 원형적인 것으로 보았다(Sedgwick, 2001). Jung은 심리치료에 대한 관점을 Freud의 추동이론에서 더욱 관계적인 관점 (relational view)으로 변화시켰다(Colman, 2011).

개입 Jung 학파의 심리치료는 의식에 초점을 두고, 치료 동맹을 형성하고, 무의식을 안전하고 생산적으로 탐구하기 위한 토대를 마련하는 데서 시작한다. 한번 토대가 세워졌으면, Jung 분석가들은 무의식의 내용에 접근하는 다양한 기술을 이용한다. 초기에는 의식의 역치가 낮은데 이는 꿈과 이미지, 환상, 상징을 포함한 내담자의 자원을 통해 무의식이 발현되는 것을 허용한다. 무의식의 내용이 의식 속으로 보내지면 그것들은 탐구되고, 명료화되고, 해석되고, 궁극적으로 이해된다. 그러고 나서 그 내용(자원)은 사람의 전반적인 영혼 안으로 통합될 수 있다. 그리고 통합이 완전하고 자연스럽다고 느낄 때 의미를 발견하게 되고 무의식으로부터 나온 지식을 본능적으로 사용할 수 있게 된다.

네 가지 기능과 두 가지 태도의 견지에서 성격을 탐색하는 것 그리고 다음에 소개할 개입 외에, Jung의 이론은 별도로 기법에 많은 주의를 기울이지 않았다. 이 접근에서 분석의 소재(꿈, 공상, 환상, 지각)는 소재를 탐구하는 데 사용된 방법에 비하여 그 폭이 더 넓다.

상징의 이용 정신에 대한 Jung의 모델은 자기와 원형의 개념에 의존한다(Goodman, 2010). 그래서 Jung 학파의 작업은 상징적으로 생각하는 능력을 강조하고 내담자들의 생각과 감정, 행동을 유발하는 근원적인 역동과 패턴을 바라본다. 이러한 패턴들은 사람들의 꿈, 증상, 환상, 다른 소재에서 상징적이고 간접적인 형태로 나타날지도 모른다. 이러한 심리적인 속뜻을 이해하는 치료자의 능력은 우리의 문화적 저장고인 신화, 동화, 예술, 문학, 종교에서 발견되는 넓은 범위의 상징을 배움으로써 향상될 수 있다. 심지어 치료적 틀은 상징의 의미를 위한 공간이 될 수 있다(Colman, 2011).

꿈의 해석 Jung(1964)은 꿈이 무의식에 가장 쉽게 접근하게 해준다고 보았고, 그들의 무의식적인 반응으로서뿐 아니라 꿈이 사람들의 내면의 삶을 반영하는 것으로 간주했다. Jung은 Freud가 했던 것보다 더 넓은 관점에서 꿈을 보았다. Jung은 꿈이 소망과 공포를 나타낼 뿐 아니라 환상, 기억, 경험, 상상, 진실 그 이상을 나타낸다고 믿었다. Jung 학파의 꿈 해석은 회상된 꿈을 다시 이야기하기, 그것이 의식에 끼치는 영향을 묘사하기, 꿈을 유발할지도 모르는 사건을 탐구하기, 꿈에서 나타난 원형의 이미지와 무의식의 상징에 대해 객관적이고 주관적인 내용을 조사하기, 꿈을 의식으로 동화시키고 그 뜻이 통하도록 하기 등을 포함한다.

단어연상검사 단어연상검사에서 치료자는 하나의 단어를 한 번에 하나씩 내담자에게 들려주는데, 내담자는 마음속에 떠오르는 첫 번째 단어를 대답한다. 평범하지 않은 반응, 반복된 반응, 머뭇거림, 상기됨, 얼굴이 붉어지는 것이나 명백히 관찰되는 긴장과 같은 신체생리적인 변화(physiological changes)는 모두 콤플렉스의 존재와 다른 무의식적 자료의 단서를 제공한다. 연상은 꿈의 의미를 탐구하는 데에도 사용된다.

의식(Rituals) Jung은 비록 엄격하고 경직된 의식의 가치에는 회의적이었지만 인생의 국면의 전환점에서 성장과 이해를 촉진하는 성사(聖事), 결혼, 은퇴식 같은 종교적이거나 비종교적인 의식의 중요성을 인식했다(Al-Krenawi, 1999). Jung은 때때로 의례와 의식을 치료 안으로 통합시켰고 몇몇 현대적인 Jung 분석가들은 이러한 개입을 받아들여왔다. Jung 분석에서 풍부하고 의미 있는 여러 개입 방법을 통합하는 것은 그러한 과정을 증진할 수 있고, 개인적 문화적 타당성과 영향을 증대시킬 수 있다.

Jung 분석심리학의 적용

Jung은 자신의 치료가 폭넓게 적용되도록 개념화하였다. 그러나 Jung 분석의 적용성을 판단하는 데 있어서 우리는 Jung이 치료했던 전형적인 사람들이 누구인지, 그의 이론의 적용에 관한 Jung의 저서들, 어떻게 그의 접근이 현재 사용되는지를 포함한 몇 가지 요소들을 고려해야 한다.

내담자와 진단 집단에 적용 Jung의 전형적인 환자들은 자기인식과 자기깨달음을 크게 가지고 있는 세련되고 상대적으로 잘 기능하는 사람들이었다. 대부분은 중년이거나 노인이었고 그들의 삶에서 깊은 의미를 갈망했다. 일부는 다른 치료 접근을 시도해보았으나 실패한 사람들이었으며, 이들은 Jung의 생각과 책략들이 더 의미 있고 효과적이지 않을까 하는 희망에서 Jung에게 치료를 받았다. Sedgwick(2001)에 따르면 "Jung의 접근은 사람들에게 깊이를 발견하고 찾을 수 있게 고무시키며, 때때로 그들의 삶에서 독특하게 영적인 의미를 발견하도록 해주었다. Jung 학파의 방식은 때때로 내성과 상상을 통해 직접적인 초월적 경험을 하는 것을 포함한다"(p. 23).
특히나 높이 평가하지 않을 수 없는 것은 이 접근의 성장 촉진적인 면이다. Jung 학파의 분석심리학은 충분히 발휘되지 못했다고 느끼는 사람들을 위해 개인적 성장과 자기인식을 위한 방법으로 가장 적절하다. 이 접근은 그래서 이미 꽤 건강하지만 무의식에 대한 더 큰 이해가 그들을 더 통합하고, 조화롭게 하고, 충만한 삶을 살게 하는 것뿐 아니라 그들을 영적인 차원에 더 크게 접근하도록 할 것이라고 믿는 사람들에게 가장 적합하다.

다문화 집단에 적용 Jung의 개념은 전통적인 치료에 대한 대안을 제시함으로써 많은 다문화 내담자들의 영적이고 문화적인 믿음이나 행동과 더 잘 어울리는 것 같다. 영성과 보편적인 상징에 대한 Jung의 관심은 다양한 문화를 가진 사람들과 관련성을 갖기 쉽게 한다. Al-Krenawi(1999)는 의식(儀式)의 유연한 사용이 다문화적 관련성을 갖게 하는 Jung 학파 분석의 또 다른 요소라고 본다. Al-Krenawi에 따르면, "의식을 치료적으로 사용하는 것을 받아들인 것, 치료적 낙인을 찍지 않는 것 그리고 전통적 문화에서 의식의 치료적 기능을 인정하는 것 등은 통찰지향치료에서 '대화치료(말로 하는 치료)'에 대한 의구심을 피해갈 수 있게 해주었다. …의식의 사용은 내담자의 가치와 믿음을 의식과 연결함으로써 서구식 치료가 지닌 고고함을 떨쳐버릴 수 있게 해주었다"(p. 11). 또한 의식의 사용은 치료자가 전통적인 치유자의 역할을 모방하는 것으로 보여질 것이고 이는 이 접근을 더 쉽게 받아들이게 하는지도 모른다. 문화적 관점으로부터 나온 꿈과 원형에 대한 관점뿐 아니라 사회적 맥락을 강조하는 접근은 Jung 분석가들의 다문화적인 관련성을 향상하는 다른 요소가 된다.
모래상자치료는 모래상자를 활용하는 개인이 축소된 대상(건물, 사람, 동물 등)을 선정할 수 있으며, 사람들이 언어를 사용하지 않고도 자신의 정서에 접근하는 데 도움이 된다. 이 치료는 억압된 문제를 탐색할 수 있는 안전한 환경을 제공한다. Sweeney와 Homeyer(2010)는 라틴계 아동, 중국계 아동, 도시에 사는 사람들과 심지어 폐경기 여성과 동성애자인 남성에게까지도 그러한 경험을 하는 것이 유익할 수 있다는 점을 발견하였다. 그러나 한 가지 단점은 치료자가 이 치료를 실시하기 전에 전문적인 훈련을 받아야 한다는 점이다.

Jung 분석심리학의 현황

Jung의 분석심리학은 장기간의 깊이를 필요로 하는 작업임에도 불구하고, 치료자들 사이에서 충실한 후계자들이 계속 이어지고 있다. 최근에 영성(spirituality)에 대한 관심이 다시 부흥하면서, Jung의 분석심리학에 대한 관심에도 새롭게 불을 지폈다. 영성 · 종교 · 심리학의 융합에 대한 관심으로 신성성, 형이상학, 그림자 자기, 꿈 분석, 동시성(synchronicity), 선과 악의 원형을 다루는 주제를 담은 많은 도서들이 발간되었다(Cambray, 2009; Dourley, 2008; Haule, 2010; Schoen, 2009; Stein, 2010; Tacey, 2009). 최근에 신경과학의 진보는 영성과 종교적인 경험의 탐색에 생물학적 근거가 있을 것임을 보여주었고(Saroglou, 2012), 또한 융의 생각에 대한 관심을 다시금 불러일으키는 데 기여하였다. Jung의 분석심리학은 대중성이 계속 증가하고 있다.

Jung 분석심리학에 대한 평가

Jung 학파의 분석심리학에 대한 평가는 몇 가지 이유에서 어렵다. Jung의 개념들은 복잡하고, 잘 정의되지 않았고, 때때로 모순적으로 보인다. 그의 치료 접근은 특정한 개입을 거의 수반하지 않고, 넓고 포괄적인 용어로 제시되었다. 마찬가지로 Jung이 바람직하다고 본 치료의 성과로 자기실현과 균형 같은 어려운 구성개념들을 포함하고, 구체적 증상의 개선에 대해서는 거의 언급하지 않았던 것이다. Jung의 아이디어는 유용하고 건강하고 입증할 수 있는 있는 이론으로서의 기준을 충족시키는 데 실패한다. 결과적으로 한계, 강점, 공헌에 대한 논의는 Jung의 이론에서 심각한 결점을 배경으로 가지고 있음에 틀림없다.

한계 Jung의 아이디어에 대한 증대되는 관심에도 불구하고, Jung의 작업은 많이 연구되지 않았다 (Hill, Schottenbauer, Lui, Spangler, & Sim, 2008). 그의 저작은 조밀하고 도전적이었으며 특별한 용어로 인해 복잡해졌다. 그의 치료적 접근은 즉각적인 위기에는 적은 관심을 기울이는 장기간의 접근이라 할 수 있다. Jung은 즉각적으로 접근 가능한 방법이나 기법을 제공하지 않았고, Jung 학파 분석가들의 수련은 광범위한 훈련과 슈퍼비전을 요구한다. 비록 이 접근의 지지자들은 긍정적인 증거를 제시할지라도, 명백하고 반복 가능한 치료 과정과 절차를 제공하는 경험적 연구나 사례연구가 거의 없다. 이러한 단점들은 Jung 분석을 실시하는 치료자들은 자신이 내리는 판단에 신중해야 한다는 것을 의미한다.

강점과 공헌 Jung의 이론이 난해함에도 불구하고 그의 연구는 실존주의자들과 인본주의자들, 게슈탈트 치료자들의 사고에 영향을 주었고 많은 다른 접근들에 통합될 수 있었다. 그의 동시성 이론,

즉 의미나 목적 없이 일어날 수 있는 것은 없다는 생각은 많은 초월적 치료자들의 사고에 반영되었다(Colman, 2011). 사람들은 그들의 삶에서 의미를 찾으려는 강력한 욕구를 갖고 있다는 Jung의 인식과 사람들의 이미지와 경험에 대한 영성과 보편성에 대한 그의 강조는 현대의 심리적 견해와 많은 부분을 공유하고 있다.

최근 실제 치료 장면에 Jung의 연구가 다양하게 적용되고 있다. MBTI는 널리 사용되는 성격 검사로서 Jung의 연구에 기반을 두고 있다. 집단 무의식에 관한 그의 개념은 우리의 삶에 긴 맥락을 부여하고 우리 삶의 의미와 역사적인 연속성에 큰 기여를 한다. Jung이 건강한 삶의 양식의 일부로서 가진 영성에 대한 신념은 초기에 창설된 알코올중독자 자조모임(AA)에서 볼 수 있다. 중독/회복(addiction/recovery)에 대한 영성의 근거에 대한 설명으로, White와 Kurtz(2008)는 다음과 같이 언급하였다. "Jung은 알코올중독의 회복에 있어서 전문적인 도움(professional assistance)이 제공하는 한계를 확인하고, 정신적인 경험의 초월적인 힘에 대해 전문적인 합법성(professional legitimacy)을 부과하였다"(p. 40). Jung은 알코올중독자 자조모임의 창설자인 Bill Wilson을 통해 간접적인 영향을 미쳤으며, 그의 영향력은 광범위한 문헌과 논문들에서 조명되고 있다(Finlay, 2000; Forcehimes, 2004; Schoen, 2009).

몇몇의 최근의 저자와 이론가들은 그들의 작업에 Jung의 생각을 끌어들여왔다. Joseph Campbell은 *The Power of Myth*, *The Hero with a Thousand Faces*로 가장 잘 알려진 작가이자 신화학자이며, Jung의 연구, 특히 원형에 대한 그의 저서에 영향을 받은 사람이다. Campbell은 신화에 초점을 맞추었는데 신화가 삶의 영구한 본질을 포함하고 있다고 말했고 정체성에 대해서도, 깨닫지 못한 '자기' 부분에 대해 언급했다(Ellwood, 1999). 신화적인 영웅에 대한 Campbell의 저술은 보도에 의하면 영화 스타워즈에서 명백하게 드러난다고 한다. Campbell에 의해 발전된 또 다른 중요하고 적절한 개념은 문화와 신화의 영적인 통합이다.

Jung은 상대적으로 헌신적인 후계자를 적게 갖고 있고 그의 업적은 MBTI의 사용을 제외하고는 대다수의 치료자들에 의해서 받아들여지지 않았다. 그렇지만 사람들이 그들의 삶에서 영혼의 중요성을 깨닫게 됨에 따라 대다수가 상징과 원형에 대한 그의 개념에 관심을 표명해왔다. 모든 심리치료에 해당되는 것은 아니지만, Jung의 죽음은 분석심리학자와 심층심리학자들을 고무시켰고, 그가 사망한 50년 후, *Liber Novus*(새로운 책이라는 의미의 라틴어) : The "*Red Book*" of C. G. *Jung*(Shamdasani, 2009)이 발간되었다(Stein, 2010). *Red Book*은 Jung이 1913년부터 1930년의 그의 일생에 관하여, 그가 직접 서술하고 삽화를 그려 넣은 내면 일지이다. 그 당시는 Jung이 원형과 집단 무의식에 대한 자신의 이론을 정교화하는 시기였다. 생각을 불러일으키는 Jung의 연구의 특징과 개념의 독창성과 깊이는 사람들로 하여금 Jung 분석가가 되도록 이끌며, Jung의 저서들을 읽도록 만든다.

MBTI

Jung의 접근법을 정확하게 이해하고 실행하기 위해서는 집중적인 훈련이 요구되고, Jung의 접근법은 일반 치료자가 실시하는 다수의 방식을 제공하지 않기 때문에, 우리는 Jung의 연구가 현대 치료에 기여한 것으로 가장 잘 알려진 MBTI로 설명하고자 한다(Myers, McCaulley, Quenk, & Hammer, 1998). Jung의 심리적 기능과 태도에 근거하여, MBTI는 초기에 Katharine Briggs와 그녀의 딸 Isabel Briggs Myers가 개발하였다. 가장 보편적으로 사용되는 성격 검사 중 하나인 MBTI는 광범위한 용도로 실시될 수 있으며, 특히 정서적으로 건강하거나 단지 경미한 어려움을 겪고 있는 사람들에게 적합하다. MBTI는 개인의 성장, 자기자각, 리더십 기술, 팀 빌딩, 경력 개발을 촉진하는 데 유용하며 대인관계 기술을 강화하는 데 도움이 될 수 있다(Seligman & Reichenberg, 2012). 부부 상담 장면이나 근무환경에서도 활용된다.

이 질문지는 네 가지의 극단의 차원으로 점수를 산출한다 — 내향성–외향성(introversion-extraversion), 감각형–직관형(sensing-intuition), 사고형–감정형(thinking-feeling), 판단형–인식형(judging-perceiving). 이 차원 점수들의 조합은 16가지의 성격 유형을 산출한다. MMTIC(Murphy-Meisgeier Type Indicator for Children)는 MBTI 아동용이며, 2학년에서 8학년 범위(초등학교 2학년에서 중학교 2학년)의 학령기 아동에게 실시될 수 있다. 이 지표들에 대한 선호도는 모두 동등하게 바람직한 것으로 간주된다. 지표는 정신병리를 진단하기 위한 것이 아니라, 자기자각을 촉진하기 위해 고안되었다. 처음 여섯 가지 차원의 정의는 이 장의 앞에서 논의되었다. 이 차원들 중 판단형과 인식형은 다음과 같이 정의될 수 있다.

- 판단형(Judging) — 성격 프로필이 강력한 판단과 관련된 요인을 나타내는 사람들은 계획, 조직화, 질서, 안정에 가치를 매기는 경향이 있다. 이 사람들은 성취에 대한 강한 욕구를 갖고 있을 것이며, 일반적으로 책임감 있고, 근면한 성향을 갖고 있는 것으로 보인다.
- 인식형(Perceiving) — 인식차원의 요인들에 높은 점수를 보이는 사람은 자발적이고, 유연한 상황을 더 선호한다. 그래서 이들은 기회를 충분히 활용할 수 있다. 그들은 느긋하며, 위기에 잘 대처하는 경향이 있고, 전형적으로 장기간의 계획을 세우기보다는 막바지 순간에 결정을 내린다.

예를 들어, 로베르토와 에디 디아즈는 두 사람의 결혼 생활에서의 강점과 약점, 서로 간 상호작용에 대한 이해뿐 아니라, 자기자각을 증가시키는 수단으로 MBTI를 실시하였다. 에디의 MBTI 유형은 ISFJ(내향형, 감각형, 감정형, 판단형)인 반면에, 로베르토는 ESTJ(외향형, 감각형, 사고형, 판단형)이다. 에디의 내향성 점수와 로베르토의 외향성 점수 그리고 그녀의 감정형 점수와 그의 사고형 점수간의 상당한 격차가 분명히 나타났다.

MBTI 각각의 유형은 잠재적인 강점과 잠재적인 약점을 반영한다. MBTI의 ISFJ(에디와 같은)

유형을 가진 사람들은 친절하고, 섬세하며, 말수가 적고, 현실적이며, 성실하다(Myers, 1998). 만약 이들이 자신의 진가를 인정받지 못한다는 느낌이 들면, 이들은 분개하거나 불만을 호소할 수 있다. 이들은 자신의 권리를 주장하고, 객관성을 유지하는 데 어려움을 겪을 것이다.

반면에, MBTI의 ESTJ(로베르토와 같은) 유형의 사람들은 단호하고, 자신감이 넘치고, 외향적이며, 과정보다는 결과를 고려하는 경향이 있다. 그들은 성급하고, 고압적이며, 다른 사람들의 기분에 둔감하다.

에디와 로베르토의 MBTI 유형들의 예시는 이들의 문제를 분명히 알 수 있도록 한다. 로베르토는 에디의 감정을 평가절하 하는 경향이 있다. 특히 에디는 강한 내향성으로 인해 자신의 감정을 직접적으로 전달하는 데 어려움을 갖고 있기 때문이다. 반면에 에디는 로베르토가 가진 사회화 및 성과에 대한 욕구를 평가절하 하는 경향이 있고, 그가 가진 피상적이고 냉담한 특성에 대해 비난한다. 이 둘은 감각형과 판단형이 우세한 부분을 공유하기 때문에 자발성과 유연성 및 변화에 대한 어려움이 있을 것이며, 자신의 삶에서 유쾌한 측면은 등한시하고 직무와 집안일에 많은 시간을 소비할 가능성이 크다. 동시에 그들은 정보를 구체화하는 것뿐 아니라, 조직화와 계획에 가치를 둘 것이다.

그들의 몇 가지 유사성과 차이점에 대한 탐색은 이 커플이 긍정적인 변화를 만들어내는 방식을 확인하는 데 유용하다. 예를 들어, 로베르토는 에디와 에바에 대해 비난하는 경향성과 관련된 작업에 동의를 하고, 에디는 그녀의 감정과 욕구를 더 명확하게 표현하는 것과 관련된 작업에 동의를 했다. 이들은 가족이자 커플로서 더 많은 즐거움을 갖는 것에 대한 중요성을 인식하였다.

자아심리학자

자아심리학자들의 공통점은 추동과 이드에 대한 Freud의 강조로부터 자아의 발달에 대한 강조로 초점을 바꾼 것이다. 이 이론가들은 Freud보다 더 넓은 관점을 가지고 생애 전체에 걸친 발달에 초점을 맞추면서 자기이미지와 관계의 중요성을 강조한다. 하지만 그 밖의 점들에서 이들은 상당히 다르며, 그러한 차이로 인해 때때로 자아심리학자들 간에 불화를 보이기도 했다.

Karen Horney

Karen Horney는 초기에 Freud의 개념을 믿었다. 그러나 그녀의 임상적 경험이 증가함에 따라 그녀는 인간발달 및 심리치료의 중요한 개념들의 기초가 되는 자신의 사상을 발전시켰다.

Karen Horney의 일대기 Karen Horney는 1885년 9월 16일 독일의 함부르크에서 태어났다. 그녀는 독일의 대학 당국이 여성이 의과대학에 입학하는 것을 허가하지 않았던 시기에도, 항상 의사가 되기 위한 목표를 세웠다(Eckardt, 2005). 그녀는 베를린대학에서 의학학위를 받았으며 정신분석가로서 수련받고 1919년에 일을 시작했다. 그녀는 그 분야의 리더인 Karl Abraham과 Hans Sachs에게 분석을 받았다. 1909년에 Horney는 Oskar Horney와 결혼했고 그 후에 3명의 딸을 낳았다.

Karen Horney는 여성을 위한 정신분석을 시작했다. 그녀는 베를린 정신분석학회의 설립회원이자, 최초의 여성 강사였다(Day, 2008). 1923년과 1935년 사이에 그녀는 생물학적 결정론에 도전하고, 성격 형성에서 문화·사회·대인관계 요인을 포함한 더욱 전체론적인 접근을 고려하여 여성의 심리사회적 발달에 대한 Freud 이론의 타당성을 비판적으로 검토하는 평론 시리즈를 썼다. 1960년대에, 이 평론들은 여성에 대한 혁신적 관점 때문에 페미니스트 운동 지지자들에 의해 기꺼이 받아들여졌다(Gilman, 2001).

1932년에 Horney는 새로 설립된 시카고 정신분석협회의 부이사가 되어서 미국으로 이주했고, 그 후에 뉴욕 정신분석학회에 관여하게 되었다. 다른 사람들로부터 강하고 갈등적인 반응을 유발하는 복잡한 사람이었던 Horney는 자신의 저서 정신분석의 새로운 길(*New Ways in Psychoanalysis*)(1939)에서 Freud의 연구에 직접적으로 도전했다. 그러한 도전으로 인해 그녀는 뉴욕 정신분석학회에서 교수자와 분석가로서의 자격을 박탈당했다(Day, 2008). 그녀는 학회에서 사임하였고 미국 정신분석학회(American Institute of Psychoanalysis)를 설립했다. Horney는 학회의 장을 역임했으며, 이 학회는 여전히 존재하고 있다.

Karen Horney는 그녀가 선불교 사상(Zen Buddhism)을 연구하던 일본에서 돌아오고 얼마 지나지 않아, 1952년 12월 4일에 암으로 사망했다. 그녀는 여성의 발달, 부모와 사회문화적 영향이 아동에게 미치는 영향, 불안의 원인과 같은 주제들에 대해 광범위하고 시기적절한 관심을 반영하는 상당한 양의 연구를 남겼다.

Karen Horney의 이론들 Horney의 초기 연구들은 자신이 이해한 방식으로 Freud의 이론에 대한 분석을 제시한 것이다. 궁극적으로 여성과 남성 모두에 대하여 인간본성 및 발달을 탐색하고 문화에 대해 특별한 관심을 쏟은 성숙한 연구로 발전되었다.

인간본성과 자기실현 인간본성에 관한 Horney의 관점은 긍정적이고 낙관적으로 Freud의 개념보다는 인본주의 이론과 더 일치한다. 그녀는 삶의 목적은 인류를 위한 건강한 양심과 가치의 보고(寶庫)인, 진정한 자기의 실현에 있다고 제안했다(Paris, 1994). 자기실현은 자신의 선천적 재능, 감정, 흥미를 발달시키는 것을 포함한다. Horney는 자기실현을 성취한 사람들은 자각이 있으며, 책임감이 있고, 사려 깊은 판단을 내릴 수 있다고 믿었다. 이러한 사람들은 건강한 관계를 추구하고 자신의 통합을 유지하면서 타인의 복지에 관심을 가진다.

Horney에 따르면 성장을 위한 우리의 잠재력과 자기실현화는 태어날 때부터 가지고 있으며, 생애 기간에 걸쳐 확장된다(Danielian, 2010). 건강한 발달을 촉진시키는 양육적이고 조화로운 환경에서 자란 아이들은 자기실현을 향해 나아간다. 그러나 안전이 제공되지 않은 혐오적인 환경에서 양육된 아이들은 건강하지 못한 방향으로 발달되기 쉽다. 그들은 타고난 잠재력을 만족시키기보다는 비현실적이고 이상화된 자기상을 발달시킬 것이다.

신경증과 기본적 불안 Horney에 따르면 안전을 향한 추동은 성적이거나 공격적인 추동보다 더 강력한 힘이다. 그녀는 적대적이고 위협적이며 비우호적인 환경이 아이들의 타고난 불안정성과 혼합되어서 무기력함, 고립 및 분노를 포함하는 기본적 불안을 발전시킨다고 믿었다. 다시 말해서 이 것은 억압되고 명백히 풀리지 않는 딜레마를 포함하는 신경증적 갈등을 이끈다(Horney, 1945). 예를 들어, 어떤 사람이 친밀한 관계를 원하지만 그는 사람들은 신뢰할 수 없다고 믿는다. 신경증적 갈등은 불일치, 우유부단함, 변화에 대한 공포, 수줍음, 가학적이고 보복적인 행동, 설명할 수 없는 피로와 같은 특징들을 통해 간접적으로 표현된 것이다.

　　Horney(1945)는 사람들이 자신의 갈등에 대처하려는 노력으로 타인과의 관계를 맺는 세 가지 양식 중 하나에 강하게 끌린다고 믿었다.

1. 사람들에게 다가가기(moving toward people)는 타인으로부터 보호받음으로써 안전을 추구하는 것, 타인의 호감을 사기 위해 유순해지고 자기를 내세우지 않는 것, 대인관계에서 생긴 어려움을 자기 탓으로 여기는 것, 자신의 욕구를 억압하는 것을 포함한다.
2. 사람들에게 대항하기(moving against people)는 타인에 대한 지배와 우위를 추구하는 것, 잘못의 원인을 외부로 돌리는 것, 거만하고 보복적으로 구는 것, 오직 자신에게만 관심을 가지는 것, 타인을 착취하고 조종하는 것, 우월감으로 특징지어진다.
3. 사람들로부터 멀어지기(moving away from people)는 대인접촉의 회피, 철수와 분리, 이질감, 자급자족의 추구, 정서의 마비, 규칙과 제약의 무시 등으로 나타난다.

　　이 세 가지 양식의 극단적인 형태는 사람들의 성장을 제한하고 피폐한 관계와 신체 질병에 대한 위험을 증가시키기 때문에 부적응적이다(Horney, 1945). 정서적으로 건강한 사람은 다른 사람과의 관계에서 과장되고 융통성 없는 양식을 사용하지 않으며 긍정적인 자존감과 가치 있는 관계 그리고 개인의 발달을 증진시키는 통합되고 균형 잡힌 방법으로 세계를 다룬다.

　　자기와 자기상　Horney는 사람들이 네 가지 경쟁적인 자기를 가진다고 믿었다(Paris, 1994).

1. 진짜 또는 잠재적 자기(real or potential self)
2. 이상화된 자기(idealized self)
3. 이상화된 자기에 부족하다고 인식함으로써 발생하는 혐오스러운 자기(despised self)
4. 모든 주어진 시간에 있는 실제 자기(actual self)

　　우리가 자기실현을 하면 할수록 진짜 자기, 이상화된 자기, 실제 자기가 더 합치된다.

　　자존감이 낮고 전체를 보는 감각이 없는 사람들은 이상화된 자기상이 전형적으로 우세하다. 이상화된 자기상은 가치감을 강화시키고 정체감을 제공할 것 같지만 실제로는 이러한 상에 부응하기 어렵기 때문에 사람들로 하여금 강렬한 욕구의 근간을 형성하고 자기비하적인 감정을 느끼게 한다.

　　이상화된 자기상을 성취하려는 노력이 불가피하게 실패할지라도, 사람들은 이 목표에 도달하려는 노력으로 자신이 해야 하는 것들에 대한 엄격한 지침을 발달시킨다. Horney가 언급한 '해야만 하는 것의 폭정(tyranny of the should)'(Horney, 1950; Hergenhahn & Olson, 2007)은 이상화된 자기로 우리를 이끈다. Horney는 '해야만 하는 것들'의 네 가지 양식을 설명했다(1950).

- 자기를 내세우지 않는 사람은 자신이 감사해야 하고 겸손해야 하며 신뢰하고 주어야만 한다고 믿는다.
- 거만하고 보복적인 사람은 책임감이 있고 독립적이어야 하며, 공격받기 전에 공격하고 다른 사람들을 믿지 않아야 한다고 생각한다.
- 자기애적인 사람은 최고로 유능해야 하고 모두에 의해 존중받아야 하며, 어떠한 제한도 수용할 수 없다고 생각한다.
- 고립된 사람은 평생 어떤 것을 필요로 하거나 기대해서는 안 된다고 믿는다.

여성 발달 Horney는 소녀와 여성의 발달에 상당한 관심을 가졌다. 그녀는 Freud가 초점을 둔 남근선망에 대한 이론에 동의하지 않았으며, 권력에 대한 비유로 즉, 여성이 남성이 가진 자유와 권력을 선망한다는 것에 더욱 초점을 두었다. Horney는 남성도 동일하게 자궁선망(womb envy)을 경험할 것이라고 믿었다. 삶의 목적이 자기실현이며, 자손번식이기 때문에 여성은 출산을 통해서 자연스럽게 성취된다. Horney는 남성이 일과 경력에 자신의 에너지와 생산성을 쏟아부으면서 자손을 생산할 수 없는 무능력함을 보상한다고 생각했다(Horney, 1939).

Horney는 또한 Freud의 남성 편견(male bias)에 대항하여 주장하였다. Freud의 주장과는 다르게 불안과 신경증의 원인은 남성과 여성에게서 동일하며, 여성에게 권리를 부여하고 여성의 사회적 역할을 바꿈으로써 변화가 올 수 있다고 제안했다.

문화와 사회의 영향 Horney는 특정한 맥락에서 사람들을 이해하는 것의 중요성과 마찬가지로 성격 형성에 있어서 문화와 환경의 역할을 강조했다. 그녀는 사람의 타고난 성격은 고정되어 있지 않으며, 환경과의 상보적인 상호작용을 통해서 형성될 가능성이 있다고 믿었다. 그러나 문화는 변화할 수 있다. Horney는 불안을 성적 갈등의 결과로 보기보다는 경쟁 대 인류에 대한 사랑, 자율성 대 규칙과 법의 갈등의 결과로 보았다. "가장 중요한 신경증적 갈등은 모든 상황에서 우선시되는 엄격함과 무차별적인 것에 대한 소망과, 모든 사람에게 동시에 사랑받고자 하는 것 간의 관계이다" (Horney, 1937, p. 258). 그러므로 Horney는 정신건강을 적응이 아니라, 이러한 이중성 간의 중심을 이루는 것으로 정의하였다.

Horney의 심리치료 Horney의 심리치료 체계는 낙관적 체계이다. 그녀는 치료를 통해서 사람들이 깊게 억압된 내부의 갈등을 해결할 수 있으며, 성장하고 발달할 수 있는 그들의 타고난 건설적인 힘을 자유롭게 사용할 수 있다고 믿었다. 그녀는 치료를 통해서 사람들이 이상화된 자기상을 포기하고 진짜 자기의 실현을 추구함으로써 만족을 찾을 수 있다고 제안했다(Hergenhahn & Olson,

2007).

Horney는 치료자의 역할은 사람들을 압도하지 않으면서(Rossano, 1996), 정서적·지적 통찰을 촉진시키고 자기실현과 기쁨을 향한 인간의 능력을 깨닫게 함으로써 그들이 갈등을 자각할 수 있도록 돕는 것이라고 보았다. 이를 위해서 치료자는 내담자와 협동적으로 작업해야 한다. 자유연상 기법, 꿈 분석, 역전이와 전이, 공감, 교육은 과거를 회복시키고 성격 구조를 해결하는 데 있어 중요하다. 정서의 자각과 심리적 성장은 치료자와 내담자가 함께 영향을 미치는 상호 간의 과정이다. 성격 분열, 투사적 동일시, 반복 강박은 진짜 자기가 드러나는 상호주관적인 공간을 형성한다(Cohen, 2010). Horney의 접근은 또한 사회적·가족적 맥락과 내담자의 삶의 상황을 탐색하는 데 상당한 관심을 기울였다.

현재의 위상 Horney(1950)는 문화적·대인관계적인 요소들의 분석을 강조하였으며, 그녀가 "심연 문화(deep culture)"로 언급하는 것과 서양의 과학적 사고의 주류에 대한 무의식적 가정과 일치하지 않는 비선형 체계의 관계는 그녀의 많은 동료들을 혼란스럽게 만들었다. 하지만 그녀의 사상은 오늘날의 포스트모더니즘 및 주관적 현실과 객관적 현실의 유동성에 대한 구성주의적인 신념과 일치하는 것으로 보인다(Bertolino, 2010; Danielian, 2010). 게다가 '해야만 하는 것의 폭정', 자기실현, 이상화된 자기상, 기본적 불안, 세계와 관련된 신경증적 양식과 같은 그녀의 많은 개념들은 인본주의 심리학의 발전에 영향을 미쳤으며 인간에 대한 이해를 계속해서 촉진시켰다.

소홀한 양육(neglectful parenting)은 아동의 정서 문제를 야기하며, 부모는 아동을 진실된 사랑과 애정으로 기르는 양육 방법에 대해 교육을 받아야 한다는 그녀의 생각은 연구에 나타나게 되었다. 초기 부모와의 건강한 관계에 대한 강조는 정신분석의 관계 모델에 대한 단계를 설정하는 데 도움을 주었다.

Harry Stack Sullivan

Harry Stack Sullivan은 정신분석의 가장 영향력 있는 인물 중 1명으로 간주된다. 그는 성격 발달에서 대인관계의 중요성을 처음 강조하였으며, 인간행동의 동기를 제공하는 데 불안이 중요한 역할을 한다는 것을 확인하였다. 이 장의 다른 이론가들과 마찬가지로 그의 개념은 Freud의 개념에 많이 의존했지만, 관계에 대한 강조와 정신분석의 타당성에 대한 그의 관심은 유럽의 문화보다 빠른 속도로 진행되는 상호작용적인 미국 사회를 반영하는 개념과 접근의 발달을 이끌었다(Mitchell, 1986). 그가 추후 대인관계치료자와 관계치료자들의 세력을 증가시키는 데 중요한 기여를 했다는 점은 간과해서는 안 될 것이다.

Harry Stack Sullivan의 일대기 Harry Stack Sullivan은 뉴욕 노위치에서 1892년 2월 21일에 태어났다. 그는 개신교 사회에 사는 가톨릭 가정의 외아들이었다. 그는 많은 개인적인 어려움들을 경험했는데, 그중 가장 큰 것은 대학 신입생 시절에 정신분열증적 삽화를 보였던 것이다(Ewen, 1993). 그는 회복했고 인디애나의 발파레이소대학에서 1917년 의학학위를 받았다. 1차 대전 동안

군의관으로 복무한 후 그는 정부 기관에서 일했으며, 정신분열증 환자 치료에 중점을 두었던 워싱턴 DC의 St. Elizabeth's와 볼티모어의 Shepard Pratt를 비롯한 정신병원에서도 일했다. 이것은 그의 이론에 지대한 영향을 미쳤다.

1931년에 Sullivan은 더 나은 정신분석 훈련을 받고, 효과적인 훈련을 고안하며, 자신의 생각에 따라 전통적인 정신분석을 수정하기 위해 뉴욕으로 이주했다. 그는 William Alanson White 재단의 이사장을 역임했으며, 아직 건재한 워싱턴 정신의학교를 설립하였고, 정신의학 저널을 창시했다. 그의 개념들은 새롭고 논란의 여지가 있었기 때문에 많은 정신분석학자들은 그들이 Sullivan의 입장을 취할지, Freud의 입장을 취할지에 대한 선택의 필요성을 느꼈다. Sullivan은 1949년 1월 14일에 죽었다. 그의 저서는 7권이 있으나, 대부분 사후에 출간되었다.

Harry Stack Sullivan의 이론들 Sullivan은 Freud의 업적을 높이 평가했지만, 그의 근본적인 방법들에는 동의하지 않았다. Sullivan에게 있어서 성적 본능과 공격적인 본능에 근거한 Freud의 추동이론은 너무 융통성 없고, 뒷받침되는 자료가 없이 성급하게 이론화되었으며, 관계의 중요성을 지나치게 간과하는 경향이 있었다. Sullivan은 내담자의 현재 행동과 상호작용에 초점을 두었다(Teyber & McClure, 2011). Sullivan은 이러한 단점들을 검토하고 자신의 사상을 전달하기 위해서 대인관계적 정신분석이라 불리는 정신분석 학파를 발전시켰다.

대인관계 Sullivan의 이론은 관계를 인간의 일차적인 욕구로 본다는 점에서 추동이론이라고 볼 수 있다. Sullivan에 따르면 친밀감은 성적 욕구만큼 강력한 대인관계 욕구이다. 친밀감과 성욕 모두는 사람에게 불안을 완화시키고 만족을 제공하는 강력한 결합을 가져다줄 수 있다. 친밀감은 타인의 복지가 자신의 안녕감만큼 중요하다고 느낄 때 발생한다.

Sullivan은 행동과 태도의 상호성이 관계의 방향을 결정하는 상보적 감정의 원리에 의해 관계가 진행된다고 믿었다. 그는 병리를 건강하지 못한 관계에서 비롯되는 것이라고 보았다(Sullivan, 1953). 과도한 모성 불안, 외로움, 어린 시절 만족스러운 또래관계를 맺지 못하는 것, 그리고 다른 관계에서의 문제들은 자존감을 약화시키며 성인기 건강한 관계의 발달을 손상시킬 수 있다.

불안, 긴장, 안정, 행복감 Sullivan에 따르면, 불안은 "인간행동의 동기를 제공하는 중심력"이다(Teyber & McClure, 2011, p. 9). 관계의 혼란에 의해 일차적으로 야기되는 불안은 행복감을 방해하는 긴장을 일으킨다(Williams, 1994). 불안은 사람들로 하여금 긴장을 최소화하고 안전과 편안함을 느끼게 하기 위해 그리고 자존감을 높이기 위해 안정을 추구하게 한다. Sullivan에 따르면 사람들에게 안전한 관계는 안정의 일차적인 원천이다. 안정감의 결여는 불안을 야기하고, 이는 병리의 발생에 영향을 미친다(Fonagy & Target, 2009).

성격 발달 Sullivan은 성격을 무수한 전략들을 실행한 결과로 보았다. 사람은 아동기에 불안을 회피하거나 감소시키는 전략과 평형상태와 안녕감을 유지하는 전략을 개발시킨다. 이러한 대처 기술들은 부모-자녀 관계를 통해 학습되며, 그 당시에는 적응적인 것이었다. 그러나 아동이 신체적으로 성장하고 정신적으로 성숙해지면서, 그 사람(병리가 있는 사람)은 개발한 행동패턴을 다른 관계의 패턴에 부적절하게 과잉일반화한다(Teyber & McClure, 2011).

Sullivan의 심리치료　Sullivan은 모든 심리적 역기능은 결함이 있는 대인관계 과정의 결과라고 믿었다. 결과적으로 그는 자신의 치료에서 대인관계 과정에 대한 심리치료를 통해, 사람들의 왜곡된 지각을 교정하는 데 초점을 두었다(Strean, 1994). 내담자와 치료자의 관계는 그의 치료 전략에서 가장 중요한 요인이며, 내담자가 '교정적 정서 체험'을 할 수 있도록 돕는다.

Sullivan(1953)에 따르면, 치료자들은 내담자에게 강한 관심을 가질 뿐만 아니라, 내담자를 도우려는 진실한 소망과 깊은 공감 및 존중을 가져야만 한다. 치료자는 회기가 잘 진행되도록, 의미 있는 작업이 일어나도록, 내담자가 자신의 불안을 다룰 수 있게 되도록 책임을 져야 한다.

자각은 대인관계적 정신분석의 중요한 목표 중 하나이다. Sullivan은 사람들이 그들의 대인관계와 그 관계에서 상보적 과정들을 잘 이해할 수 있다면 합리적으로 만족스러운 삶을 살 수 있을 것이라고 믿었다. 자각을 발달시키는 것은 내담자의 생활력(life history)을 다양한 관점에서 검토하는 것을 포함하며, 그 결과 치료자와 내담자는 합의에 도달할 수 있다. 이것은 사고와 감정들을 표면으로 떠오르게 하며, 새로운 통찰과 지각 · 경험 · 관계의 방법뿐 아니라 명확한 사고를 촉진시킨다. 즉, "목표는 내담자가 아픈 역동을 버리고 건강한 역동으로 대체하도록 하는 것이다"(Chapman, 1978, p. 101).

Sullivan은 믿을 만한 자료와 관찰에 기초한 결론을 이끌어내는 것에 중점을 두었으며, 의미를 결정하기 위해 합의를 사용한다. 합의된 타당성을 획득하는 것은 그가 **병렬왜곡**(parataxic distortion)이라고 불렀던 것을 줄이는 데 필요하다. 병렬왜곡은 사람들의 지각과 행동이 건강하지 못한 초기 어린 시절의 관계와 사적 논리 및 이미지에 의해 편견이 가미되고 왜곡될 때 발생하는 것이다(Sullivan, 1947). 치료는 사람들이 이러한 왜곡, 특히 치료자와 내담자의 상호작용에서 반영된 왜곡들을 탐색하도록 돕는다. 그 결과 사람들은 병렬적인 지각에서 초기 아동기 경험의 영향을 덜 받는 통사적 양식(syntaxic modes)의 지각으로 옮겨갈 수 있다.

Sullivan 이론의 많은 부분들은 혁신적이고 현대적이며, 이후 대상관계이론과 John Bowlby의 애착이론에 대한 연구와 결합되었다. 그는 치료 동맹의 중요성을 강조했으며, 치료를 학습하는 과정으로 보았다. 그는 치료자의 과제는 장애물을 제거하여 사람들이 건강에 대한 자신의 선천적인 경향성을 깨달을 수 있게 하는 것이라고 생각했고, 비언어적인 의사소통의 중요성을 강조했다. 뿐만 아니라 Sullivan은 문화적 배경과 차이에 관심을 가졌으며, 충고를 주는 것을 피했고 단기치료와 융통성 있는 치료 계획이 유용할 수 있음을 인식했다. 그는 짧고 간결한 해석을 주장했으며, 치료자들은 그들이 무엇을 하고 있는지와 그들의 목표가 무엇인지(사실상, 치료를 계획하는 것)에 대해서 철저히 이해해야만 한다고 믿었다(Shainess, 1978). Sullivan에 따르면, 사람들이 자신에 대해 갖는 관점과 회기 동안에 발전시킨 합의된 관점이 일치할 때 치료는 완성되며, 그들은 더 가치로운 삶을 추구하기 위해 자신의 고유한 자원을 사용할 수 있게 된다(Levenson, 1992).

현재의 위상　Sullivan의 연구는 자아심리학, 자기심리학, 현상학적 접근들, 대인관계 및 관계의 심리학, 가족체계치료에 영향을 끼쳤다. 그는 개인의 독특성과 힘 그리고 심리치료의 한계에 대하여 계속해서 관심을 가졌다. 그는 치료에서 꿈·자유연상·리비도·전이를 덜 강조했으며, 실제 삶의 상호작용·행동·대인관계에 중점을 두었으며 이들은 모두 오늘날 치료에서 중요시하는 것들이다.

Anna Freud

Sigmund Freud의 딸인 Anna Freud는 아버지의 동료이자, 여행 동반자, 비서였고, 후에는 아버지의 보호자였다(Coles, 1992). 그녀는 또한 아동발달과 분석, 자아방어기제에 중점을 둔 혁신적인 이론가이자 치료자였다. 아동에게 미치는 외상의 영향에 관한 그녀의 연구는 오늘날에 특히 유의미하다.

Anna Freud의 일대기 Anna Freud는 1895년 12월 3일에 Sigmund Freud의 여섯 자녀 중 막내로 태어났으며, 정신분석학자가 된 유일한 아이였다. 그녀는 처음에 교사로 일했지만, 그녀의 관심은 곧 정신분석으로 이동했다. 1922년에 그녀는 정신분석가 자격을 얻었다. Anna Freud가 일을 시작할 때에는 현재의 윤리적인 기준은 존재하지 않았다. 예를 들어, 그녀가 4살이 되던 때에 아버지에게 정신분석을 받았으며, 가족과 친구의 아이들을 치료했다(Young-Bruehl, 2008).

　Anna Freud의 초기 치료는 성인에 초점을 두었다. 그러나 가르치는 일을 하고, 1차 대전 동안 아동 및 가족을 돕는 작업을 하면서 그리고 언니가 죽은 후 남겨진 조카를 돌보면서 그녀는 아동 및 청소년들을 치료하는 데 관심을 가지게 되었다. Anna Freud는 건강한 아동이나 문제가 있는 아동 모두에 대한 연구의 필요성뿐 아니라, 아동에 대한 직접적인 관찰과 평가, 아동발달에 대한 이해, 사회적 관심이 중요하고 필요하다고 믿었다. 그녀는 비엔나의 빈곤한 가정을 돕기 위해 그리고 생의 두 번째 해에 대한 연구와 어머니로부터 아동의 초기 분리에 대한 연구를 수행하기 위해 만든 실험적인 보육원을 설립할 때 이러한 관심들을 결합했다(Sayers, 1991). Anna Freud는 런던에서 연구를 계속했으며, 거기에서 2차 대전 동안 고아가 되거나 가족들과 떨어진 아이들을 위한 보육원을 열었다. 그 후, 그녀는 연구와 치료 모두를 위해서 'Hampstead 아동치료클리닉(현재는 Anna Freud 센터)'을 발전시켰다.

　Anna Freud의 훈련은 이론적이기보다는 경험적이었지만 그녀는 가족법, 전쟁이 아동에게 미친 영향과 같은 주제로 다수의 책을 썼다. 그녀의 가장 중요한 저서는 아마도 아버지의 80번째 생일 선물인 자아와 방어기제(*The Ego and the Mechanisms of Defense*)(Freud, 1946)일 것이다.

　Anna Freud는 긴 생애 동안 아버지의 연구뿐 아니라 자신의 연구의 중요성과 영향력이 발전해 나가는 것을 목격했다. 그녀는 1982년 10월 9일 사망했다.

Anna Freud의 이론들 Anna Freud의 전문 분야는 아동발달과 자아방어였다. 그녀는 전통적인 분석이 어린 아동들에게 효과적이지 않다고 생각했기 때문에 분석적인 접근보다는 지지적이고 교육적인 접근을 강조했다.

아동발달 발달적 사고는 Anna Freud 연구의 기초가 된다. 그녀는 아동이 유아기의 어머니에 대한 의존성으로부터 성인의 정서적 자립에 이르는 기본적인 궤도를 따라 성숙한다고 믿었다. Anna Freud는 청소년기의 혼란을 치료가 필요한 것이라기보다는 시간이 필요한 정상적인 것으로 보았지만, 일정 시간 동안의 불균형이나 퇴행은 성숙하는 데 문제로 이어지는 징후가 될 수 있다고 보았다.

점차적으로 원초아에 대한 통제를 얻는 자아의 강화는 아동으로 하여금 일차적 과정인 본능적이고 원초아 지배적인 행동에서 2차 과정인 자아추동적인 행동과 성인의 경험으로 성숙하게 한다. Anna Freud는 특히 생애 첫해의 후반기 동안 어머니의 역할이 자아의 발달에 매우 중요하다고 믿었다. 그녀는 일관적인 어머니로서의 대상의 존재와 어머니와 유아의 상호보완적인 관계는 아동의 건강한 애착 능력 발달에 있어서 필수적이라고 주장했다. 따라서 Anna Freud는 고아 혹은 난민이 된 아동들이 시설보다는 친척 또는 양부모 가족과 함께 살아야 한다고 제안했으며, 입원한 아동들은 부모와 함께 있도록 해야 한다고 주장했다.

아동 정신분석 Anna Freud는 아동 정신분석을 이해하고 질문하는 수단으로 생각했으며, 이것은 아동의 내적 경험과 내재적 세계의 출현을 이끌었다(Mayes & Cohen, 1996). 그녀는 아동들이 좀처럼 능동적으로 치료받고 싶어 하지 않는다는 것을 알았다. 오히려 그들은 세 가지 이유 때문에 치료에 협조한다(Freud, 1965).

1. 그들은 도움이 되고 관심이 있다고 지각하는 어른을 신뢰하고 믿는다.
2. 그들은 치료자를 기쁘게 하기를 원한다.
3. 그들은 치료자를 자기를 이해하고 안전한 부모와 비슷한 대상으로 여긴다.

치료 참여에 저항하는 아동을 다루기 위해서 이러한 태도를 기를 필요가 있다.

Anna Freud는 중요한 관점에서 아동분석과 성인분석을 다르게 보았다. 그녀는 아동은 직접적인 해석을 통해 이익을 얻기보다는 장난감 또는 다른 아이들에 대한 이야기를 사용함으로써 더 많은 것을 얻을 수 있다고 보았다. 그녀는 부적응적으로 보이는 행동이 환경적인 스트레스 요인에 대처하기 위한 아동의 최선의 노력을 반영하는 것일 수 있음을 깨달았다. 게다가 성인에게는 저항일 수도 있는 것이 아동에게는 발달적으로 적합한 반응이 될 수 있다. 치료자는 아동의 자기표현을 촉진시키고 그들의 증상과 회기의 내용 사이의 관계를 명확하게 하는 적극적인 역할을 해야 한다. Anna Freud의 아동치료는 일반적으로 전이와 억압된 대상보다는 현재 생활사건에 초점을 둔다.

환경의 역할 Anna Freud는 치료자가 아동의 환경에 주의를 기울여야만 한다고 믿었다. 그녀는 아동의 부모와 치료 동맹을 맺고 아동의 사회적 · 가족적인 상황을 이해하는 것이 필요하다고 강조했다.

Anna Freud는 분석이 일차적으로 외부 원인에 기인하는 문제가 아닌 내부의 내재화된 갈등을 치료하는 데 사용되어야 한다고 믿었다(Mayer & Cohen, 1996; Sayers, 1991). Anna Freud는 2차 대전 동안 부모로부터 분리된 아동들에 대한 환경적 요소의 영향력을 목격했다. 그녀는 이런 아이들에게 동정을 가지고 있었으며 그들을 돕기 위해 애썼다. 그러나 분석을 외부적으로 유발된 어려움을 해결하기 위한 최선의 치료로 보지 않았다. Anna Freud에 따르면, 환경을 변화시키기 위한 노력은 지지적인 개입처럼 종종 발달을 촉진시키며, 부적절한 양육과 환경적 외상과 같은 외부적 사건들의 후유증을 다루기에 더 적절하다.

평가 Anna Freud는 정서적으로 건강한 아동과 문제가 있는 아동을 평가함에 있어서 연령에 적합한 발달의 지표를 확인하는 방법을 강력하게 신뢰했다. 그녀는 건강한 발달에 대한 유연성 있는 개념을 주장했고, 이것은 발달에 있어서의 개인차 및 개인적 편차는 종종 일반적인 것임을 인식하게 한다. 그녀는 결함이 있는 영역뿐 아니라 긍정적인 성장과 적응적 영역에 초점을 맞추면서 아동발달에 대한 균형 잡힌 그림을 얻으려고 노력했다. 자신의 이론을 강화하기 위해서 그녀는 진단적이고 메타심리학적 프로필과 아동발달에 관한 정보 수집 과정을 분류한 Hampstead 정신분석 지수를 포함하는 여러 가지 방법과 평가 절차를 발달시켰다(Sandler, 1996).

자아방어 Anna Freud의 중요한 업적 중 한 가지는 자아방어기제에 대한 포괄적인 설명을 제공한 것이다(Sandler & Freud, 1985). 그녀는 사람들은 원초아의 수용할 수 없는 욕구 혹은 초자아의 위협과 명령에 의해 자극되는 불안에 대처하기 위해 방어기제를 사용한다고 믿었다. Anna Freud는 자신의 접근에 대한 강조점을 추동에서 자아방어로 옮겼다. Gabbard(2005)에 따르면, 이는 "신경증적 증상 형성에서 벗어나 성격 병리를 향해가는 역동적 정신의학과 정신분석운동의 흐름을 예측한 것"이다(p. 22).

개입 전략 Anna Freud의 연구는 어린아이들의 치료와 특정한 관련성을 가졌지만, 그녀는 아동기의 발달적 문제를 이해하고 재구조화하는 것이 성인의 정신분석을 강화할 수 있다고 믿었다(Coles, 1992). 결과적으로 그녀의 이론은 모든 치료자에게 의미 있는 접근이다.

Anna Freud의 치료 개념은 오늘날의 치료들과 양립할 수 있는 몇 가지 관점을 강조했다. 그녀는 "접촉하는 것은 매우 중요하다. 그리고 해석은 접촉에 있어 항상 의미 있는 것은 아니다"라고 말함으로써 치료 동맹의 중요성을 강조했다(Freud, 1983, p. 119). 그녀는 낙관적이고 전체적인 관점을 옹호했다. "치료에서, 당신은 단지 취약한 면만 작업하지 않으며 아동의 건강한 면과도 함께 작업한다. 만약 건강한 면이 드러나지 않거나 충분히 건강하지 않더라도 아동의 건강한 면이 당신을 조력할 것임을 믿어야 한다"(p. 125). 그녀는 치료가 아동의 욕구를 따르도록 하고 아동의 불안을 줄이기 위해 놀이를 제안할 수 있는 치료자의 유연성을 강조했다.

현재의 위상 Anna Freud의 적절하고 현실적인 입장은 아동분석 분야에 위대한 영향을 미쳤다. 심지어 오늘날 그녀의 방법들은 서구 세계에서 널리 사용되고 있으며, 아동기 발달 · 평가 · 치료에 대한 현재의 생각들과 일치한다(Lerner, 2008).

Anna Freud는 아동기 발달 분석, 확장된 자아방어기제, 육아 정책 추진과 관련된 업적을 남겼다. Lerner(2008)에 따르면, Anna Freud는 아동기 병리를 발달적 변화의 관점에서 견해를 제시하고,

"발달 궤도(선형) 사이 프로필이 발달 과정에 있는 아동에게 병리의 위험을 결정짓는다"고 인식하였다(p. 132). 여기서 중요한 함의는 치료자가 병인과 징후의 과정뿐 아니라, 정상적인 발달 과정에서 후퇴된 아동에게 발달상으로 적절한 도움을 제공하는 것에 초점을 두는 것이다(Freud, 1965). 게다가 "아동의 보호 및 건강 그리고 교육 및 법규에 대한 그녀의 혁신적인 사고와 적극적인 협력, 본성(nature)에 대한 '실험'과 인재의 위험에 처한 아동에게 실제적인 보호를 제공한 그녀의 특별한 능력은 아동과 부모에게 정신분석이론을 훌륭하게 적용한 것이다"(Solnit, 1997, p. 7).

Anna Freud의 개념과 저서들은 분명한 족적을 남겼다. 아동양육에 대한 그녀의 저서는 *Beyond the Best Interests of the Child*(Goldstein, Freud, & Solnit, 1973)와 *Before the Best Interests of the Child*(Goldstein, Freud, & Solnit, 1979)가 있다. 전쟁이 아동에게 미친 영향에 관한 저서는 *War and Child*(Freud & Burlingham, 1943)와 *Infants Without Families*(Freud & Burlingham, 1944)가 있다. 아동과 사춘기 분석 및 발달에 관한 그녀의 선구적인 연구 또한 중요하다. 건강한 자아와 자아의 방어에 대한 강조, 아동을 다루는 모든 사람은 이론적 훈련뿐 아니라 실제적인 훈련을 받아야만 한다는 그녀의 믿음, 치료 동맹, 건강한 초기 애착, 가족체계와 맥락의 중요성에 관한 인정 또한 중요하다.

Anna Freud의 개념은 다른 이론가들과 치료자들로 하여금 아동과 부모 사이의 유대에 초점을 두도록 이끌었다. 특히 중요한 것은 점차적으로 인간발달의 중요한 변인으로 인식되는 애착이론에 대한 연구이다. John Bowlby를 포함하는 대상관계이론가들과 애착이론에 대한 그의 중요한 연구(Bowlby, 1978; Greenberg & Mitchell, 1983)는 다음에서 논의된다.

대상관계이론가

대상관계이론은 복잡하게 보이지만 치료자에게 많은 유용한 수단과 개념을 제공한다. 일반적으로 대상관계이론가들은 사람들의 초기 아동기 관계를 탐색함으로써 과거를 다루고, 내담자와 치료자의 관계 발달을 통해 현재를 다룬다. 이러한 상호작용에서 무엇이 발생하는지를 관찰하는 것은 치료자가 내담자의 과거 관계에서 무엇을 겪었는지에 대한 정보를 얻을 수 있다. 반면 과거에 대한 이해는 현재의 상호작용을 조명할 수 있게 한다.

⚙ 대상관계이론의 개관

대상관계이론의 핵심 개념은 발달과 개별화가 사람의 초기 관계, 특히 아동이 어머니 또는 1차 양육자와 가졌던 관계의 본질에 의존한다는 것이다. 이 이론에 따르면 유아는 '대상'에 애착하고자 하는 욕구가 있다. 애착은 유아가 타인으로서가 아니라 내사를 통해 형성하는 내부 정신구조로 정의된다. 이 내부 정신구조 또는 표상은 감정과 에너지의 투자를 포함하는 실제적이고 환상적인 경험 모두에 기초한다. 어머니는 보통 첫 번째 내부 대상이다. 그러나 다른 것들은 시간이 지나면서 점진적으로 발달된다.

유아가 내적 정신구조를 형성할 때 참을 수 없는 감정들이 불가피하게 발생한다. 엄마를 향한 분노는 이런 감정들 중 하나이다. 이런 감정들을 경험하는 것은 아동의 정서적 만족과 안전을 위태롭게 하기 때문에 아동은 수용할 수 없는 감정들을 분리하고 억압한다. 이런 것들은 자기의 분열된 부분이 자기가 동일시할 수 있는 다른 사람을 향해 투사되는 투사적 동일시를 통해 다루어진다.

아동기 동안 지속되는 일관되고 양육적인 환경에서 건강한 유아발달에서는 유아는 생후 8개월쯤에 양육자로부터 개별화되고 분리되기 시작한다. 이때 유아는 수용할 수 없는 감정들을 다룰 수 있게 된다. 유아는 자기와 양육자 둘 다 각각 긍정적·부정적 감정을 가지고 있다는 개념을 수용할 수 있게 된다. 대상관계이론은 어머니(또는 1차 양육자)와 아동의 초기 경험을 차후에 발생하는 관계 양식의 모형이라고 본다. 이 이론가들은 인간의 삶을 결정짓는 중요한 사건들이 5세 혹은 6세가 아니라 생후 5개월 혹은 6개월에 발생한다고 본다.

관계에서 내재화된 대상의 영향 내부의 표상은 외부의 관계를 형성하는 능력과 이에 대한 지각뿐 아니라 후에 사람들이 스스로에 대해 갖는 지각에 영향을 미친다. 대상관계이론가들은 불안, 우울, 문제가 있는 관계와 같은 증상들이 대상관계 문제와 이에 동반하는 자아에 대한 지각을 위협하는 문제를 반영한다고 믿었다.

개입 전략 Freud 학파의 정신분석은 대상관계치료자들의 배경이 된다. 그들의 많은 접근들은 Freud 학파의 사상에 기초하며, 그들의 이론은 전형적으로 장기간의 집중적인 분석을 요구한다. 그러나 강조점, 적용, 기술에서의 변화는 대상관계이론가들을 전통적인 Freud 학파의 분석가들과 구별해 준다. 또한 이 장의 뒷부분에서 논의될 대상관계이론가들은 뚜렷한 의견의 차이를 보인다. 영국의 정신분석학파는 A학파(Freud 학파)와 B학파(Klein 학파)로 교육과정을 나눔으로써 이러한 차이를 반영한다. Winnicott은 A학파와 B학파 모두에 가치를 두는 C학파를 시작했다. 대상관계이론가들은 또한 국가에 의해서도 나눠졌다. 예를 들어 미국 학파(Mahler와 Kernberg)는 자아의 기능과 적응에 더 많은 관심을 가졌던 반면, 영국 학파(Klein, Fairbairn, Winnicott)는 전이와 역전이를 강조했다(Scharff & Scharff, 2005).

투사적 동일시 세 학파 모두는 투사적 동일시(Projective identification)를 탐색하고 분석하는 과정을 치료에서 필수적인 요소로 보았다. 투사적 동일시는 전이와 구별되어야 한다. 전이의 경우, 내담자들은 그들의 생애 초기에 중요한 인물이 지니고 있는 특징을 치료자가 가진다고 부정확하게 본다. 예를 들어, 치료자들은 화를 내는 판단적인 부모로 보일 수 있다. 투사적 동일시에서는 내면화된 대상 혹은 자기의 부분이 치료자에게 투사된다. 그 후 내적 대상관계는 치료자와 내담자의 관계에서 재창조될 수 있으며, 이 관계에서 내재화된 대상의 수정을 위한 작업이 일어난다(Scharff & Scharff, 2005). 내담자의 투사적 동일시를 수용해주는 것은 분노와 좌절에 휩싸인 느낌을 알아내고, 궁극적으로 담아주기(contain)를 위한 첫 번째 단계이다(Sweet, 2010).

치료 동맹 긍정적인 치료 동맹을 확립하는 것은 전통적인 정신분석가보다 대상관계이론가에게 훨씬 더 중요하다. 어머니 역할의 중요한 요소는 양육과 돌봄을 제공하는 것이기 때문에 치료 과정에서 긍정적인 치료 동맹을 제공하는 것은 중요하게 인식된다. 대상관계이론에 의하면 치료자들은 전이와 투사적 동일시를 촉진하기 위해서 치료에서 이런저런 요소들을 신중하게 도입해야 한다.

어떤 의미에서 치료자들은 적절한 양육을 받지 못했던 사람들에게 지지적인 환경을 제공하는 충분히 좋은 어머니가 된다. 치료자와 내담자의 정서적 교환은 내적 대상관계를 지금-여기로 가져와서 내담자로 하여금 그러한 관계를 재경험하게 해주고 통찰과 변화를 촉진시킨다.

　저항　내담자의 저항은 특정한 유형의 대상관계를 향한 내담자의 강한 욕구에서 나오는 강력한 전이를 반영하는 것으로 보여진다. 저항은 내담자가 치료자와 융통성 있는 현실적인 관계를 맺을 능력이 없기 때문에 생긴다. 저항은 사람들이 위협적인 마음으로부터 자신을 보호하기 위해 무의식 속에 묻어둔 고통스러운 정서와 환상을 유지하는 방법이다. 치료자는 내담자의 내부 세계를 인정하고 수용하며, 참고 한결같으며, 안전하고 이용 가능하게 함으로써 저항을 감소시킬 수 있다.

　역전이　전이와 투사적 동일시뿐 아니라 역전이를 이해하는 것은 대상관계이론에서 중요하다. 역전이는 내담자와 치료자의 상호작용 과정에서 필연적인 것이며, 전이 관계의 본질에 대한 중요한 단서가 된다(Greenberg & Mitchell, 1983). 역전이 반응을 다루고 이해하는 데 있어서 치료자는 그러한 반응들이 주로 내담자와의 상호작용에서 비롯된 것인지, 치료자 자신의 문제와 경험에서 비롯된 것인지를 명확히 해야 한다. 1930년대에 정신분석을 했던 스코틀랜드 정신분석가인 W. R. D. Fairbairn은 오늘날 행해지고 있는 대상관계이론의 아버지로서, 전이 과정의 해석을 강조해 많은 이들에게 인정받았다(Celani, 2010; Grotstein & Rinsley, 1994; Scharff & Scharff, 2005).

　평가　내담자와 함께 협력하는 과정에서 치료자는 개인의 발달, 즉 무의식 패턴, 내재화된 대상관계, 숨겨진 불안·방어·투사적 동일시를 평가한다. 철저한 평가는 변화를 이끄는 적절한 시기와 정확한 해석을 위한 길을 닦는다.

　해석　해석은 변화를 위한 일차적 경로이다. 전이, 투사적 동일시와 역전이, 과거와 현재의 경험, 무의식적 징후에 대한 분석과 해석을 통해서 사람들은 그들의 내면화된 무의식의 감정과 관계를 훈습한다. 훈습은 점진적으로 더 높은 발달 수준에서 그것들을 계속적으로 경험함으로써 투사적 동일시 양식을 명확히 하고 해결 방법을 획득하는 과정이다. Kaner와 Prelinger(2005)는 "훈습이 아마도 주된 치료 작업을 잘 구성할 것이다"(p. 275)라고 상정했다. 이는 선형적인 과정이라기보다는, 치료자와 내담자 간의 춤에 더 가깝다. "반복이 훈습되고, 재작업되고, 강화되고, 분명해질수록 치료적 이득도 더 많아질 것이다"(p. 275). 이것은 사람들로 하여금 과거의 양식을 버리고 타인과 진정한 정서적인 접촉을 할 수 있는 능력을 발달시키는 것이다. 이것은 사람들이 오래된 패턴을 초월하는 능력을 계발하게 하며 타인들과 진정한 정서적 접촉을 가능하게 한다. 이것이 성취되었을 때, 타인을 정확하게 인지하고 타인과 협력할 수 있게 될 때, 타인에게 공감하고 걱정할 때, 자신의 스트레스를 조절할 수 있게 될 때 그들은 분석을 종결하기 위한 준비를 한다.

대상관계이론가들

많은 사람들이 대상관계이론의 발달과 관련 있다. 이 부분에서는 Melanie Klein, John Bowlby 등 가장 중요한 몇 사람의 사상과 배경을 개관할 것이다. 대상관계이론의 발달에 기여한 다른 연구가들로는 W. R. D. Fairbairn, D. W. Winnicott, Otto Kernberg, Margaret Mahler, Ivan Boszormenyi-Nagy가 포함된다.

Melanie Klein Melanie Klein은 대상관계이론의 어머니라 할 수 있다(Cashdan, 1988). 분석가로서 그녀의 연구는 Sigmund Freud의 연구와 분석 경험에 대한 흥미로부터 발전해왔다. Anna Freud처럼 Klein은 아동치료에 연구의 초점을 두었다. 그녀는 부다페스트와 베를린에서 일을 하다가 영국으로 이주해서 1960년 사망하기 전까지 집필 활동을 하고 일을 했다(Greenberg & Mitchell, 1983).

Klein은 정신분석의 초점을 Sigmund Freud의 추동이론에서 초기 관계의 중요성으로 이동시킨 과도기적인 인물이었다. 추동이론과 대상관계이론을 성공적으로 통합하지 못하였기 때문에 그녀의 개념 중 대부분이 오늘날 받아들여지지 않지만, 그럼에도 불구하고 그녀는 정신분석의 여러 가지 주요한 개념들에 기여했다.

Klein은 생후 3~6개월에 유아는 대상을 내면화하고 양육자에 대한 부분적인 지각을 통합시키는 능력을 발달시킨다고 제안했다. Klein은 내사, 분열, 투사, 투사적 동일시와 마찬가지로 이러한 기제는 유아들이 죽음과 자신의 파괴적인 충동의 공포를 회피하기 위해 사용하는 것이라고 믿었다. 내재화된 대상은 후에 사람들의 관계에 영향을 미친다. 사람들의 내면의 대상 세계로부터 비롯된 상상과 불안은 후에 사람들의 마음, 행동 그리고 자기이미지의 근간을 형성한다. 현대 대상관계이론의 뿌리는 이 개념이 근거가 된다.

Mitchell(1993)에 따르면, Klein은 "초기 삶에서 시작되어 계속되는 정신적 구조 형성의 중심을 공격성이라 보았다"(p. 155). Freud의 추동이론을 만들어내면서, Klein은 모든 삶이 삶의 본능에 대한 힘(에로스)과 반대인 죽음의 본능(타나토스) 사이에 있는 움직임이라고 믿었다. 그 결과로, Klein은 사람들이 두 가지 기본적인 자리를 가지고 있다고 상정했다. 타나토스에서 비롯된 편집-분열(paranoid-schizoid) 자리와, 에로스와 관련된 우울 자리이다. 편집-분열 자리는 유아의 타고난 공포 혹은 편집증으로부터 비롯된다. 위험을 피하려는 시도 중 하나로 유아는 좋은 대상에 대한 감정과 나쁜 대상에 대한 감정을 구별한다. Klein은 자기의 개념적, 정서적 조직뿐 아니라 자아의 분열을 참조하여 이러한 양식을 분열(splitting)이라고 명명했다. 편집-분열 자리에서 사람들의 정서적 초점은 공격과 타인을 향한 파괴에 있으며, 이러한 공격과 파괴성을 시기와 과장을 통해 드러내거나 분열과 투사적 동일시와 같은 방어로 나타낸다. 분열은 일반적으로 경계선 성격장애를 가진 사람들 사이에서 공통적으로 나타나는 방어로 보이는데, 경계선 성격장애를 가진 사람들은 자신, 타인 그리고 그들의 삶의 경험을 극단적으로 모두 좋거나 모두 나쁘게 여긴다.

우울 자리는 내재화된 대상의 이미지와 그 대상과의 연결이 내적 갈등에 의해 위협받는다는 걱정을 반영한다. 우울 자리의 특징은 퇴행이다. 이 입장에 있는 사람들은 내재화된 대상에 대한 사랑, 이해, 공감, 보상과 같은 정서에 초점을 둔다.

이러한 입장들이 나타나는 방식은 인간의 일생을 통하여 변한다. 성숙한 사람은 우울 자리를 주로 나타내는데, 이러한 우울 자리는 결코 완전히 극복될 수 없다(Lubbe, 2011; Scharff & Scharff, 2005). 건강한 사람들은 자기손상 행동, 섭식장애, 중독, 자살을 통해서 공격성을 그들 자신에게 돌릴 가능성이 많다(Sweet, 2010; Waska, 2010). 최근 연구는 초기 아동기에 우울과 파괴적이고 신체 적으로 공격적인 경향성을 보였다는 Klein의 이론을 공고히 했으며 아마도 일생 동안 증감을 반복 하고 아동기 초기 단계에 조짐이 나타나는 것보다 성인기에 더 자주 그럴 것이다(Fonagy & Target, 2009; Lubbe, 2011).

Klein은 또한 아동에게 놀이는 무의식적 요소를 반영하는 성인의 자유연상과 같은 것으로 보았 다. 이러한 관점은 현재 아동 정신분석에서 받아들여지고 있다. 전통적인 Freud 학파의 분석과 대 상관계이론을 합친 Klein의 견해는 영국에서 지속적으로 대중적이며, 정신분석학교의 전공 중 하 나이다. 또한 미국의 캘리포니아 정신분석센터에서도 가르치고 있다.

John Bowlby John Bowlby는 애착이론 발달 덕분에 오늘날 가장 유명한 대상관계이론가 중 1 명이다. Bowlby는 정서적으로 친밀한 유대를 형성하고자 하는 인간의 보편적인 욕구가 존재한다고 가정했다(Fonagy & Target, 2009). 아동과 양육자는 유아의 애착 행동(예 : 미소, 매달림)이 성인 의 애착 행동(예 : 접촉, 달램, 먹이기)에 의해 이상적인 상보적 관계가 되는 체계를 형성한다. 이 것은 안정과 정서적인 조절을 가져다준다. Bowlby는 부모를 향한 아동의 애착과 후에 정서적 유 대를 형성하고 긍정적인 정서 발달을 경험하는 능력 사이에 강한 인과관계가 존재한다고 믿었다 (Bowlby, 1988). 이 관계에서 주된 변수는 부모가 아동에게 성장과 탐색을 허용하는 안전을 제공하 는 범위이다.

Bowlby의 임상적 접근은 애착에 관한 그의 강조점을 반영한다. 그는 치료자가 좋은 부모와 같이 스스로 결정을 내리고 세상을 탐색하고자 하는 내담자의 욕구를 존중하고 격려할 필요가 있다고 믿었다. Bowlby(1988)에 따르면 애착이론을 적용하는 치료자들은 다음의 조건을 제공해야 한다.

- 사람들이 삶에서 고통스럽고 행복하지 않은 면들을 탐색할 수 있도록 하는 안전한 토대
- 이러한 탐색 과정에서 사람들이 자신의 현재 관계 양식과 무의식적이고 내재화된 이미지 사이의 관계를 이해하도록 촉진시키는 도움과 격려
- 사람들이 그들의 현재 지각, 기대, 정서, 행동이 어떻게 아동기 경험과 메시지 특히 부모와 관련된 것의 부산물이 될 수 있는지와 그렇게 될지 안 될지를 고려할 수 있도록 격려
- 내담자의 새로운 통찰과 정보의 관점에 비추어 분석되고 이해될 수 있는 치료 동맹
- 자신과 타인에 대한 사람들의 모델의 적합성, 정확성, 유용성을 평가하는 것에 대한 도움

Bowlby는 치료의 본질은 사람들이 그들의 지각 · 기대 · 행동을 지배하고 있는 애착 형태의 사실 적인 모델의 특성과 발달을 이해하도록 돕고, 최근의 경험에 비추어 그것들을 수정하도록 돕는 것 이라고 믿었다(Bowlby, 1978).

Bowlby의 사상은 애착에 관한 그의 개념을 확장하고 지지하는 많은 논문과 연구의 토대를 제공 해왔다. 예를 들어, 성인의 낭만적 관계에 관한 연구에서, Hazan과 Shaver(1987)는 현재 관계에서 애착 유형과 애착 양식 사이의 상호관련성을 발견하였다. 이 연구는 안정 애착 경험을 가진 아동들

이 그렇지 못한 아동들보다 탄력성, 자기신뢰, 공감, 사회적 관심, 친밀한 관계를 형성하는 능력을 포함한 긍정적인 성격이 더 많이 나타남을 보여준다. 애착 관계는 또한 다음 세대로 전수되기도 한다. 안정된 성인은 안정 애착을 경험해보지 못한 성인보다 안정 애착된 아동을 가지기 쉽다.

　　Mary Ainsworth(Ainsworth, Blehar, Waters & Walls, 1978)는 Bowlby의 개념을 기초로 한 아마도 가장 중요하고 가장 잘 알려진 연구를 수행했다. Ainsworth와 그녀의 동료들은 '낯선 상황' 실험으로 불리는 것을 고안했다. 아동을 양육자로부터 분리시켜 익숙하지 않은 환경에서 낯선 사람과 남게 되기 전, 남겨진 동안, 남겨진 후를 관찰했다. 아동의 반응은 다음 네 가지 범주로 분류되었다.

1. **안정** 아동은 양육자와 함께 있는 동안 호기심과 편안함을 보였으며, 낯선 사람과 함께 있는 동안에 불안해했고, 양육자가 돌아왔을 때 편안함을 찾고 다시 탐색을 시작한다.
2. **불안/회피** 이 유형의 아동들은 낯선 사람과 있을 때 덜 불안해하며 양육자로부터 안정을 찾지 않았으며, 낯선 사람보다 양육자를 더 좋아하는 것처럼 보이지 않았다. 이 아동들은 아마도 양육자가 자신의 감정을 조절하는 것을 도와주지 않은 경험을 했을 것이다. 그 결과 그들은 감정을 지나치게 통제하며 문제가 되는 상황을 피한다.
3. **불안/저항** 이 유형의 아동들은 분리된 시간 동안 탐색을 거의 하지 않으며 매우 불안해한다. 그러나 양육자의 위로를 수용하는 것에도 어려움이 있으며 계속해서 불안 혹은 분노를 나타냈다.
4. **분열/혼란** 이 유형의 아동들은 양육자가 돌아온 이후에도 머리를 흔들거나 탈출하고자 하는 혼란스럽고 목표가 불분명한 행동을 보였다. Ainsworth는 이러한 아동의 양육자는 불안과 안정 모두를 일으키는 사람이라고 제안했다. 거절 혹은 학대의 경험이 종종 이러한 패턴과 관련된다.

　　Ainsworth와 그의 동료들의 발견을 토대로, 연구자들은 어린 시절 애착 관계의 이야기를 이끌어내도록 설계된 구조화된 임상적 도구인 성인 애착 면접을 발달시켰다. 점수에 따라 성인 애착의 관점에서 안정/자율, 불안/해체, 불안/집착, 미해결로 분류한다(George, Kaplan, & Main, 1996).

전 생애에 걸친 애착이론

Hazan과 Shaver(1987)는 현재 관계에서 애착 양식과 패턴 간의 상관을 발견했다. 안정 애착 개인력이 있는 아동들은 이러한 애착이 없던 아이들보다 회복탄력성, 자기신뢰(self-reliance), 공감, 사회적 흥미, 가깝고 친밀한 관계를 형성하는 능력 같은 여러 좋은 성격 특징들이 나타날 가능성이 더 많았다(Conradi & de Jonge, 2009; Surcinelli, Rossi, Montebarocci, & Baldaro, 2010).

　　Bowlby는 애착 체계가 일생에 걸쳐 능동적으로 남아 있다고 지적했다. 1980년대부터 개인 및 가족질문지와 구조화된 면접을 포함하는 다양한 평가 도구들이 성인 애착의 유형과 질을 평가하기 위해서 개발되었다(Bartholomew & Horowitz, 1991; George et al., 1996). 성인 애착에 대한 경험적 연구는 유아 애착 유형에서 대략적으로 동등한 분포를 발견했다. 55%는 안정 애착이었고, 25%는 회피, 20%는 불안 애착이었다(Levy, Ellison, Scott, & Bernecker, 2011). 초기 애착 관련 트라우마는 아동기뿐만 아니라, 청소년기와 성인기에도 불안장애 위험을 증가시킨다(Bateman & Fonagy, 2012; Green et al., 2010). 현대 신경과학은 일생에 걸친 정신병리 발달에 대항하는 초기 애착 관계가 나타내는 투사(또는 위험)뿐만 아니라 불안의 세대 간 전달을 막 이해하기 시작하는 중이다 (Fonagy & Luyten, 2009; Nolte, Guiney, Fonagy, Mayes, & Luyten, 2011).

성인 애착 유형에 관한 추가적인 연구는 개인의 관계 질(예 : 낭만적 관계, 우정, 양육 유형)뿐만 아니라 지나친 의존성, 경계선 특질, 애착 불안에 대한 중요한 측정치들을 발견했다. 일반적으로 성인기의 안정 애착은 더 좋은 정신건강의 특징을 보이는 반면에, 불안정 애착은 부정적 사고와 그에 상응하는 우울과 불안의 증가와 관련이 있다(Surcinelli et al., 2010). 불안, 회피 애착 유형인 성인들은 네 유형 중 가장 높은 우울을 보였으며, 불안정하게 애착된 사람들은 부정적 사고를 더 많이 하고 정신병리 발달에 더 취약한 것으로 나타났다.

연구들은 또한 치료자와 치료적 관계가 내담자로 하여금 새로운 경험을 탐색하게 하는 안전 기지를 제공한다는 Bowlby의 믿음을 확인시켜주었다(Bowlby, 1988;, Farber & Metzger, 2009; Goodman, 2010; Levy et al., 2011). 다시 말해서, 치료자는 안전한 인물이 될 수 있다.

새로운 연구들은 애착 유형이 심리치료 결과와 관련될 수 있다고 지적한다. 구체적으로, 몇몇 연구들은 안정 애착인 내담자들이 불안정 애착인 사람들보다 더 좋은 결과를 가진다고 제안했다 (Obegi, Berant, 2009). 14개 연구에 대한 메타분석은 내담자의 애착 유형이 치료 동맹처럼 치료 결과와 거의 비슷한 정도로 기여한다는 것을 발견했다(Levy et al., 2011). 저자들은 성인 애착 유형이 새 내담자와의 초기 평가 과정에서 제일 중요한 부분이 될 수 있다고 결론을 내린다. 내담자의 애착 유형에 대한 자각은 동맹 발달 및 유지, 직접적인 치료, 긍정적 치료 결과 제공에서 의미 있는 방식으로 기여할 수 있다. 그러나 Goodman(2010)은 아무리 많은 평가 또는 구조화된 치료도 내담자의 욕구를 위해 그들의 양식을 조정하고 그에 따라 교정적 정서 체험을 제공하는 치료자의 직관력과 능력을 대신할 수 없을 것이라 경고하고 있다.

대상관계이론의 현재 위상

대상관계이론은 상담과 심리치료에 여러 중요한 기여를 했으며 그들의 전문성에 중요하게 남아 있다. Bowlby(1978, 1988)와 다른 이들의 연구는 양육자에 대한 아동 애착에서 대상관계이론가들의 강조를 단언해왔다. 많은 이들은 서구 사회의 애착 문제가 높은 이혼율, 일상의 많은 스트레스, 아동들의 애착 욕구에 부합하기에 부족한 부모들의 부담스럽고 바쁜 스케줄 때문에 더 만연해지고 있다고 믿는다. 이런 것들은 차례로 청소년들의 폭력 및 가족불안정의 증가율에서 그 요인이 있음을 시사한다. 컬트와 갱 구성원은 애착과 소속감을 위한 보편적인 욕구 탐색의 한 일환으로 대상관계 관점으로부터 이해가 가능하다(Salande, Perkins, 2011).

대상관계이론이 현대 상담과 심리치료에 미친 공헌점은 다음과 같다.

- 발달이론과 정신분석의 실제 사이의 연결을 만듦
- 치료 상황이 사람들로 하여금 불편한 감정에 의해 뒤덮이지 않고 정서적인 성장을 위한 도전을 받을 수 있게 해주는 안전한 장소, 지지적 환경, 담아주는 장소라는 것을 확실하게 해야 함을 강조
- 역전이와 전이 둘 다의 중요성, 치료자의 인간됨, 치료 동맹에 대한 인식과 지금-여기에서의 치료 상황에 주목한 것

대상관계이론은 연구들로 오늘날의 정신역동 심리치료 내에서 지배적인 이론적 관점이 되었으며 일생에 걸친 애착의 영향력에 대해 실시된 특정한 흥미와 연구들로 발전이 계속되고 있다. 임상 심리학자이자 정신분석가인 Stephen A. Mitchell은 인간의 애착과 관계의 중요성을 향한 전통적 Freud 학파의 추동이론으로부터 초점을 전환하는 통합적, 관계적 관점을 이끄는 지지자이다 (Willock, 2001). 그들의 책 *Freud and Beyond*(1996)에서 Mitchell과 Margaret Black은 Freud 이후 학파의 이론들을 하나의 화합적인 글로 명확히 하고 조직화했다. Mitchell은 국제 관계심리학 연합을 설립했고 54세의 나이에 심장마비로 때 이른 죽음을 맞기 전까지 그 주제(*Can Love Last?*, 2003; *Relationality: From Attachment to Intersubjectivity*, 2000)에 대해 수많은 책들을 출판했다.

이와 유사하게 애착이론을 기반으로 한, Greenberg와 Johnson(1988; Johnson & Whiffen, 2005) 은 정서중심치료 개발에서 인본주의적인 개인-중심치료에 대한 Bowlby의 애착이론을 통합시켰다. 그들의 작업은 관계의 중요성과 사람들 간의 연결, 특히 정서 조절에 어려움이 있는 사람들을 위한 효과적인 작업과, 커플들과의 작업을 위한 이론적 지향에 대한 이해를 위한 구조와 과정을 제공한다(Johnson, 2004; Greenberg & Goldman, 2008). 더 많은 것들은 가족치료에 대한 장에서 Susan Johnson의 정서중심 커플치료에서 더 이야기할 것이다.

대상관계치료는 개인, 부부, 가족치료와 놀이치료, 미술치료, 집단치료 및 중독, 거식증, 성격장애(특히 경계선 성격장애)의 치료와 심지어 정신증 치료에도 사용된다(Celani, 2010; Scharff & Scharff, 2005).

다른 정신역동이론들과 달리 애착이론은 그저 사례연구가 아닌 연구들에 기초를 두고 있다. 자기발달에서 초기 아동기 애착과 사람의 일생에 걸친 후기 애착의 질에 대한 중요성을 비추기 위해 연구가 계속되는 동안, John Bowlby와 다른 이들의 작업은 심리치료가 발전하는 모든 형태의 방향성에 긍정적으로 계속 영향을 미칠 것이다.

Heinz Kohut과 자기심리학

다른 대상관계와 달리, 통합된 관계들은 발달의 중심이며, 자기심리학은 중심에 자기를 놓고 있다. 자기심리학 이론을 발달시킨 Heinz Kohut은, 초기 양육자에 의해 깊게 영향받은 개인의 자기감을 믿었던 전통적인 Freud 학파의 정신분석가였다. 적절한 양육을 받지 못한 아동들은 손상된 자기감을 발달시키고, 이는 더 많은 병리의 기초가 된다. 나르시시즘에 대한 독창적인 연구뿐만 아니라 공감, 자기상, 현재 경험, 사람들에 대한 전체론적 관점을 취하는 것의 중요성을 강조했던 Kohut은

상담 및 심리치료에 중요한 공헌을 했다.

Heinz Kohut의 일대기

1913년 오스트리아의 비엔나에서 외아들로 태어났다. 1938년에 비엔나에서 의대를 마쳤으며 4일 후 깨진 유리의 밤(Kristallnacht) 사건이 그의 세상을 거꾸로 뒤집어놓았다. 그는 다음 해 영국으로 이민을 갔다. 1940년에, Kohut과 그의 어머니 Else는 시카고로 이사를 했다(Strozier, 2001). 단기간의 정신분석 후에 그는 정신의학과 신경학에 연구의 초점을 두었다. 그는 시카고대학에서 수련의를 마치고 1945년 미국 시민이 되었다. 1948년 그는 사회사업가인 Betty Meyer와 결혼했다.

1950년대에 Kohut은 그의 개념에 근간을 제공해주는 성공적인 임상 실습을 했다. 그는 세심하지만 쾌활한 성격으로 묘사되고 있다. 그는 치료자, 교사, 연구자, 작가, 그 영역에서 지도자로 자신을 일에 몰두시키는 능력뿐 아니라, 한계를 정하고 순간을 즐기는 능력을 가지고 있었다(Strozier, 2001). 1965년까지 Kohut은 Freud 학파의 대변인이었다. 그러나 자기애에 대한 그의 개념과 그의 저서 자기에 대한 분석(*The Analysis of the Self*, 1971)은 동시대의 다른 분석가들과의 균열을 일으켰다. 그의 어머니의 편집증적인 망상의 발달과 1972년 어머니의 죽음에 결부되어 생각하게 된 이 개념은 그를 중요한 자기분석, 창조적 사고, 집필에 몰두시켰다. Kohut은 상당한 양의 연구를 남기고 1981년에 사망했다.

⚙ Kohut의 이론

Kohut은 자존감을 조절하고, 경험을 조직화하고, 삶에 의미를 부여하는 개인의 핵심을 자기라고 여겼다.

자기 Kohut은 의미 있는 목표수립과 어린 아동의 부모에 대한 애착의 중요성을 강조했다. 그는 자기를 이러한 관계에서 진화하는 것으로 이해했다. Kohut에게 관찰 가능한 자기란 Freud의 자아, 원초아, 초자아보다는 분석의 초점이었다(Cocks, 1994). Kohut은 약한 자기는 발달적으로 얼어붙어 있고 부서지기 쉬운 반면, 강한 자기는 우리가 성공과 실패를 견디고 성공적으로 다룰 수 있도록 해준다고 믿었다(Gabbard, 2005 ; Kohut & Wolf, 1978). 그는 세 가지 자기대상 욕구들을, 생후 18개월경에 시작하는 자기구조로 묘사했다(Goldstein, 2001).

---

1. 타인으로부터의 승인, 타당함, 타인의 반응을 반영하는 것을 필요로 하는 과장된 자기
2. 스스로 달래는 법을 배우도록 아이를 돕고 양육을 제공하는, 이상화된 자기대상을 내면화하고자 하는 욕구
3. 가치와 선호의 공유에 더하여 타인들과의 관계에서 상호성과 동등성을 추구하는, 쌍둥이 또는 대리 자아(twin or alter ego)의 욕구

자기대상(selfobject)에 대한 Kohut의 개념은 대상관계이론에서 논의된 내재화된 대상보다 광범위한 개념이다. Kohut은 **자기대상**을 타인에 관한 정신 내적인 경험, 자기의 부분 혹은 자기를 위한 것으로 경험하는 우리의 정신적인 상징의 총칭으로 사용하였다. 대상관계이론가들은 우선적으로 아동이 어머니에 대한 자기의 이미지를 내면화하는 것을 언급한 데 반해 이러한 내재화된 이미지는 우리에게 스스로에 대한 지각·자존감·진정성과 타당성을 제공하고, 반영·이상화·밀접한 관계를 향한 우리의 필요를 충족시키기 위해 지속적으로 변화하며 성숙한다(Goldstein, 2001). 성숙과 정서적 건강은 더 적절하게 성장을 촉진하는 자기대상을 사용하는 우리의 능력을 반영한다.

사람에 대한 견해 자기심리학은 충동을 억제하는 노력이 아닌 민감한 환경의 맥락에서 사람들의 발달을 이해하고 촉진하는 데 기초를 두고 있으며 그에 따라 사람들은 자신의 긍정적인 잠재력을 성취할 수 있다(Lachmann & Beebe, 1995). Kohut에게 있어서 적절하게 알맞은 성욕과 공격성의 감정은 장애의 일차적인 원인이 아니라 정상적인 발달의 일부이며 자신에 대한 통합적 부분이다.

Kohut(1982)에 의하면 전통적인 정신분석은 정서적인 어려움을 가진 사람을 원초아의 욕구와 초자아의 억제 사이의 갈등에 덫에 걸린 '죄책감에 빠진 사람'으로 본다. Kohut은 그런 사람을 '비극적인 사람', '일생 동안 자신의 깊은 곳에 있는 프로그램을 깨닫기 위해 노력하지만 결코 성공하지 못하는 사람'으로 보았다. 그는 이런 사람들의 실패는 그들의 성공의 빛을 바래게 한다고 언급했다(p. 402). Kohut은 비극적인 사람을 공감적이지 않은 어머니와 부재한 아버지(absent father)의 전형적인 산물이라고 보았다. 정서적인 어려움을 가진 인간의 대표인 비극적인 사람은 성장, 기쁨, 적응, 충만함에 대한 잠재력을 가지고 있지만 그 잠재력에 도달하는 데 계속적으로 실패한다(Cocks, 1994).

승인과 반영을 제공해주는 공감은 건강한 자기발달에 필수적이다. 초기에 아동은 아동의 심리적인 힘이 발달하도록 촉진해주는 부모의 공감을 필요로 한다(Lerner, 2009). 그러나 후에는 타인으로부터 공감을 추구한다. 공감은 치료 관계에서 필수요소이다. 이러한 생각은 현시점에서 Kohut의 강조점을 반영한다. 즉 Kohut이 원초아, 자아, 초자아 그리고 초기 아동기 경험을 언급하는 '멀리서 경험하기'와는 구별되는 '가까이에서 경험하기'라고 부르는 것이다. Kohut은 과거의 경험이 우리의 발달에 깊은 영향을 주고 있음에도 불구하고, 해결로 이끄는 것은 현재 혹은 지금-여기 경험이라고 믿었다.

자기애와 다른 임상적 증후군 Kohut은 그의 후기 연구에서 중요한 개념 중 하나인 자기애를 하나의 연속선상에 존재하는 것으로 보았다. 건강한 자기애는 자신과 자신의 욕구를 가치 있게 평가하고 자신감을 가지도록 한다. 병리적인 자기애는 종종 응집된 자아의 건강한 발달이 방해받을 때 발생한다. 건강하지 못한 자기애는 불안정한 자기개념과 자기중요성에 대한 과장된 환상, 특권의식, 타인을 욕구 충족 대상으로밖에 생각하지 못하는 능력 등을 수반한다. 병리적인 자기애는 삶에 대한 즐거움의 부족, 자기분열뿐 아니라 우울증, 불안, 건강 염려증, 약물중독, 행동화, 역기능적인 성적 경험을 포함하는 폭넓은 범위의 증상으로 나타날 수 있다(Wolf, 1994). Kohut은 이런 종류의 자기

애는 많은 사람들의 정서적 어려움의 근원이며 치료를 통해 수정될 수 있다고 믿었다.

Kohut은 또한 분열된 자기, 과하게 자극된 자기, 너무 과중한 책임을 진 자기, 지나치게 활성화되지 않은 자기와 같은 그가 치료 장면에서 목격한 임상적 증상을 규명했다(Lerner, 2008). 게다가 그는 반영 결핍(mirror hungry), 이상 결핍(ideal hungry), 대리-자아 결핍(alter-ego hungry), 접촉 회피(contact shunning) 및 합병 결핍(merger hungry)을 포함하는 어떤 성격 특성 또는 성격 유형을 설명했다. Kohut은 이러한 증상들과 성격 유형을 특정한 초기 경험과 증상에 연결하여 각각에 맞는 적절한 치료 전략을 제안했다. 이 정보는 치료자들이 내담자들로 하여금 그들이 보이는 성격장애 및 오랫동안 지속되고 침투적인 건강하지 않은 패턴을 이해하도록 돕고, 이러한 도전적인 장애를 치료하려는 노력을 촉진하도록 돕는 데 유용하다.

개입 전략

자기심리학에서 치료는 치료자가 내담자의 세계로 들어가도록 해주는 내담자의 주관적인 경험과 의미에 초점을 둔다. 이러한 관점으로부터 치료자들은 증상, 발달적 결함, 심리 내적 갈등, 관계의 어려움, 행동적 어려움을 포함하는 자기의 조건을 검토한다. 치료의 궁극적인 목표는 건강하고 응집력 있는 자기의 발달이다.

공감 Kohut은 공감(그가 간접적인 내사라고 이름 붙인)을 효과적인 치료를 위한 본질적인 것으로 보았다. 자기심리학 이론가들은 치료자들이 성장을 촉진하는 역할을 해야 한다고 믿었다. 즉, 능동적이고 개방된 경청을 강조하고 내담자의 주관적인 세계를 열기 위한 수용, 이해, 설명 또는 해석을 제공하는 역할을 해야 한다. 치료자는 지속적으로 내담자가 말했던 것의 본질을 반영하며, 이러한 반영에 대한 내담자의 승인 혹은 거절은 치료자가 내담자의 내부 세계를 진실하게 이해할 수 있게 한다.

자기심리학을 실천하는 치료자들은 판단을 피하며, 심지어 자기애적 욕구를 미성숙하고 자기중심적이라기보다는 발달적으로 이해 가능한 것으로 본다. 증상과 마찬가지로 저항도 상처입기 쉬운 자기를 보호하고 내부의 결속을 유지시키기 위한 노력으로 본다. 내담자에 대한 치료자의 명백한 관심과 내담자의 세계에 대한 높은 평가는 치료에서 내담자의 참여를 증가시키며, 고통스럽고 수용하기 힘든 요소들을 드러내도록 격려한다.

전이 내담자에 대한 치료자의 공감은 전이의 발달을 촉진시킨다. 이상화된 자기대상 전이에서 취약한 내담자는 치료자를 반영, 이상화, 밀접한 관계를 포함하는 충족되지 않은 발달적 욕구에 반응해줄 수 있는 힘과 안전의 근원으로 인식한다(Lerner, 2008). 내담자의 욕구는 발달 과정에서 좌절한 욕구를 반영하며, 전이는 자기대상 경험의 재활성화로 볼 수 있다. 공감은 치료자가 전이 관계에서 반영된 초기 자기대상을 수용해서 재형성할 수 있게 한다. 적절한 좌절 및 최적의 반응과 같은 기법은 치료자를 통해 제공된 기술과 통합되어 내담자가 내면화를 변화시킬 수 있게 한다. 그 결과 내담자들은 자신을 성숙하게 하고 좌절을 성공적으로 다룰 수 있는 자신감의 내부 지각을 발달시킨다. Kohut은 이 과정을 자기의 회복(1977)과 *How Does Analysis Cure?*(1984)에서 논의했다.

자기심리학의 현재 위상

1981년에 그가 죽은 이후로, Kohut의 개념은 유아발달에 관한 경험적인 연구를 통해서 확장되고 구체화되었다(Lachmann & Beebe, 1995). 또한 그의 연구는 성격장애에 대한 관심의 증가와 치료를 위해 제공된 견고한 개념들 덕분에 영향력을 가지게 되었다. Kohut의 연구는 또한 우울증과 불안, 섭식장애(Bachar, 1998), 학대에 대한 영향(Hirschman, 1997)에서 가치를 증명했다. 자기심리학의 접근이 이러한 질병을 가진 사람들의 치료에 적용되기 위해서 수정되어야 할 필요성이 있음에도 불구하고, 자기심리학은 정신증 환자와 경계선 성격장애자 치료에 유용한 것으로 보인다.

다양한 내담자를 대상으로 자기심리학의 적용을 연구하는 것에는 한계가 있지만, 일부 연구는 이러한 접근이 광범위한 관련성을 지니며 적용이 가능하다고 제안한다. 예를 들어 Elliott, Uswatte, Lewis 그리고 Palmatier(2000)는 삶의 과도기 동안 최적의 적응은 안정된 자기감과 의미 있는 목적을 추구하는 사람들의 능력에 의존한다는 Kohut의 개념을 연구했다. 그들은 주관적인 안녕감 및 삶의 만족뿐 아니라 실제로 최근의 장애에 대한 적응과 수용은 의미 있는 목표지향 및 자기감과 관련이 있음을 발견했다. Kim(2002)은 한국인 남성 이민자들 사이에서 신과 그들의 종교 지도자들에 대한 개념이 자기대상의 반영, 이상화, 밀접한 관계를 제공했음을 발견했다. 다른 연구에서 Lesser(2000)는 자기심리학에 근거한 집단치료가 여성들에게 자각을 촉진하도록 돕는다는 것을 발견했다. 자기심리학의 다문화적 적용에 관한 더 많은 연구가 필요하지만, 이 연구와 최근의 다른 연구들은 이 접근법을 융통성 있게 사용하면 다양한 사람들에게 사용될 수 있을 것이라고 제안한다.

공감과 치료자-내담자 협력에 대한 Kohut의 강조, 종종 정서적 장애를 일으키는 자기애와 자기애의 역할에 대한 이해, 그의 현상학적인 관점, 사람들의 주관적인 현실에 대한 강조는 깊은 심리치료의 실제와 상담 및 심리치료의 인본주의적 접근의 발달에 중요한 공헌을 했다. 그의 이론은 Freud 학파의 정신분석과 제3부에서 논의할 인간중심 및 실존주의 상담 접근법의 가교를 형성한다. Kohut은 사실상 사람들을 이해하고 돕는 분석적 방법을 제공한다. 그러나 이것은 동시에 초기 애착, 주관적인 진실을 강조하는 현재의 임상적 강조점과 일치하는 방법이기도 하다. 그리고 회복력을 촉진하는 것, 낙관주의 및 내담자의 힘의 중요성을 제공한다. 비극적인 사람에 관한 Kohut의 관점은 우리의 야망에 찬 그리고 서두르는 사회의 함정을 포착한 것이며 그의 이론의 적시성을 보여준다.

기법 개발 : 해석

해석은 정신분석의 기본적인 기술 중 하나이며 이 장에서 논의된 모든 치료자들에 의해 사용되었다. 해석은 사람들이 문제 혹은 상황을 보는 데 대안적인 참조의 틀을 제공해준다. 해석은 현재에는 중요하지 않은 반응을 상당히 중요하고 깊이 있는 과거의 경험과 연결시키기 때문에 내담자에게 변화를 위한 새로운 이해와 경로를 제공한다.

해석은 종종 내담자들은 자각하지 못한 그들의 동기와 행동에 대한 치료자의 통찰을 반영한다. 그런 이유로 수련생은 해석을 조심스럽게 전달해야 한다. 이상적으로는 질문과 정보를 제공하는 것이 내담자가 스스로의 해석을 만들도록 돕는 데 사용될 수 있다. 효과적인 해석에 있어서 시기의 적절성은 또 다른 중요한 변수이다. 즉, 해석은 사람들이 수용할 수 있고 이해할 수 있을 때 제공되어야 한다. 치료자는 또한 해석을 통해 내담자가 목표로 하는 것을 분명히 해야 한다. 치료자들이 스스로 통찰력이 있고 내담자들이 제공하는 정보의 조각들 간의 중요한 연결을 찾았다고 생각하는 것은 치료자의 자존감을 높여주지만, 해석은 치료자의 기술을 증명하려는 목적 또는 치료자 자신의 이익을 도모하기 위해 사용되어서는 안 된다. 대신에 해석은 내담자의 자존감을 강화시키고, 내담자에게 힘을 부여하고, 내담자가 더 나은 선택을 하도록 돕고, 내담자의 정서를 조절하고 변화시키려는 노력을 촉진하며, 내담자로 하여금 대인관계적 행동 및 다른 행동들을 향상시키는 통찰을 얻도록 돕는 것과 같은 긍정적인 방향으로 나아가는 데 사용되어야 한다. 마지막으로 해석의 제시는 치료자와 내담자가 갈등하거나 누가 옳은지 논쟁하는 적대관계의 상황을 절대 만들어내서는 안 된다. 일반적으로 해석은 내담자가 생각하고 논의하기 위한 정보로 제공될 때 가장 성공적이다. 만약 해석이 내담자에게 의미가 없다면, 내담자는 자신이 겁이 많고 지적이지 못하거나 변화를 두려워한다고 느낄 것 없이 그 해석을 거부할 권리를 가진다. 조심스럽고 신중하게 언어를 사용하는 것은 해석의 성공적인 전달에 기여할 수 있다.

사례

로베르토와 그의 치료자 간의 대화에 대해 숙고해보라. 대화에서 강점과 취약점 그리고 해석의 사용으로 당신이 배울 수 있는 것에 대해 생각해보라. 로베르토에게 의미 있고 수용 가능한 방식으로 해석을 전달하려고 하는 치료자의 노력을 눈여겨보라. 이후 부분에서의 연습은 이 대화를 분석하는 기회가 될 것이다.

해석의 사용을 입증하는 대화

로베르토 : 난 에디에게 무슨 문제가 있는지 이해를 못하겠어요. 그녀에게는 좋은 딸과 남편이 있어요. 왜 만족을 못하는 거죠?

치료자 : 자녀에 대한 에디의 역할과 당신의 어머니가 취했던 것을 어떻게 비교할 수 있는지 궁금해요.

로베르토 : 오, 우리 어머니는 에디와는 매우 달라요. 그녀는 모든 인생을 아이들에게 바쳤어요. 특히 저에게요. 제 생각에 저를 제일 좋아하셨던 것 같아요. 그녀는 가족과 함께 하면서 행복했어요. 나는 에디가 왜 그렇게 느끼지 않는지 이해를 못하겠어요.

치료자 : 그러니까 당신의 어머니가 해주셨던 양육과 그 어머 것에 행복을 느끼지 못하는 건가요?

치료자 : 이게 정말 당신에게 퍼즐 같고 에디가 당신 어머니처럼 되지 못하는 것으로 보여서 가끔 화가 난다는 것을 전 이해해요.

로베르토 : 그래요, 에디가 그걸 인정하길 바라지 않는 것 같아요. 하지만 그녀가 내 분노를 느끼고 있을 거라고 생각해요. 나는 그녀 스스로 도울 수 있도록 노력하고 있고, 우리 어머니가 하셨던 것처럼 모든 여성들이 느끼지

않는 시대라는 것도 알지만, 여전히 가끔 나를 괴롭혀요. 나는 에바가 최고의 엄마를 가졌으면 합니다…. 저처럼요.

치료자 : 당신 내부적으로 이 갈등 때문에 고생하고 있다는 것으로 들려요. 한편으로 당신은 에디가 행복하게 되기를 원하고 있어요. 하지만 또 한편으로 당신은 당신이 가졌던 좋은 양육을 에바가 갖지 못하게 된 것을 염려하고 있네요.

로베르토 : 네, 정말 그래요.

치료자 : 당신 어머니가 여성에게 기대할 것들을, 당신에게 가르친 것들을 에디가 주고 있지 않다는 것 때문에 때때로 분노하고 거의 빼앗긴 것처럼 느낀다고 생각해볼 수도 있을까요?

로베르토 : 글쎄요… 모르겠네요…. 내 말은, 나는 다 큰 남자잖아요. 나는 더 이상 엄마를 해줄 누군가가 필요하진 않아요.

치료자 : 당신은 아주 자기충족적으로 되었군요. 하지만 이따금씩 우리 중 대다수는 여전히 우리의 공포를 달래주고 우리가 얼마나 특별한지 말해줄 사랑하는 엄마를 원하는 어린아이가 내면에 있다고 느낀답니다.

로베르토 : 다 큰 어른이 그런 느낌을 갖는 건 뭔가 잘못된 것 아닌가요?

치료자 : 전 그렇게 생각하지 않아요. 특히 우리를 도울 수 있는 방식으로 이런 것들을 사용하고 우리가 이런 감정들을 깨달을 수 있다면요.

로베르토 : 글쎄, 나도 그런 느낌을 가끔 가질 거라고 생각해요. 모두 한 번씩 겁에 질린 어린애 같은, 내 무릎이 까졌을 때 같은 그런 느낌을 가질 거 같군요. 그리고 모두 괜찮다고 말해줄 사람을 원하기도 하고요. 하지만 그건 환상이에요. 내 눈을 닦아주고 내 무릎을 씻어주고 모든 걸 괜찮게 만들어주는 사람은 없어요. 그리고 이제는 내 문제들도 무릎이 까진 것을 넘어서는 것들이고요.

치료자 : 그 이야기는 당신이 스스로에게 그런 느낌에 대해서 말하고 그런 느낌을 가진다는 것도 말하기 어렵다는 것처럼 들리네요. 그런데 당신이 말했던 것에서는, 그들도 가끔 그렇고, 아마도 당신과 에디의 관계 그리고 그녀에 대한 당신의 기대에 영향을 미친다는 것 같아요.

로베르토 : 당신이 뭔가 갖고 있나 보군요. 난 에디에 대한 내 감정과 내 어머니에 대한 것 사이에 어떤 연결이 있을 거라고 한 번도 생각해본 적이 없어요. 내가 무얼 할 수 있을까요?

연습

대집단 연습

1. 사례에서 읽었던 대화에 대해 논의하라. 내용, 언어, 목적, 시기, 치료자-내담자 관계의 영향, 해석 과정에서 내담자가 얼마나 참여했는가, 전체적인 효과를 고려하라. 대화가 향상될 만한 방법을 생각해보라.

2. 이전의 장들에서 제공한 정보뿐 아니라 이 대화를 통해 당신이 알고 있는 로베르토의 개인력을 고려하라. 로베르토의 발달, 그의 현재 어려움, 그를 도울 수 있는 방법들에 대한 이해를 제공하는 데 이 장에서 기술된 이론적 접근들 중 하나를 선택하라. 로베르토의 과거와 현재를 연결시킬 수 있는 치료적 접근을 논의하고 치료를 위한 아이디어를 생각해보라.

3. 각 학생들은 이 장에서 기술한 이론들 중에서 가장 받아들이기 어렵다고 생각되는 세 가지 개념과 가장 큰 공헌점이라고 생각되는 세 가지를 목록화하라. 이것들을 열거해놓고 학생들이 동의

하는지 확인하라. 선택에 대한 생각들을 논의하라.

소집단 연습

1. 네 가지 기능과 두 가지 태도를 포함하는 Jung의 성격 차원을 고려하라(Jung의 원형론 온라인 검사 또는 MBTI를 완성해서 사용할 수 있는데, 이 논의에서 필수적인 것은 아니다). 집단 파트너와 당신의 차원에 대한 이해와 당신이 스스로에 대해 원래 생각하던 것을 반영하는지 혹은 일치하지 않는지에 대해서 논의해보라. 각각의 해석 후, 두 참가자와 관찰자 모두 인터뷰하는 사람과 받는 사람에 대한 피드백을 제공하라. 피드백은 아래의 영역에 초점을 두어라.
   - 개방형 질문 사용
   - 정보 제시의 명확성
   - 정보에 반응하는 인터뷰 대상자를 위한 기회의 타당성

2. 4명으로 집단을 나누어라. 2명씩 에디 또는 에바 역을 하는 내담자와 치료자 역할을 가정하라. 10분간 그녀 부모와의 초기 관계와 그녀의 현재 사회적 및 자존감의 곤란에 대한 역할 놀이를 하라. 이미 알려진 에디와 에바에 관한 정보를 사용하면서, 치료자는 과거와 현재를 연결하는 최소한 2개의 해석을 만들어야 한다. 2명의 관찰자는 전체적인 해석과 역할 놀이의 효과성에 주목해야 한다. 그 뒤 4명의 집단 구성원들은 특성, 언어, 타이밍, 목적, 해석의 영향, 특히 그들이 어떻게 개선되었는지에 초점을 두고 논의한다.

개인 연습

1. 당신의 부모와 당신의 관계에 대해 생각해보라. 당신이 매우 어렸을 때 당신의 부모가 어떤 유형이었다고 생각하는가? 만약 당신이 부모가 당신의 동생을 양육하는 모습을 관찰했다거나 제4장에서의 초기 회상에 대한 연습을 했었다면, 부모의 유형에 대한 어떤 통찰을 가지고 있을 것이다. 당신이 어린아이였을 때 받았던 양육이 현재 대인관계에서 당신이 갖는 기대와 행동에 어떻게 영향을 미치는지를 한 단락 정도 기록해보라.

2. Jung의 잠재의식 이론을 고려해보라. 페르소나는 우리가 다른 사람들에게 나타내는 우리 자신의 표상이다. 이것은 사회적 수용과 승인을 추구한다. 이와 대조적으로, 그림자는 우리 자신에게서 아주 약간만 수용 가능한 것이다. 이것은 일반적으로 우리가 받아들여질 수 없는 속성으로 인해 우리 자신과 타인에게 숨기고 있는 부정적인 특성이나 어두운 면을 반영한다. 다른 이들에게 나타나는 당신의 이미지는 무엇인가? 그리고 당신의 그림자에 대해 생각해보라. 그림자의 속성을 알아내는 것은 우리 자신에게 특히 어려울 수 있다. 그러나 우리는 우리의 그림자에 대한 정보를 찾기 위한 몇몇 장소들을 가지고 있다. 그림자는 그 특징 때문에 우리에게 받아들여질 수 없고, 그것들은 타인에게서 대상화될 가능성이 가장 많은 특징들이며, 심지어 소유하지 않은 것들을 사람들에게 투사하기도 한다. 우리 자신의 도덕적 취약점, 적응의 어려움, 사회적으로 수용 불가능한 행동들은 다른 이들에게 우리의 그림자 특성에 대한 단서를 제공한다. 우리

의 그림자를 이해하는 것에는 노력이 들지만, 강박적이고 강력한 그림자의 특성에서 확장된 에너지와 창의성으로 연결시키는 능력이 보상으로 주어질 것이다. 당신의 그림자 측면을 보라. 당신의 페르소나에 대한 관찰과 그림자를 발견한 경험을 일지에 기록하라.

요약

이 장은 정신분석적 사고에 대한 네 집단―분석심리학, 자아심리학, 대상관계이론, 자기심리학―에 대해 검토했다. 이 장에서 논의된 대부분의 이론가들은 초기에 Sigmund Freud의 사상을 받아들였지만 후에 그들 자신의 사상을 발전시켰다. Carl Jung은 심리적 발달에 영향을 미치는 타고난 패턴과 이미지, 우리 삶에서 영혼의 중요성, 전체성과 균형에 대한 우리의 욕구, 무의식의 수준에 주의를 환기하였다. 치료자이자 교육자로서 Jung은 정신(psyche)에 대한 발달 및 자각의 접근으로 사람들이 지식, 의미, 충족감뿐만 아니라 개별화와 자기인식을 하도록 도왔다. 다른 이론가들은 인간발달에서 추동의 역할을 강조하지 않았고 자아 또는 자기, 초기 부모-아동 관계, 애착에 상당한 강조를 두었다. 그들 대부분은 아동이 부모에 대한 상을 내재화하며, 이 상들은 아동의 자기지각과 그들의 이후 관계에 상당한 영향을 가진다고 믿었다. 대부분 이론가들이 계속해서 전이 관계를 중요하게 여겼지만, 그들은 또한 치료자와 내담자의 협력을 믿었고, 공감·수용·치료를 향상시키기 위한 다른 정서적이고 인간적인 개입에 대한 믿음을 가졌다. 거의 모든 이론가들은 계속해서 연구되고 있다. 그들은 정식분석에서뿐 아니라 이 책에서 논의될 다른 이론들에도 지대한 영향을 끼쳤다.

추천 도서

Carl Jung

Galanter, M., & Kaskutas, L. A. (Eds.). (2008). *Recent developments in alcoholism, Vol. 18*: *Research on Alcoholics Anonymous and spirituality in addiction recovery*. Totowa, NJ: Humana Press.

Journal of Analytical Psychology.

Jung, C. G. (1961). *Memories, dreams, reflections*. New York, NY: Pantheon.

Jung, C. G. (1964). *Man and his symbols*. Garden City, NY: Doubleday.

Shamdasani, S. (2011). *C. G. Jung : A biography in books*. New York, NY: W. W. Norton.

Karen Horney

Paris, B. J. (1994). *Karen Horney: A psychoanalyst's search for self understanding*. New Haven, CT: Yale University Press.

Harry Stack Sullivan

Chapman, A. H. (1978). *The treatment techniques of Harry Stack Sullivan*. New York, NY: Brunner/Mazel.

Grey, A. L. (1988) Sullivan's contributions to psychoanalysis: An overview. *Contemporary Psychoanalysis, 24,* 548-576.

Anna Freud

Sandler, A. (1996). The psychoanalytic legacy of Anna Freud. *Psychoanalytic Study of the Child, 51,* 270 -284.

Young-Bruehl, E. (2008). *Anna Freud: A biography.* New Haven, CT; Yale University Press.

Object Relations Theorists

Cashdan, S. (1988). *Object relations therapy: Using the relationship.* New York, NY: Norton.

Celani, D. P. (2010). *Fairbairn's object relations theory in the clinical setting.* New York, NY: Norton.

Lubbe, T. (2011). *Object relations in depression: A return to theory.* New York, NY: Routledge.

Mitchell, S. A., & Black, M. J. (1995). *Freud and beyond: A history of modern psychoanalytic thought.* New York, NY: Basic books.

Scharff, J. S., & Scharff, D. E. (2005). *The primer of object relations* (2nd ed.). Northvale, NJ: Aronson.

Strozier, C. B. (2001). *The making of a psychoanalyst.* New York, NY: Farrar, Strauss and Giroux.

Heinz Kohut and Self psychology

Lachmann, F. M. (1993). Self Psychology: Origins and overview. *British Journal of Psychotherapy, 10,* 226-231.

Livingston, M., & Livingston, L. (2000). Sustained empathic focus and the clinical application of self -psychological theory in group psychotherapy. *International Journal of Group Psychotherapy, 56,* 67- 85.

Other References

Gabbard, G. O. (Ed.) (2009). *Textbook of psychotherapeutic treatments.* Washington, DC: American Psychiatric Publishing.

Hillman, J. (1996). *The soul's code: In search of character and calling.* New York, NY: Random House.

Sayers, J. (1991). *Mothers of psychoanalysis: Helene Deutsch, Karen Horney, Anna Freud, Melanie Klein.* New York, NY: Norton.

단기정신역동치료

제2부에서 논의되는 마지막 이론은 단기정신역동치료(BPT)이다. 이 책의 제2부에서 살펴본 모든 이론들과 마찬가지로, BPT는 Freud식 정신분석에 뿌리를 두고 있다. 사실 Freud 자신도 종종 단기치료를 실행했다. BPT는 Anna Freud의 자아심리학, 발달심리학, 대상관계이론, Kohut의 자기심리학, Sullivan의 대인관계이론 그리고 가족체계개념(family systems concepts)에 의해서도 영향을 받아왔다(Strupp, 1992).

전통적 정신분석과 비교하여 BPT는 명확한 목표의 수립, 치료의 효율성, 상호작용적이고 회복적인 치료자-내담자 관계에서 오늘날의 임상적 강조점들과 더 많은 부분 일치한다. 단기치료가 항상 짧은 것은 아니지만 시간제한적이며 6~50회기로 실시된다. 경험적인 연구에서는 가장 의미심장한 변화가 처음 8회기 안에 일어난다고 밝히고 있다(Lambert, Bergin, & Garfield, 2004). BPT는 분명한 위기나 문제에 초점을 두고, 제한된 목표를 설립하며, 폭넓고 융통성 있는 개입을 사용한다. 이 이론이 정신역동적인 이유는 한 개인의 초점이 되는 문제가 그 사람의 원가족에서의 초기 문제를 반영하거나 되풀이한다는 가설에 근거한다. BPT를 이용하는 치료자들은 치료에서 현재 초점이 되는 갈등과 이것의 기원 모두를 다룸으로써 사람들의 현재 걱정은 해결될 수 있으며 그들이 미래에 이와 비슷한 주제들을 다루는 능력을 향상시킬 수 있다고 믿는다.

BPT는 광범위하게 사용되는 중요한 치료 접근이다. 미국심리학회(APA)의 회원들에 대한 조사에서 25%가 자신들의 이론적 기원을 정신역동이라고 밝혔으며, 이는 절충주의 다음으로 가장 많았다. 게다가 많은 연구가 폭넓은 범위의 사람들과 정신장애 치료에 있어서 BPT의 가치를 지지해 준다. 모든 치료자들은 계획했든 아니든 단기적인 치료를 어떠한 형태로든 하게 된다(Levenson, 2010). 물론 이 접근법은 모든 사람이나 문제에 적당하지는 않다. 이것은 사람들을 BPT로 치료하는 것이 적당한지 결정하는 데 조심스러운 평가를 요구한다.

단기정신역동치료의 발달

Sándor Ferenczi와 Franz Alexander를 포함한 여러 사람들이 BPT의 초기 발달에 참여했다. 부다페스트 출신의 Ferenczi는 Freud의 지지자 중 한 사람이었다. 하지만 Ferenczi는 전통적인 정신분석학자들에 의해 가정되는 수동적 태도에 반대했으며 치료에 대한 더욱 적극적이고 효과적인 접근을 추구했다. 그는 내담자들이 그들의 두려움과 직면하도록 격려했고, 임상적 관심의 폭을 더 좁게 두는 데 지지했으며, 치료자들은 치료 과정에서 적극적인 역할을 맡아야 한다고 믿었다.

1940년대 시카고 연구소에서 정신분석을 실행했던 Alexander는 치료자의 태도가 부모나 대인 관계 반응과는 다르므로 치료는 개인이 오래된 갈등을 재체험할 수 있게 새로운 학습을 장려하도록 고안된 '교정적 정서 체험(corrective emotional experience)'이라고 보았으며, 내담자는 정서적 반응에 깔려 있는 불합리성을 지적으로 이해할 수 있고 경험적으로 느낄 수 있다고 보았다(Alexander & French, 1946). 내담자들은 오래된 갈등이지만 새로운 결말로 재체험할 수 있다. Alexander는 치료적 변화의 토대를 형성하는 이러한 신경증적 패턴의 교정을 명시하였다. 그는 치료자들이 전이를 유도하려 노력하기보다는 전이를 유발하는 것과 반대되는 방법으로 행동한다고 주장했다. 이것은 사람들에게 해묵은 상처를 다시 끌어내기보다 치료를 위해 설계된 경험을 제공할 수 있다. Alexander는 이후에, 상황에 적합한 최선의 기법들을 선택하고 치료자가 더 지시적인 자세를 취함에 있어 치료에 유연함이 필요하다고 집필하였다. Alexander는 현재 삶의 문제에 초점을 둔 단기 치료를 시도했고 치료가 치료 장면을 벗어난 그들의 삶에 학습한 것을 적용할 수 있어야 한다고 믿었다.

BPT의 현대적 적용과 관련된 많은 사람들은 다음과 같다.

- David Malan(단기정신역동치료의 타비스톡 체계)
- Lester Luborsky(시간제한역동 지지-표현정신치료)
- James Mann(시간제한심리치료)
- Hans Strupp과 Hanna Levenson(시간제한역동정신치료)
- Gerald Klerman(대인관계정신치료)

일단 우리는 BPT의 공통점을 살펴보고, 후에 이러한 접근들이 다른 접근들과 구별되는 몇 가지 특징과 공헌에 대해 논할 것이다. 하지만 이러한 접근들의 이름은 그 자체로 본질을 반영한다. 그들은 단기이며, 집중적이고, 적극적이며, 정서와 관계에 상당한 관심을 기울인다.

중요한 이론적 개념들

비록 BPT가 효과적일 수 있지만, 이것은 전통적 정신분석과 몇 가지 주요한 방식에서 다르다.

- 특정한 내담자의 특성들은 치료 결과에 긍정적 영향을 준다.
- BPT는 비교적 시간제한적인 단기이며, 분명한 종결날짜나 회기의 횟수가 치료의 초기에 종종 정해진다. 치료는 1년 이상인 경우가 드물며, 전형적으로 12~20회기로 실시된다 (Presbury, Echterling, & McKee, 2008).
- 치료의 초점은 치료 초기에 확인되는 특정한 정신 내적 갈등에 있다.
- 목표는 치료의 우선순위를 명백하게 하기 위해 설립된다.
- 치료자는 해석을 사용함으로써 적극적이며 때로는 도전적이지만, 퇴행에는 반대한다. 내담자와 치료자는 전이를 중시하지 않지만 교정적 정서 체험을 촉진하는 현실에 기초한 관계에서의 상호작용을 촉진하기 위해 마주 보고 앉는다.
- 상실과 분리, 끝마침(ending)의 문제를 수반한 종결은 상당한 주의를 받는다.

기초 이론

BPT에 따르면, 정서적 어려움은 받아들일 수 없는 감정이나 충동을 성공적으로 다루는 능력의 부족에 의해 종종 유발된다. 그들의 자아방어가 그들의 추동과 받아들일 수 없는 감정들을 억누르거나 수정하려는 외부적 현실의 요구 간의 중재에 실패할 때, 불안의 문제가 발생한다. BPT를 사용하는 치료자들은 초기의 상호작용들과 정신 내적 경험들이 마음속의 영구적인 패턴을 형성하며, 이러한 패턴들이 현재의 어려움들에서 나타난다고 믿었는데, 이는 전형적으로 아동 초기 문제들이 반복됨을 반영한다(Alexander & French, 1946).

예를 들어, 한 여성은 그녀를 거부하거나 이용하는 기혼 남성에게 자주 매력을 느낀다는 것을 스스로 발견할지도 모른다. 이것은 유혹적이며 거부적이었던 그녀의 아버지와의 초기 관계 그리고 그러한 관계를 넘지 못하는 그녀의 무능력의 재현일 것이다. 그녀의 자아방어는 아버지와 친밀한 관계로 나아가고 싶은 추동과 이러한 관계의 사회적 비수용성을 중재하는 데 실패해왔다. 이러한 감정들은 긍정적인 방법으로 억제되거나 수정되지 않았었기 때문에, 그 여성은 갈등에 사로잡힌다. 그녀는 보상적인 관계를 찾으려는 스스로의 노력을 고의적으로 방해하고 이러한 패턴에 대해 좌절과 불행함을 느낀다. 그러면서도 적절한 파트너와 건강한 관계를 형성하기 위해 그녀의 충동을 변화시킬 수 없다.

대부분의 BPT 접근들에 따르면, 자기파괴적 충동을 조절할 수 있도록 자아를 강하게 하고, 사람들이 통찰을 얻고 갈등을 해결할 수 있게 도우며, 다른 사람들과 관계하는 효과적 방법들을 가르치는 데 치료적 관계를 사용함으로써 치료자는 내담자들이 반복적인 역기능적 패턴에서 벗어나고 건강한 방식으로 성장하도록 도울 수 있다. 변화를 위한 중요한 구성요소들에는 정서적 해소, 치료자와의 교정적 정서 체험, 더 큰 통찰의 획득이 포함된다. 치료자와의 관계에서 성공하고, 그들의 정서를 표현하며, 그들 자신을 더 잘 이해함으로써 방어적이고 자기보호적인 책략에 묶여 있던 에너지는 이제 그들이 앞으로 나아갈 수 있도록 자유로워진다.

적절한 내담자의 선택

다음의 특성들이 단기정신역동 심리치료에 적합하다고 발견되었다(Leichsenring, 2009).

> 1. 높은 대상관계의 질(과거나 현재 최소한 하나의 좋은 관계의 존재)
> 2. 현실적인 기대들
> 3. 제시되는 주 호소가 제한적이고, BPT를 통해 이해될 수 있음
> 4. 증상의 개선에 대한 동기뿐 아니라 변화와 성장에 대한 동기
> 5. 성격장애의 부재

단기정신역동치료의 과정

Messer와 Warren(1995), 다른 사람들은 BPT에 초점을 둔 중요한 영역인 두 가지의 3요소(triads)를 식별해냈다. 첫째로, 충동-방어 3요소(impulse-defense triad)로도 알려져 있는 통찰의 트라이앵글(triangle of insights)로, 현재와 최근의 관계들, 과거의 실제 또는 상상된 관계들(특히 부모와 형제자매들), 치료자와의 관계가 포함된다. 두 번째로, 갈등의 트라이앵글(triangle of conflict)은 충동들과 감정들, 충동과 관련된 불안과 죄의식, 충동으로 인해 발생한 불안을 감소시켜주는 방어들을 포함한다. 그들의 본질을 통찰하도록 이끄는 이러한 3요소에 대한 탐구는 사람들의 삶에서 새로운 학습과 긍정적인 변화를 촉진시킬 수 있다.

단기정신역동치료의 단계

Sifneos(1979a)는 대부분의 BPT 모델들에 대한 전형적인 치료의 5단계를 정의했다.

1. **환자-치료자 만남** 내담자와 치료자는 라포(rapport)를 발달시키고, 치료 동맹을 세운다. 그들은 실행 가능하고 서로 동의할 수 있는 치료의 초점, 즉 내담자의 주된 어려움과 관계된 정서적 문제를 확인한다. 치료자는 일반적으로 어린 시절부터 이어져 온 반복적인 역기능적 관계의 패턴에 반영된 어려움을 설명하기 위해 정신역동적 사례개념화(formulation)를 해나가기 시작한다. 내담자와 치료자는 치료를 통해 예상되는 성과와 목표에 대한 진술문을 작성할 수도 있다.

2. 초기 치료 이 단계는 BPT의 현실에 대한 중요성을 강조한다. 내담자의 긍정적인 전이 반응은 퇴행을 감소시키기 위해 직면되는 반면, 내담자는 마술적이고 소망적인 사고를 현실과 구별하도록 촉진된다.

3. 치료의 절정 이 단계의 주된 요점은 현재 문제를 과거로 연결하는 것이다. 비록 과거가 BPT로 탐구되더라도, 이것은 현재 초점에 있는 문제와 관련된 것만 검토된다. 치료자를 향한 분노나 불안은 이 단계에서 일반적인 것이며, 저항의 징후가 나타난다. 저항이 명백할 때 전이는 그들의 저항을 감소시키고 내담자의 불안에 대한 이해를 촉진시키기 위해 탐구된다. 더욱 일반적으로, 치료적 관계는 내담자의 역기능적 관계 패턴에 대해 알 수 있는 기회를 제공하며 새로운 방식의 상호작용을 시도해볼 수 있는 장소이다. 내담자들은 문제를 해결하는 새로운 방법들을 더 많이 사용하도록 격려받는다.

4. 변화의 증거 내담자들은 치료를 통해 배운 것을 종합하고 적용할 수 있게 된다. 긍정적인 변화는 증상의 감소를 포함하여, 문제해결의 증진 그리고 상호작용 기술과 관계의 향상을 통해 알 수 있을 것이다.

5. 종결 초기의 목표들이 내담자와 치료자가 치료를 종결해야 한다고 결정할 만큼 충분히 충족되었다면 종결을 한다. 목표를 확장하거나 유의미한 성격 변화에 영향을 주기 위한 노력이 진행되지 않는다. 치료자들은 치료에 대한 한계를 여전히 인식하고 있다. 치료가 종결됨에 따르는 상실과 분리의 문제를 다루는 데 치중한다. 내담자들은 그들의 노력과 성과들에 대해 축하받으며, 치료는 내담자들이 스스로 작업을 지속할 수 있다는 인식이 있을 때 종결을 한다.

단기정신역동치료를 이용한 치료

단기정신역동치료는 광범위한 독특한 기법들을 사용하지는 않는다. 오히려 이것은 치료자가 채택하는 하나의 태도이다. 이것은 주로 분석과 해석 그리고 전통적인 분석과 관련된 전략들을 많이 이용한다. BPT를 사용하는 치료자들은 이야기 치료, 인지치료, 정서중심치료, 동기적 면담과 같은 다른 치료 모델들과 관련된 전략들 또한 폭넓게 사용한다(Presbury et al., 2008). 하지만 BPT와 관련된 접근들에 대해 어느 정도 일반화할 수 있다.

목표

BPT는 현존하는 문제들을 해결하고 총체적인 성장을 촉진하려는 시도이다. 명확한 목표는 전형적으로 독립성 대 의존성, 적극성 대 수동성, 긍정적 자존감 대 훼손된 자존감, 해결된 고통 대 미해결된 고통과 같은 초점이 되는 갈등의 해결을 목표로 삼는다. 성장과 관련된 목표에는 사람들이 더 성공적으로 그들의 삶을 살아갈 수 있도록 인간의 내적 경험의 변화와 이해를 도모하는 것, 자신에 대한 긍정적 감정을 증가시키는 것 그리고 학습의 적용을 촉진하는 것이 포함된다(Strupp, 1992). 더욱이, 치료자는 사람들이 자신의 갈등과 대인관계 장면을 더욱 효과적으로 다룰 수 있게 하기 위해 그것들을 지속적으로 탐구하는 데 필요한 통찰과 도구를 주려고 노력한다.

치료 동맹

Strupp(1992)은 BPT에 대해 "가장 치료적인 것은 내담자가 치료자를 감정·태도·가치가 내사된 중요한 타인으로 경험하는 것이며, 따라서 삶의 초기 중요한 타인과의 경험을 교정하는 것일 것이다"(p. 25)라고 말했다. 치료자와의 긍정적 관계 형성은 그들이 과거에는 잘 다루지 못했던 경험들을 재경험하고 성공적으로 다루게 하여 그들의 부적응적 패턴을 바꿀 수 있게 도울 수 있다. 치료 동맹의 교정적 경험은 내담자로 하여금 초기 어린 시절 관계의 결점을 보상하게 하고, 현재에서 더욱 건강한 관계를 형성하도록 도와줄 수 있다. 덧붙여서, 그들에 대한 치료자의 태도와 행동을 내면화하는 것은 내담자들이 그들 자신을 더욱 긍정적으로 여기도록 도울 수 있다. 이 모델에서 많은 책임감이 치료자에게 있다. 결과적으로, BPT를 수행하는 사람들에게 개인치료가 요구된다.

BPT가 전이와 역전이 반응이 치료에서 다루어질 필요가 있다고 인정함에도 불구하고, 어린 시절 애착 문제에 초점을 두는 전이의 전통적 해석은 드물게 사용된다. 전이와 역전이가 발생할 때, BPT 이론가들은 일반적으로 새로운 방식으로 이 과정을 생각한다. Levenson(2003)에 따르면 "… 전이는 왜곡이라 생각되지 않고 오히려 치료자의 행동과 목적에 대한 내담자의 그럴듯한 인식이며 역전이는 치료자 측면에서의 실패를 나타내는 것이 아니라 오히려 내담자와의 상호작용으로부터 밀고 당기는 그들의 자연스러운 반응을 나타낸다"(p. 305). 전이 탐구의 목표는 아동 초기 애착 경험에 대한 통찰에 있다기보다 교정적 정서 체험을 제공하는 데 있다. 전이 반응을 촉진하기보다 치료자들은 "내담자의 대인관계 성향에 이끌려 상보적으로 반응하지 않도록 저항함으로써 관계에 대한 내담자의 오래되고 완고한 방식을 강화하지 않는다"(Bernier & Dozier, 2002, p. 39). 대신, 치료자들은 습관적인 역기능적 관계 패턴에 대한 내담자의 인식을 증가시키고 더 효과적인 관계 기술을 촉진시키는 방식으로 치료자에 대한 내담자의 행동과 반응을 적극적으로 사용한다.

치료자들은 또한 Carl Rogers가 옹호한 필요충분조건인 공감적인 경청, 보살핌과 연민, 이해하는 기술들에 숙달되어야 한다(제8장 참조). 앞서 논의된 바와 같이 긍정적인 치료 동맹의 창조는 치료 결과의 가장 강력한 예측인자 중 하나이다. 이것은 내담자가 아동이든 성인이든 진실이다. 라포와 강한 치료 동맹을 발달시키는 것은 BPT에서 내담자의 치료에 적극적이고 협력적인 역할을 하도록 치료자를 나아가게 하는 데 핵심적이다.

단기정신역동치료의 구체적 모델들

많은 사람들이 BPT의 발달에 관련되어 있다. BPT의 다양함을 모두 기술하는 것은 이 장의 범위를 넘어서는 일이다. 하지만 우리는 Gerald Klerman과 그의 동료들에 의해 개발된 대인관계정신치료 (Interpersonal psychotherapy)와 Hans Strupp에 의해 개발되어, 최근에는 Hanna Levenson의 작업에 의해 강화된 시간제한역동정신치료(TLDP)의 두 접근들에 대한 폭넓은 정보를 제시한다.

Klerman의 대인관계정신치료

대인관계정신치료(IPT)를 어디에 범주화할지 결정하는 것은 어렵다. 그것은 Adolph Meyer(1957)

의 정신질환에 대한 심리생물학적 접근의 틀 안에 있으며, Harry Stack Sullivan(1953, 1970)의 대인관계 작업에 의해 영향을 받은 의학적 모델이다. IPT는 실제로 정신분석적 접근도 아니고 인본주의적 접근도 아니다. 일부 사람들은 토대가 되는 성격 이론이 없다는 것은 완전히 독립된 접근이 아니라고 논쟁을 할 것이다. 그러나 이 시간제한적인 접근이 효과적이며 전 세계적으로 대중적으로 성장하고 있다는 데에는 의심의 여지가 없다. 특히 심리장애의 치료에서 많은 비용이 드는 약물에 대한 대안을 제공한다.

IPT는 처음에 코네티컷 주의 뉴 헤이븐에서 1970년대에 우울증에 대한 공동 연구 프로그램의 일부로 Gerald Klerman과 동료들에 의해 개발되었다(Verdeli & Weissman, 2011). Sullivan의 아이디어에서 영향받은 IPT는 사회적이며 대인관계적인 경험을 강조한다. 이것은 무의식과 아동 초기 상호작용의 중요성을 인정하지만, 현재의 관계와 패턴 및 사회적 역할과 대처 기술에 더욱 초점을 맞춘다.

IPT에 따르면, 부모의 죽음이나 아동과 초기 양육자 간의 관계의 어떤 다른 붕괴는 성인일 때의 우울증에 대한 취약성을 증가시킬 수 있다. 일단 취약성이 확립되면, 성인기의 고통스런 대인관계 경험이 우울증을 발병 또는 재발시킬 수 있다. IPT에서는 강한 사회적 동맹이 우울의 가능성을 감소시킨다고 설명한다.

IPT는 내담자와 치료자가 전형적으로 매주 14~18회기 동안 만나게 되는 제한적 치료 접근이다. 치료의 초점은 (1) 대인관계적 결함(사회적 역할들과 사람들 사이에서의 상호작용), (2) 역할 기대와 논박, (3) 역할 이행 (4) 비탄이다(Weissman, Markowitz, & Klerman, 2007). 치료는 초점이 되는 관심사를 식별하고, 증상을 개선하고 대인관계 기능을 향상시키는 것을 추구한다.

IPT를 통한 치료는 세 가지 단계들을 포함한다.

1. **첫 회기** 1단계의 치료 목표에는 증상을 평가하고 애도, 대인관계 갈등, 역할 이행 또는 대인관계 부족과 같은 증상들과 관련된 1~2개의 초점이 되는 관심사를 확인하는 것이 포함된다. 덧붙여, 치료자들은 IPT에 대해 설명하고 그들의 증상이 치료를 통해 개선될 수 있는 장애라는 것을 내담자들이 인식할 수 있도록 돕는다.

2. **중재 단계** 이 단계의 초점은 1단계에서 나타난 대인관계 어려움이나 문제에 있다. 목표가 수립되고 이러한 목표를 달성하기 위해 전략들이 사용된다. IPT는 지지, 정서와 내용을 이끌어내는 질문들, 해석, 패턴의 확인, 조언, 교육, 명료화, 의사소통에 대한 피드백, 의사결정기술 교육, 행동–변화 기법들, 역할극, 치료적 관계를 포함하는 다양한 전략들의 사용을 권장한다. 비록 치료자가 활동적인 역할을 함에도 불구하고, 내담자들은 그들의 치료에서 가능한 한 많은 책임감을 취하도록 격려된다.

3. **종결 단계** 종결은 계획되어, 조심스럽게 진행되고 적어도 치료를 종결하기 2~4회기 전에 시작된다. 내담자의 분노, 슬픔, 상실, 애도의 감정들은 수용되며 논의된다. 치료자들은 내담자들에게 그들이 현재 이러한 감정들을 다룰 수 있으며 그들의 삶이 나아질 수 있다는 메시지를 전달한다.

연구는 IPT에 상당한 지지를 제공해왔으며, 원래 우울증의 치료를 위해 설계되었으나 약물관리와 결합된 양극성 장애(Frank, 2005), 특정한 유형의 우울증(분만기, 의학적 질병과 결합된, 나이 든 성인들, 히스패닉계의 사람들에게 나타나는), 폭식증 및 다른 섭식장애들, 외상후스트레스장애(PTSD), 대인관계 갈등(Markowitz & Weissman, 2012; Mufson, Dorta, Moreau, & Weissman, 2011; Rafaeli & Markowitz, 2011)을 포함한 많은 다른 조건들의 치료에 유용하다는 것이 발견되었다.

IPT는 시간제한적이며, 청소년들에서 더 나이 든 성인들까지 모든 연령들과 다양한 세팅에서 작업할 수 있는 매뉴얼화된 치료 접근을 제공한다(Weissman et al., 2007). 많은 전문가들, 특히 막 치료를 시작하는 치료자들은 이 접근을 좋아하는데, IPT가 사람들의 삶에서 대인관계의 역할을 인정하고 간결하고 따르기 쉬운 처방된 치료 과정을 제공하기 때문이다.

⚙️ 시간제한역동정신치료

밴더빌트대학에서 그의 동료들과 함께 작업한 Hans Strupp은 시간제한역동정신치료(TLDP)를 체계화하는 데 대상관계이론과 Harry Stack Sullivan의 작업을 많이 활용했다. Hanna Levenson은 TLDP의 본질을 확장하고 명료화했다. Levenson(2003)에 따르면 "TLDP는 만성적이고 보편이며 역기능적 방법으로 다른 사람들과 관계 맺는 환자들을 위한 대인관계적이고 시간에 민감한 접근이다"(p. 301). 이러한 내담자들은 전형적으로 지속되는 대인관계 어려움과 더불어 의존성, 비관주의 또는 비난의 외재화 패턴을 반영하는 성격장애를 가진다. 성격장애로 진단된 사람을 치료하기 위한 TLDP의 사용과 관련된 연구에서 60%가 평균 14회기 이후에 긍정적 결과를 달성했다고 나타났다. TLDP는 그러나 인지적 과정 문제를 가진 사람들, 정신증을 가진 사람들, 신경학적이거나 물질남용 혹은 행동 면에서 지속적인 사례관리와 지지를 요구하는 사람들에게는 적합하지 않다(Levenson, 2010).

TLDP의 주된 목표는 보호자와의 어린 시절 관계에 뿌리를 둔 대인관계 상호작용 패턴을 변화시키는 것이다. 치료적 관계는 변화를 위한 주된 도구이다. TLDP에 따르면, 내담자들은 그들의 인생 동안 타인과 상호작용했던 것과 같은 방식으로 치료자와 상호작용한다. 관계에서 지속적이고 문제가 되는 방식을 알아내고 내담자가 치료 동맹의 교정적 정서 체험을 통해 상호작용의 새로운 방법과 이러한 상호작용에 대한 이해를 발전시키도록 도움으로써 치료자들은 사람들이 그들의 관계를 증진시키도록 돕는다(Najavits & Strupp, 1994; Strupp, 1992).

역전이는 치료자가 치료를 필요로 하는 사람의 잘못된 역동을 재창조하기 위해 사용되는 동안 "대인 간 공감의 형태"(Levenson, 2010, p. 25)로 여겨진다. 초커뮤니케이션(meta-communication)을 사용하면서 치료자는 내담자들이 대인관계 행동 패턴을 인식하고 그들이 대인관계 문제에 역할을 하고 있다는 것을 알고 변화하도록 돕는다. 처음에 치료는 현재의 관계 패턴에 집중하지만 일단 이러한 패턴이 확인되고 이해되면 초점은 어려움의 초기 기원을 탐색하는 것으로 바뀌게 된다(Levenson, Butler, Powers, & Beitman, 2002). 일단 이러한 것들이 명확해지면, 비록 그들의 관계 패턴이 한때 적응적이었을지라도 치료자는 그것이 더 이상 내담자들에게 도움이 되지 않음을 내담자가 이해하도록 돕는다. 이것은 새로운 기술들의 발달뿐 아니라 대인관계 패턴의 수정을 촉진한다.

치료자의 역할은 탐색적이며 긍정적이다. 이 접근에서는 치료 동맹의 질이 결과와 강하게 연관된다. 내담자들에게 따뜻하고 단호하고 보호적이라고 지각된 치료자들은 더욱 긍정적인 결과를 갖는다. 평가는 신속해야 하며 개입들은 즉각적이다―치료의 길이, 폭, 범위를 설명하는 구두 계약이 때때로 행해진다. 강점과 회복력에 대한 강조와 함께 성공 결과들이 상세하게 설명될 수도 있다. 인지행동적이고 다른 개입 전략들 또한 TLDP 치료자들의 작업에 통합될 수 있다(Levenson, 2010).

통합적이고 애착에 기반하며 경험적인 TLDP는 정신병리가 아니라 회복력에 초점을 둔다. TLDP가 융통성 있고 단기적인 틀 안에서 내담자들을 치료하기 위해 설계되었으므로, 퇴원 전에 겨우 한 회기 정도 참여할 수 있는 단기 정신과 입원 환자들과의 집단 작업에 이상적이다. 지금-여기에서 부적응적인 대인관계 패턴에 초점을 두는 것은 극심한 우울증을 가지고 있고 정신증이나 조증과 관련된 행동화를 경험하는 입원 환자들이 그들의 부적절한 사고와 행동을 인식하고 그들에게 적절한 말과 의사소통을 사용하도록 가르치는 데 도움을 줄 수 있다(Weiss, 2010).

BPT의 많은 다른 모델들은 매우 많아서 여기에서 자세히 논의할 수는 없다. 관심이 있는 독자들은 스스로 연구하기를 권한다. Summers와 Barber(2009)는 더 새로운 모델들이 기반을 두고 있는 전통적인 단기정신역동치료들을 아래와 같이 구분하였다.

- Davanloo의 집중적 단기정신역동치료(Davanloo, 1979, 1980)
- Luborsky의 시간제한역동 지지-표현정신치료(Luborsky, 1984; Messer & Warren, 1995)
- Malan의 단기정신역동치료의 타비스톡 체계(Demos & Prout, 1993)
- Maan의 시간제한심리치료(Demos & Prout, 1993)
- Sifneos의 단기불안유발정신요법(short-term anxiety provoking therapy)(Sifneos, 1979b, 1984)

단기정신역동치료의 적용과 현황

단기정신역동치료는 여러 형태로 폭넓게 사용되는 주된 치료 접근이다. BPT는 많은 강점을 지닌다. 이것은 적극적이고 낙관적인 융통성 있는 접근이다(Levenson, 2003). BPT는 다른 이론적 견해에서 나온 치료 전략을 통합한다. BPT는 빠른 증상 완화와 건강관리제도의 조건에 대한 내담자의 욕구를 충족시키는 단기적이고 효율적인 치료 접근이다. 다양한 정신장애를 치료하는 데 있어서의 BPT 사용이 많이 알려졌지만, 이것의 다문화적 적용에 대한 지식은 여전히 제한적이다.

진단 집단에 적용

BPT는 많은 장애들에 있어 안전한 치료 접근이다. PTSD와 다른 외상 관련 장애들, 애도, 물질남용장애들, 심리적 원인으로 인한 신체적 질환, 폭식증, 아동정신증, 모든 유형의 기분장애들, 경계선 성격장애 등을 치료하는 데 있어 이것의 가치는 연구에서 입증되어 왔다(Levy, Wasserman,

Scott, & Yeomans, 2012; Seligman & Reichenberg, 2012). 물론 BPT의 모든 접근들이 이런 장애들을 치료하는 데 효과적인 것은 아니다. 내담자를 BPT의 양식에 연결시키는 것은 효과적인 치료의 가능성을 증가시킨다. 예를 들어 시간제한역동심리치료는 특히 만성적이고 보편적으로 대인관계의 어려움을 겪는 사람들에게 겨냥되는 반면, 대인관계심리치료는 우울증의 치료에 특별히 효과적이다.

BPT는 모든 사람이나 모든 장애에 적합하지 않다. 그러나 BPT는 대인관계를 개선하는 데 초점을 두는 유연한 접근이므로 정신증적 장애, 양극성 장애, 심각한 성격장애와 물질사용장애들을 가진 사람들을 위한 약물과 다른 치료 접근들에 부가적으로 도움이 될 수 있다. 치료는 집단 환경뿐만 아니라 개인에게도 적절할 수 있다.

다문화 집단에 적용

BPT는 현재 모든 연령의 사람들에게 사용되고 있다. 연구에 따르면 아동, 청소년, 노인, 그 밖의 성인들에게 사용되어왔다(Hinrichsen & Clougherty, 2006).

일부 연구는 문화들에 따라 유용하다. 예를 들면, 아시아계 미국인 학생들에 관한 한 연구에서는 (Wong, Kim, Zane, Kim, & Huang, 2003) 낮은 백인 정체성과 강한 독립적인 자기개념을 가진 학생들은 BPT보다 인지치료가 더 신뢰할 만하다는 것을 발견하였다. 그렇다면 자기상뿐만 아니라 문화적인 변인들도 사람들의 BPT 수용에 하나의 역할을 하는 것으로 보인다.

BPT가 명백하게 시간제한적이고 초점화된 치료라는 것을 고려해볼 때 그것은 일상생활, 신화들, 민속, 문학, 언어, 가족상호작용들을 포함한 내담자의 문화적 맥락을 완전히 이해하는 데에는 어려움이 있을 것 같다. 한 개인의 배경에 대한 이러한 수준의 이해를 하는 것은 시간집약적이므로 BPT의 시간에 민감한 본질과는 알맞지 않을 수 있다. 게다가 아동기 경험들에 대한 탐색, 조사, 부적응적인 패턴들에 대한 직면, 해석과 같은 기법들은 일부 문화권 출신의 사람들에게는 불편할 수 있다. 치료자들이 내담자들의 문화적 맥락을 정서적으로 이해할 수 있도록 하는 한 가지 접근은, 내담자들이 처음에 모국어로 경험에 대한 그들의 감정들을 표현하고 나서 그 감정들을 영어로 번역하는 것이다(Kakar, 2006). 이것은 종종 중요한 경험들을 보고하면서 자주 나오는 비인칭적인 톤을 줄이고, 치료자에게 좀 더 정확한 해석과 내담자에 대한 더 나은 이해를 허용하게 하면서 감정들, 기억들, 상징들, 연관된 관련성들을 통해 표현된 감정에서의 다양함들을 드러낸다.

BPT가 아직 비서구 문화 사람들을 위한 치료의 다른 형태로 완전히 받아들여지지 않았다고는 하더라도 BPT는 불안, 우울, 섭식장애들, 일부 성격장애들을 치료하는 데 인지행동치료만큼 효과적이라는 것이 발견되었다(Lewis, Dennerstein, & Gibbs, 2008).

총체적 적용

치료자들은 내담자에게 BPT를 사용할지 결정할 때 이 장에서 이전에 열거한 선택 기준을 명심해야 한다. BPT에 특히 적합한 사람들은 지적이고, 통찰력 있으며, 자기인식을 향상시키는 데 관심 있고, 변화에 개방적인 사람들이다. BPT에 있어 좋은 후보자는 성숙한 방어기제, 그들 문제에서 가장 중요한 초점이 되는 호소 문제, 적어도 1개 이상의 친밀하고 긍정적인 관계의 내력을 가지고 있다(Horowitz et al., 2001). 즉, 비교적 건강하고 잘 기능하는 사람들은 이 접근에 특히 더 잘 반응하는 것 같다. Binder(2004)는 치료에서 개선에 대한 내담자의 기대가 강한 치료 동맹의 발전을 드높일 수 있으며 결과를 향상시키는 방향으로 작업하는 "내담자의 관계 유형 측면"(p. 61)을 반영할 수 있다고 덧붙였다.

단기정신역동치료에 대한 평가

BPT는 실행과 연구를 통해 그 중요성이 증대된 치료 접근이다. 이것은 몇 가지의 한계뿐 아니라 많은 강점을 갖는다.

한계

BPT에 대한 몇 가지 우려와 비판이 제기되어왔다. 때때로 BPT의 모순적이며 권위적인 특성과 아동기 초기의 문제를 강조하는 점은 분노, 의존, 퇴행을 유도해낼 수 있다. BPT의 단기적 특성은 증상을 개선하는 다소 표면적인 치료를 만들어낼 수는 있지만, 대인관계 기능에 불리하게 영향을 주는 근본적인 성격 패턴들을 충분히 다루지 못한다(Binder, 2004).

Levenson과 Strupp(1999)은 BPT에 제공되는 훈련이 대개 적절하게 보이지 않는다는 것을 발견하였다. 그들은 치료자들이 종종 특정하고 제한된 목표, 초점적 관심사에 대한 고수, 치료 동맹의 빠른 발달과 같은 환경을 요구하는 단기치료 패러다임을 파악하는 데 어려움을 갖는다는 것을 관찰하였다. Levenson(2010)은 치료 매뉴얼들의 사용을 포함하여 특히 제한적인 경험을 한 치료자들에게 수련기회들을 늘릴 것을 권고한다. 고정된 설명이 동반되어 있는 녹화된 회기들의 사용을 통해 지시적이고 구체적인 피드백이 이뤄질 수 있다. 특히 정서-추적(emotion-tracking)과 공감 등 치료자들의 관계 기술들에 대한 집중 또한 포함되어야 한다.

위험성은 BPT에서 사용되는 해석의 과정에도 있다. Hoglend(2003)는 많은 전이 해석보다 드문 전이 해석의 사용이 더욱 효과적이고, 해석의 정확성 또한 치료 결과와 긍정적으로 관련 있음을 발견했다.

강점과 공헌

BPT를 개발한 이론가들은 Freud 학파 정신분석의 강점을 기반으로 하여 이것을 더욱 효과적이고 많은 사람들에게 접근 가능하도록 만들고, 단기치료와 관계가 강조된 정신치료와 현대 상담이 더욱 모순이 없도록 하려는 접근을 함으로써 이 모델을 향상시키려는 노력에서 중요한 공헌을 했다.

BPT의 가장 큰 공헌 중 한 가지는 이 접근의 가치를 향상시키고 측정하기 위해 지지자들이 연구에 더욱 강력히 관여한 것이다. 최근의 증거는 상당한 연구 기반이 단기정신역동 접근의 효과를 지지한다는 것을 보여준다. 지난 십여 년간 적어도 8개의 메타분석적 개관들은 정신역동치료가 인지-

행동치료에서 보고된 효과 크기와 유사하며 치료의 이득은 치료가 종결된 후에도 유지되고 심지어
증가된다는 것을 나타내는 것 같다(Rabung & Leichsenring, 2012; Shedler, 2012). 게다가 단기치료
는 시간과 돈을 절약하고 대인관계 문제, 진로 고민 혹은 의사결정의 어려움을 겪는 사람들뿐만 아
니라 위기에 놓인 사람들에게도 적합하며, 기분장애와 불안장애를 완화시킨다.

　　BPT의 발달은 계속된다. 다른 치료 양식들과 BPT의 통합이 추구되고 있다. 이 접근은 특정한
장애 집단들을 치료하기 위해 개선되고 있다. 이러한 풍부하고 융통성 있는 적용의 조정은 많은 시
간이 흐르더라도 그것의 가치와 적용을 향상시켜야 한다. 연구 증거는 많은 사람들이 단기정신역
동치료에서 도움을 받고 있으며 BPT는 21세기에 가장 넓게 사용되는 치료 접근들 중 하나가 되어
왔다는 것을 보여준다.

기법 개발 : 초점이 되는 문제확인하기

초점이 되는 문제를 확인하는 것은 BPT에서 중요하다. 이 전략은 치료를 위한 다른 접근들의 방향
을 뚜렷하게 하며 효과성 또한 향상시킬 수 있다. BPT에서 초점이 되는 문제는 대개 역기능적 대
인관계 상호작용과 삶에서 반복적으로 발생하는 패턴을 반영한다. 이러한 패턴들은 종종 아동 초
기의 경험, 특히 그들의 초기 양육자와의 애착과 분리 같은 삶의 발달적인 양상과 관련된다.

　　치료자가 초점이 되는 문제에 대한 아동 초기의 기원을 찾든 찾지 못하든, 현재 상호작용의 분
석은 이러한 문제들을 영속시키는 역기능적 패턴에 대한 이해를 제공해줄 수 있다. Luborsky와
Mark(1991)는 세 가지 주요한 영역에서의 패턴에 주의를 기울임으로써 그들이 핵심갈등관계주제
(core conflictual relationship theme, CCRT)라 불렀던, 초점이 되는 문제를 확인하기 위해 노력했다.
"다른 사람에 대한 환자의 바람, 다른 사람의 실제 혹은 예상되는 반응들 그리고 환자들이 어떻게
반응하는가"(p. 119). 대인관계의 어려움에 대한 사례들을 도출해내고, 서로 다른 사례에서 나타나
는 유사점을 세 가지 영역에서 조사함으로써 치료자들은 그 사람의 초점이 되는 대인관계 문제의
본질에 대한 잠정적인 사례개념화를 만들 수 있다. 이것은 내담자와 공유될 수 있으며, 필요하다면
수정되고, 치료의 초점이 되는 진술서로 기록된다.

　　다음의 예는 데니라는 이름의 5살짜리 아들을 둔 이혼녀 줄리의 초점이 되는 문제 또는 CCRT를
설명한다. 줄리는 대인관계 문제들, 특히 그녀의 부모, 전남편, 남자친구와의 대인관계 문제로 상
담을 찾아왔다. 줄리는 이들이 그녀에게 진정으로 관심을 갖지 않으며 부당하게 대우한다고 불평
했다. 그녀에게 대인관계의 어려움에 대한 예를 물었을 때, 그녀는 Luborsky와 Mark(1991)에 의해
정의된 세 가지 주요 영역에 따른 분석을 통해, 다음의 내용을 제시했다.

1. 예 1 : 부모님에게 재정적인 도움 요청하기
   - 내가 다른 사람들로부터 바라는 것 : 나의 월 지출에 대한 상세한 예산안을 만들었다. 이 작업은
   오랜 시간이 걸렸다. 이것은 내가 한 달에 적어도 1,000달러 이상이 필요하다는 것을 명백히
   보여주었다. 나는 부모님이 그것을 지급해주었으면 한다.

- **실제 또는 기대되는 반응** : 나는 부모님이 내가 전남편으로부터 받은 것과 실제 나의 지출의 차이를 채워줄 것이라 생각했지만, 그들은 내가 파트타임 일을 해야 한다고 말했다. 그들은 내가 일을 찾을 때까지 방과 후 아동 지도비와 기름값만을 지불해주겠다고 했다.
- **나의 반응** : 나는 매우 화났고 상처받았다. 내가 양육과 일을 잘 해낼 수 있을지 모르겠다. 내 부모님은 편모가 되는 것이 얼마나 힘든지 이해하지 못하며, 그들은 그것에 관심이 없는 것 같다. 그들은 편안하게 지냈다. 그들은 항상 함께였고 이런 문제를 겪을 필요가 전혀 없었다. 만약 내가 가끔씩 쉴 수 있기 위해 보모로 그들이 필요하지 않았다면, 나는 그들이 데니를 보도록 허락하지 않을 것이다. 그러면 그들은 미안해할 것이다.

2. **예 2 : 자러 가기 전에 방을 청소하라고 데니에게 말하기**
   - **내가 다른 사람들로부터 바라는 것** : 나는 아이가 그것을 해야 한다고 생각한다. 당신은 "왜냐하면 나는 엄마니까"라고 쓰여 있는 티셔츠를 알 것이다. 그것이 내가 원하는 것이다. 나는 아이에게 방을 청소하라고 말하고, 아이는 그것을 해야 한다.
   - **실제 또는 기대되는 반응** : 오, 안 돼, 하지 마 데니. 그는 항상 나에게 고된 시간을 안겨준다. 나는 아이가 물건들을 치우고 있다고 생각한다. 그리고 나서 내가 전화나 무엇인가를 하기 위해 방에서 나가자마자 아이는 장난감을 가지고 놀기 시작한다.
   - **나의 반응** : 아이는 내가 누구라고 생각할까? 그의 노예? 나는 그 아이를 위해 많은 것을 희생해왔고 적어도 아이는 나에게 복종해야 한다. 그래서 나는 아이에게 소리 질렀고 벌을 주었다.

3. **예 3 : 이혼 전에 남편이 나와 상의하지 않고 그의 남동생에게 돈을 빌려준 사실을 알기**
   - **내가 다른 사람들로부터 바라는 것** : 나는 내 남편에게 말했다. "당신의 우선순위는 어디에 있는 거죠? 당신 가족은 돈을 원하고 당신은 동생에게 돈을 빌려줘서 곧 망하게 될 또 다른 사업을 시작했어요." 나는 그가 실수했다는 것을 알았으면 했다. 더욱이 그는 돈을 찾아오도록 노력해야만 했다.
   - **실제 또는 기대되는 반응** : 나는 그가 정말로 돈을 되돌려달라고 말할지는 모르겠지만, 최소한 그가 자신의 잘못을 인정하고 다시는 그러지 않겠다고 약속할 것이라 생각했다. 천만에! 그는 "나는 당신이 뭐라고 할지 알았기 때문에 당신에게 말하지 않았고 나는 정말 내 동생을 돕고 싶어"라고만 말했다.
   - **나의 반응** : 나는 정말로 무슨 일이 벌어졌는지 알았다. 그는 자신의 부모가 그를 훌륭하다고 생각해주기를 원했다. 그는 우리를 돕는 것보다 그들을 기쁘게 하는 것에 더 신경 썼다. 나는 정말 화가 났다. 그래서 나는 통장에서 돈을 꺼내 비싼 옷을 샀다. 그런 다음 그가 나에게 물었을 때, 나는 말했다. "당신은 우리 돈으로 당신이 원하는 것은 무엇이든 할 수 있을 거라 생각하죠. 나도 그래요."

패턴을 결정적으로 확증하기 위해서는 더 많은 정보가 얻어져야 하지만, 이 세 가지 예들은 줄리의 초점이 되는 갈등이나 CCRT에 대한 가설을 확장하는 데 충분한 정보를 제공한다. 이러한 예들이 말해주는 것은, 1단계에서 줄리는 그녀 자신을 특별하고 자신의 특별함을 반영하는 대우를 받을 만한 가치가 있는 사람으로 바라본다는 것이다. 만약 사람들이 그녀를 특별하게 대하지 않는다면, 특히 그녀가 무엇인가 부탁했는데 그것이 거부되었을 때 그녀는 화를 내며 심지어 징벌을 가한다. 갈등이 올라오는 것은 그녀가 표면 아래에 상당한 자기회의감을 가지고 있기 때문인 것 같다. 그녀는 부모로서 그리고 고용인으로서 자신의 능력에 의문을 가지며, 남편이 그녀보다 부모의 의견에 더 가치를 둔다고 인식하고, 심지어 엄마로서의 역할에서도 무능하다고 느낀다. 그녀의 비현실적인 요구와 기대 뒤에는 그녀의 중요성에 대해 안심시켜주는 타인이 필요한 한 여자가 있다. 어린아이일 때의 줄리가 부모로부터 지지와 애착을 거의 받지 못했다는 사실은 놀라운 일이 아니다. 그녀가 관심을 받게 된 첫 번째 방법이 그녀의 최근 행동과 비슷하게 짜증을 터뜨리는 것이었다. 또한 치료자와 줄리의 전이 관계는 그녀의 염려를 중화하기 위해 특별한 대우를 받으려는 욕구를 반영한다. 그녀는 가격을 깎는 것뿐 아니라, 회기 사이에 전화 통화할 것을 요구했다.

줄리의 CCRT 분석과 그녀의 현재 관계들, 과거의 관계들, 치료자에 대한 그녀의 전이 3요소의 유사점 모두 그녀의 초점이 되는 관계 문제와 관련된 패턴을 분명하게 보여준다. 일단 이러한 패턴들이 이해되고 작업된다면 줄리는 그녀의 관계를 향상시키고 자신에 대해 더 좋게 느낄 수 있게 해주는 변화를 만들 수 있게 될 것이다.

사례

다음 로베르토와 그의 치료자와의 대화는 단기정신역동치료의 여러 측면들을 보여준다.

- 지지적이면서도 직면적이고 분석적이며 교육적인 치료자의 자세
- 역기능적 관계 패턴들을 반영하는 초점이 되는 갈등을 구분하기 위한 치료자의 노력들
- 로베르토의 과거 관계, 현재 관계, 치료자와의 관계 사이의 공통점에 대한 인식

치료자 : 로베르토, 많이 화가 나신 것 같네요.

로베르토 : 네, 그래요. 에디와 저는 싸웠어요. 저는 그녀가 원하는 모든 것을 주었는데… 저는 제가 무엇을 더 할 수 있는지 모르겠어요.

치료자 : 무슨 일이 있었는지 말해보세요.

로베르토 : 우리는 에바의 생일 잔치를 열고 있었어요. 에디의 가족과 제 가족은 저녁을 먹으러 오고 있었고 에디는 하루 종일 요리를 하고 있었죠. 저는 그날 제가 도울 수 있는 게 무엇인지 물었고 그녀가 말한 모든 것을 다 했지요. 저는 보석가게에 가서 에디가 주문했던 선물을 가져왔고, 와인과 식료품들을 좀 샀고, 진공청소기로 집 청소도 했어요. 아침에 이메일을 읽으려고 앉았는데 그녀는 제게 소리 지르며 거기 서 있었어요. "나는 이 부근의 모든 일을 해. 당신은 당신이 누구라고 생각해? 늘 그렇듯이 당신 컴퓨터에 붙어 있네." 등등. 그래서 저는 말했어요. "봐, 이 일 좀 끝내게 15분만 줘. 그다음에 일어날게." 그녀에겐 충분하지 않았죠. 그녀는 다시 버럭 화를 냈어요. 그래서 저는 그걸 정말 잃기 전에 그냥 그만뒀죠.

치료자 : 그녀는 당신이 이미 한 것보다 더 많은 걸 당신이 하기를 기대했고 당신 자신을 위해 몇 분도 주지 않아서 당신은 화가 난 것 같네요.

로베르토 : 예. 이메일은 제 업무의 일부예요. 그걸 신경 쓰지 않으면 일도 없고 돈도 못 벌죠.

치료자 : 그래서 에디의 행동이 당신에게 이해가 되지 않겠군요. 이것은 당신 어머니가 당신에게 얼마나 많이 기대했고 얼마나 부당했는지 우리가 논의했던 것을 떠올리게 하네요.

로베르토 : 네. 저도 알 수 있어요. 저는 숙제를 하고 있었고 어린 동생이 울자 어머니가 말씀하셨죠. "로베르토, 엄마 여기서 뭐 좀 하게 아기에게 먹을 것 좀 주고 네 동생들을 밖으로 데리고 나가 놀지 않을래?" 저는 어떤가요? 제 숙제는 언제 하게 되죠? 네. 저는 그게 싫었지만 그냥 했죠.

치료자 : 그 두 사례에서 당신은 여자를 돕기 위해 많은 것을 하고 있지만 당신에게 필요한 시간은 없다고 느꼈네요.

로베르토 : 네. 저는 늘 강한 사람이 되어야만 했어요. 로베르토, 이것 좀 고쳐, 그것 좀 해, 계산 좀 해. 그리고 저는 그걸 하지요. 그런데 제 차례는 언제인가요?

치료자 : 그러나 어떤 면에서는 강한 사람이 되는 것은 기분 좋은 일이지요. 당신이 매우 능력이 있는 것처럼 그들이 바라보는 것을 즐기고 있기 때문에 당신이 뭔가를 처리할 수 있다는 메시지를 사람들에게 주고 있지 않은지 궁금하네요.

로베르토 : 그런 것 같아요. 저는 강하고 그들은 약하고 그들은 정말 저를 필요로 하는 것 같네요. 그렇지만 너무 많아요.

치료자 : 어쩌면 우리는 우리가 함께 작업하는 데 유사한 패턴을 보았는지도 모르겠어요. 여기서 전화벨이 두 번 울렸을 때 당신은 말했지요. "가서 전화 받으세요. 저는 괜찮아요." 그리고 제가 몇 주 동안 아파서 상담을 취소했을 때 당신에게 그것에 대해 어떻게 느끼느냐고 제가 물었었죠. 당신은 괜찮다고 말했어요. 그러나 저는 당신이 짜증 난 것처럼 보인다는 걸 알아챘고 그 후 몇 번의 상담 동안 덜 개방적이었죠. 자신이 어떤 욕구들을 갖고 있다는 것을 아는 것이 당신에겐 어려워 보이네요. 그러나 당신은 가지고 있죠. 그리고 그 욕구들은 당신과 다른 사람들에게 상처주는 방식으로 커질 수 있고 나올 수 있어요.

로베르토 : 글쎄요. 모든 사람들은 욕구들을 가지고 있죠. 그렇지만 저는 늘 제 스스로 돌볼 수 있었어요.

치료자 : 네. 당신은 매우 자급자족적이고 그것에 대해 큰 자부심을 가지고 있지요. 그러나 어쩌면 가끔씩 강하고자 하는 당신의 욕구는 역효과를 낳고 당신과 당신이 신경 쓰는 사람들에게 상처를 주는 것 같네요.

로베르토 : 그럴 수도 있겠네요. 그렇지만 저는 약골이 되는 건 싫어요. 전 제 자신이 좋아요. 제가 다르게 되라고 말하시는 건가요?

치료자 : 저는 확실하게 당신이 약골이 되라고 말하고 있지 않아요! 저는 당신이 노력한다고 그렇게 할 수 있다고 생각하지 않아요. 그렇지만 당신은 알지요. 때때로 강한 존재의 일부는 우리가 스스로 모든 것을 할 수는 없다는 걸 인식하고 있고, 다른 사람들이 우리가 필요로 하는 것을 알도록 하고 있지요.

로베르토 : 그건 새로운 방식의 사고네요. 제가 에바의 파티에서 어떻게 다르게 그 문제들을 처리할 수 있었을까요?

회기의 이 지점에서 로베르토는 낡은 관계, 현재의 관계, 치료자와의 관계에서 보여주었던 패턴에 대해 통찰을 얻고 있다. 그는 다른 시각에서 강하려고 하는 그의 욕구를 보도록 돕는 정보를 가지고 있다. 그는 이제 이러한 패턴들을 더 탐색하고, 강한 돌보는 사람으로 그 자신의 이미지를 유지하려 했던 것을 약간 바꾸는 방법들을 고려할 준비가 되어 있을 뿐 아니라 그 자신의 욕구들을 적절하게 분명히 표현하도록 그를 도울 것이다. 이것을 달성하는 것은 그의 관계에서 더 많은 상호 관계를 초래하며, 그의 욕구들이 너무 오랫동안 무시되었을 때 경험했던 분노와 좌절을 피하도록 할 것이다.

연습

대집단 연습

1. 에디의 집단 면접을 수행하라. 한 참가자가 에디의 역할을 맡고 교실 앞에 앉거나 서 있어야 한다. 그런 다음 각 학생은 에디에게 하나 혹은 두 가지 질문을 할 기회를 갖는다. 면접의 목표는 에디의 초점이 되는 갈등과 CCRT에 대해 확인하는 것이어야 한다. 순환 순서 방식의 인터뷰를 마친 후, 다음에 초점을 두어 에디로부터 이끌어낸 정보를 분석하라.

    • 현재 그리고 최근의 관계들, 과거의 실제 또는 상상된 관계들, 전이 관계를 포함하는 통찰의 트라이앵글(충동-방어 3요소)
    • 목표 또는 충동, 목표를 위험하고 받아들일 수 없는 것으로 만드는 명령이나 위협, 충동으로부터 나온 불안을 감소시키기 위해 사용된 방어를 포함한 갈등의 트라이앵글
    • 초점이 되는 갈등

2. 개인이 BPT에 있어 좋은 후보자가 될 수 있는지 여부를 나타내는 이번 장에서 제시되었던 기준을 고려하라. 에디가 이 모델을 통한 치료에 적절한지 결정하기 위해 그것들을 에디의 사례에 적용시켜보아라.

소집단 연습

2쌍으로 구성된 집단으로 나누어라. 당신 파트너의 초점이 되는 갈등이나 문제를 확인하기 위해 설계된 15~20분의 면접을 역할 연기하라. 역할 연기를 마치고, 모든 4명의 참가자들은 떠오른 반복된 패턴들을 알아내고, 초점이 되는 문제를 정의하는 것에 참여해야 한다. 다음에 제시된 것들에 대해 면접자에게 피드백 할 시간을 가져라.

    • 초점이 되는 갈등을 불러일으키는 능력
    • 내담자와 치료자 사이의 상호작용
    • 개방적 질문과 다른 중재적 전략의 사용
    • 역할 연기의 강점들과 개선을 위한 제안

개인 연습

1. 이번 장에서, 당신은 핵심갈등관계주제(CCRT)를 알아내는 것에 대해 학습했다. 최소한 5년 전에 일어났던 사건 중 적어도 한 가지 사건에서 당신이 타인과 가졌던 세 가지 중요한 상호작용을 확인하고 나열하라. 그다음, 줄리의 '기법 개발' 회기의 예에서 사용된 패턴을 조사하라. 비슷한 방식으로 당신의 상호작용을 분석하라. 각각에 대해 다음을 고려하라.

    • 다른 사람들로부터 당신이 바라는 것
    • 실제 또는 기대되는 반응
    • 당신의 반응

　　이제 이 세 가지 영역에서 공통된 패턴을 확인하기 위해 노력하고 당신의 CCRT의 본질에 대해 가설을 세워라.

2. 단기적, 시간제한적 치료는 정신건강 전문가들 사이에 많은 논쟁을 불러일으켰다. 만약 당신이 상담 장면에 들어간다면 제한이 없는, 확장된 치료를 선호할 것인가? 단기적이고 시간제한적인 치료를 선호할 것인가? 당신이 각 유형에서 기대했던 이점과 한계들을 강조하면서, 당신의 치료가 각각의 경우에 어울리는지에 대한 생각을 써보아라.

요약

전통적 Freud 학파의 정신역동에서 유래된 단기정신역동치료는 분석의 깊이와 정도가 이득의 양과 안정성과 관련 없다는 것을 발견한 Alexander, Ferenczi 등의 작업에 의해서 발생했다(Horowitz et al., 2001). BPT는 전형적으로 전통적 분석에 비해 매우 짧으며, 종종 고정된 시간제한을 갖고, 그 사람의 증상과 관련된 초점이 되는 문제나 주요 관계 패턴에 중점을 둔다. BPT를 수련하는 치료자들은 아동 초기 경험들 특히 보호자로부터의 애착과 분리가 현재의 관계 문제와 관련된다고 가정하는 동시에, 전이에 집중하고, 그들의 일차적 초점을 치료 동맹과 현재의 관계들 그리고 더욱 가치 있는 삶으로 이끌도록 돕는 방법에 둔다. 목표는 명백하며 한정된다. 치료자들은 적극적이고 융통성이 있다. 그리고 전략들은 통찰의 촉진뿐 아니라 감정들을 이끌어내고, 새로운 학습을 촉진하고, 행동을 변화시키도록 고안되었다. 경도에서 중고도의 어려움, 현저한 우울증까지 폭넓은 범위의 치료에 있어 이 접근이 가치 있음을 연구를 통해 지지받고 있다.

추천 도서

Berzoff, J., Flanagan, L. M., Hertz. P., & Basham, K. (2011). *Inside out and outside in*: *Psychodynamic clinical theory and psychopathology in contemporary multicultural contexts*(3rd ed.). Lanham, MD: Rowman & Littlefield.

Goldfried, M. R. (2004). Integrating intergratively-oriented brief psychotherapy. *Journal of Psychotherapy Integration*, *14*, 93-105.

Messer S. B., & Warren, S.(1995). *Models of brief psychodynamic therapy*. New York, NY: Guilford.

Presbury, J. H., Echterling, L. G., & McKee, J. E. (2008). *Beyond brief counseling and therapy*: *An integrative approach*(2nd ed.). Upper Saddle River, NJ: Pearson Education.

Teyber, E., & McClure, F. H. (2011). *Interpersonal process in therapy*: *An integrative model* (6th ed.). Belmont, CA: Thomson/Brooks Cole.

Weissman, M. M., Markowitz, J., & Klerman, G. L. (2007). *Clinician's quick guide to interpersonal therapy*. New York, NY: Oxford University Press.

제 **3** 부

정서와 감각을 강조하는 치료 체계

정서중심치료 체계의 개관

제1부에서 BETA 모델에 대해 배웠다. 그리고 그것은 상담과 심리치료에서 초점이 되는 네 가지 주요 영역(배경, 정서, 사고, 행동)을 반영하고, 이 책의 구성에 대한 정보를 제공했다. 제2부는 배경의 중요성을 강조하는 치료적 접근법들에 초점을 두었다. 그 접근법들이 내담자의 정서를 무시하지는 않을지라도 정서는 일차적으로 초기 애착으로부터 유래한 다년간의 패턴을 구분해주는 하나의 수단 정도로 여겨진다.

이 책의 제3부는 정서를 강조하는 치료 접근에 중점을 두고 있다. 이번 장은 도입 부분으로 정서와 그 특성에 대한 연구뿐 아니라 인본주의적 혹은 정서중심 심리치료에 대한 개관을 제공한다. 그리고 이 장에 나오는 정보는 내담자들이 자신의 정서를 확인하고 이해하며, 자신의 정서를 스스로 달래고 관리하는 방법을 학습하도록 돕는 데 필수적인 몇 가지 기술을 소개한다.

Carl Rogers는 다른 어느 누구보다도 정서를 강조하는 심리치료자이다. 많은 치료 접근 방식들처럼, Rogers의 인간중심상담은 강력한 인본주의를 기초로 세워졌다. 인본주의는 사람들이 그들의 어려움을 스스로 해결할 수 있는 능력이 있고, 잠재력을 실현하며, 삶을 긍정적인 방법으로 변화시킬 수 있는 능력을 지닌 유능하고 자주적인 존재라고 보았다. 인간중심치료자는 보다 깊은 자기이해를 촉진하기 위해 내담자와의 관계를 증진시키고, 내담자들이 보다 확고해지고 실현화하도록 하며, 내담자와의 관계를 통해 내담자의 자존감을 촉진시키고, 내담자들이 더 확고하게 잠재력을 발휘할 수 있도록 하며, 그들의 강점과 삶의 풍성함을 사용할 수 있는 힘을 갖게 해준다.

인본주의 치료는 심리치료가 행했던 방식을 변화시켰다. 이때까지는 무의식에 초점을 둔 정신분석, 자극과 반응에 중심을 둔 행동치료가 널리 퍼져 있는 유일한 방법들이었다. 두 가지 방법 모두에서는 전통적으로 치료자가 전문가로 여겨진다. Carl Rogers는 심리학에 혁신을 일으켰고, 내담자가 내담자 자신의 삶에 대한 전문가라는 것에 초점을 두었다. Rogers(1961)는 다음과 같이 기술했다. "상처받은 것, 가고 있는 방향, 결정적인 문제, 깊게 묻어둔 경험들이 무엇인지 알고 있는 것은 바로 내담자이다"(pp. 11~12).

인본주의 치료 체계의 차원

제3부에 제시되는 인본주의 치료 체계는 정서와 감각에 특별한 주의를 기울일 뿐만 아니라 경험적(experiential)이다. 이 치료 체계는 사람들이 관찰하고 직면하며, 경험하는 것을 중요하게 여긴다. 이런 접근법들은 사람들이 스스로와 세상을 어떻게 보는지를 중요시하므로 현상학적이다. 이제 우리는 인본주의 치료의 핵심 개념에 대해 보다 상세하게 살펴보겠다.

인본주의

내담자 중심, 실존주의, 게슈탈트, 정서중심치료를 포함하여 배경이나 인지보다 정서에 초점을 두는 이론들은 인본주의적이라고 볼 수 있다. 이들은 다음과 같은 공통신념을 공유한다.

- 사람은 전체론적으로 봐야 한다.
- 각 개인은 선천적인 자기실현화 경향성이 있다.
- 인간은 자유의지를 가지며 선택을 할 수 있다.
- 인간은 자유의지와 선택권이 있기 때문에, 자신의 선택에 대한 책임 역시 가지고 있다.

인본주의적 이론은 인간의 긍정적인 본성을 강조하며, "역기능이나 정신병리에 관해 강조하는 것과는 거리가 멀다"(Seeman, 2008, p. 39). Rogers 시대 이후로, 스트레스와 정서가 건강에 미치는 영향에 관한 연구, 긍정심리학의 발달, 동양 사상의 영향과 자기초월 이론의 성장은 모두 최적 기능에 중점을 두고 있다. Freud의 복잡한 추동이론과 무의식에 비해, 인본주의적 이론은 매우 간단해보인다. 인본주의자들은 일반적으로 오직 하나의 추동 즉, 자기실현화에 대한 선천적인 욕구만을 가정한다.

자기실현화 경향성

모든 인간중심이론은 개개인의 존엄함과 가치에 대한 강한 믿음을 내포하고 있다. 전문가들은 사람들을 한 가지 틀에 맞추는 것이 아니라, 그들 자체가 수용되고 올바르게 이해되어야 한다고 믿는다. 사람들이 자신만의 생각과 의견을 가질 권리가 있고, 자신의 인생을 만들어가기 위해 자유로워야 하며, 근본적으로 훌륭하고 신뢰할 수 있는 존재라고 믿는다. 또한 인간의 잠재성에 대해서, 즉 인간이 긍정적인 방식으로 발전하려는 타고난 경향성이 인간다움뿐만 아니라 인간 스스로를 발전시키고 유지시킬 수 있다고 믿는다(Cain, 2008). Carl Rogers는 인간 잠재능력에 대한 창시자 중 한 사람이며, 집단 실현화를 독려하는 만남 집단 모델을 창안하였다.

자기실현화는 우리가 될 수 있는 최고의 사람인 것, 혹은 그렇게 되는 것을 말한다. 정서중심치료와 인본주의 치료는 본성적으로 영적이고 자기초월적인 경험에 보다 개방적이다. 내담자는 "그들이 아직 인식하지 못했더라도, 영적인 경로 위에 있는 영적인 존재"로 여겨진다(Rowan, 1998, p. 45).

현상학적 관점

인본주의 치료는 또한 현상학적인 세계관을 공유한다. 객관적인 현실은 없고, 오히려 각 개인들은 세상에 대해 독특한 지각을 갖고 있다. 그 지각은 사람들의 신념, 행동, 정서, 관계를 결정한다. "유기체는 그들이 경험하고 지각하는 만큼의 영역에 반응한다. 이러한 지각 영역은 개인에게 실제 현실이다"(Rogers, 1951, p. 483).

인본주의적 치료자는 내담자-상담자 관계가 기본적으로 평등하다고 본다. 치료를 받으러 오는 사람은 정신분석에서 의학적 용어를 사용하여 부르는 것처럼 더 이상 '환자'가 아니다. 그들은 치료의 대상이라기보다는 내담자가 가진 문제를 돕기 위해 함께 노력하는 내담자와 상담자로 이루어진 하나의 팀이다. 의학적 용어에서 벗어나는 이러한 매우 중요한 움직임을 처음으로 만든 사람이 바로 Carl Rogers였다. 그는 내담자가 자신의 삶의 문제를 자신만의 방식으로 풀어가도록 힘을 실어 주었다.

전체론

대부분의 인본주의 심리치료는 전인적 인간을 다룬다. 뇌를 빼놓고 마음을 고려할 수 없는 것처럼 인간은 인지적, 정서적, 신체적, 영적 이슈를 고려하지 않고는 도움을 받을 수 없다. 게슈탈트 치료와 초점 기법은 신체적인 감각에 가장 초점을 두고 있는데 이는 Gendlin(1996)이 'felt sense'라고 부른 것이다. 대부분의 인본주의 치료자들은 사고 과정을 통한 정서와 경험에 가치를 둔다. 이 책의 제3부에서 논의될 이론들은 마음, 신체, 정신을 통합한다. 몇몇 이론, 특히 게슈탈트와 탈근대 이론 또한 폭넓은 사회, 문화, 전경/배경 관점의 맥락 내에서 개인을 살펴본다.

능동적

정신역동적 접근에 비해 인본주의 심리치료는 능동적이다. 치료자들은 자신의 내담자에게 능동적으로 관심을 갖는다. 치료자들은 반응적이고, 확실하며, 현실적으로 내담자와 관계하며, 내담자 이야기의 보편적 진리에 영향을 받는다. 게슈탈트는 인본주의 치료 중 가장 능동적이며, 교류분석은 가장 지시적이며, Rogers의 내담자중심치료는 최소한으로 능동적이거나 지시적이다. 전체적으로, 인본주의 치료에서 공유되는 'felt sense'는 '자발적 — 필수적 — 활동적 — 접촉의 — 현재의 — 즉흥적 — 능동적 — 체화된 — 개인적 — 구체적 — 개방적 — 감각적'이다(Totton, 2010, p. 20).

정서 중심

정서를 중시하는 이론들에서는 정서가 자기를 경험하고 이해하는 데 결정적이라고 생각한다. 정서는 선천적으로 적응적(내담자가 환경을 이해하고 그에 반응하는 것을 돕는)이거나 부적응적일 수 있다(Damasio, 1994). 치료에서 정서를 가지고 작업하는 목표는 내담자가 자신의 정서에 접근하고, 확인하며, 이해하고, 조절하는 데 보다 능숙해지도록 도와 그들이 더욱 완전하게 살 수 있도록 하는 것이다. 적응적이고 부적응적인 정서는 모두 치료 회기의 안전한 환경에서 삶으로 이끈다. 정서적 도식을 확인하고 부적응적 정서를 의식으로 가져와 그들은 보다 탄력적이고, 자기실현화되고, 확고한 자기감을 통합하는 새로운 자기-서술과 의미를 반영하는 새로운 정서 경험을 이해하고 변환할 수 있게 된다(Pos, Greenberg, & Elliott, 2008).

인본주의적 심리치료의 이론적 모델 소개

Carl Rogers와 인간중심상담

Carl Rogers는 정서를 치료의 주요 초점으로 만들었다. 우리는 제8장에서 그의 이론, 인간중심상담을 다룬다. 크게는 긍정적인 치료 동맹의 발달에 필수적인 요소로 공감, 무조건적 긍정적 존중, 일치성이 핵심적인 조건이라는 Rogers의 믿음을 뒤따른다는 점에서 "실제적으로 오늘날 모든 치료자는 임상적, 이론적 지향이 무엇이든 간에 Rogers 학파의 방식을 따른다"(*Psychotherapy Networker*, 2007, p. 26). 자신의 치료자가 공감적이고 배려하며 신뢰할 수 있다고 지각하며 자신이 이해받는다고 느끼는 내담자는 치료에서 진전을 보일 가능성이 더 높은 반면, 자신의 치료자에 대해 부정적인 지각을 갖고 있는 내담자는 그 지각이 현실에 기반한 것이든 아니든 진전을 덜 보일 것이다.

실존치료

실존치료가 시작된 이후, 사람들은 살아 있는 것이 무엇을 의미하는지에 고심하기 시작했다. 실존적 사고의 중심에는 화급한 문제들이 있다—우리는 왜 여기 있는가? 우리가 죽으면 어떻게 되는가? 삶과 죽음 사이에서 우리의 삶을 가장 잘 살아가는 방법은 무엇인가? Viktor Frankl은 정신과 의사이자, 나치 강제수용소의 생존자로 Freud의 인간행동에 관한 개념화에 반대했다. 그는 살아갈 이유가 있는 사람들은 닥쳐오는 거의 모든 것을 이겨낼 수 있다고 믿었다. Frankl은 로고테라피를 개발하였고, 도전적이고 때로 불가능해 보이는 상황 가운데 사람들이 의미를 찾도록 도왔다. Viktor Frankl, Rollo May, James Bugental 등에 의해 개발되었고, 심리치료의 실제적인 체계보다는 치료 시행 방법에 대해 보다 철학적인 태도를 취하는 실존치료는 삶에 대한 다른 관점을 제공하였다. 세계에 존재하는 4개의 차원인 정신적, 개인적, 사회적, 신체적인 방식을 통해 삶이 나타내는 피할 수 없는 역설에 대한 통찰을 얻고 그러한 지식을 통해 힘을 얻는 것이 목적이다(van Deurzen, 2002, p. xiv). 모든 치료자는 결국 자신의 삶과 자신의 내담자와의 회기 모두에서, 실존적 특성에 관한 주제에 직면할 것이다. 제9장에서는 심리치료의 실존적 접근에 관한 개관을 제공한다.

게슈탈트 치료

게슈탈트 치료는 실존치료와 인간중심상담의 개념들 중 많은 것을 포함하고 있다. 게슈탈트 치료는 치료 동맹의 중요성을 강조하며, 현상학적이고, 경험적이며, 인본주의적이고, 낙관적이다. 지금-여기에서의 경험을 통해 자각을 증진시키는 것이 게슈탈트 치료의 목표이다. 사람들이 보다 자각하게 되면, 단절된 자신의 부분을 다시 연결시킨다. 우리는 제10장에서 교류분석과 통합된 정보와 함께 게슈탈트 치료에 관한 Fritz Perls의 접근을 살펴본다.

구성주의적 접근 : 이야기, 해결중심, 페미니스트 치료

제11장에서는 이야기, 해결중심, 페미니스트 치료에 대한 탈근대의 구성주의적 접근을 소개한다. 이 치료 접근들은 현실의 선형적인 인과 모델을 거부하고 대신에 사회적 문화적 환경의 맥락에서 개인을 본다는 점에서 탈근대적이라고 여겨진다. 협력적인 내담자-치료자 관계, 내담자에게 힘 실어주기, 사회적 네트워크의 사용이 필수적이다. 최근 생겨난 이러한 접근들과 친숙해지는 것은 치료자로서 우리의 작업을 풍요롭게 하고, 내담자의 감정을 보다 생산적으로 다룰 수 있게 하며, 상담과 심리치료의 새로운 방향을 이해하는 데 기여한다.

이제 우리는 연령, 성별, 문화적 고려사항에 영향을 받는 표현과 같은 정서의 차원을 보다 깊게 살펴볼 것이다.

상담과 심리치료에서 정서의 중요성

입원 환자와 외래 환자의 정신건강 환경에서 다루어지는 가장 흔한 장애들은 주로 우울증을 특징으로 하는 기분장애이다. 사람들은 전형적으로 불편하고 고통스럽고 혼란스러운 정서를 가지고 있기 때문에 치료를 찾게 되고, 치료자들이 자신이 더 나아질 수 있도록 도와주길 바란다. 정서는 대개 사람들이 도움을 구하도록 동기를 부여한다. 상담 약속을 잡으려는 첫 전화 통화에서도 사람들은 "나는 기분이 너무 나빠요. 자살을 생각 중이에요"라거나 "저는 매 순간 걱정을 해요"라거나 "남편이 내가 너무 화를 내서 그만 좀 해야 한다고 말해요" 또는 "위가 아파요. 내과의사는 이상한 점을 찾을 수가 없대요. 상담이 도움이 될까요?"라고 말할 것이다.

심지어 사람들의 현재 걱정이 실제적인 일이나 예상되는 일에 초점이 맞춰져 있을 때도, 정서는 전형적으로 그런 경험의 기저에 있다. 예를 들어 "나의 상사는 내가 뜻대로 따르지 않으면 나를 해고한다고 위협해요"라고 말하는 한 여성은 아마도 "나는 직업을 잃게 될까 두렵지만 나의 상사에 대해 화가 나요"라고 생각하고 있을 것이다. "어떻게 하면 내가 술 마시는 것에 대해 아내가 관여를 안 하게 할 수 있을까요?"라고 묻는 남자는 아마도 부인에게 화가 나 있고, 자신의 음주에 대해서 부끄러움을 느낄 것이다. "우리 부모님은 한국분들이신데 미국의 젊은이들이 어떤지 이해하지 못해요"라고 말하는 10대는 아마도 동료들에게 수용되고 싶은 깊은 기대와 부모님에 대한 사랑과 존경 사이에 갇혀 있다고 느낄 것이다.

전형적으로 정서가 사람들을 치료로 이끌기 때문에 치료자들이 그런 정서에 대해 인식하고 인정할 때 심지어 치료의 첫 몇 분 안에도 내담자에게 희망과 낙관적인 모습을 싹트게 할 수 있다. 다음 두 가지의 대화를 살펴보자.

대화 1

내담자 : 나는 계속 매우 우울하고 낙담해 있어서 상담을 요청했어요. 잘되는 게 아무것도 없어요.

치료자 : 특별히 지금 상담을 받게 된 이유가 뭔가요?

대화 2

내담자 : 나는 계속 매우 우울하고 낙담해 있어서 상담을 요청했어요. 잘되고 있는 게 아무것도 없어요.

치료자 : 매우 절망적으로 들리는군요. 지금 상담을 받게 된 이유가 뭔지 궁금해요.

두 치료자는 모두 같은 탐색적인 질문을 하지만, 두 번째 치료자만이 공감을 보여주고 그 사람의 정서에 대해 인정하고 있다. 두 번째 치료자의 '절망적인'이라는 단어의 사용은 아마도 내담자가 자신의 정서를 더 반영하고 그것을 더 잘 이해하도록 이끌 것이다. 한편 첫 번째 치료자는 사무적으로 보이며, 정서에 주의를 기울이는 데 실패해서 사려 깊지 못하고 무관심하게 보일 것이다.

치료에서 정서를 인식하고 건설적으로 다루는 것은 다음의 목표들을 달성할 수 있다.

- 내담자들은 자신의 이야기가 경청되고 이해받고 있음을 느낀다.
- 치료자들이 라포를 형성하고 내담자를 돕는 데 초점을 맞춘 협력적인 관계에 내담자들과 함께 참여한다.
- 치료자가 자신의 이야기를 듣고 이해한다고 믿는 내담자는 치료자를 신뢰하게 되고, 치료가 자신에게 도움이 될 것이라는 낙관적인 느낌을 받는 경향이 더 많다. 이것은 효과적인 치료의 아마도 가장 중요한 요소인 치료 동맹을 증진시킨다.
- 내담자의 정서와 감각에 주의를 기울이는 치료자는 그들에게 더 배려 깊고, 내담자가 경험하고 있는 고통과 불행에 대해 완전히 알고, 독특한 인간으로서 인정하고 있다고 느껴질 것이다.
- 사람들이 느끼는 정서의 본질과 강도를 평가함으로써 치료자들은 특정한 치료 목표와 개입을 정하고, 경과를 측정할 수 있다.
- 많은 사람들은 고통스러운 정서를 경험할 뿐만 아니라 그런 정서를 느낀 것에 대해 자신을 꾸짖기도 한다. 그들의 정서가 정상적이고 이해받을 수 있다는 것을 알게 되면 매우 위안을 줄 수 있다.
- 내담자의 표현과 고통스러운 정서에 대한 이해를 촉진하는 것은 내담자가 고통스러운 정서의 앞선 상황, 개인적인 의미, 본질, 표현을 바꾸도록 하여 증상의 완화를 가져올 수 있다.

정서와 감각의 차원

정서는 복잡하다. 모든 정서는 일종의 조절역할을 하며, Damasio(1999)에 따르면 "선천적으로 설정된 뇌에 따라 생물학적으로 결정된 과정이며 오랜 진화의 역사에 따라 정해졌다"(p. 51). 정서의 생물학적 기능은 두 가지이다. 첫째는 생존하려는 선천적인 과정이다. 두 번째 목적은 유기체의 내면 상태를 조절하는 것이다. Damasio에 따르면, 정서는 사치가 아니라 생존에 필수적인 부분이다.

Damasio(1994, 1999)는 일차 혹은 이차로 정서를 범주화했다. 일차 정서는 뇌의 변연계에 내장된 것으로 공포, 분노, 놀람, 행복, 슬픔, 혐오, 수치심을 포함한다. 예를 들어, 총소리 같은 것을 들은 사람이 곧바로 바닥으로 숙인다. 이 사람은 일차 정서(공포)를 경험하고 있고, 그의 편도체가 즉시 생존을 위한 투쟁 혹은 도피 반응을 생성하기 때문이다.

이차 정서로는 분노, 질투, 좌절, 당혹감 등이 있다. 이차 정서는 사고 의존적이며, 우리가 어떤 일이 일어났는지를 인지적으로 처리하기 시작한 후에 나타난다. 앞의 예에서 남자가 몸을 일으키기 시작할 때 자신이 들었던 소음이 총소리가 아니라 자동차 엔진 폭발음임을 깨닫고 당혹감(이차 정서)을 느끼기 시작한다. 이차 정서는 보다 복잡하고 대뇌피질, 변연계, 신체 과정이 혼합되어 있다. 이차 정서를 때로 인지적 혹은 사회적 정서라고 부르기도 한다.

감정(feeling)은 많은 형태를 취한다. 그것은 주로 정서(emotion)나 신체적인 감각, 더 빈번하게는 이 두 가지가 결합된 형태로 경험될 수 있다. 신체적인 감각에는 메스꺼움, 두통, 근육의 긴장, 오한 등이 포함된다. 신체적이고 정서적인 감정들은 종종 함께 나타난다. 예를 들어 우리가 슬프다고 느끼면 우리는 가끔씩 식욕을 잃고, 몸이 무겁고 피곤하게 느껴지며, 성적인 욕구를 느끼지 않는다. 우리가 행복하다고 느끼면 우리는 쾌활하고, 편안하고, 깨어 있다.

감정은 외현적이거나 내현적 또는 두 가지가 결합된 형태일 수 있다. 외현적인 감정은 말이나 비언어적인 단서를 통해 분명히 드러난다. 예를 들어, 어떤 사람은 "네가 그럴 때, 나를 정말 화나게 해"라고 말함으로써 화를 표현할 수도 있고, 얼굴을 찌푸리거나 소리를 지르거나 싫은 내색을 해서 표현할 수도 있다. 내현적인 감정은 숨겨진다. 가끔 우리가 사회적인 일에 참여하거나 다른 사람들이 우리를 평가한다고 생각되는 학위논문 심사와 같은 상황에 처한다면 우리는 불안과 긴장을 경험한다. 그러나 우리는 종종 그런 감정을 숨겨서 긍정적인 인상을 만들 수 있다. 우리는 아마도 거절과 불승인에 대한 두려움, 우리가 가진 감정에 대한 부끄러움 그리고 자신의 정서에 대한 의식이 부족하기 때문에 자신의 감정을 숨기거나 심지어 부인하게 될 수도 있다.

감정은 외현적이고 내현적인 것 모두일 수 있다. 예를 들면, 우리가 자신의 감정의 일부분만을 공유할 때를 들 수 있는데, 기말고사가 시작되기 전에 거의 모든 사람들은 염려와 불안을 느낀다. 그러나 어떤 학생들은 대부분의 다른 학생들보다 불안해 보이지 않기 위해 감정의 엄청난 부분을 숨긴다.

감정은 긍정적이거나 부정적이거나 또는 중립적일 수 있다. 애정, 행복, 즐거움과 같은 정서들은 대부분 긍정적이다. 걱정, 분노, 실망 등의 다른 정서들은 일반적으로 부정적이다. 호기심과 졸림과 같은 또 다른 정서는 아마도 중립적이다. 물론 종종 이런 범주화는 더욱 복잡하다. 정서는 다양한 사람들에 의해 다르게 경험될 것이다. 예를 들어 아시프는 분노의 감정을 즐긴다. 이는 그에게 권력과 통제의 느낌을 주고, 그는 다른 사람들에게 겁주는 것을 좋아한다. 반면, 리마는 화를 부정적인 정서로 생각한다. 그녀는 자신을 내세우지 않도록 양육되었고, 심지어 자신이 가벼운 짜증이라도 내게 되면 사람들이 인정해주지 않을까 봐 두려워한다. 정서는 또한 도움이 될 수도 있고 안될 수도 있다.

정서의 강도는 개인과 환경에 따라 매우 다르다. 합당한 내 구역에 누군가 주차를 할 때는 화가나는 정도가 경미할 수 있지만, 우리 집에 도둑이 들었을 때는 격렬해질 수 있다. 사람들의 감정을평가할 때는 강도를 꼭 확인하라. 정서 자체는 적절한 것일 수 있지만, 그 강도는 오해나 관계에서의 어려움들을 야기할 수 있다.

사람들은 그들의 정서와 감각에 대해 알아차리기도 하고 알아차리지 못할 수도 있다. 예를 들어, 랜드는 그의 감독관인 찰턴을 시기하고 있었지만, 그런 감정을 알아차리기 어려웠고, 스스로 그것을인정하기도 어려웠다. 그러나 랜드는 다른 사람들에게 찰턴에 대해 부정적으로 말했고, 감독관과늦게까지 일하는 것을 피했으며, 감독관과의 회의에 빠진 것에 대해 변명을 지어냈다. 찰턴은 랜드가 불만이 있음을 느꼈고 그것에 대해 이야기해보려고 노력했지만, 대화는 건설적이지 못했다. 랜드는 수행에 대한 만족스러운 평가를 받았지만, 승진 추천을 받지는 못했다. 승진하지 못한 이유를이해하지 못해서 찰턴에 대한 그의 분개심은 더욱 커지게 되었다.

랜드의 정서처럼, 다른 사람들에게 분명히 보여지고, 우리의 행동과 반응을 이끌고 있지만, 대부분 스스로 깨닫지 못한 정서들은 치료가 특히 어렵다. 그런 정서들은 강력한 치료 동맹이 만들어질때까지 아마도 나타나지 않거나 논의할 수 없을 것이다. 내담자들이 자신의 정서에 대해 인식하도록 재촉하는 치료자는 내담자를 소원하게 만들고, 성공적인 치료를 막을 것이다.

감정의 적절성은 또 다른 중요한 차원으로, 우리가 다른 사람들 그리고 그들과의 관계에서 어떻게인식되는가에 영향을 준다. 예를 들어, 결혼식은 적절하거나 부적절한 다양한 정서를 끌어낼 수 있는 상황을 제공한다. 신부 어머니가 흘리는 그리움의 눈물, 신부 아버지가 느끼는 자부심, 신랑의사랑, 신부의 기쁨, 결혼 파티에서 함께 느끼는 행복, 아마도 몇몇 하객들이 경험하는 약간의 부러움과 함께 느껴지는 즐거움은 모두 전형적이고 적절한 정서들이다. 결혼 비용에 대해 신랑이 보이는 분명한 분노, 신부의 전 구혼자의 소란스런 슬픔 또는 직원들의 무례함 등 적절하지 못한 정서들은 결혼이라는 상황에서는 특히 방해가 된다. 정서를 촉진하는 요인들과 더불어 상황이 정서의 적절성과 영향을 결정하게 된다.

일치성은 우리가 고려해볼 또 다른 변수이다. 감정이 일치되게 표현되면, 정서의 언어적이고 비언어적인 단서들은 모두 같은 메시지를 전해준다. 사랑의 말을 표현하는 사람은 부드럽게 말할 것이고, 눈 마주침을 잘 유지할 것이며, 개방적이고 환영하는 자세를 취할 것이다. 그러나 그 사람이만일 사랑을 고백하지만 눈을 마주치지 않고, 목소리가 화난 톤이며, 긴장되고 폐쇄적인 자세를 취한다면 모순되고 혼란스러운 정서들이 전달될 것이다. 상대방은 아마도 무엇을 믿어야 할지 알지못할 것이고, 메시지의 일부분에만 주의를 기울여 메시지를 오해하거나 전달상의 문제로 인해 메시지를 믿지 못하게 될 것이다. 사람들은 때때로 모르는 채로 뒤죽박죽 혼란스러운 메시지를 주게되어 다른 사람들과 의사소통하려는 자신의 노력을 망친다. 자기관찰과 피드백은 사람들이 자신의 정서적인 메시지의 일치성, 명확성, 효과를 향상시킬 수 있도록 도와준다.

마지막으로, 정서는 우리가 논의했던 변수들에 따라서 사람들에게 **도움**이 될 수도, 상처가 될 수도 있다. 정서를 표현하는 것은 우리의 삶과 인간관계를 향상시킬 수도 있고, 우리가 목표달성에 다가설 수 있도록 하며, 우리 삶에서 즐거움을 증가시킬 수도 있다. 정서를 표현하는 것은 또한 해를 끼칠 수도 있고, 인간관계의 실패, 신체적인 증상, 직업에서의 불만족, 보람 없고 성공적이지 못한 삶의 원인이 될 수도 있다. 우리의 내담자, 가족, 친구들, 동료들의 정서뿐만 아니라 우리 자신의 정서를 평가할 때 다음 감정 표현의 여덟 가지 차원을 고려하라.

1. 주로 정서적인가, 신체적인가 또는 그 결합인가
2. 외현적인가, 내현적인가 또는 그 결합인가
3. 긍정적인가, 부정적인가 또는 중립적인가
4. 강도의 수준
5. 알아차리는가 혹은 못 알아차리는가
6. 상황과 자극에 맞는 적절성
7. 일치성
8. 유익한가 혹은 해로운가

이런 차원을 아는 것은 감정의 본질과 영향을 더 잘 이해하고, 도움이 되지 않는 정서를 바꿀 수 있는 방법을 찾도록 도움을 준다.

다문화 요인과 정서

내담자의 정서를 이해하려 애쓰는 치료자들은 다문화 요인들을 명심할 필요가 있다. 성, 나이, 문화적 배경 등 이 모두가 사람들이 경험하고 표현하는 정서의 본질과 강도에 영향을 미친다는 연구가 있다.

성과 정서 성 역할에 관한 한 연구에서 Jakupcak, Salters, Gratz와 Roemer(2003)는 정서의 강도와 다른 이들의 정서에 대한 지각에 있어서의 성차가 성 고정관념(gender stereotype)과 일치한다는 것을 알아냈다. 남자와 여자가 어떤 사건에 대한 유사한 정서적인 반응을 경험하더라도 여성들이 더 강렬하고 자유롭게 정서를 표현한다. 여성들은 다른 사람들의 정서, 특히 그들의 얼굴 표정의 의미에 더 익숙했다. 남성들은 특히 화, 긍정적인 정서, 슬픔의 정서를 여성들보다 덜 표현한다. 이런 패턴은 특별히 전통적인 남성다움의 관점을 가진 남자들에게서 두드러진다. 남성들의 강한 정서 회피는 아마도 통제하고 항상 강해 보이고 혹은 분노를 표현하지 않는 것을 학습한 사회화에서 기인한 것으로 냉정을 잃는 것에 대한 두려움과 관련이 있을 것이다. 물론 남성과 여성이 정서를 표현하는 방법에는 상당한 변수가 존재한다.

정서의 내용 또한 성과 연관이 있다(MacGeorge, 2003). 남성은 여성보다 좀 더 '정의의 윤리'를 따르는 경향이 있다. 그들은 자신과 다른 사람들에 대한 반응으로 비난과 책임감을 강조한다. 반면에 여성들은 '보살핌의 윤리'를 따르고(Gilligan, 1982), 희생되거나 학대받을 때 남성보다 좀 더 도움을 구하는 경향이 있다.

　Hutson-Comeaux와 Kelly(2002)는 사람들이 같은 정서들에 대해 그 정서가 성에 일치하는가 아닌가에 따라 각기 다르게 반응한다는 것을 알아냈다. 여성에게는 행복감, 남성에게는 분노 같은 성 고정관념에 일치하는 강한 정서적인 반응들은 반대되는 정서(즉, 남성은 행복감, 여성은 분노)보다 덜 진실한 것으로 여겨진다. 치료자들은 성에 대한 편견이 반영된 자신의 반응을 관찰해야만 한다.

연령과 정서　우울한 정서는 연령에 비례하여 증가한다는 생각을 논박하는 연구에도 불구하고, 세대 차이와 연령 차는 모두 정서의 표현에 영향을 미친다. Charles, Mather, Carstensen(2003)은 "최근에 증가하는 많은 경험적인 연구들은 상대적으로 긍정적인 정서 경험과 향상된 정서 조절을 특징으로 하는 연령 관련 패턴이 있음을 밝혀왔다"(p. 310)고 결론 내렸다. 이것은 사람들이 "정서적으로 의미 있는 목표에 점점 더 많은 가치를 두는"(p. 310) 경향과 관련이 있어 보인다. 중·장년층 성인들은 청년들에 비해 불안과 우울을 덜 경험하고 더 많은 만족을 느끼고, 부정적인 기분의 지속 기간이 짧아졌다고 보고한다. 중·장년층 성인들은 또한 상대적으로 더 긍정적인 정보를 회상한다.

　세대 차이를 통해 더 젊은 성인들이 중·장년층 성인들과는 다른 감정 표현 패턴을 가지고 있다는 것을 알 수 있다. 예를 들어, 젊은 남성들은 더 양성적인 성 역할을 하는 경향이 있는데, 이는 아마도 감정 표현에서의 수월성과 관련이 있을 것이다.

문화와 정서　문화는 정서적인 경험과 표현에 영향을 주는 또 다른 변수이다. 예를 들어 Mesquita와 Walder(2002)는 "정서가 과도한지 부족한지를 판단하기 위해서 감정의 '정상적인 양'을 알 필요가 있다. …그러므로 정서적인 어려움에 대한 비교문화적인 평가는 정서 표현 양식이나 규범 같은 정서의 실제 문화적 기준을 고려해야 한다"(p. 789)라고 했다. 게다가 그 문화에서 잘 수용되지 않는 정서들이 덜 경험되는 반면에 문화적인 모델과 양립 가능한 정서들은 더욱 활성화되기 쉽다. 예를 들어 미국 문화는 행복에 가치를 두고, 즐거움을 주려는 의도의 상·축하·칭찬의 표현들이 풍부하다. 미국 문화와 일치하는 다른 정서로는 분노와 반감이 있다. 다른 한편 분노를 평가절하 하고, 인간관계의 유지를 장려하는 일본을 비롯한 다른 문화들에서는 자기비난이 더 흔한 정서이다. 문화적인 모델과 가치에 관한 지식은, 어떤 문화권에서는 문제가 있는 것처럼 보이나 그 사람의 원래 문화에서는 양립할 수 있는 정서와 건강하지 못한 정서를 치료자가 분간할 수 있도록 돕는다.

> **요약**

이 장에서는 상담 및 심리치료에서 정서와 감각의 중요성과 위상을 검토했고, 우리가 제3부에서 배울 인간중심적, 게슈탈트, 실존주의, 탈근대적 이야기, 해결중심 접근과 페미니스트 치료와 같은 인본주의 이론에 관한 간략한 개관을 제공했다. 또한 치료자들이 감정을 이해하고 분석하도록 도움을 주는 여덟 가지 차원을 제시했다.

Carl Rogers와 인간중심상담

"Freud 이후로 어느 누구도 Carl Rogers보다 심리치료에 더 영향을 준 사람은 없다. 상담과 치료에 관한 그의 긍정적이고, 인본주의적인 접근은 매우 유명해졌다"(Hergenhahn & Olson, 2007, p. 463). 이것은 주로 세 가지 요인들 때문이다. (1) 핵심 조건에 관한 연구 결과들은 Rogers가 옳았다는 것을 계속해서 증명한다—공감, 무조건적 긍정적 존중, 건강한 치료 동맹은 모두 긍정적인 치료적 결과에 효과적인 구성요소라는 것을 증명하였다(비록 적은 연구들이 일치한다고 내어놓았지만, 출판된 문헌들은 긍정적으로 나왔다). (2) 이러한 접근은 넓은 적용들을 가지고 다른 치료 모델에 쉽게 통합될 수 있다. (3) 이것의 긍정적이고 낙관적인 본성은 매력적이다.

심리학 분야에 Carl Rogers가 가장 크게 기여한 것 중 하나는 아마도 판단 없이 "우리에게 세심함과 돌봄을 가지고 듣도록 가르친 것"(Cain, 2008, p. 177)이다. Rogers가 가지고 있는 인간에 대한 긍정적인 관점과 자기실현을 하고자 하는 인간의 타고난 노력에 대한 신념은 심리치료의 초점을 병리학의 하나로 보는 것이 아닌 내담자를 더 만족스러운 방식으로 자기 스스로를 더 완전하고 더 기능하며 살도록 도움을 받기 위해 치료받으러 오는 사람으로 보는 것으로 바꾸었다. 과학적인 방법의 혁신적인 심리학을 통한 인본주의 통합은 예술에서 과학으로 변화했다.

Carl Rogers

Carl Rogers는 1902년 1월 8일에 시카고 교외의 일리노이 주, 오크 파크에서 태어났다. Carl은 Walter와 Julia Rogers의 넷째로 태어났고, 남동생 2명이 계속해서 태어나기 전까지 막내의 지위를 4살까지 즐겼다. 그의 부모 모두 대학교 교육을 받았고, 그의 아버지는 전국의 프로젝트를 관리하는 성공한 토목기사였으며, 그의 어머니는 전업주부이자 독실한 기독교인이었다. 어릴 때의 Rogers의 기억은 가족 외의 다른 아이들로부터 사회적으로 고립되었고, 그의 형들에게 인정사정없이 놀림을 당했고, 그의 어머니와는 친밀하게 성장했으며, 몇몇 질병 때문에 아마도 상당 부분의 아동기 시기에 고통받았다. Carl은 4살에 읽는 것을 배웠고 6살 6개월까지 학교를 다니지 않았으며, 2학년부터 시작하였다.

　Carl이 12살이었을 때, 그의 아버지는 시카고의 25마일 서쪽인 글렌 엘린 농지에 영주의 저택을 짓고 가족과 함께 이사하였다. Rogers의 전기 작가인 Howard Kirschenbaum(2009)이 기록하길 "Rogers가 농장에서 자랐다는 것은 널리 알려졌지만, 농장이 벽돌담 입구와 철문을 통해 접근하고, 농가는 실제로 벽돌로 된 영주의 저택으로… 8개의 침실과 5개의 욕조들, 포르테 코셰(porte cochere, 차 대는 곳)와 집 뒤쪽에 테니스 클레이 코트… 그리고 농장 관리자, 경비원, 기사와 그 밖의 고용인과 그들의 가족들을 위한 적어도 2개의 농가가 있었다는 것은 널리 알려지지 않았다"(pp. 10~11). Rogers와 형제들은 그야말로 강한 중서부와 원리주의자 기독교인의 가치를 가지고 자랐다. 그의 가족은 그에게 성실과 근면함, 책임감의 중요성을 심어주었고 이러한 가치들은 그의 학문적 연구에 반영되었다. 그의 아버지가 농장은 과학적으로 운영된다고 주장했기 때문에 그 또한 과학적인 방법을 훈련받았다(Hergenhahn & Olson, 2007).

　Rogers는 위스콘신대학에 들어가 농학을 전공하였다. 1922년에 그는 중국에서 열리는 세계 기독교 학생 연합 세미나에 참석하는 10명의 학생 중 1명으로 선발되었다. 6개월간의 여행 동안 종교, 철학, 문화의 대안적인 관점을 접하게 되면서 그는 가족의 전통적인 근본주의 기독교인 관점을 재고하게 되었다. 이 여행 동안 그의 말년에 가진 현실에 대한 현상학점 관점의 씨앗이 심어졌다. 그는 하나의 진정한 종교가 있는지 질문을 갖기 시작했고, 모든 살아 있는 것들의 상호관련성을 고려하기 시작했다. 나중에 그의 자서전에서 말하길 "이 여행의 날부터 나의 목표, 가치, 목적, 철학이 나의 것이 되었다"(Rogers, 1967, p. 351).

　Rogers는 중국에서 위스콘신대학으로 돌아와서 전공을 역사학으로 바꾸었다. 졸업 후 1924년에, 그는 연인인 Helen Elliot과 결혼했다. 부부는 그가 목사가 되기 위해 공부하려고 진보적인 유니온식 학교가 있는 뉴욕으로 이사했다. 신학교에 있는 동안 Rogers는 심리학의 몇 가지 과정을 이수했고, 종교의 영향력 없이 "사람들이 변화하고, 성장하고, 발달하고, 더 만족하고 더 나은 삶을 살도록 돕고자 하는"(Kirschenbaum, 2009, p. 25) 자신의 궁극적인 목표를 성취할 수 있다는 것을 깨달기 시작했다. 직후에 그는 그 당시 국내 심리학자들에게 있어서 선두적인 훈련 학교인 컬럼비아대학으로 옮겨와 심리학 박사학위를 취득했다.

Helen과 Carl Rogers는 행복하게 결혼하였고 Helen이 죽기 전까지 55년 동안 행복하게 살았다. 그들이 뉴욕에 사는 동안 자녀들이 태어났다. 아이러니하게도, 그들은 아들과 딸을 그 당시에 유행하는 Watsonian 행동적 방법에 따라 길렀다. 후에 Rogers는 Helen의 양육 본능은 행동주의가 자녀들에게 미칠 수 있는 어떠한 부작용도 극복할 것이라고 농담하였다. 그는 계속해서 탐독하였고, 또한 다작 작가가 되었고, 가족구성원들과 친구들과 서신을 주고받는 것뿐만 아니라 매일 일지를 쓰는 것을 계속했다—이러한 습관들은 그의 일생 동안 유지되었다. Kirschenbaum(2009)은 Carl Rogers가 "서신을 주고받으면서" 이해받고자 하는 욕구가 그 자신의 일하고 만들고자 하는 욕구와 유사하다고 언급하였다.

Rogers의 경력은 사람과 관련된 성장과 그의 개인 철학과 심리치료의 이론의 발전을 반영한다. 그는 뉴욕에서 로체스터로 이동하였고 아동학대 예방에 대한 아동연구사회부서(Child Study Department of the Society for the Prevention of Cruelty to Children)에서 임상직을 가졌다. 여기에서 그는 정신분석적 접근법(치료자-중심 치료로 언급)의 효과성에 의문을 가졌고, 어디로 가야 할지에 대한 방향성은 내담자가 가장 잘 안다고 생각하기 시작했다. 그가 인턴이었을 때, Rogers는 Alfred Adler가 진행하는 몇 개의 워크숍을 참여했고, Adler로부터 내담자의 배경을 파헤치기보다는 내담자가 지금-여기에서 어떤 방식으로 관계를 맺는지를 관찰함으로써 더 많은 것을 알 수 있다는 것을 알아차렸다. 1940년에 그는 오하이오주립대학에서 처음으로 교수 자리에 취임하였고, 후에 시카고대학으로 옮겨 심리학 교수와 상담 지도자로 재직하였다. 시카고대학에서 12년 동안 Rogers는 몇 개의 중요한 업적을 성취하였다. 그는 심리치료 회기에서 해야 되는 것을 첫 번째 논문에서 진행했고(Kirschenbaum, 2009), 내담자중심치료(Client-Centered Therapy, 1951)를 집필하고 출판했으며, 1946년에 미국심리학회(APA)의 학회장 역할을 맡았고, 1956년 과학적인 성취에 관한 협회의 첫 번째 상을 받았다.

1957년에 Rogers는 모교인 위스콘신대학에서 자리를 잡았다. 여기에서 캘리포니아로 옮겨서, 그와 Helen은 그들의 여생을 보냈다. 1968년에 그가 66세였을 때 그와 그의 동료 몇 명은 라호야에 인간연구센터(Center for the Studies of Person)를 설립하였다. 1987년에 그가 숨을 거둘 때까지 그는 센터에서 일했다. Rogers는 인생의 후반부 동안, 다른 인종 간의 긴장을 완화시키고 집단 간의 갈등을 해결하기 위해 인간중심접근을 활용하는 데 초점을 두었으며, 세계평화와 사회 정의를 촉진시켰다. 그는 세계를 돌아다니면서 워크숍과 감수성 훈련 집단을 주도하였다(Kirschenbaum, 2004). 1987년, 그의 업적이 인정되어 노벨평화상 후보에 올랐다. Rogers는 그의 분야에서 강력하고 영향력 있는 지도자였다.

Cain(1987)에 따르면, Rogers는 그가 개발한 이론의 구현자로서, 자신이 지금까지 알고 있는 사람들 중에서 "가장 주의 깊고, 신중하고, 민감한 경청자"라고 하였다(p. 284). Rogers는 열심히 일하고, 자기수양하며, 조직화하고, 집중하는 습관을 그의 삶을 통해서 지속하였다. 그는 낙관주의, 자기실현의 감각 그리고 그 순간에 살고 경험할 수 있는 개방성으로 이러한 성격적 강점을 확장할 수 있었다. 그는 새롭고 혁신적인 사상을 표현하는 것을 두려워하지 않았으며, 그의 삶과 그의 사상들은 분리될 수 없었다.

인간중심상담의 발달

Rogers 이론의 발달은 그의 점차 풍부해지는 통찰력, 성격, 깊이 있는 연민과 같은 신념을 포함한 자신의 개인적인 발달을 반영한다(Kirschenbaum, 2009).

Carl Rogers가 상담과 심리치료(*Counseling and Psychotherapy*, 1942)라는 그의 첫 번째 주요한 연구를 발표했을 때, 이 분야는 정신분석/정신역동 접근과 행동주의적 접근의 두 가지 치료가 지배하고 있었다. Rogers는 두 접근이 지닌 과학적 방법론의 결여에 대해 비판하였고 치료자가 내담자들에게 어떻게 변화해야 하는지에 대해 가장 잘 알고 있으며 그것에 대해 내담자에게 말해줘야 한다는 당시의 가정을 비판하였다. 그 대신에 그는 비지시적 상담이라고 부르는 것을 제안하였는데, 비지시적 상담에서 치료자의 주요한 역할은 사람들이 자신의 감정을 표현하고, 명료화하며, 통찰을 얻을 수 있도록 도와주는 것이다. Rogers에 따르면 수용, 반영, 진실성은 치료자에게 있어서 중요한 도구이다. 그는 정교한 개입과 진단의 절차를 회피하였는데, 이는 타당성이 떨어질 뿐 아니라 내담자에 대한 치료자의 권력 수단이 될 수 있기 때문이었다. 실제로 Rogers의 초기 저서에서는 이론을 최소한으로 다루고, 연습과 경험을 중요하게 여겼다.

Rogers의 두 번째 발달 단계는 내담자중심치료(*Client-Centered Therapy*, 1951)의 출판으로 특징지어진다. 비록 Rogers가 정서의 중요성에 대해서 계속 강조했을지라도, 이 책은 그의 생각이 일부분 변화했음을 나타내는 중요한 신호였다. 그는 치료가 완벽히 비지시적일 수 없고 그래서도 안 된다는 것을 깨닫고, 내담자중심치료로 명명하였다. Rogers는 이제 치료자의 역할은 더 활동적이어야 하고, 사람들로 하여금 긍정적인 변화가 일어날 수 있도록 돕는 환경을 창조함으로써 정확한 공감, 일치성, 수용을 내담자에게 전달할 수 있다고 믿었다. 이러한 세 가지 촉진적인 조건인 공감, 일치성, 수용(무조건적 긍정적인 존중이라고 알려진)은 Rogers의 작업 특징이 되었다.

1960년대에는 Rogers의 세 번째 발달 단계가 시작되었고, *On Becoming a Person*(1961)을 출판함으로써 다시 한번 변화된 그의 생각이 표현되었다. 이 책에는 Rogers의 건강하고 완전히 기능하는 인간에 대한 개념이 소개되었다. 완전히 기능하는 인간은 경험에 개방적이고, 그들 스스로의 가치를 인정하고 신뢰하며, 타인을 기쁘게 하거나 감동을 주기 위해서 노력하기보다는 내부의 통제소재에 따라 삶을 살아가는 사람을 말한다. 이와 같은 사람들은 자신의 삶을 과정으로 여기고, 평생에 걸친 성장을 중요하게 생각한다. 인간의 건강한 발달을 촉진시키는 것에 대한 Rogers의 관심은 그의 견해를 치료적 장면 너머로 확장시키도록 이끌었다. 예를 들어, 그는 학생 중심의 교육개념을 촉진하였다. Rogers의 사상에 기초한 감수성 훈련 집단은 긍정적인 발달을 촉진시키기 위해 널리 사용되었다(Rogers, 1970). 또한 1960년대 동안의 그의 업적은 관심사를 연구에 반영했다는 것이다. Rogers는 치료자-내담자 관계의 요소와 최상의 긍정적인 변화를 촉진하는 치료적 과정을 개척하려고 노력한 선구자였다.

Rogers 인생의 마지막 20년인 1970년대와 1980년대는 그의 사상이 계속 확장되고, 적용되었다. 내담자중심이라는 용어는 인간중심으로 대체되었다. 이는 Rogers의 초점이 더 이상 치료적인 관계에만 머물러 있지 않았으며, 새로운 용어가 모든 인류에 대한 관심을 더 잘 표현한다고 보았기 때문이다. 그의 방법들은 현재 개인치료뿐만 아니라 가족, 경제와 행정, 교육, 비교문화의 환경, 갈등 해결 그리고 아마도 Rogers에게 가장 중요한 세계평화를 촉진하는 데 사용되고 있다.

그의 업적을 통해서 Rogers는 사람들에게 스스로의 힘과 능력을 갖기 위해서 타인의 권리를 존중하도록 격려하는 동시에 스스로의 삶을 통제할 수 있는 힘을 갖도록 도움을 주었다. 인간중심이론은 사람들이 자기개념과 자기지시를 발달시킬 수 있는 "자기이해를 위한 거대한 원천"을 그들 내부에 가지고 있다는 믿음으로부터 발달되었지만, "이러한 원천은 촉진적인 심리적 태도를 제공할 수 있는 환경이 있을 때만 가능하다"(Rogers, 1980, p. 49).

중요한 이론적 개념들

Carl Rogers의 이론들은 그가 가지고 있는 내담자와의 오랜 작업 경험에 영향을 받았다. 그의 이론은 광범위하며 사람들이 기본적으로 선하고 성장하고자 하는 본성을 가지고 있다는 가정에 기반한다. Carl Rogers에게 있어서 궁극적인 목표는 긍정적인 방법으로 타인을 이해하고, 그들의 가치를 인정하며, 그들과 관계를 맺는 것이다. 인간중심치료 이론의 기초는 모든 인본주의적 치료의 중요한 이론적인 개념이다 — 인간의 잠재력, 가치의 조건, 유기체적 가치화, 완전히 기능하는 인간, 현상학적인 관점. 이러한 개념들은 다음에 논의된다.

인본주의

Rogers의 사상은 인본주의적 관점을 포함한다. 그는 사람들을 강하고 능력이 있는 존재로 지각하고, 그들에게는 어려움을 다룰 수 있는 능력이 있고, 자신의 잠재성을 성장시키고 계발하고 깨달을 수 있는 능력이 있다고 믿었다. 이러한 견해와 일관되게, 그의 치료 목표는 사람들에 대한 확신을 갖고 그들에게 능력을 부여하는 것으로, 사람들이 스스로 자신의 내부의 원천을 사용할 수 있도록 자신에 대한 신뢰와 자신감을 충분히 가질 수 있게 하는 것이라고 믿었다.

인간의 잠재성과 실현화

인간의 잠재성의 중요한 측면은 실현화, 확장, 성장 그리고 건강을 향한 사람들의 타고난 경향이다. 실현화는 일반적인 경향성이지만, 변화하는 사회적 세상의 맥락 내에서의 끊임없는 도전을 숙달하기 위한 자기실현화 노력은 각자 고유한 것이다(Adler, 2011). Rogers(1951)는 "유기체는 실현하고, 유지하며, 경험된 유기체를 증진시키려고 분투하며, 하나의 기본적인 경향성과 노력을 가지고 있다"고 말했다(p. 497). Rogers(1980)의 한 비유는, 거듭 농장에서의 그의 아동기적 생활에서 자라나고 그의 과학적인 흥미로 돌아간다. 그는 그의 가족이 겨울 동안 지하실에서 저장했던 감자를 이야기한다. 비옥한 땅과 햇빛에서 떨어져 춥고 어두운 곳에 보관해 두었어도, 감자들은 싹이 나기 시작하여 지하실을 타고 올라가, 약간의 햇빛을 받는 아주 작은 창문을 향해 뻗어간다. 감자들은 심지어 본능적으로 빛을 향해 움직인다. Rogers는 실현화에 대한 이러한 경향성이 모든 살아 있는 것이 가지고 있는 원동력이라고 믿었다.

식물들이 건강하고 튼튼하게 자라기 위해서는 비옥한 토지, 적당한 물, 햇빛이 필요한 것처럼 Rogers는 또한 사람들도 그들을 전인적이고 통합된 방향으로 발전할 수 있는 알맞은 상태가 필요하다고 믿었다. 이 같은 필요조건을 제공하는 것은 치료자가 할 일이다(상태에 관해서는 이 단원 다음에 더 자세히 말할 것이다). 실현은 끊임없는 과정이고 이것은 전 생애를 통해서 증명되는데 실현은 본질적인 목표, 자기실현, 성취, 자율성을 포함하는 자기통제를 지향하는 움직임이다.

가치의 조건

인간중심이론에 따르면, 아이들의 자기개념은 그들의 삶에서 중요한 사람들과의 상호작용과 그 사람들에게 받는 메시지를 통해서 형성된다(Rogers, 1961). 만일 아이들이 조건적 가치를 경험하고, 판단적이거나 비판적인 메시지, 즉 아이들이 타인의 욕구를 충족시키는 방식으로 생각하고 느끼고 행동할 때만 가치 있고 사랑스럽다는 메시지를 경험하게 된다면 아이들의 자아상과 성장은 손상될 것이다(Barton, 1992; Dolliver, 1995). 지나치게 과보호하거나, 지배적이고, 위협을 주는 환경은 특히 아이들의 발달에 부정적인 영향을 주고, 아이들이 자유롭고 강하다고 느끼는 데 어려움을 줄 것이다.

부정적인 환경에서 자란 아이들은 전형적으로 가치 있고 가치 없는 것의 측면으로 그들 자신의 모습을 지각하고, 이를 비판적으로 수용하여 내면화한다. 아이들은 자신의 모습이 무가치하다고 지각할 때 그들 스스로를 받아들이는 것을 중지하고, 억제하며, 가치를 감소시키는 경향이 있다. 이것은 아이들에게 내적 갈등과 부조화를 만들고, 성장을 향한 그들의 본질적인 경향성을 억제한다. Rogers에 따르면, 조건화된 가치의 메시지는 진정성을 제한하여 사람들이 자신의 감정과 사고, 행동에 솔직하게 반응할 수 없게 한다. 사람들은 전체로서의 유기체와 자기의 가치에 대해서 배우지 못하기 때문에 파편화된다. 이러한 아이들은 소심하고 내성적이며, 순응적이거나 화를 잘 내는 방어적인 성인으로 발달할 가능성이 높다.

반면에 무조건적 긍정적 존중, 즉 다시 말해서 아이의 어떤 특수한 행동이나 특징이 중요하기 때문이 아니라, 단지 아이들의 존재 그 자체가 특별하고 훌륭하다는 메시지를 받은 아이들은 훨씬 실현되고 완전히 기능하는 성인이 될 가능성이 높다. 이것은 부모가 아이들의 해로운 행동을 허용하고 묵인한다는 것을 의미하지는 않는다. 그러나 그들은 아이의 가치와 부모의 가치 모두를 긍정하는 방법을 통해서 바람직하지 않은 행동을 교정할 수 있다.

매디의 사례를 보면, 그녀는 주사 맞는 것을 두려워하고, 그녀를 의사에게 데려간 부모를 때리고 발로 차는 반응을 보였다. 아이에게 조건화된 가치를 적용하는 부모는 아마 이렇게 말할 것이다. "나를 때리면 난 널 좋아하지 않을 거야. 작은 주사 하나 때문에 아이처럼 굴지 마." 아이의 마음에 동의하지만 적합한 행동으로 바꾸기를 원하는 부모는 아마 이렇게 말할 것이다. "네가 주사를 무서워하고, 내가 너를 의사에게 데려가서 화가 난다는 것을 이해할 수 있어. 하지만 발로 차는 것은 엄마를 아프게 한단다. 엄마는 너를 사랑하고, 우리는 너의 감정과 너를 도울 수 있는 방법을 찾을 수 있을 거야. 하지만 네가 엄마를 발로 차는 것은 그만했으면 좋겠어."

　비록 Rogers(1980)가 인간발달에 영향을 줄 수 있는 혐오적인 환경의 해로움에 대해서 인정했지만, 그는 언제나 낙관적이었다. "개개인들은 자기이해를 위한 그리고 자기개념을 바꾸기 위한 근본적인 태도와 자기지시적인 행동을 바꾸기 위한 거대한 원천을 그들 내부에 가지고 있다. 이러한 원천은 설명할 수 있는 촉진적인 심리적 태도의 분위기가 제공될 수 있다면 가능하다"(p. 115). 인간중심치료의 목표는 수용의 분위기와 무조건적인 가치를 제공하고, 사람들이 살면서 받았던 부정적인 메시지를 중화시키는 것이다. 그리고 그들이 온전한 자유를 가질 수 있게 하고, 스스로 선택하게 하며, 자기실현을 하는 사람인 완전히 기능하는 인간으로서 그들의 잠재성을 깨달을 수 있게 한다. 자기수용, 주체성, 그들 자신의 이야기를 재구성하는 능력은 심리치료에서 중요한 개념이고 정신건강의 개선과 관련 있다(Adler, 2011). Rogers의 개념들은 제11장에서 논의될 이야기 치료 발달에 기초를 제공한다.

유기체적 가치화 과정

"치료의 촉매적 과정을 통해 나타나는 힘들은 개인이 가지고 있는 이전의 지식으로는 충분히 설명되지 않지만, 우리가 유기체 안에 자발적인 힘의 존재를 인정한다면 통합과 방향수정의 능력을 가질 것이다"(Rogers, 1946, p. 419). Rogers는 이러한 자발적인 힘을 유기체적 가치화 과정(Organismic Valuing Process, OVP)이라고 불렀고, 이는 사람들이 성취하고 자기실현하기 위해 자신에게 무엇이 필요한지를 아는 직관적인 능력을 말하는 것이다. "사람들은 자신이 실현하고 있는지를 확인하기 위해 자동적으로 자신의 경험과 행동을 평가하는데, 실현되고 있지 않다면 무언가가 잘못되었다는 끊임없는 생각이 교정적인 행동들을 동기화시킬 수 있다"(Sheldon, Arndt, & Houser-Marko, 2003, p. 836). 모든 사람들은 "신뢰할 수 있게 설립하고, 기제를 평가한다"(Cain, 2008, p. 196).

　인간의 유기체적 가치화 과정은 내적에서 외적인 원천으로 방향을 바꾼다. "아이들은 지금 발달된 가치의 조건을 가지고 있다. 즉 그들의 개인적인 가치감은 어떻게 다른 사람들이 자신을 평가하는지에 달려 있다"(McMillan, 2004, p. 7). 아동은 자신이 가지고 있는 가치 체계를 포기함으로써 그들의 긍정적 존중을 유지하기 위한 방식으로 다른 사람들의 가치를 받아들이기 시작한다. Rogers에 따르면, 이것은 아동의 건강 발달을 왜곡하고, 그들의 자기실현 경향성은 물론 일치성 발달을 해친다.

　사랑과 수용의 욕구는 평생 동안 지속되는 것이다. 처음에는 부모와 다른 양육자와 경험하고 후에는 일반적으로 친구들, 파트너들, 동료들, 그리고 사회이다. 사람의 유기체적 가치화 과정이 그들의 인정 욕구와 상반되게 나타날 때 혼란이 야기되고(Mearns & Thorne, 1999), 결국에는 그들의 OVP와의 접촉이 끊긴 채로 자기개념이 발달한다. 틀림없이 모든 사람들은 자신의 삶의 어떤 지점에서 가치의 조건을 경험한다.

사람들이 가치를 판단하는 데 있어서 내적 감각에 충실하지 않고, 대신에 그들이 생각하기에 사람들이 기대하는 바대로 행동하거나 다른 사람을 기쁘게 만드는 행동을 한다면 그들을 부조화되어 있다고 본다. 관계성은 이러한 환경에서 성장할 수 없는데, 사람은 자기 스스로에게 정직하게 말하지 않기 때문이다. 더 정확히 말하면, 그들은 방어기제를 만들고 장벽을 세워서 효과적인 의사소통을 막는다. 관계성 내에서 더 큰 사실성, 정직성, 솔직성이 커질수록 다른 사람들을 더 유사하게 표현하기 쉬워질 것이고, 결국에는 친밀감이 증가할 것이다. 종종 부조화되어 있는 사람들은 실제 자기가 자신의 행동을 통해 드러난다는 것을 인식하는 데 실패한다. 모든 사람들이 어느 때에는 부조화하게 행동하나, 부조화가 대부분의 관계나 상황에서 발견됐을 때 이것은 유기체적 가치화 과정을 방해할 수 있다.

마이크와 그의 아내 세이는 10년의 결혼 생활에서의 문제를 이해하는 데 도움을 구하고자 치료를 받으러 왔다. 세이는 마이크를 "훌륭한 아버지, 좋은 부양자, 그리고 그는 아이들 앞에서 절대로 술 취하지 않는다. 그러나 아이들이 자러가자마자 술에 취하고 고약해지기 시작한다"고 시인했다. 마이크는 이것이 문제라고 생각하지 않을 뿐 아니라, 그들의 결혼 생활에서 잘못된 것은 없다고 느끼기 때문에 아내가 말하는 "나에게 친절하게 대해 달라는 것"에 따라 변할 수 없을 것이다. 각자의 개인 회기에서 마이크는 세이와 그의 딸이 3살이었을 때 결혼했고, 그의 생각에 그와 그의 아내는 처음부터 맞지 않았다고 생각했다. 그는 이제 자녀들이 자랄 때까지 결혼 상태를 유지하는 것이 덫에 빠진 느낌이었다. 그가 말하길 "제 아들이 고등학교를 졸업하자마자 저는 이 생활에서 벗어날 거예요. 제가 오랫동안 기다릴 수 있다면 말이죠. 그동안 분명 밤에는 술을 마실 겁니다. 하지만 그것이 무슨 잘못이죠? 이것이 제 삶의 유일한 기쁨이에요."

마이크는 부조화된 삶을 살고 있다. 그는 스스로 낮에는 좋은 아버지, 양육자와 남편으로 보여줄 필요가 있다고 느끼지만, 그의 기저에 있는 불행감이 여전히 나타났고, 간접적이기는 하지만 그의 행동을 통해서도 나타났다. 마이크가 이해하지 못한다는 것은 놀랍지 않다. 그는 심지어 치료자에게 자신이 이상적인 남편과 아버지 역할로 사는 것을 납득시키기 위해 노력했다. 그렇다 하더라도 낮에는 완벽한 아버지 역할을 수행하려는 마이크의 욕구가 있지만 밤에는 술을 마셔서 그의 아내에게 혼동을 주고, 그들 사이의 장벽을 만들었다. 아마도 그의 어린 시절에 형성된 내사된 가치에 기반을 둔 마이크의 '이미지'는 가치의 조건을 형성하여 실현 경향성을 소유하기보다는 자신의 경험을 평가하였다.

Rogers는 부조화를 진실된 자신의 모습이 아닌 불안의 원인, 적응적인 문제들, 치료를 찾는 욕구로 바라보았다.

완전히 기능하는 인간

Rogers(1961, pp. 104~105)는 완전히 기능하는 인간을 "인간이 경험한 것뿐만 아니라 자각한 것으로도 그 자신이 되는 상태에 이르는, 완전히 기능하는 인간 유기체"라고 기술하였다. 이러한 사람들은 진실하며, 일관되고 솔직한 반응을 한다. Rogers의 완전히 기능하는 인간의 개념은 정서적 건강에 대한 그의 사상이 반영되었다. Rogers(1959)에 따르면, 다음의 성격 차원들이 완전히 기능하는 인간의 특성들이다.

- 경험에 대한 개방성
- 의미와 목적을 가진 삶
- 자신에 대한 신뢰감과 일치성
- 무조건적인 긍정적 자기존중과 타인존중
- 평가의 내적 통제
- 그 순간에 온전하게 인식하는 것
- 창조적으로 사는 것

Rogers(1961)는 이것을 더 완벽하게 설명하였다. "자유롭지만, 숨겨지거나 정면의 뒤에서만 자기 자신이 될 수 있다. 앞으로 나가거나 후퇴한다. 이러한 방식으로 행동하는 것은 자기나 다른 사람들을 파괴하거나 강화하는 방식이다. 삶과 죽음에 자유로운 것은, 생리적이고 심리적인 용어의 의미이다"(p. 192). 다른 사람들을 돕기 위해서는, Rogers는 치료자들이 스스로 완전히 기능하도록 노력해야 한다고 생각했다.

현상학적 관점

우리가 삶에서 하는 모든 선택은 우리의 지각으로부터 나오는 것이기 때문에 우리는 우리의 영역에 초점을 맞춘다. Rogers는 각 개인들이 끊임없이 변화하는 세상의 중심에 존재한다고 믿었다. 심지어 우리가 객관적이라고 믿을 때에도, 우리의 주관적인 지각은 우리의 삶의 방향을 결정한다. 인간중심치료는 현상학적이고 이와 같이, 각 사람들이 그들 자신의 세계와 일관된 방식으로 삶의 사건들에 반응한다.

예를 들어, 사무실 안에서 한 집단의 사람들이 큰 소음을 들었다고 가정해보자. 사교적인 모임을 즐기는 티미는 그 소음이 가까운 파티에서 풍선이 터지는 소리라고 믿을 것이고, 그녀가 거기에 있기를 바랄 것이다. 케인은 이 소리가 자동차 역발진 때문이라고 생각하고, 자신의 차도 수리가 필요하다는 것을 상기했을 것이다. 군대에서 전투를 경험한 톰은 소음이 발포 소리일지도 모른다는 생각에 불안을 느낄 것이다. 반면에 앨리스는 그녀의 일에 열중하느라 어떤 소음도 듣지 못했을 것이다. 이 예시는 어떻게 사람들이 세상에 대해서 자신이 지각한 것에 기초해 객관적인 정보를 왜곡하고 해석하고 조직하는지를 설명하고, 이러한 지각은 사고("나는 정말 내 차를 수리해야겠어"), 행동("난 그 파티를 확인해볼 거야"), 정서("난 두려워")를 이끌어낸다.

하루의 매 순간마다 우리는 우리의 경험을 이끌어내고, 우리 삶의 모든 측면에 영향을 주는 지각을 한다. 우리 자신과, 우리의 관계 그리고 우리의 내담자를 이해하는 것은 이러한 주관적인 지각을 인식하고 수용하는 것에 달려 있다. 현실에 대한 사람들의 지각을 이해해야만 우리는 그들과 그들의 삶을 조직하고 나아가는 방식들을 온전히 이해할 수 있다.

Rogers가 현상학과 사람들의 내적 참조 틀을 강조한 것과 일관되게, 그는 내담자의 치료법을 알기 위해서는 내담자 자신의 경험이 가장 필요하다고 보았다(Dolliver, 1995). 그는 치료자들의 권한이 내담자의 직접적인 경험보다 우위를 차지해서는 안 된다고 믿었다. 이와 유사하게, Rogers는 내담자들과 상호작용하고 그의 이론들을 발달시키는 데 자신의 경험과 지각을 조심스럽게 반영시켰다. 그는 신중하고 심사숙고하여 사용한 자기개방은 치료 동맹과 더 나은 치료를 향상시킬 수 있다고 믿었다. 자기개방의 효과적인 사용에 대한 더 많은 정보는 뒷부분에 제공된다.

인간중심상담을 이용한 치료

인간중심상담은 기본적으로 내담자와 존재 맺는 방식이며 일치성, 공감, 무조건적 긍정적 존중과 같은 치료적 조건을 제공하여 변화를 가능하게 촉진시킨다. 이러한 조건들이 나타날 때 "실현화할 수 있는 힘을 가지게 되며, 경험에 대한 부인과 왜곡은 줄어들고, 개인은 더 완전히 기능하는 인간 유기체가 될 수 있다"(Fernald, 2000, p. 174).

치료 과정의 필요조건과 충분조건

Carl Rogers(1959)는 다음의 여섯 가지 조건을 "건설적인 성격 변화의 시작을 위한 필요조건과 충분조건"이라고 정의 내렸다(p. 103).

1. 관계의 존재-두 사람은 심리적 접촉 상태에 있다.
2. 내담자는 자신을 상처받게 하거나 불안하게 하는 부조화 상태에 있다.
3. 치료자들은 관계에서 일치(진실한 혹은 진솔한)한다.
4. 치료자들은 내담자에게 무조건적 긍정적 존중을 경험한다.
5. 치료자들은 내담자의 내적 참조 틀에 대한 공감적 이해의 표현을 시도하고 경험한다.
6. 치료자의 무조건적 긍정적 존중, 공감적 이해, 일치성은 적어도 어느 정도까지는 인식할 수 있어야 한다.

이 같은 여섯 가지 조건들 중에 세 가지—일치성, 무조건적 긍정적 존중, 공감—핵심 조건들은 치료자가 사용하는 것인데, "내담자가 작업을 할 수 있는 심리학적 분위기를 만들기 위한 것이다. 만일 치료자가 어떤 공격이나 사소한 문제로부터도 따뜻함과 이해, 안전이 스며든 관계를 만들수 있다면 내담자는 자신이 당연하다고 생각한 방어를 내려놓고 그 상황을 이용할 것이다"(Rogers, 1946, p. 417). 핵심 상태 외에, 기법이나 다른 치료적인 도구들은 순수 인간중심접근에서는 사용되지 않는다. 대신 인간중심상담은 주로 내담자의 존재 맺기 방식이며 변화를 촉진시킬 수 있는 치료적 조건을 제공해준다. 이 세 가지의 핵심 상태 각각은 이 단원 후반에서 더 깊게 논의될 것이다.

목표

1960년대 초기에, Rogers는 인간중심상담의 과정에 대한 이해를 향상시키는 데 관심을 보인다. 이를 위해 그는 녹음된 회기를 '가능한 한 솔직하게' 듣기 위해서 많은 시간을 보냈다(Rogers, 1961, p. 128). Rogers는 사람들은 치료 초기에는 그들 내부의 자기와 동떨어져 있고, 경직되어 있으며, 제한된 자각을 한다는 것을 발견하였다. 그러나 사람들은 치료 후반부에 이르게 되면 현재를 살아갈 수 있고, 경험할 수 있으며, 그들 자신과 치료 과정 모두를 신뢰할 수 있게 되었다.

인간중심상담의 핵심적인 목표는 사람들의 신뢰와 지금 현재 존재하는 능력을 촉진시키는 것이다. 이러한 목표는 사람들이 좀 더 자기 자신과 치료자에게 솔직해지고, 비록 고통스럽고 다른 사람들이 받아들일 수 없을 것으로 여겼던 자신의 감정과 생각에 대해서 온전히 표현할 수 있도록 한다. 추가적인 치료 목표에는 자기자각, 권한 부여, 낙관주의, 자존감, 책임감, 일치성, 자율성을 촉진시키는 것을 포함한다. 이러한 강점들을 발전시킴으로써 사람들로 하여금 내적 근원의 통제를 돕고, 외부 현실에 대한 자각을 증진시키며, 그들의 잠재력을 잘 사용할 수 있도록 한다. 또한 그들의 삶을 잘 관리할 수 있는 능력을 획득하고, 그들의 걱정을 해결하며, 좀 더 자기실현을 할 수 있도록 돕는다. Rogers의 접근은 현존하는 특정 문제에 초점을 두는 것이 아니라, 보상받는 삶을 창출할 수 있는 능력이 있고 삶의 기쁨과 도전을 성공적으로 다룰 수 있는 완전히 기능하는 인간으로 발전하는 데 초점을 둔다. Carl Rogers와 인간중심전통은 긍정적이고 자기주도적인 삶의 철학이다. 이것이 긍정심리학 발달에 깊은 영향을 주었다는 것은 놀라운 일이 아니다(Kirschenbaum, 2009). 심리학자인 Martin Seligman, Michael Csikszentmihalyi와 다른 사람들은 "심리적 건강이란 무엇인가?", "어떤 삶의 제안들에 직면함에도 불구하고 사람들은 어떻게 탄력성을 발달시키는가?", "왜 낙관적인 사람들은 비관적인 사람들보다 더 건강을 즐기며 오래 사는가?" 같은 질문들에 계속해서 답을 찾았다. 문헌들은 치료 동맹과 삶에 초점을 맞춘 강점 기반의 발달을 증진시키는 긍정적인 정서의 힘이 가지는 중요성에 대한 Rogers의 기저 가정을 계속해서 지지하고 있다.

🛠 치료 동맹

거듭되는 연구 결과는 치료 동맹의 중요성을 보여주고 있다. 메타분석에서 Horvath와 Symonds (1991)는 치료 동맹의 효과가 매우 확고하다는 결론을 내렸다. Glauser와 Bozarth(2001, p. 142)는 "상담 성과 연구에서 성공과 가장 관련 있는 변인은 내담자-치료자 관계와 내담자의 개인적 요인과 상황적 요인이다"라고 언급하였다. 이 결과를 지지하는 더 많은 연구들은 제1장에서 인용되었다. 치료자 자신과 치료자와 내담자의 관계는 변화를 위한 필수적인 요소이다. 성공적인 치료자가 가지고 있는 요소에 대한 연구는 '다음 개척' 연구가 될 것이라고 기대된다(Miller, Hubble, Duncan, & Wampold, 2010). 치료자는 긍정적인 치료 동맹을 확립하는 것뿐만 아니라, 우리가 이 장에서 논의할 핵심적인 치료적 조건을 전달해야 할 필요도 있다.

비록 어떤 이론적인 방향성을 치료자들이 고수한다 할지라도, 그들 모두 "치료적 관계의 개념과 아주 밀접한 '공감'이라는 단어를 만든 Carl Rogers에게 공동의 빚을 가지고 있다"(Erskine,

Moursund, & Trautmann, 1999, p. 2). 거듭되는 연구 결과는 치료 동맹의 중요성을 보여주고 있다. Rogers는 치료자가 내담자의 감정을 오로지 비판단적인 수용을 하고, 내담자의 내적 탐험에 동참하고, 유기체의 현명함을 믿고, 내담자가 자신의 감정을 충분히 경험하도록 도울 수 있다면 치료자들은 변화가 일어날 수 있는 상태에 활기를 띠게 할 수 있다. 추가적 강조점들은 자기인식, 일치성과 자율성을 촉구하는 것이다. 결국 이러한 강점의 발달은 사람들이 내적 통제소재를 발달시키고, 더 통합되고 일치성을 가지게 되고, 자신의 삶을 영위하고 자신의 문제를 해결할 수 있는 능력을 얻을 수 있도록 도와준다.

Rogers(1942)는 "통찰은 자발적으로 나타나고, 치료자들은 해석 · 칭찬 · 비판 · 조언을 내세우지 않고, 내담자가 자신이 표현할 수 있는 감정을 수용하고 분명하게 볼 수 있도록 돕는 것에 집중한다"고 글을 썼다(p. 433). 특히 Rogers는 내담자들은 더 강하고 더 독립적이게 되고, 긍정적인 단계를 밟기 시작하고, 상담 회기에서 치료자에게 더 마음을 열고 믿게 되는 용기가 발전하여 결국에는 모든 그들의 관계에서 그리될 것이라고 언급하였다. 마침내 그들은 더 이상 치료가 필요하지 않다.

이전에 언급했던 것처럼, Rogers는 일치성, 무조건적인 긍정적 존중, 공감이라는 세 가지 핵심 조건을 밝혔다. 이는 사람이 성장하고, 자기실현을 이루고, 궁극적으로 완전히 기능하는 인간이 될 수 있는 환경을 형성하는 데 필요한 것들이다. Rogers는 이러한 긍정적인 분위기를 제공하는 것은 내담자가 자신의 감정을 믿는 것에 자유로워지는 것이 가능해지고, 최종적으로 자기지시적 변화가 일어나는 것이 가능하다고 믿는다. 그는 이러한 조건들이 치료 회기나 부모와 자녀, 교사와 학생이나 리더와 집단 간의 관계와는 상관없이 필요하다고 믿었다. 후에 우리는 Rogers가 교육과 감수성 훈련 집단, 심지어 세계평화를 촉진하기 위해 촉진적 조건들을 어떻게 적용하는지 보게 될 것이다.

1980년도 그의 저서 *A Way of Being*에서, Rogers는 세 가지 촉진적인 조건들을 더 명확하게 정의하고 치료적 관계뿐만 아니라 개인적인 성장이 목표인 어떠한 상황에서도 적용한다고 언급했다.

일치성이나 진실성은 첫 번째 조건이다. Rogers는 "치료자가 전문가의 모습이나 개인적인 허울 없이 관계에서 평상시의 자기모습일수록, 내담자는 건설적인 방식으로 변화하고 자랄 경향성이 더 크다"고 하였다(1980, p. 115). Rogers에 따르면 두 번째 조건은 무조건적 긍정적 존중으로, 또한 수용으로도 묘사된다. 치료자가 내담자를 있는 그대로 진심으로 수용하고, 그들을 변화시키려는 시도 없이 그들이 가지고 있는 긍정적이고 부정적인 모든 감정들과 함께 한다면 내담자들은 더 수용받고, 힘을 받고, 연결되고 있음을 더 느낄 것이다. "기능이 최상일 때, 치료자들은 다른 사람들의 개인적인 내적 세계에 더 깊이 들어간다. 그들이 알아차리고 있는 의미뿐만 아니라 의식의 수준 아래에 있는 것까지 밝힐 수 있다… 매우 특별한 경청은 변화를 위한 매우 큰 잠재적인 힘 중에 하나라는 것을 나는 안다"(Rogers, 1980, p. 116).

내담자–치료자 관계   Rogers(1967)는 "중요한 긍정적인 성격 변화는 관계를 제외하고는 일어나지 않는다"(p. 73)라고 진술하였다. 관계에 대한 그의 관점은 수년에 걸쳐 발달되었다(Rogers, 1961). Rogers의 초기 저서에서, 그는 소원하고 비인간적인 치료 관계에 대해서 기술하였는데, 아마도 이는 그의 어릴 적 양육 방식이 반영된 것으로 보인다. 그러나 1955년에 그는 "나는 관계 속에 나를 던진다… 나를 위험에 빠뜨리고… 깊은 관계 속으로 들어간다. 그 관계는 내가 떠맡아야 할 완전한 유기체이다"라고 언급하였다(Rogers, 1955, p. 269). 1960년대까지 Rogers는 내담자와 친밀하고 사랑에 빠지는 관계의 덫에 걸리는 것을 두려워했던 반면에, 현재 그는 친밀한 내담자-치료자 관계가 두 사람 모두의 삶에 도움을 줄 수 있다는 것을 발견하였다(Rogers, 1961). 치료자와 내담자는 상담 과정을 통해서 양쪽 모두가 성장하는 긴 여정을 공유하는 가운데 협력자가 되며, 2명의 평등하고 능력 있는 존재로서 여겨진다.

촉진적인 조건들

치료적 과정에서 치료자들이 중요하게 인식하는 것과 Rogers가 강조한 것 중 일치하는 것은 유능한 치료자들은 그들의 내담자들과 대화하는 데 있어서 특정한 자질이 있다는 믿음이다. 이러한 자질들은 긍정적인 내담자-치료자 관계를 형성하고, 내담자의 자존감과 긍정적인 방법으로 그들의 삶을 이끌 수 있는 능력이 촉진되도록 돕는다. 이들 중에서 가장 중요한 것은 일치성, 무조건적 긍정적 존중, 공감이지만 다른 특성들 또한 치료를 향상시킨다.

일치성 일치성은 진실하고 정직한 치료자의 능력으로, 그들 스스로 자신을 지각한 것과 다른 사람에 의해서 그들이 어떻게 지각되는지를 잘 통합하는 것이다. 일치성이 있는 사람들은 그들의 내부 자기와 외부 자기 간에 일치를 보이며, 분명하고 일관된 메시지를 전달한다.

　Rogers는 치료자들이 진실하고 진정성이 있어야 하고, 내담자에게 전문가의 모습이나 허울을 보여서는 안 된다고 믿었다. 치료자들이 치료적 관계에서 더 진실되고 열려 있을수록 내담자는 더 긍정적인 방식으로 변화하고 성장할 것이다. 치료자가 투명해지면 그 후에 "내담자가 경험하는 것을 알아차리는 것이 가능해지고, 관계 속에서 살 수 있으며, 만일 적절하다면 의사소통할 수 있다"(Rogers, 1980, p. 116). 그리고 나서 일치성은 특정 순간에 존재하는 방식으로, 치료자와 내담자 간에 경험하는 것이 무엇인지, 방 안에서 존재하는 것이 무엇인지와 내담자에게 표현되는 것이 무엇인지 동시에 불러일으켜진다.

　그의 글에서, Rogers는 일치성이 그 순간에 치료자의 내면에서 일어나고 있는 것과 관련이 있다고 분명히 하였다. 고전적 정신분석이 치료자의 자기개방이 전이 과정을 방해한다고 해서 막고 있는 것과는 다르게 인간중심치료자는 자연스럽게 반응한다. 그 반응은 생각과 매너리즘, 의사소통에 대해 일치하고 진실하고 진솔하며 진짜이다. 치료자들의 진실성과 일관성은 내담자의 신뢰감과 개방성을 촉진시키고, 숨겨진 주제들과 속임에서 벗어난 관계를 확립하고, 긍정적인 역할 모델을 제공한다. 몇 명의 내담자들에게, 이러한 종류의 관계는 새로운 것이다. 그리고 이러한 관계가 다른 상황에서도 가능할 것이라고 알 수 있게 도와준다.

　그렇다면 어떻게 치료자가 진실되고 마음을 터놓을 수 있는가? Rogers(1980)는 치료 회기의 스크립트와 비디오테이프, 그의 저서들을 통해 많은 예시를 공유한다. "지금까지 내가 말한 것은 이 순간에 내가 경험하는 것은 나의 알아차림으로 나타내고, 알아차림으로 나타난 것은 나의 의사소통으로 나타내면 이러한 각각의 세 수준은 균형 잡히거나 일치된다는 것이다. 이러한 순간에 나는 통합되거나 전체가 되고, 나는 완전히 온전해진다"(p. 15).

　인간중심치료에서, 세심하고 신중한 자기개방의 사용은 치료 동맹과 치료의 진전을 향상시킬 수 있다. 예를 들어, 치료자들은 치료를 비춰주기 위해서 지금 이 순간의 알아차림(정신분석자들이 역전이라고 언급한 것)을 사용한다. 치료가 생산적이지 않다면, 치료자들은 내담자에게서 표현하는 방식을 찾을 것이다. Rogers(1980)는 이러한 직감을 믿게 되면 내담자와 위협적이지 않은 방식으로 대화할 수 있다고 언급했다. "이는 내담자의 깊은 내용에 부딪히고 관계가 발전되기 쉬울 것이다"(p. 15).

Carl Rogers의 일치성

그가 1960년대에 캘리포니아의 라호야로 옮긴 후 감수성 훈련 집단에 참여했는데, Carl Rogers는 그 자신의 감정을 더 편안하게 공유하기 시작했고 협조관계에서 실제로 일치성의 의미로 가득 차 보였다. 확실히 모든 관계에서 진실하고자 노력했다. Howard Kirschenbaum(2009)은 자신의 자서전에서 Carl Rogers가 집단치료 회기 밖으로 걸어 나갔을 때 사소한 논의에 빠진 것처럼 보였던 시기의 이야기에 대해 들려주었다. Rogers가 일어서고, 방을 떠나고 침대로 간다. 다음 날 감수성 훈련 집단의 구성원들이 분노를 표현했을 때 그는 걸어갔고, 집단들이 사소한 논의로 돌아가는 것에 설명하고, 적어도 그는 자신의 행동이 감정과 일치할 만큼 일치적이었다. 일치성은 또한 치료자의 상담 회기 바깥의 행동과 관련될 수 있다. 특히 집단주의 문화의 내담자나 전통적인 치료자들은 사회의 일부분이자 독립되어 있고, 지역사회 구성원 및 사회 구성원으로서 치료자가 어떻게 상호작용하는지 나타나고(또는 나타나지 않으며), 사회적인 책임감은 내담자의 시야와 치료 동맹의 효과에 중요하게 기여할 수 있다(Singh & Tudor, 1997).

　치료 과정에서 일치성은 치료자에게 민감성, 개방성, 자기자각을 요구한다. 진실하고 일관성 있으며, 내담자의 경험과 함께 하는 능력을 최대화하기 위해서 치료자들은 반드시 지금-여기에 존재해야 하며, 그들의 환경과 조화를 이루고, 상호작용하는 것을 인식하고 있어야 한다. 특히 인간중심상담에서 중요한 것은 내담자와 치료자 사이에 지금-여기에서 교감이 이루어지는 것이다.

　치료자는 정보에 대한 내담자의 주관적인 해석이 오해를 낳을 수 있다는 것을 알아야 한다. 치료자는 자신의 언어적 메시지와 비언어적 메시지 사이에 일관성을 유지하고, 이 모두를 인식하고 있어야 한다. 만약 치료자가 부주의하게 혼란스럽고 잠재적인 부정적인 메시지를 주었다면, 내담자의 반응을 다뤄줄 필요가 있다. 내담자-치료자 관계에 관한 최근 연구는 Rogers의 신념을 강화하고 있고 치료 과정을 통한 관계에 주의를 기울여야 한다고 나타내고 있다. 초기에 동맹을 발전하는 것은 충분하지 않고, 그 후의 추정은 모두 좋다. 치료자들은 가볍고 중요하지 않은 것으로 보이는 관계의 어떤 불화나 분열을 다루고 주목해야 한다. 자신의 내담자와 조율하는 치료자들은 개입 시기와 방법, 말할 내용, 그리고 마찬가지로 중요한 말을 하지 않아도 될 시기에 대한 직관을 발달시킨다.

개입의 시기는 정보가 적절한지 그리고 잘 받아들여질 것 같은지가 보장되는 것이 중요하다.

무조건적 긍정적 존중　Rogers는 저서에서 그가 무조건적 긍정적 존중이라고 언급했던 것의 중요성에 대해서 강조한다. 이것은 사람들이 치료자를 만족시키기 위해서 특정한 방식으로 행동하거나 느끼거나 생각하도록 요구하지 않고, 사람들을 돌보고 존중하며 좋아하고 수용하는 것이다. Rogers는 비록 사람들이 긍정적이고 부정적인 충동과 감정 모두를 가지고 있다고 인식했지만, 그는 사람들은 본래 가치 있는 존재라고 보았다(Kirschenbaum, 2004). 따뜻하고 긍정적인 존중이 담긴 의사소통은 사람들이 자신을 좋아할 수 있도록 돕고, 자신의 긍정적인 충동과 정서를 강조하며, 자신의 어려움을 성공적으로 극복할 수 있는 충분한 힘을 느끼고, 더욱 완전히 기능할 수 있게 하는 데 필수적이다.

무조건적 긍정적 존중은 치료자가 모든 사람들을 현명하고 모든 것을 적절히 처리하고 생각할 수 있는 존재로 바라본다는 것을 의미하는 것이 아니라, 그들이 현재 할 수 있는 한 최선을 다하는 존재로 바라본다는 것이다. 인간중심치료자들은 비록 사람들의 선택에 대해서 걱정을 표현할지라도, 사람에 대한 수용과 확신에 있어서는 일관성을 유지한다. 인간중심치료자들은 "당신은 화가 난 것 같군요"라고 말하기보다는 오히려 "내가 우리의 약속시간을 바꿀 수 없을 때, 당신은 화가 난 것처럼 보이는군요"라고 말할 것이다. 이러한 견해는 아이가 아니라 아이의 행동에 대한 평가와 피드백에 초점을 두도록 하는 부모교육 실습에 반영된다. 부모는 아동 자체가 아닌, 아동의 행동에 대해 구체적으로 언급하길 격려받는다. 부모는 "네 방을 치우다니 넌 참 착한 아이야"보다는 "네가 장난감들을 정리하다니 정말 잘했어"라고 말하도록 격려된다.

수용적이고 무조건적 긍정적 존중을 보이는 의사소통은 사람들에게 그들이 가치 있고 자신의 감정이나 생각을 신뢰할 수 있도록 믿게 한다. 이러한 의사소통은 사람들이 그들의 삶을 통해서 받은 메시지의 가치를 감소시킬 수 있다. 또한 사람들이 바람직하지 않은 행동·사고·감정을 변화시킬 수 있다는 것을 인식하는 동시에 여전히 자신을 호감 있고 가치 있는 사람으로 바라보게 한다. 내담자들이 자신이 수용된다는 사실을 아는 것은 부끄럽고 불편함을 야기하는 측면일지라도, 치료자에게 자신을 공개할 수 있게 한다. Rogers(1980)는 치료자들이 사람들을 존중하고 가치 있게 여길수록 사람들은 더욱더 긍정적인 변화를 일으킬 것이라고 믿었다.

적절한 치료자의 자기개방은 무엇으로 구성되는가?

Anderson과 Anderson(1989)은 치료자 자기개방의 세 가지 유형을 밝혔다. (1) 개인 정체성과 관련된 정보와 치료자의 경험, (2) 내담자에 대한 치료자의 정서적 반응들, (3) 전문적인 경험과 치료자의 정체성.

연구에 의하면 치료자의 확실한 자기개방의 원리와 유형은 치료 과정을 쉽게 설명하고, 내담자의 걱정이 으레 있는 것이고, 인간조건의 보편성을 보여주고, 긍정적인 변화의 역할 모델을 제공해줌으로써 치료에 긍정적인 영향을 미칠 수 있다(Barrett & Berman, 2001). 그러나 내담자의 입장에서 치료자의 부적절한 자기개방이나 너무 많은 개방은 위험할 수 있다(Kirschenbaum, 2009).

자기개방은 내담자 말에 대한 순간적인 반응으로, 자발적이고 내담자에 초점이 맞춰져 있고, 이것은 치료가 더 실제적이며, 친밀하고 진실된 내담자-치료자 관계를 만들 수 있다고 강조하는 부분이다. 적절한 자기개방의 구성은 복잡하고, 독특한 관계이며, 내담자와 치료자 사이에 어떤 특정 순간 무엇에 대한 치료자 판단을 개방하는 것이다. 이것은 내담자에게 득이 될 것이다. 한 내담자에 대한 어떤 적절한 자기개방은 다른 사람에게 완전히 부적절할 수 있다.

치료자의 자기개방에 대한 잠재적인 문제점은 부정적인 반응을 불러일으킬 가능성을 포함하고, 내담자의 경계의 결핍, 친밀성에 대한 내담자의 두려움은 개방과 치료자의 취약함에서 야기될 수 있다.

인간중심치료에서 어떤 것이 적절하고 도움이 되는 구성인가에 대한 의문은 추가적인 연구로부터 도움을 얻을 것이다. 유형, 시기, 내담자-치료자 관계에서 자기개방의 매우 특정한 유형 때문에 연구를 진행하기 어렵지만 말이다(Sue & Sue, 2008).

공감 Rogers(1980)는 공감을 다음과 같이 정의했다. "판단 없이 섬세하게 이동해서 일시적으로 다른 사람의 삶에 사는 것. 이것은 내담자가 거의 알아차리지 못한 의미를 인식하는 것을 의미하지만 전적으로 드러나지 않은 무의식적 감정을 알아내려고 시도하는 것은 아니고, 이것이 너무 위협적이기도 해서 … 이것은 당신의 감정의 정확성에 대해 수시로 확인해야 함을 의미한다"(p. 142).

Rogers는 민감하고, 정확하며, 적극적인 경청을—다른 사람의 주관적인 세계를 깊이 이해하고 그 사람이 가지고 있는 자기인식이 더해진 세상에 대해 이해한 것을 전하는—변화에 대한 가장 강력한 힘으로 바라보았다. 이것은 "…'마치 ~인 것처럼(as if)'이라는 조건을 잃지 않은 채 마치 그 사람인 것처럼 정확성과 정서적인 요소들을 가지고 다른 사람의 내적 참조 틀을 지각하는 것이다" (Rogers, 1959, p. 210). 치료자들은 항상 그들이 내담자의 신발로 들어가지 않는다는 것을 인식해야 한다. 그 때문에 내담자의 그 순간의 감정이 어떤지 확실하게 알 수는 없다. 따라서 공감은 "나는 너의 감정이 어떤지 정확히 알아"라는 말로 절대로 표현할 수 없고, 대신 공감적 표현은 "마치 ~인 것처럼"인 상태의 정중한 거리를 유지한다.

공감은 동정이 아니다. 동정은 사람에게 비참한 느낌을 줄 수 있고, 동정을 보이는 사람과 받는 사람 사이에 거리가 존재하는 의사소통인 반면에, 공감은 함께 공유하는 경험을 통해서 사람들을 가까워지게 할 수 있다. 공감은 보통 깊은 수준의 대화를 통해서 마음의 문을 열 수 있는 힘을 부여한다. 반면에, 동정은 사람들로 하여금 자신을 상처받은 희생자로서 바라보도록 하고 제한적인 대화를 이끈다. 다음에 나올 예는 그 차이를 설명한다.

내담자 : 시험에서 받은 최악의 성적을 믿을 수가 없어요. 난 아무도 이 사실을 몰랐으면 좋겠어요.
동정 : 당신이 시험에서 그렇게 좋지 못한 성적을 받다니 유감이네요.
공감 : 당신은 성적 때문에 깊은 수치심을 느끼고 있는 것 같아요.

　　진정한 공감은 내담자의 단어를 가깝게 따라감으로써 감정에 대한 진정한 반응과 비판단적이고 무조건적인 긍정적 존중의 지속적인 표현을 통해 내담자에게 전달하는 것이다. 공감적 반영들은 타인에 대한 존중, 사람들의 세계관의 인식과 항상 "마치 ~인 것처럼" 상태를 유지하는 것에 기초한다. 이 단원의 끝 부분의 기법 개발 부분에서 공감에 관해 더 이야기할 것이다.

Carl Rogers의 공감

"내담자의 말에 내포된 감정과 정서를 경청하는 것"이 가장 효율적인 접근이라는 것을 알게 해준 사람은, 바로 Rank 학파 수련을 받고 있던 한 사회복지사였다고 Rogers(1980)는 회고하였다. 치료자의 가장 좋은 반응은 "이러한 감정을 반영하여 내담자에게 되돌려주는 것"이라는 점을 제일 처음 제안했던 사람이 바로 이 사회복지사였다. "나중에 '반영'은 너무 유명해져서 나를 부끄럽게 만들었지만, 그 당시 치료자로서의 나의 작업을 더 나아지게 만들었고 나는 그 점에 대해 무척 감사하게 생각했다"(p. 138). 나중에 Rogers는 내담자 정서에 대한 치료자의 공감적 확인을 일컬어 **타당화**라는 용어를 사용하기도 하였다.

다른 전략들　이 책에서 논의되는 심리치료와 상담의 많은 체계들은 더 나은 치료를 위해서 자유연상, 꿈 분석, 인지적 왜곡의 수정과 같은 특별한 전략들에 의존한다. 인간중심상담의 핵심은 치료적 관계이기 때문에 치료자들은 이러한 전략들을 거의 사용하지 않을 뿐만 아니라 정교한 진단 도구와 평가 도구 역시 사용하지 않는다. 이러한 도구들은 불필요한 것으로서 내담자와 치료자 관계를 손상시키는 것으로 여겼다. 인간중심상담에서 모든 개입은 치료적 관계를 촉진시키고, 내담자의 자각과 권한을 강화시킨다. 깊은 의사소통을 촉진하고 치료자의 보살핌과 관심을 반영하는 전략들은 아마도 인간중심상담에서 가장 유용한 개입일 것이다. 이러한 공감적 반영은 치료자의 자기개방을 포함한다. 연구는 치료자가 신뢰할 수 있고, 진정성이 있고, 진실할 때 내담자가 관계적 깊이를 경험한다는 것을 보여준다. 이러한 특질들이 치료 과정에 없다면 치료자들은 동떨어져 있고, 힘이 강하고, 이해하지 못한 것으로 묘사된다(Knox & Cooper, 2010).

⚙ 비지시적 정보

Rogers는 본래 그 시기에 널리 알려진 모델과 구별하기 위해 자신의 접근법을 비지시적 상담이라고 불렀는데 (주로 심리분석적이고 행동적인) 치료자들은 전문가는 내담자가 무엇을 해야 하는지에 도움을 주려고 생각하는 사람이라는 관점을 가지고 있다(Tudor & Worrall, 2006). 비지시적 치료는 내담자가 치료 과정의 초점이 되고, 그 과정에서 주도적인 역할을 하는 것의 중요성을 강조한 것이었다. 비록 Rogers가 이후에 자신의 접근의 명칭을 **내담자중심**으로, 그 후에 **인간중심상담**으로 바꿨을지라도 이 접근의 비지시적인 측면은 여전히 주목할 만한 가치가 있다.

　　인간중심치료자들은 변화를 조정하려고 하지 않지만, 그렇다고 내담자의 요구에 대해 수동적인 수령인도 아니다. 그들은 내담자의 성장에 건설적인 필요한 조건들을 열심히 창조한다. 비록 처음부터 비지시성은 인간중심치료의 한 부분이 되었지만, Rogers는 완벽한 비지시성은 불가능하다고 단언했다. 질문을 할 것인지 반영을 할 것인지에 대한 선택을 통해서, 치료자들은 도와줄 수는 없으나 치료적 과정에 자기 스스로를 넣는다. 그러나 모든 치료자들은 납득할 만한 이유를 가지고 있어야 하는데, 그들이 사용하도록 선택한 개입과 그들이 그것들을 사용하고자 한 시기와 이유에 대한 설명을 할 수 있어야 한다. 아마도 배타적으로 유지하려고 노력하는 것보다 더 나은 과정은 직접적일 수 있는 최선의 방법을 고려하는 것이다.

인간중심상담의 적용과 현황

"인간중심치료는 기본적으로 일반적인 치료와 특히 경험주의적 치료에 대한 최근의 실제를 갖추고 있다"(Pos, Greenberg, & Elliott, 2008, p. 82). 인터넷 치료나 사이버 상담을 하는 치료자들은 어떻게 치료적 상태가 온라인 환경에서 촉진될 수 있는지 인식해야만 한다. 연구가 제한적이지만, 한 연구는 3개의 다른 치료 방식을 통해 결과를 비교했고(면대면, 비디오치료, 오디오치료), 결과에서의 차이가 적게 발견됐다(Wilcoxon, Remley, Gladding, & Huber, 2007). 이것은 유망하지만 연구들이 더 필요하고, 성별 특징적인 치료를 포함한 연구에서 여성은 면대면 상담에 선호도를 보였다(Haberstroh, Duffey, Evans, Gee, & Trepal, 2007).

몇 개의 경험적인 접근들은 중심화를 포함하여 인간중심치료에서 벗어나 성장하였다. 중심화는 Rogers의 학생이었던 Eugene Gendlin에 의해 발전하였고, 그는 후에 Focusing Institute를 설립한다. 정서중심치료는(또한 과정-경험적 치료로 알려져 있는) Leslie Greenberg와 동료들에 의해 개발되었고(Greenberg & Johnson, 1988; Greenberg, Rice, & Elliott, 1993; Greenberg & Safran, 1987), 언어치료는 Michael White와 David Epston(1990)에 의해 개발되었다. 이 치료법들은 사람들이 주체성을 발달시키고 자신의 삶에 대한 이야기를 다시 쓸 수 있게 도와준다. 이러한 모든 접근들은 다음 단원에서 더 자세하게 논의될 것이다.

인간중심치료는 또한 동기면담의 핵심으로 원래는 약물을 남용하는 사람들의 행동 변화를 촉진하기 위해 Miller와 Rollnick(2002)이 고안하였다. 동기면담은 이후로 동기강화치료로 성장하여 다양한 내담자의 문제와 인구를 위해 사용했다. 이러한 이론들 각각은 여기에 짧게 개관된다. 다른 과정-경험적인 접근은 게슈탈트 치료(Yontef, 1998)를 포함하여, Mahrer의 (1996/2004) 경험적 치료와 초개인적 심리학이 있다.

정서중심치료

모든 과정-경험적인 치료들의 첫 번째 목표는 Carl Rogers가 앞서 제시한 것(일치성, 무조건적 긍정적 존중, 공감)처럼 좋은 치료적 관계를 위한 필요조건을 확립하는 것이다. 안전하고 진실하고 도움을 주는 환경이 형성된 이후에, 목표들은 내용과 과정에 초점을 맞춰서 작업할 수 있다.

내용-중심적 목표에서, 내담자는 가장 긴급하거나 정서적으로 그 순간 살아 있는 주제를 선택하여(예 : 관계 문제, 진로 변경, 자기정당화) 작업한다. 치료자는 내담자의 그 순간 경험이 깊어질 수 있는 개입을 선택하여 과정 목표를 제공한다.

치료자들은 내담자에게 긴장이 신체의 어디에 느껴지는지 묻거나, 스트레스 사건에 대해 이야기할 때 신체의 어디가 조여지는지 말하게 한다. 또는 치료자들이 특정한 정서에 초점을 맞출 수 있어, 내담자가 공감적으로 이해받는 느낌이 들도록 도와주는 개입을 한다. 동시에 경험의 '대부분 가슴 아픈 측면'(Greenberg & Elliott, 2002, p. 14)에 주의를 기울인다. 치료자는 지금-여기에서 내담자의 정서 경험을 가능하게 하고, 매 순간에 초점을 둔 공감적 조율을 통해 "경험의 가장자리"와 구별할 수 있게 도와주려는 노력으로 경험과 과정이 내담자에게 옮겨지도록 한다(Pos et al., 2008, p. 89). "따라서 경험적 치료의 가장 중요한 과정 목표는 내담자가 정확하게 알아차려서 깊이 있게 경험하고 상징할 수 있게 돕는 것이다"(p. 101).

정서중심치료(Emotion Focused Therapy, EFT)는 치료자가 내담자에게 어떤 정서 과정 활동을 하도록 안내하는 게슈탈트 치료의 직접성을 가진 인간중심적 공감 반응을 갖추었다. 이러한 EFT는 내담자에게 새로운 통찰을 줄 것이다. 숙제, 침묵, 목소리 톤, 적절한 치료자의 비언어적 행동은 관심과 경험적 가르침을 보여준다 ─ 이 모든 것들이 내담자가 자신의 기저에 있는 감정을 알아낼 수 있도록 도와준다. 내담자들은 변화 과정에서 적극적으로 참가한다. 간단히 말해 EFT는 유대, 정서 촉구, 정서 재구성의 3단계 과정을 포함한다(Greenberg & Elliott, 2002). 변화는 알아차림·조절·반영을 통해 일어나고, 정서 변화는 공감적으로 조율된 관계 내에서 일어난다.

경험적 과정은 숙제를 통해 계속될 수 있다. 예를 들어, 내담자가 자신의 딸과의 관계에 대해 작업한다면, 그는 한 주 동안 자신의 딸에게 어떻게 행동하는지 알아차릴 수 있도록 물어볼 수 있다. 이러한 알아차림 숙제는 내담자를 변화시키려는 의도가 있는 것이 아니라, 이러한 경험에 계속 주의를 기울이는 것이다.

관계의 중요성, 공감적 유대, 신체적으로 느끼는 경험과 정서 알아차림, 접근과 조절을 강조하는 정서중심치료는 특정 문제들(우울, 관계, 트라우마)과 다양한 인종들에게 많은 적용점을 가진 흥미로운 새로운 치료 접근을 제공한다. 부부를 위한 정서중심치료는 애착이론과 과정 경험적 이론을 통합하여, 고통받는 부부관계와 한 배우자가 정신적 외상을 겪은 문제에 효과성을 보여준다(Johnson, 2004). 이렇게 점점 보편화되고 효과적인 치료의 방법론들은 가족관계치료 단원에서 더 자세하게 논의한다(제18장 참조).

경험적 초점

초점은 독립된 경험적 치료이자 Eugene Gendlin이 개발한 매우 효과적인 개입이다. 초점을 사용할 때, 치료자는 내담자에게 신체에 대한 느낌의 출처에 주의를 기울이라고 요청한다. 초점을 느끼는 감각이 현재 주제와 관련이 있는 정보의 출처이고 내담자가 지금-여기에서 느끼는 감정에 귀 기울일 수 있다면 내담자는 정보에 접근할 수 있다고 가정한다(Pos et al., 2008). 느끼는 감각은 경험적인 과정으로 심리치료의 전체론적 접근법인 실존적이고 게슈탈트 과정과 밀접한 관련이 있다.

예를 들어, 실비아는 그녀의 회기에 와서 "저는 무엇에 대해 이야기하는지 모르겠어요. 저는 꿈

짝할 수가 없어요"라고 말한다. 초점치료자들은 실비아에게 자신의 신체 어디에서 감정을 느끼는지 생각해보라고 요청한다. 실비아는 "제가 여기에 앉아 있을 때, 저의 배는 사방을 뛰는 것처럼 느껴져요"라고 대답했다. 실비아는 그러고 나서 그 느낌에 초점을 유지하도록 하고 그녀의 경험이 무엇인지 기술하라고 요청받았다.

초점에서, 치료자들은 그들이 지금-여기에서 나타나는 것으로 상담 회기의 경험적인 요소들에 주의를 기울이도록 안내한다. 이야기를 말하거나 통찰하는 것보다, 초점치료자들은 치료자와 내담자 간의 4개의 층의 상호작용을 바라본다 — 신체, 그 순간의 행동(예 : 두드리기, 움직이기), 대인관계의 상호작용, 언어와 반영에서의 경험의 상징(Day, 2008). 치료자들은 종종 내담자의 감정에 반응하기 위해 비유를 사용한다. 실비아에 관한 우리의 예시를 계속해 보자.

치료자 : 그래서, 당신이 카우치에 조용하게 앉아 있더라도 신호가 배 안쪽에 있는 것처럼 느껴지는군요.

실비아 : 맞아요!

치료자 : 그것이 어떤 느낌인지 말해줄 수 있나요?

실비아 : 저는 모든 이러한 에너지와 많은 것들을 가지고 있고, 저는 남편에게서 떨어져 살 수 있는 공간을 찾기 위해 이사해야 해요. 그러나 제 위장에 깃발들이 요동치는 듯한 소란들로 가득 차 있는데, 저를 완벽하게 다시 멈추도록 해요.

치료자 : '다시'라고요?

실비아 : 네. 예전처럼 제가 남편에게서 떠나기 위해 준비하고, 그러고 나서 마지막 순간에 할 수 없었던 것처럼요.

치료자 : 지금 그 소란 뒤에 무엇이 있는지 느낄 수 있나요?

실비아 : 그는 저에게 제가 만약 떠나는 것을 계속한다면 위험할 거라고 경고했어요. 저는 빨리 가야 한다고 느꼈고, 그러려고 서둘렀고, 아마도 나의 신체는 나에게 느리게 가라고 말하는 것 같았고, 내가 옳은 결정을 하도록 하는 것 같았어요.

치료자 : 당신의 배는 당신에게 계속 경고를 하고 있네요.

실비아 : 맞아요.

Gendlin(1996)은 이러한 신체적 감정을 '감각의 느낌'(p. 60)이나 정서 이전의 느낌이라고 말했다. 인식하는 것은 사람들이 자신의 생각이나 감정보다 더 깊은 수준의 정보에 접근할 수 있게 한다. 많은 내담자들에게 이러한 신체 감각은 처음에는 분명하지 않고 애매하나, 연습을 통해 내담자는 흥미 있고 호기심 있는 주의를 가지고 감각 느끼기에 집중하는 것을 배운다. 주의가 감각 느끼기에 초점을 두게 되면, 알아차림이 일어나서, 움직이게 되고 변화하거나 밝혀지게 된다. Gendlin은 이것을 신체에서 감정 바꾸기라고 언급했다.

지금-여기에서 신체적으로 '감각 느끼기'에 집중하여 인식하는 경험적 방식이 있다. 신체에서 이런 즉각적인 주의는 유기체적 내적 과정을 강화시킨다. Gendlin(1996)은 '경험적 구체성 없이' 변화는 일어나지 않을 것이라고 믿었다(p. 15). 해석들은 변화로 이끄는 데 충분하지 않고, 오히려 '내적 감각의 연결성이나 다른 어떠한 신체적 반응'(p. 11)이 변화가 일어나는 데 전제조건이다.

초점의 절차에서 공간에서 떨어지기, 감각 느끼기, 다루기, 상기시키기, 질문하기, 받아들이기(Gendelin, 1996)의 6단계가 포함된다. 6단계 절차는 다음에 짧게 묘사된다.

1. **공간에서 떨어지기** 내담자들은 그들의 삶이 어떻게 진행되는지 주요 주제가 무엇인지 스스로 묻기 이전에 그들의 신체 내적으로 초점 맞추고, 완화하고, 긴장을 풀고 이완하는 시간을 갖는다.

2. **감각 느끼기** 내담자들은 한 가지 주제를 선택하여 초점 맞추고 어떤 문제가 그와 같은 감정을 경험하게 하고 스스로 감정을 느끼도록 허락한다.

3. **다루기** 내담자들은 단어나 구절을 선택하여 마음에 나타나는 감정을 느껴 묘사하도록 요청받는다. 이것은 무겁거나 조여져 있다는 단어일 수 있고, 큰 회색 방울의 이미지일 수 있다.

4. **상기시키기** 내담자들은 감각을 느끼는 것과 단어, 구절 또는 이미지가 어떻게 각각 떠올려지는지 거슬러 올라가거나 다가가보도록 요청받는다. 내담자들은 이 감정이 지금 느껴질 때까지 계속 거슬러 올라가거나 다가간다.

5. **질문하기** 내담자는 "이 감각은 무엇인가?" 같은 질문을 요청받아 감각을 명확하게 하거나 앞으로 나아가도록 한다. 내담자는 변화하거나 감각을 해방할 때까지 여전히 감각에 머무른다.

6. **받아들이기** 내담자는 친절한 방식으로 어떤 변화이든지 받아들인다.

초점은 통찰과 안도감을 가져온다. 또한 이것은 새로운 행동을 불러온다. 초점치료자들은 더 지혜로운 자기가 존재하는 신체 내부의 더 깊은 곳의 감각에서 '신체의 지혜'를 논의한다. 아는 것의 더 깊은 감각에 주의를 기울이는 것으로, 신체는 무엇이 앞으로 필요한지에 대해 안다. 그 순간에 존재하고 감각 느끼기로 호기심과 흥미에 초점을 맞추는 것은 변화를 만든다. 초점은 이러한 변화가 나타날 수 있는 조건을 제공한다.

동기부여 면접

Miller와 Rollnick(2002, p. 25)은 인간중심상담의 원리에 기초해서 동기부여 면접을 개발했다. 본래 이 접근은 약물과 알코올을 남용하는 사람들에게 행동 변화를 촉진시킬 의도로 만들어졌지만, 현재에는 넓은 범위의 내담자에게 사용되고 있다. Rogers의 인간중심상담보다 좀 더 지시적이고 행동적인 것에 초점을 맞추는 동기부여 면접은 반영과 개방형 질문을 사용하고, 앞으로 나아가는 데 방해가 되는 걸림돌을 제거하며, 자신의 문제를 인식하고 표현하고, 긍정적인 변화를 만드는 데 도움이 되는 전략들을 사용한다.

동기강화 상담 창시자들은 "양가감정을 탐색하고 해결함으로써 변화에 대한 내재적 동기를 높이는 인간중심적이며 지시적인 방법"이라고 자신들의 상담기법을 소개한다(Miller & Rollnick, 2002, p. 25). 동기강화 상담은 Rogers의 인간중심 이론에 그 뿌리를 두면서, 치료자로 하여금 내담자를 있는 그대로 받아들이고, 내담자의 세계관을 수용하며, 변화를 향한 그들의 노력을 고양시킬 수 있도록 돕는다(Arkowiz, Westra, Miller, & Rollnick, 2008). 동기강화 상담은 원래 중독을 치료할 목적으로 개발되었지만, 현재는 다양한 행동관련 치료와 건강관련 분야에서 표준적인 개입방법으로 자리잡아가고 있다(Rollnick, Miller, & Butler, 2008).

인간중심 상담과 마찬가지로 동기강화 상담은 내담자에 대한 진단을 피하고 내담자를 설득하기 위한 직접적인 시도를 하지 않으며 내담자로 하여금 상담에서 다룰 내용을 정하게 한다. 치료자의 역할은 권위적인 대상이 아니라 파트너의 역할이다. 치료자들은 공감과 반영 및 경청을 사용하며 내담자가 변화에 대한 자신의 태도를 탐색하도록 돕는다. 저항은 직면하기 보다는 변화에 대한 양가감정이 있는 것으로 재정의한다(Zinbarg & Griffith, 2008).

동기강화 상담을 활용하는 치료자들은 내담자가 변화를 선택할 수 있는 조건을 창출한다. 따라서 Rogers의 촉진적 조건을 사용하여 치료적 동맹을 만들어가는 치료자의 기법은 그 자체로 중요할 뿐아니라 내담자의 자기개방, 협력 그리고 회기 안에서 정서를 표현을 하는 정도에 직결되어 있다(Moyers, Miller, & Hendrickson, 2005). 동기강화 상담의 목표는 내담자가 자기말(self-talk)을 사용하여 양가감정을 다루고 변화에 따른 장점과 단점을 분석함으로써 내담자를 돕는데 있다.

전형적으로 동기강화 상담의 치료자들은 치료초반에 내담자로 하여금 치료에 대한 장애물을 확인하고, 의도적인 자기말을 찾으며, 상담 주제를 정하도록 돕는 방식으로 이끌어간다. 이러한 접근방법은 이제 다양한 내담자들에게 적용되며(예를 들어, 청소년, 수감자, 부부 그리고 집단), 저항이 문제가 되는 다양한 상황에 활용된다(예를 들어, 섭식문제, 약물남용 및 의존, 공병장애들). 지난 25년간 경험적 연구들에 대한 메타분석에서, 동기강화 상담기법을 사용한 치료자들은 변화에 저항하는 내담자들이 변화하게끔 더 힘을 실어주는 경향이 있음을 밝혀졌다(Lundahl, Kunz, Brownell, Tollefson, & Burke, 2010). 전반적으로 동기강화 상담은 Rogers의 인간중심적 접근이 어떻게 다양한 진단군을 대상으로 성공적인 치료법으로 진화될 수 있는지를 보여주는 좋은 사례이다(Arkowiz et al., 2008; Lundahl & Burke, 2009).

진단 집단에 적용

지난 70년 동안 공감, 무조건적 긍정적 존중, 일치성은 치료 양식이나 인구에 관계없이 효과적인 심리치료의 기본적인 공통요소였다(Duncan, Miller, Wampold, & Hubble, 2010). 놀랍게도, 결혼 상담에 대한 한 가지 연구 결과는 세 번째 회기에서 치료적 협력에 대한 부부의 관점이 치료 결과를 예측한다는 것을 발견했다(Quinn, Dotson, & Jordan, 1997). 전체적으로 Hubble과 동료들(2010)은 치료 결과에서 동맹이 치료 결과 변인의 6%를 설명하고 있음을 발견했다. 이것은 거의 치료 양식의 6배 효과였다. 치료자 변인은 7~8%를 설명하였다.

Wampold(2010)는 "이것은 성인과 아동기 가장 두드러지는 장애로 나타나고, 모든 치료들은 동일한 효과성이 치료적으로 의도된다"고 언급했다(p. 60).

내담자 중심이나 비지시적/지지적 치료와 인지행동치료(CBT)를 비교한 32개의 연구 결과 개관에서 불안, 우울, 부부와 대인관계적 문제, 성격장애, 트라우마와 정신분열증의 치료에서 내담자 중심이나 비지시적/지지적 치료가 CBT만큼 효과적이라고 발견했다(Chambless & Hollon, 1998). 더 최근 연구는 과정-경험주의적 치료가 우울치료에서 CBT만큼 효과적이라고 하였다(Watson, Gordon, Stermac, Kalogerakos, & Steckley, 2003).

인간중심치료는 외상후스트레스장애(PTSD)에 대한 치료에 다른 접근들(EMDR과 노출기반 행동치료를 포함)과 동일한 효과성을 발견했다(Benish, Imel, & Wampold, 2008). 이것은 흥미로운 발견으로, 노출기반치료들이 PTSD 치료에 '좋은 기준'이라고 오랫동안 간주되었기 때문에, 인간중심치료는 알려진 것에는 포함되지 않았다.

　다른 연구들에서는 인간중심치료자와 치료와 필요조건들이 다양한 인구와 현존하는 문제들, 정신분열증, 위기 개입과 이중으로 진단받은 사람들과 작업하는 것에 대해 도움을 줄 것으로 보았다 (Carrick, 2007; Henderson, O'Hara, Barfield, & Rogers, 2007; Seligman & Reichenberg, 2012). 인간중심치료는 정신병, 장애나 정신지체의 결과로 치료에 참가하는 데 너무 방해를 받는 내담자들과 함께 존재하는 방식을 제공한다. 인간중심치료에 기반한 전-치료 요법(Rogers, 1951)은 "아름다운 날이네요" 같은 제공된 맥락 반영으로 자신의 감정을 표현할 수 없는 내담자의 욕구에 맞춘다 ―"당신은 화나 보이네요" 같은 얼굴 반영, "당신의 머리는 아래로 향하네요" 같은 신체 반영. 이러한 변화는 정서적 맥락을 촉진하게 만들고 심각하게 어려움을 겪는 내담자들과의 더 의미 있는 치료에 대한 지도를 제공한다(Sommerbeck, 2011). 유사하게, 아동과 청소년의 감정 차트의 사용은, 정서적 방향을 갖고 있지 않은 다른 사람들이 치료를 확립할 수 있는 기본 언어를 제공하는 도구가 될 수 있다.

　Spaulding과 Nolting(2006)은 정신분열증을 가진 이들과의 작업에서 "내담자의 희망의 감정에 치료적 관계의 통합된 역할을 스며들게 하고 예측된 것은 더 나아가게 변화할 수 있다"고 언급했다(p. S105). 분명히, 인간중심치료는 거의 모든 인구에서 치료 동맹을 형성하는 중요한 공간이다. Bozarth, Zimring과 Tausch(2001)는 "심리치료 연구 결과는 인간중심치료의 주요 원리를 지지한다. 치료적 관계와 내담자의 자원은 성공적인 치료의 가장 중요한 부분이다"라고 결론지었다(p. 214).

　Carl Rogers의 인간중심치료의 관점은 치료 양식의 차원을 넘어섰다. 이것은 "심리치료를 뒷받침하는 방법뿐만 아니라 개인 자유와 자기결정에 기반한 사회적 관점을 제공한다"(Anderson, Lunnen, & Ogles, 2010, p. 144). 특히 그의 이론은 목회자 상담, 양육과 첫 번째 긴급 구조자 훈련 프로그램에 성공적으로 적용했다. 그리고 경영 관리, 인간자원, 세계 많은 나라에서 평화 협정에 대한 교육 등 여러 환경에 영향을 미쳤다(Kirschenbaum, 2009). 공감은 몇 명의 미취학 아동과 초등학교에서 아동의 사회/정서적 지능을 발달시키는 데 도와주기 위해 현재 가르쳐주고 있으며, 나중에 학교에서의 공격적인 행동과 폭력을 막기 위해 가르친다(Gordon, 2005).

　또한 경험적 지지는 과정-경험적 치료에 유용하며 Rogerian 전통에서 발달했다. 경험적 치료의 64개 연구들의 메타분석은 일반적인 정서중심치료의 효과성(Elliott, Watson, Goldman, & Greenberg, 2004)을 지지하고 특히 우울에 대한 EFT의 장점을 지지한다(Goldman, Greenberg, & Angus, 2006; Greenberg, 2010). 게다가 과정으로서의 경험은 정신역동치료와 인지행동치료의 긍정적인 결과를 향상시키는 것으로 보여준다(Hendricks, 2002). 따라서 경험의 절차는 "치료적 방향과 상관없이 중요한 치료 과정"일 것이다(Pos et al., 2008, p. 109).

　경험적 초점은 독립된 치료이고 또는 게슈탈트와 정서중심치료 같은 다른 치료들에 기법으로 사용되고 통합할 수 있다. 이것은 개인이나 초점집단에 사용할 수 있다. 초점은 낙태와 관련된 것과 같은 어려운 결정을 하는 사람들을 성공적으로 도와줄 수 있고(Scharwachter, 2008), 중독에서 회복

(Barbieri, 2008; Lee & Rovers, 2008), 감금된 사람들 같은 트라우마 사례처럼 어려운 결정을 하는 사람들을 성공적으로 도와줄 수 있다(Pos et al., 2008). Gendlin(1996)은 사람이 숨이 막히는 것 같은 상황에서 도움을 주는 접근으로 언급했다.

다문화 집단에 적용

인간중심 다문화 상담은 나이, 인종, 민족과 지리학적 전체에 걸쳐 학습을 촉진시키는 데 효과적인 방식이다(Cornelius-White, 2005, 2007). 존중하고 수용하는 인간중심상담의 특성은 현상학적 견해와 결합되어 폭넓은 범위의 민족, 문화, 사회경제적 배경에서 온 사람들을 위한 치료에 부분적으로 적합하다. 인간중심이론은 사람들을 존중하고, 이해하며, 그들이 소유한 참조의 틀로 그들을 바라보고, 긍정적인 치료자-내담자의 관계를 수립하며, 사람들의 관점을 통해서 내담자의 세계에 주의를 기울이는 것의 중요성을 강조한다(Cornelius-White, 2005). 이러한 특성 때문에 다양한 문화적 배경을 가진 사람들은 인간중심치료에 잘 반응하고, 수용하는 경향이 있다.

몇몇의 문화 집단의 사람들은 자기개방을 주저할 수 있고, 따라서 내담자의 내적 정서적 상태에 초점을 맞추는 경험적 치료가 편안하지 않을 수 있다(Sue & Sue, 2008). Sue와 Sue는 "어떤 사회경제적 집단과 소수 민족들이 특별히 통찰에 가치를 두지 않는다"라고 주의를 줬다(p. 67). 또한 자기실현을 목표로 추구하는 인간주의적 치료들은 내담자의 준거 틀에 관계되지 않을 수 있으나, 치료자의 이상과 목표가 될 수 있다. 이러한 내담자들에게 "개인주의의 이념적인 환경"으로 이동하는 것이 더 편안할 수 있을 것이다(Sue & Sue, 2008, p. 68).

비록 인간중심이론과 치료들이 미국인의 독립성, 자기지시적, 개인주의적인 이념을 반영했을지라도, 이러한 접근의 많은 측면들이 또한 다양하고 다문화적인 사회를 반영한다. 다음과 같은 내용을 포함한다.

- 사람들이 가지고 있는 의견과 생각에 대한 권리를 강조한다.
- 존중, 진실성, 수용, 공감의 측면이 중요하다.
- 사람들 자신의 경험과 준거 틀에 초점을 둔다.
- 개인의 성장과 자기실현을 강조한다.
- 사람들 사이의 관계와 공통성에 흥미를 가진다.
- 현재 순간 알아차림과 상담 상황의 즉시성에 주의를 가진다.

이러한 관점들은 문화적 배경과는 상관없이 모든 사람들에게 적절하다.

몇몇의 연구는 이 점을 지지한다. 예를 들어, Abdel-Tawab와 Roter(2002)는 이집트에 있는 가족계획 상담소에서 가족 안에서 이루어지고 있는 의사소통 양식에 대해서 연구했다. 그들은 안도, 동의, 공감, 관심, 협력과 같은 특성을 포함한 '환자-중심' 모델을 통해서 독자적인 모델보다 환자들에게 더 좋은 수행과 만족을 제공하였다. 이 연구의 저자는 심지어 계급제도적 견해를 가지고 있는 문화에서도 인간중심방법론이 그들의 가치를 증명했다는 것을 발견하였다. Chang과 Page(1991)는

Rogers의 실현화된 인간의 개념, 경험에 대한 개방성, 본성의 근접성, 서양 문화·불교 문화·도교 문화에서 가치 있게 여겨지는 사고와 행동의 독립과 같은 성격 특질들 간에 존재하는 유사성에 주목했다.

인간중심상담의 현황

Rogers와 인간중심치료는 상담과 심리치료에 헤아릴 수 없을 만큼의 기여를 했다. 이전에 언급한 것처럼, 치료에서 치료자의 역할과 자기에 대한 관점은 상담 과정을 진화시켰다. 치료 동맹과 진실성, 지지, 수용, 공감적인 치료자의 관점은 Freud 학파 분석가들과 초기 행동주의자들의 익명성에 중요한 대안을 제공했다. Rogers는 치료자를 인간답게 만들었고 우리에게 긍정적인 치료 동맹에서 치료자의 촉진적 조건의 사용이 변화를 이끄는 매우 중요한 전략임을 가르쳤다.

　　인간중심치료는 다른 유형의 치료를 쉽게 통합할 수 있다. 예를 들어, 인간중심과 인지적인 접근의 통합은 이론적인 방향성에서 두 번째로 가장 빈번한 통합이고, 인본주의적 접근과 행동주의적 접근은 네 번째로 빈번한 통합이다(Prochaska & Norcross, 2009). 게다가 인간중심 원리들은 직업상담, 아동과 초기 성인기의 놀이치료, 부부, 가족상담과 집단치료에서 사용될 수 있다.

　　인간중심치료는 상담 종사자들에게만 적용되는 것이 아니라 학교, 정부와 직장에서도 적용된다(Henderson et al, 2007). 예를 들어, 인간중심 교육적 이론은 학습자 중심 지도가 생겨나게 했다—가르침과 학습의 적용은 모든 학습자의 고유성을 존중하고 촉진적 관계를 우선한다(Cornelius-White, 2007). Rogers의 학생 중심 가르침의 개념은 존중하기, 수용, 진실성, 그들의 학생에 대한 교수의 공감적 태도를 포함한다(Rogers, 1967). 1,000개 이상의 더 많은 논문의 메타분석에서, Cornelius-White(2007)는 학습자 중심의 교사-학생 관계가 효과적이라고 발견했다. 학생 중심 가르침은 양육, 조직심리학, 대인관계와 교육의 분야로 확산되었다. 학교는 이러한 원리들에 기반하여 발달하였다.

인간중심상담에 대한 평가

심리학에서 Rogers의 영향과 1970년대 인간잠재력운동은 오늘날 치료자들에게 많은 영향을 주었다. 경험적인 집단, 초점, Virginia Satir의 아동을 위한 놀이치료, 사이코드라마, 정서중심치료, 부부를 위한 EFT, Gendlin에 의해 개발된 신체중심적 초점과 초개인심리학의 기원 등 모든 것들은 인본주의적 전통에 확고하게 기반을 두었다(제19장과 제20장에서 추가적인 정보를 볼 수 있다).

한계

많은 기여에도 불구하고, Rogers의 이론은 몇 가지 한계를 가지고 있다. 연구들은 치료에서의 경험적 깊이가 결과와 관련된다고 나타났다. 다른 경험적 치료들처럼 인간중심은 초점과 정서적 과정을 포함하여 다양한 방향성과 인구들에서 성공적인 결과와 정적으로 상관있다(Hendricks, 2002). 그러나 몇몇 사람들은 정서를 표현하는 데 편하지 않고, 정서가 억압된 문화적 배경을 가지고 있어서 직접적인 공감 반응을 듣는 것이 그들에게는 편안하지 않을 수 있다. 인간중심치료자들은 문화적으로 인식하고 있고, 그들의 치료적 스타일을 내담자의 욕구에 맞도록 조정해야 한다.

인간중심치료의 비지시적 초점은 또한 몇 명의 내담자들에게 친숙하지 않을 수 있는데, 몇몇 내담자는 특히 치료자를 전문가로 바라보고 자신의 문제를 풀어줄 누군가를 찾는다. 내담자들은 아마 "당신은 제가 무엇을 해야 하는지 말할 수 있지 않나요?"라고 할 것이다.

인간중심치료는 치료자에게 많이 요구한다. 기법이나 매뉴얼화된 워크북에 의존하는 것이 아니라, 치료자들은 자기 자신을 사용한다. 치료자들은 일치성, 진실성, 자기실현, 그 순간 드러내기, 초점되고, 비판단적이며, 인내심 있고 무엇보다 공감적이어야 한다. 내담자와 함께 섬세하게 조율된 존재의 방식이 없다면, 치료는 효과적이지 않을 수 있다. 몇몇의 치료자들은 다른 접근법에서 일반적으로 보이는 숙제, 매뉴얼, 다른 기법이 없는 순전히 인간중심접근으로 작업하는 것을 편하게 여기지 않는다.

강점과 공헌

Carl Rogers는 치료의 효과성을 처음으로 측정한 사람이다(Hergenhahn & Olson, 2007). 그는 심리치료의 조사연구 분야를 도입했다. Rogers는 처음으로 심리치료 회기의 완벽한 스크립트를 녹음하고 출판했다. 정신건강 전문성과 일반적 인구를 위한 광범위한 저술을 통해 실례를 입증하고, 녹음하고 그의 회기를 글로 옮겼고, 치료의 과정을 연구하며, 인간중심관계에 대해 광범위한 욕구와 교육을 강조해서 Rogers는 치료 체계를 이용 가능하고 이해할 수 있게 했다.

내담자-치료자 관계에 대한 Rogers의 이상은 상담과 심리치료의 모든 이론에 영향을 주고 스며들었다.

- Carl Rogers는 자기창조의 가장 종합적인 이론 중에 하나를 개발하였다.
- 그는 각 개인의 가치와 존엄성을 믿었고, 사람들의 선천적인 자기실현과 성장을 향한 움직임을 믿었다.
- 그의 이론은 1940년대와 1950년대에 발달하기 시작하여, 거의 70년 후인 오늘날까지도 여전히 적절하고 의의가 있다.
- 금지된 기술의 고정된 이론보다, Rogers는 후속 이론들을 설립할 수 있는 탄탄한 기초를 만들었다.
- 이론은 낙관주의적이고, 단정적으로 말하면 인간본성에 대한 긍정적인 관점을 가진다.
- 심리치료 성과연구는 인간중심치료의 주요 원리를 지지한다.
- 인간중심치료는 다른 치료 접근에 쉽게 통합될 수 있다. 이전에 언급한 것처럼, Prochaska와 Norcross(2009)는 인간중심치료자의 상당수가 내담자의 욕구에 따라 다른 양립할 수 있는 이론들과 통합한다는 것을 발견했다.

Rogers는 Anderson이 언급한 '공적인 존재'의 개념(Anderson, 2012, p. 68)인, 치료 과정에서 치

료자의 투명성이라는 개념을 처음 소개한 인물로 여겨진다. 치료자의 투명성이 가지는 중요성은
—공개되고, 정직하고, 일치성과 어떠한 선입견이나 한계를 드러내는 것—후에 언어치료와 여성
치료의 발달에 중요한 개념이 된다. 두 가지 모두 제11장에서 더 자세히 논의할 것이다.

　　Carl Rogers의 업적은 국제적으로 잘 알려져 있고, 영국에서 행해진 치료의 초기 형태이며
(Cooper, Schmid, O'Hara, & Wyatt, 2007 ; Totton, 2010), 동유럽의 민주주의를 태동시켰으며, 또
한 남미 국가에서 유명했다(Kirschenbaum, 2004). 그의 저서들은 많은 언어들로 번역되어졌고 그
는 상담과 심리학의 선구자일 뿐만 아니라 중개자로서 역할을 했다.

　　50년 전 고전으로, Thomas Gordon의 효과적인 **부모역할훈련**(Parent Effectiveness Training, 1970)
의 기반이 된 그의 생각은 부모가 공감과 애착에 초점 맞춰 아이들을 기를 수 있게 도왔다.

　　효과적인 부모역할훈련(PET)은 부모 세대의 증거기반 결과로 나타났다. 적극적 경청 기술, 공감
적 조율, 대치되지 않은 훈련과 창조적인 갈등 해결의 사용은 부모와 아이 간의 애착과 관계를 증진
시켰다. 부모들은 아동의 선천적인 저항 본능을 촉발시키지 않도록 하는 자녀와의 새로운 상호작
용 방식을 배웠다(의지에 반하는). 이러한 증거기반치료 프로그램에서, 아이는 부모와의 관계에 관
심을 가지게 되기 때문에 협력하기 시작한다. PET 훈련 프로그램은 전 세계적으로 존재하고 유아
기나 아동, 청소년기에 작업의 효과가 입증되어왔다(Cedar & Levant, 1990).

　　그의 생애 마지막 10년 동안에, Carl Rogers는 국제적 평화에 대한 기여로 노벨평화상의 후보
로 지명됐다. Rogers는 전 세계를 돌아다니며 갈등 집단을 이해하고 평화를 가져오는 인본주의자
이자 교육자였다. 북아일랜드, 소비에트 연방, 남아프리카, 중앙아시아와 다른 세계의 분쟁지역에
서 Rogers는 갈등 상황에 대한 정서적인 정직한 접근을 전파하고, 융통성 있는 의제에 관한 상호작
용을 발전시키고, 정서의 강렬한 표현을 허용했다. 그의 패러다임은 이스라엘과 이집트 간의 캠프
데이비드협정(Camp David Accords)에서 Carter 대통령이 'Track II 외교'를 만드는 데 도움을 주었
다고 믿으며(Ryback, 2011), Obama 대통령에 의해 쓰인 '토의 민주주의'의 철학에 표현되어 있다
(Packer, 2008). "정책적 협상에서 더 인본주의적으로 만들어 치명적인 갈등에서 나라를 구하는 것
보다 더 큰 기여는 없을 것이다"(Ryback, 2011, p. 413). 캘리포니아 라호야에 있는 인간연구센터,
인간중심과 경험적 심리치료의 세계협회와 상담은 지속적으로 Rogers의 신념을 촉진시키고 가르치
고 있다.

기법 개발 : 공감적 반응

치료자가 한 공감과 공감적 반응은 사람이 더 깊은 감정을 탐험하는 데 마음을 놓을 수 있는 연민
어리고 안전한 분위기가 가능하도록 도와준다. 모든 치료자들은 이론적 방향에 관계없이, 내담자
와 작업할 때 공감적인 경청을 사용한다.

　　치료자들이 사용하는 기술보다, Rogers(1980)는 공감을 다른 사람과 존재하는 방식이나 과정이
라고 생각했다. "이 같이 섬세하고 적극적인 경청은 우리의 삶에서 대단히 드물다. 우리가 생각하
기에 우리는 듣는다고 하지만, 실제로 이해하고 진정한 공감을 하며 듣는 것은 매우 드물다. 그러

나 이러한 특별한 경청은 내가 아는 변화를 위한 가장 강한 힘 중 하나이다"(pp. 115~116).

공감은 다양한 이유에서 효과적이다. 첫 번째로, 이것은 사람들의 감정을 정상화하는 데 도움을 준다—공감을 경험하면서, 사람들은 더 이상 자신의 경험에서 고립되거나 혼자라고 느끼지 않는다. 공감은 또한 내담자의 주관적인 경험의 조사를 촉진시킨다—그들의 느낌이 자신에게 되돌려 말하는 것을 듣는 것은 이러한 감정의 뉘앙스의 탐험으로 그들을 초대한다. 마지막으로, 공감은 내담자에게 새로운 의미를 창조하는 데 도움을 준다. Greenberg(2002)는 가장 효과적인 공감적 반응은 "내담자를 경험의 가장자리로 이끌고, 가장 살아 있거나 고통스러운 것 또는 알아차림의 가장자리에 무엇이 있는지에" 초점 맞추는 것이라고 하였다(p. 77).

그러나 공감 하나로는 충분하지 않다. 공감이 의미가 있으려면 내담자에 의해 경험되고 반영되며 수용되어야 한다. 공감적 반응은 치료자가 처음에는 내담자의 감정을 이해하고, 내담자에 대한 자신의 감정을 정확하게 표현하는 것에서 시작한다. 그리고 나면 내담자는 공감적 조율을 인식하게 될 것이다(Barrett-Leonard, 1981). 그 과정에서 모두 세 가지 단계가 필요하다.

몇몇의 사람들은 인간중심치료가 믿을 수 없을 정도로 간단하고 숙달하기 쉽다고 보지만, 치료자들이 공감적 경청을 해 보려고 시작할 때 종종 꽤 쉽지 않다는 것을 발견한다. Carl Rogers는 반영적 경청의 용어를 애도하기 시작했는데, 치료자들이 단순히 다른 사람의 단어를 거울처럼 반영하거나 앵무새처럼 따라 하는 결과 때문이다. "공감적 존재가 되는 것은 복잡하고, 힘들며, 강력한—그러나 또한 미묘하거나 조심스럽다—존재의 방식이다"(Rogers, 1980, p. 143).

다음의 기법 개발 연습은 정확한 공감적 반응을 하여 내담자의 감정을 입증하는 데 초점을 두고 있다. 비록 공감을 측정하는 많은 다른 방식이 있지만, 우리는 반응의 세 가지 유형에 초점 맞출 것이다.

- N = 비공감적 반응. 내담자의 진술에서 정서가 함축되지 않거나 치료자들이 완전히 반응에서 벗어난 것이다.
- I = 치료자가 내담자가 말하는 요소를 잡아 교환 가능한 반응. 하지만 더 추가되지는 않는다. 이러한 반응들은 내담자의 단어를 직접적으로 반복하거나 내담자의 단어를 정확하게 바꾸어 말하는 것이다. 교환 가능한 반응들은 공감적이 될 수 있고 연구들은 이러한 반응이 내담자에게 도움을 줄 수 있다고 제시한다(Greenberg, Elliott, & Lietaer, 1994; Sachse, 1993).
- E = 공감적 반응. 더 가치 있는 공감적 반응은 내담자의 알아차림의 바깥 경계이다. 때때로 공감적 반영들은 내담자의 내적인 경험을 명확히 하기 위한 질문을 덧붙인다.

예시

내담자 : 저는 이 병과 싸우는 것에 신물이 나요. 그냥 포기하고 싶어요.

반응 1 : 당신은 아파보이는군요. (비공감적 반응)

반응 2 : 당신은 이 모든 것에 정말 지치고 싸우길 멈추고 싶군요. (교환 가능한 반응)

반응 3 : 당신은 이것과 오랜 시간 다투고 있었고, 당신이 더 이상 아무것도 할 수 없게 만드는 것이 무엇인지 궁금하군요. (공감적 반응)

첫 번째 반응은 공감이 부족했는데 내담자에게 초점을 두지 않고, 내담자와 치료자가 공유 경험으로 통합하기보다 실제로 그들 사이에 거리감이 생겼다. 두 번째 반응은 내담자가 말하는 것에 정확하고 교환 가능한 반응이다. 이런 유형의 반응은 내담자가 감정을 분명하게 하는 데 도움을 줄 수 있고, 그들이 자신의 언어를 상기시킬 수 있도록 들려줄 수 있으며, 그들의 다음 반응에 대해 생각할 시간을 준다. 세 번째 반응은 개인이 느끼는 의미에 더 초점을 둔다. 이것은 뚜렷하게 더 가슴이 아프고, 내담자의 "그냥 포기하고 싶어요"라는 진술에 함의되어 있는 것에서 더 이끌 수 있다.

다음의 예시에서 어떤 것이 비공감적 반응(N)이고, 교환 가능한 반응(I)이며, 공감적 반응(E)인지 결정해라.

내담자 : 남편이 죽은 이후로 그가 너무 그리워요. 때때로 저는 남편의 무덤을 파헤치고 싶어요.
반응 1 : 당신은 그가 죽은 이후로 굉장히 절망적으로 슬퍼하는군요. 때때로 당신은 그를 다시 보지 않는 것 외에는 아무것도 할 수 없다고 느끼는군요.
반응 2 : 당신은 그가 너무 그리워서 때때로 그의 무덤에서 그를 파헤치고 싶군요.
반응 3 : 오, 그건 안 돼요!
내담자 : 나는 존과 결혼한 이후로 완전히 모든 것을 함께 했어요. 나는 숨이 막히기 시작했어요.
반응 1 : 당신과 존은 모든 것을 같이 했고, 숨이 막히네요.
반응 2 : 당신은 이혼을 생각하지는 않죠? 그렇나요?
반응 3 : 당신은 남편을 사랑하지만 각자 떨어져서 시간을 보내는 것도 괜찮을 것 같다고 생각하기 시작하는군요.
내담자 : 이번 기말고사에서 실패한다면, 부모님이 저를 죽일 거예요!
반응 1 : 모든 것이 괜찮을 거라고 확신해요.
반응 2 : 당신은 이번 기말고사에 불안을 느끼고, 당신이 좋은 성적을 받지 못하면 부모가 분노할 거라고 걱정하는군요.
반응 3 : 당신은 당신이 실패한다면 부모가 매우 화날 거라고 믿는군요.

이제, 다음에 따르는 내담자 진술을 보고 당신의 공감적이고 교환 가능한 반응을 찾아내라.

1. 어제 AA와 나의 첫 번째 기념일을 축하했다.
2. 내 생각에 아내가 불륜을 하는 것 같다.
3. 저는 매우 걱정이 돼요. 제 고양이가 지난밤에 집으로 돌아오지 않았어요.
4. 불임 이후로, 제가 임신한 것을 발견했어요!
5. 제 여자친구는 또 영화 보는 데 30분 늦었어요.
6. 제 남편은 항상 아이들이 자러갈 시간에 바로 놀아줘요.

내담자에게 공감하는 것이지 동정하는 것이 아님을 기억하라. 공감은 누군가 듣거나 누군가 자신이 살펴보는 것을 이해하는 것으로 내담자를 안심시키는 반응이다. 공감은 정상적인 감정이다. 이 단원 이전에 논의한 것처럼 동정은 애도와 후회를 제공하고, 치료자로부터 내담자를 멀리떨어지게 한다.

Carl Rogers는 비록 공감을 어떻게 가르치는지 결코 설명하지 않았지만, 배울 수 있다고 믿었다. 다른 사람들에 의한 후기 작업에서 다양한 방식으로 공감적 조율이 평가되었다(Greenberg, 2010;

Norcross, 2011; Truax & Carkhuff, 2007). 독자들은 치료에서 기법 개발을 향상할 수 있는 많은 훌륭한 자원 중에 하나를 구하는 것을 고려해야 한다(Murphy & Dillon, 2008; Seligman, 2009).

사례

다음에 나오는 에디와 그녀의 치료자 간의 대화는 적극적 경청, 의사소통적 공감, 내담자의 가치, 진실성의 모델링, 치료자 노출의 일치성과 현재에 초점을 포함하여 인간중심치료의 많은 특징을 제시하고 있다.

에디의 반응들은 인간중심접근의 치료자의 사용을 보여주기 위해 축약한 것이다. 대부분의 인간중심치료자들은 그들의 내담자들보다 일반적으로 덜 말한다. 에디는 그녀의 어머니와 에디를 이전에 모욕한 새아버지 피트와 그녀의 관계에 대해 작업했다.

> 에디 : 저는 제 엄마에게 매우 화가 나요! 에바와 저는 엄마와 피트를 방문했어요. 저는 방에서 술 냄새를 맡을 수 있었죠. 그리고 제 어머니는 아무 이야기도 하지 않았어요. 어떻게 엄마가 그렇게 할 수 있죠?
>
> 치료자 : 당신은 그녀가 스스로 주장하지 않아서 상당히 좌절감을 느꼈군요.
>
> 에디 : 그래요, 그리고 에바에게 표출했죠.
>
> 치료자 : 당신은 엄마가 에바를 보호하는 어떤 것을 하길 바랐군요.
>
> 에디 : 그러나 엄마는 그러지 않았죠.
>
> 치료자 : 엄마가 절대로 보호하지 않았나요?
>
> 에디 : 아니요. 엄마는 항상 그렇게 해왔어요. 엄마는 제 할아버지에게서도 저를 보호하지 않았어요.
>
> 치료자 : 당신은 할아버지가 당신을 학대할 때 당신에게 나타난 것을 기억하는 것 같군요. 당신은 알아요, 제가 틀린 것일 수도 있지만, 당신이 무력한 작은 소녀의 그림이 나에게 보여요….
>
> 에디 : 그래요! 정확해요! 저는 무력한 어린 시절을 다시 느끼고 있어요. (잠깐 생각하고, 그러고 나서 화나서…) 그러나 저는 무력하지 않아요! 저는 아내이자 어머니예요. 저는 암에 맞섰고, 학교로 돌아갔죠. 그리고 저는 어떻게 제 아이들을 보호하는지 생각할 수 있어요.
>
> 치료자 : 당신은 삶에서 많은 부분을 극복했고, 이것을 어떻게 당신이 생각할 수 있는지 또한 아네요.
>
> 에디 : 당연하죠. 저는 에바가 그곳에 못 가게 하거나 피트를 못 보게 할 수 있어요.
>
> 치료자 : 당신의 부분들은 그들과 완전히 유대관계를 끊고 싶어 하는 것 같아요.
>
> 에디 : 그래요. 그러나 에바는 제 어머니를 또한 볼 수 없겠죠. 이것은 너무 극단적으로 보여요.
>
> 치료자 : 정말 당신에게 너무 큰 단계인 것으로 보이는군요.
>
> 에디 : 그래요. 때때로 나는 그들을 다시 보고 싶지 않은 느낌이 들지만, 이것은 매우 어린아이 같아 보여요. 제 어머니는 저처럼 피트의 피해자예요. 아마 제가 한계를 설정할 수 있다면… 어머니에게 피트가 화를 내거나 술 취해서 다시 저나 에바에게 온다면 무례하겠지만 저희는 떠날 거라고 말할 거예요.
>
> 치료자 : 당신은 피트의 행동에 한계를 정하고, 당신이 생각하고 있는 것에 대해 엄마에게 미리 말해준다면, 에바를 보호하고 어머니도 이해할 수 있을 거라고 생각하고 있군요.
>
> 에디 : 저는 피트가 저에 대해 어떻게 생각하는지 신경 쓰지 않아요. 그러나 어머니가 그의 행동으로부터 에바를 보호하려는 저를 이해하는 것은 저에게 매우 중요해요.
>
> 치료자 : 당신의 어머니가 이해하고, 에바가 안전하다면 이것은 매우 가치 있겠군요.

에디 : 그래요, 바로 그거예요. 저는 이것에 대해 기분이 나아지기 시작했어요. 제가 진짜 에바를 보호할 수 있다고 생각하고, 제 스스로 설 수 있고, 어머니와 가까운 관계가 계속될 것이라 생각해요. 대단하지 않나요?

연습

대집단 연습

1. 사례에서 보았던 대화의 강점과 한계에 대해서 논의하라. 만일 바꾸고 싶은 부분이 있다면 치료 회기의 이 부분에서 무엇을 개선하고 싶은가?

2. 대화에서 다음과 같은 인간중심상담의 중요한 요소들을 찾아보라.
   - 능동적인 경청
   - 공감
   - 느낌의 반영
   - 의미의 반영
   - 내담자에 대한 가치와 힘 부여하기
   - 일치성
   - 현재에 초점을 맞추기
   - 자기개방

3. 순차적으로 돌아가면서 이야기를 나누어보라. 교사 혹은 학생 중 1명이 집단 앞에 앉아 있거나 서 있고, 그가 로베르토 혹은 또 다른 가상의 내담자의 역할을 수행하라. 내담자는 반 전체와 한 시간 가량 대화를 나누는데, 강한 정서를 경험할 때 대화를 시작한다. 각 학생들은 번갈아가며 코멘트를 하거나 개입한다. 개입은 인간중심치료를 반영한 것으로, 각각의 연속적인 개입은 이 전의 대화를 바탕으로 이루어질 수 있다. 대화를 마친 후에 역할 연기 인터뷰와 이 인터뷰의 강 점과 한계에 대해서 논의하라.

소집단 연습

1. 4명씩 집단으로 나누고, 각 쌍은 10분 동안 이전 대화를 기초로 내담자-치료자 역할 연기를 시 작하라. 적어도 두 번의 자기개방을 사용하고, 치료자의 역할을 수행할 때는 종종 공감적인 대화 를 시도하라.

   각 대화를 한 후에, 각 집단은 대화와 이 대화의 한계와 강점에 대해서 논의하고, 다음에 따라 치료자의 수행에 대한 피드백을 제공하라.
   - 자기개방의 효과와 특성
   - 공감적인 의사소통
   - 치료 동맹
   - 역할 연기의 장점

　　 • 역할 연기의 개선해야 할 점

2. 한 집단을 4명씩 나누어라. 이 단원의 기법 개발 부분의 내담자 진술을 사용하여, 각각 세 가지 치료자 반응을 볼 수 있는 짧은 역할 연기를 교대로 실행하라. 내담자가 말한 직후 치료자 반응의 비공감적인 태도, 상호교환적인 태도, 공감적 태도에 특히 주목하라. 각 내담자 반응의 측면을 따라가고 나서 각 개입의 효과를 논의하라.

　　 • 치료자의 공감적 반영은 있는가?

　　 • 그렇지 않다면, 어떻게 치료자의 반응이 내담자의 초점 방향을 달라지게 하였는가?

　　 • 치료자의 반응은 내담자에게 어떤 영향을 주었는가?

　　 • 내담자는 깊은 감정을 탐험했는가?

개인 연습

1. 경청은 우리가 당연하게 생각하지만, 사실 이것은 예술이다. 당신의 경청 기술을 연습할 시간을 계획하라. 사람들이 이야기하는 것이 무엇을 의미하는지를 듣고 이해하고 있음을 상대방에게 알리기 위해 반영과 공감을 사용하라. 좋은 눈 마주침을 지속하라. 당신은 진실성·보살핌·수용을 보이고 있는지, 당신의 언어적·비언어적 메시지가 일치하는지에 대해서 모니터하라. 당신의 경험에 대해서 써보아라.

2. 동기면담의 목표는 내담자의 변화에 대한 준비와 전념을 강화시키고자 하는 것이다. 당신이 변화하고 싶어 하는 행동을 고려하고 다음의 질문들을 적고 대답하라.

　　 • 어떤 변화를 만들고 싶은가?('증가시키기 위해', '개선시키기 위해', '시작하기 위해' 같은 긍정적인 언어를 포함해)

　　 • 당신이 이러한 변화를 바라는 가장 중요한 이유는 무엇인가? 행동했을 때의 결과와 행동하지 않았을 때의 결과를 적어보라.

　　 • 이러한 변화를 당신은 어떻게 이룰 것인가? 목록을 명확하고 구체적으로 하고 작은 첫 단계들을 당신은 시작하는 것이 좋다. 언제, 어디서, 어떻게 이러한 행동들을 할 것인지 포함시켜라.

　　 • 어떻게 다른 사람들이 당신을 도울 수 있는가? 사람들이 당신을 도울 수 있는 명확한 방식들을 목록화하라. 당신은 이러한 지원을 어떻게 요청할 것인가?

　　 • 당신의 계획이 어떻게 실행되고 있는지 알 수 있는가? 이러한 변화의 결과로 일어날 수 있는 이익들을 목록화하라.

　　　어떤 것이 당신의 계획을 방해하는가? 어떤 것이 잘못될 수 있는지, 상황들과 방해물들이나 걸림돌들이 나타날 수 있는 목록들을 예측하라. 어떤 문제들이 방해해도 계획을 유지할 수 있도록 각 상황에 당신이 할 수 있는 것을 목록화하라.

3. 다음 내담자의 진술과 질문에 대한 치료자의 적절한 자기개방 반응을 적어보라.

　　 내담자 A : 나는 정말로 무언가가 잘못된 것 같아요. 다른 사람들은 파티를 좋아하는 것처럼 보이는데, 나는 낯선 사람들로 가득 찬 커다란 방에 들어가는 것이 두려워요.

내담자 B : 나는 드디어 멋진 주말을 보낼 수 있었어요. 아침 일찍 일어나서 산책을 한 뒤 친구와 아침을 먹었어요. 그러고 나서 박물관에 전시되어 있는 'Georgia O'keeffe'를 보러 갔고요.

내담자 C : 내가 지난밤에 많은 술을 마셨고 누군가가 나를 집으로 데려다주었다는 것을 부모님이 아셨어요. 당혹스러워요. 당신도 젊었을 때 이와 같은 일이 있었나요?

내담자 D : 집에 아무도 없으면 형이 나를 때리고 밀쳤어요. 어제 형이 나를 밀어서 제가 넘어져서 다쳤어요. 나는 무엇을 해야 할지 알지 못했어요. 나는 두려웠고, 만약 내가 누군가를 부르면 형이 곤경에 처할까 봐 겁이 났어요.

내담자 E : 내가 여성 동성애자라는 것을 다른 사람들이 알게 되면, 나에 대한 모든 사람들의 반응은 변할 것이고, 그들은 더 이상 나를 보지 않으려 할 거예요. 여기서도 그럴 거라고 가끔 생각해요. 당신에게 나의 배우자가 여자라는 것을 말했을 때, 당신의 표정은 변했고, 나는 당신이 나를 못마땅하게 여긴다고 느꼈어요.

요약

1940년대와 1950년대에 처음으로 발전했던 Carl Rogers의 인간중심상담은 모든 사람들이 자신의 문제를 해결할 수 있는 잠재력을 가지고 있을 뿐만 아니라, 모든 인간의 가치와 존엄성을 존중하는 인본주의적이고 현상학적인 접근이다. 인간중심상담에서 치료의 주요 원천은 치료자에 의한 일치성, 무조건적 긍정적 존중, 공감과 같은 중요한 조건이 확립되는 것이다. 이것을 제공함으로써 치료는 좀 더 충분히 기능하고 자기실현을 하고자 자신을 도우려는 잠재력으로 실현화된 쪽으로 향하는 성장의 길로 들어설 것이다. 과거의 문제보다 현재를 강조하는 이 접근은 상담과 심리치료에 관한 생각을 바꾸어놓았고, 정신분석과 이전 행동주의자들의 지시성에 대한 첫 번째 종합적인 대안을 제공했다.

Carl Rogers는 자기의 가장 종합적인 이론을 확립했을 뿐 아니라, 또한 심리치료의 조사연구 분야를 이용하여 치료를 발전시켰다. 그는 첫 번째로 심리치료 회기의 완전한 녹취록을 녹음하고 출판하였다. 그가 가지고 있는 내담자와의 경험을 통해 과학적 연구와 저서에 헌신했고, Rogers는 종합적인 치료 동맹의 확립이라는 변화의 가장 중요한 전략을 상세히 기술하였다. Rogers는 그의 이론을 후속 이론자들이 만들고자 하는 이론적인 기원의 시작으로 구상했다. 그의 예측들은 Gendlin의 초점과 Greenberg와 Johnson의 정서중심치료 같은 현 이론과 초개인주의 심리치료의 이론적 토대의 출현으로 실현되었다.

인간중심치료는 특히 공감 · 일치성 · 무조건적 긍정적 존중의 핵심 조건들이 Rogers에 의해 거의 70년 전에 처음 정의되었음에도, 현재에도 치료자가 가지고 있는 치료 지향점과 상관없이 좋은 치료 동맹을 유지하고 형성하는 데 필요한 것으로 여겨지고 있다. Rogers의 업적은 국제적으로 잘 알려져 있다. 그의 저서들은 많은 언어로 번역되었고 그는 심리학과 상담에 선구자일 뿐 아니라, 평화 중재자로서 갈등 해결의 선구자로 여겨졌다.

추천 도서

Arkowiz, H., Westra, H. A., Miller, W. R., & Rollnick, S. (Eds.). (2008). *Motivational interviewing in the treatment of psychological problems*. New York, NY: Guilford Press.

Cain, D. J., & Seeman, J. (Eds.) (2001). *Humanistic psychotherapies: Handbook of research and practice*. Washington, DC: American Psychological Association.

Cooper, M., O'Hara, M., Schmid, P. F., & Wyatt, G.(Eds.). (2007). *The handbook of person-centered psychotherapy and counseling*. New York, NY: Palgrave Macmillan.

Cooper, M., Watson, J. C., & Bolldampt, D. (Eds.). (2010). *Person-centered and experiential therapies work: A review of the research on counseling, psychotherapy, and related practices*. Ross-on-Wye, UK: PCCS Books.

Gendlin, E. T. (1996). *Focusing-oriented psychotherapy: A manual of the experiential method*. New York, NY: Guilford Press.

Greenberg, L. (2010). *Emotion-focused therapy*. Washington, DC: American Psychological Association.

Kirschenbaum, H. (2009). *The life and work of Carl Rogers*. Alexandria, VA: American Counseling Association.

Rogers, C. R.(1951). *Client-centered therapy: Its current practice, implications and theory*. Boston, MA: Houghton Mifflin.

Rogers, C. R.(1961). *On becoming a person*. Boston, MA: Houghton Mifflin.

Rogers, C. R.(1980). *A way of being*. Boston, MA: Houghton Mifflin.

실존치료

인생의 목적, 자유, 고립, 의미와 죽음에 초점 두기, '사소함의 횡포'로 불리는 것에서 자유로워지기, 세계의 동료시민을 향한 책임과 선택의 자유 사이의 균형을 맞추는 삶을 살기, 목적과 목표를 향해 일하기—무엇이 이러한 것보다 더 의미 있거나 중요할 수 있겠는가? 치료자와 내담자를 비롯한 우리 모두는 인생의 다양한 시점에서 이러한 주제들과 씨름하고 있다. 가장 널리 사용되는 치료 형태 중 하나인 실존 심리치료는 이러한 근본적 염려들을 다루기 위한 철학적 접근을 제공한다.

테러·전쟁·경제위기와 같은 21세기 초반의 사건들로 인해 불안의 고조, 죽음의 두려움, 심한 외로움과 고립감의 분위기가 팽배해졌다. 다시 한번 사람들은 비극에 대처하고, 변화에 적응하며, 고통에서 의미를 찾기 위해 종교·영성·심리학에 관심을 가지는 것 같다. 실존치료는 이러한 염려들을 다루는 데 매우 적합하다.

실존사상의 발달

1950년대, Rollo May는 실존심리학의 초창기에 관한 종합적 소개서를 썼는데, 그 책에는 본 장에서 자세히 설명할 실존적 개념들이 소개되어 있다. 실존심리학에 관한 상세한 개관 혹은 실존주의 개념에 관한 도서목록에 관심 있는 독자들은 May의 책 *Existential Psychology* 2판(1969a)을 참조하라.

실존사상의 뿌리는 아리스토텔레스와 소크라테스 같은 고대 그리스 사상가와 개인적 의미라는 주제를 다룬 동양 사상가들의 철학 저서들로 거슬러 올라갈 수 있다. 우리가 현재 실존철학이라고 부르는 철학의 움직임은 두 가지 흐름에서 나왔다. 첫 번째는 19세기 말 유럽에서 실존주의의 아버지로 알려진 덴마크 철학자 Søren Kierkegaard, Friedrich Nietzsche, Edmund Husserl의 저서와 함께 발생하였다. 두 번째 흐름은 1940년대와 1950년대에 유럽에서 생겼다. 이 시기의 사회적, 정치적, 과학적 사건들이 이러한 접근의 발달에 기여하였다. 수천만 명의 목숨을 앗아 간 두 번의 세계대전은 소외감과 무의미감을 확산시켰다. 산업화와 도시화는 과학적 진보와 더불어 이러한 비인간화에 일조했다. 심리학조차도, 그 당시엔 정신분석과 행동주의가 지배했는데 "서로 투쟁하는 부분들 간의 집합체로서 인간을 개념화"하였다(Bauman & Waldo, 1998, p. 15). 사람들에게는 황폐·고립·죽음에 직면하여 삶의 의미를 갖도록 돕고, 인간성을 회복시킬 어떤 힘이 필요했다. 이러한 필요성 때문에, 인본주의 심리학에서 흘러나와 인본주의 심리학에 기여한 실존주의가 진화하였다.

사실상 '실존주의'라는 용어를 만든 Kierkegaard(1944)는 인간조건의 영원한 반려자로서 불안과 두려움에 대해 썼다. 그는 불안을 생명체와 비실재 사이의 투쟁, 즉 죽음에 대한 삶의 실존적 위기로 기술하였다. 불안은 두 상반된 세력 가운데 있다. 모든 인간은 이와 같이 투쟁해야 한다는 보편적 진실이 실존심리학의 핵심이다.

Kierkegaard(1941)와 미국 심리학자이자 철학자인 William James는 자유의지에 대해 썼다. 인간은 자유롭게 삶을 선택한다. 삶의 제약이 있긴 하지만, 우리에겐 그것을 극복하고 삶을 의미 있게 만드는 능력이 있다. 실존적 주제는 인간존재의 핵심적 부분이고 우리는 반복해서 이에 직면하게 된다. Jean-Paul Sartre(1956)는 "우리는 우리의 선택들이다"라고 썼고, May(1960)는 여기에 "우리의 주어진 세계의 한계 내에서"(p. 13)라고 덧붙였다. 그렇다면 자유는 초월과 관련된다. 이러한 선택의 자유를 인식하게 되면, 주로 우리가 선택할 때 포기하는 것 때문에 불안이 야기된다.

독일의 철학자이자 수학자인 Edmund Husserl(1859~1938)은 현상학의 발전에 중요한 역할을 하였다. 후에 그의 학생 Martin Heidegger는 그의 책 *Being and Time*(1962)에서 존재 의미를 이해하고 싶은 인간의 욕구라는 보편적 경험에 관심을 돌리도록 해주었다. 그는 현존재(세계내 존재)에 대해 썼다. 후에 Husserl과 Heidegger 아래서 수학했던 Sartre는 *Being and Nothingness*(1956)를 썼다.

이러한 사상들을 하나의 움직임으로 통합시킨 것은 지배적인 세계관—과학, 종교, 정치—이 인간존재의 의미를 빼앗았다는 인식이다. 현대 사상은 개인의 삶의 경험을 모든 사람에게 적용되는 일련의 '보편적 진리'로 환원시킴으로써, 개인의 고유성과 모든 사람은 자유의지를 가지고 있다는 사실을 부정하였다. 특히 Nietzsche는 인간은 어떤 미지의 실재에 의해 움직이는 큰 설계안을 단지 실행하고 있다는 Hegel의 절대적 관념론에 반대하는 입장을 취했다.

　　Sartre(1956)는 "존재가 본질을 앞선다"라고 썼다. Paul Tillich(1952)에 의하면 이 진술의 의미는 인간은 계속 변화하고 있고, 과학이든 다른 무엇이든 어떤 체계도 경험을 초월하는 인간의 능력을 적절히 설명할 수 없다는 것이다. Tillich(1952)는 "인간은 자신에게 주어진 생산적 힘에 따라 자신의 세계와 자신을 만들어나가야 한다"(p. 124)라고 썼다. 왜 그러한지, 삶이 어떻게 구성되어 있는지를 알고 싶다면, 전체론적이면서 신체 · 정신 · 영성을 포함하는 원칙을 우선 가져야 한다.

　　유럽의 실존주의 학자인 Friedrich Nietzsche, Paul Tillich, Martin Buber는 실존사상의 발전에 핵심적이었다. 덧붙여 Albert Camus, Jean-Paul Sartre, Franz Kafka와 같은 저자들이 유럽의 실존주의를 형성하는 데 기여했다. 스위스 정신과 의사인 Medard Boss와 Ludwig Binswanger는 실존심리학의 초기 학파들 중 하나인 '현존재분석'(Binswanger, 1963; Boss, 1963)을 만들었다. 그들은 내담자가 심리치료를 통해 자신의 내적 경험을 이해하도록 돕는 방법으로 Heidegger의 세계내 존재라는 개념과 남아시아의 종교적 전통(Cooper, 2008)을 사용했다. 1929년경 비엔나의 정신과 의사 Viktor Frankl은 사람들이 삶의 의미를 발견하도록 돕는 실존 심리치료인 로고테라피를 개발하였다. 이 접근에 대해서는 뒤에서 좀 더 설명할 것이다.

　　실존사상이라는 배가 20세기 중반 미국이라는 해안에 상륙하였을 때, 열렬히 환영받았다. 실존심리학은 종합적 치료 이론이라기보다 심리학을 향한 태도이다. 인간은 추동, 본능, 혹은 측정되고 예언될 수 있는 행동 이상이라는 것을 받아들임으로써 치료자는 실존적 관점에서 치료를 한다.

　　Freud의 정신역동치료는 미국에서 주요 심리치료 체계가 되었고, [실존주의에서 자연(umwelt)이라고 부르는] 환경 속의 인간에 대한 지식을 발전시켰지만, 그의 이론은 구조에 대한 이론이지 인간에 대한 전체적인 이론은 아니다. 실존주의자들은 Freud 이론을 생존 현상을 설명하려는 과학적 시도 및 산업화와 유사하게 보았다. 일부 정보를 전달하였지만, 요점을 놓쳐버렸다. 영혼을 놓치고 있었던 것이다.

　　그래서 실존주의는 Carl Rogers 및 경험, 유기체의 가치 부여 과정, 자아실현, 자유와 책임, 내담자와 치료자 간 관계의 중요성 등을 중시하는 다른 정서 중심 이론가들과 같은 미국의 인본주의자들에서 그 파트너를 발견하였다.

　　인본주의자들은 현실에 대한 과학적이고 일차원적인 설명을 거부하고 우주는 계속 변화하는 것으로 본다. 이러한 유동적 상태는 정상으로 간주된다. 변화란 교정해야 하는 비정상이나 문제가 아니라 모든 사물의 자연스럽고 내재된 경향이다.

　　존재가 본질을 앞선다면, 실존주의자들이 믿는 것처럼, 인간행동을 설명하고자 하는 어떤 이론이든 우선 현상학적 관점을 취해야 한다. Rollo May(1969a)가 말하길 "살아 있는 인간으로서 참여하고, 의식하고, 어떤 관계를 맺을 때에만 진실이나 현실과 같은 것이 존재하게 된다"(p. 14). 따라서 인간은 추동이나 행동 모형에 의해 이해될 수 없고, 이보다 훨씬 복잡하다. 인간존재의 총체성은 오로지 살면서 경험될 수 있을 뿐이다. Freud는 자연(umwelt)과 관련된 인간을 설명했는데, 동료들(mitwelt)과 관련된 인간 및 자기 자신(eigenwelt)과 관련된 인간은 빠져 있었다.

　　Frankl과 May의 저서들은 1950년대와 1960년대에 미국에서 널리 읽혔다. *Love and Will*(1969b)

과 *The Courage to Create*(1975)를 포함하여 May의 여러 책들이 대중적 인기를 끌었고 실존주의 개념을 이해하는 일반인들이 증가하게 되었다. 이러한 관심은 1960년대 이후 감소하였는데, 이는 치료에서의 책임감을 강조하고 이에 상응하여 인지치료나 행동치료처럼 더 구조화되고 경험적으로 타당화된 접근들이 늘어난 것이 한 가지 이유이다. 실존치료에 대한 관심은 Yalom, Bugental, Vontress 등의 저서들에 의해 계속 이어졌다. 치료 관계는 그 자체로 경험적인 지지를 받는 개입법이고, 대부분 이론들에 공통된 요인들이 치료 효과를 만들어낸다는 인식이 증가하면서 점점 많은 치료자들이 실존주의의 철학적 · 전체론적 기초로 되돌아오고 있다.

물론 개인은 진공상태에서 존재하는 것이 아니다. 2011년 9월 11일의 테러, 이라크와 아프가니스탄 전쟁, 학교에서의 총격과 같은 사건들, 사람을 연결시켜주기보다 오히려 고립시키는 과학기술에의 의존 증가는 사람들이 다시 한번 의미와 연결을 추구하고 우주의 광대함 속에서 개인 존재를 설명하는 원리를 찾으려고 하는 문화를 만들어냈다.

실존상담과 실존심리학 교재의 출판(Barnett & Madison, 2012; Landridge, 2012; van Deurzen & Adams, 2011), 실존주의와 동양 사상을 서구 심리학에 통합시킨 저서들(Hoffman, 2009), 실존주의 관점을 예술치료나 다른 표현치료와 같은 다양한 이론적 접근과 통합시키기(Moon, 2009) 등에서 보듯 지난 5년간 실존상담의 인기는 부활하였다.

실존치료를 자신의 주요 이론적 접근으로 선택하는 치료자는 비교적 소수이지만 실존주의는 오늘날까지 계속 영향을 미치고 있다. 특히 치료자의 역할에 대한 우리의 개념과, 상담과 심리치료가 많은 사람들에게 있어 단지 문제를 해결하기 위한 수단만이 아니라 목적과 성취가 없는 삶에 의미를 주는 방법이라는 인식에 영향을 미치고 있다.

오늘날의 실존 심리치료

실존심리학이 1950년대 미국을 휩쓸었던 것처럼 이제 도교, 유교, 불교의 동양 전통이 실존심리학의 실제에 영향을 미치기 시작했다. 동양 전통과 서양 전통은 모두 태초부터 인간이 스스로에게 물어왔던 근본적인 질문들을 촉발시키는 인간조건의 필수요소들, 즉 자각, 비영구성, 소외의 현상학적 경험에 관심이 있다.

실존심리학의 미래는 틀림없이 실존적 영성, 경외심을 기반으로 한 자각(Schneider, 2004), 실존사상과 다른 이론적 접근의 통합을 포함할 것이다. 이러한 이론을 뛰어넘는 대화가 계속된다면, 심리학은 심리치료의 중심에 삶에서의 보편적 염려를 융합시키는 더 많은 방법들을 발견하게 될 것이다.

서양의 실존심리학과 동양의 지혜의 전통 간에 진행 중인 대화에 관심 있는 독자는 Nisbitt(2003), Hoffman, Yang, Kaklauskas와 Chan(2009)의 저서를 참조하라.

실존치료 개발자들

우리는 실존 심리치료의 발달과 관련된 많은 이름들을 거론하였다. 다음은 오늘날 실존치료와 가장 밀접히 관련된 세 사람(Viktor Frankl, Rollo May, Irvin Yalom)의 간단한 전기이다. 또한 다른 기여자들에 대한 정보도 제시된다.

Viktor Frankl

Viktor Frankl은 오스트리아 비엔나에서 1905년에 태어났고, 비엔나대학교에서 의학박사학위(MD)와 박사학위(PhD)를 모두 받았다. 그는 2차 대전 이전까지 의사로서 활동을 하고 있었다. 그러나 1942년에서 1945년까지 다하우와 아우슈비츠의 나치 포로수용소에 갇혀 있어야 했는데 그의 부모와 형제, 부인과 자녀들이 모두 수용소에서 사망하였다. 물론 이러한 경험들이 Frankl의 사고에 심대한 영향을 끼쳤다. 실존사상에 대한 관심은 수용소 감금 이전부터 시작된 것이었지만, 수용소에서 고통스런 시간들을 보내면서 의미와 목적을 만들고자 하는 의지가 기본적인 인간의 동기요인이라고 결론 내리게 되었다(Klingberg, 2001). Frankl에게는 자신의 경험 및 전쟁과 증오의 끔찍한 결과를 다른 사람들에게 알리기 위해 수용소에서 살아나가야 하는 것이 목적이 되었다. *Man's Search for Meaning*(Frankl, 1963)은 그의 경험, 실존적 갈등, 이로부터 배운 것들을 잘 정리한 책이다. 미국 국회도서관이 선정한 가장 영향력 있는 10권의 책 중 하나인 이 책에서, 그는 Nietzsche의 말을 인용한다. "살아야 할 이유를 가지고 있는 사람은 어떻게 해서든지 견뎌나갈 수 있다"(p. 121). "나를 죽이지 못하는 것은 나를 더욱 강하게 만든다"(p. 130). 이러한 인용문은 자신의 비극에 대한 승리, 즉 견뎌온 끔찍한 상실과 경험을 의미 있게 만드는 그의 능력을 보여준다.

　　Frankl은 자신의 치료 접근을 의미를 통한 치료, 즉 로고테라피라고 불렀다. Frankl(2000)은 "결국 의미의 씨앗이 들어 있지 않은 상황이란 없다… 이러한 확신이 로고테라피의 토대이다"(p. 53)라고 확신하였다. Frankl은 극단적인 조건하에서조차도 사람들에게는 선택권과 "마지막 순간, 마지막 숨을 거둘 때까지도 삶에서 의미를 찾는 방법"(p. 64)이 있다고 믿었다. 치료자의 과업은 다음과 같이 사람들을 돕는 것이다.

- 자신이 의미를 향한 자유와 잠재력을 갖고 있다는 것을 알게 하기
- 그러한 잠재력을 일상생활에서의 의미로 바꾸고 만들게 하기
- 과거에 실현된 의미들을 존중하기(Lantz, 2000)

　　대부분의 실존주의 치료자처럼, Frankl에게 있어서도 이러한 목적을 이루기 위한 치료의 핵심 요소는 치료 관계를 이용하는 것이다.

　　Frankl의 저서와 전 세계를 돌며 한 강의는 분명 그의 인생을 의미 있게 만들었다. 게다가 그는 1940년대 말에 재혼함으로써 전문가로서 성공했을 뿐 아니라 개인적으로도 성공한 삶을 살았다고 한다. Frankl은 1997년 사망할 때까지 의미, 사랑, 일, 사회와 같은 우리 인생의 가장 중요한 측면들에 대해 계속 저술활동을 하였다(Frankl, 1978, 1987, 1992, 2000).

Rollo May

Rollo May는 *Existence: A New Dimension in Psychiatry and Psychology*의 출판과 함께 미국에 실존주의를 알렸다(May, Angel, & Ellenberger, 1958). 그의 저서들은 실존주의 철학과 심리학의 유사성을 밝히는 데 중요한 역할을 했다. 두 학문 모두 동일한 주제에 관심이 있었고 더 잘 이해하기 위해 함께 활용될 수 있는 것이었다.

Rollo May는 1909년 여섯 자녀 중 하나로 태어나 오하이오와 미시간에서 아동기를 보냈고, 미시간주립대학교를 졸업했다. 그는 처음에 루터교 목사로 교육을 받았고 나중에 정신분석가가 되었다. 그는 비엔나에서 Alfred Adler와 함께 공부했고 Adler와 유럽의 실존사상에 영향을 받았다. 이와 더불어 불행했던 아동기, 실패한 두 번의 결혼, 결핵으로 인한 2년간의 요양소 생활과 같은 개인적으로 어려웠던 삶이 May의 사고관에 영향을 미쳤다.

그의 초기 저서는 성장과 변화에서 겪는 어려움, 혼자라는 외로움, 죽음에 대한 염려, 독립과 성장을 추구하기 위해 요구되는 용기 등과 씨름하면서 모든 사람들이 경험하게 되는 불안에 초점을 맞추었다(May, 1950). 또한 그에게 중요한 것은, 사회적 책임감에 대한 Adler의 강조를 반영하는, 사람들의 사회에서의 역할과 관계였다. May는 사람들이 종종 (죽음을 포함한) 자신의 문화와 운명에서의 힘든 갈등과 직면을 회피하고, 이는 인생의 의미를 향한 잠재력을 무시하게 만든다고 믿었다. May의 뛰어난 많은 저서들과 연구들은 사랑, 의지, 의도, 고립감, 외로움, 악, 악령과 같은 근본적인 인간경험을 다루었다. 그는 건강한 의지를 '비전에 따른 행동'으로 정의했고 무관심(혹은 건강하지 못한 의지)이 종종 정신적 스트레스에 선행한다는 것을 주목했다. 그는 "이는 우리 시대에서 우리 사회의 만성적이고 고유한 정신상태라고 나는 믿고 있다"라고 썼다(May, 1969b, p. 218). May의 저서는 많은 사람에게 영향을 주었는데, 그중에는 '만연된 포스트모던 증후군'을 언급한 Diamond(2007, 2009)도 포함된다. May(1990a)는 "난 '실존'이라는 범주에 해당하는 특정 치료 학파가 있다고 믿지 않는다. 그보다는 실존이란 인간을 향한 태도와 인간에 대한 일련의 전제들을 의미하는 것이라고 생각한다"(p. 49)라고 기술하였다.

Frankl처럼, May도 장수하면서 생산적인 삶을 살다가 1994년 85세로 사망하였다. Bugental(1996)은 May에 대한 추모글에서, May의 공헌을 "그가 공헌한 많은 것들이 인간본성과 같은 개념적 영역, 우리가 한 인간으로 과학자로 전문가로서 직면하는 영역 및 주요 생활사건들에 대한 우리의 강연에 스며들어 있는 것"(p. 418)이라고 말했다.

Irvin Yalom

1931년 워싱턴에서 태어난 Yalom은 부모님이 하셨던 가게 위의 작은 아파트에서 자랐다. 그에게 도시빈민지역의 가난과 위험으로부터의 탈출구는 도서관이었다. 거기서 그는 독서에 빠져들었다. Yalom은 존스홉킨스대학교에서 정신과 전문의로 수련을 마쳤다. 군대에서 몇 년을 근무한 후, 스탠퍼드의과대학에서 정신과 교수가 되었다. Yalom과 여성학 및 불문학을 전공한 그의 아내 Marilyn은 4명의 자녀와 많은 손주들을 두었다.

Yalom은 실존주의와 집단치료에 관한 많은 책들을 썼다(Yalom & Leszcz, 2005). 그의 사고는 유럽과 미국의 실존사상에 모두 영향을 받았다. 그의 1980년 책 *Existential Psychotherapy*는 특히 미국에서 이 접근법을 이해시키는 데 지대하게 공헌했다. 그는 "존재에게는 직면해야 하는 기본적 외로움이 있다"라고 했다. "실존치료에서 목표는 내담자가 진술해지고 자신의 한계와 문제를 직면하도록 돕는 것이다"(Yalom & Leszcz, 2005, p. 102). Yalom의 실존적인 임상적 접근은 그의 많은 책들 중 *The Gift of Therapy*(2009)에서 찾아볼 수 있다. 또한 Yalom은 일반 독자를 위한 책들을 썼는데, 거기서 실존적 주제로 괴로워하는 사람들과의 치료 경험을 기술하고 있다. *Love's Executioner and Other Tales of Psychotherapy*(1989)에서, Yalom은 다음과 같이 말했다. "네 가지 사항이 심리치료와 특히 관련된다는 것을 알게 되었다 — 우리들 각자에게 그리고 우리가 사랑하는 사람들에게 죽음의 필연성, 우리의 의지대로 살 자유, 우리의 근본적 외로움, 어떤 분명한 삶의 의미가 없음. 그러나 이를 엄연한 사실로 볼 수 있다면, 이에는 지혜와 구원의 씨앗이 담겨 있다"(pp. 4~5).

실존주의의 특성을 명료화하기 위해, Yalom(1980)은 Freud의 정신분석과 자신의 실존주의 개념 간 근본적 차이를 설명했다. Freud는 인간을 원초아의 본능적 추동과 자아와 초자아의 사회화된 힘 사이에서 갈등하며 이 갈등과 싸우는 존재로 본 반면, Yalom은 우리의 갈등이 "의미가 없는 세계에 던져진, 의미를 찾는 창조물이라는 딜레마"(p. 9)에서 나오는 것으로 보았다. "매 순간 전적으로 죽음을 의식하며 살기는 쉽지 않다. 그것은 마치 태양을 마주 응시하려는 것과 같다 — 우리는 뭔가를 하기 위해 서 있을 수 있을 뿐이다. 공포에 사로잡혀 살 수는 없기 때문에, 우리는 죽음의 공포를 약화시키는 방법들을 만든다. 우리는 자녀들을 통해 우리 자신을 미래에 투영한다. 우리는 부자가 되고 유명해진다. 우리는 강박적인 보호용 의식을 만든다. 혹은 궁극적 구원자에 대한 확고한 믿음을 가진다"(Yalom, 2008, p. 5). Yalom과 다른 실존치료자들은 죽음의 공포에 직면함으로써 우리는 보다 나은, 풍부한, 자비로운, 의미 있는 삶을 살 수 있을 것이라고 믿었다. Yalom은 자신의 심리치료 이론과 실제에 대해 계속 강의하고 저술활동을 하고 있다.

기타 미국 실존치료자들 : Bugental과 Vontress

May와 Yalom은 실존치료 초기의 왕성한 저술활동 때문에 가장 잘 알려진 미국의 실존치료자가 되었다. James Bugental과 Clemmont Vontress는 미국에서 중요한 또 다른 2명의 실존치료자이다.

1970년대부터 Bugental은 실존치료의 실시를 명료화하고자 했다(Miars, 2002). 그는 실존치료에 내재해 있는 가치 및 치료 동맹과, 실존 지향 치료자임을 보여주는 기법과 자세와 관련된 정보를 제공하였다. Bugental의 이론에서 중요한 것은 자기-세계(self-in-world) 구성체계인데, 이는 "우리 각자가 우리는 누구이고 무엇을 하고 있고, 우리의 세계가 어떻게 돌아가는지에 대해 갖고 있는 개념"으로 정의된다(Miars, 2002, p. 219). Bugental은 이 개념을 사람들이 스스로의 인생을 항해하도록 돕는 우주복에 비유했다. 실존치료는 사람들이 자신의 자기-세계 구성개념을 고찰하여 더 삶다운 방식으로 설정하도록 도울 수 있다.

Vontress는 아프리카계 미국인으로 상담에 실존적 접근을 적용한 선도적 지지자이자 비교문화적 상담 운동의 선구자이다. 그는 인종차별적인 미국 남부에서 80여 년 전에 태어났다. 그의 아버지는 소작인이었고, 그의 증조부는 KKK단에 살해되었다. Vontress는 집을 떠나 대학교를 다녔고, 군복무와 얼마 동안의 교사 생활 후 인디애나대학교에서 상담 전공으로 석사학위와 박사학위를 받았다. 그는 조지워싱턴대학교 명예교수이자 *Cross-Cultural Counseling: A Casebook*(1999)의 공동 저자이자 Moodley와 Walcott(2010)가 쓴 자서전의 주인공이다. 그는 실존적 상담, 역사적 적대감, 문화적 차이, 남자와 남성성, 특히 미국의 흑인 남성과 관련된 이슈 및 전통적 치유에 관한 100개 이상의 논문과 챕터를 썼다(Vontress, 1996, Vontress & Epp, 1997). Moodley와 Walcott에 따르면, Vontress는 "문화와 상담 운동에 있어 가장 중요한 인물들 중 한 명"(p. 4)이다. 그는 1960년대 문화와 상담 운동을 만들기 위해 노력하였다.

상담에 문화를 가미하려는 40년간의 노력을 통해 Vontress는 미국, 캐나다, 영국, 아프리카, 카리브 해 국가들에 잘 알려져 있다. 그는 토론토대학교의 온타리오 교육연구소가 수여하는 Lifetime Achievement Award for Cross-Cultural and Diversity Counseling and Psychotherapy의 첫 번째 수상자였다. 그의 노력은 실존주의와 비교문화 상담의 역동성을 인식시키는 데 중요한 역할을 하였다. Moodley와 Walcott(2010)은 다양성 상담(diversity counseling)의 현재 모형의 발달 과정을 기록했는데, 다양성 상담에서는 "내담자의 인종적, 문화적, 민족적 신분이 특정 사회-정치적 경험 내에서 맥락화된다"(p. 8). 이는 본 장의 후반부에서 더 다루게 될 것이다.

중요한 이론적 개념들

실존치료의 이론은 치료 과정에 초점을 두기보다는 사람들이 직면하는 보편적 이슈들과, 사람들이 이를 삶을 향상시키고 실현하게끔 다루는 방식을 탐색하는 데 초점을 둔다. 이러한 이슈들을 사람들이 이해하게 됨으로써 치료자들은 사람들을 깊고 개인적인 수준에 연결시킬 수 있고, 사람들이 보다 의미와 성취를 갖기 위해 자신의 삶을 바꾸도록 도울 수 있다.

인간조건의 근본적 염려

실존주의자들에게 있어 삶은 고유의 의미를 갖고 있지 않고 도전들로 가득한 것이다. 사람들은 이러한 도전들을 자각, 개방, 용기를 가지고 마주하지 않는다면 정서적 발달이 막히거나 지연될 수 있다. 실존주의 이론은 인간조건에 대한 다음 네 가지 근본적 염려가 전형적으로 정서적 곤란의 원인이라고 제안한다.

- **죽음의 필연성** 어린 시절부터 우리는 사랑하는 사람들과 자신의 죽음이 필연적이라는 것을 알고 있다. 얼마나 똑똑하든 얼마나 특별한 삶을 살고 있든 상관없이 죽음은 모든 사람들에게 찾아온다. 궁극적으로 존재하지 않음에 대한 두려움은 삶에 암영을 드리우고 삶을 무의미한 것으로 보이게 만들 수 있다.
- **고독** 우리 주위엔 가족, 친구, 동료들이 있지만 우리는 궁극적으로 혼자이다. 어느 누구도 우리 스스로보다 우리를 진정으로 이해할 수 없고, 우리의 생각과 감정을 알 수 없다. 어느 누구

도 우리가 삶에서 앞으로 경험할 죽음과 다른 상실경험의 필연성으로부터 우리를 구해줄 수 없다. 어떤 사람들은 소외감과 외로움을 줄이기 위해 다른 사람들과 함께 하며 그들에게 의지하려 하지만, 이러한 노력은 실패할 수밖에 없다. 왜냐하면 이러한 노력이 자기감과 자신의 삶의 목적으로부터 오히려 더 멀어지게 하기 때문이다. 사실 외로움은 우리가 다른 사람과 있으면서 그들과 진실로 연결되어 있지 못하다고 인식할 때 가장 심해질 수 있다.

- **무의미** 삶은 본질적으로 무의미한 것 같다. 우리 삶에서 오직 확실한 것은 태어남과 죽음이다. 그 외에, 삶은 일정하지 않은 과정인 것 같다. 삶에서 의미 결여는 무망감, 낙담, 공허감을 불러일으킬 수 있다. 모든 인간은 한 번쯤 자기 자신에게 '삶의 의미는 무엇인가?'라고 묻는다. Viktor Frankl(2000)은 "삶의 의미에 대해 질문해야 하는 사람은 우리가 아니다. 왜냐하면 질문을 받고 있는 사람은 우리이기 때문이다. 삶이 우리에게 묻는 질문에 대답해야 하는 사람은 바로 우리 자신이다. 그리고 이 질문에 우리는 우리 존재를 책임지는 것으로만 반응할 수 있다"(p. 56). Frankl은 다음과 같이 주장했다.

  > 삶의 의미를 찾는 세 가지 가능한 방법이 있다—마지막 순간, 마지막 숨을 거둘 때조차도. 이 세 가지 가능성은 다음과 같다. (1) 우리가 하는 행위, 우리가 창조한 작품, (2) 경험, 인간의 만남, 사랑, (3) (불치병처럼) 변할 수 없는 운명에 부딪혔을 때 그 운명에 대한 태도의 변화. 그런 경우 모든 인간 잠재력, 즉 고통을 인간승리로 바꾸는 능력을 대부분 인간들에게 증명함으로써 우리는 여전히 삶에서 의미를 잡아낼 수 있다(Frankl, 2000, p. 64).

  Frankl이 자신의 사상을 세상에 알리기 위해 수용소에서 살아남고자 하는 자신의 노력에서 의미를 찾은 것처럼, 우리 각자는 고유하고 그래서 자신만의 의미를 찾아야 한다.

- **자유와 책임** 현대 사회는 사람들에게 지속적으로 수많은 선택을 하도록 한다—생활방식의 선택, 경험의 선택, 획득의 선택 등. 우리는 삶의 제한된 시간 내에서 우리 스스로를 가치 있는 존재로 만드는 선택을 할 자유와 책임을 갖고 있다. 이는 우리 대부분에게 쉽지 않은 일이다!

🛠 실존적 불안과 신경증적 불안

모든 사람은 인간조건의 네 가지 근본적 염려를 경험하고, 실존주의 이론에 따르면 이것이 모든 사람에게 불안감을 만든다. 그러나 실존주의 이론은 실존적(정상적) 불안과 신경증적 불안을 구분한다. 실존적 불안은 인간조건의 필연적 부분이다. 우리의 직업이나 건강에 대한 불안보다 더 깊다. 더 정확히 표현하자면 "주어진 조건(우리 존재는 유한하다, 우리는 누구나 죽는다, 스스로를 위해 우리가 만든 목적만이 존재한다)에 대한 인식에서 생기는 깊은 불안감이다"(Bauman & Waldo, 1998, p. 19). 실존적 불안은 병리적 상태라기보다는 긍정적 신호이다—이는 사람들이 자신의 삶에 대한 책임을 받아들일 필요성을 인식하고, 가치 있고 의미 있는 존재가 되려고 노력하고 있다는 것을 나타낸다. 그런 사람은 자신의 세계내 자기(self-in-world) 구성개념을 이해하고, 현명한 선택을 하려고 하고, 자신의 결정에 책임을 지는 진정한 삶을 살고 있다.

실존적 죄책감과 신경증적 불안은 다음과 같을 때 생긴다—우리가 우리의 물리적 세계와 우리의 관계 및 우리의 심리적 세계를 인식하지 못할 때, 우리의 삶을 의미 있고 가치 있게 만드는 것에 대한 책임을 지지 못할 때, 우리가 소유한 것이 우리 자신은 아니라고 깨달을 때. 이는 우리가 스스로를 인간으로서 충분히 실현하지 못했고, 운과 환경에 우리의 삶을 통제받아왔다는 인식을 반영한다. 우리는 죄책감의 이유를 이해하거나 설명할 수 없지만, 많은 사람들에게 내면의 깊은 죄책감과 후회가 삶에 만연해 있다.

우울은 종종 실존적 불안과 죄책감을 방어하면서 우리의 삶을 의미 있게 만들어나가는 과제를 피하려고 노력한 결과이다. 예를 들어, Yalom(1980)은 죽음이 가까운 사람들 중에서 의미 있는 삶을 만들지 못한 사람들이 가장 우울했던 반면, 자신을 위해 만든 삶에 만족하는 사람들은 죽음을 좀 더 수용할 수 있었다는 것을 발견했다.

인간발달 및 정서적 곤란의 발달

실존치료자들은 초기 발달 및 아동-부모 관계의 중요성에 이의를 달지 않지만, 이를 실존적 염려와 연결시킨다. 예를 들어, Frankl은 소위 신경증적 곤란이 부모가 처벌적이고 자녀의 자유를 빼앗는 양육에서 종종 기인한다고 믿었다(Barton, 1992).

유사하게, 실존치료자들은 무의식에 대해서도 실존주의의 원리를 반영하는 방식으로 설명한다. 이들은 주어진 인간조건을 회피하고 무감각과 부인의 상태에 있으려는 소망과, 성취에 수반되는 도전과 책임에도 불구하고 실현해내고 싶은 소망 간의 무의식적 갈등에 초점을 둔다. 실존주의자들에게 있어 정서적 곤란은 인간조건의 필연성을 성공적으로 다루고, 스스로를 위한 의미 있고 진정한 삶을 만듦으로써 이러한 필연성을 초월하는 데 실패했기 때문에 나타난다.

실존치료자들은 전 생애 발달에 주목하고 초기 아동기에만 관심을 국한하지는 않는다. 이들은 삶을 우리 자신의 역사를 만드는 과정으로 보는데, 매 선택과 단계는 다음을 만드는 데 토대가 된다. 존재는 절대 고정되어 있지 않다—사람들은 항상 새로운 어떤 것으로 되고 있고, 자신의 가능성을 향해 움직이려 하고 있고, 자신의 삶을 가치 있게 만들고 있다.

🕹 현존재

실존주의자들은 현존재, 세계내 존재로 번역되는 독일어 *dasein*이라는 용어를 사용한다. Bauman과 Waldo(1998)에 따르면 "현존재라는 용어는 인간이 존재하고, 자각을 하고 있고, 자신의 존재에 책임이 있다는 것을 나타낸다"(p. 16).

다른 생물체들과 달리, 인간존재는 의식을 가지고 있다. 우리는 자신을 둘러싼 세계에서 자신이 존재하고 참여하고 있음을 인식하고 있다. 그리고 이러한 인식을 하고 있음을 인식하고 있다! Binswanger(1963)는 현상학적 경험을 설명하는 존재의 방식을 다음과 같이 정의했다.

Umwelt(주변 세계) 우리 주위의 자연 세계. 크게 보면 땅, 생태, 자연의 법칙 등을 말한다. 좀 더

개인적 수준에서는 우리의 개인적 공간, 생활터전, 직장 환경이 될 수 있다. 우리는 우리의 물리적 환경과 상호작용하고 그 환경에 영향을 받는다.

Mitwelt(공존 세계) 다른 사람과 함께 하는 세계내 존재, 관계, 상호작용, 사회 · 인종 · 성별 · 종교에 대해 우리가 내면화하는 개념들을 말한다. *Mitwelt*는 주관적이어서 개인 경험에 기초한다.

Eigenwelt(고유 세계) 우리 자신의 주관적 세계이다. 우리의 사고 · 감정 · 욕구의 세계이자, 마음 · 몸 · 정신의 상호관계이다. 우리의 자신에 대한 믿음, 인식, 정체성, 개인적 의미, 자기지각이다. Binswanger는 *eigenwelt*를 흥미, 가치, 지능, 동기, 개성과 같은 차원들에서의 자기지각이라고 설명한다. 이러한 자기지각은 우리들의 삶의 방식과 대인관계 방식에 영향을 미친다.

Uberwelt(영적 세계) 세계내 존재의 네 번째 차원은 Binswanger가 개발한 것이 아니고 van Deurzen이 나중에 추가하였다. *Uberwelt*란 영적 혹은 형이상학적 차원을 말한다. *Uberwelt*는 "자기 자신에 대한 의미를 만들고 세상을 이해하는 경험의 영역"이다(van Deurzen, 2002, p. 86).

이 네 가지 세계내 존재의 방식은 주관적이고, 개인적이며, 자신을 완전히 이해하고 세계에 대한 경험과 지각을 완전히 이해하는 데 필수적이다.

이는 상호작용적 과정이다. 우리는 항상 세계에 속해 있지만, 동시에 우리의 세계를 만들고 있고, 세계는 우리에게 영향을 미친다. 세상은 항상 끊임없이 변하는 상태에 있다. 다른 생물체들과 달리, 우리는 항상 우리 삶의 한시적 특성을 인식하고 있다. 우리는 우리의 세계내 비존재에 대해 생각할 수 있다(van Deurzen, 2010).

May 등(1958)에 따르면, "인간(혹은 현존재)은 자기 자신이 되기 위해서는 자기 자신을 인식하고 자기 자신을 책임져야 하는 독특한 존재이다. 또한 언젠가는 자신이 존재하지 않을 거라는 것을 아는 독특한 존재이다. 죽음이라는 비존재와 항상 변증법적 관계에 있는 존재이다"(p. 42).

현존재라는 개념은 복잡하고 정의하기 어렵지만 현재에 살고, 자각하고 있고, 자신의 삶을 의미있게 만드는 데 책임을 지지만 죽음이 필연적으로 이러한 노력에 종지부를 찍을 거라는 것을 충분히 깨닫고 있는 사람들의 능력을 나타낸다. 고정된 상태라기보다는 가능성과 되어가는 역동적 과정을 나타낸다.

정신건강의 개념

Vontress는 정신건강을 "자신의 내적 세계에서, 자신의 친구와 가족 및 동료 사이에서, 자신의 물리적 환경에서, 자신의 영성에서 균형과 조화를 이룬 상태"로 정의했다(Epp, 1998, p. 9). 달리 말해, 정신건강은 현존재의 네 측면(*Umwelt, Mitwelt, Eigenwelt, Uberwelt*) 모두가 조화를 이룰 때 가능하다. 실존치료자는 자신과 세계의 일치를 경험하는 것이 중요함을 강조한다. 단지 환경의 수동적 희생자가 아니고 자기 삶의 설계자가 되는 사람은 정서적 건강의 좋은 예를 보여준다. Rollo May(1996)는 실존주의 철학자인 Paul Tillich의 "사람은 결정의 순간에만 진정으로 인간이 된다"(p. 145)는 말을 인용한다. 우리는 삶에서 어떤 어려움을 만나든, 항상 선택의 여지가 있다. May(1990b)에 따르면 "인간을 희생자로 만드는 힘이 얼마나 강력하든 간에, 사람은 자신이 희생당하고 있다는 것을 알고 그래서 자신의 운명을 다루는 방식에 어느 정도 영향을 미칠 수 있는 역량을 가지고 있다"(p. 270).

인간조건의 잠재력

앞서 논의한 인간조건의 필연적 염려는 삶의 황량한 모습을 보여주는 것 같다. 그러나 실존치료는 인간의 신체적, 정신적, 영적 차원을 통합하고자 하는 낙관적이고 희망을 가진 접근이다(Xu, 2010). 실존치료는 인간정신이 '실존적 용기'라고 불리는 건강한 속성을 지니고 있다고 믿는다(Moodley, 2010, p. 6). 심리적, 환경적 제약을 초월하며 사는 것은 용기를 필요로 한다. 실존치료는 다음에 논의할 강점들을 포함하여 사람들의 많은 강점들을 인정한다.

자각(awareness) 사람들은 자기 자신과 세계를 모두 자각할 능력을 갖고 있다. 우리의 자각이 더 커질수록 스스로에게 개방적일 가능성이 커지고 우리의 공포와 불안을 더 잘 다룰 수 있다. 자각이 항상 우리에게 즐거움과 평화만을 가져다주지는 않겠지만, 삶의 한계와 도전을 인정하게 하고 삶을 가치 있게 만들 수 있는 현명한 선택을 하도록 해준다.

예전에는 자신의 병 상태를 모르는 게 더 낫다는 믿음 때문에 불치병에 걸렸을 때 그것을 전해 듣지 못한 경우가 많았다. 그러나 그런 결정은 자신의 삶을 어떻게 살아갈 것인가에 대한 의미 있는 선택을 할 능력을 뺏고 비진실성과 거짓 관계를 조장한다. 이제는 사람들이 거의 언제나 자신의 의학적 상태에 대한 사실을 듣게 되어 죽음을 앞당기지만 고통을 줄이는 약을 복용할 것인지와 같은 선택을 할 수 있다.

진실성(authenticity) 진실성은 "자유롭게 선택되고 타인의 가치에 좌우되지 않는 삶을 사는 것이다. 그러한 삶에서는 자기 자신의 감정, 가치, 해석이 행동 지침으로 작용한다"(Hergenhahn, 2009, p. 603). *The Search for Authenticity*(1965)에서 Bugental은 진실성의 세 가지 필수적인 특징을 기술했다.

> **1.** 자기 자신 및 자신과 세계와의 관계를 자각하고 있다.
> **2.** 결정이 책임의 필연적 결과라는 것을 알고 선택한다.
> **3.** 자각은 완벽한 것이 아니어서 때때로 예기치 못한 결과로 이끈다는 것을 인정하고 선택에 책임을 진다.

자각에 기초한 선택에 책임을 지는 것이 진실성이라 할 수 있고, 이는 개인을 현재에 더 충분히 살게 하고 관계에서 자기 자신이 되도록 해준다. 부인(denial), 타인의 소망, 의존 등에 기초해 결정하는 사람은 진정으로 현재에 살지 못한다. 이들은 과거 상실경험 때문에 혹은 미래에 대한 희망으로 움직이게 된다. 게다가 이들은 자신이 어떤 사람인지를 다른 사람들이 제대로 알 수 없도록 하는 '비진실성의 가면'을 쓰고 있다(Frank, 2007, p. 181). Boss(1963)는 정서와 죄책감이 종종 선택과 타인과의 존재 방식에 영향을 준다고 설명했다. 우리가 하는 매번의 선택은 다른 많은 가능성들을 놓치게 한다. 이것이 결국 우리의 삶과 성숙 과정 속의 우리를 만든다.

자유와 책임(freedom and responsibility)　자유는 네 가지 측면으로 구성되어 있다고 볼 수 있다 ─ 자각, 선택, 행동, 변화. 일단 스스로 자유가 있다고 받아들이면, 상황이 어떻든 간에 책임을 지게 된다.

- 자신의 과거력, 현재 선택안, 미래 가능성을 자각하기
- 삶에 의미를 주는 선택하기
- 잘 생각하고 용기를 내어 삶을 향상시키는 변화를 위해 행동하기

일단 우리에게 자유가 있다는 것을 알게 되면 더 이상 우리의 결정과 행동을 목적이 없거나 우연한 것으로 볼 수 없고, 자신에 대해 변명할 수도 없으며, 우리의 불행을 남 탓으로 돌릴 수도 없다. 우리는 책임을 져야 하고 궁극적으로 자기 혼자서 자신의 인생을 맡는다는 것을 인정해야 한다. 이러한 충격적인 인식은 위협적일 수 있지만, 자유를 긍정적이고도 성장적인 방식으로 사용할 수 있다면 힘이 될 수 있다.

실현(actualization)　실현은 인간중심접근의 치료자뿐 아니라 실존치료자에게도 중요한 개념이다. Maslow(1954, 1968)가 실현의 특징을 가장 잘 기술한 사람일 것이다. 그는 각 개인은 본질적인 특성을 지니고 있는데, 일부는 보편적인 특성이고, 일부는 개인에게 고유한 것이라고 제안했다. Maslow(1954)는 "충분히 건강하고 정상적이고 바람직한 발달이란 이러한 특성을 실현하고, 이런 잠재력들을 달성시키며, 본질적인 특성이 일러주는 대로 성숙해가는 것인데, 외부로부터 형성된다기보다는 내면으로부터 자라나오는 것이다"(p. 340)라고 믿었다. 실현을 향한 의지는 자신의 잠재력을 깨닫게 하고 성장과 성취를 향하게 이끄는 내재된 선천적 과정이다.

창의성을 억압하는 문화적 분위기나 가족 분위기, 억압적 환경, 심한 공포와 죄책감 등과 같은 많은 요인들이 실현을 가로막을 수 있다. 실현을 향해 나아가지 못한 사람은 전형적으로 혼란, 고뇌, 수치심, 패배감, 불안, 삶의 무의미감을 경험한다(Vontress, 2008a; Yalom, 1980).

의미 만들기(making meaning)　실존치료자들은 사람들이 자신의 삶에 목적과 가치를 부여할 수 있는 능력을 사용한다면 삶은 의미 있게 될 수 있다고 믿는다. May(1969b)에 따르면, 사랑과 삶에 대한 의지가 우리에게 의미를 준다. 우리의 자각, 우리에게 자유가 있다는 것을 인정하는 것, 진실성, 실현을 향한 의지 이 모든 것이 죽음의 필연성과 궁극적으로 홀로 됨과 같은 우리 자신과 세계의 불안한 면들을 알고 직면하며 삶의 의미를 만들어 이를 초월하도록 해준다.

의미는 우리 삶의 목적이자 이유이고 종종 사람들이 하는 선택에 반영되어 있다. 꿈, 비전, 환상은 종종 의미에 대한 단서를 준다. 어떤 사람들은 세계평화를 증진시키려는 Carl Rogers의 노력과 같은 사회적 목표를 갖고 있다. 어떤 이는 세계기록을 깨는 것과 같은 경쟁적 목표를 갖고 있거나 소설을 쓰는 것과 같은 창의적 목표를 갖고 있다. 그러나 대부분의 사람들은 건강하게 자녀를 키우기, 정원을 가꾸기, 다른 사람을 돕기, 사업을 잘하기와 같이 일상생활에서 의미를 찾는다.

삶 그 자체가 과정이기 때문에 우리는 서서히 발전하면서 보다 온전한 자신이 되어가고, 인생 전체뿐 아니라 매일의 의미를 만드는 지속적 상태에 있다. 실존주의자에 따르면, 이것은 우리를 인간으로 만드는 여행이다.

실존치료를 이용한 치료

실존치료는 두 사람, 즉 내담자와 치료자가 삶의 필연적 조건에 내담자가 더 효과적으로 대처하고 인간의 잠재력을 더 잘 사용하도록 돕는 여행 과정이다. 이 접근은 기법을 최소한으로 사용하고, 변화를 이끌기 위해 치료자에게 주로 의지한다.

목표

실존치료의 기본 목표는 사람들이 자신의 삶에서 가치, 의미, 목적을 찾도록 돕는 것이다. 치료는 엄밀히 말해 증상을 개선시키려고 하는 것이 아니다. 달리 말해 "심리치료의 목적은 전통적 의미에서 내담자를 치료하는 것이 아니라, 자신이 무엇을 하고 있는지 인식하도록 돕고 희생자 역할에서 벗어나도록 하는 것이다"(May, 1981, p. 210).

이 목표를 이루기 위해 실존치료자는 죽음, 고독, 의미 없음을 포함한 삶의 필연적 도전에 대한 가장 깊은 공포와 불안에 사람들이 직면하도록 돕는다. 내담자의 과거력을 살펴보는 것이 이 과정을 촉진시킬 수 있는데, 진실되고 개인적으로 의미 있는 삶을 향한 노력을 방해하는 장애물을 확인하도록 돕는다면 특히 그렇다. 게다가 치료는 사람들로 하여금 자신이 갖고 있는 자유를 인식하고, 자신의 선택안을 인정하며, 자신을 더 실현하고 자신의 가치와 우선순위를 반영하는 삶을 살 수 있는 선택을 하도록 돕는다.

치료 동맹 : 나-너 관계

Martin Buber(1970)는 몇 가지 수준에서 관계를 정의할 수 있다고 믿었다.

1. **나-나(I to I) 관계** 다른 사람들과는 거의 관계가 없고 나만이 중요하다.
2. **나-그것(I to it) 관계** 사람들은 일시적인 관계에서 대상물로 간주된다.
3. **그것-그것(it to it) 관계** 사람들은 거의 자기감을 갖지 못한다.
4. **우리-우리(we to we) 관계** 개별성이 부족한데, 주로 아이들의 관계에서 특징적으로 나타난다.
5. **우리-그들(us to them) 관계** 타인은 선택되거나 거부되는, 특별하거나 부족한, 마음에 들거나 들지 않는 존재로 간주되고, 우리만이(마음에 드는 사람들) 중요하다.
6. **나-당신(I to you) 관계** 두 사람이 서로를 분리된 개인으로 본다.
7. **나-너(I to thou) 관계** 사람들은 매우 관계된 느낌을 가지면서 서로에 대해 매우 깊게 존중한다.

나-너 관계는 가장 깊고 의미 있는 관계이다. 내담자와 이러한 관계를 만들 수 있는 치료자는 내담자와의 여행을 진정으로 공유하고, 내담자와 치료자 간의 강하면서도 존중하는 관계를 통해 내담자에게 힘을 준다(Bugental, 1978). 그래서 실존치료자는 Rogers의 공감과 긍정적 존중의 개념을 확장하고 친밀감, 개방성, 진정한 인적 교류의 표현으로서 치료적 관계에 더욱더 초점을 둔다.

변화를 촉진시키는 주요 수단으로 실존치료를 수행하는 치료자는 상당한 책임을 지게 된다. 그들 자신의 가치는 치료 과정의 중요한 일부분이고, 치료자 자기개방은 중요하다. 치료자는 자유와 진실성을 옹호하고(Hergenhahn & Olson, 2007), 사람들이 자신의 두려움을 직면하도록 격려하며, 의미 있는 선택을 하기 위한 노력을 장려한다. 개인적 자유를 강조하는 것과 일치하게, 실존치료자는 자신의 관점을 숨기지 않는다. 그들은 자신의 가치와 신념을 표현하고, 조언을 하고, 유머를 사용하며, 제안과 해석을 하지만 내담자들이 이 정보를 어떻게 사용할 것인지에 대한 자유는 항상 열어둔다. Bugental(1987)이 기술한 것처럼 "치료 동맹은 삶을 변화시키는 심리치료의 오랜, 힘겨운, 빈번하게 고통스런 작업에 활력과 지지를 주는 강력한 결합의 힘이다"(p. 49).

실존치료자는 내담자의 동료이자 공동 탐험가이다. 이들은 자신의 분별력을 잃지 않으면서 내담자의 고통을 공감적으로 경험한다. 죽음, 고립, 죄책감과 같은 이슈에 대한 내담자의 가장 깊은 생각과 감정을 이해하기 위해 실존치료자는 가능한 한 충분히 내담자와 함께 하면서 눈과 귀를 모두 사용하여 들을 필요가 있다. Yalom(1980)에 의하면, 치료자는 "암시적으로나 명시적으로 환자의 신념 체계를 궁금해하고, 다른 사람에 대한 애정을 깊이 조사하며, 장기적인 희망과 목표에 대해 묻고, 독창적인 관심과 일을 탐색해야 한다"(p. 471). 이들은 존중·지지·격려·염려를 전하며, 진솔되고 개방되어 있으며 보살핀다. 이들은 어떤 결과를 기대하지 않고, 내담자의 행동에 명령을 내리지 않는다. 단지 의미 있고 보상적인 삶을 위해 자유를 사용하는 탐색에 사람들을 합류시킬 뿐이다. 이들의 초점은 내용이 아니라 과정에 있다.

이러한 크기와 강도의 관계를 유지하는 것은 치료자에게 상당한 노력을 요할 수 있다. 실존주의 치료자가 되기 위해선 끊임없는 배움에 열려 있어야 하고, 자신의 가장 힘들었던 경험을 통해 내담자와 강한 몰입을 유지하는 능력이 필요하다. 죽음과 죽어감에 대한 자기 자신의 두려움을 받아들이지 못하는 치료자는 내담자가 내놓는 그런 주제를 회피하거나 중요하게 다루지 않을 가능성이 있다(Yalom, 1998, p. 202). 치료자로서 진실성을 유지하는 것 또한 쉽지 않을 수 있다. 실존주의 치료자는 자신의 신념에 충실하지만 개인차 역시 인식하고 인정한다. Richert(2010)에 따르면, 내담자와 치료자 사이에 생기는 치료 관계는 항상 꼭 함께 만들어진다. 즉, 치료자와 내담자 간 유대는 기꺼이 이해하고 이해받고자 하는 깊이를 반영한다.

치료의 과정

실존치료는 문제 중심적이거나 위기 중심적이 아니고 내담자와 치료자 간에 깊은 관계를 형성하는 것이기 때문에 거의 시간제한을 두거나 서두르거나 하지 않는다. 전형적으로 치료에는 명백한 단계나 전환기가 없다.

일반적으로 치료자가 내담자에 대해 이해하고, 자기 자신과 세계에 대한 내담자의 자각을 늘리는 것으로 치료 과정이 시작된다. 치료자는 내담자에게 자신의 가치, 신념, 가정(assumption), 과거력과 가족배경, 선택했던 것과 선택할 수 없다고 믿는 것을 말하도록 격려한다. 치료자는 내담자의 세계관을 이해할 수 있도록 잘 듣고, 내담자가 자신의 가장 깊은 공포를 표현하면서 자신의 삶에 대한 책임을 더 질 수 있도록 점진적으로 돕는다.

치료의 중간 단계에서는 내담자가 자신의 삶에서 목적, 의미, 가치를 찾기 위해 지금까지 이야기해왔던 정보들을 활용할 수 있게 된다. 치료자 개입은 이 과정 동안 내담자 진실성을 북돋운다.

내담자가 자신에 대한 자각을 행동으로 옮길 수 있고 보다 의미 있는 삶을 살고자 노력할 때 치료 종결을 고려하게 된다. 내담자는 불안을 완전히 제거할 수 없다는 것을 알게 되지만, 인간조건의 필연성에 대한 불안에도 불구하고 충만한 삶을 사는 방법을 발견한다. 덧붙여 내담자는 자신에게 자연스럽고 적절해보이며, 자신이 실현되도록 돕는 길을 따라 앞으로 나아갈 것이다.

치료를 끝낼 때 중요하면서도 도전적인 측면은 치료자로부터 내담자의 분리이다. 이는 피할 수 없는 삶에서의 종결들을 생각나게 할 수 있고 종종 내담자와 치료자 모두에게 힘든 일이다. 그러나 둘 다 이 순간에 존재할 수 있고, 진실할 수 있고, 치료 종결에 대한 자신의 반응을 자각할 수 있다면 이 과정 자체가 성장을 촉진할 수 있고 내담자가 자신의 두려움에 효과적으로 직면하고 대처하도록 돕는다.

⚙ 구체적 개입 전략

실존치료에서 주요 개입 방법 ― 치료자라는 사람과 내담자-치료자 관계의 사용 ― 은 이미 논의하였다. 실존치료자는 기법을 사용하는 것이 아니라, 세계내 존재와 관련된 중요한 측면들에 초점을 둔다. 실존치료에서 사용하는 다른 몇 가지 개입 방법들은 다음과 같다.

상징적 성장 경험(Symbolic Growth Experience) Frankl(1963)과 Maslow(1968)는 강렬한 경험에서 오는 학습과 성장을 기술했다. Maslow는 이를 절정 경험이라고 했지만, 그중 일부는 카타르시스 경험으로 볼 수도 있다. Willard Frick은 Frankl과 Maslow의 개념을 토대로, 경험과 의미 발견 간의 관계를 설명하기 위해 상징적 성장 경험(SGE)이라는 모형을 기술했다. Frick(1987)은 SGE를 "높아진 자각, 의미 발견, 개인적 가치로 이끄는, 즉각적 경험의 상징적 측면에 대한 의식적 인식과 해석"이라고 정의했다(p. 36). SGE의 탐색은 네 단계를 밟는다.

1. 사람들은 SGE의 개념에 대해 교육받는다.
2. 사람들은 두드러진 과거 경험을 선택하여 자신의 삶에서의 중요성과 상징성을 탐색한다.
3. 사람들은 그 경험에 깔려 있는 의미를 이해하도록 도움을 받는다.
4. 사람들은 그 의미를 더 명료하게 이해하게 되고 다른 경험의 의미를 파악하기 위해 이러한 전략들을 반복해서 사용할 수 있다.

SGE는 이 장 후반부 사례에서 더 자세히 살펴볼 것이다.

Frankl의 로고테라피와 역설적 의도   Viktor Frankl(1978)은 자신의 실존치료를 로고테라피—의미를 통한 치료—라고 불렀다(p. 19). 그는 잘 기능하는 사람들조차도 때때로 삶이 의미 없다고 지각하고 공허감을 경험한다고 믿었다. 그는 이를 '의미를 향한 들리지 않는 외침'이라고 불렀다(p. 20). 치료를 통해 그는 사람들이 의미를 향한 자신의 욕구의 깊이를 인식하도록 돕고, 모든 사람들이 자신의 삶에서 의미를 만들 수 있다는 것을 전하며 목적과 의미를 찾으려는 노력을 지지해준다.

Frankl은 공포가 증상을 야기하고 그것은 다시 공포를 심화시키는 악순환을 설명했다. 예를 들어, 높은 곳을 두려워하는 사람은 그런 곳을 회피한다. 회피 때문에 예기불안이 생기고, 높은 곳은 그 사람의 마음속에서 점점 더 위협적이게 되고 공포뿐 아니라 회피도 증가한다. Frankl(1978)이 말했듯이, "공포에 대한 공포가 공포를 증가시킨다"(p. 116).

이런 양상을 깨기 위해, 치료자가 내담자에게 가장 두려워하는 바로 그것을 하거나 바라도록 격려하는 '역설적 의도'라고 불리는 기법을 제안했다. Frankl은 내담자에게 나가서 기절하기 위해 최선을 다하라고 지시했다. 놀랄 것도 없이, 내담자는 기절할 수가 없었다. 그의 개입은 내담자의 공포를 감소시켰을 뿐 아니라 공포의 의미를 변화시킴으로써 용기를 갖게 했다. 내담자는 이제 자신의 공포를 수용할 수 있게 되었고, 기절할 가능성이 거의 없다는 것을 받아들일 수 있게 되었다. Yalom(1980)이 말했듯이, "우리가 거짓에서 빠져나와 거리를 둔 방관자가 될 때, 그것은 더 이상 문제가 되지 않는다"(p. 478).

Yalom(1980)은 이런 원칙이 사람들의 의미 탐색에도 확장된다고 믿었다—"나는 의미 탐색이 유사하게 역설적이라고 믿는다. 이성적으로 찾으면 찾을수록, 더 찾기 어렵다. 의미에 대해 할 수 있는 질문은 항상 대답보다 더 오랫동안 계속될 것이다"(p. 482). 의미 찾기는 두려움을 직면하고, 자각을 늘리고, 선택을 하는 평생에 걸친 과정이다. 역설적 의도는 몇 편의 메타분석 개관에서 효과적인 기법으로 밝혀졌다. 19개 연구를 메타분석한 논문에서, 로고테라피는 효과적인 것으로 드러났다(Fabry, 2010). 로고테라피에 관한 15개 연구를 메타분석한 논문은 역설적 개입법이 비역설적 개입법보다 더 효과적이라고 보고했다(Hill, 1987).

탈숙고(deflection)   탈숙고는 "인간존재의 두 가지 필수적 속성, 즉 자기초월과 자기초연의 능력"(Frankl, 1969, p. 99)에 기초한 일종의 역설적 개입법이다. 자신의 생각에 빠져 있는 과잉숙고(hyperreflection)와는 달리, 탈숙고는 자신으로부터 초점을 돌려 자신에게 덜 집중하게 하고 의미 있는 대인관계나 목표에 더 집중하게 돕는다. 탈숙고는 강박적인 자기관찰을 줄이고 내담자의 주의를 더 긍정적인 방식으로 돌리도록 하는 것인데, 강박적인 걱정에 사로잡혀 있기보다는 현재 상황에서 의미를 발견하도록 돕는다(Graber, 2003).

탈숙고는 성기능장애를 치료하기 위해 원래 만들어졌다. 자신의 수행불안에 초점을 두지 말고 대신 파트너를 즐김으로써, 결과적으로 불안이 줄고 자신에게 덜 신경 쓰게 된다(Schulenberg, Schnetzer, Winters, & Hutzell, 2010).

탈숙고는 집단치료에서도 사용할 수 있다. 문제에 초점을 두기보다는 현재 순간에 집단의 주의를 돌린다. 집단원들은 운명이나 희생당한 느낌 또는 기타 부정적 정서에 대해 불평해서는 안 되고, 가치 있고 달성 가능한 목표에 초점을 맞추어야 한다. 탈숙고는 긍정적이고 의미 있는 유용한 도구이다.

인간조건의 네 차원을 다루기 이 장 초반부에서 정서적 문제에 전형적으로 깔려 있는 인간조건의 네 차원, 죽음, 고독, 무의미, 자유를 다루었다. 이론가들은 이 네 조건에 대한 염려에 어떻게 반응할 것인지를 다음과 같이 제시하였다(Bauman & Waldo, 1998).

- 현재에서 우리 자신의 존재에 대한 신뢰는 죽음의 공포를 덜 수 있다.
- 사랑은 고립에 대한 진실한 반응이다.
- 우리의 가능성을 실현할 방법을 찾기 위해 우리의 내적 창의성을 끌어내는 것은 삶에 내재한 무의미를 중화시킬 수 있다.
- 책임과 전념, 선택하는 것과 그 선택을 지속하는 것은 과다한 자유에 우리가 대처할 수 있도록 돕는다.

인간조건의 네 차원을 다루기는 비교문화적으로 상담할 때 효과적일 수 있다. Roy Moodley (2010)와의 인터뷰에서, Vontress는 "치료자는 내담자 문화의 특수성을 다루기 전에 일반적인 인간조건에 스스로 관심을 기울여야 한다. 왜냐하면 사람들은 다른 정보다 비슷한 점이 더 많기 때문이다"(p. 12)라고 말했다. 사랑, 의미, 죽음에 대한 두려움, 자유와 같은 보편적 주제에 익숙한 치료자는 더 잘 상담할 수 있다.

실존치료의 적용과 현황

실존치료는 많은 문제들과 사람들에게 유용한 접근이다. 다음은 치료의 적용에 관한 것이다.

진단 집단에 적용

특정한 개입 방법이 부족하고, 구체적 문제보다 철학적 이슈에 초점을 두며, 내담자-치료자 관계와 사려 깊고 개방된 대화를 강조하기 때문에 실존치료는 오래 지속되고 만연된 불안(범불안장애)이나 우울(기분부전장애)을 지닌 사람들과, 슬픔과 상실, 말기 질환, 인생의 전환기(성인이 됨, 부모가 됨, 은퇴)와 같은 삶과 죽음의 문제에 대처하려는 사람들에게 가장 적절하다. 외상후스트레스장애, 광장공포증, 공황장애와 같은 다른 불안장애도 자신의 삶에서 벌어지고 있는 상황을 수용해 나갈 수 있기 위해 자신의 두려움의 의미를 탐색하고 이해하도록 내담자를 돕는 실존치료로 효과를 볼 수 있다. 지금까지 자신이 어떻게 선택을 해왔고 어떻게 삶의 의미를 만들어왔는지를 살펴보는 것은 이런 장애를 지닌 사람들이 자신의 삶을 보다 신중하게 살고, 자신을 위한 의미를 더 만들며, 관계에서 더 진실되고 연계될 수 있도록 돕는다.

다문화 집단에 적용

실존치료는 보편적 세계관에 기초해 있어서 그 특성상 다양한 문화 집단에 잘 맞는다(Vontress, 2008a). 실존치료는 어떤 문화적 배경을 지닌 사람에게도 적용할 수 있다. "유럽의 실존주의와 아프리카의 영성"을 연결시킨 사람으로 평가받는(Moodley, 2010, p. 10) Vontress는 아시아와 다른 비서구 지역의 철학자들이 서구 철학자들보다 훨씬 오랫동안 삶의 의미라는 주제를 다루어왔음을 지적한다. Vontress는 40년 이상의 기간을 실존치료와 비교문화적 상담을 통합시켜왔다. Moodley와 Walcott(2010)은 문화에 초점을 맞춘 Vontress의 공로를 인정했다. 그는 "상담 이론과 실제에 문화, 인종, 민족을 포함해서 고려하는 데 중요한 역할을 하였다"(p. 8).

Bojuwoye와 Sodi(2010)는 서구의 심리학적 모형들은 지나치게 자연과학에 의지하는 반면, 개인이 질병을 개념화하고 이에 따라 도움 구하기 행동을 하게끔 만드는 사회 환경·권력 관계·사회 제도의 역할은 경시하기 때문에, 모든 서구의 심리학적 모형들이 비서구인들의 요구에 효과적으로 적용되는 것은 아니라는 점을 강조한다. 서구의 전통적 치유 모형들은 사람들의 신체적, 심리적, 사회적, 영적 부분을 각각 따로 치료하기 위해 이들을 구분하는 경향이 있다. 이와는 달리 비서구의 치유 모형들은 전체론적이며 '총체적' 인간을 다루는데, 행복이나 조화 혹은 이상적 인간기능에 도달하기 위해 질병의 모든 증상과 원인에 초점 맞춘 치료를 한다.

그러나 전통적 치유를 심리치료에 통합시키기는 쉽지 않은데, 그러한 작업은 상당히 포괄적이며 치료뿐 아니라 질병예방과도 관련되기 때문이다. 약물치료, 침술, 열치료, 요가, 기타 심신치료들과 같은 비약물치료는 상담사와 전통적 치유사가 함께 작업하는 통합 심리개입의 일부가 될 수 있다.

예를 들어, 일부 아프리카 문화에서는 낯선 사람에게 가족문제를 이야기하는 것이 금기시되기 때문에 대화식 치료에 난색을 표한다. 유사하게, 일부 동남아시아 국가들에서는 이방인에 대한 불신 때문에 가족 외의 사람들에게 개인적 감정이나 욕구에 대해 말하지 않는다(Bojuwoye & Sodi, 2010). 동아시아 문화권에서는 종종 가족, 주술사, 혹은 성직자에게 조언을 구하지 치료자를 찾아가지는 않는다(Chae & Foley, 2010). 마음, 몸, 영성, 문화적 고려사항을 다루는 전체론적인 실존주의 관점은 사람들을 돕는 전문가들에게 초점을 더 넓혀줄 수 있다.

기타 집단에 적용

연구들은 특정 내담자 군, 예를 들어, 살인 사건의 생존 가족(Miller, 2009), 죽음을 앞두고 말기 치료를 받는 사람(Burnett, 2009), 신경성 식욕부진증 환자(Fox & Leung, 2009) 등에 실존치료가 효과 있음을 보여주었다. 이러한 연구들의 범위와 표본 수가 치료의 효과를 확립하기에는 불충분하지만, 제1장에서 논의했던, 모든 이론들에서 효과적인 공통요인이라는 맥락에서 특히 고려해볼 때 연구들은 실존치료의 폭넓은 적용이 가능함을 시사한다(Burnett, 2009).

로고테라피는 모든 인간의 중심에 있는 영적 근원을 다룬다. 늙어가는 사람들이 인생의 끝에서 의미와 자기수용을 얻도록 돕는 강점에 기반한 접근을 제공한다. 죽음을 받아들이고, 이를 삶에 통합시킴으로써 고통과 두려움을 초월하도록 도울 수 있다. Xu(2010)에 의하면 "성공적 노화에 숨어 있는 이야기는 삶과 죽음에 대한 긍정적 태도, 영적 추구와 실존적 추구, 지혜와 영성에서의 개인적 성장에 대한 것들이다"(p. 184). 로고테라피는 사람들이 의미를 찾도록 도울 수 있고, 신체적 · 정신적 건강의 향상, 자기효능감과 자기수용의 향상 및 행복, 노인들에게서 건강 증진과 같은 긍정적 결과에 기여한다(Krause, 2004; Melton & Schulenberg, 2008).

실존적 접근은 개인, 부부 및 집단 상담에 효과적이라고 보고되었다. Lantz와 Gregoire(2000)는 부부치료에 관한 두 연구를 제시하였고, 실존적 접근의 효과를 보여주었다. 그들에 따르면 "치료자는 치료적 만남의 중요성에, 자유와 책임에, 비극과 위기에서 찾을 수 있는 성장의 기회에, 결혼 및 가정생활에서 의미와 의미 가능성을 발견하고 실현하며 기리고자 하는 핵심적 인간욕구에 세심하게 주의를 기울인다"(p. 317).

심리적 · 신체적 질환과 관련한 많은 치료 집단에서 실존적 주제는 흔히 나타난다. 알코올남용, 중년기 적응, 심각한 정신질환과 같은 문제는 실존적 특성과 일정하게 관련된다. 예를 들어, 유방암을 지니고 실존 집단치료에 참여한 여성들은 항암치료에 대한 염려를 서로 공유하고 죽음에 대한 두려움을 논의할 수 있었다. 10회기를 마친 후, 이 여성들은 더 낙관적이고 긍정적인 상태가 되었다고 보고했다(Breitbart & Heller, 2003; Yalom, 2009). Goldner-Vukov 등(2007)은 실존 집단치료가 양극성장애가 있는 사람들에게 효과가 있음을 발견하였고, 깊이 있는 영적 · 종교적 · 실존적 치료가 알코올이나 다른 약물중독을 다루는 데 효과가 있는지를 확인하는 연구들이 진행 중이다(Mercadante, 2010; Mills, 2002).

실존치료는 특히 집단 상담에서 효과적일 수 있는데, 유사한 문제를 가진 사람들과 소통하는 기회를 통해 참가자들의 무의미감과 고립감을 상쇄시킬 수 있다. 죽음을 앞둔 노인 집단에서, 집단 리더는 이러한 경험을 발판으로 하여, 집단 밖의 사람들에게 보답하고 도움을 줌으로써 의미를 찾도록 격려할 수 있었다(Garrow & Walker, 2001).

이런 연구들은 실존치료가 가장 적합해보이는 사람과 상황의 유형을 나타내준다.

- 생명을 위협하는 질병과 만성 질병을 가진 사람
- 투옥된 사람, 장애인, 궁핍한 생활을 하는 사람과 같이 제한적인 삶을 사는 사람
- 사별, 관계에서의 실망, 목표달성 실패와 같이 중요한 상실로 고통받는 사람
- 외상적 경험을 한 사람
- 오랫동안 경-중등도 수준의 불안 혹은 우울이 있는 사람
- 최근 이혼하거나, 은퇴하거나, 대학을 졸업한 사람과 같이 인생의 방향을 찾는 기로에 서 있는 사람

모든 인간은 인생의 어떤 시점에서 실존치료로 도움을 받을 수 있다. Diamond(2009)가 '만연한 포스트모던 증상들'이라고 불렀던 것, 즉 과도한 불안, 무관심, 소외, 허무주의, 회피, 수치심, 중독, 절망, 무의미감을 경험하는 사람뿐 아니라 삶의 의미, 진실, 자아실현과 자아초월을 추구하는

사람은 누구나 실존치료의 혜택을 받을 수 있다. 달리 말해, 실존치료는 모든 유형의 사람과 모든 연령대에 적절해보이고, 아동과 청소년에게도 잘 적용될 수 있는 것 같다.

실존치료의 현황

의미, 진실성, 자유, 책임이라는 실존치료의 주제는 지속적으로 우리 생활과 밀접히 관련되고 우리 생활에 폭넓게 적용된다. 우리의 삶이 우리의 통제를 벗어날수록, 테러 · 학교폭력 · 따돌림이 더 많아질수록, 지나치게 속박하는 생활방식으로 더 고통받을수록 많은 사람들이 자신이 하는 일에서 의미와 목적을 더 찾게 되고 자유와 진실성의 느낌을 유지하기 위해 더 애쓰게 된다.

당연히 임종의 주제와 만성 질환 혹은 말기 질환의 삶은 표준 치료 방식이 제공하는 것보다 더 전체론적인 접근을 필요로 한다. 실존치료는 이러한 복잡하지만 보편적인 주제를 탐색하기 위한 종합적이고 통합적인 방법을 제공해준다.

실존치료는 또한 시간제한적 치료 접근의 현대적 추세에 본질적으로 잘 맞다. 단기 실존 통합치료(Bugental, 2008)뿐 아니라 12~15회기의 모듈식 접근이 모두 개발되어 있다. 시간제한적으로 상담함으로써 내담자는 집중할 수 있고, 내담자의 필요에 따라 융통성 있게 회기를 더 추가하거나 추가적인 도움을 받을 수 있다(Strasser & Strasser, 1997).

최근 심리치료와 상담에서는 중요한 주제로서 영성(spirituality)이 제시되고 있다. 영성에 대한 강조는 실존적 관점과 일치한다. 실존주의는 어떤 특정 종교적 믿음을 옹호하지는 않지만, 우리의 즉시적이고 유한한 삶을 초월하는 의미감을 갖는 것이 중요함을 일깨워준다. 그런 의미가 전통적인 종교에서 생기든, 자연의 영성에서 생기든, 자녀가 성장하는 것을 지켜보는 것이나 혹은 다른 어떤 것에서 생기든 간에 우리들이 21세기의 도전에 대처하는 것을 도울 수 있다. 실존치료와 불교 명상수행 간에는 많은 유사점이 있음을 알 수 있다. 둘 다 삶의 유한성의 수용, 자아의 초월, 지금-여기에 머무르기를 중시한다. 이 개념들은 자기수용과 삶의 만족에 필수적이다(Claessens, 2009 ; Xu, 2010).

실존적, 영성적 요구를 다루는 것은 상담에서 전체론적 접근의 중요한 부분일 수 있다. 특히 노인 인구에서, 실존치료를 단독으로 사용하든 로고테라피나 이야기 치료(Xu, 2010)와 같은 다른 접근과 함께 사용하든 상당히 효과적일 수 있다. 실존치료는 다른 접근들, 예를 들어 긍정심리학(Thompson, 2011 ; Wong, 2010), 이야기 치료(Richert, 2010), 단기치료(Mobley, 2005)와 잘 통합된다. 제19장의 통합적 이론들에서 좀 더 언급하도록 하겠다.

실존치료의 효과에 대한 대부분의 문헌들은 심층 사례연구이다(Bugental, 1990 ; May, 1983 ; Yalom, 1980). 실존치료는 경험적-인본주의 심리치료라는 더 큰 우산 아래 있는데, 경험적-인본주의 심리치료를 지지하는 경험적 자료들이 쌓여가고 있다(Cain & Seeman, 2001 ; Schneider, 2008).

실존치료에 대한 평가

상담과 심리치료의 모든 접근에서처럼 실존치료도 강점과 한계를 모두 갖고 있다. 다른 유형의 치료들과 마찬가지로, 실존치료를 경험적으로 타당화하기 위한 추가적인 연구가 필요하다. 그러나 역설적 의도를 사용하는 개입과 같은 일부 치료 방법은 효과적인 것으로 밝혀져 있다.

한계

실존치료는 강력한 내담자–치료자 관계를 발달시키는 것과 언어적 의사소통을 핵심으로 한다. 치료자가 구조와 방향을 거의 제시하지 않는 개별화된 접근이다. 이 접근은 책임·선택·자기결정이 바람직하지만, 특정한 단계를 밟지 않고 개입을 위한 전략도 없는 입장을 취한다. 치료는 느리고 긴 과정이 될 수 있다. 이런 한계 때문에 많은 사람들이 그 가치에 회의적일 수 있고, 요구되는 사고나 자기탐색을 할 수 없거나 내켜 하지 않을 수 있으며, 치료의 기본 철학을 받아들이지 못할 수 있다. 물론 치료자는 이런 감정들을 존중하고 실존치료가 맞는 사람들을 신중하게 선택할 필요가 있다.

게다가 이 접근은 직접적으로 증상을 개선시키려고 하지 않으며, 치료자는 실존치료 후에 증상이 완화될 수도 있고 아닐 수도 있다는 것을 인정한다. 약물이나 알코올의존 혹은 조증과 같은 현저한 증상들을 보이는 사람들은 이 접근에 맞는 대상이 아니다.

강점과 공헌

실존치료는 많은 강점을 지니고 있다. 가장 큰 공헌은 심리치료와 상담에서 개별적 접근으로서라기보다는 다른 치료 체계들에 주입될 수 있는 인간발달의 철학으로서일 것이다. 이러한 견해는 May와 Yalom(1995)이 제시했는데, 자신들의 주요 목적은 이 이론의 목표와 개념을 모든 심리치료적 접근에 통합시키는 것이라고 말했다. 이들은 모든 치료자들이 선택, 의미, 실현, 치료 동맹의 중요성을 인식하게 되길 원했으며 이 과정이 이미 잘 진행되고 있다고 믿었다. 분명 상담은 사람들의 전반적 건강을 증진시켜야 하고, 사람들이 충만하게 진실되게 살도록 도와야 하며, 자신의 삶에 책임을 갖고 더 긍정적이고 신중한 선택을 하며 자신을 위한 의미를 만들도록 격려해야 한다는 전제에 반대할 사람은 거의 없을 것이다(Bauman & Waldo, 1998).

실존치료는 상담과 심리치료 영역에서 많은 중요한 공헌을 했다. 인간중심상담처럼 협동적이고, 존중하며, 진실된 내담자–치료자 관계의 중요성을 강조한다. 현재까지의 많은 연구들이 치료 동맹과 치료 효과와의 관련성을 지지해왔다.

실존치료는 심리치료의 영역을 병리와 증상을 넘어서서 확대시켰고, 실존적 불안·고립·죽음의 공포·실현·자유·삶의 의미와 같은 깊고 철학적인 이슈들을 치료 과정에 포함시켰다. 병리를 덜 강조하고 모든 사람들과 관련된 전인적, 성장 촉진적 접근이다.

예를 들어, Eisenberg(1989)는 이스라엘 형무소 수감자를 치료하기 위해 Frankl의 로고테라피를 Rogers의 촉진적 조건들, 명상, 이완과 같은 다른 인본주의 및 정서 지향 개입들과 함께 사용했다. 자신의 자각을 향상시키고, 모든 상황에서 의미와 대안들을 찾고, 자신의 죄책감을 긍정적 변화를 위한 촉매로 사용하도록 참가자들을 도왔다. '갱생하기' 위한 의식적 선택을 하도록(p. 90), 또 더 개방하고 진실해지도록 격려하였다. 치료의 주제는 실존적 메시지였다―"무엇보다 이 한 가지를 명심하라. 모든 상황에서 인생의 주인이 되기. 이러한 자기초월적 노력은 절망에 빠지지 않게 해준다. 자신을 잊고, 자신을 초월함으로써 당신은 진정한 인간이 된다." 이 치료적 접근은 좋은 결과를 냈고 이 장면에서 지금까지 사용되고 있다.

실존치료는 개발된 지 75년 이상 지났지만, 상담과 심리치료에서의 현재 경향과 양립 가능하다. 영성의 의미에 대해 폭넓은 관점을 취하고 삶에서 영성이 중요함을 주장한다. 현상학적이고 의미 만들기의 중요성을 강조한다. 실존치료는 사람들의 공통성을 강조하지만, 한 개인의 문화적 맥락 내에서 각자의 경험이 중요함을 또한 받아들인다. 사람들의 사고와 가치의 융통성과 사고에서의 창의성이 중요함을 인정한다. 실존치료는 또한 또 다른 현대적 가치인 삶에서의 균형을 중요시한다.

실존치료는 기법을 덜 강조하지만, Frankl의 역설적 의도는 신경성 식욕부진증, 광장공포증, 불안, 요폐(urinary retention), 불면을 치료하는 데 효과가 있는 것으로 밝혀졌다. 로고테라피의 경험적 효과에 관한 최근 5년간 일련의 연구들은 역설적 의도가 위기의 도시 청소년(White, Wagener, & Furrow, 2010)과 말기 환자를 돌보는 간호사(Vachon, Fillion, Achille, Duval, & Leung, 2011)와 같은 다양한 사람들에게 도움이 된다는 것을 밝혔다. 신중하게 사용해야 하는 기법이긴 하지만 특히 가족치료자들과 인지행동 치료자들이 상담에서 이 방법을 사용하였고, 변화를 위한 효과적인 수단임을 발견하였다.

실존적 사상가들에 의해 개발된 검사들과 척도들은 또 다른 잠재적으로 유용한 도구들이다. 이 중 일부는 다음과 같다.

- Reker(1994)의 삶의 의미와 목적을 재기 위한 삶의 태도 척도
- 역시 Reker가 개발한 것으로 사람들이 자신의 삶의 여러 영역들을 얼마나 의미 있게 보는지를 재는 의미의 원천 척도
- 실존적 의미와 미래 조망의 수준을 재는 삶의 목적 검사(Bauman & Waldo, 1998)

이러한 검사들은 토론과 자각을 증진시켜 사람들이 자신의 삶에 의미를 부여하도록 도울 수 있다. 삶의 목적 검사를 포함하여 일부 로고테라피 검사들의 비교문화 타당화가 나이지리아, 이란 등에서 이루어졌고 대학생들에게 실시하여 타당한 것으로 밝혀졌다(Asagba, Alarape, & Chowen, 2009).

실존치료는 희망적이고, 낙관적이며, 시기적절한 접근으로 "인간존재를 향한 철학적 태도를 담음"(Vontress, 2008a, p. 162)으로써 다른 이론들과는 차별화된다. 실존치료자들은 그 사람의 현존재(세계내 존재)에, 개인적 여정에 영향을 주는 환경에, 매일의 삶에 함께 하고 있는 구성개념인 삶·죽음·사랑·책임과 같은 보편적 주제에 전체론적으로 초점을 둔다. "실존치료자는 영적 수준에서 문화, 국가, 인종 및 기타 경계를 넘어서서 다른 사람들과 소통하고자 노력한다"(p. 169).

기법 개발 : 가치 명료화

사람들의 가치를 이해하는 것은 다른 치료적 접근과도 관련되지만 특히 실존치료와 관련된다. 우리의 가치는 우리 정체감의 중요한 측면이고 우리의 선택에 영향을 준다. 우리의 가치와 일치하는 성공은 삶의 의미 및 만족감과 강하게 연관되어 있다. 가치는 표현될 수 있고, 우리의 일상활동에서 드러날 수 있으며, 질문지로 평가될 수 있다. 이상적으로는 사람들의 표현된, 드러난, 평가된 가치가 모두 일치할 것이다. 그러나 때때로 불일치가 나타나는데, 특히 표현된 가치와 드러난 가치 간에 그러할 수 있다. 이는 사람들로 하여금 불만족과 동기저하를 일으킬 수 있다.

예를 들어 완다는 친밀한 대인관계, 자연과 더불어 시간을 보내기, 창의성을 발휘하기에 가치를 둔다고 보고하였다. 그러나 그녀의 드러난 가치는 달랐다. 그녀는 은행 지점장으로 오랫동안 일하면서 많은 급여를 받았지만 친구와 여가 활동을 위한 시간은 거의 없었다. 게다가 도심의 작은 아파트에서 살고 있었다. 그녀의 주거 상황은 정원을 가꾸거나 그림 그릴 공간을 확보하거나 자연의 아름다움을 느끼기 힘들었다. 당연히 완다는 자신이 불행하고 일할 맛이 나지 않는다고 보고했다.

표현된 가치와 드러난 가치 간의 불일치를 알게 됨으로써 그녀는 자신의 가치를 더 솔직하게 살펴볼 수 있게 되었다. 직업의 안정성과 수입이 그녀에게 중요한 가치이긴 하나 역시 중요한 가치인 대인관계와 창의성을 무시했다는 것을 깨달았다. 그녀는 보다 시골 지역의 은행으로 옮기고 작은 집을 구입할 수 있었다. 이러한 변화는 그녀가 도보여행, 그림 그리기, 정원 가꾸기를 할 시간과 기회를 더 만들어주었다. 급여는 줄었으나 여전히 충분하고 안정된 수입을 유지할 수 있었고, 다른 가치를 실현하는 것으로 충분히 상쇄할 수 있다고 받아들였다.

표현된 가치

여러 관점에서 가치를 살펴보는 것은 유용한 정보를 줄 수 있다. 일반적인 시작점은 사람들의 표현된 가치를 살피는 것이다. 다음과 같은 질문을 해 볼 수 있다.

- 당신의 인생에서 가장 중요하고 의미 있는 부분이 무엇이라고 생각하는가?
- 당신이 성취한 것 중 가장 자부심을 느끼는 것은 무엇인가?
- 1년밖에 살지 못한다면, 시간을 어떻게 사용하고 싶은가?
- 당신에게 가장 중요한 가치 세 가지는 무엇인가?
- 짧은 자서전을 쓴다면 어떤 내용을 담겠는가?

물론 이런 질문들은 특정 내담자에 맞춰 수정하고 각색할 수 있다.

드러난 가치

드러난 가치는 개인 활동 및 직업, 시간할당, 생활방식, 객관적 성취, 삶에서 등한시된 영역과 같이 사람들이 삶을 어떻게 살고 있는지에 반영되어 있다. 다음과 같은 질문들이 드러난 가치를 확인할 수 있게 해준다.

- 당신의 삶에서 전형적인 하루(혹은 일주일이나 한 달)를 기록해보라.
- 당신을 모르는 어떤 사람이 당신의 자서전을 읽는다면, 어떤 것을 당신의 가장 큰 성취라고 볼 것 같은가? 어떤 것을 당신의 가장 큰 낙담이라고 볼 것 같은가?
- 당신이 매일 16시간을 깨어 있다고 가정해보라. 전형적으로 다음 역할 각각에 몇 시간을 사용하고 있는지, 그 역할에서 보통 무엇을 하는지 말해보라.
  - 배우자/애인/친구
  - 부모
  - 직장인
  - 건강 관리(예 : 운동, 명상, 자연 속에서 걷기)
  - 생활 관리인(예 : 쇼핑, 청소, 세금 내기)
  - 다른 역할들
- 당신이 이 역할들에서의 시간을 재배정할 수 있다면, 어떻게 변화시키겠는가?
- 당신이 시간을 들이는 활동들과 방식이 지난 5~10년 동안 어떻게 변해왔는가?
- 아침에 깨었을 때 당신이 기대하면서 가능하면 해 보려고 하는 것은 무엇인가? 가능하면 피하고 싶은 것은 무엇인가?
- 당신은 휴가 중일 때 무엇을 하길 좋아하는가?

평가된 가치

표준화되거나 비표준화된 많은 질문지들을 가치 평가에 이용할 수 있다. 때때로 지필식 혹은 컴퓨터로 하는 질문지들이 아래 제시한 것과 같은 토론식 질문들보다 더 객관적 반응을 이끌어낸다. 다음은 한 개인에게 중요한 것을 다른 관점에서 볼 수 있게 해주는 가치의 목록이다. 두 가지 지시 중한 가지를 사용할 수 있는데, 내담자의 흥미와 협조를 더 끌어낼 수 있는 것을 선택하면 된다. 나온정보들을 명료화하기 위한 내담자 반응에 대한 논의는 목록 작업을 한 후에 해야 한다.

지시 1 다음 가치의 목록을 살펴보라. 당신에게 중요한 가치 모두에 체크를 하라. 체크한 가치들을 살펴본 후 당신에게 가장 중요한 세 가지를 우선순위에 따라 열거해보라.

지시 2 가치의 경매에서 사용할 돈 1,000달러를 당신이 가지고 있다고 가정하라. 다음 목록을 살펴보고 당신의 돈을 어떻게 할당할 것인지 정해보라. 어떤 가치에 너무 적게 할당하면 경매에서 그 가치를 잃게 될 가능성이 높고, 너무 많이 할당하면 다른 가치에 할당할 수 있는 액수가 적어진다.

가치의 목록	
성취	배움과 지식
아름다움	사랑과 연애
직업에서의 성공	자연/야외활동
자녀양육	질서
창의성	부와 재산
명성	권력
우정	명망과 존경
건강	안전
다른 사람 돕기	영성
독립	다양성과 신나는 일

사례

다음 대화는 에디에게 상징적 성장 경험(SGE)을 사용한 것이다. 이 장 앞에서 배운 대로, SGE 진행은 네 단계를 밟는다.

> 1. 사람들은 SGE의 개념에 대해 교육받는다.
> 2. 사람들은 두드러진 과거 경험을 선택하여 자신의 삶에서의 중요성과 상징성을 탐색한다.
> 3. 사람들은 그 경험에 깔려 있는 의미를 이해하도록 도움을 받는다.
> 4. 사람들은 그 의미를 더 명료하게 이해하게 되고 다른 경험의 의미를 파악하기 위해 이러한 전략들을 반복해서 사용할 수 있다.

에디가 SGE의 개념에 대해 이미 교육받았다고 가정하라. 다음 대화를 읽으면서, 과거 경험의 중요성에 대한 탐색이 어떻게 그녀로 하여금 자신의 감정과 선택을 이해하도록 할 뿐 아니라 자기 인생의 의미감을 더 가질 수 있도록 하는지를 관찰해보라. 또한 실존치료자의 역할에 주목해보라.

치료자 : 에디, 오늘 당신 얼굴이 매우 슬퍼 보이네요.

에디 : 네. 주말이 힘들었어요. 로베르토와 제가 20회 고등학교 동창회에 참석하려고 한다는 말을 선생님께 했었죠. 새 옷을 사고, 머리를 손질하고, 자랑하려고 에바의 사진들을 골랐죠. 참 좋을 거라고 생각했는데, 끔찍했어요.

치료자 : 그렇게 기대했던 것이 어떻게 그렇게 고통스럽게 됐나요?

에디 : 제가 10살 때 암으로 진단받았다고 말씀드린 적 있죠. 아마도 아빠 말고는 내가 살아날 거라고 아무도 생각 안 했을 거예요. 그때 화학치료를 받고 머리털이 다 빠졌어요. 메스꺼움을 덜기 위해 스테로이드를 사용했는데

그 때문에 살이 쪘어요. 그때 저는 혐오스런 모습으로, 아마도 죽어가는 그런… 그런데 일어날 힘만 있다면 학교에 가야 했어요. 다른 아이들이 절 놀리고, 비웃고, 대머리라고 부르곤 했어요. 애들이 이해 못했을 거라는 걸 알지만, 너무 끔찍했어요.

치료자 : 당신에겐 정말 힘든 시간이었을 겁니다. 암과도 싸워야 하고 놀림에도 대항했어야 하니까요. 동창회가 그것과는 어떻게 관련이 되나요?

에디 : 내가 살아 있다는 것, 이젠 매력적이라는 것, 가족이 있다는 것을 모든 사람에게 보여주고 싶었나 봐요. 그러나 동창회에 갔을 때, 제가 10살 때 느꼈던 모든 감정들이 되살아났어요.

치료자 : 당신 생각에, 동창회는 삶을 확신시키는 경험이 되었어야 했는데 오히려 반대였네요. 그게 당신에게 어떤 의미가 있나요?

에디 : 모르겠어요.

치료자 : 에디, 당신은 암이 당신 인생에 끼친 영향과 의사의 말에도 불구하고 재발에 대해 걱정한다는 이야기를 많이 했었죠. 아마도 죽음에 대한 강한 공포가 지금까지 결코 사라진 적이 없었고 동창회가 그 공포를 강화시켰던 것 같습니다.

에디 : 맞아요. 암 진단 후 10년이 되었을 때 의사들은 제가 다 나았다고 말했지만 저는 절대 믿지 않았어요.

치료자 : 곧 죽을 것 같지만 당신은 여전히 살아 있죠.

에디 : 그래요. 동창회에서 사기꾼처럼 느껴졌어요. 살아 있지만 실제로 죽어가고 있는 것을 속으로는 알고 있는 여자를 어떻게 보여줄 수 있었을까요?

치료자 : 우리 대부분은 죽음에 대한 불안을 가지고 있습니다. 물론 당신에겐 특히 강하지만요. 이 공포가 현재 당신의 삶에 어떻게 영향을 미친다고 생각합니까?

에디 : 에바가 자라기 전에 죽을까 봐 걱정 많이 해요. 걔에게는 제가 필요하고, 걔를 놔두고 가고 싶진 않아요. 제게 시간이 남았을 때 걔를 위해 할 수 있는 모든 것을 다 해주려고 하지만 충분히 한다고 느낀 적은 한 번도 없어요. 로베르토는 이해 못해요. 그는 내가 그 애의 응석을 다 받아준다며 그러지 말아야 한다고 해요. 그러나 에바는 하나뿐인 내 아이예요. 암 때문에 다신 임신할 수 없을 거예요. 에바를 임신했던 게 기적이에요. 걔는 신의 선물인 것 같아요.

치료자 : 많은 중요한 것들을 이야기해주었습니다. 에바의 출생과 엄마로서의 역할이 삶에 의미를 주었고, 당신은 이를 최대한 잘 누리고 싶습니다. 그러나 절박감, 즉 에바가 자라기 전까지 시간이 모자란다는 공포 또한 이야기하였습니다.

에디 : 네. 저는 여전히 제게 다시 암이 생기는 건 시간문제라고 생각해요. 로베르토는 왜 이걸 이해 못할까요?

치료자 : 매우 외로운 것 같네요. 제 생각에 인간으로서 가장 힘든 것 중 하나는 다른 사람들이 아무리 우리에게 관심을 가진다고 해도 우리가 느끼는 것이 어떤 것인지를 진정으로 알 수 없다는 겁니다. 매우 외로워질 수 있습니다.

에디 : 맞아요. 로베르토가 저와 에바를 사랑한다는 걸 알지만, 결코 저를 진정으로 이해하지는 못하는 것 같아요. 어쩌면 그에게 너무 모질게 굴고 너무 많이 기대했나 봐요.

치료자 : 다르게 뭔가를 하려고 할 수 있었을까요?

에디 : 그에게 화내기보다는 내가 경험한 것을 경험하지 않아서 진정으로 날 이해할 방법이 없다고 생각해볼 수 있어요. 제가 에바를 왜 그렇게 대하는지를 이제 더 잘 이해하게 되었어요.

치료자 : 좋은 엄마가 되는 것의 중요성과 어떻게 연결이 되죠?

에디 : 저는 에바를 사랑하고 걔를 위해 할 수 있는 모든 것을 합니다. 그렇지만 로베르토는 에바가 스스로 독립심과 자신감을 더 갖는 데 좋지 않다고 말합니다.

치료자 : 당신의 불안 때문에 에바를 위해 가능한 모든 것을 해주게 되고, 당신의 부모가 당신에게 했던 것과는 다른 부

모가 되려고 한 것 같군요. 당신의 불안 때문에 로베르토가 말한 것에서 어떤 가치를 찾기가 어렵지 않았을까요?

에디 : 에바에게 촉각을 곤두세워서 살펴주지 않으면 걔에게 나쁜 일이 일어날까 봐 제가 겁낸다는 말씀이시죠? 네. 제가 과잉보호적일 수 있어요…. 그게 진짜 좋은 엄마는 아니라는 것을 알아요. 전 걔가 자신감 있고 자신을 긍정적으로 생각했으면 해요, 제가 자랄 때 느꼈던 그런 느낌 말고요.

이때, 에디는 암과 최근 동창회에서의 경험에 대한 의미를 더 명료하게 이해하게 되었다. 그녀는 죽음의 공포와 외로움이 그녀에게 미친 영향을 더 잘 인식하게 되었다. 그녀는 삶의 주요 목적 — 에바에게 계속 좋은 부모가 될 수 있도록 살아 있기 — 을 더 명료화할 수 있었고 로베르토의 말에 대한 자신의 행동과 그 말의 타당성을 인식하기 시작했다. 그녀는 이제 자신의 삶에서 만들고 싶은 의미를 향해 나아가고, 더 실현감을 느끼며, 에바와 로베르토와의 관계를 증진시키는 선택을 할 수 있는 유리한 위치에 섰다.

연습

대집단 연습

1. '기법 개발'에 나와 있는 목록을 토대로 수업에서 가치 경매를 해 보라. 당신이 입찰한 항목들, 당신에게 중요한 가치들을 얻기 위해 얼마나 값을 부르는지, 당신이 입찰한 가치들을 얻거나 뺏겼을 때 어떤 기분이 드는지 등을 잘 보라. 당신이 건 돈이나 반응들에 놀랐는가? 가치에 대한 이번 연습에서 무엇을 배웠는가?

2. 인간조건이라는 심오한 주제에 주로 초점을 두는 치료자는 사람들에게 도움을 주고 있는가, 아니면 치료를 찾게 한 현재 문제와 증상들을 중시하지 않음으로써 사람들에게 해를 주고 있는가? 수업에서 질문의 각 측면을 옹호하는 집단을 구성하여 토론해보라.

3. 돌아가면서 상담 대화를 해 보라. 1명은 에디나 다른 가상적 내담자 역할을 맡고, 다른 학생은 치료자의 역할을 맡아보라. 내담자가 자신의 삶에서 의미감을 증진시키도록 돕는 데 초점을 두라.

소집단 연습

1. 4명이 한 집단이 되도록 나누어보라. 각 쌍은 대략 15분의 대화 동안 치료자와 내담자 역할을 맡을 기회를 가져야 한다. 각 대화에서 내담자는 자신의 삶에서 상징적 성장 경험(SGE)이었다고 생각되는 것을 이야기해야 한다. 치료자는 내담자가 그 경험의 중요성과 내담자 삶의 의미와의 관련성을 탐색하도록 도와야 한다. 내담자가 제시하는 정보에서 주제와 관련성에 특히 주목하라.

   대화에 대한 피드백은 다음 사항에 초점을 두어야 한다.

   • 실존적 주제를 대화에 불어넣는 능력
   • SGE의 의미를 명료화하기

- 공감의 사용
- 질문의 사용
- 치료 동맹

2. Vontress는 인종, 성별, 문화, 종교, 성적 지향성과 무관하게 모든 사람들에게 영향을 주는 보편적 문화, 즉 사랑, 죽음, 죄책감, 책임감과 같은 삶의 진실들에 관해 쓴 바 있다. 3분 내지 4분 정도 시간을 내어 당신이 가지고 있는 신념이나 갈등하고 있는 문제들 중 보편적인 것이라고 생각되는 예들을 떠올려보라. 반면 당신이 살고 있는 가정환경, 문화, 더 큰 사회는 어떤 가치들을 지니고 있는가? 소집단에서 15분 동안 각자의 대답을 공유해보라. 그러고 나서 각 집단은 보편적 진실들에 관한 항목을 만들어 전체 수업에서 공유해보라.

개인 연습

1. Viktor Frankl은 "우리는 더 이상 상황을 변화시킬 수 없을 때, 우리 자신을 변화시켜야 하는 도전에 직면한다"라고 말했다. 잠시 이에 대해 곰곰이 생각해보라. 당신이 변화시킬 수 없었던 어떤 일이 일어났던 적이 있었는가? 어떻게 반응했는가? 무엇을 했는가? 시간이 지나면서 그 상황에 어떻게 적응했는가? 기록지에 써보도록 하라.

2. 집에서 혼자 책을 읽고 있는데, 밖에서 폭발 소리가 들렸다고 상상해보라. 몇 분 후 안내 방송을 통해 화재의 위험 때문에 즉시 건물에서 대피하라는 경고가 나온다. 시간을 다투는 상황이자 집이 불에 탈 수도 있는 상황에서 어떤 물건들을 가지고 나오겠는가? 남겨놓는 것은 무엇인가? 이에 대해 기록해보라.

요약

실존치료는 두 번의 세계대전으로 황폐화된 유럽 사회에서 성장했다. 이 치료는 모든 사람에게 영향을 주는 깊고 강력한 주제를 사람들이 다루도록 돕고자 한다. 철학이자 심리학적 치료 체계로서 이 접근은 죽음과 상실의 필연성, 외로움과 소외감, 무의미감, 죄책감과 같은 인간조건의 깊은 차원들을 다룬다. 치료자와 내담자–치료자 관계는 변화의 주요 도구이다. 진솔하고, 돌봐주고, 지지적이고, 진정한 내담자–치료자 관계의 확립이 이 치료 모형에서는 필수적이다. 실존치료는 사람들이 더 자신을 실현하고 자각하며 타인과 연결되도록 해주고, 이는 사람들이 자신의 삶에서 현명하고 책임 있는 선택을 할 수 있게, 또 의미를 만들어나갈 수 있게 돕는다.

추천 도서

Bugental, J. F. T. (1987). *The art of the psychotherapist*. New York, NY: Norton.

Bugental, J. F. T. (1990). *Intimate journeys*. San Francisco, CA: Jossey-Bass.

Frankl, V. (1963). *Man's search for meaning*. Boston, MA: Beacon.

Hoffman, L., Yang, M., Kaklauskas, F., & Chan, A. (Eds.). (2009). *Existential psychology East-West*.

Colorado Springs, CO:University of the Rockies Press.

Klingberg, H. (2001). *When life calls out to us: The love and lifework of Viktor and Elly Frankl.* New York, NY: Doubleday.

May, R. (1969). *Love and will.* New York, NY: Norton.

Moodley, R., & Walcott, R. (Eds.). (2010). *Counseling across and beyond cultures: Exploring the work of Clemmont E. Vontress in clinical practice.* Toronto, Canada: University of Toronto Press.

Van Deurzen, E., & Adams, M. (2011). *Skills in existential counseling and psychotherapy.* Thousand Oaks, CA: Sage.

Yalom, I. D. (2008). *Staring at the sun: Overcoming the terror of death.* San Francisco, CA: Jossey-Bass.

Yalom, I. D. (2009). *The gift of therapy: An open letter to a new generation of therapists.* New York, NY: Harper Collins.

게슈탈트 치료

게슈탈트 치료가 다른 인본주의 접근들과 구별되는 점은 게슈탈트에 대한 강조인데, Laura Perls (1992)는 게슈탈트를 다음과 같이 정의했다. "각각의 부분들 이상이자 부분들과는 다른 구성체이다. 바탕에서 두드러져 나온 전경이며, 실존하는 것이다"(p. 52). 게슈탈트 치료자에 따르면 사람들은 자신의 정서, 신체, 혹은 타인과의 접촉과 같은 자신의 중요한 부분들과 단절되어 있기 때문에 심리적 문제를 경험한다. 게슈탈트 치료의 목적은 이처럼 무시되고 받아들여지지 않았던 부분들을 자각하게 하고, 전체성·통합·균형을 복원시키는 것이다.

게슈탈트 치료는 주로 Fritz Perls에 의해 발달되었으며, 그의 아내인 Laura Perls도 공헌하였다. Erving Polster와 Miriam Polster 또한 게슈탈트 치료의 발전에 공헌하였다. 1960년대와 1970년대에 널리 사용된 게슈탈트 치료는 널리 사용되는 한 가지 치료 방법으로 성장해왔고 다른 치료 접근들에 영향을 주었다.

게슈탈트 치료를 발달시킨 사람들

Fritz Perls로 알려진 Frederick Perls는 1893년 독일 베를린에서 중산층 유대인 가족의 중간 순위 자녀이자 독자로 태어났다. 그는 공부를 항상 열심히 한 것은 아니었지만, 정신의학 분야에서 박사학위를 받았다(Perls, 1969b). 정신분석가가 되는 것에 관심을 가지면서 그는 Sigmund Freud의 고향인 비엔나로 갔다. 그곳에서 그는 정신분석 분야의 많은 권위자들을 만났다. Perls는 Karen Horney와 함께 공부하였고, Horney와 Wilhelm Reich에게 정신분석을 받았다. Reich는 이해와 개인적 성장을 증진시키기 위해 얼굴과 신체와 언어적 단서를 사용하는 것을 강조하였는데, 이는 Perls에게 강한 영향을 주었고, 게슈탈트 치료의 개념과 전략에 영향을 주었다(Wulf, 1998).

Perls는 또한 다른 여러 가지 경험에도 강한 영향을 받았다. 1차 대전 동안에 그는 의료 위생병으로 근무하였고 이는 강렬한 개인적 경험이었다. 전쟁이 끝난 후 그는 신경학자인 Kurt Goldstein과 함께 뇌손상을 입은 사람을 위한 치료 시설인 프랑크푸르트 신경학 연구소에서 일했다. 이 두 가지 경험은 Perls가 인간 마음의 작용, 게슈탈트 심리학, 사람들을 돕는 더 좋은 방법에 관심을 갖도록 이끌었다(Simkin, 1975; Wheeler, 1991). 심지어 정신분석가로서 일을 시작한 초기에도 그는 행동주의뿐 아니라 정신분석에도 흥미를 잃어가고 있었다.

외향적이고 재주가 많았던 Perls는 1920년대에 배우로도 활동하였다. 그는 후에 말하길 극장에서의 경험이 게슈탈트 치료의 핵심적 측면인 비언어적인 의사소통을 이해하고 그 가치를 알 수 있도록 해주었다고 했다. 1930년에 Fritz Perls는 피아노 연주가이자 댄서인 Laura Posner와 결혼을 하였다(Serlin, 1992). Fritz Perls가 독립과 직면을 강조한 반면, Laura Perls는 지지와 연결을 강조하였다. 그녀는 Martin Buber, Paul Tillich와 함께 실존주의를 공부하였고, 게슈탈트 치료의 발달에 관여할 때 이러한 배경을 활용하였다.

Hitler가 집권하였을 때, 부부는 유럽을 떠나 처음엔 네덜란드로 갔고 후에 남아프리카로 갔는데, 거기서 Fritz Perls는 남아프리카 의무대장으로 일했었다. 그는 남아프리카에 있는 동안 자신의 성격 통합에 대한 이론의 윤곽을 잡았는데, 후에 이것이 게슈탈트 치료가 되었다(Simkin, 1975). 1946년에 부부는 미국으로 이민을 갔고, Fritz Perls는 *Gestalt Therapy: Excitement and Growth in the Human Personality*(Perls, Hefferline, & Goodman, 1951)를 출판했다. 1952년에 그는 아메리카 게슈탈트 연구소를 설립했다.

게슈탈트 치료의 성장에 가장 중요한 원동력은 캘리포니아의 빅서에 있는 에솔렌 연구소에서 1962년과 1969년 사이의 Perls의 활동이었다. 그는 자신의 워크숍에서 '뜨거운 의자(hot seat)'(집단 구성원이 자신의 자아를 인식할 수 있게 돕기 위해 집단 구성원이 지도자와 마주 보는 자리에 앉아 자신의 특정 문제에 대해 이야기하는 것. 다른 집단원에 대해 이야기하는 것도 포함됨 – 역자 주)의 사용으로 매우 유명해졌고, 곧 인간 잠재력 운동의 혁신적이고 카리스마 있는 주창자로 여겨졌다.

Perls의 성격은 게슈탈트 치료의 성공과 대중성을 이끌었다. 도전을 두려워하지 않고, 기존 전통과 절차를 거부했던 거리낌 없는 자유 영혼을 지닌 Perls와 그의 저서는 많은 사람들이 삶에서 더 많은 실현과 새로운 방식을 추구했던 1960년대와 잘 맞았다. 그는 다음과 같이 말했다. "삶의 의미는 살아 있다는 것에 있다. 체계적인 양식으로 바뀌거나 개념화되거나 억지로 만들어지는 것에 있지 않다. 우리는 조작과 통제가 삶의 궁극적 과업이 아니라는 것을 알고 있다"(Perls, 1969a, p. 3).

Fritz Perls는 게슈탈트 치료의 대중성이 정점에 있을 때인 1970년에 사망했다. 많은 치료자들이 전통적인 치료 체계를 버리고 이 흥미로운 접근을 따른 반면, 어떤 치료자들은 기존의 치료 접근에 게슈탈트 치료의 요소들을 통합시켰다. 남편 사망 후에도 Laura Perls는 1990년 사망할 때까지 게슈탈트 치료 관련 활동을 계속했다.

다른 이들도 게슈탈트 치료를 계속 발달시키고 개선시켜 나갔다. 특히 중요한 인물이 Erving Polster와 Miriam Polster이다. 두 사람은 샌디에이고에 있는 게슈탈트 훈련 센터의 공동 지도감독자로 오랫동안 근무하며 Perls의 사상을 확장시켰고, 치료 체계의 신뢰성을 증가시키기 위해 이론의 중요성을 강조했다(Polster & Polster, 1973). Yontef(1993, 2012), Evans와 Gilbert(2005), Lichtenberg(2012)와 같은 사람들도 지난 60년 동안 게슈탈트 치료의 성장에 기여하였다(Finlay & Evans, 2009).

게슈탈트 치료의 발달

다른 많은 치료 접근들과 마찬가지로, 게슈탈트 치료도 유럽에 그 기원을 두고 있다. Max Wertheimer, Kurt Koffka, Wolfgang Köhler를 포함한 베를린의 일군의 게슈탈트 심리학자들은 부분들을 전체로 지각하고 통합하는 지각적 특징에 대한 연구로 게슈탈트 치료의 토대를 제공했다. 이들은 '전체라는 단위, 게슈탈턴'으로서의 지식을 이해하는 것이 부분들을 분석하는 것보다 지식의 확장에 더 유용하다고 믿었다(Wulf, 1998, p. 86). 즉, 전체는 부분의 합보다 더 크다고 믿었다. 그들은 또한 인간은 균형과 완결을 향한 선천적 경향성을 가지고 있어서 부분보다는 전체에 따라서 사고하는 존재라고 보았다. 게슈탈트의 역사에 관한 종합적인 논의는 Hergenhahn(2009)을 참조하라.

게슈탈트 심리학자들이 게슈탈트 치료의 명칭과 기본 전제를 제공하긴 했지만, Perls는 자신의 치료 체계를 발달시키는 데 있어 Kurt Lewin의 장 이론, 실존주의, 동양 사상을 포함한 다양한 지식의 원천을 활용했다(Sapriel, 2012). Sigmund Freud, Karen Horney, Wilhelm Reich, 그리고 Otto Rank의 사상 또한 게슈탈트 치료에 영향을 주었다.

게다가 Perls의 배우로서의 개인적 경험과 함께 Jacob Moreno의 사이코드라마 역시 게슈탈트 치료의 발달에 영향을 주었다. 사이코드라마는 사람들로 하여금 가족불화와 같은 문제상황을 드라마화하여 만듦으로써 개인적 문제들을 다루도록 해준다. 치료자의 도움을 받아, 청중들 중에서 누군가가 가족과 기타 역할들을 맡아 주인공이 고통스런 경험을 내놓고 변화시킬 기회를 주게 된다. 관찰자들의 피드백 또한 이 과정의 효과를 강화시키고, 관찰자들도 대리적 이익을 얻을 수 있다. Perls

가 자발성·창의성·실행을 강조한 것도 Moreno의 사상에 영향을 받은 것이었지만, 빈 의자·역할극·집단 피드백·뜨거운 의자와 같은 Perls의 기법들도 Moreno에게 영향을 받았다(Wulf, 1998).

　　Perls의 생애 동안, 그의 접근과 관련된 매우 강렬한 기법들이 주목을 받았는데 그 이유는 그러한 기법을 에솔렌에서 사용했고, 강력한 효과를 보였으며, 1960년대와 1970년대 초반에 널리 유행한 참만남 집단에 적용했기 때문이다. 마음챙김 명상 수련자들은 게슈탈트 이론에 불교 사상의 개념이 깔려 있음을 알 수 있을 것이다. Fritz Perls와 Laura Perls는 의사이자 선(禪)을 배우고 있던 친구인 Paul Weisz를 통해 선불교에 친숙해졌다(Clarkson & Mackewn, 1993). Weisz는 Fritz Perls와 함께 게슈탈트 이론을 배웠고 그에게 동양 사상을 소개하였는데, Perls는 적극적으로 자신의 작업에 이를 포함시켰다. 변화에 대한 역설적 사고, 삶의 양극성, 현재를 자각하기와 같은 불교 이론들은 게슈탈트의 핵심 개념이다. 불교에서 마음챙김 명상을 방해하는 것으로 간주하는 집착과 혐오도 게슈탈트 개념과 일치하고, 자기수용, 삶에 대해 비판단적 태도를 유지하기, 당위성의 틀에서 벗어나기도 일치하는 개념이다(Kim, 2011). Perls는 그의 방법이 서구인들에게 선과 유사한 경험을 제공한다고 믿었다. 그는 후에 일본 교토에서 선불교를 공부하였다. 그는 철학자이자 *The Wisdom of Insecurity*(1951), *The Way of Zen*(1957)의 저자인 Alan Watts에게도 영향을 받았다.

중요한 이론적 개념들

Perls가 때때로 차별적 용어를 사용하긴 했지만, 그의 이론적 개념들은 많은 면에서 인간중심상담 및 실존주의 접근과 일치한다. 그러나 Perls와 그의 동료들은 게슈탈트 치료를 다른 치료 체계와 구분하는 자신들만의 사상을 추가하였다. 게다가 게슈탈트 치료에서 사용되는 전략들은 특정한 개입 전략들을 별로 사용하지 않는 실존치료 및 인간중심치료와 상당히 다르다는 것을 보여준다.

인간에 대한 관점

다른 인본주의자들처럼 Perls도 인간에 대해 낙관적이고 능력이 있는 존재로 보는 관점을 지녔고 실현에 매우 큰 중요성을 두었다. "모든 사람, 모든 식물, 모든 동물은 오로지 한 가지 타고난 목표를 가지고 있다. 그것은 자신을 있는 그대로 실현하는 것이다"(Perls, 1969a, p. 33). 그는 사람은 근본적으로 선하며 자신의 삶에 성공적으로 대처하는 능력을 가지고 있다고 믿었지만, 때때로 도움을 필요로 한다는 것을 인식했다. Perls에 따르면, 건강한 사람은 생존과 생계의 과업을 생산적으로 해나가고, 직관적으로 자기보존과 성장을 향해 움직인다. 게슈탈트 치료는 사람들이 자각, 내적 힘, 자족능력을 발달시키도록 돕는다. 이러한 특징들은 인간의 긍정적인 성장과 변화에 필요한 자원이 배우자, 직함, 직업 혹은 치료자가 아닌 자기 자신 안에 있다는 것을 인식하게 해준다.

전체성, 통합, 균형

게슈탈트 치료는 그 명칭처럼 인간의 삶에서 통합과 균형의 중요성을 강조하는 전체론적 접근이다. 사람들은 자신의 환경에서 분리될 수도 없고 (몸과 마음과 같이) 부분들로 나누어질 수도 없다

(Murdock, 2009). Perls(1969a)는 인간 유기체에 대해 다음과 같이 말했다. "우리는 간이나 심장을 가지고 있는 것이 아니다. 우리는 간이고 심장이고 뇌이다. 그러나 이것도 틀린 것이다. 우리는 부분들의 합이 아니라 전체의 **조화**이다. 우리는 몸을 가지고 있는 게 아니다. 우리가 몸이다. 우리는 어떤 사람인 것이다"(p. 6).

어느 정도 이러한 자신의 특정 부분에 대한 양극화와 거부는 항상성을 추구하는 본능에서 나온다. 사람들은 모호함과 불균형을 불편해하고 안정성과 응집성을 선호한다. 이는 균형을 맞추기 위한 잘못된 노력으로, 결과를 두려워하여 불행한 결혼 생활을 계속하게 하거나, 불일치하거나 불편하게 만드는 자신의 부분들을 자각하지 못하도록 이끌 수 있다.

양극성 통합하기 항상성을 향한 욕구는 또한 자기 자신과 세상을 양극성이나 양극단에 따라 보도록 할 수 있다. 우리가 사람들을 좋은 혹은 나쁨으로 범주화하면 보다 쉽게 세상을 이해할 수 있는 것처럼 보인다. 그러나 이러한 양극성은 일반적으로 내적 갈등이나 대인관계 갈등을 나타낸다. 진정으로 전체성을 얻기 위해서는 사람들이 자신의 양극성, 특히 마음과 몸의 양극성을 자각하고 통합해야만 한다. 우리가 그것을 성취하지 못한다면 양극성에서 무시되고 거부된 측면이 성장을 향한 우리의 노력에 걸림돌이 될 것이다. 예를 들어, 항상 독립적이어야 한다고 믿는 사람들은 관계와 친밀성을 갈망하는 자신의 부분을 부인할 수 있는 반면, 똑똑함이 자신의 최고 재능이라고 믿는 사람들은 자신의 정서 및 감각과 차단될 수 있다.

장 이론 : 전경과 배경을 통합하기 비록 사람들이 항상성을 추구하지만, 우리의 삶과 세상은 항상 유동적이며 항상 변화한다. 사람들은 계속해서 불균형을 경험하고, 그래서 균형을 회복하려고 애쓴다. 배가 고프고, 그래서 먹는다. 피곤하고, 그래서 잠을 잔다. 우리는 생기는 욕구의 특성과 중요성에 따라 우선순위를 바꾼다.

Perls는 이러한 끊임없는 유동성을 명료화하기 위해 **전경-배경**(figure-ground)이라는 개념에 Lewin의 장 이론을 융합시켰다. 차 운전의 은유는 운전 중 계속 변하는 욕구에 반응하기 위해 최선의 판단과 지식을 사용하여, 어떻게 우리가 우리의 삶을 지금-여기에 살아야 하는지를 보여준다. 우리는 운전 중 모든 경험을 통제할 수도 없고, 도착지까지 시속 120km 운전을 미리 목표로 정하고 차에 오를 수도 없다. 대신에 처한 환경에 따라 어떤 요소가 전경으로 나오게 된다. 나타나는 전경들은 다양한 수준의 초점과 주의를 필요로 한다. 자아는 이 환경이라는 장에서 유동적 부분으로 항상 변화하고 있다. 전경/배경에서 이러한 변화는 유기체의 즉각적 욕구에 주의를 기울이는 과정이다. 변화하지 않으면 침체와 정체감에 빠지게 된다.

이러한 과정 ― 전경과 배경 사이의 변화 ― 은 심리치료의 핵심이다. Perls에 따르면, 게슈탈트 접근의 기초는 유기체가 두 부분 ― 현재 벌어지고 있는 것에 대한 자각과 이와 대비되는 관계 ― 을 지닌 존재라는 역설적 상황이다. 전경은 배경을 함축하고 있고, 반대의 경우도 마찬가지이다. Perls에 따르면, 이러한 분리를 인식하고 둘 다를 활성화시키는 것이 심리치료의 목표이다. 자각을 통해 경계는 유동적이 되고, 사라지며, 그리고 나서 다시 나타난다. 차 비유와 유사하게, 어떤 것은 항상 배경으로 물러나고 있거나 전경으로 이동하고 있다.

치료자는 장의 일부로서의 자신의 관점을 치료에서 도구로 사용할 수 있다. 빈 의자와 두 의자 기법과 같은 게슈탈트 기법을 사용하여 치료자는 내담자가 배경-전경을 자각하고, 그 이중성을 인식하며, 세상은 '양자택일'이 아니라 '양자포함'이라는 결론을 내리도록 돕는다. 이러한 양자포함의 사고방식은 내담자가 판단하는 마음을 줄이고 자비심을 증가시키며 결국 변화를 일으키는 패러다임 변화를 가지고 온다(Neff, Kirkpatrick, & Rude, 2007).

더 중요한 전경-배경 이동은 사건과 경험에 대한 우리의 이해에 갑작스럽고 종종 중요한 변화를 초래한다. 예를 들어, 10개월 동안 데이트를 한 후에, 크리스틴은 남자친구 루크의 상사 집에서 열리는 파티에 가기 위해 그를 데리러 갔는데 45분 정도 늦게 도착했다. 그녀가 사고가 나서 늦었다는 설명을 하기도 전에 루크는 몹시 화를 내며 그녀의 뺨을 때렸다. 그는 전에도 그녀에게 화를 내면서 거의 때릴 뻔했으나, 그녀는 루크의 그러한 폭력 행동 징후를 간과해왔다. 그녀는 화내고 소리치는 것이 허용되고 심지어는 바람직한 감정 표현으로 받아들여지는 환경에서 자랐다. 그러나 루크가 그녀를 실제로 때렸을 때, 그녀는 전경과 배경을 통합하는 새로운 관점에서 초기의 경고 징후들을 바라보았다. 그녀는 루크가 그녀에게 위험하며 그들이 건강하지 못한 관계를 가져왔다는 것을 깨달았다.

자아경계 전경/배경 관계가 변화하는 것처럼 자아경계도 변화한다. Perls(1969a)는 자아경계를 다음과 같이 기술했다. "자아경계란 환경과의 관계에 대한 유기체의 정의이다. 이 관계는 유기체 안에 있는 것과 바깥에 있는 것이 무엇이냐에 따라 경험된다. 그러나 고정된 것은 아니다"(p. 7). 유동적인 자아경계의 두 극은 동일시와 소외이다. 부모, 신체, 직업과 같은 것에 대한 우리의 동일시는 우리 삶의 이러한 측면들을 자아경계 안으로 가져온다. 반면 타인으로부터의 혹은 우리 자신의 한 부분과 같은 것으로부터의 소외는 이런 측면들을 자아경계 밖으로 밀어내게 한다. Perls에 따르면 "그래서 좋고 나쁨이나 옳고 그름에 대한 생각은 항상 경계의 문제이고, 내가 울타리의 어느 편에 서 있느냐의 문제이다"(p. 9).

게슈탈트 치료는 제3부에서 논의된 다른 접근들처럼 **현상학적**이다. 상황에 대한 사람들의 지각은 매우 다양할 수 있다는 것, 심지어 한 개인 내에서도 지각은 변화할 수 있다는 것, 지각은 생각·정서·행동에 매우 큰 영향을 미친다는 것을 인정한다. Perls는 자신의 세미나에서 처음 장 이론을 소개했고(Perls et al., 1951), Einstein의 상대성 이론을 포함한 그 당시 과학 저서들과 부합하였다(O' Neill, 2012; Perls & Philippson, 2012). 게슈탈트 치료에서 최근 활용하는 통일 장 관점은 자아를 더 큰 환경 장과 상호작용하는 부분으로 본다. 사람은 더 큰 장 안에서 존재하고 그 맥락 밖에서는 이해될 수 없다(Perls et al., 1951).

항상성과 유동성 Perls는 사람들이 경험하는 끊임없는 유동 상태를 언급하기 위해 전경/배경, 자아경계, 양극성 등의 다양한 용어를 사용하였다. 이러한 구성개념들은 모두 우리의 항상성에 대한 위협을 내포하고 있다. 분명히 사람들은 불변의 항상성을 얻을 수 없다. 우리의 삶은 항상 변화하고 있다. 그러나 우리 자신의 모든 측면을 자각하고 동일시함으로써 우리는 유동성을 잘 다룰 수 있고 여전히 전체감과 통합감을 지닐 수 있다. 항상성은 "생존 과정에서 모든 미해결 상황을 완결하려는" 유기체의 욕구라고 할 수 있다(Perls & Philippson, 2012, p. 169).

자각

게슈탈트 치료자들에게 자각은 정서적 건강에 핵심적인 요소이다. "자각은 그 자체로 치료적일 수 있다. 완전히 자각하면 유기체의 자기조절에 대해 자각하게 되기 때문에 유기체가 방해나 간섭을 받지 않고 역할을 하게 할 수 있다. 우리는 유기체의 지혜에 의존할 수 있게 된다"(Perls, 1969a, p. 17). 자각은 건강한 사람의 특징이며 치료의 목표이다.

사람들의 제한된 자각에 대한 몇 가지 가능한 이유가 확인되었다. 지나친 몰두가 그 첫 번째 이유이다. 우리는 우리의 과거나 환상, 결점 혹은 강점에 사로잡혀 전체적인 조망을 잃고 자각하지 못하게 될 수 있다. 자각의 부족에 대한 또 다른 이유는 낮은 자존감이다. "우리가 스스로에 대해 자신감이 없으면 없을수록 자신 및 세계와 덜 접촉하게 되고, 통제하길 더 원하게 된다"(Perls, 1969a, p. 21). 낮은 자존감은 사람들이 스스로를 믿기 어렵게 만들고, 자신의 건강과 강점이 성장과 자아실현을 이끌도록 하는 것을 어렵게 만든다. 더욱이 낮은 자존감을 가진 사람은 실제로 자아를 실현하려고 하기보다는 이상적인 자아상을 실현하려고 하기 때문에 자신과 타인을 통제하려고 한다. 그 결과는 종종 의도한 것과는 정반대로 나온다.

게슈탈트 치료에서는 실험, 지금–여기에 초점 두기, 과정 서술문을 사용하여 자각을 촉진시킨다. 내담자가 자신의 감정에 대해 단지 이야기하는 것만으로는 충분하지 않기 때문에—이야기는 주지화하게끔 한다—게슈탈트 치료자는 반영적 경청을 하려고 하지 않는다. 그보다는 앉는 방식, 목소리의 톤, 손가락 두드리기와 같은 내담자의 비언어적 정보에 초점을 둔다. 이러한 신체 움직임에 주의를 기울임으로써 치료자는 내담자가 치료 회기의 지금–여기 환경에서 자신의 정서에 더 깊이 들어가 정서를 재경험하고, 자신이 투사하고 있는 것의 언어적 의미뿐 아니라 신체적 의미도 이해하게끔 한다.

성장을 증진시키기 위한 환경과의 접촉 사람들은 자각을 얻기 위해 많은 노력들을 하는데 그중에서 환경과의 접촉이 가장 중요하다. 접촉은 일곱 가지 기능을 통해 이루어진다. 보기, 듣기, 만지기, 이야기하기, 움직이기, 냄새 맡기, 맛보기가 그것이다(Polster & Polster, 1973, pp. 129~138). 접촉은 성장을 위해 필수적이다. 우리가 타인이나 세계와 접촉할 때, 우리는 반응하고 변화해야 한다. 접촉 경험은 우리에게 자기 자신과 환경에 대해 가르쳐주며, 우리가 세계의 일부를 느끼도록 돕는다. 또한 우리가 누구인지 보다 명확하게 정의하게 해준다. 타인과 가까워짐을 피하고 고립되고 제한된 삶을 사는 사람들은 스스로를 보호하고 있다고 믿겠지만, 실제로는 자신의 성장과 실현을 막고 있는 것이다.

Perls(1969a)는 접촉과 성장의 다섯 가지 수준 혹은 단계를 확인했다.

1. **겉치레층(phony layer)** 사람들은 무책임한 행동을 하고, 진부하고 진실되지 않게 반응하며, 성실하지 못하다.

2. **공포층(phobic layer)** 사람들은 고통을 피하고, 거절당하지 않으려고 실제 자기를 숨기며, 두려움에 떨며 행동하고, 취약함과 무력함을 느낀다.

3. **곤경층(impasse layer)** 앞의 두 층을 거치고 나면 사람들은 혼란감, 당혹감, 무력감을 경험한다. 그들은 타인의 도움을 찾는다.

4. **내파층(implosive layer)** 사람들은 스스로를 제한시켜왔다는 것을 자각하게 되어, 변화를 위한 실험을 하고 미해결 과제를 다루며 방어를 낮추고 더 큰 통합을 향해 움직이기 시작한다. 사람들은 자신의 가능성과 접촉하고 예전 층들을 포기한다. 이러한 내파는 다섯 번째 층인 외파로 변한다.

5. **외파층(explosive layer)** 사람들은 복원감과 전체감을 경험하고, 진정한 자기가 되며, 큰 에너지를 얻고, 정서를 느끼고 표현하며, 더 실현하게 된다.

치료는 종종 사람들이 층들을 통과해나가도록 돕는 것이 되는데, 성격의 더 건강한 층들을 드러내기 위해 양파 껍질 같은 각각의 층들을 벗겨나가게 된다. 이러한 방식으로 사람들은 진정으로 자신의 진정한, 실현된 자기가 되고, 환경·타인·자신과 완전히 접촉할 수 있게 된다.

지금-여기(here and now) 자각을 증진시키기 위한 또 다른 방법은 과거에 얽매인 채로 있거나 미래를 통제하려고 하기보다 현 순간을 의식하고 사는 것이다. Perls(1969a)에 따르면 "지금-여기 외에 존재하는 것은 아무것도 없다…. 과거는 지나갔다. 미래는 아직 오지 않았다…. 당신은 지금-여기에 살아야만 한다"(p. 44). 현재에 집중할 때 우리의 마음, 몸 그리고 감정을 통합해나갈 가능성이 높다. 우리가 현재에 온전히 존재하지 않을 때 우리는 파편화될 수 있다. 현재 사람들과 대화하면서도 정서는 과거 상처에 붙들려 있고, 생각은 미래 기대를 떠돌아다니고 있을 수 있다. 우리가 현재에 집중하지 못할 때 우리가 현재에 온전히 존재하지 않기 때문에 우리는 타인에게 혼란스런 메시지를 주게 되고, 우리 자신에 대한 통합된 느낌을 갖지 못하며, 접촉에도 어려움을 겪게 된다.

게슈탈트 치료는 지금-여기에서 이루어진다. 치료자는 진실되고, 공감적이며, 투명하게 내담자에게 반응한다. 이러한 투명성은 치료자의 개방을 포함하지만, 그러한 개방은 내담자에게 이익이 되도록 이루어져야 한다. Finlay와 Evans(2009)는 지금-여기의 활용은 내담자에게 사용하기 위해 선택하는 기법이 아니라, 모든 인본주의 치료에서 나타나는 나-너 관계를 반영하는 존재 방식이라는 점을 지적했다(Buber, 1970; Yontef, 1993). 치료 동맹을 논의할 때 나-너 관계에 대해 더 설명하게 될 것이다.

책임 제3부에서 논의된 다른 이론가들처럼 게슈탈트 치료자들은 책임을 포기하거나 우리의 실망에 대해 타인을 비난하고 분노하기보다는 우리 자신의 삶에 대한 책임을 수용하는 것이 중요하다고 본다. 게슈탈트 치료자들은 다른 사람들이 자신을 위해 선택해주도록 하기보다는 자기 스스로 선택을 해야 한다고 믿는다.

1960년대의 분위기에 따라 Perls의 초점은 개인에게 있었다. 하지만 현대의 게슈탈트 치료자들은 책임의 개념을 수정하였다. 그것은 이제 우리 자신을 돌보는 것뿐만 아니라 태어날 때부터 우리가 상호의존적 관계에 의지한다는 점을 인식하는 것까지 의미한다. 상호관계성과 독립 사이에 건강한 균형을 유지하기 위해 우리는 건강한 사람의 핵심 특징인 자각과 자기수용을 해야 한다.

성장장애의 특성

물론 모든 사람들이 정서적으로 건강한 것은 아니다. Perls는 정서적 문제를 기술하기 위해 때때로 신경증이라는 용어를 사용하긴 했지만, 이런 문제는 '성장장애(growth disorders)'라고 부르는 것이 더 정확하다고 믿었다(Perls, 1960a, p. 30). 이 용어는 자신의 어떤 측면들과 환경을 부인하거나 거부하고, 현재에 살고 있지 않으며, 타인과 충분히 접촉하지 못하고, 자각이 부족하며, 실현되지 못하고 있는 사람들을 의미한다. 그들은 변화하거나 성장하고 있지 못하고 교착되어 있다. 변화는 삶의 필수불가결한 부분이어서 변화하지 않는 사람은 정체된다.

Perls가 창조적 적응이라고 불렀던 회피와 저항은 사람들이 이러한 건강하지 못한 상태에 빠져있게 만든다. 그들은 불편한 기분을 다루길 회피하고, 자각하지 못한 채 있으며, 유동성이나 변화를 최소화하기 위해 자신의 삶을 제한시킨다. 그들은 자신의 측면을 다른 사람에게 돌리는 투사, 주의분산, 자신과 타인 사이의 경계를 세우지 못하는 것, 주변 환경으로부터의 내사와 철수와 같은 자아방어를 많이 사용한다. 안전과 항상성에 대한 착각으로 전체성, 통합, 선택의 자유, 실현이 희생된다. 그런 사람들은 삶의 변화를 자각하고, 예견하며, 융통성 있게 성공적으로 대처하지 못한다. 오히려 변화를 피하기 위해 성공적이지 못한 방어책략들을 고집한다. 역설적이게도, Perls가 관찰한 것처럼 정체조차도 움직임이 생기고 희망이 있음을 나타낸다. 아이러니하게도 이러한 방식을 사용하는 사람들은 자신의 삶을 다루기 위해 자신의 강력한 자원을 자각하고 사용하는 사람들보다 더 큰 혼란과 불편감을 경험할 수 있다.

건강하게 발달하고 있지 못한 사람들은 종종 많은 미해결 과제를 갖고 있다. Perls(1969a)에 따르면 "우리의 삶은 기본적으로 사실상 무수한 미해결 상황들, 즉 불완전한 게슈탈트와 다름없다. 한 가지 상황을 끝내자마자 곧 또 다른 상황이 생긴다"(p. 15). 건강한 사람들은 자신의 삶에서 거듭되는 미해결 과제로 당혹스러워할 수 있긴 하지만, 자신의 자원을 사용하는 법을 배움으로써 그것을 효과적으로 다루어나간다. 삶의 변화에 적응하지 못하는 사람은 성장장애가 나타난다. 삶의 과정에서 나타나는 이러한 기능 문제나 위기는 의학적 문제라기보다는 '존재의 한 가지 가능성'이다(Levine, 2012, p. 9). 그들은 자신들의 환경과 그들 자신의 많은 측면들로부터 소외되어 있기 때문에 삶의 요구를 효과적으로 다룰 수 없고 그래서 점점 더 많은 미해결 과제들을 쌓아나간다. 비생산적인 대처 노력에 의해 그들의 에너지는 약화되고 삶을 성공적으로 살아가는 데 필요한 자원들은 고갈된다. 미해결 과제에 압도당한 사람들은 전형적으로 고착되거나 가로막힌 느낌을 받으며 신체증상을 경험할 수도 있다. 그들의 현 문제는 미해결된 과거의 문제를 반영하는 경향이 있고, 지금-여기 다루어지지 못하기 때문에 결코 끝나지 않는다. 게슈탈트 치료자는 변화 주도자가 아닌 성장과 자기조절의 촉진자 역할을 한다. 게슈탈트 치료의 주요 목표 중 하나는 사람들에게 미해결 과제가 밀려 있음을 자각하게 하고 그것을 끝내게 도와줌으로써 현재에 더 온전히 살 수 있도록 하는 것이다.

게슈탈트 치료를 이용한 치료

인간중심상담이나 실존치료와는 달리, 게슈탈트 치료는 치료를 촉진하는 다양하고 풍부한 전략들을 포함하고 있다. 이러한 전략들은 Perls 등(1951)이 게슈탈트 작업에서 네 가지 주요 강조점으로 확인한 것들을 더 발전시켜나간 것이다.

1. 경험에 주의를 기울이고 현재 상황을 자각하고 거기에 집중하기
2. 사회적, 문화적, 역사적, 신체적, 정서적 그리고 다른 중요한 요소들 간의 연관성과 통합을 유지하고 촉진하기
3. 실험하기
4. 창의성을 고무시키기

목표

게슈탈트 치료의 목적들 중 상당수가 인간중심치료 및 실존치료와 유사하다. 그러나 이 접근에만 독특한 것들도 있다. 게슈탈트 치료의 가장 중요한 목표는 다음과 같다.

- 주의, 명료성과 자각을 증진시키기
- 사람들이 지금-여기에 살도록 돕기
- 사람들의 전체감, 통합감과 균형감을 향상시키기

이 치료에서 중요한 부가적인 목표는 다음과 같다.

- 사람들이 자신의 미해결 과제를 끝낼 수 있도록 하기
- 사람들이 자기 자신의 상당한 자원을 인식하고 활용하도록 하기
- 책임감, 적절한 선택, 자기충족감을 증진시키기
- 자기존중감, 자기수용, 실현을 증진시키기
- 자기 자신, 타인, 환경의 모든 측면들과 의미 있는 접촉을 하려는 사람들의 노력을 촉진시키기
- 타인에게 피해주지 않고 자신의 삶을 성공적으로 살아나가는 데 필요한 기술을 발달시키기

Perls(1969a)에 따르면 "게슈탈트 치료와 다른 대부분의 심리치료들 사이에 차이가 있다면, 그것은 우리는 분석을 하지 않는다는 것이다. 우리는 통합을 한다"(p. 70). 게슈탈트 치료의 궁극적인 목

적은 인간 유기체의 자연스러운 성장을 촉진하고, 사람들이 자각하며 살고 삶을 실현할 수 있도록 하는 것으로, 단순히 문제를 해결하거나 적응을 증진시키는 것뿐만 아니라 내담자들이 더 큰 충족감과 전체감을 느끼도록 돕는다.

변화 방법

게슈탈트 치료자들은 자각이 변화의 주요한 도구라고 믿는다. 만약 사람들이 그들의 미해결 과제 및 자신의 강점과 자원을 자각할 수 있다면 그들은 성장할 수 있으며 더 실현될 수 있다. 게슈탈트 이론에 따르면 특히 중요한 것이 신체를 통해 얻는 자각인데, 이는 대부분의 사람들이 신체와 감각으로부터의 메시지는 무시하고 지적인 자각만 지나치게 강조하기 때문이다.

🛠 치료 동맹

이전 장에서 다룬 실존치료자들처럼, 게슈탈트 치료자들도 나-그것(I-it) 관계와 대조되는 나-너 (I-thou) 관계를 만들고자 하는데, 나-그것 관계는 우리가 앞을 향해 나아가도록 해주지만 깊은 의미를 포함하고 있지는 않은 일상적 관계의 유형이다. 나-너 관계는 다른 사람을 기꺼이 있는 그대로 알고자 함이요 기꺼이 솔직해지고 온전히 알리고자 함이다. 나-그것 관계 방식이 기피되어야 하는 것은 아니지만(왜냐하면 이 방식이 우리 의사소통의 대부분을 차지하고 있기 때문에), Crocker(2005)는 이 방식은 우리 인간성의 깊이를 놓치고 있다고 지적했다. "계속 '너'를 드러내는 것에 열려 있는 것과, 그게 언제 어디에서 오든 상관없고 나-그것 관계가 주를 이루는 경우에도, 기회가 주어질 때 다른 사람의 '나'에 자기 자신을 '너'로서 기꺼이 드러내는 것은 한 인간으로서 자신에게 충실한 것이다. Buber에게 있어, 타인의 고유한 개성은 드러나고 받아들여지며, 이런 상호 과정으로부터 진실된 지역사회와 삶의 실현이 생긴다"(p. 72).

　게슈탈트 치료자들은 진솔해지려고 하고, 그들 자신의 느낌과 경험 그리고 지각을 자각하려고 한다. 그들은 내담자와 치료자가 모두 판단·자기애·기대가 없고, 서로를 존중하고 수용하며, 개방되어 있고, 지금-여기에 온전히 존재하는 관계를 내담자와 형성한다(Buber, 1970; Finlay & Evans, 2009). 그들은 사람들에게 변화하라고 설득하거나 사람들이 어떻게 되어야 한다고 말하지 않는다. 그보다는 신뢰, 자각, 새로운 방식의 생각·느낌·행동을 실험해보고자 하는 마음을 증진시키는 분위기를 만든다. 치료자와 내담자는 치료 과정에서 능동적이고 전념하는 동반자 관계로 들어간다. 그러나 내담자들은 자신의 발달에 책임을 지고 치료 회기에서 나온 정보들을 어떻게 사용할지 스스로 결정한다.

　이러한 자각은 종종 역설적 변화 원리라고 불린다. "변화는 자기 자신이 될 때 일어나지만, 자기 자신이 아닌 것이 되려고 할 때는 일어나지 않는다"(Beisser, 1970, p. 77). 변화가 가능할 수 있는 유일한 길은 이전에 부정된 자아의 측면을 지배하고 통합하는 것이다. 내담자의 주의가 흐트러지거나 갈등이 나타나거나 또는 접촉을 상실하거나 파편화된 모습을 치료자가 관찰하게 될 때, 치료자는 회기의 '지금-여기' 맥락에서 이러한 현상들에 주의를 기울인다. 치료자는 해석이나 판단을 하지 않고 관찰을 하며, 주의에 다시 초점을 맞추고 가로막힘을 자각하게 하며 현재 활동과 경험과 계속 접촉하도록 돕는 정보만 제공할 뿐이다. 내담자들을 이해하려고 노력하기보다는 내담자들이 자신의 길을 찾도록 경청하고 돕는 데 초점을 둔다.

지금-여기에서의 경험은 자각을 증가시키기 위해 사용되는 과정이다. 자각은 현재 경험의 순간에 일어나기 때문에, 내담자의 과거 경험을 다루고 있는 경우라도 치료에서 초점은 "과거와 닿아 있어서 그 과거가 생생하고 분명해지는 현재 순간"이다(Melnick & Nevis, 2005, p. 105). 우리가 우리 자신을 아는 유일한 길은 이러한 관계적 상호연결망을 통하는 것이다(Finlay & Evans, 2009).

실험

게슈탈트 치료자들의 한 가지 과제는 그들의 내담자에게 실험을 제안하거나 경험을 학습하도록 하는 것이다. 이는 각 내담자에게 적절한 목적을 성취하기 위해 개별적으로 정해지는데, 대개 자각을 증진시키고 해결할 수 있는 현재로 문제와 미해결 과제를 가져오는 것이다. 이러한 실험은 위협적이거나 부정적이어서는 안 된다. 그보다는 긍정적이고 성장 촉진적이어야 한다. 제안된 실험의 진행은 항상 정중하게, 마음이 동하도록 그리고 신중하게 시기를 맞춰야 한다. 참여를 독려하기 위해 직면을 사용할 수 있지만, 절대 내담자의 자존심을 상하게 하면 안 되고 항상 실험에 참여할지 안할지를 내담자가 선택할 수 있게 한다.

실험은 실행, 역할극, 숙제 또는 회기 사이에 내담자들이 해야 할 활동 등으로 이루어질 수 있다(Polster & Polster, 1973). 예를 들어, 어느 게슈탈트 치료자는 사람들과 더 친밀한 관계를 맺고 싶지만 철수되고 방어적인 한 여성에게 친구를 놀라게 하거나 기쁘게 할 만한 그녀 자신에 대한 어떤 것을 친구에게 이야기해보도록 제안했다. 친구에게 무엇을 이야기할지 생각하면서 그 여성의 자기자각이 증진되었으며, 결과적으로 그들이 나눈 경험은 그 여성과 친구 사이의 친밀감을 증가시켰다.

언어의 사용

언어는 게슈탈트 치료에서 중요한 부분을 담당한다. 언어를 신중하게 선택함으로써, 치료자들은 변화를 고무시키는 분위기를 만든다.

서술문 형태 강조 비록 질문이 게슈탈트 치료의 일부이긴 하지만, 치료자들은 전형적으로 서술문을 선호한다. "당신의 주의가 어디로 가버렸나요?"보다는 "우리 사이의 접촉 상실을 경험하고 있어요"라고 말하는 경향이 있다. 서술문의 즉시적이고 직접적인 개인 대 개인 접촉은 협력적인 내담자-치료자 관계를 증진시킨다. 반면에 질문은 교사-학생 관계를 연상시키는데, 이런 관계에서는 권력 차이가 치료 과정을 손상시킬 수 있다. 누군가에게 말하는 것이 아니라 누군가와 말하는 것이 관계를 형성하는 데 매우 중요하다.

'무엇을'과 '어떻게'로 질문하기 게슈탈트 치료자들은 질문을 할 때 보통 '무엇을', '어떻게', 때때로 '어디서'로 시작하고, '왜'라고 시작하는 경우는 드물다. "당신은 발을 쿵쿵 굴리고 있을 때 무엇을 경험하고 있습니까?" 또는 "당신이 발을 쿵쿵 굴리고 있을 때 어떻게 느껴집니까?"와 같은 질문들은 "당신은 왜 발을 쿵쿵 굴리고 있습니까?"와 같은 질문보다 내담자를 좀 더 현재 순간에 머무르게 하고 통합을 증진시키는 경향이 있다. '왜'라는 질문은 전형적으로 과거의 경험에 집중하게 만들뿐만 아니라 차단과 저항을 이끌어낸다.

나 서술문　게슈탈트 치료자들은 사람들이 다른 사람(그들)이나 사건(그것)에 대해 이야기하기보다는 자기 자신의 느낌과 경험들을 인정하고 거기에 집중하도록 격려한다. "나는 화가 나요", "그 꿈에서 나는 길을 잃었어요"와 같이 '나'로 시작하는 서술문은 통합감뿐만 아니라 소유권과 책임감을 고무시킨다. "엄마가 나를 화나게 만들었어요"와 "내 꿈은 길 잃은 것에 대한 거예요"와 같은 서술문은 초점을 내담자와 현재 순간으로부터 벗어나게 해서 파편화와 책임의 외재화를 증가시킨다.

현재 시제　내담자가 과거 사건에 대해 이야기할 때조차도 게슈탈트 치료자들은 그 과거 사건들을 상담실과 현재 순간으로 가져와서 내담자로 하여금 그 사건에 대한 자신의 현재 경험에 초점을 맞추도록 격려한다. 예를 들어, 치료자는 내담자가 어렸을 때 그의 아버지가 그를 어떻게 유기했는지에 대한 그의 지각에 초점을 맞추기보다는 어릴 때의 유기가 치료 회기 내에서 내담자의 느낌과 행동에 어떻게 영향을 주는지 내담자에게 이야기해보도록 할 수 있다. 이것은 자각을 촉진할 뿐만 아니라 그 사건에 대한 내담자의 경험과 진정으로 연결되도록 촉진할 수 있다.

책임을 고무시키기　게슈탈트 치료자들은 통합을 촉진시키기 위해 사람들이 자기 자신, 자신의 말, 정서, 생각 그리고 행동에 대해 책임을 지도록 고무시킨다. 언어 또한 그러한 목표를 촉진하도록 할 수 있다. 예를 들어, 치료자는 사람들이 자신의 느낌을 인식하고 수용하도록 돕기 위해 일시적으로 그들의 모든 문장을 "나는 …에 대해 책임이 있다"와 같은 말로 시작할 것을 제안할 수 있다. 또한 내담자가 자신의 투사를 더 쉽게 자각할 수 있도록 타인에 대한 문장을 자신에게 적용해보도록 할 수도 있다. "내 여동생은 자기만 생각한다"라고 말한 여성에게 "나는 나 자신만 생각한다"라고 말해보게 한 후 어떤 느낌이 드는지 이야기해볼 수 있다.

　사람들이 자기 자신에 대해 책임을 갖도록 고무시키는 또 다른 방법은 치료자가 내담자들로 하여금 내재되어 있는 것을 외현화시키도록 돕는 것이다. 예를 들어, 한 여성은 남편이 교회에 가자고 했을 때 남편에게 함께 교회에 가는 것이 즐거울 것이라고 분명히 말했다. 그러나 매주 일요일마다 그녀는 해야 할 일이 있어서 교회에 갈 수 없다고 그에게 말했다. 치료자는 그녀가 다음과 같은 말로 그녀의 느낌을 외현화하도록 고무시켰다 — "나는 정말로 당신과 함께 교회에 가고 싶지 않아요. 내가 자라면서 믿어온 종교가 아니기 때문에 불편하고 내 자리가 아니라고 느껴요."

꿈

꿈은 게슈탈트 치료에서 중요한 위치를 차지한다. Perls는 꿈을 Freud가 본 것처럼 무의식으로 가는 왕도라기보다는 통합으로 가는 왕도로 보았다. Perls는 꿈의 일부분들이 꿈꾸는 사람의 투사나 특징을 나타낸다고 믿었다. 꿈의 다양한 역할들이나 부분들을 맡아서 그 꿈이 마치 현재에 일어나는 것처럼 실행해봄으로써 자각이 생긴다.

예를 들어 한 남성이 토끼에 대한 꿈을 꾸었는데, 그 토끼는 여우에게 쫓겨 들판을 가로질러 굴속으로 도망쳤다. Freud라면 물론, 여우와 토끼 간 갈등의 무의식적인 의미와 굴이 갖고 있는 성적인 의미에 초점을 맞출 것이다. 반면 Perls라면, 꿈에서 두드러진 부분 각각의 역할을 그 남성이 맡아보도록 하였을 것이다. 내담자로 하여금 공포에 질린 토끼, 위협하는 여우, 탁 트인 들판, 보호해주는 굴의 역할을 한 번에 한 가지씩 실행해보게 하고 각 역할을 할 때 일어난 생각과 느낌을 말해보도록 할 것이다. 예를 들어, 그는 다음과 같이 말할 수 있다. "내가 바로 그 토끼이고, 겁에 질려 달리고 있는데, 잡아먹힐까 봐 두려워요. 나는 항상 아슬아슬하게 피신처로 도망가지만, 다음번에는 그럴 수 없을지도 모른다는 것을 알아요."

꿈을 이해하기 위한 이러한 접근은 내담자가 그 절차를 관장하게 해준다. 또한 사람들로 하여금 자신의 꿈에 대해 책임을 지게 하고, 자신의 꿈을 자신의 일부로서 바라보게 해주며, 통합을 증가시켜주고, 꿈에 나타난 자신의 생각과 감정을 자각하게 해준다. Perls의 *Gestalt Therapy Verbatim*(1969a)이라는 저서에는 꿈 작업의 간결한 예들이 많이 나와 있다.

공상

공상도 꿈처럼 사람들이 좀 더 자각할 수 있도록 도와준다. 치료자들은 사람들이 그들의 상상 속으로 여행을 떠날 수 있도록 유도된 심상을 사용할 수 있다. 내담자들은 쓰러질 듯한 집이 있는 아름다운 초원을 거닐면서 누가 그들과 함께 있는지 둘러보고 그 상황에서 무엇을 할 것인지 정하는 자신의 모습을 상상해보도록 격려받는다. 치료자들은 탐색을 촉진하는 질문을 하고 내담자가 공상 속에서 할 수 있는 행동을 제안함으로써 좀 더 공상을 해 보도록 만들 수 있다.

꿈에서처럼 게슈탈트 치료자들은 공상의 부분들이 그 사람의 투사나 특징을 나타낸다고 가정한다. 공상이 끝나면, 치료자들은 사람들이 그 공상의 부분들이 되어 마치 각 부분인 것처럼 말하도록 해서 그 경험을 처리하도록 격려한다. 이 기법은 꿈의 탐색에서처럼 종종 사람들이 자신의 느낌을 더 자각하고 더 잘 접촉하게 해주며, 자신의 정서를 더 잘 표현할 수 있게 도와준다.

공상은 또한 미해결 과제를 완수하는 데도 사용될 수 있다. 예를 들어, 수술을 받은 한 여성이 재수술을 해야 한다는 생각과 그녀의 수술 의사에 대한 분노의 감정을 가진 채로 있다고 해 보자. 그녀가 그녀의 감정을 의사에게 표현하기 위해 전화를 걸었을 때, 의사는 그녀의 전화를 받지 않았다. 그녀의 바람이 완결되도록 돕기 위해 치료자는 그녀에게 유도된 공상을 사용하였는데, 그 공상에서 그녀는 그 의사에게 자신의 느낌을 표현해서 스스로를 지키는 능력을 보여주고 불만족스러웠던 수술을 바로잡았다.

⚙ 빈 의자 기법을 이용한 역할극

다양한 형태의 역할극은 게슈탈트 치료자의 필수적인 도구이다. Perls가 Moreno의 사이코드라마에 영향을 받긴 했지만, 게슈탈트 치료는 다른 사람을 활용하여 역할극을 하는 경우는 드문데, 파편화를 유도할 가능성이 있기 때문이다. 그보다는 역할을 나타내기 위해 빈 의자가 더 자주 사용된다.

내적 갈등을 다루기 위한 두 의자 기법 역할극에서 일반적인 이 유형은 사람들이 내적 갈등을 자각하고 해결하며, 문제의 모든 측면들을 명료화하여 통찰을 얻도록 돕기 위한 것이다(Strumpfel & Goldman, 2002). 또한 사람들이 자신의 자기판단, 그리고 자기판단에 반응하는 방식을 자각하도록 도울 수 있고, 자기 자신에 대한 자비심을 갖도록 도울 수 있다(Barnard & Curry, 2012). 지적인 측면과 신체적인 측면 또는 사랑과 분노와 같이 갈등하고 있는 두 부분을 나타내기 위해서 두 의자가 사용된다. 수치심, 슬픔과 같은 정서를 동반하는 분노와 관련된 갈등을 해결하는 것은 특히 치료적이다. 내담자는 각각의 의자에 앉아서 각 의자가 나타내는 관점으로 이야기를 한다.

이러한 연습의 기저에 있는 것이 바로 '강자(top dog)와 약자(underdog)'라는 게슈탈트 개념이다. Perls는 "우리는 지속적으로 우리 자신을 괴롭힌다. …강자/약자 게임에서 우리 자신의 일부는 다른 일부에게 올바른 행동을 하라고 훈계하고 강요하고 위협한다"고 믿었다(Fagan & Shepherd, 1970, p. 4). 일종의 초자아 또는 양심인 강자는 판단을 내리고, 약자에게 어떻게 느끼고 생각하고 행동해야 하는지 이야기해준다. 약자는 온순하고 미안해하는 경향이 있지만 실제로 변화하려고 하진 않는다. 강자가 더 강력해보일 수 있지만, 실제로는 약자가 죄책감에도 불구하고 협력이나 변화를 거부함으로써 통제권을 갖는다. 내면에 강자와 약자를 갖고 있는 것에 더해, 사람들은 다른 사람들에게 강자의 역할을 맡기고, 반면 자신은 죄책감을 느끼지만 무력한 약자의 역할을 맡을 수 있다. 일부 내담자들은 치료자들과 이러한 위계적이고 비생산적인 관계를 맺는다.

내적 갈등 또는 분열을 다루기 위해 두 의자 기법을 사용할 때, 대화는 일반적으로 그 사람의 강자나 지배적인 부분이 방어적이고 취약한 경향이 있는 다른 부분에게 강한 비판을 하는 것으로 시작한다. 대화가 계속되면서 치료자는 비판자가 더 가혹해지도록 고무시키는 반면, 약자가 고통과 슬픔을 표현하도록 촉진한다. 예전 기억, 오해, 그리고 이전에 말하지 못했고 무시되었던 느낌들이 이때 표면화될 수 있다. 뒤이어 이것은 "아하"라고 알려져 있는 경험을 만들어낸다. 새로운 정서적 자각과 이해를 획득하는 인식의 충격이다. 이 연습의 목표는 교착상태를 피하고 두 부분이 해결책을 찾을 수 있도록 하는 것이다. 비판자는 더 인내하고 수용하게 되는 반면 약자는 자신감과 직접적인 자기표현의 수단을 얻는다. 사람들은 자기 자신의 두 부분을 좀 더 잘 인정하고 통합시킬 수 있게 된다.

강자 대 약자의 양극은 게슈탈트 양극의 하나로 잘 알려져 있다. 이름이 나타내는 것처럼, 강자극은 옳고자 하고, 책임을 지며, 남보다 앞서려고 하는 우리의 기본 욕구이다. 반대 극에 있는 약자는 강자로서의 책임을 회피하기 위해 희생자가 되며, 게으르고 어리석고 수동적으로 행동하는 경향이다. 우리는 이 두 극 사이를 왔다 갔다 하지만 건강한 사람은 균형을 찾는 반면, 건강하지 못한 사람은 정서적 고통을 피하기 위한 노력으로 하나의 극단에 매달린다. 이는 연결/분리이든, 강점/취약점이든 양극의 경우라면 모두 마찬가지이다(Prochaska & Norcross, 2009). 사람들이 양극 중 양자택일하는 방식에 머물면서 자신이 지금 행세하는 것과는 반대적이기도 하다는 것을 받아들이지 않는다면 온전한 삶, 즉 완전한 게슈탈트를 경험하지 못할 것이다. 완전한 게슈탈트는 삶에 대해 양자포함의 접근을 한다.

미해결 과제를 다루기 위한 빈 의자 기법 Strumpfel과 Goldman(2002)에 의하면 "…충족되지 않은 중요한 욕구들은 자각으로부터 완전히 물러나지 못한 미완성 게슈탈트를 의미한다"(p. 196). 빈 의자 대화는 이러한 미완성 게슈탈트들을 상상을 통해 다루고 해결하는 방법이다. 빈 의자는 다른 사람, 꿈 또는 공상에서 문제가 되고 혼란스런 부분이나 두통과 같은 신체 증상을 의미할 수 있다.

빈 의자에서 내담자는 중요한 미해결 과제가 걸려 있는 어떤 사람(또는 증상 또는 꿈의 일부분)을 시각화한다. 그러고 나서 그들은 차단되었던 과정을 완성시키기 위한 노력으로 그 사람에 대한 자신의 생각과 감정을 표현한다. 이러한 경험의 목표는 내담자가 자신감을 키워나가는 것뿐 아니라 타인이나 사건을 더 잘 이해하고 수용하도록 하는 것이다.

인도에서 태어난 여성인 수아타는 아버지에 대한 미해결 과제가 있었다. 그녀는 그의 인정을 얻기 위해 항상 노력했고, 자신의 직업적 · 학문적 성취를 아버지에게 자랑스럽게 알렸다. 그의 평소 반응은 그녀의 말을 무시하거나 자신을 위해 언제 또 손주를 만들 건지 물어보는 것이었다. 수년간 열심히 공부하여 마침내 박사학위를 받고도 아버지로부터 같은 반응을 받자 그녀는 낙심하면서 자신의 성취를 평가절하 하게 되었다. 아버지와의 빈 의자 대화를 통해 그녀는 아버지의 문화적 배경의 영향과 아버지가 그의 부모로부터 받아온 교훈을 이해하게 되었다. 이 경험으로 그녀는 자신의 성취에 대한 자부심을 유지하면서도 아버지의 가치를 좀 더 인내하고 수용하게 되었다.

의사소통의 도구 : 신체

게슈탈트 치료는 사람들에게 자신의 생각, 감정, 그리고 신체 감각에 접근할 수 있게 하고 자각할 수 있게 함으로써 전체감을 주고자 한다. 많은 사람들이 자신의 생각과 감정은 비교적 잘 자각한다. 그러나 자신의 신체 감각은 무시하거나 차단시킨다. 결과적으로 게슈탈트 치료자들은 특히 신체의 메시지에 주의를 기울인다.

다음의 전략들은 신체에 주의의 초점을 둘 때 특히 유용하다.

- **확인** 치료자들은 신체 메시지들에 주의를 기울인다. 만약 손가락으로 책상을 두드리거나 다리를 흔드는 것처럼 내담자 신체의 일부가 반응하고 있는 것을 본다면, 치료자는 그 움직임에 주의를 기울이고 움직임의 메시지에 대해 질문한다. 치료자는 "우리가 당신의 여동생과의 관계에 대한 이야기를 했을 때 당신이 다리를 떨기 시작하는 것을 보았습니다. 당신의 다리가 무엇을 이야기하고 있습니까?" 또는 "당신의 다리가 되어 말해보세요. 다리는 무엇을 느끼고 있습니까?"라고 말할 수 있다.
- **신체에서 정서의 위치** 또 다른 전략은 사람들이 몸에서 자신의 정서의 위치를 찾도록 하여 자신의 느낌을 더 온전히 경험할 수 있도록 돕는 것이다. 치료자는 "당신은 여동생에게 분노를 느낀다고 이야기했습니다. 이 분노를 어디에서 경험하고 있는지 설명해주세요"라고 말할 수 있다. 일단 내담자가 위장을 분노의 위치로 찾았다고 한다면, 치료자는 내담자의 신체 감각을 탐색할 수 있고, 그녀로 하여금 자신의 느낌을 더 온전히 접하고 표현하게 할 수 있다.
- **반복과 과장** 내담자의 신체 움직임 또는 증상들을 관찰할 때, 치료자들은 종종 내담자에게 그

것을 반복하고 과장하도록 한다. 예를 들어, 치료자는 "당신이 다리를 떨고 있는 것을 봤습니다. 당신이 다리 떠는 것을 과장해봤으면 합니다. 가능한 한 세게 해 보세요. 그리고 나서 어떤 기분이 들었는지 말해주세요"라고 말할 수 있다. 과장 또는 반복 기법은 내담자의 목소리 톤이나 중요한 문구에도 적용될 수 있다. 이러한 개입은 에너지가 위치해 있는 곳에 주의를 기울여 차단되었던 자각과 에너지를 방출할 수 있게 한다.

집단에서 게슈탈트 치료의 이용

초기에 게슈탈트 치료는 주로 집단 안에서 수행되는 개인치료의 형태였다. 오늘날 개인치료가 치료의 기본 양식이지만, 집단 장면에서 이 접근을 사용하는 것은 많은 이득이 있다. 게슈탈트 치료 집단은 대인관계 역동과 집단 체계에서의 역동 모두에 초점을 둔다. 치료자와 집단원으로부터의 피드백과 지지는 자각의 과정을 가속화시킬 수 있다. 구성원들은 또한 서로로부터 간접적으로 보고 배울 수 있다. 집단 장면에서 게슈탈트 치료의 사용은 여러 유용한 기법들을 발전시키는 계기가 되었다.

뜨거운 의자

캘리포니아 주 빅서의 에솔렌 연구소에서 Fritz Perls의 작업은 집단 장면에서 뜨거운 의자의 사용을 강조했다. 이 강력한 기법으로 그는 상당한 주목을 받게 되었고, 이 기법은 1960년대와 1970년대 참만남 집단에서 널리 사용되었다. 뜨거운 의자는 집단 중앙에 놓여 있는 의자로, 이 자리에 앉아 있는 것은 종종 강렬한 감정을 불러일으키기 때문에 대개 바로 옆에 화장지가 있다. 집단 구성원들은 한 번에 한 사람씩 자원하여 뜨거운 의자에 5~10분을 있으면서 집단의 주목을 받게 된다. 뜨거운 의자에 앉아 있을 때, 자신의 감정을 표현하고 그 감정에 머물러 있도록 격려받는다. 자신의 신체 언어와 언어적 메시지에 대한 집단의 피드백이 자기 자신과 자신의 감정에 대한 자각을 증진시킨다.

순회하기

순회(making the rounds)할 때 뜨거운 의자에 있는 사람은 각각의 집단원에게 말을 하는데, 대개는 그 사람에게 원하는 어떤 것이나 자신에게 뭔가 떠오르게 하는 그 사람의 어떤 것을 말하게 된다. 대안적으로 집단원들이 뜨거운 의자에 앉은 사람에게 돌아가며 장점에 대해 피드백을 줄 수도 있다. 게슈탈트 치료에서 사용되는 다른 많은 실험들처럼 이는 사람들에게 지속적으로 영향을 주는 강력한 기법이다.

   게슈탈트 집단치료에서도 게슈탈트 치료와 마찬가지로 전경/배경 역동, 장 이론, 상호주관성이 고려된다(Gaffney, 2012). 게슈탈트 집단 작업은 임상 슈퍼비전에도 활용할 수 있다(Gaffney, 2008).

교류분석

Eric Berne에 의해 발달된 교류분석(TA)은 정신분석에 그 뿌리를 두고 있지만 오늘날에는 종종 게슈탈트 치료 및 사이코드라마와 통합된다. TA는 무의식을 강조하지 않고 대신에 책임, 정서적 건강, 사회적 관계에 초점을 둔다(Totton, 2010). 그러나 원래 정신분석가로 훈련받았던 Berne은 초기 아동기 발달과 부모의 메시지의 중요성도 강조했다. Alfred Adler와 마찬가지로, Berne은 아동기에 형성된 인생 각본이 이후 삶에 영향을 준다고 믿었다. Berne은 정신분석적 개념의 복잡성은 줄이고 적합성은 증가시키고자 하였다. 그의 저서 *Transactional Analysis in Psychotherapy*(1961)에 이어 TA에 대한 폭넓은 관심을 불러일으켰던 베스트셀러인 *Games People Play*(1964)가 출판되었다. Berne은 1970년 사망할 때까지 8권의 저서와 64개의 논문을 출판하였다.

교류분석의 이론적 개념과 발달

예전만큼 널리 사용되고 있지는 않지만, TA는 단독으로 혹은 게슈탈트나 다른 치료 체계와 함께 계속 사용되고 있다. 이 접근에 대해 좀 더 배우길 원하는 독자를 위해 다음과 같이 추가적 정보를 제시한다.

인간발달과 자아상태 Berne은 사람들이 발달 단계를 통해 성장한다고 제안했다. Freud와 Erikson의 영향이 분명히 드러나지만, Berne은 부모·성인·아이의 세 가지 자아상태 개념을 통해 자신만의 특징을 보여주었다.

- 아이 자아상태는 초기 경험, 정서, 직관, 호기심, 그리고 즐거움과 수치심을 느끼는 능력을 갖고 있다. 아이 자아상태는 과장해서 말하고, 자기 자신에게 초점을 두며, 울기·칭얼거리기·킥킥거리며 웃기·꼼지락대기와 같은 비언어적 행동을 나타낸다.

- 성인 자아상태는 컴퓨터와 같다. 객관적이고 합리적이며, 감정보다 논리를 강조하고, 정보를 처리하며, 다른 자아상태의 메시지를 통합하고, 문제를 해결한다. 이 자아상태는 똑 부러지며, 의견을 내고, 질문을 한다. 부모 또는 아이 자아상태의 자료를 없앨 수는 없지만, 두 자아상태로부터의 입력을 최소화하거나 통합할 수 있다.

- 부모 자아상태는 두 부분으로 되어 있다 — 지지하고 긍정하고 보살펴주지만 과잉보호를 할 수 있는 양육적 부모(nurturing parent), 판단하고 인정하지 않고 비난하고 기준을 제시하는 비판적 부모(critical parent). 비판적 부모는 아이가 부모나 교사 또는 다른 권위적 대상으로부터 받는 규칙, 질책, 칭찬, 보상에서 생기며 아이의 옳고 그름에 대한 개념을 반영한다(Harris, 1967). 부모 자아상태는 '항상', '절대', '해야 한다'와 같은 말을 사용하는 경향이 있고, '너'에 초점을 둔다('네 방을 깨끗이 좀 치워라' 또는 '너는 일을 제대로 못하고 있어'). 비언어적 신호로는 지적하기, 한숨 쉬기, 호통치기가 있다. 부모 자아상태는 분명한 지침을 제시할 수도 있고, 혼합된 메시지를 줄 수도 있다.

이상적으로는 세 가지 주요 자아상태(부모, 성인, 아이)가 성격에서 균형을 이룬다. 그러나 만약 세 가지 자아상태 중 한두 가지 자아가 너무 큰 비중을 차지하거나, 하나의 자아가 다른 자아를 오염시키거나 침범하면 특히 관계에서 어려움을 발달시키게 된다. 예를 들어, 성인 자아가 너무 빈약한 사람은 비논리적일 가능성이 있는 반면, 성인 자아가 너무 강한 사람은 아마 재미가 없을 것이다. 유사하게, 자유로운 아이 자아가 너무 빈약한 사람은 위축되고 경직될 가능성이 있는 반면, 자유로운 아이 자아가 너무 강한 사람은 무책임할 수 있다. 구조분석을 통해 자아상태의 균형을 평가할 수 있다.

교류 교류는 행동의 기본 단위이다. 그것은 두 사람 사이의 언어적 또는 비언어적 메시지의 교환과 관련된다. TA는 교류의 원천, 교류표적, 응답하는 자아상태를 특징으로 하는 교류의 세 가지 유형을 기술한다.

1. **상보적 교류**(complementary transaction) 표적 자아상태와 응답 자아상태가 동일하고, 응답은 원천 자아상태를 향한다. 상보적 교류는 명료하고 개방적이며 보상적인 상호작용 및 관계로 이끄는 경향이 있다. 사람들은 하고자 하는 말을 하고, 다른 사람이 하는 말을 이해할 수 있다. 어떤 불일치도 분명히 드러내서 다룰 수 있다.

   예시 A (그림 10.1)
   부모(원천 자아상태)가 아이(표적 자아상태)에게 : 장난감을 주우렴.
   아이(응답하는 자아상태)가 부모(응답의 표적)에게 : 네. 그럴게요.

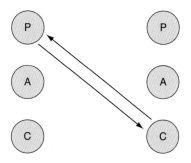

P = 부모, A = 성인, C = 아이

예시 A : 상보적 교류

그림 10.1 상보적 교류

2. **교차적 교류**(crossed transaction) 표적 자아상태와 응답하는 자아상태가 다르다. 교차적 교류에서 사람들이 받는 반응은 대개 그들이 기대했던 것과는 다르고, 무시당하거나 오해받았다고 느낄 수 있다.

   예시 B (그림 10.2)
   성인이 성인(표적 자아상태)에게 : 밖이 추워. 코트 입을래?
   아이(응답하는 자아상태)가 부모에게 : 나에게 뭐 하라고 지시하지 마세요!

예시 B : 교차적 교류

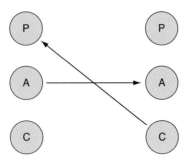

그림 10.2 교차적 교류

예시 C (그림 10.3)

부모가 아이(표적 자아상태)에게 : 책상이 너저분하구나. 잡동사니들 정말 안 치울 거니?

성인(응답하는 자아상태)이 성인에게 : 지난번에 책상이 정말 너저분하다는 걸 알았어요. 이 일 끝내면 바로 치우려고 계획하고 있어요.

예시 C :

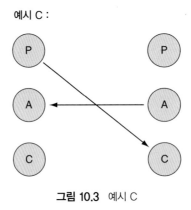

그림 10.3   예시 C

3. **이면적 교류(ulterior transaction)** 이 교류는 명시적/사회적 또는 암시적/심리적인 두 가지 수준의 의사소통이 동시에 일어나는 것이다. 이 교류는 하나 이상의 자아상태가 의사소통의 원천이나 표적으로 관련된다. 이면적 교류는 가장 문제가 되는 교류이다. 명시적 의사소통은 암시적 의사소통과 일치하지 않고, 어떤 사람도 다른 사람의 마음속을 정확히 알기 어렵다. 이면적 교류분석이 지속되면 역기능적인 관계 또는 관계의 종결을 야기할 수 있다.

예시 D (인물 2가 집에 늦게 들어온 후 인물 1이 인물 2에게, 그림 10.4)

성인이 성인에게(명시적 메시지) : 이미 저녁 11시가 지났지? 나는 오늘 밤 시간이 어디로 다 사라졌는지 모르겠네.

부모가 아이에게(암시적 메시지) : 나는 네가 통행금지 시간 이후에 왔다는 것을 주목하고 있다는 걸 알았으면 해. 이번 주말에 통행금지 시간 연장은 기대하지도 마!

예시 D : 이면적 교류

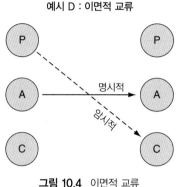

그림 10.4　이면적 교류

예시 E (인물 2가 인물 1에게, 그림 10.5)

성인이 성인에게(명시적 메시지) : 네. 11시가 넘었네요. 미안하지만 이메일을 확인해야겠어요.

아이가 부모에게(암시적 메시지) : 또 시작이군. 조금 늦게 온 것 때문에 구박하시겠네. 괴롭히지 못하게 내 방에 들어갈 거야.

예시 E :

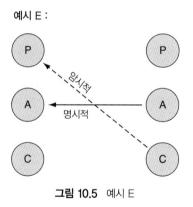

그림 10.5　예시 E

　　마지막 예에서 명시적 교류는 성인이 성인에게 하는 상보적 교류에 해당한다. 그러나 말 이면의 생각이 나타내는 것처럼, 암시적 교류는 사실 부모가 아이에게 그리고 아이가 다시 부모에게 하는 방식이다.

스트로크와 금지명령　아동의 정서적 발달과 자아상태 발달은 아동이 양육자에게서 받는 메시지와 반응에 의해 주로 결정된다. Berne은 두 가지 유형의 메시지를 제시했다. **스트로크**(stroke)는 긍정적 메시지이고 무조건적일 때 제일 좋다. 반면에 금지명령(Injunction, 부정적 스트로크)은 인정하지 않음과 싫어함을 드러내는 것인데, 비판과 금지가 이에 해당한다. 긍정적 스트로크 및 부정적 스트로크는 칭찬이나 비판의 말과 같이 언어적일 수도 있고, 포옹 · 손바닥으로 때리기 · 눈 마주치지 않기와 같이 비언어적일 수도 있다. Berne(1961)에 의하면, 스트로크는 인간의 상호작용의 기본 동기이고, 부정적 스트로크라 할지라도 무시되고 도외시되는 것과 같이 스트로크가 없는 것보다는 낫다.

기본 인생 태도 Harris(1967)에 의하면, 사람들은 자기 자신과 타인에게서 지각한 가치를 반영한 기본 인생 태도를 발달시킨다. 이러한 태도는 5세경이면 형성되고(Harris & Brockbank, 2011) 사람들의 사고, 감정, 행동에서 드러난다. Harris(1967)는 네 가지의 인생 태도를 기술했다.

1. **자기부정-타인긍정(I'm not OK, you're OK)** 이 태도는 자신을 약하고 무력하게 지각하여 힘 있고 통제력 있는 타인에게서 스트로크를 찾는 어린아이에게 적절하다. 그러나 만약 이 태도가 지속된다면, 문제를 야기할 수 있다. 이 태도에서 사람들은 수용과 승인을 갈망함에도 불구하고 전형적으로 죄책감, 우울, 무력감, 열등감을 느낀다. 그들은 위축된 자유로운 아이와 경직된 순응하는 아이를 지니고, 수용을 희망하면서 항상 규칙을 따를 수 있다. 다른 한편으로는 행동화할 수도 있는데, 자신을 긍정적 스트로크를 받을 자격이 없는 사람으로 보고, 스트로크가 없는 것보다 부정적 스트로크를 선호할 수 있다.

2. **자기긍정-타인부정(I'm OK, you're not OK)** 이 태도 또한 긍정적 스트로크를 거의 받지 못한 사람들에게서 특징적이다. 그러나 그들은 자기-스트로크를 통해 생존해왔고, 자기 자신만 의지해야 한다고 믿으면서 자랐다. 타인을 분노와 처벌적 방식으로 대하고, 권리감과 웅대성을 가지고 있다. 자신의 어려움을 다른 사람의 탓으로 돌리고, 다른 사람에 대한 공감이나 배려가 거의 없다. 범죄 행동이나 타인을 학대하는 행동을 할 수 있다.

3. **자기부정-타인부정(I'm not OK, you're not OK)** 이는 네 가지 태도 중 가장 부정적인 것이다. 이 태도를 지닌 사람은 어릴 때 전형적으로 스트로크를 박탈당했다. 그 결과 절망적이 되고 자살까지도 하는데, 자신이나 타인에게서 어떤 가치도 보지 못한다.

4. **자기긍정-타인긍정(I'm OK, you're OK)** 이 태도에서 사람들은 자신과 타인을 긍정적으로 느낀다. 그들은 스트로크를 바라기도 하지만, 보살필 수도 있고 그러한 스트로크를 돌려줄 수도 있다. Harris는 이 태도를 네 가지 태도 중 가장 건강한 것으로 보았다. 이 태도를 지닌 사람들은 상호이득(win-win)이 되는 상황에 초점을 두며 자아상태들 간에 균형을 잘 이루고 있다.

각본 TA에 의하면, 인간은 일생을 통해 자신을 안내하는 각본(script)을 발달시킨다. 이러한 각본은 어릴 적에 받았던 내면화된 스트로크와 금지명령에 의해 형성되고, 그 사람의 인생 태도를 반영한다. 각본은 사람들이 자신의 인생을 특정한 방식으로 계획하도록 이끈다. 만약 인생 각본이 시대에 뒤떨어지거나 잘못된 정보에 근거해 있다면 정신증, 물질남용, 자살과 같은 결함 있는 인생 각본이 나타날 수 있다(Totton, 2010). TA는 결함 있는 인생 각본이 사람에 의해 만들어지는 것이므로 변화될 수 있는 것이라고 믿는다.

교류분석을 이용한 치료

TA의 목표는 무의식에 대한 통찰이 아니라 자율성이다. Berne(1964)에 따르면 이것은 자각, 자발성, 친밀감으로 이루어진다. 덧붙여 TA는 사람들이 자기긍정-타인긍정의 태도를 갖도록, 자아상태 간 균형이 잡히도록, 시간을 건강하게 사용하도록 돕는다.

TA에서 치료자는 내담자의 요구에 맞추는 유연한 역할을 맡지만, 항상 성인 자아상태에서 회기를 진행하게 된다(Harris & Brockbank, 2011). 내담자와 치료자의 협력이 중요하고, 둘 다 치료에 능동적으로 참여하고 책임을 공유한다. 치료자는 내담자에게 TA의 개념과 용어를 교육하고 치료과정을 안내한다. 내담자는 개방적이고 자신에 대한 책임감을 가지며 긍정적인 변화를 위해 위험을 감수하는 태도를 지녀야 한다. 치료자는 상담에서 내담자가 의사소통하는 방식이 어린 시절의 패턴을 반영할 가능성에 주의한다. 신중하게 사용되는 재양육(reparenting)은 때때로 TA의 한 부분이 된다. 치료자는 내담자의 아동기에 결핍되었던 스트로크를 보상해주기 위해 스트로크를 제공하여 회복시키는 역할을 맡는다.

TA에서 계약은 중요한 구성요소이다(Muller & Tudor, 2002). 계약은 치료 과정의 특성을 명료화해주고 치료자와 내담자의 역할과 책임을 확인시켜준다. TA는 협력적이고 효과적인 내담자-치료자 관계를 확립하기 위해 그러한 동의를 사용한 초창기 접근들 중 하나이다.

Harris(1967)에 따르면, 사람들은 상처받거나 싫증이 나거나 자신이 변화할 수 있다는 것을 알게 될 때 변화하고자 한다. 목표는 내담자에게서 다음 사항들을 명확히 이해하는 것이다.

- 성격을 형성하고 있는 자아상태들의 균형
- 타인과의 교류의 특성
- 게임과 라켓(역기능적, 조종적인 역할과 상호작용)
- 내담자의 기본 태도(예 : 자신부정-타인긍정)
- 내담자의 인생 각본

이러한 정보를 분석하고 이해함으로써 사람들은 자신의 패턴과 그러한 패턴이 발달된 이유를 더 자각하게 된다. 이는 결과적으로 사람들이 패턴을 바꿔 타인과 관계하는 더 건강한 방법을 택하도록 해준다. 또한 자기 자신과 타인들에 대해 더 긍정적인 관점을 가지게 해준다―자기긍정-타인긍정.

교류분석의 적용

TA는 전체 이론에서 볼 때 하나의 도구로서 부족한 점이 있긴 하지만, 다른 경험적 치료들과 쉽게 결합될 수 있다. Totton(2010)은 "TA는 독창적이고, 상상력이 넘치며, 관찰력이 뛰어나고, 호소력 있으며, 재미있다"(p. 15)라고 지적했으며, TA는 사람들이 상담받으러 오는 문제들에 쉽게 적용할 수 있다. TA와 게슈탈트 치료의 통합이 특히 효과적인데, TA는 내담자의 인지적이고 분석적인 측면을 강조하고 게슈탈트 치료는 정서적인 측면을 끌어낸다. 교류분석은 단기 정신분석치료(Mothersole, 2002)와 단기 인지치료(Hargaden & Sills, 2002)와도 통합된 바 있다.

체계적 접근 및 정신 내적 접근과 통합한 TA는 갈등이 많거나 갈등을 회피하는 부부들을 상담하는 데 효과적이었다. 사람들이 하는 게임과 교류분석 용어는 이해하기가 매우 쉬워 아동과 청소년이 문제를 바라보는 새로운 방식을 개발하도록 돕고 부모-자녀 관계를 향상시키기 위해서도 사용된다(Tudor, 2008; Zadeh, Jenkins, & Pepler, 2010).

Harris와 Brockbank(2011)는 수련생이 내담자와의 관계 및 슈퍼비전에서 자기 자신의 자아상태를 인식하도록 돕기 위해 슈퍼비전을 할 때 TA를 활용한다. 수련감독자가 성인 대 성인으로 수련생과 관계를 맺으면서 솔직하고 지지적인 태도로 피드백을 주는 것이 이상적인 모습이다. International Transactional Analysis Association(http://www.itaaworld.org)을 통해 슈퍼비전, 훈련 프로그램, 가족 및 부부상담, TA와 다른 치료의 통합에 대한 더 많은 정보를 얻을 수 있다.

게슈탈트 치료의 적용과 현황

게슈탈트 치료의 현 추세는 관계적 주제들, 정서 중심, 애착이론을 관계적 치료 내에서 실험의 사용에 통합시키고 있다. 내담자는 자신의 어린 시절에 영향을 주었을 수 있는 정체감, 트라우마, 아동기 학대, 기타 발달 과정에서의 상처들과 관련된 내용들을 탐색한다(Finlay & Evans, 2009). 게슈탈트 치료자는 관계에 초점을 맞추고 1970년대보다 더 많은 포용적 직면(caring confrontation)을 사용한다. 치료자는 내담자가 모든 것의 주관적 상호연결성을 이해하도록 돕는 한편, 자기 자신의 감정과 행동에 책임을 지도록 돕는다. 남성 정체감, 여성의 공격성, 치료 동맹의 균열과 같은 주제들은 모두 치료 회기의 지금-여기 맥락에서 논의의 재료가 될 수 있다. 예를 들어, 치료자와 내담자는 부모가 내담자를 지나치게 엄격하게 사회화를 시키는 과정에서 생긴 내담자의 수치심과 죄책감에 대해 논의할 수 있고, 그러한 수치심이 배우자와의 현재 관계에서 어떻게 촉발되어 나오는지, 무엇이 수치심을 촉발하는지, 수치심이 치료 회기에 어떻게 영향을 미치는지 등을 논의할 수 있다.

게슈탈트 효과성 연구들에 대한 메타분석 연구들은 기분장애, 성격장애, 약물사용장애의 치료에서 게슈탈트 치료의 사용을 지지하는 증거들을 발견하였다(Strumpfel, 2006; Strumpfel & Martin, 2004). 덧붙여 연구 결과는 게슈탈트 치료의 긍정적 효과가 지속됨을 시사해준다.

진단 집단에 적용

사례연구들에서 게슈탈트 치료는 성 관련 외상, 자기애적 자기혐오, 수치심, 공격성과 같이 정서 조절에 영향을 주는 다양한 문제들의 치료에 적합한 것으로 나타났다(Bloom & Brownell, 2011). 아동 및 청소년을 치료하는 치료자는 Virginia Oaklander(1994, 1997)에 의해 개발된 게슈탈트 놀이치료가 매우 경험적이고, 실존적인 '지금-여기' 철학에 기초하고 있음을(Blom, 2006) 알게 될 것이다. 앞서 언급한 대로, 게슈탈트 가족치료는 체계적 접근과 장 이론을 결합하여 부부상담을 위한 통합적이고 포괄적인 모형을 제공해준다(O'Neill, 2012).

　　게슈탈트 치료는 신경성 식욕부진증과 신경성 폭식증과 같은 섭식장애를 가지고 있는 사람 (Angermann,1998), 물질사용장애자(Clemmens, 2005), 정서적 문제를 신체 증상으로 표현하는 사람에게 도움이 될 수 있다. 이런 사람은 신체형 장애(종종 정신신체 질환이라고 부름)로 진단될 수 있고, 의학적 근거 없이 신체 증상을 호소한다. 이런 내담자들을 대상으로 게슈탈트 치료를 적용한 몇 개의 비교적 대규모 연구들이 수행되었다. 결과는 신체 증상과 심리사회적 증상 모두가 감소됨을 보여준다(Strumpfel & Goldman, 2002).

다문화 집단에 적용

게슈탈트 치료는 개인을 전체적으로 보기 때문에 당연히 포괄적인 접근이라고 할 수 있다. 사람들은 자신의 역사적, 사회적 배경의 큰 맥락 내에서만 이해될 수 있을 뿐 따로 떼어서 이해될 수는 없다. 따라서 게슈탈트는 기본적으로 '문화적 차이, 역사적 배경, 사회적 관점'에 주의를 기울인다 (Mackewn, 1997, p. 51).

　　다양한 문화의 내담자들과 상담을 하게 될 때, 치료자는 서구 유럽 의사소통 양식이 아니어도 이를 존중하는 문화적으로 적합한 개입법을 선택하도록 신경 써야 한다. 전통적인 동양인이나 아메리카 원주민 내담자들은 게슈탈트처럼 직접적이고 직면적인 유형의 치료를 존중과 감수성이 결여된 것으로 볼 수 있다(Duran, 2006). 유사하게, 많은 동양 문화가 그러하듯 감정을 자제하고 자기주장을 하지 않으며 효를 행하는 것에 가치를 두는 문화의 내담자는 치료자가 역할 연기, 행동적 시연, 게슈탈트의 빈 의자 기법을 사용하면 불편감과 위협감을 느낄 수 있다(Sue & Sue, 2008). Sue와 Sue는 치료자가 보편적 관점을 갖거나 일률적인 접근을 하기보다 내담자의 문화적 배경을 존중하면서 기법, 개입법, 에너지 수준, 목소리 톤 등을 내담자에게 맞추기 위해 노력해야 한다고 제언한다. 빈 의자나 뜨거운 의자와 같은 게슈탈트 기법이 사용되지 말아야 할 때를 아는 것은 사용해야 할 때를 아는 것과 똑같이 중요하다.

　　예를 들어, 동양계 미국인 내담자와 상담을 할 때, 만약 내담자가 집에서 독립하여 나가는 것에 대해 부모님과 대화하는 것을 어려워하고 어른에 대한 존경과 감수성의 표현으로서 자기 자신의 욕구와 소망을 억제하고 있다면 빈 의자 기법을 사용하는 것이 적합할 수 있다. 대조적으로, 똑같은 내담자라도 아동기 성 관련 외상 경험처럼 외상 사건의 감정을 탐색하고 직면시킬 때 심리적 고통을 강하게 느끼는 사람에게는 빈 의자 기법이 적합하지 않을 수 있는데, 비생산적이고 해가 될 수 있는 강한 정서 반응을 초래할 수 있다.

　　게슈탈트 치료는 장애가 있는 사람들을 치료하는 데 특히 적합하다. 게슈탈트 치료는 자신에 대한 책임, 자기자각, 마음과 신체의 통합을 증진시켰다(Livneh & Sherwood, 1991).

　　게슈탈트 치료는 현재에서 온전히 인생을 사는 것을 강조하기 때문에 죽음이나 임종뿐 아니라 슬픔이라는 문제를 겪고 있는 사람을 도울 수 있다. 예를 들면, 이 접근은 우울 증상을 경험하고 있는 HIV/AIDS 진단을 받은 동성애자를 치료하는 데 사용되었다(Mulder et al., 1994).

　　Enns(1987)는 게슈탈트 치료와 페미니스트 치료(제11장에서 다루는)의 통합을 제안하였는데 게슈탈트 접근이 여성들에게 용기를 불어넣고, 자기자각과 건강한 대인관계 경계의 확립을 증진시키며, 부인하거나 억압한 감정 표현을 촉진시킨다고 믿었다. 또한 게슈탈트 치료는 성 정체감 문제, 무력감, 자기 자신 혹은 자신의 감정 자각 결손을 겪고 있는 남자들도 도울 수 있다.

기타 집단에 적용

게슈탈트 치료는 낮은 성취도를 보이는 청소년과 고등학생에게(Strumpfel & Goldman, 2002), 중학생들이 반 친구의 자살 문제를 극복하도록 돕는 데(Alexander & Harman, 1988), 임산부가 출산을 준비하는 것을 돕는 데 사용되었다. 게슈탈트 치료의 현재 지향과 더불어 강력한 연습은 문제의 모든 측면을 빠르게 자각시켜서 문제의 완결뿐 아니라 성장을 촉진할 수 있다. 특정 내담자나 집단의 요구에 맞추어 능숙하게 사용한다면, 게슈탈트 접근의 적용 범위는 거의 제한이 없다.

게슈탈트 치료의 현황

Bowman(2012)은 지난 20년 동안의 게슈탈트 치료의 성장을 르네상스에 못지않은 것으로 표현한다. 그는 게슈탈트 인기의 부활 이유를 게슈탈트 치료자들이 내담자-치료자 관계의 중요성을 더욱 자각하게 되었고, Fritz Perls가 보여준 카리스마 있고 강력한 역할을 받아들이기보다는 진정한 나-너(I-thou) 협력관계를 구축하기 위해 노력한다는 사실로 설명한다. 동시에 게슈탈트 치료자들은 병리를 덜 강조하고 기법에 의존하는 정도를 줄였다.

게슈탈트 치료는 융통성이 많아서 여러 다른 치료 체계와 쉽게 통합된다. 게슈탈트 치료의 빈 의자 기법과 두 의자 대화 기법뿐 아니라 다른 전략들도 제8장에서 설명된 새로운 과정-경험적 치료에 통합되었다. 게슈탈트 치료의 꿈 작업과 더불어 역할극의 사용은 여전히 치료에서 주요한 부분을 차지하고 있다.

게슈탈트 치료는 많은 치료자들의 노력과 전 세계 60개 이상의 게슈탈트 치료 연구소를 통해 계속 발전하고 있다(Wagner-Moore, 2004). Fritz Perls는 살아 있는 동안 게슈탈트 치료의 화신이었지만, 그의 사상은 많은 추종자를 낳았고 여전히 계속 살아 있다.

게슈탈트 치료에 대한 평가

다른 치료 접근들과 마찬가지로 게슈탈트 치료도 강점과 한계점을 동시에 가지고 있다. 강력한 치료적 특성 때문에 치료자는 한계점과 적절한 사용법을 특히 유념할 필요가 있다.

한계

게슈탈트 치료가 모든 사람에게 맞는 것은 아니다. 변화를 위한 강력한 촉진제가 될 수 있지만 적용이 어려운 경우도 있는데 특히 심각한 인지적 장애가 있거나 행동화, 비행, 폭발성 장애와 같은 충동조절장애가 있는 사람 혹은 사회병질적 증상이나 정신병적 증상을 지닌 사람에게는 적용에 한계가 있다(Saltzman, 1989). 게슈탈트 기법은 신중하게 사용되지 않으면 해를 끼칠 수도 있다(Wagner

-Moore, 2004). 게슈탈트 치료에 대한 또 다른 비판으로는 느껴지는 신체 감각에 지나치게 초점을 둘 뿐 인지에는 별로 관심을 두지 않는다는 것, 정서적 문제를 풀기 위해 내적 측면과 계속 접촉하는 것은 지나치게 피해자 탓을 하는 것처럼 비칠 수 있다는 것 등이 있다. 자기조절을 중시하기 때문에, 집단주의 문화에서 성장한 내담자나 자기 자신을 우선 챙기는 것이 불편한 내담자는 게슈탈트 치료에서 '우리 중심(we-ness)'이 아닌 '나 중심(I-ness)'에 어려움을 겪을 수 있다(Prochaska & Norcross, 2009, p.197).

Polster와 Polster(1993)는 또 다른 결점들을 언급하였는데, 현재를 강조하는 입장에서 중요한 과거 사건을 무시할 뿐 아니라 과잉단순화할 위험에 대해 우려하였다. 또한 그들은 일부 치료자들이 게슈탈트 치료의 이론과 철학을 제대로 이해하고 자신만의 치료 방식을 찾기보다는 Fritz Perls의 카리스마 있는 스타일을 그대로 따라 할 수 있다고 생각했다. 게슈탈트 치료는 또한 오늘날 대다수의 치료자들이 정서의 중요한 결정인자이자 감정 조절을 위한 수단으로 보고 있는 인지를 무시하고 정서를 지나치게 강조할 위험성이 있다.

덧붙여 게슈탈트 치료는 강한 정서 반응을 끌어내는 경향이 있다. 한 집단치료 회기에서 뜨거운 의자에 있던 한 여성은 너무나 불안해져서 오줌을 지리게 되었는데, 이로 인해 그녀는 수치심을 느끼고 사회적으로 철수되었다. 따라서 게슈탈트 치료는 약이 될 수도 있지만 해가 될 가능성도 지니고 있다. 게슈탈트 치료의 전략들은 매력적이고 매우 단순해보일 수 있지만 실제로는 사용하기에 적절한지를 판단하고, 치료 과정을 통해 내담자를 안내하며, 보호해줄 수 있는 숙련되고 경험 많은 치료자를 필요로 한다. 이는 치료자가 Fritz Perls가 보여준 강력한 역할을 취하기보다 지지하고, 교육하며, 인지를 탐색하고, 문화와 배경의 중요성을 인정하는 태도를 가질 때 더욱 그러하다(Stoehr, 2009). 덧붙여 페미니스트 치료나 인지행동치료를 포함하여 다른 접근의 전략들과 게슈탈트 전략들을 결합한다면 정서를 지나치게 강조하는 위험성을 줄이고 더 지지적인 치료 환경을 만들 수 있다.

강점과 공헌

이러한 한계점에도 불구하고 게슈탈트 치료는 많은 강점을 가지고 있다. 빈 의자와 두 의자 경험의 효과에 대한 연구들은 특히 긍정적인 결과를 보였다. 공감 반응과의 비교연구에서는 두 의자 기법이 공감 기법에 비해 더 깊은 경험 및 자각을 이끌어냈다(Greenberg, Elliott, & Lietaer, 1994; Strumpfel, 2006). 두 의자 기법은 또한 부부문제, 우유부단함, 갈등 불화 및 여러 대인관계 문제를 다루는 데 효과적이라고 경험적으로 밝혀졌다(Strumpfel & Martin, 2004; Wagner-Moore, 2004). 게슈탈트 치료와 인지행동치료를 비교하는 연구에서 두 치료는 유사한 긍정적 성과를 보였다. 2개의 대규모 게슈탈트 치료 연구에 따르면, 내담자의 73%가 "치료를 받으려 한 증상과 문제에서 높거나 중간 수준의 향상을 보였고, 내담자의 5%만이 증상이 악화되었다. …내담자의 90%가 증상 재발에 성공적으로 대처하기 위한 게슈탈트 치료의 전략들을 배웠다고 보고했다"(Strumpfel & Goldman, 2002, p. 204). 우울에 대한 인지치료와 게슈탈트 치료 및 지지적·자기지시적 치료를 비교한 연구 결과는 모든 치료가 효과적이었고, 게슈탈트 치료는 저항적이지 않고, 지나치게 사회화되어 있으며, 내재화되어 있는 내담자에게 가장 효과적임을 보여주었다(Beutler, Consoli, & Lane, 2005).

게슈탈트 치료의 유연성은 이 치료의 강점으로, 자연스럽게 통합적인 치료가 되게 하였다. 게슈탈트 치료는 교류분석, 인지행동치료, 인간중심치료, 마음챙김 명상, 단기치료와 같은 다른 치료 접근들과 성공적으로 결합되어 왔다. 게슈탈트 치료의 매뉴얼식 접근이 발달되어 왔으며, 실제에서뿐만 아니라 연구에서도 사용되고 있다.

게슈탈트 치료는 인생·성장·변화의 철학이며, 사람들이 성장을 실현하도록 돕는 구체적 방법들도 제공해준다. 내담자를 존중하며, 내담자 각자의 필요에 치료를 맞춘다. 과정과 내담자-치료자 관계를 강조하는 것은 상담과 심리치료가 변화를 이끌어내는 방식에 대한 오늘날 이해와 일치한다. 게슈탈트 치료는 사람들이 삶에서 좀 더 기쁨과 충족감을 가질 수 있도록 해주는 온정적인 접근이다.

게슈탈트 치료는 상담과 심리치료에 많은 공헌을 했다. 장 이론, 즉시성과 전체성의 개념과 함께 마음-신체 통합을 중시하는 것은 특히 중요하며, 다른 이론 체계로 흡수되었다(Woldt & Toman, 2005). 마찬가지로 빈 의자, 비언어적 메시지에 대한 강조, Perls의 꿈을 처리하는 접근, 나-서술문을 포함한 많은 획기적인 전략들이 널리 받아들여졌다. 의자 작업은 너무나 널리 받아들여져 많은 사람들이 게슈탈트에서 이 기법이 나왔다는 것을 모르고 있다. 꿈 작업에 대한 게슈탈트 접근은 자주 사용되었고, 정신분석적 꿈 해석의 강력한 대안이 되었다. 덧붙여 인간중심치료나 실존주의 치료자들과 함께 게슈탈트 치료자들은 치료 동맹이 효과적 치료를 위해 가장 중요한 요소라는 인식뿐만 아니라 현상학적이고, 경험적이며, 인본주의적인 접근의 중요성을 확립하였다.

Levin과 Levine(2012)은 "존재에 대한 게슈탈트 철학은 인간의 본성에 관한 다른 관점—보다 미래 지향적인 인간상—을 자극하고, 고무하며, 촉진할 수 있다"라고 잘 요약한 바 있다. 이러한 게슈탈트 철학은 문화적 경계를 초월하여 인간경험의 맥락성을 이해한다(Polster, 2012). 우리가 문화적, 정치적, 종교적 절대성에서 상대성으로 옮겨감에 따라 Perls의 초기 이론이 옳았다는 것이 분명해지고 있다. 그 이론은 우리가 세상에 대해 현재 알고 있는 바와 잘 맞고, 다음 장에서 살펴볼 세 가지 포스트모던 구성주의 이론들—이야기, 해결중심, 페미니스트—을 논할 수 있는 무대를 마련해준다.

기법 개발 : 게슈탈트 의자 작업

게슈탈트 치료는 치료 회기의 지금-여기 상황에서 내담자가 과거의 정서적 사건들을 (말로 설명하기보다) 재경험하도록 하기 위해 다양한 경험적 연습들을 사용한다. 가장 효과적인 실험은 치료 회기 상황에서 내담자의 욕구에 따라 자연스럽게 나타나는 것에 따르는 것이다. 의자 작업은 게슈탈트 치료에서 가장 효과적이고 가장 자주 사용되는 실험 혹은 기법 중 하나로(Paivio & Greenberg, 1995), 내담자가 미해결 과제를 인식하고 해결하도록 돕기 위해 Fritz Perls에 의해 개발되었다. 게슈탈트 치료에서 내담자는 자신의 문제를 지적으로 이해하거나 이야기하기보다는 치료 회기의 지금-여기 상황에서 감정을 재경험하게 된다.

내담자들은 이 연습의 여러 단계들을 쉽게 배우며, 치료자로부터 지지받고 격려받는다. 두 의자 작업은 다음 단계들로 이루어진다(Houston, 2003).

1. 내담자에게 의자 작업에 참여하고 싶어 하는지 확인한다.
2. 작업의 중심이 될 양쪽의 이름을 반복해서 말해본다.
3. 내담자가 앉는 의자에서 어떤 쪽이 더 현재가 되는지 확인한다.
4. 내담자가 한쪽의 관점에서 다른 의자에게 말하도록 해 본다.
5. 내담자가 두 번째 의자로 옮겨 그쪽 입장을 취하도록 제안한다.
6. 내담자에게 다른 의자에서 말했던 것을 상기시킨다. 감정과 반응을 물어본다.
7. 내담자가 두 의자 사이를 적절히 왔다 갔다 하도록 한다.
8. 대화가 막힌 것 같으면, 내담자에게 다른 쪽에 바라는 게 무엇인지 묻는다. 변화를 향한 움직임이 있는지 고려한다.
9. 그렇지 않다면, 우선은 내담자가 현재의 감정을 계속 지니고 있을 수 있다.
10. 변화가 생긴다면, 내담자가 새로운 통찰과 감정을 통합할 때까지 두 의자 대화를 계속한다.

예

결혼 실패에 대한 책임을 받아들이기 어렵다는 이유로 37세 여성이 치료를 받으러 왔다. 그녀는 다소의 분노를 경험하고 있었는데, 이번 회기에서 아동기에 남겨져 있던 미해결 과제가 있을 수 있다는 것을 깨닫기 시작한다.

내담자 : 엄마에게 화가 나는 것 같아요. 제가 이혼하기 전에 엄마는 돌아가셨기 때문에 말이 안 되는 거죠. 근데 어떻게 엄마에게 화가 날 수 있는 걸까요?

치료자 : 빈 의자를 사용해서 그것을 탐색해보고 싶으세요?

내담자 : 네. 해 보고 싶어요.

치료자 : 그렇다면 엄마가 돌아가시기 전 엄마에게 한 번도 표현하지 않았던 화를 탐색하게 될 것입니다. 의자에 앉을 때 어떤 입장이 당신에게 더 실제라고 느껴집니까?

내담자 : 저요. 저와 제 화.

치료자 : 좋아요. 이제, 엄마가 저쪽 의자에 앉아 있다고 상상해보세요. 엄마에게 말하고 싶은 것이 뭔가요?

내담자 : 엄마, 엄마가 마크(내담자의 오빠)를 항상 응석받이로 키운 것에 너무 화가 나요. 엄마는 항상 내게 호통쳤어요. 난 항상 혼났어요. 오빠가 잘못했을 때에도 엄마는 나에게 벌주었어요. 너무 불공평했어요.

치료자 : 좋아요. 그 감정에 머물러보세요….

내담자 : (목소리를 높이며) 너무나 불공평했던 것을 그냥 넘길 수가 없어요. 오빠는 어른이 되어서도 이러한 권리 의식을 가지고 있어요. 그는 일을 하지 않고 있고, 아빠가 그를 지원해주어야 해요. 정말 화나는 일이에요. 엄마는 둘 다에게 피해를 끼쳤어요. 이건 공평하지 않아요. 난 이제 남편이 없으니, 나도 지원이 필요해요. 그런데 엄마는 어디 있나요? 나를 위한 도움은 어디서 받나요?

치료자 : 의자를 바꿔서 엄마 입장에서 반응해보시겠어요? 딸은 당신에게 매우 화가 나 있어요.

내담자 : (의자를 바꾼다) 그랬구나. 얘야, 네가 상처받고 화가 났다니 미안하구나. 그렇지만 오빠는 항상 모자란 게 많

았잖니. 뭔가를 할 때 시간이 많이 걸렸고, 사교성도 매우 부족했었지. 오빠가 잘못한 것에 대해 너를 벌준 적은 없었다고 생각한다….

치료자 : 의자를 바꿔보세요. 엄마에게 할 말이 있나요?

내담자 : 물론이죠! 물론 그랬었죠! 엄마는 내가 오빠 손을 잡고 마치 우리가 아주 친한 친구인 것처럼 웃으며 마당을 걸어 다니게 했죠! 이웃 사람들이 우리를 봤을 때 난 너무 창피했다고요. 무슨 생각을 하셨던 건가요?

치료자 : 계속할 수 있겠어요?

내담자 : (의자를 바꾼다. 엄마 입장에서 잠깐 생각해보고 심사숙고하여 반응한다) 네가 오빠에게 좋은 영향을 주길 바랐던 것 같다. 넌 항상 친절하고 적극적이었지. 넌 치어리더였고, 좋은 학생이었고, 좋은 딸이었어. 한 번도 너와는 문제가 있었던 적이 없었어. 엄마는 네가 오빠에게 긍정적인 영향을 주길 바랐었어.

내담자 : (그녀 자신의 의자로 되돌아간다) 오, 전엔 전혀 그런 생각해보지 않았어요. 엄마 입장에서 한 번도 바라보지 못했어요.

치료자 : 역할로 들어가 머무르세요.

내담자 : (조용히 울기 시작한다) 전 엄마가 얼마나 힘들었는지 전혀 몰랐어요. 엄마는 우리를 키워야 했는데 아빠는 항상 일을 하고 있었죠. 제가 대학가자마자 엄마는 아팠고 성인이 되어 엄마를 알 수 있는 기회가 전혀 없었어요. 우리가 이런 대화를 할 시간은 한 번도 없었어요.

치료자 : (부드럽게) 매우 슬프게 느끼는 것 같군요.

내담자 : 엄마도 좌절감을 느꼈을 거라고는 한 번도 생각하지 못했어요.

치료자 : 엄마의 좌절을 알게 되니 어떤가요?

내담자 : 엄마도 인간이라고 느껴져요. 엄마도 자신의 고민들을 가지고 있었어요. 엄마로서 자신이 할 수 있는 최선을 다했다고 생각해요. 그렇게 일찍 돌아가시지 않았다면 참 좋았을 텐데. 정말로 엄마와 이야기하고 싶어요.

이 예는 두 의자 기법의 사용이 정서가 실려 있는 내용을 얼마나 빨리 불러일으킬 수 있는지를 잘 보여준다. 치료자는 이 기법을 사용할 때 조심스러워야 하고, 금기시된 조건의 사람들에게는 이 기법을 사용하지 않도록 유념해야 한다.

사례

다음의 대화는 로베르토가 내면의 분리 상태를 다루도록 하기 위해 두 의자 기법을 사용한 예시이다. 이 기법은 게슈탈트 전략 중 가장 강력하고 널리 사용되는 것이다.

치료자 : 로베르토, 당신은 당신 안에 있는 거친 면과 배려하는 면이 서로 분리된 느낌이 든다는 것 그리고 배려하는 면을 표현하는 것이 얼마나 힘든지를 이야기했습니다. 여기에 두 의자를 준비했는데, 하나는 당신의 거친 면을 나타내고 또 다른 하나는 당신의 배려하는 면을 나타냅니다. 각 측면을 나타내는 의자에 앉아 있는 동안 거기에 해당하는 면을 역할극으로 해 봤으면 좋겠군요.

로베르토 : 좋아요. 거친 면부터 할게요. 그게 더 쉬운 쪽이에요. 나는 동네 골목대장이었어요.

치료자 : 현재형으로 말씀하시겠어요?

로베르토 : 알겠어요. 나는 동네 골목대장이에요. 아무도 날 못 건드려요. 소문이 다 나 있어요. 아버지는 내가 스스로 자신을 지킬 수 있는 것을 자랑스러워합니다. 나는 어린아이들을 보호하죠.

치료자 : 이제 자리를 바꾸세요.

로베르토 : 이제 나는 배려하는 자리에 있습니다. 무슨 말을 해야 될지 모르겠군요. 나는 내 가족 에디와 에바를 매우

배려합니다. 나는 그들이 안전하고, 우리에게 충분한 돈이 있고, 에바가 좋은 학교에 다닌다고 믿고 있습니다. 그러나 그들은 충분하지 않다고 말하죠. 투명인간이 된 느낌이에요. 아무도 나, 그리고 내가 한 모든 것들을 못 보는 것 같아요.

치료자 : 당신 모습이 어때 보입니까?

로베르토 : 나는 작고 약해요.

치료자 : 계속 배려하는 면이 되어 빈 의자의 거친 면에게 이야기해보세요.

로베르토 : 난 너에게 가려져버린 것 같아. 내가 여기 있다는 걸 사람들에게 아무리 알리려고 해도 사람들은 너만 알고 있지. 나는 무능감과 무력감을 느껴.

치료자 : 자, 이제 의자를 바꿔서 거친 면이 배려하는 면에게 이야기를 해 봅시다.

로베르토 : 난 네가 거기에 있다는 걸 알아. 하지만 난 너를 계속 숨겨두고 싶어. 사람들이 너를 보게 되면 내 평판이 어떻게 되겠어? 그들은 더 이상 나를 터프가이로 생각하지 않을 거야. 너는 나에게 큰 가치가 없어.

치료자 : 의자를 바꿔서 계속 대화하세요.

로베르토 : 네. 나도 너의 터프가이로서의 평판이 중요하다는 걸 알아. 그렇지만 나도 중요해. 내가 없다면 너는 사람들과 그렇게 잘 지내지 못해. 에디는 너에게 화내고, 에바는 뛰쳐나가 울잖아. 너는 잘 모르겠지만, 그래도 넌 내가 필요해. 내가 너만큼 크길 원하는 건 아니야. 그렇지만 나를 조금만 더 클 수 있게 해주면 좋겠어.

치료자 : 어떻게 배려하는 면이 클 수 있을까요?

로베르토 : 그건… 연습할 수 있을 거예요. 그렇게 해서 거친 면이 아주 커진 거예요. 연습이요. 만약 내 얼굴을 드러내려고 할 때마다 터프가이가 나를 억누르고 있지 못하도록 할 수 있다면….

치료자 : 그걸 그에게 말해줄 수 있겠어요?

로베르토 : 네. 이봐, 터프가이, 나한테 공간을 좀 주는 게 어때? 네 영역을 침범하지는 않을 거야. 내가 네 명성을 망칠까 봐 걱정하지 않아도 돼. 난 너를 존중해. 넌 네 위치를 차지하기 위해 열심히 노력했어. 이 조그만 친구에게도 한번 기회를 줄 수 있겠니?

치료자 : 의자를 다시 바꿔서 대답해보세요.

로베르토 : 응, 그렇게 할 수 있을 것 같아. 내가 지휘권과 권한을 갖는다는 것에 우리가 동의한다면 말이야…. 적어도 당분간은.

　　로베르토는 내면에 분리 상태와 더불어 강자와 약자를 지니고 있다. 그의 거친 면은 그 역할을 잘해왔고, 그는 자기 성격의 거친 면과 강하게 동일시했다. 그러나 그는 자신의 배려하는 면을 자신으로부터 거의 차단해버렸다. 이 대화는 자신에게 두 가지 측면이 있다는 것과 배려하는 면에 대한 무시가 자신의 삶에 부정적 영향을 미친다는 것을 자각하게끔 해주었다. 비록 여전히 로베르토는 배려하는 면을 드러내는 것을 염려하기긴 하지만, 두 면을 통합하고 공존하도록 하는 방향으로 변화하였다. 또한 그는 자신의 두 가지 면 중 하나를 선택해야 할 필요가 없다는 것을 깨닫기 시작했다.

연습

대집단 연습

1. 지금까지 당신은 정서와 감각의 중요성을 강조하는 상담 및 심리치료의 세 가지 접근들을 배웠다. 인간중심상담, 실존치료, 게슈탈트 치료 간의 공통점과 차이점을 논의해보라. 그러고 나서 어떤 접근이 당신에게 더 흥미를 끄는지, 각 접근이 내담자들에게 제공하는 이점들을 논의해보라.

2. 로베르토의 두 의자 체험의 활용 사례를 훑어보라. 이 대화를 시작점으로 활용하여, 게슈탈트 치료자가 그와 어떻게 계속 치료할 것 같은지 논의해보라. 당신은 로베르토에게 어떤 장애물과 난관이 있다고 보는가? 그에 대해 당신이 알고 있는 것들로부터 거친/배려하는 면 외에 또 그가 갈등하고 있을 수 있는 다른 분리 상태를 발견할 수 있는가? 로베르토가 어떤 미해결 과제를 지니고 있다고 생각하는가? 만약 로베르토가 몸으로 그의 감정을 표현한다면 어떤 모습일 것이라고 상상하는가? 그가 어떻게 앉아 있을 것 같은가? 그의 눈 맞춤은 어떨 것 같은가? 특징적인 행동이 있을 것 같은가? 로베르토의 자각과 통합을 증진시키기 위해 그에게 제안할 수 있는 실험들을 계획해보라.

3. 당신의 주위, 즉 당신의 옷과 책과 또 다른 소지품들 그리고 방에 있는 물건들을 둘러보라. 당신이 동일시하는 물건 하나를 골라보라. 그 물건이 무엇인지 적고, "나는 칠판이야. 나는 비어 있고 뭔가를 쓰기에 좋아. 나는 개성은 없지만, 다른 사람의 생각을 보여주기 위해 여기 있어"와 같이 그 물건의 관점에서 이야기하는 '나 서술문'도 몇 문장 적어보라. 자원자들 몇 명에게 자신이 선택한 물건과 기록한 서술문을 이야기해보게 하라.

소집단 연습

1. 각 쌍은 두 의자 혹은 빈 의자 기법을 활용한 실습에 참여해야 한다. 내담자 역할을 하는 사람은 두 의자가 나타내는 내적 혹은 외적 갈등을 정해야 한다. 치료자 역할을 하는 사람의 도움으로 내담자는 갈등을 보이는 두 사람 혹은 두 측면 간의 대화를 10분간 진행한다. 반드시 체험을 완결 짓도록 하라.

   연습에 이어지는 피드백은 다음 영역들에 초점을 맞추어야 한다.
   - 실습의 효과
   - 게슈탈트 치료를 반영하는 질문과 다른 개입의 활용
   - 내담자가 드러낸 분리 상태 혹은 갈등을 극복하도록 게슈탈트 치료는 어떻게 도울 수 있는가
   - 내담자와 치료자 모두의 비언어적 메시지
   - 치료 동맹
   - 역할극의 강도
   - 대화를 향상시킬 수 있는 방법

개인 연습

이 장의 개인 연습은 특히나 어렵다. 만약 당신이 이 연습을 하고 싶긴 하지만 그렇게 하기가 어렵다면 당신의 교수, 치료자 혹은 당신이 신뢰하는 사람에게 도움을 청할 수 있을 것이다.

1. 당신 자신의 신체 언어, 눈 맞춤, 앉는 방식, 손을 사용하는 방식과 그 외 당신이 나타내는 몸동작들을 관찰해보라. 그것들이 어떤 메시지를 전달하는 것 같은가? 당신의 신체 언어로부터 당신 자신에 대해 무엇을 알 수 있는가? 당신의 언어적 메시지와 비언어적 메시지 사이의 어떤 불일치를 찾았는가? 당신의 신체 언어가 당신의 내적 분리 상태나 무시된 부분을 반영하는지 생각해보라. 이를 당신의 기록지에 써보라.

2. 강자/약자 기법을 사용하여 스스로에게 실험을 해 보라. 2개의 빈 의자를 두고 조용히 앉아서 지난주 불편했던 상황을 잠시 떠올려보라. 숙제를 미뤘을 수도 있고 친구에게 함부로 했을 수도 있다. 자신의 행동을 정당화하는 강자의 입장에서 이야기해보라. 이제 두 번째 의자로 가서 약자의 입장에서 말해보라. 당신이 '두 자기'에게 어떻게 말하고 있는지 주목하라. 스스로에게 말하는 것에 판단이 들어가 있는지 살펴보라. 판단하려고 하기보다는 온정적으로 자신을 변호해주려고 노력하라. 무엇을 관찰했는지, 한쪽이 얼마나 우세하고 옳다고 느껴지는지, 어떤 식으로 판단하게 되는지 등을 기록지에 써보라. 판단적인 자기에게 귀를 기울이는 것이 가치가 있다고 생각하는가? 당신의 혼잣말에 덜 비판적이고 더 온정적이 될 수 있는 방법에 대해 써보라. 당신은 이 연습에서 당신에 대해 무엇을 배웠는가?

3. 당신이 최근에 누군가를 비난했던 내용을 생각해보라. 그 내용을 자기 자신에게 돌려서 적용해보라. 예를 들면 "내 친구는 무책임한 사람이야"라고 말하는 대신 "나는 무책임한 사람이야"라고 말해보라. 그 새로운 서술문이 사실인지 생각해보라. 이를 당신의 기록지에 써보라.

요약

1950년대에 Fritz Perls는 자신의 아내인 Laura Perls와 함께 게슈탈트 치료를 개발했다. 이 치료는 특히 정서와 감각에 주의를 기울이는 인본주의적이고 현상학적인 접근이다. 게슈탈트의 개념은 인간에게 있어 패턴과 전체가 중요하다는 것을 내포하고 있다. 게슈탈트 치료자들은 우리 모두가 통합, 항상성과 실현을 향한 선천적 추동을 지니고 있다고 믿는다. 그러나 사람들은 때때로 자기 자신이나 세상의 일부분을 부인하거나 그 일부분과 소원해진다. 이는 파편화, 미해결 과제의 과부하 그리고 Perls가 성장장애라고 명명했던 문제를 야기할 수 있다.

게슈탈트 치료는 내담자와 치료자 사이의 신뢰하고 협력하는 나-너 관계가 중요함을 강조하는 능동적인 접근이다. 그러한 관계의 안전성으로 인해 내담자들은 치료자가 각 내담자의 필요에 맞춰 개발한 성장-촉진적 실험에 참여할 수 있게 된다. 꿈 작업, 뜨거운 의자, 빈 의자, 두 의자 기법, 공상 여행, 나 서술문의 사용, '무엇'과 '어떻게'에 초점 두기, 비언어적 의사소통에 대한 주목과 같은 기법들 모두가 자각 · 통합 · 실현이라는 게슈탈트 치료의 목표를 이루는 데 도움이 된다.

추천 도서

Berne, E. (1961). *Transactional analysis in psychotherapy*. New York, NY: Grove.

Berne, E. (1964). *Games people play*. New York, NY: Grove.

Buber, M. (1970). *I and thou*. New York, NY: Scribner.

Harris, T. A. (1967). *I'm OK – You're OK*. New York, NY: Avon.

James, M. (1996). *Born to win: Transactional analysis with Gestalt experiments*. Reading, MA: Addison Wesley.

Levine, T. B. (2012). *Gestalt therapy: Advances in theory and practice*. New York, NY: Routledge.

Oaklander, V. (2007). *Hidden treasure: A map to the child's inner self*. London, UK: Karnac Books.

Perls, F. (1969a). *Gestalt therapy verbatim*. Lafayette, CA: Real Person.

Perls, F. (1969b). *In and out of the garbage pail*. Lafayette, CA: Real Person.

Philippson, P. (2009). *The emergent self: An existential-Gestalt approach*. London, UK: Karnac Books Ltd.

Polster, E., & Polster, M. (1993). Fritz Perls: Legacy and invitation. *Gestalt Journal, 16*(2), 23–25.

Woldt, A. L., & Toman, S. M. (Eds.). (2005). *Gestalt therapy: History, theory, and practice*. Thousand Oaks, CA: Sage.

정서와 감각을 강조하는 최근 접근들

모든 역동적 분야에서 그런 것처럼 상담 및 심리치료에서도 새로운 이론들과 전략들이 계속 나오고, 기존의 접근들은 확장되고 개정된다. 제3부를 결론짓는 이 장에서는 정서와 감각을 강조하고 심리치료에 포스트모던, 구성주의 접근을 받아들인 세 가지 접근들―이야기 치료, 해결중심 단기치료, 페미니스트 치료―을 소개한다. 세 가지 접근은 단독으로 사용되거나 다른 접근과 통합될 때 얻을 수 있는 것이 많다. 게다가 이 접근들은 많은 치료자들이 내담자와 상호작용하고 내담자의 문제를 개념화하는 방식을 변화시키고 있다.

   이 장에서 살펴보는 세 가지 접근은 정서에 초점을 두는 인본주의 이론들과 맥을 같이한다. 제3부에서 배웠던 다른 이론들과 공통된 경험론적, 관계론적, 존재론적 개념들을 가지고 있다. 또한 다음과 같은 특징들을 공유하고 있다.

- 전체론적이다.
- 다양성, 다문화주의, 개인차, 사람들의 다양한 역할과 관점이라는 주제에 민감하다.
- 전문가보다는 촉진자로서의 치료자 역할을 지지한다.
- 내담자와 치료자 모두가 심리치료에 영향받고 변화되는 양방향적 과정이 치료라는 것을 인정한다.

이 장에서 다루는 세 접근의 각 특징에 대해서는 해당 치료 체계를 설명할 때 제시하겠지만 우선 포스트모던, 구성주의 철학에 대해 간략히 개관하고자 한다.

구성주의 이론 : 포스트모던 심리학의 핵심

전 세계적인 패러다임 전환은 우리가 현실을 보는 방식을 변화시키는 것이다. 이러한 새로운 사고 방식은 과학, 예술 및 생활의 모든 측면에 스며들어 있다. 사실 과학기관과 교육기관에서 중심이 되는 객관적 지식의 근간이 흔들리고 있다. 여러 가지 관점이 모두 타당할 수 있다는 인식이 증가하면서 한 가지 객관적 현실을 찾는 것은 소용없는 일이 되었다. 진실, 정직, 진술성과 같은 개념은 주관적인 것으로 한 개인과 그 사람의 세상에 대한 지각에 토대를 두고 있다. 하나의 고정되고 합의된 현실이 있다기보다는 현실은 지각하고 경험하는 사람에 의해 함께 창조되고 구성된다. '구성주의'는 이러한 철학을 설명하기 위해 사용되는 용어이다.

이러한 새로운 사고방식은 코끼리와 마주친 장님들에 관한 이야기를 떠올리게 한다. 장님들은 각자 코끼리의 다른 부위를 만져보고는 서로 다르게 코끼리를 설명했다. 코끼리에 대한 이들의 지각은 코끼리에 대한 직접적이고 한정된 접촉뿐만 아니라, 자기 삶의 경험과 상호작용에 의해서도 채색되었는데, 이러한 경험과 상호작용은 코끼리가 어떻게 생겼는지를 이해하는 데 사용한 언어와 비교라는 것을 이들에게 제공하였다.

Mahoney(1988)에 따르면 "심리적 현실은 집단적으로 공유될 때조차도 개인적으로 고유한 것이며, 심리적 변화의 장은 자기(self)라고 불리는 역동적인 과정의 영역이라는 것을 구성주의 이론은 인식하고 있다"(p. 9). 그는 또한 "심리적 구성주의란 인간지식과 경험이 개인의 능동적 참여를 이끌어낸다는 주장을 공유하는 일단의 이론들을 말한다"(p. 2)라고 기술했다.

구성주의의 다섯 가지 기본 주제

Mahoney(2003, p. 4)는 구성주의의 특성을 더 명확히 해주는 다섯 가지 기본 주제들을 확인하였다.

1. **능동적인 주체(active agency)** 사람들은 자신의 삶을 형성하는 데 능동적인 참여자이다. 선택, 행동, 주의의 초점을 통해 우리는 우리의 경험에 지속적으로 영향을 미친다.
2. **규칙(order)** 사람들은 규칙과 조직화를 추구하고, 경험의 의미를 만들고자 한다. 지나치게 많은 규칙은 정서적 과잉통제를 초래할 수 있는 반면, 너무 규칙이 없는 경우는 균형과 방향성

의 상실을 초래할 수 있다.

3. 자기와 정체성(self and identity) Mahoney(2003)에 따르면, "자기와의 관계는 삶의 질에 매우 중요하다. 여기에는 자기개념, 신체상, 자존감, 자기반성과 자기위로 능력 등이 있다"(p. 33). 자기감이 유연하지 못하거나 파편화될 때, 내면적 혼란과 대인관계 곤란 모두를 경험하기 쉽다.

4. 사회적 상징화 과정(social-symbolic processes) 규칙, 의미, 정체성은 주로 사회적 상호작용과 상징화 과정(예 : 언어, 이미지, 이야기)에서 나온다.

5. 역동적 변증법적 발달(dynamic dialectical development) 사람들은 조직화를 초래하기도 하고 해체를 초래할 수도 있는 경험들의 순환을 지속적으로 경험한다. 우리는 균형을 추구하며, 건강하고 자기보호적인 방식으로 변화에 저항할 수 있다. 그렇지만 재조직화를 위해 약간의 해체도 필요하다.

현실은 결코 알 수가 없다는 것에 동의하면서도 구성주의 사상에는 세 가지 주요 구분이 있다ㅡ급진적 구성주의, 사회적 구성주의, 비판적 구성주의. 이들 학파는 개인과 세계의 관계적 특성에서 차이가 난다.

급진적 구성주의는 현실이 모든 사람에게 다 다르고, 뇌의 생물학적 구조와 그 능력에 의해 한정된다고 생각한다. 따라서 현실이 우리 마음의 경계 밖에 존재하는지 여부는 알 수가 없다.

사회적 구성주의는 한 사람이 태어나서 자란 사회, 문화, 언어와 같은 사회적 구성개념을 통해 현실이 만들어진다고 생각한다. 따라서 한 가지 객관적 현실이 있는 것이 아니라, 이러한 요인들과 다른 요인들을 토대로 하여 세상을 보는 다양한 방식들이 있다. 이런 식으로 보게 되면, 응집력 있는 자기감의 발달은 불가능하다. Gergen(1991)이 그의 책 *The Saturated Self*에서 말한 것처럼, 사람은 타인의 다양한 자기와 상호작용하는 다양하게 문화적으로 정의된 자기에 압도된다.

비판적 구성주의는 사회적 구성주의와 비슷하지만, '개인과 사회적 과정이 모두 현실을 만드는 것으로' 생각한다(Neimeyer & Raskin, 2001). 개인과 세계 사이에서 의미가 실행되고, 우리가 직접 알 수는 없지만, 우주는 실제 있다(Kelly, 1955).

포스트모던, 구성주의 관점으로부터 많은 치료적 접근들이 나왔다. 이야기 치료 및 White와 Epston(1990), Anderson(2001), Gergen(1985) 등의 저서들은 사회적 구성주의의 부산물이며, 해결 중심 단기치료와 같은 강점 기반 실천과 긍정심리학 또한 그러하다. 페미니스트 치료와 다중 문화주의도 여기에 그 뿌리를 두고 있다. 이 모든 이론들은 현상학적이고 경험적이며, 자기 자신과 세계에 대한 개인의 지각을 중시한다. 이러한 접근들은 보편적이고 객관적인 지식과 같은 것은 없고 우리의 지각은 특정한 사회의 언어, 가치, 신념을 반영한다는 포스트모던의 가정을 받아들인다. 이 이론들은 전체론적이고, 사람들을 완전히 그리고 여러 관점에서 이해하고자 한다. 또한 의미의 창출과 경험이 인생에서 핵심이라고 본다(Mahoney, 2003).

모든 구성주의 이론들에서 치료 동맹은 협력적이고 비권위적이다. 내담자와 치료자는 단지 역할과 수련에서만 차이가 있는 관계성을 함께 만든다. 치료자는 그 과정을 좌우하지 않고, 내담자를 설득하고 분석하며 가르치려고 하지도 않는다. 그보다는 공감, 격려, 인정, 반영, 상세화, 은유를 사용해 치료한다. 치료자는 내담자에게 안전한 장소를 제공하고, 내담자의 강점과 능력에 초점을 두며, 자상하고 온정적이다. 치료자는 내담자들이 "더 일관되고 종합적인 자기이론을 구성하도록 돕거나, 공동 저자로서 내담자 자신의 이야기에서 핵심 주제를 확인하고 개정하도록" 지원하지만 일차적인 변화의 주체는 내담자이다(Neimeyer, 1993, p. 230).

구성주의는 인간을 긍정적이고 낙관적인 관점에서 바라보는데 '능동적이고, 목표지향적이며, 목적이 있는 유기체'로 본다(Neimeyer, 1993, p. 223). 사람들은 자신이 갖고 있는 지식에 따라 행동하는데, 이 지식은 경험과 행동의 구성개념을 반영한다. 지식은 새로운 경험과 지각을 통해 발달하고 변화한다. 구성주의 치료의 핵심 목표는 사람들이 자신의 경험에 대안적인 해석과 의미가 있을 수 있다는 것을 인식하고, 가능성을 발달시키도록 돕는 것이다. 그리고 나면 사람들의 지식은 평가될 수 있고, 그래서 변화되거나 타당성이 확인될 수 있는데, 이러한 지식은 더 만족스러운 존재 방식으로 이끌게 된다.

치료는 처음에 현재 문제와 고통에 초점을 맞추어 시작하다가 그 후 패턴이나 반복되는 문제의 탐색으로 가고, 종국에는 패턴을 영속화시키는 기저 과정이나 구성개념을 이해하는 것으로 옮겨간다. 이는 사람들로 하여금 좀 더 보람 있는 존재 방식과 대처 방식을 발달시켜나갈 수 있게 한다.

구성주의 접근은 자기를 사회적 맥락 속에 위치시키고(Neimeyer, 1993), 그 맥락에 주의를 기울인다면 사람들을 가장 잘 이해하고 도울 수 있다고 주장한다. 구성주의 치료자는 이 책의 제3부에서 설명된 다른 치료 접근법에서보다 개인의 성장배경에 훨씬 더 많은 주의를 기울이며, 초기 애착이 우리의 정체성을 형성하는 데 중요한 역할을 한다고 믿는다. 또한 사람들이 통합감을 얻도록 돕기 위해 사고, 행동, 정서에도 주의를 기울인다(Mahoney, 1988). 미국의 중서부 지역에서 심리학자와 교수로 활동한 George Kelly(1905~1967)는 '개인적 구성개념'이라는 사상을 발전시켰다. 기본적으로 그 사상은 사람들이 자기 자신에 대한 역할이나 생각을 만든 후 이를 확인한다는 것으로, 마치 과학자가 가설을 검증하는 것과 같은 것이다(Fransella & Neimeyer, 2005). 자기 구성개념에 대한 Kelly의 초기 작업은 이후 이야기 치료, 해결중심 치료, 페미니스트 치료의 발달에 토대가 되었다.

이야기 치료는 우리의 개인적 현실과 자기상은 절대적인 것이 아니고 사회와 역사적 맥락에 의해 만들어지고 유지되는 것이라고 받아들인다는 점에서 그 특성상 구성주의이기 때문에 포스트모던이라 할 수 있다. "자기와 정체감은 언어적, 문화적, 관계적 실천 내에서만 나타날 수 있기 때문에, 안정되고 고정되고 인식 가능하고 필수적인 자기나 정체감은 없다"(Brown & Augusta-Scott, 2007, p. xv).

구성주의 치료가 특정 기법과 관련되어 있지는 않지만, 이 접근에서 강조되는 일부 전략들이 있다. 언어는 구성주의에서 중요한 초점이다. 사람들은 언어를 통해 의미를 만든다. Lynch(1997)가 말한 것처럼, 언어는 단순히 인간경험에 명칭만 부여하는 것이 아니라 인간경험을 형성한다. 구성개념의 해체와 분산은 자주 사용되는 또 다른 전략으로 이에는 새로운 구성개념을 함께 만들고, 권리감을 증진시키며, 주제와 은유를 탐색하고, 행동의 선택 폭을 확장하며, 외재화시키고, 지지집단과 준거집단을 만들도록 돕는 것 등이 있다(Richert, 2010). 호흡훈련, 명상, 이완과 같이 마음 · 신체 · 영성을 통합하는 전략도 구성주의 치료에서 사용되는 중요한 방법들이다(Mahoney, 2003).

　　구성주의 치료는 현대 치료의 관점과 맞아떨어지기 때문에 많은 치료자들의 주목을 받아왔다. 구성주의 치료는 사회 안의 개인 · 다양성 · 내담자-치료자 협력을 중요하게 보며, 전체론적이고, 통합적이고, 유연하다. 또한 개인의 대처 노력을 긍정적인 변화를 촉진할 수 있는 지식의 근원으로 보는 등 존중적이고 낙관주의적이다.

　　구성주의 심리학회지(Journal of Constructivist Psychology)는 급속히 늘어나는 구성주의 치료 연구를 촉진하고 확산시키고 있다. Mahoney(2003)에 따르면 구성주의의 주제는 교육, 정부, 과학, 인간자원을 포함하여 현대 사회의 모든 영역에 널리 퍼져 있다. 심리학에서 구성주의는 전반적으로 그 중요성과 영향력이 계속 증가할 것이고, 영성 · 윤리 · 세계평화에 대한 논의에 영향을 줄 것이다. 이제 세 가지 포스트모던 구성주의 접근—이야기 치료, 해결중심 치료, 페미니스트 치료—을 더 깊이 살펴볼 것이다.

이야기 치료

이야기 치료에 따르면, 사람들은 자신의 이야기들을 이해하는 것뿐만 아니라 자신의 일부분이었던 이야기들의 언어를 통해 자기 자신과 자신의 세계에 대한 의미를 만드는 해석적 존재이다. 이야기 치료자들은 문제가 있는 이야기들의 탐색과 해체 및 교정을 통해 사람들이 자신의 지각을 바꾸고 대안적 각본을 만들 수 있으며, 그럼으로써 더 큰 권리감과 자신의 삶을 더 성공적으로 조종하는 능력을 갖게 된다고 믿는다.

　　이야기 치료는 인본주의 치료 체계의 현상학적 강조에서 한 걸음 더 나아간다. 이야기 치료자는 내담자의 지각이 내담자의 현실을 결정하므로 내담자의 지각을 변화시키는 것이 내담자의 긍정적 발달을 촉진시키는 최선의 방법이라고 믿는다. 이야기 치료자는 내담자를 병리적 장애를 가진 것으로 보기보다는 '문제로 가득 찬 이야기에 휘둘리고 있는' 것으로 본다(Malinen, Cooper, & Thomas, 2011, p. 13). 이후에 논의할 매핑(mapping), 대화의 발판, 외재화 등과 같은 이야기 도구들을 사용하면서 이야기 치료자는 내담자와 협력하여 내담자의 이야기를 해체한 후 근본적으로 내담자의 삶을 재기술하기 위해 새로운 이야기를 만든다. 이것이 이야기 치료의 본질이다.

이야기 치료의 발달

이야기 치료는 Michael White와 David Epston(1990)의 오스트레일리아에서의 연구에 뿌리를 두고 있다. 그러나 전 세계 치료자들과 연구자들은 이 치료의 적용과 연구에 관심을 보였다. 이야기 치료에 중요한 영향을 준 것은 Gregory Bateson, George Kelly와 프랑스 철학자 Michel Foucault의 사상이다.

　　그러나 이야기 치료의 발달을 이끈 사람은 White와 Epston이었다. White는 2008년 심장발작으로 사망할 때까지 호주의 애들레이드에서 살면서 덜위치 센터의 공동 책임자로 있었다. White의 철학과 사상에 영향을 준 다른 중요한 요인으로는 가족체계이론, 인공두뇌학, Vygotsky의 사회발달이론이 있다.

뉴질랜드의 치료자이자 이야기 치료의 획기적 저서인 *Narrative Means to Therapeutic Ends*(1990)의 공저자인 Epston은 자신의 친구이자 동료에 대한 추도문에서 Michael White는 "심리학 영역에서 어느 누구보다도 일찍 포스트모더니즘의 물결을 인식하였고"(Epston, 2008, p. 6), 철학에 대한 관심, 특히 프랑스 철학자 Michel Foucault의 포스트구조주의 철학과, 사회에서 소외되고 취약한 사람들을 돕고자 하는 자신의 욕구를 결합시킬 수 있었다고 하였다. Bateson은 새로운 정보를 탐지하고 얻기 위해서 사람들은 일군의 정보를 다른 것과 구분하는 비교과정에 들어가야 한다고 제안했다(Monk, 1997). 이 개념에 근거해서 White는 사람들을 자신의 삶에서의 미묘한 변화에 주의를 돌리게 함으로써 새로운 통찰을 촉진하고, 권리감을 증진시키며, 곤란을 해결하는 더 나은 방법을 개발하도록 도울 수 있다는 것을 발견했다.

지식과 힘의 상호관계에 대한 Foucault의 저서의 영향으로, White는 정형화된 행동 기준에 맞춰 순응하도록 사람들을 고무시키는 것이 자신의 삶을 살려는 노력을 저해하는 해로운 효과를 가질 수 있다고 보았다(Monk, 1997; White & Epston, 1989). White는 단지 지식을 통해서만 이 사람들이 진정으로 자기 자신의 삶의 저자가 될 수 있다고 믿었다.

몇 가지 중요한 면에서 이야기 치료는 전통적인 상담 및 심리치료와 차이가 있다. White는 '치료적 인류학자'로 기술되어왔고(Lee, 1997, p. 5), 스스로를 자문가라고 한다. 그는 사람들을 치료하거나 고치려고 하는 게 아니라 그들에 대해 배우고, 이해하며, 다양하고 도움이 되는 관점을 제공하고자 하였다.

Lee(1997)는 이야기 치료를 다음과 같이 요약하였다. "이야기 치료는 사람들이 자신의 삶을 구성하는 언어적이고 추론적인 방식에 초점을 맞춤으로써 현대 세계에서 인간존재의 딜레마를 다루고자 한다. 사람들이 현상학적 의미에서 해석적 존재이고, 일상생활의 해석이나 자기-이야기를 통한 의미의 귀인에서 능동적이라는 것을 가정한다"(pp. 5~6). 다시 말해, 이야기 치료자들은 사람들의 삶은 이야기를 통해 만들어지고 해석된다고 믿는다 — 자신이 듣는 이야기, 자신의 마음속에서 만드는 이야기, 자신이 말하고 되풀이하는 이야기. 본질적인 진실은 없다. 현실은 언어, 사회적 상호작용, 이야기를 통해 구성되고 유지된다(Mascher, 2002).

다음의 예를 고려해보자. 아시아계의 젊은 여성인 수키는 다른 사람들을 믿지 못하는 것, 친밀한 관계를 맺지 못하는 것, 반복해서 자해하게 만드는 자칭 '자기혐오' 때문에 상담을 받으러 왔다. 수키의 어머니는 수키가 어릴 때부터 다음과 같은 이야기를 그녀에게 자주 했다. "너를 임신했을 때 나는 네 아버지와 살고 있었단다. 네 아버지는 형편없는 사람이었어. 나를 때렸고, 다른 여자들과 바람을 피웠고, 내가 가진 모든 돈을 가져갔단다. 나는 정말 그로부터 도망치고 싶었다. 내가 임신한 것을 알았을 때 망연자실했었다. 절대 여기서 벗어날 수 없을 거라고 생각했어. 그래서 나는 마을의 여자 주술사를 찾아가서 너를 유산시켜 달라고 부탁했지. 그녀가 말한 대로 다했지만 소용없었어. 나는 다시 그녀를 찾아갔고, 그녀는 다른 방법을 말해줬지. 다시 또 해 봤지만 역시 소용없었어. 그때 난 이 아이가 운명이라고 받아들였어. 나는 가져갈 수 있는 모든 것들을 챙겨서 달아났어. 난 내 숙모네로 갔고, 그녀는 날 받아들여 네가 태어날 때까지 나를 도와주었지."

　이 이야기를 반복해서 들음으로써 수키는 자기 자신과 자신의 세계에 대해 부정적인 관점을 가지게 되었다. 그녀는 아버지와 어머니가 모두 자신을 원치 않는다고 지각하였다. 그녀는 자신이 어머니에게 짐이 된다고 보았고, 남자를 신뢰할 수 없고 학대하는 사람으로 보았다. 그녀는 다른 사람과 친분이나 친밀감을 갖지 않아야지만 살아갈 수 있다고 믿었다. 동시에 자신은 살 가치가 없다고 보았고, 낙태가 성공했다면 모든 사람들이 더 행복했을 것이라고 생각했다. 그녀의 자해행동과 타인을 믿지 못하는 것은 어머니가 그녀에게 했던 이야기에서 생성된 그녀 자신과 세상에 대한 관점을 반영하는 것이다. 후에 수키의 어머니는 미국 남성과 결혼하였는데, 그 남성은 수키와 어머니를 미국으로 데려갔고 수키를 사랑해주는 아버지였음에도 불구하고, 이 이야기는 계속해서 영향을 주었다. 이야기들은 메시지를 전하고, 우리 삶의 로드맵이 될 수 있다. 이야기 치료는 수키가 그러한 이야기들을 해체시키고 대안을 고려하여 더 나은 길을 선택함으로써 자신의 삶을 개선시킬 수 있도록 도왔다.

이야기의 특성　사람들은 많은 레퍼토리의 자기 이야기들을 가지고 있다. 어떤 이야기든 이야기 치료에서는 중요하고 정당한 것으로 받아들여진다. 그러나 이야기들은 몇 개의 범주로 나뉘는 경향이 있다. 수키의 예에서처럼 많은 사람들은 자신의 정체성을 형성하는 한 가지 지배적인 이야기를 갖고 있다. 지배적인 이야기는 전형적으로 그 사람의 다른 이야기들을 검열하고 변화시키거나 아예 잊어버리게 할 수도 있는 일종의 폭군 군주처럼 작용한다. White(1986)가 개성의 명세서(specifications of personhood)라고 불렀던 것 — 이야기에서 개인 또는 가족원으로서 어떻게 행동해야 하는지를 말해주는 정보 — 은 속박으로 작동하고 사람들을 지배적인 이야기에 가둬 제약되어 있게 한다.

　잃어버린 주목되지 않은 소외된 이야기들도 이야기될 필요가 있고 지배적인 이야기보다 사람들에게 더 도움이 될 수도 있는데, 특히 잃어버린 이야기가 문제가 해결되거나 문제가 없는 삶을 표현한다면 더욱 그러하다. 수키의 양부는 그녀가 어렸을 때 자주 시를 짓곤 했다는 것과 그가 그녀의 시를 읽는 것을 매우 좋아했다는 이야기를 했다. 그러나 그녀의 유일한 지배적인 이야기가 통제하고 있는 동안, 수키는 자신의 지성과 창의성을 인정하는 양부의 이야기에 주목하지 않았다. 무시된 이야기와 다른 이야기에 접근하는 것은 수키가 자신을 존중하고 다른 사람과 더 성공적으로 관계하기 위해 자신의 지성과 창의성을 사용하는 데 도움을 주었다.

　사람들은 끊임없이 삶의 사건들을 이해하려고 한다. 자기정체감을 결정짓는 것은 스스로에게 말하는 이야기들이다. Richert(2010)는 불행이나 역기능을 야기하는 세 유형의 이야기를 확인하였다.

1. 일부 이야기들은 지나치게 제약이 많지만 지배적인 문화에 의해 수용되어왔다. 따라서 자신에게 사용 가능한 모든 선택권을 가지고 있지 못한 사람은 낙인이 찍히거나 그렇지 않다면 강요를 당함으로써 좌절과 불만족을 경험하게 된다. 성이나 정신질환과 관련된 이야기들은 그

런 관습에 의해 빈번히 영향을 받는다.

2. 이야기가 파편화되고 와해될 때 고통이 생길 수 있다. 이런 일이 발생하면 그 사람의 현실은 파편화되고 대처하기 어렵게 되어 스트레스, 불안, 우울을 야기하고 결국 목표지향적인 행동을 수행할 수 없는 상태에 이르게 된다.

3. 단절되면 개인적 이야기는 심리적 고통을 야기할 수 있다. 단절은 더 이상 자신의 삶의 구성에 참여할 수 없을 때, 스토리텔링의 과정을 인지하지 못하거나 계속하지 못할 때 일어난다. Richert(2010)는 이러한 '구성의 장애'에서 생기는 고통과 대조적으로 '장애의 구성'을 초래하는 앞의 2개를 중요하게 구분하였다(p. 18).

어떤 경우라도 이야기 치료자는 내담자가 더 큰 삶의 만족을 얻을 수 있게 삶의 새로운 길과 가능성을 열도록 돕는 것이 해결책이라고 믿는다. 치료는 이야기를 이끌어내는 것으로 시작한다.

치료 동맹

이야기 치료에서 치료자는 협력적인 자문가이다. 내담자들은 그들 자신과 그들의 이야기들에 대한 전문가인 반면, 치료자는 이야기 치료에서 전문가이다. 이 둘은 공동 저자이자 협력자로서 치료 과정을 만들어가는 책임을 공유한다. Brown(2007)에 따르면 "둘 모두 지식과 주체를 가지고 대화에 임한다"(p. 4).

Malinen과 다른 이야기 치료자들은 문제를 해결하기보다 의식에서의 변화를 만들기 위해 내담자와 작업하는 것을 반영하면서 치료자가 내담자와 함께 하는 생생한 상호작용과 만남을 설명하기 위해 자신들을 '협력주의자들(collaborationists)'이라고 불렀다. 그는 "협력의 바다에서 파도가 많이 친다"라고 쓴 바 있다(Malinen et al., 2011, p. 12).

이야기 치료자는 내담자의 강점과 자원을 존중하고 촉진하는 것을 매우 중시한다. 치료자는 내담자에 대한 지각과 내담자의 이야기를 포함하여 자기 자신의 지각과 이야기를 공유하지만, 절대 규정하거나 판단하지 않고 잠정적인 입장을 취한다. 저항, 부인, 정신장애 같이 치료자에게 유리할 수 있는 개념은 이야기 치료의 영역이 아니다. 사실 저항은 내담자들이 치료의 속도를 자신에게 더 편안하게 하기 위한 노력으로 볼 수 있다.

이야기 치료자는 사람을 변화시키기보다 격려하고 촉진시킨다. 그들은 아는 척하지 않고 이야기의 내용과 맥락뿐만 아니라 그 의미에 대해서도 질문을 한다. 그들은 능동적이어서 연습을 제안하고, 새로운 관점을 제공하며, 피드백을 이끌어낸다(Richert, 2003). 그들은 내담자가 스스로를 인정하고, 치료에서 중요한 역할을 할 수 있도록 돕는다. 사람들에게 용기, 희망, 자원을 생기게 하는 새로운 방식으로 자신에게 귀 기울이고 자신을 변화시켜나갈 스스로의 권리에 대한 주인의식을 주기 위해 치료자는 주의 깊게 경청하기, 공감, 요약, 바꾸어 말하기를 사용한다.

이 장에서 논의되는 치료 접근의 전형으로서 이야기 치료자들은 내담자의 발달에 그들이 하는 역할을 자각하고 있고 종종 내담자와 이에 대해 논의한다. 이야기 치료자는 내담자뿐만 아니라 치료자 자신을 반영한다고 내담자에게 공개적으로 인정하는 '상호적인 반영(interactive mirroring)'에 관여하는 '참여적 목격자'이다. 이야기 치료자는 적극적이어서 옛날이야기를 해체시키고 좋은 결과를 만들 수 있는 새로운 가능성을 확인하도록 질문을 한다(Richert, 2010). 이러한 내담자와 치료자 간 협력과정은 이야기의 공동 구성 혹은 공동 집필로 불리며, 치료 과정의 필수적인 부분이다. Brown(2007)은 "이야기 치료는 억제된 목소리의 부활을 강조하고"(p. 77) 자격을 잃은 지식을 공개하는 것이라고 썼다. 치료자와 내담자는 함께 작업하면서 의미를 공유하고, 문화 · 성 · 인종 혹은 다른 준거 틀에 내재되어 있는 기대를 확인하여, 이 기대를 맥락 속에 둠으로써 내담자에게 미치는 영향력이나 결과를 감소시킨다.

즉 내담자를 '높이고' 치료자의 직권을 감소시키기 위해 최선을 다한다. 이야기 치료에서는 내담자에게 치료자의 질문 이면에 있는 이유에 대해 질문하라고 하며, 치료자의 자기개방은 관계에서 권력 불평등을 줄여주기 때문에 도움이 되는 것으로 여겨진다(Richert, 2010).

⚙️ 전략

이야기 이끌어내기 대부분 사람들은 자발적으로 이야기를 내놓고, 이야기하는 것을 좋아한다. 그러나 지배적인 주제를 뒷받침하는 그러한 이야기들은 대개 표면에 가장 가까이 있고 가장 접근 가능하다. 이야기 치료자들은 사람들이 더 넓고 다양한 이야기를 할 수 있도록 격려하는 전략들이 있다(Carr, 1998).

- 사람들에게 단일 사건이나 정서에 대한 대안적인 이야기를 하도록 하게 할 수 있다.
- 사람들에게 마치 다른 사람이 된 것처럼 혹은 다른 입장을 가진 것처럼 자기 자신과 자신의 삶에 대한 이야기를 만들어보도록 제안할 수 있다.
- 사람들에게 자신의 이야기를 미래에까지 확장해보도록 제안할 수 있다.
- 이야기의 무시된 측면에 대해 질문할 수 있다.
- 사람들에게 자신의 문제보다 더 강력한 이야기를 하도록 할 수 있다.

이야기의 해체 이야기가 변화될 수 있으려면 이야기를 분해하고, 분석하고, 이해해야 한다. 이야기 치료자들은 이를 위해 몇 가지 전략을 사용하는데, 목표는 이야기에서 두드러지는 주제와 은유를 확인하고, 이야기가 자신에게 미친 영향을 사람들이 인식할 수 있도록 하고, 자신의 이야기를 전적으로 혼자서 만든 건 아니었다는 것을 사람들이 알도록 돕는 것이다.

Bruner(2002)는 의식의 조망과 행동의 조망에 대해서 말한다. 의식의 조망(landscapes of consciousness)은 한 개인의 이야기들에서 반복되는 가치, 기분, 동기, 신념, 태도의 배경이다. **행동의 조망**(landscapes of action)은 한 개인의 이야기들 안에 만연해 있고 반복되는 개인의 삶의 사건과 관련된 행동의 결과이다. 질문은 사람들이 이러한 조망을 확인하고, 숙고하며, 그 의미를 판단해서, 변화시키도록 돕는다. 수키의 이야기에서 의식의 조망은 일반적으로 무망감, 슬픔, 고통을 반영했다. 그녀의 이야기에서 사람들은 대개 거절과 상실을 경험했다. 행동의 조망에서 수키는 대개 철수되어 있었고 무력하였다.

매핑(mapping)은 사람들이 자신의 이야기를 숙고하도록 돕는 또 다른 접근이다. 내담자들이 내놓은 문제는 그들의 이야기에서 확인되고 그와 연관되는데, 그 이야기에서 어떻게 문제가 생겼고 다루어지고 있는지 나타난다. 유사하게, 사람들에게 자신의 긍정적인 대인관계 경험들이 자신의 지배적인 이야기와 조망에 어떻게 맞물려 있고 어떻게 이런 이야기와 조망을 변화시킬 수 있는지를 살펴보도록 격려한다.

White는 변화를 만드는 데 내재되어 있는 어려움에 대해 이야기했다. 그는 내담자들이 익숙한 행동과 새로운 가능성 간의 간극을 메우는 발판을 만들 필요가 있음에 주목했다. 이야기 치료자는 그러한 주체가 내부에서 생기거나 독립된 것이라고 보지 않고 지지, 지원, 학습, 중요한 새로운 가치들을 형성하는 영향력에 대한 이해 등을 통합하는 일련의 작은 단계들이라고 본다. Vygotsky(1986)의 모형에 기초하여, White(2007)는 치료자가 치료적 대화로 안내하여 내담자가 성공적으로 이 간극을 메우도록 할 수 있는 '발판 대화 지도'를 개발하였다. 이 기법은 이 장 끝의 기법 개발에서 더 논의된다.

외재화(externalizing)는 사람들을 그들의 문제와 분리해내는 과정이다. 문제가 내담자에게 고유하거나 내면에 존재한다기보다는 문제가 내담자에게 영향을 미치고 있다는 것을 강화해주기 위해 치료자는 외재화 언어를 사용한다(Payne, 2006). 예를 들어, 치료자는 내담자가 자신의 정체감을 문제와 분리하도록 돕기 위해 "분노가 당신을 지배하고 있어요" 혹은 "불안이 당신의 평화를 앗아가 버렸네요"라고 말할 수 있다. 많은 이야기들을 연결해주는 줄거리들과, 그 이야기들이 자기와 세상에 대해 제안하는 가정들을 확인하도록 사람들을 도움으로써 외재화는 촉진된다. 일단 외재화가 일어나면, 이야기를 변화시키기 위한 접근점을 확인할 수 있다. 치료자의 신중하고 사려 깊은 언어의 사용이 외재화를 촉진하고, 내담자들에게 자신감을 줄 수 있다.

이런 외재화 과정은 게슈탈트 치료자들이 사람들에게 자신의 어려움에 대해 책임을 지도록 돕는 것에 강조점을 두는 것과 상충하는 것처럼 보인다. 그러나 이야기 치료자들은 문제를 외재화하고 객관화하는 것이 실패감과 죄책감을 줄이고, 잘못과 비난에 대한 비생산적인 논의를 감소시키며, 자신의 문제에 대한 새로운 관점을 제공해주고, 행동과 변화의 장벽을 줄이며, 자신의 문제로부터 자신의 삶을 되찾는 길을 열어준다고 믿는다(White, 1988~1989). 자신이 문제라고 생각하는 대신, 사람들은 이제 자기와 분리된 문제와 싸우기 위해 자신의 자원을 동원할 수 있게 된다. 사람들은 자신의 문제와 자기 자신에 대한 새로운 관점을 확립하여, 자신을 문제투성이에 결함이 있는 사람이라기보다는 주의할 필요가 있는 문제를 약간 가진 유능하고 강인한 사람으로 볼 수 있게 된다.

개정하기 및 재저술하기 일단 이야기들이 나오고, 해체가 시작되었다면, 그 이야기들은 수정되거나 개정될 수 있다. 치료자들이 종종 대안적인 관점을 제안하며, 강인함과 자원을 갖고 있는 이야기를 이끌어내긴 하지만 내담자들만이 자신의 이야기를 바꾸고 그것을 받아들일 권리를 갖는다.

개정하기는 이야기를 변화시키고, 자신의 삶에 대한 시각을 변화시키는 것이다. 이 두 가지는 분리될 수 없다. 사람들이 옛날이야기를 지배하는 규칙과 의미를 더 분명히 보게 될 때 그들의 시각은 변하고, 삶에 대한 새로운 해석이 나오고, 그래서 이야기는 개정될 수 있다. 개정하기가 진행됨에 따라 추가적인 해체를 위한 기회가 제공되고, 이는 다시 이야기가 더 개정되도록 만들어준다. 점차적으로, 지배적인 이야기에 이의를 제기하는 대안적 이야기가 나오고, 다른 관점들이 이야기에 통합될 수 있게 된다. White(1989)는 이를 종속된 지식의 반란(insurrection of subjugated knowledge)이라고 불렀다.

이제 재저술하기를 할 수 있는 시점이다. 치료자와 내담자가 옛날이야기에 대한 새로운 기술을 공유할 때 사고, 행동, 정서에 대한 가능성이 확장된다(Gottlieb & Gottlieb, 1996). 사람들은 자신의 의미 구성을 이해하게 되고, 자신에 대한 기분과 다른 사람들과의 관계에 있어 자기-이야기의 보다 생산적인 버전을 향해 이동할 수 있다(Lee, 1997).

개정하기와 재저술하기를 통해 사람들은 미래로 이어지는 대안적이고 선호하는 자기-이야기를 발달시킬 수 있는데, 여기서는 문제보다 자기를 더 강력한 것으로 보게 된다(Carr, 1998; White, 1995). 사람들은 이제 그들이 얻은 것을 공고히 하고 다른 사람들과 그것을 함께 나눌 준비가 되었다.

치료적 문서　치료적 문서는 성취 증거를 강화하고 제공하기 위해 대개 내담자와 협력해서 치료자가 준비하는 자료이다. 내담자와 치료자가 함께 문서의 형식, 문서가 어떻게 준비되어야 하는지, 언제 어떻게 상의되어야 하는지, 누구와 공유되어야 하는지에 대해 결정한다(Crocket, 2008). 그 문서들은 비공개 편지, 목록, 보고서, 자격증과 상, 보도자료, 개인 발표문, 추천서, 또는 내담자의 문제를 상술하고 삶의 지배적인 줄거리를 반박하며 이 문제를 다룰 방법을 제시하는 성명서와 같은 문학작품의 형태를 띨 수도 있다(White & Epston, 1990). 내담자와 치료자 사이의 편지 교환은 문서 작업의 또 다른 형태이다. 이는 내담자의 숙고를 증진시키고, 내담자의 생각과 대안이 자원으로 이용될 수 있는 구체적인 형태로 만들기 위해 사용될 수 있다. 이러한 치료적 문서의 효과성에 대해 쓰면서 Crocket은 다음과 같이 말했다. "David Epston은 자신의 내담자와의 비공식적 연구에서 한 통의 편지가 '잘된 치료의 4.5회기'만큼 가치 있다고 보고하였다"(p. 506).

사회적 네트워크의 중요성　이야기 치료자들은 이야기가 문화와 대인관계에 토대를 두고 있고, 이야기의 의미는 사회적 상호작용에서 발생된다고 믿는다(Richert, 2003). 결과적으로 사람들의 사회적·문화적 맥락에 대한 자각을 주장하며, 그러한 맥락을 여러 가지 방식으로 치료에 통합시킨다. 이야기는 한 사람에서 다른 사람으로 전해지고, 그렇게 해서 형성이 되어, 가족으로부터의 유산으로 내담자에게 주어질 수 있다. 내담자는 자신의 이야기 일부가 가족적 기원을 갖고 있다는 것을 인식하고, 자신의 사회적·가족적 네트워크에서 유사한 경험과 문제를 지닌 사람을 찾게 된다. 그러한 관계를 활용하고, 다른 사람이 유사한 문제를 다룬 방식에 대해 배우는 것은 문제해결에 대한 지지·자원·교육을 제공할 수 있다.

사람들의 이야기를 만들고 형성하는 데 있어 사회적 체계가 중요하기 때문에 이야기 치료자들도 사람들의 개정된 이야기를 촉진하고 공고히 하기 위해 사회적 체계를 이용한다. 내담자에게 자신의 사회적 체계에서 새로운 자기-이야기를 듣고 증인이 될 주요 인물들을 선택하여 자신의 새로운 이야기를 하게끔 한다(Carr, 1998). 이러한 공개적인 선언은 변화를 공고히 하고, 다른 사람들로 하여금 내담자가 자신의 삶을 재저술하기를 기대하도록 만든다.

이야기 치료자는 또한 사람들에게 자신이 배운 것을 다른 사람과 공유하게끔 한다. **되살리기 과정** (bringing-it-back process)이라 불리는 것에서 내담자는 유사한 문제를 가진 미래의 내담자와 공유하기 위해 자신이 얻은 새로운 지식과 행동을 기록한다. 이후 기록한 내담자는 자신이 문제를 어떻게 해결했는지에 대한 이야기를 직접 공유하기 위해 초대된다(Carr, 1998). 이런 혁신적인 절차는 새 내담자에게 도움을 줄 뿐만 아니라, 이미 치료를 통해 나아진 사람에게도 치료에서 얻은 것을 공고화하고 강화해준다.

현황

최근까지 이야기 치료의 효과성에 대한 연구는 많지 않았지만, 지난 10여 년 동안 성격 및 전생애적 발달, 문화 및 임상심리학, 실존 및 생의 종말 이슈, 인지치료를 포함한 심리학의 거의 모든 이론적 지향에 걸쳐서 이야기 정체감의 구성개념에 대한 많은 연구들이 있었다(Adler, 2012). 덧붙여 이야기 정체감 발달 및 정신건강에 대한 한 종단적 연구는 이야기 치료를 받은 사람들에게서 새로운 이야기를 만듦으로써 증가되는 주체성이 증상 완화와 정신건강 증진을 이끌 수 있다고 제안한다. 이런 관계를 적절하게 밝히기 위한 더 많은 연구가 필요하다는 것은 분명하지만, 강한 경향성을 확인했다는 점에서 그 결과는 주목할 만하다. 여전히 남아 있는 부분은 변화의 시간적 순서이다. 달리 말해 "기분이 나아지는 것과 새로운 이야기를 하는 것 중 어떤 게 먼저인가?"(Adler, 2012, p. 368).

최근 경험적 연구는 우울증치료에서 이야기 치료가 대인관계치료나 인지행동치료(CBT)만큼 효과 있는 것을 발견했다(Vromans & Schweitzer, 2011). 한 연구(Ridge & Ziebland, 2006)는 사람들이 우울을 극복하기 위해 사용하는 전략들을 고찰하였다. 그들이 발견한 것은 우울을 극복한 사람은 자기주체적 방식으로 사용하는 일련의 '이야기 도구'를 개발하였다는 것이다. 이 도구에는 요가, 상담, 약물도 포함된다. 연구를 하는 동안 저자들은 연구 참가자들이 극복 때 사용한 도구를 설명하는 그 과정에서 자신의 극복을 강화시키는 극복 이야기를 만들고 있다는 것을 발견하였다. 덧붙여 Ridge와 Ziebland는 '전문가'와는 대조적으로 '극복 협력자'로 역할을 하고 협력적인 치료자가 가장 효과적임을 발견하였다. 협력적인 치료자는 "내담자가 자신에게 가장 잘 맞는다고 느끼는 이야기와 극복 도구를 선택하게끔 한다"(Lewis, 2011, p. 493).

알코올남용자에게 이야기 치료를 적용한 내용을 보면 이야기 치료의 독특한 특징이 분명해진다 (Winslade & Smith, 1997). 이야기 치료자들은 자신의 문제를 내재화하도록 하는("나는 알코올중독자이다") 알코올중독 자조집단(Alcoholics Anonymous)의 입장을 받아들이기보다는 내담자가 문제를 외재화하고, 이름(Al이라는)을 붙인 후, 그와 분리되도록 돕는다. 이런 식으로 사람들은 자기 자신을 알코올과 동일시하는 것에서 벗어나, 알코올과 싸울 수 있는 더 유리한 위치에 있게 된다.

게다가 이야기 치료자는 전문가의 역할을 취해서 행동을 변화시키는 기술을 내담자에게 가르치기보다는 자신의 삶에 알코올이 가지고 온 문제를 다루는 방법으로 이미 자신이 알고 있는 지식을 발견해서 사용하도록 돕는다. 청소년 약물사용자들과의 치료에서, Sanders(2007)는 "결핍된 정체감(알코올중독자 및 약물중독자)을 벗어나 재저술된 정체감을 향하도록"(p. 66) 하였다. 내담자를 병리화시키지 않고 자신의 이야기를 재저술하게 함으로써 주체성을 발달시킬 수 있었다. Sanders는 청소년이 자신의 선택을 되돌아보기 시작하고 미래에 대한 희망을 가지며 '정체감의 다른 가닥'(p. 69)을 만들기 시작하는 것은 바로 자신의 이야기를 입증할 때 경청해주는 데서 나오는 수용을 통해서라고 믿는다.

이야기 치료는 여성, 노인, 인종 및 문화적 소수 집단에 속한 사람들처럼 타인에게 희생되고 권리를 박탈당한 사람들의 치료에 특히 더 적합한 것 같다. Drauker(1998)는 학대받은 여성에게 이야기 치료를 적용하는 것에 대해 논의하면서, 다음과 같이 썼다. "폭력을 조장하는 사회정치적인 조건들에 도전하고, 이러한 조건들에 대한 여성의 개인적인 반기를 강조하며, 그래서 자신의 삶의 이야기를 재저술하는 것을 지지하는 치료는 일생 동안 희생되어온 여성들에게 유용한 접근으로 고려해야 한다"(p. 168). 유사하게, 노인에게 적용할 때도 이야기 치료는 삶에 대해 긍정적이고 지지적일 수 있는데, 상실과 무가치감에 기초한 이야기를 풍부하고 충만한 삶을 반영하는 이야기로 바꾸어준다. 이야기 치료는 또한 다양한 문화적 배경을 가진 사람들을 존중하며 이해하는 방식을 제공해줄 수 있는데, 자신의 삶의 이야기를 하도록 하여 자신에게 더 많은 힘과 통제력을 주면서도 자기 문화에서의 가치 및 믿음과 일치하는 방식으로 이야기를 개정할 기회를 주게 된다.

이 접근은 병리의 진단에 초점을 두지 않고 사람들을 자기 자신의 삶에 대한 주체로 존중하기 때문에, 다양한 문제와 내담자에게 적용할 수 있다. White(2011)는 갈등 있는 부부, 자살 경험자, 섭식장애 여성, 폭력가해 남성과의 치료에서 이야기 치료를 사용하였다. 또한 이야기 치료는 트라우마가 있는 사람(Brown & Augusta-Scott, 2007), 비행, 따돌림 및 기타 품행장애가 있는 아동과 청소년, 상실과 슬픔에 빠져 있는 사람(Baddeley & Singer, 2010), 정신분열증으로 진단받은 사람들의 치료에도 성공적으로 적용되어왔다(Gruber & Kring, 2008; White, 2011).

사람들의 이야기와 개정하기를 치료에 포함한 것은 유용한 전략이어서 이야기 기법은 다른 치료 접근에 빈번히 통합된다. 예를 들어, 정신과에서 의사들은 내담자와 공감적이고 의미 있는 관계를 맺기 위해 의학에서 이야기 접근을 사용하는 것이 가치 있음을 발견하고 있다(Lewis, 2011). 이야기 치료는 분명히 다양한 사람들에게 유용하지만, 이 접근을 적용할 때 치료자가 주의해야 할 점도 있다. 예를 들어, 현실과의 접촉이 결여되어 일관된 의사소통을 할 수 없는 사람, 위기 상태에 있거나 특정한 문제를 신속히 해결하고자 하는 사람, 치료 효과를 기대하지 않는 사람에게는 이야기 치료가 부적합할 수 있다. 간단히 말해, 다른 모든 상담 및 심리치료 접근들과 마찬가지로 이야기 치료도 한계가 있지만, 치료 과정에 대한 새로운 조망과 많은 가능성을 제공해준다. 이제 구조주의에 영향을 받은 다른 이론인 해결중심 단기치료를 살펴볼 것이다.

해결중심 단기치료

해결중심 단기치료는 최근 인기 있고 잘 알려진 치료가 되었다. 이 접근은 기저 문제들에 초점을 두기보다는 해결을 모색한다. 치료는 대개 단기이지만, 진행 과정은 치료의 회기 수가 아닌 결과로 평가된다.

해결중심 단기치료의 발달

해결중심 단기치료(solution-focused brief therapy, SFBT)의 발달과 가장 밀접히 관련되는 사람은 Steve de Shazer와 Insoo Kim Berg이다. de Shazer는 위스콘신 주 밀워키에서 태어나 1970년대와 1980년대 초반에 캘리포니아 주 팔로 알토의 정신연구소에서 Milton Ericksen 등과 함께 일했다 (Presbury, Echterling, & McKee, 2008). 치료에 대한 그들의 시각은 다음 문장에 잘 나타난다. "우리는 인간 상호작용의 체계에서 무엇이 일어나고 있는지, 상호작용 체계가 어떻게 그런 식으로 계속 작동하는지, 상호작용 체계가 어떻게 하면 가장 효과적으로 수정될 수 있는지에 대해 치료 상황에서 직접 관찰한 것을 토대로 하여 내담자에 대한 개념화와 개입 방법을 마련하고자 한다" (Weakland, Fisch, Watzlawick, & Bodin, 1974, p. 150). 처음에는 치료가 보통 10회기로 제한되었다. 전형적인 개입 방법은 내담자가 하고 있던 행동을 더 되풀이하지 않고 바꾸도록 돕는 것이었다 (de Shazer & Dolan, 2007).

Berg은 한국에서 태어나 1957년에 미국으로 왔다. 사회복지에서 석사학위를 받은 후 정신연구소에서 수련받기 위해 팔로 알토로 이사했고 거기서 de Shazer를 처음 만났다. 그들은 결혼 후 1978년에 위스콘신 주의 밀워키에 비영리 단기가족센터를 함께 설립했다. 1980년대와 1990년대에 de Shazer(1985, 1988)와 Berg(De Jong & Berg, 2012)은 해결중심 단기치료라는 이름으로 그들의 치료법을 개발하였다. de Shazer는 아마도 (이 장의 후반부에서 설명되는) 기적 질문을 사용한 것으로 가장 잘 알려져 있을 것이다. de Shazer는 2006년에, Berg은 2007년에 사망하였다. Berg은 10권의 책과 35개의 논문을 썼다. 그러나 단기치료에 그들이 공헌한 바는 훨씬 그 이상이다. 그들의 유산은 계속 발전하며 중요해지고 있는데 특히 관리의료제도, 학교와 관련 기관들, 내담자, 치료자 자신으로부터 결과를 입증하고 책임을 져야 하는 압력이 심해지는 것을 고려할 때 더욱 그러하다.

de Shazer, Berg과 동료들은 내담자에게 어떤 개입 방법을 사용할지 결정하기 위해 의사결정의 수상도(decision tree)를 사용하였다. 그들은 대개 치료를 시작할 때 내담자가 살면서 계속 일어나길 바라는 일이 일어나고 있는지 관찰하고 설명하도록 하는 것과 같은 표준 과제를 사용하였다. 내담자가 그런 간단한 과제를 해내면, 치료는 매우 전통적인 방식으로 진행되었다. 그러나 과제를 제대로 해내지 못하면, 은유나 역설적 기법의 사용과 같은 우회적인 치료 전략이 시도되었다. de Shazer, Berg과 동료들은 내담자가 스스로 문제의 해결책을 찾을 수 있도록 단서나 과제를 창의적으로 활용하는 것으로 잘 알려져 있다. 그들은 또한 때때로 치료 회기를 관찰하고 제안이나 아이디어에 관여하는 심사숙고 팀(reflecting team)을 활용하였다.

내담자의 자연스럽고, 자발적이며, 계속되는 변화를 기반으로 하는 단기치료는 매우 강력할 수 있다. 효과적인 개입은 내담자와 처음 만나는 순간부터 시작될 수 있다. 변화는 대개 6회기 이내에 신속히 나타날 수 있다(Winbolt, 2011). 많은 SFBT 치료자들은 첫 회기 시작 때 내담자가 처음 예약을 한 이후 어떤 변화가 생겼는지를 물어본다.

중요한 이론적 개념들

해결중심 단기치료는 잘 개발된 치료 접근에서 볼 수 있는 많은 특징들을 가지고 있지 않다. 관련 문헌들은 인간발달에 대한 자세한 설명을 담고 있지 않고, 현재 문제에 미치는 과거 경험의 영향에 대해서도 충분히 다루고 있지 않다. 또한 성공적으로 치료할 수 있는 정신장애에 대해서도 구체적으로 밝히지 않고 있다.

이러한 누락은 SFBT가 충분히 발달된 치료 체계가 아닌 새로운 접근을 의미하는 것으로 해석될 수도 있다. 그러나 이러한 누락은 문제의 원인에 거의 주의를 두지 않거나 주의를 둔다 하더라도 과거력을 가볍게만 건드리는 이 접근의 특성과 일치한다. 이 치료 체계는 Albert Einstein이 제안한 견해를 받아들여 문제가 만들어진 똑같은 수준에서는 그 문제가 해결될 수 없다고 주장한다. 그래서 SFBT는 과거보다 현재와 미래를 중시하고 과거 병리보다 아주 조금밖에 되지 않더라도 건강과 긍정적 변화를 강조한다(de Shazer, 1985). 이 치료는 널리 사용되고 있고, 상담 및 심리학에 영향을 미치고 있으며, 내적 일관성이 있기 때문에 이 책에 포함되었으나, 잘 발달된 치료 체계에 필수적으로 있는 일부 요소들이 부족하다.

기저 가정　해결중심 치료자는 사람들의 고통 호소가 그들의 세계관에서 나오는 행동과 관련된다고 가정한다. 옳고 논리적인 것은 한 가지뿐이라는 믿음으로 계속 뭔가를 한다면 이 행동은 유지된다.

치료자는 고통 호소를 해소하기 위해 대개 이에 대한 약간의 정보만 필요할 뿐이고 고통 호소의 원인이나 의도를 찾으려고 하지 않는다. SFBT는 내담자가 자신의 문제를 해결할 수 없었던 이유를 이해하기 위해 시간을 사용하지 않으며, 내담자의 노력이 부족했다는 메시지를 주지 않기 위해 조심한다. 치료자는 내담자가 최선을 다하고 있다고 가정한다. 치료는 설사 아주 작은 정도라 하더라도 변화에 대한 기대를 만들어냄으로써 내담자의 희망과 낙관주의를 증가시킨다. 이런 식으로 내담자는 효과적이지 않은 것보다 효과적인 것을 더 인식하게 된다. 내담자가 긍정적 변화의 가능성을 알게 됨에 따라 자신감과 동기가 그에 맞춰 증가하면서 선순환을 만든다. 긍정적 변화는 변화할 수 있다는 내담자의 믿음을 불러일으키고, 이는 변화에 대한 동기와 노력을 증가시키며, 이에 따라 더 긍정적인 변화가 생기게 된다.

해결중심 치료자는 변화가 지속적이고, 그 어떤 것도 변화하지 않을 수 없다고 믿는다. 종종 내담자를 돕기 위해 필요한 것은 이미 나타나고 있는 긍정적 변화를 내담자가 발견하고 이를 발판으로 삼도록 하는 것이 전부일 때도 있다. 이렇게 하기 위해 치료자는 문제의 해결책을 함께 찾고, 의존보다는 독립을 강화하며, 가능한 빨리 치료자가 없어도 되도록 노력한다(Winbolt, 2011).

SFBT는 문제가 없을 때를 살펴보는 것이 효과적인 해결의 단서가 된다고 가정한다. 이런 때를 확인하고 이를 만드는 요소를 발판으로 삼는다면 변화의 추진력이 증가된다. 결국 SFBT 치료자는 해결책이 문제와 직접 관련되지 않을 수 있다고 생각한다. 그 대신 내담자가 다양한 문제들을 해결책으로 바꾸도록 하는 '해결의 열쇠'를 제안한다.

⚙️ **치료의 단계** SFBT는 대개 7단계로 진행된다(de Shazer, 1985).

1. **해결 가능한 고통 호소를 확인하기**는 필수적인 치료 첫 단계이다. 목표와 개입 방법의 설정을 촉진할 뿐 아니라 변화를 조장한다. 내담자와 치료자는 내담자가 해결할 수 있는 고통 호소의 심상을 만들기 위해 협력한다. 예를 들어, '남편이 학대하지 못하게 하기'는 내담자의 통제권 밖에 있다고 할 수 있고 당장 해결 가능한 고통 호소는 아니다. 그러나 '남편이 학대할 때 강해져서 나를 보호하기'는 내담자의 통제권 안에 있다.

    치료자는 변화에 대한 기대와 낙관주의를 전달하고 자신감을 주며 격려하기 위해 질문을 한다. 내담자의 문제는 정상적이고 변화할 수 있는 것으로 여겨진다. 치료자는 "어떤 문제로 힘드세요?"보다는 "어떤 일로 지금 오시게 되었나요?"라고 질문할 수 있고, "무엇을 도와드릴까요?"보다는 "무엇을 바꾸고 싶으세요?"라고 물을 수 있다.

    치료자는 공감, 요약, 바꾸어 말하기, 개방형 질문, 적극적 경청 기술 등을 사용하여 내담자의 상황을 명료하고 구체적인 용어로 이해한다. 치료자는 "당신의 불안을 어떻게 표현하겠습니까?", "어떻게 하면 제가 이 상황을 제대로 이해할 수 있을까요?", "이게 어떻게 해서 당신에게 문제를 만들어내나요?"라고 물을 수 있다.

    SFBT에서는 고통을 호소하는 것이 증상이나 병리의 증거로 여겨지지 않는다. 그보다는 다른 사람과 상호작용을 제대로 못했거나 일상생활 경험에 잘못 대처한 결과로 여겨진다. 내담자는 종종 자신이 하고 있는 것이 유일한 정답이라고 믿고 결과가 좋지 않은데도 불구하고 계속 같은 행동을 한다. 결과적으로 "해결책이 문제가 된다"(Weakland et al., 1974, p. 31). 내담자는 필요한 행동을 못하거나, 아무 소용없는 행동을 하거나, 잘못된 방식으로 행동을 할 수 있다. SFBT는 내담자의 행동과 상호작용이 변하면 고통 호소도 완화될 수 있다고 가정한다.

    행동주의 지향 치료자처럼, 해결중심 치료자도 종종 척도화(scaling) 질문을 사용하여 기저선을 설정하고 가능성과 향상을 확인하고자 한다. 치료자는 "이 고민으로 제게 처음 찾아왔을 때 느꼈던 기분을 1이라 하고 저를 더 이상 만날 필요가 없을 때 펼쳐질 당신의 인생을 10이라고 한다면, 오늘은 몇 점 정도에 해당할까요?"라고 물을 수 있다(Berg & Miller, 1992, p. 362). 이 척도는 증상이나 관계와 같은 특정 영역을 평가하기 위해서도 사용될 수 있다.

2. **목표설정하기**는 치료 과정에서 계속된다. 치료자는 내담자와 협력하여 구체적이고, 관찰 가능하며, 측정 가능하고, 명확한 목표를 세운다. 목표는 대개 다음 세 유형 중 어느 하나에 속한다―문제상황에서의 **행위를 변화시키기**, 상황이나 준거 틀을 보는 **관점을 변화시키기**, 해결책 · 강점 · 자원을 **이용하기**(O'Hanlon & Weiner-Davis, 1989). 성공을 전제로 하여 질문을 할 수도 있다. "변화의 첫 신호는 어떤 것이 될까요?", "이 치료가 도움이 된다는 것을 어떻게 알 수 있나요?" 해결책이 내담자에게 어떻게 받아들여졌는지 분명히 이해하기 위해 긍정적 변화에 대한 상세한 논의가 필요하다.

해결중심 치료자가 치료 목표를 설정하는 가장 유용한 방법 중 하나는 기적 질문(miracle question)을 사용하는 것이다(de Shazer, 1991). "어느 날 밤 기적이 일어나 당신이 자는 동안 치료받고자 했던 문제가 해결되었다고 가정해보세요. 이를 어떻게 알 수 있나요? 무엇이 달라졌을까요? 다음 날 아침 당신에게 기적이 일어났다고 알려주는 것은 무엇일까요? 당신의 배우자는 무엇을 보게 될까요?"(p. 113). 이 질문은 내담자로 하여금 자신의 문제가 해결되는 상상을 할 수 있도록 해주고, 희망을 심어주며, 기적을 현실로 만드는 방법에 대한 논의를 촉진시킨다. 기적의 질문에 대한 내담자의 반응은 대개 치료자에게 내담자의 고민에 대한 잠재적인 해결책을 제공해준다.

기적 질문을 어떻게 전달하느냐가 성공 여부에 중요하다. 치료자는 전형적으로 천천히 말하고, 거의 최면에 가까운 목소리 톤으로 이 질문을 한다. 이는 내담자를 참여시키고 개방성과 반응성을 불러일으킨다. 기적의 질문은 내담자의 신에 대한 개념에 맞추어 사용될 수 있다. 예를 들어, Berg과 Miller(1992)는 기적은 내담자의 신념에 따라 마법의 약, 하나님, 묘약, 마술 지팡이 등으로 제시될 수 있음을 제안했다.

해결중심 치료자는 내담자가 어떤 것을 내어놓든 수용하고 이를 활용한다. 예를 들어, 기적 질문을 했을 때, 한 여성은 "내가 보게 될 첫 번째 일은 남편이 이를 닦은 후 나와의 사랑을 위해 침대로 돌아오는 겁니다"라고 대답하였다. 그녀는 남편에게 그의 아침 입 냄새가 괴롭다고 말하였으나, 아무리 잔소리를 해도 소용이 없었다. 그 여성과 남편이 장난기가 많다는 것을 확인한 후, 치료자는 그 여성에게 칫솔과 치약을 그녀의 베개 아래 숨겨놓았다가 다음 날 아침 남편의 이를 닦아주기 위해 재빨리 꺼내도록 제안하였다. 그녀는 불평이 아닌 뭔가 할 수 있는 것이 있다는 자신감을 가졌고, 이 제안을 시도했다. 이는 남편에게 그녀의 의사를 전달했고 그들의 관계에 유머까지 첨가해주었다.

3. **개입 방법을 설계할 때,** 치료자는 내담자에 대한 이해를 토대로 아무리 작은 변화라고 하더라도 그 변화를 조장하기 위한 치료 전략을 창의적으로 세운다. 이 단계에서의 전형적인 질문은 다음과 같다. "어떤 변화가 이미 생겼나요?", "비슷한 이전 상황에서 어떤 게 효과가 있었나요?", "어떻게 그렇게 했나요?", "다시 그렇게 하기 위해 무엇을 해야 하나요?"

4. **전략적 과제는** 변화를 촉진시킨다. 과제는 내담자가 이해하고 동의할 수 있도록 보통 기록해둔다. 내담자 협력과 성공을 극대화하도록 신중하게 과제를 계획하게 된다. 내담자는 자신의 노력과 성공에 대해, 또 과제를 완수하는 데 사용한 강점에 대해 칭찬받는다.

적절한 과제를 결정하기 위해서는 내담자에 대한 세심한 평가가 이루어져야 한다. de Shazer(1988)는 내담자 동기수준과 관련 있는 세 유형의 과제를 확인했다.

- 내담자가 분명한 고통 호소나 변화에 대한 기대를 표현하지 않는 **방문객 혹은 구경만 하는 손님**이라면, 치료자는 칭찬만 해야 한다. 너무 일찍 과제를 내주면 실패할 가능성이 있고 이는 치료 과정을 위태롭게 할 수 있다.

- 내담자가 염려하면서 변화를 기대하지만, 자기 자신이 아닌 타인에게서의 변화를 기대하는

고통을 호소하는 사람이라면, 치료자는 관찰 과제를 제안해야 한다. 이를 통해 내담자는 자기 자신과 주변 상황을 더 잘 인식할 수 있고 자신의 욕구를 더 잘 설명할 수 있게 된다. 치료자는 "지금부터 다음 회기에 올 때까지, 생활에서 일어나고 있으면서 계속되기를 바라는 것들을 살펴보도록 하세요"라고 제안할 수 있다. 관찰 과제는 내담자의 노력이나 동기가 별로 필요치 않고, 일단 제안되면 대개 거의 자동적으로 이루어진다.

- 마지막으로 내담자가 자신의 염려를 해결하기 위한 조치를 취하고 싶은 고객이라면, 치료자는 행동 과제를 제안할 수 있다. 과제는 내담자에게 자신감을 주면서 호소 문제에서 변화를 야기해야 한다. 예를 들어, 네바는 운전 배우는 것과 대화 시작하기를 포함하여 많은 두려움을 가지고 있었다. 치료자는 적어도 2명에게 운전을 어떻게 배웠는지 물어보라고 네바에게 제안했다. 네바는 사람들이 이러한 주제에 대해 이야기하기를 좋아한다는 것을 알게 되었다. 그녀는 운전에 대한 유용한 정보를 얻었을 뿐만 아니라 대화를 먼저 시도해보는 경험도 하였다.

5. 내담자가 주어진 과제를 하고 돌아왔을 때 긍정적인 새 행동과 변화를 확인하고 강조해준다. 질문은 변화, 향상, 가능성에 초점을 두며 "어떻게 그렇게 했나요?", "누가 그 변화를 보았나요?", "그걸 했을 때 어떻게 다르게 하게 되었나요?"라고 물을 수 있다. 문제는 '그것' 혹은 '저것'과 같이 내담자 외부에 있는 것으로 간주된다. 이는 내담자가 자신의 문제를 자신의 필수적인 부분으로 보지 않고 변화하기 쉬운 것으로 보게끔 한다.

특히 치료의 이 단계에서 해결중심 치료자는 내담자를 위한 일종의 응원단의 역할을 한다. 치료자는 칭찬을 하고 강점과 유능함을 강조한다.

6. 안정화는 내담자의 향상을 공고히 하면서 점차 더 효과적이고 희망적인 방향으로 관점을 바꾸는 데 필수적이다. 이 단계에서 치료자는 실제로 진척을 자제하면서 일부 퇴보를 예상한다. 이는 내담자가 자신의 변화에 적응할 시간을 주고, 또 다른 성공을 촉진하며, 원하는 만큼 신속히 변화가 일어나지 않더라도 실망하지 않게끔 해준다.

7. 마지막으로 치료의 종결은 종종 목표를 달성한 내담자에 의해 이루어진다. SFBT는 아동기 문제의 해결이나 성격 변화보다는 제시한 문제에 초점을 두기 때문에, 내담자가 다시 치료받기 위해 돌아올 수 있다는 것을 인정하는 동시에 내담자가 당장의 문제를 해결하도록 돕는 것만을 추구하는 것은 아니다. 자신감을 키우고, 비난보다는 경청과 칭찬을 받으며, 강점과 자원을 찾는 과정을 통해 SFBT로 치료받은 사람은 보다 자립적이 될 수 있고 앞으로의 문제를 스스로 해결해 나갈 수 있다.

시기 계획을 하든 하지 않든 그리고 치료 접근과 상관없이 대부분의 치료나 상담이 비교적 단기형태이다. SFBT에서는 치료가 단기라는 것을 처음부터 치료자와 내담자가 인식하고 있다. SFBT는 특정 문제의 해결책을 찾는 현재 지향 치료를 강조하기 때문에, 치료는 대개 10회기 이내에 끝나고 평균 회기 수는 3회기에서 5회기 사이이다(Prochaska & Norcross, 2009). 그러나 회기 수가 인위적으로 결정되지는 않는다. 치료는 내담자가 목표를 이루고 문제를 해결하기 위해 필요한 만큼 이루어진다. 치료자는 긍정적 변화와 향상이 분명해질 때까지 치료를 계속해나간다.

　　해결중심 치료자는 일정을 잡는 것에 융통성이 있다. 회기 내 휴식은 치료자가 심사숙고 팀과의 자문을 통해 단서를 찾을 기회가 된다. 치료자는 제안된 전략들을 수행하고 변화를 향상시킬 시간을 주기 위해 내담자에게 한두 달의 휴지기를 제안할 수 있다. 내담자에게 강화가 계속 필요하다면 장기적인 추수 회기를 가질 수도 있다. 치료를 내담자에게 맞추는 것이 매우 중요하다.

해결책 찾기　문제를 풀기 위한 해결책이나 단서를 찾는 것은 SFBT의 필수적인 요소이다. 치료자는 성공할 가능성이 높은 전략을 확인하고 실패할 가능성이 높은 전략을 피하기 위해 심사숙고한다. 다음 안내 지침은 효과적이고 강력한 해결책을 찾기 위해 치료자가 내담자와 작업하는 데 도움이 될 수 있다.

- 내담자를 호소하는 문제뿐만 아니라 효과적인 해결책에 대한 전문가로 보라.
- 내담자가 변화에 필요한 강점과 자원을 가지고 있다고 가정하라.
- 이미 진행 중인 자연스럽고 자발적인 변화에 주목하라.
- 긍정적인 예외를 확장시키고 기반으로 삼아라.
- 반복되고 비생산적인 일련의 행동을 중단시키고 변화시켜라.
- 과제를 수행하는 내담자의 동기를 높이기 위해 과제가 어떻게 도움이 될 수 있는지 그 이론적 근거를 제공하라. 내담자가 회의적이라면, 언제든 중지할 수 있는 실험으로 과제를 내줄 수도 있다.
- 내담자의 세계관과 일치하도록 치료 방법을 정하라(de Shazer, 1982).
- 미래 해결책을 만들 때 과거 해결책으로부터 배워라. 예를 들어, 내담자가 직접적인 제안을 따른다면 계속 그렇게 하면 되지만, 제안된 것과 반대로 한다면 반대로 하는 것이 바람직한 역설적 개입 방법을 만들어라.
- 낙관주의를 증진시키고 과제 완수를 격려하기 위해 제안에 칭찬을 포함하라.
- 효과적이지 않은 이전 행동을 단순히 중지시키기보다는 새로운 행동을 격려하라.
- 변화에 대한 기대와 내담자가 다르게 생각하고 행동할 수 있는 맥락을 만들어라.
- 실현 가능하고 구체적인 해결책을 만들어라.

해결중심 단기치료를 이용한 치료

해결중심 치료의 과정이 중요하긴 하지만, 치료가 성공적인지를 결정하는 것은 결과이다. SFBT는 긍정적인 변화를 이뤄내기 위해 내담자가 이미 가지고 있는 강점과 자원을 활용하도록 돕는다.

치료 동맹　내담자–치료자 관계는 해결중심 단기치료에서 중요한 요인이다. 이 장의 앞에서 설명한 접근들처럼, SFBT 치료자는 내담자에게 자신감을 주고 변화에 관여하도록 협력적인 치료 동맹을 발전시키고 내담자 참여를 최대화시킨다(Presbury et al., 2008). 치료자는 해결책을 만들어 제안하고 실행할 수 있게끔 제시할 일차적 책임이 있지만, 치료 과정에서 치료자가 내담자를 돕는 것처럼 내담자가 치료자를 도울 수 있는 상호적 과정으로 내담자-치료자 관계를 본다.

치료자는 **변화하기 좋은 환경**을 만든다. 목소리 톤, 은유적 이야기, 논의에 포함되어 있는 제안은 그러한 상태를 촉진한다. 이는 내담자가 새로운 가능성과 해석에 더 개방적이 되고, 더 창의적이 되며, 항상 행동하던 방식을 더 변화시킬 수 있게 되고, 무시하거나 간과한 대안들을 더 평가해볼 수 있도록 해준다.

SFBT 치료자는 다양한 개입 방법을 사용한다. 적극적 경청, 공감, 개방형 질문, 설명, 안심, 제안 등이 모두 중요하지만, 해석과 직면도 드물게 사용된다. 치료자는 내담자와 적극적으로 함께 하며 수용을 표하고, 협력을 증진시키며, 역할 모델로서 기능하고, 은유적 이야기를 하며, 변화를 야기하기 위한 행동을 제안한다. 치료자는 내담자의 사회 체계가 중요함을 잘 알고 있기 때문에 치료 목표를 성공시키기 위해 환경에서 자원을 사용하고 치료 과정에서 내담자의 중요한 타인을 참여시킬 수 있다. Osborn(1999)은 치료자를 위해 다음과 같은 유용한 안내 지침을 제안했다. "꼬리표 붙이지 말고 들어줘라, 심문하지 말고 살펴보라, 강의하지 말고 동등해져라, 납득시키려 하지 말고 협력하라, 직면시키지 말고 명료화하라, 해결책을 처방하지 말고 얻으려고 노력하라, 치료하지 말고 상담하라, 비난하지 말고 칭찬하라, 설명하지 말고 탐색하라, 독재가 아니라 지시적이 되어라" (p. 176). 치료자는 긍정적인, 존중하는, 건강 지향적인 초점을 유지하고, 매 회기가 중요하고 변화는 불가피하며 문제에 해결책이 있을 것이라고 받아들인다.

전략 살펴본 대로, 해결중심 단기치료는 광범위한 전략들을 사용한다. 일부는 SFBT에만 특정하고 일부는 인지행동기법을 과정에 통합시킨다. 이미 기적의 질문, 변화를 측정하기 위한 척도의 사용, 제안된 해결책의 사용은 설명한 바 있다. 다음에 설명되는 것은 SFBT에서 종종 사용되는 다른 개입 방법들이다(de Shazer & Dolan, 2007).

내담자의 문제패턴에서 **예외를 확인하기**(identifying exceptions)가 문제에 대한 해결책을 이끌어 낼 수 있다. 내담자는 흔히 자신의 어려움을 털어놓고 처리하고자 하는 바람을 가지고 치료에 오지만, 해결중심 치료자는 부정적 초점이 현 시스템을 안정화시키고 변화를 어렵게 만드는 반면, 긍정적 초점이 유익한 변화를 더욱 이끌 수 있다고 믿는다. 결과적으로 해결중심 치료자는 바람직한 변화를 가져오기 위한 방법의 근원으로서 내담자가 어려움이 없었을 때를 살펴보도록 격려한다.

예를 들어, 교사로서 첫 직장을 나간 프레다는 수업하기 전 거의 매일 아침 불안을 경험하여 도움을 받으러 왔다. 치료자는 그녀의 불쾌한 기분에 초점을 두기보다 불안을 경험하지 않았던 아침이 있었는지를 그녀에게 물어보았다. 프레다는 일찍 학교에 나와 수업 자료를 정리한 후 동료 교사와 차를 마셨는데, 그에게서 다루기 힘든 학생을 다루는 좋은 방법을 들었던 어느 날 아침을 기억했다. 이 예외는 프레다의 증상을 완화시키는 몇 가지 방법을 제시했다—일찍 도착하기, 잘 준비해 두기, 수업 전 긴장 풀기, 경험 많은 교사에게 조언 구하기. 이러한 행동을 습관화함으로써 프레다는 불안을 통제할 수 있게 되었고 직장에서 좋은 관계도 맺을 수 있었다.

내담자가 어려움에 대한 예외를 바로 회상할 수 없다면, 치료자는 예외를 만들기 위해 적극적 역할을 취할 수 있다. 만약 일어난다면 예외가 될 것이라고 예상되는 행동에서의 전략적 변화를 치료자는 제안할 수 있다. 또한 예외를 보지 못하고 그냥 넘어갈 때 유용한 전략으로서 예외를 탐색해 보도록 내담자를 격려할 수 있다. "어려움이 나타나지 않을 때는 무엇이 다른가요?", "그 문제는 언제 좀 나아지나요?", "문제가 없을 때 하루가 어떻게 달라지나요?", "지난번 문제가 있었을 때 상황을 다루던 방식과는 어떻게 다른가요?", "전에는 이 문제를 어떻게 해결했나요?", "예외가 다시 생기게 하기 위해 무엇을 해야 할까요?"와 같은 질문은 예외에 초점을 둔 것이다.

해결책 대화(solution talk)는 SFBT에서 중요한 도구이다. 치료자는 내담자의 희망과 낙관주의, 통제감, 가능성과 변화에 대한 개방성을 증가시키기 위해 단어를 신중하게 선택한다. 초점은 문제가 아닌 해결책에 둔다. 다음은 치료를 촉진하기 위해 언어가 어떻게 사용될 수 있는지 일부 예들이다.

해결책 대화

- 개방형 질문을 강조하라.
- 문제는 일시적이어서 긍정적 변화가 일어날 것이라고 가정하는 **추정적 언어**를 사용하라. 예를 들어, 치료자는 문제가 해결될 때 할 것과 하지 않을 것에 대해 물어볼 수 있다. "이 문제가 해결되면 무엇을 하고 있을 건가요?"
- 내담자의 문제를 정상화시킴으로써 안심시키면서 부적절감을 줄여줘라. 치료자는 자녀가 마약복용 문제를 가지고 있는 부모에게 "당신의 아들은 위험한 행동을 하고 있는 것이고 이를 염려하는 것이 당연합니다"라고 말할 수 있다.
- "자신을 해치지 못하게 해온 것이 무엇인가요?", "어떻게 해서 용케 견디고 있나요?"와 같은 질문을 통해 대처 행동에 초점을 두어라.
- 강점과 성공을 강화하고 주목하라. 내담자의 향상과 노력을 축하하고 칭찬하라. 문제와 실패를 강조하지 마라.
- "만약 두려움을 느끼지 않는다면, 대신 무엇을 느끼고 행동할 것 같나요?"와 같은 **가설적 해결책**을 만들어라. 이는 가능성을 확장하고 변화를 조장한다.
- 사고와 정서보다는 **행동**을 묘사하고 변화시키는 데 집중하라.
- 의례, 은유, 이야기, 상징을 사용하여 변화를 촉진할 수 있는 간접적 메시지를 전달하라. 예를 들어, 메리는 그녀가 바라는 인생과 그녀 사이에 놓여 있는 엄청난 장벽을 상상하였다. 그녀의 치료자는 그녀에게 벽돌 하나를 빼보라고 제안했고, 이 과제를 얼마나 할 것인지는 그녀에게 맡겨두었다. 그녀는 일부 행동 패턴을 변화시키는 것으로 응답하였는데 그녀가 기어들어갈 수 있을 만큼의 구멍을 벽에 만들었노라고 보고하였다.
- 변화, 다른, 가능성, 무엇, 어떻게와 같이 변화를 제안하는 단어를 자주 사용하라.
- 잠재적으로 양립 가능하지 않은 결과를 공존하도록 하는 '그리고'와 같은 **포괄적 언어**를 사용하라. 치료자는 "당신은 그것을 할 수 없다고 느낄 수 있어요. 그러나 당신은 그것을 할 수 있습니다"라고 말하기보다는 "당신은 그것을 할 수 없다고 느낄 수 있어요. 그리고 당신은 그것을 할 수 있습니다"라고 말할 수 있다.

- 다른 관점을 제공하기 위해 재구성과 재명명을 이용하라. 예를 들어, 어떤 사건을 실망이 아닌 배우는 기회로 볼 수도 있고, 어떤 사람을 '꼼짝 못하는' 혹은 '두려움에 압도된'이 아닌 '선택 사항들을 정리할 시간을 가지고 있는'으로 묘사할 수 있다.
- 협력적인 치료 동맹을 촉진하기 위해 내담자의 단어나 대화방식에 맞추어라. 그리고 나서 내담자의 관점에서 변화를 촉진하기 위한 언어로 바꾸어라.

제안하기

- 간접적이고 암시적인 제안이 직접적인 제안이나 조언보다 때때로 더 강력하다는 것을 인식하라.
- SFBT에서 흔한 제안의 형태인 해결책 처방전은 내담자의 문제를 해결하기 위한 방법을 발견하도록 돕는 과제이다. 이 과제는 특정한 사람이나 상황에 맞춰 고안될 수도 있고 치료자의 레퍼토리에 있는 표준 처방전이 될 수도 있다. 흔히 사용되는 처방전은 다음과 같다. "한 가지 다른 것을 해 보라", "성공적이었던 것을 계속해보라", "그 문제가 좀 나아졌을 때가 언제인지와 무엇 때문이었는지를 살펴보라"(Sklare, 2000, p. 442).

해결중심 단기치료의 적용과 현황

해결중심 치료의 범위는 덜 심각한 문제를 다루는 것을 넘어서서 치료를 받으라는 법원 명령을 받은 사람, 중독자, 학대예방센터에 있는 아동들처럼 위기에 처한 사람들을 성공적으로 치료하는 데까지 확장되어왔다.

진단 집단에 적용 SFBT의 개념과 전략 중 일부—동기에 특히 주목하기, 작은 성공도 강조하기, 예외를 찾으려고 노력하기—는 성격장애, 신체형 장애, 충동조절장애, 물질사용장애가 있는 사람들의 치료를 촉진시켜주는 것 같다. Shilts(2010)는 학교, 정신건강, 물질남용치료 프로그램에서 만나는 내담자들의 경우 치료를 받을 준비가 되어 있는지를 확인하기 위하여 척도화 질문을 사용하라고 제안하였다. 척도화는 또한 항우울제로 치료받기 시작한 내담자와의 첫 회기에 사용되면 평가의 도구가 될 수도 있다(Thomas, 2010b).

해결중심 단기치료는 ADHD를 가진 청소년을 치료하거나(Nelson, 2010), 공립학교에서 따돌림을 해소하는 데(Young, 2010) 유용할 수 있다. 치료 종결 시 내담자가 향상을 인식하고 효과를 굳건히 하기 위해 기적 질문을 약간 바꿔 사용할 수 있다. Nelson(2010)은 내담자에게 "6개월 후 우리가 우연히 만나게 되어 그동안의 변화를 모두 내게 말하게 된다면, 당신은 무엇을 말할 것 같습니까?"라고 물어보길 제안하고 있다.

다문화 집단에 적용 해결중심 치료는 "진단을 내리지 않고 내담자의 개인적 준거 틀에 초점을 두기 때문에 다양한 배경을 지닌 내담자들을 돕는 대단히 문화를 존중하는 접근이다"(Erford, Eaves, Bryant, & Young, 2010). SFBT는 모든 내담자를 자기 자신의 인생에서 전문가로 보기 때문에, 본질적으로 내담자의 자원과 문화적 배경을 소중하게 여긴다. De Jong과 Berg(2012)은 SFBT에는 융통성, 건강에 대한 강조, 자원, 강점, 내담자 존엄성, 협력, 권한 주기, 자기결정과 같은 다문화적 관련성을 부여하는 것들이 많이 있다고 본다. 덧붙여 SFBT의 내담자의 세계관에 대한 존중, 환경 및 타인과의 연결이 중요함에 대한 인식, 단기적이고 비강압적인 특성 이 모든 것이 광범위한 사람들에게 적용하는 것을 가능하게 해주는 것 같다. 해결중심 치료자는 내담자 동기의 중요성을 인식하고 있으며, 치료를 망설이거나 미심쩍어하는 사람들을 도울 때 내담자를 치료에 참여시키려는 노력이 SFBT를 유용하게 만든다.

기타 집단에 적용　해결중심 치료는 성인뿐만 아니라 아동과 청소년에게도 유용하지만, 아동치료를 위해서는 수정이 필요할 수 있다. 긍정적인 대화와 해결책을 제공하는 적극적인 접근이기 때문에 섭식장애, 물질사용장애, 기타 충동조절 및 행동 문제에 적합하다(Erford et al., 2010). 점차 SFBT는 자살 위험을 줄이거나 가정폭력이나 트라우마의 피해자를 돕기 위한 위기 상황에 사용되고 있다. SFBT의 탄력성과 대처 기술에 대한 강조는 트라우마 상황을 벗어나 미래를 재건하고자 하는 사람들에게 특히 유용하다.

　Corcoran과 Stephenson(2000)은 해결중심 치료가 학교에서 행동 문제를 보이는 아동들에게 사용되었을 때 효과가 있다는 것을 발견하였다. 코너스 부모평정척도의 충동성과 과잉행동뿐만 아니라 행동, 학습, 정신신체문제에서 긍정적 변화가 관찰되었다.

　SFBT는 또한 작업 환경, 근로자 지원 프로그램, 초 · 중 · 고등학교와 대학교, 교정 및 의료 장면을 포함한 광범위한 상황에서 효과적일 수 있다. Bezanson(2004)은 직업상담에 해결중심 치료의 적용을 추천했고, Berg과 Szabo(2005)는 SFBT를 단기코칭을 위한 모델에 통합시켰다. Metcalf(1998)의 저서들은 학교 및 정신건강 장면에 집단으로 이 접근을 적용해보고자 하는 치료자에게 특히 유용하다.

현황　SFBT는 개입 방법과 숙제 과제를 신중하게 사용하도록 하기 때문에 다른 치료 접근과 잘 통합될 수 있는데, 특히 현상학적 관점을 취하면서 행동적 변화에 초점을 두는 접근과 그러하다. 예를 들어, Fernando(2007)는 2004년에 있었던 충격적인 쓰나미의 스리랑카 생존자들 치료에 실존치료를 SFBT와 결합시켰다. SFBT는 또한 인지행동치료, 합리적 정서적 행동치료, Adler 학파, 현실치료와 쉽게 통합되어왔다(Carlson & Sperry, 2000).

　SFBT는 긍정적 효과를 얻는 데 장기치료보다 시간이 덜 들어가는 것으로 주목받았다. 이 접근은 사회적 구조주의, 가족체계 관점에서 나왔기 때문에 부부 · 개인 · 아동 · 청소년 등에게 모두 유용할 수 있다. SFBT는 치료 약물에 대한 PTSD와 남용으로 나타나는 모든 유형의 문제에 효과가 있다(Bannink, 2007). 이 접근은 일반적으로 내담자에게 잘 받아들여지고, 용기와 자신감을 주며, 내담자를 돕는 새로운 사고방식을 제공한다. 당장의 문제를 다루면서도 내담자가 앞으로의 문제를 다룰 때 자신의 강점과 자원을 더 잘 활용할 수 있도록 해준다.

해결중심 단기치료에 대한 평가

해결중심 치료에 관한 대부분의 문헌들은 사례연구와 치료 전략의 기술로 되어 있지만, 추가적인 경험적 연구가 이 강력한 접근의 평판을 높일 것으로 기대된다.

한계 해결중심 단기치료는 한계를 가지고 있는데, 이는 많은 현장의 전문가들이 알고 있는 것들이다. 내담자와 치료자가 주의를 기울여 문제에 대한 정의를 내리지 못하면, 이 접근은 치료자로 하여금 제시한 문제에 성급하게 초점을 두게 하여 더 중요한 주제를 놓치게 만들 수 있다. 해결중심 치료는 심하거나 시급한 정서적 곤란이 있는 경우 혹은 내담자가 자기 문제를 다룰 내적 자원이나 기술이 없을 경우 일차 치료나 유일한 치료로는 일반적으로 적합하지 않다. 게다가 실제보다 그 실시가 더 쉬워 보인다. 사실 이 접근은 평가, 목표설정, 치료 계획하기, 여러 가지 창조적이고 강력한 기법들을 효과적으로 활용하기 등에 경험이 많고 능숙한 잘 훈련된 치료자가 필요하다.

다른 문제점으로는 의료관리기구뿐 아니라 일부 치료자와 내담자의 오해인데, 성공적인 내담자 치료를 위해 단기치료만 하면 된다는 생각이다. 물론 이는 위험한 과잉일반화로서, 내담자에게 필요한 집중치료를 받지 못하게 만들 수 있다. 치료자는 SFBT를 사용할 때 이 접근이 내담자의 요구를 채우는 데 적절한지 분명히 하기 위해 주의를 기울여야 한다.

SFBT는 치료자에게 강력한 새 개입 방법을 제공해주었다. 기적 질문의 사용, 예외와 가능성에 대한 강조, 추정적이고 해결중심적인 언어의 사용, 작은 행동 변화에 대한 강조는 많은 치료자들이 치료에 대해 생각하는 방식이나 치료를 실시하는 방식을 변화시키고 있는 획기적인 개념이다. 특히 기적의 질문은 정보 수집과 목표설정을 촉진하는 유용한 도구로서 널리 인정받고 있다.

페미니스트 치료

역사적으로 페미니스트 치료는 페미니즘의 세 가지 물결에 그 기원을 두고 있다(Bruns & Trimble, 2001). 첫 번째 물결은 1800년대 말 여성의 투표권을 주장한 참정권 운동이었다. 두 번째 물결은 1950년대 Betty Freidan의 여성해방운동에 기초하여 1970년대 Gloria Steinem 등에 의해 이루어졌는데, 남녀평등을 위한 여성의 투쟁으로 볼 수 있다. 여성들은 목소리를 내며 요직으로 나아가기 시작했다. 이 두 물결은 교육받은 백인 중상류층 여성들과 밀접히 관계있었다. 오늘날 두드러진 페미니즘 사상의 세 번째 물결은 평등주의와 포괄주의이다. 사회적 구조주의를 반영하여, 한 가지 진실이나 사실을 개발하려고 하는 것이 아니라 의미와 연결성의 개념을 받아들인다.

포스트모더니즘의 페미니스트 치료는 남자와 여자 모두를 대상으로 하고, 성적 지향(sexual orientations), 인종, 계층, 연령대, 문화, 능력과 관계없이 모든 사람들을 대상으로 한다. 이 치료는 제한하고 해를 주는 영향력과 싸우고, 모든 사람에게 자신감을 주어 탄압과 싸우는 한편 충만하고 보람찬 삶을 살 수 있도록 구성되었다. 페미니스트 치료는 그 이름에 오해의 여지가 있긴 하지만, 남녀 모두가 자신과 사회를 변화시키고, 변화를 위해 함께 행동하도록 돕고자 하는 성 인지적(gender-sensitive) 접근이다. 이 절을 읽는 동안 페미니스트 치료의 이러한 목표를 잘 기억해두길 바란다.

페미니스트 이론의 발달

이 책에 나오는 다른 대부분 이론들과 달리 페미니스트 치료는 하나의 통일된 이론이 있는 것도 아니고 창시자로 인정받는 특정 인물이 있는 것도 아니다(Enns, 2004; Indelicato & Springer, 2007). 정확히 말하자면 페미니스트 치료는 다음의 몇 가지 중요한 원리로 이루어져 있다.

1. 인간은 정치적이다.
2. 모든 사람의 지각과 경험은 그 사람이 권력층에 속하든 소외계층에 속하든 상관없이 가치 있는 것이다. 사회적 상황과 상호작용에서 나타나는 권력과 성, 인종, 사회경제적 지위, 민족, 능력, 성적 지향성, 문화, 종교의 영향을 이해하고 다루는 데 주의를 기울여야 한다.
3. 치료 안과 밖 모두에서 평등한 관계를 존중한다. 그래서 치료 과정이 쉽게 이해된다.
4. 여성의 경험들은 다양한 역할과 관계의 맥락에서 가치가 있는 것으로 여겨지고 이해된다. 여성의 '존재 방식'을 가치 있게 여길 뿐 아니라 직관, 본능, 집단적 자매애 또한 소중하게 여긴다. 여성은 남성 '표준'에서 일탈된 것으로 간주되는 것이 아니라 그 자체로 고유한 존재이다.
5. 페미니스트 치료는 긍정성과 강점을 기반으로 한다. 정신건강은 병리적인 관점이 아닌 자원의 관점에서 재구성된다. 기능 결함을 질병에서 생기는 것으로 보지 않고 사회학적 관점이나 생존의 관점에서 본다.
6. 페미니스트 치료는 사회 변화에 대한 관여와 관련 있다. 페미니스트 치료자는 대인관계 주제에 관심이 있을 뿐만 아니라 경제적, 사회적, 정치적, 교육적 주제에도 관심이 있으며 종종 이러한 영역에서 내담자를 옹호한다.
7. 집단 특성(예 : 성별, 인종, 연령)은 우리의 지각, 정서, 갈등, 관계 양식 등 삶 전반에 영향을 준다.

페미니스트 치료는 현상학적 접근과 인본주의 접근뿐만 아니라 인지치료, 실존주의의 영향을 많이 받았다. 구성주의에서처럼 인간의 내적 세계와 외적 세계는 주관적이든 객관적이든 상호연관되어 있고, 두 세계 모두가 치료 과정의 일부여야 한다고 가정한다. 페미니스트 치료는 문화를 강조하는 모형으로서 "억압, 정체성, 권력을 핵심 쟁점화하는 것을 강조하고 문화적으로 해박한 지식 기반에 의존한다"(Brown, 2010, p. 102).

페미니스트 치료와 여성 여성들이 경험하는 많은 정서적, 인지적, 행동적 어려움은 사회적 메시지와 직접적으로 관련이 있을 수 있다. 예를 들어, 여성에게서 섭식장애가 증가하고 있는 것은 적어도 부분적으로는, 마른 것을 아름답다고 보는 메시지에 의해 야기된 것이다. 남성보다 여성에게 보다 흔한 우울과 불안도 생물학적 원인과 사회적 원인을 모두 가지고 있을 수 있는데 무력감, 외로움, 역할 혼돈감 등으로 인해 여성들이 이런 증상들을 경험할 수 있다. 여성의 심리에 대한 최근 연구는 이전에 치료에서 간과되었던 새로운 분야들─가정폭력, 아동기 성적 학대의 장기적 영향, 청소년기 우울, 이타주의나 소속과 같은 전통적인 여성적 가치의 검토―로 이어졌다(Day, 2008; Nolen-Hoeksema & Hilt, 2009).

페미니스트 치료는 많은 여성들이 상호의존성, 공동체, 집단주의를 함양시키고 가치화하는 문화에서 자랐다는 것을 인정한다(Enns, 2004). 예를 들어, 일본에서 "가족과 친척 내에서의 관계는 서로의 조화, 무조건적 사랑, 인정, 관용이 특징이다"(Enns, 2004, p. 238). 아시아 문화, 히스패닉 문화, 아프리카계 미국 문화 등 많은 문화에서 책임은 개인을 넘어서서 대가족을 위한 공동 책임까지 포함한다. 많은 유색 인종 여성들에게 이러한 상호의존성이 중요한 사실은 이러한 가치들을 포함하고 기반으로 하는 페미니스트 치료가 필요함을 강조해준다.

페미니스트 치료와 남성 페미니스트 치료자가 여성이 될 수도 있고 남성이 될 수도 있는 것처럼 페미니스트 치료의 내담자도 여성이 될 수도 있고 남성이 될 수도 있다. 남성들이 경험하는 많은 문제들은 페미니스트 치료 접근과 특히 잘 맞는다. 성 역할 중압감, 정서 표현 곤란, 내면의 각본을 해체하기, 분노와 격분 등의 문제는 단지 몇 가지 예들이다. 치료 접근이 페미니스트 모델과 결과를 지지하고, 권한 부여와 평등주의에 사용되며, 편견과 권력의 주제를 다루고, 행복과 고통에 미치는 사회적 요인과 가부장제의 영향을 더 많이 이해하는 데 기여하는 한 그 치료는 페미니스트라고 간주된다(Brown, 2010).

연구와 저서는 남성도 여성과 마찬가지로 전통적인 성 역할에 순응하거나 순응하지 못한 결과로 종종 어려움을 겪는다고 제안하고 있다. 남성들은 자신이 전통적인 남성 규준을 맞추지 못하고 있다고 느끼면 아버지 역할에 대한 사회의 기대, 배우자와의 의사소통, 정서 표현과 같은 이 모든 것들이 '불일치의 중압'을 경험하게 할 수 있다(Levant & Wimer, 2009; Levant, Wimer, Williams Smalley, & Noronha, 2009). 또 어떤 남성들은 남성적 규준에 맞추면서 자기 내면의 어떠한 여성적인 요소도 억압하려고 함으로써 갈등을 느끼거나 갇힌 느낌을 가질 수 있다. 성 역할 중압감의 세 번째 유형은 어린 소년이 불편한 성 역할에 강제로 맞추어야 할 때 생길 수 있는 외상적 중압감이다. 성 역할 중압감은 높은 수준의 분노, 공격성, 불안, 건강에 위협이 되는 행동, 우울, 심적 고통과 관련이 있고 낮은 자존감과 관련이 있다(물론 많은 남성들은 유연한 남성적 역할 개념을 가지고 있어서 성 역할 중압감을 경험하지 않는다).

성 역할 속박의 영향력에 대한 또 다른 관점은 Mahalik, Good과 Englar-Carlson(2003)이 내놓았는데 많은 남성들이 강하고 과묵함, 운동, 승자, 동성애 혐오와 같은 남성적 각본을 고수하고 있다고 주장했다. 이러한 각본은 장벽으로 작용하여 남성의 선택권을 축소하고 남성들로 하여금 도움을 청하지 않게끔 만든다.

남성들과의 치료에서 종종 보게 되는 또 다른 주제는 분노로, 약물남용이나 폭력을 통해 부적절하게 표현될 때 특히 그러하다. 페미니스트 치료의 핵심으로 평등주의에 초점을 두는 것은 자신의 힘을 남용하거나 언어적으로 신체적으로 폭력적인 남성들을 포함하여 이러한 사람들에 대한 치료 전략을 만드는 데 도움이 된다. 남성들을 위한 분노 조절 집단과 여성 구타 남성을 위한 의식함양 집단이 예이다. 그런 프로그램은 페미니스트 틀에서 치료를 해온 남성 혹은 여성 치료자들에 의해 종종 운영된다. Ganley(1988), Levant(1996, 2001), Nutt와 Brooks(2008)는 남성들을 치료할 때 남성 페미니스트 치료자로서의 경험을 기술하였다.

페미니스트 치료는 남성과 여성 모두에게 성 역할 중압감, 자신감 부족, 의식함양의 주제를 다루도록 도울 수 있다. 치료는 사회적 메시지와 그것의 영향력을 이해하는 것, 사고의 융통성, 자기자각과 자기수용, 성 역할 분석, 고통에 대한 감내력, 이완을 촉진시킬 것이다(Enns, 2004).

치료 동맹

페미니스트 치료자에 대한 기술은 일반적인 구성주의 치료자에 대한 기술과 유사하다. 치료자는 존중하고, 공감적이며, 권한을 갖게끔 하고, 협력적이며, 격려의 태도를 보인다. 또한 진실하고, 열정적이며, 새로운 지각과 경험에 개방적이다. 치료자는 전문가이기보다는 자원이자 지지체계이다. 치료자는 내담자와 협력하여 함께 목표를 수립하고 진행 속도를 결정한다. 그들은 저항 · 전이 · 역전이의 전통적인 견해를 받아들이지 않지만, 그러한 과정은 주목할 필요가 있는 정보와 의미를 반영하는 것으로 본다. 페미니스트 치료자가 '상징적 관계'라고 부르는 역전이는 특히 정보의 유익한 원천일 수 있다(Brown, 2001).

페미니스트 치료자는 내담자와 평등한 관계를 만들고자 한다. 치료는 종종 관계에 대한 논의로 시작한다. 페미니스트 치료자는 평등의 장벽을 해체시키고, 크게는 사회에서 작게는 특히 치료 관계에서 권력 구조와 불평등에 대한 자각을 증가시키고자 한다. 이를 위해 치료자는 자기개방을 늘리고, 권력 불평등을 솔직하게 인정하고 논의하며, 적극적으로 내담자에게 권력 부여를 하고, 치료 밖의 관계에서 내담자가 힘을 갖도록 격려한다. 치료 목표, 전략, 개입 방법 등은 내담자와 치료자가 서로 터놓고 논의하며 협력하여 결정한다.

관계적 힘

페미니스트 치료는 관계적 힘(relational power)이라는 구성개념에 대해 논의하고 있다. 페미니스트 치료의 특징 중 하나는 관계와 연결에 대한 강조이다. 스톤 센터에서 관계적-문화적 모델을 만든 것과 인간발달 및 도덕성 발달에서 관계와 돌봄의 중요성에 대한 Carol Gilligan의 연구(1977, 1996)는 성격에 관한 페미니스트 이론의 발달에 중요한 역할을 하였다.

여성에서 돌봄의 도덕성에 관한 Gilligan의 연구는 여성의 자아감 중심에는 다른 사람을 위한 책임과 관심이라는 주제가 있다는 것을 밝혔다. 대부분의 인간발달 이론들에 포함되지 않았던 개념인 연결성과 상호의존성이 여성의 정체감 발달의 핵심에 있는 것 같다. 구체적으로 관계를 만들고 유지하는 능력은 여성에게 긍정적인 심리적 강점과 탄력성으로 작용한다. "관계는 경험의 산소를 정신에 제공해준다"(Gilligan, 1996, p. 258).

Gilligan이 도덕발달단계 모델을 만든 Kohlberg(1981)와 함께 한 연구(1982)는 도덕적 판단이 똑바른 판단이나 합리적 판단에 항상 기초하여 이루어지는 것은 아님을 보여주었다. 특히 여성에게 있어 도덕적 결정은 돌봄의 윤리와 관계의 공경에 기초해 있을 수 있다. 결과적으로 여성 경험의 관

관계적–문화적 이론 : 스톤 센터 접근

1976년 페미니스트이자 정신분석가인 Jean Baker Miller는 그녀의 책 *Toward a New Psychology of Women*에서 흥미로운 새 이론을 개관하였다. Miller는 여성의 삶에서 관계의 중요성에 대해 쓰면서 여성에게는 심리적 안녕이 상호적인 공감 관계 속에서 생긴다고 가정하였다. 이 이론은 자급자족이나 개인적 성장을 목표로 보는 대신 관계의 확립, 연결을 향한 움직임을 여성의 심리적 건강과 만족에 가장 중요한 것으로 본다. 이 개념은 '관계 내 자기'로 불린다(Surrey, 1991, p. 51).

1981년 Miller는 웰즐리대학의 스톤 센터장으로 임명되었으며, 심리적 발달을 탐색하여 궁극적으로 심리적 문제를 줄이고자 하였다.

거의 35년간 Miller와 스톤 센터의 동료들인 Judith Jordan, Irene Stiver, Janet Surrey는 학자들, 연구자들, 전문가들을 한데 모아 워크숍과 세미나를 열었다. 센터의 연구자들은 관계적–문화적 이론의 핵심 기초가 된 100편 이상의 논문을 냈다. 이 핵심 개념에는 모든 사람들은 연결되기를 갈망하고 건강한 연결이 이루어질 때 사람들은 그 결과로 성장한다는 명제가 있다. Miller(1976)는 상호공감과 권한 부여를 통해 연결이 생긴다고 믿었다. 오로지 그럴 때에만 사람들은 성장할 수 있고, 자기 삶을 지배할 수 있으며, 변화할 수 있다. Miller는 성장을 돕는 관계의 다섯 가지 특징을 다음과 같이 기술했다.

1. 활력 증진(Miller는 이를 '열정'이라 불렀다)
2. 권한 부여(실행능력 증진)
3. 자기와 관계의 명료성 향상
4. 자기가치 증대
5. 추가적 관계에 대한 욕구

연결과 더불어, 관계적–문화적 치료는 단절이 모든 관계에서 불가피한 부분이라고 믿는다. 단절은 공감 실패, 관계 침해, 상처로 인해 생길 수 있다. 상처받은 사람이 상황을 직면하여 자신의 감정을 표현하고 다른 사람이 이 감정을 공감적으로 받아준다면, 상처는 봉합되고 관계는 강화될 수 있다. 관계 내에서 변화를 일으키고 자신감을 갖는 이러한 능력은 **관계적 역량**으로 불린다(Jordan, 1999). 그러나 상처받은 사람이 자신의 감정을 의사소통하지 못하거나 감정을 부인하고 무시한다면, 관계를 유지하기 위해 관계에서 자신을 철수시키기 시작할 것이다. 이는 상처받은 사람이 진심 어리지 않은 행동을 하게 하여 결국 관계를 약화시키게 만든다. Miller와 Stiver(1997)는 이를 **주요 관계 역설**이라고 불렀다. 그 사람은 단절을 위한 생존 전략을 사용하는 반면, 그에게 필요한 관계에 적응하고 있다. Robb(2006)은 관계를 구하기 위해 관계에 '자신의 진정한 감정이 들어가지 못하도록 막는 것'(p. 307)으로 이러한 역설을 설명한다. 이러한 악순환은 Miller가 확인한 다섯 가지 좋은 것(열정, 권한 부여, 명료성, 온정, 성장)을 약화시킴으로써 결국 관계에서의 만족을 줄이고, 연결을 향한 자연스러운 경향성을 위험 신호로 받아들이게끔 한다. 그 사람은 관계가 완전히 연결되기 위해 필요한 상처받기 쉬운 취약성을 두려워하게 된다.

계적이고 협력적인 측면의 가치를 인정하는 이론들이 등장하였다(Enns, 2004).

35년도 더 전에 매사추세츠 주 웰즐리의 스톤 센터에서 Jean Baker Miller와 동료들은 관계 내 자기 이론을 개발하였다. 지금은 관계적-문화적 치료(relational-cultural therapy)로 알려져 있는 RCT는 페미니스트 사상의 독립된 학파로서, Laura Brown(2010)에 따르면 "페미니스트 치료와는 별개의 흐름으로" 개발되었다(p. 7). 원래 여성의 심리적 경험을 설명하기 위해 개발되었으나 이후 모든 인간 상호작용, 특히 권력이나 특권 불평등과 관련된 상호작용에 적절한 것으로 밝혀졌다. 연구들은 RCT가 인종차별, 성차별, 우울, 섭식장애, 물질오용, 외상 등에 유용함을 보여준다(Hartling & Ly, 2000). RCT는 개인, 엄마/딸을 포함하는 모든 유형의 커플, 가족에게 사용될 수 있다. 시간제한을 두거나 간헐적 혹은 회기간격을 많이 두는 치료로 사용될 수도 있다(Jordan, Handel, Alvarez, & Cook-Nobles, 2004). RCT 치료는 치료하고 있지 않을 때에도 관계의 연속성을 강조한다.

회기에서 RCT 치료자는 노력 없이 얻는 이득의 여러 형태(계급차별, 성차별, 인종차별, 동성애 혐오)와 지배와 특권의 경험이 관계에서 진실성과 상호성을 어떻게 억압하는지를 논의한다(Hartling & Ly, 2000). 이는 관계적-문화적 치료자의 작업 목표가 된다—사람들을 고립시키고 소외시키는 사회문화적 역동과 대인관계 역동을 확인하기, 내담자를 변화와 성장으로 이끌 의미 있는 치료적 연결을 만들기, 결국 연결에서 나오는 치유를 얻기.

다음 사례는 관계적 힘을 예시해준다. RCT와 스톤 센터의 보다 자세한 역사는 박스로 제시하였다.

관계적 힘을 예시한 사례 어린 두 자녀가 있는 40대 초반의 아프리카계 미국인 기혼 여성인 안젤라는 초기 단계의 암 진단을 받은 직후 상담을 찾았다. 그녀는 8년 전 암을 앓았던 자기 연배의 치료자를 찾아갔다. 그녀의 치료자 레슬리는 기혼이며 1명의 자녀가 있는 백인이었다. 안젤라의 주요 문제는 자녀들이 자랄 때까지 살지 못할 것이라는 두려움과 더 충만한 삶을 살기 위해 우선순위를 명료화하길 원한다는 것이었다.

안젤라의 문제가 치료에서 중요했지만, 상담에서 두 여성은 많은 것을 공유하였고 서로에게 배우는 것이 있었다. 치료 초기에 그들은 암, 결혼, 모성, 나이, 교육과 같은 공통경험뿐만 아니라 인종과 같은 차이점과 그것이 안젤라의 치료에 미칠 수 있는 영향에 대해 논의했다. 안젤라의 제안에 따라, 또 치료자의 격려로 안젤라는 아프리카계 미국 여성으로서의 역할 기대, 어머니와 여동생에게 있어 그녀의 중요성, 그녀가 전문직에 부여한 가치, 적절한 배우자를 찾으면서 마주쳤던 어려움, 30대 중반까지 결혼을 미루게 했던 것들에 대한 많은 정보를 제공했다. 두 여성은 가사와 전문직을 병행하는 것의 어려움뿐만 아니라 인종이 달라서 그러한 어려움들이 서로 약간 달랐던 것에 대한 생각과 감정을 나누었다.

안젤라는 자신이 안정된 직장생활에 몰두해왔으나, 이제는 근무시간을 줄여서 자녀들과 더 많은 시간을 보내길 원한다는 것을 깨달았다. 그녀는 전통적 여성 역할을 잘 수용할 수 있었고 그녀의 어머니처럼 가난하게 살 것이라는 불필요한 두려움을 감소시킬 수 있어서 이러한 변화를 편하게 이루어냈다. 그녀는 암 진단 때문에 잃었던 활력과 희망을 다시 얻었고 암 치료로 인한 신체의 변화에 효과적으로 대처하였다. 그녀는 운동 프로그램을 시작했고, 암 투병 중인 다른 아프리카계 미국 여성들과 지지집단을 결성했다. 이러한 활동은 그녀의 권리감과 더 증가된 활력을 보여주는 것이다.

이러한 과정의 참가자로서 레슬리는 아프리카계 미국 여성의 특수한 역할에 대해 많은 것을 배웠고, 자신이 일부 전통적인 여성적 태도와 행동에 대해 거부하는 것은 어머니와는 다른 자신의 길을 개척하려는 욕구에서 기인하는 것이라는 통찰도 얻었다. 게다가 레슬리는 백인 중산층 여성으로 자라는 것이 하나의 특권으로 그녀에게 영향을 미쳤음을 분명히 알게 되었다. 이러한 통찰은 안젤라와 단지 짧게 공유되었지만, 레슬리는 자신도 치료 과정의 상호작용을 통해 배우고 성장했음을 분명히 했다.

⚙️ 전략

페미니스트 치료에서 빈번하게 사용되는 개입 방법에는 성 역할과 권력 분석, 권한 부여, 억압 종합분석 등이 있다. 재명명과 재구조화는 쓸모없게 된 대처 기술을 살피는 유용한 방법이다. 심리교육, 지지, 의식함양을 위해 집단 작업을 종종 포함한다.

1. **의식함양** 여성과 소외계층에 대한 억압을 점차 인식함으로써, 의식함양은 사람들이 원하는 변화가 무엇인지를 명료화시켜 준다.

2. **성 역할 분석** 성 역할 분석의 목표는 내담자에게 미치는 문화적 기대의 영향을 짚어보는 것이다. 마름을 여성의 규준으로 보도하는 매스컴이나 남성은 공격적이고 경쟁적이어야 하는 반면 여성은 돌보고 공감적이라는 생각은 성 역할 기대의 단지 두 가지 예에 불과하다. 이 개입 방법은 세 단계 과정이다. 첫째, 행동에 대한 사회적 메시지가 인식되고 확인되어야 한다. 둘째, 사람들은 그러한 메시지의 장단점에 관해 따져본다. 셋째, 제도적으로 혹은 개인적으로 그런 믿음에 도전해보는 것이다. 이는 사회적 역할과 경험이 어떻게 성에 기초한 편견을 강화하는지 내담자가 보도록 해준다.

3. **재명명과 재구조화** 증상과 문제는 미국 사회에서 여성이 되는 틀로부터 재구조화된다. 예를 들어, 6주 전 아기를 낳은 한 여성은 이제 직장에 복귀할 생각을 할 때마다 공황발작을 경험하고 있다. 상황의 재구조화는 보다 넓은 문화적 관점을 고려하여 경제적 필요성 때문에 준비가 아직 되지 않은 엄마가 직장으로 복귀할 수밖에 없는 사회에서 살고 있으므로 인해 생긴 문제로 볼 것이다. 이런 관점에서 보게 되면 개인의 부정적 신념("내게 무슨 문제가 있지? 이건 모든 사람이 할 수 있는 거야. 난 왜 이렇게 감정적이지?")을 줄이고 더 넓은 정치적 관점("엄마가 자녀를 돌보는 것과 집세를 버는 것 사이에서 선택해야 하는 사회는 뭐가 잘못된 걸까?")에서 고려할 수 있다. 이는 자기비난보다는 분노를 일으키게 한다.

4. **주장훈련** 주장행동은 타인의 권리를 침해하지 않고 자신의 욕구에 솔직해지는 것이다. 페미니스트 치료자는 내담자의 선택 범위를 넓힘으로써 내담자가 주장적이 되도록 돕는다. 잠재적으로 힘든 대인관계 상황에 대한 역할 연기를 통해 내담자는 공격하지 않으면서 주장적으로 말하는 방법을 배울 수 있다. 내담자가 너무 수동적이어서 주장을 하지 못한다면 불안을 경험할 수 있

다. 반면 너무 주장적으로 말한다면 화난 것처럼 들릴까 봐 두려워할 수 있다. 내담자가 반응하기 전에 먼저 타인의 입장에서 생각해보는 공감적 주장의 역할 연기는 내담자가 언어를 올바르게 이해하여 잠재적으로 힘든 대인관계를 완화시키도록 도울 수 있다. 공감적 주장을 예시하자면 다음과 같다.

> "제 집 전화에 메시지를 남기고 있다는 것을 분명 당신은 몰랐을 겁니다. 앞으로 제게 예약을 상기시켜주려면 제 핸드폰에 남겨주시면 좋겠습니다."

이 장의 끝에 있는 사례는 에디와 로베르토의 10살 난 딸 에바와 역할 연기로 주장훈련을 하는 내용이다.

5. **치료를 쉽게 이해시키기 전략** 페미니스트 치료자는 내담자와의 권력 불평등을 줄이고자 하는 것과 마찬가지로, 내담자가 치료에서 편안하고 동등하다고 느끼길 바라는 반면 이해하기 어려운 과정에 참여하고 있다고 느끼지 않길 바란다. 치료자는 내담자에게 자신의 성보다는 이름을 부르게 한다든가, 정보를 제공한다든가, 자기개방을 하는 식으로 치료를 보다 평등하게 만들기 위해 많은 것을 한다. 예를 들어, 어떤 치료자는 첫 회기 이전에 10페이지짜리 인쇄물을 내담자에게 주었는데 회기에 대한 정보(시간길이, 횟수, 치료비), 치료자의 치료 스타일, 내담자가 치료 밖에서 기대할 수 있는 것 등이 적혀 있었다. 첫 회기에서 내담자와 치료자는 협력하여 치료 목표를 잡고 치료 계획에 서명을 한다. 대부분 페미니스트 치료자들은 그 회기에 적절하다면 관련 정보를 제공하는데, 예를 들면 의사결정 기술, 그 순간에 머물게 하는 마음챙김 기법, 주장기술 같은 것들이다. 페미니스트 치료자는 내담자에게 자기개방을 하는 어떤 유형의 치료자들보다 더 관대한데, 내담자를 돕는 것이라면 치료자 자신의 삶에서 나온 예들을 빈번히 사용한다. 예를 들어, 치료자도 '대학을 졸업하기 위해 5년 계획을 세웠다'는 자기개방은 내담자의 상황을 정상적인 것으로 만들어줄 수 있고 성공적인 롤 모델을 제공한다. 이는 졸업하기 위해 학교를 더 다녀야 하는 주관적 '실패'로 고민하고 있는 청년에게 용기를 줄 수 있다. 이런 노출은 치료자에게 도움이 되기 위해서가 아니라 항상 내담자의 이득을 위해 이루어져야 한다.

페미니스트 치료는 지금-여기, 자기실현의 중요성, 개인과 집단 모두의 권리감을 강조한다. 이 치료는 가능성을 강화하고 확장하는 자신의 경험으로부터 나온 언어, 이야기, 상징을 구성하려는 사람들의 노력을 촉진한다. 다양성을 존중하고 위계적이지 않은 관계의 중요성을 강조한다. 성, 인종, 그리고 다른 맥락들이 솔직하게 논의된다. 차별이 아닌 포용과 다양성을 옹호한다. 개인적이고 문화적인 관점을 통해 이야기를 이끌어내고 바라본다. 사회적 상호작용에서 성 역할, 메시지, 권력 불평등을 분석하는 것과 내담자가 자기자각, 강점, 자원을 개발하고 사용하도록 격려하는 것이 중요한 개입 방법이다.

실존치료, 게슈탈트 치료, 정신분석치료, 가족체계치료, 인지행동치료는 페미니스트 치료와 흔히 통합되는 치료 체계이다. 복합외상치료에 사용되는 일부 모델은 그 핵심에 페미니스트 개념들을 통합시킨다(Brown, 2008, 2010). 페미니스트 가족치료는 전통적인 가족치료를 넘어서서 성 역할 편견과 가족체계에 미치는 사회화와 문화의 영향을 탐색한다(Nystul, 2006). 심리교육, 특히 주장훈련과 역할 연기는 여성에게 권한을 부여하고, 자기효능감을 증진시키며, 성 역할 고정관념을 극복하도록 돕기 위해 사용된다.

페미니스트 치료는 종종 전통적 진단을 삼가고 문제에 보다 사회문화적으로 접근하고자 한다. 여성이 남성보다 우울과 불안(Seligman & Reichenberg, 2012)뿐만 아니라 '관계 관련' 장애(예 : 의존적 성격장애, 히스테리성 성격장애)로 더 많이 진단받고 치료받는다는 사실을 인식하고 논의함으로써 페미니스트 치료자는 여성이 스스로를 힘없고, 의존적이며, 만족스럽지 않은 존재로 지각하게끔 만드는 기저의 사회적 기대와 편견을 살펴보고자 한다. 페미니스트 치료자는 내담자에게 특정 진단명을 붙이려 하기보다는 맥락을 변화시키고자 노력한다.

현황

페미니스트 치료는 상담 및 심리치료에서 중요한 관점을 제공하고 있다. 보람되게 자신의 삶을 살수 있는 선택을 할 인간 잠재력과 능력과 권리를 강조한다. 이는 통합적이며 "치료가 효과적이기 위해서는 마음과 신체와 영성이 함께 다루어져야 한다는 근본적인 페미니스트 관점"을 반영한다 (Brown, 2001, p. 1011). 이는 인본주의 치료, 이야기 치료, 단기정신역동치료와 같은 다른 접근과 결합될 수 있고 대개 결합되어 사용되고 있다. 생각의 오류를 다루기, 마음챙김과 이완기법, 집중하기 같은 다른 경험적 기법 또한 도움이 될 수 있다. 페미니스트 치료는 성 역할 갈등이나 혼란되고 채워지지 않은 기대로 고민하는 부부에게 특히 도움이 될 수 있다. 맥락과 사회적 변화의 중요성을 강조하면서 치료자가 개인적 수준과 사회적 수준 모두에 초점을 두도록 한다.

페미니스트 치료에 대한 많은 문헌들은 이 접근의 다문화적 적절성을 강조한다. 예를 들어, Funderburk와 Fukuyama(2001)는 "고통, 자유, 깨달음에 대한 자각을 고양시키기 위해 의식, 맥락, 연결"(p. 6)을 강조하는 세 가지 동향인 페미니즘, 다문화주의, 영성의 통합에 대해 기술했다. 이 세 가지 모두는 "사회적으로, 문화적으로, 인지적으로 구성된 세계관과 신념에 대한 검토를 장려하며"(p. 8) "개인을 해방시키고 사회에서의 억압과 고통을 변화시키는 데 관심이 있고, '사회적 현실'을 해체함으로써 부분적으로 이를 달성한다"(p. 8).

연구는 이 접근이 GLBT, 아프리카계 혹은 멕시코계 미국인 여성, 사춘기 소녀를 포함한 다문화적 집단에 적용 가능함을 보여준다. 사회에서 여성의 다양하고 복합적인 역할이 증가하고 있는 것을 인정하여 미국심리학회(APA, 2007)는 여성과의 치료에서 고려해야 할 일련의 지침을 채택하였다. 여성과의 치료에 대한 APA 지침은 Banks(2010)가 연구에서 소외되었던 영역이라고 말했던 장애인 여성의 치료에 적용되었다. "전통적인 페미니스트 심리학은 장애가 여성의 삶에 미치는 영향에 대해 거의 고려하지 않았다. 장애인 차별은 페미니스트 심리학에서 분명히 드러나지는 않지만 여전히 관찰 가능하고 강력한 영향력으로 남아 있다"(p. 432). Banks는 장애인 여성이 남성보다 개인적 도움을 받기 위해 타인에게 더 의존하게 되어 학대의 위험 또한 높아짐을 주목하였다. 어떤 접근이든 모든 치료자들은 문화적 역량이 있다는 것이 장애인과의 치료에 유능함도 포함한다는 것을 기억해야 한다.

페미니스트 접근의 한계점은 이 접근을 끌고 나가는 하나의 이론이 없다는 것이다. 각 치료자는 특정 내담자의 요구와 짝지어 자신의 경험에서 이론을 끌어내는 경향이 있다. 비교적 새로운 접근이자 초기에는 여성에게 초점을 두었기 때문에, 효과성에 대한 경험적 연구는 부족하다. 그러나 페미니스트 치료는 "경험적으로 지지된 공통요인들"(Brown, 2010, p. 102)을 사용하기 때문에 효과적인 것으로 보인다.

일부 연구들은 가정폭력이나 다른 외상을 경험한 사람과 같은 특정 대상이나, 자해폭력의 치료에서 페미니스트 치료가 효과적으로 사용될 수 있음을 보여준다. 이야기 치료에 페미니스트 접근을 사용하는 것은 신경성 식욕부진증이 있는 사람(Olson, 2001), 만성적이고 생명을 위협하는 질병에 대처하는 사람들의 치료에 도움이 되었다. 상호성, 치료자 자기개방, 가치와 같은 특정한 개념들에 대한 연구가 많이 필요한 상태이다.

모든 구성주의 치료들처럼, 페미니스트 치료는 21세기 사상에 중요한 영향을 미치기 시작했다. 원래 여성에 초점을 두고 개발된 페미니스트 치료는 지난 40년 동안 성, 권력, 사회적 위치의 분석에 초점을 맞추는 데까지 확장되었다. 문화적으로 유능한 상담에 점차 강조점이 두어지면서 페미니스트 치료가 도움이 될 수 있는 사람들의 범위가 넓어졌다(Brown, 2010). 사회적 편견과 특권을 고려하는 상담은 인간발달에 관한 우리의 지식을 더 증진시키며 관계적 연결을 향상시키고 보호하는 실용적이고 평등한 방법을 제공하는 것 같다.

이제 매핑이라는 기법 개발로 가볼 텐데, 이는 모든 구성주의 접근에서 효과적으로 사용될 수 있는 이야기 치료 기법이다.

기법 개발 : 매핑

앞에서 Michael White와 David Epston의 이야기 치료를 설명하였다. 이야기 치료는 사람들이 자기 자신에게 말하는 이야기와 남들로부터 듣는 이야기에 기초하여 살고 있다고 가정한다. 이 구성주의 접근은 이런 이야기들이 우리의 현실을 만든다고 믿는다. 이야기 치료자들은 이야기를 해체함으로써 문제가 가득한 이야기에 초점을 둘 때는 간과했던 부분들을 내담자가 볼 수 있도록 돕는다. 이러한 간과된 자료는 탄력성, 희망, 용기와 관련된 이야기일 수 있다. 내담자의 삶에 미치는 문제의 영향력을 확인하여 기저의 구속적인 문화적 가정을 인식하도록 내담자를 돕는 것이 이야기 매핑의 목표이다. 내담자의 문제를 외향화하고 이야기의 효과를 발견하여 해체한 후, 내담자는 자신의 삶에서 앞을 향해 나아가도록 해주는 새로운 대안적 이야기를 만들 수 있게 된다.

White(2007)는 치료자를 도와주는 네 가지 범주의 탐색을 기술했다.

1. 경험을 토대로 문제를 명료화하기
2. 내담자의 삶에서 문제의 영향력을 발견하기
3. 문제의 결과를 평가하기
4. 문제를 해명하기

탐색의 각 범주에서 치료자는 내담자가 자신의 이야기를 하도록 일련의 질문들을 하게 된다.

경험을 토대로 문제를 명료화하기 매핑의 첫 단계에서 치료자는 제시된 문제를 내담자의 고유한 관점에서 경험된 대로 명료화하고자 한다. 특히 아동은 자신이 문제이고 할 수 있는 것은 아무것도 없다고 믿을 수 있다. 문제에 대해 치료자가 질문함으로써 문제의 독특한 특징이 나타난다. 내담자는 매우 현실적이고 경험을 근거로 한 방식으로 문제에 대해 말할 수 있다.

내담자의 삶에서 문제의 영향력을 발견하기 문제가 외재화되고, 파악되고, 이름이 주어지고, 내담자의 한 부분으로 받아들여지는 게 아니라 객체 그 자체로 논의되면 문제는 덜 개인적인 것이 되고 논의하기가 더 쉬워진다. 예를 들어, 안티카는 학교에서의 수줍음을 극복하기 위해 상담을 받으러 왔다. 점심시간에 다른 사람과 함께 앉는 것을 어색해했고 자신의 문제를 다른 사람과 의논하는 것을 창피해했다. 몇 회기가 지난 후 그녀는 자신의 문제를 망토를 걸친 거한이라고 명명하였는데, 자신이 사람들과 있을 때마다 자신에게 그림자를 드리운다고 표현하였다. 문제가 가시화되고 그 윤곽이 드러나면서 문제는 덜 개인적인 것이 되었고, 안티카는 이 그림자 인간이 자신의 삶을 통제하고 있음을 깨닫고 더 긍정적인 방향으로 대응할 수 있었다.

문제의 크기(길이, 폭, 깊이 등)를 탐색하는 질문을 하면서 치료자는 집, 학교, 직장, 관계, 동기, 꿈, 포부, 미래까지 포함하여 개인의 삶의 모든 측면에 미치는 문제의 영향력을 파악하기 시작한다. 그림자 인간이 나타났던 시간, 그때 그녀는 어디에 있었는지, 그림자는 어디까지 뻗어 있었고 얼마나 오랫동안 지속되었는지, 그림자가 친구나 가족과의 관계에 미치는 영향에 대해 안티카와 이야기함으로써 문제를 자신과 분리된 것으로 보도록 해주었고 변할 수 있다는 희망을 주었다. 안티카에게 할 수 있는 질문의 예는 다음과 같다.

- 그림자 인간이 당신 스스로에 대해 어떻게 생각하도록 설득했는가?
- 그림자 인간은 다른 사람들이 당신에 대해 어떤 말을 하도록 만들었는가?
- 그림자 인간은 다른 사람들에게 어떻게 이런 것들을 납득시키는가?
- 그림자 인간은 당신에게 어떤 결정을 내리는가?
- 때때로 그림자 인간과 함께 있는 것이 이득이 되는가?
- 당신의 미래에 대해 그림자 인간은 무엇을 하려는 것인가?

문제가 있는 삶에서 개인의 영향력을 발견하기는 회복의 길을 닦기 시작하는 또 다른 질문이다. 문제가 문제가 아니었던 때나 독특한 결과를 찾음으로써 치료자는 대안적 이야기를 만드는 데 사용할 수 있는 강력한 메시지를 밝혀낸다. 안티카는 아빠가 동료를 집으로 저녁식사 초대를 할 때처럼 낯선 사람이 있을 때에만 그림자 인간이 집에 찾아온다고 말했다. 그런 동안 그녀는 아빠가 자신을 보호할 것이라고 스스로 이야기함으로써 수줍음을 극복할 수 있었다. 이는 다음과 같은 예외에 대한 논의를 이끌어낸다.

- 그림자 인간을 극복하거나 무시했던 때가 있었는가?

● 이런 일이 일어났을 때 어떤 기분을 느꼈는가?

● 앞으로 어떻게 맞설 것인가?

● 그림자 인간이 당신에게 행하는 지배를 무시함으로써 당신이 덜 취약해지고 더 강해지고 있다고 생각하는가?

● 이처럼 당신의 삶을 지배하는 게 없다면 미래가 어떻게 될 것 같은가?

● 이러한 미래는 그림자 인간이 당신에게 계획했던 미래와 어떻게 다른가?

문제의 결과를 평가하기　일단 치료자가 내담자의 문제를 잘 이해하게 되었다면, 내담자 삶에 미치는 더 큰 결과에 대해 질문하는 것이 유용하다. 요약 혹은 White(2007)가 '사설'이라고 부른 것으로 시작하는데, 치료자는 문제와 그에 수반되는 결과를 간략하게 설명한다. 안티카와는 요약이 다음과 같았다.

> 치료자 : 안티카, 그림자 인간과 별개로, 사람들이 결과적으로 너를 차별해서 대하는 것 같아. 학생들은 너와 가까이 하지 않고, 아무도 영화 보러 가자고 연락하지 않고, 주로 혼자 지낸다고 이야기했었지.
>
> 안티카 : 맞아요.
>
> 치료자 : 어떠니?
>
> 안티카 : 외로워요. 전 그게 싫어요.
>
> 치료자 : 싫다고? 다른 말로 설명해본다면?
>
> 안티카 : 슬퍼요. 혼자 있는 게 너무 싫어요. 모든 것에서 겉도는 것 같고 부모님은 저를 낙오자라고 생각해요.
>
> 치료자 : 넌 낙오자가 되고 싶지 않은 거지?
>
> 안티카 : 그럼요! 다른 모든 사람들처럼 되고 싶어요.

문제를 해명하기　매핑의 네 번째 단계에서, White(2007)는 "왜 이 상황이 괜찮지 않은 것인가? 왜 이것을 그만두고 싶은 것인가? 왜 그렇게 느끼는 것인가?"와 같은 '왜'라는 질문을 하라고 한다. 그러한 질문들은 판단하듯이 혹은 방어를 불러일으키는 방식으로 물어서는 안 되고, 내담자의 이야기의 기저에 있는 가치와 가정을 발견하려는 노력에서 나오는 호기심이라 할 수 있다. '왜' 질문은 내담자가 삶을 어떻게 살고자 했었는지에 대한 대화를 재저술하고 문제정의를 미래의 포부와 목표로 대체하는 도입부가 될 수 있다. 안티카에게 있어 왜 그녀가 그림자 인간이 없어지길 원했는지에 대한 질문은 미래 목표에 대한 많은 정보를 이끌어냈다. 그녀는 친구, 관계, 그리고 나중에 직업을 갖고 싶다고 보고했다. "저는 행복을 누릴 가치가 없나요?"라고 그녀는 물었다. "저는 극복하고 싶어요. 이 그림자 인간을 제 뒤로 밀쳐내서 그냥 다른 사람들처럼 살고 싶어요."

　외재화 대화와 매핑은 내담자가 자신의 이야기를 다시 쓰도록 하기 위해 이야기 치료자가 사용하는 강력한 개입 방법이다. 매핑은 차트를 사용하여 기록할 수도 있다(White, 2007).

사례

다음은 이제 5학년으로 학교에서 친구 사귀는 데 다소의 어려움이 있는 에바 디아즈와 상담하는 페미니스트 치료자의 예이다. 관계에서 힘의 불균형을 동등하게 맞추기 위해 치료자가 자기개방을 어떻게 사용하는지 주목하라. 치료자는 에바가 적절히 주장행동을 발달시키도록 역전이도 사용하고 치료 회기의 지금-여기에 머물러 있다.

치료자 : 에바, 학교에서 문제가 좀 있다고 엄마가 말씀하시던데, 무슨 일이지?

에바 : (바닥을 내려다보며) 아무것도 아니에요. 그냥 수줍음이 많은 것일 뿐이에요.

치료자 : 나도 너만 했을 때 수줍음이 많았단다.

에바 : 정말요? 선생님이요?

치료자 : 그럼. 난 항상 교실 뒤에 앉았었고 점심시간에는 거의 혼자 지냈었지. 아무도 날 좋아하지 않는다고 생각했어. 그런데 내 행동을 되돌아보면 내 친구들이 자신들과 별로 친하게 지내고 싶어 하지 않는다고 생각하게끔 행동했었다는 것을 알 수 있어.

에바 : 어떤 행동을 했는데요?

치료자 : 내가 강하게 행동해서 친구들은 내가 속으로 상처받고 있는 것을 몰랐을 거야.

에바 : 저도 가끔 그렇게 해요. 언젠가 학교식당에서 영어 수업 듣는 친구들과 정말 같이 앉고 싶었거든요. 제가 걔들 테이블을 지나갈 때 한 명이 "안녕" 해서 저도 "안녕" 했어요. 그런데 뭘 또 이야기해야 할지 모르겠더라고요. 그래서 결국 혼자 앉았어요. 걔들은 모두 함께 즐거워했는데, 저는 혼자 소외된 느낌이었어요.

치료자 : 에바, 말할 때 나와 눈을 마주치기 어려워하는 것 같은데, 수줍어해서 그런 것이니?

에바 : (부드럽게 그러나 쳐다보지 않은 채) 예.

치료자 : 때에 따라서 대화하는 사람을 쳐다보지 않는다면 자신감이 없는 것으로 비친단다. 그게 네가 느끼는 것이니?

에바 : 전 자신감이 없어요.

치료자 : 알았어. 식당에서의 장면을 역할 연기로 해 보자. 내가 너를 연기하고, 너는 같이 앉고 싶은 여학생 중 한 명을 연기해보렴. 걔 이름이 뭐지?

에바 : 캐일린.

치료자 : (책 한 권을 쟁반처럼 들고, 자리에서 일어나서 에바에게 걸어간다. 웃으면서 에바를 똑바로 쳐다보고 말한다) 안녕, 캐일린. 어휴, 영어 시험 어렵지 않았어? 같이 앉아도 괜찮을까?

에바 : 그럼. 여기 앉아.

치료자 : 넌 시험 잘 봤니?

에바 : 괜찮았어.

치료자 : (에바 옆에 앉으면서) 이제 네가 해 보렴.
          (이번에는 에바가 자기 자신이 되어 역할 연기를 반복한다)

치료자 : 잘했어! 어땠었니?

에바 : 어렵지 않았어요!

치료자 : 에바, 모든 사람은 존중받을 자격이 있는 거란다. 누구나 가지고 있는 점심시간에 친구들과 같이 앉을 권리를 너도 똑같이 가지고 있단다. 네가 할 수 있는 다른 것으로는 '나' 진술('I'statements)이 있단다.

에바 : 나 진술이 뭐죠?

치료자 : 네가 원하는 것을 요구하기 위해 '나'라는 단어로 문장을 시작하는 거란다. "안녕 캐일린, 난 너랑 같이 점심 먹고 싶어"처럼. 아니면 교실에서 선생님에게 "그 숙제에 최선을 다하지 못했던 것 같습니다. 학점을 맞추기 위해 제가 할 수 있는 게 있을까요?"라고 말할 수도 있고, 때때로 사람들이 나쁜 일을 하도록 시킬 때 "전 그것을 하고 싶지 않아요"라고 말할 수도 있단다. 내일 학교에서 나 진술을 해 볼 수 있겠니?

에바 : (치료자를 똑바로 쳐다보고 웃으며) 할 수 있을 것 같아요.

치료자 : 이제는 나 진술이다!
          (치료자와 에바는 함께 웃는다)

페미니스트 치료자는 내담자가 자신의 문제를 다루도록 하기 위해 치료 회기의 지금-여기에 있는 재료들을 활용한다. 이 짧은 내용에서 치료자는 에바가 사람들에게 어떻게 비치는지 인식하도록 도왔으며, 사회적 상황에서 어색함을 극복하고 적절히 주장하라고 제안하였다. 치료자는 친구를 사귄 자신의 경험을 공유함으로써 에바의 느낌을 정상적인 것으로 만들었다. 마지막으로 치료자는 더 주장적으로 되는 방법을 제안했고 역할 연기를 통해 에바가 기분을 언어적으로 표현하도록 도와주었다.

연습

대집단 연습

1. 일반적으로는 치료자와 치료자에게 '왜' 질문을 하지 말라고 한다. 그런 질문은 판단하는 것으로 받아들여질 수 있고, 내담자를 조심스럽게 만들어 신중하게 대답하도록 하며, 주지화하거나 방어적 태도를 갖게 할 수 있다. 그렇기는 하지만 Michael White(2007)는 왜 질문을 옹호하였는데, 자신의 경험으로 볼 때 "왜 질문은 내담자가 자신의 목적 · 포부 · 목표 · 추구 · 전념 · 삶에서 가치를 두고 있는 것들을 이해하기, 삶에 대한 지식과 삶의 기술, 소중한 배움과 깨달음을 표현하도록 하는 데 매우 중요한 역할을 한다"고 보고하였다(p. 49). 상담 과정에서 왜 질문의 영향을 생각해보라. 분명히 '왜'라는 질문이 방어적 태도와 변명을 이끌어내는 때도 있고 기저의 의미와 가치를 탐색하게끔 하는 때도 있다. 왜 질문을 사용할 수 있는 상황, 어떻게 표현할 것인지, 어떤 반응이 나올 것 같은지를 집단에서 토론해보라. 왜 질문의 부정적 효과도 토론해보라. 이 기법을 사용하기 어려운 특정 상황(혹은 내담자 유형)이 있는가?

2. 전체가 참여하여 한 사람은 에바의 역할 연기를 하고 다른 사람은 해결중심 접근을 시도하면서 서로 역할을 바꿔서 해 보라. 이때 해결책 대화 절에 제시되어 있는 기법들 중 하나를 선택해야 한다. 가능한 한 희망적이고 해결 지향적인 단어를 신중하게 선택하라. 끝낸 후 사용한 기법의 효과성을 토론해보라.

소집단 연습

1. 집단에서 2명씩 짝지어 보라. 2명은 교대로 기법 개발 절에서 설명한 예와 비슷하게 네 단계 매핑 연습을 해야 한다. 한 번에 15분씩 해 보라. 문제를 외재화시켜 보라. 삶에 미치는 문제의 영향에 대해 질문하라. 예외를 찾아보라. 내담자가 해결책을 향해 움직일 수 있는 희망의 씨앗을 심어라. 각 역할 연기 후 집단원들은 피드백을 주어야 한다. 왜 질문에 어떤 반응이 나왔는가?

2. 소집단을 구성해보라. 각 사람은 종이 위에 큰 원을 그린다. 이제 그 원을 마치 피자를 자르듯이 8개 조각으로 나눈다. 마지막으로 원의 중심과 바깥 부분이 같은 거리가 되도록 중간에 원을 그린다.

바깥 원에 다음을 써보라	안쪽 원에 다음을 써보라
1. 유색 인종	1. 유럽계 미국인
2. 여자 혹은 성전환자	2. 남자
3. 아동 혹은 노인	3. 청장년층
4. 신체적 · 인지적 · 정서적 장애인	4. 건강한 사람
5. 동성애자 혹은 양성애자	5. 이성애자
6. 노동자 이하 계층	6. 중상류층
7. 가톨릭, 기타 기독교, 무신론, 유대교, 이슬람교, 힌두교, 무속신앙, 도교 등	7. 개신교
8. 난민, 불법 이민자, 임시 거주자	8. 시민권자

이제 안쪽 원과 바깥 원에 있는 단어들을 살펴보고 당신을 가장 잘 설명하는 단어를 선택하라. 하나라도 안쪽 원이 선택되면 종이를 뒤집어 이 집단에 속한 결과로 즐기고 있는 특권들을 써보라. 이제 15분 동안 각자 결과를 집단에서 공유해보라. 다른 사람들이 즐기지 못하는 당신의 특권을 알고 있었는가? 어떤 특권들은 왜 숨겨져 있거나 눈에 잘 띄지 않는가? 집단에서 바깥 원에만 해당되는 사람이 있는가? 사회적 위치가 개인의 세계관에 어떤 영향을 미치는가?

개인 연습

1. 살면서 사회의 성 역할 기대가 미치는 영향을 생각해보라. 당신의 어릴 때를 되돌아보라. 당신의 부모는 전통적인 성별 구분을 강화하는 어떤 메시지를 전달했는가? 여자애(혹은 남자애)가 하거나 하지 않아야 되는 것이었기 때문에 놀이 활동 참여, 가사, 옷차림을 권장하거나 못하게 했는가? 청소년기는 어떠했는가? 남자애(혹은 여자애)는 어떻게 행동하라고 배웠는가? 누가 이런 메시지를 주었는가? 동성 교우관계, 직업선택, 개인적 외모에 관해 따라야 하는 특정한 규칙이 있다고 느꼈는가? 대학이나 전공 선택에서 성에 따른 차이가 있는 것 같은가? 당신은 여성성이나 남성성에 대한 메시지를 어디서 얻는가? 당신의 생각은 계속 변하지 않았는가? 변했다면 어떻게 변했는가? 이러한 내용들을 써보라.

2. 외재화는 이야기 치료에서 중요한 기법이다. 사람들은 문제를 외부로 옮겨놓음으로써 뭔가 할 수 있는 자신감을 가질 수 있다. 여러 해 동안 계속되던 문제 하나를 생각해보라. 어떻게 생겼는지 상상해보라. 어떤 색깔인가? 이름을 붙여보라. 당신의 문제의 관점에서 자서전을 짧게 써보라.

3. 당신이 현재 경험하고 있는 문제나 염려 한 가지를 찾아보라. 그러고 나서 문제에 대한 적어도 한 가지 예외나 유사한 문제를 잘 처리했던 때를 찾아보라. 이 정보에 기초하여 작은 변화를 계획해보라. 이러한 내용들을 써보라.

요약

이 장에서는 상담 및 심리치료의 세 가지 포스트모던 구성주의 접근, 즉 이야기 치료, 해결중심 치료, 페미니스트 치료에 대해 살펴보았다. 이 접근들은 모두 정서, 사고, 행동뿐만 아니라 배경에도 주목하는 전체적인 접근이다. 이 접근들은 사회적 맥락 속에서 사람들을 보며, 개개인은 자신의 인생경험에서 생긴 주관적인 심리적 현실을 가지고 있다고 믿는다. 또한 우리가 우리의 세계와 갖는 상호적 관계를 강조한다.

- 이야기 치료에서는 사람들이 자기 자신과 삶에 대해 갖는 개념은 자신의 일부분으로 만든 이야기로부터 유래한다고 본다. 치료자는 사람들이 자신의 이야기를 탐색하고 이해하며 수정하도록 도움으로써 그들이 자신의 삶을 개정하고 재저술하게끔 할 수 있다.
- De Shazer와 Dolan(2007)은 해결중심 치료의 기본 원리를 다음과 같이 요약하였다. "긁어 부스럼 만들지 마라. 작동한다면 더 사용하고, 작동하지 않을 때 뭔가를 하라. 작은 단계들을 거쳐 큰 변화가 생길 수 있다. 해결책이 반드시 문제와 직접 관련되는 것은 아니다. 해결책 찾기를 위한 언어는 문제를 설명할 때 필요한 언어와는 다르다. 어떤 문제도 항상 있는 것은 아니다. 활용될 수 있는 예외가 항상 있는 법이다. 미래는 만들어지며 변화 가능하다"(pp. 2~3).
- 페미니스트 치료에서는 남성과 여성 모두가 경직된 성 역할 및 기타 역할들을 극복하도록 돕고자 한다. 이 접근은 사람들로 하여금 자신의 성이 가진 특수한 속성을 인정하도록 해주는 한편 자신의 선택 폭을 넓혀주고 권리감과 평등한 관계를 증진시켜준다.

세 가지 접근 모두 정서와 감각을 강조하고 있으며, 치료자가 내담자를 더 효과적으로 치료하게 해주는 최근 새롭게 나타난 방법들을 제공하고 있다.

추천 도서

구성주의

Journal of Constructivist Psychology—all issues.

이야기 치료

White, M. (2007). *Maps of narrative practice*. New York, NY: Norton and Company.

White, M. (2011). *Narrative practice: Continuing the conversation*. New York, NY: Norton.

해결중심 단기치료

De Jong, P., & Berg, I. K. (2008). *Interviewing for solutions* (3rd ed.). Pacific Grove, CA: Brooks/ Cole.

de Shazer, S. (1988). *Clues: Investigating solutions in brief therapy*. New York, NY: Norton.

de Shazer, S. (1991). *Putting difference to work*. New York, NY: Norton.

de Shazer, S., & Dolan, Y. (2007). *More than miracles: The state of the art of solution-focused brief therapy*.

Binghamton, NY: Haworth Press.

페미니스트 치료

Ballou, M., Hill, M., & West, C. (Eds.). (2008). *Feminist therapy theory and practice: A contemporary perspective*. New York, NY: Springer.

Enns, C. Z. (2004). *Feminist theories and feminist psychotherapies: Origins, themes, and diversity* (2nd ed.). Binghamton, NY: Haworth Press.

Gilligans, C. (2008). *Exit-voice dilemmas in adolescent development*. New York, NY: Analytic Press.

Jordan, J. V. (2010). *Relational-cultural therapy*. Washington, DC: American Psychological Association.

Robb, C. (2006). *This changes everything: The relational revolution in psychology*. New York, NY: Picador.

제 **4** 부

사고를 강조하는
치료 체계

사고중심치료 체계의 개관

정서나 감각처럼 사고도 항상 우리들과 함께 있다. 우리는 아침에 일어나면서 그날 계획에 대해 생각하고, 하루의 경험을 되돌아보면서 잠이 들며, 깨어 있는 동안 무수한 생각들을 한다. 우리 모두가 하는 끊임없는 생각을 두고 의식의 흐름이라는 용어를 사용하기도 한다.

제4부는 사고와 인지—BETA(배경, 정서, 사고, 행동) 모형의 네 요소 중 세 번째—를 변화의 주요 수단으로 보는 상담 및 심리치료 접근들을 살펴본다. 인지치료자들은 사고가 정서와 행동을 야기하고, 사고의 자각과 수정을 통해 사람들은 정서와 행동을 변화시킬 수 있다고 믿는다.

사고중심치료 체계의 발달

인지치료는 주로 Albert Ellis와 Aaron Beck이라는 서로 다르면서도 뛰어난 두 사람의 노력으로 1960년대에 나타났는데, Ellis는 컬럼비아대학교에서 박사학위를 받고 정신분석가로 훈련을 받은 뉴욕 시 토박이였고, Beck은 정신분석으로 훈련받은 예일대 출신 의사로서 펜실베이니아대학교에서 일했다. 그 당시 두 사람은 서로를 알지 못했지만, 둘 다 모두 그때 최고의 이론적 접근이었던 정신분석에 크게 실망하고 돌아서게 되었다. Ellis는 사람들의 문제를 더 지시적으로 돕기를 선호했고, 그래서 합리적 정서적 치료를 개발했는데 나중에 합리적 정서적 행동치료(Rational Emotive Behavior Therapy, REBT)가 되었다. REBT는 설득, 교육, 증거 수집하기를 사용하여 내담자가 자신의 비합리적 신념을 논박하고 수정하며 자기 자신을 수용하도록 돕는다.

한편 펜실베이니아에서 Beck은 우울에 대한 정신분석의 효능 연구를 수행하면서 그 결과에 큰 실망을 하게 되었다. Beck은 치료 회복에서 가장 중요한 요소는 사람들이 생각하는 방식, 스스로 하는 혼잣말, 반응하는 습관이라고 결론지었다. 그는 인지치료라고 명명한 자신의 이론을 발전시켰다. 에픽테토스의 저서에 영향을 받았던 Ellis처럼, Beck의 이론도 스토아 학파 철학자들에게서 그 기원을 찾을 수 있다(Beck, Rush, Shaw, & Emery, 1979).

Ellis와 Beck의 작업은 서로 독자적으로 이루어졌고 결국 서로 다른 두 유형의 치료가 만들어졌지만, 두 사람의 접근은 모두 인지치료로 간주된다. 이런 유형의 치료는 역기능적 사고, 행동, 정서를 찾고 바꿈으로써 문제를 극복하도록 한다. 이를 위해 내담자는 왜곡된 생각을 찾고, 믿음을 수정하며, 사람들과 다른 방식으로 관계하고, 결국 자신의 행동을 변화시킬 수 있는 기술을 배운다.

Beck과 Ellis는 여러 해 서로 교신하며 생각을 나누었다. Ellis는 자신의 자서전 최선을 다해(*All Out!*)에 Aaron Beck과 10년 동안 주고받았던 편지들을 실었다. 그 편지들은 REBT와 인지치료의 철학적 차이점과 더불어 두 사람이 쌓아왔던 우호적 관계를 잘 보여준다.

상담 및 심리치료에서 인지의 활용

다른 이론적 접근과 함께 사용하든 단독으로 사용하든 인지치료 체계는 폭넓은 적용을 할 수 있는 강력하고 유연한 접근이다. 사고에 초점을 둔 치료에는 많은 강점과 이점들이 있다.

Beck 등은 인지치료를 광범위하게 연구하였고, 그 효과성은 잘 입증되어 있다. 그 이유를 몇 가지 제시하면 다음과 같다.

1. 사고는 쉽게 접근이 가능하다. 어떤 주제에 대한 생각에 우리가 주의를 기울일 때, 대개 이 생각을 별 어려움 없이 인식하고 또 명료화할 수 있다.

2. 사람들에게 감정을 묻는 것보다는 생각을 물어보는 것이 보통은 덜 위협적이다.

3. 인지는 분석하고 변화시키기가 용이하다. 사고는 적어볼 수 있고, 그 타당도와 유용성이 평가되어질 수 있으며, 상황에 따라서 논박되고 수정될 수 있다.

   예를 들어, 파블로가 집에서 책을 읽고 있는데 초인종이 울렸다고 가정해보자. 그는 '분명히 남동생이 돈을 빌리러 왔을 거야'라고 생각하며, 불길하고 걱정스러운 느낌을 갖는다. 그의 사고의 현실성은 쉽게 검증될 수 있다. 그가 해야 할 일은 문을 열어주러 가는 것뿐이다. 만약 남동생이 아니라면 파블로의 사고는 변화할 것이고, 정서의 변화로 이어질 것이다. 그러나 파블로의 정서에 직접 초점을 맞추어 걱정을 다루는 방식은 더 복잡한 과정이 될 것이다. 정서는 종종 어떤 느낌인지 알 수가 없고, 확인하기도 어려우며, 설명하고 분석하는 것은 훨씬 더 어렵다.

4. 사고의 변화는 비교적 신속하게 이루어질 수 있다. 치료 초기에 긍정적인 효과를 경험하면 사람들의 동기와 낙관성은 증가하고, 이는 치료의 진행을 가속화할 수 있다.

5. 사고를 확인하고 논박하고 변화시키는 방법을 배우면 자신감이 생길 수 있다. 이러한 기술은 사람들에게 삶에 대한 더 큰 통제감을 주고, 문제를 해결하는 매우 효과적인 전략을 제공할 수 있다.

인지적 접근을 이용한 치료

REBT와 Beck의 인지치료는 인간발달 이론, 변화 기제에 대한 개념, 사용하는 전략들에 있어 많은 공통점이 있다. 두 치료 기제 모두 앞선 장들에서 설명된 인간중심상담, 실존치료, 게슈탈트 치료 등과 마찬가지로 모두 현상학적 모형이다. 그러나 인지치료는 자신의 경험을 느끼는 방식 대신 자신의 경험에 대해 생각하면서 경험에 두는 의미에 초점을 맞춘다. 인지치료는 배경·정서·행동이 치료에서 중요하고 주목할 가치가 있다는 것을 인정하지만, 정서와 행동을 결정하고 정신장애와 심리적 건강을 결정하는 주요인은 사고라고 본다.

인지치료자들은 치료의 기본 재료는 내담자의 일시적인 자동적 사고와 깊이 뿌리박힌 근본적인 가정 및 도식이라고 믿는다. 치료자는 이러한 요소들을 확인한 후, 내담자가 이를 검증하고 수정하도록 다양한 개입 방법을 활용한다. 역기능적 인지를 보다 정확하고 유용하며 건강한 사고로 바꿔줌으로써 내담자는 현재 문제를 더 성공적으로 다룰 수 있게 되고 더 보람된 삶을 살게 된다.

목표

인지치료의 목표는 내담자에게 역기능적 사고를 인식하고 확인하여 반응하는 방법을 가르치는 것이다. 이를 위해 인지치료자는 다양한 기법들을 사용한다. 인지치료자는 치료 목표를 이루기 위해 질문지, 평가, 숙제 등 여러 가지 기법과 전략을 사용한다. 인지치료는 내담자의 실제 경험과 연구 결과에 기초하여 특정한 시점의 내담자 요구에 가장 효과적인 방법을 적용하기 때문에 계속 진화하고 있다. 많은 기법들이 행동치료에서 왔고 인지치료에 통합되었다. 우리는 이 책의 제5부에서 인지치료와 행동치료의 통합, 인지치료와 수용 및 마음챙김에 기초한 접근의 통합에 대해 더 배울 것이다.

치료 동맹

인지치료자는 치료에서 지시적이긴 하지만 협동적 치료 관계라는 공통요인—존경·진솔성·무조건적 긍정적 존중의 지지적이고 치유적인 환경, 내담자와 그 배경을 전체적으로 이해하기, 방향의식 혹은 목표의식, 치료에서 다루는 문제들의 특성을 함께 이해하기, 내담자의 증상을 다루기 위한 타당한 치료 접근을 사용하기—에 주의를 기울여야 한다. 예를 들어, 중동의 내담자를 상담한다면, Constantino와 Wilson(2007)은 내담자가 무엇이 자신의 고통을 줄여줄 것이라고 믿고 있는지를 치료자와 내담자가 함께 탐색해보는 치료의 상호적 협의를 추천한다. 협의 과정을 통해 변화에 대한 치료자의 믿음과 내담자의 믿음 사이의 차이가 드러나고 치료에 대한 기대가 논의될 수 있다.

인지치료의 적용

정신분석으로 수련받은 Beck은 쉽게 반복할 수 있고 임상 실험을 할 수 있는 방법론을 만들었다. 그는 우울과 불안에 적용되면서 검증 가능한 치료 모형을 개발했다. 불안장애(Clark & Beck, 2011), 기분장애, 성격장애, 조현병(Clark, Hollifield, Leahy, & Beck, 2009) 등에 인지치료가 효과 있다는 연구들이 이어지고 있다. 인지치료와 REBT는 효과적인 치료일 뿐만 아니라 비용 j3면에서 효율적이라고 밝혀졌다(Sava, Yates, Lupu, Szentagotai, & David, 2009).

인지치료 접근은 매뉴얼을 사용한다. 치료 매뉴얼은 치료자를 안내해줄 수 있고 주로 장애별로 개발되어 있는데, 일반적으로 연구에 기반을 두고 있고 치료자가 증거기반실천(evidence-based practice)을 반복할 수 있도록 과정, 기법 및 기타 지침을 제공해준다.

다문화 내담자에 적용

사고를 강조하는 치료 체계는 다양한 사람들에게 적합하고 이치에 맞는 것 같다. 일부 남성과 상당수 노인들처럼 자신의 정서를 공유하지 않는 사람, 잘 모르는 사람에게 감정 표현하는 것을 부적절하고 약하다고 보거나 자신의 양육 방식 및 자아상과 맞지 않다고 보는 문화 배경 및 아시아 출신의 사람에게는 사고에 초점을 두는 상담 과정이 더 받아들일 만할 수 있다.

실험과 숙제

REBT와 Beck의 인지치료는 모두 내담자가 기저 가정을 인식하도록 돕고 치료 회기 동안 이루어진 노력을 강화하기 위해 실험이나 숙제를 활용한다. 예를 들어, Ellis는 다른 사람이 내담자의 행동을 인정하지 않을 때 내담자가 수치심을 극복하도록 '수치심–공격 연습'이라 명명한 방법을 종종 처방하였다. 교실에서 어리석은 질문을 하기 혹은 영화관에서 말하기는 다른 사람의 비난 때문에 나타나는 수치심이나 실망감을 극복하기 위한 숙제의 예이다. 내담자는 다른 사람의 비판에 더 이상 불안을 느끼거나 두려워하지 않을 때까지 연습을 반복하게 된다. 이제 숙제의 계획과 진행으로 넘어갈 텐데, 숙제는 모든 인지행동치료에서 필수적인 부분이다.

숙제를 계획하고 다뤄주기

숙제라고 하면 마감시한, 실패, 제대로 못했다는 비난을 기억나게 하여 치료자와 내담자 모두에게 부정적 이미지를 떠오르게 할 수 있다. 그러나 숙제는 치료에 이득이 될 수 있다. 숙제는 내담자가 할 수 있다고 느끼게 하고, 호전을 자신의 노력으로 받아들이게끔 해주며, 치료를 촉진시켜준다. Judith Beck(2011)에 의하면, 연구들은 "숙제를 하는 환자들이 그렇지 않은 환자들보다 치료에서 더 호전된다"(p. 294)는 것을 보여주었다. 안내 지침을 따름으로써 내담자와 치료자 모두에게 숙제는 긍정적 경험이 될 수 있다.

용어

어떤 사람에게는 숙제라는 단어가 부정적 의미를 지닌다. 그런 단어는 또한 치료자/교사가 내담자/학생에게 해야 할 것을 하라고 말하는 의미를 담고 있다. 이는 협력보다는 위계를 만들 수 있고, 이는 인지치료에서 바람직하지 않다. 보다 받아들여질 수 있는 언어를 찾는 것이 좋다. 과업, 회기 사이 프로젝트, 실험과 같은 용어가 더 받아들여지기 쉬울 수 있다. 내담자가 긍정적으로 반응할 수 있는 언어를 치료자는 사용해야 한다.

과제 정하기

협력 내담자와 치료자는 과제를 정할 때 협력해야 한다. 처음에 치료자가 우선 제안할 수는 있겠지만, 내담자 스스로가 의미 있는 과제로 구체화시킬 수 있는 기회가 주어져야 한다. 내담자는 또한 과제를 받아들이거나 받아들이지 않을 권리가 있어야 한다. 내담자가 호전되고 인지치료에 친숙해지면, 치료자는 내담자 스스로가 자신에게 필요한 과제를 제안해보라고 할 수 있다.

회기와 관련된 과제 정하기 치료자는 각 과제의 실시 근거를 내담자에게 잘 전달해야 한다. 과제는 현재 회기에서 나타난 문제를 다루거나 풀 수 있는 것이어야 한다. 예를 들어, 자신과 여동생이 엄마로부터 받았던 학대와 관련된 자기비난적 생각을 표현했던 한 여성은 엄마에게 편지를 써보라고 요청을 받았을 때 여동생의 학대에 대한 자신의 생각과 감정을 표현했다. 그 여성은 자신에 대한 학대보다 여동생에 대한 학대를 더 잘 생각해냈다. 편지 쓰기 과제를 통해 그녀는 자신의 생각들을 더 잘 자각할 수 있었고 자신에 대한 학대와 관련된 생각들도 살펴볼 수 있었다. 이 편지는 실제 우편 발송되지는 않았고, 상담의 과정으로만 사용되었다.

구체적으로 과제 정하기 과제는 언제 어떻게 해야 하는지를 내담자가 정확히 알 수 있도록 구체적이어야 한다. 이렇게 함으로써 과제에 대한 저항과 장애들을 줄일 수 있다. "친구와 좀 더 연락해보기"라는 과제보다는 "수요일 저녁 2명의 친구와 적어도 5분 전화 통화한 후 적어도 그중 1명에게는 같이 점심 먹자고 하기"라는 과제를 정하는 것이 바람직하다.

성취하기 쉬운 과제 정하기 과제는 성취할 수 있도록 상당히 쉬워야 한다. 이렇게 함으로써 저항을 줄이고 과제를 완수할 가능성을 높인다. 덧붙여 과제의 성취는 내담자로 하여금 자신감을 갖게 하고 치료에 대해 낙관적인 태도를 갖게 한다. 점진적 과제 부여는 점차적으로 난이도를 올리는 방법으로, 내담자가 이전 성공을 기반으로 더 어려운 과제에 도전하도록 돕는 데 특히 유용하다. 치료자는 난이도를 올릴 때 신중하게 계획을 짜야 하고 항상 성공할 수 있도록 해야 한다. 내담자에게 너무 어렵거나 강한 부정적 감정을 불러일으키는 과제를 부여하면 치료를 방해하고 내담자의 자기의심을 상승시킬 수 있다.

과제를 회기 중에 연습시키기 치료자가 회기 중에 과제를 시작하거나 연습시킨 후 내담자에게 혼자서 과제를 해 보라고 한다면 내담자의 과제 완수 가능성을 높일 수 있다. 예를 들어, 대학을 우수한 성적으로 졸업하지 못했다는 반복되는 부정적 생각을 중지하고 싶은 한 남성에게 회기 중에 부정적인 생각을 일부러 해 보도록 하고 사고 중지 기법을 연습시킨 후 부정적 반추가 줄었는지를 확인하였다. 회기 중에 이러한 과정을 통해 내담자를 코칭하고 격려함으로써 회기 이후에 이러한 기술을 사용하고 싶은 마음을 가지게 해주었다.

가능한 장애들을 다루기 치료자는 예상되는 과제 성취의 장애물뿐 아니라 부정적 결과를 다뤄줌으로써 치료가 방해받지 않도록 해야 한다. 어릴 때 입양된 엘리너라는 한 여성은 자신은 사랑스럽지 않다는 생각을 잘 수정하였다. 그녀는 새로이 자신감이 생기면서 생모와 연락하기로 결심하였다. 그녀와 치료자는 예상되는 생모의 반응에 대해 충분히 이야기함으로써 어떤 결과가 나오든 그녀가 다룰 수 있도록 대비하였다. 덧붙여 치료자는 엘리너가 생모와의 만남의 결과보다는 이런 행동을 가능하게 한 이전의 성취들에 주목하게 하였다. 역할 연기와 인지적 시연은 내담자가 어려운 과제에 대비하도록 하는 데 유용한 전략들이다.

핑곗거리를 최소화하기 치료자는 핑곗거리의 가능성을 최소화하는 과제를 계획해야 한다. 예를 들어, "엄마와 저녁 외식을 나가서, 엄마가 와인을 주문하면, 술을 너무 많이 마신다고 엄마에게 이야기할 것이다"는 좋지 않은 과제이다. 이 과제에는 너무 많은 조건들과 함정들이 놓여 있다. 다른 사람이나 외부 환경에 영향을 덜 받고 내담자가 할 수 있는 과제를 찾아야 한다.

내담자의 반응을 다루기 치료자는 과제를 한다는 것에 대해 내담자가 어떻게 받아들이는지 살펴보아야 한다. 어떤 사람은 완벽주의가 있어 실패나 평가를 두려워할 수도 있고, 치료자를 지나치게 기쁘게 해주려고 할 수도 있다. 치료자는 과제 수행에 대한 내담자의 감정을 탐색해야 하며, 내담자에게 숙제를 하는 이유를 이해시키고 치료자가 내담자를 평가하지 않는다는 것을 알려야 한다. 과제를 제안하거나 진행할 때, 숙제에 대한 내담자의 반응을 떠올림으로써 치료를 효과적으로 이끌어나갈 수 있다.

선택권을 주기 치료를 막 시작하거나 과제 수행에 대해 염려하는 사람에게는 선택권을 주는 것이 도움이 된다. 예를 들어, 3개의 과제를 정했지만 2개만 해도 된다고 격려해주면 내담자는 어느 정도 통제감을 갖게 되고, 모든 과제를 해야만 하는 학교 같은 느낌을 갖지 않게 된다.

과제를 기록하기 내담자가 쓰든 치료자가 쓰든 내담자가 쉽게 확인할 수 있는 곳에 과제를 기록해야 한다. 치료자에 따라 예약증 뒷면에 숙제 기록란을 두기도 하고, 매 회기 말에 숙제 기록 양식지를 주기도 하며, 숙제를 기록할 메모지나 수첩을 내담자에게 직접 가지고 오라고 할 수도 있다. 치료자도 다음 회기 때 과제의 내용을 확인할 수 있도록 숙제를 기록해놓아야 한다.

숙제 다뤄주기

치료자는 이전 회기에 내준 숙제를 다음 회기에서 논의하고 다루어주어야 한다. 대부분 내담자들은 상당히 노력하여 과제를 수행하고 자신이 성취한 것을 치료자와 공유하고 싶어 한다. 숙제를 다루어주면 내담자의 자존감과 이후 과제 수행에 대한 협력이 증진되며, 과제로부터의 학습을 확인하고 강화할 수 있다.

물론 내담자가 항상 숙제를 해오는 것은 아닐 것이고, 과제에서의 경험이 항상 보람된 것도 아닐 수 있다. 이런 상황에서조차도 숙제를 학습경험으로 봄으로써 그 과정에서 항상 긍정적인 것이 나올 수 있다. 예를 들어, 사회 기술과 사회적 관계를 발전시켜보고자 메리는 요리강좌를 등록했다. 불행히도 차가 막혀 강좌에 늦게 되었다. 도착했을 때 이미 강좌가 진행되고 있었고, 그녀는 불안해져서 강좌를 들어가지 못했다. 그녀는 이러한 경험이 실망스러운 것이었지만, 강좌에 참석하려고 노력한 행동은 칭찬할 수 있었고 그녀의 편안한 수준을 최대화하기 위해 다음 사회적 경험은 보다 신중하게 계획해야 한다는 것을 알게 되었다. 또한 이번 경험을 통해 메리는 "난 어떤 일에서든 실패자이다"라는 자동적 사고를 찾을 기회를 가졌고, "강좌에 늦게 가는 것은 내게 힘든 일이라는 것을 깨달았다. 난 이 경험을 통해 배울 수 있고 다음에는 더 잘할 수 있다"라는 생각으로 바꾸었다.

　숙제는 내담자에게 보람과 강화의 경험이 될 수 있고 치료자로 하여금 창조성과 내담자 이해를 활용하여 의미 있고, 재미있고, 성장 촉진적인 과제 내용을 만들 수 있는 기회를 준다. 숙제를 정기적으로 사용하는 한 치료자는 자신의 많은 내담자들이 치료 과정 동안의 과제들을 보관하였으며 이 과제들을 자신의 성취를 반영하는 것으로 받아들였다고 설명하였다.

요약

이 장은 내담자를 이해하고 상담하는 데 있어 사고의 중요성을 개관하였다. 인지치료와 합리적 정서적 행동치료를 소개했는데, 이 두 치료는 Aaron Beck과 Albert Ellis에 의해 개발되었고 내담자의 정서 및 행동을 야기하는 생각을 평가하고 수정할 수 있도록 한다. 이 장의 마지막 절은 모든 유형의 인지적 개입에서 중요한 치료 수단인 숙제를 계획하고 다루는 것에 중점을 두었다. 이 장에서 배운 내용은 제4부의 나머지 장들에서 제시되는 인지치료 접근을 이해하기 위한 토대를 제공해준다.

Albert Ellis와 합리적 정서적 행동치료

합리적 정서적 행동치료(REBT)는 인지치료와 마찬가지로 사고를 강조한다. REBT는 1950년대 Albert Ellis에 의해 처음으로 개발되었다. Ellis는 2007년 93세의 나이로 사망하기 전까지 계속 이 접근법의 주요 옹호자이며 대변인이었다. 뉴욕 타임스(Kaufman, 2007)의 부고란에는 Ellis가 거칠고 카리스마가 넘치는 사람이었으며 심리학의 Lenny Bruce로 불렸다고 실렸다. 실제로 그의 창의성과 유머, 그리고 팍팍한 성격이 그를 역동적인 연설가이자 교육자로 만들었다. Ellis는 동료들이 뽑은 가장 영향력 있는 심리학자 (Carl Rogers 다음으로) 2위에 선정되었다.

REBT 접근법은 사람들의 인지가 그들이 가진 문제의 주요 원천임을 가정한다. 합리적 정서적 행동치료자들도 사고, 감정, 행동이 서로 연결되어 있다고 믿지만(Ellis & MacLaren, 2005), 사람들이 더 합리적으로 생각하도록 돕는 것이 이 세 가지 영역의 기능을 개선하는 가장 효과적인 방법이라고 본다.

인지치료와 REBT는 인간발달 이론들, 변화에 영향을 주는 개념들, 사용하는 전략들 측면에서 공통점이 많다. 두 가지 접근법 모두 치료에서 개인 요인을 강조하는 동시에, 구조화되어 있고 적극적이다. 그러나 이 두 가지 접근법은 차이점 또한 갖고 있다. REBT는 왜곡된 인지를 논박하고 그것을 수정하는 REBT만의 접근법을 가진다. 설득과 교육은 정보 수집과 함께 합리적 정서적 행동 치료자들에게 중요한 전략이다.

Albert Ellis

REBT의 창시자인 Albert Ellis는 1913년 피츠버그에서 태어났다. 그는 어릴 때 뉴욕으로 이사했으며 대부분의 삶을 그곳에서 보냈다. Ellis의 가족으로는 독립적인 어머니, 가족에게 관심을 뒀으나 자주 집을 비웠던 아버지 그리고 남동생과 여동생이 있었다(Bernard, 2011). Ellis는 집안에서 가장 총애받는 아이였다. 비록 그가 여러 가지 면에서 힘든 어린 시절을 보냈지만, 그는 다른 가족들과 잘 지냈다. 어린 나이에 그는 자신의 가족을 '상당히 미쳤다'고 생각했고 자신은 7살 때부터 자립했었다고 말했다(Ellis, 2009). 게다가 Ellis는 어린 시절에 병약했고 신장염으로 자주 입원을 했다. 이러한 어려움을 극복하기 위해 Ellis는 그의 상황에 대해 비참해하지 않기로 결심했고 자신의 능력과 가치에 대해 강한 긍정적인 생각을 유지했다(Ellis, 1997, 2009). 이것은 어린 그에게 '생각하는 방식이 역경을 극복하게 해준다'는 것을 알게 해주었다.

1940년대에 Ellis는 컬럼비아대학에서 임상심리학 석사와 박사학위를 받았으며 결혼, 가족, 성 치료자로 활동하기 시작했다. 사람들로 하여금 심오한 변화를 성취할 수 있도록 하기 위해, 그는 Karen Horney의 이론을 주안점으로 하는 정신분석가로 훈련을 받았다(Ellis & Dryden, 2007). 그러나 정신분석의 비효율성에 대한 불만과 그리스 및 아시아 철학에 관한 독서를 통해 사고에 초점을 두는 치료법을 발달시키게 되었다.

Ellis는 1955년에 그가 처음에 합리적 치료라고 불렀던 방식으로 상담을 하기 시작했고, 지금도 활동 중인 합리적 정서적 치료 협회(Institute for Rational Emotive Therapy)[현 Albert Ellis 협회(Albert Ellis Institute)]를 1959년에 설립하고 이 접근법의 치료와 훈련을 제공하였고 1962년에 최초의 REBT 저서들을 출판했다. Ellis는 800편이 넘는 학술 논문, 80권의 책과 전공 논문을 집필한 다작가였다. 그의 마지막 저서인 합리적 정서적 행동치료는 그가 사망한 후에 출판되었다(Ellis & Ellis, 2011). 그는 미국심리학회(APA)에서 수여하는 2개의 상, 1974년에 The Distinguished Professional Psychologist Award, 1985년에 The Distinguished Professional Contributions Award를 포함한 수많은 상을 수상했다.

Ellis는 자신의 사생활에 대해 개방적이고 그의 연구에서 자신을 역할 모델로 자주 이용했다. Ellis가 말한 오래된 이야기 중 하나는 그가 젊었을 때 여자들에게 데이트 신청하는 것을 두려워했다는 것이다. 그는 자신의 이러한 두려움을 극복하기 위해 100명의 여자에게 다가가서 데이트를 신청하는 연습을 했다. 비록 모두 다 거절당했지만, 그가 가장 두려워하는 것을 반복해서 하도록 했던 이 경험은 불안을 극복할 수 있게 해주었다. Ellis의 수치심-공격 연습(이 장의 뒤에 논의됨)은 이 경험을 연상시킨다.

합리적 정서적 행동치료의 발달

이제 역사가 50년이 넘은 합리적 정서적 행동치료는 감정과 행동은 생각을 바꿈으로써 가장 잘 수정될 수 있다는 기본 전제는 변하지 않았지만 상당히 진화해왔다. 초기에 REBT에 영향을 준 것은 철학자 에픽테토스의 저서, 불교와 도교 철학 그리고 행복, 세속적 인본주의, 행동주의에 관한 저서들이다. Alfred Adler가 강조한 사회 체계, 목적과 의도의 중요성, 실제 시연(live demonstration)의 사용 또한 REBT에 분명히 적용되고 있다. 게다가 Karen Horney의 개념들, 특히 우리 삶에서 '~을 해야 한다'라는 것의 영향력에 대한 것은 REBT에서 분명히 나타난다.

Ellis는 그의 이론의 명칭을 두 번 바꿨다. 1961년에 합리적 치료는 감정에 대한 관심을 반영하여 합리적 정서적 치료(RET)가 되었다. 이 명칭의 변경은 적어도 부분적으로는 감정의 중요성을 강조했던 Carl Rogers의 관점에 대한 반응이었을 수 있다. RET는 행동, 특히 생각의 변화를 강화하고 실행하는 도구로서의 행동에 대한 강조를 점차 반영하면서 1993년에 합리적 정서적 **행동**치료가 되었다(Ellis, 1995). 오늘날 치료에 사용되는 REBT는 사고를 강조하지만 감정, 행동, 사고가 서로 얽혀 있고 분리될 수 없는 것으로 본다. 성공을 최대화하기 위해 치료는 세 가지 모두에 주목해야 한다.

REBT가 최초로 개발된 이래 그것의 이론, 구조, 전략은 덜 절대적인 것이 되었고 이야기 치료, 구성주의 치료, 실존치료를 포함하는 포스트모던 치료 접근법과 더 잘 양립할 수 있게 되었다. Ellis가 세상에 대한 사람들의 지각을 강조하였기 때문에 몇몇 사람들은 그를 구성주의자로 보기도 했다(Ellis & MacLaren, 2005). REBT에 사용된 개입 전략들은 더 다양해지고 절충적이 되었다. 이에 덧붙여 REBT는 현재 각 내담자의 배경과 관점을 이해하는 데 더 많은 관심을 기울이고 있으며 사람들의 종교적 신념과 다른 신념들을 지나치게 완고하고 해가 되지 않는 한 좀 더 수용하고 있다. 합리적 정서적 행동치료는 최초로 개발된 인지치료였다(Ellis, 1957).

중요한 이론적 개념들

모든 인지치료들과 마찬가지로 REBT는 역기능적 인지를 확인하고, 평가하고, 수정하는 것을 돕는 데 초점을 둔다. 그러나 합리적 정서적 행동치료자들은 그들이 사용하는 전략과 건강한 발달의 개념적 측면에서 보면, Beck의 접근법(다음 장에서 논의)을 따르는 인지치료자들과는 다르다.

인간발달과 정서적 건강

REBT에 따르면 심리적 건강의 차원은 다음을 포함한다(Ellis & Dryden, 2007, pp. 18~19).

- 자기 자신과 타인에 대한 자각, 수용, 이해
- 사회적 관심, 세계에 공헌하는 것은 우리 자신의 행복을 증대시킨다는 인식
- 자기지향과 개인적으로 의미 있는 목표들

- 장기적인 개입 및 창의적인 일에 몰입, 자신 밖의 어떤 것에 대한 전념
- 장기적 관점에서의 쾌락주의, 즉각적인 만족을 연기하고 미래의 기쁨을 찾는 규율과 현재를 즐길 수 있는 능력
- 불확실성과 모호함의 수용
- 유연성, 변화에 적응할 수 있는 능력
- 실망에 의해 파괴되지 않는, 좌절에 대한 높은 인내심
- 명확하고 논리적이며 과학적이고 합리적인 방식으로 생각하는 능력
- 있을 수 있는 위험과 실험을 기꺼이 감수하고 분별력 있게 모험적일 수 있는 마음
- 우리가 항상 완벽하게 행복할 수는 없으며 인생이 항상 우리가 바라는 그대로 될 수 없다는 인식
- 우리 자신의 정서적 어려움에 대한 책임감을 수용

자기수용 자기수용은 REBT에서 중요한 개념이다. 이 접근법에서 정서적 문제는 조건적 자기수용을 가진 사람들에게서 흔히 발견된다고 말한다. 사람들은 인간의 기본적인 가치 때문이 아닌 그들의 성취 때문에 자신을 가치 있게 여긴다. 실패나 실망을 경험할 때 그들은 자신을 가혹하게 평가하는 경향이 있고 그 결과 자존감은 곤두박질치게 된다(Bernard, Froh, DiGiuseppe, Joyce, & Dryden, 2010). Ellis는 사람들이 자신의 강점과 약점에 대해 현실적인 판단력을 가져야 하며 자신의 성취에 대해 자부심을 가져야 한다고 보았다. 동시에 만약 그들이 자신의 행동이나 경험에 실망할 때라도 자신을 수용하고, 존중하고 믿는다면 그들은 더 행복하고 안정적으로 느낄 것이다. REBT는 사람들에게 자기 자신이 아닌 자신의 생각과 행동을 평가하도록 가르친다.

정서적 혼란의 기원 REBT에서는, 비합리적 사고가 매우 폭넓게 나타나고 있기 때문에, 인간이 역기능적으로 생각하고 인생은 그들 나름의 방식대로 가야 한다고 믿는 강한 생물학적 경향을 가지고 있는 것이 분명하다고 제안한다. 그러나 사람들이 비합리적으로 생각하는 이유는 다양하다. REBT는 어린 시절의 역경과 정신적 외상이 건강하지 않은 방식으로 생각하고 행동하는 경향에 기여할 수 있다고 본다. 즉 정서적 혼란은 비합리적 생각에 대한 선천적 경향과 인생 경험의 결합에서 기인하는 것이다.

인간발달에 대한 생물학적, 사회적 그리고 다른 힘들의 영향력에 대한 인식에도 불구하고 REBT는 인간본성에 대한 긍정적 시각을 가지고 있다. REBT는 의지와 선택을 강조하고 인간은 자기실현과 행복을 추구하는 타고난 본능적 욕구를 가진 것으로 생각한다(Ellis & MacLaren, 2005). REBT는 인간은 선택을 할 수 있는 능력을 가지고 있고, 그들의 생각이 그들을 혼란스럽게 하는 데 책임이 있음을 알며, 긍정적 변화와 성취를 향해 적극적이고 끊임없이 나아갈 수 있다고 본다(Ellis & MacLaren, 2005).

세속적 인본주의

개인의 지각과 책임에 초점을 두는 REBT는 세속적 인본주의에서 기원한다. Ellis(1992)에 따르면 "세속적 인본주의는 상대론적이고 회의적이며 독단적이지 않고, 가장 실용적이며 최상의 과학적 방법의 측면과 함께 인간의 선택과 의미를 강조한다"(p. 349). 세속적 인본주의자들은 인간이란 일반적으로 상호의존적인 사회적 집단에서 살아가기를 선택하고 서로 존중하는 유일무이한 존재로 본다. 그들은 사람들을 좋지도 나쁘지도 않은 단순히 인간으로 보고, 오직 사람들의 행동만 평가한다. 세속적 인본주의 철학을 수용하는 사람들은 전형적으로 사회 체계에 관심을 가지며 평화, 공정함, 민주주의를 옹호한다. 그들은 절대적 진리보다 가능성과 대안을 찾는다. 전체적으로 REBT는 사람들이 합리적인 삶의 철학을 발달시키도록 격려한다.

변화로 가는 길 : 사고

REBT에 의하면, 자신이 자신의 정서적인 문제를 만드는 데 대부분 책임이 크다는 것을 인식하고 받아들일 때만이 변화가 일어난다(Ellis, 1988). 그 문제가 언제 그리고 어떻게 시작되었는지에 관계없이 REBT는 정서적 문제들이 처음에 비합리적 신념에서 시작된다고 주장한다. 셰익스피어가 말했듯이, "어떤 일들은 좋지도 나쁘지도 않지만 생각이 그것을 그렇게 만든다"(DiGiuseppe, 1996, p. 6). 합리적 정서적 행동치료자들은 힘들고 어려운 작업과 훈련을 통해, 사람들이 그들의 절대적이고 비합리적인 신념을 바꿀 수 있고 이와 함께 그들의 정서적인 문제를 줄일 수 있다는 것을 발견했다.

현재의 사고에 초점 두기 REBT는 과거 사건보다 현재의 사고에 초점을 둔다. 비록 치료자들은 과거의 중요성을 인식하고 있으나, 사람들의 배경과 사고의 근원에 대한 길고 면밀한 탐색은 억제한다. 대신 그들은 사람들의 현재의 생각과 행동이 자기패배적 사고를 유지시킨다는 의견에 동의하면서, 그러한 사고의 근원이 무엇이든 현재에 초점을 두는 것이 사람들에게 좀 더 의미 있으며 라포 형성을 더 향상시킬 수 있다고 믿는다.

비합리적 사고가 모든 심리적 문제들의 기저에 있다고 믿는 치료자들은 강력하고 창의적인 전략을 사용하여 사람들이 자신의 비합리적 신념을 확인하고 그에 논박하도록 돕는다. REBT는 사람들이 그들의 비합리적 신념에 대한 자각을 얻고 그것을 바꾸기 위해 효과적인 행동을 취할 때 긍정적인 결과를 얻을 수 있다고 주장한다(Dryden & Branch, 2008). 다른 인지치료자들과 마찬가지로 REBT를 사용하는 치료자들은 사람들이 살아가는 내내 REBT의 방법을 사용하여 자기패배적인 생각을 확인하고 바꿀 수 있게 하는, 그들 스스로 치료자가 되는 데 필요한 기술을 제공한다.

통찰에 대한 REBT의 관점 사람들이 그들의 문제와 정서적인 혼란의 기원을 통찰하도록 돕는 것은 REBT의 필수적인 부분은 아니다. 통찰은 변화에 충분치 않다고 볼 뿐만 아니라 자기비난과 고정(immobilization)을 초래하는, 잠재적으로 해로운 것으로 본다. 그러나 REBT의 원리에 대해 통찰을 하는 것은 중요하다. Ellis(1988)는 사람들이 긍정적인 변화를 일으키는 데 필요하다고 생각한 통찰의 세 단계를 설명했다.

> **1.** 우리가 우리 자신을 화나게 하도록 선택한다는 것을 아는 통찰력
> **2.** 우리가 우리의 비합리적 신념을 갖게 했음을 알고 어떻게 그것을 계속 유지시키는지를 아는 통찰력
> **3.** 변화하기 위해서 열심히 노력해야 한다는 것을 아는 통찰력

정서에 대한 REBT의 관점 REBT를 사용하는 치료자들은 정서를 탐구하는 데 많은 시간을 쓰지 않을 뿐 아니라 그것을 직접적으로 바꾸려 하지도 않는다. 그러나 치료자들은 만약 사람들이 그들의 정서와 그것의 영향력을 알게 된다면 이것이 그들의 비합리적 신념을 확인하고 변화시키려는 노력을 촉진할 수 있다는 것을 알고 있다.

　Ellis(1986)는 부적절한/자기파괴적 정서와 적절한/좌절하지 않는 정서를 구분하였다. 자기파괴적 정서는 영속적이고 고정되어 있으며 생산적이지 않다. 즉 자극에 대해 과잉반응을 보이며 부정적인 자기이미지와 행동을 초래한다. Dryden(2011)은 이러한 정서적 문제를 죄책감, 수치심, 질투, 괴로움, 불안, 우울, 시기, 건강하지 않은 분노 등 여덟 가지로 구분하였다. 한편 적절한 정서는 일시적이고 다룰 만하며 자극에 비례하고 자기수용을 높인다. 기쁨, 만족, 평화로움과 같은 긍정적 정서와 짜증, 후회, 슬픔과 같은 부정적 정서 모두를 포함한다. 물론 우리 모두는 상실과 실망을 경험할 때 부정적 반응을 나타낸다. 그러나 그러한 실망에 대한 우리의 생각은 우리가 부적절하고 자기파괴적인 정서를 가질지 또는 적절하고 좌절하지 않는 정서를 가질지를 결정한다.

행동에 대한 REBT의 관점 정서와 마찬가지로 행동은 치료에서 부차적이다. 행동은 치료 진전의 척도를 제공하며 사고를 수정하고 강화하는 데 사용되며 과제 부여의 주요 대상이기도 하다. REBT에서는 행동 · 정서 · 사고가 상호연관성을 지닌 것으로 보고 있지만, 사고가 변화로 가는 제1의 길이다. 사고와 그에 수반되는 자기진술을 바꾸는 것은 행동과 정서 모두를 변화로 이끈다.

⚙ 비합리적 신념

비합리적 신념은 흔히 다음의 주제들—끔찍함, 인간의 가치에 대한 전반적 평가와 자기비판을 포함한 자기비난, 좌절을 참을 수 없음 등 적어도 이들 중 하나—로 특징지어진다(Ellis, 2001).

　REBT는 사고를 합리적 신념과 비합리적 신념으로 나눈다. 합리적 신념은 논리적이고 실용적이며 현실에 바탕을 둔다. 이것은 융통성이 있고 극단적이지 않다(Dryden, DiGiuseppe, & Neenan, 2010). 비합리적 신념은 종종 '해야 한다', '당연히 그래야 한다', '반드시 하지 않으면 안 된다'와 같은 단어들을 포함하고 있으며, 자기 · 타인 · 세상에 대한 즉각적인 요구를 포함할 수도 있다(Ellis, 1984, p. x; 2003, pp. 236~237).

1. 나는 항상 완벽하게 행동하고 성공해야 하며 언제나 사랑받아야 한다. 만일 그렇지 못하면 나는 무능하고 쓸모없는 존재이다(이러한 신념은 흔히 불안, 우울, 낮은 자아존중감을 이끌게 된다).

2. 다른 사람들은 항상 나를 친절하고 공정하게 대해야 한다. 그렇지 않으면 나는 그것을 참을 수 없으며 나를 그렇게 대한 것에 대한 대가로 그들은 처벌받아야 하는 끔찍하고 사악한 사람들이다(이러한 신념은 전형적으로 격렬한 분노와 복수심을 낳는다).

3. 삶은 내가 원하는 방향으로 이루어져야 하며 너무 어렵거나 좌절감을 주어서는 절대 안 된다. 그렇지 않다면 삶은 끔찍하고 나는 그것을 견딜 수 없다(이러한 신념은 종종 무활동, 낮은 좌절 인내력, 자기연민, 분노, 우울을 이끈다).

비합리적 신념은 전형적으로 자기 자신, 다른 사람 또는 환경에 대해 절대적이다. 이것은 삶을 극단적으로 바라보고 평가하며 판단을 내리는 경향을 보인다. 또한 비논리적이고 현실과 모순되며 자신의 목표를 달성하는 것을 방해한다(Dryden et al., 2010).

REBT를 사용하는 치료자들에 의해 확인된 비합리적 신념의 일반적인 종류들(Ellis & Dryden, 2007)은 다음 장에서 설명할 Beck의 인지적 왜곡들과 비슷하다. 비합리적 신념의 예는 다음과 같다.

> 빈스 : 나는 내일까지 신년 파티를 위한 데이트를 잡아야 해. 그렇지 않으면 나는 남학생 클럽에서 웃음거리가 될 거야.
> 마틴 : 내 상사는 나를 칭찬해줘야 해. 그는 내가 얼마나 열심히 일하는지 모르는 멍청이야.
> 나타샤 : 나는 매일 저녁을 가족과 함께 보내야 해. 그렇게 하지 않으면 난 최악의 엄마야.

다음은 신념의 합리적 버전이다.

> 빈스 : 신년 파티에 친구들과 어울릴 수 있게 새해 전날 데이트 상대가 있으면 좋을 텐데.
> 마틴 : 상사가 내가 하는 일을 잘 몰라서 칭찬을 해주지 못하는 거라고 생각해.
> 나타샤 : 가족과 함께 시간을 보내는 것을 좋아하고 그것이 아이들에게 도움이 된다고 믿지만, 나 자신을 위해서도 시간을 쓸 수 있고 그래도 여전히 좋은 엄마야.

앞의 비합리적 신념은 부정적 정서와 관계의 어려움을 촉진하는 극단적 진술들이다. 이것은 문제해결이나 건설적 행동을 촉진하지 않는데, 왜냐하면 성공이나 실패를 극단적인 방식으로 보고 지나친 요구를 하며 유연하지 않고 상황을 명확히 평가하기보다 사람들을 비난하기 때문이다. 반면에 합리적 신념은 선호, 희망, 소망을 반영한다. 이것은 판단을 하지 않고 가능성을 본다. 문제해결과 건설적 행동이 촉진되는데, 그 이유는 극단적인 생각 없이 많은 선택권과 해결책이 가능하기 때문이다. 빈스는 마지막 순간까지 데이트 상대를 구하기 위해 애를 쓰겠지만 데이트 상대가 없어도 그의 친구들과 연휴를 함께 즐길 수 있다. 마틴은 상사에게 그가 하는 일의 특성을 알리는 계획을 짤 수 있다. 나타샤는 자신에게 완벽함을 요구하지 않으면서 그녀의 가족과 더 많은 시간을 보낼 수 있다. Ellis(1995)는 합리적 신념을 "경험적으로 또는 논리적으로 타당"할 뿐만 아니라 "효과적이고 자기조력적 인지"라고 정의하였다(p. 85).

회기의 형식

REBT의 회기는 상대적으로 예측 가능한 패턴을 따르는 경향이 있다. 전형적인 회기는 다음 10단계를 포함한다(Walen, DiGiuseppe, & Dryden, 1992, p. 65).

1. 이전 회기에서 이루어진 작업을 재검토하기
2. 기분, 행동, 사고, 증상, 약물치료를 확인하기
3. 특히 중요한 인생의 변화를 포함한, 새로운 작업 도출하기
4. 과제 계속 해나가기
5. 회기의 의제 설정하기
6. *ABC* 양식에 따라 작업하기(이 장의 뒷부분에서 논의됨)
7. 완성한 작업을 요약하기
8. 새 과제를 부여하기
9. 회기에 대한 피드백 나누기
10. 회기 종결

치료 과정의 시작과 끝에 추가적인 단계를 포함시키는 것은 REBT의 성공을 최대화하는 데 매우 중요하다. 치료자들은 전형적으로 내담자가 치료 진행 과정과 내담자로서 그들에게 기대되는 것에 익숙해지도록 REBT의 이론을 설명하면서 시작한다. REBT 치료자들이 여러 가지 검사 도구들을 통한 심리평가를 다른 인지치료자들보다 덜 사용할 것 같지만, 그들 역시 치료의 처음 몇 회기 동안 내담자들의 과거력·배경·사고·정서·행동·증상을 탐색하면서 평가를 해나간다. 그것을 마치고 나면 치료의 초점은 내담자들이 그들 자신의 혼란을 대부분 스스로 만든다는 것을 깨닫고, 심리적인 문제는 전형적으로 비합리적 신념에서 기원함을 이해하고, 그들의 신념을 바꾸어 어려움을 줄일 수 있다는 것을 아는 것으로 옮겨간다.

과제 부여는 치료 과정의 중요한 부분이며 배운 것을 강화시키는 데 도움이 된다. 내담자들이 지난주의 과제를 완성하지 못했더라도 회기에 배운 내용은 검토해야 한다(Neenan & Dryden, 2011).

치료가 끝날 때까지 내담자들은 그들 자신의 신념을 다양한 전략을 사용하여 평가하고 논박하는 것을 배우고 그들이 살아가는 내내 그 과정을 계속할 준비가 되어야 한다. 추수 상담 회기는 사람들 스스로 REBT를 계속하려는 노력을 촉진한다. 의미 있는 철학적 변화를 경험한 사람들은 특히 재발 방지가 중요하며 그러한 변화를 계속 유지하는 데 추수 상담이 필요하다.

대체로 REBT는 비교적 단기의 과정이지만 치료자들은 일반적으로 회기의 수를 미리 정하지 않는다. 오히려 치료는 사람들이 목표를 달성하는 것을 돕는 데 필요한 만큼 지속된다. 간결함보다 효과성이 더 중요하다.

합리적 정서적 행동치료를 이용한 치료

REBT 치료자들은 치료 동맹을 장려하고 광범위한 전략들, 특히 비합리적 신념을 수정하기 위한 *ABC* 접근법을 사용한다. 이들 중 몇 가지를 이 장에서 설명한다.

목표

REBT는 신념의 변화와 증상 감소와 같은 성과에 초점을 둔 목표지향적 치료 체계이다. 이것은 초기 발달의 탐색과 과거가 현재에 미치는 영향력에 대한 통찰 같은 과정은 덜 강조한다. REBT는 사람들이 그들의 사고 · 정서 · 행동을 더 잘 자각하도록 돕지만, 이 접근법은 주로 합리적 생각을 촉진하고 더 큰 행복과 자기수용을 이끄는 인지기술을 배울 수 있게 하는 데 관심을 갖는다(Ellis & Ellis, 2011).

치료 동맹

내담자와 치료자는 REBT에서 협력적인 관계를 갖는다. 내담자들은 자신의 어려움에 대해 상당한 책임을 갖도록 하면서, 자신의 치료를 계획하고 이행하는 것에도 어느 정도의 책임을 맡는다. 치료자는 내담자에게 합리적 사고와 비합리적 사고를 가르치며, 그들의 비합리적 신념을 확인 · 논박 · 수정하는 것을 돕고, 더 합리적인 삶의 철학을 발전시키기 위한 그들의 노력을 촉진한다. 문제해결이 치료의 일부이긴 하나, REBT 치료자들은 문제해결을 넘어 사람들이 좀 더 조화롭고 논리적이며 보상받는 삶을 만들 수 있게 한다.

합리적 정서적 행동치료자들은 내담자들이 변화를 이루는 데 그들의 영향력을 종종 사용하면서 치료 과정에 그 역할을 상당히 포함한다. Ellis는 지시적이고, 때때로 퉁명스러운 치료 스타일을 가지고 있었다. 그는 진솔하고 믿을 만했으며 융통성이 중요하다는 것을 알고 있었다(Dryden & Branch, 2008). REBT 치료자들은 사람들이 더 합리적으로 생각하고 긍정적 변화를 이루도록 설득, 칭찬, 과장, 교육, 재미있는 노래, 그들 자신의 삶의 일화를 사용하는 것을 주저하지 않는다. Ellis(1992)에 따르면, 치료자들은 텅 빈 스크린이어서는 안 된다. 그들은 자신의 생각과 경험을 드러내면서, 그러나 항상 내담자와 전문적인 관계를 유지하면서, 매우 활발하고 진솔하며 지도적 태도를 가져야 한다(Dryden & Ellis, 2001).

REBT 치료자들은 다음과 같다(Ellis & Dryden, 2007, p. 29).

- 구조적이지만 유연한
- 지적이고 인지적이며 철학적인 성향을 갖는
- 적극적이고 지도적인 스타일을 갖는
- 행동에 관한 교육을 가르치는 데 편안한
- 실패의 두려움에 괴로워하지 않고 기꺼이 신중하게 위험을 감수하는

- 그들 자신과 다른 사람들이 실수할 수 있음을 받아들이며 정서적으로 건강한
- 신비주의적이고 마술적이기보다 실용적이고 과학적인
- 다양한 개입 전략 사용에 편안한

REBT 치료자들은 다양한 역할을 맡는다. 그들은 교사, 코치, 역할 모델, 자신감을 키워주는 사람, 응원단장, 동기부여자이다. 그들은 내담자들이 문제를 극복하고 더 행복한 삶을 살 수 있도록 도우면서 내담자들에게 수용과 돌봄을 나누려고 노력한다.

REBT는 우선 Carl Rogers가 말한 무조건적 긍정적 존중, 일치성, 진솔성이 변화를 일으키는 필요조건이라는 신념을 따른다. Ellis는 그것을 무조건적 타인수용(Unconditional other acceptance, UOA), 무조건적 자기수용(Unconditional self-acceptance, USA), 다문화적 무조건적 타인수용 등으로 언급했다(Ellis, 2007). REBT 치료자는 내담자를 판단하지 않는 반면, 그들의 행동은 탐탁지 않아 할 수 있다. Ellis는 종종 내담자들에게 어떤 행동은 좋아하지 않고 사회적 상황에서는 그들과 친구가 되고 싶지 않을 것이라는 분명하고 강력한 메시지를 말하곤 했다.

Ellis는 치료자들이 권위자가 되고 내담자들이 자기 자신보다 치료자를 기쁘게 하기 위해 상황을 만드는 것에 대해 경고했다. REBT에서는 자기수용이 가장 중요한 것이다.

대부분의 REBT 치료자들은 Ellis를 모방하는 것처럼 보이지 않으며 오히려 여러 가지 다양하면서도 효과적인 스타일을 가지고 있다. Carl Rogers 장에서 보았듯 라포 형성과 공감은 치료 동맹을 형성하는 데 필수적이다. 이러한 특성들은 또한 REBT와 같이 적극적이고 지시적인 치료 태도와 양립될 수 있다. 각 내담자의 필요에 따라 긍정적 치료 동맹을 형성하고 REBT를 적용하는 것은 효과적인 치료에 필수적이다. 내담자의 단어를 사용하고 내담자에게 의미 있는 언어를 포함시키는 것은 라포를 증진시키는 데 도움이 될 수 있다(Dryden, 2011).

🛠️ 비합리적 신념을 확인, 평가, 논박, 수정하기

REBT는 신념을 확인, 평가, 논박, 수정하는 데 *ABCDE*로 표현된 구조화된 형식을 사용한다(Ellis & Ellis, 2011). REBT 자기조력 양식(REBT Self-Help Form)이나 태도와 신념 척도(Lega & Ellis, 2001)는 사람들이 그들의 신념을 확인하는 데 종종 사용된다. *ABCDE* 모델을 설명하기 위해 우리는 마틴이 그의 상사에 대해 갖는 신념을 살펴보겠다(이 장의 앞에 제시됨).

A 첫 번째 단계는 촉발 사건의 확인과 기술이다. 이것은 불편감에 대한 외적·객관적인 요인, 비합리적 사고의 과정을 시작하고 부정적 생각·정서·행동을 촉진하는 경험이다.

마틴A : "나는 평가에서 상사에게 평균 점수를 받았어."

*B*는 촉발 사건에 대한 그 사람의 신념으로 그 자극이 긍정적, 부정적 혹은 중립적인지 평가한다. 이 신념은 합리적일 수도 있고 비합리적일 수도 있다. REBT는 사람들이 경험이나 촉발 사건에 대한 어떤 선택은 하지 못할 수 있으나 그러한 촉발 사건과 관련한 신념에 대한 선택은 한다고 주장

한다.

> 마틴 B : "내 상사는 나를 더 칭찬해야 해. 그는 내가 얼마나 열심히 일하는지 알지 못하는 멍청이야. 그렇게 열심히 일하고도 내가 받아야 할 만큼의 평가를 받지 못하는 것은 끔찍한 일이야."

*C*는 그 신념의 결과를 나타낸다. 물론 촉발 사건 그 자체가 부정적 결과를 만들 수 있다. 그러나 REBT에 따르면 신념은 대부분 결과의 주요 결정인자가 되면서 사건과 결과를 매개한다. 신념의 본질과 결과를 평가함으로써 치료자들은 그 신념이 내담자에게 비합리적이고 해로운지 또는 합리적인지 그리고 중립적인지 또는 도움이 되는지를 결정할 수 있다. 만약 신념이 비합리적이라면, 결과는 건강하지 않고 해로울 가능성이 크며 부적절하고 자기파괴적인 정서(예 : 분노, 불안, 우울)와 부적절하고 자기파괴적인 행동(예 : 알코올의 과다 섭취, 자신과 타인을 비난하기, 철수)을 나타낼 수 있다. 합리적 신념은 흔히 적절한 정서(예 : 실망, 짜증)와 적절한 행동(예 : 상황을 변화시키기 위한 효율적인 단계 밟기, 운동이나 창의적인 일로 자신의 주의를 분산시키기) 같은 더 건강하고 건설적인 결과로 이어진다.

어떤 신념의 첫 번째 결과는 그 결과 자체가 촉발 사건이 되는, 즉 후속 강화의 결과로 이어질 수 있다. 예를 들면, 만약 마틴이 그의 상사에게 큰소리를 내고 공격하는 방식으로 분노를 표현하고 상사는 더 심한 반감을 보인다면, 마틴의 비합리적 신념과 부정적 정서는 아마도 강화될 것이다.

> 마틴 C : 마틴은 분노, 수치심, 그리고 직장을 잃을지도 모른다는 불안감을 경험했다. 그의 행동은 그의 상사를 몹시 비난하는 것으로 나타났다.

D 논박은 이 과정의 다음 단계이다. 신념과 그것의 결과에 대한 탐색은 그것들이 합리적인지 비합리적인지 결정한다. 일반적으로, 치료자들은 당면한 상황에 대한 비합리적 신념에 초점을 두어 시작하고 그다음에 좀 더 일반화되고 추상적인 비합리적 신념으로 옮겨간다.

이 장의 후반부에서 우리는 사람들이 그들의 비합리적 신념에 논박하는 것을 돕는 많은 유용한 전략들에 대해 이야기할 것이다. 어떤 것들은 제14장에서 논의될 전략들과 유사하다. 그러나 REBT 치료자들은 논리에 더 의존하는 다른 인지치료자들에 비해 설득하고, 가르치며, 강한 정서를 이끌어내는 기법들에 더 의존한다.

> 마틴 D : 비합리적 신념을 논박하는 전략은 변화를 위한 인지, 행동, 정서적인 접근법들을 포함한다. 마틴에게는 세 가지 모두 관련이 있다. 인지적 접근법은 마틴이 수행한 일에 대해 상사가 가진 정보의 적절성과 평균적인 평가를 받는 것이 정말 끔찍한지 또는 단순히 원치 않는 것인지를 포함하여 그의 신념의 논리를 검토해볼 수 있다. Ellis는 아마도 마틴의 두려움, 파국으로 몰고 가는 경향, 삶이 반드시 바라는 대로 이루어져야 한다는 완벽주의적인 점을 지적하며 정서적인 방법을 사용할 수 있다. Ellis는 마틴이 수치심과 분노와 같은 자기파괴적이고 부적절한 정서보다는 합리적 생각에 근거하는 짜증과 실망 등의 적절하고 비파괴적인 정서를 느끼도록 장려할 것이다. 마틴은 또한 그의 상사와 면담하기, 그의 일에 대해 추가적 정보를 제공하기, 자신의 삶에서 보상받을 수 있는 것들을 생각하도

록 하여 소풍이나 창의적 계획을 만드는 것과 같은 행동 전략을 통해 이득을 얻을 수 있다.

E 마지막 단계는 논박에서 원했던 결과로 묘사되는 새로운 합리적인 효과 또는 신념을 나타낸다. REBT의 성과는 효과적인 합리적 신념과 효과적인 새로운 철학 둘 다 포함할 가능성이 높다. 이러한 철학을 통해 새로운 감정과 행동 그리고 더 크고 오래 지속되는 행복이 따른다(Bernard et al., 2010).

> 마틴 E : 그의 신념을 논박하고 난 후, 마틴은 "비록 나에 대한 평가가 평균이라 실망했지만 그것이 세상의 끝은 아니다. 나는 상사가 내가 수행한 일을 좀 더 잘 알도록 해 볼 것이고 다음에는 더 긍정적인 평가를 받겠다"와 같은 좀 더 합리적 신념을 발달시켰다.

ABCDE 과정이 단순하고 간단한 것처럼 보일지 모르나, 비합리적 신념을 합리적인 것으로 바꾸는 것은 도전적이고 복잡한 과정이다. 그것은 치료자의 입장에서는 문제에 맞게 잘 선택된 개입 전략을 능숙하게 사용해야 하며, 내담자에게는 노력과 연습을 필요로 하는 과정이다. 이 과정은 많은 사람들이 기분이 나쁜 것을 '나쁘게 느끼는 것'인 2차적 혼란을 낳는 경향 때문에 복잡해질 수 있다. 이것은 주의를 요하는 여러 겹의 비합리적 신념을 만든다. 게다가 사람들은 때때로 변화에서 오는 낯선 불편감의 위험보다 친숙한 불편감을 더 선호한다(Ellis & Dryden, 2007). 그들은 또한 그들 문제의 결과로 얻게 되는 타인의 동정, 관심, 그리고 다른 이차적인 이득을 가치 있게 여길 수 있다.

비합리적 신념을 논박하는 접근법

비록 사람들이 촉발 사건보다는 우리의 신념이 혼란의 주요 원인이라는 메시지와 *ABCDE* 모델을 머리로 이해한다 해도, 사람들은 종종 사고를 수정하는 데 어려움을 겪는다. Ellis(2003)는 "…그들은 이 비합리적인 신념을 계속 유지하고 그것에 의해 그들 자신을 괴롭히는 경향이 있는데, 그 이유는 그들이 과거에 그것을 갖고 있었기 때문이 아니라 비록 무의식적이긴 하나 여전히 활발하게 그것을 재확인하고 그것이 여전히 타당한 것처럼 행동하기 때문"(p. 241)이라고 설명했다. '상담 작업과 연습'(p. 242)은 이렇게 굳어진 신념을 다루는 방법이다. 인지적, 정서적, 행동적 개입이 결합된 강력하고 지속적인 방법을 사용하면서, REBT 치료자들은 내담자와 함께 내담자의 비합리적 신념을 확인하고, 그것을 논박하며, 절대적이고 비합리적인 신념을 유연한 선호성으로 대체하도록 적극적으로 작업한다.

Beal, Kopec 및 DiGiuseppe(1996)는 네 가지 논박 전략을 설명하였다.

1. **논리적 논박**은 마술적인 생각과 논리적 비약을 확인한다(예 : "당신의 여동생이 그녀의 생일날 당신을 방문했을 때 그녀가 조용하고 괴로운 것처럼 보였다고 해서 그것이 곧바로 그녀가 당신과의 친밀한 관계를 거부하려는 것이라는 생각은 논리적으로 이어지지 않는 것 같습니다").
2. **경험적 논박**은 증거의 축적에 초점을 맞춘다(예 : "여동생의 방문 이후, 그녀가 당신에게 전화해서 즐거운 시간을 가졌다고 말했고 당신은 곧 동생에게 한번 들르겠다고 제안했다고 내게

말했어요. 또한 당신은 여동생이 조용한 사람이라고 내게 말했고요. 이 증거를 볼 때, 여동생이 당신으로부터 멀어졌다고 믿을 만한 이유가 거의 없습니다. 사실, 증거는 그 반대를 보여주고 있어요").

3. **기능적인 논박 전략**은 사람들의 신념이 그들이 원하는 것을 얻게 하는지 살펴보면서 그러한 신념의 실용적인 결과에 초점을 둔다(예 : "여동생이 멀어졌다고 믿는 것은 당신이 그녀에게서 멀어지도록 만들고 과거에 그녀가 당신에게 잘못했다고 믿는 기억을 떠올리게 하는 것 같아요. 이 신념은 당신이 원하는 것처럼 여동생과의 관계를 다시 회복하는 것을 돕지 않습니다").

4. **합리적 대안적 신념**은 실행 가능한 대안적 신념을 제공한다(예 : "나는 당신의 여동생이 힘든 이혼 과정을 겪고 있음을 알고 있어요. 그녀가 조용해보였다는 것은 생일날 남편과 함께 있지 못해 슬퍼서 그랬을 수 있을 거라는 또 다른 설명도 가능하지 않을까요?").

Beal 등(1996)은 또한 네 가지 논박 방식을 설명한다.

1. **교훈적인 방식**은 설명적, 교육적, 효율적이지만 대화를 사용하기보다는 정보를 주는 것을 의미한다(예 : "내 생각에 당신은 여동생의 행동의 의미를 확인되지 않은 결론으로 비약한 것 같습니다. 그녀가 아직 이혼을 극복하고 있고 그것이 그녀의 기분에 영향을 미칠 수 있다는 것을 명심해야 합니다").

2. **소크라테스식 방식**은 내담자의 추론을 이끌어내기 위해 질문을 사용하는 것을 말한다. 이것은 가장 흔한 REBT 기법이다(예 : "여동생의 전화와 방문은 어떻게 생각합니까? 그러한 행동들이 그녀가 당신과의 관계에서 멀어지는 것을 말하나요?").

3. **은유적 방식**은 신념을 논박하기 위해 유추, 특히 내담자 자신의 경험으로부터의 유추를 사용한다(예 : "여동생이 왔을 때의 당신의 반응은, 당신의 상사가 회의에 갈 때 당신을 태워주지 않은 이유가 당신의 일에 불만을 느껴서 그랬을 거라고 생각했던 것을 떠오르게 합니다. 그리고 나서 나중에 당신은 그녀가 병원 진료 예약 때문에 모임을 일찍 떠나야 해서 당신을 태워주지 못했다는 것을 알았습니다. 내 생각에 그때가 당신이 상사로부터 최고 평가를 받은 달이었던 것 같군요").

4. **유머러스한 방식**은 쾌활한 방식으로 신념을 논박한다. 치료자들은 절대 사람들을 놀려서는 안 되며 그들의 생각과 행동만 유머러스하게 표현해야 한다(예 : "그러니까 한번 봅시다. …당신은 어떤 사람이 당신에게 말한 단어 개수와 당신을 얼마나 좋아하는지를 동일시하는 것처럼 들리네요. 내일 당신이 만나는 사람마다 그들이 말하는 단어 수가 몇 개인지 세어보는 것은 어떤가요. 그러면 우리는 누가 당신을 가장 좋아하는지 결정할 수 있겠네요").

치료자들은 논박의 네 가지 전략과 네 가지 방식을 서로 결합하여 신념을 논박하는 과정에 적용할 수 있는 16가지 다른 방식을 사용할 수 있다. 매우 다양한 이 전략들을 통해 치료자들은 치료자 자신의 성격뿐 아니라 특정 내담자의 필요에 맞게 신념을 논박하는 데 그러한 접근법들을 적용할 수 있게 된다.

다른 개입 전략들

합리적 정서적 심상(REI)은 비합리적 신념을 확인하는 것을 배우고 난 후에 긍정적 변화를 강화하는 데 사용되곤 한다. Ellis는 적극적이고 지시적이며 활기찬 경험적 전략들이 좀 더 빠른 변화를 이끈다고 믿었다. 앞서 말했듯이, REBT를 사용하는 치료자들이 흔히 사용하는 전략들은 인지적이고 행동적이며 정서적이다. 인지적 기법은 거의 항상 행동적 또는 정서적 기법과 결합된다(Ellis, 1996; Ellis & Dryden, 2007). 다음은 행동 변화를 확고히 하는 데 도움이 되는 몇 가지 전략들이다.

인지적 전략

- 비합리적 인지를 발견, 평가, 논박, 수정하기
- 사고와 감정을 표현하고 탐색하기 위한 글쓰기
- 합리적 신념과 비합리적 신념의 차이점 가르치기
- 비합리적 신념에 직면하기
- 특정 사고, 행동, 감정의 단점 확인하기
- 소크라테스식 질문하기
- 불합리한 생각 줄이기
- 자기대화를 확인하고 바꾸기
- 꼬리표 붙인 것과 언어를 바꾸어 상황을 재구성하기
- 일어날 수 있는 최악의 상황에 대처하는 방법들을 목록화하기
- 끔찍함을 중화하기 위해 연속적 단계로 경험을 평가하기
- 대안 만들기
- 주의분산시키기
- 시각화와 심상 이용하기
- 신념에 대한 확신 정도를 평가하고 변화 이후에 다시 평가하기
- 합리적인 대처 진술을 만들어 적고 반복하기
- 행복에 초점을 두도록 장려하기
- 좌절 인내력을 높이도록 연습하기

행동적 전략

- 긴장이완 전략 사용하기
- 수치심-공격 연습(수치심으로부터 벗어나기 위해 버스에서 크게 노래를 부르는 것과 같이 잠재적으로 창피한 경험들을 연습하기)
- 도전적인 상황을 만들어 그에 대처하기
- 역할 연기
- 회기 후에 녹음(녹화)한 회기 다시 검토하기
- 역할 바꾸기, 치료자는 내담자의 비합리적 신념을 대신 연기하고 내담자는 그 신념에서 벗어

> 나 치료자와 이야기하기
- 두 의자를 사용해서 각각 합리적, 비합리적 신념을 나타내고 한 의자에서 다른 의자로 옮겨가며 그 두 신념 간의 대화를 연기하기
- 다른 사람인 것처럼 행동하기, 인물에서 한 걸음 떨어져 나오기
- 자기조력 서적을 읽고 효과적인 변화를 목표로 만든 테이프 듣기
- 자기주장 훈련, 효율적인 의사소통 같은 기술 훈련하기
- 즐거운 활동을 계획하고 흥미로운 관심사나 장기적인 활동에 전념하기

정서적 전략
- 일어날 수 있는 최악의 상황을 상상하기
- 정서적으로 강력한 이야기, 은유, 우화를 제공하기
- 정서적으로 강렬한 언어를 사용하기
- 설득하기
- 심상을 통해 부적절한 감정을 이끌어내고 그것을 바꾸는 연습하기
- 유머 사용하기
- 의지력과 변화하려는 결심을 장려하기
- 무조건적 치료자 수용 및 무조건적 자기수용 촉진하기

이와 같은 전략들은 숙제로 내주거나 회기 중에 사용될 수 있다. 인지치료와 마찬가지로 과제 부여는 치료의 필수적인 부분이며 협력적으로 계획된다. 이것은 내담자의 책임감을 높이고 낙천성을 길러주고 상담의 진전을 촉진한다.

합리적 정서적 행동치료의 적용

REBT는 기초가 튼튼하고 널리 사용되는 치료 접근법이다. 비록 모든 사람에게 알맞은 치료법은 아닐지라도 다양한 사람들, 문제들, 상황들에 적절하다.

집단, 가족, 심리교육에 적용

REBT는 유연한 접근법이다. 이것은 개인, 집단 그리고 가족상담에도 적절하다. 교육을 강조하고 쉽게 배우고 적용할 수 있는 매우 직접적인 접근법이기 때문에, REBT는 '규모가 큰 집단, 학교수업, 워크숍과 세미나, 집중치료, 여러 다른 집단에의 적용'은 물론 내담자 집단과 함께 하는 심리교육에도 널리 쓰여왔다(Dryden & Ellis, 2001, p. 339). 많은 비디오 및 오디오 테이프, 팸플릿, 자기조력 서적, 기타 다른 자료들이 REBT에 대한 교육을 촉진시켜줄 수 있다.

REBT는 또한 커플과 가족을 위한 적용에도 적절하다. 합리적 정서적 행동커플치료는 "내 파트너는 본능적으로 내가 원하는 것을 알아야 한다"와 "낭만적인 사랑은 항상 지속될 것이다"와 같은 상호관계에 대한 일반적인 비합리적 신념에 초점을 맞추고 있다. 치료 목표는 인지수정하기, 혼란

해결하기, 관계 만족도를 높이기 등을 포함한다.

REBT는 특히 가족구성원이 다른 가족들을 바꾸는 데는 거의 힘이 없으나 그들 자신에 대해서는 책임질 필요가 있음을 깨닫도록 돕는 데 유용하다. 이것은 심각한 문제가 있는 가족을 대해야 하는 사람들에게 추천된다. 치료를 통해 그러한 가족도 실수할 수 있는 인간존재로 받아들이도록 장려하여 가족 내 행복을 증진시킬 수 있게 한다.

REBT는 또한 집단 상담에 적절한데, 참가자들이 행동을 관찰하고 피드백과 반응을 공유하는 기회를 제공한다. 집단 구성원들은 그들 자신뿐 아니라 서로를 돕는 책임감을 갖도록 장려된다. Ellis와 Dryden(2007)은 8~10명의 참가자들로 이루어진 집단이 적어도 6개월 동안 매주 135분씩 만날 것을 추천한다. 그러나 20명이나 30명으로 이루어진 큰 집단 또한 성공적일 수 있다. 상당히 잘 기능하고 있는 사람들은 집단으로 치료를 시작할 수 있으며, 수줍음이나 다른 중요한 대인관계의 어려움을 가진 사람들에게는 5~15회기의 REBT 개인 상담이 먼저 추천된다. REBT는 또한 의사소통의 발달과 다른 특정한 기술의 발달에 초점을 맞춘 시간제한적 집단에도 사용된다.

진단 집단에 적용

REBT는 우울장애, 불안장애, 적응장애를 포함한 정신장애들의 심각도에 따라 적절하게 적용된다. REBT에 흔히 잘 반응하는 증상들은 분노와 공격성, 강박, 성적인 문제, 비주장성, 좌절에 대한 낮은 인내력을 포함한 것들이다. 또한 연구 논문에서는 REBT가 약물과 알코올남용의 문제에도 효과적일 수 있다고 말한다. 물질사용 문제를 가진 사람들을 위한 자기조력 집단인 SMART 회복집단(Self-Management and Recovery Training, 자기관리와 회복훈련)은 이 이론의 또 다른 성과이다. 알코올중독자 자조모임(AA)과 12단계 프로그램의 대안인 SMART 회복집단은 AA에 있는 사람들이 가진 신념에서 벗어나 실제로 약물과 알코올 문제에서 회복될 수 있다. 게다가 AA와는 다르게 강력한 의지의 중요성을 강조한다. SMART 회복집단은 효과적인 변화에 대한 개인적 책임감에 초점을 둔다.

폭넓은 적용에도 불구하고, REBT는 강력하고 지시적인 특성과 내담자의 책임감을 강조하고 있어서 특정 정신장애를 가진 사람들의 치료에는 피해야 하거나 매우 큰 주의를 요한다. REBT는 정신장애, 위험한 충동조절장애 혹은 다른 심한 정신장애를 가진 사람이나 자살의 위험이 매우 크거나 매우 취약한 사람들에겐 적절하지 않은 것처럼 보인다. 만약 REBT를 해야 한다면, 아동기 외상경험을 가진 사람들에게는 매우 주의 깊게 사용되어야 한다(Ellis & Dryden, 2007). 경험이 부족한 치료자들은 REBT를 잘못 적용하여 외상을 이겨낸 사람들에게 그들의 경험이 "정말 끔찍했는지" 또는 그들이 "정말 그 감정과 과거 외상 장면에 대한 플래시백 현상을 견딜 수 없는지" 물을 수 있다. 이러한 질문들은 또다시 외상을 입히거나 아니면 그러한 내담자들에게 해가 될 수 있다. 과제를 꺼리거나, 명백한 자기애성 혹은 연극성의 증상 또는 반항적 행동을 보이거나, 심한 지적 손상이 있거나 또는 매우 낮은 좌절 인내력을 가진 사람들 또한 REBT 적용이 적절하지 않을 수 있다. 그러나 REBT의 몇몇 개념과 전략들을 다른 치료법들과 신중하게 통합하여 심한 정신장애를 가진 이들에게 REBT의 적용을 확대할 수 있을 것이다.

다문화 집단에 적용

Ellis는 REBT 치료자들이 거의 '본질적으로 다문화적'이라는 점에 주목한다. 다문화적 무조건적 타인수용(UOA-M)의 사용을 통해 치료자들은 다른 문화를 '그들이 살고 있는 것'처럼 받아들인다 (Ellis, 2001, p. 196).

Sue와 Sue(2008)는 적극적이고 지시적인 단기치료가 다양한 문화적 기대와 양립할 수 있다고 언급하였다. 동기가 매우 높고, 상당히 자아탄력적이며, 실용적이고 논리적이며 강한 마음을 가진 사람들은 대부분 이 활력 넘치고 상호작용적인 접근을 좋아하고 REBT 치료자들의 지시성과 유머를 인정한다. 그러나 REBT의 적극적이고 지시적인 태도를 편안하게 느끼는 치료자가 각기 다른 것처럼, 내담자들 역시 그 반응은 다양하다.

치료자들은 서구 배경이 아닌 사람들, 특히 상호의존성, 사생활, 존경심을 강조하는 문화를 가진 이들에게 REBT를 사용할 때 주의를 기울여야 한다. 이들은 REBT의 유머와 언어적 미묘함을 이해하기 위해 필요한 배경을 가지고 있지 않다. 또한 이들의 강력하고 신비한 영적 신념들은 REBT의 실용적 태도와 갈등적일 수 있다. Nielsen과 Ellis(1994)는 민족, 종교, 문화적 배경에 단단히 뿌리박힌 신념들은 그것들이 명백히 자기패배적이지 않는 한 공격하지 않도록 경고하였다.

Ellis(2002)는 치료자들이 매우 다양한 집단은 아니라고 지적한다. 대부분은 정치적으로 자유롭고 보수적 관점에 대해 반감을 가지고 있다. 다른 사람들과 마찬가지로, 치료자들은 속 좁고 편협해지는 것에 주의를 기울여야 할 필요가 있다. 무조건적 타인수용(UOA)을 연습함으로써 치료자들이 좋은 역할 모델을 보여줄 수 있다(Ellis, 2002).

REBT는 또한 모든 연령 집단의 사람들을 위한 적용안을 가지고 있다(Banks & Zionts, 2009; DiGiuseppe & Bernard, 2006; Vernon, 2009). REBT는 비합리적 신념을 논박하기 위한 ABCDE 기법을 사용하는 아동 치료자들에 의해 광범위하게 사용된 역사를 가지고 있다(Esposito, 2009). 아동을 위한 좌절 인내력 훈련은 합리적 정서적 행동치료를 사용하여 인생이 항상 자신이 가고자 하는 대로 가는 것이 아님을 받아들이는 것을 돕는다. '불쾌한 감정들을 확장하지 않으면서 그것과 같이 살아가는 법'을 배움으로써(Knaus, 2005, p. 145), 아동들은 만족을 지연하고 자신을 좀 더 있는 그대로 수용하며 자신의 정서를 스스로 조절하는 것을 학습한다. 그 결과 아동의 좌절 인내력은 학교에서, 사회적 상황에서, 전반적인 행동의 수행에서도 증진된다. Banks와 Zionts(2009)는 REBT가 행동 문제를 가진 학교 청소년에게 유용함을 발견했다. Ellis와 Velten(1998)은 그들의 책 *Optimal Aging*에서 사람들에게 노화의 신화를 버리고 노년기로 나아가도록 돕는다. 나이가 들면서 공포를 정면으로 직면하고 알지 못했던 신체적 · 정서적 인지적 쇠퇴를 만나면서, Ellis와 Velten은 사람들의 잘못된 신념을 논박하기 위해 논리를 사용하고, 자신의 삶에 대해 가졌을지 모를 어떤 후회를 극복하고, 현실적인 목표와 목적을 설정하고, 생애 끝 부분을 새로운 관심과 활력을 갖고 살아가게 돕는다. REBT 지침서들은 학교환경에 있는 어린이들에게 예방적으로 REBT를 사용하고 그들의 부모에게는 REBT 원리를 포함하여 자녀와의 상호작용을 어떻게 해야 하는지를 가르치는 데 사용할 수 있다(Ellis, 2003; Vernon, 2006a, 2006b). 이야기, 우화, 연극, 영화와 다른 자료들은 REBT의 요소를 단순한 방법으로 가르치기 위해 개발되었다. 이러한 자료들은 또한 가벼운 지적 손상을 가진 사람들에게 사용될 수 있다.

합리적 정서적 행동치료에 대한 평가

치료에 대한 다른 인지적 접근법과 마찬가지로, REBT는 많은 강점을 갖고 있고 경험적 · 이론적 연구를 통해 그 가치를 증명했다. 물론 그것은 한계점도 가진다.

한계

이 책에서 다룬 많은 이론들과 마찬가지로 REBT의 효과성에 대한 보다 많은 경험적 연구가 필요하다. 특정한 진단 집단과 다양한 문화, 종교, 민족적 배경을 가진 사람들을 위한 REBT 적용에 관한 연구가 필요하다. Ziegler(1999)와 다른 사람들은 REBT가 '좀 더 포괄적이고 상세한 성격 이론의 토대'를 가져야 할 필요성을 강조했다(p. 19). REBT는 때때로 내담자의 과거사에 너무 적은 관심을 기울이고 너무 빠르게 변화를 가져오게 하려 한다. 치료자들은 앞으로 너무 빨리 나아가기 전에 내담자들을 평가하고 이해할 충분한 시간을 가져야 할 것이다. Vernon(2009)은 유머는 치료자들이 신중하게 사용해야 한다고 언급했다. 또한 그는 비합리적 신념들은 단순하게 인식될 수도 표현될 수도 없는 것이라고 충고했다. 통찰은 충분치 않다. 오히려 내담자들은 비합리적 신념을 변화시키기 위해 필요한 작업을 해야 한다.

강점과 공헌

REBT는 많은 강점을 갖고 있다. 효과적이고 긍정적인 접근법인 REBT는 철학적 변화뿐 아니라 증상의 빠른 감소를 이끌 수 있다. 그것은 사람들이 치료가 끝난 후에도 자신을 도울 수 있게 가르치고 그러한 힘을 준다. REBT 이론은 비교적 쉽고 명료하다. REBT는 넓은 범위의 개입 전략을 사용하기 때문에 다양한 사람들과 문제들에 적용될 수 있고 치료뿐 아니라 예방과 심리교육에도 사용될 수 있다.

REBT는 실존주의와 인본주의적 접근법을 가장 쉽게 결합하지만, 다른 많은 치료 접근법과도 잘 통합되고 조화를 이룬다. REBT를 사용하는 치료자들이 개인 고유의 가치에 중요성을 두는 것은 Rogers의 무조건적 긍정적 존중과 유사하다. 모든 사람이 개인적으로 의미 있고 가치 있는 방향을 추구하는 것에 중요성을 부여하는 것은 실존주의 치료와 일치한다. 현상학적 접근법으로서 REBT는 현실에 대한 사람들의 관점이 혼란의 원인이라고 주장하는데, 이것은 이야기 치료 및 구성주의와 양립될 수 있다. 다음 장에서 보겠지만, Beck의 인지치료와 Ellis의 REBT 사이엔 공통점이 매우 많다.

태도와 신념 척도, Jones 비합리적 신념 척도(Jones Irrational Beliefs Test)를 포함하여 많은 검사 도구들이 REBT로부터 나왔다. 대부분 비합리적 신념을 확인하는 것을 돕는다. Dryden과 Ellis(2001)에 따르면 "심리검사는 다양한 정서장애가 있는 사람과 통제집단을 신뢰롭게 구분하는 것으로 나타났다"(p. 337).

비록 REBT에 대한 많은 저서들이 이론적이고 임상적 연구들이지만, 그 영향력에 대해 많은 경험적 연구들이 실시되었다. DiGiuseppe(1996)는 240개 이상의 REBT 연구가 1995년 이전에 수행되었고 그 이후 많은 연구가 수행되었다고 보고하였다(물론, REBT와 공통점이 많은 인지치료에서도 더 많은 연구가 이루어졌다). REBT가 치료에 있어서 다른 인지적 접근법과 행동적 접근법에 비해 우월하다고 볼 수 없으나, 분명히 효과적이었다.

REBT는 또한 상담 과정을 증진시키기 위해 모바일 마인드 맵을 이용하는 기술을 활용하는 데 적합하다(Warren, 2012). 그러나 REBT의 가장 중요한 공헌은 사람들의 삶에서 사고의 중요성과 치료에 참여하여 사고를 변화시킬 필요성에 대한 인식을 높인 것이다. 합리적 사고와 비합리적 사고의 차이점에 대한 정보인 *ABCDE* 모델과 REBT에 관련된 많은 개입 전략들은 심리치료와 상담 영역을 형성했고, 다음 장에 소개될 Beck의 인지치료 발전에 기여했다.

기법 개발 : 합리적 정서적 심상

합리적 정서적 심상(Rational Emotive Imagery, REI) 기법은 건강하지 않고 부적절한 부정적 정서를 건강하고 적절한 것으로 바꾸도록 연습하는 것을 돕는다. 치료자들은 회기 중에 내담자들이 REI를 배우고 실행할 수 있는 단계들을 가르친다. 그리고 나서 치료자들은 내담자들이 적어도 하루에 10분 정도 스스로 REI를 연습하도록 장려한다.

REI는 다음의 단계를 포함한다(Thompson, 2003).

1. **불쾌한 촉발 사건을 시각화하기** "당신 자신을 마음에 그리거나 당신이 할 수 있는 한 최대로 생생하고 강렬하게 당신에게 일어났거나 또는 미래에 일어날 것 같은 불쾌한 촉발 경험(*A*)을 상세하게 상상하라"(Thompson, 2003, p. 115).

   예시

   "나는 인터넷에서 한 남자를 만났다. 그의 이름은 게리이다. 우리는 한 주 동안 이메일과 IM을 주고받았고 만나기로 결정했다. 우리는 어떤 일이 있더라도 즐거운 시간을 갖기로, 단순히 저녁만 함께 먹고 서로를 더 잘 알아가기로 약속했다. 나는 매우 걱정이 되었다. 나는 남편과 이혼한 후 12년간 데이트 상대자가 없었다. 나는 박물관 앞에 서서 게리가 나타나길 기다리는 내 자신을 상상했다. 나는 추웠지만 그가 내 예쁜 드레스를 보길 원했으므로 코트를 입고 싶진 않았다. 불안해하는 것이 나를 더욱 춥게 만들었다고 생각한다. 그러니까 그곳에, 떨면서 숨을 거의 쉴 수 없을 것처럼 느끼는 내가 있었다. 그리고 한 남자가 나에게 매우 가까이 걸어와서 나를 위아래로 쳐다보고 계속 걸어가버렸다. 나는 그 사람이 게리라는 걸 알았는데 왜냐하면 그가 자신이 어떻게 생겼는지 내게 말해줬기 때문이다."

2. **건강하지 않은 부정적인 정서를 경험하기** 경험을 생생하게 상상하면서 당신에게 떠오르는 강한 감정들—C 또는 이 경험의 정서적인 결과인 그 감정—을 스스로 느끼게 하라. 정말로 그 감정을 느끼고 그것들과 접촉하고 몇 분 동안 그것들을 충분히 경험하라. 그 감정들을 피하거나 바꾸려고 노력하지 말고 오직 그것들을 마주하고 느껴라.

   예시

   "나는 속이 메스꺼워짐을 느꼈다. 나는 내 자신이 혐오스러웠다. 그냥 땅속으로 사라지고 싶었다. 나는 매우 불쾌감을 느꼈다. 나는 극도의 수치심을 느꼈다. 그리고 나서 나는 게리에게 화가 났다. 어떻게 그가 나를 이렇게 기분 나쁘게 할 수 있나?"

3. **정서를 변화시키기** 당신 스스로 이 불쾌한 감정들을 몇 분 동안 느끼도록 한 후, 그 감정들을 의도적으로 바꾸어서 당신의 내면에서 다른 감정을 느끼도록 하라. 분노, 수치심, 우울과 같은 건강하지 않고 부적절한 정서를 느끼는 대신 실망과 짜증과 같은 감정을 느끼도록 바꾸어라. 당신은 이렇게 할 수 있다. 자신을 계속 밀어붙이고 당신이 감정을 이동하고 새로운 정서적 결과를 느끼기 시작할 때까지 노력하라.

   예시

   "이것은 힘들지만, 결국 나는 그렇게 하고 있다. 나는 짜증이 난다. 나는 새 드레스를 샀고, 준비를 하기 위해 일을 쉬었는데 이 남자는 나에게 말조차 걸지 않았다. 나는 너무나 실망했다. 그는 인터넷에서는 괜찮아 보였다. 나는 어쩌면 그와 특별한 관계가 될 것이라고 생각했다."

4. **과정을 검토하기** 당신은 수치심과 분노라는 자기파괴적인 감정에서 실망과 짜증이라는 새롭고 적절한 정서로 바꾸는 데 성공하고 있다. 어떻게 당신이 그렇게 했는지 살펴보면, 우리는 당신이 촉발 사건(A)과 정서적 결과(C) 사이를 매개하는 당신의 신념 체계(B)를 바꾸었음을 알 것이다. 오래된 신념과 새로운 신념을 확인해보자.

   예시

   "처음에 나는 '넌 정말 희망이 없는 실패자이다. 내가 그렇게 바람맞았다는 것을 참을 수 없어. 매우 수치스럽다'고 생각하고 있었다. 그리고 나는 게리에게 매우 화가 났다. 우리는 서로를 이해하고 있었고 그래서 그는 나를 그런 식으로 대해선 안 되었다. 그러나 나는 그것에 대해 다르게 생각하기 시작했다. 나를 제외한 누구도 무슨 일이 일어나고 있는지 알지 못했다. 그것은 공개적인 창피는 아니었다. 그리고 나는 확실히 게리에 대해 어떤 부분은 빨리 알게 되었다. 내가 그에게 정말로 관심이 생기기 전에 그가 어떤 사람인지 알게 된 건 좋은 일이다. 나는 여전히 내가 그 모든 시간과 노력을 허비했음에 불쾌감을 느끼고 일이 잘되지 않았음에 실망하고 있다. 그러나 나는 단지 내 낭만적 환상에 도취되었던 것 같다. 나는 사람들을 만나는 데 인터넷 외에 다른 방법을 찾을 것이다."

5. **반복과 연습** 이 과정을 계속 반복하라. 장면을 상상하고 불쾌한 감정을 불러내고 의도적으로 당신의 감정을 바꾸도록 스스로를 강하게 밀어붙여서 못마땅하고 실망스럽게 느끼긴 하지만

혼란스럽게 느끼진 않도록 하라. 나는 당신이 촉발 사건과 불쾌한 감정을 쉽게 떠올리고 나서 그 감정들을 당신에게 해롭지 않은 것들로 쉽게 바꿀 수 있을 때까지 적어도 하루에 10분 동안 이 연습을 해 보기를 권장한다.

6. **목표 강화하기** 몇 주가 걸릴지도 모르지만, 머지않아 당신이 촉발 사건을 떠올릴 때 분노와 수치보다는 불쾌하거나 실망 정도의 감정을 자동적으로 쉽게 경험할 것이다.

7. **기술의 일반화** 그리고 당신은 다른 상황에도 같은 기법을 사용할 수 있다. 만약 촉발 사건이 강하고 불쾌한 감정을 일으키는 것을 발견했다면, 그 사건을 상상하고 그 감정들을 혼란스러움보다는 불쾌감으로 표현하도록 노력하라. 그러고 나서 혼란스러운 비합리적 신념과 정서를 변화시킬 수 있게 했던 합리적 신념 모두를 확인하라.

사례

사례에서, 치료자는 *ABCDE* 모델을 에바에게 적용한다. 에바는 최근 부모와의 상호작용에서 느꼈던 화났던 감정을 말하고 있다.

치료자 : 에바, 네가 경험한 상황, 그러니까 너의 기분이 그렇게 상하게 된 사건[**A**]에 대해 말해주겠니?

에바 : 학교에서 있었던 일이에요. 체육 시간이 있던 날이었는데, 옷을 입고 버스를 타려고 어쩌나 서둘렀던지 치마 지퍼를 미처 깜빡하고 안 올렸어요. 그렇게 학교를 갔던 거죠! 몇 명의 학생들이 저를 쳐다보았지만 저는 무엇이 문제인지 몰랐어요. 한 남학생이 "Zip-a-dee-doo-dah" 노래를 부르기 시작했지요. 그제야 알아차렸어요. 저는 정말 창피했어요. 저는 그저 집으로 가서 엄마에게 대화하고 싶었을 뿐이에요. 하지만 정작 제가 집에 갔을 때 엄마는 할머니와 통화 중이었고, 저에게 신경 쓸 겨를이 없었어요. "엄마는 바빠. 나가서 친구들하고 놀아라"라고 말했죠. 그건 정말 하고 싶지 않았어요. 그래서 저는 우리 집 개와 함께 방으로 갔어요. 어찌나 학교로 가고 싶지 않던지, 죽고 싶은 마음이었어요.

치료자 : 그 일들이 일어났을 때 너의 감정들[**C**]에 대해 더 말해줄래?

에바 : 제가 수치심을 느꼈다고 말했는데요. 그러니까 학교에서 가장 큰 웃음거리가 된 것 같았어요. 내일 전교생이 저에 대해 수군대겠죠. 정말 끔찍했어요! 그리고 제가 집에 갔을 때에는 엄마도 저에게 신경 써주지 않았어요. 마치 제가 인간쓰레기인 것처럼 아무도 나를 사랑하지 않는다는 악몽 같은 기분이었어요.

치료자 : 너는 강한 부정적 감정과 수치심, 거부당함, 사랑받지 못한다는 느낌을 받았고 그건 정말 당혹스러운 것이었구나. 에바, 지난주에 우리가 비합리적 신념에 대해 말한 것을 기억해보자. 내가 보여주었던 일반적인 비합리적 신념 목록[**B**]을 꺼내서, 이번 일에서 나타난 너의 생각들 중에 이 목록에 해당되는 것이 있는지 알아보자.

에바 : '나는 약하고 바보처럼 행동할 때 나쁜 사람이고 가치 없는 사람이야'라고 생각했던 것이 확실해요. 그리고 엄마가 너무 바빠서 저와 대화를 할 수 없을 때에는 또 이렇게 생각했어요. '나는 나에게 몹시 중요한 사람에게 사랑을 받아야 할 필요가 있어', '내가 거절당한다면 나는 사랑받지 못하는 나쁜 사람이야', '일이 내 방식대로 풀리지 않으면 최악이야', '엄마는 나를 진심으로 사랑하지도 않고 신경 쓰지도 않아'.

치료자 : 잘못된 신념 목록에 있는 항목 중에 에바에게 꼭 들어맞는 것이 많이 있네. 에바가 한 생각에는 두 부류가 있는 것으로 보여. 하나는 엄마에게 사랑을 받지 않고 있다는 것이고, 다른 하나는 학교 친구들이 놀렸을 때 본인은 가치 없는 사람이고 끔찍한 기분을 느꼈다는 거지.

에바 : 네, 맞아요.

치료자 : 첫 번째 부류의 생각에 대해 이야기해보자. 엄마가 에바를 사랑하고 있지 않다는 것과 사랑받지 못할 것 같다는 느낌 말이야. 혹시 에바가 엄마와 대화를 해야 할 필요가 있었는데 엄마가 곁에 있어준 경우가 있었니?

에바 : 그럼요. 매우 많아요.

치료자 : 그러면 엄마가 전화 통화를 하고 있어서 이번 한 번만 에바와 이야기를 할 수 없었다는 이유만으로, 엄마가 에바를 사랑하지 않는다고 말하는 것이 합리적인 판단일까? [논리적 반박]

에바 : 엄마는 내가 정말 엄마랑 대화할 필요가 있었다는 것을 알았어야 해요!

치료자 : 엄마가 그걸 알 수 있는 방법이 있었을까? [사실 반박]

에바 : 모르겠어요. 나는 엄마에게 그걸 말하지는 않았어요.

치료자 : 그러면 그때 엄마가 에바와 대화를 하고 싶지 않았다고 생각한 것과 엄마가 에바를 사랑하지 않는다는 것이 논리적으로 연결된 결과일까?

에바 : 아니에요. 엄마가 날 사랑한다는 것을 난 알아요. 난 그저 내가 엄마가 필요할 때 엄마가 곁에 없었다는 것에 실망했을 뿐이에요. 엄마가 나를 사랑하지 않는다고 느꼈던 거죠.

치료자 : 엄마가 에바를 사랑하지 않는다는 생각은 에바에게 도움이 되는 것일까, 아니면 상처를 주는 것일까? [기능적 반박]

에바 : 글쎄요, 그건 제 기분을 상당히 나쁘게 했고요. 엄마가 통화를 마쳤을 때 엄마와 이야기하기 싫게 만들었죠. 그러니까 그건 저에게 상처를 주는 것이네요.

치료자 : 바로 그때 엄마가 에바와 대화하고 싶지 않았던 이유는 없었을까? [합리적 대안 해석]

에바 : 엄마는 외할머니와 통화 중이었죠. 외할아버지에게 자동차 사고가 났던 것 같아요. 엄마는 외할머니를 도울 필요가 있었던 것 같아요.

치료자 : 그러면 에바와 엄마한테 있었던 일을 좀 더 정확하게 해석하면 어떨까?

에바 : 네. 엄마는 저를 사랑하지만, 저는 엄마가 내 마음을 못 읽을 때도 있다거나 항상 함께 하지 못한다는 것을 알아야 해요. 내게 문제가 있을 때 엄마는 나를 돕기 위해 최선을 다하지만, 그때는 외할머니에게 엄마가 필요했죠. [효과적인 합리적 신념]

치료자 : 이제 에바의 기분은 어떨까?

에바 : 내가 엄마와 대화하고 싶었을 때 엄마가 통화 중이었던 것에 대해서는 아직도 실망이에요. 저는 너무 상처를 받아서 저에게 무슨 일이 있었는지 엄마에게 한마디도 하지 않았어요.

치료자 : 이제는 그것에 대해 에바가 무엇을 할 수가 있을까?

에바 : 집에 가서 엄마에게 그때 있던 일에 대해 말할 수 있을 것 같아요. 그러면 제가 기분이 좀 나아질 것 같네요. [새로운 감정과 행동]

이 과정은 에바가 촉발 사건에 대한 자신의 신념을 바꾸도록 도와주었고, 에바의 감정과 행동의 변화를 이끌었다. 에바가 느낀 혼란스러움과 생각의 절대론적 특성 둘 다 변했으며, 이제는 엄마로 인해 절망감을 느끼지 않는다. 이것은 에바로 하여금 자신의 고민을 엄마에게 이야기하도록 하는 건설적인 행동을 이끌었다. 에바의 두 번째 비합리적 사고는 연습 문제를 통해 다루고자 한다.

연습

대집단 연습

1. '내가 나약하고 멍청하게 행동할 때, 나는 나쁘고 무가치한 사람이다'와 '일들이 내 뜻대로 되지 않으면 끔찍하거나 비참하다'를 포함한 에바의 두 번째 비합리적 신념을 검토하라. 네 가지 전략들(논리적, 경험적, 기능적 논박과 합리적 대안)을 사용하여 그녀의 신념을 논박하라. 그리고 에바의 비합리적 신념을 대체할 수 있는 효과적인 합리적 신념을 만들고, 그녀의 새로운 신념에서 나올 수 있는 새로운 감정과 행동을 확인하라. 에바의 이 긍정적 변화를 강화하는 데 도움을 줄 수 있는 과제를 제안하라.

2. 다양한 집단에 대한 당신의 지식을 이용해서 어떤 문화 집단이 REBT에 우호적일지, 어떤 집단이 이 접근법을 통해 치료받는 것을 불편해할 것 같은지 논의하라. REBT 치료에 적합한 사람을 결정하기 위해 당신은 어떤 종류의 검사를 쓸 것인가?

소집단 연습

1. 4명으로 구성된 작은 집단에서 2명씩 짝을 지어라. 가능하다면, 각 참여자는 치료자와 내담자의 역할을 모두 맡을 기회를 가져야 한다. 각 쌍은 내담자가 혼란스러운 경험을 설명하는 것으로 시작하는 역할 연기를 해야 한다. 그리고 치료자는 내담자를 상담하는 데 *ABCDE* 모델을 따라야 한다. 각 역할 연기에 약 15분 정도 사용하고 이어서 관찰한 쌍으로부터의 피드백을 5~10분간 나누어라. 피드백은 치료 동맹의 본질뿐 아니라 *ABCDE* 양식의 사용에 초점을 맞추어야 한다.

2. 1에서 설명한 것처럼 짝을 지어서, 변화된 감정을 연습하기 위해 합리적 정서적 심상(기법 개발에서 설명)을 이용하여 역할 연기를 하라.

개인 연습

1. 지난주 동안 당신이 매우 화가 났거나 혼란스러웠던 때를 일지에 간단히 적어라. *ABCDE* 양식을 이용하여 당신의 비합리적 생각을 확인하고 논박하라. 그 과정의 각 단계에 대한 당신의 반응을 적어라.

2. 이번 한 주 동안 당신 자신을 위한 개인적 목표를 정하라. REBT에서 사용된 전략들을 떠올리고 당신의 목표달성을 돕기 위한 두세 가지 과제를 자신에게 부여하라.

요약

합리적 정서적 행동치료는 인지행동치료의 최초 양식이다. 합리적 정서적 행동치료는 약 50년 전에 Albert Ellis에 의해 개발되었다. REBT는 사람들은 자신의 비합리적 신념에 의해 스스로를 혼란스럽게 만들고, 그 신념을 합리적 신념으로 바꾸는 것이 혼란을 줄이고 정서와 행동에 긍정적 변화를 이끌 것이라는 입장을 취한다. REBT는 문제해결을 강조한다. 회기에서는 전형적으로 인지를 수정하기 위한 과정에 초점을 둔다. 즉 촉발 사건(*A*) 확인하기, 비합리적 신념(*B*) 확인하기, 그러한 신념의 부정적 결과(*C*)를 살펴보기, 그 신념을 논박하기(*D*), 그것을 효과적인 합리적 신념(*E*)으로 대체하기 등의 과정이 감정과 행동의 변화를 이끈다. REBT 치료자들은 전형적으로 적극적이고 지시적이며 활기찬 방식을 취하고 빠른 변화를 성취하기 위해 다양한 개입 전략들을 사용한다.

추천 도서

Bernard, M. E. (2011). *Rationality and the pursuit of happiness: The legacy of Albert Ellis*. New York, NY: Wiley.

Dryden, W. (2011). *Dealing with emotional problems using rational emotive cognitive behavior therapy*. New York, NY: Routledge.

Dryden, W., DiGiuseppe, R., & Neenan, M. (2010). *A primer of rational emotive behavior therapy* (3rd ed.). Champaign, IL: Research Press.

Ellis, A. (2001). *Overcoming destructive beliefs, feelings, and behaviors: New directions for rational emotive behavior therapy*. Amherst, NY: Prometheus Books.

Ellis, A. (2009). *All Out! An Autobiography*. New York, NY: Prometheus Books.

Ellis, A., & Dryden, W. (2007). *The practice of rational emotive behavior therapy* (2nd ed.). New York, NY: Springer.

Ellis, A., & MacLaren, C. (2005). *Rational emotive behavior therapy: A therapist's guide* (2nd ed.). Atascadero, CA: Impact Publishers.

Aaron Beck과 인지치료

인지치료는 1960년대 시작한 이후로 지난 50년간 그 중요성이 급속히 증대되었고 지금은 상담과 심리치료에서 주요 접근법 중 하나로 인식되고 있다. 인지치료는 처음에 Aaron Beck이 구조화된 우울증치료를 위해 만들었던 것이다.

앞에서 보았듯이, 인지치료와 Ellis의 합리적 정서적 행동치료는 거의 동시에 발달하였다. 두 이론은 모두 인지, 즉 우리가 가진 자동적 사고가 어떻게 도움을 주는지 또는 어떻게 해를 끼치는지에 관해 초점을 두고 있다. 두 이론적 관점의 목표는 사람들로 하여금 역기능적이거나 건강하지 않은 사고방식을 인식하고 변화시켜 좀 더 행복할 수 있도록 돕는 것이다. 그러나 또한 차이점도 있다. 합리적 정서적 행동치료와 Beck의 인지치료의 차이점은 각 이론이 강조하는 것 중의 하나이다.

Ellis는 매우 지시적이고 종종 탈재앙화를 강조했다. Beck의 스타일은 덜 다채롭고 그의 관심은 역기능을 완화시키는 작업은 무엇인지 발견하는 데 좀 더 초점이 맞춰졌다. Beck과 동료들은 초기엔 우울증, 그리고 이후엔 대부분의 축 I에 포함된 정신장애들의 치료 효과성을 타당화하는 경험적 연구를 통해 인지치료의 성장을 가속화하였다(Kellogg & Young, 2008). 최근의 연구는 인지치료와 도식치료가 경계선 및 기타 성격장애, 물질남용 치료와 성 장애의 치료에 효과성이 있다는 점을 보여주었다(Hofmann, 2012).

인지치료는 잘 조직화되고 강력하며 그 효과성이 증명된 대체로 단기적인 접근법이다. 의료업계가 증거 기반 치료를 향해 나아가고 있기 때문에 인지치료는 보다 더 확대되고 있다. 미국심리학회 조사에 응답한 사람들 중 45%가 자신의 이론적 관점을 인지행동적이라고 하였다(Stewart & Chambless, 2007). 인지치료는 또한 미국 대학교에서 가장 흔히 배우는 치료 방법이다(Norcross, 2011; *Psychotherapy Networker*, 2007).

현재의 인지치료가 Ellis와 Beck의 이론 구조를 기저로 유지되고 있지만, 대부분의 치료자들은 이제 행동 기법과 좀 더 적극적인 접근법으로 만들어진 다른 치료 양식을 통합하고 있다는 것은 중요한 점이다. 우리는 행동에 초점을 두고 있는 이 새로운 치료 모델들을 이 책의 제5부에서 좀 더 배울 것이다. 이제 다시 Beck의 인지치료로 돌아와서 그 발달의 역사를 보자.

Aaron Beck

인지치료 발달의 기저에 있는 인물인 Aaron T. Beck은 1921년에 뉴잉글랜드에서 태어났다. 그는 미국으로 이민 온 러시아 유대인인 Harry Beck과 Elizabeth Temkin Beck의 막내로 다섯 번째 아이로 태어났다(Weishaar, 1993). 이 가정의 다섯 아이 중 2명은 어릴 때 죽었으며, 이 일이 Beck의 어머니에게 명백한 정서적 문제를 일으켰다. 차분한 아버지와는 아주 다르게, Beck은 어머니가 우울하고 예측할 수 없으며 과잉보호적이었다고 지각했다.

Beck 자신은 유년기에 많은 어려움을 겪었다. 그는 자주 아파서 학교에 여러 날 빠졌다. 결과적으로 그는 한 학년을 다시 다녀야 했는데 이것은 그가 자신의 지적 능력을 부정적으로 보게 만들었다. 게다가 그의 병은 그에게 피/상해 공포증 및 대중연설과 질식에 대한 두려움 등 많은 불안거리들을 갖게 만들었다. Beck은 그의 불안을 완화시키기 위해 추론(reasoning)을 사용하였고, 의대 수련 중 하나인 외과를 공부하며 불안감을 완화하는 데 성공했다. 어린 시절 경험한 불안 · 우울과 그러한 증상들의 치료에 중점을 둔 이후 연구들과의 관계는 충분히 가능한 것이다.

Beck은 브라운대학과 예일의대를 졸업했다. 그는 정신분석을 배웠으나 그 접근법에 대해 거의 신뢰하지 않았다. 펜실베이니아의대 정신과 조교수였던 Beck은 정신분석 원리를 입증하도록 계획된 연구에 참여했다. 그러나 그는 이 연구의 목적보다는 인지치료를 발전시키도록 이끌었는데 인지치료는 이후 그의 강의, 연구, 저서 그리고 임상 연구의 초점이 되었다. 그는 인지치료와 연구를 위한 Beck 협회(Beck Institute for Cognitive Therapy and Research)를 세운 펜실베이니아대학에서 자신의 경력 대부분을 보냈다.

인지치료의 발달

Judith Beck(2011)에 따르면, 아버지 Beck의 인지치료의 뿌리는 고대 그리스와 로마의 스토아 학파 철학자들의 관념에 두고 있다. 사람들은 사물 자체가 아닌 사물을 받아들이는 관점에 의해 혼란스러워진다는 에픽테토스의 신념과 특히 관련이 있다. 개인 구성개념 심리학의 George Kelly(1955)는 인지치료의 현대적 선구자이다. Kelly는 사고, 정서, 행동을 바꾸고 통제하는 데 신념의 역할을 인정한 이론가 중 1명이다. 그는 사람들은 타인과의 경험을 이해하고 분류할 수 있게 만드는 일련의 개인적 구성체계를 갖고 있다고 제안했다. 이 구성개념은 과학적 가정과 마찬가지로 사람들이 현실을 예측하는 방식을 알도록 해준다. 그들의 예측이 확인되지 않거나 그들의 개인적 구성개념이 유해하다는 것을 알게 되었을 때, 그들은 대안적 구성개념들을 찾을 수 있다(Hergenhahn & Olson, 2007).

신중하게 계획된 Aaron Beck의 연구와 전문적인 집필은 인지치료가 현재 널리 확산될 수 있도록 이끌었다. Beck은 사람들을 도울 효과적이고 유효한 방법을 찾으면서 George Kelly, Alfred Adler, 그리고 Karen Horney의 생각을 활용하였다. 1960년대에 펜실베이니아대학에서 일하면서, Beck과 그의 동료들은 처음에 우울증을 치료하기 위해 구조화되고 단기적이며 현재에 초점을 둔 문제해결 접근법을 개발하려고 노력하였다(Beck, 1995). 이 작업의 결과를 설명한 우울증의 인지치료(*Cognitive Therapy of Depression*)(Beck, Rush, Shaw, & Emery, 1979)는 심리치료 분야에 매우 큰 영향을 미쳤다. 그것은 치료자에게 입원 환자와 외래 환자의 가장 흔한 증상인 우울증의 치료에 명확하고 구조화된 접근법을 제공했다. Beck과 그의 동료들은 인지치료가 당시의 항우울제보다 우울증치료에 더 효과적이라는 증거를 보여줬다.

Beck은 Albert Ellis의 연구 작업에 큰 신세를 지고 있음을 인정하였다(Weishaar, 1993). 동시에 이론적 발달에서와 마찬가지로, Beck의 개인적 스타일은 Ellis와 달랐다. Beck은 연구, 임상적 적용, 집필을 통해 인지치료 체계의 중요성을 높였다. 치료 시연과 치료 녹화 테이프에 보인 그는 치료자인 동시에 신중하고 생각이 많은 연구자로 비쳤다. 그는 책과 논문들, 예를 들어 **불안장애의 인지치료**(Clark & Beck, 2011)와 **정신분열증 : 인지이론, 연구 및 치료**(Beck, Rector, Stolar, & Grant, 2008), 그리고 **인지행동치료의 경험적 상태 : 메타분석을 통해**(Butler, Chapman, Forman, & Beck, 2006) 등에서 인지치료 적용을 지속적으로 확대하고 그것의 효과성을 확인했다.

Beck은 1977년에 자신의 최초의 연구물을 출판했다. 그 이후로 그는 500편이 넘는 학술논문을 냈고 25권의 책의 저자 혹은 공저자였으며 전 세계를 다니며 강연을 했다. 그는 미국심리학회와 미국정신치료학회 두 곳 모두에서 연구상을 수상한 유일한 정신과 의사이다. Beck은 '역대 가장 영향력 있는 5인의 심리학자 중 1인'에 올랐다(*American Psychologist*, 1989).

인지치료에 기여한 다른 많은 사람들 역시 언급되어야 한다. Beck의 딸인 Judith S. Beck은 여러 해 동안 Beck과 공동 연구를 해왔다. 현재 인지치료와 연구를 위한 Beck 협회의 회장이자 펜실베이니아대학의 교수인 그녀는 인지치료의 발달을 위해 계속 노력하고 있으며 그녀의 두 번째 책인 **인지행동치료 : 기본과 그 이후**(2011)를 최근에 출간했는데, 이 책은 아마도 가장 널리 연구된 치료 양식은 무엇인가에 대한 견고한 개관을 보여주고 있다. 덧붙여 처음으로 인지치료에 행동적 개입 전략을 결합한 이들 가운데 Donald Meichenbaum(1994)과 Beck의 동료들(Beck, Freeman, & Davis, 2006; Scott & Freeman, 2010), 그리고 여러 사람들이 지난 30년 동안 인지치료의 모델을 확장시켜 인지치료는 포스트모던의 구성주의자 개입 전략들로 만들어진 견고한 기본 틀을 보여주었다. 더 많은 내용은 앞으로 나올 새로운 접근법들에서 소개하겠다.

중요한 이론적 개념들

Judith Beck(2011)은 인지치료를 이렇게 요약했다. "아주 간결하게 요약하면, 인지 모델은 왜곡된 사고(환자의 기분과 행동에 영향을 미치는)가 모든 심리적 혼란감에 공통적이다. 사고를 좀 더 현실적이고 적응적인 방식으로 수정하는 것을 배운다면, 그들은 정서적 상태와 행동에서의 개선을 경험하게 될 것이다"(p. 3). 인지치료의 목적은 사람들이 자신의 역기능적인 생각과 믿음을 확인, 평가, 수정하도록 가르치는 것이다.

인지 왜곡의 발달

인지치료자들은 생물학과 유전적 경향, 인생 경험 그리고 지식과 학습의 축적을 포함한 많은 요인들이 역기능적 인지의 발달에 기여한다고 믿는다. 왜곡된 인지는 어린 시절에 그 형태를 갖추기 시작하며 사람들의 근본적 믿음에 반영된다. 이것은 문제들에 더욱 민감하도록 만든다. 스트레스−취약성 모델을 고려해보면, 더 많은 스트레스가 일어날수록 사람들의 자동적 사고는 더 많이 기저의 역기능적 믿음과 도식들에 휘둘리게 된다. 생각의 과정이 이미 편향되어 있기 때문에 왜곡된 인지들이 나타난다(Scott & Freeman, 2010).

인지치료자들은 정확한 진단을 중요하게 여긴다. 광범위한 접수면접은 치료자들에게 내담자의 과거사, 발달사, 배경을 더 잘 이해할 수 있게 해준다. 인지이론은 각각의 정신장애가 비교적 예측 가능한 기저의 인지 왜곡 유형에 의해 특징지어진다고 제안한다. 예를 들어, 우울증의 감정은 전형적으로 상실을 생각하는 것에서 기원한다. 따라서 정확한 진단은 그러한 왜곡의 확인과 그것을 바꾸는 방식을 용이하게 해준다. 그것은 또한 정보 수집을 통해서 치료자가 내담자를 더 잘 이해할 수 있게 한다. 예를 들어, 외상적 경험에 대한 언급은 외상후스트레스장애(PTSD)를 가진 사람들의 치료에 필수적이며, 어린 시절 경험에 대한 언급은 아마도 성격장애를 가진 사람들의 치료에 중요할 것이다. 그러나 과거 경험에 대한 이야기는 적응장애와 같이 짧은 기간 동안 나타나는 일시적인 최근의 어려움을 호소하는 사람들의 치료에는 덜 중요할 것이다.

비록 사고에 초점을 두지만, 인지이론가들은 사람에 대한 전체론적(holistic) 시각을 가지며, 그들의 감정과 행동을 배우고 이해하는 것 또한 중요하다고 믿는다. 긍정적 결과와 관련되어 특히 중요한 것은 사람들이 그들의 잘못된 인지에 대해 갖는 감정 반응과 그러한 인지가 기분에 미치는 영향을 이해하는 것이다(Leahy, Tirch, & Napolitano, 2011). 사람들에 대해 종합적으로 이해한다는 것은 치료자들로 하여금 사고, 감정, 행동의 세 영역을 목표로 개입 전략을 개발하도록 하는 데 특히 유용하다.

인지이론에 따르면, 심리적으로 건강한 사람들은 자신의 인지에 대해 자각하고 있다. 그들은 그들 자신만의 가설을 체계적으로 시험해볼 수 있고, 만약 자신이 역기능적이고 부당한 가정을 갖고 있다고 판단되면 그것들을 더 긍정적인 정서와 행동으로 이끄는 좀 더 건강하고 정확하며 도움이 되는 신념들로 바꿀 수 있다.

인지치료의 원리

다음은 중요한 인지치료 원리들이다(Beck, 1995, 2011; Beck et al., 2006).

- 인지치료는 생각의 변화가 감정과 행동의 변화를 이끈다는 점에 근거한다.
- 치료는 견고하고 협력적인 치료 동맹을 필요로 한다.
- 치료는 일반적으로 단기이고 문제중심적이며 목표지향적이다.
- 인지치료는 치료에 적극적이고 구조화된 접근법이다.
- 필요시에는 과거에 관심을 두기도 하나 인지치료는 현재에 초점을 맞춘다.
- 신중한 평가, 진단, 치료 계획은 필수적이다.
- 인지치료는 사람들이 자신의 인지를 평가하고 바꿀 수 있도록 광범위한 전략과 개입을 사용한다.
- 귀납적 추론과 소크라테스식 질문은 특히 중요한 전략이다.
- 인지치료는 사람들에게 자신의 인지를 확인, 평가, 수정하는 것을 가르침으로써 정서적 건강을 촉진하고 재발을 방지하는 심리교육 모델이다.
- 과제 부여, 추수 상담(follow-up), 내담자 피드백은 이 접근법의 성공을 확실히 하는 데 중요하다.

인지의 수준

인지는 자동적 사고, 중간 믿음, 핵심 믿음, 도식의 네 수준으로 분류될 수 있다. 인지치료에서 치료는 전형적으로 자동적 사고에서 시작해서 중간과 핵심 믿음의 확인, 평가와 수정 그리고 최종적으로 도식의 수정으로 나아간다.

자동적 사고는 우리의 마음속에 끊임없이 지나는 인지의 연속적 흐름이다. 인생을 살면서 상황-특수적 생각들이 경험에 대한 반응으로 자연스럽게 떠오른다. "내가 그 모든 일을 다 해낼 수 있을 거라고 생각하지 않아", "나는 오늘 건강에 좋은 점심을 먹을 거야", "나는 아직은 아버지께 전화를 못하겠어", "나는 오늘 밤에 빌의 숙제를 도와줄 거야", "저 남자는 내 동생을 떠오르게 해" 등등. 사람들이 그들의 생각에 집중할 때, 그 생각은 좀 더 접근이 용이해지고 사람들은 그 생각을 분명히 표현하고 평가할 수 있다.

자동적 사고는 상황과 정서를 매개한다. 다음의 예를 생각해보자.

상황 : 마이클은 그의 여동생이 시내에 있으면서 자기에게 전화하지 않았다는 걸 알았다.

마이클의 자동적 사고 : 그 애는 나를 좋아하지 않고 나와 함께 있는 걸 원치 않아.

마이클의 감정 : 슬픔

슬픔이라는 정서를 일으킨 것은 상황이 아닌 그 상황에 내린 의미를 반영하는 남자의 자동적 인지이다. 사람들의 자동적 사고를 이해하는 것은 그들의 정서를 바꾸는 것을 돕는 데 중요하다.

중간 믿음은 흔히 사람들의 자동적 사고를 형성하는 극단적이고 절대적인 규칙과 태도를 반영한다. 앞의 예에서 마이클의 중간 믿음은 "시내에 있을 때 동생은 가족에게 전화를 해야 한다"와 "여동생에게 무시당하는 것은 끔찍한 일이다"가 있을 수 있다.

핵심 믿음은 우리의 많은 자동적 인지의 기저에 있는, 중간 믿음에 반영된 우리 자신에 대한 중심적인 생각들이다. 핵심 믿음은 '포괄적이고 경직되었고 지나치게 일반화된' 것이다(Beck, 2011, p. 34). 핵심 믿음은 전형적으로 어린 시절의 경험에서 기원하고 반드시 진실일 필요는 없으며 확인, 수정될 수 있다. 핵심 믿음은 세상, 다른 사람들, 우리 자신, 미래에 대한 우리의 시각을 반영한다. 그것은 '나는 호감 가는 사람이야', '나는 유능한 사람이야', '세상은 재미있고 신 나는 기회와 사람들로 가득해'와 같은 긍정적이고 도움이 되는 것일 수 있다. 반면에 그것은 또한 부정적인 것이 될 수도 있는데, 예를 들면 '사람들은 자기 자신만 신경 써', '세상은 위험한 곳이야', '나는 모든 일을 망쳐'와 같은 것이 있다. 대부분의 부정적인 핵심 믿음은 '나는 약해'와 '나는 실패자야'와 같은 **무력한 핵심 믿음** 또는 '나는 충분히 훌륭하지 않아'와 '나는 버림받게 되어 있어'와 같은 **사랑스럽지 않은 핵심 믿음**으로 분류된다(Beck, 2011, p. 233). 위 예에서 마이클은 사랑스럽지 않다는 핵심 믿음을 가진 것으로 보인다.

치료자들은 내담자에 대해 점차 알게 되고 이해하며 일련의 자동적 사고를 들으면서, 내담자의 핵심 믿음에 대한 가설들을 형성할 수 있다. 적절한 때에 핵심 믿음의 특성과 발달에 대한 정보와 함께 치료자의 가설들을 내담자와 공유하고 의견을 나눌 수 있다. 내담자들은 이러한 핵심 믿음을 진실이라기보다는 의견으로 여기고 치료자와 함께 핵심 믿음을 평가하고 필요시엔 바꾸도록 한다.

도식은 핵심 믿음을 둘러싼 '정보를 조직하는 가설화된 마음속의 인지 구조'로 정의되어왔다(Beck, 2011, p. 33). 그 깊이와 넓이는 핵심 믿음의 범위를 뛰어넘어 존재하며 사고, 감정, 행동을 포함한다. 도식은 범위, 유연성, 두드러짐(prominence)과 같은 구조적 특성뿐 아니라 내용도 가지고 있다.

Beck은 도식을 '정보 처리와 행동을 지배하는 구체적인 규칙'이라고 보았다(Beck et al., 2006, p. 8). 도식은 우리에게 경험, 사건, 역할에 대한 기대를 갖게 하고 그 기대를 우리의 도식에 포함된 정보와 함께 확장하도록 이끈다. 도식은 우리가 현실을 지각하는 방법에 영향을 미치면서 정신적 여과기로 작동할 수 있다. 도식은 우리 자신, 세상, 미래를 보는 특이하고 습관적인 방식이다. 도식은 그 기원과 적용에 있어서 개인적, 가족적, 문화적, 종교적, 성적, 직업적일 수 있다(Beck et al., 2006). 부적응 도식은 의존/무능감과 정서적 결핍 등의 예가 있다.

도식은 특정한 자극에 의해 활성화되거나 혹은 촉발되기 전까지 잠복 상태에 있게 된다. 예를 들어 어떤 사람은 '세상은 위험한 곳이다. 가능한 어떠한 위험도 피하라'는 메시지를 주는 위험 도식을 가지고 있을 수 있다. 이 도식은 일반적으로 드러나지 않으나 그 사람의 안전에 대한 위협이 있을 때 활성화될 수 있다.

도식이 활성화되었을 때, 그것을 뒷받침하는 모든 정보는 즉시 통합하고 그에 모순된 정보는 무시하는 경향이 있다. 예를 들면, 사람들이 자신을 무능력하다고 여길 때 그들은 자신에 대해 받은 부정적 정보는 받아들이고 긍정적인 것은 간과하거나 반박한다. Tuckey와 Brewer(2003)는 도식이 기억의 보존과 왜곡에 영향을 준다는 것을 발견했다. 우리는 우리의 도식과 관계없는 것보다는 도식과 일치하거나 불일치하는 것을 관찰하고 기억하기 쉽다. 회상의 부정확성은 특히 도식-일치적(schema-consistent)일 때 일어날 것이다.

자동적 인지, 중간 믿음, 핵심 믿음, 도식의 구분은 혼란스러울 수 있다. 이들 각각을 설명하는 다음의 예를 생각해보자. 몇 번의 실망스러운 관계를 거친 후에, 조슈아는 샤론과 함께 만족스러운 관계를 발전시켰다. 함께 산 지 2년이 되었을 때 샤론은 결혼을 제안했고 조슈아도 동의했다. 그는 다음의 사고들을 가지고 있다.

- **자동적 사고** : 나는 샤론이 원하는 남편이 될 수 없고 우리 결혼은 결국 깨질 것이다.
- **중간 믿음** : 좋은 남편은 아내와 아이들을 위해 자신의 필요를 기꺼이 희생해야 한다. 결혼은 아주 소수만 성공하는 어려운 노력이다.
- **핵심 믿음** : 나는 다른 사람을 사랑할 수 없고 우리 관계에서 내가 줄 것은 거의 없다.
- **도식** : 나는 부적절한 존재이고, 내가 아무리 노력한다 해도 결국은 실패할 운명이다. 앞으로 결혼에 대해 실망감을 느끼게 될 거다. 절망감과 수치심이 머릿속을 떠나지 않는 느낌이다. 내가 무엇을 하든 실패할 것을 알면서 노력하는 게 무슨 의미가 있을까.

이러한 부적응적 도식 때문에 조슈아는 아마도 그의 믿음을 뒷받침하는 정보에는 초점을 맞추고, 맞지 않는 정보는 무시하거나 교묘히 변명하며 피할 것이다. 그는 결혼의 파멸과 그의 믿음에 증거가 될 만한 비효율적 행동과 부정적 태도를 가지고 결혼 생활을 시작할 것이다.

사람들은 자동적 사고, 중간 믿음, 핵심 믿음을 평가하고 바꾼 후에 경험하는 몇 가지 변화를 가지고 도식을 분석하고 수정할 수 있게 된다. Beck은 도식 작업을 치료 과정의 핵심으로 보았다(Beck et al., 2006). 도식 관련 작업은 이후에 좀 더 다룰 것이다.

인지치료는 자동적 사고, 중간 믿음, 핵심 믿음 그리고 기저에 내재된 도식과 함께 사람들의 증상을 이끌어내고 변화를 추구하는 여러 개의 단계들로 이루어졌다. 건강한 생각을 되찾으면, 치료자들은 사람들이 삶을 더 성공적으로 이끌도록 할 뿐 아니라 그들의 인지를 감찰 · 평가 · 대처하는 데 필요한 기술을 발달시키도록 돕는다.

인지치료를 이용한 치료

인지치료를 이용한 치료는 대체로 비교적 간단한 문제들에 대해 6~14회기로 진행하는 시간제한적 접근이다(Beck, 2011). 상담 회기는 그 영향력과 효율성을 최대화하도록 신중하게 계획되고 구조화된다. 사람들은 치료를 시작하기 전에 심리검사와 접수면접 질문지를 완성한다. 치료자들은 준비를 잘하기 위해 첫 번째 회기 전에 이것을 검토한다.

각각의 회기는 명확한 목표와 의제(agenda)를 갖는다. Judith Beck(2011, p. 60)은 초기 상담 회기를 위해 다음 10가지 절차를 추천한다.

1. 내담자에게 의미 있는 의제를 설정하라.
2. 내담자의 기분의 강도를 측정하고 판단하라.
3. 현재 문제들을 확인하고 검토하라.
4. 치료에 대한 내담자의 기대를 이끌어내라.
5. 내담자에게 인지치료와 내담자의 역할에 대해 가르쳐주어라.
6. 내담자의 문제와 진단에 대한 정보를 제공하라.
7. 목표를 세워라.
8. 회기 사이에 수행할 과제들을 추천하라.
9. 회기를 요약하라.
10. 회기에 대한 내담자의 피드백을 얻어라.

회기 동안 치료자들은 치료 동맹을 진전시키고 현실적인 희망과 낙관성을 가질 수 있도록 신뢰, 라포 형성, 협력적 관계를 확립한다.

이어지는 회기들은 비슷한 구조를 따른다. 치료자는 전형적으로 내담자의 기분을 평가하는 것으로 시작하고, 특히 변화에 초점을 두게 된다. 이후 회기에서 치료자들은 내담자들이 이전 회기에서 배운 것과 반응에 대해 묻고 중요한 사건들을 강조하며 내담자들이 한 주 동안 어떠했는지에 대해 알아본다. 회기 중에 항상 과제를 검토하는 것은 의제를 수립하는 데 도움을 준다. 회기의 중심 부분에서 치료자들은 확인된 문제에 관련된 감정, 행동은 물론 생각을 이끌어내고 평가하며 더불어 의제의 항목들을 결정하게 된다. 각 회기는 새로운 과제, 회기 요약, 회기와 치료 과정에 대한 내담자의 피드백으로 끝난다. 긍정적인 말로 회기를 마치는 것은 낙관성과 동기를 촉진한다.

인지치료자들은 회기 구조의 특성과 목적에 대해 내담자들에게 확실히 설명해준다. 내담자들은 일반적으로 그러한 구조가 안전하다고 생각한다. 그들은 무엇을 기대해야 하는지 알고 이 계획이 다른 사람들을 도왔듯이 그들을 도울 것이라는 것에 대해 낙관하게 된다. 물론 의제는 혹시 위기가 발생하는 등의 필요시에는 수정될 수 있지만, 각 회기의 시작에서 의제를 결정할 때 어떤 변화가 계획되는 것이다.

목표

인지치료자들은 치료 목표를 신중하게 구체화하고 목표달성을 위해 다양한 종류의 개입 전략들을 사용한다. 인지치료의 일반적인 목표는 사람들이 정보 처리 체계의 오류를 인식하고 수정하도록 돕는 것이다. 이것을 달성하기 위해 치료자들은 관련된 정서와 행동뿐 아니라 즉각적(자동적)이고 기저에 내재(중간, 핵심, 도식)한 생각과 믿음을 확인하도록 돕고, 이 생각들의 타당성을 평가하고, 필요시엔 이들을 수정하도록 돕는다. 치료 과정 동안 사람들은 이 과정을 독자적으로 사용하는 방법과 또한 그들이 좀 더 현실적으로 생각하고 더 값진 인생을 이끌어내기 위해 필요한 기술과 태도를 발달시키는 것을 배운다.

치료자와 내담자는 구체적 목표를 정하는 데 협력한다. 목표가 확인되면, 내담자와 치료자 양측 모두 목표를 기록하고 사본을 갖는다. 목표는 과정을 평가하기 위해 정기적으로 참조한다. 명확하고 구체적이며 측정 가능한 목표를 갖는 것은 인지치료의 중요한 요소이며 내담자와 치료자가 공동의 목적을 달성하기 위해 협력할 가능성을 높여준다.

🎯 치료 동맹

"인지행동치료는 건강한 치료 동맹을 필요로 한다"(Beck, 2011, p. 7). 인지치료자는 적극적이고협력적이고 목표지향적이며 문제중심적이다.

인지치료자는 비판단적이기 위해 노력하며 내담자들이 자신의 판단과 선택을 하는 데 필요한 기술들을 발달시키도록 돕는다. 앞서 말했듯이, 인지치료자들은 소크라테스식 질문을 사용하여 내담자들이 Scott과 Freeman(2010)이 언급한 '안내된 발견'을 할 수 있도록 이끈다(p. 35). 치료자는 내담자가 답할 수 있는 질문들을 하면서 내담자의 행동과 관련되어 있지만 아직 그들이 자각하지 못하고 있는 정보에 초점을 두어 구체적인 것에서 추상적인 것으로 옮겨가고, 내담자는 자신의 결론을 세울 수 있는 새로운 생각과 아이디어들로 안내받게 된다.

안내된 발견의 4단계는 다음과 같다.

1. 내담자의 관심사를 이끌어내기 위한 소크라테스식 질문
2. 명료화, 불일치성, 정서적 반응을 위한 적극적 경청
3. 피드백을 제공하고 명료화를 촉진하기 위한 요약
4. 내담자의 본래 관심사와 더불어 모든 정보를 함께 이끌어낼 수 있는 종합적 또는 분석적 질문들(Scott & Freeman, 2010)

치료적 관계는 이 접근의 성공에 결정적이어서 인지치료자들은 상당한 역할 유연성을 지니고 있다. 치료적 관계에서 제기되는 문제들은 탐색되어야 할 필요가 있다. Judith Beck(2011)은 회기의 종결 시점 또는 회기 중 내담자의 기분이 부정적으로 보일 때는 언제라도 내담자에게 피드백을 요청하라고 제안한다. 특히 어려운 내담자와 상담할 때, 치료자들은 그러한 문제가 발생할 때 확인할 필요가 있고 그것이 발생한 이유를 찾아 치료 동맹이 깨지는 것을 막을 수 있도록 문제를 바로잡아 나아가야 한다.

⚙ 사례개념화

인지치료자들은 인지를 수정하기 위해 고안된 개입 전략으로 나아가기 전에, 내담자에 대한 심층적인 이해를 반영하면서 사례개념화 시간을 갖는다. Persons(1989)에 따르면, 완전한 사례개념화는 여섯 가지 요소를 포함한다.

> 1. 문제목록
> 2. 내재된 기제(핵심 믿음 또는 도식)에 대한 가설
> 3. 현재 문제와 내담자가 가진 믿음의 관련성
> 4. 현재 문제를 일으키는 촉발 요인
> 5. 기저에 내재된 믿음들의 발달과 관련된 배경의 이해
> 6. 치료에 예상되는 장애물들

철저한 사례개념화는 치료자로 하여금 성공할 가능성이 높은 치료 계획을 세울 수 있게 해준다. 치료를 계획할 때 인지치료자들은 초기 개입, 도움이 되는 치료 전략, 진행에 방해되는 불안과 다른 장애물들을 줄이는 최선의 방법을 확인한다. 대체로 치료는 우선 내담자들의 현재 문제들과 이와 관련된 외현적인 자동적 인지에 초점을 두고, 진행이 되어감에 따라 기저에 내재된 핵심 믿음과 도식을 확인하고 평가하는 것으로 옮겨간다.

인지 이끌어내기와 평가하기

Judith Beck(2011)은 사람들의 생각을 이끌어내기 위해 "바로 그때 당신의 마음속에 스친 생각은 무엇이었습니까?"라는 기본적인 질문을 제안하였다(p. 83). 일단 생각이 떠오르면, 그것은 흔히 다른 생각들을 이끌게 된다. 특히 중요한 것은 다양한 경험과 함께 반복해서 나타나는 생각과 그 사람에게 부정적 영향을 끼치는 생각이다. Beck은 그런 생각을 확인하고 수정을 촉진하기 위해 역기능적 사고기록지라고 부르는 것을 사용한다(p. 95). 기록지에는 여섯 가지 항목이 포함된다.

> 1. 생각과 그것에 동반하는 신체적인 반응을 이끌어내는 상황
> 2. 그 상황의 날짜와 시간
> 3. 자동적 사고와 0~100%로 점수가 매겨지는 그 생각에 대한 믿음의 정도
> 4. 정서와 0~100%로 점수가 매겨지는 정서의 강도
> 5. 왜곡의 특성과 생각을 수정하는 방법
> 6. 수정된 믿음을 포함하는 결과, 자동적 사고와 수정된 사고의 평가, 현재의 정서와 강도 평가, 새로운 행동

처음 4개의 항목은 다음의 예와 같이 초기에 완성된다.

1. 학교에서 전화가 왔는데, 주말에 아들이 학교에 침입한 것이 목격되었다고 했다. 아이가 컴퓨터실 기물을 파손해서 고소당했다. 나는 위에 뭔가 걸린 것 같았다. 머리가 어지러웠고 온몸이 긴장되었다.

2. 이것은 월요일 아침 오전 8시 30분에 생긴 일이다.

3. 나는 부모로서 실패자다 ―95% 믿음, 내 아들은 희망 없는 범죄자이고 그것은 내 잘못이다 ―90% 믿음

4. 불안 강도 ―95%, 슬픔 강도 ―85%

인지의 타당성 결정하기

일단 인지가 이끌려 나오고 그러한 맥락에 놓이게 되면 사람들은 그것의 타당성을 평가할 수 있다. 특히 중요한 것은 치료자들이 내담자가 자기생각의 현실성을 점검할 수 있도록 돕는 능숙한 질문을 사용하는 안내된 발견(guided discovery, 소크라테스식 대화라고도 불림)을 활용하는 것이다. 이 것은 조심스럽게 사용되어야 하는 강력한 기법이다. 치료자들은 그들이 내담자보다 더 잘 아는 것처럼 행동하거나 내담자와 토론하거나 논쟁해서는 안 되며, 어떤 생각이 왜곡되었는지 여부에 대해 중립적이어야 한다. 치료자의 역할은 내담자가 진실을 찾도록 돕는 것이다.

다음의 대화는 앞에 기술한 내담자가 자신의 생각의 논리와 타당성을 평가하도록 돕기 위한 질문하기를 보여준다.

치료자 : 당신이 가진 한 가지 생각은 당신 아들이 희망이 없는 범죄자라는 것입니다. 무엇이 당신에게 그 생각을 갖도록 했나요?

내담자 : 음, 그 이야기는 걔가 범죄를 저질렀다는 것처럼 들렸어요.

치료자 : 네, 그랬을지도 모르지요. 아드님이 범죄 행위를 저지른 기록이 있나요?

내담자 : 아뇨, 전혀요. 아이는 항상 행실이 좋았어요.

치료자 : 그러니까 아드님이 법을 어긴 것으로 추정되는 것은 이번이 처음인가요?

내담자 : 네.

치료자 : 그러면 희망이 없는 범죄자에 대한 당신의 정의는 무엇인가요?

내담자 : 제 생각에 그건 다시는 치료될 수 없는, 반복해서 법을 어기는 사람이요.

치료자 : 그러한 사람이 당신의 아들인 것처럼 생각됩니까?

내담자 : 아뇨. 내가 걔를 희망이 없는 범죄자라고 말한 것은 과민하게 반응한 것 같습니다.

치료자 : 그러면 아이의 행동에 대한 책임이 있다고 한 당신의 생각은 어떤가요? 무엇이 당신에게 그런 생각이 들도록 했나요?

내담자 : 나는 그 애 부모예요. 내가 걔 인생에 가장 영향력이 큰 사람이 아닌가요?

치료자 : 네, 당신의 역할은 확실히 중요한 것입니다. 당신이 어떻게 해서 그가 범죄자가 되도록 조장했을까요?

내담자 : 당신이 말한 의미를 모르겠어요.

치료자 : 나는 당신 자신이 범죄 행위에 관계한 적이 있는지 궁금합니다.

내담자 : 아뇨, 물론 없죠.

치료자 : 어쩌면 당신은 범죄 행위를 용서해줬거나 옳고 그름의 차이에 대해 아이에게 가르치려고 노력하지 않았던 것

은 아닌가요?

내담자 : 아뇨, 그 반대예요. 나는 매우 뚜렷한 가치관을 가지고 있고 항상 나의 아들에게 그것을 전해주려고 노력했어요. 걔가 행동을 잘못했을 때 나는 그의 행동에서 무엇이 잘못되었는지 이야기하고 어떻게 행동해야 하는지 가르쳤습니다.

치료자 : 그러면 저는 당신이 어떻게 그의 범죄 행위의 원인이 되었다고 하는지 혼란스럽네요.

내담자 : 제가 기분이 좋지 않았고 설명할 것을 찾기를 원했던 것 같아요. 하지만 분명히 내가 걔한테 법을 어기라고 가르치진 않았다는 것은 알겠어요.

그릇된 생각에서 생기는 가정들을 시험하기 위해 고안된 실험들은 사람들이 그들의 인지의 현실성을 평가하도록 돕는 또 다른 중요한 접근법이다. 앞의 예에서 내담자는 '내 아들은 희망이 없는 범죄자다'와 '나는 내 아들의 범죄 행위에 책임이 있다'는 가정을 이야기하였다. 그러면 치료자와 내담자는 이 가정을 점검할 방법을 찾아본다. 내담자는 아들과 그의 행동의 이유에 대해 이야기하거나 그녀의 아들이 평소 학교에서 어떻게 행동하는지에 관한 것은 물론 이 사건에 대해 학교 관계자와 논의하거나 범죄 행위에 대한 책을 읽을 수 있다.

인지를 평가하는 세 번째 접근법은 내담자의 부정적 사고를 수정하도록 돕는 소크라테스식 방법의 하나인 세 가지 질문하기를 사용하는 것이다. (1) 그 믿음에 대한 증거는 무엇인가? (2) 그 상황을 어떻게 해석할 수 있는가? (3) 만일 그것이 사실이라면, 그것의 의미는 무엇인가? 이 세 가지 질문들 각각은 내담자로 하여금 왜곡된 믿음을 더욱 깊이 찾아들어가도록 돕고 그 왜곡을 깨닫게 되며 좀 더 객관적인 생각을 받아들이도록 한다.

위의 예에서, 소년은 학교에 침입했다는 것에 대해 잘못 고소당했을 수도 있다. 그가 설사 범죄를 저질렀다 해도 침입에 동참하도록 강요받거나 강제로 해야 했던 것과 같은 경감 요인이 작용할 수도 있을 것이다.

다음은 인지치료자들이 인지의 타당성을 평가하는 데 사용하는 부가적 접근법이다.

- 내담자에게 내담자가 존경하는 사람은 그 상황에 대해 어떻게 생각할지 물어보기
- 내담자의 자녀나 친구가 내담자처럼 생각한다면 뭐라고 말할지 물어보기
- 생각을 극단적으로 하기 위해 유머나 과장을 사용하기
- 부정적으로 생각하는 경향을 깨닫도록 돕기
- 최악의 두려움을 상상하고 그 두려움이 그들에게 영향을 덜 미치도록 그것을 다루는 방법에 대해 생각하도록 장려하기
- 상황에 대한 대안적 설명 제안하기
- 극단적 사고방식을 중화시키기 위해 중간 지대를 찾도록 돕기
- 변화가 더 잘 일어나도록 문제를 재정의 혹은 재개념화하기
- 탈중심화 혹은 문제의 원인이나 핵심이 자신이 아니라는 것을 알도록 돕기

왜곡 명명하기

왜곡된 인지의 평가는 왜곡을 분류하고 명명하는 것으로 촉진될 수 있다. 이것은 비현실적인 생각의 본질을 더 명확히 볼 수 있게 돕고 다른 사람도 비슷한 왜곡된 인지를 갖고 있다는 것을 상기시키며 차후의 생각을 평가하는 도구를 제공한다. 수많은 왜곡된 인지 목록들이 출간되었다(Beck, 1976; Burns, 1999). 앞의 내담자 이야기에서 나온 인지 왜곡 범주들을 다음에 기술하였다.

- 이분법적 사고 상황을 연속적으로 보기보다는 극단적인 측면에서 보는 것. "내 아들은 결백하거나 희망이 없는 범죄자이다."
- 과잉일반화 한 가지 증거로 타당하지 않은 일반적인 결론을 내리는 것. "내 아들이 체포되었기 때문에 나는 부모로서 실패자이다."
- 정신적 여과(선택적 발췌) 큰 그림을 보지 않고 부정적인 세부 사실에 선택적으로 초점을 두는 것. "나는 내 아들이 좋은 학생이었고 과거에 어떤 문제도 일으키지 않았다는 걸 알지만 내가 생각할 수 있는 모든 것은 그가 법을 어겼다는 것이다."
- 긍정적인 면의 평가절하 부정적 정보에만 주의를 집중하는 것. "이것이 결과라면 내가 좋은 엄마가 되기 위해 한 노력이 무슨 소용인가?"
- 비약적 결론(임의적 추론) 성급하고 확인되지 않은 결론을 내는 것. "내 아들은 유죄임에 틀림없다. 그날 밤 늦게 걔가 학교를 돌아다니는 것을 누군가 봤을 것이다."
- 확대하기/축소하기 부정적인 것에 너무 치중하고 긍정적 정보의 가치를 축소하는 것. "내 아들이 4살이었을 때 다른 아이의 사탕을 훔쳤다. 걔는 범죄자가 될 운명이었다."
- 감정적 추론 어떤 것이 그렇게 느껴지기 때문에 진실이라고 믿는 것, 그 반대의 증거에는 주의를 기울이지 않는 것. "나는 단지 이것이 내 잘못이라고 느낀다. 그리고 누구도 그게 아니라고 나를 설득시킬 수 없다."
- 당위적 진술 우리 자신과 다른 사람들이 어떻게 행동해야 하고 삶이 어떻게 되어야 하는지에 대한 명확하고 확고한 생각을 갖는 것. "절대로 케빈이 운전 면허증을 가져서는 안 된다. 그 애의 친구들 모두를 확실히 만나봤어야 했다. 나는 그 애한테 더 좋은 엄마가 되었어야 했다."
- 명명하기와 잘못 명명하기 누군가에게 극단적이고 광범위하며 정당하지 않은 꼬리표를 붙이는 것. "케빈은 희망이 없는 범죄자다."
- 개인화 사건이나 다른 사람의 행동에 대해 지나친 책임을 떠맡는 것. "내 아들과 나는 그 사건 3일 전에 그 애의 귀가 시간에 대한 말다툼을 했다. 내가 걔한테 소리치지 않았다면 이 일은 일어나지 않았을 것이다."
- 재앙화 다른 가능성들은 고려하지 않은 채 부정적 결과를 예상하는 것. "나는 이 일로 케빈이 감옥에 가리라는 것을 안다."
- 독심술 다른 사람들이 실제로 어떤지 알아보지도 않은 채 그들이 부정적 생각과 반응을 하고 있다고 여기는 것. "내 남편은 이 일로 케빈을 절대 용서하지 않을 것이다. 그는 케빈과 의절

할 것이다."

- **터널 시야** 오로지 상황의 부정적 측면에만 초점을 맞추는 것. "나는 부모로서 어떤 바른 일도 할 수 없다. 내 아들이 학교에 침입하는 동안 나는 저녁을 먹고 있었다. 무슨 일이 일어나고 있는지 어떻게 모를 수가 있었나?"

이러한 인지 왜곡 범주들이 익숙하기 때문에 사람들은 자신의 인지 왜곡을 확인하고 이해하고 논박할 수 있다. 또한 이 목록을 검토하는 것은 이러한 인지 왜곡을 흔하게 갖고 있는 내담자들을 안심시켜 그러한 역기능적 생각들을 바꾸게 할 수 있다.

기분의 평가

기분을 평가하는 것은 많은 이유에서 인지치료의 중요한 부분이다. 고통스러운 감정은 흔히 사람들이 치료를 찾는 이유이다. 괴로운 감정은 표면에 가까이 있고 치료 초기에 보일 가능성이 많다. 그러한 감정들은 왜곡된 인지로의 길을 가리킬 수 있다. 게다가 기분의 향상은 내담자의 동기와 낙관성을 높일 수 있고, 정서의 본질을 점검하고 강도를 평가함으로써 치료의 진전을 보이는 증거를 제공할 수 있다. 인지치료는 처음에 우울과 불안을 치료하기 위해 개발되었고 많은 연구들은 그러한 정서적 증상의 치료에 이 접근법이 유효함을 증명하였다.

인지치료자들은 사고를 평가하는 것과 마찬가지로 정서를 평가하기 위해 구조화된 접근법을 사용한다. Aaron Beck이 심리치료에 기여한 주요한 성과 중 하나는 사람들을 가장 고통스럽게 만드는 정서의 본질을 점검하고 강도를 신속하게 측정할 수 있도록 해주는 간결하고 간단한 심리검사 도구를 개발한 것이다. Beck의 우울척도(Beck Depression Inventory, BDI), Beck의 불안척도(Beck Anxiety Inventory, BAI), Beck의 무망감척도(Beck Hopelessness Inventory), Beck의 자살사고척도(Beck Scale for Suicidal Ideation) 등이 있다. 심리학 협회(Psychological Corporation)에서 출간된 이 척도들을 완성하는 데 각각 몇 분밖에 소요되지 않는다. 이 중 어떤 것이든 또는 모두 다 내담자들이 치료를 시작하기 전에 일종의 정서 기초선을 얻기 위해 시행할 수 있다. 어떤 척도에서 높은 점수를 얻었다면, 매 회기 그 척도를 시행하여 내담자의 정서 변화를 추적하고 양으로 측정하는 것이 가능하다. 좀 더 빨리 정서를 평가하기 위해서는 분노, 질투, 슬픔과 같은 특정 기분의 격렬함 또는 강도에 대해 0~100 사이의 점수를 매겨서 정서 상태를 알 수 있다. 내담자들은 각 회기가 시작될 때 이러한 척도들을 사용하여 자신을 평가할 수 있다.

⚙ 인지 수정 전략

치료자들은 내담자들이 감정과 부합되는 방식으로 새로운 인지를 재구성하고 그들의 새로운 인지를 정확하고 현실적으로 표현할 수 있는 말을 찾도록 하기 위해 재구조화 작업을 한다. 이 과정은 사람들이 그들의 수정된 인지에서 믿음을 심화시키고 그러한 인지를 자신의 일부로 만들 수 있게 돕는 것을 포함한다.

다시 말하자면, 인지치료자들은 이러한 목표를 달성하기 위해 풍부한 전략을 사용한다. 이 기법 중 많은 수가 그 속성상 주로 인지적이나, 어떤 것들은 행동적이며 제5부에서 좀 더 다루어질 것이다. 다음은 인지치료자들의 작업을 향상시키는 전략들이다.

- **절대적 진술에 도전하기** 내담자들은 종종 자신의 이야기를 할 때 "절대로" 그리고 "항상"과 같은 절대어를 사용한다. "내 남편은 저녁때 절대로 집에 없어" 또는 "내 상사는 항상 지각이야". 이러한 진술의 절대론적 속성에 도전함으로써(예 : "절대? 지난달에 당신 남편은 저녁식사때 집에 있었다면서요?" 또는 "항상이란 너무 확정적인데요"), 치료자들은 내담자에게 절대적 진술을 철회하고 행동을 좀 더 정확하게 명료화할 기회를 준다.

- **활동 일정 짜기** 이것은 사람들에게 슬픔이나 걱정의 감정에도 불구하고 활동적이 되도록 할 뿐 아니라 새로운 행동이나 생각하는 법을 계획하고 시도하는 것을 장려한다. 새롭고 흥미 있는 기술을 배우고 좋은 시간을 가지는 것은 기분을 향상시키고 더 명확하게 생각할 수 있게 해준다.

- **비난을 재귀인하기** 내담자들은 종종 자신의 삶이 뭔가 잘못될 때마다 스스로를 비난하고 내부로 탓을 돌린다. 비난에 대한 이 같은 잘못된 귀인은 정서와 행동을 폭포처럼 쏟아낼 수 있다. 문제의 핵심으로 이끄는 소크라테스식 대화와 질문 사용하기를 통해 치료자들은 내담자로 하여금 그 상황을 좀 더 분명하게 볼 수 있도록 도울 수 있다. 아래 짧은 대화에 기술하였다.

  내담자 : 부모님이 휴가를 가셨을 때 수도관이 파열되어서 아파트 전체가 침수되었죠. 이건 모두 내 잘못이에요.
  치료자 : 당신이 부모님 집을 지키고 있었나요?
  내담자 : 아뇨. 몇 년 동안 가지 않았어요. 부모님은 플로리다에 사시지만, 떠나기 전에 수도를 잠갔어야 했어요.
  치료자 : 그들이 당신에게 수도를 잠가달라고 했나요?
  내담자 : 아뇨.

- **인지적 시연** 정신적으로 새로운 행동을 연습하고 그 행동을 성공적으로 수행하는 자신의 인지적 모델을 만드는 전략이다. 몇몇 운동선수들은 경기에서 자신의 기술을 향상시키기 위해 이 기법을 이용한다. 언어폭력이 심한 남편과 결혼한 한 여자는 남편에게 자신의 의견을 주장하고 그가 그녀를 모욕하며 이야기했을 때 그에게 용감하게 맞설 수 있도록 이 접근법을 사용했다. 변형된 방법은 자신을 그들이 존경하는 누군가로 상상하고 자기가 그 사람인 것처럼 도전적인 상황에 맞서는 것이다.

- **전환 또는 주의분산** 이것 또한 부정적 생각을 줄이는 것을 도울 수 있다. 생명을 위협하는 병이라는 진단을 받았던 한 여자는 예후가 좋다는 진단을 받았지만 여전히 죽음에 대해 끊임없이 생각을 한다. 이 괴로운 생각에서 벗어나기 위해 그녀는 광범위한 생각들을 각 항목으로 분류하고, 부정적인 생각이 들 때마다 새로운 생각의 목록을 떠올리기 시작했다.

- **자기대화** '두려움이 너를 휘두르도록 두지 마라. 너는 할 수 있다'와 같이 스스로에게 도움이 된다고 확인된 긍정적이고 격려가 되는 문구들을 하루에 여러 번 반복하여 말하는 기법이다. 본질적으로, 그들은 스스로에게 활기를 불어넣는 격려 연설을 하고 있는 것이다.

- **확언하기** 이것은 자기대화와 밀접한 관계가 있다. 확언하기는 긍정적이고 강화가 되는 일종

의 표어이다. 사람들은 이것을 냉장고 같이 눈에 잘 띄는 장소에 붙여두거나 자주 보는 바인 더에 보관하여 그들의 생각을 바꿀 수 있도록 연상시키게 한다. 한 사춘기 소녀는 '언젠가 너는 너의 위대한 잠재력을 실현하게 될 것이다'를 확언하기 문장으로 골랐다. 그 말을 항상 마음에 둠으로써 도전적인 일들을 효과적으로 대처할 수 있었다.

- **일지 쓰기** 긍정적 변화를 만들기 위한 노력으로 현실적 혹은 왜곡된 인지, 생각, 감정 등 사람들의 내적·외적 경험에 대한 지각을 증대시킬 수 있다. 이 기록은 회기 중에 중요한 자료를 제공하고 변화의 진전과 어려움 모두를 추적할 수 있는 방법으로 이용될 수 있다.

- **편지 쓰기** 이것은 생각과 감정을 탐색하고 표현하는 또 다른 길을 제공한다. 학교에 무단 침입한 것으로 고소당한 아들을 둔 여성(앞에서 논의된)에게는 아들의 행동에 대한 자신의 반응을 '아들에게 보내는 편지'를 통해 전달해보는 것이 유용할 수 있다. 그 편지를 보낼 필요는 없으나 회기 중에 중점적으로 다뤄볼 수 있을 것이다.

- **대안에 대한 체계적 평가**(손익 분석) 이것은 사람들이 현명한 결정과 선택을 할 수 있도록 돕는 접근법이다. 먼저 대안의 장단점들을 열거한다. 그리고 나서 각각의 장점과 단점의 중요도에 따라 1~10 사이의 점수를 매긴다. 마지막으로 각 대안의 장단점에 매겨진 점수들을 합산한다. 직업을 바꾸는 것을 고려 중인 어떤 남자는 안정적이고 보수가 좋은 컴퓨터 기술직에 남을지 그의 평생 목표인 카운슬러가 될지 결정하는 데 이 접근법을 사용했다. 장단점 목록에 카운슬러가 되는 목표의 장애물들을 적었으나 점수의 합계는 카운슬러 되기에 대한 선호가 높게 나타났다.

- **재명명 또는 재구성** 이것은 사람들로 하여금 자신의 경험이나 지각을 다르게 생각하도록 돕는다. 예를 들어 데이트 경험이 거의 없는 35살의 여성은 자신을 실패자로 생각하는 것을 멈추고 자신을 대기만성형의 사람으로 재명명하였다.

- **역할 연기** 이것은 사람들이 자신에 대해 갖는 새로운 생각들을 현실화하는 것을 가능하게 한다. 예를 들면 자신의 능력에 대해 더 긍정적인 시각을 갖게 된 한 남자는 자신의 성취를 친구들과 나누고 상사에게 임금인상을 요구하며 동료를 점심에 초대하는 역할 연기를 했다.

- **오래된 생각과 새로운 생각 사이의 대화 역할 연기** 이 역할 연기를 할 때, 내담자는 오래된 혹은 새로운 생각 중 한쪽을 대변하기 위해 두 의자(제10장에서 논의됨)를 사용할 수 있다. 한 의자에서 다른 의자로 옮기면서 두 가지 생각 사이의 대화를 시작한다. 이것은 생각의 변화를 명확하게 하고 합리적 생각을 굳히는 것을 돕는다.

- **거리 두기** 이것은 긴 안목에서 문제를 보고 그것의 중요도를 낮추기 위해 미래를 상상해본다. 어떤 여성은 대학의 한 수업에서 B를 받은 것이 10년 후 그녀에게는 그다지 중요한 의미는 없을 것이라는 상상을 해 볼 수 있을 것이다.

- **독서치료** 이것은 상담 과정에 책을 사용하는 것으로 내담자의 생각을 수정하는 데 도움을 줄 수 있다. 내담자의 경험과 유사한 상황에서 잘 대처한 다른 사람들에 대해 읽음으로써 카타르시스를 느끼고 정서적 발산과 새로운 사고방식 그리고 소통방식을 알게 해줌으로써 문제를

해결하도록 도울 수 있다.

어머니를 잃은 12살 소년에 대한 독서치료의 예가 있다. 그 소년은 학교가 끝나고 집에 가면 더 이상 어머니가 집에 없다는 것 때문에 더욱더 슬펐다. 치료에서 심리평가를 실시하고 난 후 여성 치료자는 그 내담자에게 카타르시스가 필요하다는 것을 깨닫게 되었고 아이에게 애도와 상실에 관한 내용의 **눈물의 수프**라는 그림책을 주었다. 이 책은 내면의 애도 감정을 표현하도록 돕는 수프 만들기(눈물의 수프)에 관한 것이었다. 소년은 책 속의 그 사람이 수프를 만들면서 슬퍼해도 괜찮다는 것을 알게 된다는 것을 동일시하기 시작했다. 독서치료의 또 다른 유형은 내담자가 현재의 이슈에 유의하도록 돕는 데 사용되는 워크북인 상호작용 독서치료이다. Erford와 동료들(2010)은 독서치료의 사용에서 다음 몇 가지를 권고한다. (1) 치료자들은 반드시 자신이 읽은 책만을 사용해야 한다. (2) 치료 과정 동안 내담자의 특정한 현실을 반드시 염두에 두어야 한다. (3) 내담자의 독서 수준과 흥미를 고려해야 한다. (4) 모든 내담자들이 독서를 좋아하거나 책을 완독할 시간을 가지고 있는 것은 아니다. 영화와 비디오 역시 독서치료의 형태로 사용될 수 있다.

- **등급별 과제 부여** 이것은 내담자들이 회기 사이에 완성해야 하는 활동이다. 성공을 보장하는 쉬운 과제에서 시작해서 치료자들은 과제의 난이도를 점차 높여서 그것으로부터 계속 배우고 성취감과 숙련감을 느끼게 할 것이다.

종결과 재발 방지

인지치료의 다른 단계들과 마찬가지로, 마무리 단계도 치료 중에 배운 것을 성공적으로 적용할 수 있도록 하기 위해 신중하게 계획되고 구조화된다. 회기는 좀 더 드물게 일정을 잡는데 전형적으로 격주로, 이후부터는 한 달에 한 번, 점차 적어도 일 년간 세 달에 한 번씩으로 일정을 옮긴다(Beck, 2011). 이것은 사람들에게 치료자와 접촉을 유지하는 동안 내담자들의 기술을 점검하고 피할 수 없는 좌절에 대처해보는 기회를 준다.

좌절에서 정상 상태로 돌아오고 계속되는 배움의 중요성을 강조하는 것은 사람들이 앞으로 일어날 수 있는 실망에 성공적으로 대처할 수 있도록 해준다. 아마도 치료하는 동안 배웠을 주장성, 의사결정, 대처 전략, 의사소통 기술과 같은 삶의 기술들이 재검토되고 강화될 것이다. 내담자가 성취에 대한 칭찬을 받아들이고 자신감을 느끼도록 하면서 상담 과정의 진전 또한 검토된다. 치료자들은 내담자들이 종결에 대해 갖는 걱정들을 다루고 치료 과정에 대한 피드백을 나눈다. 마지막으로 내담자와 치료자는 내담자 스스로 진전을 계속할 수 있도록 목표와 계획을 세우는 데 협력한다.

인지치료의 적용과 현황

인지치료는 주요 치료 접근법으로 확립되었다. 다른 인지치료자들뿐 아니라 Aaron Beck과 그의 동료들이 이 접근법의 영향에 대해 방대한 연구를 장려하고 수행했기 때문에 이것의 효과성은 500편 이상의 성과 연구들에서 명확하게 설명되었다(Beck, 2011).

진단 집단에 적용

본래 우울증치료를 위해 개발되었던 인지치료는 축 I의 주요 장애들, 특히 기분장애, 불안장애, PTSD 등 대부분의 장애에서 효과성이 입증되었다(Dobson, 2010). 최근 연구에서는 사회공포증 치료의 5년 후 추수 상담에서 증상 개선이 유지되었음을 확인했다(Mortberg, Clark, & Bergerot, 2011). 인지치료는 불면증과 알코올남용을 치료하고 스트레스와 걱정을 완화시키고 자살 사고를 줄이고 통증관리에 성공적으로 사용되었다(Dobson, 2010; Hofmann, 2012).

이 치료가 인지의 변화에 초점을 두고 있기 때문에 높은 스트레스, 불안 또는 우울과 관련된 장애들을 위한 의학적 치료에 효과적인 보조치료로 제공될 수 있다. 불임, 간질, 발기부전, 유방암 환자들 모두 부정적인 인지를 줄이는 데 보조적으로 인지치료가 도움이 되었다고 보고하였다. 인지치료는 만성 통증을 관리하고(Otis, 2007), 최근에 HIV로 진단된 게이 내담자들의 불안을 줄이는 데 도움을 주었고(Spiegler, 2008), 간질과 관련된 행동 문제를 관리하는 데 도움이 되었으며 하지불안증후군 환자의 이완을 높이고 수면을 개선하였다(Hornyak et al., 2008).

Beck과 동료들(2008)은 인지적 접근법이 어떻게 정신분열증을 이해하고 치료하는 데 사용될 수 있는지를 보여주기 위해 신경생물학과 심리학을 결합하였다. 망상, 환각, 음성 증상들, 그리고 사고장애는 인지이론으로 개념화되었다. 양극성 장애와 정신분열증과 같은 심각한 정신장애 영역에서의 연구 성장은 인지치료가 망상과 환각치료에서 효과적인 보조치료가 되었음을 발견하였다. 치료적 개입은 내담자로 하여금 정신병이 아니라는 것을 알게 돕고, 그들을 속상하게 하는 설명에 도전하고, 행동 실험을 통해 망상적 오해를 검토하도록 돕고, 우울과 불안 증상들을 감소시키고 자살 위험을 줄이기 위한 치료를 제공한다. 인지치료는 또한 정신분열증을 가진 이들의 치료 및 호전을 보여주었다(Kingdon, Rathod, Weiden, & Turkington, 2008). 인지치료는 매우 대중적이 되었고 그 효과성은 매우 광범위해졌다. 인지치료의 매뉴얼과 워크북들은 대부분 축 I과 축 II 장애에 사용 가능하다.

다문화 집단에 적용

인지치료가 현재의 문제들만 다루며 매우 개인적이라고 느낄 만한 감정이나 경험을 드러낼 것을 요구하지 않기 때문에 이 접근법은 다양한 범위의 나이와 배경을 가진 사람들의 마음을 끈다. 특히 정서를 공유하는 것보다 생각을 공유하는 것이 더 편하고 더 받아들이기 쉬운 사람을 치료하는 데 유용하다. 예를 들어, 이 접근에 내재된 사고에 대한 강조만큼 인지치료자의 정중한 태도는 종종 가까운 가족이나 친구가 아닌 이들과 개인적 경험과 정서를 깊이 나누는 것을 주저하는 아시아 배경을 가진 사람들에게 적합해보인다.

그러나 만일 인지치료 연구 어느 곳에서라도 어떤 틈이 발견된다면, 그것은 문화적 다양성의 영역이다. 어떤 집단들은 단지 치료 성과가 잘 드러나지 않을 수 있다. 미국에서 문화적 배경, 종교, 성적 선호, 장애 그리고 사회경제적 지위의 범위가 다양해지면서 추구하는 치료의 수도 증가하는 반면 정신건강 서비스를 제공하는 이들은 그다지 덜 다양해보인다. 실제로 미국심리학회 조사에서

APA 회원의 94%가 유럽 및 미국 배경인 것으로 나타났다(Pantalone, Iwamasa, & Martell, 2010).

치료자는 무엇을 해야 하는가? Pantalone과 동료들에 따르면, "CBT는 당신이 알고 있는 그것을 한다"(2010, p. 454). 일반적인 경험적 연구뿐 아니라, 다양한 문화를 가진 사람들과 인지치료를 사용하는 것은 그것의 가치를 암시한다. 물론 인지치료자들은 문화적으로 유능한 기술들과 의사소통 방식들을 사용해야 하며, 무엇이 그 사람의 최고의 관심사인지에 대한 추정을 내려서는 안 된다. 내담자가 자신의 문제에 대해 전문가라고 여기는 협력적 접근법은 인지치료 패러다임과 일치하는 것으로 볼 수 있다. Kubany 등(2004)은 PTSD를 가진 '매 맞는 여성'의 치료에 사용한 수정된 형태의 인지치료가 "백인과 소수 민족 여성에게도 똑같이 도움이 되었다"(p. 3)고 밝혔다.

인지치료가 모든 연령의 사람들에게 효과적이었다는 다수의 증거들이 있다. 인지치료는 연령에 따른 인지적 쇠퇴에 순응하는 노인들과의 작업에 적용할 수 있다(Gallagher-Thompson, Steffen, & Thompson, 2008). 이것은 놀이치료와 아동의 자아존중감 향상(Seiler, 2008), ADHD, 품행장애, 적대적 반항장애, 사춘기의 기분 및 불안장애, 섭식장애, 그리고 아동기 외상 같은 아동기 장애에도 효과적이다(Crawley, Podell, Beidas, Braswell, & Kendall, 2010; Hoch, 2009; Reinecke, Dattilio, & Freeman, 2006). 각 집단의 연령 범위와 그 장애에 대한 구성요소들이 특정할 수 있지만 공통요소들은 흔히 교육과 문제해결 요소, 인지 재구성, 감정에 대한 교육, 이완훈련, 연습과 역할 연기, 강화, 그리고 아동의 삶의 다른 측면에서 배웠던 교훈들을 독려하는 여러 방법을 포함하고 있다.

아래의 예는 PTSD 증상을 가진 중학생에 대한 10회 집단 인지치료 전략들을 요약한 것이다 (Stein et al., 2003, p. 605).

1회기 : 소개, 치료에 대한 설명, 스트레스와 외상의 유형에 대한 정보

2회기 : 스트레스와 외상에 대한 건강한 반응들에 대한 교육, 이완훈련

3회기 : 인지치료 소개, 사고와 감정의 연관성, 불안의 측정, 부정적 사고에 맞서 싸우기에 대한 설명

4회기 : 부정적 사고 피하기에 관한 부가 설명

5회기 : 대처 전략들, 불안위계 만들기

6회기 : 심상, 그림, 글쓰기를 통해 고통스러운 기억 노출하기

7회기 : 노출기반치료 계속하기

8회기 : 사회적 문제해결하기

9회기 : 뜨거운 의자를 통한 사회적 문제해결하기 연습

10회기 : 재발 방지와 '졸업'(종결)에 대한 심리교육

수많은 책들과 치료 매뉴얼, 메타분석들 그리고 연구들의 증가는 인지적 접근의 집단 적용을 통해 도움을 받을 수 있는 사람들의 수와 주제의 다양성을 설명해주고 있다(Crawley et al., 2010).

기타 집단에 적용

정신과 입원 환자들, 특히 부분적 입원 프로그램과 컴퓨터 지원 송출 방법을 받고 있는 환자들에 대한 인지치료 적용이 증가하고 있다. 이러한 치료 양식들은 인지치료자들로 하여금 더 많은 사람들에게 다가가고 예방 목적을 위한 인지치료를 사용하는 것을 가능하게 해준다.

정신과 입원 환자에 대한 4년간의 인지행동치료 효과성 연구는 이것이 약물과 다른 치료에 대한 보조치료뿐 아니라 집단치료에 대한 매뉴얼화된 치료적 접근법임을 보여주었고, 그 결과 정신분열증과 양극성 장애를 가진 환자의 재발을 낮추었다(Veltro et al., 2008). 또한 인지치료는 부분적 입원 환경의 보조치료로 성공적으로 사용되어왔다(Witt-Browder, 2000).

인지적 가족치료 역시 필요한 지원을 많이 제공할 수 있다. Pavuluri(2004)는 양극성 장애 진단을 받은 34명의 어린이들에게 약물치료, 인지치료, 행동치료, 그리고 가족중심치료(family-focused therapy, FFT)를 결합한 치료를 실시했다. 치료적 개입은 가족구성원들의 대처 기술과 공감력 증대하기, 스트레스와 부정적 감정 표현 줄이기, 가족 문제해결과 의사소통 능력 향상시키기에 초점을 둔다. 치료는 또한 아이들의 교사들의 협력과 양극성 장애에 대한 심리교육을 포함하였다. 그 결과, 전반적인 기능의 향상과 함께 주의력 결핍, 공격성, 조증, 정신증, 우울증, 수면장애와 같은 증상들이 상당히 감소하였음을 발견했다.

인지치료에 기초한 심리교육은 심리적 문제나 정신장애를 겪는 사람들, 위기에 처한 사람들, 그리고 일반적인 사람들에게도 적용될 수 있다. 인지적 심리교육은 사고가 감정과 행동의 기초가 된다는 개념을 제시하고 사람들이 자신의 생각을 점검, 평가, 논박, 수정하기 위해 사용할 수 있는 전략을 설명한다. 행동 전략에 대한 정보는 그 과정을 더욱 향상시킨다.

인지치료의 현황

Beck의 인지치료가 처음 관심을 받은 이후 40년 동안 그 토대가 거의 변화하지 않았음에도 불구하고, 인지치료는 계속 진화하고 있다. 상당한 깊이와 유용성을 제공해주었던 비교적 새로운 두 가지 인지치료는 도식치료와 정서도식치료이다. 물론 행동치료는 인지치료와 통합하여 인지행동치료(CBT)를 만들어냈다. 그러나 이 치료 양식은 매우 광범위해서 그 나름의 장을 마련했다. CBT는 제16장에서 좀 더 다룰 것이다.

도식치료 Jeffrey Young(1990/1999)에 의해 개발된 도식치료는 Beck의 인지치료를 넘어서 정서적 수준의 변화를 일으키기 위해 대인관계, 애착 및 체험적 기법들을 통합시킨다. 이 접근법은 대부분의 인지치료들보다 더 깊이 들어가는데, 이는 아동기에 형성된 후 평생에 걸쳐 영향을 미치는 핵심 도식들을 자각하는 데 그 목적이 있다. 도식치료는 약물남용, 기분/불안장애, 혹은 섭식장애 등의 축 II 혹은 기타 장애를 위한 CBT와 함께 자연스럽게 통합될 수 있다(Rafaeli, Bernstein, & Young, 2011). 이 접근법은 통상적 CBT 또는 간소화된 유형의 치료 및 깊이 스며든 문제의 핵심에 도달하려는 장기적 개입 사이를 연결시키는 다리 역할을 할 수 있다.

앞에서 토의한 대로 도식치료는 원래 성격장애가 있거나, 집중적 개입이 효과가 없는 내담자들을 돕기 위해 개발되었다. 유년기의 적응적 패턴들을 관찰하는 것을 통해, 도식치료는 현재의 행동들이 어떻게 어린 시절의 자기패배적 정서 패턴을 유발시키는지 내담자들에게 이해시키도록 돕는다. "초기 부적응 도식은 자기패배적 정서 패턴들이며 이것은 우리의 생애 초기에 시작되고 평생에 걸쳐 반복된다"(Young, Klosko, & Weishaar, 2006, p. 7).

도식치료는 내담자들이 자신의 부적응적 패턴들이 다음의 5개 영역에 속한다는 사실을 인지하도록 돕는다.

1. **단절 및 거절** : 유기/불안정, 결함/수치심, 사회적 고립/소외, 정서적 결핍, 불신/학대
2. **손상된 자율성 및 수행**
   a. 의존/무능감
   b. 취약성(위험 또는 질병에 대한)
   c. 융합
   d. 실패
3. **손상된 한계** : 특권의식/과대성, 부족한 자기통제 또는 자기훈련
4. **타인중심성** : 승인 또는 인정 추구, 복종, 자기희생
5. **과잉경계 및 억제** : 부정성, 정서적 억제, 처벌, 엄격한 기준/과잉비판

어떤 도식이 활성화되면, 개인은 다음의 세 가지 중 하나로 반응한다. (1) 과잉보상, (2) 회피, (3) 도식이 사실인 것처럼 받아들이는 굴복(Ohanian & Rashed, 2012). 이 세 가지 반응들은 모두 삶과 대인관계를 이끌어가는 데 문제를 야기할 수 있다. 애착 도식으로 인해 누군가가 자신을 떠난다는 것에 대해 공포를 느끼는 수잔이라는 이혼녀의 사례를 살펴보자. 그녀는 3개월째 한 남성과 데이트를 하고 있는데, 그와 만나기로 한 금요일 저녁, 그 남자가 약속장소인 식당에 나타나지 않았다. 이때 그녀의 애착 도식이 활성화되었다. 수잔은 감정적으로 반응하기 시작한다. 즉 그가 시간을 지키지 못할 만큼 자신을 존중해주지 않는다며 분노하고, 그 남자가 자신에게 맞지 않는 사람일 것이라고 슬퍼하고, 또 자신은 언제나 혼자일 것이라는 두려움이 느껴지기 시작한다. 그녀는 화를 내며 이 식당에서 나오거나, 그의 전화를 피하거나, 그의 문자 메시지에 답하지 않는다. 수잔의 대응(혹은 회피) 방법은 유년기에, 엄마가 화를 낼 때 집을 나와서 이웃집으로 피할 때 배워진 것이다. 그러나 이 유년기의 방법은 이제 수잔이 성인이 된 지금은 맞지 않는다. 이 경우, 이 남성이 수잔에게 연락하려는 시도를 그녀가 적극적으로 회피함으로써 수잔은 이 남성이 자동차 사고 때문에 데이트 약속을 지킬 수 없었다는 설명을 하지 못하게 만들었다. 유년기의 회피 패턴으로 돌아감으로써, 수잔은 무의식적으로 자신이 가장 두려워하는 바로 그 상황, 즉 관계가 끝나고 다시 혼자 남는 것의 원인을 제공하게 된다.

도식치료의 목표는 사람들이 성인으로서 건강하게 기능하는 법을 알게 하고 이를 유지하게 하는 것이다(Ohanian & Rashed, 2012). 평가 단계는 체험적 연습과 *Young Schema Questionnaire*(Young, 2005), *Young Compensation Inventory*(Young, 2003a), *Young Parenting Inventory*(Sheffield et al., 2005;

Young, 2003b), *Schema Mode Inventory*(Young et al., 2007) 등의 도식 질문지들을 사용할 수 있다. 또한 내담자에 대한 치료자 자신의 반응들에 대해서도 중요한 정보를 제공할 수 있다.

도식치료의 개입 방법으로는 인지적 그리고 체험적 기법들이 있는데, 이것은 내담자들이 자신의 자기패배적 패턴을 인지하도록 돕고, 제한적 재양육(Kellogg & Young, 2008; Rafaeli et al., 2011)으로 알려진 개입을 통해 치료 동맹의 힘을 사용하는 것이다. 유년기에 핵심적 욕구들이 채워지지 않아 부적응적 도식이 발달한다는 것을 인지함으로써, 치료자는 내담자가 필요한 욕구들이 충족될 수 있는 치료적 환경을 조성하도록 노력한다. 치료자는 또 내담자와 공감을 유지하면서 부적응적 도식을 논박하기도 한다(Edwards & Arntz, 2012).

사람들은 다양한 상황에서 정서적, 결정적, 관계적, 신체적 도식 등을 비롯하여 다양한 도식을 사용한다(Beck et al., 2006). 최근의 신경생물학 연구 결과들은 상당한 양의 정신적 과정이 무의식 수준에서 일어난다는 것을 뒷받침하고 있다(Uhlmann, Pizarro, & Bloom, 2008). 기질, 생물학적 소질, 삶의 경험들은 전부 대처 양식의 발달에 기여하는 것들이다. 도식치료의 과정에서, 치료자는 공감을 형성하면서도 논박을 할 수 있는 균형을 반드시 유지해야 한다. 목표는 내담자들이 건강한 성인으로서의 도식을 형성하고 유지함으로써 더 많은 유연성과 자유를 얻고, 궁극적으로는 더 행복한 삶을 누리게 하는 것이다.

도식치료는 다음과 같은 장애에 효과가 있는 것으로 보인다. 경계선 성격장애(Farrell, Shaw, & Webber, 2009; Giesen-Bloo et al., 2006; Nadort et al., 2009), 대인관계 문제(Rafaeli et al., 2011), 공존적 성격장애 및 불안, 기분장애 및 물질사용장애 등과 같은 축 I 장애가 이에 해당된다. 도식치료는 짧을 수도 있지만 일반적으로 내담자의 필요에 따라 기간이 길어질 수 있다. 도식치료는 심리적 문제의 유년기 원인을 탐색한다는 점에서 인지치료와 차이가 있다.

다른 치료 접근법과의 통합 강력한 통합 치료 체계를 만들기 위해 인지치료와 다른 접근법들을 결합하는 연구가 점점 더 늘어났다. 최근 인지치료를 사용하는 치료자들은 정서의 중요성을 좀 더 많이 인식하고 있는 것 같다. 최근 Leahy와 동료들(2011)에 의해 개발된 정서도식치료(Emotional Schema Therapy, EST)는 도식치료와 정서 조절에 초점을 둔 인지 재구성을 결합한 통합적 접근이다. EST에서는 정서 조절이 종종 내담자와의 인지 작업을 달성하게 해주는 선구자로서 필수적임을 알고 있다. 이것은 다음의 원리에 의해 만들어졌다.

- 정서는 보편적이고 적응적이다.
- 정서에 대해 추정된 믿음과 도식들은 불안이 공황발작을 일으키는 것처럼 악화되기도 하는 부적절한 정서 표현 혹은 적절한 정서 표현 등을 이끌어낸다.
- 정서에 대한 도식들은 정서 표현에 대한 두려움, 수치심에 기반한 정서, 파국화, 그리고 정서는 독특하고 영속적이며 통제불능이라는 느낌을 포함할 수 있다.
- 강한 정서는 피해야 하는 참을 수 없는 느낌이라고 본다. 따라서 많은 사람들은 강한 정서를 줄이기 위한 시도로 약물, 알코올, 폭식, 그리고 다른 충동조절장애로 의지하게 된다.

- 정서적 이해, 표현, 그리고 타당화는 수치심, 죄책감, 그리고 정서 통제의 부족과 관련된 두려움을 정상화하고 일반화시키고 경감시켜준다(Leahy et al., 2011).

EST 전략들은 마음챙김, 자기연민(자애심), 스트레스 경감과 같은 정서적 타당화와 조절 기법뿐 아니라 정서에 관한 심리교육을 포함한다. EST에 관한 최근의 효과성 연구들이 모두 그렇지는 않지만, 인지와 정서적 개입 전략의 결합은 긍정적인 성과와 관련되어 있다. 이 유망한 접근법에 대한 좀 더 많은 연구들이 필요하다.

인지치료는 또한 외상을 가진 사람들을 돕는 문화적으로 세심한 방법으로 사용되고 있다. Hinton과 동료들(2012)은 외상을 겪은 난민자들과 소수 민족들을 돕기 위한 인지치료를 적용하였다. 이들의 접근법은 외상을 입은 난민자들을 위해 문화적으로 세심한 12개 요소로 구성된 치료이며 이들의 정서와 인지적 융통성을 개선하기 위한 모델의 윤곽을 보여주고 있다.

인지치료에 대한 평가

인지치료는 많은 것을 제공할 수 있지만, 또한 한계도 갖고 있다. 이것을 염두에 두는 것은 치료자들이 이 접근법의 효율성을 극대화하도록 도울 수 있다.

한계

인지치료는 물론 모든 사람을 위한 것은 아니다. 이것은 사람들이 치료에 적극적이고 협력적으로 참여하고 회기 사이에 부과된 과제들을 완수하기를 요구하는 구조화된 접근법이다. 게다가 인지치료는 현재-지향적이고 상대적으로 단기의 치료를 강조한다. 인지치료의 목표는 명확하게 사고하고 삶의 어려움에 대처해나가는 능력을 향상시키는 것이다.

통찰의 발달과 성장배경의 탐색에 초점을 두는 구조화되지 않은 장기간의 치료를 찾는 사람들은 이 치료를 그들의 필요에 맞지 않는 것이라고 볼 수도 있다. 또한 치료에 완전히 참여하기를 주저하거나 지적으로 제한되었거나 변화에 대한 동기가 없는 사람들은 좋은 후보가 아닐 것이다.

인지치료는 또한 치료자에게 많은 요구를 한다. 치료자는 조직적이어야 하고 이 구조를 편안하게 여기며, 내담자들의 문제와 진행 과정을 이끌고 평가를 위해 검사 도구와 양식들을 기꺼이 사용해야 한다. 이들은 발달이론, 학습이론, 행동치료, 진단에 대한 지식이 있어야 하며 폭넓은 개입 전략들을 능숙하게 사용할 수 있어야 한다. 계획하기와 노력은 인지치료의 성공에 빠질 수 없는 것이다. 내담자와 치료자 모두 이 접근법에서 요구되는 약속에 대해 알고 있어야 한다.

다른 잠재적 한계점은 치료자의 결점에서 초래될 수 있다. 초기에 어떤 치료자들은 인지치료를 당면한 문제를 빨리 해결해주는 것으로 잘못 생각했고, 강한 치료 동맹을 발달시키는 것을 무시하고, 공감의 중요성을 경시하며, 심지어 치료자들이 사람들의 역기능적 사고에 대해 비판적이고 판단적인 입장을 취하기도 했다. 이러한 시각은 인지치료를 잘못 이해하고 있음을 보여주는 것이며 효과적인 치료에서는 나타나지 않을 것이다. 독자들은 인지치료가 초기보다 좀 더 깊이 있고 복합적이며 이 강력한 접근법을 완전히 이해하기 위해서는 신중해야 한다는 것을 염두에 두어야 한다.

강점과 공헌

인지치료는 많은 강점을 가지고 있다. 이 접근법이 치료에서 나타나는 가장 흔한 문제들—우울과 불안—을 개선하는 데 효과적이기 때문에 다양한 범위의 장애와 내담자들에게 유용하다. 인지치료는 대부분의 사람들에게 잘 받아들여지는데 그 이유는 명확하고 논리적이며 강제적이지 않기 때문이다. 인지치료는 사람들에게 그들의 과거에 대한 개인적인 세부사항까지 공유하거나 그들의 정서에 집중적으로 초점을 두는 것을 요구하지 않는다. 이것은 자신감을 심어주며 위협적이지 않은 접근법이다. 이미 보았듯이, 인지치료는 다양한 개입 전략들을 사용하여 다른 많은 치료 접근법과 통합할 수도 있다.

인지치료의 명확하고 신중하게 계획된 구조는 이 치료 체계에 대한 가르침과 연구 모두를 촉진한다. 이것의 시간제한적 특성은 치료를 효율적이고 호소력 있게 만들고, 추수 치료의 사용은 재발을 방지하는 안전장치를 제공한다. 치료자-내담자 간의 협력적인 치료 동맹을 형성하고 회기 사이에 과제를 주고, 진전에 대해 보상을 주며, 긍정적 변화를 강화하고 삶의 기술을 가르치는 것을 강조하는 것 등이 내담자에게 자신감을 준다. 이 접근법은 단순히 당면한 문제해결을 위해 만들어진 것뿐만 아니라 사람들이 삶을 성공적으로 다룰 수 있도록 고안된 것이다.

인지치료에 숙달되는 것이 그렇게 간단하진 않지만 대부분의 치료자들은 훈련과 경험을 통해 인지치료를 쉽게 배우고 효과적으로 사용할 수 있다. 모든 치료자들은 인지치료의 강력하고 중요한 개념들에 익숙해져야 한다.

인지치료는 상담과 심리치료에 중요한 공헌을 했다. 특히 Aaron Beck의 작업은 연구의 중요성과 치료 효과의 증거들을 강조했다. 이것은 치료에 통일성을 제공하고 효과성 평가가 용이하도록 고안된 치료 지침서의 개발뿐 아니라 조력 전문가들의 전반적인 연구 증대를 이끌었다. 인지치료의 사례개념화와 치료 계획의 사용은 최근에 목표설정과 치료에서 책임감을 강조하는 것과 부합되며 다른 치료 체계가 따를 수 있는 기준을 정립했다.

인지 평가 분야는 30년 이상이 되었다. 그 시간 동안 Beck과 다른 연구자들은 인지 과정들, 불안 그리고 기분장애, 공포증, 도식들, 그리고 전에는 측정하기 어려웠던 다른 구성개념들을 밝히는 데 도움이 되는 척도들의 발달과 사용을 촉진시켰다. Beck의 우울과 불안척도, 그리고 앞서 말한 Young의 도식 질문지는 자기보고식 질문지들 중 몇 개에 해당되며 오늘날 인지적 평가를 가능하게 해주는 매우 빈번히 사용되는 도구가 되었다(Dunkley, Blankstein, & Segal, 2010).

인지치료의 가장 중요한 공헌은 왜곡된 인지의 분석과 수정을 통해 사람들이 변화하도록 돕는 데 중요한 방법이라는 메시지일 것이다. 정서·행동·성장배경을 치료에서 결코 무시해서는 안 되지만, 사람들로 하여금 더 현실적인 인지를 발달시키도록 돕는 것은 목표에 도달하는 데 도움이 되는 효율적이고 효과적인 방식이다.

기법 개발 : 인지 분석하기와 수정하기

이 기법 개발은 인지 분석하기와 수정하기에 초점을 두었다. 여기서는 Aaron Beck의 작업을 대부분

보여주고 인지치료의 예를 알려준다. 모든 인지이론가들이 비합리적 사고들을 논박하지만, 같은 방식으로 또는 같은 용어를 사용하여 그렇게 하지는 않는다.

　　사람들은 생각, 정서, 행동을 가지고 있다. 어떤 문제나 관심사를 묘사할 때, 셋 중 한 가지는 다른 두 가지에 비해 좀 더 접근이 쉽거나 현저해보이기 쉽다. 예를 들어 보자. 해롤드는 자신의 동생인 루이스가 암으로 죽어갈 때 아내인 캐럴과 있었던 일 때문에 매우 화가 났다. 해롤드가 그의 아내와의 상호작용을 세 가지 방식으로 묘사한 것을 다음에서 살펴보자.

　　묘사 1 : 루이스가 죽어가고 있을 무렵 우리는 휴가를 갈 계획이었어요. 의사와 상담을 해 보니 몇 주 후에 사망할 거라고 하더군요. 저는 루이스와 시간을 함께 보내려고 노력했어요. 캐럴에게는 휴가를 뒤로 미루고 싶다고 말했고, 한 달을 연기시켰어요. 한 달 후, 루이스는 몸이 많이 쇠약했지만 살아 있었어요. 그래서 다시 휴가를 미루자고 제안했죠. 하지만 캐럴은 이해하지 못했지요. 그래서 저는 원하지 않았음에도 휴가를 가게 되었어요. 스페인에 머무르고 있을 때 루이스가 죽었어요. 우리는 장례식을 치르기 위해 즉시 비행기를 타고 돌아왔습니다.

　　묘사 2 : 루이스가 죽어가고 있을 무렵 우리는 휴가를 갈 계획이었어요. 루이스의 상황에 대해 알게 되었을 때 저는 패닉에 빠졌습니다. 루이스의 죽음이 다가오는데 휴가를 간다는 것은 말이 되지 않았어요. 두 번째로 휴가를 미루자고 했을 때 캐럴이 거절했는데 저는 몹시 화가 났어요. 하지만 캐럴이 바라는 것에 맞추지 않는다면 내 부부생활도 위태로울 것이라고 생각했어요. 우리가 스페인에서 여행하는 동안 루이스가 죽었지요. 루이스의 임종을 지키지 못했다는 것은 저에게 죄책감을 안겨주었습니다.

　　묘사 3 : 루이스가 죽어가고 있을 무렵 우리는 휴가를 갈 계획이었어요. 내가 생각할 수 있는 것이라고는, 그의 임종을 지킨다는 것이었어요. 캐럴이 휴가 계획 연기를 거절했을 때, 캐럴은 내 생각은 하지 않고 자신이 필요한 부분만 생각한다고 느꼈어요. 하지만 휴가를 가지 않으면 결혼생활에 문제가 생길 것 같았습니다. 우리가 스페인에 있을 동안 루이스가 죽었습니다. 그의 임종을 지키지 못했다는 것은, 제가 제 스스로를 평생 용서하지 못할 것 같습니다.

행동, 정서, 사고 이끌어내기

해롤드의 사례는 각각 차이가 있다. 묘사 1은 행동, 묘사 2는 감정, 묘사 3은 사고에 초점을 두고 있다. 사고를 이끌어내고 분석할 때에는 내담자의 반응에서 이 세 가지 측면이 모두 파악되어야 한다. 사고 · 정서 · 행동의 세 요소 중 가장 쉽게 접근할 수 있는 측면을 접근하고, 나머지 둘에 대해 질문을 한다. 내담자의 말을 기록하고, 주요한 사고 · 정서 · 행동이 정확히 기록되었는지 확인한다.

　　Burns(1999)는 이 과정을 **삼각행 기법**(triple column technique)이라고 불렀는데, 그 이유는 사람의 행동 · 사고 · 정서를 특정 상황에 맞추어서 이끌어내야 하기 때문이다. 내담자 정서의 강도, 신념의 크기를 잴 때 0부터 100 사이의 숫자를 사용하여 표시한다. 이것은 내담자의 사고와 감정에 변화가 있었는지를 판단하는 근거로 사용된다.

해롤드가 묘사한 행동, 사고, 정서에 대한 평가는 다음과 같다.

행동 확인하기

치료자 : 이 상황에 대해 당신이 행동으로 어떻게 반응했는지 설명해보세요.

해롤드 : 캐럴에게 휴가를 미루자고 한 번은 설득을 시켰습니다. 하지만 두 번째로 미루자는 말을 하자 아내가 거절했어요. 저는 아내와 함께 스페인으로 갔습니다.

사고를 확인하고 평가하기

치료자 : 이 상황에 대한 반응으로 당신의 생각이 무엇이었는지 알아봅시다. 0점에서 100점 사이에서, 절대적 신념을 100점, 그 반대를 0점이라고 했을 때 자신의 생각이 얼마나 타당한지 점수를 말해보세요.

해롤드 : 1. 휴가 연기를 거절했을 때 캐럴이 내 감정에 신경을 쓰지 않는다는 것은 95점입니다.

2. 캐럴과 함께 휴가를 가지 않는다면 결혼이 파탄이 날 것이라고 생각한 것은 90점이고, 내 동생을 버려두고 갔기 때문에 나는 나쁜 사람이라고 생각해요.

3. 이것은 99점입니다.

감정을 확인하고 평가하기

치료자 : 이 상황에 대해 당신이 느낀 감정들이 무엇인지 알아봅시다. 0점에서 100점 사이에서, 100점은 존재 가능한 최강의 감정이라고 할 때 말씀하신 감정들은 몇 점을 주실 수 있나요?

해롤드 : 1. 동생의 사망으로 인한 패닉 — 99점

2. 결혼 파탄의 우려 — 95점

3. 동생의 임종을 지키지 않은 것 — 92점

인지의 타당성 평가하기

다음 단계는 내담자의 인지가 유효한지, 건강한 것인지, 그리고 그들에게 도움이 되는 것인지 내담자가 판단할 수 있도록 돕는 단계이다. 치료자의 역할은 인지를 비판하거나 깎아내리는 것이 아니고, 객관적인 자세를 유지하면서 내담자가 스스로의 인지를 평가할 수 있도록 돕는 것이다. 아래에는 인지를 평가하고 수정하도록 하는 방법의 예시이다.

* 현실 검증 과거의 경험, 연구 결과, 논리, 실험 및 기타 정보원들을 이용하여 사고의 정확도를 평가한다. 해롤드는 아내의 과거 행동으로 미루어보아 아내가 해롤드의 감정에 관심이 없다고 생각할 수 있다. 또한 해롤드는 자신의 동생이 죽어가고 있는데 휴가를 가자고 한 아내의 태도를 자신이 어떻게 보았는지도 말해볼 수 있다.

* 대안 설명 찾기 치료자와 내담자는 합리적이면서도 좀 더 긍정적인 설명을 찾아본다. 예를 들면, 해롤드의 생각에 아내는 꼭 휴가를 가야 한다고 느끼고 있었고 해롤드 없이는 여행을 꺼렸을 것이라고 생각해볼 수 있다. 또는 아내 생각에, 휴가를 다녀오면 남편이 동생의 죽음을 좀 더 의연하게 받아들일 수 있다고 생각할 수 있다.

* 탈재앙화 이 과정은 가장 부정적인 결과 또는 해석을 확인하고 이것이 실제 이루어질 가능성, 가능한 결과 및 해결책을 알아보는 것이다. 해롤드는 아내가 자신을 더 이상 사랑하지 않으며 결혼이 파탄 났다고 생각했다. 생각을 자세하게 기술하는 과정을 통해, 해롤드는 결혼 생활이

끝나도 힘들기는 하겠지만 견딜 수 있다는 것을 인지하게 되었다.

해롤드는 대안이 되는 설명을 찾는 과정이 유익하다고 느꼈다. 또 그는 현실 검증을 해 보기로 결심하게 되었다. 캐럴이 종종 해롤드의 감정에 무관심해 보이는 때가 있기는 했지만, 이러한 점들을 직접 말해주면 캐럴은 대부분 관심을 보였다. 이러한 이력들과 비교해볼 때, 아내가 무관심하다고 판단하는 것은 맞지가 않았다. 치료자의 도움으로, 해롤드는 왜 캐럴이 휴가를 떠나자고 고집했는지, 그리고 결혼 생활에 대해서는 어떻게 생각하고 있는지 대화를 하기로 계획했다. 캐럴은 해롤드의 건강이 걱정이 되었고, 루이스는 최소 한 달은 더 살 것이라고 생각했다고 말했다. 해롤드가 밤낮으로 루이스의 병상을 돌보았기 때문에 남편이 잠시 쉴 필요가 있다고 캐럴은 생각했다. 휴가 도중에 루이스가 사망을 했을 때, 캐럴은 잘못을 했다는 것을 알게 되었지만 해롤드에게 이런 말들을 했다간 상황을 더 악화시킬 것이라고 생각했다. 캐럴은 결혼 생활에 어려움이 없는 것은 아니지만 이혼을 생각하고 있지 않으며 결혼 생활을 위해서는 도움을 받을 생각이 있다고 말함으로써 그를 안심시켰다.

핵심 인지 확인하기

핵심 인지는 특정한 생각의 근간이 된다. 이 인지는 사람들이 세상과 자기 자신을 어떻게 보는지에 대한 일종의 필터 역할을 하는 기본 명제이다. 핵심 인지를 식별하는 것은 학습한 것을 사용하게 해 주고, 자동적이기는 하지만 유효하지 않은 특정한 인지를 파악하게 한다.

해롤드의 핵심 인지 중 하나는 "나는 타인을 기쁘게 하지 않으면, 나는 줄 것이 별로 없기 때문에 거절당할 거야"라는 것이었다. 이 인지를 식별한 후, 해롤드는 아내에게 자신의 의견을 당당히 말할 수 없는 것은 자신의 자신감 결여와 관련이 있다는 것을 알게 되었다. 그는 또 이 핵심 인지가 자신의 삶의 많은 부분에 영향을 주고, 자신이 나중에 후회할 결정을 하게 만든다는 것도 알게 되었다. 또, 사람들이 자신을 더 알게 하거나 친밀해지는 것을 방해하고, 인간관계도 거리가 생기게 한다는 것을 알게 되었다.

인지 왜곡 분류하기

역기능적 혹은 왜곡된 인지는 어떤 면에서는 객관적 현실과 일치하지 않는 부분이 있다. 이것들은 대개 자신에 대한 부정적인 생각이며, 죄책감, 낮은 자존감, 사람들과의 관계와 상황에 대한 부정적인 생각, 바람직하지 않은 사건과 행동의 가능성을 과장시킨다. 이러한 생각은 대개 건강하지 않은 정서와 바람직하지 않은 행동을 야기시킨다.

왜곡된 인지는 분류 가능하다(Beck, 2011; Burns, 1999). 다음은 인지 왜곡 유형 목록으로, 해롤드의 경우를 예시에 반영하였다.

- 이분법적 사고 : 내 아내를 기쁘게 하기 위해 내가 할 수 있는 모든 것을 하지 않으면 아내는 나를 떠날 것이다.

- **과잉일반화** : 인간관계는 나하고는 맞지 않아. 고등학교 시절 내 첫사랑은 나를 떠났고, 첫 번째 아내는 불륜을 저질렀어. 캐럴과의 결혼도 곧 끝나겠지.

- **정신적 여과** : 캐럴은 우리 부부생활 개선에 노력하고 싶다고 말했고 나를 사랑한다고 말했지만, 내 첫 아내도 같은 말을 했었어. 나는 캐럴을 믿지 못할 것 같아.

- **긍정적인 면의 평가절하** : 루이스가 삶의 마지막 날들을 보내고 있을 때 나는 매일 함께 있었던 것은 맞아. 나는 루이스가 좋은 진료를 받을 수 있도록 했고, 호스피스도 데리고 왔어. 유언장을 준비할 수 있도록 변호사도 병원에 데리고 왔지. 내가 그의 삶에 변화를 준 것은 맞아. 하지만 결국 임종을 지키지는 못했잖아. 나를 제일 필요로 할 때 내가 없었다면 다른 것들은 아무 소용이 없지.

- **비약적 결론** : 오늘 아침 나는 캐럴과 크게 다투었는데, 지금 캐럴의 퇴근시간보다 한 시간이 지나가버렸어. 아마도 그녀가 나를 떠난 것 같아.

- **확대하기/축소하기** : 캐럴은 생일 선물로 다이아몬드 귀걸이가 갖고 싶다고 했지만 내가 그걸 잊었어. 대신 나는 진주를 갖다주었어. 캐럴은 실망했었지. 어떻게 나는 내 아내에게 중요한 것을 잊을 수 있었을까? 아내는 나와 계속 부부관계를 유지하고 싶은 마음이 들까?

- **감정적 추론** : 내 여동생이 말하기를, 루이스는 편하게 임종을 맞이했다고 했고 여동생이 루이스가 숨을 거둘 때까지 같이 있어 주었어. 여동생의 말로는 루이스는 내가 왜 떠나 있는지 이해한다고 했대. 하지만 난 아직도 기분이 좋지 않아. 우리는 정말 친했는데. 내가 없어서 루이스는 정말 힘들었겠지. 내 가족이 뭐라고 말을 하든, 나는 루이스를 떠나 있던 것에 대해 죄책감을 느껴.

- **당위적 진술** : 좋은 남편은 아내를 기쁘게 할 수 있는 모든 것을 해야 해. 나는 캐럴이 원하는 완벽한 남편이 되어야 해.

- **명명하기와 잘못 명명하기** : 나는 실패자야. 내가 하는 것은 되는 것이 없어. 내가 얼마나 노력을 하든, 나는 그저 실패자야.

- **개인화** : 내가 곁에 있었더라면 루이스는 더 오래 살 수 있었을지도 몰라. 내가 있어서 루이스는 버틸 이유가 있었던 것 같아. 의사들이 말했던 것보다 더 오래 살았는데. 루이스가 그때 죽은 것은 내 잘못이야.

- **재앙화** : 캐럴이 나를 떠난다면 내 삶은 가치가 없어. 나는 살 의미가 없을 거야.

- **독심술** : 캐럴은 나와 내 가족의 걱정거리에 대해 신경 쓰지 않아. 아마 캐럴은 내가 자립하지 못하는 사람이라고 생각하겠지.

- **터널 시야** : 내가 캐럴을 즐겁게 하기 위해 할 수 있는 것은 아무것도 없어.

해롤드의 최초 인지 왜곡은 다음과 같이 구분될 수 있다.

1. 캐럴이 휴가를 연기하지 않았을 때, 난 캐럴이 내 감정에 대해 신경 쓰지 않는다고 생각했었다 — **비약적 결론**

2. 내가 캐럴과 휴가를 가지 않으면 결혼이 파경에 이를 것이라고 생각했다 — 이분법적 사고

3. 나는 루이스를 떠났기 때문에 나쁜 사람이다 — 잘못 명명하기, 확대하기

인지 논박하기와 바꾸기

왜곡된 인지를 확인하고 분류하게 되면 논박이 가능해진다. 내담자와 치료자는 더 타당하고 내담자에게 더욱 도움이 될 만한 대안적 인지를 찾도록 같이 노력한다. 이것들은 원래의 인지를 대체하는 것으로 기록해둔다. 해롤드의 바뀐 생각을, 아래 새로운 생각에 대한 평가 점수와 함께 살펴보면 다음과 같다.

1. "캐럴이 휴가를 미루지 않겠다고 했을 때 캐럴이 내 감정에 대해 신경 쓰지 않는다"는 생각은 "캐럴이 휴가 연기를 거절했을 때 내 기분은 상했었지만 지금은 캐럴의 생각에 우리 둘을 위한 최선의 선택을 했다는 것을 알겠어."(65점)로 바뀌었다.

2. "캐럴과 같이 휴가를 가지 않으면 결혼이 파경에 이를 것이다"라는 생각은 "결혼 생활을 유지하기 위해 캐럴과 휴가를 갔어야 하는 것은 맞지만, 내가 생각했던 것보다 내 부부관계는 강해. 우리도 문제가 있지만 둘 다 결혼 생활을 유지하고자 하고, 문제가 있으면 해결하려고 해"(80점)로 바뀌었다.

3. "나는 루이스를 떠났기 때문에 나쁜 사람이다"라는 것은 다음 말로 대체되었다. "동생의 임종을 지키지 못한 것은 지금도 후회해. 하지만 나는 동생이 살아 있는 동안 많은 일을 해주었어. 특히 루이스가 병이 난 후 그랬지. 내가 휴가를 떠난 동안 동생이 죽으리라는 것을 알 수 있는 방법은 없었어. 알았더라면 가지 않았지"(95점)

사고와 감정의 재평가 및 행동 수정하기

최종 단계는 다음을 포함한다.

- 원래의 생각에 대한 점수를 다시 준다.
- 원래의 감정에 대한 점수를 다시 준다.
- 새 감정들을 확인하고 점수를 준다.
- 행동을 바꾼다.

해롤드의 원래 생각에 대한 재평가

1. 캐럴이 휴가 연기를 거절했을 때 나는 캐럴이 나의 감정에 신경 쓰지 않는다고 생각했어.(30점)

2. 내가 캐럴과 휴가를 가지 않는다면 결혼이 파경에 이를 것이라고 믿었어.(15점)

3. 내 동생을 떠났기 때문에 나는 나쁜 사람이야.(45점)

해롤드의 원래 감정에 대한 재평가

1. 루이스의 사망으로 패닉(75점)

2. 결혼이 파경에 이를 것이라는 걱정(40점)

3. 루이스를 떠났다는 죄책감(50점)

해롤드의 새로운 감정에 대한 평가

1. 동생의 사망에 대한 슬픔(100점)

2. 결혼 생활의 미래에 대한 희망(65점)

3. 동생의 임종을 지키지 못한 것에 대한 후회(90점)

해롤드의 새로운 행동들

1. 캐럴과 해롤드는 부부상담을 받기로 합의했다.

2. 루이스는 경찰로 일을 하면서, 순직한 경찰 부모를 둔 아이들을 위해 상당한 시간을 들여서 자원봉사를 했었다. 해롤드는 루이스의 추억을 기리며 그가 하던 자원봉사 활동을 이어받기로 했다.

해롤드는 상당한 변화를 경험했다. 당연히 아직도 루이스의 죽음을 슬퍼하고 있었고 임종을 지키지 못한 것에 대해 후회를 하고 있었지만, 해롤드는 자신을 용서하기 시작했고 루이스의 죽음을 받아들이기 시작했다. 아내에 대한 감정과 결혼의 안정성에 대해서는 변화가 뚜렷했다. 결혼 생활을 개선하기 위해 아내와 같이 노력하면서 결혼 생활은 더 안정적이 될 것이고 자기 자신과 아내와의 관계에 대해 더 긍정적으로 느끼게 될 것이다. 시작하고자 하는 자원봉사 활동 또한 루이스의 가치와 삶의 목표를 기리는 의미 있는 방법이다. 이는 또 개인적 보상도 가져다줄 것이다.

인지 분석과 수정의 단계 검토하기

1. 곤혹스러웠던 경험과 관련된 행동, 감정, 생각들을 떠올려보고 써본다.

2. 이 생각들에 대한 믿음과 감정의 강도를 0에서 100 사이의 숫자로 표기한다.

3. 인지의 타당성을 평가한다.

4. 알아볼 수 있는 가능한 핵심 인지를 확인한다.

5. 인지 왜곡들을 분류한다.

6. 역기능적 인지를 논박하고 더 건강하고 타당한 인지로 대체한다.

7. 대체된 인지를 숫자로 평가해본다.

8. 초기의 생각 및 감정의 강도를 다시 숫자로 평가한다.

9. 새로 생긴 감정을 확인하고 숫자로 평가한다.

10. 새로운 행동들을 확인한다.

사례

해롤드의 사례는 인지 왜곡 이끌어내기, 확인하기, 평가하기, 논박하기, 수정하기의 과정을 잘 보여주었다. 따라서 우리는 사례의 첫 부분만 여기에서 살펴보고자 한다. 다음의 연습들은 전반적으로 보는 시각을 갖도록 도와줄 것이다.

아래 묘사된 에디와의 대화는 어떤 인지 왜곡이 있는지 알아볼 수 있게 설계되었다. 이 대화를 읽는 동안 어떤 인지 왜곡이 있는지 찾아보자.

에디 : 오늘 상담을 할 수 있게 되어서 정말 기분이 좋네요. 정말 걱정을 많이 하고 있었거든요. 로베르토에게 여자가 생긴 것 같거든요.

치료자 : 어떤 계기로 그렇게 생각하게 되었나요?

에디 : 로베르토는 항상 휴대폰을 켜두죠. 하지만 어제 제가 몇 시간 동안이나 전화를 걸었는데, 전화가 꺼져 있더라고요. 그런데 오늘 출근할 때 그가 스포츠 재킷이랑 넥타이를 매고 갔어요. 로베르토는 그렇게 단장하고 다니지 않아요. 제 생각에 로베르토는 누군가에게 잘 보이려고 그러는 게 아닌가 싶어요.

치료자 : 그런 생각들로 참 속상하셨겠네요. 또 다른 생각들이 들던 것은 없나요?

에디 : 사실, 제 아버지는 불륜을 저질렀었어요. 제 생각에 '아, 반복이 되는구나' 이제는 나에게 일어나는 것이죠. 저는 제 엄마랑 똑같아요. 나는 결혼을 유지할 능력이 없나 봐요.

치료자 : 그러니까 과거가 반복이 되는 것처럼 보였던 것이군요. 최근에 로베르토와의 관계는 어땠나요?

에디 : 사실 잘 지냈어요. 하지만 그래서 더 의심이 되는 거예요. 어버이날에 로베르토가 저에게 아주 근사한 선물을 주었어요. 죄책감 때문이겠지요. 그런데 어떤 남자가 나 같은 사람과 결혼 관계를 유지하고 싶겠어요? 나는 맨날 불평만 하는걸요. 나는 괜찮은 아내가 되지를 못해요. 부부관계는 말도 말아요….

치료자 : 이런 생각들을 하면서 드는 감정들은 무엇인가요?

에디 : 기운이 빠지네요. 제가 선생님과 상담을 이제 몇 개월째 하고 있는데, 가족이 해체되지 않을 희망이 있을 것이라고 생각했는데, 이제는 그렇게 생각되지 않아요. 무서워요. 난 로베르토 없이 어떻게 살아가죠?

치료자 : 지금 상황이 정말 무섭겠어요. 어떻게 하실 계획인가요?

에디 : 글쎄요. 로베르토에게 물어본다면 이 상황에 대한 말이 나오는 것이고, 그러면 그는 나를 떠나겠죠. 내가 아무것도 모르는 척하고 있다면 로베르토는 그냥 결혼 상태를 유지하겠죠…. 최소한 다음 여자가 나타나기 전까지는요.

치료자 : 로베르토가 혼외 관계를 가졌다는 것에 대해 확신하시나요?

에디 : 아니요. 하지만 남편은 정말 잘 숨기고 있음이 분명해요.

연습

대집단 연습

에디와의 대화에서 다음의 인지치료 단계를 적용해보라.

1. 에디의 두드러진 생각, 감정, 계획된 행동들을 열거해보라. 에디의 핵심 생각을 찾되, 3개에서 5개 항목의 인지를 요약하라.

2. 에디가 알게 된 사실들에 근거하여 에디의 생각을 확인하고 감정의 강도를 0과 100 사이의 숫자로 표시해보라.

3. 인지 왜곡 목록을 참조하여, 당신이 확인한 왜곡된 인지들의 특징을 밝혀보라.

4. 에디가 자신의 인지의 타당성을 평가할 수 있도록 돕는 계획을 짜보라. 이 장에서 제시된 사항들

을 참조하고, 당신의 생각도 활용해보라.

5. 당신이 에디와 수행한 노력들이 성공적인 결과를 가져왔다고 가정해보라. 당신이 확인한 각각의 왜곡된 인지를 대체할 합리적 반응이나 다시 생각한 것을 써보라. 단, 에디에게 받아들여질 만한 표현을 쓰도록 하라.

6. 당신이 에디의 왜곡된 인지를 건강한 생각으로 대체하도록 도와준 이후 에디가 보이는 새로운 감정과 반응의 특징은 무엇일지 알아보라.

소집단 연습

1. 다음 각 사례에서 나타나는 인지 왜곡의 유형들을 밝혀보라. 모둠으로, 다음의 내담자들이 자신이 가진 생각의 타당성을 평가할 수 있도록 도울 수 있는 방법을 토의하고, 이들의 생각에 대하여 최소한 두 가지 이상의 대안적 해석을 생각해보라.

> 내담자 A : 내 주치의는 검진 결과를 내게 말해주지 않았습니다. 아마 좋지 않은 결과였을 것이고, 나에게는 말해주고 싶지 않은 것 같아요.
>
> 내담자 B : 저의 에이전시에서 우리가 지원한 연구 자금을 따오지 못했어요. 내 동료들은 제안서를 정말 훌륭하게 작성해냈어요. 결과를 망친 것은 내가 산정한 예산 때문인 것 같아요. 액수를 많이 불렀다고 생각하긴 했지만, 나는 이 프로젝트의 성공을 보장하고 싶었거든요.
>
> 내담자 C : 나는 다이어트를 정말 잘하고 있었는데 개리의 결혼식에서 돼지처럼 먹어버렸지 뭐예요. 내가 감량해낸 체중이 고스란히 다시 찌겠죠. 몸을 제대로 만들려는 시도조차 저는 희망이 없는 것 같아요.
>
> 내담자 D : 나는 엄마를 매일 보아야 하긴 하는데요. 엄마는 치매가 있고 나를 알아보지 못하니까 어려운 것이 사실이에요. 하지만 딸이라면 상황이 어찌되었다 하더라도 엄마를 자주 봐야 할 의무가 있잖아요.
>
> 내담자 E : 누와 데이트가 잘 진행되고 있었죠. 그런데 제가 엄청난 실수를 하고 만 거예요. 우리는 놀이공원에 갔었는데, 그녀는 빙빙 돌고 오르락내리락하는 탈것을 타고 싶어 하더라고요. 나는 내키지는 않았지만, '만약 그녀가 타고 싶다면 나도 타야겠지'라고 생각했죠. 이걸 탔는데 움직이기 시작하자마자 저는 멀미가 나더라고요. 내리자마자 저는 화장실로 달려갔지요. 나머지는 상상에 맡길게요. 정말 창피했어요. 저랑 다시는 데이트를 하지 않으려 하겠죠. 사람들에게 내가 얼마나 약한 사람인지 다 말하고 있을 거예요.
>
> 내담자 F : 여자아이들이 저를 피해요. 우리 엄마가 학교 식당에서 일하는 것을 알거든요. 엄마는 일자리가 필요했고요, 학교가 끝나고 내가 집에 있을 때 엄마도 집에 있을 수 있었으면 했어요. 그런데 엄마가 내 삶을 망쳐놓았어요. 나는 인기가 있게 된다거나 제시카처럼 친구가 많아질 일은 이제 없을 거예요. 제시카의 엄마는 일을 하지 않아도 되고, 학교로 제시카를 데리러 올 때에는 벤츠를 몰고 오지요.

개인 연습

1. 당신이 강한 감정을 느꼈던 최근의 경험 중 하나를 선정하라. 이 경험에 동반한 감정, 행동, 생각을 각각 세 가지, 한 가지, 두 가지 이상을 써보라. 이 경험과 관련된 최소 한 가지 이상의 왜곡된 인지를 찾아보라. 이 왜곡된 인지를 일지에 쓰고 점수화하기, 평가하기, 분류하기, 논박하기, 대체하기, 인지한 것들의 재점수화하기 단계를 순서대로 기록하며 써보라. 이제 새롭게 느껴지는 감정은 무엇이고, 새롭게 할 수 있게 되었다고 생각되는 행동은 무엇인가?

2. 우리는 모두 생각, 감정, 행동이 있다. 하루를 생활하면서 자신을 관찰하라. 어느 것이 가장 접근성이 좋은가? 당신은 생각, 감정, 행동 중 어떤 것을 다른 사람들과 많이 이야기하는가? 이 세 가지 중, 어떤 것이 당신을 가장 걱정시키고 머릿속에서 떠나지 않는가? 이에 대한 답을 당신의 일지에 써보라.

요약

인지치료자들은 긍정적인 변화를 가져오는 데 도움이 되는 가장 효과적인 방법은 생각을 확인하고 평가하고 필요시에는 수정할 수 있게 만드는 것이라고 믿는다. 정서와 행동에도 주의를 기울이지만 역기능적 사고는 치료의 대상이다. Aaron Beck과 그의 동료들에 의해 개발된 인지치료는 변화를 위한 구체적 계획을 제공하고, 사람들에게 치료 과정의 모든 단계에 대해 명확한 설명을 제시하며, 사람들을 더 강하게 하고 그들의 정서적 건강을 증진시키는 기술을 가르치는 비교적 단기의 구조화된 접근법이다. 내담자와 치료자는 상호협력하여 일하는데, 치료자는 긍정적 변화를 촉진하고 강화하기 위해 다양한 종류의 창의적인 개입 전략들을 사용한다. 광범위한 정신장애들과 내담자들을 대상으로 한 연구들은 인지치료의 효과를 증명했다. 특히 우울증과 불안을 치료하는 데 효과적이다.

추천 도서

Beck, A. T., Freeman, A., & Davis, D. D. (2006). *Cognitive therapy of personality disorders* (2nd ed.). New York, NY: Guilford Press.

Beck, J. S. (2005). *Cognitive therapy for challenging problems: What to do when the basics don't work.* New York, NY: Guilford Press.

Beck, J. S. (2011). *Cognitive behavioral therapy: Basics and beyond* (2nd ed.). New York, NY: Guilford.

Clark, D. A., & Beck, A. T. (2011). *Cognitive therapy of anxiety disorders.* New York, NY: Guilford.

Crane, N. (2009). *Mindfulness-based cognitive therapy.* New York, NY: Routledge.

Gallagher-Thompson, D., Steffen, A. M., & Thompson, L. W. (Eds.). (2008). *Handbook of behavioral and cognitive therapies with older adults.* New York, NY: Springer.

Hofmann, S. G. (2012). *An introduction to modern CBT.* New York, NY: Wiley.

Leahy, R. L., Tirch, D., & Napolitano, L. A. (2011). *Emotion regulation in psychotherapy: A practitioner's guide.* New York, NY: Guilford Press.

Rafaeli, E., Bernstein, D. P., & Young, J. (2011). *Schema therapy.* New York, NY: Routledge.

Zarb, J. M. (2007). *Developmental cognitive behavioral therapy with adults.* New York, NY: Routledge.

제 **5** 부

행동을 강조하는 치료 체계

행동중심치료 체계의 개관

BETA 모델(배경, 정서, 사고, 행동)의 네 번째 구성요소인 행동은 이 책 제5부의 초점이다. 이 책 전체에서 행위(action)와 행동(behavior)은 서로 번갈아 사용된다. 행동은 대개 외현적이고 관찰 가능하고 측정 가능하다. 행동은 우리의 사고와 정서에 영향을 미치며 이들은 서로 얽혀 있다. 행동을 수정하는 것에 초점을 둔 치료는 일반적으로 명백하고 빠른 변화를 이끈다.

우리 각자는 우리의 감정과 사고를 알고 있는 유일한 사람인지도 모른다. 그 정서와 사고는 사적인 것으로 간직될 수도 있고, 어떤 주어진 사고나 정서는 우리 삶에 영향을 미치지 않을 수 있다. 이는 행동의 경우에는 맞지 않는 말이다. 우리가 한 번 행동을 취하면 — 어떤 길로 갈지 결정하면 — 우리는 어떤 방향으로는 돌이킬 수 없는 움직임을 내딛는 것이다. 게다가 잠재적으로 공개적이고 관찰 가능한 행동의 본질은 그 영향력을 증가시킨다. 배경·정서·사고가 우리 행동의 기초가 될지 모르지만, 우리가 취하는 행동은 타인과의 관계와 우리에 대한 그들의 인식뿐 아니라 우리 인생의 방향을 가장 잘 결정한다. 심지어 일찍 출근하는 것과 같은 사소한 행동도 그것이 그로 하여금 사고를 피하고 카페에서 새로운 친구를 사귀고 상사에게 긍정적인 인상을 남기게 하는 것을 가능케 한다면 중대한 영향력을 갖는 것이다.

때때로 사람들은 그들 행동의 잠재적 영향력을 생각할 때 압도되고 움직일 수 없을 것처럼 느껴서 선택과 행동하기를 회피한다. 그러나 무활동 그 자체도 하나의 활동이며 어떤 결과를 야기한다.

상담과 심리치료에서 행동의 중요성

행동 변화에 초점을 두는 것은 치료에서 많은 장점을 지니는데, 대부분은 인지에 초점을 두는 것의 장점과 유사하다. 그러나 행동의 강조는 강점뿐 아니라 부수적인 약점도 가지고 있다.

행동에 초점을 두는 것의 장점

대부분의 치료자들은 정서, 사고, 행동이 상호관계를 맺고 있음을 알고 있다. 치료자들이 행동에 주로 초점을 두든 두지 않든, 그들은 내담자들의 행동에 주목하는 것의 잠재적인 장점을 알아야 한다.

현재 문제로서의 행동 내담자들이 호소하는 현재 문제들은 흔히 행동에 초점을 두고 있다. 사람들이 때때로 우울과 불안과 같은 부정적 정서에 대한 도움을 구하긴 하지만 역기능적 사고 때문에 치료를 찾는 일은 거의 없다. 대체로 사람들이 도움을 구하고자 하는 것은 그들 자신이나 다른 사람들의 혼란스러운 행동이다. 흔한 행동 문제들은 과식, 건강에 해로운 약물이나 알코올사용, 낮은 충동통제력, 가치 있는 일을 찾는 것의 어려움, 가치 있는 관계를 발전시키는 것의 어려움들이 있다. 행동은 흔히 치료를 촉진하기 때문에 행동에 초점을 두는 것은 사람들로 하여금 문제를 잘 들어준다고 느끼게 하고 초기에 문제를 언급하면 치료에 도움이 될 것이라고 느낄 것이다.

무가치한 자기파괴적 행동에 주의를 기울이는 것은 자발적으로 도움을 요청하지 않는 사람들을 치료할 때 특히 중요하다. 예를 들면, 법원에서 치료 명령을 받았거나 근로자를 위한 고용지원 상담자를 만나도록 의뢰되었거나 걱정하는 부모 혹은 배우자에 의해 치료를 받게 된 사람들은 대개 그들의 행동이 법을 어겼거나 타인에게 만족스럽지 못하거나 괴로운 것이었기 때문에 치료를 받는다.

행동의 접근용이성 행동은 대체로 사고나 정서보다 좀 더 접근이 용이하다. 지금 이 순간 어제를 돌이켜 생각해보라. 당신은 당신의 생각이나 감정을 기억하는 데 어려움이 있겠지만, 당신이 어디에 있었고 무엇을 하고 있었는지는 아마 기억할 수 있을 것이다. 강의를 듣고 있었거나 퇴근해서 차를 몰고 집으로 왔거나 낮잠을 자고 있었을지도 모른다. 행동은 우리의 일상 구조와 연결되어 있기 때문에 생각과 정서는 기억해내기가 더 어려운 반면 대개 행동은 기억할 수 있다.

행동 토론의 편안함 행동에 대한 이야기는 어린 시절 경험이나 괴로운 정서에 대한 이야기보다 덜 위협적일 것이고, 인지에 대한 이야기보다 다소 덜 불편할 것이다. 사람들은 다른 사람들과 함께 그들의 활동에 대해 이야기하는 것에는 익숙하지만 생각과 정서에 대해서는 덜 이야기할 것이다.

게다가 대부분의 행동은 외현적이고 관찰 가능한 반면, 사고와 정서는 내현적이고 흔히 명확하지 않다. 그러므로 행동에 대한 질문은 정서와 인지에 대한 질문보다 덜 침투적이다. 예를 들어 "오늘 아침 몇 시에 일어났어요?"와 "당신의 자녀가 당신에게 거짓말했다는 것을 알았을 때 아이에게 뭐라고 말했나요?"와 같은 질문에 불편해하는 사람은 거의 없지만, "어떤 생각이 당신을 하루 종일 침대에 있도록 했나요?"와 "당신의 아이가 당신에게 거짓말했을 때 어떻게 느꼈나요?"와 같은 질문에 대해서는 불편함을 경험할 수 있다.

정보의 정확성　행동에 대한 이야기는 가벼운 친분관계에서도 사회적으로 수용 가능하며 사람들은 그들의 정서와 인지보다 행동에 대해 더 정확한 정보를 제공할 수 있다. 명확하고 유효한 정보를 특히 치료 초기에 수집하는 것은 긍정적인 치료 동맹을 발전시킬 뿐만 아니라 현실적인 목표와 실행 가능한 치료 계획을 세우는 데에도 필수적이다(물론 몇몇 사람들은 고의적으로 그들의 행동, 특히 과도한 약물사용 또는 공격적인 분노 표현과 같이 사회적으로 또 법적으로 받아들여질 수 없는 행동에 대해 부정확한 정보를 제공할 수 있음을 명심해야 한다).

측정의 용이성　행동은 측정을 할 수 있다. 사람들은 행동의 기초선 빈도를 설정하고 그들이 하루에 맥주를 몇 잔 마시는지, 얼마나 자주 운동하는지, 일을 할 때 어느 정도의 시간을 할애하는지, 친구들과 어느 정도 시간을 보내는지와 같은 변수의 변화를 평가한다. 변수의 측정으로 아무리 작은 변화도 쉽게 확인될 수 있기 때문에 행동을 수정하려고 노력하는 사람들은 흔히 빠른 향상의 증거를 갖게 된다. 이것이 치료에 힘을 주고 동기증진, 낙관성, 그리고 더 많은 변화를 촉진할 수 있다.

　동시에 진단과 사례개념화 또는 치료 계획이 부정확하게 이루어진다면 그것에 대한 반응으로 행동 변화의 부족이 나타날 것이다. 이것은 좀 더 효율적이고 수정된 치료 접근법의 필요성을 치료자에게 일깨워준다.

행동 변화 전략의 유용성　다양한 행동 변화 전략이 개발되어왔다. 이것은 치료자들로 하여금 치료 계획을 개별화하고 치료 작업에 창의적으로 임하게 하며, 특정 내담자와 그의 행동에 맞게 치료함으로써 성공의 가능성을 극대화할 수 있게 해준다.

방대한 연구의 뒷받침　대체로 행동 변화 전략의 영향력을 평가하기 쉽기 때문에 그리고 행동-지향적 치료자 대부분이 경험적 연구에 우호적인 경향이 있기 때문에 방대한 연구 자료들을 통해 행동치료와 인지행동치료의 효과성이 증명되었다. 이것은 꼭 행동치료와 인지행동치료가 우월하기 때문이 아니라 이 접근법에 대한 광범위한 연구가 이루어졌기 때문에 다른 접근법보다 경험적 뒷받침을 더 많이 받았다.

행동에 초점을 두는 것의 한계

비록 행동 변화에 초점을 두는 치료 체계가 많은 장점을 갖고 있지만, 또한 단점도 가지고 있다. 행동에만 초점을 두는 것은 변화를 굳히는 데 중요한 사고와 정서를 무시할 수 있다. 이것은 피상적인 치료와 제한된 결과를 초래할 수 있다.

　예를 들어, 릴리는 시간관리에 대한 도움을 얻기 위해 상담을 찾았다. 그녀는 남편과 아이들과 더 깊은 관계를 갖고 싶은 바람을 표현했다. 그녀의 현재 문제 기저에는 자기의심과 낮은 자존감, 결혼에 대한 실망감, 남편이 외도를 하고 있다는 두려움이 있었다. 결혼 생활에 대한 걱정은 어린 시절 그녀의 아버지에게 당한 성적 학대에서 기원한 배신감으로 인해 악화되었다. 릴리의 생각, 정서, 배경을 무시하는 것은 그녀에게 해를 끼치고 아마도 기껏해야 제한된 성공을 이룬 치료가 될 것이다.

몇 가지 보호장치가 행동에 초점을 두는 치료자들이 기저의 중요한 문제들을 놓칠 수 있는 가능성을 줄여준다. 첫째, 철저한 접수면접과 적절한 심리검사를 통해 내담자에 대한 종합적인 평가를 실시해야 한다. 이것은 내담자에 대한 전체적인 그림을 제공할 수 있게 하고, 현재 문제들과 관련된 기저의 문제 모두를 다루기에 충분한 치료 계획을 세울 수 있게 해준다. 둘째, 치료자들은 치료의 경과를 면밀히 관리해야 한다. 만약 빠른 변화가 분명하게 눈에 띄지 않는다면, 치료자들이 사례를 정확하게 개념화하지 않았을 수 있어서 추가 정보와 수정된 치료 계획이 필요할 수 있다. 셋째, 행동치료는 대개 그것만 단독으로 쓰여선 안 된다. 행동치료 전략과 인지적 접근법의 결합은 특히 행동치료의 영향력을 높이며 치료자들로 하여금 광범위한 문제들을 성공적으로 다룰 수 있게 해준다.

중요한 이론적 개념들

행동치료의 적용은 치료자, 내담자, 문제, 환경에 따라 다양하다. 행동치료에 대한 대부분의 접근법은 다음의 다섯 가지 모델 중 하나 혹은 그 이상으로 설명될 수 있다. 각각은 이 장에서 소개되고 다음 장에서 좀 더 깊이 있게 토의될 것이다(Wilson, 1995).

1. **응용 행동 분석** B. F. Skinner의 조작적 조건형성 이론으로부터 나온 이 접근법은 행동에 대한 환경적 사건의 영향력에 초점을 둔다. 이것은 과학적 접근을 취하고 관찰 가능하고 측정 가능한 행동에 관심을 둔다.

2. **신-행동주의** 자극-반응 이론과 마찬가지로 Pavlov의 고전적 조건형성에서 나온 이 접근법은 조건형성 또는 학습 반응의 과정에 초점을 둔다.

3. **사회학습이론** Albert Bandura의 연구를 토대로 한 이 접근법은 행동 조성에 인지, 행동 그리고 환경 요인의 상호작용을 이해하도록 한다. 치료자들이 내담자들의 자기효능감을 높이고 학습된 무력감을 줄이는 데 사용하는 많은 전략들은 사회학습의 관점을 반영한다(Bandura, 2006).

4. **인지행동치료** Meichenbaum, Ellis, 그리고 Beck의 연구에 반영된 이 접근법은 어떻게 인지가 행동과 정서를 만드는지에 관해 관심을 둔다. 이 치료 체계는 변화를 이루기 위해 인지적 전략과 행동적 전략을 모두 사용한다.

5. **중다양식치료** Arnold Lazarus가 개발한 중다양식치료는 행동치료의 원리를 기본으로 하고 있다. 중다양식치료는 평가와 치료 계획에 대해 전체론적 접근법에 가까우며 광범위한 치료적 방법들 안에서 체계적으로 치료 전략을 통합한다.

행동중심치료의 기본 가정들

행동치료의 구체적인 접근과는 관계없이, 모든 행동중심치료들은 일반적으로 다음의 공통점들을 가지고 있다(Antony & Roemer, 2011).

- 비록 유전적 특성이 영향을 주긴 하지만, 개인적 차이는 주로 서로 다른 경험에서 비롯된다.
- 행동은 주로 모델링, 조건형성, 강화를 통해 학습되고 습득된다.
- 행동은 목적이 있다.
- 행동치료는 행동을 이해하고 변화시키려고 노력한다.
- 치료는 과학적 방법에 기초를 두어야 하고 체계적, 경험적, 실험적이어야 한다. 목표는 행동에 관한 구체적이고 측정 가능한 용어로 기술되어야 하며 진행 과정이 주기적으로 평가되어야 한다.
- 치료의 초점은 일반적으로 현재에 있어야 한다. 행동이 장기적으로 지속되는 것이라 해도 그것은 현재의 환경적 요인에 의해 유지되는 것이다.
- 행동은 그것이 일어난 맥락 속에서 보아야 한다.
- 내담자의 환경은 적절한 행동을 증가시키고 해로운 행동을 감소시키기 위해 조정되어질 수 있다.
- 새로운 학습과 학습의 전이를 촉진하는 '교육'은 행동치료의 중요한 측면이다.
- 사람들은 그들의 행동을 성공적으로 변화시키기 위해 치료에서 적극적인 역할을 할 필요가 있다. 내담자들은 그들의 목표를 정의하고 과제를 완성하는 데 큰 책임이 있다. 치료 계획은 내담자와 치료자가 그 과정에 적극적으로 참여하여 협력적으로 고안한다.

치료적 관계

인지치료자들과 마찬가지로 행동적, 인지행동적 그리고 현실치료를 사용하는 사람들은 이 책에서 언급한 다른 접근들을 사용하는 치료자들보다 좀 더 직접적이고 초점이 명확하다. 행동치료자들은 치료 계획을 개발하고 초점을 두며 목표와 대상을 설정하고 내담자의 행동 변화에 영향을 미칠 수 있는 과제 할당 점검을 더 많이 할 수 있다. 행동치료자들은 협력적이고 긍정적인 치료 관계의 중요성을 알고 있으며 학습과 동기를 증진시키는 데 중요한 것은 격려해주는 것임을 알고 있다. 그들은 전체론적 접근—사고와 감정을 포함하여 유기체가 행하는 모든 것으로 넓게 해석하는—을 취하고 인간의 전체성에 대해 관심을 가진다. 객관성과 과학적 방법이 중요하지만, 행동치료자들은 개인적 차이를 이해하고 존중하기의 중요성 역시 인식하고 있다.

행동치료의 초기 역사 : 최초의 흐름

1950년대와 1960년대에 시작된 행동치료는 정신분석학의 원리에 강력한 도전장을 내밀었다. 과거보다는 현재, 무의식보다는 관찰 가능한 행동, 단기치료, 명확한 목표, 빠른 변화에 초점을 두는 행동치료는 상당한 매력을 지녔다.

　그 용어가 의미하는 것처럼, 행동치료는 행동을 변화시키고 수정하려는 목표를 가진 구체적인 행동에 전적으로 초점을 두고 있다. 흡연, 비만, 앉아 있는 생활습관과 같은 건강 관련 행동들이 미국에서 점차 관심의 초점이 되고 있는데 왜냐하면 이러한 건강하지 못한 행동들은 질병과 관련되어 있기 때문이다. 마찬가지로 괴롭힘, 짜증, 또는 불규칙한 수면습관들 같은 아동기 행동들은 임상적 관심의 초점이 되었다. 운전자 폭행, 음주, 공포증 그리고 기타 성인기 행동들도 마찬가지이다. 실제로, 거의 대부분 모든 인간의 행동이 행동치료의 대상이 될 수 있다.

이 책에 논의된 많은 이론들과 달리 행동치료는 1명 혹은 2명의 이름과 긴밀히 연결된 것이 아니다. 오히려 많은 사람들이 이 접근법의 발전에 기여했다. Skinner, Harlow, Pavlov를 포함하는 많은 이들이 행동 변화의 원리들을 동물의 행동과 반응을 조성하는 데 사용했다. Eysenck, Lazarus, Wolpe, Dollard와 Miller, Krumboltz, 그리고 Bandura를 포함한 몇몇은 행동치료와 학습이론을 사람들에게 적용했다.

학습이론에서는 모든 정신적 질환의 발달은 아동기의 잘못된 학습의 결과라고 전제하였다. 학습을 위한 강화를 사용한 Skinner의 이론은 이완기법을 가르쳐서 공포를 유발하는 대상을 점차 극복하도록 하는 Wolpe의 체계적 둔감법 이론으로 이어졌다. 이후 Bandura는 행동을 강화하는 데 사회학습의 역할을 발견하게 되었다.

Ivan Pavlov

1900년대 초반 러시아의 심리학자인 Ivan Pavlov(1927)는 현재 고전적 조건형성으로 알려진 학습의 유형을 발견하고 설명하였다. 조건형성된 개들의 반응에 대한 그의 연구는 잘 알려져 있다. Pavlov는 무조건자극(고기 반죽)과 조건자극(포크의 소리)을 동시에 제시하여 개들이 고기를 소리와 연합하도록 학습시킨 후 조건자극(소리)만 사용해서 개들의 침 분비를 이끌어낼 수 있다는 것을 증명했다.

Pavlov는 또한 소거 과정도 연구했다. 그가 연구한 개들은 포크 소리가 더 이상 고기를 동반하지 않았을 때에도 얼마 동안은 포크 소리에 침을 흘렸다. 그러나 시간이 지날수록 침 분비 반응은 줄었고 결국 포크 소리 하나에만 반응하는 것은 사라졌다.

John W. Watson

미국의 심리학자인 John W. Watson은 인간행동을 변화시키기 위해 학습이론과 함께 Pavlov의 고전적 조건형성 이론 및 자극 일반화를 사용했다. Watson(1925)은 당시의 우세한 치료적 접근법인 정신분석을 거부하고 그가 행동주의라 불렀던 것을 제안했다. Watson은 조건자극(흰 쥐)과 짝을 이룬 무조건자극(큰 벨소리)은 아이가 흰 쥐뿐만 아니라 흰 솜과 Watson의 흰머리에 대해서도 조건반응(놀람)을 보이도록 유도할 수 있음을 보여주었다.

B. F. Skinner

Pavlov와 Watson의 연구를 기반으로 B. F. Skinner는 행동이론을 발전시켰는데 이것은 행동 수정을 기본으로 그 토대가 만들어졌다(Martin & Pear, 2007). 조작적 강화이론으로 알려진 Skinner의 관점은 행동이 얼마나 자주 일어나는가는 주로 그 행동에 뒤따르는 사건들에 의해 결정된다고 가정한다. Skinner는 그의 한 연구에 조작적 조건형성 이론을 적용하였는데, 비둘기들의 쪼는 행동을 이용해 붉은 원반 쪼기를 학습할 때까지 보상을 사용하였다. 이와 유사하게 아이들의 행동도 부모의 강화를 통해 형성될 수 있다. 예를 들면, 주로 아이들의 나쁜 행동에 주의를 기울이는 부모는 무심코 그 행동을 강화하게 된다.

행동이 환경을 '조작'하고 또 그것의 결과를 통제하기 때문에 Skinner는 이것을 조작적 행동이라고 불렀다. 조작적 조건형성은 강화계획이 새로운 행동을 만들어내는 데 원인이 된다는 것을 말해준다. 강화계획은 연속적 강화, 고정비율, 고정간격, 또는 변동비율 강화계획 등으로 나뉠 수 있다. 행동 조성은 좀 더 복잡한 행동을 강화하는 방식에 관한 것이다. 조작적 조건형성에 관한 초기 연구들은 그의 첫 번째 저서인 유기체의 행동(1938)에 실렸다.

행동치료와 관련된 다른 용어들은 다음과 같다.

- **정적 강화**　정적 강화에 뒤따르는 행동은 반복될 가능성이 높아지게 된다. 정적 강화는 내담자가 원하는 행동에 대해 '보상'을 제공하는 것을 포함하고 있다. 정적 강화는 부모의 미소와 아기를 웃게 하는 즐거운 보상과 같이 반복적으로 어떤 행동을 독려한다.
- **혐오자극**　정적 강화의 반대인 혐오자극은 쥐를 보고 놀라는 것과 같은 불쾌한 것으로 알려진 어떤 것들이다. 혐오자극은 결과적으로 미래에 그 행동의 발생 가능성을 감소시킨다. 이것은 혐오자극이 어떤 것인지를 아는 동시에 '처벌'이라고 알려진 형태의 조건형성을 설명하기도 한다. 만일 당신이 x를 함으로써 쥐를 보고 놀라게 된다면, 당신은 x를 덜하게 될 것이다.
- **부적 강화**　부적 강화는 혐오자극의 제거와 관련된다(예 : 쥐가 뒷발을 들었을 때 전기를 끊으면 그 쥐는 더 많이 뒷발을 들어올릴 것이다). 그래서 행동 뒤에 오는 혐오자극을 제거하게 되면 결과적으로 미래에 그 행동이 일어날 확률은 증가한다. 부적 강화는 종종 처벌로 오해받기도 하지만 사실 이 두 가지는 별개이다. 조작적 학습은 행동 조성에 사용될 수 있다. Skinner는 이 학습을 아이들이 실제로 어떤 단어를 말할 수 있을 때까지 그 단어와 비슷한 소리를 내는 것에 보상을 받음으로써 대화 방법을 배우는 것에 비교하였다.

Skinner는 심리학은 내적(주관적) 정신과정이 아니라 행동을 연구하는 과학적 접근법이라고 믿은 엄격한 행동주의자였다. 그는 우리 자신과 우리가 행동하는 모든 것은 처벌과 보상의 경험으로 만들어진 것이라고 믿었다. 그의 이론들은 행동주의에 대하여(1974)라는 저서에 잘 정리되어 있다. Skinner는 지속적으로 강의와 집필(월덴 II, 1948/2005; 자유와 존엄을 넘어서, 1971; 3권의 자서전)을 했고 1990년 백혈병으로 사망하기 전까지 심리학에 대한 그의 기여를 기리는 수많은 상들을 받았다. 그의 원리는 여전히 공포증과 중독 행동의 치료, 학업수행의 증진(컴퓨터 기반의 자기지시를 포함한) 안에 포함되어 있다.

John Dollard와 Neal Miller

이어진 John Dollard와 Neal Miller(1950)의 연구는 학습이론의 이해에 크게 기여했고 행동주의자들이 심리치료 영역으로 가는 길을 닦았다. Dollard와 Miller는 행동에서 중요한 네 가지 요소, 즉 동기, 신호, 반응, 강화를 설명했다. 사회학습과 모방(Miller & Dollard, 1941)에서 그들은 다음과 같이 썼다.

> 그러면 학습이론은 무엇인가? 가장 간단한 형태로 그것은 반응과 신호 자극이 연결되는 상황에 관한 연구이다. 학습이 일어난 후에 반응과 신호는 신호의 출현이 반응을 유발하는 방식으로 함께 묶인다. …신호와 반응 사이의 연결은 특정 조건에서 강해질 수 있다. 학습자는 반응을 하도록 유도되어야 하며 신호가 나타났을 때 반응한 것에 대해 보상받아야 한다(p. 1).

반응이 보상을 받으면서, 자극과 반응이 좀 더 자주 동시에 발생할수록 자극이 일어났을 때 반응을 나타내는 경향은 더 강해지고 이것이 습관 혹은 습관적 반응의 발달로 이어진다. 행동이론가들에 따르면 이것은 사람들이 학습하는 행동을 결정하는 자극-반응(S-R) 개념의 핵심이다.

예를 들어 보자. 자밀라는 일곱 아이들 중 셋째이다. 부모 모두 맞벌이여서 아이들과 긍정적 상호작용을 가질 시간이 거의 없었다. 그러나 아이들이 아플 때마다 부모는 그들에게 특별히 시간을 내서 관심을 보였다. 자밀라는 아픈 것이 부모의 관심을 받는 가장 좋은 방법임을 배웠고 관심을 받기 위해 사소한 신체적 증상도 과장했다. 그녀는 이 행동을 성인이 되어서도 계속했고 이것이 자신의 인간관계, 직업, 그리고 결국에는 결혼에까지 해로운 영향을 미쳤다.

Dollard와 Miller는 역조건형성이 습관을 바꿀 수 있음을 발견했다. 즉 같은 신호에 대해 양립할 수 없는 강한 반응을 짝짓는 것이다. 예를 들어 신체적 불편함에 대한 자밀라의 잦은 불평을 고용주, 친구들, 배우자가 성가시게 느끼고 그녀가 아프다고 말했을 때 그녀에게서 멀어짐에 따라 자밀라의 행동은 점차 바뀌었다.

Joseph Wolpe

Joseph Wolpe(1969)는 수반되는 새로운 반응이 습관적 반응의 힘을 감소시키는 상호억제(reciprocal inhibition)라는 과정을 설명했다. 넘어져서 울고 있는 아이를 달래기 위해 우스꽝스러운 표정을 짓는 부모가 간단한 예이다. 우스꽝스러운 표정은 넘어진 것과 관련된 슬픈 감정을 자동적으로 감소시키고 웃음을 이끌어낸다. Wolpe의 생각은 높은 곳 혹은 개와 같은 두려운 자극에 대한 통제된 노출과 긴장이완이 짝을 이룬 강력한 도구인 체계적 둔감법의 발전으로 이어졌다. 이 기법은 여전히 널리 사용되며 특히 공포증 치료에 사용된다. Wolpe는 또한 주장행동을 증진시키는 전략들을 발전시켰다.

Wolpe의 연구는 자극 일반화의 개념을 반영한다. 사람들이 어떤 자극에 대해 특정한 방식으로 반응하는 것을 학습하고 나면, 이와 유사한 신호가 제시될 때 종종 같은 방식으로 행동한다. 예를 들어 선생님을 존중하도록 배운 아이는 다른 권위 있는 인물에게도 공손하게 대할 것이다. 때때로 행동은 지나치게 일반화되고 부적절하거나 건강하지 않게 될 수 있다. 그러므로 사람들은 유사한 신호들을 구별하는 능력인 자극 변별을 배울 필요가 있다. 예를 들어 우리들 대부분은 소수의 가까운 친구들을 신뢰하도록 배웠지만 직장에서는 우리의 개인적인 삶에 대한 많은 자세한 사항들을 공유하는 것은 부적절하다고 알고 있다(자극 변별). 그러나 몇몇 사람들은 삶의 개인적인 일들을 친한 친구들뿐 아니라 일상적인 친분관계에 있는 사람들과도 공유하며 부적절한 자극 일반화를 나타내기도 한다.

용어 이해하기

행동치료의 용어는 헷갈릴 수 있다. 그러나 용어와 친숙해지는 것은 성격 발달에 대한 이해뿐 아니라 이 접근법을 쉽게 이해하게 해준다. 유방암으로 인해 화학치료를 받고 있는 33세 여성인 테레사의 경험을 통해 중요한 용어들을 살펴보자. 우리는 이 용어들을 앞에서도 논의했으나 명료한 설명을 위해 여기서 검토한다.

테레사는 그녀의 암 진단과 관련해서 많은 문제를 보였다. 그녀는 늘 주사를 두려워했고 혈액 검사와 화학치료를 힘들어했다. 그녀는 화학치료를 받을 예정이든 아니든 관계없이 병원 주차장에 들어갈 때마다 메스꺼워지면서 화학치료와 관련된 메스꺼움이 올라오곤 했다. 테레사의 치료 예후는 좋았으나 그녀는 끊임없이 죽음의 가능성에 대해 반추했다.

테레사의 예기적 메스꺼움은 고전적 조건형성에 의해 설명될 수 있다. 무조건자극인 화학치료는 메스꺼움 반응을 이끌어냈다. 그 자극이 병원에 차를 몰고 가는 조건자극과 짝을 이루었기 때문에 주차장에 들어서는 것 또한 화학치료를 받는 것에 관계없이 메스꺼움 반응을 유도했다.

우리들과 마찬가지로, 테레사는 고통을 피하려는 타고난 추동을 가지고 있다. 어릴 때 예방 접종을 할 때마다 두려워하는 테레사에게 그녀의 부모는 특별히 관심을 기울임으로써 그녀의 공포를 강화했다. 이 조작적 조건형성 결과, 주사에 대한 그녀의 공포는 습관적인 것이 되었고 공포증으로 발전했다. 자극 일반화 과정을 통해 테레사는 주사를 필요로 하든 필요로 하지 않든 모든 진료 예약에 대해 과도한 불안을 경험했다. 그녀의 학습된 행동은 자극-반응 모델을 반영한다. 어린 시절에 두려워하는 행동을 보상받았기 때문에 테레사는 어떠한 병원 자극에 대해서도 두려움과 회피 반응을 나타냈다.

치료자는 테레사의 반응을 수정하기 위해 몇 가지 행동 접근법을 사용했다. 병원 방문과 주사에 대한 테레사의 과도한 두려움을 소거하기 위해 체계적 둔감법이 사용되었다. 가장 약한 두려움(어떠한 신체적 불편함도 없는 피부과 의사에게 방문하는 것)부터 가장 강한 두려움(화학치료를 위해 종양 의사에게 방문하는 것)까지 오름차순으로 불안위계 목록을 작성한다. 가장 약한 두려움에서 시작하여 두려운 자극을 떠올리는 동안 치료자는 테레사가 긴장을 풀고 이완하도록 도왔다. 이 상호억제 과정은 두려움을 줄이기 위해 긴장이완과 함께 긍정적 감정을 혐오자극(두려운 이미지)과 짝짓는다. 테레사는 또한 그녀의 두려움을 줄이기 위해 긴장이완과 자극 변별을 함께 사용하도록 배웠다. 즉 그녀는 병원에 가까워지고 병원 주차장에 차를 몰고 들어갈 때 긴장이완을 하도록 연습하였고 모든 병원 예약이 불안과 관련된 것은 아님을 자신에게 상기시켰다.

역조건형성은 테레사가 두려움을 더 줄이는 데 사용되었다. 불안을 느끼거나 반추를 시작했을 때 그녀는 멋지게 항암치료를 마치고 그녀가 계획했던 발리 여행을 떠나는 자신을 떠올렸다. 그 이미지에 의해 유도된 자부심과 낙관성은 그녀의 걱정을 중화시키고 줄여주었다. 치료자는 그녀가 좀 더 확실히 이 긍정적 이미지를 떠올릴 수 있도록 하기 위해 항암치료에 대한 두려움에 효과적으로 대처하는 것을 마음속으로 시연하는 내면적 모델링 과정으로 이끌었다. 유방암 진단을 받은 다른 여성들과의 지지모임에 참여하는 것 역시 테레사에게 사회학습과 강화의 경험을 제공하고 그녀에게 추가적인 역할 모델을 보여주었다.

이론적 모델 소개

행동주의의 첫 번째 흐름은 행동심리학이 만들어놓은 토대를 보여주었다. 행동적 접근법들은 단독으로 혹은 REBT와 Beck의 인지치료와 같은 인지치료들과 통합되어(이 책의 제4부에서 소개된) 사용될 수 있다. 제16장에서 보겠지만, 인지행동치료 체계는 행동 변화에 강력한 영향을 줄 수 있다. 인지재구조화 과정을 통해 내담자들은 그들의 잘못된 생각을 건강하고 긍정적이며 건설적으로 대체하는 것을 배움으로써 행동 또한 변화시킬 수 있다. 제16장은 인지행동수정과 Donald Meichenbaum이 개발한 스트레스 면역훈련 그리고 마음챙김과 수용을 다룬 새로운 접근법들을 포함한 여러 가지 유용한 전략들을 설명하고 있다.

독자들은 인지적 접근과 행동적 접근의 경계가 항상 명확한 것은 아니라는 점을 기억해야 한다. 인지적 접근들은 사고를 변화시키는 데 초점을 둔다. 행동적 접근들은 행동을 수정하는 것에 집중한다. 그리고 인지행동적 접근들은 사고와 행동 모두에 관심을 두고 있다. 그 차이점들은 기본적으로 그 강조점에 있다.

현실치료는 1960년대 William Glasser가 개발한 선택이론에 근거한 행동치료의 한 형태이다. 선택이론은 태어나서 죽을 때까지 존재하는 네 가지 상호작용 욕구들인 행동하기, 느끼기, 생각하기 그리고 생물학적 행동 등으로 구분되는 전 행동을 강조한다. Glasser는 대부분의 행동은 선택되어진 것이고 우리가 한 선택을 통해 우리의 삶이 만들어지는 것이라고 믿었다. 따라서 Glasser는 사람들은 책임감을 가져야 하고 자신의 행동에 책임을 져야 한다고 보았다. 현실치료는 특히 학교, 교정기관 그리고 행동 변화를 강조하는 물질사용 치료 프로그램 장면에서 특히 유용하다. 제17장에서는 현실치료와 Robert Wubbolding(2007b)이 개발한 WDEP 체계에 초점을 두고 있다.

요약

이 장은 치료에서 행동을 강조하는 것의 장점과 단점뿐 아니라 상담과 심리치료에서 행동에 초점을 두는 것의 중요성에 대해 논의했다. 독자들이 행동치료의 적용을 이해하도록 하기 위해 사례와 함께 전문 용어를 소개하였다. 또한 이 장에서는 행동치료의 역사와 행동이론의 두 번째 흐름인 인지행동치료에 대해 간단하게 소개하였고 소위 세 번째 흐름이라고 불리는 정서를 강조하는 새로운 접근법들을 간략하게 살펴보았다.

행동치료와 인지행동치료

이 장을 쓰면서 나는 계속 옛날 TV 광고인 Reese의 땅콩버터가 떠올랐다. 그 광고에서 초콜릿바를 들고 가는 사람과 땅콩버터를 먹고 있는 사람이 서로 마주쳤다.

첫 번째 사람이 말하기를 "이봐요, 내 초콜릿바에 당신 땅콩버터를 올려주시오."

두 번째 사람이 대답하길, "아뇨. 당신이 내 땅콩버터에 초콜릿바를 올려주시오."

물론 결론은 각각 따로 먹는 것보다 땅콩버터와 초콜릿바를 합해서 훨씬 더 맛있는 조합을 이루었다.

인지치료와 행동치료에 대해서도 같은 말을 할 수가 있을 것이다. 엄격하게 말해서 행동치료는 인지 분석을 많이 포함하고 있지 않으며 인지치료도 엄밀히는 행동치료를 많이 포함하고 있지 않다. 그러나 이 두 가지가 마치 땅콩버터와 초콜릿바처럼 조합을 이룰 때 그 각각일 때보다 훨씬 더 나아진다.

우리는 제15장에서 행동치료의 역사적 뿌리 또는 행동치료의 제1세대라고 불렸던 것을 살펴보았다. 1980년대까지 행동치료는 심리치료에서 그 위치를 확실히 자리 잡았고 그 효과성은 연구를 통해 훌륭하게 입증했다. 그러나 치료 동맹을 별로 강조하지 않고 치료자를 권위적으로 보며 때때로 비인간적으로 보았던 전통적인 행동치료에 불만족스러워했던 치료자들도 많았다. 그 결과 행동조성치료는 Bandura와 사회학습이론의 영향을 받아 진화했고 행동치료는 Meichenbaum, Lazarus, Ellis, Beck 등의 연구에 영향을 받은 인지치료와의 통합으로 움직이기 시작했다. 지난 30년 동안 이 접근법은 점차 확장되면서 덜 기계적이고 개인의 욕구에 더 세심해졌다. 현재는 긍정적이고 협력적인 치료 동맹이 치료의 필수요소가 되었다. 마음챙김과 다른 개념들이 포함되면서 행동치료에 완전히 새로운 초점을 제공해주었다.

독자들은 인지치료, 행동치료 그리고 인지행동치료에서의 강조점은 기본적으로 차이가 있다는 것을 명심해야 한다. 인지적 접근은 사고의 변화에 초점을 두고, 행동적 접근은 행동 수정에 좀 더 집중하며 인지행동적 접근은 사고와 인지 둘 다에 관심을 둔다.

사회학습이론의 발달

우리의 논의는 이제 타인을 관찰하고 모델링함으로써 학습한다(Bandura, 2006)는 것을 강조한 사회인지이론의 개발자 Bandura에게로 돌아와서 행동 전략과 개입 방안들을 살펴보려고 한다.

Albert Bandura와 사회학습이론

가장 영향력 있는 사회학습이론가들 중 1명인 Albert Bandura(1925~)는 캐나다에서 태어나 아이오와대학교에서 박사학위를 받았다. 이후에 스탠퍼드대학교로 옮겼는데 이곳은 현재 그가 유명한 명예교수로 남아 있는 곳이다. Bandura(1969, 1977, 1986)는 고전적 조건형성과 조작적 조건형성의 원리를 사회학습에 적용시켰다. 그는 학습과 후속 행동 변화는 직접적인 경험뿐 아니라 타인의 행동을 관찰함으로써 대리적으로 일어날 수 있음을 발견했다. Bandura가 모델링이라고 불렀던 이 과정은 긍정적 행동과 부정적 행동 모두를 이끌어낼 수 있다.

모델링은 흔히 부모가 적절한 행동을 보여줄 때처럼, 이로운 효과를 가진다. 반면에 Bandura의 유명한 보보 인형 실험에서처럼, 공격적으로 행동하는 어른들을 관찰했던 아이들이 그런 모델에 노출되지 않았던 아이들보다 공격적인 행동을 보일 가능성이 높다는 것을 보여주었다.

상호결정론을 통해 보면, 다른 사람이 우리의 행동에 영향을 미치는 것뿐 아니라 우리의 행동도 우리의 환경에 영향을 미친다. 그러므로 인지, 행동, 환경은 인간경험을 만드는 데 서로 얽혀 있다.

사회학습이론에 대한 Bandura(1969)의 연구에서 그는 모델링은 행동 그 자체보다 좀 더 영향력을 가지고 있다는 것을 발견했다. 모델링은 실제로 우리의 능력에 대한 우리의 인지를 변화시키고 자기효능감을 증진시킬 수 있다. 우리가 존경하는 어떤 사람이 도전을 감수하는 것을 관찰하는 것은 우리의 공포를 줄여주고 그 과제를 수행해보려는 노력을 촉진시킬 수 있다. 자신의 효능감에 대한 강한 신념을 가진 사람들은 어려움에 직면할 때 피해야 하는 위협이라기보다 예상했던 도전이라고 여기기 쉽다. Bandura는 자기효능감이 우리가 어떻게 생각하고 어떻게 느끼고 스스로를 어떻게 동기화하고 어떻게 행동하는가에 영향을 준다는 것을 발견했다.

자기효능감 이론은 개인이 어떤 과제를 수행할 수 있다는 것은 그것을 해냄으로써 얻는 결과(환경적 강화)뿐 아니라 그것을 얼마나 잘 해낼 수 있는가(자신의 유능성)에 대한 자신의 신념에 근거한다고 가정한다. 시간이 흐르면서, 사람들은 주어진 과제에 대한 자신의 유능감을 발달시킨다. 이 유능감은 미래의 시도들을 구체화한다(Bandura, 1977). 행동활성화치료와 노출기반치료 등과 같은 많은 행동치료들은 사람들이 스스로가 유능하다고 느끼는 행동을 하는 데 더 많은 시간을 쓸수록 자기효능감도 증가한다는 전제에 기초하고 있다. 사회인지이론은 행동이론을 비롯하여 잘못된 사고가 인간행동에 책임이 있으며 복합적인 인지 매개 과정은 인지, 정서, 동기 그리고 선택적 과정을 포함하고 있다는 인지행동이론을 확장하였다.

궁극적으로 사회인지치료의 목표는 인간의 자기조절 능력을 돕고 견고하게 만드는 것이다. 자기조절 과정에는 자기관찰, 자기판단 그리고 성공 혹은 실패에 대한 귀인 방식 등 세 가지 요소가 포함되어 있다. 심리적 부적응 또는 역기능은 학습의 결과라고 볼 수 있다. 즉 부적응 행동은 성적 또는 공격적 충동으로 인한 것이 아니라 그 행동에 대한 어떤 보상이 주어지기 때문에 지속되는 것이다. Bandura(1973)는 공격성, 폭력 그리고 청년기에 대해 많이 연구하였고 공격적 행동의 원인과 가능한 해결책에 관해 반복적으로 증명했다. 그의 이론에 따라 대부분의 행동치료(노출치료와 사회기술훈련을 포함한)는 현재 모델링 요소를 포함하고 있다(Antony & Roemer, 2011).

Albert Bandura는 미국심리학회로부터 공로상을 수상했다. 그는 7권의 책을 썼고 학술잡지에 수많은 논문들을 게재했다. 현재 80대가 된 그는 1953년부터 일해왔던 스탠퍼드대학교에서 여전히 연구와 강의를 수행하고 있다.

행동치료를 이용한 치료

목표

행동치료는 그 이름이 의미하는 것처럼 사람들의 부적응 행동을 소거하고 새로운 적응적 행동을 학습하도록 돕는 것이다. 다음은 행동치료를 통해 성취할 수 있는 목표들의 일부이다.

- 약물과 알코올사용의 감소 혹은 절제하기
- 손톱 물어뜯기와 털 뽑기 등의 바람직하지 않은 행동 감소시키기
- 주장성과 대화 등의 사회적 기술 증진하기
- 비행 공포증, 대중연설에 대한 불안, 과도한 뱀 공포 등 불안과 공포증 개선

- 정신집중과 정리정돈 잘하기
- 짜증, 반항, 행동화, 공격성, 수면장애 등 바람직하지 않은 아동기 행동 감소시키기
- 영양가 있는 음식 섭취, 운동하기, 좀 더 규칙적인 수면패턴 등 건강한 습관 증진하기

이러한 구체적인 목표들에 덧붙여, 행동치료자들은 또한 사람들의 삶을 개선하도록 돕는 기술을 가르치는 일반적인 목표도 가지고 있다. 의사결정, 문제분석과 해결, 시간관리, 주장훈련, 이완훈련 등의 기술들이 종종 행동치료에 포함된다.

⚙️ 행동 전략과 개입

치료자들은 내담자가 행동 변화를 시작하도록 돕는 여러 가지 다양한 전략들을 수행할 수 있다. 가장 유용한 몇 가지 전략들을 다음에 기술하였다.

마치 ~인 것처럼 행동하기 이 전략은 인지행동치료(CBT)의 초기 견해라고 볼 수 있는 Alfred Adler(제4장에서 논의됨)에 의해 처음 개발되었다. 어려운 상황에 맞닥뜨렸을 때 사람들은 마치 그 상황을 효과적으로 다룰 수 있는 사람인 것처럼 행동한다. 예를 들어 병원 치료를 받는 아이들은 그들이 가장 좋아하는 영웅인 것처럼 행동했을 때 더 성공적으로 대처하였다. 성인들 또한 존경하는 친구나 동료인 것처럼 행동함으로써 효과를 얻을 수 있다.

활동 일정 짜기 보상이 있고 성취감을 주는 활동을 계획하는 것은 많은 측면에서 사람들에게 도움을 준다. 일정을 갖는 것은 무력증, 혼란, 의사결정의 문제를 중화시킬 수 있는 방향을 제공한다. 이것은 과도한 수면 혹은 텔레비전 시청을 제한하고 고립을 막을 수 있다. 또 사람들이 그들의 삶을 즐기고 성공할 수 있음을 깨닫게 도와줌으로써 낙관성을 높이고 우울을 줄인다.

치료 목표를 달성하도록 고안된 활동은 특히 가치가 있다. 예를 들면 실직으로 인해 어쩔 줄 몰라 하는 사람에게는 다른 일자리를 찾기 위한 현실적인 활동 일정을 계획하도록 하여 효과를 볼 수 있을 것이다. 일정은 활동을 목록으로 만들어야 하는데 그것이 언제 행해질지 그리고 각 과제에 얼마의 시간이 쓰일지 적어야 한다.

운동과 또 다른 형태의 신체 활동 또한 매우 도움이 될 수 있다. 연구 결과에 따르면, 신체 운동은 우울을 줄이고 안녕감을 향상시키는 엔돌핀의 분비를 증가시킬 수 있는 것으로 나타났다(Ratey & Hagerman, 2008).

혐오치료 치료에서는 대개 처벌 혹은 부정적 결과보다는 보상이 선호되는데 왜냐하면 그것이 자아존중감, 낙관성, 대인관계를 향상시키기 때문이다. 그러나 때때로 바람직하지 않은 행동과 부정적 경험을 연합하는 것은 변화를 일으킨다. 독자들은 혐오치료가 위험한 개입 전략임을 명심해야 한다. 혐오치료를 계획하고 실행하는 경우에는 반드시 주의를 기울여서 그것이 부정적인 정서적 혹은 신체적 영향을 끼치지 않아야 하고 사람들의 권리와 선택을 존중하도록 해야 한다. 서툴게 행해

질 경우, 혐오치료는 사람들이 치료를 너무 빨리 중단하게 만들 수 있고 이용당했다거나 외상으로 느낄 수 있으며 훨씬 더 심한 증상으로 발전할 수 있다.

사람들이 술을 끊는 데 사용되는 구토제인 안타부스(Antabuse)가 혐오치료의 예이다. 아이들의 행동을 수정하는 데 사용하는 타임아웃은 비록 그 주요 목적이 아이에게 흥분을 가라앉히고 곰곰이 생각해보는 기회를 주는 것이지만, 혐오치료의 또 다른 형태이기도 하다.

시각적 심상은 종종 혐오치료를 수반한다. 예를 들면 금연을 원하는 어떤 여성은 심각한 호흡곤란이나 흡연 관련된 질병을 앓고 있는 자신을 상상할 수 있다. 자살을 시도해서 여자친구에게 이별에 대한 죄책감을 주게 하려는 한 젊은 남자는 그녀가 완벽하고 멋진 삶을 사는 동안 자신은 무덤에 누워 있는 것을 상상한 후에 마음을 바꿀 수 있을 것이다.

사람들에게 부정적 자극이나 행동에 대한 과도한 노출을 주는 포만은 혐오치료의 한 종류이다. 예를 들어 금연을 하려는 여성은 그녀가 괴로움을 느낄 때까지 빠르게 연속해서 많은 수의 담배를 피우는 것이다.

행동 시연 이 전략은 사람들에게 어려운 과제를 연습할 기회를 준다. 시연은 치료자와의 역할 연기 혹은 친구와의 연습 회기를 포함할 수 있다. 원하는 행동을 연습하는 동안 녹화하거나 거울로 자신을 관찰하는 것은 피드백과 향상의 기회를 제공한다.

행동 시연은 매우 다양한 경우에 사용될 수 있다. 요청하기 혹은 거절하기, 타인과 긍정적 그리고 부정적 감정을 나누는 것은 행동 시연에 특히 잘 사용될 수 있다. 또한 이것은 사람들의 사회적 기술 향상을 도울 수 있는데, 예를 들면 대화를 시작하고 유지하거나 사회적 활동을 함께 할 수 있는 손님 초대하기를 연습하는 것이다.

바이오피드백 바이오피드백은 심장박동수, 땀샘 활동, 피부 온도, 맥박 수와 같은 신체 기능을 관찰하고 음조나 빛으로 그 기능에 대해 피드백을 주는 기구를 사용하는 것을 의미한다. 바이오피드백은 긴장과 불안을 감소시키고 이완을 증가시킬 수 있다. 또한 혈압을 낮추거나 통증조절을 개선시키는 것과 같은 신체적이고 의학적 이득을 가질 수 있다. 뇌손상, 수면장애, ADHD 그리고 우울증을 치료하는 데 사용되었다(Myers & Young, 2012). 바이오피드백의 하나인 뉴로피드백은 뇌파를 관찰하고 조절하도록 해주어 행동을 변화시킨다.

계약 맺기 내담자와 치료자가 치료 목표와 두 사람의 역할에 대해 명확하게 동의하는 것은 CBT와 행동치료의 중요한 요소이다. 계약 맺기는 대체로 치료 과정의 초기에 이루어진다. 그러나 새로운 문제영역이 변화를 위한 표적 행동이 될 때마다 내담자와 치료자는 추가적인 목적과 절차를 포함하도록 계약을 확장할 수 있다. 이것은 방향과 동기를 제공하며 치료 과정에 내담자 협력을 높일 수 있다.

복식 호흡 느리고 깊은 호흡을 하는 것과 호흡에 집중하는 것은 마음을 평온하게 하고 심지어 수면을 유도할 수도 있다. 이러한 종류의 호흡은 신체에 더 많은 산소를 공급하고 정신을 집중하고 자기통제와 마음챙김을 증가시키는 것과 관련되어 있다. 복식 혹은 횡격막 호흡은 특히 도움이 된다.

이 호흡은 코를 통해 숨을 들이마시고 횡격막을 확장하고 입을 통해 공기를 배출한다.

노출 연구에 따르면 두렵거나 피하고 싶은 자극을 반복적으로 접촉하는 것은 결과적으로 적응을 낳는다는 것을 발견하였다. 다른 말로 하자면 공포스러운 대상(예 : 뱀, 타란툴라, 또는 높은 빌딩)에 더 많이 노출될수록 공포는 덜 경험될 것이다. 그에 반해서 두려운 대상을 회피하는 것은 그 공포가 강화되어 실제로는 불안을 증가시키게 된다. 노출기반치료는 이 장의 후반부에 좀 더 설명하였다.

표현적이고 창의적인 활동 예술치료, 춤치료, 음악치료가 각각 전문성을 가지고 있지만, 다른 전문 분야를 가진 치료자들은 때때로 이들과 결합하여 다른 형태의 창의적인 자기표현을 가능케 한다. 이것은 사람들이 그들의 감정을 더 잘 알게 해줄 수 있다. 표현적 기법들은 감정과 걱정을 언어화하는 데 어려움을 가진 사람들이나 곤경에 빠졌거나 꽉 막혔다고 느끼는 사람들에게 특히 성공적일 수 있다. 이 접근법들은 자유롭고 힘을 북돋우며 성인과 아이 모두에게 유용하다. 물론 예술의 치료적 이용에 전문적인 훈련을 받지 않은 치료자들은 주의를 기울여야 한다.

소거 소거는 바람직하지 않은 행동을 줄이거나 제거하기 위해 그 행동에 이득을 주는 강화물을 철회하는 것이다. 예를 들어 아이들이 잘못 행동할 때마다 그들에게 특별한 관심을 쏟는 부모는 그 바람직하지 않은 행동을 무심코 강화할 수 있다. 부모가 가능한 한 많이 긍정적 행동에 주의를 기울이고 나쁜 행동은 무시하도록 하는 것은 부정적 행동을 줄일 수 있다.

홍수법 혐오치료와 마찬가지로 홍수법은 이 전략의 적절한 사용에 정통한 치료자가 주의를 기울여 사용해야만 하는 위험도가 높은 개입이다. 홍수법은 두려운 자극에 많이 노출되는 것은 그 자극에 둔감해질 것이라는 원리를 갖는다. 예를 들어 풍선을 두려워하는 사람을 풍선으로 가득 찬 방에 두는 것이다. 두려움이 최고조에 달하고 나서 점차 두려움이 줄어들도록 충분히 오래 두려운 상황에 노출되어야 한다. 만약 그 사람이 너무 빨리 그 상황을 벗어난다면 두려움은 더 커질지도 모르며 그 사람은 홍수법을 사용하는 이들을 두려워하게 될 수 있다. 게다가 그 두려움은 그 사람을 위험한 방법으로 행동하게 할 수 있다.

어떤 사람들은 아이를 수영장에 밀어넣는 것이 물에 대한 두려움을 치유하는 방법이라고 믿는다. 이 잘못된 신념은 아이의 생명을 위협하고 외상 경험을 만들며, 타인에 대한 아이의 신뢰를 손상시킬 수 있다. 홍수법은 거의 사용되어서는 안 되며 내담자에게 그 절차에 대해 완전히 알려주고 내담자가 그 과정에 대해 동의한 후에만 사용되어야 한다.

모델링 모델링은 주장훈련, 인간관계 훈련, 아동·청소년·성인을 위한 사회적 기술 또는 수행을 향상하고자 하는 어떤 다른 상황에 있는 이들을 위한 치료에 사용될 수 있다. 사람들은 성, 나이, 인종, 신념의 측면에서 자기 자신과 유사하고 현실적인 측면에서 매력적이고 존경할 만하며 유능하고 따뜻해보이는 모델들에게서 가장 영향을 잘 받는다(Bandura, 1969). 다섯 가지 형태의 모델링이 사용 가능하다.

1. 치료자들은 사회적 기술 훈련 또는 협상 기술 등을 포함한 표적 행동들을 보여주는 모델로서 역할을 할 수 있다.

2. 내담자들은 그들이 모방하고 싶어 하는 행동이나 활동, 예를 들면 대중연설, 사교 모임에서 대화하기 혹은 모임에서 제안하기 등을 하고 있는 다른 사람들을 관찰할 수 있다.

3. 내면적 또는 심상적 모델링은 내담자가 상상하는 어떤 상황을 묘사하는 것을 포함한다.

4. 영화 또는 책을 통한 상징적 모델링은 아동과 청장년에게 적절한 행동을 가르치기 위한 일반 적인 접근법이다. 어린이를 위한 시리즈인 Bill Cosby(2009)의 리틀 빌은 아이들이 치과에 가는 것, 다른 사람들과 어울리는 것 그리고 잠들기 전에 두려워하는 것을 극복하는 데 도움을 준다.

5. 자기모델링 또한 하나의 선택이다. 내담자들은 긍정적이고 원하는 행동을 하는 자신을 오디 오나 비디오 녹화를 함으로써 그들 자신의 모델이 될 수 있다(Bandura, 1969).

합리적(당연한) 결과　합리적 결과는 바람직하지 않은 행동의 결과로서 논리적인 그리고 대체로 불쾌한 결과를 의미한다. 예를 들어 저녁식사 전에 장난감 정리를 하지 않는 아이에게 저녁식사 후에 가장 좋아하는 텔레비전 프로그램을 보는 대신 방을 청소하도록 하는 것이다. 반복적인 지각 때문에 해고를 당하는 것도 그러한 예이다. 합리적 결과가 처벌로 보일 수도 있으나 그것은 임의적이고 꾸며낸 벌보다 바람직한데 왜냐하면 그것은 바람직하지 않은 행동에 대해 논리적으로 연결되어 있고 사람들에게 그 행동의 의미에 대한 강력한 메시지를 주기 때문이다.

강화　강화와 보상은 행동 변화를 촉진하고 학습을 향상시키며 이득을 공고히 한다. 강화는 주의 깊게 선택되고 계획되어야 한다. 그것은 그 사람에게 동기를 일으킬 만큼 의미 있고 가치 있는 것이어야 하며 현실적이고 합리적이어야 한다. 예를 들어 딱 한 번 방 청소를 한 아이에게 이에 대한 강화로 비디오 게임을 사주는 것은 현실적이지 않지만, 아이가 7일 중 5일 동안 그의 방을 청소한 주에는 비디오 게임 구입을 위해 3달러씩 모으도록 하는 것은 아마도 현실적일 것이다.

성인들은 그들 자신만의 강화 계획을 만들 수 있다. 청구서를 제때 지불하는 데 어려움을 겪는 한 여성은 영수증 정리를 위해 일주일에 2시간을 따로 비워두었다. 자신의 재무 계획을 완성할 때마다 그녀는 서점에 가서 새 추리 소설을 사고 저녁 내내 책을 읽음으로써 그녀 자신에게 상을 줬다.

보상은 물질적일 필요는 없다. 사회적 강화, 예를 들면 부모의 인정, 직장에서의 긍정적 평가, 친구들로부터의 칭찬도 강력한 보상일 수 있다. 내담자들은 자신에 대한 긍정적인 확언과 신용카드 청구서의 줄어든 잔액, 향상된 성적과 같이 자신의 성공을 생각나게 하는 것을 통해 그들 자신에게 상을 줄 수 있다. 강화는 일반적으로 성공 직후 제공하고 성취와 분명하게 연결될 때 가장 강력하다. 그러한 강화물은 특히 바라던 행동 변화를 공고히 할 것이고 더 많은 변화 혹은 목표달성을 유지하는 데 공헌할 것이다.

긴장이완　긴장이완은 흔히 체계적 둔감법, 복식 호흡, 최면, 시각적 심상과 같은 다른 기법과 결합된다. 치료 회기 중에 긴장이완 전략을 가르치고 회기 사이에 연습을 하도록 권장하는 것은 스트레스와 불안을 줄이고 행동 변화를 이루려는 사람들의 노력을 촉진할 수 있다. 점진적 근육이완(연속하여 신체의 각 근육들을 긴장시키고 이완하는 것), 바디 스캔(신체의 각 부분들을 체계적으로 평가하고 이완), 머리 돌리기, 어깨 으쓱하기, 느슨하고 편안하게 느껴질 때까지 몸을 흔들기 등의 간단한 운동들을 포함하여 기초가 확립된 긴장이완 전략들을 몇 가지 사용할 수 있다.

행동 조성 이 기법은 행동의 점진적 변화를 이루기 위해 사용된다. 사람들은 원하는 행동의 연속적인 근사치를 만들어 결국 새로운 형태의 행동으로 이끈다. 예를 들어 다음의 단계는 사회적 불안을 가진 사람들이 타인과 상호작용을 향상시키는 것을 도울 것이다.

- 사교 모임에서 5~10분을 보내라. 어떤 대화도 시작하지 마라.
- 사교 모임에서 5~10분을 보내고 적어도 2명에게 인사하라.
- 사교 모임에서 15~20분 동안 적어도 두 사람에게 인사하고 적어도 1명에게 자기소개를 하고 다른 한 사람에 대해 질문하라.
- 앞의 단계를 따르고 덧붙여 날씨에 대한 짧은 대화를 하고 주인에게 음식에 관해 칭찬을 하라.

기술 훈련 긍정적 변화를 촉진하는 중요한 요소는 사람들에게 그들이 변화를 성취하는 데 필요한 기술을 가르치는 것이다. 치료자들은 내담자들에게 일반적 기술(예 : 주장훈련, 의사결정, 문제해결, 의사소통 기술)과 개인의 특정한 필요를 충족시키는 것(예 : 면접, 분노 관리)을 모두 가르칠 수 있다. 부모는 흔히 아이들과 함께 행동 변화 전략을 배움으로써 이득을 얻는다. 치료자는 독서치료 혹은 관련된 책 읽기를 통해 새로운 기술을 가르칠 수 있다. 예를 들어 주장훈련, 시간관리, 육아 그리고 다른 긍정적 행동에 관한 많은 책들을 사용할 수 있다.

토큰 경제 학교, 일일 치료 프로그램, 병원, 교도소와 심지어 가정과 같은 집단에서 특히 유용한 토큰 경제는 집단 내 다양한 행동을 바꾸는 효과적이고 효율적인 방법이다. 행동 규칙 또는 지침은 처음부터 정해져야 하며 모든 참가자들이 이해하고 학습할 수 있어야 한다. 이 지침을 잘 기억하고 유지하기 위해 이를 종이에 써서 붙인다. 그리고 각 개인이 원하는 행동 수행이 일어났을 때 그 성과를 빠르게 확인하고 기록하는 체계가 만들어진다. 예를 들어 그룹 홈에 있는 직원들은 바람직한 행동이 일어난 직후 가능한 한 빨리 차트에 별표나 기호를 표시하거나 포커 칩을 나누어주도록 한다.

　마지막으로 보상 체계가 만들어진다. 보상은 명확하고 현실적이며 참여자에게 의미 있는 것이어야 하며 공정하고 일관된 방식으로 제공되어야 한다. 토큰 경제에서는 전형적으로 별, 점수 혹은 포커 칩이 보상물을 얻기 위한 쿠폰처럼 사용된다. 예를 들어 2점은 텔레비전 시청 시간 또는 전화하기와 바꿀 수 있고 5점은 영화관에 갈 수 있는 상을 받을 수 있으며 15점은 새 CD와 교환할 수 있다. 강화를 통해 보상물을 받을 수 있는 기회가 자주 주어져야 한다. 그리고 사회적 강화(칭찬, 적절한 신체적 애정)는 물질적 보상과 함께 주어져서 내재적 동기와 바람직한 행동의 내면화를 발달시켜야 한다. 그럼으로써 치료 장면 밖에서 행동의 일반화가 촉진된다.

최근의 발달

오늘날 행동치료를 사용하는 치료자들은 문제를 맥락 속에서 봐야 한다는 것을 인식하고 있다. 치료자들은 문제의 역사적 뿌리와 선행 사건을 탐색하고 개인차를 세심하게 보며 긍정적이고 협력적인 치료 동맹을 발달시키고 그들의 내담자를 한 개인으로 이해하고 알려고 애쓴다. 치료자들은 내담자들에게 더 많은 힘을 실어줌으로써 현재 당면한 문제만을 다루는 것이 아니라 미래에도 사용할 수 있는 기술들과 전략들을 발달시키도록 하여 좀 더 건강하고 가치 있는 삶을 이끌도록 돕는다.

처음에 행동치료 전략을 묵살했던 어떤 치료자들은 이것을 피상적이고 증상을 더 악화시키기 쉽고 한 문제영역이 다른 것으로 옮겨지는 것(증상 대체)이라고 보았다. 그러나 광범위한 연구를 통해 이러한 문제점들이 제거되었다. 행동치료의 긍정적 성과들은 지속되는 경향이 있다. 증상 대체 대신에, 이 접근법들은 종종 그들이 학습한 기술들을 더 많은 문제영역에 자연스럽게 사용하는 긍정적 변화의 일반화를 이끌었다.

행동치료는 상담과 심리치료에 중요한 기여를 했다. 행동치료는 치료 효과성에 대한 연구의 중요성을 강조했다. 목표설정, 책임감, 성과에 대한 강조는 효과적인 치료를 바라는 내담자의 요구뿐 아니라 치료 계획 및 치료 과정 보고서에서 반드시 필요한 것이다. 또한 행동치료는 현실치료(제17장에서 논의됨)와 중다양식치료(제19장에서 논의됨)와 같은 수많은 다른 접근법들의 발달에 토대를 제공했다.

행동치료의 가장 중요한 목표는 내담자들이 변화에 좀 더 유연하고 민감해지도록 도와서 개인의 필요에 효과적인 도구들을 만들도록 하는 것이다(Antony & Roemer, 2011). 이제 우리는 행동치료의 주요 부분인 목표설정 과정을 살펴볼 것이다.

행동치료의 목표설정

행동 변화를 위한 계획 세우기

행동치료자들은 내담자들에 대한 최소한의 기본적인 이해를 하고 그들의 문제를 맥락 안에서 다룰 수 있는 충분한 정보를 얻었다고 생각되면, 내담자들과 함께 협력하여 일반적으로 다음 여덟 단계에 따라 계획을 세운다.

1. 문제행동을 기술하라.
   - 문제의 본질과 그것의 역사를 검토하라.
   - 표적 행동(바람직하지 않은 행동)의 맥락을 조사하라.
2. 표적 행동의 빈도, 지속 기간, 강도를 반영하여 기초선을 설정하라.
3. 목표를 정하라.
   - 목표는 반드시 현실적이고 명확하며 구체적이고 측정 가능하도록 하라.
   - 목표는 반드시 내담자에게 의미 있는 것이어야 한다.

- 목표를 긍정적으로 진술하라. '일주일에 두 번 이상 지각하지 말자'보다는 '일주일에 두 번 이상 제시간에 도착하자'가 더 호소력 있는 목표이다.

4. 변화를 촉진하기 위한 전략을 개발하라.
- 바람직하지 않은 행동을 유발하는 선행 조건을 바꿔라.
- 기술을 가르치고 바람직한 변화에 기여하는 정보를 제공하라.
- 충동조절 전략을 조사하고 향상시켜라.
- 긍정적 변화를 촉진하기 위해 모델링, 역할 시연, 체계적 둔감법과 같은 추가적 전략들을 사용하라.
- 적절한 강화 수반성과 필요시에는 의미 있는 후속 결과를 계획하라.
- 변화 과정의 결과를 감찰하고 기록하는 방법뿐 아니라 변화 과정의 실행을 신중히 계획하라.
- 내담자와 치료자는 서면 계약서를 작성한다. 치료자는 내담자가 변화에 전념하는 과정을 다른 사람들과 공유하도록 장려한다.

5. 계획을 실행하라.

6. 진행 과정을 평가하고 계획의 성공을 검토하라.
- 실행의 결과를 검토하고 자세히 살펴라.
- 성공을 강조하라.
- 변화의 모든 장애물을 확인하고 논의하라.
- 필요하다면 계획을 수정하라.

7. 내담자의 힘을 북돋고 치료의 진전을 지속하며 긍정적 변화를 만들기 위해 성공을 강화하라.

8. 이득의 유지를 촉진하기 위한 계획과 재발 방지를 위한 계획을 세우면서 치료 과정을 계속 진행하라.

행동 변화 계획하기와 실행하기

우리는 내담자들의 행동 변화에 조력할 때와 관련된 단계들을 살펴보았다. 이 단계들은 물론 특정 인이나 특정 문제의 상황에 맞도록 변경될 수 있다. 아이작의 사례를 활용하여 이 단계들을 다시 확인해보자. 아이작의 상사는 아이작의 지각에 대하여 꾸짖었다. 이 단계들을 학습하고 다시 확인하는 과정을 통해, 독자들은 이 과정들을 자신의 현재 일에 적용시키고 스스로에게도 직접 사용할 수 있을 것이다. 이 단계들은 과식, 약물오남용, 부적절한 시간관리, 직장 또는 학교에서의 만족스럽지 못한 수행 결과, 부적절한 분노 표출, 아동의 부적절한 행동, 운동 부족, 흡연, 손톱 깨물기 등과 같은 바람직하지 않은 개인적 습관, 사회성 결여 등을 비롯한 여러 바람직하지 않은 행동의 변화를 도울 것이다.

1단계 : 행동 기술하기

행동 변화의 첫 단계는 목표가 되는 행동을 구체적이고 측정 가능한 용어로 기술하는 것이다. 바람직하지 않은 행동과 바람직한 변화 모두 다 기술되어야 한다.

아이작의 현재 문제는 출근시간에 늦는 것이었다. 일단 이 바람직하지 않은 행동을 구체적으로 살펴보았다. 아이작은 전업 직장이 있으며, 아내와 3명의 자녀가 있었다. 그의 하루하루는 바쁘고 어려운 일과로 채워져 있었다. 아이작은 휴식시간이 거의 없어서 자신만의 시간을 갖기 위해 새벽 2시까지 TV를 보는 습관이 있었다. 아침이 되면 아이작은 피로감을 느꼈고, 아내가 아이들 등교 준비를 시키는 것을 돕고자 일찍 일어나려 해도 힘이 들었다. 그래서 매일 아침마다 대부분 매우 혼잡스러웠다. 아이들은 종종 통학 버스에 늦어서 아이작이 직접 학교에 차로 데려다주어야 했다. 통학버스를 탔다고 하더라도 아이작은 대개 30분 정도 지각 출근을 했다. 바람직하지 않은 행동을 전부 기술하였더니 아이작의 지각 습관은 여러 복잡한 원인이 작용하는 상황이었다.

아이작은 점심시간에도 일을 하고, 퇴근 후에도 늦게까지 남아 일을 한다면서 자신의 지각에 대한 이유를 댔다. 하지만 아이작의 계약서에 자신의 근무시간은 오전 9시부터 오후 5시 30분이라고 명시되어 있으며 본인은 이 시간을 지키지 않고 있다는 사실을 알고 있었다. 그가 원하는 바람직한 변화는 분명했다. 규칙적으로 정시에 출근하는 것. 또한 아이작은 자신만의 시간을 더 가지면서도 가족이 필요로 하는 부분을 더 잘 관리하기를 바라고 있었다.

2단계 : 기초선 설정하기

일단 문제가 되는 행동들이 명확히 기술되면, 치료 초기의 문제행동의 심각도와 빈도를 반영하는 기초선이 결정될 수 있다. 기초선을 알아내기 위해서 내담자와 치료자는 다음 항목에 동의를 해야 한다.

- **행동을 측정하는 방법** 행동을 측정하는 가장 흔한 두 방법은 빈도와 심각도이다. 빈도는 하루에 술을 몇 잔 마시는지, 아동이 학교에서 한 시간에 몇 번 자기 자리에서 벗어났는지, 남편이 1주일에 몇 번 아내에게 언성을 높였는지 등의 방식으로 측정한다. 심각도는 과제가 얼마나 늦어졌는지, 손톱을 깨물어서 얼마나 많은 손상이 갔는지, 물건을 쓸어 모으는 습관으로 얼마나 지저분해졌는지 등의 방식으로 측정할 수 있다. 행동을 명확하고 구체적인 용어로 묘사하는 것은 측정을 용이하게 한다. 예를 들면, 지저분한 집은 옷 더미가 쌓인 바닥, 포장을 풀지 않은 상자 6개, 곰팡이가 슬어 있는 샤워실 등으로 묘사되지 않으면 평가하기가 어렵다.
- **측정 기록 방법** 치료를 받는 사람은 통상적으로 자신의 행동을 기록한다. 그들은 체크리스트, 일지, 또는 바람직한 행동 및 바람직하지 않은 행동을 기록으로 남긴다. 아이작은 5일간 자신의 스케줄을 기록하기 위해 일지를 썼다. 그는 알람시계가 울린 시간, 침대에서 일어난 시간, 사무실에 도착한 시간, 사무실에서 나온 시간, 잠자리에 든 시간을 기록하였다. 그는 매일매일 자신이 기상하고 나서 사무실에 도착하기 전에 했던 일들의 항목을 간략하게 기록하였다. 아이작의 다음 회기에서는 치료자와 함께 자신의 기록을 같이 살펴보았다. 아이작은 매일 아

침 6시에 알람시계를 맞춰 놓았지만 그는 6시 30분 이전에는 좀처럼 기상하지 않았다. 그는 매일 30분에서 45분 정도 회사에 지각을 했다. 두 번은 차로 아이들을 학교에 데려다주어야 했기 때문에, 한 번은 딸이 숙제를 잘못 두었기 때문에, 한 번은 키우는 개에게 신경을 쓸 일이 있었기 때문에, 또 한 번은 아이작이 아침 7시까지 잤기 때문이었다. 아이작의 퇴근시간은 오후 6시에서 6시 30분 사이였다. 5일 중에서 4일은 거의 새벽 2시까지 텔레비전을 시청했다.

3단계 : 목표설정하기

목표들은 의미 있고, 명확하고, 구체적이고, 측정 가능하며, 달성 가능해야 한다. 목표들은 기초선 정보에서 논리적으로 도출된 명제여야 한다. 치료자와 내담자는 목표에 대한 이해를 하고 목표를 기록해야 하며, 극도의 어려움을 겪지 않으면서도 목표들을 달성할 수 있어야 한다는 상호 간의 합의가 있어야 한다. 성공적인 목표달성은 목표달성에 이르는 행위들을 강화시키고, 더 도전적인 목표에 도전하도록 격려하는 원인이 되지만, 반대로 목표달성에 실패하면 용기가 꺾이고 사람들은 자신의 능력을 의심하게 한다. 따라서 목표들은 달성 가능하도록 설계되어야 하며, 좌절을 가져오도록 설계되면 안 된다.

아이작은 정시 출근을 할 수 있도록 삶의 변화를 기꺼이 받아들이려 했으나, 기초선에도 나타났듯이, 문제의 복잡도와 심각도를 볼 때 목표들은 점진적으로 접근되어야 한다는 것을 알 수가 있었다. 아이작은 다음 주 중, 최소 한 번은 오전 9시에 사무실에 출근하고, 다음 주 중 최소 세 번은 새벽 1시 전에 잠자리에 들기로 초기 목표를 설정했다.

4단계 : 전략 개발하기

행동 변화 과정의 다음 단계는 사람들이 목표달성에 유익한 전략을 알아내는 것이다. 가장 효과가 있는 개입 방법들은 사람들이 자신에게 문제가 되는 행동을 이해하고, 자신의 상황에 맞는 기술을 개발하고, 충동성을 조절하고, 노력을 강화하는 것이다. 치료자들은 사람들의 목표달성을 도울 때 여러 카테고리의 전략들을 고려해야 한다.

기술 개발 및 교육 사람들은 자신의 문제행동들을 바꾸기 위해서는 새로운 기술을 개발하고 새로운 정보를 배워야 할 필요가 종종 있다. 여기에는 자기표현, 의사소통 기술, 자녀양육 기술, 시간관리 기술, 의사결정 기술 등이 포함될 수 있다.

충동조절 충동조절과 관련된 문제는 종종 바람직하지 않은 행동의 핵심 요소가 된다. 예를 들면, 아이작의 경우 '심야 텔레비전 방송 중독'이라고 스스로를 묘사했고, 그는 이 행동을 조절하는 데 어려움을 겪었다. 긴장이완, 주의분산, 촉발 요인 회피 등과 같은 충동조절 전략들을 내담자에게 학습시키는 것은 변화를 용이하게 할 수 있다.

강화 보상은 사람들로 하여금 자신의 목표를 달성하게 하고, 자신이 이룬 것에 자부심을 갖게 하며, 좀 더 어려운 목표에 도전하도록 동기를 부여할 수 있다. 보상은 친구와 가족의 격려나 칭찬과 같은 **사회적 보상**일 수도 있고, 체중을 감량하거나 금연에 성공한 후 경험하는 자신에 대한 긍정적인 감정 및 건강한 신체 등 내적 보상일 수도 있고, 또는 바라던 물건을 구매한 것을 기념하는 근사한 저녁 외식의 경우처럼 외적 보상일 수도 있다. 외적 보상은 가장 쉽게 계획되고 통제되는데 사전에 구체적으로 선별되고, 개인의 목표달성에 조건으로 걸려 있던 것이라면 가장 효과가 있다. 목표설정과 마찬가지로, 보상 계획은 개인이 보상을 받을 확률이 있는 쪽으로 수립이 되어야 한다.

강화는 주기적으로 수행이 될 수도 있고(예 : 목표행동을 할 때마다), 혹은 간헐적으로 수행될 수도 있다. Lundin(1977)은 네 가지 종류의 강화 스케줄을 기술하였다.

1. **고정간격 강화** 일정한 주기로 일어나는 강화 계획으로 예를 들면 급여를 주급으로 받거나, 분기별 성적표를 받는 등이 포함된다.
2. **변동간격 강화** 강화가 가변적 주기로, 특정 시기에 맞추어서 일어난다. 예를 들면, 애완동물은 75분 동안 다섯 번의 간식을 받거나 혹은 평균 15분 간격으로 줄 때 그 간격은 5분에서 30분 사이가 될 수 있다.
3. **고정비율 강화** 이 강화는 반응 횟수에 따라 결정되는 것이다. 예를 들면, 공장 조립 라인에서 근무하는 사람들은 근무시간에 따른 급여가 아니라 조립하는 부품 수량에 따라 급여를 받을 수가 있다.
4. **변동비율 강화** 강화를 제공하는 이가 강화를 계획 및 조절하는 경우에도 이 강화는 대개 무선적이고 예측 불가능한 것처럼 보인다. 슬롯머신이 좋은 사례이다. 변동비율 강화는 반응을 조장하는 데 매우 강력한데, 그 이유는 각각의 행동에 대해 보상 확률이 있기 때문이다.

행동을 조성하는 데 보상 대신에 불이익이나 처벌이 사용되기도 하지만, 대개는 보상이 더 효과적이다. 보상은 변화 과정이 긍정적이면서도 자신에게 힘을 실어주고, 동기부여를 촉진시키는 과정이다. 또, 강화가 타인에게서 나오는 경우 상을 주는 사람은 긍정적인 인상으로, 벌을 주는 사람은 부정적인 인상으로 남기 쉽다.

그러나 처벌은 강력하고 즉각적인 메시지를 제공하며 행동 변화에는 처벌만이 수행할 수 있는 부분이 존재한다. 가정폭력의 경우 구속은 범죄를 시인하게 만들고, 치료를 받도록 이끌어내서 결과적으로는 긍정적인 변화를 가져올 수 있다.

본 장 앞부분에서 기술한 대로, 행동에 대한 적절한 대응은 처벌의 부정적 결과를 피할 수 있게 하면서도 강력한 메시지를 전달할 수 있다. 강화는 부적절한 행동이 점진적으로 소멸될 수 있도록 적절하고 합리적으로 설계되어야 한다. 예를 들면, 숙제를 빼먹는 학생에 대해서는 숙제 알림장을 의무적으로 가지고 다니도록 하여 선생님이 알림장에 그날의 과제를 기록하고, 부모님이 확인할 수 있게 하는 것이다. 목욕을 할 때마다 타월을 6장씩 쓰는 소녀에게는 자신이 세탁을 하도록 할 수 있다.

계획 수립 거의 예외 없이, 계획 수립은 행동 변화의 필수적인 요소이다. 계획 수립은 언제 어떻게 사람들이 자신의 행동을 변화할지 정확하게 기술하도록 하고 노력에 대한 장애 요소를 예측하고 극복할 수 있도록 돕는다.

몰입 치료자는 내담자가 자신의 행동을 변화시키는 데 최선의 노력을 다하고 몰입할 수 있도록 도와주어야 한다. 변화에 대한 몰입 및 변화 의지에 대한 공언은 사람들이 자신의 계획을 꾸준히 따라갈 수 있도록 동기를 부여한다. 이들의 결심은 치료자와의 문서상의 약속을 통해, 그리고 지원과 격려를 해주는 가족과 친구들에게 자신의 목표를 언급함으로써 더욱 굳어질 수 있다. 행동 변화 계획에, 금연을 원하는 친구나 정기적으로 운동을 원하는 친구와 같은 파트너를 만드는 것도 강화의 수단이 될 수 있다.

아이작의 전략 아이작과 그의 상담자는 다음과 같은 도움 전략을 만들었다.

1. **기술 개발** 아이작은 시간관리에 대한 지식이 거의 없었다. 아이작의 변화 프로그램을 시작하기 전에, 치료자와 아이작은 시간관리 원칙을 같이 살펴보았고 이 주제에 관해 아이작이 읽어볼 만한 책을 제시했다. 또, 아이작은 자신이 겪는 어려움에서 피로가 어떤 요소가 되는지 알 수 있도록 부족한 수면의 누적 효과에 대해 정보를 받았다.

2. **충동조절** 아이작은 텔레비전을 시청하고자 하는 충동을 조절할 수 있는 도움이 필요했다. 그는 대개 텔레비전 앞에서 졸다가 잠들게 되고 시간관념이 없어진다고 말했다. 그는 새벽 12시 30분에 알람을 울려서 이 시간은 텔레비전을 끄고 잠자리에 들어야 하는 시간임을 기억하게 했다.

3. **계획 수립** 계획 수립은 아이작이 행동을 바꾸는 데 중요한 부분이었다. 아이작은 제시간에 출근하기 위해서는 오전 6시 15분에 기상해야 한다는 결론을 내렸다. 그는 2개의 알람시계를 맞추어두었는데, 하나는 침대 옆의 것으로 오전 6시로 맞추었고, 침실 건너편의 시계는 오전 6시 15분으로 맞췄다. 이렇게 함으로써 아이작은 천천히 잠에서 깨어날 시간이 주어졌고 또 오전 6시 15분에 기상해서 두 번째 알람시계를 끌 확률을 높였다.

   아이작 가족의 아침 소동 중 일부는 피할 수 없는 성격의 것도 있었지만, 일부는 세밀한 계획 수립으로 피할 수 있는 것도 있었다. 아이작은 아내와 함께, 아이들이 잠들기 전에 자신의 옷, 책, 과제, 식비를 정리해서 아침의 일들을 부드럽게 진행하기로 합의했다. 첫째와 둘째 아이에게는 식탁을 정리하고 아침식사를 준비하도록 요청했다.

   아이작이 휴식시간을 좀 더 이른 시간으로 당길 수 있도록, 아이작과 아내는 아이들을 돌보는 역할을 차례대로 맡기로 합의하였다. 1명이 아이들 씻는 것과 숙제하는 것을 돕는 동안 다른 1명은 휴식, 독서, 텔레비전 시청 등 자신만의 시간을 보낼 수 있도록 계획을 짰다.

4. **강화** 아이작은 자신의 행동 변화에 대해 자동적인 강화(보상)를 받을 것이라고 예상했다. 그는 상사로부터 더 좋은 평가를 받고, 마음이 좀 더 이완되고, 또 덜 서두르는 가정환경이 만들어질 것이라고 기대했다. 또, 아이작은 자신이 목표를 달성하는 주에는 베이비시터를 부르고, 부부가 둘이서 외식을 하기로 결정했다. 이 외적 강화는 아이작이 자신의 가족에 대해 더 느

긋하고 긍정적인 감정을 가질 수 있도록 하였다.

5. **몰입** 아이작과 그의 치료자는 목표와 전략을 기록한 계약서를 작성하였다. 아이작은 이를 아내에게 보여주었고 이러한 자신의 변화의 노력이 성공하도록 아내의 도움을 구하였다.

5단계 : 개입 전략 실행하기

목표가 수립되고 전략이 결정되면 이제 행동 변화의 계획이 수행된다. 내담자는 자신들의 바람직하지 않은 행동의 기초선을 결정하던 때와 마찬가지로 자신의 진척 상황을 기록해야 한다. 내담자는 행동 변화에 도움이 되거나 방해가 되는 것에 대해서 전부 기록을 작성해야 한다.

아이작은 계획 중에서 자신이 직접 통제할 수 있는 부분은 잘 수행했지만, 아이들에게 아침에 일찍 일어나고 전날 밤에 학교 갈 준비를 미리 하도록 설득하는 것은 어렵다는 것을 알게 되었다. 그는 치료자에게 이 상황에 대해 조언을 요청하기로 결정했다.

6단계 : 기능 평가하기

정기적으로, 내담자와 치료자는 계속 성공을 유지시키고 강화하기 위해 진척 상황을 점검하고 계획 수행의 어려움을 확인한다. 지속되는 실패의 경험들은 피하는 것이 좋다. 내담자의 행동 변화 계획을 토론할 때 치료자는 격려를 하고 긍정적으로 반응하며 판단, 비판, 비난을 해서는 안 된다. 사람들은 종종 자신의 목표들을 완벽하게 이루어내지 못한다. 이것은 학습과 계획 수정의 기회로 간주되어야 하지, 실패로 간주되어서는 안 된다. 변명과 실망에 초점을 두기보다, 치료자는 내담자들이 지금껏 이룬 노력과 성공에 대해 축하할 수 있도록 도와야 한다.

아이작의 노력에 대한 최초 점검에서, 아이작은 5일 중 2일을 정시에 출근했으며, 다른 날에는 30분 이상의 지각을 하지 않았다. 아이작은 매일 오전 6시 15분에는 기상해 있었고, 5일 중 4일은 새벽 1시 이전에 잠자리에 들었다. 그리고 그는, 앞으로는 큰 어려움 없이 훨씬 일찍 취침할 수 있을 것이라고 느꼈다. 아이작과 아내는 평일에는 이틀만 새로운 저녁 스케줄을 실천했지만, 아이작은 이 휴식시간을 좋아했다. 자녀들은 스스로 정리정돈을 하는 것에 진척을 보였지만 새로운 책임을 떠맡는 것은 적극적이지 않았다.

7단계 : 이득 강화하기

보상이 변화 계획에 포함되어 구성되었고, 성공을 일부 달성한 경우 내담자는 자신에게 상을 줄 수가 있다. 치료자들은 조심스러운 태도로 사회적 강화를 제공할 수 있는데 내담자의 노력에 대하여 축하하거나, 내담자가 성취한 것에 대해 자부심을 갖도록 도울 수 있다. 그러나 치료자들은 내담자들이 스스로를 칭찬하도록 격려하는 데 더 무게를 두어야 한다. 내담자에게 긍정적 또는 부정적 판단을 내리는 치료자는 내담자에게 가치를 부여하는 모험을 하게 되고, 결과적으로 내담자의 자기 주도와 자신감이 뒤틀어질 수 있다.

아이작은 자신의 노력에 관하여 내적 및 외적 보상을 둘 다 경험하였다. 그는 자신의 성공에 대해 자랑스럽게 여겼으며, 전보다 덜 피로감을 느꼈다. 또, 아내는 아이작이 아침시간의 야단법석의 규모를 줄인 것에 대해 칭찬하였다. 아이작은 부부가 그의 성공을 축하할 수 있도록 베이비시터를 불렀고 저녁식사 자리를 예약했다.

8단계 : 과정 지속하기

행동 변화 계획의 최종 단계는 세 가지 방향 중 한 가지 형태이다.

1. 계획에 흠이 있었고 내담자가 목표를 달성하지 못했을 경우, 내담자와 치료자는 목표와 전략을 어떻게 변경해야 더 큰 성공을 달성할 수 있을지 고민한다. 최초 계획의 강점과 약점을 잘 분석한 후, 어떻게 계획을 개선시킬지 결정해야 한다.
2. 계획이 성공적이었는데 내담자가 별도의 목표가 생겼거나 초기 목표에서 더 나아간 달성 목표가 생겼다면, 내담자와 치료자는 새 목표에 대해 합의를 하고 이를 달성하기 위해 전략을 만든다.
3. 만약 내담자가 자신의 성취에 만족을 한다면 이 성취들을 견고히 하고 이전의 상태로 다시 돌아가지 않도록 치료자와 협력한다. 동료 지지집단 참여, 꾸준한 자기감찰, 스트레스 관리, 정기적 추수 상담들은 재발 예방 계획에 흔히 포함되는 전략 요소들이다.

아이작은 자신의 목표달성을 위한 시작이 긍정적이라고 생각했지만, 자신은 의미 있는 행동 변화를 이제 겨우 시작하고 있다는 것도 인지하고 있었다. 아이작과 아이작의 치료자는 그의 노력이 계속해서 이어지도록 목표와 전략을 더 발전시켰다. 또, 치료자는 아이작이 자녀들의 행동 변화를 도울 수 있는 전략들을 제안했는데 여기에는 모델링, 칭찬과 강화, 집안일 목록에서 자신이 할 것 선택하기, 자신들이 해야 할 의무들이 성숙함을 반영한다고 보는 다른 각도에서 보게 하기 등의 전략이 있었다.

이제, 우리는 제2세대 행동치료에 대해 살펴보고자 한다. 제2세대 행동치료는 인지치료와 행동치료의 통합이 이루어지던 시기에 시작했는데, 우리는 Donald Meichenbaum이 개발한 인지행동수정 및 스트레스 면역훈련에 주안점을 두고 살펴보겠다.

인지행동치료의 발달

인지행동치료(CBT)는 행동치료의 요소들을 인지치료에 포함하면서 진화한 것이다(Parker, Roy, & Eyers, 2003). CBT는 행동보다 인지에 더 방점을 두고 기술되기는 하지만, 인지행동치료는 각 치료법들의 가이드라인과 전략들을 시너지가 생기는 방향으로 통합을 시킨다는 것을 기억하자. 정서신경과학 분야가 시작되었기 때문에, Hofmann(2012)은 "정서를 조절하고 향상시키는 데 CBT가 왜 효과적인지 그 이유를 설명할 '생물학적 틀'이 존재하게 되었다"(p. 11)고 기술하였다.

인지행동치료는 하나로 특정된 방법이 아니고, 통합적 질환치료 모델 중 실험으로 밝혀진 내용을 유기적으로 수용하는 모델에 적용하는 용어이다(Hofmann, 2012). 따라서 인지행동치료는 외부

요인보다는 사고가 정서와 행동의 원인이 된다고 간주하는 각종 치료법과 기술들을 통합하게 된다. 인지행동치료는 시간제한을 두는 간략한 기법으로, 적절하고 협동적인 치료적 협력을 중시한다. 인지행동치료는 구조적이고 지시적이어서 심리교육, 소크라테스식 질문법, 연역법 등의 인지적 도구에 집중적으로 의존한다. 이 전략들에는 내담자에게 어떻게 사고하고 행동할지, 또는 어떻게 느껴야 할지를 교육하려는 의도가 들어 있지 않다. 이 전략들은 내담자의 사고 · 행동 · 감정이 도움이 되는지, 현실과 부합하는지를 스스로 깨닫도록 돕는다. 행동치료에서와 마찬가지로 과제는 인지행동치료의 핵심 요소 중 하나이며, 내담자들이 상담 회기 사이에 발전하고, 자신들이 배운 것을 적용시킬 수 있도록 돕는 목적이 있다.

Donald Meichenbaum

Donald Meichenbaum은 인지행동치료의 창시자로서, 캐나다 온타리오 주의 워털루대학교의 명예교수이다. Meichenbaum은 박사학위 과정을 위해 중서부로 이주하기 이전에는 뉴욕 시에서 성장했고, 그 이후 워털루대학교에서 30년 이상 재임하였다. 1998년에 은퇴한 이후, 그는 플로리다 주의 마이애미에 있는 학교폭력 예방을 위한 싱크탱크, Melissa 연구소에서 연구 책임자를 맡고 있으며, 겨울마다 이곳에서 시간을 보낸다. Meichenbaum은 20세기의 가장 영향력 있는 10명의 심리치료자 중 하나로 지명되기도 했다. 그는 다양한 저서 및 논문을 썼고 그 중 **스트레스 면역훈련** (*Stress Inoculation Training*)(1985)이 잘 알려져 있다. 특히, 그의 저서 인지행동수정(*Cognitive-Behavior Modification*)(1977)은 이 분야에서 고전으로 일컬어지는 책이다. Meichenbaum은 심리학 분야에서의 명성뿐 아니라 외상후스트레스장애, 아동의 교육적 잠재력, 내적 대화 등에 이르는 주제에 관한 강의와 저서 및 발표 활동을 꾸준히 하고 있다.

Meichenbaum(1969)이 박사학위 논문을 위해 연구를 하는 동안 주목한 것은, 정신분열증 환자들 중 자신과 건강하게 대화하는 방법을 배운 이들은 여러 평가에서 향상된 결과를 보여주었고 주의가 덜 분산되었다는 것이다. 이 점에 대하여, Meichenbaum은 행동 변화에 대한 인지의 역할에 대해 추가적인 연구를 착안했다(1974, 1977). 행동 통제는 초기에는 부모나 배우자 등에 의한 외부 통제에 의해 일어나며 이후에는 내면화된 자기통제에 의해 일어난다는 인식과 Vygotsky(1967)의 영향으로 Meichenbaum은 충동성이 많은 어린이들을 위한 자기지시 훈련 프로그램(Self-Instructional Training, SIT)을 만들었다(Dobson & Dozois, 2010). Meichenbaum의 자기지시 훈련은 스트레스 요인이나 부정적 생각에 당면했을 때 긍정적인 자신과의 대화를 통해 어떻게 반응할지를 가르친다.

Meichenbaum의 이론은 어린이는 타인의 행동을 보고 배운다는 성장방식에 대한 이해를 바탕으로, 부적응적 자기대화를 수정하도록 설계된 인지 전략들을 결합한 것이다. 정서 조절 곤란이 있는 어린이에게 자기지시 훈련을 적용할 때, 치료자는 "괜찮아, 나는 화를 내지 않아도 돼. 나는 심호흡을 몇 번 할 것이고, 그러면 다 괜찮을 거야"라는 적절한 말을 사용하는 모델의 역할을 보여준다. 자기통제를 여러 번에 걸쳐서 반복한 후, 어린이 내담자는 집에 가져가서 복습하거나 상담 이외의 시간에 연습할 수 있도록 상담 내용의 녹음이나 내용을 요약한 카드를 제공받을 수 있다. 자기지시

훈련은 스트레스원에 직면했을 때 내담자가 적절히 대처할 수 있게 하는 명제들을 내적 대화에 포함할 수 있도록 한다.

　SIT는 자기관리 도구로 사람들이 부정적인 내면의 대화를 극복할 수 있는 방법을 제공하고, 좀 더 긍정적인 말을 사용할 수 있도록 격려하고, 과거에 어렵게 느꼈던 상황을 다시 만나게 되면 어떻게 슬기롭게 헤쳐나갈지를 알려준다. 일반적으로, 치료자는 정답으로 여겨질 수 있는 행동을 제시하고 내담자는 이 행동을 반복 연습을 한다. SIT는 모든 연령대에 걸쳐 사용될 수 있고 분노, 과식, 약물오남용과 관련된 행동들이나 우울증, 긴장, 공포증과 관련된 특정 질환과 관련되어서도 사용될 수가 있다.

인지행동수정

아마도 CBT 형태로 가장 잘 알려진 치료 접근법은 Meichenbaum의 인지행동수정이다. CBT를 설명하기 위해 이 접근법을 여기서 논의하고자 한다.

　Meichenbaum(1993)은 '행동치료자의 기술'을 가지고 정신역동과 인지치료 체계를 통합하려는 노력으로 인지행동수정(CBM)을 개발했다(p. 202). 그는 이 치료 체계들 중 어떤 것도 단독으로는 정신병리학을 설명하고 행동 변화를 촉진하는 데 충분치 않지만 그 결합은 두 가지 목표 모두 달성할 수 있다고 믿었다.

　다음의 세 가지 CBM 가정은 Meichenbaum(1993)이 어떻게 인지와 행동이론을 결합했는지 분명하게 설명하고 있다.

1. **구성적 이야기**　사람들은 그들만의 현실을 적극적으로 구성한다. "현실은 개인적 의미들의 결과물이다"(p. 203).
2. **정보 처리**　촉발 사건은 한 사람의 핵심 인지를 두드려서, 불필요하고 부정확하며 왜곡된 사고를 이끌어낸다. 인지적 오류와 오해의 결과로 현실을 왜곡하기 때문에 부정적 정서를 경험하고 현명하지 못한 해로운 행동을 하게 된다.
3. **조건형성**　인지는 조건화된 내면적 행동으로 볼 수 있다. 또한 그것은 외적·내적 수반성(보상 혹은 부정적 결과)을 통해 탈조건화되고 수정되어 새롭고 더 건강한 인지로 강해질 수 있다. 모델링, 정신적 시연 그리고 또 다른 전략들은 효과적인 인지 변화를 이루는 데 중요하다.

　Meichenbaum(1993)에 따르면, 치료자의 역할은 내담자의 이야기와 인지를 바꾸도록 도와서 '새로운 가정의 세상'을 만들 수 있게 하는 공동-구성주의자(co-constructivist)가 되는 것이다(p. 203). 그것을 달성하기 위해 CBM을 통한 치료는 소크라테스식 대화(더 명확한 지각과 사고를 장려하도록 고안된 질문들)와 재구성(지각을 바꾸려는 노력으로 용어를 바꾸는 것)과 같은 인지 개입 전략의 사용을 포함한다.

　이 전략들을 설명하기 위해 딸이 자기와 다툰 후에 화가 나서 자신의 전화를 받지 않는다고 믿는 텔리의 경우를 생각해보자. 예를 들어 치료자는 다음과 같은 소크라테스식 질문을 할 수 있다. "당신 생각에 딸이 침묵하는 것은 화를 내는 것이라고 가정하게 된 이유는 무엇인가요? 그녀는 분노로 반응하는 경향이 있나요? 그녀가 상처를 받았거나 싸우고 나서 보이는 반응을 이해하는 데 시간이 필요하지 않을까요? 당신은 딸이 정말로 무엇을 느끼고 있는지 어떻게 단정 지을 수 있나요?" 재구성을 이용해 치료자는 딸이 '그들의 관계를 끝내는 것'으로 묘사하는 텔리의 언어를 사용하기보다는 '잠시 휴식을 취하는' 혹은 '화를 식힐 시간을 갖는' 딸의 결정이라고 말할 수 있다.

CBM 치료자는 다양한 범위의 치료 전략들을 사용하지만 일반적으로 치료의 신비성이 제거되어야 하고 기법은 덜 강조되어야 한다고 믿는다. 학습과 자기조력이 권장되고 내담자로부터의 피드백은 환영받는다. 내담자는 그들 자신의 치료에서 적극적이고 풍부한 지식을 가진 책임감 있는 파트너가 된다.

인지행동 전략과 개입

인지행동치료자들은 행동적 전략과 인지적 전략을 모두 사용해서 내담자의 요구에 맞는 구체적인 새로운 치료 접근법들을 만든다. 인지행동 모델이 진화함에 따라 수많은 다양한 CBT 접근법들과 기법들이 생겼고 이들을 모두 합해서 '접근법족(a family of approaches)'이라고 부를 수 있다 (Hofmann, Sawyer, & Fang, 2010). 모든 기법들은 Ellis와 Beck이 개발한 인지 재구성의 핵심 요소를 포함하고 있다.

스트레스 면역훈련 Meichenbaum은 유용하고 효율적인 인지행동치료 절차인 스트레스 면역훈련 (SIT)을 개발했다. 사람들은 전형적으로 자신의 환경에서 "스트레스가 많은 교류에 의해 형성된 내부 그리고/또는 외부의 요구를 다루고 이것을 줄이고 참아내기 위한 행동적, 인지적 노력을 효율적으로 사용할 수 있는 능력인" 대처 역량을 넘어서기 때문에 스트레스를 경험한다(p. 3). SIT는 스트레스를 줄이기 위한 접근법이다. 그것은 만약 상대적으로 약한 스트레스 요인에 성공적으로 대처할 수 있다면, 더 심한 스트레스 요인도 참고 성공적으로 대처할 수 있을 것이라 가정한다. 다시 말하면 그 이름이 내포하듯이 SIT는 증가하는 스트레스 수준을 성공적으로 다루도록 도움으로써 스트레스에 면역성을 주려고 노력한다. SIT는 대체로 12~15회기와 6~12개월간의 추가적 추수 회기로 구성된다.

SIT는 세 단계를 갖는다(Meichenbaum, 1985).

1. **개념화** 내담자와 치료자는 협력적인 관계를 발전시킨다. 사람들은 스트레스, 스트레스와 대처의 관계, 스트레스를 일으키고 유지하는 데 기여하는 사고ㆍ행동ㆍ정서의 역할에 대해 배운다. 일단 사람들이 스트레스와 그것을 조장하는 요인에 대해 이해하고 난 후, 스트레스가 많은 생각과 경험(그러한 사고와 경험의 선행 사건과 후속 결과를 포함해서)이 조사된다. 스트레스를 야기하거나 스트레스를 줄이는 자기진술과 자기대화에 특별한 관심이 기울여진다. 치료의 초기 목표는 스트레스를 해결 가능한 특정 두려움과 문제로 바꾸어 설명하고 삶을 통제할 수 있도록 돕는 것을 포함한다.

2. **기술 습득과 시연 단계** 이 단계는 사람들이 그 두려움들을 줄이기 위해 정보를 모으거나 대처할 수 있는 자기진술을 사용하거나 긴장이완 전략을 배우거나 그들의 행동을 변화시키거나 혹은 다른 전략을 사용함으로써 약한 스트레스 요인에 효과적으로 대처할 수 있게 가르친다. 다음의 다섯 단계에 따라 두려움에 적용하도록 배운다.

- 문제확인
- 다루기 쉬운 사소한 스트레스에 초점을 두고 목표를 선택
- 대안의 개발
- 각기 가능한 해결책과 그것의 예상되는 결과에 대한 평가
- 의사결정과 대처 전략의 시연

3. **적용과 실행** 3단계에서 사람들은 문제를 해결하고 스트레스를 줄이기 위해 그들의 계획을 실행한다. 역기능적 사고를 수정하고 대처 기술을 효과적으로 사용하고 2단계에서 배운 것을 적용할 수 있게 됨에 따라 괴로움을 주는 스트레스 요인들은 점차 태클을 당하게 된다. 예를 들어, 초기엔 약속시간에 계속 기다리고 있는 것과 같은 약한 스트레스 요인을 다루는 데 자기대화를 사용하고, 점차 언어폭력을 휘두르는 배우자와 같은 큰 스트레스 요인을 다루는 것으로 발전할 수 있다. 스트레스 면역은 스트레스 요인들을 위계 순서로 평가하도록 돕는 스트레스 주관적 척도(SUDS)를 사용한다. 치료를 시작하기 전에, 내담자는 어떤 상황에서 경험한 스트레스를 정확하게 표현하여 0~100점으로 평가하도록 요청받는다. 치료가 진행되면서 내담자는 자신의 스트레스 수준을 재평가하게 된다. SUDS 평정은 스트레스 요인의 영향을 나타내는 데 사용되고 이후 그것에 대한 내담자의 진전 과정을 따라 하게 된다.

치료는 사람들의 노력과 성취에 대한 지속적인 강화와 평가를 포함한다. 대처 심상과 인지적 시연 같은 전략은 성과를 강화하고 학습한 것을 더 큰 두려움에 일반화시켜 재발을 막고 대처하도록 돕는 데 사용된다. 두려움을 줄이는 방법을 배움으로써 스트레스 관리의 첫 성공에서 오는 자신감의 증대와 함께 다른 두려움과 문제도 성공적으로 다루려는 노력을 촉진한다. 한 번에 한 단계씩 밟는 것과 성공을 경험하는 것은 어려운 상황을 다루기 쉽게 만들고 자아존중감을 높이며 좀 더 바람직한 인지와 행동을 낳는다. 그리고 이 단계에서 사람들에게 과거보다는 미래에 대한 책임감을 갖도록 격려하는 것은 매우 고무적인 일이 될 수 있다.

행동활성화치료 이 치료법은 우울증에 걸려 기력이 없고 일상 활동도 하지 않아서 인지치료에 참여할 수도 없고, 인지 왜곡을 인식하거나 토의할 수도 없으며 또는 우울증에 걸린 원인을 극복할 수도 없는 이들에게 동기를 부여하기 위해 하루 단위를 기준으로 활동을 증가시키고자 하는 방법이다. 행동활성화치료(Behavior Activation Therapy, BAT)는 대부분의 인지행동치료 전략과 잘 어울린다.

BAT는 대개 우울증치료 초반에 시작되는데 내담자들의 활동 수준을 증가시키고, 기분을 향상시키고, 또 스스로 만들어가는 즐거움의 원인을 제공하도록 돕는다. 하루 동안 즐거운 일을 하고 수

면과 식사를 제때에 하도록 시간을 계획하여 내담자들은 스스로가 초기 활동 수준을 파악하고 어떻게 이를 개선해나가는지를 알 수가 있다.

행동활성화치료에 가장 빈번하게 적용되는 전략으로는 좋아하는 활동 목록을 작성하고 일정을 만든 후 이 활동을 모니터링 및 기록하기, 이완 및 기술 훈련, 혐오 및 회피 행동 인지하기, 인지 왜곡 직면하기 등이 포함된다. 정적 강화가 가장 효과적인 경우는 강화가 즐겁고, 안정적이며, 반복가능하며, 다양할 때이다(Curran, Ekers, McMillan, & Houghton, 2012; Kanter, Busch, & Rusch, 2009).

행동활성화치료는 Skinner가 최초로 행동 수정을 창시했을 때부터 존재했으며, 근래에는 단독 치료 프로그램으로 확장되었는데 이 형태의 프로그램은 쉽게 시행할 수 있고, 내담자들도 일반적으로 좋은 반응을 보이며 인지치료와 유사한 효력을 보인다(Hayes, Strosahl, & Wilson, 2012). Dimidjian과 그의 동료들(2006)은 행동활성화치료가 모든 종류의 우울증에 대한 약물 및 인지치료에 필적할 수준이라는 것을 발견했다.

습관 바꾸기 훈련 습관 바꾸기 훈련(Habit Reversal Training, HRT)은 틱이 일어나기 전에 이를 알아차리도록 돕기 위한 강화 및 기타 행동 기술들을 사용한다. 즉 스트레스를 받는 상황에서 자신의 행동을 감찰하여 이완기법을 사용하고, 틱·머리카락 뜯기·피부 긁기·피부 뜯기 등과 같이 제거하고자 하는 행동과 양립될 수 없는 대안 행동들을 수행할 수 있도록 돕는다(Adams, Adams, & Miltenberger, 2008; Veale & Neziroglu, 2010). HRT는 틱을 감소시키는 데 효과가 있고(Deckersbach, Rauch, Buhlmann, & Wilhem, 2006), 경우에 따라서는 의약 복용의 필요성도 감소시키는 결과가 보고된 적이 있다. 자기감찰, 행동 기법, 이완훈련, 그리고 기타 추가적 기술들이 도움이 된다.

노출 노출은 불안장애에 관련된 인지 또는 인지행동치료에서 가장 중요한 요소 중 하나이다. 노출을 수단으로 사용함으로써 내담자는 두려움에 대한 자신의 반응을 식별하고, 부적응적 인지를 인식하고, 회피나 도망 또는 기타 경험 왜곡을 하지 않고 불편한 감정을 직면하거나 인내하는 방법들을 학습할 수 있다. 그리고 일정 수준의 자신감, 혹은 고통의 감정에 대한 통제를 배울 수 있다. 또한 내담자는 두려움에 무너지는 것이 아니라, 정서를 대하고 다루는 새로운 방법을 익힐 수 있다(Bandura, 1977).

홍수법, 점진적 노출, 체계적 둔감법은 모두 노출에 기반한 치료법들이다. 대부분의 노출기반치료법들은 인지적 요소를 포함한다. 대개는 인지 재구성이 여기에 선택되는데, 내담자의 긍정적 대처 진술들을 늘리고, 사고의 왜곡·자기비난·불안을 줄이는 데 목적이 있다.

노출기반치료에서 중요하게 고려해야 할 것 중 또 다른 요소는 속도이다. 치료법 중에는 한 회기의 상담에서 다루도록 고안된 것도 있다. 예를 들면 홍수법과 내파기법의 경우, 30분에서 8시간까지 집중적으로 노출시킨다. 정서적으로 강렬할 수 있기 때문에, 홍수법은 견디기 어려울 수 있어서 교량이나 고속도로 주행 공포증처럼 위험이 있는 공포증의 경우에는 부적절할 수 있다.

점진적 노출은 내담자가 두려움을 직면하는 시간을 짧게 진행하고 상담을 할 때마다 노출 시간을 점진적으로 길게 하는 것이다. 엘리베이터 공포증의 경우, 점진적 노출은 상담이 진행될수록 더 많은 층을 엘리베이터로 이동하게 하는 것이 될 수 있다.

Wolpe가 창안한 체계적 둔감법은 제15장에서 다루었듯이 두려움, 공포, 강박관념, 강박행동, 불안을 감소시키는 데 강력한 전략이다. 초기의 공포는 일반적으로 해당 개인이 두려워하는 자극을 회피하면 더 악화되고, 회피 이후의 안도감은 회피를 강화시킨다. 이 과정을 되돌리기 위해 체계적 둔감법은 장애를 일으키는 자극을 점진적으로 내담자에게 노출시키되, 결과적으로 공포를 감소시킨다.

체계적 둔감법을 이용한 치료는 한두 회기 동안은 이완훈련으로 시작하여 불안위계를 조성하는 과정을 거치게 된다. 내담자가 이완기술을 사용하는 동안 공포의 대상이 최소한의 공포만 일으키도록 제시한다. 예를 들면 거미 한 마리가 나온 사진이 제시될 수 있다. 내담자가 이 거미 사진에 대해 부담스럽지 않게 느끼게 되면, 내담자에게 여러 마리의 거미 사진을 제시하여 점진적으로 불안위계의 상층부로 도달한다. 내담자는 거미들이 나오는 동영상을 시청하고, 사육기 속의 거미를 보고, 궁극적으로는 직접 거미를 만지게 된다. 체계적 둔감법은 상상(심상), **실생활 노출**(맥락 속에서), 혹은 두 가지 방법을 혼합하여 수행될 수 있다.

세 번째 노출 형태인 내부 수용성 노출은 회피 및 도망이 이루어지지 않도록 안전한 치료 상담 환경 속에서 내담자가 숨이 가쁘거나 심장이 뛰는 등 공포에 대한 신체 반응을 경험하도록 조장하는 구조적 치료법이다. 적응을 하고 공포의 감정이 생기지 않을 때까지 치료는 지속된다. 어지럼증을 유발하기 위해 의자를 회전시키는 것은 내부 수용성 노출의 사례가 되겠다. 내부 수용성 노출은 공황장애의 치료에 가장 빈번하게 사용된다(Forsyth, Fuse, & Acheson, 2009).

가상현실치료는 첨단 기술을 사용하여 노출기반치료를 하는 한 방법이다. 실생활 노출법과 유사하게 인간/컴퓨터 상호작용 환경으로 만들어진 가상현실은 사회불안, 공포, 강박신경증, 외상후스트레스장애, 발표공포 같은 불안장애에 특히 효과적이다(Powers & Emmelkamp, 2008; Wallach, Safir, & Bar-Zvi, 2009). 상호작용은 비디오 또는 3D 기술을 통해 이루어지며 조이스틱, 장갑, 혹은 유사 장비를 사용하여 내담자와 컴퓨터 간의 상호작용 피드백을 제공한다. 다른 치료법과 비교하여 가상현실을 사용할 경우의 뚜렷한 장점은 내담자가 받는 자극의 수준을 조절할 수 있다는 것이다.

가상현실 사용의 한 사례로는, 고소공포증이 있는 33명의 내담자들에게 엘리베이터 타는 경험을 시뮬레이션 하는 가상 3D 그래픽에 노출시켜서, 15층 건물의 건설현장 외부에서 작업을 수행하게 하는 것이었다. 다른 연구로는, 뱀에 대한 공포증이 있는 31명의 내담자들에게 뱀이 나타날 수 있다고 생각할 수 있는 환경을 만들어 제공하는 것이다. 이 두 경우에서, 가상현실의 사용은 가상현실 기술을 사용하지 않은 다른 노출기반치료법들에 비해 효과적인 것으로 나타났다(Klinger et al., 2005). 가상현실 기술을 치료 계획에 포함시킬지의 여부는 조심해서 판단을 해야 하며, 이 기술은 결코 치료의 대체재로 사용되어서는 안 된다(Rothbaum, 2005).

　　노출기반치료를 더 효율적으로 하는 기타 요소들을 들자면 이완훈련, 심호흡 훈련, 역설적 의도, 리허설, 최면, 역할 연기, 모델링 등이 있다. 노출기반치료법들은 동물 · 천둥 · 발표 · 비행기 탑승 등과 같은 특정한 공포, 외상후스트레스장애, 트라우마, 공황, 밀실공포증을 포함하는 넓은 범주의 불안장애에 효과적인 것으로 드러났다. 이 치료법들은 어린이들이 어둠에 대한 두려움을 극복하거나 기타 공포를 일으키는 상황을 극복할 수 있도록 변형될 수 있다(Seligman & Reichenberg, 2012).

　　현재 다양한 종류의 노출기반치료법들이 존재하는데, 각 내담자의 상황에 따라 변형될 수 있다. 이 장 끝의 기법 개발에서 노출기반치료를 좀 더 심도 있게 다룬다.

안구운동 둔감화 및 재처리 기법　안구운동 둔감화 및 재처리 기법(EMDR)은 노출치료의 한 형태로 양방향 자극(예 : 안구운동, 교번음, 두드림 등), 행동 둔감화 및 인지재구성을 결합한 구조화된 8단계 과정으로 이루어져 있다. EMDR은 1987년에 캘리포니아 팔로 알토의 정신연구소의 수석 연구원이었던 Francine Shapiro(2001)에 의해 발견되었다. EMDR은 초기에는 강간 · 추행 · 전쟁 등 외상 경험을 겪은 이들에게 주안점을 두었으며, 해당 경험과 관련된 이미지를 감소시키고 자기파괴적 인지를 수정하는 과정을 제공했다. EMDR은 미국심리학협회, 미국정신의학협회(2004), 미국보훈부(2004) 등에 의해 외상성 상해에 대해 효과가 있다고 밝혀진 실증적 치료법으로, 오늘날까지 5만여 명의 치료자들이 EMDR 기법을 사용할 수 있도록 훈련을 받았다(Benish, Imel, & Wampold, 2008; Chambless et al., 1998). EMDR은 또 불안 및 기분장애, 특정 공포증, 섭식장애, 품행장애 등에 효과가 있는 것으로 나타났다(Davidson & Parker, 2001; Gauvreau & Bouchard, 2008; Shapiro, 2005).

문제해결치료　D'Zurilla와 Goldfried(1971)가 최초로 개발한 문제해결치료(Problem Solving Therapy, PST)는 건설적 문제해결 기술의 습득에 주안점을 두는 긍정적 개입 전략으로 스트레스의 증가, 관계 갈등, 불안, 기분장애, 일상에서 일어나는 다양한 문제들을 다룬다(Nezu, Nezu, & D'Zurilla, 2010). PST는 (1) 문제식별하기, (2) 대안책 브레인스토밍, (3) 가능한 해결책의 손익 분석하기, (4) 결과 감찰 및 평가하기의 4단계 과정으로 이루어져 있다. PST를 사용함으로써 내담자들은 충동적 결정의 빈도를 줄이고, 갈등을 감소시키고, 회피 · 수동성 · 정서 조절 곤란 등과 같은 부적응적 대처 기술의 사용을 줄일 수 있다. 시각화는 내담자들로 하여금 목표를 성공적으로 달성하는 것을 상상하는 데 사용될 수 있다.

　　Nezu와 그의 동료들(2010)은 반대편 역할 연기를 추천하는데, 여기에서는 치료자가 문제를 옹호하고 내담자가 왜 치료자의 사고가 부적응적 · 비논리적 · 비합리적 · 부정적인지 이유를 말해준다. 대안 발견 단계에서, 내담자와 치료자는 가능한 많은 해결책들을 생각해본다. 문제해결 기술들을 성공적으로 적용하면 자기효능감이 증가하고, 내담자가 성공적 결과를 머릿속에서 그릴 수 있으며 내담자 삶의 다른 영역으로 전이시킬 수 있는 새로운 기술이 발달하게 된다. PST는 관계 문제해결, 당뇨 · 비만 · 약물오남용의 문제가 있는 내담자의 행동 변화 수행, 습관성 두통 · 암 · 통증 등 신체적 질환, 누군가를 돌봐야 해서 늘어난 스트레스에 대하여 성공적으로 사용되고 있다(D'Zurilla &

Nezu, 2007, 2010). PST는 과도한 스트레스의 감소, 청소년기의 자녀/부모 갈등, HIV 확산에 대한 예방적 개입으로 유용할 수 있다(Nezu et al., 2010).

행동치료의 제3세대

제3세대 행동치료는 변증법적 행동치료, 수용전념치료, 마음챙김 등과 같은 수용에 기반한 치료법들의 도입을 지칭한다(Dobson & Dozois, 2010; Herbert & Forman, 2011).

행동치료에 대한 이 접근법들은 체험적 기법 및 마음챙김 기법들을 인지 및 행동적 접근과 결합한다. 마음챙김에 기반한 개입은 매우 인기가 있어서, 2009년도에만 거의 300여 편의 학술논문이 출간되었다(Crane, Kuyken, Hastings, Rothwell, & Williams, 2010). 마음챙김에 기반한 개입의 실증적 성공은 통증 관리, 심장 관리, 두부 손상, 거의 대부분의 행동장애를 비롯해서 거의 모든 종류의 의학적 및 정신의학적 질환에 영향을 미쳤다(Crane et al., 2010).

이 접근법들은 다른 인지행동치료 접근과 비교해볼 때 궁극적 목표를 행동의 변화에 둔다는 점에서 공통된 점이 있다(Dobson & Dozois, 2010). 이들 중 대부분 접근법들은 현재 일어나는 일을 받아들이기, 생각에 대해 판단하지 않기, 현재 이 순간을 자각하기 등의 유사한 행동들을 포함한다. 변증법적 행동치료, 수용전념치료, 마음챙김 인지치료는 지금까지 다루어진 전통적 인지행동과는 매우 다르다는 것을 독자는 알 수 있을 것이다.

변증법적 행동치료

Marcia Linehan(1993)과 그녀의 동료들은 만성적으로 자살의 위험이 있는 경계선 성격장애를 주로 치료하기 위해 변증법적 행동치료(Dialectical Behavior Therapy, DBT)를 개발하였다. 그들은 변증법적 행동치료를 받은 내담자들은 치료 중간에 그만둘 확률이 감소했고, 병원 입원 횟수도 줄어들었고, 전반적인 치료 결과도 좋았다는 것을 발견했다. 초기의 성공에 기반하여 변증법적 치료는 커플, 어린이, 청소년 및 정서 조절에 도움이 필요한 사람들을 위해 사용되고 있다.

변증법적 행동치료의 발달 처음 개발되었을 때부터 변증법적 관점과 DBT의 기법들은 물질사용장애, 충동조절장애, 불안, 기분장애, 기타 성격장애 등 다른 장애에도 적용되어왔다(Marra, 2005). DBT는 강한 정서를 경험하는 내담자들에게 적합한데 특히 이런 정서들을 해리, 주의분산, 약물오남용, 신체를 칼로 긋기, 섭식장애, 또는 기타 충동조절장애를 통해 탈출하려는 이들에게 적절하다.

DBT의 이론들과 전략들 DBT는 변증법적 철학, 장애에 대한 생물심리사회학적 관점, 행동치료를 동양적 신념 · 마음챙김 · 수용 · 연민 등과 통합하는 것에 기반을 둔다. DBT의 목적은 정서 조절, 고통 감소, 관계 향상의 결과를 가져오는 변증법적 사고를 개발하고 기술을 훈련하는 것이다.

변증법 변증법적 철학은 현실을 보는 한 방법이다. 제11장에서 담화 및 구성주의적 접근에 대한 토의에서 보았듯이, 모든 개인의 이야기 속에는 "대안적 이야기(변증적 극)가 존재하며, 자신이 어떻게 삶에서 실패했는지를 말하는 내담자는 성공의 이야기를 말할 수도 있다"(Almagor, 2011, p. 33).

Almagor(2011)의 주장에 의하면, 변증법의 사용은 내담자를 다음과 같은 점에서 도움을 준다고 한다.

1. 문제에 대한 폭넓은 시각의 개발
2. 변증적 극을 찾도록 학습하기
3. 변증법 사용의 결과로 더 많은 선택 사항을 고려하기
4. 갇힌 곳에서 빠져나와서 능력 개발하기

예를 들면, 결혼한 부부의 흔한 변증법은 자유시간의 사용에 대한 것이다. 자주 있는 경우인데, 1명은 배우자와 더 많은 시간을 보내기를 바라지만, 다른 1명은 현재 상황에 만족할 수가 있다. 이 이슈는 독립과 의존의 영역에 해당한다. 부부가 2개의 이상 사이의 변증의 극을 인지하기 시작하면서부터 부부는 서로의 시각을 이해하기 시작한다. "에린은 하루 종일 일을 하니까 집에 오면 휴식이 하고 싶을 뿐인 거야"라든가 "내가 스트레스를 많이 받는 경우가 있지만, 남편이 나와 시간을 보내고 싶어 하는 것은 정말 긍정적인 일이야."

부부가 서로 다른 각도에서 문제를 바라보면, 더 창의적이고 평등주의에 맞는 해결책들이 시야에 들어오게 된다. 변증법에서 치료자는 내담자가 문제 속에 내재된 변증적 극을 보고, 모든 선택지를 고려하고, 변화로 이끄는 선택을 할 수 있도록 돕는다.

세계관 DBT의 기저에 있는 가정은, 내담자는 자신과 자신의 환경이 가진 변증법적 충돌을 겪고 있다는 것이다. 변증법적 시각에서는, 모든 사람들은 옳다. 모든 행동은 다 이유가 있다. DBT 치료자는 내담자의 세계관을 이해하고, 그들의 감정이 타당한 것인지 확인하고, 내담자가 다른 방식으로 생각할 수 있도록 노력한다.

생물심리사회적 관점 경계선 성격장애는 생물학적 및 환경적 원인이 있는 것으로 간주된다 (Linehan, McDavid, Brown, Sayrs, & Gallop, 2008). 정서 조절 불능은 애착의 상처, 외상의 경험, 상실, 원하는 것과 필요한 것의 경쟁, 유전적 또는 기타 원인의 결과일 수 있다(Marra, 2005). DBT 는 정서 그 자체(정서의 강도, 지속 기간, 지각된 비특이성 징후들)가 정신병리학에서 주요 원인이라고 가정한다(Marra, 2005, p. 7). 정서는 사고의 발달에 우선한다. 사고의 신경망이 작동하기 시작하면, 사고는 '점화 효과'의 결과로 지속된다. 어느 패턴이 한번 만들어지면 유사한 사건들은 강한 감정, 버려졌다는 느낌을 반복적으로 갖게 하기 때문에 불쾌한 감정들을 멈추기 위해서는 조치를 취할 필요가 있다.

Linehan은 경계선 성격장애는 정서적 취약성과 타당하지 못한 환경의 조합이 원인이라고 생각한다. DBT가 이러한 상황에서 도울 수 있는 방법은, 한 명제가 존재하고 거기에 반대가 되는 명제 또한 존재한다는 것을 인지하도록 하는 것이다. 내담자에게 명제들을 통합하도록 도와주면, 내담자는 어떤 선택지와 해결책이 있는지 알 수 있게 된다. 내담자는 자신의 목표와 일치하는 해결책을 찾도록 도움을 받게 된다. 4명의 자녀를 키우는 아슈라라는 젊은 여성의 예를 들면, 아슈라는 아이를 돌봐주고 있는 시어머니를 향해 습관적으로 분노를 터트렸다.

아슈라 : 시어머니가 주말 늦게 아이들을 우리 집으로 데려왔을 때, 나는 시어머니에게 정말로 화가 많이 나서 당장 나가라고 말하고, 눈앞에서 문을 쾅 닫고 잠가버렸어요! 이렇게 하면 시어머니는 아이들을 늦게 데려온 것에 교훈이 되었겠죠.

치료자 : 그래서 정말로 시어머니에게 뭔가를 보여줬군요. 아이들은 그냥 당신이 돌보거나, 아이들을 늦게 데려올 거라면 시어머니가 차라리 데려가지 않도록 말을 하면 되겠네요.

아슈라 : 아니요. 저는 그렇게는 하지 않을 거예요.

치료자 : 왜죠?

아슈라 : 아이들은 할머니 집에 가는 것을 정말 좋아하거든요. 할머니는 아이들과 잘 놀아주고 쿠키를 만들어줘요. 할머니가 아이들에게 저녁식사를 챙겨주는 경우도 있어요. 그리고 나는 시어머니 이외에 다른 사람이 아이를 돌봐주는 것을 바라지는 않아요.

치료자 : 다 긍정적인 것들이군요. 보아하니 윈-윈 상황인 것 같습니다. 당신이 필요로 한 것을 얻을 수 있는 다른 방식들은 어떤 것이 있을까요?

아슈라 : 시어머니가 아이들을 늦게 데리고 올 거라면 나에게 전화로 말을 해달라고 할 수 있겠지요. 아니면 제가 직접 가서 데려올 수도 있겠네요.

이 대화는 내담자의 행동에 직접 맞서지 않고서도, 고함을 지르며 문을 쾅 닫는 내담자의 행동과 사랑받고 안전한 환경에서 자녀가 돌봐져서 일에 집중하고자 하는 목표 사이에서 드러나는 일관성 결여를 잘 드러낸다.

DBT는 내담자들이 부인하고 회피하며 벗어나려는 강한 정서들이 역설적으로 이 정서들을 더 강하게 만드는 것임을 인지하게 돕는다. 내담자들이 자신의 정서를 수용하고, 정서를 인식하고 조절할 수단을 제공하고, 심리교육과 노출을 통해 정서 회피를 감소시킴으로써 DBT는 스트레스에 대한 인내를 향상시키고 정서를 조절할 수 있도록 명상과 마음챙김 등의 대처 기술을 사용하도록 내담자에게 힘을 실어준다.

DBT의 적용은 다음 일곱 가지 가정에 따른다(Smith & Peck, 2004, pp. 30~31).

1. 내담자는 자신이 할 수 있는 최선을 다하고 있다.
2. 내담자는 자신 및 상황이 나아지기를 바란다.
3. 내담자는 관련 있는 상황에서 새로운 행동을 하도록 학습해야 한다.
4. 내담자는 DBT에서 실패하는 일이 없다. 어떠한 형태의 노력도 모두 발전이다.
5. 내담자는 자신이 가진 문제를 모두 스스로 초래하지 않았을 수도 있겠지만 내담자가 풀어야 하는 것이 맞다.
6. 내담자는 변화를 위해 더 잘하고, 더 열심히 하고, 더 동기부여가 되어야 한다.
7. 내담자가 지금 살고 있는 삶은 현재 견딜 수 없는 것이다.

DBT 치료   DBT는 다음 네 단계를 특징으로 한다.

1. 치료자는 내담자가 치료에 몰입하도록 도와주고, 내담자가 스스로를 위험에 처하지 않게 하

고, 약물 및 알코올오남용과 바람직하지 않은 성생활 및 자해행위 등의 자기파괴적 행동을 감소시키도록 하며, 치료자는 내담자가 효과적인 대인관계와 자기돌봄 및 정서 조절 등과 같은 적절한 기술들을 학습하도록 돕는다.

2. 둔감법 및 기타 전략들은 외상 경험과 과거의 메시지 및 사건들의 영향에 대처하도록 내담자를 돕는다.

3. 자긍심, 삶의 문제, 개인적 목표들이 이 단계의 초점으로 이때 내담자는 미래를 내다보고 이 단계에서 학습하는 것들을 적용시키기 시작한다.

4. 최종 단계는 내담자가 얻은 다음 항목들을 통합시키고 일반화하도록 독려한다. 과거 · 현재 · 미래를 통합된 시각으로 보는 것, 영성의 개발, 자신과 현실의 수용, 향상된 자긍심, 개인 목표의 달성, 삶에 대처하는 기술 향상, 더 많은 행복의 수용 능력 등.

내담자와 치료자는 서로 영향을 주고받는 관계라고 간주하는 DBT에서 치료자의 역할은 성공에 있어 중요한 요소이다. 내담자는 변하고, 치료자도 변한다. 마찬가지로, 치료를 방해하는 행동들은 내담자 혹은 치료자가 그 원인이 될 수가 있다(Swales, 2012). DBT는 적극적인 치료이며, 치료자는 변증법적 과정에 참여할 뿐만 아니라 심리교육, 기술 훈련, 코칭, 집단 작업 등의 서비스를 제공한다.

이 장에서 언급한 나머지 접근법과 DBT의 유사한 점은 내담자를 위한 상당한 지지와 마음챙김을 포함한다는 것이다. 내담자는 최소 1년간 매주 1시간의 개인치료를 받으며, 기술 훈련과 문제해결을 강조하는 집단치료를 매주 2시간씩 받는다.

현재의 위치 DBT는 초기의 실증적 연구가 긍정적 결과를 보여주었다. 최소 1년 이상의 DBT를 받은 내담자들은 자살 사고 · 입원 · 불안 · 분노에 있어서 상당한 감소를 보여주었고, 직업 및 사회 적응도도 증가하는 것으로 나타났다(Linehan & Kehrer, 1993). 그 후의 연구들은 또한 DBT가 자살과는 관련이 없는 자해행위들을 감소시키는 데에도 효과가 있다는 것을 보여주었다(McMain et al., 2009). 이 연구들을 비롯한 다른 연구들은 경계선 성격장애에 흔히 나타나는 증상들, 예컨대 약물 오남용 및 역기능적 섭식이 완화된 것을 보여주었다.

DBT는 쉽지 않으나 보상이 큰 치료 방법이다. 변증법적 과정의 결과로 일어나는 변화는 지속적인 것이라는 연구 결과가 있다(Conoley & Garber, 1985; Samai & Algamor, 2011).

수용전념치료

수용전념치료(Acceptance and Commitment Therapy, ACT)는 변증법적 행동치료와 상당한 공통점이 있다. 이 두 치료법은 행동치료로 간주되고, 인지에 관심을 두며, 자신의 사고 또는 정서에 따라 행동하지 않아도 된다는 것을 내담자들에게 가르친다.

수용전념치료의 발달 Stephen Hayes는 수용전념치료의 개발에 관련된 인물로 가장 널리 알려진 이름이다. ACT는 구성주의, 담화, 여성심리학과 같은 철학에 근간을 둔다. 수용전념치료는 체험적 요소를 치료에 포함시키는 행동 및 인지치료의 제3의 물결의 일부로 간주된다. 행동치료들과 발맞추어서 ACT는 경험적 연구에 전념하고 있으며, 다수의 통제된 연구들은 불안·우울증·만성 통증 치료에 대한 효과성을 주제로 수행되었다(Hayes et al., 2012; Morris & Oliver, 2012).

수용전념치료의 이론과 전략들 ACT는 관계 프레임 이론에 기반하는데, 이 이론은 인간의 언어와 인지에 대한 행동이론으로서, 사람들이 어떻게 사고와 언어에 뒤엉켜 있으며, 이 엉킨 상태가 어떻게 내면적 분투를 초래하는지 인지하도록 돕는 이론이다. Hayes는 "언어의 내용에 깊이 빠져드는 것은 고통으로 이끌 수 있다"(Hayes et al., 2012 p. 243)고 기술하고 있으며, 내담자가 지나간 말에 지나치게 오래 생각하고 있을 때는 그것에서 떨어지기를 권한다. 비유·역설·경험적 훈련을 통해 내담자는 집착하고 있는 사고를 무너뜨리고, 자신의 인지·감정·기억·신체적 감각을 다시 확인하도록 학습한다. 전통적 인지치료처럼 자신의 생각에 대해 도전을 하기보다는 내담자들은 자신의 생각을 받아들이고, 개인의 가치에 대해 명확히 하며, 필요한 행동 변화를 실천할 수 있는 기술을 습득한다.

수용전념치료의 주요 목표는 통제대상이 아닌 인지와 정서를 수용하고 자신이 가치를 두는 삶을 꾸려가는 데 전념하도록 내담자들을 격려하는 것이다. 지금 이 순간을 자각하고, 신체에 집중하며, 수용을 하는 마음챙김 훈련 또한 사용된다. 수용전념치료의 줄임말인 ACT는 수용전념치료의 핵심 내용을 잘 반영하고 있다.

A = Accept 사고와 감정, 특히 불안이나 고통과 같은 감정을 수용한다.

C = Choose 내담자의 진정한 모습을 반영하는 삶의 방향을 선택한다.

T = Take 행동에 이르는 단계를 밟는다.

ACT에서, 치료 동맹은 "강력하고 개방적·수용적이며, 책임감 있고 사랑하는 것"이다(Morris & Oliver, 2012, p. 71). 이것은 또한 양방향적이어서, 치료자가 내담자에게 영향을 주기도 하지만 내담자도 치료자에게 영향을 준다. 치료자는 인지보다는 경험에 더 무게를 두기 때문에, 공감적 격려와 확신을 제공한다. ACT 치료자는 문화적 차이를 존중하고, 다양성과 공동체를 인정하며, 영성에 대해서도 개방적일 수 있다.

현재 위치 ACT는 다양한 범위의 문제와 질환에 적용이 될 수 있고, 내담자의 상황에 맞추어서 변화 전략을 적용할 수 있다. 수용전념치료는 특히 불안장애 치료에 매우 적합해보인다. 공포증, PTSD, 강박장애, 공황 및 기타 회피에 의해 강화되는 불안의 유형들은 ACT의 경험적 훈련, 예를 들면 외재화, 회피 감정에 노출되기, 수용에 잘 반응하는 경향이 있다(Hayes et al., 2012). Hayes에 따르면 수용은 회피에 대한 대안이다. 수용은 '자발적, 개방적, 수용적'이며, 이는 두려움의 대상이 되는 사물이나 감정과 상호작용하려는 의지와 관련이 있다(p. 272). Hayes는 수용이라는 것은 포기 또는 실패와 같은 부정적 뉘앙스를 지니는 때가 있다고 언급한다. 하지만 ACT의 맥락에서 수용은 긍정적 정서 반응이다.

통제된 무선표집 연구들에서 ACT는 우울증, 정신증, 헤로인 중독, 약물오남용, 만성 통증, 경계선 성격장애에 효과적인 것으로 나타났다(Morris & Oliver, 2012). ACT를 지지하는 3편의 메타 분석 연구가 나왔다(Hayes, Luoma, Bond, Masuda, & Lillis, 2006; Ost, 2008; Powers, Zum Vorde Sive Vording, & Emmelkamp, 2009). 이는 치료 매뉴얼과 치료자 가이드라인의 출간과 더불어 ACT가 주류(主流) 상담으로 받아들여지는 데 일조하였다. ACT는 전통적인 인지 및 행동치료에 체험적 이론의 요소를 추가시켰으며, 앞날이 밝은 새로운 접근법인 것은 명백하다.

마음챙김 인지치료

마음챙김 인지치료(Mindfulness-Based Cognitive Therapy, MBCT)는 경험적 인지치료 방법으로, 원래는 우울증 재발 예방 치료로 고안되었다. 이는 Jon Kabat-Zinn(1982)의 마음챙김에 기반한 스트레스 감소(Mindfulness-Based Stress Reduction, MBSR)에 근간한 것이다. 그러나 마음챙김에 기반한 인지치료는 마음챙김 명상 수행을 포함하면서도 인지 변화에 주안점을 둔다.

MBCT의 발달　1980년대 매사추세츠 주에서 MBSR의 성공은 Zindel Segal, Mark Williams, 그리고 John Teasdale을 비롯한 영국과 캐나다의 인지과학자들의 주목을 받았다. 이들은 우울증을 유발하고 지속시키는 인지 취약성에 대해 연구를 하던 중이었다(Crane, 2012). Kabat-Zinn과 더불어, 이 셋은 MBSR과 가까우면서도 인지 과정에 초점을 둔 MBCT 매뉴얼 버전을 개발했다. 두 건의 무선통제 실험들은 MBCT 효과성의 근거를 제공했다(Ma & Teasdale, 2004; Teasdale et al., 2000).

MBCT 이론과 전략들　새로운 연구들은 MBCT가 재발된 우울증을 치료하는 데 있어서 항우울제 약품보다 더 효과가 있다고 밝히고 있다(Chase, 2012). MRI를 사용한 연구들을 통해, 마음챙김 및 수용 전략이 작동하는 원리는 노출 및 반응 방지의 원리와 같다는 것이 밝혀졌다(Holzel et al., 2011). "수용은 비수용 이전의 상태를 변화시키고" 도피, 회피, 유발 요인에 대한 심각한 정서적 반응을 감소시킨다. "노출이 작용하면서 각성이 감소하고, 이 변화는 더 많은 수용을 부른다"(Fruzzetti & Erikson, 2008, p. 351).

　우울증이 재활성화되는 기제를 이해할 수 있게 된 것은 MBCT의 발달에서 나타난 예기치 않은 소득이었다. 인간의 두뇌는 위협에 반응하도록 설계되어 있고, 두뇌가 위협이라고 인지하는 다른 사건들에 대해서도 이를 위해 발달한 신경회로가 활성화될 확률이 높다. MBCT는 한 개인이 받아들일 수 없다고 판단하는 상황의 해결을 위해 깊이 고민하게 되는 사이클을 깨도록 도움을 줌으로써 위협을 감소시킨다. 마음챙김 명상과 수용의 훈련을 통해, 머릿속에 부정적 사고를 유지시키는 혐오감 및 회피성 감정이 제거된다(Hayes et al., 1999). 문제해결을 위해 본능적으로, '행동'을 통해 균형 상태로 돌아가 부정적 감정을 제거하려는 두뇌에 모순이 발생하는데, Williams(2010)이 지적하는 것은, 한 개인이 더 많이 분석하고 심사숙고하고 문제를 해결하려고 노력할수록 탈출하고자 하는 바로 그 사이클을 더 유발시킨다는 것이다. 이는 탈출 불가능의 것이다(Chodron, 1991).

　'행동'의 대안적 반응은 '존재'인데, 이것은 Crane과 그의 동료들(2010)이 '마음의 행동 모드와 존재 모드'라고 부르는 패러다임 이동이다. '행동' 모드는 앞에서 언급한 바와 같이 두뇌의 기능으로 생각들이 만들어진다. 반면, '존재' 모드는 매 순간 직접적 경험과 닿아 있으면서 몸에서 느끼는 느낌을 판단과는 상관없이 느끼면서 생각을 버리는 것이다. 이 활동의 결과는 새로운 경험에 대한 개방성이며, 문제해결을 위해 또는 목표달성을 위해 고민하는 것이 아니다. 마음챙김 명상에서는 어떤 생각이 생각나더라도 문제가 되지 않으며, 생각이 어떤 이야기의 흐름을 따라가지 않아도 된다.

마음챙김 명상의 작용 구조를 조사하기 위해 Holzel과 그의 동료들(2011)은 다음과 같이 자기조절 과정을 만들어내는 마음챙김 명상의 요소들을 찾았다. (1) 주의집중조절, (2) 신체 자각, (3) 정서 조절, (4) 자신에 대한 관점의 변화.

MBCT 치료 일반적으로, MBCT는 2시간에서 2시간 반 동안 진행되는 8회의 집단 상담 과정으로 진행된다. 여기에는 1회의 종일 상담도 포함이 된다. 추수 상담은 실행을 강화하기 위해 상담 이후 연도에 무작위로 일정을 잡아도 된다. 집단의 크기는 대개 10에서 12명으로 제한되며, 치료에 대한 준비성을 결정하기 위해 각 내담자에 대한 사전 인터뷰가 진행된다. 치료 방식은 다음과 같다 (Crane, 2012).

1~4주차 : 기술 습득, 마음챙김 명상 훈련, 지금 이 순간을 자각하기, 사고 · 정서 · 신체적 감각 및 행동 인식

5~8주차 : 좀 더 어려운 생각과 감정의 인식으로 이동, 수용에 대한 작업

마음챙김 명상을 수행하는 사람들은 매일 이 수행을 위해 시간을 별도로 할당해야 한다. 이들은 바디 스캔을 실행하고, 자신의 호흡에 집중하고, 명상하고, 마음이 흩어질 때 현재로 돌아오게 하도록 학습을 한다. 마음챙김 움직임과 걷기 명상 또한 기술 목록의 일부분으로 학습된다. 마음챙김 명상 수업을 진행하는 치료자는 마음챙김의 영혼을 상징한다(Crane 2012). 이는 내담자들이 동일한 경험을 하고 동일한 문제를 겪은 이들로부터 배울 수 있는 기회를 제공한다. 수업에서의 대화는 같은 배를 탄 사람의 관계처럼 진행된다.

마음챙김을 통해, 사람들은 현재에 머무르는 것을 배운다. 이는 탈중심화를 통한 것으로, 흑백논리적 사고를 줄이고 좀 더 수용적인 태도를 증진한다. 내담자가 호흡에 집중하면서, 생각은 내담자의 머릿속에서 떠다니는 구름처럼 되어서 가치 판단을 하거나 한곳에 머무르지 않게 된다. 탈중심화에 대해 Hofmann과 그의 동료들(2010)은 내담자가 생각에 대해 객관성을 갖게 되는 CBT의 거리 두기 과정과 비슷한 것이라고 기술하고 있다. 그러나 탈중심적 태도는, 문제가 되는 사고들을 수정하거나 회피하기보다 모든 것을 현재 있는 그대로 받아들이는 것이다.

현재의 위치 명상은 두뇌가 작동하는 방식을 바꿀 수 있다는 것이 밝혀졌다. 명상은 정서를 줄이고 합리적 의사결정을 향상시키고, 우울한 기분에 대한 뇌의 신경반응을 감소시킴으로써 우울증 재발을 예방한다. 과거에 우울증 이력이 있는 사람들의 경우, 우울한 기분에 대한 뇌의 신경반응은 생각을 많이 하고 회피 행동을 보이는 일련의 반응들을 이끌어낸다(Coelho, Canter, & Ernst, 2007; Farber & Metzger, 2009; Kirk, Downar, & Montague, 2011).

마음챙김 훈련은 다른 많은 목적과 다양한 사람들에 대해서도 도움이 되는 것으로 보인다. 마음

챙김은 약물 및 알코올중독 재발을 예방하고, 도박을 줄이고, ADHD 아동 및 정서 조절 불능 치료 등에 도움이 된다(Vallejo & Amaro, 2009). 또한 커플 상담, 자살 예방, 양극성 장애 치료에도 의미가 있으며, 약물치료 과정에서 보조수단으로 사용될 수 있다(Miklowitz, 2010; Williams et al., 2008).

마음챙김의 다양한 측면을 구분하고 무엇이 변화의 원인이 되는지 알기 위해 진행 중인 연구들이 있다. 바디 스캔, 호흡에 집중하기, 생각 수용하기, 지금 이 순간 자각하기 등은 별도로 작동할 수 있고 혹은 같이 작동해서 시너지 효과를 낼 수 있을 것이다(Vallejo & Amaro, 2009).

마음챙김 명상은 또한 영성 수련의 일부가 될 수 있으며 행동 및 심리적 훈련의 부분이 될 수 있다. MBCT는 REBT 혹은 다른 종류의 치료와 통합되어서 또는 독립적으로 적용될 수 있다.

일부 저자들(Harrington & Pickles, 2009)은 마음챙김을 포함한 치료 접근법이 인지치료로 분류되어야 하는지에 대해 의문을 보인 적이 있다. 그들의 이유는 마음챙김의 초점이 너무 다양하다는 것이다. 마음챙김의 중점은 역기능적 생각을 식별하고 수정하는 인지적 목표, 생각을 인식하고 수용하는 목표, 또 판단이나 행동을 하지 않고 이를 흘려보내는 목표 등 다양하게 나타난다.

인지행동치료를 이용한 치료

행동치료, CBT, 수용치료들은 구체적인 전략들과 개입 방안들을 많이 사용한다. 이것이 중요한 치료 요소이긴 하나, 그것이 치료의 목표와 치료 동맹의 중요성을 가려선 안 된다.

목표

CBT는 행동치료와 유사한 목표들을 가지고 있지만 사고의 수정과 관련된 추가적인 목표 또한 필요로 한다. 이것은 사람들이 그들의 역기능적 인지를 인식하고, 평가하고, 수정할 수 있게 하는 것, 즉 "난 완벽해야 해"와 "나는 사랑스럽지 않아"와 같은 완고한 기저의 인지를 변화시키는 것, 사람들이 그들의 자기대화와 자신감에 긍정적 변화를 가져오도록 돕는 것을 포함하고 있다.

CBT에서 인지 목표와 행동 목표는 흔히 상보적이다. 예를 들어 메간은 그녀의 자기패배적인 생각(예 : 나는 어떤 것도 제대로 할 수 없어, 아무도 나를 고용하길 원치 않을 거야)과 사회적 기술의 손상(예 : 이력서 쓰기, 면접에서 자신을 잘 나타내기, 대화 시작하기, 시간관리)의 결합으로 인해 일자리를 찾을 수 없었다. 메간의 주요 목표는 만족스러운 일자리를 찾는 것이지만 이 목표에 딸린 많은 작은 목표들은 그녀가 이것을 성취하도록 돕기 위한 사고와 행동 모두를 바꾸는 데 초점을 둘 것이다.

⚙️ 치료 동맹

행동 및 인지행동치료자들은 긍정적이고 협력적인 치료 동맹이 필수적이라고 믿는다. CBT 치료자들은 교사, 자문가, 조언자, 선의의 비판자, 지지자, 역할 모델, 격려자, 조력자와 같은 많은 역할을 맡는다. 적극적인 경청, 이해, 관심, 존중, 배려 모두 내담자들이 CBT의 원리를 이해하고 사용하도록 돕는 치료자 레퍼토리의 일부이다. 치료자들은 긍정적 변화를 격려하고 강화하지만, 그들은 진솔성과 전문성 역시 중요하게 여긴다. CBT 치료자들은 조언과 칭찬하는 데 주의를 기울여야 한다. 그들은 내담자들의 긍정적 변화를 치료자에게 돌리기보다 내담자 자신의 공로로 인정하길 원한다.

내담자들은 행동 또는 인지행동치료 과정에 완전히 참여하고 자신의 문제와 목표를 확인하고 변화를 위한 계획을 실행하는 데 책임을 지도록 한다. 전형적으로 치료자들은 내담자들이 새로운 행동을 시도하고 회기 사이에 과제를 완성하고 자기감찰을 하고 치료자에게 피드백을 나누도록 격려한다.

인지행동치료의 적용과 현황

인지행동치료는 다양한 범위에 적용된다. 단독으로 혹은 다른 치료 체계와 함께 사용되면서 그것의 원리와 전략들은 거의 모든 치료 환경과 거의 모든 내담자 혹은 문제에 적용될 수 있다.

진단 집단에 적용

많은 연구 결과들을 통해, 널리 알려진 정신장애에 CBT를 사용하는 것이 경험적으로 뒷받침되고 있다. 여기에는 기분장애, 불안장애, 몇몇 성격장애, 섭식장애, 물질사용장애 그리고 그 외의 것들이 있다. 덧붙여 행동치료는 의학적 상태와 관련된 정서적이고 신체적 증상 모두를 완화시킬 수 있다.

기분장애 기분장애의 치료에서 강한 효과성을 증명한 행동치료는 특히 인지치료와 결합될 때 효과가 있다(Seligman & Reichenberg, 2012). 인지적 개입은 우울, 무망감, 낮은 자아존중감을 유지시키는 역기능적 사고를 수정할 수 있다. 이와 유사하게 활동 일정 짜기와 체계적 의사결정과 같은 행동변화 전략은 우울의 강도를 줄일 수 있고 흔히 우울과 연관된 무력증과 혼란감을 중화시키고 숙련감과 유능감을 촉진할 수 있다. MBCT는 주요우울장애의 재발을 예방하는 것으로 입증됐다. 또한 이러한 접근법의 협력적인 특성은 그 명확한 이론적 근거와 성취 가능한 목표와 마찬가지로 우울증치료의 효과를 높인다.

불안장애 CBT는 또한 여러 유형의 불안장애 치료에도 효과적이다. 사회공포증 진단을 받은 사람들은 흔히 주장성과 의사소통 훈련, 모델링, 역할 연기, 실행을 포함하는 사회적 기술을 훈련함으로써 도움을 받는다. CBT를 통해 자기비판의 수준을 줄이고 사회공포증을 가진 이들의 치료를 강화할 수 있다. 주의분산과 부정적인 활동을 긍정적 활동으로 대체하는 것은 사람들로 하여금 강박장애에 대처할 수 있게 돕는다. 혐오치료, 포만, 홍수법 또한 주의 깊게 사용되면 강박장애 치료에 유용할 수 있다.

급성스트레스장애와 PTSD를 포함하여 외상에 기반을 둔 문제들 또한 CBT에 잘 반응한다(Hofmann, 2012). PTSD에 대한 교육, 인지 재구성, 호흡 재훈련, 가상적 둔감법, 공포 상황의 직면 등과 같은 전략들이 사람들에게 통제감을 높이고 증상을 경감시켰음을 보여주었다.

기타 정신장애들 인지행동치료는 또한 다양한 정신장애 및 건강 문제들에 효과적이었음을 입증했다. 토큰 경제와 합리적 결과는 품행장애로 진단된 아동과 청소년들을 치료하는 데 성공적으로 사용되었다. 긴장이완, 활동 일정 짜기, 시간관리 모두 주의력결핍장애를 가진 사람들에게 도움이 될 수 있다. 행동치료는 정신지체, 충동조절장애, 성기능장애, 수면장애 그리고 성도착증으로 진단된 이들에게 효과적이었다(Hofmann, 2012). 행동치료는 약물 또는 알코올사용 관련 장애들(Hofmann, 2012)뿐 아니라, 신경성 과식증과 신경성 거식증을 포함하여 섭식장애 치료에도 중요한 역할을 한다(Pike, Walsh, Vitousek, Wilson, & Bauer, 2003). CBT는 성기능장애 혹은 공격적 행동 문제 치료에도 효과를 입증했다(Lanza et al., 2002).

다문화 집단에 적용

행동치료와 CBT는 다양한 배경과 상황에 놓인 사람들에게 매력 있고 통합되기 쉬운 치료이다. 이 접근법들은 쉽게 이해되고 논리적이며 개인적 차이점을 존중하며 거의 모든 문제를 다루는 수많은 개입 목록들을 제공한다. 행동치료와 CBT는 치료에 적극적이고 공지된 역할을 하도록 권장하고 학습과 유능감을 증진하며 빠르고 긍정적인 결과를 가져올 수 있다.

Hays(2009)는 심리학에서의 증거기반치료는 내담자의 특성, 문화, 선호도의 맥락에 맞추어서 최고의 연구 결과와 임상 경험을 결합한 것이라고 정의한다. 앞에서 살펴보았듯이, CBT는 가장 널리 연구되는 증거기반 심리치료이고, 또 임상에서 가장 널리 행해지고 있는 치료 방법이다. Hays는 CBT에 다문화적 측면을 통합하는 데 10가지 제안 사항을 자신의 저서에서 기술하고 있다. 그 첫 번째 내용은 내담자 및 내담자의 가족의 요구들을 완전히 분석하는 것이다. 문화적 능력이 있는 치료자들은 내담자의 유능함, 문화, 언어에 대한 자부심, 대가족 및 종교 단체의 지원, 배경적 지원을 비롯한 문화와 관련된 개인의 강점들에 대해서 인지한다. 내담자가 제시하는 문제가 인지적(내면적) 혹은 환경적(외부적) 성격의 것인지 구분하고, 편견이나 억압의 경험을 말할 때 이를 인정하는 것 또한 다문화적으로도 능력이 있는 상담의 요소이다(Hays, 2009).

Hays는 또 문화를 존중하는 행동이 중요하는 것을 강조했다. 관계 형성에 관한 연구 중 미국 백인들을 상대로 하는 연구들은 라포를 주로 다루고 있는 반면, 아시아인 · 미국 원주민 · 아프리카계 미국인 · 남미계 미국인 · 중동 문화권 등에서는 권위자와의 관계에서 존경의 개념이 매우 가치 있는 것으로 여겨진다. 이에 관한 상세한 내용은 Hays(2009)의 "Evidence-Based Practice, Cognitive-Behavior Therapy, and Multicultural Therapy: Ten Steps for Culturally Competent Practice"에 자세히 나와 있다.

CBT는 다른 약물치료와 함께 사용되어, 저소득층 미국 흑인 및 남미계 여성의 우울증을 감소시킨 것으로 나타났다. 격려, 집중적 참여 독려, 아이 돌봄 및 교통수단 제공 등과 같은 직접적 서비스가 제공이 될 때 치료 효과가 더 긍정적이었다(Miranda et al., 2003). 남미계 내담자들과 CBT가 잘 맞을 수 있는 이유로는 CBT의 솔직성과 남미 문화의 전통적 솔직성의 일치, 그리고 CBT의 문제해결적 접근법이라고 볼 수 있다(Organista, 2007). 폭식장애가 있는 멕시코 출신 미국 여성을 대상으로 한 연구에서 치료자는 남미 여성들이 집단주의적이고 공동체에서 많은 지원을 받는 것이 사실이기도 하고, 음식과 신체의 이미지 또한 공동체에서 기대하는 것에 일치하려는 것도 사실이지만(폭식을 많이 하고 비만하기 쉬움), 그렇다고 해서 내담자에 대해 처음부터 정형화하면 안 된다는 것의 중요성을 강조했다(Shea et al., 2012).

인지행동치료의 현황

행동치료와 CBT의 사용은 정신장애를 가진 개인의 치료를 훨씬 넘어선다. 긴장이완, 최면, 시각적 심상은 통증을 줄이고 암, 심장병, 다른 만성적이고 삶을 위협하는 질병에 대처하도록 돕기 위한 행동 의학에서 사용되었다. 외래 환자와 입원 환자 치료 프로그램뿐 아니라 학교와 교정기관은 긍정적 행동을 확립하고 가르치기 위해 행동치료에 많이 의존한다.

이에 덧붙여 행동치료와 CBT는 개인치료뿐 아니라 가족과 집단 상담에 사용될 수 있다. 다른 집단 구성원이 제공하는 강화와 모델링은 집단 환경을 CBT에 특히 잘 맞게 만든다. 인지행동 집단 상담은 다양한 사람들에게서 정보와 피드백을 받는 동안 새로운 행동을 배우고 실험할 수 있게 해준다. 다른 사람들의 생각을 듣는 것 또한 사람들이 관점을 넓히고 그들 자신의 역기능적 사고를 확인하고 수정하며 유용하고 합리적인 생각과 감정을 공고히 하도록 돕는다.

부모들은 행동 변화 전략을 배우고 그것을 아이들의 행동 조성에 이용함으로써 도움을 얻을 수 있다. 타임아웃, 보상, 합리적 결과, 환경 제한과 같이 흔히 사용할 수 있는 개입 전략은 행동치료를 반영한다. 또한 명상, 마음챙김 그리고 DBT는 특히 정서 조절 영역에 있어서 아동과 청소년에게 적용되어왔다.

우리들 대부분은 일상에서 행동 변화 전략을 사용한다. 어려운 집안일을 끝낸 후에 간식으로 우리 자신에게 상을 주거나 습관적으로 늦는 친구에게 15분 이상 기다리지 않겠다는 메시지를 주거나 혹은 우리의 영양 상태와 운동을 향상시키기 위한 계획을 시작할 때 우리는 행동 변화 전략을 사용하고 있다. 이와 같이 이 접근법들은 넓고 다양한 범위의 사람들에게 제공할 수 있는 것을 아주 많이 가지고 있다. CBT는 물론이고 행동치료는 일반적으로 정신역동치료, 게슈탈트 치료, 인간중심상담을 포함하는 다양한 범위의 다른 접근법들과 결합된다. 이러한 결합은 치료 효과를 심화시킬 수 있고 초래되는 변화가 의미 있고 지속될 수 있음을 보장해준다.

인지행동치료에 대한 평가

그 어떤 치료적 접근법들보다 많이 CBT에 관한 방대한 연구가 실시되었다. 문헌들은 인지와 행동에 초점을 둔 치료가 매우 강력하고 효과적일 수 있음을 보여준다. 물론 그것은 한계점도 갖고 있다.

한계

CBT가 증거기반 접근법임에도 불구하고 혹은 그렇기 때문에 아마도, 이 접근법에 대한 대부분의 비판점들은 다음에 초점을 두고 있다.

1. 치료가 단지 피상적이고 일시적인 이득만 달성할 가능성에 초점을 둔다.
2. 정서와 통찰의 장점은 그 치료에서 받을 만한 관심을 받지 못할 수 있다.
3. 치료자들은 행동의 기저에 있는 선행 사건과 역동에 대한 충분한 탐색 없이 지나치게 빨리 행동을 향해 나아갈 수 있다.

게다가 치료자들은 증거기반 자료들을 따라가는 데 너무 열중하여 현재 나타나는 변화를 놓칠 수 있다. 그 결과 사람들은 치료의 결과로 얻어야 할 자기가치감과 유능감을 통한 성장을 경험하기보다 조정당하고 힘을 잃은 것처럼 느낄 수 있다.

또한 공존질환은 증거기반 접근법으로 어려울 수 있다. 대부분의 사람들은 한 가지 진단 범주에 딱 들어맞지 않으며 불안과 우울이 함께 있는 것처럼 겹쳐 있거나 혹은 물질사용장애와 또 다른 축 I 또는 축 I 장애를 동시에 진단받기도 한다(Emmelkamp, Ehring, & Powers, 2010). 한 가지 진단에 초점을 둔 치료 지침들은 분명히 문제의 전체적인 면을 공정하게 보여주지 못할 것이다.

CBT에 한정된 치료는 모든 내담자에게 이상적인 접근법은 아니다. 현재 CBT 치료를 받고 있는 사람들 중 무려 30%에서 40%에 이르는 사람들이 충분한 도움을 받고 있지 못하며 이러한 수치는 지난 25년간 달라지지 않았다(Emmelkamp, 2004; Emmelkamp et al., 2010).

인지와 행동에 대한 상담 초기의 관심은 변화를 촉진하고 동기를 높일 수 있지만, 오래 지속된 뿌리 깊은 만성적인 문제들은 아마도 CBT와 다른 접근법들 혹은 의학적 치료와 결합되어야 할 것이다. 이 결합은 내담자들에게 인지와 행동 변화를 이루도록 도우면서 통찰력을 발달시키는 것을 돕고 과거의 문제를 극복하게 해줄 것이다. CBT가 정신증과 다른 심각한 장애를 가진 사람들을 도울 수 있으나 약물치료와 다른 개입 전략 또한 필요하다. 행동치료와 CBT는 거의 모든 내담자에게 유용하지만 그 효과성을 최대화하기 위해서는 종종 다른 치료 양식과 결합될 필요가 있다.

마음챙김에 기반을 둔 치료의 영적인 측면 또한 중요한 관심을 일으켰다. 마음챙김에 기반한 인지치료는 종교에 기반한 것이 아니라 오히려 지금 이 순간에 머물도록 하는 방법이라고 볼 수 있다.

강점과 공헌

인지행동치료는 경험적으로 입증된 치료를 선택하도록 해주고 안면 타당도와 경험적 타당도 모두를 가진 직접적인 접근법들을 제공한다. 이 접근법들은 목표설정, 책임, 결과를 강조한다. 또한 내담자들이 자기 자신에 대해 책임감을 갖도록 권장하면서도 정중하고 협력적이다. 행동과 사고의 향상이 목표이지만 치료는 정서적 건강 또한 향상시키려고 노력한다. Emmelkamp와 동료들(2010)은 또한 매뉴얼화된 치료법들이 지역사회와 학교장면에 쉽게 보급되고 전달된다는 점도 덧붙였다.

기법 개발 : 쌓아두기 습관을 위한 노출기반 CBT

CBT는 불안장애 치료에 대해 가장 효과적인 개입 중 하나이다. 또한 이것은 강박장애, 공포증, 사회화, 비행기 탑승, 발표를 비롯한 특정 상황과 관련된 지나친 두려움을 치료하는 데 특히 효과가 있다. CBT는 또 여러 가지 두려움과 불안과 관련되어 유용하다. 물건을 버리지 못하는 사람들이 물건을 버릴 때 느끼는 스트레스와 불안을 CBT가 도와줄 수 있다. 이 사람들은 물건을 버리기가 어려워서, 실내 공간이 원래 목적에 맞춰 사용하지 못할 정도가 되더라도 물건을 버리지를 못한다. 예를 들면, 주방에 물건이 너무 많아서 요리를 못하게 될 수도 있고, 침실에 상자와 종이가 너무 많이 쌓여서 출입문이 열리지 않을 수도 있다. 이 정도 수준의 임상적으로 심각한 증상이 일어나는 비율은 인구에서 2% 내지 5% 정도이다(Mueller, Mitchell, Crosby, Glaesmer, & de Zwaan, 2009). 자신의 물건을 타인에게 준다고 생각하면 매우 강한 부정적 감정이 일어날 수 있다. 이는 상실감, 누군가의 죽음 이후 느끼는 수준의 애도, 우울증에 비견된다. 반대로, 물건을 얻거나 아끼면 긍정적인 감정을 느끼게 된다. 따라서 물건을 모으는 사람은 청소를 하거나 필요 없는 물건을 버리면 기분이 나빠지는 순환주기를 시작하게 된다. 그래서 이들은 이런 부정적 기분을 느끼는 대신 기분을 좋게 하기 위해 쇼핑을 하거나 물건을 수집하곤 한다.

최근의 연구들은 지나친 물건 소유와 물건을 버리지 못하는 성향의 원인은 정보 처리 과정의 결핍, 문제성 신념과 행동, 정서적 스트레스와 회피일 가능성이 있다는 결과들을 내놓았다(Steketee, Frost, Tolin, Rasmussen, & Brown, 2010). 따라서 이에 대한 치료는 그릇된 인지에 중점을 두어야 한다. Steketee와 그의 동료들은 습관화(불안감소의 목적으로 회피하는 상황에 노출하기), 정리 활동에 직접 노출, 쌓아두기의 원인이 되는 생각과 믿음의 오류에 대한 도전 등을 같이 적용하는 혼합 CBT를 추천한다.

이완과 공포는 상반된 반응이기 때문에, 두려움을 일으키는 자극에 노출되는 동안 이완을 유지할 수 있다면 대개 두려움은 사라지게 된다. 그러나 이 치료법은 계획을 잘 세우지 않고 너무 일찍 진행하거나 강도가 심하면 역효과가 나타날 수 있다. 물건을 버리는 것에 대한 경우, 이에 대해 압도당하고 불편한 감정에 노출되면 내담자는 치료를 아예 그만두거나 더는 참여하지 않게 될 우려가 있다. 따라서 노출기반치료를 성공적으로 수행하기 위해서는 반드시 치료 속도를 주의해서 조절해야 한다.

앞에서 언급했듯이, 위협적 자극에 대한 노출은 심상화(가상적 둔감법), 혹은 실제 세계에서(실생활 둔감법) 일어날 수 있다. 이 둘 중 어느 한 방법이 더 효과적이라고 말하기는 어렵다. 가상적 둔감법, 실생활 둔감법, 혹은 이 둘의 혼합 중 어느 것을 선택할지는 두려움을 불러일으키는 자극의 속성과 이 자극에 대한 통제된 노출 상황을 얼마나 용이하게 만들 수 있는지에 따라 결정된다. 물건을 모으는 사람의 경우 내담자의 실제 장소에 가거나, 가상현실 사무실에서 내담자와 같이 작업하면서 물건을 버리려 할 때 느끼는 스트레스 감정을 만들어낼 수 있다. 물건을 버리고 정리하는 활동이 진행되는 동안 내담자는 자신의 기분/생각을 5~10분마다 묘사하고 숫자로 표시하도록 요청받는다. 간단한 0~10점 척도로 불안 또는 불편한 기분을 표시할 수 있다.

한 회 이상의 상담을 통해 치료 동맹이 발달하게 되면, 공포의 선행 사건들과 증상들을 탐색하고 내담자의 이력과 현재 삶의 상황을 서로 이야기함으로써 현재의 증상을 어떤 맥락 안에서 볼 수 있게 된다. 전형적인 노출기반치료는 일련의 단계를 밟는다. 48세의 중년 여성인 주디를 사례로 들면, 주디는 물건을 버릴 수 없는 문제가 있었다. 그녀는 집에 너무 많은 잡동사니가 있다는 것이 부끄러워서 사람들을 집에 초대할 수가 없었다. 또, 이 문제는 집에서 남편과의 긴장관계를 만들기 시작하였다.

1. **효과적인 이완전략 가르치기** 주디는 천천히 복식 호흡을 하면서 호흡에 집중하여 이완하는 방법을 배웠다. 또, 그녀는 머리에서 발끝까지 의식을 점진적으로 이동하여 몸 전체를 이완시키는 법을 배웠다.

2. **쌓아두는 행동을 강화시키는 인지 왜곡을 내담자가 찾도록 돕기** 인지 재구성은 쌓아두기를 위한 치료의 중요한 요소이다. 주디와의 몇 차례의 상담을 거친 후, 치료자는 물건을 과다하게 모으게 하는 인지 왜곡들을 다음과 같이 찾을 수 있었다.

   - **이분법적 사고** : "내가 이 믹서기를 몇 년을 쓰지 않았지만, 이걸 버리면 다시는 마가리타를 만들 수는 없을 거야"(하지만 주디는 집에 아무도 초대하는 일이 없다).
   - **도덕적 추론** : 이러한 사고는 다음과 같은 당위론적 명제에서 잘 드러난다. "나는 이 방을 청소할 수 있어야 하는데 내가 어디가 잘못된 거지?"
   - **감정적 추론** : "나는 저 꽃병을 버리지 못하겠어. 그건 자넷 이모에게서 받은 결혼 선물이라고."
   - **긍정적인 면의 평가절하** : "침대를 치워서 내가 잠을 잘 수 있게 된다 하더라도, 침실 나머지 공간들은 여전히 지저분해."

Steketee(2011)는 쌓아두기 행동을 초래하는 사고는 사람마다 각각 다르다는 것을 지적했다. 어느 한 사람에게 어려운 것이 다른 사람에게는 쉬울 수가 있다. 집을 치우지 못하는 사람들과 상담을 할 때 볼 수 있는 어려운 것들은 "완벽하게 못하는데 왜 굳이 해야 해?"라고 생각하는 완벽주의와 "가격이 오를 날이 올 거야"라는 금전적 또는 개인적 정체감과 관련되어 있다. 한 여성은 몇 년 동안 딸과 같이 다닌 해변 여행에서 수집한 조개껍데기, 깃털, 그 외 쓰레기들을 모아둔 상자들을, 이미 그녀의 딸은 대학원생이 되었음에도 불구하고 버리지 못하고 있었다.

인지 재구성 과정에서 다음 단계는 주디에게 도움이 되기 위해 주디의 생각들을 반박하는 명제 목록을 다음과 같이 작성하는 것이다.

   - "나에게 맞지 않는 옷은 버릴 거야. 체중을 줄이게 되면 나에게 주는 상으로 새 옷을 사겠어!"
   - "나는 할 수 있어. 나는 불안감을 느끼겠지만, 나는 어쨌든 하고야 말겠어."

3. **불안위계 작성** 주디는 불안을 유발하는 자극원의 목록을 가장 불안하게 하는 것부터 덜 불안하게 하는 것까지 순위를 붙여서 작성하라고 요청을 받았다. 0에서 100점 사이의 SUDS 척도를 사용하거나, 혹은 치료자가 주디에게 10점이 가장 강한 부정적 감정이라고 하고, 1에서 10 사이의

숫자로 불안의 크기를 평가하라고 요청할 수 있다. 주디는 자신이 임대하고 있는 창고를 청소하는 엄청난 작업이라면 10점을 줄 것이라고 생각했다. 그녀는 이 창고를 청소할 생각을 하면 거의 공황에 가까운 감정을 경험했다. 주디는 옷장의 옷을 점검하고 자선 단체에 기부하는 과정은 5점을 주었다. 주디의 불안위계에서 1점을 받은 것은 쌓여 있는 편지를 정리하고 불필요한 물건들을 버리는 훨씬 간단한 일이었다.

4. **통제된 노출 제공하기** 주디의 치료자는 실제 상황에서의 둔감화 과정을 사용했고, 처음 몇 번의 상담 과정에서는 주디의 집에서 직접 주디가 자신의 회피하는 마음을 직면하도록 도와주었다. 부정적 감정과 관련 있는 것을 회피할수록 해당되는 부정적 감정들은 더 강화가 된다. 여러 개의 회피 반응들이 과도하게 물건을 쌓아두는 행동과 관련된 것으로 밝혀졌다. 예를 들면, 집이 지저분해서 사람들을 집으로 초대하지 않는다거나, 잡동사니가 들어 있는 상자를 정리하기 시작했지만 긴장을 느끼고 압도당한 나머지 그만두는 것 등이 있었다. 강한 부정적 감정들은 이 감정들을 절박하게 회피하고 싶게 만들며, 불안문제 발달의 단계를 시작하게 한다.

주디가 최대한 이완된 상태가 되게 한 후, 치료자는 주디가 이 목록에서 가장 덜 스트레스를 받는 항목, 즉 쌓여 있는 우편물 상자를 정리하도록 요청했다. 주디는 큰 불안 없이 우편물을 잘 정리하다가 친구들이 보낸 생일 축하 엽서를 보고는 버리는 것에 대해 어려움을 느꼈다. 치료자는 주디에게 이 엽서들을 집게 했고, 이 엽서들을 보낸 사람들에 대해 생각해보라고 말했다. 몇 분이 지난후, 주디는 이완을 느꼈고 미소를 지었다. 주디는 이 엽서를 잡지 않고서도 그 사람들을 떠올릴 수가 있었다. 치료자는 주디에게 생각이 나면 언제든지 다시 볼 수 있게 주디의 휴대폰으로 이 엽서들의 사진을 찍으라고 제안했다. 하지만 주디는 이 엽서들을 버리는 것은 여전히 어려운 일이라고 생각했다.

깊이 있는 소크라테스식 질문과 하향식 화살 기법은 치료자가 내담자로 하여금 자신이 하는 생각의 터무니없음을 볼 수 있게 해준다(Steketee, 2011). 만약 주디가 생일 축하 엽서들을 보관하고 싶었다고 한다면, 치료자는 다음과 같이 질문을 했을 수도 있다.

치료자 : 이 생일 축하 엽서들이 당신에게 왜 그렇게 중요한 것인가요?

　　주디 : 내가 올해에 받은 생일 축하 엽서는 이것이 전부거든요.

치료자 : 그것이 당신에게 어떤 의미가 있나요?

　　주디 : 제 친구들이 보냈기 때문이죠. 저를 사랑하는 사람은 이 친구들밖에는 없어요.

치료자 : 만약 당신이 이 엽서들을 버린다면 무슨 일이 일어날까요?

　　주디 : 음, 뭐 그래도 제 친구들은 저를 사랑하겠지요!

이러한 토론 이후, 주디는 이 엽서들을 놓을 수 있었다. 그다음 상담에서 그녀는 목록에 있는 다음 항목으로 넘어갈 수 있었다. 노출과 둔감화 과정은 내담자의 불안을 증가시키지 않되 자신감, 낙관성, 통제감을 증진시킬 수 있도록 주의해서 계획되어야 한다.

결국 주디는 물건들을 버리고 그 과정에서 경험하는 불안감에 대처하는 기술을 배웠다. 또 이 과정에서 느끼는 불편함을 참는 것도 배웠다. 우리가 살펴본 바와 같이 과도한 쌓아두기 행동을 줄이는 데에는 인지적 방법과 행동적 노출의 결합이, 두 접근법이 별도로 사용될 때보다 더 효과적이라는 것을 알 수 있다(Steketee et al., 2010).

주디의 집에서 실시한 그다음 상담에서는 물품을 버리거나 기부할 것, 보관할 것, 상자에 보관한 후 나중에 결정할 것 등 세 가지 분류로 구분하게 하는 체계를 만들게 도와주었다. 내담자들이 사전에 가이드라인을 작성하도록 돕는 것은 이 과정이 자연스럽게 흘러갈 수 있게 하고, 회피를 직면하게 한다. 주디는 다음 명제를 따르기로 마음먹었다. "나는 내가 2권 이상 가지고 있는 책은 전부 남들에게 줄 것이다."

주디는 분류하고, 정리하고, 치우고, 이를 반복했다(Beck, 2011; Steketee, 2011). 주디의 불편함은 주디가 심하게 부담을 느껴 그만두지 않을 수 있도록 5분에서 10분마다 점수를 매기고 치료자가 노출 수준을 조절할 수 있게 했다. 습관화를 통해 주디는 자신의 불안한 감정을 알게 되었지만 정리정돈과 청소를 계속했다. 이는 자신의 불안과 감정에 대한 생각이 불편한 감정을 일으켰어도, 이 감정들이 자신을 해치지 못할 것이라는 것을 인지했기 때문이다.

주디가 한 구역을 완전히 청소해냈을 때, 치료자는 이전의 상황이 다시 생기지 않도록 주디가 물건을 들여오는 것에 대한 규칙을 만들 수 있게 도와주었다. 물건을 들여오는 규칙들은 "나는 현금으로 지불하지 않는다면 책을 더 사지 않아야지"라든가 "할인 중이라 하더라도 구매한 지 30일 이내에 사용하지 않을 것이라면 무엇이든 사지 않겠어" 같은 것이 있을 수 있다.

내담자가 상담 회기에 잘 수용할 수 있었던 것보다 더 노출이 되지 않는다면, 치료자의 코칭을 받았던 친구나 가족의 도움으로 상담 회기 사이에 둔감화를 이어가는 것은 치료의 진전을 가속시킬 수 있다. 주디의 경우, 몇 차례 현장 상담을 실시한 후에 치료자의 사무실에서 상담을 더 진행할 수 있었다. 주디는 자신이 정리해야 할 옷장의 사진을 찍고 상담 시간에 이 사진을 가져왔다. 이후 다섯 번을 더 상담한 후에 주디는 자신이 달성한 성과를 보여주는 다른 사진을 가져왔다.

주디가 자신의 목록에 있는 일부 항목들을 정리할 수 있기는 했지만, 정작 자신의 임대 창고에 대해 생각할 때에는 계속 격하게 불안해했다. 그러나 주디는 집 안 내부에 대해서는 많은 발전을 보여주었고, 이 성과를 친구들을 초대해서 축하할 수 있었다(그리고 마가리타도 만들 수 있었다!).

사례

에디, 로베르토, 에바 디아즈의 치료가 진행되면서 치료자는 에디의 자의식, 사회화에 대한 두려움, 약한 대인기술이 에디 자신뿐 아니라 가족 전체에도 영향을 미친다는 것을 알게 되었다. 사람들과 어울리는 것이 불편했기 때문에 에디는 에바의 선생님들과 상담하는 것을 회피했고, 로베르토의 사무실 파티나 출장에 같이 가는 것을 꺼렸다. 이러한 회피는 상당한 스트레스와 불안으로부터 에디를 해방시켜주었지만 부정적 강화가 일어났던 것이다. 사회적 회피로 경험한 보상은 회피를 더 심화시켰고, 따라서 에디의 대인접촉에 대한 두려움과 회피는 해가 갈수록 악화되었다.

에디와 에디의 치료자는 대인관계의 어려움을 위해 Meichenbaum(1985)의 스트레스 면역훈련

(SIT)을 사용하기로 했다. 이 접근법은 인지 및 행동 변화 전략을 내포하고 있다. 에디와 함께 SIT 의 3단계 과정을 사용해본다.

1. **개념화** 우선, 치료자는 SIT가 무엇인지 에디에게 설명했다. 어떤 개입 과정이 사용될지, 또 어떻게 SIT가 에디를 도와줄 수 있을지를 말해주었다. 에디의 질문들과 우려 사항들을 토론 한 후, 에디는 이제 이 과정에 대해 협력할 준비가 되었고 오랫동안 느꼈던 대인관계의 불편 함을 다소 해소시켜줄 수 있을 것이라고 낙관적으로 생각했다.

   에디와 치료자는 문제의 본질을 명확히 하고 현실적인 목표들을 세웠다. 에디는 다른 사람 들이 대개 자기를 매력 없고 재미없는 사람이라고 볼 것이라고 생각했다. 에디는 사람들을 만 나는 상황에 노출되면 자신은 거부당하고 수치심을 느끼게 되어 고통을 겪을 것이라고 생각 했다. SUDS 척도를 사용하여 에디가 느끼는 두려움을 알아보았다. 사람들을 만나는 상황에 서의 거부와 수치심을 느낄지도 모른다는 두려움을 줄이고, 사회적 대화 및 활동에 참여를 증 가시키는 두 가지 구체적인 목표를 선별하였다.

2. **기술 습득 및 시연** 에디가 두려움을 극복할 수 있도록 몇 가지 기술들이 사용되었다.

   - 능력이 있고, 직업적 역할이 뚜렷한 직장에서 에디는 대인관계의 불안함을 거의 느끼지 않 았고 다른 사람들과도 잘 지냈다. 에디는 도서관 사서로서의 역할에 충실할 수 있게 하는 의사소통 기술들을 찾아냈고, 이 기술들을 다른 대인관계 영역에 적용하는 방법들을 구분 해냈다.

   - 치료자는 에디가 대인관계 상황에서 거절당하고 수치심을 느낄 것이라고 거의 확신하는 믿 음을 논박하도록 도와주었다. 사실 거절당하고 수치심을 느끼는 일은 그녀의 사춘기 시절 이후로는 일어난 적이 없었고, 사람들 사이에서 다른 사람이 거절당하거나 당황해하는 것 을 직접 본 것은 2회밖에 되지 않는다고 말했다.

   - 에디는 자신의 대인관계 기술을 더 발전시켰다. 에디의 치료자는 주장성, 의사소통에 관 한 읽을거리와 훈련을 제공했고 에디에게 유용해보이는 기술을 구별해내고 훈련할 수 있 도록 도와주었다. 에디와 치료자는 대화를 시작하고 이를 이어나가는 역할 연기에 특히 주목했다.

   - 에디는 독서를 좋아했기 때문에 수줍음에 관한 서적을 찾아냈고, 대인관계의 어려움을 가 졌다고 스스로 판단한 사람들의 전기도 찾아냈다. 그럼으로써 에디는 대인관계의 불편함 에 어떻게 대처해야 하는지에 관해 더 많은 방법을 배울 수 있었다.

   - 에디는 자신이 동경하는 대인기술이 있는 동료를 지목했다. 에디는 이 동료가 가진 대인관 계의 강점을 알아내고 역할 모델로 활용할 수 있도록 이 동료를 관찰하였다. 또, 에디는 치 료 시간에 마치 자신이 그 역할 모델인 동료인 것처럼 행동해보는 노력을 했다.

3. **적용 및 실행** 에디와 치료자는 에디의 대인관계 기술과 늘어난 자신감을 적용할 수 있는 작은 행동들을 정리해보았다. 에디는 에바의 학교에서 자원봉사 하는 것, 로베르토의 출장에 같이 가는 것, 그리고 작은 파티를 여는 것을 생각해보았다. 에디는 이 모든 항목들을 결국 모두 실

천할 것을 예상하기는 했지만, 에바를 발레 수업에 데려다준 후 에바의 발레반 학부모에게 차를 마시자고 초대하는 것부터 시작하기로 했다. 에디는 에바 친구의 엄마에 대해서는 상대적으로 안전하게 느꼈고, 대화의 주제(차 마시기, 발레 수업, 딸 이야기 등)가 편한 사람과 일대일로 만나는 것은 성공적인 경험이 될 것이라고 믿었다. 차를 마시면서 하는 대화에 대한 역할 연기를 했기 때문에, 에디는 이 모험에 대해 준비가 잘되었다고 느끼게 되었다.

이 학부모와의 만남 이후, 에디는 이 만남의 경험을 치료자와 함께 토의했고, 잘한 점들이 무엇인지, 그리고 더 잘할 수 있었던 점은 무엇이었는지 찾아보았다. 예를 들면, 찻값을 지불해야 할 때 에디는 좀 당황을 했었는데, 에디는 이를 어떻게 더 편하게 대처할지 준비할 필요가 있다고 생각했다. 에디는 자신의 노력과 이 성공에 대해 자신에게 보상을 해주었고, 대인기술을 향상시키기 위한 다음 단계들을 계획하기 시작했다.

연습

대집단 연습

1. CBT의 가치는 연구에 의해 명백히 증명되었지만 몇몇의 치료자들은 그것을 정신역동치료보다 덜 강력한 것으로 본다. 무엇 때문에 그런 것인지 논의하고 CBT에 대한 당신의 반응과 관점에 대해 논의하라.
2. 당신의 학급 아이들을 목표집단으로 정해서 학급의 학습을 향상시키는 데 유용할 수 있는 토큰경제의 실행을 계획하라. 행동 목표, 성과를 추적하고 기록할 체계, 긍정적 행동에 대한 보상을 설정하라.
3. 에바는 어둠과 혼자 있는 것에 대한 두려움으로 괴로워한다. 그녀의 치료를 위한 행동 전략을 계획하라. 반드시 당신이 에바와 그녀의 가족에 대해 이미 알고 있는 맥락 안에서 그녀가 제시하는 현재 문제를 보도록 하라. 치료 계획은 꼭 이것에 한정될 필요는 없지만 기초선 설정하기, 구체적인 목표 정하기, 치료 전략 확인하기, 보상 혹은 강화물 설정하기, 진전을 확인할 수 있는 방법을 구체화하기 등을 포함해야 한다. 그리고 행동 개입에 다른 접근법들을 결합할지 생각해 보라.

소집단 연습

1. 대집단 연습 3에 제시된 지침을 따라 다음의 행동 문제에 대한 치료를 계획하라.
    • 4세 아이가 제시간에 잠자리에 들기를 거부하고, 매일 밤마다 이야기해달라고 조르고 물 마시고 다른 관심을 요구하며 취침시간을 몇 시간씩 지체한다.
    • 33세의 한 남성은 밤마다 8~10개의 캔 맥주를 마시는 것 때문에 가정불화를 일으켰다.
2. 4명이 한 집단을 만들고 2명씩 짝을 지어라. 각 쌍에서 내담자 역할을 하는 사람은 자신이 바꾸고 싶은 행동에 대해 이야기하고, 치료자 역할의 사람은 15분 동안 그 문제의 본질과 그것의 맥

락 그리고 빈도와 강도에 대한 정보를 모은다. 만약 시간이 된다면 행동 변화를 이루기 위한 현실적인 목표와 절차를 시작하라. 역할 연기가 끝난 후 약 10분간 내담자와 치료자 모두에게 강점과 개선이 필요한 부분에 대해 피드백을 나누면서 검토하라.

3. 4명으로 구성된 집단을 만들어라. 문제해결치료(PST)를 사용해서 당신이 선택한 시나리오를 역할 연기하거나 다음의 지시에 따라 진행하라. 양극성 장애와 마리화나 흡연 문제를 가진 23살의 아들을 돕기 위한 가족치료(4명의 가족)를 하려고 한다. 4단계를 반드시 고려하라(문제식별하기, 대안 고안하기, 의사결정하기, 결과 평가하기). 치료자는 적어도 한 번의 반대편 역할 연기를 사용하도록 한다. 역할 연기를 마친 후 10분간 각자의 역할 연기를 검토하라.

개인 연습

1. 당신의 인생에서 두려움이나 걱정의 원인을 확인하라. 이 장의 기법 개발에 제시된 지침에 따라 노출치료를 사용하여 두려움을 줄일 수 있는 치료 계획을 만들어라. 일지에 그 계획을 적고 실행하도록 노력하라.

2. 당신이 증가, 감소, 변화시키고 싶은 행동을 생각하라. 당신 자신이 그 변화를 이룰 수 있도록 돕기 위한 치료 계획을 서면으로 작성하라. 치료 계획은 기초선 설정하기, 구체적인 목표설정하기, 치료 전략 확인하기, 보상 혹은 강화물 설정하기, 성과를 확인할 방법 구체화하기를 포함해야 하지만 꼭 그것에 한정될 필요는 없다. 당신이 만든 계획을 실제로 해 봄으로써 학습을 지속하라. 이 계획을 실행하려고 노력하면서 당신이 경험한 성공과 도전을 일지에 적어라.

3. 마음챙김 기반 스트레스 감소 훈련은 흔히 호흡과 지금 이 순간의 자각에 초점을 두는 바디 스캔으로 시작한다. 당신이 혼자 있을 때 편안한 자세를 취하고 깊고 맑은 호흡을 연습하라. 오른쪽 발가락에 주의를 기울이기 시작하라. 당신의 발가락이 어떤 느낌인지 느껴보라. 신체의 여러 부분들에 계속 주의를 기울여보라. 발가락 끝에서 머리끝까지 천천히 작업을 이끌어보라. 만일 마음이 흔들린다면 비판 혹은 판단하지 말고, 다시 몸에 초점을 두도록 돌아와보라. 모두 마치고 나면, 일지에 당신의 경험을 적어보라. 몸을 자각하도록 초점을 두는 것이 쉬웠는가? 아니면 어려웠는가? 생각이나 마음의 동요로 인해 바디 스캔을 마치지 못했다면, 걷기 명상과 같이 좀 더 적극적인 명상 훈련을 시도해볼 수 있다.

요약

행동치료는 B. F. Skinner, Ivan Pavlov, John W. Watson, Joseph Wolpe, Albert Bandura와 그 외 여러 사람들의 연구로부터 시작해서 20세기 동안 발전했다. 이 치료 접근법에서는 행동은 학습되고 또한 탈학습된다는 입장을 취한다. 행동치료자들은 결과에 관심을 둔다. 그래서 기초선을 설정하고 행동 변화를 촉진할 개입 전략을 개발하여 변화에서 오는 이득을 공고히 할 강화를 사용하고 실행을 신중히 계획하며 진행 과정을 감찰할 시간을 갖는다.

오늘날 행동치료와 인지치료는 단독으로 사용되기보다는 함께 사용될 가능성이 높다. Donald

Meichenbaum과 여러 사람들에 의해 발전된 인지행동치료의 통합은 인지와 행동 전략의 적용을 확대했고 강력한 치료 접근법을 만들었다. CBT 치료자들은 사고와 행동의 개선에 초점을 두지만, 그들은 또한 인간의 전체성에 관심을 갖고 내담자의 과거, 배경, 맥락의 중요성을 인식하며 정서를 탐색하고 긍정적이고 협력적인 치료 동맹을 만드는 단계를 밟는다. 행동치료와 CBT는 다양한 사람들과 문제적용에서 강한 효과성을 증명했다.

추천 도서

Baer, R. A. (Ed.). (2006). *Mindfulness-based treatment approaches: Clinician's guide to evidence base and applications.* Burlington, MA: Elsevier.

Dimeff, L. A., & Koerner, K. (Eds.). (2008). *Dialectical behavior therapy in clinical practice: Applications across disorders and settings.* New York, NY: Guilford.

Hayes, S. C., Strosahl, K. D., & Wilson, K. G. (2012). *Acceptance and commitment therapy: The process and practice of mindful change* (2nd ed.). New York, NY: Guilford.

Hick, S. F., & Bien, T. (Eds.). (2008). *Mindfulness and the therapeutic relationship.* New York, NY: Guilford Press.

Hofmann, S. G. (2012). *An introduction to modern CBT: Psychological solutions to mental health problems.* Malden, MA: Wiley-Blackwell.

Kabat-Zinn, J. (1990). *Full catastrophe living: Using the wisdom of your body and mind to face stress, pain, and illness.* New York, NY: Delacorte.

Linehan, M. (1993). *Skills training manual for treating borderline personality disorder.* New York, NY: Guilford.

Martin, G., & Pear, J. (2007). *Behavior modification: What it is and how to do it* (8th ed.). Upper Saddle River, NJ: Pearson/Prentice Hall.

Meichenbaum, D. H. (2007). Stress inoculation training: A preventative and treatment approach. In P. M. Lehrer, R. L. Woolfolk, & W. E. Sime (Eds.), *Principles and practice of stress management* (3rd ed., pp. 497–516). New York, NY: Guilford.

Spriegler, M. D., & Guevremont, D. C. (2010). *Contemporary behavior therapy* (5th ed.). Belmont, CA: Wadsworth.

Numerous journals focus on CBT and behavior therapy, including *Behavior Therapy, Cognitive and Behavioral Practice, Advances in Behaviour Research and Therapy, Child and Family Behavior Therapy, Cognitive Therapy and Research, and Journal of Behavior Therapy and Experimental Psychiatry.*

제 17 장

현실치료

1960년대 처음으로 William Glasser에 의해 개발된 현실치료는 인지행동적 이론과 중재 방식의 토대 위에서 발전하였다. 여타의 인지행동적 접근과 마찬가지로 현실치료는 현재 시점을 중요하게 생각하고 사람들의 생각과 행동에 변화를 유도하여 더 나은 삶을 살 수 있도록 돕는다.

   그러나 현실치료는 다른 인지행동적 접근보다 철학적인 측면이 강하고, 자기결정(self-determination)을 중요시하며 결과보다는 과정을 강조한다. 이런 변명을 인정하지 않는 접근법은 사람들이 과거의 일, 선천적 기질, 사회 환경을 탓하는 것 대신에 어려운 일이나 즐거운 일에 대한 책임을 지도록 격려한다. 환경과 문화 그리고 유전적 요소가 인간의 발달에 영향을 준다는 것은 인정하기는 하지만, 현실치료에서는 개인이 자신의 행동을 선택할 수 있는 능력을 가지고 있다고 믿는다. 현실치료에서는 인간을 다른 영향력에 휘둘리는 그런 나약한 존재로 보지 않는다(Wubbolding, 2011). Glasser(1998a)의 표현을 빌리면 "불행한 경험조차도 우리가 선택한 것으로, 인간이 행한 것은 모든 것이 자신이 선택한 것이다"(p. 3). 사람들이 타인에게 해가 되지 않으면서 자신의 행복 수준을 향상시키고 욕구(needs)를 충족시키도록 돕는 것이 현실치료의 본질이다.

현실치료 전문가는 다양한 인지행동적 전략을 가지고 변화 과정의 계획을 통하여 내담자의 삶을 인도한다. 그런 계획에는 내담자가 자신의 욕구를 자각하고, 더 나은 삶의 구성요소를 인식하며, 삶의 질을 높이기 위한 목표와 과정을 구체화하도록 돕는 방식이 포함된다. 이런 과정을 통해 내담자는 자신의 삶을 더 잘 제어할 수 있다는 느낌을 갖게 되고, 사회에서 책임감 있게 행동하고 타인에게 필요한 사람이 된다.

현실치료는 많은 정신건강 장면에서 활용되어왔다. 특별히 이 접근법은 학교와 물질남용치료 프로그램에 잘 맞는다. Glasser에 따르면 진단명이나 성장배경과 상관없이 현실치료가 대부분의 사람들에게 효과가 있을 수 있다고 한다. 모든 치료자가 그의 의견에 동의하는 것은 아니지만, 현실치료가 많이 행해지고 있다.

William Glasser

William Glasser는 1925년에 태어나 오하이오 주에서 성장했다. 그의 초년기는 힘든 삶의 연속이었다. 그의 아버지는 가끔 폭력적이었고 어머니는 과잉간섭을 했다(Glasser, 1998a). 아주 어렸을 때조차도 그는 자신의 부모가 어울리는 부부가 아니라고 생각했다. 이런 그의 과거는 그가 나중에 개인적 책임감, 타인에게 해를 입히지 않는 것, 그리고 부부관계나 연인 간의 관계를 강조한 것과 무관하지 않다.

Glasser는 화학제품 엔지니어가 되었지만, 나중에 목표를 다시 세워 의과대학에 진학했다. 그는 1953년에 케이스웨스턴리저브대학에서 의학 학위를 받고 이후에 정신과 의사가 되었다.

1956년부터 1967년까지 Glasser는 캘리포니아 청소년위원회가 관할하는 소년원의 벤투라 여학교의 정신과 의사로 근무하였다. 그 당시 이 학교에는 400여 명의 비행 청소년이 수학하고 있었다. 이 경험이 Glasser의 정신건강과 심리치료에 대한 관점에 지대한 영향을 미쳤다. 그는 벤투라 학교에 재학하고 있는 젊은 여성들에게 전통적인 정신분석으로는 거의 도움을 줄 수 없다고 결론 내리고 추후에 현실치료라고 불리게 될 중재 방법을 개발하기 시작했다.

Glasser는 벤투라 학교의 청소년들이 겪는 많은 문제들이 자신이나 자신의 삶에 대한 책임을 지거나 자신의 욕구를 충족하는 방식으로 행동하는 데 실패한 것으로부터 온 것이라고 결론지었다. 그들이 자신의 욕구를 충족시키려고 노력하였다고 믿고 있음에도 불구하고, 결과(강제로 벤투라 학교에 있는 것)는 그들이 바라던 것은 아니었다. Glasser가 그 당시 그 학교 학생들이 바라는 것이 무엇인지를 확실히 알게 하도록 하고, 자신의 행동에 책임지게 하며, 치료에서 적극적인 역할을 하게 하였더니 더 효과가 있었다. 그가 가정한 변화는 80%의 성공률을 보였다.

Glasser의 첫 번째 저서인 정신건강 아니면 정신질환?(*Mental Health or Mental Illness?*, 1961)에 현실치료의 기본 원리가 포함되어 있다. 현실치료(Reality Therapy)에서는 다음과 같은 기본 원리를 계속적으로 강조해왔다. 그 원리는 자신이나 자신의 행동에 책임을 지고 자신의 욕구들을 자각하고 다른 사람에게 해를 끼치지 않으면서 그 욕구를 충족할 수 있는 사람이 행복하고 충만한 삶을 살 수 있다는 것이다. Glasser는 책임감은 물론 관계의 중요성도 강조한다. 긍정적인 친밀한 관계가 정신건강과 행복에 필수적이라고 생각하였기에 그는 따뜻한 마음을 가지고 수용적인 치료자가 치료에 성공적이라고 믿었다.

대인관계는 Glasser의 삶 속에서도 매우 중요했었다. 그의 첫 번째 아내 Naomi Glasser는 현실치료의 개발 과정에 함께 했다. 그런 그녀가 암으로 사망하는 바람에 그의 나이 46세 때 혼자가 되었다. 지금의 아내 Carleen과는 두 사람이 바라는 것, 즉 욕구가 양립할 수 있는지를 점검한 후에 결혼했다고 그는 말한다. 그리고 그들은 대인관계에 대한 책을 함께 저술하였다(1999, 2000, 2007). 또한 그의 세 자녀도 그의 삶에서 중요한 역할을 했다.

1960년대 이래로 Glasser는 현실치료를 개발하고 그 영역을 확장하였다. 학교와 산업 장면에서 현실치료의 활용뿐만 아니라 치료에서 현실치료의 적용에 관해 저술하고 강의하는 것으로 그것의 중요성을 세상에 알리는 데 성공하였다. 현재 캘리포니아 주 채츠워스에 위치한 William Glasser 연구소에서 그는 현실치료의 발전을 위해 활동적인 역할을 하고 있다.

Robert Wubbolding

현실치료를 대표하는 또 다른 한 사람이 Robert Wubbolding이다. 그는 오하이오 주 신시내티에 위치한 현실치료센터의 책임자이자 William Glasser 연구소의 수련책임자이며, 신시내티에 위치한 자비어대학의 교수이다. Wubbolding은 현실치료의 발전과 그것을 세상에 알리는 데 중요한 역할을 하였는데, 그는 전 세계를 돌아다니며 현실치료에 관해 강연하였다. 그는 10편 이상의 많은 저서를 출간하였는데, 그중에 미국심리학회(APA)의 상담 이론 시리즈 중에 **현실치료**(*Reality Therapy*, 2011)가 대표적인 저술이다. 그의 저서는 다양한 사례, 실습, 치료 계획을 통하여 현실치료의 발전을 촉진하였다.

현실치료의 발달

현실치료는 1960대에 Glasser가 명명한 현실(reality), 책임(responsibility), 옳고 그름(right and wrong), 상대적으로 간단한 이 세 개념과 함께 시작하였다. 그는 모든 사람이 두 가지 기본적인 욕구인 상호연관(사랑하고 사랑받기)과 존중(자신이나 타인들에게 가치가 있다고 느끼기)의 동기를 가지고 있다고 믿었다. 그리고 이 두 가지 동기는 서로 얽혀 있다고 생각했다. 자신의 욕구와 타인의 욕구를 제대로 인식하려고 하는 행동은 자기의 참된 가치를 느끼게 하고 타인과 좋은 관계를 맺을 수 있게 하는데, 그로 인해 두 가지 기본 욕구가 충족되게 된다. 또한 바람직한 행동도 현실의 자각, 자신에 대한 책임, 그리고 옳고 그름에 관한 이해의 반영이라고 할 수 있다.

Glasser의 초기 개념 중 어떤 측면은 지금도 그대로 유지되고 있지만 어떤 측면은 변화가 있었다. 그의 초기 저술에서는 윤리적 문제를 상당히 강조하였고 개인차는 덜 강조하였다. 하지만 근래의 저술에서는 공정성을 덜 강조하고 치료 과정에서 옳고 그름의 중요성을 지나치게 고집하지는 않는 것처럼 보인다. 게다가 현실치료가 정서적 문제의 원인과 적절한 치료로 대변되지만, 최근 그의 글에서는 개인차를 많이 다루고 있다.

초기 저술에서는 현실치료를 하는 치료자가 따라야 할 8단계를 확인할 수 있다(Evans, 1982). 그 단계는 다음과 같다. (1) 내담자와 라포를 형성하라. (2) "당신은 무엇을 하고 있습니까?"라는 질문을 하라. (3) 내담자와 협력하여 그의 행동을 평가하라. (4) 내담자가 더 나은 방식으로 행동할 수 있도록 계획하게 하라. (5) 내담자가 그 계획에 전념하도록 도와라. (6) 변명을 용납하지 마라. (7) 적당한 결론을 가지고 훼방하지 마라. (8) 포기하지 마라. 비록 최근의 저술에는 이런 단계에 관한 언급이 거의 없지만, 이것은 아직도 현실치료에서 타당하게 여겨지고 있다.

더욱이 치료 절차가 추가된 것처럼 Glasser의 기본 욕구 목록도 확장되었다. 이 개념은 이 장의 마지막 부분에서 다룰 것이다. 그러나 책임감, 관계성, 선택 및 실행이 인간의 욕구를 충족시킨다는 Glasser의 주장은 크게 바뀌지 않았다. 이런 개념이 현실치료의 기초를 형성한다.

2003년에 출간한 경고 : 정신의학이 당신의 정신건강에 해로울 수 있다라는 책에서 Glasser는 정신건강을 관리하기 위해 정신의학자들이 정신과 약물에 너무 의존하는 것에 대한 우려를 표명하였다. 그는 원래 정신장애 증상의 예방 차원에서 전통적으로 약물치료를 받아야 하는 상태(예 : 섬유근육통, 심한 정신질환 등)에 있는 사람들을 돕기 위해 선택이론의 틀을 개발하였다.

제어이론

1970년대 Glasser는 Powers(1973)의 저서 등에서 제어이론(control theory) 혹은 제어체계이론(control system theory)을 발견하였다. Glasser는 제어이론의 개념을 현실치료에 통합시켰다. 그는 행동과 정서를 이끄는 뇌의 중추적 제어체계에 의해 인간이 움직이는데, 이것이 욕구를 충족시킬 수 있는 방향으로 이끈다고 이해하였다. 이 개념은 다분히 기계적이다. Glasser(1984)에 따르면 "제어체계는 세상과 영향을 주고받는데, 그 체계도 그것이 원하는 상황을 이해하려는 세상의 일부라고 할 수 있다"(p. 39). 불행하게도 사람들의 제어체계가 때로 잘못된 것에 힘을 낭비하고 그것이 다른 것들을 제어하도록 하여 문제를 야기한다.

Glasser는 자각과 평가가 우리의 제어체계를 수정하고 우리의 삶을 개선할 수 있는 열쇠라고 생각했다. 그는 그러기 위한 첫 번째 단계가 머릿속에 우리의 욕구가 반영된 인지적 그림을 그리게 되는 것이라고 믿었다. 그런 후 우리가 목표에 도달할 수 있으려면 무엇을 해야 하는지 자각할 수 있게 된다. 우리의 행동에 대한 영향력과 성공 가능성을 평가함으로써 변화가 현실화될 수 있는지 결정할 수 있다. 만약 그렇게 된다면 우리는 사고와 정서 그리고 행동을 수정할 수 있는 창의적인 전략을 활용한다. 비록 Glasser(1984)도 좌절감이나 만족감을 경험하는 그 순간에 즉시 강렬하고 단기적 느낌이 무의식적으로 스며든다는 것을 알고 있었지만, 그는 사람들이 자신의 장기적인 느낌을 선택하고 제어할 수 있으리라 확신하였다.

선택이론

오랫동안 이 치료 체계는 현실치료/제어이론으로 알려져왔다. 그런데 1996년 Glasser는 현실치료의 기본이 제어이론이라기보다 선택이론이라고 간주하였다. 선택이론에서는 주로 사고, 감정 및 행동의 선택이 개인의 삶의 질을 결정한다고 가정한다. 인간의 뇌에 대한 Glasser의 관점, 즉 "우리가 원하는 것과 가진 것 사이의 간격을 줄이는 것뿐 아니라 원하는 것에 가깝게 세상을 바꾸는" 제어체계도 현실치료의 한 부분이기도 하다(Wubbolding, 2000, p. xiii). 하지만 현실치료의 기본이라고 할 수 있는 선택이론이 인간의 삶을 개선하도록 돕는 데 더 중요하다(Glasser, 1998a).

중요한 이론적 개념들

현실치료는 해를 거듭해 많은 발전을 해왔고, 그 적용 범위도 확장되었다. 그래서 이제는 다양한 장면에서 성공적으로 효과를 발휘할 수 있는 좋은 치료 체계로 자리 잡았다.

인간발달

Glasser(1998a)에 의하면 심리적 문제는 우리에게 좋은 것이 무엇인지를 알고 있다고 믿고 있는 사람들을 접할 때인 초기 아동기에 시작된다. 어리고 경험이 없으며 자신에게 확신이 없기 때문에 우리는 외부의 통제나 제어를 받아들일 수밖에 없으며, 마치 우리가 그러는 것처럼 다른 사람들이 우리가 느끼거나 행동하도록 만들 것이라고 믿게 된다. 그러나 "외적 제어는 통제하는 사람이나 받는 사람 모두에게 해가 된다"(p. 7).

현실치료에 따르면, 개인이 자유와 능력을 체험하고 책임감을 즐길 수 있게 하는 사람들의 애정과 지원이 함께 할 때 정서적으로 건강한 아동으로 양육될 수 있다. 자신의 욕구를 이해하고 올바른 방식으로 그것을 충족시킬 수 있는 능력뿐 아니라 자신에 대한 신념을 계발해야 한다. 그런 태도와 행동이 아동을 성숙하게 한다.

아동기 발달에 관해 이렇게 주장하고 있지만 현실치료에서는 인간이 기본적으로 자기결정력이 있으며 어린 시절의 문제들을 극복할 수 있다고 본다. Glasser(1998a)는 "우리가 과거에 있었던 일의 피해자가 되는 경우는 드물다"(p. 3)고 설명하고 있다. 그러나 어린 시절에 자신의 욕구를 충족시키는 방법을 배우지 못할 경우, 사람들은 새로운 방식으로 느끼고 생각하고 행동하는 방식을 개발하기 위해 타인의 도움이 필요할 수 있다.

현실치료자들은 과거에 크게 주의를 기울이지 않는다. 대신에 그들은 과거의 문제가 현재의 만족스럽지 못한 대인관계와 행동으로 나타난다고 믿는다. 그런 현재의 표시들에 초점을 맞추었을 때 치료가 효과적일 가능성이 크다. Wubbolding(1991)은 "사람들은 현재 자신의 내면에서 바라는 것을 성취하려는 방식으로 동기화되어 있다. (중략) 초기 아동기에서의 갈등, 무의식적 동기, 외부 자극이 현재의 행동을 유발하는 것은 아니다"(p. 21)라고 밝혔다.

⚙ 다섯 가지 기본 욕구

인간의 욕구는 "인간의 선택을 위한 원동력으로서 인간실존의 중심"에 있다(Wubbolding & Brickell, 2008, p. 30). 현실치료는 모든 인간이 아래에 기술되어 있는 다섯 가지 기본 욕구를 가지고 태어난다는 입장을 고수하고 있다(Glasser, 1998a). 이런 다섯 가지 욕구의 상대적 강도가 사람들의 각기 다른 성격을 만들어낸다(Wubbolding, 1991).

> 1. **소속감** 사랑하고 사랑받기, 사람들과 접촉하고 상호작용을 하고 관계를 맺기
> 2. **능력/성취** 성취감, 자신감, 자긍심을 느끼고 자신의 삶을 제어할 수 있다고 생각하기
> 3. **재미/즐거움** 기쁨을 느끼기, 웃고 놀며 인간의 삶을 즐길 수 있는 능력
> 4. **자유/독립** 선택할 수 있는 능력, 과도하고 불필요한 한계와 구속 없이 살기
> 5. **생존** 건강, 음식, 공기, 거처, 안전감, 안정감, 신체적 편안함 등과 같은 삶의 필수적 요소

이 욕구들에는 중복되는 부분이 있기 때문에 하나가 충족될 경우 다른 것을 빠르게 성취할 수 있다. 예를 들어 좋은 대인관계를 맺고 있는 사람들은 삶을 즐기고 있을 수 있다. 하지만 이 욕구들은 또한 상충될 수도 있다. 자신의 능력을 발휘하거나 독립하려고 크게 노력하는 사람들은 좋은 대인관계를 형성하는 데 어려움을 겪을 수 있다.

현실치료는 인간의 모든 행동에는 목적이 있으며, 하나 이상의 기본 욕구를 충족시킬 수 있는 방식으로 행동이 이루어진다는 입장을 고수한다(Wubbolding, 2011). 비록 이 다섯 가지 욕구가 보편적이기는 하지만 욕구를 충족시키기 위해 사람들이 추구하는 것들은 각 개인에게 있어서 특별할 수 있다. 예를 들어, 가정을 이루는 것이 한 사람의 소속감의 욕구를 충족하는 방식일 수 있지만, 어떤 사람은 팀 스포츠를 하는 것으로 그런 욕구를 충족시키기도 한다. 사람들은 자신이 가진 것과 욕구를 충족시키기 위해 원하는 것 간의 간격을 메우려고 동기화되어 있다. 하지만 외로움이나 박탈감과 같은 느낌이 이런 동기를 무디게 한다. 현실치료자는 이런 감정들을 수정하려고 노력한다. 이때 직접적으로 정서를 다루는 방식이 아니라 목적 있는 행동의 조화를 추구하고 욕구들에 대한 생각을 수정하는 방식을 사용한다.

정신질환의 개념

비록 정신과 의사로 수련받았지만 Glasser는 정신질환을 질병으로 보지 않았다. 그는 증상은 인정하였지만 그것을 지지적인 관계와 행동의 수정을 통해 변화될 수 없을 정도로 뇌에 문제가 생긴 것으로 보지는 않았다. Glasser는 심지어 심한 정신장애 증상에 대해서도 정신과 약물보다 선택이론이 더 효과적이라고 믿었다. Glasser도 파킨슨병이나 알츠하이머병과 같이 여러 뇌질환이 존재하는 것은 인정하였지만, 그런 질병은 신경과 의사가 치료해야 한다고 믿었다.

현실치료에서는 책임감 있고 효과적인 방식으로 다섯 가지 욕구들을 충족시키는 데 실패하여 어떤 욕구를 과도하게 강조하고 어떤 욕구는 무시하였기 때문에 정신질환이 생긴다고 본다. 예를 들어, Glasser(1998a)는 반사회적 행동을 하는 사람은 일반적으로 능력을 발휘하고 독립적이 되고픈 욕구에 너무 초점을 맞추고 사랑과 즐거운 삶을 살고자 하는 욕구에는 거의 관심이 없다고 설명하고 있다. Glasser는 심지어 정신증이나 우울증을 가진 사람들도 그들이 그런 증상을 선택한 것으로

보았다. 그런 사람들은 현실 세계를 잘 제어할 수 없기 때문에 그런 증상을 선택한 것이고, 그러므로 자신들이 제어할 수 있는 형식인 환각이나 망상과 같은 '비정상적인 창의력(crazy creativity)'을 활용하고자 하는 것이다(Glasser, 1984). 현실치료에서는 정신질환과 관련하여 인습적인 진단 용어 대신 선택의 문제, 욕구 충족의 어려움, 책임의 문제 등으로 개념화하고 있다. 정서적 곤란의 일반적인 증상으로는 외로움(소속감의 부재), 통제감 상실(효능감의 부재), 권태와 우울(재미의 부재), 좌절이나 금지 혹은 반항(자유의 부재), 질병이나 박탈감(안정감의 부재) 등이 있다. Glasser(2003)는 "심한 불행이 양극성 장애, 정신분열증(조현병), 병리적으로 설명하기 힘든 심한 만성 통증인 섬유근육통으로 발전할 수 있다"(p. 57)고 설명한다. 그는 그런 장애들을 정신과 약물로 치료하려고 하는 대신에 증상을 경감시키고 불행을 극복할 수 있는 자신들만의 좋은 세상에서 사람들과 관계 맺는 것을 선택하도록 하는 현실치료가 그들을 돕는 데 효과가 있을 것으로 믿었다. 항우울제나 정신과 약은 여러 부작용이 있는 것으로 보고되었으며 뇌에 장기적으로 효과가 있는 것으로 입증되지도 않았지만, 현실치료는 그런 해로운 점이 없다는 장점이 있다(Glasser, 2003).

정신건강의 개념

현실치료는 정서적으로 건강한 사람에 대한 명확한 시각을 가지고 있다. 정서적으로 건강한 사람은 다섯 가지 기본 욕구를 성공적으로 충족시킨 사람이다. 그런 사람들은 책임감을 가지고 현명하게 사고와 감정, 그리고 행동을 선택한다. 그런 선택은 한 개인이 다른 사람들이 그들의 욕구를 충족시킬 수 있는 권리를 존중하면서 자신의 욕구를 충족시킬 수 있도록 돕는다. 그들은 인생에서 어쩔 수 없었던 부분에 관해서 후회하거나 괴로워하지 않으며, 대신에 그것을 자신의 행동과 대인관계를 돌아볼 수 있는 기회로 활용하고 더 나은 선택을 한다. 게다가 정서적으로 건강한 사람들은 자신의 삶을 개선하는 것뿐 아니라 다른 사람을 돕고 세상을 더 살기 좋은 곳으로 만들려고 노력한다(Wubbolding, 1991). 이런 사람들은 자신을 실패보다는 성공에 동일시한다. 이들은 명확하고 긍정적인 자기개념을 가지고 있으며, 그것이 내적 참조 체계에 영향을 미친다. 정서적으로 건강한 사람들은 다른 사람들이 자신을 바라보는 시각에 근거하여 자기개념을 형성하지는 않는다.

전행동과 동기

Glasser(1998a)가 관찰한 바에 따르면 모든 사람이 출생 당시에 보이는 공통적인 요소가 바로 행동이다. 모든 기능의 측면은 행동과 연결되어 있다. 그는 인간의 전반적인 기능을 **전행동**(total behavior)이라고 명명했다. 전행동은 행위, 사고, 감정 및 생리기능과 같이 분리할 수 없는 요소들로 구성된다. 현실치료자들은 모든 행동이 선택된 것이라고 믿고 있으며, 사람들은 행위 및 사고와 같은 구성요소를 직접적으로 조절할 수 있고, 그것으로 감정 및 생리기능과 같은 구성요소를 간접적으로 제어할 수 있다. Glasser는 전행동의 네 가지 구성요소를 자동차의 네 바퀴에 비유하는데, 행위와 사고는 앞바퀴로 간주된다. 자동차가 운행할 때는 네 바퀴가 모두 움직인다. 차가 가는 방향은 한 바퀴의 움직임으로 변경되지 않는다. 사람의 행동은 사고, 감정 및 생리기능과 같은 다른 구성요소와 분리시킬 수 없다. 한 사람이 골프 스윙을 할 때 그 행동은 전행동에서 분리된 것이 아니다. 이와 비슷하게 한 사람이 우울을 선택하였다면 그 사람 전체가 관여한 것이다.

Adler의 심리치료와 마찬가지로 현실치료자들도 모든 행동이 의도가 있고 목적이 있다고 믿는다. 계속 자동차에 비유해보자. 특별한 행동(앞의 두 바퀴의 움직임) 혹은 개인의 욕구 변화에 의해 전반적인 방향에 변화가 생길 수 있다(Wubbolding, 2011). 특별한 의심 없이 현실치료에서는 행동을 수정하면 사고, 즉 생각이나 자기대화가 따라서 변한다고 믿는다. 앞바퀴가 방향을 바꾸면 뒷바퀴가 따라오듯이 감정과 생리기능도 따라 변하게 된다. 경우에 따라서는 잘못된 길로 가기도 하지만 자동차는 의도한 대로 움직이게 되어 있다.

한 개인이 행동의 수정을 원한다면 가장 편한 방식으로 행동 방식에 변화를 주는 것이 좋다. 우리는 감정이나 생리기능보다 행동이나 생각을 더 직접적으로 제어할 수 있다. 자동차의 운전대가 차의 가는 방향을 가리키는 대로 앞바퀴가 먼저 움직이고 뒷바퀴가 따라오는 것처럼 말이다. 행동이 변함에 따라 전행동도 수정된다. 다른 인지치료 이론에서 주장하는 것처럼 느낌과 감정은 부수적인 것이다. 감정은 자동차 계기판의 표시등에 비유된다. "감정과 정서는 건전하거나 건전하지 않은 인생의 방향을 지적해준다"(Wubbolding & Brickell, 2008, p. 46). 사고와 행동에 대한 이런 강조가 현실치료를 인지행동적 접근으로 보는 이유이다.

좋은 세상

Glasser(1998a)에 의하면 사람들은 살고 싶은 삶, 함께 하고 싶은 사람, 원하는 소유물이나 경험, 가치 있다고 생각하는 아이디어와 신념 등으로 구성된 좋은 세상(quality worlds)을 마음속에 그려놓고 있다. 마음속 이런 밑그림이 사람들로 하여금 욕구를 충족시키는 방향으로 노력하게 하여 그런 욕구들을 성공적으로 충족시킬 수 있는 가능성을 높인다. 예를 들어, 좋은 직무기술을 가지고 있는 한 여성이 승진을 자신의 좋은 세상에 포함시켰다면 그것으로 성취욕을 만족시킬 수 있다는 것을 의미하는데, 그녀가 책임 있는 선택을 한 것이기에 그와 관련된 그녀의 행동은 성공적일 가능성이 높다. 하지만 사랑에 대한 욕구를 충족시키는 방법으로 친한 친구의 남편을 그녀의 좋은 세상 그림에 포함시켰다면, 책임 있는 선택을 한 것이 아니기에 욕구가 충족될 가능성은 낮다.

현실치료자는 사람들이 자신의 좋은 세상에 넣을 그림을 선택할 수 있다고 믿고 있다. 만약 그 그림이 이루기 어렵거나 욕구를 충족시킬 수 없다면 좌절하거나 실망할지 모른다. 자신의 마음속에 있는 좋은 세상은 물론 자신의 욕구를 자각하게 될 때 사람들은 더 좋고 현명한 현실적 선택을 할 수 있으며, 자신의 삶에 통제력이 커지고, 욕구를 충족시킬 수 있다.

WDEP 체계

현실치료의 과정은 바람(wants), 지시와 행동(direction & doing), 평가(evaluation), 계획(planning)이 포함된 네 가지 주요 요소를 의미하는 두문자어 WDEP로 대표된다. 이 구성요소는 경우에 따라 그 순서를 바꾸어 적용할 수 있다.

W : 바람   현실치료자는 내담자가 바라는 것과 좋은 세상에 그려진 것들을 탐구한다. 그들은 내담자가 가지고자 바라는 것이 무엇인지와 가지지 않았으면 하는 것은 무엇인지, 그리고 바라지 않는 것인데 가지게 된 것이 무엇인지에 초점을 맞춘다(Wubbolding, 2011). 바라는 것이 욕구와 연결되어 있다는 것을 잊지 않으면서 치료자는 "당신이 자신의 욕구를 만족시키기 위해 고등학교를 그만두었으면 하고 바라고 있는 것에 관해 어떻게 생각하나요?" 하고 물으면서 그 연결고리를 내담자가 자각할 수 있도록 유도한다. 알코올중독이나 약물남용의 문제를 가진 청소년이나 성인을 중재할 때 현실치료자는 채워지지 않은 내담자의 바람이 무엇인지를 그들 자신이 인식할 수 있도록 돕는다. 어떤 바람은 대인관계를 맺고 유지하는 데 도움이 되지만 어떤 바람은 비현실적이고 비합리적이라는 것을 내담자가 인식하게 하는 것은 재활 과정에서 현실치료 치료자의 중요한 역할이다(Wubbolding, 2011).

현상학적 접근을 하는 현실치료에서는 지각(perception)이 행동을 유발하는 역할을 한다고 여긴다. 자신이 인식하고 있는 것을 자각할 수 있는 사람이 필요에 따라서 적절히 그것을 수정할 수 있다. Wubbolding(1991, 1995)에 의하면, 지각된 것은 두 번의 여과 과정을 거친다. **총괄지식 여과기**(total knowledge filter)로 불리는 낮은 수준의 여과 장치는 지각된 것을 인식하고 분류하며, 가치 여과기(valuing filter)로 불리는 높은 수준의 여과 장치는 지각된 것을 평가한다. 현실치료자는 긍정적인 것으로 지각된 것이나 욕구를 충족시키는 것으로 지각된 것, 부정적인 것으로 지각된 것, 그리고 긍정도 부정도 아닌 중립적인 것으로 지각된 것을 내담자가 구분하도록 하여 이런 평가를 촉진시킨다. 예를 들어 "이 보석은 참 예쁘다"고 지각된 것은 중립적으로 지각된 것이고, "이런 다이아몬드는 저 여자가 아닌 내가 가졌어야 해"라고 지각된 것은 인간관계를 해칠 수 있기 때문에 부정적으로 지각된 것이며, "내 친구가 아름다운 약혼반지를 받은 것을 보니 나도 기쁘다"고 지각된 것은 사랑과 소속감의 느낌을 향상시킬 수 있기에 긍정적으로 지각된 것이다. 사람들이 자신이 지각한 것을 자각하고 평가하게 되면 자신의 욕구를 충족시키는 데 도움이 된다.

WDEP에서의 W는 사람들이 긍정적인 변화를 선택할 수 있도록 돕는다. Wubbolding(2007b, p. 303)은 변화를 위한 내담자의 실천과 관련하여 다섯 가지 단계를 제시하였다.

1. 나는 이 상태에 있기를 바라지 않는다.
2. 나는 성과를 바라지만 노력은 원하지 않는다.
3. 언젠가 나는 시도할 것이다.
4. 나는 최선을 다해 그것을 할 것이다.
5. 어떤 일이 있어도 나는 그것을 할 것이다.

만약 첫 번째 혹은 두 번째 단계에 있는 사람을 치료하게 된다면, 치료의 주요 목표는 그가 선택한 것을 수정하는 것으로부터 무엇을 얻을 수 있는지를 느끼도록 하는 것이다. 그렇게 할 때 다음 실천 단계로 넘어가게 된다.

D : 지시와 행동   현실치료자는 내담자의 행위, 사고, 감정, 생리기능과 같은 전행동을 탐색하는 데 중점을 둔다. 전행동의 목표와 영향에 관해 이야기하게 하는 것은 물론이고 자신의 전행동의 특별한 면을 표현하도록 도우면서 치료의 완성도를 높인다. 현실치료는 사람들이 왜 그런 식으로 행동하는지가 아니고 무엇을 하는지에 초점을 맞춘다.

E : 평가   치료자는 내담자가 자신의 목표, 행위, 지각, 그리고 그런 것들의 결과를 평가하도록 한다. 평가란 이런 차원들의 옳고 그름을 판단하는 것은 아니다. 대신에 평가는 그런 행동이나 지각된 것이 현실인지와 타인이나 내담자에게 도움이 되는 것인지에 근거하여 이루어진다. 치료자는 생각을 하게 만드는 질문, 즉 "당신의 딸이 앞으로 실수를 절대 하지 않았으면 하는 기대가 현실적이라고 보십니까?"라든지 "마약을 하는 것이 실제로 좋은 대인관계를 맺을 수 있게 해주었습니까?"라는 질문으로 그 과정을 촉진할 수 있다.

　　행동(D)과 평가(E) 과정 모두 기본적으로 현재에 초점을 맞추고, 인간의 삶에서 긍정적이고 성공적인 측면을 강조한다. 다루어지는 과거는 현재에 영향을 준 것뿐이다. 내담자가 자신을 평가하는 데 도움을 주는 것은 WDEP 과정에서 가장 초점을 맞추어야 할 부분이다(Wubbolding, 2011).

P : 계획   현실치료자는 계획을 필수적인 것으로 보고, 내담자가 장기적인 계획과 목표를 세우도록 격려한다. 그런 장기적인 계획들은 단기적이고 현실적인 것들로 세분화할 수 있다. Wubbolding(1991)은 "계획하는 데 실패한 것은 실패를 계획하는 것"(p. 95)이라고 했다. 계획은 자기평가가 더 발전된 것이며 바람과 전행동에 대한 변화의 욕구가 반영된 것이다. Wubbolding(2007b, p. 305)은 계획을 위한 여덟 가지 요령을 제시하였다. 그는 이런 요령들을 약자로 SAMI^{2}C^{3}로 표현하기도 했다.

- 단순하고(Simple), 분명하며, 쉽게 이해할 수 있어야 한다.
- 달성 가능해야 한다(Attainable). 즉, 내담자가 성취할 수 있어야 한다.
- 설문지나 심리검사 외에 다른 기록 방법을 통해서라도 측정할 수 있어야 한다(Measurable).
- 즉시 할 수 있어야 한다(Immediate). 즉, 바로 시작할 수 있어야 한다.
- 피드백을 주거나 상담을 하며 치료자가 적절한 방식으로 관여되어야 한다(Involving).
- 다른 사람이 아닌 내담자가 제어할 수 있어야 한다(Control).
- 변화가 중요하다는 인식과 함께 내담자가 변화에 몰입해야 한다(Commitment).
- 지속적이고(Consistent) 반복적인 행동의 변화가 반영되어야 한다.

　　계획은 대부분 행동 혹은 행위의 변화에 초점을 맞춘다. 왜냐하면 행위는 사람들이 가장 제어할 수 있는 것이기 때문이다. 그러나 초기에는 사고에도 초점을 맞추는데, 이는 다른 행동을 선택하는 것이 이익이 될 수 있다는 것을 사람들이 믿게 하기 위함이다. 감정이 바람이나 지각된 것에 대한 중요한 정보를 제공하지만 현실치료에서는 감정을 직접적으로 다루지는 않는다. 만약 행동이 바뀌면 감정은 그에 따라 자동적으로 변하기 때문이다.

계획과 선택은 함께 이루어진다. 계획의 일차적 목표는 내담자가 더 좋은 선택을 하고 자신의 삶을 더 많이 제어할 수 있도록 돕는 것이다. Glasser(1998a)는 좋지 못한 선택을 할 수 있는 사람은 더 좋은 선택도 할 수 있다는 점을 강조한다.

2011년 출간한 현실치료에 관한 저서에서 Wubbolding은 종교와 영성도 사람들이 바람과 욕구를 충족시키기 위해 선택한 것이라고 언급하였지만, 그것은 Glasser의 선택이론에 있는 것은 아니었다. 그는 Glasser가 "누구든지 인간의 다섯 가지 기본 욕구를 교육하면서 자유롭게 다른 욕구들을 추가할 수 있지만, 그것이 원래의 이론에는 포함되어 있지 않은 욕구라는 것을 강조해야 한다"고 한 말을 인용하였다(Wubbolding, 2011, p. 39)

다른 인지행동적 접근과는 달리 현실치료는 결과보다는 과정을 더 중요시하고, 원하는 결과의 성취보다 그런 결과를 성취하려고 사용하는 행동에 더 초점을 맞춘다. 이런 관점에는 다음과 같은 두 가지 이점이 있다. 첫째, 내담자가 다른 상황들에 일반화시킬 수 있는 행동들을 개발할 수 있게 한다. 둘째, 내담자가 올바른 선택을 하였지만 그 결과가 바로 나타나지 않았을 때 자신을 실패자로 간주하게 되는 위험을 감소시킬 수 있다.

관계의 중요성

처음부터 현실치료는 인간이 장애를 가지게 되는 것은 물론 만족스러운 삶을 만드는 데 관계가 중요한 열쇠가 된다는 입장을 고수해왔다. Glasser(1998a)는 "어떤 사람과도 친밀한 관계를 맺고 있지 않은 사람은 거의 항상 외로움을 느끼고 좋지 못한 기분을 느낄 수밖에 없다"(p. 30)고 강조했다.

Glasser(1998a, 2000)는 특히 남녀관계에 관심을 가지고 있는데, 성격이 비슷한 사람들이 결혼하는 것이 가장 좋다고 보았다. 게다가 그는 두 사람이 능력이나 성취에 대한 욕구와 자유나 독립에 대한 욕구가 약하고, 재미와 사랑 그리고 소속감의 욕구가 강하면 결혼에 성공적일 수 있다고 믿고 있다.

물론 부모의 양육도 중요한 관계의 역할이다. Glasser는 아무리 사랑스러운 자녀들이라도 부모는 그들의 행동 방식을 좋아하지 않을 수 있으며, 타인으로부터 사랑받기 힘든 행동들이 어떤 것인지 부모가 자녀들에게 가르칠 수 있다고 주장한다. 그는 부모가 자녀에게 지침과 규율은 제시해야 하지만 자녀를 처벌하거나 비난하지 말 것을 당부하고 있다. 격려와 칭찬은 비난이나 질책보다 훨씬 효과적이다. Adler 학파 치료처럼 현실치료에서는 자녀가 실수로부터 배우게 하는 데에는 부모의 좋은 양육방식이 필수적이라는 입장을 유지하고 있다. 그런 양육 방식은 자녀가 실수를 했을 때 좌절감을 발달시키는 것 대신에 그 실망감을 성공의 밑거름으로 만들 수 있기 때문이다.

현실치료를 이용한 치료

인지행동적 접근으로서 현실치료는 이 책의 제4부와 제5부에 소개되어 있는 동일한 기법과 전략들을 사용한다. 그러나 현실치료만의 목표, 치료적 관계, 기법과 전략들도 있다.

목표

현실치료의 기본 목표는 내담자가 더 좋은 선택을 하여 자신의 삶에 대한 제어력을 극대화하도록 하는 것이다. 현명한 선택은 아래의 세 가지 기준을 충족시킬 수 있어야 한다.

> **1.** 좋은 선택은 내담자의 내적 요구와 특별한 욕구를 충족시킬 수 있어야 하고, 좋은 세상의 밑그림을 반영해야 한다.
> **2.** 선택은 책임이 뒤따르기 때문에, 개인이 직접 선택을 하도록 도와야 하는 것은 물론 타인의 권리를 존중하면서 현명한 선택을 하도록 최선을 다해야 한다.
> **3.** 선택은 현실적이어서 적절한 계획을 통해 실현될 가능성이 높아야 한다.

또한 다음과 같은 목표도 중요하다.

- 긍정적인 사고방식, 공통적인 보상 체계, 서로를 존중하는 관계를 형성하고 유지한다.
- 자신을 실패에 동일시하지 말고 성공에 동일시한다.
- 명료하게 사고하고 행복과 긍정 정서를 경험하며 신체 건강을 유지할 수 있는 방법을 실천하게 도우면서 전행동을 향상시킬 수 있는 건강한 행동의 지속적인 레퍼토리를 가진다.

치료 동맹

현실치료에서는 긍정적인 내담자–치료자 관계가 치료의 필수적 요소라고 간주한다. Glasser(1975)는 "치료적 관계를 형성하는 치료자의 능력이 현실치료를 하는 데 있어서 매우 중요한 기술"(p. 22)이라고 기술하였다.

현실치료자들은 치료 과정에서 지극히 인간적이다. 그들은 자신의 견해와 경험을 내담자와 함께 나누고 자주 피드백을 받는다. 그리고 전이와 역전이에는 별로 신경을 쓰지 않는다. 대신에 그들은 자신이 책임감을 가지고 타인을 도울 수 있는 기법과 기술들을 가지고 있다는 점을 내담자에게 알린다. 현실치료자는 내담자에게 온정을 가지고 대하며, 친절하고, 배려하는 자세를 보이며, 내담자를 존중하고, 긍정적인 태도를 보이며, 세심하고, 믿음을 주려고 노력한다. 그들은 전문적이고 윤리적인 자세를 잃지 않으면서 내담자와의 관계에서 라포를 형성하거나 치료적 목표를 이루는 데 도움이 될 수 있다면 스포츠 화제에 관해 이야기하기도 하고 어떤 옷이 잘 어울리는지에 관해 충고할 수도 있다.

내담자가 자신의 선택을 탐색하고 평가하며 수정하는 작업을 효과적으로 할 수 있도록 내담자와 치료자는 한 팀이 되어야 한다. 치료자가 내담자에게 어떤 선택을 하라고 말하거나 내담자의 행동을 평가해야 하는 것은 아니다. 그러나 치료자는 치료의 방향이나 그것의 성공에 대해서는 책임 의식을 가지고 있어야 한다. 치료자는 내담자의 치료에 대한 동기와 몰입 수준을 증진시키고, 지지와 격려를 아끼지 않으며, WDEP 과정을 지도하고, 계획하는 것을 포함해 많은 기술을 가르치며, 내담자를 동기화시키고 세상에 대한 새로운 관점을 발달시키기 위해 창의력과 상상력을 사용한다.

치료자는 사람들이 현실적이고 실용적인 계획을 세우도록 도와야 한다. 그런 과정의 일환으로 치료자는 내담자가 계획을 세우는 데 완전히 몰입할 것인가의 주제를 가지고 협의하고 합의를 이끌어내야 한다. 그들은 변명 따위로 시간을 낭비하지 않으며, 후퇴가 아닌 전진을 위해 노력한다. 현실치료자들은 사람들을 돕기 위해 최선을 다하려는 결연한 의지를 가지고 있다. 그들은 결코 포기하지 않는다.

이런 접근을 위해서는 언어가 매우 중요한 역할을 한다. 현실치료자들은 비평과 책망으로부터 자유로운 긍정적인 환경을 의식적으로 조성한다. 문제에 초점을 맞추면 과거형을 많이 구사할 수밖에 없지만 해결책에 초점을 맞추면 현재와 미래 시제를 많이 사용하게 된다. 치료자는 내담자가 분노를 표출하거나 불만을 토로하는 시간을 줄이고 바라는 것이 무엇인지를 말하게 해야 한다. Wubbolding(2011)에 따르면 감정은 어차피 행동에 따라 달라진다. 현실치료자들은 '나(I)' 혹은 '우리(We)'와 같은 일인칭 대명사도 자주 사용하는데, 이것은 치료 과정에서의 협력의 관계를 강조하기 위함이다. 치료자는 과거보다는 현재에, 감정보다는 행동에 초점을 맞춘다. 그리고 그들은 '왜(Why)'로 시작하는 문장보다는 '무엇(What)'으로 시작하는 문장으로 질문한다. 치료자는 때때로 자기개방을 하며 치료적 관계 형성을 촉진한다.

내담자의 생각과 행동이 일치하지 않을 때 그런 불일치가 드러날 수 있도록 필요에 따라서 치료자는 치료적 직면을 유도할 수 있다. 직면은 세심하게 무비판적으로 이루어져야 하며, 그렇게 하기 위해 탐구와 피드백을 유도하는 질문을 사용해야 한다. Bratter, Esparat, Kaufman과 Sinsheimer (2008)에 의하면, 배려 직면 혹은 연민 어린 치료적 직면의 궁극적 목표는 자각이다. 그들은 또한 사회의 대변인이 되어 사람들에게 현실 세계에서의 도덕적, 법적, 윤리적 원칙을 상기하도록 한다. 기법 개발 부분에서 배려 직면에 초점을 맞출 것이다.

🌣 전략

현실치료자들은 개인을 이해하고 존중하며 동기화하는 것도 중요하다고 생각하지만 창의력에도 큰 가치를 둔다. 그 결과, 그들은 내담자가 치료에 적극적으로 참여하게 하고 상담 회기가 활기 있고 흥미가 넘치게 하기 위해 다양한 중재 방식을 활용한다. 현실치료자들의 레퍼토리에는 다음과 같은 다양한 인지행동적 개입 방법들이 포함된다.

은유법 창조적 방법으로 내담자에게 강한 메시지를 전달하기 위해 현실치료자는 은유, 직유(直喩), 비유, 유추, 비화(秘話) 등을 사용한다(Wubbolding, 2011). 또한 치료자는 내담자가 제시하는 주제와 비유를 유심히 듣고 그것을 활용한다. 예를 들어, 치료자는 낚시가 취미인 내담자에게는 목표를 성취하려고 그가 노력하는 방식은 고기도 별로 없는 저수지에서 미끼 없이 낚시하는 것과 같다고 비유할 수 있다.

관계 현실치료자들은 질 높은 삶을 위해 좋은 관계가 필수적이라고 본다. 그들은 내담자에게 관계를 형성하도록 격려하고 그것이 내담자의 인생에서 순기능을 하도록 지도한다. Wubbolding(1991, pp. 55~57)에 따르면 좋은 관계의 기본은 함께 시간을 나누는 것인데, 그것에는 다음과 같은 조건들이 있다. 그런 관계를 위해서는 서로 노력해야 하고, 각자가 그것에 가치를 두어야 하며, 재미있고 긍정적인 것에 초점을 맞추어야 하고, 비평과 논쟁이 없어야 하며, 상대방을 이해해야 하고, 정기적으로 반복적인 만남이 있어야 하며, 만남에 시간제한이 있어야 한다. 예를 들어, 치료자는 내담자가 친구와 친해지게 하기 위해 정기적으로 함께 산책하라고 권할 수 있다.

질문 비록 현실치료자들이 전행동에 대한 평가를 중요시하는 것은 사실이지만, 내담자 개인에 대한 평가도 필요로 한다. 현실치료자는 내담자에게 어떤 것이 인생에서 도움이 되지 않는지, 혹은 어떻게 그것을 바꿀 수 있는지와 같은 질문은 되도록 하지 않는다. 대신에 그들은 내담자가 자신의 삶을 현실적으로 직시하고 무엇을 수정할 것인지 결정하는 데 도움이 될 수 있는 것들을 잘 파악하여 조심스럽게 질문한다(Wubbolding, 2011). "어제는 다른 사람들과 어울리고 싶은 자신의 욕구를 충족시키기 위해 어떻게 하였나요?", "지금 하는 행동이 당신에게 도움이 되나요?", "그 계획이 당신이 할 수 있는 최상의 것인가요?" 등이 그런 질문의 예이다. 현실치료는 다른 문화권에서 온 사람들을 위해서도 사용하는 단어나 언어를 수정할 수 있다. 예를 들어 일본에서 온 사람을 위해 단순히 "뭘 원하시는데요?"라고 질문할 수도 있고, 더 편하게 "뭘 찾고 있나요"라고 물어볼 수 있다(Wubbolding, 2011, p. 113).

WDEP와 SAMI^{2}C^3 앞서 설명했듯이 이 두 가지 두문자어는 내담자가 치료에 집중하고 치료가 생산적일 수 있게 하는 데 중요한 부분이 되는 개념이다. WDEP는 욕구(W)를 평가(E)하고 방향(D)을 제시하며 계획(P)을 수립하는 것을 통해 변화를 모색하는 과정을 의미한다. SAMI^{2}C^{3}은 계획의 성취를 최대화할 수 있는 단순, 달성 가능, 측정 가능, 즉시성, 관여, 제어, 지속성, 몰입과 같은 요소들을 대표한다.

긍정적인 중독 Glasser(1976)는 약물남용, 행동화(acting out), 자신을 우울하게 만드는 행동과 같은 부정적인 중독 혹은 반복적인 자기파괴적 행동은 삶의 포기를 의미한다고 보았다. 그런 행동을 하는 사람들은 효과적이고 책임감 있게 자신의 욕구를 충족시키는 방법을 배우지 못했거나 그런 능력을 잃어버린 것이다.

　Glasser는 긍정적인 중독으로 부정적인 행동을 감소시킬 수 있다고 제안하였다. 이런 긍정적인 중독행동들은 정신적인 강인함, 창의력, 활력, 자신감, 집중력 등을 제공하지만 개인의 삶을 지배하거나 조정하지 않는다. 예를 들면 정기적인 운동, 일지 쓰기, 악기 연주, 요가, 명상 등이 그런 행동이다. 일반적으로 한 가지 긍정적인 중독행동을 획득하려면 한 번에 45~60분을 정기적으로 연습하면 6개월에서 2년 정도 걸린다. Glasser는 긍정적인 행동을 선택하고 그것을 발전시키는 요령을 다음과 같이 제시하였다.

- 경쟁적이어서는 안 되고 혼자서도 할 수 있는 행동이어야 한다.
- 정신적으로나 신체적으로 과도한 노력 없이도 성취할 수 있는 행동이어야 한다.
- 자신에게 가치 있는 행동이어야 한다.
- 그것을 계속하면 어떤 방식으로든 자신이 개선된다고 믿는 행동이어야 한다.
- 자신을 비판하지 않으면서 할 수 있는 행동이어야 한다.

동사와 현재형 단어의 사용　현실치료자는 내담자가 자신의 삶의 많은 부분이 제어 가능하고 전 행동을 선택할 수 있다는 느낌을 가지도록 하는 것을 목표로 하기 때문에, 강한 의미의 동사와 현재형 (ing) 단어를 광범위하게 사용한다. '화난', '우울해 있는', '겁을 잘 먹는', '불안해하는' 식의 형용사로 사람들을 묘사하기보다 '화내는', '우울한', '공포에 질린', '불안한' 등과 같이 현재형 단어로 사람을 묘사한다. 왜냐하면, 감정은 매번 변하는 것으로 고정된 것이 아니지만 행동은 수정할 수 있는 것이기 때문이다.

합리적 결과　현실치료자들은 내담자가 자신의 행동에 책임을 져야 하고 그런 경험을 많이 해야 한다고 믿고 있다. 예를 들어, 약속된 귀가시간을 훨씬 넘어 밤늦게 집에 들어온 청소년은 다음 주말 내내 집안일을 도와야 하고, 카풀 차량이 도착하였을 때까지 준비를 하지 못한 여성은 카풀 제도를 더 이상 이용할 수 없게 될 수 있다. 현실치료자들은 한번 봐주는 일이나 특별한 예외기준을 좋아하지 않는다. 그렇다고 그들이 벌하는 것을 좋아하지는 않는다. 현실치료자는 내담자가 잘못한 것에 집중하는 대신에 그가 무책임하고 비현실적인 행동의 부정적 결과로 인해 고통을 당하지 않도록 다른 방식의 선택을 할 수 있는 것에 초점을 맞춘다.

재협상　상담이나 심리치료에서 내담자의 개선이 쉽게 이루어지는 경우는 거의 없어서 효과를 보이지 않기도 하고 효과를 보였다가도 바로 그 효과가 감소하는 경우도 적지 않다. 만약 현실치료 과정에서 이런 일이 발생하면 치료자는 내담자가 다르게 행동하도록 재협상한다. 이 과정에서 성공할 가능성이 높은 새로운 혹은 수정된 계획을 세우고 그런 계획이나 목표에 벗어난 행동을 하고 싶은 유혹에 대처하는 방식을 개발하고 연습해보는 것이 중요하다.

역설적 중재　현실치료자들은 제11장에서 소개했던 실존주의 치료자 Viktor Frankl에 의해 처음 개발된 역설적 중재(paradoxical interventions)를 사용한다. 이런 창의적인 중재 방법은 사람을 책임감 있게 만든다. 역설적 중재에는 두 가지 형태가 있다(Wubbolding, 1988).

1. 역설적 중재에는 선택과 제어능력을 증진하기 위해 그 체계의 **명칭을 바꾸고 틀을 재조정**하는 것이 포함된다. 문제가 있는 사람을 정신병적이라기보다 능력이 부족한 것으로 본다. 실망스러운 결과를 실패라기보다 배움의 과정으로 간주한다.
2. 역설적 중재에서는 **역설적으로 처방**한다. 현실치료자들은 내담자가 발생할 수 있는 최악의 것을 상상하게 하고 그것에 대처하는 방법을 발견하도록 격려한다. 또한 그들은 내담자가 증상

들에 대적하기보다 그것을 선택하도록 하고, 효과가 없는 행동과는 반대로 행동하게 하며, 언제 재발할 가능성이 있는지도 생각하게 한다. 물론 역설적인 중재라도 윤리 규정이 허락하는 한도에서 이루어져야 한다.

기술 개발 교육은 현실치료에서 중요한 한 부분이다. 치료자는 내담자가 책임감을 가지고 자신의 욕구를 충족하고 바라는 것을 성취할 수 있는 기술을 개발하도록 돕는다. 현실치료자들은 내담자에게 자기주장, 합리적 사고, 긍정적인 중독 개발, 계획하기 등과 같은 성장과 책임감을 증진시킬 수 있는 기술들을 가르치기도 한다.

현실치료의 적용과 현황

현실치료는 개인 상담, 집단 상담, 가족치료 모두에서 사용할 수 있으며 다양한 종류의 사람과 문제에 적용 가능한 접근법이다. 이 접근법은 학교, 교정기관, 재활 프로그램 등에서 광범위하게 활용되고 있으며, 약물이나 알코올 문제를 다루는 데 가장 널리 사용되고 있다. 또한 현실치료는 정신건강 장면에서 입원 환자와 외래 환자 모두에게 사용되어왔다.

진단 집단에 적용

현실치료자들은 그들의 접근법이 내담자의 성장배경, 문제 혹은 정신건강 상태가 어떻든 간에 거의 모든 사람들에게 효과가 있다고 믿고 있다. 이런 관점에 의문을 가질 수밖에 없지만, 특정 진단 집단에 대한 현실치료의 효과성을 평가하기가 어렵다. 왜냐하면 현실치료자들이 상용되는 진단 용어를 사용하는 것을 싫어하고, 정신질환의 개념이 타당하지 않아 사람에게 해가 될 수 있다고 믿기 때문이다. 대신에 현실치료자들은 정신장애를 가진 사람을 자신의 욕구를 충족시킬 수 있는 기술이 부족한 사람으로 본다.

그런 입장을 취하고 있기 때문에 특정 정신장애로 진단된 사람들에게 현실치료를 적용하는 것을 다룬 실증 연구가 적었다. Glasser(1998a)와 Wubbolding(2000), 그리고 몇몇의 현실치료자(Carey, 2003; Howatt, 2003; Mottern, 2002)는 정신장애를 가진 사람이라고 여겨지는 사람들을 대상으로 사례연구를 하였다. 일례로, Wubbolding은 소년원이나 교도소 등 교정기관에 있는 청소년이나 성인, 약물남용자, 우울과 낮은 자아존중감으로 고생하는 사람들에게 현실치료가 효과적이었다고 기술하고 있다. 그는 또한 현실치료를 공격 성향을 가진 사람, 가정폭력을 경험한 사람, 가족 내에서 갈등을 경험한 사람들에게 효과적으로 사용한 실례를 제시하였다. 최근의 연구에서는 현실치료가 성적 학대를 받은 아동들은 물론 충동장애를 가진 사람이나 인터넷 중독에 빠진 사람을 치료하는 데 효과가 있다는 것이 밝혀졌다. Ellsworth(2007)는 성적으로 학대받은 아동들을 치료하는 과정에 현실치료를 통합하였다. 그는 강점에 초점을 맞추고 유머와 창의력을 활용하여 학대받은 아동들이 피해자라는 느낌을 계속 가지고 있기보다 건전하고 긍정적인 선택을 할 수 있도록 치료 과정에서 그들에게 힘을 실어주었다. Kim(2007)은 현실치료의 제어이론을 기반으로 개발된 10회기의 집단 프로그램을 인터넷에 중독된 한국의 대학생들에게 적용하고 긍정적인 결과를 얻었다. 치료의 효과성에 관해 결론을 내리려면 추후 연구들이 필요하다.

비록 많은 정신장애를 치료하는 데 현실치료가 효과적일 수 있어도, 정신장애로 진단받은 사람들을 대상으로 현실치료의 효과를 검증한 실증 연구가 많지 않다는 것은 쉽게 간과할 문제는 아니다. 예를 들어, Kim(2005)은 정신분열증(조현병)을 앓고 있는 입원 환자 30명을 대상으로 현실치료의 효과성을 검증한 연구의 결과를 보고하였다. 그 연구에서는 자존감, 내적 통제소재, 문제 중심 스트레스 대처 수준에 긍정적인 변화가 있었다. 하지만 정신분열증의 양성 증상(예 : 환각, 망상)에 관해서는 연구되지 않았다. 실증적으로 입증되지는 않았지만 현실치료가 섭식장애, 선택적 함구증, 자존감 저하, 직업 불만족 등과 같이 증상의 심각성이 약한 수준에서 중간 수준까지의 정신장애를 가진 사람들을 치료하는 데 가장 적합하다고 한다(Wubbolding, 2011). 성격장애와 같이 만성적인 문제는 물론 양극성 장애나 정신증과 같이 심각한 장애에는 현실치료를 조심스럽게 적용해야 하며 약물치료나 다른 치료와 병행해야 한다.

다문화 집단에 적용

현실치료는 다양한 사람들과 다문화 집단에게 잘 맞는 듯하다. 현실치료자들은 현상학적으로 사람들을 탐구하고 그들의 세계관과 그들이 생각하는 좋은 세상을 이해하는 것에 관심을 갖는다. 현실치료는 사람들이 자신이 원하는 것을 파악한 후 그것을 평가하여 성취할 수 있는 확실한 계획을 세울 수 있게 돕는다. 이런 접근 방식은 인간을 존중하기 때문에 인본주의적이라고 할 수 있다. 또한 이것은 개인의 특성을 존중하고, 관계의 중요성을 강조하며, 사람들이 서로 돕도록 격려한다. 비록 현실치료가 자기평가를 장려하지만, 치료자는 판단이나 비난을 삼가고 자신의 가치관을 내담자에게 강요하지 않는다. 현실치료의 인간에 대한 긍정적인 관점과 활동 지향적인 본질은 정신역동적 접근이 적합하지 않거나 그것에 반감을 가지고 있는 사람들에게 특별히 적합할 수 있다.

현실치료 국제저널(International Journal of Reality Therapy)과 같은 2000년 이후에 출판된 현실치료에 관한 문헌들에서는 다문화적 내담자들에 대한 접근이 많이 다루어졌다. Wubbolding(2011)은 아시아, 호주, 유럽, 중동에서 현실치료를 가르치면서 다른 문화에 현실치료를 적용하는 방식을 설명하였다. 예를 들어, 그는 각 문화에서 기본 욕구가 어떤 조화를 이루는지를 살피는 것의 중요성을 강조하면서 아시아 문화에서 "내가 할게!"라는 표현은 한 개인이 어떤 것에 완전히 몰입하였다고 보아야 한다고 설명하였다.

Barr(2009)는 탈무드의 철학과 선택이론을 비교하며 현실치료를 유대인의 관점에서 논의하였다. 그는 선택이론이 유대교의 중심축이라고 할 수 있는 자유의지와 일치하는 것임을 알아냈다. 유대인의 민족 정체성을 탐구한 후 Altman 등(2010)은 개인의 유대인 정체성이 친구, 가족 및 비유대인 등과 같은 다른 사람들과의 관계에서 중요한 역할을 하고, 그의 실존적인 삶에서도 매우 중요한 부분이라는 것을 지적했다. 한국(Kim & Hwang, 2006), 중국(Li, 1998), 이슬람 문화권(Jusoh & Ahmad, 2009)과 같이 다양한 문화권에서 현실치료를 적절하게 활용하기 위한 방법들을 설명하고 있는 여러 문헌들이 있다.

하지만 Sanchez와 Garriga(1996)는 어떤 문화권에서는 현실치료를 적용하는 데 어려움이 있다고 지적하였다. 예를 들어, 그들은 개인이 어떻게 행동하는 것과 상관없이 어떤 일이 반드시 발생한다는 운명론(fatalism)은 중남미계에게는 중요한 신념이라고 설명하고 있다. 특별히 치료자가 권위주의와 운명예정론을 중요시하고 외적 통제에 가치를 두는 신념 체계를 가진 사람들에게 현실치료를 적용하려고 한다면 조심스럽게 접근해야 한다. Sanchez와 Garriga는 이런 내담자에게는 이중 제어체계를 가지고 접근해야 한다고 하면서 권위 있는 행동과 책임에 관해 논의하는 것은 물론 내담자가 좋은 세상을 추구하고 그가 가진 욕구를 충족시킬 수 있어야 한다고 제안하였다. 요약하자면 "현실치료를 가장 효율적으로 활용하기 위해서 내담자에게 선택권을 제공하고 대체할 수 있는 자원을 제시하는 것뿐만 아니라 내담자의 세계관을 고려해야 한다"(Wubbolding & Brickell, 2008, p. 48).

현실치료는 신체장애를 극복하고자 하는 사람들에게 특별히 효과적이다. 자신을 성공에 동일시하게 하고, 책임과 자율 및 자기효능감을 강조하는 것이 그들이 인생을 사는 데 힘이 되고 능력을 발휘하게 하기 때문이다. 여러 연구들이 이런 논리를 지지한다. 예를 들어, Glasser(2001)는 섬유근육통 환자들을 돕기 위해 현실치료를 적용하였다. Rapport(2007)는 선택이론의 기본 욕구(생존, 소속감/사랑, 능력, 자유, 재미)로 대인관계와 연인관계에서의 친밀감의 문제나 성적 불능을 평가하고 상담하는 데 활용하였다. Weisler(2006)는 암 환자들이 현실치료가 대처 전략으로 도움이 된다고 생각한다는 것을 발견했다. Kelsch(2002)는 선택이론에 입각한 접근을 사용하여 다발성 경화증 환자들이 자신의 질병을 더 잘 통제할 수 있게 하였다.

학교에 적용

교정이 필요한 아동들이 있는 특수학교에서의 현실치료의 적용은 새로운 접근이 아니며, Glasser와 Wubbolding(Wubbolding, 2007a, 2011)은 아주 오래전부터 현실치료를 학교장면에서 활용하는 것에 큰 관심을 가져왔다. 현실치료자들은 처벌을 하고 비평이 난무하는 학교환경을 격려와 강화가 기본이 된 환경으로 바꾸려는 노력을 아끼지 않았다. Glasser는 "좋은 학교란 거의 모든 학생이 어떤 일을 하였을 때 그 일을 계속할 수 있다는 느낌을 주어 자신의 욕구를 충족시킬 수 있다는 것을 믿을 수 있게 하는 곳"이라고 정의하였다(Glasser, 1986, p. 15).

Glasser는 학교가 긍정적으로 변할 수 있도록 하는 여러 가지 효과적인 접근 방법들을 다음과 같이 제시하였다.

- 학습 팀(learning team) 능력 수준에 따라 2명에서 5명까지 팀을 구성한 후 서로 협력하여 공부하고 학습하게 하는 것으로 소속감을 증진시킬 수 있다. 그들의 목표에는 새로운 학습 교재를 공부하고 자신들이 그 교재를 이해하고 내용을 모두 학습하였다는 것을 교사가 인정하도록 하는 것이 포함된다. 상호작용을 증진시키기 위해 주기적으로 팀의 구성에 변화를 준다.
- 우량학교모형(Quality School Model) 이 모형은 학교에서 강제와 강압을 제거하고 학생이 안전감을 느낄 수 있도록 하고 협력과 배려를 증진시키는 방식으로 환경을 재구성하는 것이다

(Glasger, 1998b; Schwartz, 1995). 교사는 유용하고 의미 있는 교과과정을 개발하기 위해 최선을 다하고, 학생들의 기본 욕구를 충족시키고 학습 의욕을 증진시키는 방식으로 가르치려고 노력해야 한다. 이 모형의 특징으로는 지속성의 유지를 위해 한 학년 동안 계획된 교육, 부모의 적극적 참여를 위한 부모회, 교사와 학생이 함께 하는 점심식사와 기타 활동, 학업을 위한 협력관계 형성, 수업 종소리 제거, 성적 평가의 배제, 선후배 학습 집단을 통한 학업 지도, 개방 학급, 컴퓨터 조력 학습, 학생 포트폴리오, 학생 자치 회의와 사업, 교사 및 교직원과 학생의 일일 자기평가 등이 있다. 이 모형에서는 학업의 발전은 물론 심리적 성숙의 중요성을 인정하고, 윈-윈(win-win) 전략을 강조한다.

우량학교모형을 완전하게 적용하는 학교가 많지 않지만, 현실치료의 철학과 기법 중의 일부를 가르치는 것을 상담 프로그램에 통합시킨 학교들은 많다. Murphy(1997)는 학습장애를 가진 학생, 위기에 처한 학생, 멕시코계 미국인 학생 등 다양한 종류의 학생들에게 현실치료를 적용한 여섯 연구를 개괄하였다. 각 연구에서의 프로그램 실시 기간은 4주에서 12주까지였다. 모든 연구에서 어느 정도 긍정적인 효과가 나타났다. 현실치료가 학교에 대한 관심과 학업을 위한 활동을 증진시키는 것처럼 나타났지만 연구의 방법이 상이했고 어떤 연구들은 설계에 약점을 가지고 있기 때문에 Murphy는 확실한 결론을 내리기 위해서는 더 많은 연구가 필요하다고 지적하고 있다.

Passaro, Moon, Wiest와 Wong(2004)은 주의력결핍과잉행동장애(ADHD)와 품행장애를 가진 학생들을 학교 내에서 훈육하는 데 현실치료를 적용하는 방법을 제안했다. 현실치료를 적용한 결과 그런 학생들이 정학을 받는 비율이 감소하고 바른 생활 평정 비율이 42% 이상 향상되었으며 일반 수업에 참여하는 비율도 개선되었다. 연구자들은 다루기 힘든 대상을 치료하는 데 현실치료가 매우 효과적이라고 주장하였다(Wubbolding, 2011, p. 118).

Stehno(1995)는 학교치료자나 그 밖의 치료자가 교실에서 현실치료를 효과적으로 적용하는 요령들을 제시하였다. 치료자는 전문가나 진단을 하는 사람보다는 교사에 대한 협력적 자문가로서 문제를 파악하고 해결하기 위한 협력관계를 형성해야 한다. 이런 종류의 자문은 다섯 단계를 거치게 된다. (1) 관여하기 시작하고, (2) 욕구를 파악한 후, (3) 최근 행동이 성공적이었는지를 평가하고, (4) 계획을 세운 후, (5) 사후 점검을 한다.

Glasser의 WDEP 모형은 학생들의 다섯 가지 기본 욕구를 충족시키고 교사들도 만족스러워하는 교실 환경을 만드는 데 활용할 수 있다. 두려움과 강제성은 최소화하는 대신에 자유, 능력, 사랑과 소속감, 생존, 재미에 초점을 맞추면서 학생들은 외부의 보상을 찾기보다 내적 통제소재를 발달시키는 것을 배운다. 교사는 학생들이 자신을 점검하고 동기화시키는 것을 배우게 할 수 있는 맞춤형 교실 환경을 개발하는 데 선택이론의 원리를 활용할 수 있다. 이때 초점은 언제나 행동과 선택이어야 한다. Erwin(2004)은 학교에서 교과과정을 개발하거나 학교의 여러 계획을 수립할 때 선택이론을 바탕으로 접근하는 방식을 제안하였다.

선택이론의 교육적 적용의 증가, 그리고 개인의 평가와 적절한 중재 방식에 대한 계속적인 요구가 있는 시점에서 Burns 등(2006)은 학생요구조사(Student Needs Survey) 도구를 개발하였다. 25 문항의 이 질문지는 아동의 충족되지 않은 요구들을 파악하고 우량학교에서 사용할 수 있는 중재 계획을 세우는 데 도움이 되는 생리적이고 심리적인 건강을 위한 다섯 가지 기본 욕구(관계, 자유, 재미, 능력, 안전)를 측정한다. 우량학교에 대한 추가적인 정보는 http://www.wgai.net에서 얻을 수 있다.

현실치료의 현황

현실치료를 신봉하는 정신건강 실무자들이 아직까지도 많다. 그들을 위해 Glasser와 Wubbolding 등이 강연과 저술활동을 계속하고 있다. 현실치료는 학교나 물질남용치료 프로그램에서 널리 사용되는 것을 넘어서 다양한 장면에서 활용되고 있다.

특별히 최근에 와서는 현실치료에 다른 접근 방식을 결합하여 그 효과를 더 증대시키는 시도가 많아졌다. 그런 예를 들자면, Schoo(2008)은 만성 질병을 앓고 있는 내담자들을 위해 선택이론과 동기강화 면접을 접목하여 사용하였고, Fulkerson(2003)은 의사교류분석과 정신분석을 현실치료와 조합하여 가족이 역기능적 양상을 인식하고 그것을 수정하도록 돕는 시도를 하였으며, Pierce(2003)는 이완과 명상과 같은 불교의 철학과 수행을 현실치료에 결합하여 마음챙김 현실치료를 개발하였고, Mottern(2003)은 미국 원주민의 설화와 관점에 근거한 다문화적 시각을 선택치료에 결합시키려는 시도를 하였다.

현실치료에 대한 평가

다른 인지행동적 접근들과 마찬가지로 현실치료도 수많은 치료자에 의해 엄청난 수의 내담자들에게 적용되었다. 그러나 이 접근법도 마찬가지로 한계는 있다.

한계

치료자들이 명심해야 할 현실치료의 중요한 단점이 있다. 현실치료에서는 내담자가 환경을 이해하고 그것을 어떻게 다루어야 하는지를 돕는 것에는 큰 관심을 두지 않으며, 내담자가 어떻게 성장하고 어떤 어려움을 겪었는지 등과 같은 과거의 일은 중요하게 생각하지 않는다. 그 결과, 현실치료자는 내담자의 선택을 제한하는 장애물이나 경험을 살피며 증상들에만 너무 집중할 가능성이 있다.

게다가 현실치료자들의 진단의 중요성을 무시하는 경향성도 최근의 직무 요강에서는 일관성이 없다. 정신질환을 책임감을 가지고 자신의 욕구를 충족시키지 못하는 것과 동일시하는 것이 과연 옳은 것인지 의심스럽고, 그것이 부적절한 치료로 이끌 수도 있으며 중요한 부분을 놓치게 할 수도 있다. 또한 많은 치료자들은 Glasser(1998a)가 억압된 기억의 존재와 외상후스트레스장애 진단을 의심하는 것에 동의하지 않는다.

더욱이 현실치료는 정신과 약물의 가치를 최소화한다(Glasser, 1998a, 2003). Glasser는 "좋은 심리치료가 [뇌에 영향을 미치는] 약이 필요하지 않게 한다"(1998a, p. 88)고 표현하였다. Glasser는 약물이 사람들의 건강을 위협하고 자조능력을 저하시킨다고 믿었다(Lennon, 2003).

주의력결핍과잉행동장애, 품행장애, 자해행동과 같은 정신질환으로 정신병원에 입원한 경력이 있는 청소년들이 다수인 매사추세츠 주의 존듀이 고등학교(JDA)에서 분노에 차 있는 학생들에게 현실치료 기반의 학습 프로그램을 실시하였다(Bratter, 2010). 숙박을 하면서 이루어진 프로그램에서 정신과 약물의 사용을 금지하였고, 오직 교육과 연민 어린 배려 직면만을 사용하였다. 연구자들은 "성격장애와 정동장애는 약물로는 잘 치료되지 않는다. 자기를 존중하는 법을 가르치고 해로운 자기애, 부정직함, 반사회적 태도를 낮게 할 약물은 없다. 따라서 우리는 이 학교에 정신과 약물을 사용하는 것을 삼갔고 약물 없는 중재를 실행 가능한 치료 목표라고 보았다"(Bratter et al., 2008, p. 22).고 설명하였다. 이 연구에서는 28%의 학생이 졸업하였고, 그 학생들 모두 상급학교에 진학하였다. 정신장애와 약물중독으로 이중 진단되었거나 자해행동을 보이는 청소년에 대한 이런 비전통적인 치료의 효과성을 입증하기 위해서는 더 많은 연구들이 필요하다.

선택이론에 대한 효과성 연구들이 Glasser의 주장을 충분히 지지할 정도는 아니지만, 뇌의 역동성에 대한 우리의 이해가 변화하는 방향은 그의 생각과 같은 선상에 있다. 특히 지난 20년간의 신경학적 연구들은 뇌신경의 가소성을 밝혀냈다. 신경가소성이란 뇌가 생애 주기마다 변할 수 있고 어떤 부분은 재생된다는 것을 의미한다. 사회적 상호작용과 학습이 세포 수준에서 그런 변화에 기여한다. Barber(2008)는 "신경가소성은 전통적인 심리치료의 효능성을 지지한다. …신경과학은 심리치료가 생물학적 차원에서도 효과가 있는 치료 방식이라는 것을 보여준다는 것을 누가 생각이라도 했겠는가?"라고 기술하였다(p. 198). 사실 그런 변화는 추가 효과로 작용하는 것이 아니라 시너지 효과를 낸다. 상호작용이 뇌의 기능을 변하게 하고 뇌의 기능의 변화가 상호작용을 일으킨다(Barber, 2008; Kandel, 2008). 신경생물학적인 연구가 발전함에 따라 심리치료의 긍정적인 효과도 추가적으로 많이 입증될 것이라는 점은 의심할 여지가 없다.

강점과 공헌

그럼에도 불구하고 현실치료는 많은 강점을 가지고 있다. 이 접근법은 명료하고 간단하여 대부분의 사람이 이해하기 편하다. 이 치료적 접근은 인간의 존엄성을 강조하고 잠재적 능력에 힘을 실어주며 용기를 준다. 그리고 동기, 욕구 충족, 제어능력 등과 같이 사람의 인생에서 기본이 되는 것을 다룬다. 현실치료자들은 내담자들과 적절한 방식으로 치료적 관계를 맺는다. 인간관계와 인생에 대한 책임의 중요성을 강조하는 것은 폭력이나 가정붕괴와 같이 널리 퍼져 있는 문제들에 적당한데, 이런 문제를 해결하고자 하는 사회적 요구와 맞아떨어지는 것이다. 어떤 시점에서의 선택을 강조하는 것은 너무 많은 사람과 약속을 하고 과도하게 많은 일을 계획하는 사람들에게 적절한 접근법이다. 게다가 현실치료는 예방적 차원이 강하고, 학교 등과 같은 기관의 긍정적인 변화를 위한 매우 유용한 정보를 제공한다.

특별히 현실치료가 학교와 정신건강센터에서 효과적이라는 것은 연구로도 증명되었다(Wubbolding, 2007a). 게다가 다양한 내담자들에게 현실치료가 효과적이었다는 것을 보여주는 사례연구들이 많이 출간되었다(Wubbolding, 2000). 그러나 치료자가 현실치료를 확실한 정보를 가지고 활용하기 위해서는 특정한 내담자 집단에 대한 현실치료의 접근법에 관해서 계속해서 연구가 있어야 한다.

현실치료는 상담이나 심리치료의 중요한 부분에 기여하였다. 학교와 재활 프로그램에서 광범위하게 사용되는 명료하게 구조화된 치료적 접근 방식을 제공하였다. 이런 접근법은 치료에서 가치관을 매우 중요시하고, 치료자가 인간관계와 책임감을 경시하지 않도록 강조한다. 협력적 치료 관계에 대한 적용과 그것에 대한 자세한 설명은 치료자의 긍정적 역할을 증대시킨다. 더 강력한 효과를 위해 다른 새로운 치료적 접근과 쉽게 통합할 수 있다(Burdenski & Wubbolding, 2011). 끝으로 현실치료는 내담자가 솔직하게 자기평가를 하고 책임 있는 선택을 하고 계획을 세울 수 있도록 돕는 데 집중한다.

Wubbolding(2011)은 Glasser가 크게 기여한 것이 역기능을 치료하는 체계가 아니라 정신건강에 대한 현실치료의 체계를 발전시킨 것이라고 지적하였다.

기법 개발 : 배려 직면

직면(confrontation)은 치료자의 격려하고 지지하는 역할과는 모순되어 보이기 때문에 논란의 여지가 많은 어휘이다. 그러나 배려와 감성적 접근, 직면은 내담자들이 자신의 행동을 솔직하고 정확하게 평가하고 현실을 직시할 수 있도록 하며 더 책임감 있게 행동하도록 한다.

직면은 대개 사람의 언행의 모순이나 불일치에 주목하는 과정으로 정의된다. 직면은 그런 모순을 통해 자신을 돌아보게 한다. 직면에는 모욕 · 비하 · 공격 행동이 포함되어서는 안 되고, 내담자와 치료자 중에 누가 옳은지를 논쟁하는 일이 있어서도 안 된다.

전형적으로 직면에는 세 부분이 있다.

1. 중재를 촉진하는 내담자의 언행과 사고방식을 파악하는 도입 단계
2. 문제점과 모순을 지적하는 직면의 본격적 단계. 현실치료에서는 이런 지적을 할 때는 단정 짓지 말아야 하며 정중하고 내담자의 인격을 존중할 것을 강조한다.
3. 내담자가 반응하도록 권유하는 단계. 이 단계에서는 "무엇이 당신을 그렇게 만들었나요?" 혹은 "저와 함께 그것이 확실하게 무엇인지 알아보지 않겠어요?"라는 질문을 많이 사용한다. 그런 질문은 내담자가 자신을 돌아보게 하고 자기를 평가하게 하면서 부정적으로 평가받는다는 느낌을 가지지 않게 한다. 또한 직면에 관해서 논의하지 않거나 치료자에 동의하지 않을 수 있는 선택권이 내담자에게 있다는 것을 알려야 한다. 그런 반응은 치료자가 그 시점에서 그 주제에 관해 꼬치꼬치 따져 묻지 말아야 한다는 것을 시사한다. 하지만 한번 이야기가 되었기 때문에 다시 그 주제가 부각될 가능성이 많다.

배려 직면의 실례는 다음과 같다.

치료자 : 로니, 당신과 약혼자가 집을 장만하기 위해 저축을 하고 있기 때문에 지금 압박을 받고 있다고 몇 주 전 나에게

말씀하셨습니다. 그런데 오늘 저에게 5,000달러짜리 결혼 예복을 구입하겠다고 하셨죠? 결혼 예복을 구입하는 것이 주택을 소유하겠다는 당신의 욕구를 충족하는 데 과연 도움이 될지 의구심이 드는군요. 이 점에 관해서 저와 한번 곰곰이 생각해보지 않으시겠어요?

치료자는 로니가 제시한 정보 중에 불일치되는 부분을 확인하였다. 그리고 그녀의 감정을 건드리지 않고 비평하지 않는 방식으로 로니가 그 불일치를 탐구할 수 있도록 유도하였다.

로니는 다양한 방식으로 반응할지 모른다. 그녀가 그런 불일치를 해결할 수 있는 정보를 가지고 있을 수도 있다. 예를 들어, "제가 미처 말씀드리지 못했는데, 저희 이모가 웨딩드레스를 사라고 5,000달러를 주셨어요!"라고 말할 수도 있다. 그녀는 자신의 가치관과 선택을 명료화할 수도 있다. 예를 들어, "결혼은 제 인생에 있어서 정말 특별하고 중요한 일이기 때문에 제가 할 수 있는 한도에서 가장 특별하게 만들고 싶어요!"라고 하면서 그 선택에 대한 가치를 부각시킬지도 모른다. 또한 "지금 상태에서 두 가지를 모두 추구할 수는 없지요. 웨딩드레스에 그만큼의 금액을 소비한다는 것은 좋은 생각이 아닌 듯합니다. 마음에 드는 웨딩드레스는 하루만 우리를 만족하게 하지만 집은 여러 해 동안 우리에게 중요한 것이니까요!"라고 하면서 그녀가 자신의 선택과 관련하여 자기평가를 할지도 모른다. 로니가 치료자와 같은 시각에서 이 상황을 바라보느냐는 중요하지 않다. 다만 그녀가 자신의 욕구를 충족시키기 위하여 선택한 것을 검토하고 명료화하며 평가한 후 가능하면 수정할 기회를 제공하는 것이 중요하다. 본 장의 끝 부분에서 배려 직면을 실습할 수 있다.

사례

로베르토는 지난해 추수감사절에 가족 간에 문제가 있었기 때문에 추수감사절이 되기 몇 주일 전에 그의 심리치료자에게 도움을 요청하였다. 심리치료자는 현실치료 차원에서 WDEP와 SAMI^{2}C^{3}을 적용하여 그가 명절을 더 행복하게 보낼 수 있도록 도왔다.

로베르토 : 지난 추수감사절은 정말 최악이었어요! 저는 그런 경험을 절대 다시 하고 싶지 않아요.

치료자 : 그때 무엇을 하셨나요?

로베르토 : 아! 예. 추수감사절 전날에 에디와 에바와 시간을 좀 보내려고 직장에서 집에 일찍 들어왔어요. 그런데 일거리를 조금 가지고 올 수밖에 없었고, 그 일을 먼저 끝내야 했기 때문에 가족에게 인사만 하고 바로 컴퓨터가 있는 방으로 들어갔습니다. 그런데 에디가 문을 박차고 들어와 제가 한 번도 집안일을 도운 적도 없고 가족의 일원이 되어본 적이 있느냐고 소리 지르며 버럭 화를 내지 않겠어요. 그녀를 진정시키려 했지만 그럴 수가 없어서 일거리를 가지고 다시 사무실로 갔습니다. 누구도 그런 일을 바라지는 않죠! 당연히 최악의 추수감사절이 되었고, 서로에게 이를 갈며 명절을 보냈습니다.

치료자 : 가족을 생각하는 마음에 집에 일찍 들어왔는데, 자신은 물론 가족의 욕구를 만족시키기는커녕 역으로 그런 행동이 화가 되어 돌아왔군요. 우리가 이야기했던 다섯 가지 욕구를 바탕으로 당신의 그런 노력을 어떻게 평가할 수 있을까요?

로베르토 : 지금 생각하니 제 의도와 행동이 상반되었다는 것을 알 수 있네요. 집에 일찍 들어가는 것이 애정과 즐거움에 대한 저의 욕구에만 집중된 행동이었어요. 저는 가족과 더 친밀하고 재미있는 시간을 보내고자 했지만, 그런 의도를 가족에게 전달하지 못했습니다. 집에 들어오자마자 컴퓨터로 향한 저의 행동은 에디에게 저의 성취욕

을 위한 행동으로만 보였겠지요. 제가 잠시 동안 일을 한 후에 가족과 시간을 보내려고 한 것은 그녀는 아마 전혀 몰랐을 거예요. 저는 그녀의 입장에서 한번 생각해보았어야 했어요.

치료자 : 그래요. 지금 이제 선생님은 작년에 있었던 일에 관해서 다르게 생각하게 된 겁니다. 그렇다면 올 추수감사절에는 초점을 맞추어야 하는 당신의 욕구는 무엇입니까?

로베르토 : 뭐 뻔한 것 아니겠어요. 즐거움, 사랑과 친밀감이죠.

치료자 : 그럼 그런 것과 관련하여 머리에 떠오르는 그림은 어떤 것들이지요?

로베르토 : 가족이 다 모여 음식을 함께 만들어야겠지요. 맛있는 음식을 먹고 재미있는 이야기를 나누어야 하고요. 참, 벽난로에 불을 붙여야겠군요. 그러고 나서 아마 더 재미있는 일이 있을 수 있지요. 밖으로 나가 산책을 할 수도 있고 영화를 보러갈 수 있겠는데요.

치료자 : 그럼 그런 것이 현실이 될 수 있도록 계획해봅시다. 전에 말씀드렸던 실현 가능한 계획을 세우는 SAMI^{2}C^3 요령의 8단계(S-단순함, A-달성 가능, M-측정 가능, I-즉시성, I-관여, C-제어, C-몰입, C-지속성)를 다시 한번 생각해보세요. 마음속에 어떤 계획이 떠오르나요?

로베르토 : 추수감사절 전날 또 일찍 귀가하는 것입니다. 하지만 일거리는 안 가지고 오겠어요. 그리고 에디에게 도움이 필요한지 물어볼 겁니다. 그리고 추수감사절 만찬 이후에 무언가 재미있는 일을 제안하는 것입니다.

치료자 : 말씀하신 계획이 그 기준에 맞는 것인가요?

로베르토 : 단순하고 성취 가능해 보이는데요. 제 생각으로는 측정 가능한 것 같은데요. 왜냐하면 제가 계획한 것과 계획하지 않은 것을 하고 있는지 말씀드릴 수 있을 것 같으니까요. 분명한 것은 제가 명절에 대한 우리의 기억을 바꾸는 데 최선을 다하여 몰입할 것이라는 것입니다. 하지만 즉시 할 수 있는 일인지는 확실하지 않고요. 제가 이 일에 이보다 더 관여할 수 있는지, 무엇을 더 조절할 수 있는지, 혹은 이 일을 계속 지속할 수 있는지는 모르겠습니다.

치료자 : 지금 막 계획하기 시작하셨으니 그 기준에 맞도록 수정하실 수 있습니다. 어떻게 수정하면 좋을까요?

로베르토 : 즉시성에 관련해서는 지금 당장 시도하는 것으로 하겠습니다. 지금 계획을 글로 작성하여 집에 도착했을 때 그것에 관해 에디에게 이야기하겠습니다. 지금 당장이라도 전화하여 제가 뭔가 도울 일이 있는지 물어볼 수도 있고요. 장보기나 집 안 청소하는 것 등이 될 수 있겠죠. 만약 제가 생각하여 특별한 것으로 도움을 제공한다면 그 계획과 관련하여 제가 더 제어력을 가질 수 있을 것이고 주도적이 되겠죠. 에디가 저에게 집안일의 모든 것을 자기에게 떠맡긴다고 불평하곤 했는데 제가 주도적으로 돕는 것이 더 효과적일 수 있겠네요.

치료자 : 계획을 더 제어할 수 있는 것 외에도 즉시성과 지속성을 증진시킬 수 있는 방법을 찾으셨군요. 그 일에 제가 좀 관여해서 도와드릴 일이 있나요?

로베르토 : 때로 일주일에 한두 번 전화하셔서 제가 계획한 것을 하면서 궤도에서 벗어나지는 않았는지를 점검해주실 수 있겠죠. 물론 평일에는 제가 일로 꽤 바쁘겠지만, 그렇게 해주신다면 정말 고맙겠습니다.

치료자 : 그럼 화요일 정도에 제가 전화해서 어떻게 일이 진행되고 있는지를 살피겠습니다.

로베르토 : 예! 좋습니다.

치료자 : 자! 그럼, 계획 세우신 것을 다시 한번 살펴보고 그것이 현실적으로 본인의 욕구를 만족시키고 책임을 다하여 실행할 수 있는지를 평가하도록 하시지요. 그런 후에 조금 더 구체적으로 적어보도록 합시다.

연습

대집단 연습

1. 비록 현실치료는 많은 강점을 가지고 있지만, 생각지 않은 잠재적 위험 요소는 물론 확실한 약점도 있다. 예를 들어, 치료자가 중요한 진단 정보를 무시할 수 있고 내담자가 가진 문제를 해결하는 데 필요하다고 연구로 입증된 약물을 소개하지 않을 수 있다. 치료 과정에서 이런 위험 요소들이 잠재적으로 어떻게 부정적인 영향을 줄 수 있는지를 토론한 후 현실치료를 하면서 이런 위험을 최소화할 수 있는 방법을 강구하라.

2. 현실치료는 사람들의 거의 모든 인생의 측면이 그들의 통제하에 있다는 입장을 고수하고 있다. 이런 믿음이 특히 현실적으로 차별을 경험했던 미국의 흑인, 앞을 보지 못하는 맹인, 동성애자들에게도 적용될 수 있다고 생각하는지 토론하라. 어떻게 이런 입장이 사람들을 돕는 데 유용할 수 있을지를 생각해보라. 해가 될 수 있는 상황도 생각해보라.

3. 이 장에 소개한 사례를 읽고, WDEP와 $SAMI^2C^3$의 요소가 포함된 대화들을 파악하라.

소집단 연습

1. 4명으로 집단을 만들고 2명씩 짝을 지어라. 각 쌍은 15분 동안 상담 면접의 역할을 연기해야 하는데, 내담자의 역할을 맡은 사람은 바꾸고 싶은 행동을 말하고, 치료자의 역할을 맡은 사람은 $SAMI^2C^3$의 틀에 맞추어 효과적으로 행동을 수정할 수 있는 계획을 수립하라. 역할 연기에서 잘한 것과 개선이 필요한 것이 무엇인지 뿐 아니라 $SAMI^2C^3$의 틀을 잘 사용하였는지 피드백을 받아라.

2. 15분 동안 상담 면접의 역할을 연기하기 위해 2명씩 짝을 이룬 네 집단을 구성하라. 치료자의 역할을 맡은 사람은 내담자가 자신의 다섯 가지 기본 욕구의 균형 상태에 관해 이야기하게 하고, 내담자의 역할을 맡은 사람의 각각의 다섯 가지 욕구들을 충족시킬 수 있는 좋은 방법을 적어도 한 가지 이상 파악하라. 역할 연기에서 잘한 것과 개선이 필요한 것이 무엇인지 뿐 아니라 내담자가 다섯 가지 기본 욕구의 균형과 성취를 탐색하는 데 치료자가 도움을 주었는지 피드백을 받아라.

3. 소집단에서 내담자가 아래에 기술한 것에 대한 반응으로서 배려 직면을 개발하라. 당신의 진술에는 이 장에서 기법 개발을 다루면서 소개된 배려 직면의 형식이 반영되어야 한다. 각 집단원은 개인적으로 자신이 반응한 것들을 집단 내에서 토론하고 그것을 세련되게 만들기 전에 그것을 미리 적어놓는다. 그리고 그런 반응이 비판이나 부정적인 것으로 보이지 않으면 내담자의 자각과 자기평가를 촉진할 수 있는지를 평가하라.

> 내담자 A : 제가 좀 늦었다는 것 때문에 연구 프로젝트 조원들이 저를 무안하게 만들었어요. 정말 눈물이 날 정도로 뭐라고 그러더라고요. 저더러 프로젝트에 좀 공헌을 하라는 것입니다. 그 사람들은 제가 올빼미형 인간인지는 아마 모를 거예요. 늦게까지 깨어 무언가를 하기 때문에 아침에 일찍 일어나는 것이 너무 어렵습니다.

그 일이 저한테 정말 중요하지만 아침에 그 모임에 나가는 것이 가장 큰 문제입니다.

내담자 B : 80세가 넘은 우리 어머니는 혼자서는 생활하실 수 없는 분입니다. 제가 너무 힘들어서 장기요양원 중에 한 곳으로 모실 것을 제안했어요. 제가 아직 가보지는 않았지만 그곳에 있는 사람들은 흉한 몰골에 냄새나고 우울해 있을 겁니다. 그래도 대안이 없지 않습니까? 어머니도 그렇게 하고 싶지 않을 거예요. 말씀을 안 하시지만 저랑 그곳에 함께 들어가고 싶으실 겁니다.

내담자 C : 우리 의붓아버지를 이해할 수가 없어요. 내가 집을 나간 사이 내 가방을 뒤져 그 안에 있는 마약을 발견해 내셨어요. 제 친구 것이라고 말했지만, 아버지는 제 이야기를 믿지 않았습니다. 그리고 제가 약물재활 프로그램에 가야 한다고 말하는 겁니다. 저를 마치 마약중독자로 취급하시는 거예요. 어쩌다가 대마초를 피우기는 하지만, 마약을 하는 것도 아니고 다른 사람 물건에 손대는 것도 아니거든요.

내담자 D : 저의 슈퍼바이저가 어떤 말로 제 속을 뒤집어놓았습니다. 이 여자가 실업급여를 받는 사람들은 '세금 갉아먹는 사람'이고, '중산층을 이용해먹는 사람'이며, '열심히 일해서 먹고사는 사람들에 묻어가는 사람'이라고 하는 것이 아니겠어요. 아마 그녀는 제 남편이 아이 셋을 남겨두고 저세상으로 갔을 때 실업급여와 기초생활비를 정부로부터 받을 수밖에 없었던 사정을 모르고 있을 겁니다. 저는 그녀의 생각을 바로잡아주었으면 좋겠어요. 하지만 제가 사정을 이야기하면 그녀가 저를 복지기금을 이용해먹는 사람 중에 하나로 여길지도 모르죠. 그녀가 남의 사정을 잘 이해하고 남을 배려해주는 사람이기 때문에 제 마음을 상하게 하려고 그런 말을 하지는 않았을 거예요. 아무 말 하지 않고 그냥 넘길래요.

개인 연습

1. 자신의 삶 속에서 긍정적으로 중독되고자 하는 것이 있는지를 파악하라. 본인의 인생에 긍정적인 행동을 습관화하기 위해 SAMI^{2}C^3 형식에 맞추어 계획하라.
2. 현실치료에서는 인간의 행복과 불행 사이에 인간관계가 중요한 열쇠라는 것을 강조한다. 인간관계가 자신의 행복감에 영향을 미쳤던 것에 관해 한두 페이지의 글을 써보아라. 그런 다음 당신이 다른 사람과 관계를 맺는 방식 중에 한두 가지 수정하고 싶은 부분을 생각해보라. 그것을 글로 쓰고 변화가 효과를 발휘하도록 최대한 노력하라.
3. 자신이 생각하는 좋은 세상을 마음에 그려보라. 그리고 그것을 글로 써라.

요약

1960년대 William Glasser가 창시하여 주로 Glasser와 Robert Wubbolding에 의해 발전되어온 현실치료는 인간을 긍정적으로 보고 희망을 주는 접근 방식이다. 이 접근법은 현재의 사고와 행동에 초점을 맞추고, 더 좋은 선택을 하게 해 내담자가 자신의 기본 욕구를 충족할 수 있도록 돕는다. 책임감, 즉 타인이 욕구를 충족할 수 있는 권리를 존중하면서 자신의 욕구를 충족하는 것은 긍정적인 인간관계를 맺는 데 중요한 열쇠로 현실치료의 중요한 부분이다. 이 접근법에서 치료자는 내담자가 자기평가를 하고 현실적이고 실제적인 계획을 세우는 데 적극적으로 관여하는 역할을 한다. Glasser(2003)는 "자신이 행한 모든 행동이 선택한 것임을 수용하는 것이 정신건강에 초석"(p. 50)이라는 말로 현실치료의 본질을 요약하였다.

추천 도서

Ellsworth, L. (2007). *Choosing to heal: Using reality therapy in treatment with sexually abused children.* New York, NY: Routledge.

Erwin, J. C. (2004). *The classroom of choice: Giving students what they need and getting what you want.* Alexandria, VA: Association for Supervision and Curriculum Development.

Glasser, W. (1965). *Reality therapy.* New York, NY: Harper & Row.

Glasser, W. (1986). *Control theory in the classroom.* New York, NY: Harper & Row.

Glasser, W. (2000). *Counseling with choice theory.* New York, NY: HarperCollins.

Glasser, W., & Glasser, C. (2007). *Eight lessons for a happier marriage.* New York, NY: HarperCollins.

Wubbolding, R. E. (1991). *Understanding reality therapy.* New York, NY: HarperCollins.

Wubbolding, R. E. (2009). *Reality therapy training manual* (15th rev.). Cincinnati, OH: Center for Reality Therapy.

가족체계 접근

가족이라는 단어는 모든 유형의 추억, 감정 및 생각을 떠오르게 한다. 우리는 원가족으로부터 많은 영향을 받는다. 우리가 태어났을 때부터 주 양육자와의 관계에서 초기 애착의 느낌을 발달시킨다. 심지어 우리가 성장하여 독립적인 삶을 살게 되더라도 누군가와 연결되고 애착을 느끼고 싶은 욕구는 계속된다. 따라서 가족이 우리를 만들고 우리의 발달에 영향을 미치며 적절하거나 부적절한 행동의 본보기가 된다. 오직 폭넓은 가족체계의 맥락상에서 개인을 완전히 이해할 수 있다.

이 장은 가족치료의 개발과 발전사에 초점을 맞출 것이다. 그런데 특정 가족체계이론을 다루기 전에 일반적인 가족체계이론을 조망하면서 시작하려고 한다. 가족치료에서는 종종 변화, 상실 및 질병을 가족역동이나 가족 내 의사소통 문제로 본다. 가족구조의 변화 또한 스트레스일 수 있다. 2010년 440만의 미국 가정이 한 지붕 아래 삼대 이상 함께 거주하는 것으로 나타났는데, 이는 2008년보다 15%나 증가한 것이다(미 노동통계국, 2012). 경제적 어려움을 겪는 가정이 증가한다면 부부, 가족 및 아동을 위한 행동치료도 증가할 것이라고 예측할 수 있다.

이 장의 마지막에서 다룰 기법 개발 부분은 Monica McGoldrick이 가계도의 활용을 통해 가족체계를 도식화한 것을 기초로 할 것이다. 이 장에서 제공하는 정보, 사례 및 실습은 부부와 가족을 상담 혹은 심리치료를 할 때 기본이 되는 기법들을 알려줄 것이다. 독자들은 이 장의 목적이 BETA 형식의 광범위한 이론들을 개괄하고 전체적으로 조망하는 것이라는 것을 잊지 말아야 한다. 이 주제에 관해 깊이 있는 토론과 이해를 위해서는 몇 학기가 필요하다. 그러므로 독자가 여기에서 설명하는 이론과 기법들을 더 자세히 공부하고자 한다면 이론이나 이론가들의 배경정보들이 제시된 다른 장을 읽거나 이 장 끝 부분에 제시된 추천 도서를 참조해야 한다.

가족체계이론의 개요

치료 센터를 찾는 대부분의 가정은 가족이 경험하는 문제에 대한 해결책을 찾는 데 도움을 필요로 한다. 미혼모 가정, 혼합 가정, 다세대 가정, 핵가족 모두 고유의 문제를 가진다. 구조와 이론적 지향과 관계없이 모든 가족치료는 다음과 같은 특징을 가진다.

- 단기적이다.
- 해결책(또는 위기)에 초점을 맞춘다.
- 행동 지향적이다.
- 가족구성원 간의 지금-여기 상호작용에 초점을 맞춘다.
- 가족이 어떻게 문제를 만들고 그것에 영향을 미치며 그것을 유지시키는지에 초점을 맞춘다.

어떤 유형의 상담이나 심리치료를 하든 간에 가족을 다루는 치료자는 치료 동맹을 맺는 것부터 시작해야 한다. 치료자와 가족구성원 간의 관계는 심지어 첫 회기 이전인 가족과의 첫 번째 전화 통화나 첫 대면부터 시작된다. 가족치료를 하면서 치료자에게 언제나 도전이 되는 것은 각 가족구성원들과 같은 정도의 작업 동맹을 맺고 그것을 유지하는 것이 쉬운 일이 아니라는 것이다. 작업 동맹 관계를 맺고 그것을 유지하는 과정에서 어떤 불화가 생기는지를 치료자가 주의 깊게 살펴야 하는 일이 필요하다.

부부와 가족을 치료하는 치료자는 여러 다양한 역할을 감당해야 한다. 가족의 변화와 개선을 촉진하는 협력자가 되어야 할 때도 있고 코치, 컨설턴트, 모델, 교사 등의 역할을 해야 할 때도 있다. 그러나 가족치료자는 전문가가 되어야 할 때가 많다. 특히 아동을 위한 행동 수정 계획을 수립해야 할 때나 특정한 중재 방식을 처방해야 할 때 그렇다. 분명한 것은 해결중심 단기가족치료나 이야기치료와 같은 포스트모던 가족치료에서는 전문가 역할을 요구하지 않는다는 것이다. 가족치료자들은 문제가 가정을 위협한다고 보기 때문에 서로 협력하여 문제에 대한 해결책을 발견하여 가족이 문제를 뿌리 뽑을 수 있게 돕는다.

가족치료자는 개인 심리치료나 집단 심리치료를 할 때와 마찬가지로 많은 윤리적 문제에 봉착할 수 있다. 그런데 체계적 관점을 벗어나 심리치료를 하게 되면 더 많은 윤리적 문제가 생길 수 있다. 따라서 가족치료자가 충분한 수련과 슈퍼비전을 받지 않은 영역을 중재한다면 윤리적 심리치료를 수행할 수 없음을 명심해야 한다. 미국 결혼 및 가족치료학회(www.aamft.org)의 윤리 지침과 상담학회나 심리학회의 윤리 규정에는 자세한 추가적인 윤리에 관한 설명들이 포함되어 있다.

가족체계이론의 발달

개인 심리치료에서는 내담자나 환자 개인이 주요 관심사이고 가족을 배경 정도로 여긴다. 하지만 가족체계 관점에서는 가족이 주요 관심사이고 개인은 소단위 혹은 전체의 한 부분으로 간주한다.

일반체계이론은 1920년대 Ludwig von Bertalanffy에 의해 처음 제안되었고, 그 이후 가족치료에서 채택하였다. 생물학자였던 그는 살아 있는 유기체와 사회 집단을 이해하기 위해 전체론적 조직 체계로 대변되는 이론을 창출하였다(Bertalanffy, 1968/1976). 그는 이론적으로 일반적 체계가 모든 유형의 체계에 적용 가능한 법칙이라는 것을 발견하였다. 그의 이론에 의하면 각 유기체가 계속적으로 입력과 출력을 경험하는 하나의 개방형 체계이기 때문에, 한 체계는 각 하위요소들 간의 상호관계에 의해 결정된다. 포함된 각 세부요소는 전체 체계에 기여할 뿐만 아니라 다른 세부요소로부터 영향을 받는다. 따라서 한 체계가 어떻게 움직이는지를 이해하기 위해서는 각 세부요소들 간의 상호작용을 이해해야 한다.

가족체계 안에서 한 개인은 다양한 방식으로 상호작용하는 복합적 하위체계들의 한 부분이다. 예를 들어, 이 책의 기본 사례인 로베르토, 에디, 에바 가족에서 에디는 로베르토의 아내이자 에바의 엄마이며 그리고 그녀의 어머니와 계부의 딸이다. 에디는 독립적이고 기능적인 네 하위체계의 구성원이라고 할 수 있다. 그녀는 부부 하위체계, 부모 하위체계, 자녀 하위체계, 게다가 가족 내 여성 하위체계에 참여하고 있다. 부모 하위체계에서 에디와 로베르토가 딸의 귀가시간과 취침시간 규칙을 정하여 시행하는 것처럼 각 하위체계는 독자적으로 기능하지만 상호작용하는 전체 체계의 한 부분이다.

일반체계이론은 새롭고 전체론적인 사고방식을 제공하였다. 이 이론은 조직체계가 선형적 발전을 이루는 것으로 조망하지 않고 구성요소 간의 상호작용이 다른 구성요소에 영향을 미치는 순환적 인과관계로 설명한다. 이것은 A가 B에 영향을 주고 B가 C에 영향을 주며 C는 D에 영향을 주는 식의 등식이 성립되는 선형적 발전을 의미하지 않는다. 그것보다는 "A가 B에 영향을 주는 것도 아니고 B가 A에 영향을 주는 것도 아닌 서로 영향을 주고받는"(Goldenberg & Goldenberg, 2008, p. 18) 순환적 인과관계라 할 수 있다. 이런 방식으로 체계의 모든 하위요소는 다른 하위요소들과 영향을 주고 영향을 받는다. 더욱이 이런 패턴은 과정뿐 아니라 구조의 한 부분으로 시간이 지남에 따라 형성되고 집요하게 계속된다.

이 이론은 그 어떤 것도 그리고 어느 누구도 홀로 존재할 수 없음을 강조한다. 예를 들어 양극성

장애를 앓는 가족구성원은 가족기능에 영향을 미칠 뿐 아니라 양극성 장애 증상에 대한 가족의 반응에도 영향을 받을 수밖에 없다. 가족체계 접근에서는 기능장애를 가족구성원 개인에게 발생한 병리적 문제로 조망하지 않고 영향을 주고받는 현 상황의 다양한 역기능적 부분의 한 결과로 본다. 만약 그 어떤 것도 그리고 어느 누구도 홀로 존재할 수 없다고 가정하면 정신병리의 경계가 모호해진다. 가족체계이론에서는 각기 다른 수준의 복합적 인과관계에 초점을 맞춘다. 그런 관점은 개인의 정신을 연구하는 것으로부터 대인관계에서의 행동적 결과에 초점을 맞추는 식으로 변화를 가져왔다.

가족치료의 역사

가족치료가 생겨나기 전 수십 년 동안은 부부상담 및 아동생활지도가 행해졌다. 1929년 부부컨설팅센터가 뉴욕 시에 개설되었고, 1941년 미국가족상담학회가 결성되었다. 가족치료가 발전하면서 1970년대에 미국가족상담학회는 미국 결혼 및 가족상담학회로 개명하였다.

대부분의 부부상담은 단기적으로 이루어지고 해결중심이다. 그리고 부부상담은 주로 부부간의 논쟁의 빈도나 강도의 증가, 부부간의 배신행위, 이혼의 위협, 또는 자녀양육, 재정적 문제, 성관계 빈도 등과 같은 것에서의 의견 불일치, 비효과적인 의사소통 방식과 권력 구조 등과 같은 위기의 문제를 다룬다. 실제로 사람들은 다른 이유에서보다 부부간의 문제 때문에 상담을 받고자 한다고 보고한다.

2차 대전 이후 가족치료에 대한 요구가 증가하자 합동가족치료(conjoint family therapy)가 처음 생겨났다. 많은 초기 연구들과 중재 방법의 개발은 정신분열증(조현병) 환자의 가족을 위해 이루어졌다(Lebow, 2008). 1950년에서 1970년 사이 20년간 개발된 심리학 주요 이론이 지향하는 것은 가족이었다. Bowen, Haley, Satir, Whitaker, Minuchin 등은 선구적 작업을 통해 초기 가족치료이론들에 일반 가족체계이론뿐 아니라 일차 사이버네틱스를 결합시켜 의사소통 방식에 주목하고 가족체계에 대한 외부의 관점으로부터 피드백 과정을 거쳤다.

지난 20년간 기존 이론들에서 부족한 부분을 다룬 새로운 가족치료 유형들이 등장하였다. 포스트모던 사고의 영향이 가족치료에 있어서 구성주의적 이야기 접근, 이차 사이버네틱스, 문화 · 성적 지향 · 성별을 감안한 이론, 절충적 · 통합적 접근들에 스며들어 있다. 부부치료 및 가족치료의 효과를 지지하는 연구들도 꾸준히 있었다. 또한 특정한 가족 관련 문제들에 어떤 접근(예 : 정서중심 부부치료, 인지행동적 가족치료)이 효율적인지 연구를 통해 알 수 있었다. 지난 20년간 있었던 중요한 변화 중에 하나는 부부치료가 가족치료의 영역에서 하나의 독립체로 분리되었다는 것이다. 이 책에서는 BETA 형식으로 알려진 것을 다룰 것이며, 배경 · 정서 · 사고 · 행동이 가족치료에서 어떻게 작용하는지를 살필 것이다.

배경에 초점을 둔 가족치료

Adler식 가족치료

Alfred Adler는 개인에 있어서 가족관계의 중요성을 강조하는 전체론적 입장을 채택한 첫 번째 정신분석학자였다. 1922년 Adler는 상담 과정에 전체 가족을 관여시켰다. 그 이후 그는 교사, 부모 및 학교가 함께 아동이 자존감을 증진시키고 열등감을 극복하며 긍정적인 성장과정을 거치도록 도울 수 있는 아동생활지도클리닉을 개설하는 것을 지원하였다.

Adler 학파에서는 출생순위, 형제자매 간 경쟁, 열등감 및 사회적 관심 간의 관계를 전체적으로 분석해야만 한 개인을 이해할 수 있다고 본다. 추동을 강조하는 Freud의 이론이 널리 알려진 상태에서 Adler의 전체론적 접근은 다음과 같은 심리치료의 개념들을 소개하였다.

- 개인과 가족의 기능에 대한 가족구도의 영향
- 가족, 사회 및 문화적 맥락에서의 인간에 대한 관점
- 협력적인 치료 동맹의 중요성
- 강점, 격려, 역량강화, 지지를 강조하는 긍정적 관점
- 병리적 관점에서의 탈피 — 문제는 성장의 가능성을 제공하는 인생의 정상적 부분이라는 관점
- 치료 과정의 한 부분으로서의 심리교육

아동에 대한 적용 Adler의 개인심리학은 아동에게 적용하기에 적합하여 아동을 담당하는 많은 학교상담자와 치료자들이 활용해왔다(제4장 참조). Adler의 접근법은 치료자들이 융통성 있게 단기적 목적으로는 물론 장기적으로도 젊은 층에게 적용할 수 있다. 협력과 성격 형성 그리고 열등감을 극복하여 자존감 증진을 강조한 Adler의 개념은 현시대의 아동과 청소년 상담에서 강조하는 것과 일치한다.

Nicoll(1994)은 Adler의 이론에 근거하여 교실생활지도 프로그램을 개발하였다. Nicoll은 교실에서 사용할 수 있는 다음과 같은 다섯 단계를 제안하였다.

- 개인차에 대한 자각과 수용을 증진시키기
- 인간의 정서의 범위를 가르치고, 자신의 감정에 대한 인식을 증진시키며, 다른 사람의 감정에 영향을 미치는 자신의 행동의 영향을 명료화하고, 감정 이입의 계발을 유도하기
- 좋은 의사소통 기술을 촉진하기
- 협력과 협동 기술을 증진시키기
- 책임을 지도록 격려하고 당연한 결과를 활용하기

심리치료 전문가이자 저술가인 Rudolf Dreikurs는 교육자들과 부모들에게 Adler의 이론을 전파하였다. Dreikurs는 효과적인 양육 방식에 대한 자신의 책에 Adler의 생각을 잘 표현하였다. 아동 :

도전적 과제(*Children: The Challenge*)(Dreikurs & Soltz, 1991), 원전은 1972년에 출간된 눈물 없는 훈육(*Discipline Without Tears*)(Dreikurs, Cassell, & Ferguson, 2004)은 이제 고전이 되었으며 지금까지도 부모교육에서 활용되고 있다. Dreikurs는 아동의 잘못된 행동이나 비행은 삶의 목적과 생활양식이 반영된 것이라고 설명하였다. 모든 행동에는 목적이 있기 때문에, 그는 아동기의 비행 뒤에는 네 가지 가능한 동기가 있는 것을 확인하였다(Dreikurs et al., 2004).

- 관심 얻기
- 영향력 갖기
- 복수하기
- 철회하기(부적절함을 나타내기)

　　교사나 부모들은 그런 행동에 관해 부정적으로 반응한다. 하지만 그들의 그런 자동적인 반응들은 종종 바람직하지 않은 행동들을 강화시킨다. 예를 들어, 영향력을 가지고 싶어 하는 아동과 힘겨루기를 하거나 주의를 끌고자 하는 아동을 질책할 수 있는데, 그런 반응들은 무심코 아동이 원하는 관심을 주는 꼴이 된다. Dreikurs는 아동의 잘못된 행동이나 비행에 대한 목적을 이해한다면 그것을 더 효과적으로 다룰 수 있다고 설명한다. 예를 들어, 교사나 부모는 주의를 끌고자 하는 아동이 긍정적인 행동을 했을 때만 관심을 기울여주어야 하며, 영향력을 가지고자 하는 아동에게는 협동과 책임감이 리더십에 있어서 중요한 점이라는 것을 상기시키며 그의 능력을 인정해주어야 한다.

　　Adler식 놀이치료는 Adler 이론의 또 다른 확장이다. 그것의 목적은 "(1) 사회적 관심을 향상시키고, (2) 열등감을 극복하거나 경감시키며, (3) 삶의 목적과 자기, 타인 및 세상에 대한 잘못된 신념을 수정(p. 22)"함으로써 아동과 관계를 맺는 것이다. Adler식 놀이치료자는 (1) 관계 수립과 탐색, (2) 정보를 수집하여 생활양식 평가, (3) 통찰, (4) 아동이 사고와 감정 및 행동에 긍정적 변화를 갖도록 돕는 재정립 과정과 같은 네 단계를 거친다. 중재 방식에는 다음과 같은 것이 포함된다.

- 격려하기
- 치료적 비유로서 놀이와 이야기 활용하기
- 한계 설정하기
- 초기 기억과 생활양식 분석하기
- 가족구도에 관해 논의하기
- 사용한 언어 추적하기
- 자기인식을 위한 가설 나누기
- 새로운 행동 가르치기

자녀교육에 대한 적용　특별히 Dreikurs 등에 의해 해석된 Adler의 이론은 자녀양육 기술을 가르치고, 가족의 기능을 개선시키며, 부모가 건강한 자녀를 기르는 데 확실한 기반을 제공한다. Dreikurs는 의사소통, 존중, 격려, 교육, 논리적이고 당연한 결과의 활용, 기대를 강조하였는데 아동이 나이에 맞는 책임감을 가지게 할 수 있도록 한다면 가정의 미래는 밝다고 보았다. 바쁘게 돌아가는 사회에서 가정의 역할이 잊히고 있는 시점에서 그는 가족끼리 즐거움을 나누는 것의 중요성도 인식하였다. Dreikurs는 모든 가족이 일주일에 한 번 모두 모여 가정의 근심거리와 문제들에 관해 의견을 나누는 가족회의의 옹호자이다. 심지어 어린 아동이 가족회의에 참여하여 자신의 의견을 표현할 필요가 있다. 그것이 소속감, 책임감, 협동심, 참여의식을 증진시킨다. 또한 그렇게 함으로써 자녀 개인이 아니라 가족 전체가 관계하며 문제를 해결하는 것을 배운다. 그것이 바로 Adler 학파가 사회적 관심에 초점을 맞추는 것과 일치하는 것이다(Shifron, 2010). 아동을 위해서 가족이 연결되어 있다는 느낌을 주고 소속감을 증진하는 것은 또한 열등감을 경감시킨다.

효과적 자녀양육을 위한 적극적 양육 및 체계적 훈련법(STEP)을 포함해 여러 구조화된 부모교육 프로그램들이 Adler의 이론을 발전시킨 것이다. Dinkmeyer와 McKay(1997)에 의해 개발된 효과적 자녀양육을 위한 적극적 양육 및 체계적 훈련법에서는 아동에 대한 동기화, 훈육 방법, 이해방식, 의사소통 방식, 격려 방법을 제공한다. 이 교육 프로그램에서는 합리적으로 당연한 결과의 활용을 강조하고, 반영적 경청을 가르치며, 아동을 더 이해할 수 있는 도구를 제공한다.

Adler식 가족치료는 아동과 그의 가족과 작업하면서 긍정적으로 역량을 강화하는 식으로 접근한다. 부모훈련 프로그램은 계속 인기가 있으며 미국 전역의 학교와 그 외의 다른 장소에서 교육되고 있다.

Adler식 가족치료 및 부부치료에 대한 관심은 계속 증가하고 있다. 학급 관리 및 청소년의 물질남용과 행위 중독 등 아동에 대한 Adler식 치료, 부부치료, 문화와 사회경제, 성적 지향, 성별과 관련된 Adler식 치료의 효과에 대한 연구들은 개인심리학 저널(Journal of Individual Psychology)과 그 외의 학술지에 자주 게재되고 있다(Curlette & Kern, 2010). 또한 Adler식 가족치료는 다른 유형의 치료들과 통합되어 활용되기도 하고(Carlson & Robey, 2011), 탄력성 중심 단기가족치료에서도 적용되었다(Nicoll, 2007).

🛠️ 다세대 가족치료

1940년대 Murray Bowen이 처음 정신분석학과 체계이론을 결합시켰다. Bowen은 가족을 "다세대적 혹은 역사적 틀 안에서 분석할 때 가장 잘 이해되는 연동된 관계망으로서의 하나의 정서적 단위"(Goldenberg & Goldenberg, 2008, p. 175)로 개념화하였다. Bowen의 접근은 개인에 초점을 맞춘 정신역동적 접근과 전체로서 가족단위를 강조하는 가족체계이론 사이에 다리 역할을 한다.

Bowen은 그의 일생을 첫 번째 종합적인 가족발달이론을 개발하는 데 보냈다. 그의 이론은 복잡한 가족 간의 상호작용을 설명하는 새로운 용어인 정서적 단절(emotional cutoff), 다세대 간 전이 과정(multigenerational transmission process), 자아분화(differentiation of self) 등을 포함하고 있다. 물론 그의 이론은 심사숙고 끝에 개발한 체계적 치료 방법들을 제시하고 있다. 그 이후 수년간의 임상 경험과 연구들을 거친 후 Bowen은 조지타운대학 가족센터를 개설하였고 거기에서 30년 동안 다세대 가족치료를 가르쳐왔다. 이후 그의 제자였던 Monica McGoldrick은 가족치료를 성별과 문화를 감안하여 더 발전시켰고(McGoldrick, Giordano, & Garcia-Preto, 2005; McGoldrick & Hardy, 2008), Bowen의 다세대 가계도를 다양한 종합적 방식으로 확장하였다(McGoldrick, 1998; McGoldrick, Gerson, & Petry, 2008). 가계도에 관해서는 이 장의 뒷부분에서 더 자세히 다룰 것이다.

다세대 가족치료의 발달 Murray Bowen은 1913년 태어나 테네시 주에서 성장하였다. 그는 다섯 형제 중에 장남이었다. 그는 의대 졸업 후 소아 정신분열증을 전문으로 다루는 정신과 의사가 되었으며, 심각한 정신질환을 치료하기 위해 Freud의 이론을 적용하기 시작하였다. Bowen은 메닝거 정신병원에서 일하였고, 나중에 국립정신보건원(NIMH)에서 근무하게 되었는데 그곳에서 환자 개인이 아닌 가족구성원들을 함께 치료하는 그의 이론이 효과적인지를 연구하였다. 1959년 그는 조지타운대학으로 옮겼고 1990년 그가 사망할 때까지 그곳에서 근무하였다. 그는 미국가족치료학회의 창립자이자 초대 회장이었다.

중요한 이론적 개념들 Bowen의 가족치료의 이론과 실무는 서로 얽혀 있다. Bowen은 정신역동을 기초로 수련받은 정신과 의사였다. 그는 이론이 가족이나 아동을 치료할 수 있는 기초를 제공한다고 믿었고, 이론이 확실하면 특별한 기법이 필요하지 않고 그 자체로도 충분하다고 확신하였다. Bowen은 직계가족뿐 아니라 확대가족도 세대 간 전달되는 배경, 가치관, 문화 및 정서 체계에 대한 많은 정보를 제공한다고 보았다.

　Bowen은 가족에서의 정서적 관계 체계를 설명하는 여덟 가지 주요 개념을 소개하였다. 아래에 각 개념을 요약하여 제시하였다. 더 자세한 논의 사항은 Bowen의 임상적 실무를 위한 가족치료(*Family Therapy in Clinical Practice*, 1978)에서 찾을 수 있다.

1. **자아분화** Bowen의 자아분화 개념은 성숙과 심리적 건강을 위해 결정적인 성격 변인으로 여겨지고 있다(Light & Chabot, 2006). 타인과의 적절한 연결과 자율적 기능 간의 조화가 심리적 건강의 열쇠이다. 감정과 생각을 구분할 수 있는 사람이 높은 수준으로 기능할 수 있다. 생각에서 감정을 분리해낼 수 있는 사람에게서 자아분화가 일어난다. 정서적으로 이성적인 과정을 통해 의사결정을 내릴 수 있는 사람이 그런 사람이다. 분화의 반대는 얽혀 있는 융합(fusion)으로, 그런 상태에서는 감정이 의사결정에 영향을 준다. 자아분화가 더 잘될수록 사람은 더 수준 있게 기능하게 된다. 완전하게 자아분화가 된 사람은 사고와 정서를 자신의 가장 적절한 행동을 결정하는데 사용할 수 있다.

2. **삼각관계** 삼각관계(triangulation)는 가족의 두 구성원 사이의 제어되지 않는 불안이 한 사람으로 하여금 다른 제3의 가족구성원과 협력하게 만들었을 때 발생한다. 두 사람이 협력하여 가족문제와 관련하여 한 가족구성원을 비난한다. 다른 사람의 지지를 받는 것은 개인적 불안을 경감시키지만, 삼각관계는 가족체계에 문제를 야기한다.

3. **핵가족 정서 체계**　Bowen은 핵가족 정서 체계(Nuclear Family Emotional System)를 하나의 다세대 현상으로 보았다. 이것은 물리적으로 함께 거주하는 핵가족에도 있을 뿐 아니라 가족구성원들이 함께 거주하는 것과 상관없이, 심지어 죽었든 살아 있든 간에 대가족에서도 나타나는 현상이다. Bowen의 이론에서는 현재의 가족문제를 해결하는 유일한 방법은 원가족으로부터 분리되어 상호작용 양식에 변화를 주는 것이다. 가족구성원 간에 경계선이 생기고 가족구성원 개인이 '우리'가 아닌 '나'를 생각하게 될 때 분열이 일어난다. 스트레스가 심하면 심할수록 가족은 안전을 추구하기 위해 결합한다. 따라서 개인이 자신의 가족으로부터 분화할 수 없을 때 역기능과 병리적 결과를 가지게 되는 것이다.

4. **가족투사 과정**　어머니-아버지-자녀 삼각형 형태의 관계에서 부모는 가장 취약한 자녀를 선택하여 그에게 자신의 문제를 투사하는 경향이 있다. 왜냐하면 자녀의 경우 아직 자아분화가 제대로 이루어지지 않았고 부모와 강하게 엮여 있기 때문이다. 주로 어머니로부터 자아분화가 이루어지지 않는다. 예를 들어, 자녀가 어머니의 불안에 대한 반응으로 자신도 불안해질 수 있다. 일차적 돌보미 역할을 하는 어머니는 자녀의 불안에 반응하게 되고, 삼각형의 다른 한 축인 아버지는 자녀를 어떻게 해 보려는 시도를 하며 어머니를 돕고자 한다. 그러고 나서 자녀는 문제가 있는 것처럼 여겨지게 된다. 이런 식으로 가족투사 과정(family projection process)이 만들어진다.

5. **정서적 단절**　한 자녀 이상을 둔 가정에서 특별히 가족투사 과정에 적게 관여하는 가족구성원은 자신과 가족들 간에 물리적이거나 정서적인 거리를 유지함으로써 가족의 역기능적 문제로부터 자유로워질 가능성이 크다. Bowen은 그런 단절을 존재하는 애착과 해결되지 않은 갈등을 부정하는 것으로 묘사하였다. 정서적 단절(emotional cutoff)이 (해결되는 않는 융합으로) 문제를 드러내고, (접촉을 제한하여 불안을 없애는 방식으로) 문제를 해결하며, (가족구성원을 고립시켜) 문제를 만들어낸다(Kerr, 1981). 그다음에 이루어지는 접촉은 짧고 형식적이 된다. 단절은 불안감과 의존이 최고조인 가정에서 발생할 가능성이 크다(Bowen, 1978). Bowen의 가족체계이론에서 단절이나 융합과 같은 세대 간 가족양식을 파악하고 그것이 다음 세대에 영향을 미치는 것을 방지하기 위한 가장 중요한 도구가 가계도이다(McGoldrick et al., 2008).

　　Bowen은 단절이 있다는 것은 원가족에 대한 정서적 애착을 해결해야 한다는 것이라고 믿었다. 내담자에게 자신의 원가족으로 다시 돌아가서 자신을 관찰하고 자아분화를 하도록 도와야 할 때가 종종 있다. Bowen은 또한 모든 가족치료자들이 상담이나 심리치료에 앞서 내담자의 원가족과의 정서적 유대관계를 확인할 필요가 있다고 믿었다. 그는 내담자의 가족을 다룰 때 치료자 자신의 가정사가 스며들지 않기 위해서도 이 작업이 반드시 필요하다고 보았다.

6. **다세대 간 전이 과정**　새롭게 형성된 핵가족에서는 무의식적으로 자신들의 부모의 행동 양식을 반복한다. Bowen의 다세대 모형에서는 성 역할, 경제관념, 가족의무, 직업윤리, 대처 기술 및 스트레스 처리 방식 등에 대한 모방행동이나 가정철학을 통해서 기본 행동 방식이 다음 세대로 전수된다고 설명한다. 이런 식으로 가족체계는 기대 모형이 되고 전 세대의 복제품의 형태

를 띤다. 사람들은 자신의 원가족을 본받으려고도 하고 반대로 행동하려고도 한다. 그렇기 때문에 사람들은 배우자로 자신의 이성 부모와 비슷한 사람을 찾기도 하고 이성 부모와 반대되는 사람을 찾기도 한다. Bowen은 다세대 간 전이 과정(Multigenerational Transmission Process)을 통해서만 한 개인과 그의 가족체계를 확실하게 이해할 수 있다고 믿었다. 가족이 스트레스와 불안에 어떻게 대처하는지를 이해하는 것이 가장 중요한 열쇠이다. 스트레스가 매우 강할 때 전 세대가 스트레스를 다루었던 방식들이 개인의 행동에서 다양하게 나타날 수 있기 때문이다.

7. **형제순위** Adler와 마찬가지로 Bowen도 출생순위가 한 개인의 미래의 인간관계를 형성한다고 보았다. 특별히 가족과의 관계를 바탕으로 아동의 성격 특성이 발달한다. 예를 들어 집안에서 장녀인 여성은 누나를 가진 남성과 결혼하는 것이 더 적합하다. 형제순위(sibling position)와 관련하여 원가족으로부터 어떤 생활철학과 행동 양식이 학습된다.

8. **사회적 퇴행** Bowen이 생애 후반기에 사회적 퇴행(Societal Regression)의 개념을 추가하였기 때문에 다른 개념보다 완벽하게 다듬어지지 않았고 그의 이론에 완전히 녹아들지 못했다. 사회적 퇴행이란 전체로서의 사회에 반영된 분화와 개인화의 문제이다. 만성적인 스트레스에 놓이면 사회 전체는 한 가정이 그렇게 하는 것처럼 불안과 퇴행을 경험하고 정서와 사고가 분화되지 않는 방식으로 반응한다.

목표 Bowen의 가족치료의 목표는 불안을 감소시키고 자아분화를 증진시키며 가족구성원 간에 건강한 정서적 경계를 확립하는 것이다. 그것은 오직 가족체계가 어떤지를 이해하고, 현재의 가족역동에 영향을 미치는 여러 세대를 살펴보는 것을 통해서만 가능하다.

치료 과정 Bowen의 치료는 정서, 가족구조 및 삼각관계와 상관이 있는 패턴을 살피는 과정이다. 치료적 평가 단계에서 적어도 삼대가 포함된 내담자의 가계도를 작성한다. 가계도에는 가족의 결합과 관련하여 결혼·출생·사망 등과 같은 구조적 관계와, 융합·단절·삼각관계 등과 같은 정서적 관계를 모두 자세히 기술해야 한다. 가계도는 심리치료 과정 내내 추적 평가할 수 있는 도구가 되며, 가족 간 상호작용 방식에 대한 요약된 정보를 제공한다. 가계도는 또한 약물남용, 우울, 신체적 혹은 정서적 학대 등과 같은 역기능적 패턴과 세대 간 전달되는 행동 방식이나 관계 방식 및 가족구조 등에 관한 정보를 제공한다(McGoldrick et al., 2008). 그림 18.1에는 디아즈 가족의 가계도가 예로 제시되어 있다. 가계도에 관해서는 이 장의 끝 부분에 있는 기법 개발에서 더 자세히 논의할 것이다.

자녀들의 문제에 대한 책임이 부모에게 있다고 보았기 때문에 Bowen은 치료 과정에 자녀를 반드시 관여시킬 필요가 있는 것은 아니라고 보았다. 대신에 Bowen은 부모의 자아분화를 다루어 전체로서의 가족에 대한 통찰을 향상시키고 불안을 감소시키는 것을 선호하였다(Becvar & Becvar, 2006). Bowen은 부모와 함께 공동으로 작업하며 그들에게 가족의 기본적 문제가 부모 두 사람 사이에 있다는 그의 전제를 수용할 수 있는지를 묻는다. 그런 후 그는 부모가 통찰과 자아분화가 개선

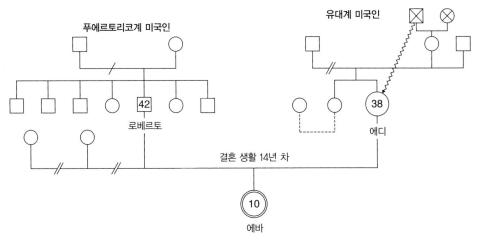

그림 18.1 디아즈 가족의 가계도

될 수 있도록 돕고 삼각관계에서 벗어날 수 있도록 돕는다. 물론 이때 치료자 자신이 그들과 또 다른 삼각관계에 빠지지 않도록 신경을 써야 한다.

치료자의 지도를 통해 부부는 점차적으로 분리된다. 부부간의 새로운 상호작용 방식은 개선된 평형상태가 만들어질 때까지 다른 가족구성원들에게 긍정적 효과를 발휘한다. 이런 과정은 최소 5~10회기에서 최대 20~40회기가 필요하다(Goldenberg & Goldenberg, 2012). 때로는 부부 중에 1명만이 심리치료 과정에서 자아분화가 많이 이루어질 때가 있다. 그런 사람은 부부가 한 팀이 되어 가족의 역기능적 문제를 해결하고 정서적이기보다 인지적으로 기능하기 시작할 수 있을 정도로 충분히 자아분화가 되기도 한다.

치료 동맹 Bowen의 체계이론에 따르면 치료자는 객관적으로 중립을 지켜야 한다. 치료자는 가족에 직접 연결되어서는 안 되며, 가족에게 특정한 문제를 일으키거나 역기능으로 작용하는 행동 양식·신념 체계·생활철학 등에 관해 관심을 가져야 하지만 그것으로부터 분리되어 있어야 한다. 치료자는 가족이 다세대적 영향에 대한 통찰을 얻을 수 있도록 돕는 촉매제가 되어야 한다.

Bowen은 치료자가 임상적으로 가족의 분화를 돕기 전에 자신의 가족역동을 먼저 다루어야 한다고 믿었다. 그러므로 이 이론에서는 치료자가 수련과정 동안 완전히 분화가 되어야 하는 것을 강조한다(Lebow, 2008). 치료 회기 동안 치료자는 가족과 삼각관계를 형성하지 않도록 조심하고, 객관적이고 공정한 모습을 보여야 한다.

한계 다른 정신분석이론처럼 Bowen의 치료는 너무 길고 시간을 너무 소비하며 비경제적이 될 수 있고, 실제 임상적으로 사용하기 힘들 수 있다. 이 이론은 일반적으로 남성은 합리적이고 여성은 감정적이라는 식으로 가치관에서 문화적으로 성별에 관해 편견을 보인다. Bowen의 이론은 가족 안에 아버지가 없을 때가 많기 때문에 어머니가 너무 많이 관여하게 된다고 여긴다. 위기에 있는 가족은 과거의 행동 양식을 탐색하기 전에 즉각적으로 해결해주어야 하는 요구가 있을 수 있다.

현황 Bowen의 치료는 관계에 광범위하게 접근하는 방식으로 보아야 한다. 자아분화에 대한 최근의 연구에서는 분화의 수준이 가정생활에 대한 기대뿐만 아니라 관계의 질에 영향을 주기 때문에 사람들은 자신과 비슷한 수준으로 자아분화가 이루어진 사람을 연인으로 선택하는 경향이 있는 것으로 나타났다(Spencer & Brown, 2007). 또한 이 이론이 노인 가족과 부양자 및 성인 자녀에게도 적용할 수 있음이 밝혀졌다(Piercy, 2010). 50개의 핵가족을 대상으로 한 종단연구에서도 잘 기능하는 핵가족의 가정이 더 균형이 맞고 가족의 목표를 더 잘 추구하는 것으로 나타났다(Klever, 2009). 우려와는 달리 이 이론이 문화적으로 포괄적일 수 있다. McGoldrick 등(2008)이 Bowen의 이론에 문화와 성별을 감안한 내용을 추가하였기 때문이다.

⚙ 구조적 가족치료

Salvador Minuchin에 의해 개발된 구조적 가족치료는 1970년대 가족치료의 대명사가 되었다(Becvar & Becvar, 2006). 구조적 가족치료는 일반체계이론에 기초한다. 조직적 구조, 규칙 및 가족구성원 간의 의사소통과 행동에 임상적으로 집중한다.

구조적 가족치료의 발달 아르헨티나에서 태어나 성장한 Minuchin은 1960년대에 가족치료자로서 경력을 쌓기 시작하였다. 초기 저술인 가족과 가족치료(*Families and Family Therapy*, 1974)에서 Minuchin은 가족구성원들이 가족의 하위체계의 경계를 애매하게 느낀다고 기술하였다. Minuchin은 문제가 있는 가족을 두 가지 패턴으로 구분하였다. 그는 문제가 있는 어떤 가족은 혼돈스러울 정도로 밀착되어 있고 구성원 간에 강하게 연결되어 있는가 하면, 어떤 가족은 유리되어 있고 구성원이 고립되어 있으며 서로 간에 거의 관여하지 않는다고 기술하였다.

중요한 이론적 개념들 모든 가족이 여러 하위체계를 포함하고 있다. 가정이 어떻게 조직화되었는지를 파악하면서 치료자는 전체로서 가족이 어떻게 기능하는지를 알게 된다. 가족의 하위체계의 경계의 윤곽이 그려져야 하는데, 때로는 가족도가 가족의 구조를 잘 나타내준다. Minuchin이 묘사한 구조적 가족치료의 주요 개념을 논의하면 다음과 같다.

하위체계 구조적 가족치료에서는 특별히 다음과 같은 세 가지 하위체계에 관심을 가진다. 자녀에 책임이 있는 부모 하위체계, 부모와는 차원이 다른 배우자 하위체계, 모든 자녀들과 관계가 있는 형제 하위체계가 그것이다. 일반적으로 배우자 하위체계가 가장 먼저 발달한다. 이것은 두 연인에 의해 구성된다. 이 두 사람이 가정을 구성하는 방식에 각자가 영향을 미치는 것을 어떻게 서로 지원하느냐가 가족이 어떻게 기능하는지를 결정한다. 자녀가 태어나면 자녀를 보살피고 양육해야 하는 책임에 기초하여 부모 하위체계가 발달한다. 자녀에게 요구되는 것이 변함에 따라 부모 하위체계가 융통성이 있게 수정될 수 있지만, 가족체계가 잘 기능하기 위해서는 건강하고 화합된 부모 하위체계는 필수적이다. 한 팀으로서 부모는 적정한 경계선이 있어야 하고 하위체계가 구분되어야 한다. 하지만 밀착이나 특권 박탈, 그리고 부적절한 세대 간 상호작용이 부모 하위체계에서 나타나서는 안 된다. 이 점에 관해서는 아래에서 더 자세히 논의할 것이다.

　　Minuchin은 한 하위체계에서의 신분이나 자격이, 다른 하위체계에서의 신분이나 자격을 침범하거나 방해해서는 안 된다고 믿었다. 예를 들어 남편과 아내 간의 친밀감이 자녀에 대한 부모의 역할을 방해해서는 안 된다.

　　체계 간의 경계　경계는 각 체계에 누가 관여하는지를 조망할 수 있는 방식을 제공한다. 경계는 경직된 것부터 느슨한 것까지 그 연속선상에서 존재한다. 경직된 경계에서는 가족구성원이 유리가 생길 수 있는 반면에 지나치게 느슨하고 투과적인 경계는 경계선이 없는 것처럼 느끼게 할 수 있으며 Minuchin이 밀착이라고 표현한 지나치게 얽매이는 일이 생길 수 있다. 구조적 가족치료에서는 가족이 양극단의 경계가 아닌 효과적으로 기능할 수 있는 융통성이 있는 경계를 가질 수 있도록 작업한다.

　　가족의 경계는 환경, 문화, 발달 단계 및 관계 방식에 근거하여 시간이 지남에 따라 변하게 되어 있다(Rigazio-DiGilio & McDowell, 2008). 경계가 너무 경직되는 식으로 변하거나 특정한 가족구성을 제외하게 되면 문제가 생긴다. 예를 들어 두 누나가 연합하여 4살의 남동생을 따돌리게 되면, 이 아이는 어머니가 자신과 더 많이 놀아주고 돌봐주기를 기대하게 될 것이다. 이런 상태는 갓난아이를 돌보기에도 바쁜 어머니에게 스트레스가 될 수 있다. 그 결과 가족은 혼란스러워지고 전체 가족체계의 기능에 부정적으로 작용한다.

　　가족 위계질서　모든 가족에는 가정 내에 영향력과 지배력을 결정해주는 위계질서가 있다. 어떻게 의사결정을 하고, 각 가족구성원이 어떤 역할을 하며, 권한과 자격이 어디에 있는지를 확실히 하기 위해 가족 위계질서가 필요하다. 어떤 가족에서는 어머니가 결정권자이지만, 어떤 가정에서는 부모 두 사람이나 조부모 혹은 아버지가 결정권자이다. 각 가정에는 상이한 위계질서가 있다. 그런데 그것이 모든 가족구성원의 요구를 충족시키기 위한 것이고 확실하게 정해져 있다면, 그 가족 위계질서는 잘 기능할 수 있다. 그러나 일부 가족구성원 사이에 연합과 동맹이 이루어지면 문제가 발생한다. 세대 간의 동맹이 특별히 문제가 될 수 있다. 구조적 가족치료에서는 가족 내의 동맹, 연합 및 삼각관계를 파악하고 아버지와 어머니가 서로 지지하는 것처럼 융통성 있게 상호작용의 범위를 넓히는 순기능적인 동맹을 만드는 것을 돕는다.

　　부모와 자녀 간의 연합은 자녀가 자신의 연령이나 역할에 맞지 않게 가족에 대한 책임을 가지게 하는 부모화가 자녀에게 일어날 수 있다(Minuchin, 1974). 하지만 가족 간의 연합이 항상 나쁜 것만은 아니다. 만약 약물남용의 문제가 있는 아들을 돕기 위해 여러 가족구성원들이 연합한다면 치료에 도움이 될 수 있다.

치료 과정　구조적 가족치료의 목표는 가족구성원 간에 효과적이고 건강한 방식으로 상호작용을 하고 전체로서 가족이 스트레스에 더 잘 대처할 수 있도록 가족교류체계를 재구조화하는 것이다. 치료 과정에서 가족의 위계질서가 수립되고, 하위체계 간의 경계가 그려지며, 잘 맞지 않았던 규칙들이 현재의 가족의 발달 수준에 맞게 개정된다. 구조적 가족치료자에게 가족의 역기능적 행동과 증상을 개선하는 가장 쉬운 방법은 역기능적 행동을 유지하게 하는 가족의 교류방식들을 제거하거나 수정하는 것이다(Goldenberg & Goldenberg, 2008).

　　Minuchin(1974)은 변화를 유도하는 과정의 세 단계를 다음과 같이 제시하였다. 첫 번째 단계에서 치료자는 가족에 합류하여 리더의 역할을 맡는다. 두 번째 단계에서 치료자는 가족의 구조를 알아내고, 세 번째 단계에서 치료자는 그 구조를 수정하는 작업을 한다. 그 목적을 달성하기 위해 구조적 가족치료자는 다양한 기법들을 사용한다. 기법 하나를 적용하기도 하고 여러 가지를 연속적으로 사용하기도 하는데, 이것은 모두 치료 체계를 구성하거나 현재의 체계를 무너뜨리고 수정하기 위함이다. 그런 기법들은 나중에 다루고자 한다.

　　합류 Minuchin은 어떻게 때로 먼 친척 삼촌처럼 될 수 있는지를 설명하였다. 그는 어떻게 가족의 스타일을 받아들이고, 그들이 주로 쓰는 단어와 화법을 사용하며, 그들이 믿고 있는 것과 이야기를 하는 것을 존중하고, 그들의 감정 표현 방식을 채택하면서 한 가족에 합류(joining)할 수 있는지를 묘사하였다. 예를 들어 가족구성원들이 자기주장이 강하면 치료자도 마음속에 있는 것을 표현하고, 가족구성원끼리 분리되었다면 치료자도 냉담함을 보이는 식이다. 치료자가 가족에 섞이게 됨으로써 가족 간의 위계질서, 경계 및 연합이 분명해진다. 합류 과정을 통해 가족의 구조가 치료자에게 드러난다.

　　재구성 재구성(reframing)이란 원래의 사건과 상황을 다른 것이 되도록 하는 것이다. 그 목적은 긍정적인 경향이 부각되도록 사건이나 상황을 재명명(relabeling)하기 위함이다. 재구성은 가족의 인식에 변화를 주기 위해 사용되며, 그 결과 상황을 조망하는 새로운 방식에 기초된 더 많은 설명과 선택 사항을 제공한다.

　　실연 실연(enactment) 과정을 통해 치료자는 가족갈등의 문제를 지금-여기 치료 회기에 가져올 수 있다. 그 결과, 가족역동과 위계질서가 도식화되고 대체할 수 있는 교육방식을 소개할 수 있다. 문제의 재연(reenacting)을 통해 가족구성원들은 문제의 원인이 개인에게 있는 것이 아니라 같은 행동을 계속 지속하게 만든 전체 가족체계에 있다는 것을 배우게 된다.

　　가족도 구조적 가족치료자는 가족관계를 조명하기 위한 도구로 가족도(family maps)를 활용한다. 가계도와 유사하게 가족도는 가족의 하위체계, 경계, 위계질서 및 동맹관계를 잘 보여준다. 가족도는 목표를 정하고 상담의 효과를 평가하는 데도 활용할 수 있다.

평가 구조적 가족치료는 다양한 장면에서 각기 다른 가족문제에 효과적으로 적용할 수 있다는 것이 연구를 통해 입증되었다. Minuchin은 구조적 가족치료를 신경성 식욕부진증, 당뇨병, 천식 및 다양한 만성 질환 환자를 가진 가족들에 적용하였다(Minuchin, Rosman, Baker, 1978).

　　구조적 가족치료는 전통적 가족구조와는 다른 새로운 가족구조에 개방적이다. Minuchin은 친부모와 자녀로 구성된 전통적 가족만 있는 것이 아님을 인식하였다. 그는 모든 가족이 그런 전통적 가족을 모델로 하는 것은 위험하다고 믿었다. 어떤 가족은 한 부모 가정일 수 있고, 동성애자 부부 가정일 수도 있으며, 의붓 부모의 혼합 가정일 수도 있고, 삼대가 함께 사는 가정일 수도 있다. 어떻게 구성되었는가와 관계없이 가족은 변할 수밖에 없다. 따라서 Minuchin은 스트레스가 있을 수밖에 없지만 불가피한 변화를 통해 가족을 돕는 것이 치료자의 역할이라고 믿었다.

정서에 초점을 둔 가족치료

경험적 가족치료는 인본-실존주의적 전통에서 발전하였고, 정서와 감정의 표현을 중요시하는 인간중심, 게슈탈트, 과정-경험적 이론의 요소가 연합된 것이다(제3부 참조). 지금-여기의 경험에 초점을 맞추고 감정을 표현하고 공유하는 방식을 통해 가족의 상호작용의 질을 개선하는 것을 도울 수 있다. 실존주의 치료에서처럼 과정, 성장 및 활동이 강조되는 반면에 배경과 역사적인 정보는 덜 중요한 것으로 간주된다. 경험적 가족치료는 내용보다는 과정에 초점을 맞춘다. 다시 말해 지금-여기에서 어떤 일이 발생하는지 그 과정보다 드러난 문제의 내용은 그리 중요하지 않은 것으로 본다.

경험적 치료에서는 정서가 중요하기 때문에 치료자는 감정을 탐색하고 그것을 강조하는 데 많은 주의를 기울인다. 내담자가 자신의 감정을 자각하여 표현하며 그것을 수용하도록 격려한다. 경험적 가족치료는 다음과 같은 중재 방식을 포함한다.

- 사람들 간의 연결관계를 개선하기 위한 회기 중이나 회기 간의 시도
- 가족 내의 상호작용의 질에 대한 탐구
- 그 순간 감정의 표현
- 가족을 어려움에 빠지게 하는 개인 간 의사소통 방식에 대한 토론

역기능은 연결관계의 부족이나 정서적 위험을 받아들이는 것을 실패한 결과로 본다.

Virginia Satir와 Carl Whitaker가 경험적 가족치료의 초기 개척자로 인정받는다. 더 최근에는 Leslie Greenberg와 Susan Johnson은 과정-경험적 이론에 애착이론을 접목하여 정서중심 부부치료를 발전시켰다. 그들의 이론은 부부를 치료하는 데 완전히 새로운 방식을 제공하고, 이론적으로도 타당성이 있고 연구에서도 그 효과가 검증되었다. 다음에 각 이론들을 요약하여 제시하였다.

Virginia Satir

Satir는 초기 가족치료 개발 당시에 리더였다. 그녀는 1916년 위스콘신 농장에서 출생하여 처음에는 교사로 일하였다. 그 이후 시카고대학에서 정신의료 사회사업학을 전공하여 대학원 학위를 취득하였다. 거의 10년 동안 기관에서 치료자로 근무한 후 시카고에 개인 개업을 하였다. 그녀는 국제적 연설가이자, 수련감독자 및 가족치료자였다. 그녀는 캘리포니아 팔로 알토의 정신연구소(Mental Research Institute, MRI)를 개설하는 것을 도왔으며, 그곳에서 명상 워크숍을 시작한 것으로 알려져 있다(Banmen & Banmen, 1991). 1964년 그녀는 처음 합동가족치료(*Conjoint Family Therapy*, 1975)를 출간하였고, 이 책은 가족치료의 고전으로 여겨질 정도로 획기적인 것이었다.

Satir는 전 생애 동안 5,000 가족 이상을 치료하였고, 때때로 여러 가족을 한 번에 치료하는 집단 가족치료를 수행하기도 하였다. 1988년 사망하기 전까지 Satir는 가족치료운동을 앞장서서 주도해

왔다. 지금도 Virginia Satir 글로벌네트워크를 통해 그녀의 일은 계속되고 있다.

이론의 발달 정서 표현의 중요한 부분은 좋은 의사소통의 결과이기 때문에, Satir는 가족관계에서 적절한 의사소통 방식의 중요성을 알리는 역할을 하였다. Satir는 사람이 온몸으로 이야기한다고 보았다. 단지 단어가 표현하고 있는 것 이상으로 의사소통은 신체 언어, 말투, 자세, 얼굴 표정 및 정서를 나타내는 미묘한 지표들을 포함하고 있다. 때때로 사람들은 어떤 하나를 말하지만 얼굴 표정이나 신체 언어는 완전히 다른 무언가를 나타낼 때가 있다. 이런 단어와 신체 언어가 충돌하는 때를 우리는 자주 경험한다. 이런 불일치는 우리에게 혼합된 정보를 보낸다. Carl Rogers처럼 Satir도 모든 의사소통의 일치를 강조한다. 오늘날 그녀의 모형은 가족치료에 있어 강점중심, 변화지향 접근인 Satir 변형체계치료(Satir Transformational Systemic Therapy)로 알려져 있다(Andreas, 2012; Banmen, 2008)

중요한 이론적 개념들 Satir의 가족치료 모형에서 강조되는 중요한 개념들은 다음과 같다.

인본주의적 인본주의 심리치료자처럼 Satir도 모든 사람이 자아실현뿐 아니라 자존감과 자기가치 느낌을 추구한다고 믿었다. 그녀는 공감, 무조건적 긍정적 관심, 진솔성과 같은 Rogers의 기본 조건을 수용하였다. Satir는 사람들 자신이 해답을 가지고 있기 때문에 효과적인 의사소통 기술을 익히면 자신의 문제에 대한 해결책을 마련할 수 있을 것으로 보았다. 그녀는 "삶은 그렇게 되어야만 하는 것이 아니고 그냥 받아들여야 하는 것이다"라는 격언을 자주 인용하곤 했다.

과정/경험적 신뢰관계가 형성된 후에는 경험적 과정을 통한 자각 수준의 발달은 변화를 위해 반드시 필요한 것이다. 다시 말해 내담자의 행동을 치료자가 지적하는 것만으로 충분하지 않고 치료 회기 중에 내담자가 그것을 경험해야 한다. 과정-경험적 치료자처럼 Satir는 가족의 역기능적 의사소통을 재실연하고 명료화하는 것을 돕기 위해 **재구조화**(reconstruction)라는 용어를 사용하였다.

의사소통 Satir는 가족이 정서적으로 더 개방되어 있고, 자신들의 감정을 잘 표현하며, 그들의 정서적 표현과 의사소통 방식이 일치하면 건강한 가정으로 보았다. 그러나 아동이 건강하지 못한 환경에서 성장하면 자신의 감정을 제대로 표현하는 방법을 배우지 못한다. 사실 아동들은 감정을 억누르거나 부정하라는 말을 종종 듣는다. 예를 들어, 부모는 자녀에게 "언제나 얌전하게 있어", "우는 모습 보여서는 안 돼", "겁나도 자신감 있고 진지한 모습을 보여야 돼"라는 말을 하는 경우가 많다. 그런 말들은 혼합된 메시지나 이중 구속의 의미를 담고 있어 자녀를 혼란스럽게 만들고 효과적인 의사소통을 방해한다.

모든 관계는 신뢰 위에 구축되는데, Satir는 신뢰가 무너지면 관계에 긴장이 생기고 스트레스를 경험하게 된다고 설명한다. 스트레스를 받게 되면 사람은 생존을 위한 행동 방식을 취하게 되는데, 다음과 같은 다섯 가지 생존 전략 중에 하나를 바탕으로 의사소통을 한다.

1. **회유형**(Placating) 회유자의 생존 전략은 함께 잘 지내는 것이다. 회유형 생존 전략을 사용하는 사람은 스트레스나 위협을 받는 상황에서 자신의 의견과는 상관없이 타인의 의견에 동의

한다. 심지어 자신의 의견을 피력하지 않으면 큰 대가를 치러야 할 때도 그렇다. 예를 들어, 자기 부모의 회유하는 방식을 학습하며 성장한 아동은 성인이 되어서도 자신의 아내가 화를 낼 때마다 그녀의 의견에 항상 동의한다. "맞아! 여보, 늦은 시간까지 일한 것은 내 잘못이었어. 당장 내일부터 매일 저녁 5시에는 집에 도착하도록 할게"라는 식으로 의사소통을 한다.

2. **비난형(Blaming)** 비난자는 누가 잘하고 누가 잘못했는지는 상관하지 않고 스트레스나 위협을 받는 상황에서 화를 내며 항상 제멋대로만 하려는 자세를 취한다. 이런 사람은 지배력을 잡고자 하고 타인을 굴종시키고자 한다. 비난자는 자주 비평하고 사기를 저하시키며 군림하고자 한다. 이런 사람은 가족 내에서 독재자처럼 행동하고 때때로 신체적으로 공격적이 되기도 한다.

3. **초이성형(Super-reasonable)** 초이성적인 사람은 스트레스 상황에서 무표정하고 논리적이며 차분하다. 인지적 차원에서 대응하며 절대로 자신의 감정을 드러내지 않는다. 이런 사람에게 기분이 어떠냐고 물으면 자신의 생각대로 표현한다. 물론 자신의 감정을 억제한 것에 대한 대가는 치러야 한다. 사회적 상호작용을 제대로 하지 않기 때문에 친구가 없고 외로움을 느낄 수밖에 없다.

4. **산만형(Irrelevant)** 어떤 사람들은 스트레스하에서 그 상황과는 상관이 없는 말을 하는 식으로 의사소통을 한다. 상황에 맞지 않는 의사소통 방식은 주제를 바꾸고 싶거나 갈등을 피하기를 원하거나 무언가 잘못되었다는 것을 부정하기 위해 이루어지는 것이다. 예를 들어, 산만형 의사소통 방식을 취하는 사람은 가족 간의 믿음에 관해 한참 토론을 하다가 갑자기 커피를 마시겠다며 방을 나간다. 과도하게 현실과 담을 쌓거나 상황에 맞지 않는 생각을 하면 몽상가가 되거나 급성 정신병적 증상을 가질 수도 있다.

5. **일치형(Congruent)** Satir가 제시한 마지막 의사소통 방식은 일치형이다. 일치형 의사소통 방식을 사용하는 사람은 느끼는 것과 말하는 것이 다르지 않다. Satir(1975)는 "직설적 메시지, 자기와 타인 그리고 전후 맥락 어느 것도 배제되지 않은 상황과 완전히 일치하는 것"(p. 47)으로 일치형 의사소통 전략을 설명하였다.

다섯 가지 의사소통 태도 중에 일치형만이 긍정적인 것으로 의사소통을 촉진하고 대인관계를 개선한다. Satir가 사용한 가족치료 기법 중에 하나가 자신의 의사소통 태도를 각 가족구성원에게 과장해서 적용해보라고 요청하는 것이다. 그렇게 하면 비난형 아버지는 손가락질을 하며 이마에는 주름을 목에는 핏대를 세울 것이고, 산만형 아들은 창밖을 바라보며 노래 같지 않은 노래를 흥얼거릴 것이며, 회유형 어머니는 모든 사람들의 각기 다른 의견에 동의하려고 할 것이다.

Satir는 모든 의사소통 태도가 학습된 것이기 때문에 수정이 가능하다고 보았다. 그녀는 잘못된 가족의 의사소통 방식이나 가족의 규칙이 가족구성원 개인의 성장을 방해한다고 믿었다. Satir는 문제는 그 문제 자체가 아니고 그것에 대처하는 것이 문제가 될 수 있다고 보았다. 사람들이 스트레스를 받으면 그 상황에 가장 잘 대처하기 위해 예전에 사용하던 생존 전략으로 의사소통을 한다. 따라서 의사소통 기술을 개선하기 위해 가족구성원 간의 상호작용에서 일치형으로 소통하게 하고 문제가 아닌 과정에 초점을 맞추게 하여야 한다. Satir는 더 일치형으로 소통하고 진술해지면 가족 내에서 자신을 더 자각하게 되고 다른 가족구성원을 더 생각할 수 있게 되어 자존감이 상승한다고 믿었다.

치료 동맹 인지적 접근으로 충분하지 않았다고 믿었던 Satir는 온화하고 유머 넘치는 심리치료자였다. 그녀는 기법이나 주지화가 아닌 경험적 순간을 통해서만 변화가 이루어진다고 믿었다. Satir는 "그것은 단순히 인생에 관심을 가지는 삶의 문제이다. 치료자로서 나는 동반자이다. 나는 사람들이 자신의 내면에 있는 지혜에 귀 기울일 수 있도록 돕는다. 물론 이 모든 것이 심리치료 이론에 부합되지는 않을 것"이라고 말했다. 그녀의 동료들은 주저 없이 그녀를 역사상 가장 영향력 있는 치료자 4명 중 1명이라고 부른다(*Psychotherapy Networker*, 2007).

Satir는 자신의 접근법은 효과적인 변화를 위해 치료자와 가족이 함께 작업하는 과정 모형(process model)이라고 설명한다. 가족구성원들이 자기 자신과 서로의 상호작용을 탐색하는 위험을 감수할 때 안전한 환경을 만들어주는 것은 치료자의 책임이다. 모든 가족구성원과 신뢰의 관계를 맺는 것은 치료적 변화를 위해서는 필수적인 것이다. 그녀는 모든 가족구성원을 과정에 포함시켰고 가족 사건 연대기를 포함한 가족력을 파악하고 융통성 있게 치료 시간과 장소를 정하였다. Satir는 융통성 있게 가족치료를 하였는데, 한 번은 비행기 중간 기착지인 공항에서 3시간 동안 한 가족을 상담한 적이 있었다.

치료 과정 Satir 변형체계치료에서 치료자의 역할은 가족구성원들이 자신의 정서를 경험하고 교류하며 자신들이 배제하였던 의사소통을 자각하도록 돕는 것이다. Satir는 가족구성원의 평등을 중요시하는 적극적이고 지시적인 치료자였다. 그녀는 종종 아이를 의자 위에 서게 하여 같은 눈높이에서 다른 가족구성원과 의사소통하게 하였다. Satir는 치료 회기에서 경험적 변화를 주기 위해 '자존감 냄비(self-esteem pot)'와 같은 비유를 사용하였다(Springer & Wheeler, 2012).

이런 유형의 치료는 가족의 오랜 상처를 끄집어내고 가족구성원이 새로운 자각을 할 수 있도록 도우며 잘못된 인식에 변화를 주고 다른 사람을 더 공감할 수 있도록 게슈탈트 치료, 사이코드라마, 역할 놀이, 모델링, 가족형상화, 비디오테이프 및 기타 활동과 게임을 포함한다. Satir(1975)는 "자각의 증진을 통해 새로운 이해가 생겨난다"(p. 135)고 믿었다.

그런 다음 변화를 위해 다양한 선택 사항이 있다는 것을 인식하는 새로운 이해가 뒤따른다. Satir에게 치료의 목적은 사람을 치유하는 것이 아니라 치료자가 "그 집단에 깨우침이 일어날 때까지 작업하는"(Satir, 1975, p. 210) 변화의 촉진자가 되어 돕는 것이다. 사람들이 자신의 역기능적 의사소통 방식을 더 자각하게 될 때, 마음 깊은 곳에 있는 자신의 정서를 표현하는 방법을 배우게 된다. 예를 들어 일을 마치고 아내인 자신은 생각하지도 않고 친구들과 어울리다가 늦게 귀가한 남편에게 화를 내는 대신에 마음에 어떤 상처를 입었는지를 나타내는 내면의 감정을 표현하게 된다. 슬픔이나 상처받은 감정과 같은 기본적인 정서의 표현은 분노나 방어적인 감정보다 공감을 더 잘 이끌어내고 상대방을 더 잘 이해하게 만들기 때문에 지원하고 배려하는 의사소통을 촉진한다.

Satir는 다음과 같은 여러 획기적인 방법을 소개하였다.

- 회기 중이나 회기 간에 사용하는 경험적 활동
- 효과적인 의사소통 방식을 확립하는 기법
- 가족형상과 안무
- 유머
- 가족을 위한 집단치료

현황 선구자로서 Satir는 가족체계치료의 발전에 믿을 수 없는 영향력을 끼쳤다. 그녀가 개방적이고 지시적인 의사소통을 강조한 것, 언어의 중요성에 관한 인식, 가족탄력성에 대한 신념 등은 초기 가족치료의 발전에 크게 기여하였으며 또한 역동적이고 비연속적인 치료 체계의 발전에 중요한 역할을 하였다. Satir의 모형은 가족치료를 하는 사람들에게 널리 보급되었으며 전 세계적으로 교육되고 있다. 특히 정신건강 상담의 수요가 급증한 중국에서 인기가 있다(Li & Vivien, 2010). Satir의 지속적인 영향력은 정서중심 부부치료와 같이 전체론적이고 경험적이며 체계적인 이론의 개발과 태평양사티어연구소(Satir Institute of the Pacific)의 활동에서 찾을 수 있다. 태평양사티어연구소(www.Satirpacific.org)에서는 Satir 성장모형을 전 세계적으로 홍보하고 수련시키고 있으며 사티어저널(Satir Journal)을 출판하고 있다.

Carl Whitaker

Whitaker(1912~1995)는 가족치료의 발전에 영향력 있는 선구자가 된 정신과 의사이다. 심지어 Satir보다 Whitaker가 더 자신의 성격을 심리치료 서비스에 투사하였다. 그는 자발적이며 매력적이고 자신의 경험을 내담자와 공유하는 사람이었다. Whitaker는 가족에 대한 효과적인 중재를 위해 자신의 직관력을 활용하며 시기선택을 적절히 하였다.

Whitaker의 이론은 키에르케고르, 니체 등과 같은 실존주의 철학자의 영향을 받았다. 그는 그곳이 현실이든 상상이든 간에 상실에 대한 공포가 가족의 가장 기본적인 추동력이라고 믿었다. 그는 상실의 유형을 (1) 질서와 의미의 상실, (2) 가족정신의 상실, (3) 궁극적으로 죽음의 공포와 같은 세 가지로 구분하였다(Keith, Connell, & Whitaker, 1992).

Whitaker는 모든 가족구성원이 상담 회기에 참여해야 한다고 보았다. 조부모는 물론 심지어 이혼한 배우자까지도 상담 회기에 참여해야 할 때가 있다고 생각하였다. 효과적인 상담을 위해서 다세대적 지원이 필요하다고 보았기 때문이다. 다른 경험적 심리치료자가 그런 것처럼 Whitaker도 가족 내에서 정서적 측면의 강화, 좋은 의사소통 기술의 모방, 과거나 미래보다 현재에 생긴 일에 초점을 맞추는 것을 강조하였다. 그는 병리적 측면보다 인간성에 초점을 맞추었으며, 가족이 자신들의 문제를 해결할 수 있는 능력을 가지고 있다고 믿었다. 따라서 치료자의 역할은 그 잠재력을 활성화하는 것이다(Connell, 1996).

Whitaker는 통찰 이상의 것이 필요하다고 보았다. 변화가 발생하려면 통찰은 의미 있는 경험이 동반되어야 한다. 특별히 두 가지 유형의 경험이 가장 효과적인 것처럼 보이는데, 가족 개개인이 분리되고 고립되는 위험에 처해보는 경험이나 너무 친밀감을 느끼는 경험이 그것이다.

다른 인본주의 심리치료자처럼 Whitaker는 지금-여기에 집중하여 작업하였으며 과거나 문제가 발생한 원인에 관해서는 중요하게 생각하지 않았다. 대신에 그는 제기된 문제보다 상담 회기 동안 어떤 일이 있었는지 그 과정에 초점을 맞추었다. Whitaker는 창의성이 새로운 전망과 관점을 가지게 할 것이라고 생각하였기 때문에 자신의 중재에 창의적인 방식을 도입할 때가 많았다.

치료 동맹 Whitaker는 이것을 상호적 배려(bilateral caring)라고 부르며(Whitaker & Napier, 1977), "치료 동맹은 신성한 것"(Connell, 1996)이라고 믿었다. 다시 말해 치료자나 내담자는 상대에게서 자신의 한 단편을 보면서 서로 교류해야 한다. 일반적으로 치료자는 비지시적이어야 하며, 가족이 문제에 대한 자신들만의 해결책을 찾아가도록 해야 한다. 하지만 치료자는 회기 중에는 매우 지시적이어야 하며 가족 앞에서 권위 있는 모습을 보여야 한다. 그러면서 가족이 역기능적 의사소통 방식을 나타내 보이도록 해야 한다. Whitaker는 치료 초기 혹은 심지어 첫 번째 전화 통화에서부터 힘의 균형에 관해 설명하고 자신의 권위를 세운다. 치료 회기 동안 그의 유머, 자발적 행동 혹은 심지어 엉뚱한 행동을 한 것들이 가족으로 하여금 이전에 자각하지 못했던 느낌을 인식하고 표현하게 만든다(Whitaker, Warkentin, & Malone, 2011).

Whitaker는 거의 모두 공동 치료자와 함께 작업하였다. 강력한 가족체계에 휩쓸리는 것을 방지하기 위해 그는 일찍이 공동-치료(cotherapy) 모형을 개발하였다. 두 치료자가 한 가족구성원 개인이 아니라 가족 전체의 대리자 역할을 하는 것이다. Whitaker는 가족치료를 '상징적 부모경험'이라고 하였지만(Napier & Whitaker, 1978, p. 91) 공동 치료자가 1명은 남성, 1명은 여성이어야 할 필요는 없다고 믿었다.

Whitaker는 치료를 재미있게 만드는 게임이나 유머가 가족의 탄력성을 증진시킨다고 강조하였지만, 비꼬는 식으로 남을 공격하는 유머는 파괴적이기 때문에 피할 것을 경고하였다(Walsh, 1998). 그는 성실성과 헌신 및 책임감이 관계의 영속성, 즉 좋은 치료 관계를 지속하는 것과 전체가 하나라는 느낌을 갖는 데 매우 중요하다고 생각하였다. 그것이 피할 수 없는 스트레스 상황에서 가족이 동요하지 않게 하기 때문이다.

Whitaker의 방식은 매우 개인적이고 자연적이며 직관적이어서 구조화된 훈련이 필요하지 않다. 그의 이론을 배우고자 했던 학생들은 단순히 그의 밑에서 인턴 과정을 거치는 것이 훈련이었다. 또한 그의 가족치료 자체가 연구하기 힘들어서 그의 방법이 효과적인지를 검증한 실증적 연구가 거의 없다.

정서중심 부부치료

정서중심치료는 Susan Johnson과 Leslie Greenberg(1985, 1987)에 의해 개발되었는데, 변화를 위해 강력하고 중요한 요소가 정서라는 것에 초점을 맞추기 위해 정서중심치료(EFT)라고 명명하였다. 부부치료에 대한 여러 선행 연구들이 관계에서 경험하는 스트레스에 대한 역할 놀이에서도 정서가 중요한 요소이며 긍정적인 변화에 대한 동기부여 촉진을 위해서도 정서가 결정적인 역할을 한다는 것을 알려준다. 메타분석 연구를 포함해서 심리치료 과정 및 결과에 대한 연구들은 정서중심치료가 가장 효과적인 부부치료 모형 중에 하나라는 것을 시사한다. 정서중심 부부치료에 참여한 부부의 90%가 부부간의 관계에 긍정적인 변화가 있었다(Jencius & West, 2003; Johnson, 2008).

정서중심 부부치료의 발달　Susan M. Johnson은 임상심리학자로서 1900년대 중반 영국에서 태어났다. 그녀는 캐나다로 이주하여 아동치료센터에서 일하였다. Johnson은 Rogers의 내담자중심치료와 Perls의 게슈탈트 접근으로부터 영향을 받았다. 그녀는 Bowlby의 애착이론에 관심을 가지기 시작하였는데, 특히 그 이론을 성인의 관계에도 적용할 수 있다는 데 흥미를 가졌다. Johnson은 정서중심 부부치료의 창시자로 여겨진다. 이 경험적 형태의 치료 방법은 위기에 있는 부부들을 중재하는 데 가장 효과가 있다고 연구로 검증되고 타당화되었다(Johnson & Woolley, 2009). Johnson은 현재 오타와대학의 임상심리학 및 정신과학 교수이자 오타와 부부 및 가족치료 연구소장이며, 정서중심 치료 국제우수센터장직을 맡고 있다. 그녀는 정서중심 부부치료 국제수련과정과 자격제도를 운영하고 있으며, 정서치료에 대한 많은 기고문과 논문을 저술하였다. 또한 그녀는 헌신적이고 책임감 있는 관계를 형성하는 데 정서적 연결이 얼마나 중요한지를 강조하는 **정서중심 부부치료의 실제**(*The Practice of Emotionally Focused Couple Therapy*, 2004)와 나를 꽉 안아주세요(*Hold Me Tight*, 2008)를 포함해 수많은 저서를 저술하였다.

중요한 이론적 개념들　정서중심치료는 성인 애착이론에 기초하고 변화의 언어로 정서를 사용하는 인본주의적–경험적 접근으로 보면 된다. 네 가지 주요 개념은 다음과 같다.

1. **체계**　정서중심치료는 Bertalanffy에 의해 소개된 체계이론에 기초하고 있지만, 구체적인 면에서는 Minuchin의 구조적 접근에 더 가깝다(Johnson & Woolley, 2009). 각 행동은 전체의 한 부분으로 이해되어야 한다. 초점은 행동의 방식에 맞추어야 한다. 변화는 한 개인의 행동에서 발생하지만(제1단계 변화), 전체로서 부부관계에서도 발생한다(제2단계 변화).

2. **인본주의적–경험적**　정서중심치료는 인간의 본성이 기본적으로 선하다는 믿음, 자기실현에 대한 타고난 욕구, 무조건적 긍정적 존중, 진솔성 및 공감과 같은 인본주의적 전통을 따른다. 긍정적인 치료 동맹이 변화를 실제로 이끌어내는 데 필수적이다. 다른 모든 경험적 치료들에서처럼 정서중심치료자들은 새로운 행동이나 통찰은 치료 회기, 바로 지금–여기에서 감정이나 정서를 재생함으로써만 가능하다고 믿는다.

3. **애착**　정서중심치료는 또한 애착이론에 근거하고 있다. "몇몇의 사랑하는 사람과의 안정적인 정서적 연결은 오랜 기간 동안 인류의 진화의 결과로 만들어진 생존에 기본이 되는 욕구라는 것이 애착이론의 기본 개념이다"(Johnson & Greenman, 2006, p. 3). Bowlby(1988)는 이를 '안전한 안식처(safe haven)'라고 하였다. Johnson은 안전한 안식처가 장소의 개념이 아니라 다른 사람과 관계하는 방식이라는 것을 확실히 하였다. 안전한 애착 관계를 형성한 부부는 서로 간에 정서적으로 접근성이 용이하고 서로에게 적절하고 빠르게 반응한다. 그런 부부는 서로 간에 안전한 연결고리가 있기 때문에 Johnson은 이를 '효과적인 의존(effective dependency)'이라고 불렀다(2007, p. 9). 반대로 부부간의 연결이 단절되면 예상 가능한 부정적인 일들이

발생한다. 처음에는 불안을 경험하는데 그것이 과도한 의존 행동이나 추구 행동을 낳고, 그로 인해 불만이나 분노의 감정이 생긴다. 애착의 모습에 대한 반응이 없으면 실망과 우울을 경험할 수 있다. 애착이론은 부부치료자에게 사랑의 관계를 어떻게 형성해야 하는지에 대한 열쇠를 제공한다.

4. **정서** 정서중심치료는 부부치료의 기본적인 동력인 정서에 초점을 맞춘다. 정서는 치료 회기에서 접근이 용이한 요소이며 드러나게 할 수 있는 부분이다. 통찰을 가지는 것만으로는 충분하지 않고, 상대방 앞에서 정서를 재연하는 것이 반드시 필요하다. 그래야 상대가 공감할 수 있고 자신의 느낌을 누그러뜨릴 수 있다. 그렇게 해야만 "상대와의 관계에서 새롭게 수정된 정서 경험"을 할 수 있게 된다. 이것이 "정서중심치료에서 말하는 변화의 본질"이다(Johnson, 2004, p. 13).

"정서는 애착 관계에서 음악과 같다. 많은 부부치료자나 가족치료자들이 그러는 것처럼 그것을 무시하면 양파 수프를 만들면서 양파를 넣지 않는 것과 같다"(Johnson, 2007, p. 6). 정서중심치료자들은 분노, 공포, 놀람, 부끄러움, 즐거움, 슬픔, 비통함 등과 같은 보편적인 정서에서 핵심 정서를 간파해야 하고(Johnson & Greenman, 2006, p. 3), 표현된 정서를 증진시키거나 감소시키기 위해 경청 기술과 반영적 중재를 해야 한다.

정서중심치료는 경험적이고 체계적인 접근을 애착이론에 통합한다. 정서중심치료의 기본 가정은 다음과 같다.

1. 부부간 갈등의 주요 쟁점은 배우자 간의 안전한 정서적 결속이다.
2. 모든 애착 행동의 기저에는 정서가 있고, 정서는 대인관계에서 변화의 기본적인 동력이다.
3. 대인관계에서의 문제는 각자의 지배적인 정서에 의해 유지된다.
4. 상대에 대한 애착의 욕구는 일반적으로 적응적인 것이고 건강한 것이다. 문제가 생길 수 있는 불안정한 애착이 지각될 때 그런 애착의 욕구가 어떻게 작용하는지가 관건이다.
5. 변화는 타협이나 정서적 정화 혹은 통찰에 의해 발생하지 않는다. "관계에서 상대방의 자세나 태도에 근거한 정서적 경험"의 재생의 결과에 의해서만 변화가 일어난다(Johnson, 2004, p. 52).

치료 동맹 치료자는 내담자에게 긍정적이거나 부정적인 정서를 탐색할 수 있는 안전한 환경을 제공해야 한다. 그렇게 하기 위해서는 치료자는 두 배우자 모두와 긍정적인 치료 동맹을 맺고 그것을 잘 유지해야 한다. 다른 인본주의적 접근에서처럼 치료자는 협력자의 역할을 수행하면서 각자를 존중하고 매 순간 치료 과정에 집중해야 한다. 정서중심치료자는 코치나 진단 전문가 혹은 교사라기보다 과정 자문가, 연출가 혹은 협력자이어야 한다.

치료 과정 정서중심치료는 항상 관계에서 서로 간의 정서적 연결에만 초점을 맞춘다. "정서중심치료의 목표는 경험을 재생하고 서로 간의 안전한 결속과 관계의 안정감을 확보하기 위해 상호작용을 자각하게 하는 것이다"(Johnson, 2004, p. 12). 제기된 문제가 문제라기보다 서로 간에 연결이 부족하다는 것이 문제이다. 만약 부부가 더 안정한 애착 관계를 형상하게 되면 서로 간에 적의를 느끼지 않고 자신들의 문제를 해결해나갈 수 있으며 불안정한 애착 관계에서 자유로워진다.

　　정서중심 부부치료에서는 치료 과정을 8회기에서 20회기 안에 수행하도록 설계된 9단계로 분류한다(Johnson, 2004). 이 9단계는 세 가지의 치료 과정, 즉 단계적 감소, 상호작용 태도의 변화, 획득한 것이나 진보된 것들의 합병 및 통합의 과정을 거친다. 각 9단계에 대한 자세한 설명은 워크북에 소개되어 있는데(Johnson et al., 2005), 각 단계들을 포함하고 있는 세 가지 치료 과정을 간략히 정리하면 다음과 같다.

1. **과정 1 : 단계적 감소(1~4단계)**　첫 네 단계에서는 문제의 주기와 문제와 관련된 정서 상태를 평가하고 파악한다. 그 과정에서 부부가 정서를 표현하도록 만든다. 부정적인 주기를 확인하고, 부부가 원한이나 무시와 같은 이차적인 반응적 정서의 기저에 있는 슬픔·분노·상심 등과 같은 일차적인 감정을 자각하도록 돕는다. 이 변화 과정의 끝 부분에서는 부부가 부정적인 방식으로부터 분리되어 관계가 더 안정적이 되기 시작한다. 이 단계에서는 제기된 문제가 더 이상 문제가 아니라 부정적인 주기가 문제가 된다.

2. **과정 2 : 상호작용 태도의 변화(5~7단계)**　부부는 두 사람 사이에서 발달한 부정적인 상호작용 주기를 자각하고 그것을 극복하기 위해 연합한다. 두 번째 치료 과정은 정서중심치료 작업의 중요한 부분이고 많은 부분을 차지한다. 여기서 부부는 자신의 감정 뒤에 있는 심연의 정서를 처음에는 각자 따로 표현하고 나중에는 함께 표현한다. 치료자는 정서적 재연을 연출한다. 배우자의 정서적 표현에 상대방은 더 이상 당황하지 않으면서 배우자의 욕구를 이해하고 수용하고 자신의 욕구를 새로운 상호작용 행동에 통합할 수 있다. 서로를 무시했던 부부는 정서적으로 서로에게 더 관여하게 되고 서로에게 적대적이었던 부부는 서로의 두려움을 이야기하고 도전적인 일에 접근하게 된다.

3. **과정 3 : 합병 및 통합(8~9단계)**　이 시점에서 부부는 서로 간의 새롭고 안전한 애착 관계를 형성한 상태이다. 오래된 스트레스는 경감되었고, 그들은 문제 되는 부분과 관련되어 효과적으로 의사소통할 수 있으며, 서로의 관계에서 생기는 문제들을 해결할 수 있는 수준에 이르게 되었다. 마지막 과정에서 부부가 획득한 것을 더 견고하게 만들고, 부부가 계속해서 효과적으로 의사소통하고, 자신들의 정서적 욕구를 충족시키기 위해 이전의 부정적인 상호작용 주기를 회상하고, 그들이 새롭게 형성한 긍정적인 상호작용을 유지하게 만든다.

중재 방식　정서중심치료는 단순하며, 부부상담이 발전한 것이다. 여기에서는 부부에게 효과적인 의사소통 기술을 가르치지 않는다. 가계도와 같은 Bowen의 기법을 사용하지도 않고, 행동 연습을 하게 하거나 과제를 부여하지도 않는다. 대신에 정서중심치료자는 공감을 하고 정서 표현에 대한 반영을 해준다. 그리고 회기 중에 정서를 재연함으로써 배우자에 대한 대체할 감정들을 느끼게 하는 데 표현된 그런 정서들을 활용한다. 이것이 정서중심치료에서 변화를 유도하는 방식이다.

　　Rogers의 반영적 경청 기술을 사용하여 정서를 탐색하고 반영하면서 정서중심치료자는 부부가 각각 자신의 내면에 있는 고통을 표현하게 하여 정화 효과를 경험하게 한다. 상대의 고통에 관한 이야기를 들었을 때 마음이 부드러워지고 상대에 대해 공감하게 되어 화났거나 억울한 부정적 감정이 경감된다.

정서중심치료자는 부부가 자신들의 정서에 접근하여 표현하게 하는 재연과 같은 구조적 기법 혹은 상호작용 기법들을 사용한다. 부정적인 느낌이 줄어들면 부부가 표현된 정서, 공감 및 안정적인 애착 결속에 근거한 관계를 재형성할 가능성이 크다.

정서중심치료에서 사용되는 주된 중재 방식은 다음과 같다.

- 연상시키는 질문의 사용
- 정서적 반응에 대한 반영
- 애착 방식과 부정적 주기의 재구성
- 핵심 사건의 탐색과 재연
- 부부관계 방식을 분명하게 하는 재연
- 새로운 관계 방식을 천천히 적용하도록 권유
- 반응의 유효성 창출과 일반화

적용 전 세계적으로 정서중심치료 모형의 활용이 증가하고 있다. 이 치료 방식은 애착과 관계라는 보편적인 문제에 초점을 맞추고, 인간을 존중하고 협력하는 중재 방식을 사용하기 때문에 어떤 환경이나 문화권에서도 환영받는다(Greenman, Young, & Johnson, 2009). 정서중심치료는 노년의 부부, 동성애 부부, 암이나 우울증 같은 만성 질환을 앓고 있는 부부, 군인 부부를 포함해 모든 유형의 부부에게 적용할 수 있다(Rheem, Woolley, & Weissman, 2012). 특히 정서중심치료는 심각한 외상을 경험했거나 외상후스트레스장애를 가진 부부에게 매우 효과적이다(Greenman & Johnson, 2012; Johnson, 2002).

현황 정서중심치료는 계속 인기 추세에 있다. 정서중심치료와 부부를 위한 행동치료 두 가지만이 부부를 위한 치료로 효과적이라는 것이 실증적으로 타당성이 입증되었다(Johnson & Woolley, 2009). 이 치료가 애착이론에 확실한 바탕을 두어 문제를 병리적으로 보지 않고 정서의 치유효과에 집중하기 때문에 심지어 표현을 잘 안 하는 부부, 회피적인 남편, 불륜·성 장애·성적인 학대에 의한 외상과 같은 어려운 문제를 가진 부부에게도 효과적이라는 것이 연구로 밝혀졌다(Johnson & Woolley, 2009; MacIntosh & Johnson, 2008). 정서중심치료는 부부가 깊은 수준에서 의사소통할 수 있도록 도울 수 있는 구조화되고 경험적이며 애착에 근거한 치료 모형을 제공한다. 하지만 이 치료는 별거 중인 부부, 한 배우자가 다른 사람과 연애를 하고 있는 상태의 부부, 확실하게 학대가 이루어지고 있는 부부에게는 적합하지 않다.

정서중심치료는 가족치료에도 적용 가능한데, 우울증을 앓고 있거나 자살 의도가 있는 청소년에게 자주 활용되고 있다(Johnson & Lee, 2000). 아동이나 청소년의 행동 문제에서 불안정 애착이나 관계의 단절이 핵심일 경우가 많다는 것이 연구로 밝혀졌다(Diamond & Stern, 2003; Moretti &

Holland, 2003).

평가　정서중심치료는 부부치료의 주류가 되었으며 사랑과 관계에 초점을 맞춘 많은 부분이 실증적으로 타당성이 검증되었다. 이것은 정서와 애착의 본질에 대한 연구와 함께 성인의 사랑을 다루며 치료자들에게 지침을 제공하는 첫 번째 관계이론이다. 정서중심치료는 또한 건강과 정서, 스트레스 및 결속과 관련된 신경과학의 새 지평을 열었다. 정서중심치료가 부부의 문제를 다루는 치료자들에게 많은 것을 제공하고 있는 것은 확실하다. 추후에는 가족에 대한 이 치료의 효과성이 연구되기를 기대한다.

사고와 행동에 초점을 둔 가족치료

사고중심치료적 접근(제4부 참조)과 행동에 초점을 맞춘 치료적 접근(제5부 참조)을 다룬 지난 장들에서 본 것처럼, 행동적 이론이 지향하는 점과 인지적 이론이 지향하는 점 간에는 중복되는 부분이 존재한다. 인지적이고 행동적인 치료 방식들을 가족체계 중재에 적용할 때 특별히 더 그렇다. 그러므로 사고와 행동에 초점을 맞춘 이론들을 논의하면서 이 두 이론을 결합하여 설명할 것이다.

행동적 가족치료와 인지행동적 가족치료

선택할 수 있는 행동적 가족치료들과 인지행동적 가족치료들은 유형과 범위 차원에서 매우 다양하다. 행동적 치료와 인지행동적 접근 방식을 취하는 각기 다른 치료 방식들을 몇 가지만 소개하면 다음과 같다.

- 기능적 가족치료
- 인지행동적 가족치료
- 행동 수정
- 행동적 부모훈련 및 부모기술훈련
- 성적 역기능을 위한 행동치료
- 인지행동적 부부치료
- 가족중심치료
- 행동적 가족체계치료
- 아동과 청소년을 위한 변증법적 행동치료
- 아동의 행동 문제를 위한 합리적 정서적 행동치료

이런 치료 방식들을 논의하는 것은 이 책의 범위 밖의 일이다. 가장 일반적이고 효과적인 것으로 알려진 행동치료들 중의 하나인 행동적 부모훈련 하나만을 간략히 살펴보고자 한다.

행동적 부모훈련　행동치료는 지난 30년 동안 문제를 가진 가족을 중재하는 방식으로 유용하게 사용되어왔다. 행동치료의 창시자인 Skinner의 초기 작업에 더해 Bandura는 사회학습이론을 발달시켰고, Gerald Patterson은 자녀의 행동을 개선하고 가족의 스트레스와 역기능을 경감시키기 위하여 부모를 활용할 수 있는 다양한 중재 방식을 개발하였다. Patterson은 행동적 가족치료의 선구자로 여겨지고 있다. 그는 Bandura의 사회학습이론의 개념을 효과적으로 적용하였다.

1950년대에 Patterson은 행동적 부모훈련을 수행하면서 부모를 위한 워크북을 개발하였다. 유관계약, 토큰경제, 모델링, 타임아웃 등을 활용하면서 부모는 아동의 긍정적인 행동을 향상시키고 부정적인 행동은 소거시키는 방법을 배울 수 있다. 이런 행동 수정 기술에 관해서는 제16장에 더 자세히 설명하였다.

부모기술훈련에서처럼 행동적 부모훈련에서도 자녀의 행동을 관리하고 자녀와 관계를 맺는 방법을 부모에게 가르친다. 행동적 부모훈련은 전통적인 행동치료에 근거하며 특정 행동에 뒤따르는 결과에 의해 그 행동이 강화받는다는 전제를 따른다. 다른 행동중심치료와 마찬가지로 행동의 원인을 파악하는 것보다는 현재의 행동 그 자체의 변화에 초점을 맞춘다.

행동치료에서는 가족 전체와 작업하기보다는 가족구성원을 개인적으로 만나 작업할 때가 많다. 거의 대부분 부모와 함께 작업한다. 간단히 교훈적으로 훈시하거나 인쇄물을 활용하여 치료자는 자녀의 문제행동을 관리할 수 있는 기술을 부모에게 가르친다. 치료자는 자녀와 부모의 상호작용을 촉진하기 위하여 역할 수행, 재연, 모델링, 유도(prompting) 등의 중재를 사용하기도 한다. 어떤 방법을 사용하든 간에 치료 중에 개선되는 것이 무엇인가를 파악하고 무언가 성공적인 변화가 이루어졌다면 정적 강화물로 보상을 제공한다.

행동치료에서는 문제가 가족체계에 스며든 것으로 보지 않는다. 사회학습이론과 마찬가지로 행동치료에서는 자녀의 문제행동이 가족에게 위협적이기는 하지만 실제로는 부모의 행동에 의해 강화되어 학습된 것이다. 따라서 자녀의 행동을 수정하기 위해서 부모는 행동의 결과를 수정하는 방법을 배워야 한다.

자녀의 부정적인 행동을 감소시키면서 긍정적인 행동을 증가시키는 것에 초점을 맞추는 행동적 부모훈련에 대부분의 경우 부모 중에 1명이 참여한다. 조작적 조건화가 가장 자주 적용되는데, 부모들은 행동 조성, 토큰 경제 적용법, 타임아웃의 적절한 사용법 등에 관해 훈련받는다. 행동적 부모훈련의 목표는 부정적인 경험의 비율을 감소시키면서 보상받는 경험의 비율을 증가시키고 부모에게 의사소통 기술과 문제해결 기술을 가르치는 것이다.

치료 동맹 행동적 부모훈련에서 치료자는 교사가 되어 자녀 개인이나 부모와 자녀 양쪽 모두에게 효과적으로 행동의 변화가 이루어지도록 지도한다. 치료자는 협력자이자 코치 및 전문가이다. 치료자는 바람직한 행동의 모델이 되어 긍정적인 행동의 피드백을 제공한다. 다른 모든 행동치료들에서처럼 치료자는 적극적으로 내담자들이 어떤 행동들을 수정해야 할지를 결정하는 것을 도와야 하고, 그런 다음 가족이 행동 관리 프로그램을 채택하도록 도와야 한다.

중재 방식 행동적 부모훈련에 전형적으로 포함되는 단계는 다음과 같다(Becvar & Becvar, 2006).

1. 관련된 사회학습이론의 원리를 설명하기
2. 수정해야 할 표적 행동을 확실하게 정하기

3. 선행 사건을 평가하고 그 시점에 준비되어 있는 행동들을 강화하기

4. 행동의 빈도를 기록하여 기초선을 정하기

5. 문제행동의 변화를 위한 특별한 과정을 부모에게 가르치기

행동적 부모훈련을 시행하기 전에 치료자는 다음과 같은 네 가지 요소를 고려해야 한다. (1) 문제행동에 대한 환경적 조절요인이 있는가? (2) 계획을 수행하는 한 팀으로서 부모가 함께 작업하는 것을 방해하는 부모관계에 문제가 존재하는가? (3) 행동적 부모훈련을 배우는 것을 방해할 문제(예 : 심한 불안이나 우울)를 부모가 가지고 있는가? (4) 어떻게 하면 특정 아동이 자기조절을 잘할 수 있도록 도울 수 있는가? (Becvar & Becvar, 2006)

행동적 가족치료와 인지행동적 가족치료에 대한 평가

행동치료는 품행장애를 가진 아동들이 정신분열증 환자 가족과 함께 작업할 때 효과적이고 부부 간의 갈등을 줄이는 데 도움이 되며 성치료를 위해서도 효과적이다(Nichols, 2010). 인지행동적 접근은 부모행동의 문제를 중재하는 데 특별히 효과적이라는 것이 밝혀졌다(Gladding, 2007). 가족중심 치료는 양극성 장애 환자를 가족구성원으로 둔 가족의 문제를 해결하는 데 효과적인 것으로 알려져 있다(Miklowitz, 2008).

개인이나 가족의 문제를 위한 행동치료나 인지행동치료에 대해서는 많은 연구들이 있었다. 따라서 이 치료 방식이 가장 일관적으로 효과가 있는 것으로 나타난 것에 관해 놀랄 필요가 없다. 문제행동을 보이는 아동과 청소년을 위한 행동적 부모훈련에 대한 연구들에서는 행동 개선의 비율이 75%였다. 주요 가족구성원의 역기능적 행동이 수정되면 가족 전체가 이익을 얻는다는 것이 연구로 밝혀졌다. 하지만 가족체계가 그대로 남아 있으면서 한 가족구성원이 변하면 그 이익은 오래가지 않는다.

가족치료로서 행동치료나 인지행동치료는 종종 다른 치료 양식들과 통합되거나 다른 가족치료 접근에 부수적인 방식으로 활용된다(Dattilio, 2005).

가족치료에 대한 포스트모던 접근

가족치료에 대한 포스트모던 접근에서 치료자는 한 가지 관점으로만 보거나 가장 최상의 해결책을 찾으려 하지 않고 가족구성원 모두의 관점이 동등하게 옳다고 본다. 해결책이란 옳고 그름의 문제가 아니고 고려해야 하는 아이디어이고 시도할 수 있는 접근법이며 다수의 관점을 통합하는 방식이다. 세상에는 확실한 해결책은 별로 없으며 애매한 것들은 너무 많고 변화를 이끌 수 있는 선택사항들은 다양하다.

포스트모던 가족치료에서 치료자는 정보를 수집하고 변화를 유도하는 역할을 한다. 기술적으로 경청하며, 모든 가족구성원으로부터 정보를 수집하고, 참여하는 관찰자처럼 행동하는 것을 통하여 치료자는 가족과 함께 상호작용 과정에서 그들이 현재 가지고 있는 문제를 대체할 수 있는 것을 찾아낸다.

1970년대에 체계이론과 사이버네틱스에서 진보한 전략적 가족치료는 가족체계이론을 능가하였다. 정신연구소 단기치료 모형, 문제해결 모형(일명 의사소통 모형), Milan 체계적 모형 등과 같은 전략적 가족치료의 다양한 접근법들이 개발되었다. 이런 모형들은 실용적이며 문제해결을 위한 접근법이며, 가족이 어떻게 그들의 문제를 만들고 그것을 유지하는지를 고려한다. 여기서는 각 이론들을 간략히 살펴보고자 한다.

정신연구소 모형

전략적 가족치료는 정신연구소(Mental Research Institute, MRI)의 발전과 함께 1950년대 캘리포니아 팔로 알토에서 시작되었다. Milton Erickson과 그의 최면치료에 영향을 받은 Gregory Bateson과 Jay Haley, John Weakland, Paul Watzlawick, Don Jackson 등은 자신들의 가족치료에 역설적 기법을 적용하는 것에 관심을 가지게 되었다.

중요한 이론적 개념들 정신연구소 모형에서 가족은 기본적으로 건강하고 자신들의 문제를 해결할 수 있는 능력이 있다고 본다. 하지만 수렁에 빠져 옴짝달싹 못할 때, 그 교착상태에서 빠져나오게 하기 위해 전문적 도움이 필요하다. 문제를 유지하는 체계를 확인하면서 치료를 시작하여 문제를 만드는 규칙과 가족 의사소통 방식을 파악한다. 그런 후 그 규칙을 수정한다.

적용, 치료 과정 및 기법 정신연구소 모형에서 사용한 치료는 다음과 같은 6단계를 거친다.

1. 치료에 대한 소개
2. 문제의 명료화
3. 문제를 유지하게 하는 행동의 확인
4. 목표의 설정
5. 중재 방식 개발과 시행
6. 치료 종료

문제가 확인된 이후에 전략적 가족치료에서는 가족이 문제를 해결하고자 시도했던 경험들을 탐색하는데, 실제로는 그런 노력이 가족의 역기능에 기여하고 그런 패턴이 계속되었을 수 있기 때문이다. 문제를 지속시키는 해결 방식은 다음과 같은 세 가지로 분류된다. (1) 문제가 존재하는 것에 대해 부정하는 것으로 그로 인해 해결하고자 하는 시도를 전혀 하지 않게 된다. (2) 가족이 전혀 관계없는 다른 문제들을 해결하는 데 초점을 맞추어 필요치 않은 것에 힘을 쏟는 것이다. (3) 행동은 취하는데 그 정도가 잘못된 경우이다. 가족이 성공하지 못한 노력을 조사한 후, 치료자는 특정한 가족문제에 대한 중재 방식을 개발하여 그것을 시행해야 하는 것을 가족에게 납득시키고 문제를 지속하게 하는 가족의 패턴을 중단시켜야 한다.

전략적 가족치료에서는 문제의 증상을 조절할 수 없는 것으로 생각하지 않고 증상의 이면에 그것을 강화하는 이차적 이득이 있는지를 살핀다. Haley(1963)는 문제의 증상은 다른 사람의 행동을 조절하거나 조종하기 위한 목적으로 사용되는 특정한 상황에 적응하기 위한 전략으로 생각하였다.

예를 들어 밤늦게까지 사무실에서 일을 하면서 어쩔 수 없다고 불평하는 남편은 늦게 귀가하여 집안일을 도와야 하는 책임을 지지 않아도 되는 이득이 생기기 때문이다.

전략적 가족치료에서의 중재는 치료자가 직접 지시적인 방식으로 처방한다. 이런 지시적인 방식은 상식에 어긋나는 것처럼 보인다. Madanes(1991)에 따르면 전략적 치료에서의 지시적인 면은 "정신분석에서의 해석과 같은 것으로 이 접근법의 기본적인 도구"(p. 397)이다. 이런 강력한 중재 방식은 가족의 변화를 유도하고, 가족이 연합할 수 있게 하며, 가족의 문제를 해결하는 데 도움이 되는 피드백을 치료자에게 제공한다. 때로는 그런 강력한 중재 방식으로 생긴 치료자에 대한 반감 때문에 가족이 연합하게 되는데 그것마저도 가족에게 도움이 될 수 있다.

지시적인 것이 해가 되게 하려는 의도에서 그런 것은 아니지만 벌을 주는 것 같거나 불합리해보일 수 있다. 예를 들어 Haley(1984)에 의해 개발된 시련치료(Ordeal Therapy)에서 치료자는 문제행동이 발생했을 때 불쾌한 사건을 경험하도록 지시한다. 일례로 반복해서 불면의 밤을 보내고 있는 한 남자에게 잠이 오지 않을 때마다 일어나 집 안 청소를 하도록 지시하는 것이다. 또 다른 Haley의 지시적 중재는 알코올 문제가 있는 부부와 계약을 한 것이다. 계약이라는 조건하에 먼저 술을 마시고 계약을 어긴 사람이 그다음 날 옷을 모두 벗은 상태로 집 주변을 걷는 것을 동의하게 하였다. 시련치료에서 '시련'이란 일반적으로 증상보다 불편한 것이다. 하지만 시련치료가 효과적이기 위해서는 내담자가 문제를 해결하고자 하는 의지가 있어야 하고, 치료자의 지시가 우스꽝스럽고 처벌처럼 보여도 그것을 기꺼이 따르려는 자세가 되어 있어야 한다.

전략적 가족치료에서의 지시는 일반적으로 역설적이고 이중 구속(double bind)을 만들어낸다. 예를 들어 외박을 하여 집안의 문제를 일으키는 딸에게 치료자는 매일 밤을 밖에서 지내고 일주일에 하루만 집에 오라고 지시한다. 이런 지시는 딸이 자신의 집에 있을 수 없다고 하는 느낌을 가지게 하여 이중 구속이 만들어진다. 만약 그녀가 치료자의 지시를 따른다면 그녀는 치료자가 자신의 행동을 조절하도록 허락한 것이고, 치료자의 지시를 따르지 않는다면 부모가 바라는 방향으로 그녀의 행동이 변하는 것이다. 그런 이중 구속은 변화에 대한 저항을 극복하기 위해 시도되는 것이다. Haley는 가족의 실제 문제는 영향력과 조절력의 문제 중 하나일 때가 많다고 믿었다.

전략적 가족치료에서 사용되는 역설적 지시 유형의 예는 다음과 같다.

- 재구성(Reframing) : 문제를 보기 좋게 다른 단어로 재정의하기
- 제지(Restraining) : 내담자가 너무 빠르게 변화하지 않게 하거나 절대 변화하지 말도록 지시하기
- 증상에 대한 처방(Prescribing the symptoms) : 너무 걱정을 많이 하는 사람에게 주말 내내 걱정만 하라고 말하기
- 절망 선언(Declaring hopelessness) : 그 상황이 절망적이어서 아무것도 할 수 있는 일이 없다는 내담자의 생각에 동의하기

위와 같이 이중 구속을 만들어내는 역설적 기법들은 가족의 치료에 대한 저항을 극복하는 데 도

움이 되고 변화가 빠르게 나타나게 한다(Nichols, 2009). 정신연구소 모형에 기초한 가족치료는 단기적으로 집중해서 이루어지고, 치료자는 객관적인 자세를 취한다(Lebow, 2008).

문제해결치료

문제해결치료는 Haley가 팔로 알토 모임을 떠난 후 필라델피아 아동지도클리닉의 Minuchin과 합류하여 개발한 것이다. 1976년 Haley는 심리치료자이자 정신연구소의 동료였던 Madanes와 워싱턴 DC로 이주하여 가족치료연구소를 발전시켰다.

　문제해결치료는 가족구성원 간의 의사소통 방식에 초점을 맞춘다. Haley는 가족체계의 기능은 가족구성원 서로 간에 의사소통하는 방식과 가족구성원 간에 형성된 동맹에 의해 결정된다고 설명하였다. Haley의 모형은 Minuchin과 최면치료자 Milton Erickson의 영향을 받아 의사소통 접근을 치료에 포함시킨다.

　Haley는 Milton Erickson의 제자인데, 그의 최면치료에서는 치료자가 내담자의 변화를 위한 지시 사항이나 목표를 정해야 하기 때문에 치료의 모든 책임을 져야 하는 것이 기본이다. 그런 가운데 Haley는 대인관계에서의 영향력과 조절력에 관한 문제에 관심을 가지게 되었다. 그의 고전적 교재인 **심리치료의 전략**(*Strategies of Psychotherapy*, 1963)에서 그는 증상은 병리적 조절 전략으로 보아야 함을 강조하였다. 1980년대 Haley의 접근이 인기를 얻게 되었는데, 여러 경험 많은 심리치료자들은 그의 비인습적 기법에 관해 우려를 표명하였다. 예를 들어 이불에 오줌을 싸는 자녀를 둔 가족과 작업하면서 Haley와 Richeport-Haley(2007)는 부모가 자녀에게 그날 이불에 오줌을 싸라고 말할 것을 지시하였고, 한동안 그렇게 할 것을 당부하였다.

　문제해결치료에서는 통찰이나 다세대적 정보는 중요하다고 보지 않는다. 대신에 치료자는 현재에 초점을 맞추고 가족이 달성해야 할 행동 중심 목표를 정하는 것을 중요하게 여긴다. 치료자가 지시한 것을 실행하는 과정을 통하여 변화가 생긴다(Goldenberg & Goldenberg, 2012). Haley는 특정한 문제에 해결할 수 있는 독특한 중재 방식을 개발하기 위해 가족과 함께 전략을 세웠다.

치료 동맹　문제해결 상담은 지시적이고 구체적이다. 치료자는 교육자이자 연출가의 역할을 해야 하는데, 숙제를 제공하고 과제를 설정해야 하며 새로운 기술을 가르치고 조언을 제공해야 한다. 치료자는 지금-여기에서 가족의 저항과 의사소통 방식을 조절하는 데 초점을 맞춘다. Haley는 다음과 같이 말한다. "내가 크게 기여한 것은 심리치료를 특정한 기술을 실행하는 수준으로 만든 것이다. 그것도 단순한 아이디어나 기술 혹은 기법을 수행하는 것으로 말이다. 이것은 내가 처음 발을 들여놓았던 비지시적 사상이 편만했던 곳에서 말하는 것과는 아주 다른 것이다"(Haley & Richeport-Haley, 2007, p. B~7).

　Haley는 가족치료에 많은 주목할 만한 공헌을 하였다. 그는 가족의 저항을 극복하기 위한 독특한 도구와 실험적 방법을 개발하였고, 새로운 개념을 개발하는 데 능력이 있음을 인정받았다. 또한 그는 경험의 순간을 창출하고 변화를 촉진하기 위해 지시적 방법을 사용하였다. 그는 가족의 문제들은 대개 생애 주기의 전환점에서 발생한다고 생각하였다. 전반적으로 Haley의 전략적 가족치료는 지금까지의 그 어떤 심리치료보다 가장 더 지시적이다. 치료자는 가족의 변화를 연출하고 그것의 영향력을 발휘해야 할 책임이 있다. Haley는 전략적 가족치료가 전 세계적으로 보급되도록 기여한 혁신적인 선구자이다.

Milan 체계적 가족치료

전통적인 Milan 모형은 이탈리아의 Palazzoli, Boscolo, Cecchin, Prata에 의해 개발되었다. 정신과 의사로 구성된 Milan 학파는 통찰 없는 행동 변화에 대한 Haley의 철학에서 인지적인 면이 더 강조된 전략적 가족치료로 관심의 초점을 옮겼다. Milan 학파는 순환 면접(circular interviewing)과 긍정적 의미 부여(positive connotation)와 같은 중재 방식을 개발하여 가족이 자신들을 역기능적인 방식으로 바라보지 않도록 도왔다. 예를 들어 물질사용장애의 증상을 보이는 10대 여자아이의 문제행동을, 바빠서 자녀에게 신경을 못 쓰는 부모로부터 관심을 얻고 부모와 함께 시간을 보내고 싶어 하는 하는 것으로 재구성 혹은 재정의할 수 있다. 그렇게 재구성된 것은 가족들이 수용할 만한 것으로 해결할 수 있는 여지를 느끼게 하며, 다른 가족이 그런 문제가 생기게 하는 원인이 되었을 수 있다는 생각을 하게 만든다.

순환 질문은 Milan 학파에 의해 개발된 기본 전략으로 여러 다른 치료 모형에서 채택하여왔다 (Fleuridas, Nelson, & Rosenthal, 1986). 가족에 대한 순환 질문은 더 넓은 마음을 가지고 상황을 생각하게 만든다. "당신이 술을 마시기 시작하면 당신의 아내가 어떻게 해야 하나요?", "새벽에 네가 침대에서 자고 있지 않는 것을 너희 엄마가 알게 되었다면 네 아버지에게 뭐라고 해야 하겠니?"와 같은 관계 질문은 내담자로 하여금 관계적 상황에 대한 이해력을 가지게 한다. 문제를 자신의 관점에서만 보는 것 대신에 순환 질문은 그 문제를 대가족체계의 맥락에서 이해하게 한다. 순환 질문은 가족이 단일선상에서만 행동을 생각하기보다 체계적인 면에서 생각하게 만든다. 순환 질문은 가족이 서로에게 의존하며 사고할 수 있게 만드는 건전한 호기심과 자발적 반응을 이끌어낸다(Gerson, 1996).

Milan 학파에 의해 개발된 또 다른 혁신적인 것은 치료를 수행하는 방식이다. 치료가 팀으로 이루어지면서 치료자들이 일방경 뒤에서 조언과 제언을 한다. 주로 한 달에 한 번의 회기가 10개월 혹은 12개월 동안 이루어지기 때문에 '긴 단기치료(long brief therapy)'라고도 불린다(Tomm, 1984).

전략적 가족치료에 대한 평가

전반적으로 전략적 가족치료는 가족이 제기한 문제를 다루기 위한 단기적이고 지시적이며 문제 중심 접근이다. 다양한 개념, 성공하지 못한 해결책을 통해 가족이 문제를 키워왔다는 아이디어, 그리고 다른 사람을 조종하거나 책임을 회피할 수 있는 이차적 이득이 여러 증상을 강화시켰다는 아이디어는 Milton Erickson에 의해 제안되었고 전략적 가족치료의 중요한 부분이 되었다. 역설적 지시, 치료의 성공 보장, 엉뚱한 지시 등과 같은 중재 방식은 전략적 가족치료에서 볼 수 있는 비인습적 기법이다. Milan 학파의 순환 질문, 긍정적 의미 부여 및 그 외의 덜 지시적이고 덜 직면하게 만드는 기법들은 다른 치료적 접근에서도 채택하여 활용하는 효과적인 중재 방식이다.

전략적 단기치료가 아동이나 청소년의 문제행동이나 약물남용에 효과적이라는 것은 실증 연구들을 통해 그 타당성이 입증되었다(Robbins et al., 2010). 다른 유형의 내담자나 다른 문제들에 대한 전략적 가족치료와 Milan 학파의 접근이 효과적인지는 연구가 더 필요하다. 전략적 접근에 대한 비평 중의 하나는 문제에 대한 심리평가나 그것의 배경에 대한 탐색 없이 변화에만 초점을 맞추는 것이 해로울 수 있으며 잘해야 일차적 변화만 유발한다는 것이다. Haley에 의해 개발된 다양한 역설적 중재 방식은 엉뚱하고 처벌하는 듯하며 인공적으로 조작하는 것 같다고 여겨지기도 한다. 인공적으로 조작하는 것 같은 느낌이 가족치료자들을 전략적 가족치료에 반감을 가지게 한다(Nichols, 2009, p. 108). Milan 학파와 현시대 전략적 가족치료는 내담자와 긍정적이고 협력적이며 진실성 있는 관계를 형성하는 것에 더 집중하고 있다.

해결중심 단기가족치료

치료의 초점을 문제에서 해결책으로 옮긴 해결중심 단기가족치료는 Steve de Shazer와 Insoo Kim Berg에 의해 개발되었다. 포스트모던 구성주의 이론에 따르면 현실은 시간과 문화 두 가지에 의해서 정의될 수 있다. 그러므로 가족을 위한 치료적 접근에는 역사적이고 사회적 배경과 문화가 반드시 고려되어야 한다.

제11장에서 다루었던 개인을 위한 해결중심 단기치료와 마찬가지로 해결중심 단기가족치료에서도 새로운 행동을 채택하거나 변화를 일으키는 해결중심 언어를 사용하는 것과 같은 실행 가능한 목표를 내담자가 설정하도록 돕는다. 해결중심 단기가족치료에서는 기적 질문을 하기도 하고, "뭔가 하나만 다르게 해 보세요!" 또는 "그런 일이 생겼을 때 자신이 어떻게 행동하는지를 유심히 살피세요!"와 같은 표준화된 중재 방식을 사용하기도 한다. 문제행동을 수정하는 데 초점을 맞추기보다 해결중심 단기가족치료는 역기능적 패턴을 수정하는 데 초점을 맞춘다. 단순하고 작은 변화가 성공적일 가능성이 크고 더 많은 긍정적인 변화가 생길 수 있는 문을 여는 것이다.

5회기에서 12회기 사이의 짧은 기간 동안 이루어지는 해결중심 단기가족치료에서는 거의 모든 가족들이 정말로 변화를 원하고 있고, 자신감과 열의를 가지게 하기 위해서는 아주 작은 변화만이 필요하다고 본다. 대처 기술에 집중하며 기대하는 것을 묻고 탄력성을 향상시키는 것은 개인은 물론 가족에게 적용하는 해결중심 단기치료에서 사용하는 중재 방식이다.

한계 해결중심 단기치료를 설명하며 지적한 것과 같이 이 접근의 한계점은 너무 단순하고, 효과를 지지할 만한 연구들이 많지 않으며, 같은 중재 방식을 반복하는 것에 너무 많이 의존하고 있다는 것이다.

⚙ 이야기 가족치료

이야기 치료가 가족체계이론에 포함되지도 않고, 심리적 증상이 가족의 갈등과 관련이 있다고 간주하지도 않으며, 어떤 문제를 상호작용에 의한 것으로 보지 않지만(Nichols, 2010) White와 Epston

의 이야기 개인치료는 아동이나 청소년은 물론 가족에게도 적용할 수 있다.

중요한 이론적 개념들 이야기 치료에서는 문제를 이야기가 해체된 것으로 본다(제11장 참조). 치료 과정에서 치료자는 부모와 자녀들에게 자신들의 이야기를 말로 표현하도록 하고, 그것을 새로운 시각에서 검토하도록 하며, 여러 가설을 세우도록 한다. 그렇게 하여 새롭고 더 희망적인 이야기를 쓸 수 있도록 돕는다.

이야기 가족치료자는 외현화 작업을 통해 가족이 문제로부터 거리를 두게 하며, 비난과 방어적 자세를 없애거나 감소시키고, 가족구성원의 문제가 자신들의 삶에 어떤 영향을 주었는지에 초점을 맞추게 한다. 예를 들어, 가족구성원 1명의 우울 증상도 개인의 문제로 간주하기보다 전체 가족에게 영향을 미치는 것으로 본다. 우울이 전체 가족에게 어떤 영향을 미쳤는지를 묻는다. 그런 다음은 가족이 어떻게 연합하여 그 문제를 해결할 수 있는지 질문한다. 문제를 개인으로부터 분리해냄으로써 가족이 해를 입지 않으면서 가족을 도울 수 있는 새로운 이야기를 만들어낼 수 있다.

치료 동맹 이야기 치료자는 판단하거나 범주화하는 것을 피하고, 기대하는 것들을 조망하고 문제가 발생하지 않았던 과거의 시간을 생각하도록 돕는다. 문제가 다시 생겼을 때 어떻게 할 것이냐고 질문하면서 사전에 차질이 생길 것에 대한 계획을 수립하게 한다. 축하나 증명과 같은 긍정적 확언(positive affirmation)은 격려하고 진보하고 향상된 것을 인정하고 기록하기 위해 이야기 치료에서 자주 사용하는 방법이다(White & Epston, 1990). 많은 이야기 치료자는 치료의 말미에 가족의 진보와 향상을 묘사한 편지를 정성스럽게 작성한다. 그런 편지는 가족이 만들어낸 변화가 지속되게 하는 데 도움이 될 뿐 아니라 치료자와 가족 사이의 연결고리 역할을 한다.

평가 개인의 독특성과 고유성을 존중하면서 서로를 비난하지 않고 가족이 오래된 이야기를 해체하고 희망 어린 새로운 이야기를 만드는 것을 도우면서 발전한 이야기 치료는 가족치료의 한자리를 차지하게 되었다. 아동이나 가족을 위한 이야기 치료는 주의력결핍과잉행동장애(ADHD) 아동을 돕는 데 사용되며(Looyeh, Kamali, & Shafieian, 2012), 섭식장애나 애착의 문제 혹은 외상을 경험한 아동들에게도 활용되고 있고(Dallos, 2006; Freeman, Epston, & Lebovitz, 1997; White & Morgan, 2006), 알코올남용이나 학대로 여겨질 정도의 심한 분노와 같은 부정적인 다세대적 전통을 끝내고자 하는 부모를 돕는 데도 적용할 수 있다. 또한 아동이나 청소년 개인을 위한 놀이치료나 가족을 위한 놀이치료와 접목해서 사용되기도 한다.

가족체계이론의 통합적 모형

지금까지의 연구 보고서에 따르면 어떤 한 가족치료의 접근법이 다른 모든 것들보다 더 효과적이라는 것이 확인되지 않았다. 확실히 어떤 치료는 특정한 사람들이나 특정 장애를 치료하는 데 더 효과적일 수 있지만, 모든 면에서 가장 효과적일 수 있는 치료 이론은 발견되지 않았다. 오늘날 대부분의 가족치료자는 통합적이고 절충적인 치료 방식을 따른다(Prochaska & Norcross, 2009).

사람은 복잡하고 다양하다. 게다가 인간관계는 더 복잡하며, 각 개인은 다양한 배경·정서·사고 · 행동들을 축적해왔다. 그래서 어떤 가족치료이론도 가족에 영향을 주는 생물심리사회적 측면을 모두 효과적으로 다룰 수는 없다. 제19장에서 다루겠지만 경험 많은 치료자들은 하나의 이론을 순수하게 따르기보다는 자신이 선호하는 이론적 지향을 다른 치료적 양식의 중재 방식으로 보충한다. 그것은 치료를 혼란스럽게 만들거나 아무 생각 없이 하나의 치료적 지향을 다른 것으로 교체하는 것이 아니라 두 가지 이상의 이론으로 통합적 접근법을 발전시키는 것이다. 그것은 "좋은 치료란 본질적으로 잘 훈련된 즉흥적인 것"(Pinsof & Wynne, 2000, p. 1)이라는 맥락에서 이해될 수 있다.

기술적 절충주의

이 접근법은 이론적인 부분에 집착하지 않고 각기 다른 여러 이론적 학파들로부터 기법들을 차용한다. 비록 절충주의는 다양한 방법론을 바탕으로 하고 있지만, 임상에서의 비일관성과 중심이 흔들리는 것을 피하기 위하여 기법들은 존재하는 이론적 기반 위에 더 체계적인 방식으로 통합되어야 한다. 그 이전에 다른 이론의 기법을 선택하여 사용하고자 하는 이유가 확실해야 한다.

대부분의 치료자들에게는 기본적으로 추구하는 이론적 지향이 있고 선택적으로 다른 이론을 빌려온다. 한 치료자의 초기 이론적 지향은 주로 재학했던 대학원이나 특정 교수의 이론적 지향 혹은 수련감독의 이론적 지향에 영향을 받는다. 또한 다른 요소로는 그 이론이 개인의 인생 철학에 잘 맞는지, 기법들이 사용하기에 편한지, 더 고급의 수련이 가능한지 등이 있다. 어떤 가족치료이론들은 본질상 서로 유사하여 잘 맞고 반면에 어떤 이론들은 함께 하기 쉽지 않다.

통합적 모형

어떤 치료자들은 차이가 뚜렷한 두 가지 이론적 지향을 결합하여 새로운 세 번째 것을 만들어내기도 한다. 예를 들어, Les Greenberg와 Susan Johnson은 정서중심 부부치료에 경험적 가족치료이론을 통합하였다(Greenberg & Johnson, 1988; Johnson, 2004). 대부분의 가족치료 모형은 실증적으로 그 타당성이 입증되었다. 너무 많은 이론들을 결합하여 비효과적인 잡탕이 되지 않도록 경고하고 있지만, 통합은 적절한 것으로 여겨지고 있다.

일반적 요인

일반적 요인에 대한 개념을 가족체계이론에 적용할 수도 있다. 하나의 이론으로 광범위하고 다양한 가족의 문제와 역기능을 잘 설명할 수는 없는 노릇이기 때문에 하나의 치료적 접근법으로 복잡하게 축적된 내담자의 증상들은 물론 배경, 문화 및 집단의 특성들까지 적절하게 다룰 수는 없다. 따라서 대부분의 가족치료이론에 공통적으로 포함되어 있는 것에 초점을 맞추어 접근하는 것이 가족의 문제를 해결하는 데 가장 도움이 될 수 있다. 그런 공통요인들은 각 이론적 지향의 주요 개념보다 더 탁월하지 않을 수 있지만 그만큼은 중요한 것일 수 있다. 제20장에 공통요인들을 요약한 목록을 참조하라.

가족치료의 적용

정상적 가족과정, 제4판(*Normal Family Processes*)(Walsh, 2012)에는 21세기의 정상적 가정이 묘사되어 있다. 이 책에서 저자는 이전에 비인습적으로 여겨졌던 가족의 구성이 이제 미국에서 가장 일반적인 것이 되어버렸다고 설명한다. 어머니와 아버지로 구성된 핵가족에서 아버지는 일하고 어머니는 집에 머무르며 자녀를 돌보고 살림을 하는 것이 더 이상 표준이 아니다. 요즘의 가족은 다핵화(multinuclear)ㆍ다인종화ㆍ다세대화되었고, 경제적이고 영적인 요구가 다양해졌다. 직계가족을 어떻게 정의해야 하는지와는 상관없이, 심지어 모든 가족이 직계가족 밖의 체계와 지원망에 의존하고 있다. 앞서 소개한 책의 저자는 요즘 가족들이 당면한 문제와 요구들을 처리할 수 있는 최적의 형태가 새로운 정상적 가정이라고 설명한다.

다문화 가족에 적용

가족의 형태가 변하면서 강점 기반의 조망을 할 수 있는 다문화적 능력이 있는 치료자의 필요성이 대두되었다. 모든 치료자가 인종, 성 역할, 민족성, 사회경제적 수준, 성적 지향 등에 민감해야 하고 그런 것들을 다룰 수 있는 능력을 키워야 한다. 그리고 자신과 다른 문화적 배경을 가진 사람들과 적절한 치료 동맹을 맺을 수 있는 능력도 배양해야 한다. 만약 가족치료자가 특정한 가족이 지닌 문화적 다양성과 특정한 전통 및 신념의 중요성을 이해하지 못하거나 그 가치를 인정하지 않으면, 가족에 관해 오해와 편견을 가질 수 있으며 심지어는 병리적으로 판단할 수도 있다(Gladding, 2007). 현시대 대부분의 치료자들은 병리적 혹은 가족의 역기능적 측면보다 탄력성, 해결책 및 선택에 초점을 맞춘다. 그런데 미국의 의료관리체계에서 대부분의 담당자는 아직도 배상의 목적으로 내담자를 다루려고 한다.

특정 유형의 가족에 적용

재혼 가족, 혼합 가족, 다핵화 가족 또는 다세대 가족은 대부분의 가족이 당면하는 문제들을 가지고 있을 뿐 아니라 자신들만이 특별한 상황의 걱정거리들이 있다. 그런 의미에서 친척이나 피가 섞이지 않은 가족들의 지지와 보살핌의 원천이 되는 다세대적 유대감이 존재하는 아프리카계 미국인 가족과 작업하기 위한 다세대적 모형이 제시되었다(Waites, 2009). 다세대 가족들 간의 그런 지지는 세대를 넘어 인생 전반에서 나타난다. 이런 세대 간 유대감 모형은 치료자가 가족의 강점을 살리고 문화적으로 관련된 문제들과 강점 중심 전략을 통합할 수 있는 아프리카 중심주의 세계관을 제공한다.

　재혼 가족이나 혼합 가족이 문제없이 적응하려면 부부간의 결속력이 강화되어야 하는 동시에 그때그때 달라지는 자녀들의 발달적 요구를 적절히 다룰 수 있어야 한다. 재혼한 가정의 계부나 계모와 자녀들 간의 관계에 위기가 발생하고 나서야 상담소를 찾는 경우가 많다. 그런 가족을 위해서는 특별히 경험적 구조적 가족치료가 도움이 될 수 있다. Satir의 가족조각기법은 혼합 가족구성원이 대인 간 연결에 대한 자각 수준을 높이는 데 도움이 된다. 또한 정서중심 가족치료도 혼합 가족구성원들이 정서적 유대감을 가지게 하는 데 효과적일 수 있다. Minuchin의 구조적 가족치료는 가족의 위계를 정하는 것을 주요 목표로 하기 때문에, 혼합 가족이 형성된 이후에 새로운 가족질서와 경계를 정하는 데 도움이 될 수 있다. 다세대 가계도는 가족이 집안 내력을 이해하며 행동 방식을 자각하게 하고 이전의 실수를 반복하지 않게 한다(Gladding, 2007).

미국에서 결혼 및 가족치료소를 찾는 이들 중에 레즈비언이나 게이와 같은 동성애 부부가 10%를 차지한다(Alonzo, 2005). 그 이유는 동성애 부부가 자신들의 문제를 적극적으로 해결하고자 하는 의지와 전문적 도움을 찾는 동기가 강하기 때문일 수 있다(Means-Christensen, Snyder, & Negy, 2003). 역할 갈등, 확대가족의 지지, 관계 만족의 문제가 이런 부부들이 공통적으로 제기하는 문제들이다. 보완적 역할 모델이나 사회 지지의 부족뿐 아니라 이들에 대한 여러 사회 장면에서의 계속되는 차별 또한 생활문제를 생기게 만드는 추가적 스트레스이다.

레즈비언이나 게이 부부를 상담하는 전문가는 동성애자에 대한 문화적 편견이나 차별과 동성애 혐오를 다룰 수 있어야 하며, 그 가족에게 스트레스가 될 수 있는 세대 간 역동을 이해하고, 지역사회 자원과 법률, 그리고 레즈비언과 게이의 생활방식을 잘 알고 있어야 한다(Alonzo, 2005; Gladding, 2007). 청소년 자녀가 레즈비언이나 게이 혹은 양성애자로 커밍아웃 한 가족과 작업할 때는 이야기 치료가 도움이 될 수 있다. 이야기 치료에서는 레즈비언이나 게이 가족구성원을 둔 가족이 되도록 가족구성원 각 개인들의 정체성을 수정하고 이야기를 새롭게 만들게 한다. 이야기 치료는 문화적으로 민감하고 요소와 기법들을 통합하고, 사회에서의 영향력과 특권 그리고 레즈비언이나 게이가 되었을 때의 영향을 인식하게 한다(Saltzburg, 2007).

진단받은 환자에 적용

중독, 섭식장애, 청소년의 기분장애 및 불안장애, 아동기 품행장애, 자폐스펙트럼장애에 가족치료가 효과적이라는 것이 수많은 실증 연구들을 통해 밝혀졌다(Kaslow, Broth, Smith, & Collins, 2012). 정신분열증(조현병)을 앓고 있는 자녀를 둔 가족에 대한 심리교육도 효과적인데, 재입원의 비율을 낮춘다는 것이 입증되었다(Lieberman & Murray, 2012; McFarlane, Dixon, Lukens, & Lucksted, 2003).

가족치료에 대한 평가

전반적으로 결혼 및 가족치료에서의 개선 비율은 개인치료의 개선 비율과 비슷한 수준이며, 모든 유형의 가족치료가 전혀 치료를 받지 않는 것보다는 낫다(Gladding, 2007). 물질남용, 신경성 식욕부진 및 심한 정신질환의 경우에는 체계적 치료 접근이 개인치료보다 더 효과적이라는 것이 입증되었다(Seligman & Reichenberg, 2012).

가족치료에 대한 최신 연구들의 결과를 요약하면 다음과 같다.

1. 가족 관련 문제를 치료할 때는 대부분의 가족치료 방식이 개인심리치료보다 더 효과적이라는 것이 발견되었다.

2. 모든 유형의 부부치료에서 부부간 의사소통이 개선되었다. 일반적으로 치료의 효과는 부부 중에 남편의 치료에 대한 태도와 밀접한 관계가 있었다(Symonds & Horvath, 2004).

3. 사람들은 대개 부부의 문제를 개인적으로 해결하고자 하지만, 공동 부부치료가 개인심리치료 보다 더 효과적이었다. 사실 부부문제와 관련하여 공동 치료를 받는 대신에 개인치료를 받는 다면 부정적인 결과를 낼 가능성이 두 배 증가한다.

4. 결혼을 앞둔 연인들을 위한 단기상담은 대인관계 기술과 관계의 질을 향상시키는 데 효과적 인 것으로 나타났다(Carroll & Doherty, 2003). 하지만 이와 관련하여 장기적 효과에 대한 자 료는 없다.

5. 가족치료의 긍정적 효과가 치료에 대한 출석률과 관계가 있다는 것은 놀랄 만한 일은 아니다 (Norcross, 2011). 하지만 여러 사람과 작업하면서 모든 사람을 모두 출석시킨다는 것은 쉬운 일이 아니다.

개선 비율뿐 아니라 악화 비율까지도 연구되었는데, 가족치료의 개선 비율과 악화 비율은 개인 치료의 개선 비율과 악화 비율과 비슷한 수준이었다. 가족치료에서 문제가 더 악화된 이유가 치료 자에게 있을 수 있다. 예를 들어, 치료자가 정서가 가득히 포함된 내용을 제대로 다루지 못했거나, 치료자가 어려운 주제에 너무 빨리 접근하였거나, 가족의 갈등을 점차적으로 경감시킬 수 있는 구 조를 치료자가 가지고 있지 않았거나, 치료자가 가족구성원을 지지하지 못한 것이 이유가 될 수 있 다(Fenell & Weinhold, 2003).

대부분의 가족치료가 대개 1회기에서 20회기 사이로 단기간에 이루어지는데 장기적인 치료만큼 효과가 있다는 것이 연구로 입증되었다. 공동 치료자와 함께 치료를 수행하는 것이 혼자 치료를 수 행하는 것보다 더 효과적이지는 않다. 가족치료에 대한 한 가지 비판은 때로 그것이 독립적이고 독 자적으로 보인다는 것이다. 일례로 가족치료에서만 사용하는 용어들이 너무 많다. 그런 이유로 이 장의 뒷부분에 용어를 정리해놓았다. 또 하나의 비판은 절차가 복잡할 수밖에 없다는 것이다. 예를 들어, 많은 사람들과 시간약속을 해야 하며, 기록해야 할 것도 많고, 비밀 보장도 힘들어진다. 하지 만 많은 치료자가 가족치료가 주는 보상과 효과성 때문에 그것을 선택한다.

기법 개발 : 가계도

가족과 함께 작업하는 치료자들은 가족에 대한 정보를 수집하고 그것을 조직화하기 위해 여러 상 이한 기법들을 사용한다. 가족치료에서 정보 수집과 평가를 위한 도구로 Bowen이 처음 가족의 여 러 세대를 도표로 묘사한 가계도를 개발하였다. 가계도는 가족 간의 관계와 그 패턴을 포함해 가족 에 대한 광범위한 정보를 제공하는 간략하고 실용적인 도구이다.

알려진 것처럼 추가적인 정보의 수집과 함께 가계도는 전통적으로 첫 회기에 만들어진다. 대부 분의 가계도에는 적어도 삼대가 포함된다. 가족의 패턴은 대개 세대에서 세대로 전달되기 때문에 가계도는 그런 양상을 확인할 수 있도록 생생하게 그려져야 한다. 가계도에서는 행동이 반복되는 양상, 가족관계 및 가족의 구조를 세대 간에 수평적이고 수직적으로 모두 보여야 한다.

정보 수집

가계도를 위해 정보를 이끌어낼 때 치료자는 가족구성원 개인과 작업할 수도 있고, 가족 전체와 작업할 수도 있다. 가족력에 대한 정보를 얻을 때는 정중한 자세를 취해야 하며, 다른 모든 회기 기록을 활용하고, 정보에 대한 비밀 보장을 유지해야 한다(McGoldrick & Hardy, 2008).

가계도 그리기

대부분의 가계도는 치료의 대상인 사람(IP)을 중심으로 작성하기 시작한다. 치료의 대상인 사람은 네모 안의 네모로 표시한다(그림 18.2 참조). 치료 대상인 사람의 부모는 같은 열 위쪽에 기록하며, 맨 위는 조부모를 표시한다. 출생, 사망, 결혼, 이혼, 자녀들, 부모 및 조부모를 기록한다. 입양, 자녀위탁, 임신 중절 및 태아 유산도 포함시킬 수 있다. 출생일, 혼인날짜, 사망일을 알게 되었다면 기록한다.

처음 가족에 관한 그림을 그린 후에 사람들 간의 관계를 확인하여 가계도가 확장된다. 친밀성, 얽힘, 유리, 가족의 경계 등이 적절한 선으로 표시되어야 한다. 신체적 혹은 성적 학대는 지그재그 선을 그리고 누구를 학대했는지를 화살표로 표시한다.

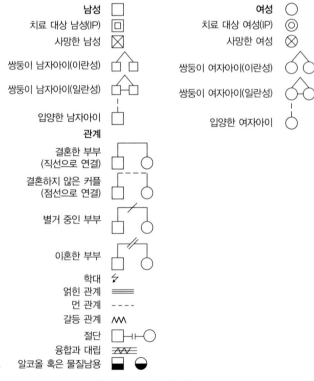

그림 18.2 가계도 구성의 기호

　　물질남용, 우울 또는 심각한 정신질환도 원이나 네모 안에 음영을 그려 표시할 수 있다. 중독은 기호 밑의 절반을 음영으로 표시한다. 심각한 정신질환이나 신체질환은 원이나 네모의 왼쪽 절반을 음영으로 표시한다. 질환의 유형은 기호 가까이에 표기하면 된다.

　　다른 유형의 정보를 묘사하고자 할 때 추가적인 가계도를 만들 수 있다. 그럴 경우 첫 번째 가계도는 가족의 구조와 인구사회학적 정보를 제시하고, 추가적 가계도는 가족구성원 간의 관계 양상을 파악하는 데 활용할 수 있다. 직업, 경제적 수입, 학력, 사망 원인 등과 같은 추가적인 개인 신상 정보도 치료자가 확인하여 추가할 수 있다.

　　모든 가계도에는 간과했거나 빠뜨렸던 부분을 포함시킬 수 있다(MaGoldrick et al., 2008). 그런 것들은 실제로 치료에서 중요한 정보의 원천이 된다. 특별히 내담자들이 직계가족의 정보를 모르고 있을 때나 이혼한 배우자나 이전의 의붓 자녀가 가족경계 밖에 있을 때 그렇다.

　　가계도는 또한 가족구성원 중에 누가 아주 가깝고, 누가 가족을 더 잘 도우며, 부부간 문제의 유형이 무엇인지와 같은 다양한 대인 간의 문제를 묘사하는 데 사용할 수 있다. 가계도에는 누가 다른 사람으로부터 위협이나 강요를 받는지, 누가 가족 내에서 영향력이 있고 없는지와 같은 가족 내에서 영향력의 역동을 그릴 수 있다. 가계도는 문화, 인종, 종교, 사회경제적 위상 등도 조명한다. 풍부한 정보를 수집할 수 있기 때문에, 종종 위에 묘사한 질문들과 관련하여 독립된 가계도를 작성하는 것이 필요할 때가 있다.

가계도 견본

앞서 그림 18.1에 디아즈 가족의 가계도를 견본으로 제시했다. 그 가계도에는 로베르토와 에디에 관한 신상정보가 간략히 묘사되어 있다. 로베르토는 푸에르토리코계 미국인 대가족 출신이다. 그는 에디를 만나기 전 두 번 결혼한 경험이 있다. 그에 반해 에디의 출신 배경은 매우 다르다. 그녀는 두 딸을 둔 유대계 미국인 가정에서 성장하였다. 그녀의 부모는 이혼하였고, 어머니는 재혼하였다. 우리는 에디가 학대 경험이 있다는 것을 알 수 있다. 로베르토와 에디가 결혼한 지 14년이 지났으며, 그들의 10살 된 딸인 에바가 이 가계도에서 치료 대상이다.

사례

로베르토와 에디는 가족상담사에게 최근에 로베르토가 직장을 옮겼고 다른 주로 일주일 정도의 장기 출장을 가기 때문에 자주 집을 비운다고 말했다. 에디에 의하면 로베르토가 집을 비운 동안 10살 먹은 그들의 딸 에바는 대화를 거절하며 문을 잠그고 자기 방에 들어가 나오지 않는다. 주말에 로베르토가 와도 에바는 부모를 무시하고 엄마가 하라는 것을 거절한다.

　　치료자는 이전에 에바와 몇 번 개인적으로 만났고, 부모와 함께 만나기도 했다. 치료자는 에바에게서 개방성을 느낄 수 있었고, 로베르토와 에디에게 에바를 다음 회기에 데리고 오라고 하였다. 그리고 치료자는 다음 회기에서 가족조각기법을 통해 에바와 그녀의 부모가 자녀가 느낄 수 있는 저변의 감정들을 이해할 수 있게 하였다.

> 치료자 : 에바, 오늘 함께 해주어서 너무 기뻐. 지난 회기에서 말을 별로 하지 않던데, 뭐 하고 싶은 말 있니?
>
> 에바 : 별로 없어요.
>
> 치료자 : 오케이. 그럼 재미있는 것 하나 있는데 한번 해 볼래? 말할 필요는 없거든.
>
> 에바 : 좋아요. 어떻게 하면 돼요?
>
> 치료자 : 먼저 모두 일어나세요. 로베르토와 에디도요. 에바, 지난주에 집에서 어땠는지 잠깐 생각해보자. 준비가 좀 되면, 너와 부모님이 마치 움직이지 않는 조각상처럼 내가 자세를 만들어볼게. 그러면 그걸 보고 지난주에 집에서 본 것과 다른 면이 있으면 좀 고쳐줄래!

그러자 에바는 몇 분 동안 지난주에 자신의 부모의 자세가 어땠는지를 곰곰이 생각하였다. 그런 후 아이는 아버지의 손을 잡고 문 쪽으로 걸어갔다. 아버지가 문을 바라보고 돌아선 채 사람들에게 등을 보이도록 하였다. 에바는 어머니의 오른손을 잡아 귀까지 올려 전화하는 자세를 취하게 하였다. 에바는 어머니의 자세에 만족하는 표정을 지으며 어머니의 뒤쪽으로 가서 자신을 보지 못하게 하고 소파에 웅크리고 앉아 허공을 응시하였다.

치료자는 에바에게 자신이 연출한 조각에 관해 이야기하게 하였다.

> 에바 : 뭐, 아빠는 일주일 내내 일을 하느라 집에 없기 때문에 등을 돌리고 문 쪽에 있게 하였고요. 아빠는 저녁식사 시간에도 집에 없기 때문에 사실 그쪽에 있는 것도 아니에요.
>
> 치료자 : 그게 너무 힘들었겠구나?
>
> 에바 : 네, 아빠가 너무 보고 싶었어요. 예전에는 아빠가 저녁에 퇴근하면 항상 나를 재미있게 해주셨어요. 저녁식사 전까지 우스꽝스럽지만 나를 웃게 만드는 놀이를 아빠가 해주셨거든요. 그런데 이제 더 이상 평일에는 아빠가 집에 오지 않으니 혼자 방에 앉아서 그냥 멍하니 있어요.
>
> 치료자 : 아! 그래서 너는 소파에 앉아 멍하니 허공을 보는 자세를 취한 거구나?
>
> 에바 : 원래는 침대에 누워 내가 좋아하는 얇은 이불을 덮고 있는데 여기에는 침대가 없어서 소파에 웅크리고 있었던 거예요. 나는 아빠가 함께 있어서 뭔가를 하고 싶어요.
>
> 치료자 : 그럼 엄마는? 엄마가 왜 그렇게 하고 있는지 나에게 말해주지 않을래?
>
> 에바 : 아빠가 집에 없으면 엄마는 항상 전화만 해요. 수다 떨기를 좋아하거든요. 할머니, 이모, 엄마 친구들, 누구든지 이야기를 들어주는 사람 있으면 전화해서 이야기해요. 내가 있는지 없는지 신경도 쓰지 않아요. 전화해서 피자를 주문하고 피자가 오기 기다리면서도 또 누구와 전화하는 정도라니까요. 나한테는 말도 안 걸어요. 엄마는 아빠가 집에 없으면 나도 집에 없는 것처럼 행동해요. 나가서 친구들과 재미있는 시간을 보낼 수 있으니까 엄마한테는 내가 없는 게 더 좋을 거예요.
>
> 에디 : 나는 이 아이가 그렇게 느끼고 있는지는 정말 몰랐어요! 저도 로베르토가 떠나고 나면 정말 보고 싶고 외롭고 해서 친구들에게 전화라도 해서 나를 바쁘게 만들어야지 하고 생각했을 뿐이에요. 로베르토가 없으면 저녁을 그럴듯하게 차릴 필요도 없으니 시간이 더 남고요. 그런데 에바도 저와 비슷한 처지라는 것을 생각하지 못했네요. 그런데 얘야! 왜 넌 방으로 들어가니? 거기서 할 일도 없잖아!
>
> 로베르토 : 몇 주 사이에 우리 집이 이 지경까지 된 것을 믿을 수가 없네요. 저도 멀리 떠나기는 싫지만, 직업상 가야 하는 겁니다. 그 일로 우리 집안의 두 여자가 저를 잃은 것 같은 느낌을 받았네요. 나를 보고 싶어 하는 것까지는 좋은데, 어떻게든 변화를 주지 않으면 안 되겠네요.
>
> 치료자 : 그렇다면 뭘 어떻게 변화를 줄 수 있을까요?

에디 : 에바와 제가 무언가 함께 하는 것이 어떨까요? 예를 들어 아빠가 집에 없을 때도 함께 저녁식사를 만들어볼 수 있지요. 함께 할 수 있겠니?

에바 : 엄마랑 스파게티를 만들 수 있어요.

연습

대집단 연습

1. 사례에서 다룬 가족조각기법에 관해 토론하라. 내담자의 역할을 하게 할 한 학생을 정하라. 이 학생이 자신의 가족구성원을 대신할 다른 학생들을 지목하여 실제 혹은 허구의 가족 간의 관계를 연출하게 한다. 언제나 그랬듯이 내담자들은 자신의 역할은 알아서 해야 한다. 그리고 가족조각 뒤에 있는 의미에 관해 토론하라.

2. 모든 문제가 대가족체계에서의 상호작용과 관련이 있다는 일반체계이론 개념에 관해 토론하라. 그 이론에 동의하는가? 이 이론은 행동에 대한 개인의 책임은 무시하는가? 대가족체계와 관련이 없는 것처럼 보이는 개인의 문제로는 어떤 것들이 있는가? 어떤 상황에서 그런 문제가 발생할 수 있다고 생각하는가? 체계적 조망과 개인적 조망 모두를 충족시키는 여러 문제들(예 : 우울, 불안, 물질남용)을 생각해보라.

3. Milan 학파는 '긴' 단기치료와 다른 치료자들을 일방경 뒤에 있게 하고 그 자리에서 제언과 피드백을 받게 하는 것 등을 포함해 혁신적인 방법을 개발하였다. 먼 친척들은 멀리서 와야 하기 때문에 12개월 동안 1개월에 한 회기만의 일정을 정하는 것이다. 긴 단기치료의 장단점과 일방경 뒤에 치료자들을 두게 하는 것의 장단점을 토론하라.

소집단 연습

1. 연구들에 의하면 가족치료는 개인치료만큼 효과가 있다. 당신은 어떤 상황에서 개인치료를 받고 있는 내담자에게 부부치료나 가족치료를 권하겠는가? 개인치료에서 얻을 수 없는 가족치료에서의 이득은 어떤 것들이 있는가? 단점들로는 무엇이 있는가? 당신은 어떤 특정한 문제에 어떤 가족치료를 권할 것인가? 대집단 토론에서 가족치료의 장단점에 대한 당신의 대답과 관련해서 토론하라.

2. 4명으로 집단을 구성하고 짝을 이루어 정서중심 부부치료의 부부 역할을 수행하는 기회를 가져라. 15분에서 20분 정도 역할 연기를 하라. 한 사람이 먼저 상대가 자신을 실망시켜 기분이 나빠 있는 상황을 연기하라. 그리고 치료자의 역할을 맡은 사람은 불만족스러워하는 사람에게 다음의 중재 방식을 사용하라.
   - 정서적 반응에 대한 반영
   - 연상시키는 질문의 사용
   - 반응의 유효성 창출과 일반화

- 내담자의 일차적 정서를 다루기 위해 그 이면의 이차적 정서에 대한 탐색(예 : 공포, 슬픔, 혐오, 행복감, 분노)
- 애착 방식과 부정적 주기의 재구성
- 효과를 증진시키기 위한 핵심 사건 탐색과 재연
- 내담자에게 배우자를 쳐다보며 애착의 상처와 상처받기 쉬운 감정에 대해 재연하도록 권유
- 새로운 관계 방식을 천천히 적용하도록 권유

　　각 역할 연기가 끝나고 집단원들로부터 피드백을 받는 시간을 가져라. 피드백은 일반적인 상담 기술과 부부로서 단계별로 연기를 했던 과정을 기초로 이루어져야 하며, 강점과 개선할 점에 초점을 맞추어 이루어져야 한다.

3. 정서중심 부부치료의 창시자들은 이 치료 방식을 폭력, 학대, 심한 분노 때문에 문제가 되는 부부들에게는 적합하지 않다고 조언하였다. 왜 그럴까? 당신은 어떻게 이 치료에 적합한 부부를 가려낼 수 있다고 생각하는가? 이 치료 방식에 적합한 부부를 가려내기 위해 당신이 사용할 수 있는 질문을 다섯 가지에서 10가지 정도 만들어보라. 그런 후 정서중심 부부치료에 적합한 부부에 대한 몇 가지 범주를 만들어보라.

개인 연습

1. 기법 개발 부분에서 다루었던 기호와 가계도를 참조하여 삼대가 포함된 자신의 가계도를 작성하라. 밑에서부터 시작하는데, 연대순의 출생순위별로 자신과 형제자매들에 대한 적정한 기호를 사용하라. 그다음 전 세대로 옮겨 부모와 부모의 형제자매를 묘사하라. 맨 위에 조부모 세대를 끝으로 가계도를 완성하라. 그리고 출생일, 혼인이나 이혼 날짜, 사망일 등을 포함한 정보들을 추가하라. 관계에 대해서는 적절한 선을 사용하여 표현하라. 마약이나 알코올남용, 폭력, 정신질환 등과 같은 주제나 가족의 패턴도 포함시켜라. 또한 학력, 문화적 결속력, 직업적 성공과 같은 강점을 표현할 수도 있다. 기호 안에 연령을 삽입하고 성명을 기술하고 옆에 출생일을 표시하라. 특별한 정보나 날짜에 관해서 부모나 조부모에게 문의할 수도 있지만, 꼭 필요한 것은 아니다. 모든 사람의 가계도는 다를 수밖에 없다. 가계도를 작성한 것에 관해 자신의 일지나 일지에 기술해도 좋다. 가계도를 작성하는 데 어려운 점은 없었는가? 가계도가 치료자로서 자신에게 어떤 도움을 줄 것이라고 생각하는가?

2. 자신의 가족에 관해 짧게 기술해보라. 자신의 가족의 삶에서 가슴 깊이 묻어놓아야 할 정도의 중요한 순간에 관해 100자 이내로 묘사하라. 그것은 어떤 사건일 수 있고 축하할 만한 일이거나 자연스럽게 발생한 것일 수도 있다. 이 연습의 목적은 가슴 저렸거나 감동적인 경험을 떠올려보고, 그것에 가족구성원들이 어떻게 관여했고 그때 경험한 정서와 사고 및 느낌이 어떠했는지 묘사하는 것이다. 이렇게 가족에게 중요했던 순간에 관해 짧게 묘사한 것들을 자신의 주간 일지에 기록하라.

3. 몇 분 동안 잠시 무엇이 한 가정을 이루게 하는지 생각해보라. 전통적으로 자신의 가정에서 남성

의 역할을 어떤 것이었는가? 여성에게 요구되는 역할을 어땠는가? 이제 자신의 문화적, 종교적 혹은 영적 배경을 생각해보라. 그런 것들이 당신의 태도에 어떤 영향을 주었는가? 그런 태도들이 당신이 여러 가족들을 상담할 때 객관성을 유지하게 하는가? 당신은 어떤 유형의 문제나 사람 혹은 가족과 작업하는 것이 힘든가? 이런 것들을 일지에 기록하라.

요약

이 장에서는 Bertalanffy의 일반체계이론의 혁신적 개발과 함께 시작된 가족체계이론에 관해 개괄하였다. 각 주요 가족체계이론들을 조명하였다. 비록 이런 이론들이 크게 다르지만, 개인보다는 체계와 관계에 초점을 맞춘다는 것에서는 모두 같다고 할 수 있다. 이 장의 결론 부분에서는 가계도를 작성하는 것을 기법 개발로 다루었으며, Satir의 가족조각기법을 사용하여 디아즈 가족의 사례를 조명하였다.

추천 도서

Goldenberg, H., & Goldenberg, I. (2012). *Family therapy: An overview* (8th ed.). Pacific Grove, CA: Brooks/Cole.

Contemporary Family Therapy Journal. (2002). Special Issue on Virginia Satir, *24*.

Johnson, S. M. (2004). *The practice of emotionally focused couple therapy: Creating connection.* New York, NY: Brunner-Routledge.

Journal of Individual Psychology. (2007, Fall). Special Issue on Couples Therapy, Relationship Education, and Individual Psychology, *63*(3).

McGoldrick, M., Gerson, R., & Petry, S. (2008). *Genograms: Assessment and intervention* (3rd ed.). New York, NY: W. W. Norton.

Walsh, F. (Ed.). (2012). *Normal family processes: Growing diversity and complexity* (4th ed.). New York, NY: Guilford.

용어 해설

가족체계이론에서만 사용하는 용어가 있다. 따라서 가족체계이론에서 자주 사용하는 용어의 해설을 다음에 제시하였다.

가계도(genogram) 가족과 관련된 정보와 그 구성원이 모두 포함된 가족의 관계 체계에 대한 다세대적 도표

가족구도(family constellation) Adler식 가족치료에서의 전반적 가족의 구조, 특별히 출생순위에 주의를 기울임

가족도(family maps) 구조적 가족치료에서 경계와 하위체계를 포함한 가족의 구조적 개요를 파악하

기 위한 기법. 가족도는 변화의 방향을 제공함

가족조각(family sculpting) 가족 내에서 개인이 관계하는 모습을 상징적으로 보여주기 위해 가족구성원의 신체 모습을 배열하는 것

경계(boundaries) 사람들 간의 정서적 혹은 물리적 장벽

공동 치료(conjoint therapy) 두 사람이 함께 치료하는 것

공생(symbiotic) 경계가 모호하고 마치 하나처럼 반응하는 두 사람 간의 강렬한 관계(주로 어머니와 자녀 간에서 발생함)

과정/내용(process/content) 사람들이 그 순간 관계를 맺는 방법과 말하는 것과의 구별

다세대적 전수과정(multigenerational transmission process) 역기능적 가족패턴이 한 세대에서 그다음 세대로 전달되는 과정

다핵화 가족(multinuclear family) 이혼 혹은 별거한 두 가족이 한집에서 사는 것. 미국의 경우 2008년부터 이런 다핵화 가족의 수가 증가하고 있는데, 경제적 문제 때문인 경우가 많음

동맹(alliance) 가족 하위체계에서의 다른 사람과의 연결

삼자관계(triad) 세 사람 간의 관계

삼각관계(triangulation) 두 사람 간의 갈등에 관여하게 된 제삼자의 상호작용 패턴

사이버네틱스(cybernetics) 체계 안에서 발생하는 과정에 관한 학문

세대 간 연합 혹은 동맹(cross-generational coalition or alliance) 가족구성원에 대항하기 위해 부모와 자녀가 맺는 부적절한 동맹

실연(enactments) 치료자가 연출가가 되어 실행하는 중재 방식으로 내담자가 상호작용을 반복하여 부연해서 설명하라고 지시한 후, 치료자가 그것을 관찰하고 역기능적 가족 간의 상호작용을 수정하도록 돕는 것

양자관계(dyad) 두 사람의 관계

애착(Attachment) 다른 사람과 연결되고 싶은 선천적인 욕구

애착 상처(attachment wound or injury) 필요한 결정적인 순간에 어떤 사람이 상대에게 반응하는 것을 실패했을 때 생기는 상처. 이런 일은 반복적으로 떠올라 관계를 회복하는 데 장애가 됨 (Johnson, Makinen, & Millikin, 2001, p. 155)

역설적 중재(paradoxical intervention) 치료자가 저항을 유발하기 바라면서 모순적인 행동을 처방하는 치료적 기법. 내담자가 지시에 저항할 때 변화가 발생함

연합(coalition) 가족구성원 중에 제삼자에 대항하기 위해 2명이 맺는 동맹

얽힘(enmeshed) 개인의 자율성을 침해하면서까지 가족체계에서 구성원들이 다른 사람의 삶에 과도하게 관여하거나 간섭하는 것

일반체계이론(general systems theory) Bertalanffy에 의해 개발된 조직의 위계와 체계의 세부요소 간의 상호작용을 강조하는 상호작용 체계에 대한 학문

유리(disengagement) 융통성 없고 배타적인 가족체계에서 발견되는 과정으로 1명 이상의 가족구성

원이 매일의 가족교류에서 이탈되거나 연결되지 않은 것 같은 느낌

융합(fusion) 개인의 분화가 제대로 이루어지지 않고 대인 간 경계가 적절하지 않은 가족을 일컫는 용어

자아분화(differentiation of self) 너무 배타적이거나 수용적이지 않은 건강한 경계를 갖게 하는 정서와 사고의 조화. 분화가 잘된 사람은 가족의 역기능적 방식에 끌려들어가지 않음

재명명/재구성(relabeling/Reframing) 행동에 대한 더 긍정적인 반응을 이끌어내기 위하여 사건이나 상황을 언어적으로 재정의하는 것

제1단계 변화(first-order change) 전반적으로 체계의 조직이 변화하게 하지는 못하는 가족 내 개인의 한 부분의 행동 변화. 피상적인 것으로 고려됨

제2단계 변화(second-order change) 체계의 기본 조직에서의 변화

정서적 단절(emotional cutoff) 문제가 되는 가족구성원의 연결을 끊거나 단절하는 배타적인 경계의 설정

집착(stuck) 효과가 없는 같은 행동을 계속 반복하는 것

추적(tracking) 구조적 가족치료의 치료적 전략으로 치료자가 가족의 언어 사용 방식이나 가치관을 그대로 가족의 상호작용 방식에 영향을 미치도록 활용하는 것

하위체계(subsystem) 자치 기능을 가지고 있는 가족의 하위요소 혹은 대가족 안에서의 역할의 하위 요소(예 : 형제, 부모, 자녀 등)

합류(joining) 체계를 이해하고 개선하기 위해 치료자가 가족체계의 일부가 되는 치료적 전략

확인된 환자(identified patient) 가족에서 문제를 가지고 있는 것으로 확인된 사람

환류고리 혹은 피드백 망(feedback loops) 체계의 기능을 교정하고 관장하기 위해 피드백을 받아 체계가 어떻게 기능하는지에 대한 정보

희생양(scapegoat) 비판과 비난 그리고 꾸짖음의 대상인 확인된 환자가 된 가족구성원

통합치료

대부분의 정신건강 전문가들에게 가장 인기 있는 치료 방법은 절충적 혹은 통합적 방식들이다. 실제로 34%에 가까운 심리학자와 약 26%의 사회사업가, 그리고 23% 정도의 치료자가 자신이 이론적으로 통합절충주의를 지향한다고 말하고 있다(Prochaska & Norcross, 2009). 해가 거듭할수록 이 비율이 증가했으며, 이런 추세가 계속될 가능성이 높다. 심지어 한 가지 이론적 지향을 고수하는 치료자라고 할지라도 일반적으로 다른 치료적 접근의 개입 방식을 자신의 치료에 포함시키곤 한다. 치료자는 치료적 접근을 통합하기 전에 한 이론에 기반을 두고 다른 치료적 접근법들에 관해 전반적으로 지식을 가지고 있어야 한다.

이 책의 제2부에서 제5부까지는 네 가지 주요 강조점, 즉 배경, 정서, 사고, 행동을 반영하는 상담 및 심리치료 이론에 초점을 맞추었고, 각 이론과 관련된 치료 전략과 기법들을 개괄하였다. 여러 이론적 접근에 관한 지식은 치료자가 어떤 치료적 접근이 자신과 내담자들에게 최상의 것인지 결정하고 유용한 치료를 제공할 수 있게 하는 데 필수적이다. 이런 지식이 실력 있는 모든 치료자의 전문적 직무능력을 개발하는 데 필수적인데, 오늘날 많은 치료자와 심리학자들은 특정한 한 가지 접근법만을 고집하지 않는다. 대신에 내담한 개인에게 도움이 될 가능성이 높아 보이는 치료 계획을 세움에 있어 다양한 이론과 개입 방법들을 활용한다.

통합절충주의 접근의 성장 이유

이런 통합적이고 절충적인 치료의 추세를 설명할 수 있는 요인들은 여러 가지이다. 그런 요인 중에 중요한 하나가 전 생애 동안에 인간이 경험하는 것들을 완전히 포괄할 수 있는 이론이 아직까지 하나도 없다는 것이다. 심리치료를 받기 원하는 사람들은 문화, 인종, 성별, 성적 지향, 지능, 능력, 대인관계 기능, 삶의 경험, 자기인식, 지원체계, 증상 등에서 매우 다양하다는 것을 감안할 때 한 가지 특정한 상담 및 심리치료 이론을 강력히 고수한다면 치료적 선택이 크게 제한될 수밖에 없다. 동시에 내담자가 선호하는 치료적 양식과 그와 관련하여 선호하는 치료적 유형이 잘 맞았을 때 탈락률이 낮아지고 치료적 성과에 개선이 생길 가능성이 커진다는 증거들이 많아지고 있다(Swift, Callahan, & Vollmer, 2011).

놀랄 것도 없이 치료자가 경력이 많아질수록 단지 이론적 접근만을 고집할 가능성은 낮아진다는 것이 발견되었다(Miller, Duncan, & Hubble, 2002). 그 이유는 아마도 치료자가 내담자의 특정한 요구에 걸맞은 연구로 검증된 가장 좋은 증거기반 방식을 찾아 통합해야 할 필요를 깨닫게 되기 때문일 것이다(APA Presidential Task Force on Evidence Based Practice, 2006).

게다가 아무리 한 이론의 우수성을 밝혀내려고 노력해도 어떤 한 이론적 모델이 다른 모델들보다 더 효과적이라고 증명된 적이 없다. Luborsky, Singer와 Luborsky(1975)는 심리치료의 효과 비교에 관한 문헌들을 개괄한 후 차이가 없다는 도도새 판정을 내렸다(이상한 나라의 앨리스에서 도도새는 모든 이가 경주에서 승리하였기 때문에 모두 상을 받아야 한다고 판결하였다). 1975년 이후 더 많은 연구들이 있었지만, 아직도 도도새 판정은 유효하다. Hansen(2002, p. 315)에 따르면 "상담의 효과에 관한 메타분석은 유별나게 더 유용한 어떤 특정 접근법이 없다는 것을 보여주었으며…, 제대로 개발된 접근법 모두가 치료 효과를 발휘하는 듯하다." 사실 치료하는 일 자체가 사용하는 치료 유형의 효과를 실증적으로 입증하는 것이기도 하다(Duncan, Miller, Wampold, & Hubble, 2010).

동시에 연구들은 어떤 치료적 접근은 다른 접근보다 특정한 문제나 진단명, 혹은 특정한 사람들에게 더 유용하다는 것도 증명하였다. 예를 들어 인지치료와 대인관계치료는 특별히 주요우울증에 큰 효과가 있는 데 반해(Nathan & Gorman, 2002), 현실치료는 품행장애를 치료하는 데 많이 사용되어왔다. 게다가 최근에 심리치료가 약물치료로 관리받는 것보다 효과가 더 지속적이라는 연구가 있었다(Hollon, Stewart, & Strunk, 2006).

다음의 12가지 요인은 지난 30년 동안 치료자들이 특정한 한 접근법을 고집하는 것에서 통합절충적인 접근을 더 선호하게 된 계기가 되었다(Prochaska & Norcross, 2009).

1. 수많은 치료적 접근법들이 생겨나 500개 이상의 치료 체계가 확인되고 있다.
2. 내담자가 매우 다양해졌고, 그들이 가진 문제도 매우 복잡해졌다.
3. 어떤 한 가지 치료 방법을 모든 내담자와 모든 문제들에 성공적으로 적용할 수 없다.

4. 치료자들이 각 치료 상황에서 가장 효과적이고 효율적인 전략을 발견하기 위해 여러 치료 체계로부터 중재 방식들을 끌어내 결합시키는 해결중심 단기치료의 중요성이 부각되었다.

5. 많은 사례연구들과 문헌들은 물론 다양한 수련기회들을 통하여 치료자들이 여러 가지 수많은 치료적 접근에 관해 공부하고 탐구하며 직접 경험해볼 수 있게 되었다.

6. 상담의 자격에 관여하는 주정부기관이나 국가기관들 중에 학교를 졸업한 이후에도 교육을 받을 것을 요구하고 있어 치료자들이 다양한 새로운 기술과 아이디어들을 얻도록 하고 있다.

7. 치료자들이 각 내담자들에게 가장 효과적이고 효율적인 치료 접근법을 선택하고, 직무를 계획하고 기록을 남기며, 책임 있는 행동을 하도록 하는 의료관리기관과 정부기관 및 소비자 등으로부터의 압력이 증가하였다.

8. 특정한 사람, 장애, 혹은 문제들에 대해 어떤 치료적 접근이 가장 성공할 가능성이 높은지를 시사하는 연구 결과들이 축적되고 있다(Seligman & Reichenberg, 2012).

9. 특정 정신장애들을 위한 실증적으로 타당성이 검증된 자세한 치료 계획이 포함된 지침서들을 쉽게 구할 수 있다.

10. 심리치료통합연구회(SEPI)와 같이 치료적 통합을 증진시키고 연구하는 기관들이 생겼다.

11. 논리적이고 치료적으로 견실한 통합을 위한 치료적 접근들의 청사진이나 지침을 제공하는 모형들이 출현하였다.

12. 치료 동맹의 본질과 같이 적어도 특정한 치료 전략만큼이나 치료의 성공에 중요한 치료적 접근들의 공통요인에 대한 치료자들의 인식이 확대되었다.

이와 같은 여러 요인들은 많은 치료자들이 자신이 선호하는 치료적 지향만큼 절충적 혹은 통합적 모형도 수용하게 만들었다.

통합절충주의 접근의 도전

절충적 혹은 통합적으로 이론적 지향을 바꾸려고 결정할 때 특정 이론을 고집하는 것보다 치료자들에게 요구되는 것들이 많다. 예를 들어, 만약 치료자가 인지치료 전문가가 되려고 한다면 그 접근법에 대해 전문성을 개발하고, 인지치료로부터 유익을 얻을 가능성이 없는 내담자를 다른 전문가들에게 의뢰하거나 위탁하기 위해 어떤 내담자에게 도움이 되고 도움이 되지 않는지를 알면 된다. 그런 치료자는 직무가 제한되어 있기 때문에 다른 접근법에 관해 잘 알고 있을지라도 그런 것에 관해 전문성을 키울 필요는 없다.

그러나 기본적으로 자신의 이론적 지향을 절충적 혹은 통합적이라고 생각하는 치료자는 다양한 접근법들에 근거하여 효과적인 치료 계획을 세워야 하기 때문에 여러 치료 체계에 대한 전문성을 키울 필요가 있다. 물론 절충적 혹은 통합적으로 이론적 지향을 하고 있는 치료자라도 치료의 범위에는 한계가 있다. 모든 내담자들과 모든 문제를 다룰 수 있을 정도로 모든 치료적 접근법에 관해 알고 그것에 능통한 치료자는 세상에 없다. 치료자는 치료 가능한 문제, 내담자, 정신장애의 특성에 따라 자신이 서비스를 제공할 수 있는 범위와 치료 전략을 정해야 한다. 그렇다고 하더라도 절

충적 혹은 통합적인 이론적 지향을 선호하는 치료자가 특정 이론을 지향하는 치료자보다 포괄적인
부분을 다루어야 하고 신경 써야 할 것들이 많다.

더욱이 절충적 혹은 통합적인 치료 접근을 지지하는 치료자들은 각 내담자를 치료하는 과정에서
목적을 달성하기 위해 신중하게 선택한 각각의 중재 방식들의 색깔이 다르지만, 그것들이 잘 융화
되어 하나의 통일된 유기체로서 효력을 발휘할 수 있도록 노력해야 한다. 단지 기법이나 기법의 혼
합물보다는 통일성, 적합성, 계획이 반영된 것이어야 하고 오로지 이론과 실증적 연구가 바탕이 되
어야 한다. Schwartz와 Waldo(2003)는 "이론들이 양립할 수 있을 때는 각종 사과와 오렌지를 뒤범
벅해놓은 것 같이 잡탕이 되는 것을 방지해야 하고, 정신건강 상담을 기본으로 할 때는 조심해서 통
합"해야 한다(pp. 101~102)고 경고하고 있다.

통합절충주의 접근의 이득

통합절충주의 이론적 접근에는 어려운 점도 많지만 여러 가지 이득도 있다. 우선 이런 접근은 치료
자가 내담자에게 맞는 치료 방식을 찾으려고 할 때 치료 과정에서 융통성을 발휘할 수 있게 해준다.
특정 내담자와 특정한 문제에 대한 맞춤형 치료가 가능하다.

특별히 다양한 문화적 배경을 가진 내담자들을 다루는 치료자들이 관심을 가질 필요가 있다. 다
양한 문화적 배경을 가진 사람들은 표준화된 치료보다는 변형된 방식의 치료나 통합적 접근에 더
잘 반응하기 때문이다. 예를 들어, 동양의 문화적 배경을 가진 사람들은 구조화된 치료적 접근에도
잘 반응하지만 가족과 사회적 관계를 중요시하는 점도 감안해야 한다. 치료자는 내담자의 문화와
환경을 반영하여 통합적 치료 계획을 세움으로써 자신의 다문화적 능력을 내세울 필요가 있다.

치료 과정에 많은 융통성이 있기 때문에 절충적 혹은 통합적인 접근을 표명하는 치료자는 한 가
지 치료 체계만을 활용하는 치료자보다 다양한 종류의 문제와 내담자들을 치료할 수 있다. 물론 모
든 치료자는 전문성을 인정받은 부분에서만 서비스를 제공해야 하고, 슈퍼비전을 받고 더 많은 기
술들을 습득해야 한다.

게다가 통합절충주의 접근에서는 치료자가 자신의 본성과 성격뿐 아니라 인간발달에 대한 신념
과 어울리는 표준화된 치료적 접근들을 채택할 수 있다.

끝으로 통합절충주의 접근에서는 치료자가 과학자–실무자 역할에 입각하여 이론적 정보, 실증
적 연구, 실무경험을 복합적으로 활용해야 한다. 연구로 그 가치가 입증된 치료적 접근에 기초하여
치료자는 자신이 다른 내담자에게 성공적으로 사용했던 전략과 안면 타당도를 모두 감안하여 치료
적 아이디어를 구성하여 치료적 기반을 확장할 수 있다.

통합절충주의 접근의 본질

치료자가 자신의 이론적 지향이 절충주의라고 표현하면, 의미에서 무언가 부족한 면이 있다. 이 용
어로는 단순히 치료자가 치료를 위해 두 가지 이상의 이론을 활용한다는 것만을 의미한다. 절충주
의를 표방하는 치료자들 중에는 실무에 여러 개입 방식을 결합시키는 확실한 원칙을 가지고 있는

유능한 치료자이며 빈틈없는 이론가들이 있지만, 어떤 이들은 치료에 대한 체계나 신중함이 부족하다. Eysenck(1970)가 아무 논리도 없이 이론들을 결합시키고 잡탕과 같은 서비스를 제공하는 "게으른 절충주의자"(p. 140)라고 비난한 사람들이 바로 이런 치료자들이다. 논리와 구조가 없으면 치료가 방향성과 통일성을 잃고 일관성 없는 우연한 결과를 산출한다. 이를 혼합주의(syncretism)라고 부른다. 이런 접근에는 지식과 전문성이 부족하고 요즘 강조되는 책임성과 상담과 심리치료의 계획도 없다.

통합절충주의 접근의 유형

절충주의에는 다음과 같은 네 가지 종류가 있다.

1. 비논리적 절충주의는 변화나 발달에 대한 이론도 없이 중재 방식들을 결합시킨 것을 말한다. 직관적이거나 기본 논리가 적용되지 않으면, 치료자는 비논리적 절충주의로 인해 치료의 방향을 잡지 못하고 공통점도 없고 양립할 수도 없는 요소들을 치료에 포함시키는 혼합주의의 위험에 빠질 수 있다. 그런 접근은 내담자를 혼란스럽게 할 가능성이 크고, 내담자가 자신의 능력뿐 아니라 치료자의 능력을 의심하게 되며, 내담자의 동기를 저하시키고 내담자의 협력을 이끌어내지 못하고, 결국 치료에 실패할 가능성이 크다.

2. 공통요인 절충주의는 치료 동맹과 관련이 있는 지지, 감정 이입, 긍정적 존중 등과 같이 치료의 특정 요소들이 내담자의 성장과 변화를 증진시키는 것에 대한 기본적인 책임이 있다고 가정한다(Norcross & Wampold, 2011). 특정한 중재 기법들은 특정 이론보다는 이런 공통요인과 더 관계가 있다. 우리는 제1부에서 성공적인 치료의 공통점을 배웠다.

3. 기술적 절충주의는 개입 방법들과 관련된 이론이나 철학에 정통하지 않고서도 상이한 치료 체계로부터의 중재 방식들을 결합시키는 기본 요령을 제공한다. 일반적으로 기술적 절충주의로 서비스를 제공하는 치료자는 기법들과 관련된 여러 이론들과는 상관없이 내담자의 문제에 적용할 수 있는 가장 효과적인 기법들을 활용하려고 노력한다. 기술적 절충주의는 아이디어의 통합이라기보다 기법들의 조직적인 구성체라고 생각할 수 있다. 이것은 내담자의 문제에 성공적으로 적용할 수 있는 다양한 중재 방식들에 관한 연구를 바탕으로 한 통계적인 혹은 실증적인 면에 기반을 두고 있다. 따라서 이런 절충주의에는 인간의 발달이나 성장에 관한 확실한 개념이 부족하다. Lazarus의 중다양식치료(multimodal therapy)가 이런 방식의 절충주의이다.

4. 이론적 통합주의는 내담자들을 정확히 이해하고 그들을 효과적으로 더 도울 수 있는 두 가지 이상의 치료적 접근들을 결합시키는 개념적 지침을 제공한다. 이론적 통합주의는 사람들이 어떻게 성장하고 변화하는지를 이해할 수 있는 기본 틀과 그런 이해를 바탕으로 치료 계획을 수립할 수 있는 지침을 제공한다. 치료적 접근의 통합에는 내담자의 강점과 문제를 어떻게 평가하고 내담자에게 맞는 치료 방식을 찾을 수 있는지에 대한 정보뿐 아니라 치료에 대한 다단계적이고 체계적 접근까지 포함된다. 치료자에게 다음과 같은 의문점에 대한 해결책을 찾을 수 있는 지침이 주어진다(Paul, 1967, p. 109). "특정한 문제를 가진 한 개인에게 가장 효과적

인 치료는 어떤 환경에서 누가 수행하는 어떤 치료인가?" 진정한 이론적 통합에 있어서 전체는 부분의 합보다 더 중요한 것이다. 잘 결합된 접근법들은 하나의 새로운 이론이나 치료 체계를 형성하고 각 접근법들이 더 나은 결과를 낼 수 있게 된다. 이런 치료는 기법 중심이라기보다는 이론 중심이다. 이론적 통합의 한 가지 예는 이 장에서 나중에 다룰 Hill의 3단계 통합 모델이다.

치료 체계의 통합

이론적 통합의 체계적 접근을 주로 하는 치료자가 많은 것은 아니지만, 대부분의 치료자는 통합 가능한 이론들을 결합시키는 자신들만의 논리를 가지고 있을 것이다. 가장 많이 결합시키는 이론들을 순서대로 나열하면 (1) 인지치료와 행동치료 체계, (2) 인본주의와 인지적 접근, (3) 정신분석과 인지적 접근 순이다(Prochaska & Norcross, 2009). 세 가지 결합에 인지치료가 모두 포함된다는 것에 주목할 만한데, 이 접근법이 융통성이 있다는 것과 치료에서 중요하다는 것을 방증하는 것이다.

견실한 통합절충주의 접근의 특성

마구잡이식으로 되거나 문제의 소지가 있는 절충주의들로부터 견실한 통합절충주의 접근을 구별해내는 요령이 있다. 견실한 절충주의는 다음과 같은 특징이 있다.

- 현존하는 이론들의 강점이 증대되는 증거가 있다.
- 연합하여 하나가 될 수 있는 이론적 결합의 통일성이 있다.
- 인간의 행동과 발달에 대한 기본 이론이 존재한다.
- 변화에 대한 철학과 이론이 있다.
- 특정한 사람과 문제를 위한 접근법을 채택하는 논리와 지침, 그리고 정해진 과정이 있다.
- 변화를 촉진하는 기본 이론과 관련된 전략들과 개입 방식들이 있다.
- 지지, 긍정적 존중, 감정 이입, 내담자-치료자 간의 협력 등과 같이 효과적인 치료를 위한 공통점들이 포함되어 있다.

통합절충주의 치료 체계의 형식화

치료자가 통합적 혹은 절충적 치료 체계를 구축하려고 한다면, 다음과 같은 여러 질문들에 집중해야 한다.

1. 이론을 이루고 있는 인간발달 모델이 무엇인가?
2. 이 치료적 접근이 어떻게 그 변화를 가장 용이하게 할 수 있는가?
3. 접수면접에서 어떤 정보를 얻어야 하는가?
4. 이 접근법에서는 현재에 영향을 미치는 과거에 대해 어떤 개념을 가지고 있는가? 이 치료에

서는 과거의 경험이나 문제를 어떻게 다루는가?

5. 변화를 이끌어내는 데 통찰이 얼마나 중요한가? 치료에서 통찰력을 키우기 위해 얼마나 노력해야 하는가?

6. 변화를 이끌어내는 데 정서를 탐구하는 것이 얼마나 중요한가? 치료에서 내담자들이 자신의 정서를 파악하고, 표현하며, 수정하도록 하는 데 얼마나 집중해야 하는가?

7. 변화를 이끌어내는 데 역기능적 사고를 확인하고 그것을 수정하는 것이 얼마나 중요한가? 치료에서 내담자들이 자신의 인지적 부분을 수정하도록 하는 데 얼마나 집중해야 하는가?

8. 변화를 이끌어내는 데 자기패배적이고 아무 도움도 되지 않는 행동을 확인하고 그것을 수정하는 것이 얼마나 중요한가? 치료에서 내담자들이 자신의 행동을 수정하도록 하는 데 얼마나 집중해야 하는가?

9. 어떤 종류의 사람과 문제에 이 접근법이 효과를 발휘할 가능성이 있는가?

10. 어떤 치료 장면과 환경에서 이 치료가 성공적일 가능성이 있는가?

11. 이 접근법이 다양성의 문제를 잘 다룰 수 있는가? 이 접근법을 다문화권의 사람들에게 어떻게 적절하게 적용할 수 있는가?

12. 이 접근법에서는 진단과 치료 계획은 어떻게 하는가?

13. 이 치료의 궁극적 목표는 무엇인가?

14. 어떤 유형의 치료 동맹과 내담자-치료자 상호작용이 가장 생산적일 수 있는가?

15. 이 접근법을 채택한 치료자에게 특별히 중요한 임상적 기술은 무엇인가?

16. 이 치료 체계와 병행할 수 있는 개입 방식과 치료 전략은 무엇인가?

17. 어떻게 이 접근법을 개인치료로 활용할 수 있는가? 가족과 집단에게는 어떻게 적용하는가?

18. 치료의 기간은 얼마나 되는가?

19. 효과성은 어떻게 측정하는가? 치료를 종결할지는 어떻게 결정하는가?

20. 이 치료 체계는 실증 연구를 통해 적절하게 검증되었는가? 만약 그렇지 못하다면, 이 접근법의 가치를 입증할 다른 정보가 있는가?

통합절충적인 접근의 약점은 치료 계획 수립을 위한 체계적인 원리들을 따르게 되면 극복할 수 있다. Lazarus와 Beutler(1993)는 "중재 방식과 절차를 무작위로 선택해서는 안 되고 내담자, 치료 장면, 제기된 문제, 치료자의 기술 등을 감안하여 논리적 결정 과정을 통해 이루어져야 한다"(p. 384)고 설명한다.

이 장에서는 잘 설계된 통합절충적인 치료 중에 여러 전문가들로부터 인정받거나 전도유망한 접근법들을 개관하려고 한다. Wachtel의 순환성 정신역동-행동 통합치료와 Arnold Lazarus에 의해 개발된 중다양식치료에 특별히 이목이 집중되고 있다. 두 가지 모두 성공적인 치료라는 것이 검증된 잘 개발된 치료 체계이지만, 둘 사이에는 확연한 차이가 있다. 또한 그 외에도 Prochaska 등에 의한 초이론적 모델, Hill의 3단계 조력 통합모델, 공통요인모델 등과 같은 다른 통합절충적인 치료 체계들도 살펴볼 것이다.

정신역동-행동 통합치료

두 상이한 이론적 지향을 완전히 통합한 첫 번째 사람은 Paul Wachtel(1977)이다. 그는 정신역동적 치료와 행동치료를 결합하여 순환성 정신역동-행동치료(cyclical psychodynamic-behavior therapy)를 창출하였다. 그 이름에서 알 수 있듯이 이 치료적 접근은 각각의 치료 방식을 따로 적용했을 때보다 더 강력하게 중재하고자 하는 목적하에, 행동적 중재를 적용하는 동시에 정신역동적 치료를 통해 통찰을 가지게 하는 것을 통합한 것이다.

Wachtel의 획기적인 시도는 기술적 절충주의의 한 예이다(Sharf, 2012). 이 접근법은 치료를 내담자의 세계관에 맞추어야 하며, 사회적 차원과 심리적 차원을 모두 고려해야 하고, 치료에서 내담자에게 힘을 실어주고 권한을 더 주어야 한다는 것을 강조함으로써 치료를 일차적인 접근과 이차적인 접근으로 확장시켰다(Wachtel, 2008; Wachtel, Kruk, & McKinney, 2005).

Wachtel의 이론은 "가장 포괄적이고 영향력 있는 통합된 성격이론"(Stricker & Gold, 2011, p. 343)으로 여겨지고 있다. Wachtel 등은 성격의 역동성에 대한 순환적인 본질의 이론을 지지하는 증거들을 많이 발견하였다. 사람들이 같은 행동 양식을 반복하고, 심지어 무슨 일이 발생할 것이라는 기대에 맞게 현실을 만들기 때문에 '대리적 순환(vicrious cycles)'이라는 용어를 정신에도 적용할 수 있다. 사람들이 타인에게 기대하는 행동을 타인이 실제로 하게 만든다는 것은 연구로 검증되었다(Gilbert & Jones, 1986). 자기성취 예언, 기본적 귀인오류 혹은 기대편향으로 알려진 개념들은 자신들이 아무리 그것을 극복하려고 노력할지라도 사람이 어떤 패턴을 계속 유지한다는 것을 설명해준다.

Wachtel은 현재의 태도와 경향성에 의해 유지되는 행동의 주기와 패턴이 초기 경험에 의해 촉발된다고 설명한다. 그는 정신역동치료에 의해 생긴 통찰이 행동의 변화를 유도하고 행동의 변화는 순환적 패턴에 대한 통찰을 가지게 하기 때문에 정신역동적 접근과 행동주의 접근을 통합하는 것이 역동적인 치료 효과를 낼 것이라고 믿었다.

반대의 경우도 생길 수 있다. 우울 성향이 있는 사람은 인간관계를 부정적으로 만드는 역할을 할 수 있다. 자신은 그것에 변화를 주고 싶다고 항변할지라도, 그의 주변에 부정적인 행동을 강화하고 피해자 의식을 키우는 사람들이 있을 수 있다. 이와 유사한 역동성은 우리가 친구나 동료들에게 의견을 구하려 할 때 발생한다. 우리는 우리가 듣기 원하는 대답을 해줄 사람들을 찾으려고 한다. 반대로 우리는 우리가 원하는 것과는 다르게 행동하는 사람들은 피한다(Wachtel, 1997). 순환성 정신역동-행동치료에서는 사람들이 서로 간에 다른 사람의 행동과 경험을 만들어가는 방식인 심리과정과 순환 원인의 맥락적인 본질을 강조한다(Stricker & Gold, 2011).

순환성 정신역동-행동치료를 하는 치료는 심리평가를 할 때 갈등, 품성, 저항 및 대상 표상의 부분을 살핀다. 초기 평가 이후에는 치료를 진행하면서 계속적으로 평가하며 그 내용을 조절한다. 그런 과정은 필요에 따라 행동적 중재와 정신역동적 중재를 통합하기 위함이다.

예를 들어, 35세의 공무원인 마크는 바람을 피운 일 때문에 치료를 받으러 왔다. 첫 회기에서 그는 자신이 왜 그랬는지를 잘 모르겠다고 말하였지만, 10대 청소년기에 행한 '어리석은 짓'이 최근

의 행동과 어떤 식으로든 관련이 있을 것이라고 생각하고 있었다. 그는 또한 자신이 가끔 마리화나
도 피우고 과도하게 술을 마시는 등 자기패배적 행동을 하기도 하는데, 왜 자신이 그런 행동을 하는
지 모른다고 했다. 그는 실직, 대인관계 붕괴, 체포 등의 위험에 노출되어 있다고 생각하고 있었을
뿐 아니라 현재의 직업 외에 다른 직업을 구하기도 힘들뿐더러 승진할 가능성도 없어 불안감을 느
끼고 있었다.

Wachtel의 순환성 역동과 대인관계적 조망을 사용하여 치료자는 마크가 억압된 분노와 후회의
감정을 자각하도록 하기 위해 문제를 외현화시키는 데 초점을 맞추고, 그런 다음 약물과 알코올
및 성적 문제가 생기지 않도록 중재할 것이다. 그런 문제들에 더 효과적으로 대처하는 것을 배우
게 하기 위해, 통찰과 행동을 유도함으로써 내담자를 두렵게 만드는 이미지와 환상에 점진적으로
노출되게 만든다. 마크는 자신을 불편하게 만드는 느낌들을 자각하고 표현하기 싫어하는 행동 방
식을 어린 시절부터 고수해왔다는 것을 알게 되었다. 수년간 마크는 자신의 그런 느낌들을 외현화
하였는데, 좋은 느낌을 가지고 자신의 가치를 재확인하기 위해 그는 약물과 성관계를 사용하였다.
그는 그 패턴의 순환성 본질을 인식하고 그것이 자기패배적이라는 것을 알게 되었지만, 그것을 어
떻게 해야 할지에 대해서는 무기력한 느낌을 받았다. 다음의 내용은 마크의 치료 회기에서 발췌한
것이다.

치료자 : 술집에서 한 여자가 당신에게 접근해 작업을 걸어왔다는 거지요. 그리고 당신은 그 여자와 함께 당신의 집을
　　　　 왔고요. 그런데 왜 당신이 그렇게 했는지 모르겠다는 거고요.

마크 : 예, 맞아요. 그 여자가 제게 다가왔고, 아주 예뻤어요.

치료자 : 그것에 관해 어떤 느낌을 받았나요?

마크 : 지금 생각하면 정말 내가 어리석었어요. 내가 그 일을 여자친구에게 말했더니 절교하자고 하더군요.

치료자 : 하지만 그 일이 발생할 때 술집에서 느낌은 어땠어요?

마크 : 기억해보면 그때 저는 "정말 자주 오지 않는 기회가 나에게 왔구나!" 하는 생각을 했던 것 같아요.

치료자 : 음. 저에게 그 말을 하는 지금은 어떤 느낌이 드나요?

마크 : 무슨 말씀이세요?

치료자 : 그 말을 할 때 느낌이 어떠냐고요. 지금-여기 느끼는 점이요.

마크 : 잘 모르겠어요. 사실 제가 오늘 여기에 오는 것도 쉽지 않았어요.

치료자 : 좋아요. 여기 우리 두 사람이 의사소통을 하고 있어요. 그런데 당신은 자신이 지금 현재 어떤 느낌인지 잘 모르
　　　　 겠다는 거지요?

마크 : 예, 잘 모르겠어요.

치료자 : 그것에 관해 어떻게 할 작정이세요?

마크 : 뭘 말이에요?

치료자 : 자신의 감정을 인식하는 것에 관해서요.

마크 : 음. 그래서 여기 와 있는 것 아니겠어요. 저는 제가 뭘 느끼고 있는지 알려고 하지 않는 것 같아요. 심지어 무
　　　　 언가 느끼고 있을 때에도 다른 생각을 하거나 다른 일을 해서 그것에 관해 생각을 하지 않으려고 하지요.

치료자 : 불편한 느낌을 피하려는 거군요.

마크 : 맞아요. 그런 감정을 마음에 두고 싶지 않아서 나가서 재미있는 일을 하려고 해요.

치료자 : 이봐요, 마크! 저는 당신을 도우려고 합니다. 그리고 당신 자신을 이해하게 하는 것도 그것의 일환이니 제 말을 잘 듣고 솔직하게 말씀해주세요. 이 회기에서는 당신의 마음속 심연에 있는 감정을 탐색하기 위해 우리가 서로 간에 상호작용할 때 어떤 느낌이 드는지를 살피는 겁니다.

마크 : 그게 그렇게 중요해요?

치료자 : 아주 중요합니다. 만약 당신이 그것에 동의만 하신다면, 저에게 더 개방적으로 자신에 관해 말씀해주시고 어떤 감정을 느끼면 그것을 표현해주세요. 그렇게 하시면 저는 당신에 관해 더 잘 이해할 수 있고, 당신과 더 연결되었다는 느낌을 가질 수 있을 거예요.

마크 : 하지만 쉽지 않을 것 같네요. 말로 표현하지 못하면 실망하게 될 테고요.

치료자 : 조금 천천히 해도 될지 봅시다. 당신이 다른 사람들과의 대인관계에서 생긴 일과 거의 비슷해요. 당신이 뭔가 느끼고, 그런 감정들이 당신을 바로 당황스럽게 만들어 모든 것이 뒤죽박죽되는 거죠. 그러면 당신은 실망하거나 분노하게 되고 압도되었다는 느낌을 받게 되는 거지요.

마크 : 어떻게 아셨어요. 그러고 나서 저는 그런 기분을 느끼기 싫어서 단순히 뭔가 하려고 하는 거고요. 그런데 저를 도울 수 있으세요?

치료자 : 제 생각에 당신은 첫 시작을 참 잘하셨어요. 당신은 본인의 느낌을 자각하거나 왜 그런 느낌과 관련된 행동을 하게 되는지를 알지 못하겠다고 하셨는데요. 저는 지금 왜 그런지를 당신이 알 수 있도록 돕고자 합니다. 차분하게 이 순간 본인이 뭘 느끼고 있는지 살펴보시고 그것에 관해 설명하려고 노력해보세요. 그리고 당신이 당황하거나 좌절했을 때 잠시 앉아 그 느낌을 느끼세요. 그 느낌에서 애써 도망하거나 어떤 행동을 할 필요는 없어요. 다른 사람들과의 관계에서도 그렇게 해 보세요. 예를 들어 여자친구를 만났을 때도요. 본인의 느낌을 느껴보시고, 여자친구에게 도와달라고 하세요. 우리가 서로 간에 이렇게 관계하는 것 아니겠어요? 이번 주에 제가 말씀드린 것을 실행할 수 있으시겠어요?

마크 : 쉽지는 않을 듯하지만, 한번 해 보겠습니다.

전형적인 정신분석치료에서와는 달리 치료자가 적극적이고 단언적인 경향이 있으며, 관계적 정신역동적인 전제하에 작업한다. 치료자는 마크가 자신을 당황스럽게 만드는 느낌을 확인하도록 돕고, 불편함으로부터 도피하는 행동을 하는 것으로 자각하게 하였다. 회기 중에 마크가 자신의 느낌을 표현할 수 있는 기회를 제공하면서 치료자는 대인관계에서 문제를 야기하는 것으로 보이는 이탈의 방식을 마크가 자각하도록 도왔으며, 자신을 타인에게 나타내는 데 더 효과적인 행동을 시도하도록 하였다. 그런 새로운 유형의 행동을 수행하는 것이 더 많은 감정을 느끼게 만들 것이고, 당황스러운 느낌이나 그 감정으로부터 도피하고자 하는 유혹을 더 느낄지도 모른다. 이 회기 전에 치료자는 마크가 당황스러울 때 하던 자기패배적 행동(예 : 약물사용, 성행위)을 대체할 수 있는 운동, 음악 감상 및 독서와 같이 그가 즐길 수 있는 건강한 대체 행동들을 마크가 생각하도록 도왔다.

앞서 제시한 치료 회기의 예에서는 순환성 정신역동-행동치료자가 지지적이고 지시적이며, 회기 중에 마크가 자신의 느낌을 탐색하고 그의 대인관계에서의 상호작용 방식을 수정하도록 시도할 수 있는 기회를 제공한다는 것을 알 수 있었다. 회기가 계속되면서 마크의 목표는 자신의 느낌을 자각하고 그것을 다른 사람들과 나누며, 불안수준을 감소시키고, 삶에서 문제를 유발했던 행동들을 제거하는 것이 될 것이다.

내담자 중심적이고 대인관계를 중시하는 통합적 치료들은 감정 이입, 무조건적 긍정적 존중, 치료 회기에서의 내담자의 문제를 재현하는 것에 초점을 맞춘다. 관계가 치료의 추진력으로 작용할 수 있다(Stricker & Gold, 2011, p. 442). 인지행동치료에 기반을 둔 대부분의 통합적 치료들에서는 치료 동맹의 중요성을 간과하지 않지만, 그런 치료 동맹도 단지 변화 과정을 위한 많은 요인 중 하나라고 여긴다.

Wachtel의 순환성 정신역동-행동치료는 단지 수많은 형태의 통합치료들 중의 하나로 행동의 변화를 위한 역동적인 정보를 제공한다. 이제 우리는 중다양식치료를 살펴보자.

중다양식치료

중다양식치료(MMT)는 가장 잘 알려진 기술적 절충주의 접근이다(Harwood, Beutler, & Charvat, 2010, p. 99). 중다양식치료는 자급자족의 치료적 접근이라기보다 이론들과 중재 방식들을 통합하는 하나의 체계이다. 중다양식치료는 행동주의에 입각하여 결과를 중요시하면서 사회학습이론뿐 아니라 인지치료로부터도 많은 것을 가져왔다. 게다가 중다양식치료는 인본주의적 구성요소를 가지고 있으며 각 개인의 독특성과 자기결정의 가치를 인정한다. 이 접근법은 전후 사정과 상황에도 초점을 맞추어 개인은 물론 문화, 사회, 정치 및 기타 환경에도 관심을 둔다(Lazarus, 1996).

중다양식치료는 기술적 절충주의의 선구자 Arnold Lazarus에 의해 개발되었다. Lazarus는 행동치료로 수련을 받았는데, 얼마 지나지 않아 그 접근법 하나로는 한계가 있음을 느끼고 자신의 치료에 인지적 전략 등을 결합하기 시작하였다. 사람들에 대한 폭넓은 조망과 그들을 돕기 위한 더 많은 방법들을 제공하기 위하여 Lazarus는 내담자와 그가 가진 문제에 대한 꼭 맞는 이론과 전략들을 만들어내는 기술적 절충주의를 주창하였다.

중다양식치료의 이론과 실제

중다양식적 접근을 취하는 Lazarus와 그 외 치료자들은 내담자를 전체론적으로 바라본다. 그렇다면 치료는 융통성 있고 다방면에서 효과를 발휘해야 하며 다양한 접근법이 선택되어야 한다. Lazarus에게 기술적 절충주의란 모든 이론을 섭렵할 필요는 없지만 치료자가 내담자의 필요를 가장 충족할 수 있는 것을 각기 다른 치료 양식들로부터 선택하는 것으로, 치료 계획을 위해서 가장 이상적인 방법이다(Lazarus, 1989). 유리한 입장에서 내담자의 문제를 다룰 수 있는 능력은 중다양식적 치료자에게 큰 힘이 되고, 결과적으로 더 효과적인 치료를 할 수 있다.

기술적 절충주의가 반영된 치료에 관해 Lazarus는 다음과 같이 묘사하고 있다.

1. 치료자가 선택한 이론에 기반을 둔다.
2. 치료를 위해 조화롭게 연합된 중재 방식들에 의해 개선된다.
3. 연구로 가치가 입증된 중재 방식들에 초점을 맞춘다.

특정 치료 전략의 선택은 내담자와 그의 문제 및 상황에 맞는 중재 방식을 체계적인 기본 틀에 의해 이루어지게끔 한다(Lazarus, 2006).

BASIC I.D. 중다양식치료에서 내담자와 그의 문제를 신중하게 평가하는 것은 치료 계획에 필수적으로 선행되어야 하는 일이다. 통합치료의 발전에 Lazarus가 대표적으로 기여한 것은 다음과 같이 약자 BASIC I.D.로 대표되는 일곱 가지 기본 기능 범주로 내담자를 평가하여 구분하는 모형을 개발한 것이다.

1. **행동(Behavior)** : 관찰 가능한 활동과 습관
2. **정동(Affect)** : 기분과 정서
3. **감각(Sensations)** : 신체적인 면, 감각 경험(촉각, 미각, 후각, 시각, 청각)
4. **심상(Image)** : 환상, 꿈, 기억, 자신과 자신의 삶 혹은 자신의 미래에 대한 관점
5. **인지(Cognitions)** : 사고, 신념, 철학, 가치관, 계획, 이견, 통찰, 자기대화
6. **대인관계(Interpersonal relations)** : 친구관계 및 친밀관계, 타인과의 상호관계
7. **약물, 생물학(Drugs, biology)** : 전반적 건강 상태, 영양 상태, 운동, 자기보호 등을 포함한 넓은 의미에서의 생물학적 기능

평가 도구 중다양식치료를 통한 중재는 대개 이런 일곱 가지 영역에 대한 종합적인 평가로 시작하는데, 강점과 문제영역 모두를 파악하기 위하여 질문지와 척도를 사용한다. 그런 평가는 치료자가 일곱 가지 영역에 도움이 될 만한 중재 방식을 파악하는 데 도움이 된다. 일례로 에디를 위한 BASIC I.D.를 작성해보자. 에디가 첫 회기에 왔을 때를 생각해보자. 우리의 첫 번째 목표는 BASIC I.D.의 각 영역에서 그녀의 기능 수준을 평가하는 것이다. 접수면접을 하는 동안 우리는 그녀로부터 개인사, 가정생활, 그리고 로베르토 및 에바와의 관계에 대한 정보를 알아냈다. 에디의 보고에 근거하여 다음과 같은 도표를 작성할 수 있었다.

B : **행동** — 평소보다 에디는 로베르토와 논쟁을 더 많이 한다. 그녀는 잠이 드는 데 어려움을 겪고 있으며 딸과의 관계에는 긴장이 있다.

A : **정동** — 너무 당연하다는 느낌과 분노의 감정을 가지고 있다.

S : **감각** — 두통이 느껴지기 시작하였다.

I : **심상** — 그녀가 경험하는 모든 스트레스가 그녀를 다시 암에 걸리게 할 것이라는 상상을 한다. 그녀 자신의 몸 안에서 암세포가 증식하는 것이 머릿속에 그려지곤 한다.

C : **인지** — 정상적으로는 자기연민에 빠져 있지만, 자기 자신을 비판하기 시작하였으며 자신이 나쁜 아내이고 엄마라는 혼잣말을 하기도 한다.

I : **대인관계** — 에디는 친구들은 물론 어머니와도 거리를 유지하고 있다.

D : **약물** — 에디는 약물남용의 문제는 부정하였다.

우리는 현재 위와 같은 정보를 에디로부터 얻어낼 수 있었다. 이러한 질문들은 내담자에게 필요한 것이 무엇인지를 고려하여 효과적인 치료 계획을 수립하는 데 도움이 되는 정보들을 제공한다. Lazarus(2006)는 각 개인이 BASIC I.D.의 특정한 측면들을 선호한다고 보았다. 예를 들어, 어떤 측면을 좋아하는지에 따라 감각적 반응자, 정동적 반응자, 심상적 반응자로 규정할 수도 있을 정도

이다.

구조화된 프로필 설문지(Structural Profile Inventory)는 개인이 어떤 측면을 선호하는지 파악하는데 도움이 된다. 이것은 사람들이 자신의 삶에서 일곱 가지 기능 영역 중에 각 영역이 자신에게 어느 정도 중요한지를 7점으로 평정하도록 되어 있다. 개인이 평정한 내용에 근거하여 일곱 가지 영역을 내림차순으로 정렬하면 그 사람의 구조화된 프로필이 된다. 일곱 영역에서 개인의 상대적 강점을 원그래프나 막대그래프로 만들면 양상을 뚜렷하게 알 수 있다(Lazarus, 1976).

아래에는 에디의 구조화된 프로필을 예로 제시하였다. 에디가 프로필을 작성할 때 각 일곱 영역을 점수로 평정하게 하여 순위로 나열하였다.

- 대인관계 : 7
- 정동 : 6
- 인지 : 5
- 행동 : 4
- 감각 : 3
- 심상 : 2
- 약물, 생물학 : 1

작성된 프로필은 에디가 자신의 강한 정서와 승인받고자 하고 친밀감을 갖고 싶은 욕구가 판단력을 흐리게 할 수 있다는 것을 깨닫는 데 도움을 줄 수 있다. 실제로 그녀는 감정에 이끌려 결정할 때가 많다. 그녀는 이 두 영역을 조정하고 자기보호 행동과 건강 습관을 개선해야 한다는 것을 알게 되었다.

BASIC I.D.를 또 다르게 활용하는 방식은 그것의 점화순서(firing order)를 보는 것이다. Lazarus는 개인마다 스트레스에 반응하는 순서에 특성이 있다고 주장하면서, 그 순서가 구조화된 프로필에 잘 나타난다고 설명하였다. 예를 들어, 에디는 스트레스를 받게 되면 대개 자신이 거부되었다거나 사랑받지 못하고 있다고 느끼는 동시에(대인관계), 화가 나고 겁이 난다(정동). 그러고 나서 그녀는 어떻게 자신이 사랑받지 못할 수 있는지, 대인관계에서 몇 번이나 실수했는지에 관해 자신에게 이야기한다. 그녀는 왜 자신을 생각해주지 않는지 모르겠다며 엉뚱한 사람을 비난하고, 무섭고 화가 나서 과식을 하며, 나중에는 타인과 갈등이 생긴 것과 관련해 자신을 비난하게 되어 또 다른 문제를 만들어낼 때가 많다. 이런 반응은 타인과 토론하거나 갈등을 해결하려고 하는 행동과는 거리가 멀다. 감정을 조절하고, 사고방식을 수정하며, 긍정적인 자기대화를 개발하는 방식을 통해 의식적으로 변화를 유도할 경우 에디는 스트레스를 효과적으로 관리할 수 있을 것이다.

Arnold Lazarus에 의해 개발된 중다양식적 인생사(*The Multimodal Life History*)를 아들인 Clifford Lazarus와 함께 출간(1991, 1998)하였는데, 이는 평가 과정을 용이하게 한다. 이것은 포괄적인 설문지로 개인의 성장배경이나 생활해 온 환경, 개인력과 사회적 경험, 힘든 문제, 일곱 가지 기능 영역 등에 관한 인생사에 관해 묻는다.

내담자들이 가장 선호하는 측면을 중점적으로 중재하였을 때 가장 잘 반응한다. 예를 들어, 심상을 가장 중요하다고 생각하는 내담자는 심상훈련으로 효과를 볼 가능성이 큰 반면에, 사색하고 분석하는 것을 좋아하는 사람은 왜곡된 사고를 파악하고 수정하는 것에 더 잘 반응할 것이다. 그런 점을 평가한 후에 내담자가 가진 특정한 문제에 효과적일 것으로 여겨져 추천할 수 있는 치료적 접근을 놓고 내담자와 논의할 수 있다.

구조화된 프로필은 개인치료뿐 아니라 부부치료에서도 유용하게 사용할 수 있다. 두 사람의 구조화된 프로필을 비교하면 그들의 유사점과 차이점을 알 수 있어 두 사람 사이의 갈등을 이해하고 정상화할 수도 있다. 각 개인이 선호하는 점화순서에 관해 내담자에게 설명하는 것도 도움이 된다(Lazarus, 2006).

BASIC I.D. 분석 BASIC I.D.는 개인에 관한 방대한 정보를 제공하고, 그것의 활용법도 다양하다. 일곱 가지 측면을 평정하고 순위대로 정렬하는 것을 통하여 각 측면에서 자신이 변화를 주고자 하는 정도를 확인할 수 있다. Lazarus(1976)는 이 과정을 BASIC I.D.의 2차 분석이라고 불렀다. 2차 분석도 각 일곱 영역에서 발견되는 증상에 초점을 맞춘다. 치료가 난국에 빠졌을 때 이 과정이 도움이 될 수 있다.

가교와 추적 가교와 추적은 중다양식치료의 두 가지 유용한 기법이다. 내담자가 가장 중요하게 생각하는 영역을 통해 내담자와 좋은 관계(라포)를 이루어 서로 간에 가교를 형성한 후, 새로운 기술과 치료에 반응하게 하게 할 가능성이 큰 차원으로 옮겨가는 것이다. 추적은 내담자의 점화순서와 연속선상에서 중재하는 것이다. 그렇게 하면 치료를 수용할 가능성이 매우 커진다. 에디의 사례에서는 치료자가 대인관계와 정서 조절을 먼저 다룰 것이다. 그렇게 하는 것이 치료에 대한 내담자의 민감성을 극대화할 것이다.

치료 동맹

Lazarus(1993)는 치료자는 내담자의 요구와 선호하는 것을 감안하여 '확실한 카멜레온(authentic chameleon)'이 되어야 한다고 보았다(p. 404). 치료자는 한 내담자를 반영적으로 대할지 지시적으로 대할지 아니면 지지적으로 대할지를 결정해야 한다. 다시 말해, 형식적으로 대할지 아니면 격의 없이 대할지, 사무적으로 대할지 아니면 편하게 대할지, 반영적으로 대할지 더 직면적으로 대할지를 결정해야 한다. Lazarus는 치료자는 내담자가 기대하는 것과 선호하는 것에 맞추어 치료 방식을 조정해야 한다고 보았다.

치료자와 내담자 간의 협력이 중다양식치료에서 중요하지만, 치료자는 평가와 치료 계획의 기본 역할을 잊어서는 안 되고 그 과정에서 적극적이어야 하며 치료에 책임을 지는 자세로 임해야 한다. 중다양식적 치료자가 중재 방식의 유형을 결정하면서 "어떤 상황에서 무슨 일을 누구를 위하여?"라고 계속해서 자신에게 질문해야 특별한 문제를 가진 특정한 내담자를 가장 효과적으로 도울 수 있는 가능성이 크다(Miller, Hubble, Duncan, & Wampold, 2010).

적용과 현재 위상

중다양식치료에서 중요하게 생각하는 평가와 관련해서 내담자는 어느 정도 자기인식을 할 수 있어야 하고, 동기화가 되어 있으며 믿을 만한 정보 제공자여야 하며, 계획하고 조직화하며 자기관찰을 하는 수준이 어느 정도는 되어야 한다. 이런 조건이 충족되어야 함에도 불구하고 중다양식치료는 여러 종류의 사람들과 문제들에 적용할 수 있는 접근법이다. 이 접근법은 융통성 있게 채택 가능하여 약물치료에 효과를 보이는 사람들에게도 함께 적용할 수 있으며, 성공 가능성이 있는 여러 치료 체계와 결합하여 사용할 수 있고, 다양한 문화적 배경을 가진 사람들을 위해서도 채택 가능하다. 여러 상이한 문제들(예 : 불안, 시간관리 곤란, 사회기술 부족)을 복합적으로 가지고 있는 사람들에게 특히 중다양식치료가 도움이 될 수 있다. 중재 방식들은 각각의 유사한 문제들을 해결할 수 있도록 구성될 수 있다. 예를 들어, 복수의 문제를 토로하는 내담자들의 일반적인 문제인 당혹감과 실망감을 경감시키기 위해 체계적인 접근법을 개발하여 적용할 수 있다.

단기치료에 대한 최근의 추세를 인식하고 Lazarus(2006)는 단기적인 틀에서 중다양식치료를 적용하는 방법을 소개하였다. 그는 다음과 같은 네 단계를 제안한다.

1. 제기된 특정 문제들을 조사하기 위해 BASIC I.D. 형식을 사용한다.
2. 내담자와 협력하여 서너 가지 주요 문제들을 파악한다.
3. 만약 확인되었다면, 신체검사와 약물치료의 필요성에 대한 평가를 의뢰한다.
4. 내담자의 중요 문제들에 대해 실증적으로 타당성이 검증된 치료를 사용한다.

중다양식치료는 수많은 장애와 다양한 사람들에게 적절한 것처럼 보인다. 중다양식치료는 불안장애나 기분장애, 성기능장애, 양극성 장애와 정신분열증과 같은 심각한 정신질환, 섭식장애 등의 치료의 일환으로 수행되어왔다. 게다가 여러 문헌에 나타난 사례연구들은 광장공포증, 외상후스트레스장애, 신체형 장애(Lazarus, 1985) 및 물질남용(Lazarus, 2006) 등에 중다양식치료를 적용할 수 있다는 것을 보여준다. 중다양식치료는 아동과 부부 및 가족을 위해서도 사용되어왔으며, 외래 환자는 물론 입원 환자에게도 적용되고 있고, 집단치료로도 활용되고 있다(Lazarus, 1989, 2006).

평가

중다양식치료에도 약점과 한계가 있다. 이 모델에 맞추어 통일성 있게 결합시킬 이론들이 많지 않다고 우려하는 치료자들이 있다. BASIC I.D.를 포함해 이 접근법과 관련된 기본 틀이 있지만, 경험과 능력이 부족한 치료자의 손에서는 중다양식치료가 중재 방식들을 마구잡이식으로 선택하여 결합하는 형식이 될 수 있다. 또한 중다양식치료는 인간발달에 대한 개념, 변화의 이론, 왜 인간이 문제를 가지게 되는지에 대한 설명 등 주요 치료 체계에 있는 강점들을 가지고 있지 않다. 또 다른 결점으로는 이 치료를 위해서 본질상 조직화 · 구조화 · 구체화 · 계획화하는 능력이 요구되며, 그뿐 아니라 치료자가 엄청나게 많은 이론적 접근법과 중재 방식들을 잘 알고 그것에 정통해야 한다는 것이다.

그럼에도 불구하고, 중다양식치료에는 많은 강점이 있는데 그중 가장 중요한 것이 융통성이다. 또한 이 치료는 변화를 유도할 수 있는 중재 방식들을 사용하면서 내담자의 문제에 정면으로 강력하게 체계적으로 접근한다는 것도 장점이다. 게다가 BASIC I.D.의 기본 틀은 내담자의 정보를 수집하는 데 매우 유용하며 접근성이 좋을 뿐 아니라 대부분의 사람들에게 흥미를 유발한다. 중다양식치료는 전인적이고 종합적이며, 개별화된 목표지향적 접근이다. 이 접근법이 치료의 구조와 방향을 제시하기 때문에 내담자가 확신을 가지게 되고 문제를 관리 가능하게 만들어준다.

더 많은 연구들이 필요하지만, 초기 연구들은 중다양식치료를 받은 사람들의 75%가 주요 치료 목표를 성취하였다고 보고하였다(Lazarus, 1976). 그러나 개인마다 모두 다른 식으로 치료하고 재검증도 불가능하기 때문에 중다양식치료에 대한 연구에서는 유의성이 불확실하다. 그렇기는 하지만 이 접근법을 사용하는 치료자들이 인지행동적 방식에 기반을 두고 있고 다른 치료 모형에서도 실증적으로 검증된 치료 방식들을 가져오기 때문에 효과가 있을 가능성은 크다.

중다양식치료는 치료 계획을 활성화하고 효과적인 치료를 위한 필수적인 도구를 제공하며, 치료자의 책임감을 강조하고, 치료비를 제공하는 제삼자의 욕구를 충족한다. 이 치료 방식은 단기치료 모델이나 현재 많이 행해지는 치료들과 많은 유사성이 있다(Lazarus, 2006).

20년 전에 Lazarus는 '체계적이고 처방적이며 기술적인 절충주의 이론적 지향'이 결국 '심리치료적 시대정신'을 대변할 것이라고 예측하였다(Lazarus & Beutler, 1993, p. 384). 실제로 중다양식치료나 다른 기술적 통합치료가 가장 많이 활용되는 치료 방식이 될 것이고, 내담자나 치료자 및 관리의료 제공자들에게 인기를 얻게 될 것이다.

최신 통합절충주의 치료 체계

미국의 심리치료자들의 3분의 2 이상이 자신을 절충적 혹은 통합적이라고 간주하고 있기 때문에 (Schottenbauer, Glass, & Arnkoff, 2007, p. 225), 대부분의 치료자가 아마 여러 치료 전략들을 조직화하여 적용하는 규준을 제공하는 기본 틀이나 이론으로부터 도움을 얻어 다양한 내담자와 그들의 문제를 성공적으로 치료할 수 있었을 것이다. 이것은 임상적 차원에서도 바람직한 것일 뿐 아니라 절충주의를 위한 체계적인 접근은 치료자가 치료에 책임을 다하여 노력하는 모습을 보일 수 있고, 치료비를 지불하는 제삼자나 내담자에게 설득력 있고 강력한 방식으로 치료 계획을 제시할 수 있게 한다.

오늘날 치료자와 이론가들은 절충적이고 통합적인 치료를 할 수 있도록 여러 접근법들을 개발하였다. 이것을 범주화하면 다음과 같다.

● 내담자가 변화를 위해 얼마나 준비가 되어 있는지 혹은 내담자의 특성에 따른 접근법 : 중다양식
치료, 초이론적 모델, 적응적 상담치료, 사고-감정-행동 모델, 다문화 상담의 삼차원 모델
● 특정 이론들을 계획적으로 통합한 형태를 취하고 있는 접근법 : Hill의 3단계 조력 통합모델,
Wachtel의 정신역동-행동 통합치료
● 공통요인모델

우리는 중다양식치료와 순환성 정신역동치료는 이미 다루었다. 앞으로 최근에 주목받고 있는 통합적이거나 절충적인 접근들을 간단히 개관할 것인데, 더 중요한 것은 조금 더 길게 다룰 것이고, 아직 덜 발전되어 적용과 활용이 조금 덜되는 것들은 짧게 다룰 것이다. 여기서는 상대적으로 이런 접근법들의 초기 개발 과정에서의 내용을 더 많이 다룰 것이기 때문에 독자들은 추후에 다른 문헌을 통해 더 많은 정보들을 얻기 바란다.

변화를 위한 초이론적 모델

Prochaska 등(Prochaska & DiClemente, 1986; Prochaska & Norcross, 2009)에 의해 개발된 초이론적 모델(transtheoretical model, TTM)은 수많은 다른 치료적 관점으로부터 온 요소들을 통합하여 행동 변화에 대한 이론을 제공한다. 본질적으로 이 이론은 다른 이론들의 독특성과 다양성뿐 아니라 공통성까지 모두 감안한다. 변화단계 모델로 알려져 있는 초이론적 모델은 이론의 개발에 있어서 실증적 연구와 실무 모두에 기초하고 있어 과학자-실무자 접근이 반영되어 있다.

초이론적 모델은 정신건강과 행동건강 문제에 적용되어 흡연, 스트레스, 폭력 및 일탈 행동을 감소시키는 데 성공적으로 기여해왔다. 이 단계 모델은 개인의 변화의 단계를 위해 중재(변화의 과정)와 노력해야 하는 변화의 목표(변화의 수준)와 관련되어 있다. 다른 통합절충적 치료 모델에도 포함되어 있는 구성요소인 평가와 매칭(matching)이 초이론적 모델의 필수 구성요소이다.

초이론적 모델에서는 아래의 내용에 기초해 치료 전략을 계획하고 통합하는 조직적이고 방법론적인 접근을 제시한다.

● 변화의 5단계 : 초이론적 모델에서는 내담자가 치료를 받게 될 때 예측 가능한 단계를 거치게
되고, 치료는 내담자가 변화를 위해 준비되어 있는 수준에 맞추어 조화롭게 이루어져야 한다.
이런 변화의 과정에서 진보가 직접적이고 선형적으로 나타나기도 하지만 재발과 함께 나선형
형태로 나타날 때가 더 많고, 변화의 과정에서 여러 요인들이 전 단계로 퇴행하게 만들기도
한다. 다섯 가지 단계는 다음과 같다(Petrocelli, 2002).
　● 전인식 : 이 단계에 있는 사람들은 변화의 필요성을 느끼지 못하고 있다. 법원의 명령이나
　　가족의 압력에 의한 비자발적 내담자가 바로 이런 사람들이다.
　● 인식 : 이 단계에 있는 사람들은 자신이 문제를 가지고 있는 것은 인식하고 있지만, 변화에
　　필요한 행동을 실행하지는 않고 있다.

- 준비 : 이 단계에서 사람들은 변화해야 한다고 결정하고, 변화를 위한 작은 노력은 이미 시도하기도 했다.
- 실행 : 이제 사람들은 크게 동기화되어 변화를 위한 행동에 몰입한다. 이들은 그런 변화가 이루어질 때까지 계속해서 노력한다.
- 유지 : 사람들은 긍정적 변화를 유지하고 그런 변화가 계속되어 재발이 일어나지 않도록 하기 위한 방식으로 행동한다.
- 변화의 10가지 과정 : 개인이 변화의 어떤 단계에 있는지를 파악해야 성공적으로 다음 변화의 단계로 넘어갈 수 있게 하는 전략과 중재 방식들을 결정할 수 있다. 초이론적 모델의 개발자들은 변화의 10가지 과정을 확인하고 그 가치를 연구와 실무로 입증하였다. 그 과정에는 의식향상, 정화/극적 경감, 자기재평가, 환경 재평가, 자기해방, 사회적 해방, 역조건화, 자극 조절, 행동 반응 관리, 지원관계가 포함된다(Prochaska & Norcross, 2009, p. 17). 의식향상과 자기 및 환경 평가와 같은 자각을 증진시키는 전략들은 특별히 전인식 단계나 인식 단계 초기에 있을 때 가장 도움이 될 수 있고 잘 받아들여지는 데 반해, 행동 반응 관리나 조건화와 같은 행동 지향적 중재 방식은 실행 단계나 유지 단계와 같은 후기 단계에서 유용하다.
- 변화의 다섯 가지 수준 : 초이론적 모델은 심리치료에서 다룰 가능성이 많은 심리적 문제들을 다섯 가지 수준으로 나눈 위계적 조직체를 제시한다(Prochaska & Norcross, 2009, p. 502). 이 다섯 가지 수준은 다음과 같다.

1. 증상/상황적 문제
2. 부적응적 사고
3. 현재 대인관계 갈등
4. 가족/조직 갈등
5. 개인 내 갈등

초이론적 모델에서도 치료 동맹을 중요하게 여긴다. Prochaska와 Norcross(2009)는 치료 동맹을 치료에서 매우 강력한 공통요인으로 보았다. 그들은 또한 치유환경과 신뢰관계의 가치를 높이 평가하였다. 그들은 치료자를 각 개인에 맞게 치료적 관계를 형성할 뿐 아니라 내담자의 변화의 단계에 적합하게 치료 계획을 세울 수 있는 변화의 전문가로 보았다.

초이론적 모델은 상당히 전도유망한 모습을 보여왔다. 이 모델은 사람들이 어떻게 변화하고, 그런 변화를 어떻게 촉진할 수 있는지를 설명하는 개념적 구조를 제시하고 있다. 그리고 넓은 범위의 문제들을 일반화한 것은 혁신적인 것으로 실증적인 연구와 실무경험들이 이 접근법의 가치를 보증해주고 있다. 전반적으로 Prochaska와 Norcross(2009)에 의해 25년간 제대로 수행된 초이론적 모델에 관한 연구들은 "초이론적 모델이 중독이나 잘못된 습관에 대한 증거기반 자조적 치료 방법 중 하나라는 것"(p. 511)과 우울증 및 기타 장애에 효과적인 치료가 될 수 있다는 점을 보여주고 있지만, 이에 대한 더 많은 연구들이 필요하다. 심지어 행동건강 프로그램에서 내담자의 변화의 단계에 맞는 맞춤형 치료를 하는 것이 변화의 과정을 더 효과적이 되도록 할 수 있다는 것도 검증되었다. 그런 프로그램이 흡연자의 금연율을 높이고, 스트레스에 노출된 사람들의 스트레스 관리 능력을 증진시키며, 미국에서 선발된 25개의 중·고등학교에서 집단 따돌림과 폭력을 감소시키는 것으로 나타났다(Prochaska & Norcross, 2009). 그런 프로그램이나 스트레스 경감을 위한 초이론적 모델 프로그램은 약물남용과 정신건강 장면에서 증거기반 접근법으로 여겨지고 있다. 이와 관련된 추가적 연구들이 현재 수행되고 있다.

기타 변화단계 대응모델

초이론적 모델은 가장 잘 개발된 변화단계 대응모델 중의 하나이다. 여기서는 그 외의 것도 간단히 다루고자 한다.

다문화 상담의 삼차원 모델　유사한 모델로 Atkinson, Kim 및 Caldwell(1998)은 아래의 세 가지 차원에 나타난 다문화적 내담자들의 요구들에 맞는 치료를 제시하였다.

1. 문화 변용(變容) 수준 : 높음 혹은 낮음
2. 문제의 소재 : 내적 혹은 외적
3. 요구되는 중재 : 치료 혹은 예방

내담자가 이 세 가지 차원에 따라 기술하고 나면, 이 접근법은 가장 도움이 될 수 있는 치료자의 역할과 전략들을 제시한다. 예를 들어, 내담자가 자신이 처해 있는 문화에 순응하지 못하고 치료가 필요한 외적인 문제를 가지고 있다면 같은 문화권에서 온 치료자로부터 유익을 얻을 가능성이 크다. 반면에, 내담자가 문화에 잘 순응하였고 예방이 필요한 외적인 문제를 토로하고 있다면 자문가 역할을 하는 도우미가 유익할 수 있다.

Hill의 3단계 통합모델

Clara Hill(2009)의 3단계 통합모델은 Freud, Rogers, Erikson, Mahler, Skinner, Ellis, Beck 등과 같은 여러 주요 이론가의 업적 위에 든든한 기반을 두고 있다. 이 접근법은 초기 경험, 특별히 애착과 자아존중감의 발달에 기여한 초기 경험이나 성격 발달에 기반이 된 경험을 탐구하고 이해하는 것이 내담자의 긍정적 변화를 유도하는 데 필수적이라는 입장을 취하고 있다.

이 접근법은 아래와 같은 세 단계로 구성된다.

1. **탐색(exploration)**　내담자의 사고, 감정, 행동을 탐색할 때 치료자는 Rogers의 인간중심적 접근법에 기초하여 라포와 긍정적인 치료 동맹을 형성해야 한다. 내담자가 자신의 이야기를 할 때 내담자에 대한 이해력을 키워야 하고 내담자에 대한 자신의 반응을 점검해야 한다.
2. **통찰과 이해(insight and understanding)**　정신분석과 Freud, Erikson, Mahler(개인화), Bowlby(애착), Teyber(대인관계)의 아이디어를 이 단계의 이론적인 틀로 하여 치료자와 내담자는 내담자의 사고, 감정, 행동을 이해하고 그것에 통찰력을 키워야 한다. 도전적 직면, 해석, 자기개방,

즉시적 반응과 같은 전략들은 사람들이 자신을 새로운 방식으로 돌아볼 수 있게 하고 자신의 삶을 제대로 이해할 수 있도록 도와준다. 치료자 역시 치료적 관계에서 갈등과 애착을 모두 경험할 수 있다.

3. 실행(action) 탐색과 통찰의 단계를 통해 알게 된 것을 기초로 하여, 성장을 저해하는 요소들을 다루고, 사고·감정·행동의 변화를 시도하고 평가할 수 있는 새로운 기술의 학습과 같은 건설적인 행동을 이 시점에서 실행한다. 이 단계에서는 Skinner, Bandura, Ellis, Beck의 인지행동이론이 기초가 된다. 주요 중재 방식으로는 교육, 새로운 행동 강화, 피드백 제공 및 행동 계획 수립이 포함된다.

공감적 협력은 치료 과정의 각 단계에서 중요한 부분이다. 치료자는 내담자가 어떻게 살아야 하는지를 아는 전문가라기보다 지지하고 격려하는 코치라고 할 수 있다. Hill(2009)은 공감적 조율과 협력이 내담자와 함께 하는 방식이 되어야 하며, 사용하는 기법이나 가르치는 기술보다는 존중과 자기인식, 그리고 돕고자 하는 진정성이 묻어나오는 태도로 내담자를 대하는 것이 중요하다고 강조하였다.

다른 모든 이론적 지향들에서 그러는 것처럼 Hill의 3단계 통합모델에서도 다문화적 능력이 필수적이다. 우리 모두 성별, 인종, 성적 지향, 사회경제적 상태, 종교 등과 같은 다양한 문화적 배경을 가지고 있다. 3단계 모델의 탐색 단계에서는 치료자가 내담자의 그 시점에서의 기능을 이해하기 위해 문화와 관련하여 질문해야 하는 것이 매우 중요하다. 통찰과 이해 단계에서는 모든 문화적 요인이 통찰과 행동에 동일한 수준으로 영향을 미치는 것이 아님을 상기시켜야 한다. 문화적인 부분을 세심하게 처리할 수 있는 치료자는 자신의 가치관을 자각하고 있으며, 그런 가치관을 내담자에게 주입시키지 않는다.

공통요인모델

몇몇의 절충적 치료 접근은 효과적인 치료의 공통적 요인에 기반을 두고 있다. 효과적인 치료의 공통적 요인은 제1장에서 다루었다. 이런 접근법들은 "여러 심리치료 이론과 기법들이 있지만, 대등한 치료 효과를 발휘할 수 있는 주요 유사점들을 공유한다"(Lampropoulos, 2000, p. 416)는 종합적 연구 결과를 반영한 것이다. 이런 유사점들은 공통적 변화 요소, 보편적 치유요인, 공통 치료 성분, 치료적 공통요인 등으로 불린다.

Norcross와 Beutler(2011)는 통합치료 체계에서 일반적으로 사용되는 일련의 내담자 요인들을 제시하였다. 그것은 변화의 단계, 진단, 저항 수준, 내담자의 선호 및 대처 방식이다. 변화의 단계에 관해서는 앞에서 설명하였기 때문에 나머지 부분을 개별적으로 살펴보기로 하겠다.

진단 모든 정신건강 실무자들이 진단과 치료 계획을 위해 사용하고 있는 **정신장애의 진단 및 통계 편람, 5판**(Diagnostic and Statistical Manual of Mental Disorders, Fifth Edition, APA, 출판 중)을 정석으로 보고 따라야 한다. 하지만 Norcross와 Beutler(2011)는 성공적인 치료 계획을 설정하는 데 진단만으로 충분하지 않다고 말한다. 내담자의 강점도 반드시 포함되어야 하며, 다축 진단에서 활용하던 의료적 기록과 현재 내담자의 기능 수준을 알려주는 전반적 기능 수준(GAF)을 파악하여야 한다 (DSM-5에서는 더 이상 다축 진단 체계를 사용하지 않음－역자 주).

저항(혹은 저항 수준) 저항이 심한 내담자에게는 치료자가 비지시적일 때 더 치료가 성공적일 가능성이 크다는 것이 연구로 검증되었다. 치료자의 제안을 거절하거나 그것에 반대하고 조언을 받아들이지 않는 저항이 심한 내담자들에게서 흔히 나타나는 현상이다. 반대로 저항적이지 않은 내담자에게는 과제와 행동 계약이 주로 포함되는 인지행동치료가 더 효과적일 가능성이 크다(Norcross & Beutler, 2011).

내담자의 선호 내담자와 치료자의 조합이 치료의 효과와 상관이 있는지는 연구로 밝혀지지 않았지만, 내담자의 요구에 관심을 두지 않는 치료자보다 윤리적으로 가능한 수준에서 내담자가 선호하는 것을 고려해주는 치료자가 치료에서 성공적일 가능성이 크다(Swift & Callahan, 2010). 특별히 치료자의 성별, 민족, 문화적 배경, 성적 지향과 관련된 내담자의 선호와 그에 따른 문제점을 인식하고 내담자가 표현하게 하여 논의하는 것은 치료의 성공과 관련이 있는 질적인 차원인 "오해의 불식, 동맹관계 촉진 및 협력체계 구축"을 위해 중요한 것들이다(Norcross & Beutler, 2011, p. 515).

내담자의 대처 방식 대처 방식은 치료 계획을 위해 또 다른 중요한 변인이다. 내담자가 새로운 상황이나 문제상황에 어떻게 반응하느냐는 하나의 행동이지만, 나중에는 그것이 습관이 된다. 내담자가 사용하는 대처 방식의 유형(외현화 혹은 내재화)을 인식하는 것은 치료의 성공을 위해 중요하다. 외현화 대처 방식을 사용하는 사람은 행동화하고 충동적이며 자극을 추구할 가능성이 크다. 그런 사람들에게는 기술 지향 중재가 효과적일 수 있다. 내재화 대처 방식을 사용하는 사람은 자기비난을 하고 속으로 삭일 가능성이 크다. 이런 사람들에게는 통찰과 자각을 강조하는 중재가 효과적일 수 있다(Norcross & Beutler, 2011).

치료 계획을 위해 그들은 치료자가 치료 계획을 세움에 있어서 내담자의 특성, 치료 환경, 내담자－치료자 관계 변인, 특정 전략과 기법과 같은 네 가지 변인에 집중하여야 한다고 제안하였다. Beutler, Consoli 및 Lane(2005)은 긍정적 존중, 수용적 태도, 유연성 등과 같은 특정한 보편적 치료자의 자질이 긍정적인 결과와 관련이 있다고 가정하고, 이런 특성이 모든 치료에 기본이 되어야 한다고 주장하였다. 더 나아가 체계적 절충심리치료는 개인에게 맞춤형으로 치료적 접근을 할 수 있는 지침을 제공한다. 치료자가 치료 계획을 세울 때 특별히 내담자의 동기수준과 대처 방식에 주의를 기울일 필요가 있다.

여러 연구들은 통합치료들이 효과가 있다는 것을 실증적으로 지지한다. 인지행동치료(제16장에서 논의), 정서중심 부부치료(제18장에서 논의), 초이론적 심리치료(이 장의 앞에서 논의)가 통합된 변증법적 행동치료(DBT), 수용전념치료(ACT), 마음챙김 인지치료(MBCT) 및 안구운동 둔감화 및 재처리 기법(EMDR)을 포함한 통합치료들이 효과적인 것으로 알려져 있다.

일반적으로 통합치료는 남녀노소를 막론하고 개인, 부부 및 가족에게 적용 가능하다. Schottenbauer, Glass와 Arnkoff(2005)는 연구들을 종합하여 다음과 같이 요약하였다. 이미 대부분의 정신건 강 전문가들이 활용하고 있기 때문에 통합절충적 치료 접근의 개발과 연구가 상담 및 심리치료 영역에서 계속적으로 더 성장하고 있다. 현재 치료자들 앞에는 선택할 수 있는 수많은 치료적 접근들이 다양하게 제시되어 있다.

기법 개발 : 치료의 종결

이 책에서 마지막으로 소개할 기법은 내담자와 상담 혹은 심리치료를 종결하는 과정이다. 치료에서 계획한 것들이 잘 성취되었다면 그다음 과정에서는 치료에서 얻은 것들이 단단하게 자리를 잡을 수 있도록 해야 하고, 추후 성장을 도모해야 하며, 내담자가 자신의 노력과 성취에 대해 좋은 느낌을 가지고 떠나게 해야 하고, 치료자도 자부심과 성취감을 얻을 수 있어야 한다. 반면에 좋지 못한 종결은 내담자와 치료자 모두 해답을 찾지 못하며 임무를 완수하지 못하였을 뿐 아니라 분노와 좌절감, 그리고 실망감을 안고 치료를 그만두는 것이다.

일반적으로 치료의 종결은 다음과 같은 세 가지 방식으로 이루어진다.

1. **치료자의 선택** 치료자가 상담 기관을 떠날 수도 있고, 은퇴를 하거나, 내담자를 치료하는 것을 그만둘 필요가 있는 다른 변화가 있을 때 치료가 종결된다.

2. **내담자의 선택** 내담자가 멀리 이사하면 치료를 끝낼 수밖에 없다. 내담자는 치료 비용이나 치료가 자신에게 도움이 되지 않는 것 같은 생각 때문에 치료를 그만두려고 결정하기도 한다. 내담자가 치료를 그만두는 것과 관련하여 치료자와 논의하기도 하지만, 치료 약속을 무단으로 어기고 치료자의 전화 연락에 응답하지 않을 수도 있다.

3. **서로 간의 동의** 대개 종결은 내담자와 치료자 모두 내담자가 적어도 일시적이라도 치료 목표를 향해 진전을 보여 치료를 그만둘 준비가 되었다고 생각될 때 서로 동의하에 이루어진다. 경우에 따라서 치료가 효과를 내지 못하여 내담자가 다른 치료자 혹은 다른 치료적 접근으로부터 도움을 얻을 수 있다고 내담자와 치료자가 동의하였을 때도 치료가 종결된다.

내담자가 치료 목표를 향한 만족스러운 진전을 보기 전에 치료를 종결하는 것은 내담자와 치료자에게 어려운 일이다. 조기 종결과정을 잘 다룰 수 있는 요령은 다음과 같다.

- 가능하면, 치료의 종결과정을 위한 시간을 가져라. 얼마나 많은 시간을 가져야 하는지는 치료의 기간, 내담자의 이론적 지향, 내담자 문제의 본질, 내담자의 정신력이나 자아탄력성 등에 달려 있다. 일반적으로 치료를 종결하려는 치료자는 종결에 대한 반응을 내담자가 최소한 세 회기 동안은 이야기하도록 해야 한다. 일방적으로 치료를 그만두려는 내담자는 추가적인 회기를 싫어할 수 있는데, 그래도 최종 한 회기는 하려고 할 때가 많다. 그런 추가적 회기를 가질 수 없을 경우 전화로라도 내담자가 그런 결정을 한 것과 관련하여 논의할 필요가 있다.

- 놀라는 내담자의 반응은 가지각색이라는 점을 명심하라. 치료자가 치료를 그만두어야 한다는 것을 알린 초기에는 내담자가 대개 무덤덤한 정서적 반응을 보인다. 그러나 시간이 조금 지나면

슬픔이나 상실감뿐 아니라 치료자에 대한 분노의 감정을 드러낼 수도 있고, 아마 더 이상 자신의 문제를 다루지 않는다는 안도감도 느낄지 모른다. 치료를 초기에 종결하려고 하면 내담자는 치료가 실패한 것으로 간주하기 때문에 화가 나고 실망스러울 수 있다. 때때로 내담자는 치료로부터 얻은 것을 만족해하며, 계획하에 점진적으로 이루어지는 종결이 도움이 될 수도 있다는 것을 인식하지 못한다. 따라서 치료자는 내담자가 종결에 대한 자신의 느낌과 생각에 관해 이야기할 수 있는 여지와 시간을 제공해야 하며, 만약 내담자가 자신의 감정을 파악하거나 표현하지 못하면 일반적인 반응들을 이야기해줄 수도 있다.

- **놀라는 치료자의 반응은 가지각색이다.** 치료자도 사람이기 때문에 내담자가 갑자기 설명도 없이 치료를 그만두겠다고 하면 난처하고 화가 날 수도 있다. 치료자도 치료의 종결시점에서는 슬퍼질 수 있으며, 내담자에게 계속해서 도움을 주지 못한 것에 대해 후회할 수도 있고, 치료 동맹관계로 함께 발전시켰던 사람과 만날 수 없다는 것도 유감일 수 있다. 치료자는 내담자를 두고 떠나야 한다는 것이나 치료를 조기 종결해야 하는 내담자의 요구를 충족시키지 못한 것에 대해 죄책감을 느낄지도 모른다. 또한 치료자는 별 진전이 없고 치료에 어려움을 느끼게 하는 내담자와 더 이상 작업하지 않아도 된다는 안도감을 느낄 수도 있다. 치료자는 종결에 대한 자신의 느낌을 자각할 시간을 가지는 것이 필요한데, 그런 감정에 관련해 동료나 슈퍼바이저와 의논할 수 있으며, 그것을 배움의 기회로 삼으려고 노력해야 한다. 물론 치료자의 이런 감정이 내담자에게 부정적으로 표현되는 것을 조심해야 한다.

- **종결할 때는 내담자로부터 치료에 대한 피드백을 받아야 한다.** 특히 내담자가 먼저 치료의 종결 의사를 표현하였다면 특히 그렇다. 많은 내담자들이 치료자를 비평하는 것을 어려워하기 때문에, 치료자는 자신의 성장을 위한 의미 있는 제안을 듣기 위해 노력해야 한다. 내담자에게 치료에서 가장 도움이 되었던 것과 치료에서 개선되었으면 하는 것 하나씩을 이야기해 달라고 요청하는 것이 내담자가 말하기 꺼림칙했던 것들을 더 이야기하도록 하는 데 도움이 된다. 치료자는 열린 마음으로 미래의 내담자에게 도움이 될 제안에 귀를 기울여야 할 뿐 아니라 만족해하지 않는 내담자의 불만에 과잉반응해서는 안 된다.

- **내담자가 치료 과정과 자신에 관해 좋은 감정을 가지고 떠나게 하라.** 내담자가 성취한 것들을 다시 검토하고, 치료에서 얻은 것들을 강조하고 내담자가 그것에 대해 자부심을 갖도록 돕는다. 지금은 치료를 종결하지만 치료자 자신이나 치료자가 속한 상담 기관이 필요하면 추후에도 도움을 줄 수 있다는 것을 내담자에게 알린다. 내담자가 다른 전문가나 기관으로부터 도움을 받을 필요가 있다면 의뢰한다.

지금까지 제시한 지침들에 추가할 수도 있고 변화를 줄 수도 있지만, 그것들 중에 많은 부분이 치료자와 내담자가 서로 간에 동의하에 종결할 때도 적용할 수도 있다. 치료 종결에 대한 내담자와 치료자의 반응들에 관해 주의를 기울이고, 당황스러울 수도 있음을 명심하라. 내담자는 종종 분노를 느끼거나 버림받았다는 느낌을 가질 수 있는데, 심지어 내담자와 치료자 모두가 내담자가 치료에서 도움을 받았고 치료를 종결해야 될 시점이 되었다는 것에 동의하였을 때도 그렇다.

치료자는 치료의 강점과 약점에 대한 내담자의 생각을 이끌어내는 피드백 과정을 거쳐야 한다. 치료에서 내담자가 얻은 것을 확인하고 그것을 그의 삶에 자리 잡게 하는 것은 특별히 내담자와 치료자 모두에게 소득이다. 내담자가 성취한 것을 문서화하는 것은 강화 효과가 있고 내담자에게 성공의 기록을 제공한다. 내담자를 성취한 것들의 목록을 작성하는 과정에 가능하면 많이 직접적으로 관여하게 해야 한다. 성취한 항목을 내담자가 부르면 치료자가 목록에 적는 형태를 취할 수도 있다. 치료자는 초기에 세운 치료 목표를 상기시키고 성취한 것들을 내담자가 특정한 용어로 표현하면서 자신이 이루어낸 것을 확인할 수 있도록 할 수도 있다.

치료에서 성취한 모든 것을 다 기억해내거나 생각해내는 내담자는 별로 없기 때문에, 내담자가 더 이상 성공 목록에 추가할 내용이 없다고 하면 치료자는 내담자가 이루어냈다고 생각하는 것들을 내담자에게 제안할 수 있다. 한 항목을 적어넣기 전에 그것을 내담자가 자신이 성취한 것으로 지각하고 있으며 자신에게 그것이 의미 있는 것이라고 생각하고 있는지를 확인해야 한다.

치료자는 치료가 끝나는 그 시점에서 내담자의 목표가 무엇인지 목록을 작성하도록 돕는다. 그런 목표를 이루기 위한 첫 시도를 파악하는 것은 치료를 통하여 발전시킨 효과를 유지할 수 있도록 돕는 것이다.

사례

에디와 치료를 종결하는 것을 다룬 이 부분으로 이 책의 사례연구를 결론짓는다.

치료자 : 다음 주가 우리의 마지막 회기라는 것에 우리가 서로 동의하였습니다. 물론 그렇다고 하더라도 당신이 추가적인 회기가 필요하다고 생각하면 저에게 연락할 수 있습니다.

에디 : 아! 그렇게 할 수 있으니 다행이네요. 저희가 이야기 나눈 대로 저는 선생님과의 상담을 통해 정말 많은 것을 얻었다는 느낌이 들고, 이제 살아가면서 제가 배운 것들을 실행에 옮길 준비가 되었습니다.

치료자 : 에디에게 좋은 진전이 있었다는 것에 저도 동의합니다. 지난주에 제가 제안했던 것처럼 이번 회기에는 당신이 치료를 통해 성취한 것들을 목록으로 만들어봅시다. 한 주 동안 목록에 들어갈 내용들을 한번 생각해보라고 하였는데, 어떻게 좀 생각해보았나요?

에디 : 실제로 적어보지는 않았고, 생각은 해 보았어요. 생각을 많이 해야 목록에 넣을 내용도 많을 것 아니겠어요?

치료자 : 생각이 나는 대로 저에게 말해주면 제가 적는 것이 어떨까요?

에디 : 좋습니다. 확실히 내 기분이 더 좋아졌습니다. 저에게 주신 우울 검사 점수를 보셨잖아요. 확실하게 달라졌죠. 더 힘이 난다는 느낌이고 낙천적이 되었어요. 자살에 대한 생각도 없어졌고, 잠도 더 잘 자죠. 작은 일까지 완벽하게 해내지 못할 때 느꼈던 죄책감도 없어졌어요.

치료자 : 기분에 많은 변화의 징조를 느낄 수 있다는 것처럼 들리는데요.

에디 : 맞아요! 기분이 너무 좋아요. 때로 우울한 기분에 빠지기도 하지만 제가 크게 우울하다는 것조차 느끼지 못하거든요. 정말 달라졌다고 할 수 있지요. 또 다른 중요한 변화는 로베르토와의 관계예요. 정말 관계가 많이 개선되었다는 것을 느낄 수 있어요.

치료자 : 개선된 증거로는 어떤 것이 있나요?

에디 : 남편이 기다려지고요. 함께 외출을 즐기기도 하고, 심지어 성관계도 다시 시작했어요. 예전에는 저는 매일 남

편에게 소리 지르고, 남편은 저를 나무라곤 했거든요. 그런데 이제 저는 남편에게 조용히 이야기하고 남편도 제 말을 잘 들어주고 제 걱정도 해줍니다. 그리고 에바와도 잘 지내고 있어요.

치료자 : 어떻게 그렇게 될 수 있었나요?

에디 : 예전에는 매일 뒤치다꺼리하면서 잔소리만 했지요. 숙제는 잊지 마라, 점심값 잃어버리지 마라, 저녁식사 전에 집에 돌아와라 등과 같은 잔소리를 입에 달고 살았습니다. 그때는 사랑을 표현하는 방법이 딸에게 열심히 하라고 다그치고 그 애가 일을 잘 해낼까 걱정하는 모습을 보이는 것이라고 생각했지요. 그런데 지금은 우리 딸이 책임감 있는 아이라는 것을 알게 되었어요. 물론 그 애는 아직 제 도움이 필요하지만, 이제는 잔소리 대신에 우리 딸이 인생을 조금 더 재미있게 살 수 있도록 제가 힘이 되려고 해요. 지난주에는 딸과 함께 아직 완성되지 않은 도자기에 그림을 그려넣을 수 있는 곳에 갔어요. 그곳에서 우리는 남편의 생일에 선물할 커피 잔과 접시에 함께 그림을 그려넣었죠. 우리 둘 다 특별한 선물을 만들며 정말 즐거운 시간을 보냈어요.

치료자 : 가정이 좋은 쪽으로 많이 변했군요. 그렇다면 어머니나 새아버지와의 관계는 어떻습니까?

에디 : 아! 그분들과의 관계에도 변화가 있었지요. 지금은 제 마음에 있는 이야기를 자주 하는데, 엄마가 들으시면서 화가 나지 않을 수 있도록 신경 써서 이야기를 합니다. 새아버지하고는 아직도 눈을 마주치고 이야기하지는 못하지만 서로의 이야기를 들어주고, 서로의 의견에 동의할 때도 있고 그렇지 않을 때도 있지요. 요즘은 우리 엄마가 더 자주 에바를 데리고 외출하여 점심이나 아이스크림을 사주시며 재미있는 시간을 보내시는 것 같아요.

치료자 : 또 다른 성취가 있었는지 우리가 초기에 세운 목표들을 되돌아봅시다. 목표 중 하나가 학대받은 경험과 관련하여 자기비난을 좀 덜하고 그 경험에서 자신을 분리하는 것이었는데요. 평정한 자기비난 수준이 10점 척도에서 8점이었는데, 지금은 어떻습니까?

에디 : 변화가 있었지요. 저는 제가 처음 평정한 점수가 그렇게 높았는지 몰랐어요. 아직 그 학대 경험과 관련해 죄의식이 있어 제 마음을 아프게 하는 것은 사실이지만, 지금은 3~4점 정도예요. 이제는 그 일이 제 잘못이 아니라고 느껴지고, 그 상황에서 제가 최선의 방법으로 대처했다는 생각이 듭니다.

치료자 : 그 점에서도 많은 개선이 있었군요! 자신을 학대 경험으로부터 얼마나 분리시켰나요?

에디 : 안구운동 연습을 하니 변화가 있었어요. 내가 경험한 사실을 기억은 하고 절대 잊어버릴 수는 없지만 더 이상 생생한 경험으로 남아 있지는 않아요.

치료자 : 그 경험에 대한 지각 수준에 정말 변화가 생겨 그 경험과 거리를 유지할 수 있게 되었군요. 생각나는 다른 변화는 없습니까?

에디 : 암 진단을 받았던 것에 대한 반응에도 변화가 생겼습니다. 암을 앓았고, 그때는 정말 두려웠지만 이제는 오래전 일로 느껴져요. 재발에 관해서는 크게 걱정하지 않습니다. 적어도 예전보다는 그래요. 제가 행한 작은 일이 암을 재발시킬 것이라는 생각으로 걱정하는 일들이 적어졌어요. 다른 영역에도 좋아진 것이 또 있네요. 당황하지 않으면서 일을 할 수 있게 됐어요. 하지만 아직 제가 바라던 만큼 삶을 균형 있게 관리하지는 못하는 것 같아요.

치료자 : 다른 목록을 한번 만들어보는 것이 어떨까요? 다름이 아니라 치료를 종결한 이후에 어떻게 할지에 대한 목표들을 세워보는 겁니다.

에디 : 그거 좋은데요. 저는 조화로운 삶을 첫 번째 목표로 하고 싶어요.

치료자 : 그 목표를 달성하기 위해서는 어떤 일부터 해야 할까요?

에디 : 저는 일거리를 집에 가지고 오는 일이 너무 잦아요. 그리고 운동하는 것에 너무 시간투자를 안 하는 것 같습니다. 우선 이 두 가지를 고치고 싶어요.

치료자 : 그런 것들을 적어놓겠습니다. 그리고 다른 미래의 목표가 더 있겠지만 다음 회기에 다루도록 하겠습니다. 지금은 당신이 최근에 성취한 것들을 다시 한번 살펴보기로 하지요. 제가 듣기로는 친구들을 새로 사귄 것으로

알고 있는데요. 치료를 시작할 때 너무 외롭고 고립되어 있는 느낌이 든다고 말씀하신 것이 기억이 납니다. 지금은 정말 좋아하는 여성 2명을 친구로 사귀었다고 말씀하지 않으셨어요? 그것도 성취 목록에 포함시키는 것이 어떻겠습니까?

에디 : 아, 그래야지요! 그걸 잊어버리고 있었네요. 인생을 매일 파티나 하며 살고 싶지는 않지만 제가 사람들을 잘 사귈 수 있었으면 해요. 베티나 샌디와 함께 잘 지내고 있는데, 그녀들도 저와 함께 하는 것을 재미있어하는 것 같아요.

치료자 : 그렇다면 그것도 또 다른 성취라고 할 수 있겠군요. 이 목록을 복사하여 드릴 테니 잘 보시고 덧붙일 내용이 생각나면 첨부하십시오. 오늘 회기를 마치기 전에 지금까지 치료에 대한 피드백을 받으려고 합니다. 이 치료의 어떤 부분이 유익했습니까?

에디 : 잘 모르겠어요. 모든 것이 유익했지요, 뭐.

치료자 : 머리에 떠오르는 것으로 딱 집어서 몇 가지만 말씀해주시겠어요?

에디 : 비논리적인 생각을 고치라고 가르쳐주신 것이 특히 도움이 되었어요. 제가 그러려고 많이 노력했습니다. 대인관계 기술을 발전시킨 것도 많이 도움이 됐고요. Myers-Briggs 검사(MBTI)도 저와 로베르토를 이해하고, 서로의 차이를 수용하는 데 도움이 되었습니다. 그리고 선생님께서 절대 저를 포기하지 않는다는 느낌을 받았고, 저를 위한 계획을 언제나 가지고 계셨으며, 정말 저를 위해 일하시는 것처럼 보였습니다.

치료자 : 여러 가지 면에서 치료가 도움이 되었다는 말씀을 들으니 저도 기쁩니다. 그러나 저는 이 치료의 약점도 좀 알고 싶습니다. 아마 개선되었으면 하는 점도 한두 가지는 있었을 텐데요.

에디 : 자기주장에 관해 읽으라고 주신 책은 마음에 들지 않았어요. 그 책은 제가 다른 사람들에게 그렇게 대하라고 하는 것 같았는데, 제 특성상 저는 그런 사람이 아니거든요.

치료자 : 그 책이 당신에게는 맞지 않았나 보네요. 그런 말씀을 해주신 것에 감사합니다. 바뀌었으면 하는 다른 점은 없었나요?

에디 : 제가 너무 혼란스러워 전화를 부탁드린다고 메시지를 남긴 적이 한 번 있었는데요. 그 순간 제가 얼마나 힘들다는 것은 메시지에 남기지는 않았지만, 3시간이 지나서야 전화를 해주셨어요. 그때 전화를 기다리면서 정말 짜증이 났습니다.

이 회기에는 치료의 종결에서 거쳐야 하는 세 가지 중요한 과정인 치료 동안의 내담자의 성취를 듣고 강화하는 과정, 추후 목표를 파악하고 그것을 성취하기 위한 첫 발판을 마련해주는 과정, 치료 과정의 긍정적인 피드백과 부정적 피드백을 받는 과정이 잘 나타나 있다. 비록 치료자가 이 과정의 방향을 이끌어 나가지만 치료를 종결함에 있어서는 내담자의 적극적인 역할이 요구된다. 이 상담 내용은 종결과정이 치료에서 얼마나 중요한 부분인지를 보여준다. 이런 과정은 내담자나 치료자 모두에게 유익하며, 긍정적인 변화의 과정을 지속시킨다.

연습

대집단 연습

1. 통합절충주의 치료의 장단점에 관해 토론하고 목록을 만들어보라. 한 가지 치료 이론을 고집하는 것의 장단점에 관해서도 토론해보고 목록화하라. 지금 시점에서 당신은 어떤 것을 더 선호하는가? 치료자로서 10년 이상 경력을 쌓은 후에는 당신에게 어떤 것이 더 맞을 거라고 생각하는

가?

2. BASIC I.D.의 틀에 맞추어 로베르토의 구조화된 프로필을 작성하고, 각 영역에서 로베르토를 도울 수 있는 목표와 중재 방식들을 개발하라.

3. 이 장에서는 여러 가지 통합적 혹은 절충적 치료 접근들을 소개하였다. 그런 모든 혹은 대부분의 접근법들에 포함된 공통요인이 무엇인지에 관해 토론하라. 그다음 어떤 것이 각 접근법들의 독특성을 유지시키는지에 관해서도 논의하라. 각 접근법들에 관한 이해에 한계가 있기는 하지만, 어떤 접근법들이 많은 기여를 할 것 같은지에 대한 의견을 나누고 그 이유에 관해 토론하라.

4. 상이한 치료적 접근법들을 통합하는 것이 쉬운 것만은 아니다. 어떤 이론들은 조화롭게 엮어지지만, 어떤 이론들은 서로 양립하는 것처럼 보이기 때문이다. 다음에 제시한 조합들을 성공적으로 통합할 수 있는지, 만약 그렇다면 어떻게 통합시킬 수 있는지에 관해 토론하라.
   - 인간중심접근과 정신역동적 접근
   - 현실치료와 Adler의 개인심리학
   - 실존주의와 인지치료
   - 게슈탈트 치료와 행동치료

소집단 연습

1. 2명씩 짝을 이룬 네 집단을 만든다. 각 쌍은 15분 동안 면접 역할을 연기하면서 치료자는 이 장의 앞부분에서 에디가 했던 것처럼 내담자가 BASIC I.D.를 사용하여 구조적 프로필을 개발하는 것을 돕는다. 각 일곱 가지 영역에서 내담자의 강점과 그가 바라는 변화에 관해 간단히 토론하라. 프로필을 개발하는 과정을 역할 연기한 것에 대해 강점과 개선되어야 할 점을 바탕으로 피드백을 하라.

2. 각 쌍이 10분 동안 다른 면접의 역할을 연기하면서 내담자의 구조적 프로필의 가장 중요한 기능을 탐색하라. 치료자는 말을 할 때마다 목적을 가지고 신중하게 의도적으로 중재 방식을 적용해보라. 면접을 녹음이나 녹화하였다가 다시 재생해보며 각 중재 방식에서 치료자의 목표가 무엇이고 그것을 성취하였는지 토론하라.

3. 자신이 속한 소집단이 하나의 통합된 치료 접근을 개발한다고 가정해보라. 그런 접근법을 개발함에 있어서 선택하고 결정해야 하는 것은 무엇인지 목록을 작성해보라. 그런 후 그런 선택들과 결정들을 군집화하라.

개인 연습

1. 중다양식치료의 BASIC I.D.의 틀에 맞추어 자신의 구조화된 프로필을 작성해보라. 자신의 인생의 각 일곱 가지 영역이 얼마나 중요한지 평정하라. 그렇게 평정한 것들을 목록화하고, 각 일곱 가지 영역에서 자신의 강점과 수정하고 싶은 것들을 목록으로 만들어보라.

2. 자신이 스트레스에 차례로 대처하는 방식 중에 처음 세 가지 방식이 무엇인지 확인하라. 그런 패

턴이 얼마나 효과적이었는지 생각해보라. 스트레스에 반응하는 방식이 자신의 구조화된 프로필과 닮았는가? 스트레스에 반응하는 방식 중에 수정하고 싶은 부분이 있는지 곰곰이 생각하여 그것을 적어보라.

3. 발달상담치료에 따르면 네 가지 인지발달적 지향, 즉 감각 운동, 구체적 조작/상황적, 형식적 조작/반영적, 변증법적/체계적 지향으로 사람을 설명할 수 있다고 한다. 자신의 인지발달적 지향에 따라 아래의 질문들에 답하라.

- 현재 자신의 기본적 기능 양식은 어떤 지향이 가장 잘 설명한다고 보는가?
- 다른 지향이 자신의 기본적 기능 양식이었던 때가 있었는지를 생각해보라. 그때의 기본적 기능 양식이었던 것은 어떤 지향이었는가?
- 자신이 한 가지 지향에서 다른 지향으로 이동할 수 있는 유연성이 얼마나 된다고 생각하는가?
- 어떤 지향이 자신에게 맞지 않는다고 생각하는가?
- 자신이 한 가지 혹은 두 가지 지향에 너무 의존한다고 생각하는가?
- 위와 같은 질문에 답하다 보니 무언가 변화가 있어야 한다고 생각하지는 않는가?

요약

많은 치료자들이 자신의 이론적 지향을 통합적 혹은 절충적이라고 표현한다. 통합적인 접근은 이론에 근거를 두고, 여러 치료 전략들을 그것들을 합한 것보다 더 유용한 통일체로 결합시키는 것이다. 한편 절충주의는 이론이 약하지만 실용적이고, 다양한 상담 및 심리치료 접근법들에 속한 중재 방식들을 선택하고 적용하는 기준이나 체계를 제시한다. 모든 이론적 지향들을 통틀어 존재하는 공통요인들에 대한 연구들의 증가는 치료 회기 지금-여기에서 내담자에게 가장 좋은 것이 무엇인지를 치료자가 탐구하여 내담자에게 맞는 중재를 할 수 있는 기회를 제공한다.

이 장에서는 Wachtel에 의해 개발된 순환성 정신역동치료 체계, Lazarus에 의해 개발된 중다양식치료, 그리고 Hill의 3단계 통합모델을 다루었다. 또한 최근에 부각되고 있는 통합절충주의 치료적 접근들도 소개하였다.

20년도 훨씬 전에 Lazarus는 각기 다른 치료 양식의 기술적 통합이 심리치료 영역에서 전 세계적 추세가 될 것이라고 예측하였다. 우리는 멀지 않은 미래에 종교와 영성, 다문화 심리치료 및 치료의 공통요인들이 통합된 새로운 접근들이 개발될 것으로 기대한다.

추천 도서

Hill, C. E. (2009). *Helping skills: Facilitating exploration, insight, and action* (3rd ed.). Washington, DC: American Psychological Association.

Lazarus, A. A. (2008). Technical eclecticism and multimodal therapy. In J. L. Lebow (Ed.), *Twenty-first century psychotherapies: Contemporary approaches to theory and practice* (pp. 424–452). Hoboken, NJ: John Wiley & Sons.

Lazarus, A. A. (2006). *Brief but comprehensive psychotherapy: The multimodal way.* New York, NY: Springer.

Schneider, K. (2008). *Existential-integrative psychotherapy: Guideposts to the core of practice.* New York, NY: Routledge.

Teyber, E., & McClure, F. H. (2011). *Interpersonal process in therapy: An integrative model* (6th ed.). Belmont, CA: Thomson/Brooks Cole.

Wachtel, P. L. (2011). *Inside the session: What really happens in psychotherapy.* Washington, DC: American Psychological Association.

Also recommended is the *Journal of Psychotherapy Integration.*

제 **7** 부

치료 체계의 이해

제 20 장 치료 체계에 대한 이해를 다지기

치료 체계에 대한 이해를 다지기

드디어 이 책의 마지막 장에 왔고, 독자들도 아마 수업이나 수련 프로그램의 막바지에 있을 것이다. 그리고 당신의 머릿속에는 많은 이론과 이론가들, 치료 전략들과 기법들이 가득 차 있을 것이다. 당신이 배운 것들을 적용하고 싶은 마음도 크겠지만, 또한 이 모든 정보들에 의해 압도당하는 느낌이 들 수도 있다. 그렇다면 이 장은 큰 도움이 될 것이다. 우리가 다루었던 주요 치료적 접근들을 구조적으로 재고해보며, 주요 개념들에 대한 이해를 돕고 서로 간의 차이점과 유사점을 파악하기 위해 여러 정보들을 범주화하였다.

또한 이 장에서는 치료자의 강점과 신념을 반영하여 내담자에게 효과적일 가능성이 있는 치료적 접근을 선택하는 방법도 제시하였다. 지금까지 배운 상담 및 심리치료의 체계, 전략 및 기술들과 함께 이런 정보들을 연결시키면 치료에 있어서 가장 중요한 다음과 같은 질문에 답할 수 있을 것이다. "누구에 의한 어떤 치료가 그런 환경하에 이런 특정한 문제를 가진 내담자에게 가장 효과적일까?"(Paul, 1967, p. 111).

더 나아가 상담 및 심리치료에 대한 미래의 방향을 제시하는 것으로 이 장과 이 책을 마무리 짓는다. 이 분야의 변화를 예견하는 것은 독자의 직업적 목표를 충족시키고 효과적인 치료를 할 수 있도록 하여 직무상 도움을 줄 수 있을 것이다.

효과적인 치료의 공통요인

지난 20년 동안 성공적인 치료에 있어서 중요한 공통성분을 파악하기 위해 심혈을 기울여왔다. 더 많은 연구와 임상적 경험들이 상담 및 심리치료에 공통요인이 존재한다는 것과 치료자의 이론적 지향과는 상관없이 성공적 치료의 가장 중요한 특성이 있다는 것을 확인하였다. 제1장에서는 바람직한 치료자와 내담자의 특성과 치료 환경을 다룬 바 있다. 이 시점에서 독자들이 수많은 치료적 체계와 전략들을 알고 있고, 치료 결과를 결정하는 중요한 역할을 하는 치료적 접근의 유익한 공통성분을 아마 인식하고 있을지도 모른다. 사실 각기 다른 치료 유형들의 효과의 70% 이상이 모든 성공적인 치료가 공유하는 공통요인들에 의한 것이다(Wampold, 2010). 모든 유형의 치료적 지향에서 공통적으로 발견되는 공통요인은 다음과 같다.

- 협력적이고 긍정적인 치료 동맹
- 내담자의 문제를 다루는 믿을 만한 치료적 접근
- 치료에서 긍정적으로 작용하는 자기효능감, 문제해결 능력, 변화에 대한 동기, 희망과 같은 내담자의 요인(Norcross & Lambert, 2011)

오랫동안 축적된 연구 결과를 바탕으로 내담자의 개선을 설명할 수 있는 공통요인들은 다음과 같은 세 가지 큰 범주로 구분할 수 있다(Lambert, 1992; Lambert & Bergin, 1994).

1. 지지 요인(support factors) 긍정적이고 위안을 주며 서로 신뢰하는 치료 동맹, 온정, 존중, 감정 이입, 진솔성, 수용적 태도를 가지고 의사소통을 하는 치료자
2. 학습 요인(learning factors) 내담자의 사고와 지각의 변화, 조언을 얻음, 통찰력 획득, 교정된 정서 경험, 자기수용과 개인적 효과성에 대한 기대의 증가
3. 행동 요인(action factors) 긍정적 변화에 대한 기대, 행동 조절의 개선, 현실 검증, 모델링, 실행, 과제 수행, 제안의 수용, 두려움과 문제에 대한 직면, 작업 과정, 성공 경험

그렇다면 치료적 지향은 무의미한 것인가? 단언컨대 그렇지 않다. 치료적 요인들이 설명할 수 있는 부분은 8%에서 15% 정도이다. 치료는 특정한 내담자의 요구에 의해 맞춤형이 될 필요가 있다. 또한 어떤 치료적 양식을 사용하는지와는 상관없이 치료자는 내담자와의 관계에 집중해야 한다(Norcross & Lambert, 2011).

또 다른 참조물인 Norcross의 책 효과적인 심리치료 관계(*Psychotherapy Relationships That Work*)는 현재 개정판이 출판되었는데, 이 책은 미국심리학회(APA) 임상심리학 분과와 심리치료 분과의 지원

에 의해 저술된 것이다. 이 책은 각 장마다 치료적 관계의 효과적인 요소에 관해 자세히 설명하고 있어 마치 Carl Rogers가 작업한 것처럼 보일 정도이다. 1940년대와 1950년대에 Rogers가 강조한 치료 동맹, 진솔성, 긍정적 존중이 치료의 효과를 증진한다는 것은 지난 20년간 연구들에 의해 입증되었다. 게다가 이 책은 치료자가 역전이를 다루고, 치료 동맹을 해치는 요인을 조절하며, 내담자로부터 피드백을 요청하고 그것에 귀를 기울이고, 그들과 협력적으로 작업하는 것에 관해 추가적으로 설명하고 있다. 효과적인 심리치료를 수행하고자 하는 학생들은 이 책을 참조할 필요가 있다.

요컨대, 많은 저술가들이 치료의 공통성분에 관한 연구에 관해서는 간결하게 요약하여 설명하고 있다. 따라서 현재 치료자들은 긍정적 결과를 낼 가능성이 가장 큰 치료적 환경, 관계 및 과정에 관해 확실하게 알 수 있다.

치료 체계의 개관

비록 문헌에서 효과를 낼 가능성이 큰 치료적 중재 방식들(예 : 내담자가 문제에 직면하도록 조절 능력을 키워주는 것)에 관한 지침을 제공하고 있지만, 어떤 특정 전략이나 치료 체계가 가장 성공적일 수 있는지는 아직 확인되지 않았다. 치료자들이 효과적인 치료에 대한 자신의 생각에 가장 부합하고 자신의 내담자에게 적용하기 적합한 치료적 접근이 어떤 것인지를 파악하는 일은 아직도 쉬운 일이 아니다. 지금부터 다룰 내용은 치료자가 그런 선택을 잘할 수 있도록 도울 것이다.

현재 세상에는 수백 가지의 상담 및 심리치료 접근법들이 있다. 물론 이 책에서 그 모든 것들을 다루지는 못했다. 대신에 기본적으로 다음에 제시한 견실한 이론의 10가지 요건에 모두 혹은 대부분 부합하는 치료적 접근에 초점을 맞추었다.

1. 이론이 명료하고 이치에 맞으며 쉽게 그 의미가 전달된다.
2. 앞서 논의했던 치료적 공통성분을 포함하고 있거나 그것과 모순되지 않는다.
3. 목표설정과 평가 과정에서 사용할 수 있는 긍정적 정서 발달과 건강에 관한 개념을 포함하고 있다.
4. 치료자가 정보를 이해하고 조직화하는 데 도움을 준다.
5. 매우 다양한 문제와 장애들을 종합적으로 설명하며 다루고 있다.
6. 치료자에게 긍정적 변화를 촉진하기 위한 방향, 단계 및 지침을 제공한다.
7. 기본 이론에서 파생되었거나 그것과 일치하는 전략과 중재 방식들을 포함하고 있다.
8. 치료자에게 일반적인 용어를 사용하여 치료와 협력을 용이하게 하는 방법을 제시한다.
9. 널리 실용화되었고 많은 연구 결과를 산출하였다. 이 접근이 실증적 연구들을 통해 완전하게 타당하다고 아직 결론 내려지지는 않았지만, 연구들이 그 가능성을 증명하였으며 널리 사용되었고 인기가 증가한다는 것은 치료자가 내담자들에게 유익이 될 수 있는 것을 이 접근법에서 찾을 수 있다.
10. 개인 상담 혹은 개인 심리치료에 초점을 맞추고 있다(이 책에서 논의한 많은 접근법들이 집단치료나 가족치료로도 사용되고 있지만, 이 책은 개인치료를 중심으로 다루었다).

앞으로 다룰 네 영역은 이 책에서 다룬 주요 치료 체계들을 종류별로 구분하여 요약한 것이다. 이 영역은 독자들이 이런 접근법들에 관해 더 많이 배우고, 필요한 주요 개념들을 재검토하며, 그런 접근법들 간의 차이점과 유사점을 명료하게 이해하고, 유용한 치료 계획을 발전시킬 수 있도록 도울 것이다. 요즘 새로 부각되고 있는 통합절충주의 접근법은 아직 종합적이지 않고 완전하게 발전된 치료 체계라고 할 수 없기 때문에 여기에는 포함시키지 않았다. 가족체계이론도 여기에 포함시키지 않았는데 이 책에서 그것을 다룬 것 자체가 요약이기 때문이다.

성장배경을 강조하는 치료 체계

정통 정신분석학

창시자/주요 공헌자 : Sigmund Freud

초점 영역 : (성장)배경

변화에 대한 기본 이론/관점 : 생물학, 추동, 초기 아동기 경험에 대부분의 발달을 결정한다. 분석과 해석을 통해 무의식을 의식화하는 것이 통찰력을 증진시키고, 과거의 영향력을 감소시키며, 내적 갈등을 줄이고, 건강한 선택을 촉진한다.

기타 주요 개념 :
- 성격을 구성하는 원초아, 자아, 초자아
- 심리성적 발달 단계 : 구강기, 항문기, 남근기, 잠재기, 생식기
- 세 가지 의식 수준의 존재 : 의식, 무의식, 전의식
- 꿈, 실수 및 증상은 무의식 소망의 반영
- 성격을 이해하기 위해 중요한 자아방어기제

성장배경의 치료 : 생애 첫 5년 동안의 삶을 이해하는 것이 필수적이다.

정서와 감각의 치료 : 무의식적인 것을 의식화할 때는 반드시 정동적인 면이 함께 한다. 억압된 감정의 정화(abreaction)는 효과적인 변화를 위해 필수적이다.

사고의 치료 : 자아는 인간의 사고를 담당하는 영역이며 문제를 철저히 처리함에 있어서도 중요한 부분이다.

행동의 치료 : 행동에는 무의식적인 면이 아주 많이 반영되어 있다.

주요 기법과 전략 : 분석과 해석, 전이, 자유연상, 훈습

치료 동맹 : 치료자는 상대적으로 자신을 잘 드러내지 않는다. 전이를 장려하고 그것도 치료의 한 부분이다.

지시 수준 : 치료자가 치료의 과정에 있지만, 치료의 방향은 거의 내담자에 의해 결정된다.

성장-중심 대 문제-중심 : 문제의 치료에 초점을 맞추지만, 성공적 치료는 성장으로 이끈다.

적용 대상 내담자 프로필 : 기본적으로 위기에 있는 사람들이 아닌 신경증을 가진 사람들을 위한 접근법이다.

환경과 다양성에 대한 대응 : 상황적 맥락에 관해서 어느 정도 주의를 기울이지만, 다양성은 크게 염두에 두지 않는다.

목표와 치료 계획에 대한 강조 : 전반적인 목표는 자아의 기능을 개선하는 것인데, 치료의 목표와 치료 계획을 설정하는 데 크게 관심을 두지 않는다.

치료 기간 : 굉장히 길다.

숙제나 회기 중간의 과제의 사용 : 중요하게 여기지 않는다.

연구에 의한 타당화 정도 : 제한적이다.

개인심리학

창시자/주요 공헌자 : Alfred Adler, Rudolf Dreikurs

초점 영역 : (성장)배경

변화에 대한 기본 이론/관점 : 유전과 양육이 중요하지만, 의미를 발견하고 성공하려는 내담자 자신의 노력이 더 강력할 수 있다.

기타 주요 개념 : 사회적 관심이 건강한 발달의 필수적인 부분이다.

성장배경의 치료 : 초년기의 회상, 가족형태, 출생순위, 가족의 역할, 아동기 경험을 다방면으로 분석한다.

정서와 감각의 치료 : 용기/낙담과 자신감/열등감의 감정에 특별히 주의를 기울인다.

사고의 치료 : 개인적으로 지각한 것과 사적인 논리가 중요하다.

행동의 치료 : 행동에는 항상 목적이 있으며 목표와 삶의 방식이 반영되어 있다.

주요 기법과 전략 : 교육, 격려, 꿈, 회상된 초기 경험, 가족형태, 삶의 방식에 관한 토론 및 분석, 통찰을 얻기 위한 마치 ~처럼 행동하기, 해석, 예감의 활용

치료 동맹 : 치료자로서의 역할뿐 아니라 교육자이자 역할 모델이며, 협력과 신뢰할 수 있는 관계를 도모한다.

지시 수준 : 내담자와의 협력이 중요하다.

성장-중심 대 문제-중심 : 두 가지 모두라고 할 수 있지만, Adler는 성장을 강조했다.

적용 대상 내담자 프로필 : 다양한 종류의 내담자에게 적용할 수 있으며, 아동 · 성인 · 부부는 물론 일반적인 정신장애를 가진 대부분의 사람들에게 적합하다.

환경과 다양성에 대한 대응 : 사회적 관심과 환경에 상당히 주의를 기울이며, 무능한 사람들의

경우 더욱 그렇다.

목표와 치료 계획에 대한 강조 : 목표설정을 공유하는 것이 중요하다.

치료 기간 : 전통적으로 길지만, 치료 기간에는 융통성이 있다.

숙제나 회기 중간의 과제의 사용 : 학습을 위해 중요하다.

연구에 의한 타당화 정도 : 제한적이며, 더 필요하다.

분석심리학

창시자/주요 공헌자 : Carl Jung

초점 영역 : (성장)배경

변화에 대한 기본 이론/관점 : 발달은 초기 경험뿐 아니라 개인에 내재되어 있는 무의식적 원형 (archetypes)에 의해서 결정된다. 퇴행뿐 아니라 꿈과 상징 등을 해석함으로써 균형과 성장 및 통합을 증진시킬 수 있도록 무의식을 의식화할 수 있다.

기타 주요 개념 :

- 무의식은 심리적 문제뿐 아니라 창의력과 정서적 성장의 근원이다.
- 페르소나, 자아, 아니마/아니무스, 원형, 그림자, 개인 무의식 및 집단 무의식 등 정신(Psyche) 의 요소가 중요하다.

성장배경의 치료 : 개인의 성장배경뿐 아니라 원형과 집안 내력도 매우 중요하다.

정서와 감각의 치료 : 카타르시스, 즉 정화를 장려하는데 특히 치료 초기 과정에서 그렇다.

사고의 치료 : 사고에도 주의를 기울이며, 교육이 치료의 중요한 구성요소이다.

행동의 치료 : 행동에는 그것에 부조화가 보이고 통합되지 않은 면이 보이면 관심을 가진다.

주요 기법과 전략 : 정화, 증상과 상징의 의미에 대한 명료화, 연상, 꿈의 분석, 교육, 신화 및 설화의 활용

치료 동맹 : 지지하고 격려하는 협력적 치료 동맹을 맺는 것이 필수적이다. 전이와 역전이는 불가피하며 그것을 치료적으로 활용해야 한다.

지시 수준 : 치료자가 적극적이고, 교육하며 정보를 제공해야 하지만, 협력이 강조된다.

성장-중심 대 문제-중심 : 성장 지향적이다.

적용 대상 내담자 프로필 : 기능과 영적인 면에서 부조화를 경험하거나 통합능력이 부족한 사람에게 적합하다. 이 접근법은 위기에 있는 사람에게는 적합하지 않으며, 약한 수준이나 중간 수준의 문제를 가지고 개인적인 성장에 관심을 가지고 있는 사람들에게 유용하다.

환경과 다양성에 대한 대응 : 사회적 가치관과 관계가 중요하다. 다양성에는 큰 관심을 두지 않

지만, 개인화를 촉진하는 영성을 강조한다.

목표와 치료 계획에 대한 강조 : 중요하지 않다.

치료 기간 : 길다.

숙제나 회기 중간의 과제의 사용 : 꿈이나 다른 자료들을 치료 회기에서 활용한다. 그 외의 것들은 언급되지 않았다.

연구에 의한 타당화 정도 : 아주 제한적이다.

기타 중요한 정보 : Jung은 인생의 나머지 반평생을 특별한 성장과 창의력을 발휘할 수 있는 시기로 보았다.

후기 혹은 신 Freud 학파 심리치료(Freud 수정론자)

창시자/주요 공헌자 : Karen Horney, Harry Stack Sullivan, Anna Freud, John Bowlby, 대상관계 이론가, Heinz Kohut

초점 영역 : (성장)배경

변화에 대한 기본 이론/관점 : 추동보다는 초기 경험이 더 중요하며, 그런 경험이 현재 관계의 기반이 된다. 과거의 관계와 현재의 관계와의 연결고리를 분석하고 해석하는 것이 필수적인 변화와 자아의 발달을 촉진한다.

기타 주요 개념 :

- 아동기의 양육자 이미지가 내재화된 것이 자기이미지에 영향을 준다.
- 삶 속에서 형성되는 관계와 마찬가지로 자아도 발달에 중요하다.
- 발달의 양식과 자아방어기제에 신중하게 주의를 기울인다.
- 이런 많은 접근들이 여성의 발달에 관한 새로운 관점을 제시한다.

성장배경의 치료 : 아주 어린 시절 동안의 관계와 상호작용이 발달에 결정적인 역할을 한다.

정서와 감각의 치료 : 자기(self)에 관한 감정이 중요하다. 특별히 우울이나 불안에 관한 증상에 주의를 기울인다.

사고의 치료 : 어떤 이론가들은 현상학적이어서 개인의 아이디어와 그가 지각한 것을 중요하게 생각한다.

행동의 치료 : 다른 사람들과 관계하는 방식에는 관심을 기울이지만, 행동에는 크게 초점을 맞추지 않는다.

주요 기법과 전략 : 분석과 해석이 가장 중요하다.

치료 동맹 : 전이가 강조되지만 협력도 중요시한다. 치료자는 내담자와 교류함에 있어서 수용적이고 지지적이며 감정 이입을 하도록 노력해야 한다.

지시 수준 : 치료자가 치료 회기를 관장하지만, 가능할 때마다 내담자와 치료자는 협력한다.

성장-중심 대 문제-중심 : 증상의 경감과 개인 및 관계의 성장 모두에 관여한다.

적용 대상 내담자 프로필 : 기분장애, 불안장애, 성격장애를 가진 사람들이 이 접근법에 적합한 내담자들이다. 동기와 몰입 수준이 높고 심리학적 마인드를 가진 사람이 치료에서 좋은 결과를 얻을 수 있다.

환경과 다양성에 대한 대응 : 이 접근법이 다양성에는 주의를 거의 기울이지 않지만, 가족과 사회는 중요하게 생각한다.

목표와 치료 계획에 대한 강조 : 자아강도와 자아개념 수준을 높이고 좋은 대인관계를 형성하는 것을 최우선의 목표로 하고 있다.

치료 기간 : 길다.

숙제나 회기 중간의 과제의 사용 : 특별한 언급은 많지 않지만 배제하지는 않고 있다.

연구에 의한 타당화 정도 : 애착이론에 관한 연구들이 이 치료 체계를 지지하고 있지만, 다른 관련 연구는 제한되어 있다.

정신역동적 단기심리치료

창시자/주요 공헌자 : Alexander, French, Davanloo, Klerman, Levenson, Malan, Mann, Sifneos, Strupp

초점 영역 : (성장)배경

변화에 대한 기본 이론/관점 : 문제는 원초아의 추동을 억제하거나 조절하지 못한 것에 그 근간을 두고 있다. 과거와 현재의 패턴 간의 연결을 자각할 때 변화가 일어난다.

기타 주요 개념 : 내담자를 신중하게 선발하고 선택하는 것이 필수적이다.

성장배경의 치료 : 과거가 중요한데, 일차적 양육자에 대한 애착과 분리가 특별히 중요하다.

정서와 감각의 치료 : 치료에서 정서의 방출이 중요하다.

사고의 치료 : 주요 문제와 관련된 생각들에는 주의를 기울인다.

행동의 치료 : 행동이 기본적인 갈등을 반영한다고 믿는다.

주요 기법과 전략 : 주요 문제의 파악, 자아강화, 무의식의 의식화, 자각과 통찰력 증진, 갈등 해결, 기법과 관련된 교육

치료 동맹 : 치료는 교정된 정서 체험을 제공한다. 전이에 어느 정도 주의를 기울인다. 협력, 지지, 감정 이입의 가치를 인정하고 있다.

지시 수준 : 비교적 지시적이다.

성장-중심 대 문제-중심 : 두 가지 모두가 강조된다.

적용 대상 내담자 프로필 : 주요 관계에 갈등을 가지고 있지만, 비교적 건강하고 잘 기능하는 사람들에게 효과가 있다. 특별히 우울증치료에 효과가 있다.

환경과 다양성에 대한 대응 : 제한적이어서 비서구권에서 온 사람들에게는 적합하지 않을 수 있다.

목표와 치료 계획에 대한 강조 : 주요 문제를 파악하고 목표를 글로 기술하는 것이 필수적이다. 관계의 개선뿐 아니라 개인의 내적인 경험을 이해하고 수정하는 것이 전반적인 목표이다.

치료 기간 : 대개 3개월에서 6개월이다.

숙제나 회기 중간의 과제의 사용 : 필수적이지 않다.

연구에 의한 타당화 정도 : 효과성에 대한 강한 증거가 있는데, 특히 우울증에 대한 대인관계 심리치료(IPT)의 효과가 연구로 검증되었다.

정서와 감각을 강조하는 치료 체계

인간중심상담

창시자/주요 공헌자 : Carl Rogers

초점 영역 : 정서

변화에 대한 기본 이론/관점 : 수용과 무조건적인 긍정적 존중의 분위기가 자아존중감을 증진시키고 성장을 촉진한다.

기타 주요 개념 : 이론이 현상학적이고 인본주의적이다.

성장배경의 치료 : 아동기의 경험이 태도와 정서 및 행동을 형성한다고 인식하고 있지만, 그것의 부정적인 영향은 치료 동맹과 자아존중감의 증진으로 인해 극복된다고 믿고 있다.

정서와 감각의 치료 : 감정 이입으로 의사소통하는 것뿐 아니라 정서를 이끌어내고 탐색하는 것을 매우 중요시한다.

사고의 치료 : 사고는 과거의 경험과 지각한 것들의 결과로 보았다.

행동의 치료 : 행동은 과거의 경험과 지각한 것들의 결과로 보았다.

주요 기법과 전략 : 기법이 덜 강조되지만, 이 접근법에서는 수용과 반영 및 공감의 기술을 신중하게 사용한다.

치료 동맹 : 치료자는 성장을 촉진할 수 있는 치료 환경을 위해 진솔성, 일치성, 수용, 배려, 공감으로 내담자와 의사소통한다.

지시 수준 : 매우 낮다. 문제만 되지 않는다면 내담자가 치료 회기의 방향을 이끌어나가도록 격려한다.

성장-중심 대 문제-중심 : 성장 지향

적용 대상 내담자 프로필 : 이상적인 참여자는 위기 상황에 있지 않으면서 수행, 자아존중감, 자기실현, 관계에 어려움을 겪고 있는 비교적 건강한 사람이다.

환경과 다양성에 대한 대응 : 사람들이 지각한 것과 그들의 가치관을 존중할 뿐 아니라 사람들의 개인차와 유사성도 강조한다.

목표와 치료 계획에 대한 강조 : 최우선의 목표는 자신감을 증진시키고, 내담자가 전인적으로 기능하여 자아실현을 할 수 있도록 격려하며, 자신과 타인들을 존중하게 하는 것이다. 치료 계획은 덜 강조된다.

치료 기간 : 치료 기간에는 융통성이 있어서 내담자들의 요구에 따라 달라질 수 있다. 일반적으로 다른 접근법들과 비교할 때 중간 수준이다.

숙제나 회기 중간의 과제의 사용 : 자주 사용하지 않는다.

연구에 의한 타당화 정도 : 치료 동맹의 기본적인 전제는 연구로부터 그 가치를 인정받고 있다.

실존치료

창시자/주요 공헌자 : Viktor Frankl, Rollo May, Irvin Yalom, Abraham Maslow 등

초점 영역 : 정서

변화에 대한 기본 이론/관점 : 중재와 긍정적인 치료 동맹을 통하여 치료자는 내담자가 불확실성에 직면하고, 자각하며, 삶의 의미와 자아실현을 창출할 수 있는 책임감 있는 선택을 할 수 있도록 돕는다.

기타 주요 개념 :

- 인간에게는 언제나 많은 선택이 있다.
- 인간은 죽음의 불가피성, 실존적 외로움 등을 수용할 필요가 있다.
- 인간은 자신의 삶에 의미를 부여한다.

성장배경의 치료 : 어린 시절을 개인의 성격을 형성하는 시기로 보고 그 시절에 관해 내담자와 종종 이야기를 나눈다. 하지만 그런 토론은 실존적인 문제와 관련해서만 이루어진다.

정서와 감각의 치료 : 실존적 죄책감과 불안뿐 아니라 우울도 이 접근법에서 주로 다루는 증상이다.

사고의 치료 : 의미와 가치에 관한 개인의 생각을 탐색한다.

행동의 치료 : 자아실현을 위한 내담자의 노력을 촉진하는지 혹은 방해하는지를 판단하기 위하여 개인의 삶에 대한 의미와 행동이 어떻게 연결되어 있는지를 살핀다.

주요 기법과 전략 : 내담자의 자각 수준을 높이기 위해 상징적 성장 경험, 역설적 의도, 탈숙고,

논의 등을 적용한다.

치료 동맹 : 이 접근법에서는 치료를 협력적 여정으로 보기 때문에 치료 동맹을 필수적인 구성요인으로 본다. 치료자는 자유, 책임감, 진정성, 긍정적인 관계 및 자기실현 등에 관한 자신의 생각을 내담자와 공유하고 내담자가 그 가치를 인식하는 데 적극적인 역할을 한다.

지시 수준 : 협력을 강조하지만, 어떤 가치관이 중요한지와 관련해서는 확실한 입장을 취하고 있다.

성장-중심 대 문제-중심 : 확실히 성장 지향적이다.

적용 대상 내담자 프로필 : 특별히 새로운 아이디어에 대해 개방적이고 인생의 의미를 찾으려고 하는 의지가 강한 사람에게 알맞은 치료이다. 상실 경험, 생명을 위협하는 질병, 불구 등과 같이 인생의 전환점에 있는 사람들에게 특히 적합하며, 우울증이나 불안장애를 오랫동안 앓아온 사람들에게도 알맞은 접근법이다.

환경과 다양성에 대한 대응 : 사회적 책임감과 개인의 중요성을 강조한다.

목표와 치료 계획에 대한 강조 : 자기실현, 가치관과 의미의 명료화, 타인과 세상과의 깊은 유대감 형성 등을 목표로 한다. 치료 계획은 중요하지 않다.

치료 기간 : 치료 기간은 다양하지만, 대체로 긴 편이다.

숙제나 회기 중간의 과제의 사용 : 대부분 사용하지 않지만, 내담자에 따라서 사용하기도 한다.

연구에 의한 타당화 정도 : 이 접근법이 내담자가 가치관을 명료하게 하고 역경을 극복하는 데 효과적이라는 것이 몇몇 연구들에서 검증되었다.

게슈탈트 치료

창시자/주요 공헌자 : Frederick (Fritz) Perls, Laura Perls

초점 영역 : 정서와 감각

변화에 대한 기본 이론/관점 : 인간은 계속적으로 변화하는 세상에서 자각하고 균형과 전체성을 위한 내적인 감각이 필요하다. 치료는 내담자가 필요한 부분을 노출하고 양극단적인 것은 통합하며 더 전인적으로 기능할 수 있도록 해준다. 전체는 부분의 합보다 더 중요하다.

기타 주요 개념 :
- 전경-배경
- 자아경계
- 정신과 신체의 합일

성장배경의 치료 : 성장배경에는 큰 관심을 두지 않고, 지금-여기를 강조한다. 효과적인 변화를 위해 과거의 일을 현재로 가져온다.

정서와 감각의 치료 : 정서와 감각에 치료의 초점을 맞추는데, 특히 신체 감각에 집중한다.

사고의 치료 : 다양한 측면에서 자아에 관한 자각을 강조하지만, 인지적인 부분에는 크게 주의를 기울이지 않는다.

행동의 치료 : 자신의 행동에 대한 자각과 책임이 중요하다.

주요 기법과 전략 : 자각과 균형의 증진, 언어의 사용, 실험, 꿈 작업, 양극단의 통합, 역할 연기, 빈 의자, 뜨거운 의자, 환상여행

치료 동맹 : 치료자는 희망, 신뢰 및 자각이 전도될 수 있는 분위기를 만든다. 치료 동맹은 내담자가 적극적인 역할을 하는 협력관계이다.

지시 수준 : 매우 다양하다. 내담자가 자각 능력이 있고 전인적으로 기능하는 한 치료자는 참견하지 않는다. 그러나 내담자가 건설적이지 않을 경우 치료자가 지시적이 되기도 한다.

성장-중심 대 문제-중심 : 성장이 강조되지만, 두 가지 모두 중요하다.

적용 대상 내담자 프로필 : 심각하게 정신적으로 와해되어 있는 사람들에게는 적합하지 않다. 우울, 불안, 신체형 장애, 섭식장애, 가벼운 성격장애나 성격문제, 신체장애 등을 가진 사람들에게 적합하다.

환경과 다양성에 대한 대응 : 사람과 환경 간의 의존관계나 연결관계가 중요하다. 개인화된 치료가 강조된다.

목표와 치료 계획에 대한 강조 : 현실에 살게 하기, 개인의 자원 활용, 미해결된 과제 드러내기, 통합과 전체성 확립, 자아존중감 형성, 자기실현 증진, 자신이나 타인과의 의미 있는 관계 확립 등을 목표로 한다. 각 개인을 위한 치료 전략을 개발한다.

치료 기간 : 치료 기간은 다양하지만, 다른 치료와 비교할 때 대개 중간 수준이다.

숙제나 회기 중간의 과제의 사용 : 치료의 필수적 구성요소이다.

연구에 의한 타당화 정도 : 제한적이다.

기타 중요한 정보 : 치료 체계가 인본주의적이고 현상학적이며, 집단치료로 유용하게 활용할 수 있다.

이야기 치료

창시자/주요 공헌자 : Michael White와 David Epston(프랑스 철학자 Michel Foucault로부터 영향을 받음)

초점 영역 : 정서

변화에 대한 기본 이론/관점 : 인간은 사회적으로 의미를 찾고, 자신의 삶을 이야기로 재구성할 능력을 가지고 있다. 인간이 문제가 아니고, 문제가 문제이다.

기타 주요 개념 :

- 포스트모던, 구성주의적 사고, 객관적 현실에 대한 부정
- 기본 가정의 해체

성장배경의 치료 : 인간은 큰 사회적 맥락 안에서만 이해될 수 있다.

정서와 감각의 치료 : 정서와 감각이 치료의 초점이다.

사고의 치료 : 단어와 언어의 선택이 중요하다. 선입견이나 기본 가정을 파악하기 위해 사고를 해체해야 한다.

행동의 치료 : 행동은 커다란 사회경제적 맥락과 개인에게 미치는 정치적 영향을 감안하여 이해해야 한다.

주요 기법과 전략 : 이야기의 해체 및 개정하기, 문제의 외재화, 비유의 사용

치료 동맹 : 치료자는 전문가가 아니고, 내담자와 협력하여 그의 이야기를 말하게 하고 관련된 사회적 요인을 이해하며 새로운 줄거리를 만들도록 돕는 역할을 해야 한다.

지시 수준 : 문제를 외현화하기 위해 매우 지시적이며, 의미를 탐색하기 위해 많은 질문을 한다.

성장-중심 대 문제-중심 : 성장이 강조되지만, 두 가지 모두 중요하다.

적용 대상 내담자 프로필 : 심각하게 정신적으로 와해되어 있는 사람을 위한 치료는 아니다. 생애 전환기에 있는 사람, 성격장애나 신체장애를 가진 사람들에게 적합하다.

환경과 다양성에 대한 대응 : 내담자의 이야기에 영향을 미치는 문화, 사회, 성별, 사회경제적 위상 및 연령 등에 관심을 가진다.

목표와 치료 계획에 대한 강조 : 치료자가 수용적인 태도로 내담자가 자신의 이야기를 재구성하도록 돕고, 더 넓은 안목을 가지고 삶을 조망하도록 하며, 비유를 사용하는 것 등이 목표이다.

치료 기간 : 치료 기간은 다양하지만, 몇 회기만으로도 치료할 수 있다.

숙제나 회기 중간의 과제의 사용 : 때때로 과제를 부여하는데, 주로 치료적 글쓰기와 문서화를 요구한다.

연구에 의한 타당화 정도 : 제한적이다.

기타 중요한 정보 : 치료 체계가 인본주의적이고 현상학적이며, 다른 치료 양식과 통합하여 활용될 수 있다.

해결중심 단기치료

창시자/주요 공헌자 : Insoo Kim Berg, Steve de Shazer

초점 영역 : 행동

변화에 대한 기본 이론/관점 : 작은 변화가 전체 체계에 파급효과를 가져와 큰 변화를 유도한다.

기타 주요 개념 :

- 사람들의 세계관이 그들의 문제를 유발한다.
- 사람들은 자신의 문제를 해결하기 위해 필요한 자원을 가지고 있다.

성장배경의 치료 : 일반적으로 성장배경과 개인력에는 많은 주의를 기울이지 않는다.

정서와 감각의 치료 : 행동이 정서에 변화를 줄 수 있는 통로이다. 정서에 직접적으로 주의를 기울이지는 않는다.

사고의 치료 : 이 접근법은 현상학적이어서 사고와 지각이 치료 과정에서 중요시된다.

행동의 치료 : 행동이 치료의 초점이다. 행동의 변화가 사고, 이해력 및 정서의 변화를 유도한다.

주요 기법과 전략 : 척도화 질문, 예외 사항 파악, 기적 질문, 추정적 언어 및 기타 해결중심 언어, 강화, 문제를 다른 사람의 것으로 보기

치료 동맹 : 협력은 필수적이다.

지시 수준 : 치료자는 지지하고 격려하며 내담자의 치료 과정에 대한 참여를 최대화하는 것뿐 아니라 과제를 제공하고 중재 방식을 결정하는 것에 책임을 진다.

성장-중심 대 문제-중심 : 두 가지 모두 중요하다. 초점은 현재의 문제에 맞추지만, 치료는 사람들이 미래의 문제를 해결할 수 있는 자신감과 능력을 배양한다.

적용 대상 내담자 프로필 : 이 접근법은 동기화가 되어 있고, 과거에 문제를 해결해본 경험이 있으며, 지지관계를 형성하고 있는 사람들에게 이상적이다. 가벼운 수준에서 중간 수준의 문제를 가진 사람들에게서 최상의 결과를 얻을 수 있지만, 학대받은 경험이 있는 사람이나 만성적으로 심한 정신장애를 가진 사람에게서도 성공적인 결과를 얻었다는 보고도 있다.

환경과 다양성에 대한 대응 : 내담자의 사회적 체계가 중요하게 간주된다. 이 접근법이 특별히 다양성에 초점을 맞추고 있지는 않지만, 다른 문화와 가치관을 존중하고 그것을 침범하지는 않는다.

목표와 치료 계획에 대한 강조 : 내담자와 치료자가 함께 설정한 현실적이고 측정 가능하며 특정한 목표가 중요하다. 중재 방식을 신중하게 선택하는 것도 필수적이다.

치료 기간 : 대개 10회기 미만이지만, 내담자의 목표를 달성하기 위해 필요한 기간이 얼마인지에 달려 있다. 추후 회기뿐만 아니라 회기 간의 간격에 융통성이 있다.

숙제나 회기 중간의 과제의 사용 : 치료에서 과제가 중요한데, 내담자의 동기와 변화에 대한 준비 수준에 맞추어 신중하게 계획되어야 한다.

연구에 의한 타당화 정도 : 실증 연구보다 사례연구나 적용에 대한 연구들이 더 많지만, 치료 체

계의 효과에 관한 연구 결과들이 최근에 많이 보고되고 있다.

사고를 강조하는 치료 체계

합리적 정서적 행동치료(REBT)

창시자/주요 공헌자 : Albert Ellis

초점 영역 : 사고

변화에 대한 기본 이론/관점 : 비합리적 신념이 인간의 장애의 근원이다. 그런 신념을 합리적인 신념으로 수정하는 것이 정서와 행동의 긍정적인 변화를 이끌어낸다.

기타 주요 개념 :

● 사람들은 자기실현과 비합리적 신념의 본성을 모두 가지고 있다.

● 내담자가 자신의 사고에 대해 책임을 지게 하는 것이 치료에서 중요하다.

성장배경의 치료 : 비록 인생경험이 본성적인 소질과 함께 복합적으로 사람들의 생각과 행동을 결정한다고 믿고 있지만, 치료에서는 성장배경에 크게 주의를 기울이지 않는다.

정서와 감각의 치료 : 정서, 특히 장애의 저변에 있는 불안을 자각하는 것이 중요하다. 하지만 정서는 사고의 결과이며, 사고는 정서의 변화의 열쇠라고 믿고 있다.

사고의 치료 : 치료에서는 사고에 초점을 맞춘다.

행동의 치료 : 두 번째로 행동에 초점을 맞춘다. 행동이 변화의 표적이고 주어진 과제이다. 또한 행동이 진전을 평가할 수 있는 유용한 척도이다.

주요 기법과 전략 : 비합리적 사고를 확인·논박·수정하기 위한 *ABCDE* 모델, 신념을 논박하기 위한 전략, 다양한 인지적·행동적·정서적 전략들

치료 동맹 : 협력과 내담자의 책임이 강조된다.

지시 수준 : 치료자는 비교적 지시적이다. 내담자의 변화를 촉진하기 위해 설득, 자기개방, 유머를 사용한다.

성장-중심 대 문제-중심 : 일반적인 REBT는 증상을 경감시키는 것을 목적으로 하는 반면에, 정밀한 REBT는 성장을 목표로 한다.

적용 대상 내담자 프로필 : 지적이고, 자부심이 강하며, 논리적이고, 현실적인 사람들이 REBT에 잘 반응할 가능성이 크다. 이 접근법은 무력감에 빠져 있는 사람이나 가벼운 정도에서 중간 수준의 정신장애를 가진 사람들에게 유용하다.

환경과 다양성에 대한 대응 : 사회적 관심을 정신건강의 중요한 측면으로 간주한다. 그러나 문화적으로 다른 배경을 가진 사람들, 특히 비서구권의 사람들에게 이 치료를 강요하는 것에 주의를

기울일 필요가 있다고 경고하고 있다.

목표와 치료 계획에 대한 강조 : 사람들이 더 합리적으로 사고하고, 더 자아실현을 하며, 삶을 즐기게 하는 것이 전반적인 치료의 목표이다. 치료 계획에 집중하고 특정한 목표를 설정하는 것은 매우 제한적이다.

치료 기간 : 비교적 단기로 이루어지고, 치료 기간에 융통성이 있다. 대개 추후 회기가 있다.

숙제나 회기 중간의 과제의 사용 : 과제는 치료에서 필수적이다.

연구에 의한 타당화 정도 : 일반적으로 치료를 받지 않는 것보다 REBT가 효과적이라는 것의 타당성이 상당히 많은 연구들을 통해 입증되었다.

기타 중요한 정보 : 개인 · 집단 · 가족을 위한 상담을 위해 유용하고, 아동이나 성인 모두에게 효과적이며, 치료뿐 아니라 심리교육을 위해서도 유용하게 활용할 수 있다.

인지치료

창시자/주요 공헌자 : Aaron Beck

초점 영역 : 사고

변화에 대한 기본 이론/관점 : 왜곡된 사고가 인간의 문제를 야기한다. 역기능적 사고를 분석하고 수정하면 정서와 행동에 변화가 유발된다.

기타 주요 개념 : 인간은 자동적 사고, 중간 믿음, 핵심 믿음, 도식 등을 포함하여 왜곡된 신념 수준을 가지고 있다.

성장배경의 치료 : 필요에 따라 주의를 기울인다. 특별히 만성적인 장애를 가진 내담자일 경우 그렇다. 정확한 진단을 위해 충분한 정보를 수집한다.

정서와 감각의 치료 : 정서와 감각을 탐색하는데, 그 강도를 평정한다. 하지만 그것은 근본적으로 인지적 영역과의 관계적 맥락에서 의미가 있다.

사고의 치료 : 사고에 초점을 맞추는데, 그것이 변화의 추진력이기 때문이다.

행동의 치료 : 내담자를 완전하게 이해하기 위해 행동에 주의를 기울이기도 한다. 하지만 행동도 근본적으로 인지적 영역과의 관계적 맥락에서 의미가 있다.

주요 기법과 전략 : 이 치료 체계는 매우 다양한 종류의 유용한 치료 전략들을 포함하고 있다. 그런 치료 전략으로는 질문법, 사고의 확인과 현실 검증, 왜곡된 사고의 범주화, 사고의 수정, 안내된 발견, 실험적 시도, 긍정적 확언, 인지적 시연, 사고 중지 등이 있다.

치료 동맹 : 협력적인 치료 동맹은 필수적이다. 게다가 치료자는 감정 이입, 배려 및 일치성 등과 같은 치료의 핵심적 태도를 보여야 한다.

지시 수준 : 이것은 구조화된 접근법이다. 따라서 치료를 계획하고 수행함에 있어서 치료자가 적

극적인 역할을 한다.

성장-중심 대 문제-중심 : 증상의 치료가 주가 되지만, 성장도 중요한데 치료 후 학습된 기술로 인해 내담자가 성장할 수도 있다.

적용 대상 내담자 프로필 : 다양한 사람들에게 적합한데, 특히 우울증이나 불안장애를 가진 사람들에게 효과가 크다.

환경과 다양성에 대한 대응 : 환경과 다양성에 특별히 초점을 맞추고 있지는 않지만, 이 접근법의 특성상 다양한 종류의 사람들에게 적합하다.

목표와 치료 계획에 대한 강조 : 두 가지 모두 중요하다고 본다. 내담자가 똑바로 생각하고 삶에 효과적으로 대처하도록 돕는 것을 최우선의 목표로 한다.

치료 기간 : 비교적 짧아서 대개 4~14회기이다. 추후 회기가 포함되기도 한다.

숙제나 회기 중간의 과제의 사용 : 과제가 필수적이다.

연구에 의한 타당화 정도 : 많은 타당화 연구가 있었으며, 특히 우울과 불안에 대한 치료 효과가 많이 검증되었다.

행동을 강조하는 치료 체계

행동치료 및 인지행동치료

창시자/주요 공헌자 : Pavlov, Skinner, Watson, Wolpe, Dollard와 Miller, Bandura 등과 같은 초기 공헌자들, 스트레스 면역훈련을 개발한 Donald Meichenbaum, 안구운동 둔감화 및 재처리 기법(EMDR)을 개발한 Francine Shapiro

초점 영역 : 행동치료에서의 행동, 인지행동치료에서의 행동과 사고

변화에 대한 기본 이론/관점 : 모든 행동은 학습되었다. 그러므로 부정적인 행동은 소거할 수 있으며, 새롭고 더 효과적인 행동은 학습할 수 있다. 사고와 행동은 뒤엉켜 있기 때문에, 두 가지 모두에 초점을 맞추는 것이 치료의 효과를 향상시킬 수 있다.

기타 주요 개념 : 사고와 정서는 행동에 근간을 두고 있다.

성장배경의 치료 : 행동은 여러 맥락에서 관찰되어야 한다. 따라서 성장배경을 탐구하는 일이 중요할 때가 있다.

정서와 감각의 치료 : 일반적으로 우울과 불안은 행동치료와 인지행동치료에서 주로 다루는 문제이다. 치료에서의 진전을 평가하는 데 있어서 주관적인 스트레스 수준이 중요하다.

사고의 치료 : 인지행동치료에서는 사고에 주의를 기울인다. 하지만 행동치료에서는 사고에 크게 집중하지 않는다.

행동의 치료 : 치료에서는 주로 행동에 초점을 맞춘다. 새로운 행동과 기술을 학습하는 것뿐만 아니라 역기능적 행동을 파악하고 평가하며 수정하는 것이 이 치료 체계의 필수적인 요소이다.

주요 기법과 전략 : 다양한 종류의 치료 전략들이 사용되는데 행동 교육, 기술 발달시키기, 체계적 둔감법, 활동 계획 짜기, 이완, 모델링, 최면, 마치 ~처럼 행동하기, 강화 등이 있다.

치료 동맹 : 협력은 물론 내담자와 치료자의 적극적인 참여가 필수적이다.

지시 수준 : 치료자가 과제와 중재 방식을 제안하지만, 치료에서 일차적인 책임은 내담자에게 있다.

성장-중심 대 문제-중심 : 기본적으로 문제 중심이지만, 학습의 일반화뿐만 아니라 행동 기술 발달시키기는 성장에 기여한다.

적용 대상 내담자 프로필 : 이 치료가 명상이나 다른 치료 체계와 복합해서 사용해야 할 때가 있지만, 어떤 종류의 사람이나 문제에 적용 가능하다. 특별히 이 접근법은 우울증과 불안장애 및 역기능적 행동을 보이는 사람들에게 유용하다.

환경과 다양성에 대한 대응 : 행동치료와 인지행동치료는 행동과 맥락과 같은 환경의 중요성을 강조하지만, 다양성에 관해서는 크게 주의를 기울이지 않는다. 그러나 이 치료적 접근이 다른 문화나 다양성을 위협하거나 그 영역을 침범하는 일이 거의 없기 때문에, 다양한 배경을 가진 사람들을 치료하는 데 좋은 선택이 될 수 있다.

목표와 치료 계획에 대한 강조 : 측정 가능한 특별한 목표를 설정하고 확실한 치료 계획을 세우는 것이 이 접근법에서 핵심적인 부분이다.

치료 기간 : 대개 추후 회기가 있고 치료 기간에도 융통성이 있지만, 12~15회기 정도로 비교적 짧다.

숙제나 회기 중간의 과제의 사용 : 과제와 새로운 기술의 수행은 이 치료의 필수적 구성요소이다.

연구에 의한 타당화 정도 : 수많은 타당화 연구가 수행되었고, 여러 면에서 그 효과가 입증되었다. 증상 대체는 거의 없다.

기타 중요한 정보 : 이 치료 체계는 아동 · 청소년 · 성인 모두에게 효과적이며, 집단과 가족에게도 적용 가능하다.

현실치료

창시자/주요 공헌자 : William Glasser, Robert Wubbolding

초점 영역 : 행동

변화에 대한 기본 이론/관점 : 사람들은 자기결정을 하고 자신의 생각, 행동 및 감정을 선택한다. 치료는 사람들이 책임감을 가지고 현실적인 선택을 하고, 그들의 기본적인 욕구들을 충족할 수 있는 반응을 하도록 돕는 것이다.

기타 주요 개념 :

● 다섯 가지 기본 욕구 : 소속감, 능력/성취, 재미/즐거움, 자유/독립, 생존

● 좋은 세상

● 변명 없는 삶

● 전행동

● 자각의 중요성

● 자신의 욕구를 충족시키면서 타인의 권리를 존중하는 것의 강조

성장배경의 치료 : 문제가 아동기부터 유래되었지만 현재에 초점을 맞추는 것이 그것을 가장 잘 해결할 수 있는 방법이라고 믿는다.

정서와 감각의 치료 : 정서를 직접 표적으로 삼지는 않는다. 정서의 변화는 사고와 행동의 변화에 기인한다.

사고의 치료 : 이 접근법은 현상학적이어서 개인의 신념, 지각 및 생각을 중요시하여 치료에서 주의를 기울인다.

행동의 치료 : 행동이 치료의 초점이고, 사고와 정서보다 더 수정하기 용이하다.

주요 기법과 전략 : WDEP, SAMI^{2}C^3, 역설적 의도, 긍정적인 중독, 질문, 은유법, 배려 직면, 합리적 결과, 자신의 전행동 평가, 기타 창의적 중재 방식

치료 동맹 : 협력적 동맹관계의 설립은 매우 중요하다. 치료자는 내담자가 관여하도록 하여 끈끈한 유대관계를 형성하고 절대 포기하지 않도록 한다.

지시 수준 : 치료자는 치료의 방향과 성공 여부에 많은 책임을 져야 한다.

성장-중심 대 문제-중심 : 모든 면에 주의를 기울이지만, 성장과 과정이 치료와 결과보다 더 중요시된다.

적용 대상 내담자 프로필 : 이 접근법은 가벼운 수준에서 중간 수준의 문제를 가진 사람들에게 유용한데 특별히 품행장애, 반항성 장애, 물질사용장애, 기분장애, 불안장애 등에 도움이 된다. 또한 신체장애를 가진 사람이나 비서구권의 사람들에게 도움이 될 가능성이 있다.

환경과 다양성에 대한 대응 : 이 치료 체계는 사회에서의 개인의 역할의 중요성을 강조한다. 치료자는 내담자들의 세계관을 이해하려고 하고, 치료를 개인에 맞추려고 노력한다.

목표와 치료 계획에 대한 강조 : 치료 계획을 세우면 목표를 확인하는 것이 중요하다. 그러나 과정이 성과보다 더 중요하다.

치료 기간 : 융통성이 있는데, 일반적으로 다른 접근법들과 비교할 때 중간 수준이다.

숙제나 회기 중간의 과제의 사용 : 과제는 치료의 필수 구성요소이다.

연구에 의한 타당화 정도 : 현실치료를 지원하는 여러 연구들이 축적되고 있다. 특히 학교장면에서의 현실치료의 효과를 입증하는 연구들이 많았다.

기타 중요한 정보 : 개인, 집단, 가족 모두를 위한 치료로 활용할 수 있다.

치료의 효과성

미국심리학회, 미국정신의학회, 미국상담학회 등에서는 정신장애의 증상을 개선할 수 있는 치료들에 관한 연구에 힘써왔다. 검증된 치료에 관한 정보 체계를 구축하기 위한 의미 있는 노력 중의 하나는 미국심리학회 임상심리 분과(Division 12 Task Force, 1996)의 심리적 조치의 개선과 보급을 위한 실무위원회에서 수행한 작업이다. 이 실무위원회에서는 방대한 양의 문헌을 개괄한 후 18가지 치료들의 효과성을 확인하였으며, 다른 일곱 가지의 치료들도 어느 정도 효과성이 있을 것으로 추정하였다.

특별히 다음과 같은 치료가 효과가 있는 것으로 간주되고 있다.

- 우울과 신경성 폭식증을 위한 대인관계치료
- 만성 동통, 공황장애, 범불안장애, 사회공포증을 위한 인지행동치료
- 우울증을 위한 Beck의 인지치료
- 발달장애, 야뇨증 및 유분증, 두통, 과민성대장증후군, 여성의 오르가슴 기능 이상, 남성의 발기부전, 부부문제를 위한 행동수정이나 행동치료
- 공포증과 강박장애를 위한 노출치료
- 정신분열증으로 진단된 사람들을 위한 가족교육 프로그램
- 반항성 장애를 가진 아동들의 긍정적 변화를 위한 부모훈련
- 특정 공포증을 위한 체계적 둔감법
- 여러 가지 바람직하지 못한 행동들을 위한 토큰 경제 프로그램

인간중심치료, 정신분석학, 실존치료 등을 포함하여 많은 치료 체계들이 이 목록에 들지 못하였다. 이것이 그런 치료들이 효과적이지 않다는 것을 의미하는 것은 아니다. 그런 치료의 적용이 너무 광범위하여 재현하기 힘들기 때문에 연구하기 어렵거나 몇 가지 특정한 중재 방식만을 사용하기 때문에 연구가 용이하지 않다는 것을 의미한다.

치료의 효과성에 관한 이런 연구 결과들은 성공적인 치료적 접근을 파악할 수 있게 하는 것뿐만 아니라 치료자가 확신이 덜 가는 부분을 명료하게 하기 때문에 상담 및 심리치료에 크게 공헌하였다. 초보 치료자와 숙련된 치료자 모두 자신이 제공하는 서비스의 질을 최대화하기 위하여 치료의 효과성에 관한 방대한 최신 문헌들의 내용을 숙지할 필요가 있다.

자신이 선호하는 임상적 스타일을 찾기

상담이나 심리치료의 직무를 수행한 지 얼마 되지 않은 독자들은 자신에게 가장 좋은 임상적 접근

에 관해 비현실적으로 섣부른 판단을 하는 경우가 많다. 하지만 대부분의 경우 이 분야의 선배나 대가들의 스타일을 선택하여 따라 하는 것이 기법들을 배울 수 있는 좋은 방법이다. 심지어 20세기의 가장 창조적이고 혁신적인 예술가 중의 한 사람으로 여겨지고 있는 피카소도 처음 화가의 길에 접어들었을 때는 스승들의 전통적인 스타일에 따라 사물의 리얼리즘을 강조하는 구상주의로 시작하였다. 그런 미술 기법들을 모두 습득하여 자신의 능력을 발전시킨 후 자신만의 스타일을 찾으려고 시도하였다. 상담과 심리치료의 경우도 가치를 인정받은 치료 체계들의 전문 기술을 습득한 후 자신만의 통합절충적 접근을 개발하든지 아니면 한두 가지 치료 체계에서 전문성을 키워나갈 것인지를 결정해야 한다.

이론적 지향의 결정 요인

조사 결과, 모든 치료자의 절반가량이 자신이 통합절충적 치료 접근을 하고 있다고 응답하였지만, 나머지 절반은 특정한 치료 체계를 고집하고 있었다. 아래의 다섯 가지 요인을 포함하여 치료자가 이론적 지향을 선택하는 데 기여하는 결정 요인이 많다.

1. 학위 과정이나 수련과정에서 특정한 치료 접근을 채택할 것을 권유받은 치료자들은 통합절충주의 치료적 접근보다 특정한 치료 체계를 선택할 가능성이 높다(Robertson, 1979). 특정 이론을 카리스마적으로 신봉하는 사람에게 노출되었을 경우 특히 그렇다.

2. 초보 치료자의 경우 특정한 이론적 접근만을 채택할 가능성이 많다. 왜냐하면 그들은 어떤 치료 체계가 자신과 내담자에게 적합한지를 아직 판단하지 못했을 뿐 아니라 다양한 접근법들을 신중하게 통합할 수 있을 정도로 다양한 치료적 접근들에 관한 이해가 아직 부족하기 때문이다. 게다가 한 가지 이론을 고집하는 것이 초보 치료자에게 안정된 구조와 확실한 지침을 제공하는 경우가 많다.

3. 위의 내용과 유사하지만, 임상 경험의 기간은 치료자가 통합절충적 지향을 할 가능성과 정적 상관이 있다(Prochaska & Norcross, 2009). 다양한 내담자와 복잡한 문제들에 대한 노출뿐 아니라 여러 치료적 접근을 하는 동료들을 접하게 되는 일이 많은 치료자나 심리학자들이 자신의 욕구를 충족하기 위해서 한 가지 이론으로는 한계가 있다고 생각하게 만든다. 심지어 종합적이고 실무를 지원하는 많은 책자에서 제공하는 이론의 경우도 부족한 부분과 약점을 가지고 있다.

4. 자신의 직무에 대한 치료자의 인식이 또 다른 관련 요인이다. Robertson(1979)의 연구에서는 직무에 자신의 인생철학이 반영된다고 보는 치료자가 자신의 직무를 일차적으로 직업적 차원에서 생계수단으로 묘사한 치료자보다 더 통합절충적 태도를 보였다.

5. 치료자의 성격과 세계관도 중요한 요인이다. 자신의 사람됨과 사람들을 돕는 것에 대한 자신의 생각과 부합하는 이론적 접근법을 찾으려고 노력하는 것이 자신의 직무에 대한 만족뿐 아니라 임상적 효과도 향상시킬 가능성이 있다. 인지적 지향을 하는 치료자는 현실치료나 행동치료처럼 행동적 접근에 마음이 끌리는 경향이 있다. MBTI 검사에서 직관 선호 경향성이 강한 것으

로 나타난 사람들은 게슈탈트, 인간중심 및 실존주의 치료와 같은 인본주의적 이론 지향을 선택할 가능성이 크다. 사고 선호 경향성이 강한 사람들은 REBT나 CBT와 같은 인지적 혹은 인지행동적 이론 지향을 좋아할 가능성이 크다(Coan, 1979; Hart, 1982; Topolinski & Hertel, 2007). 그러나 학생들을 대상으로 한 최근 한 연구에서는 성격 유형과 이론적 지향의 선택과는 상관이 없었다(Freeman, Hayes, Kuch, & Taub, 2007). 하지만 그 연구에서도 심리치료자가 되고자 하는 사람들의 성격에는 유사한 점이 있는 것으로 나타났다. Tremblay 등(1986)은 이론적 지향과는 상관없이 심리치료자들은 높은 수준의 자기수용과 자기존중을 보이고, 현재에 초점을 맞추며, 인간의 본질을 긍정적으로 조망하는 경향이 있다는 것을 발견하였다.

대부분의 치료자는 이 분야에서 직무를 시작한 초기 몇 년 동안 다양한 치료적 접근을 실험적으로 적용해볼 수 있는 기회를 가지게 된 후, 어떤 것이 자신에게 성공적인지 혹은 그렇지 않은지를 판단하게 되고, 자신의 전문적 역할·자기이미지·성격·세계관에 부합하는 치료 체계를 발견한다. 예를 들어, Robertson(1979)은 회의적이고 혁신적인 사람들이 자신만의 통합적 접근을 개발하는 것에 더 끌릴 가능성이 있다는 것을 발견하였다. 자신만의 통합적 접근을 하는 것이 자신의 직무와 관련하여 소유권의 느낌과 진실성 및 일치감을 가지게 하기 때문일 수 있다. 반면에 안전을 추구하고 순서와 구조를 중요시하는 사람들은 특정한 이론적 모델을 채택할 가능성이 높다. 대부분의 치료자가 경험이 쌓여감에 따라 실무적 관심과 아이디어가 발전하는 것을 발견하고 자신의 기술을 더 갈고닦아 자신의 치료적 접근을 세련되게 만들 수 있다. 그리고 오랫동안 경력을 쌓아 나중에 개인 개업을 할 정도가 되면 자신의 성격에 부합하는 하나의 이론적 지향을 실무에 적용할 수 있게 되어 직무만족 수준이 매우 높아진다(Topolinski & Hertel, 2007).

자신의 치료 스타일을 확인하는 질문

독자들은 그동안 많은 상담 및 심리치료 체계들을 공부하면서 이미 자신이 선호하는 접근법을 마음에 두고 있을지 모른다. 또한 한편으로는 마음에 드는 것들이 너무 많아 혼란스러울 수도 있다. 다음 질문들은 현재 자신에게 맞는 이론적 접근법이 어떤 것인지를 결정하는 데 도움이 될 것이다.

배경질문

1. 수련과정에서 강조되었고 교수가 시범을 보인 이론적 접근으로는 어떤 것들이 있는가?
2. 치료자로 취업되어 있다면, 자신이 속한 곳에서 지지하는 이론적 접근으로는 어떤 것들이 있는가? 그중에 어떤 것이 가장 효과가 있을 것 같고 자신의 개인적 스타일에 맞는다고 생각하는가?
3. 상담이나 심리치료를 받은 경험이 있다면, 그 당시 치료자가 어떤 접근법들을 강조하였는가? 그런 접근법들이 자신을 성공적으로 도왔는가?

중다선택 질문

다음의 질문은 이 책에서 다루었던 주요 치료적 접근법들에 대한 비교분석과 관계가 있다. 각 문항들을 읽고 자신의 신념에 부합된다고 생각하는 선택지에 모두 동그라미로 체크하라. 상담과 심리치료에 관한 자신의 생각과 선호하는 것이 무엇인지를 탐색하고 더 잘 이해하려는 것이지, 어떤 것을 검사하는 것이라고 생각하지는 마라.

1. 어떤 것에 의해 긍정적인 변화가 가장 잘 일어난다고 보는가?

　　a. 통찰력을 증진시키고 무의식을 의식화함으로써

　　b. 자각과 정서의 표현을 증진시킴으로써

　　c. 역기능적 사고를 파악하여 수정함으로써

　　d. 자기패배적 행동의 변화를 촉진함으로써

2. 아래의 전략들 중에 어떤 것이 치료에서 차이를 보일 가능성이 크다고 생각하는가?

　　a. 전이의 분석, 꿈의 해석

　　b. 감정의 반영, 감각에 집중하기

　　c. 합리적 정서적 행동치료의 *ABCDE* 기법, 시각적 심상

　　d. 체계적 둔감법, 강화

3. 치료자는 어떠해야 된다고 생각하는가?

　　a. 전이를 촉진하기 위해 비교적 자신을 드러내지 말아야 한다.

　　b. 진솔하고, 온화하며, 배려하고, 강점 이입을 잘하며, 내담자가 치료 과정을 이끌도록 해야한다.

　　c. 긍정적인 치료 동맹을 형성해야 하지만, 회기를 구성하고 치료 계획을 세우며 역기능적 사고를 파악함에 있어서는 적극적인 역할을 해야 한다.

　　d. 긍정적인 치료 동맹을 형성해야 하지만, 확실한 목표와 한계를 정해야 하고 배려 직면을 활용하며 원인과 결과를 지적해주어야 한다.

4. 치료 회기의 방향은 어떠해야 한다고 생각하는가?

　　a. 무의식의 중요한 부분에 의해 결정되기 때문에 예상할 수 없다.

　　b. 내담자에 의해 정해져야 한다.

　　c. 사고를 탐색하고 수정하기 위한 확실한 계획에 따라야 한다.

　　d. 명료하고 측정 가능한 특정 목표를 설정하고 그것에 따라 정해져야 한다.

5. 치료의 근본적인 목표는 무엇이 되어야 한다고 생각하는가?

　　a. 무의식적인 부분을 유도해내고, 과거 경험을 탐색하며, 통찰력을 개발한다.

　　b. 감정의 표현을 증진하고 자각, 자신감, 자기실현을 증진한다.

　　c. 역기능적 사고와 태도를 더 현실적인 사고와 자신감으로 대체한다.

　　d. 역기능적 행동을 새롭고 건강한 행동으로 대체한다.

6. 어떤 문제와 장애에 대한 치료에 관심이 있는가?

　a. 만성적인 문제, 우울이나 불안 증세, 가벼운 성격장애

　b. 낮은 자아존중감, 삶의 목표와 방향감의 혼란, 삶의 의미 상실

　c. 우울증과 불안장애, 수동적 태도와 무망감

　d. 약물이나 알코올 문제, 섭식장애, 품행장애, 충동조절 문제

7. 가장 일하고 싶은 임상 장면은 어느 곳인가?

　a. 개인 개업, 정신분석적 수련 프로그램

　b. 개인적 성장과 자아존중감 증진을 위한 프로그램

　c. 정신건강센터, 개인 개업

　d. 약물 및 알코올 재활센터, 학교

8. 내담자의 환경과 사회경제적, 민족적, 문화적 배경을 이해하고 다루는 것을 어떻게 생각하는가?

　a. 성공적 치료를 위해 필수적인 것은 아니다.

　b. 그런 것들이 내담자에게 중요하면 치료에서도 중요하다.

　c. 내담자의 세계관을 이해하기 위해 중요하다.

　d. 행동적 강화물과 효과적인 변화를 위한 방식을 알기 위해 중요하다.

9. 특정한 목표와 치료 계획을 개발하는 것에 관해 어떻게 생각하는가?

　a. 단기중심치료에서만 중요하다.

　b. 내담자에 따라 다르다.

　c. 치료의 방향을 제시하고 내담자에게 힘을 실어주기 위해 필수적이다.

　d. 치료에서의 진전을 추적하고 치료가 효과적인지를 판단하기 위해 필수적이다.

10. 치료의 기간에 관해서는 어떻게 생각하는가?

　a. 대부분의 경우 과거를 탐색하여야 하기 때문에 길어야 한다.

　b. 전인적 치료를 할 수 있는 만큼은 되어야 한다.

　c. 비교적 짧아야 하지만, 진단에 따라서 달라질 수 있다.

　d. 재발 방지를 위한 회기가 포함되어야 하지만, 비교적 짧아야 한다.

11. 숙제나 회기 중간의 과제의 사용에 관해 어떻게 생각하는가?

　a. 일반적으로 치료에 포함시킬 필요가 없다.

　b. 내담자에 따라 다르다.

　c. 필수적이다. 내담자가 과제를 계획하고 실행할 의도가 없으면 치료가 성공적일 수 없다.

　d. 매우 중요하며, 치료의 결과를 향상시킬 가능성이 크다.

12. 실증적 연구들을 통한 치료적 접근법의 타당화에 관해 어떻게 생각하는가?

　a/b. 사례연구나 나의 개인적 임상 경험보다는 중요하지 않다.

　c/d. 필수적이다.

질문지 평가

지금 위의 질문지에 있는 모든 문항에 답하였다면 다시 돌아가 자신이 선택한 a, b, c, d가 몇 개가 되는지를 계산하라. 아마 당신은 각 알파벳 문자가 이 책에서 다루었던 네 가지 치료 체계 그룹과 관계가 있다는 것을 이미 눈치챘을 것이다.

　　a : 성장배경을 강조하는 이론(정신역동적 접근)
　　b : 정서와 감각을 강조하는 이론(인간중심, 실존주의, 게슈탈트 접근)
　　c : 사고를 강조하는 이론(인지치료, 합리적 정서적 행동치료)
　　d : 행동을 강조하는 이론(행동치료, 인지행동치료, 현실치료, 해결중심치료)

만약 당신의 선택이 확실히 선호하는 것으로 나타났으며, 게다가 그런 선호가 당신의 배경질문의 응답에 부합한다면, 수련과정과 실무경험을 계속하는 가운데 이 책에서 그 이론들을 다룬 영역에 특별히 주의를 기울여야 한다. 그리고 당신은 아마 거기서 선호하는 이론적 지향을 발견할 수 있을 것이다.

이 질문지나 배경질문에 대한 당신의 응답이 확실한 양상을 보이지 않는다면, 당신은 치료자로서의 자신에 대한 인식과 효과적인 치료를 어떻게 제공할 수 있을지에 대한 신념을 아직까지도 분류하고 있는 중일 수 있다. 아니면 당신이 선호하는 스타일이 한두 가지의 치료적 접근을 복합하여 사용하는 통합절충적인 것일 수도 있다. 치료자로서의 당신을 관찰했던 사람들에게 어떤 이론으로 당신의 스타일을 특징지을 수 있는지를 묻는 것도 치료자로서의 당신을 파악하는 데 기본이 될 수 있다. 추가적으로 다양한 치료적 접근들을 적용한 것이 반영된 사례연구들을 읽는 것도 도움이 될지 모른다.

임상적 지향과 치료자의 성격

당신이 최근에 선택한 이론을 세련되게 하였든 그렇게 하지 않았든 간에, 자신의 성격이 그 선택에 영향을 주었는지에 주의를 기울일 필요가 있다. 치료자는 자신의 성격에 부합하는 접근법들을 선호하는 경향이 있다. 예를 들어, Erickson(1993)은 치료자가 선호하는 이론적 지향과 Myers-Briggs 검사(MBTI)로 측정한 성격 유형 간의 관계를 연구하였다. 연구 결과, "사고형은 인지적 기법(Adler식 치료, 행동치료, 합리적 정서적 치료, 현실치료)을 더 선호하는 경향이 있었으며, 감정형은 정동적 접근(게슈탈트 치료, 내담자중심치료)을 더 선호하는 경향을 보였다"(p. 39).

자기인식, 타인으로부터의 피드백, MBTI나 다른 성격 검사 결과를 통하여 자신의 성격과 어떤 치료 체계가 가장 부합하는지를 생각해볼 수 있다. 다시 한번 강조하지만, 많은 문헌들을 검토하고 그런 치료 접근을 많이 접하는 것이 이 시점에서 자신에게 가장 잘 맞는 이론적 접근을 선택하는 데 도움이 될 것이다. 자신이 선택한 것을 변경할 수 없는 것이 아니라는 점을 명심하고 시작점을 선택하면 좀 더 편하게 집중하여 자신의 임상적 기술들을 계속해서 발전시켜나갈 수 있을 것이다. 경험이 증가함에 따라 자신과 내담자를 위한 최상의 접근법이 더 명료해질 것이고, 그러면서 당신의 치료 스타일이 변화하고 발전하는 가운데 개선될 것이다.

상담 및 심리치료에 대한 미래의 방향

다음에 기술된 추세와 주제들은 21세기의 상담 및 심리치료의 체계와 전략의 방향을 결정할 것으로 기대되는 것이다(Prochaska & Norcross, 2009; Seligman & Reichenberg, 2012).

- 치료자가 자신은 물론 내담자의 세계관을 이해해야 하기 때문에 문화적 경쟁력이 중요하게 될 것이다. 성장배경, 문화, 종교, 인생철학, 연령 및 성별은 개인의 사회적 상황에서 매우 중요하게 작용하기 때문에 각 개인의 요구를 충족하는 맞춤형 치료를 하기 위해 그런 것들을 통합해야 한다.
- 정서적 건강과 발달에 대한 생물학과 신경생리학의 연구들이 발전될 것이고, 그것의 기여에 대한 관심도 증가할 것이다. MRI나 fMRI와 같은 측정이 진단을 위해 더 자주 사용될 것이다. 약물치료가 더 많아질 것이고, 특히 복수의 약물을 섞어서 사용하는 '칵테일' 처방도 효과적인 치료로 활용될 것이다.
- 행동적 중재와 약물치료를 통합한 복합치료가 더 개발될 것이다. 이런 접근들의 효과성이 연구들로 입증될 것이다.
- 상담이나 심리치료에 과학적 기술을 사용하는 것과 관련된 법적 혹은 윤리적인 측면에 대한 규정이 개발되고 계속적으로 개정될 것이다. 인터넷을 이용한 온라인 상담, 전화 문자 메시지를 사용한 상담, 혹은 소셜미디어를 사용한 상담을 하는 치료자는 보험 처리, 비밀 보장, 사생활 보호 등과 관련하여 법적인 문제에 관해 정통하고 있어야 한다.
- 진단, 문제의 본질과 심각성의 명료화, 목표설정, 치료 효과성의 파악에 대한 기여 때문에 평가가 치료에서 더 큰 역할을 할 것이다.
- 성인기의 정신장애에 기여하는 아동기의 선행 사건에 대한 인식이 초기 예방 프로그램을 개발하는 데 기여하겠지만, 정신건강 문제에 대한 예방과 관련해서는 재정적 제약은 계속될 것이다.
- 미국정신의학회에서 정신장애의 진단 및 통계 편람, 5판(DSM-5)의 출판이 진단에 대한 우리의 이해를 증진시킬 것으로 기대된다. 진단의 신뢰도가 개선되고 증상들이 중복되는 것(예 : 성격장애)의 문제가 해결되어 더 명료하게 되기를 기대한다.
- 의료관리는 계속 관심의 초점이 될 것이다. 연방 기금, 주정부 기금 및 군대 기금은 이미 서비스에 대한 비용 정산의 조건으로 실증적으로 효과가 지지된 치료 방법을 사용할 것을 요구하고 있다. 의학적 모델이 계속해서 기준이 될 것이며, 비용을 정산해주는 제삼자의 요구에 맞추려면 치료자는 증거기반 실무를 해야 될 것이다.
- 의료관리체계가 계속해서 치료적 결정에 영향력을 발휘하고, 매뉴얼화된 치료를 강요하며, 임상적 지침을 제시하고, 치료의 효과를 추적할 경우 미래에는 건강보험에 가담하지 않기로 선택하는 치료자의 수가 증가할 것이다.

- 치료 접근들에 포함된 치료의 성공과 관련된 공통요소들에 집중하여 그것을 명료화하는 연구들이 계속될 것이다.
- 긍정적인 협력적 치료 동맹은 성공적인 치료를 위해 계속해서 가장 중요한 공통요인이 될 것이고, 긍정적인 협력적 치료 동맹을 촉진하는 특정 요인들에 대한 연구들이 증가할 것이다.
- 효과적이고 실행하기 쉬우며 비용이 절감되는 치료에 대한 요구가 증가하면서, 진단을 통한 치료적 접근이 계속 발달할 것이다.
- 새로운 심리치료 모델이 제안될 것이고, 이론적 통합이 확장될 것이며, 현존하는 모델들도 더 정련될 것이다.
- 인생 전반에서 아동기의 외상과 방임 및 학대의 부정적인 영향에 대한 인식이 증가하면서 애착 관련 혹은 외상 기반 치료가 많아질 것이다.
- 애착과 대인관계의 역동에 관여하는 정신역동적 단기치료가 특별히 직접적으로 내적 갈등을 이해하고 해결하는 데 영향력을 발휘할 것이다.
- 이야기 치료, 구성주의 치료, 여성주의 치료 및 기타 비전형적 치료 접근들이 상담과 심리치료의 개념에 영향을 미칠 것이고 여러 치료 체계에 통합될 가능성이 있다.
- 몸과 마음 그리고 영혼 모두를 다루는 전인적 치료를 찾는 내담자가 있기 때문에, 모든 유형의 치료적 접근에서 종교와 영성이 평가와 실무에 통합될 것이다.
- 결과가 기여하는 점 때문에 치료의 보조물로서 자조집단과 과제의 활용이 더욱 증가할 것이다.
- 스트레스 경감과 치료의 전인적 접근을 위해 수용과 연민과 같은 동양 철학과 마음챙김 명상이 대부분의 치료 양식에 통합될 것이다. 만성 질환이나 생명을 위협하는 질환에 걸린 사람을 돕거나 생을 마감하는 사람을 조력하기 위한 용도로 심리치료가 더 많이 사용될 것이다.
- 집단 괴롭힘, 학교폭력, 자살을 다루고 위기 관리를 위해 학교상담자와 정신건강 치료자가 협력하는 일이 잦아질 것이다.
- 정신건강을 위한 치료적 접근의 가치가 계속적으로 입증되었고, 연구와 전인적 사고가 그 폭을 넓혀왔기 때문에 문제와 정서적 장애를 극복하려는 사람들을 돕는 상담과 심리치료의 중요성이 계속적으로 부각될 것이다.

연습

대집단 실습

1. 이 장에서 주요 치료적 접근들의 중요한 부분을 요약해놓은 것을 다시 주의 깊게 읽어보라. 특별히 각 접근들이 치료 동맹을 얼마나 중요하게 여기는지를 살펴보라. 다양한 접근법들의 치료 동맹에 관한 입장을 유사점과 차이점을 중심으로 토론하라. 유사점이 많다고 생각하는가, 아니면 차이점이 많다고 생각하는가? 특별히 어떤 차이점이 중요하다고 보는가? 치료 동맹에 대한 입

장에 있어서 오래된 이론들 간에 더 차이가 있다고 생각하는가, 아니면 새로운 이론들 간에 더 차이가 있다고 생각하는가?

2. 아래에 제시된 네 가지 사례들과 관련하여 다음의 질문들을 중심으로 토론하라.

   • 각 사례를 치료하는 데 있어서 어떤 치료 체계와 전략이 가장 효과적일 가능성이 크다고 생각 하는가? 그 이유는 무엇인가?
   • 각 사례를 치료하는 데 있어서 어떤 치료 체계와 전략이 가장 효과가 적을 가능성이 있다고 생각하는가? 그 이유는 무엇인가?
   • 각 사례를 위한 치료 동맹은 어떠해야 한다고 생각하는가?
   • 각 사례에서 성공적인 치료를 위한 장애물은 어떤 것들이 있는가? 그런 장애물을 극복하기 위해서 어떤 중재 방식 혹은 접근법들을 사용할 것인가?

사례 A 15세의 센샤는 어머니에 의해 상담소에 왔다. 그녀의 어머니는 흑인이고 아버지는 백인 이다. 그녀의 아버지는 6개월 전 오랫동안 몰래 사귀어온 여성과 함께 집을 나갔다. 그때부터 센 샤는 매우 슬퍼했으며 체중이 감소하고 하루에 10시간 이상씩 잠을 잤다. 그녀는 친구들을 멀리 했는데, 특히 백인 친구들을 가까이하지 않았고, 친구들에게서 다른 느낌을 받는다고 토로하였 다. 그녀는 아버지가 가족을 떠난 것과 관련하여 자신을 비난하였는데, 자신이 조금 더 예쁘고 똑똑했으면 아버지가 떠나지 않을 것이라는 말을 하곤 한다. 그녀는 아버지에게 연락하고 싶어 하지 않으며, 학업에 대한 관심도 확연히 줄어들었다.

사례 B 결혼한 지 9년이 된 33세의 브라이언은 7살과 5살의 두 자녀를 두고 있다. 그는 아내의 강요에 의해 치료를 받게 되었다. 브라이언의 말에 의하면 아내가 자신의 약물사용과 음주를 문 제로 생각하고 있다고 한다. 그는 자신이 하룻밤에 8~12캔의 맥주를 마시고 주말에는 마리화나 를 피우지만, 사업을 잘하고 있어 수입도 좋고 "유흥을 즐기거나 바람을 피우는 것도 아니"라고 말한다. 그는 일을 마치고 집에 돌아왔을 때 아이들과 더 놀아줄 필요가 있다는 것은 인정하지 만, 다른 면에서는 변화의 필요성을 느끼지 못하고 있다.

사례 C 42세의 미혼녀인 레아는 최근에 유방암을 진단받았다. 그녀의 병적 상태는 치료의 예후 가 너무 좋은 경우다. 그러나 그녀는 수술을 무서워하여 수술을 미루기 때문에 나중에 위험할 수 있다. 그녀는 자신의 반응을 설명하면서 혼자이기 때문에 자신을 도울 수 있는 사람이 하나도 없 다는 생각이 들고, 수술과 화학요법을 자신이 견뎌낼 수 있을지 의문이기 때문에 치료를 미룰 수 밖에 없다고 설명하고 있다. 면접회기 동안 레아는 시선을 마주치지 않고 작은 목소리로 부끄러 워하며 겁을 먹은 모습을 보였다. 그녀는 자신이 레즈비언이라고 소개하였고, 6년 전에 오랫동 안 사귀어온 여성과 헤어진 후에 다른 사람을 만나지 않았다고 토로하였다.

사례 D 최근에 결혼한 25세의 카르멘은 자신이 근무하는 초등학교의 한 교사가 그녀에게서 아 동학대의 죄책감을 발견하였기 때문에 치료받으려고 결심하였다. 그녀는 아동기에 자신의 오빠 로부터 성적 학대를 받은 생생한 기억을 가지고 있다. 그런 기억이 그녀가 남편과 친밀한 관계를 가지는 것을 방해하고 직장에서도 불편한 느낌을 갖게 하고 있다.

3. 상담 및 심리치료에 대한 미래의 방향을 다룬 부분을 다시 주의 깊게 읽어보라. 그런 추세에 관해 본인이 동의하는지에 관해 토론하고, 자신이 생각하는 것을 논리적으로 기술해보라. 이 목록에 어떤 미래의 방향을 추가하고 싶은가? 저자가 제시한 방향 중에 정신건강 영역에 도움은 되겠지만 실제로 일어나지 않을 것 같은 것은 어떤 것인가?

소집단 연습

1. 이 장에 제시한 질문지에 응답하고 자신의 결과를 분석하는 것을 아직 하지 않았다면, 지금 하라. 그런 후 그 결과를 다른 집단원들과 함께 공유하고, 그 결과가 자신에게 어떤 의미를 주는지 토론하라. 집단원들의 성격과 임상적 스타일이 어떤지를 생각해보고, 각 개인이 선호하는 접근법으로서 최상의 치료 체계에 관해 집단의 피드백을 제공하라. 자신에게 제언된 것과 관련하여 토론하는 것을 잊지 마라.

2. 각 집단원이 이 책에서 논의한 네 가지 치료 체계의 범주(성장배경, 정서, 사고, 행동)의 지지자라고 가정하라. 그런 후 형식적으로 자신이 선택한 치료 체계의 접근법들의 대변자가 되어 다음의 질문과 관련하여 토론하라.

- 문화와 다양성의 문제를 가장 잘 다룰 수 있는 치료 체계는 무엇인가?
- 다양한 종류의 내담자들과 문제들에 사용할 수 있는 것은 어떤 것인가?
- 미래에 중요성이 더 부각되고 더 많이 사용될 수 있는 것은 어떤 것인가?

3. 4명으로 집단을 만들어라. 당신들은 아마 몇 주 동안 함께 토론해오면서 서로에 관해서 많은 것들을 알게 되었을 것이다. 협력하여 각 집단원의 임상적 강점을 세 가지씩만 목록화하라. 각자의 강점들을 엿볼 수 있었던 증거가 되는 경험을 서로 나누면서 의미 있는 피드백을 제공하라.

개인 연습

1. 이제는 치료자로서 자신에 관해 많은 것을 알게 되었을 것이다. 자신이 생각할 때 자신의 임상적 강점을 세 가지만 목록에 적어보라. 자신의 임상적 기술 중에서 개선이 필요하다고 생각하는 세 영역도 목록에 적어보라. 그리고 이 책에 있는 주제 중에 더 공부하고 싶은 세 가지를 적어보라. 자신의 기술을 발전시키고 더 많은 것을 배우기 위해 첫 번째 해야 할 일을 확인하라.

2. 이 책의 실습 및 학습 경험 중에 가장 흥미 있고 특별했던 것들을 파악하라. 그리고 어떤 것이 자신에게 특별히 의미가 있었는지를 간단히 적어보라.

요약

이 장에서는 다양한 종류의 상담 및 심리치료 접근법들에 관한 정보를 종합하고 요약하였다. 또한 미래에 상담과 심리치료에 영향을 미칠 것으로 기대되는 추세들도 개괄하였다. 이 장에 제시한 질문지는 치료자들이 정신건강치료를 위해 자신이 선호하는 접근법이 무엇인지를 확인할 수 있도록 도울 것이고, 제시된 실습 내용은 치료자들이 전문성을 키울 수 있는 기회를 제공한다.

상담과 심리치료는 많은 사람들을 돕고 치료자에게도 보람을 갖게 하는 매우 생동적이며 흥미 있는 직무영역이다. 나는 독자들이 이 책을 통하여 다른 사람들을 돕기 위해 많은 중요한 치료적 접근법, 기술 및 전략들을 배울 수 있기를 바란다. 그러나 상담 및 심리치료 이론들을 다룬 다른 책들과 마찬가지로 이 책도 그런 접근법들을 소개하는 수준일 수밖에 없다. 이 분야가 빠르게 변화하기 때문에 나는 독자들이 더 많은 문헌고찰, 추가적 교육, 수련경험, 동료의 피드백, 자신의 실무에 대한 연구 등을 통하여 이런 접근법들을 계속해서 공부하고 실습하기를 권하는 바이다.

치료자로서 우리는 매우 중요한 일을 하고 있는 것이다. 우리의 직무가 수많은 개인과 집단, 그리고 가족, 심지어는 사회를 다르게 만들 수 있다. 자신의 기술을 가장 잘 활용할 때 다른 사람에게 도움이 된다는 것을 명심하기 바란다. 또한 우리는 이 책이 독자들의 직무영역에서 힘이 되고 정신건강의 전문성이 발휘되는 데 도움이 되었으면 한다.

Abdel-Tawab, N., & Roter, D. (2002). The relevance of client-centered communication to family planning settings in developing countries: Lessons from the Egyptian experience. *Social Science and Medicine, 54,* 1357–1368.

Abramson, Z. (2007). Adlerian family and couples therapy. *Journal of Individual Psychology, 63,* 371–386.

Ackerman, S. J., & Hilsenroth, M. J. (2003). A review of therapist characteristics and techniques positively impacting the therapeutic alliance. *Clinical Psychology Review, 23,* 1–33.

Acosta, F. X., Yamamoto, J., Evans, L. A., & Skilbeck, W. M. (1983). Preparing low-income Hispanic, black, and white patients for psychotherapy: Evaluation of a new orientation program. *Journal of Clinical Psychology, 39,* 872–877.

Adams, A. N., Adams, A. N., & Miltenberger, R. G. (2008). Habit reversal training. In W. T. O'Donohue & J. E. Fisher (Eds.), *Cognitive behavior therapy: Applying empirically supported techniques in your practice* (2nd ed., pp. 245–252). Hoboken, NJ: John Wiley & Sons.

Adler, A. (1931). *What life should mean to you.* Boston, MA: Little, Brown.

Adler, A. (1938). *Social interest: A challenge to mankind* (J. Linton & R. Vaughan, Trans.). London, UK: Faber and Faber.

Adler, A. (1956). (1) The neurotic disposition; (2) Psychology of use; (3) Social interest. In H. L. Ansbacher & R. R. Ansbacher (Eds.), *The individual psychology of Alfred Adler* (pp. 126–162, 205–262). New York, NY: Basic Books.

Adler, A. (1963a). *The practice and theory of individual psychology.* Paterson, NJ: Littlefield, Adams.

Adler, A. (1963b). *The problem child.* New York, NY: Putnam.

Adler, A. (1979). *Superiority and social interest.* New York, NY: W. W. Norton.

Adler, A. (1998). *Social interest: Adler's key to the meaning of life.* Boston, MA: One World Publications.

Adler, J. (2006, March 27). Freud in our midst. *Newsweek,* pp. 43–51.

Adler, J. (2011). Epistemological tension in the future of personality disorder diagnosis. *American Journal of Psychiatry, 168,* 1221–1222.

Adler, J. (2012). Living into the story: Agency and coherence in a longitudinal study of narrative identity development and mental health over the course of psychotherapy, *Journal of Personality and Social Psychology, 102,* 367–389.

Ainsworth, M. D. S., Blehar, M. C., Waters, E., & Walls, S. (1978). *Patterns of attachment: A psychological study of the strange situation.* Hillsdale, NJ: Erlbaum.

Alexander, F., & French, T. M. (1946). *Psychoanalytic therapy: Principles and application.* New York, NY: Ronald Press.

Alexander, J., & Harman, R. (1988). One counselor's intervention in the aftermath of a middle school student's suicide: A case study. *Journal of Counseling and Development, 66,* 283–285.

Al-Krenawi, A. (1999). An overview of rituals in Western therapies and intervention: Argument for their use in cross-cultural therapy. *International Journal for the Advancement of Counseling, 21,* 3–17.

Allen, J. R., & Allen, B. A. (2002). Redecision therapy. In K. Tudor (Ed.), *Transactional analysis approaches to brief therapy: What do you say between saying hello and goodbye?* (pp. 83–98). Thousand Oaks, CA: Sage.

Almagor, M. (2011). *The functional dialectic system approach for therapy with individuals, couples, and families.* Minneapolis, MN: University of Minnesota Press.

Alonzo, D. (2005). Working with same-sex couples. In M. Harway (Ed.), *Handbook of couples therapy* (pp. 370–385). Hoboken, NJ: John Wiley & Sons.

Altman, A. N., Inman, A. G., Fine, S. G., Ritter, H. A., & Howard, E. E. (2010). Exploration of Jewish ethnic identity. *Journal of Counseling & Development, 88,* 163–173.

Altman, N. (2008). Psychoanalytic therapy. In J. Frew & M. D. Spiegler (Eds.), *Contemporary psychotherapies for a diverse world* (pp. 41–92). Boston, MA: Houghton Mifflin.

American Counseling Association. (2005). *ACA code of ethics and standards of practice.* Alexandria, VA: Author.

American Psychiatric Association. (2000). *The diagnostic and statistical manual of mental disorders* (4th ed., rev. ed.). Arlington, VA: Author.

American Psychiatric Association. (2004). *Practice guideline for the treatment of patients with acute stress disorder and posttraumatic stress disorder.* Arlington, VA: Author.

American Psychiatric Association. (in press). *The diagnostic and statistical manual of mental disorders* (5th ed.). Arlington, VA: Author.

American Psychological Association. (2002). *Ethical principles of psychologists and code of conduct.* Washington, DC: Author.

American Psychological Association. (2003). Guidelines on multicultural education, training, research, practice, and organizational change for psychologists. *American Psychologist, 58,* 377–402.

American Psychological Association. (2006). Special issue: The relevance of Sigmund Freud for the 21st century. *Psychoanalytic Psychology, 23*(2).

American Psychological Association. (2007). *Guidelines for psychological practice with girls and women.* Washington, DC: Author. Retrieved from http://www.apa.org/practice/guidelines/girls-and-women.pdf

American Psychological Association. (2012). Guidelines for psychological practice with lesbian, gay, and bisexual clients, *American Psychologist, 67,* 10–42.

American Psychologist. (1989, July). On the politics of psychological constructs, *44*(7), 1118–1123.

Anderson, B., & Anderson, W. (1989). Counselors' reports of their use of self-disclosure with clients. *Journal of Clinical Psychology, 45,* 404–415.

Anderson, H. (2001). Postmodern collaborative and person-centered therapies: What would Carl Rogers say? *Journal of Family Therapy, 23,* 339–360.

Anderson, T., Lunnen, K. M., & Ogles, B. M. (2010). Putting models and techniques in context. In B. L.

Duncan, S. D. Miller, B. E. Wampold, & M. A. Hubble (Eds.), *Heart and soul of change in psychotherapy* (2nd ed., pp. 143–166). Washington, DC: American Psychological Association.

Anderson, T., Ogles, B. M., Patterson, C. L., Lambert, M. J., & Vermeersch, D. A. (2009). Therapist effects: Facilitative interpersonal skills as a predictor of therapist success. *Journal of Clinical Psychology, 65,* 755–768.

Andreas, S. (1991). *Virginia Satir: The patterns of her magic.* Moab, UT: Real People Press.

Andreas, S. (2012). The true genius of Virginia Satir. *The Satir Journal: Transformational Systemic Therapy, 5,* 1.

Angermann, D. (1998). Gestalt therapy for eating disorders: An illustration. *Gestalt Journal, 21,* 19–47.

Ansbacher, H. L., & Ansbacher, R. R. (Eds.). (1956). *The individual psychology of Alfred Adler: A systematic presentation in selections from his writings.* New York, NY: Basic Books.

Antony, M. M., & Roemer, L. (2011). *Behavior therapy.* Washington, DC: American Psychological Association.

APA Presidential Task Force on Evidence-Based Practice. (2006). Evidence-based practice in psychology. *American Psychologist, 61,* 271–285.

Arkowiz, H., Westra, H. A., Miller, W. R., & Rollnick, S. (Eds.). (2008). *Motivational interviewing in the treatment of psychological problems.* New York, NY: Guilford Press.

Arntz, A., & Van Den Hout, M. (1996). Psychological treatments of panic disorders without agoraphobia: Cognitive therapy versus applied relaxation. *Behavior Research and Therapy, 34*(2), 113–122.

Asagba, R. B., Alarape, A., & Chowen, C. O. (2009). Cross-cultural validation of selected logotherapy tests among undergraduate students at the University of Ibadan. *International Forum for Logotherapy, 32,* 78–83.

Asay, T. P., & Lambert, M. J. (1999). The empirical case for the common factors in therapy: Quantitative findings. In M. A. Hubble, B. L. Duncan, & S. D. Miller (Eds.), *The heart and soul of change: What works in therapy* (pp. 33–55). Washington, DC: American Psychological Association.

Ashby, J. S., LoCicero, K. A., & Kenny, M. C. (2003). The relationship of multidimensional perfectionism to psychological birth order. *Journal of Individual Psychology, 59,* 42–51.

Atkinson, D. R., Kim, B. S. K., & Caldwell, R. (1998).

Ratings of helper roles by multicultural psychologists and Asian American students: Initial support for the three-dimensional models of multicultural counseling. *Journal of Counseling Psychology, 25*(4), 414–423.

Austad, C. (2009). *Counseling and psychotherapy today.* New York, NY: McGraw Hill.

Axline, V. M. (1969). *Play therapy* (rev. ed.). New York, NY: Ballantine Books.

Bachar, E. (1998). The contributions of self-psychology to the treatment of anorexia and bulimia. *American Journal of Psychotherapy, 52*(2), 147–165.

Baddeley, J., & Singer, A. A. (2010). A loss in the family: Silence, memory and narrative identity after bereavement. *Memory, 18*, 198–207.

Baer, R. A., & Huss, D. B. (2008). Mindfulness- and acceptance-based therapy. In J. L. Lebow (Ed.), *Twenty-first century psychotherapies: Contemporary approaches to theory and practice* (pp. 123–166). Hoboken, NJ: John Wiley & Sons.

Baker, E. L. (1985). Psychoanalysis and psychoanalytic psychotherapy. In S. J. Lynn & J. P. Garske (Eds.), *Contemporary psychotherapies: Models and methods* (pp. 19–68). Upper Saddle River, NJ: Merrill/Prentice Hall.

Baker, R., Baker, E., Allen, H., Thomas, P., Newth, J., Hollingbery, T., . . . Gibson, S. (2002). A naturalistic longitudinal evaluation of counselling in primary care. *Counselling Psychology Quarterly, 15*, 359–373.

Baldwin, S. A., Walpold, B. E., & Imel, Z. E. (2007). Untangling the alliance-outcome correlation: Exploring the relative importance of therapist and patient variability in the alliance. *Journal of Consulting and Clinical Psychology, 75*, 842–852.

Ballou, M., Hill, M., & West, C. (Eds.). (2008). *Feminist therapy theory and practice: A contemporary perspective.* New York, NY: Springer.

Bandura, A. (1969). *Principles of behavior modification.* New York, NY: Holt, Rinehart, & Winston.

Bandura, A. (1973). *Aggression: A social learning analysis.* Upper Saddle River, NJ: Prentice Hall.

Bandura, A. (1977). *Social learning theory.* Upper Saddle River, NJ: Prentice Hall.

Bandura, A. (1982). Self-efficacy mechanism in human agency. *American Psychologist, 37,* 122–147.

Bandura, A. (1986). *Social foundations of thought and action: A social cognitive theory.* Upper Saddle River, NJ: Prentice Hall.

Bandura, A. (2006). Toward a psychology of human agency. *Perspectives on Psychological Science, 1,* 164–180.

Banks, M. E. (2010). 2009 Division 35 presidential address: Feminist psychology and women with disabilities: An emerging alliance. *Psychology of Women Quarterly, 34,* 431–442.

Banks, T., & Zionts, P. (2009), REBT used with children and adolescents who have emotional and behavioral disorders in educational settings: A review of the literature. *Journal of Rational-Emotive and Cognitive-Behavior Therapy, 27,* 51–65.

Banmen, A., & Banmen, E. (Eds.). (1991). *Meditations of Virginia Satir: Peace between, peace within, peace among.* Palo Alto, CA: Science and Behavior Books.

Banmen, E. (Ed.). (2008). *In her own words. . . Virginia Satir: Selected papers 1963–1983.* Phoenix, AZ: Zeig, Tucker, and Theisen.

Bannick, F. (2007). Solution-focused brief therapy. *Journal of Contemporary Psychotherapy, 37,* 87–94.

Barbanell, L. (2006). *Removing the mask of kindness: Diagnosis and treatment of the caretaker personality disorder.* Lanham, MD: Jason Aronson.

Barber, C. (2008). *Comfortably numb: How psychiatry is medicating a nation.* New York, NY: Pantheon.

Barbieri, J. L. (2008). The URGES approach: Urge reduction by growing ego strength (URGES) for trauma/addiction treatment using alternate bilateral stimulation, hypnotherapy, ego state therapy and energy psychology, *Sexual Addiction & Compulsivity: The Journal of Treatment & Prevention, 15,* 116–138.

Barnard, L. K., & Curry, J. F. (2012). Self-compassion: Conceptualizations, correlates, & interventions. *Review of General Psychology, 15,* 289–303.

Barnett, L., & Madison, G. (2012). *Existential psychotherapy: Legacy, vibrancy, and dialogue.* New York, NY: Routledge.

Barr, Y. (2009). Reality therapy and the Talmud. *International Journal of Reality Therapy, 29,* 31–35.

Barrett, M., & Berman, J. (2001). Is psychotherapy more effective when therapists disclose information about themselves? *Journal of Consulting and Clinical Psychology, 69,* 597–603.

Barrett-Leonard, G. T. (1981). The empathy cycle: Refinement of a nuclear concept. *Journal of Counseling Psychology, 28,* 91–100.

Bartholomew, K., & Horowitz, L. M. (1991). Attachment styles among young adults: A test of a four-category model. *Journal of Personality and Social Psychology, 6,*

226–244.

Barton, A. (1992). Humanistic contributions to the field of psychotherapy: Appreciating the human and liberating the therapist. *Humanist Psychologist, 20,* 332–348.

Bateman, A., & Fonagy, P. (2012). *Handbook of mentalizing in mental health practice.* Washington, DC: American Psychiatric Publishing.

Bauman, S., & Waldo, M. (1998). Existential theory and mental health counseling: If it were a snake, it would have bitten! *Journal of Mental Health Counseling, 20,* 13–27.

Beal, D., Kopec, A. M., & DiGiuseppe, R. (1996). Disputing clients' irrational beliefs. *Journal of Rational-Emotive & Cognitive–Behavior Therapy, 14*(4), 215–229.

Beck, A. T. (1976). *Cognitive therapy and the emotional disorders.* Madison, CT: International Universities Press.

Beck, A. T., Freeman, A., & Davis, D. D. (2006). *Cognitive therapy of personality disorders* (2nd ed.). New York, NY: Guilford Press.

Beck, A. T., & Greenberg, R. L. (1995). *Coping with depression.* Bala Cynwyd, PA: The Beck Institute.

Beck, A. T., Rector, N. A., Stolar, N., & Grant, P. (2008). *Schizophrenia: Cognitive theory, research, and therapy.* New York, NY: Guilford Press.

Beck, A. T., Rush, A. J., Shaw, B. F., & Emery, G. (1979). *Cognitive therapy of depression.* New York, NY: Guilford Press.

Beck, J. S. (2005). *Cognitive therapy for challenging problems: What to do when the basics don't work.* New York, NY: Guilford Press.

Beck, J. S. (2011). *Cognitive behavioral therapy: Basics and beyond* (2nd ed.). New York, NY: Guilford Press.

Becvar, D. S., & Becvar, R. J. (2006). *Family therapy: A systemic integration* (6th ed.). Upper Saddle River, NJ: Pearson.

Beisser, A. (1970). The paradoxical theory of change. In J. Fagan & I. Sheperd (Eds.), *Gestalt therapy now* (pp. 77–80). Palo Alto, CA: Science and Behavior Books.

Benedek, D. M., & Wynn, G. H. (2011). Clinical manual for management of PTSD. Arlington, VA: American Psychiatric Publishing.

Benish, S., Imel, Z. E., & Wampold, B. E. (2008). The relative efficacy of bona fide psychotherapies of post-traumatic stress disorder: A meta-analysis of direct comparisons. *Clinical Psychology Review, 28,* 746–758.

Benner, D. G. (2005). Intensive soul care: Integrating psychotherapy and spiritual direction. In L. Sperry & E. P. Shafranske (Eds.), *Spiritually oriented psychotherapy* (pp. 287–306). Washington, DC: American Psychological Association.

Berg, I. K., & Miller, S. D. (1992). Working with Asian American clients one person at a time. *Families in Society: The Journal of Contemporary Human Services, 73,* 356–363.

Berg, I. K., & Szabo, P. (2005). *Brief coaching for lasting solutions.* New York, NY: W. W. Norton.

Bernard, M. E. (2009). Dispute irrational beliefs and teach rational beliefs: An interview with Albert Ellis. *Journal of Rational-Emotive and Cognitive–Behavioral Therapy, 27,* 66–76.

Bernard, M. E. (2011). *Rationality and the pursuit of happiness: The legacy of Albert Ellis.* New York, NY: Wiley.

Bernard, M. E., Froh, J. J., DiGiuseppe, R., Joyce, M. R., & Dryden, W. (2010). Albert Ellis: Unsung hero of positive psychology. *The Journal of Positive Psychology, 5,* 302–310.

Berne, E. (1961). *Transactional analysis in psychotherapy.* New York, NY: Grove.

Berne, E. (1964). *Games people play.* New York, NY: Grove.

Bernier, A., & Dozier, M. (2002). The client–counselor match and the corrective emotional experience: Evidence from interpersonal and attachment research. *Psychotherapy: Theory, Research, Practice, Training, 39,* 32–43.

Bertolino, B. (2010). *Strengths-based engagement and practice: Creating effective helping relationships.* New York, NY: Pearson.

Berzoff, J., Flanagan, L. M., Hertz, P., & Basham, K. (2011). *Inside out and outside in: Psychodynamic clinical theory and psychopathology in contemporary multicultural contexts* (3rd ed.). Lanham, MD: Rowman & Littlefield.

Beutler, L. E., Consoli, A. J., & Lane, G. (2005). Systematic treatment selection and prescriptive psychotherapy: An integrative eclectic approach. In J. C. Norcross & M. R. Goldfried (Eds.), *Handbook of psychotherapy integration* (2nd ed., pp. 121–143). New York, NY: Oxford.

Bezanson, B. (2004). The application of solution-focused work in employment counseling. *Journal of Employment Counselling, 41,* 183–191.

Binder, J. L. (2004). *Key competencies in brief dynamic psychotherapy: Clinical practice beyond the manual.*

New York, NY: Guilford Press.

Binswanger, L. (1963). *Being-in-the-world: Selected papers of Ludwig Binswanger.* London, UK: Condor Books.

Bisson, J., & Andrew, M. (2007). Psychological treatment of post-traumatic stress disorder (PTSD). *Cochrane Database of Systematic Reviews, 2007*(3). doi:10.1002/14651858.CD003388.pub3

Black, T. G. (2004). Psychotherapy and outcome research in PTSD: Understanding the challenges and complexities in the literature. *Canadian Journal of Counseling, 38,* 277–288.

Blom, R. (2006). *Handbook of Gestalt play therapy.* Philadelphia: Jessica Kingsley.

Bloom, D., & Brownell, P. (2011). *Gestalt therapy now.* Newcastle upon Tyne, UK: Cambridge Scholastic.

Bohart, A. C., & Tallman, K. (2010). Clients: The neglected common factor in psychotherapy. In B. L. Duncan, S. D. Miller, B. E. Wampold, & M. A. Hubble (Eds.), *Heart and soul of change in psychotherapy* (2nd ed., pp. 83–111). Washington, DC: American Psychological Association.

Bojuwoye, O., & Sodi, T. (2010). Challenges and opportunities to integrating traditional healing into counselling and psychotherapy. *Counselling Psychology Quarterly, 23,* 283–296.

Bond, F. W., & Bunce, D. (2000). Mediators of change in emotion-focused and problem-focused work site stress management interventions. *Journal of Occupational Health Psychology, 5,* 156–163.

Boss, M. (1963). *Psychoanalysis and Daseinsanalysis.* New York, NY: Basic Books.

Bowen, M. C. (1976). Principles and techniques of multi-family therapy. In M. P. H. Guerin Jr. (Ed.), *Family therapy: Theory and practice* (pp. 388–404). New York, NY: Gardner Press.

Bowen, M. C. (1978). *Family therapy in clinical practice.* New York, NY: Aronson.

Bowlby, J. (1978). Attachment theory and its therapeutic implications. *Adolescent Psychiatry, 6,* 5–33.

Bowlby, J. (1988). *A secure base: Parent–child attachment and healthy human development.* New York, NY: Basic Books.

Bowman, C. E. (2005). The history and development of Gestalt therapy. In A. L. Woldt and S. M. Toman (Eds.), *Gestalt therapy: History, theory, and practice* (pp. 3–20). Thousand Oaks, CA: Sage.

Bowman, C. E. (2012). Reconsidering holism in Gestalt therapy: A bridge too far. In T. B. Levine (Ed.), *Gestalt*

therapy: Advances in theory and practice (pp. 27–38). New York, NY: Routledge.

Bowman, D., Scogin, F., Floyd, M., & McKendree-Smith, N. (2001). Psychotherapy length of stay and outcome: A meta-analysis of the effect of therapist sex. *Psychotherapy, 38,* 142–148.

Bozarth, J. D., Zimring, F. M., & Tausch, R. (2001). Client-centered therapy: The evolution of a revolution. In D. J. Cain & J. Seeman (Eds.), *Humanistic psychotherapies: Handbook of research and practice* (pp. 147–188). Washington DC: American Psychological Association.

Brach, T. (2003). *Radical acceptance: Embracing your life with the heart of a Buddha.* New York, NY: Bantam Books.

Bradley, H. (2007). *Gender.* Hoboken, NJ: Wiley.

Bradley, R., Greene, J., Russ, E., Dutra, L., & Westen, D. (2005). A multidimensional meta-analysis of psychotherapy for PTSD. *American Journal of Psychiatry, 162,* 214–227.

Bratter, T. E. (2010). Rejection of psychotropic medicine and DSM-IV nomenclature produce positive outcomes for gifted, alienated, and dually diagnosed John Dewey Academy students who were self-destructive: Part I. *Journal of Ethical Human Psychology and Psychiatry, 11,* 16–28.

Bratter, T. E., Esparat, D., Kaufman, A., & Sinsheimer, L. (2008). Confrontational psychotherapy: A compassionate and potent therapeutic orientation for gifted adolescents who are self-destructive and engage in dangerous behavior. *International Journal of Reality Therapy, 27,* 13–25.

Breitbart, W., & Heller, K. S. (2003). Reframing hope: Meaning-centered care for patients near the end of life. *Journal of Palliative Medicine, 6,* 979–988.

Brown, C. (2007). Situating knowledge and power in the therapeutic alliance. In C. Brown and T. Augusta-Scott (Eds.), *Narrative therapy: Making meaning, making lives* (pp. 3–22). Thousand Oaks, CA: Sage.

Brown, C., & Augusta-Scott, T. (Eds.). (2007). *Narrative therapy: Making meaning, making lives.* Thousand Oaks, CA: Sage.

Brown, D., & Brooks, L. (1991). The genogram as an assessment device. In D. Brown & L. Brooks (Eds.), *Career counseling techniques* (pp. 126–137). Needham Heights, MA: Allyn & Bacon.

Brown, L. S. (2001). Feelings in context: Countertransference and the real world in feminist therapy. *Journal of Clinical Psychology, 57,* 1005–1012.

Brown, L. S. (2008). *Cultural competence in trauma therapy: Beyond the flashback*. Washington, DC: American Psychological Association.

Brown, L. S. (2010). *Feminist therapy*. Washington, DC: American Psychological Association.

Bruner, J. (1986). *Actual minds, possible worlds*. Cambridge, MA: Harvard University Press.

Bruner, J. (2002). *Making stories*. New York, NY: Farrar, Strauss, and Giroux.

Brunner, J. (1998). Oedipus politicus. In M. S. Roth (Ed.), *Freud: Conflict and culture* (pp. 80–93). New York, NY: Knopf.

Bruns, C. M., & Trimble, C. (2001). Rising tide: Taking our place as young feminist psychologists. *Women & Therapy, 23,* 19–36.

Buber, M. (1970). *I and thou*. New York, NY: Scribner.

Budman, S. H., & Gurman, A. S. (1988). *Theory and practice of brief therapy*. New York, NY: Guilford Press.

Bugental, J. F. T. (1965). *The search for authenticity: An existential-analytic approach to psychotherapy*. New York, NY: Holt, Reinhart, & Winston.

Bugental, J. F. T. (1978). *Psychotherapy and process: The fundamentals of an existential humanistic approach*. Reading, MA: Addison-Wesley.

Bugental, J. F. T. (1987). *The art of the psychotherapist*. New York, NY: W. W. Norton.

Bugental, J. F. T. (1990). *Intimate journeys*. San Francisco, CA: Jossey-Bass.

Bugental, J. F. T. (1996). Rollo May (1909–1994). *American Psychologist, 51,* 418–419.

Bugental, J. F. T. (2008). Preliminary sketches for a short-term existential-humanistic therapy. In K. Schneider (Ed.), *Existential integrative therapy* (pp. 165–167). New York, NY: Routledge.

Buhle, M. J. (1998). *Feminism and its discontents: A century of struggle with psychoanalysis*. Cambridge, MA: Harvard University Press.

Burdenski, T. K., & Wubbolding, R. E. (2011). Extending reality therapy with focusing: A humanistic road for the choice theory total behavior car. *International Journal of Reality Therapy, 31,* 14–30.

Bureau of Labor Statistics, U.S. Department of Labor. (2012). *Households and families: 2010*. Retrieved from http://www.census.gov/prod/cen2010/briefs/c2010br-14.pdf

Burnett, L. (2009). *When death enters the therapeutic space: Existential perspective in psychotherapy and counseling*. New York, NY: Schneider Routledge.

Burns, D. D. (1999). *The feeling good handbook*. San Francisco, CA: HarperCollins.

Burns, M. K., Vance, D., Szadokierski, I., & Stockwell, C. (2006). Student Needs Survey: A psychometrically sound measure of the five basic needs. *International Journal of Reality Therapy, 25,* 4–8.

Busch, F. N., & Milrod, B. (2012). Psychodynamic treatment for panic disorder. In R. A. Levy, J. S. Ablon, and H. Kachele (Eds.), *Psychodynamic psychotherapy research* (pp. 29–44). New York, NY: Humana Press.

Butler, A. C., Chapman, J. E., Forman, E. M., & Beck, A. T. (2006). The empirical status of cognitive–behavioral therapy: A review of meta-analyses. *Clinical Psychology Review, 26,* 17–31.

Butler, G., Fennell, M., & Hackmann, A. (2008). *Cognitive–behavioral therapy for anxiety disorders: Mastering clinical challenges*. New York, NY: Guilford Press.

Cain, D. J. (1987). Carl R. Rogers: The man, his vision, his impact. *Person-Centered Review, 2,* 283–288.

Cain, D. J. (2008). Person-centered therapy. In J. Frew & M. D. Spiegler (Eds.), *Contemporary psychotherapies for a diverse world* (pp. 177–227). Boston, MA: Houghton Mifflin.

Cain, D. J., & Seeman, J. (Eds.). (2001). *Humanistic psychotherapies: Handbook of research and practice* (pp. 147–188). Washington, DC: American Psychological Association.

Cambray, J. (2009). *Synchronicity: Nature and psyche in an interconnected universe*. College Station: Texas A&M University Press.

Capuzzi, D., & Gross, D. (2011). *Counseling and psychotherapy: Theories and interventions* (5th ed.). Alexandria, VA: American Counseling Association.

Carey, T. A. (2003). Improving the success of anti-bullying intervention programs: A tool for matching programs with purposes. *International Journal of Reality Therapy, 22*(2), 16–24.

Carlson, J. D., & Dinkmeyer, D. (2003). *Time for a better marriage*. Atascadero, CA: Impact Publishers.

Carlson, J. D., & Englar-Carlson, M. (2008). Adlerian therapy. In J. Frew & M. D. Spiegler (Eds.), *Contemporary psychotherapies for a diverse world* (pp. 93–140). Boston, MA: Houghton Mifflin.

Carlson, J., & Maniacci, M. P. (2011). *Alfred Adler revisited*. New York, NY: Routledge.

Carlson, J. D., & Robey, P. A. (2011). An integrative Adlerian approach to family counseling, *Journal of*

Individual Psychotherapy, 67, 232–244.

Carlson, J., & Sperry, L. (2000). *Brief therapy with individuals and couples.* Phoenix, AZ: Zeig, Tucker & Theisen.

Carlson, J., Watts, R. E., & Maniacci, M. (2006). *Adlerian therapy: Theory and practice.* Washington, DC: American Psychological Association.

Carney, J. V., & Hazler, R. J. (1998). Suicide and cognitive–behavioral counseling: Implications for mental health counselors. *Journal of Mental Health Counseling, 20*(1), 28–41.

Carr, A. (1998). Michael White's narrative therapy. *Contemporary Family Therapy, 20,* 485–503.

Carrick, L. (2007). Person-centered approach to crisis intervention. In M. Cooper, M. O'Hara, P. F. Schmid, & G. Wyatt (Eds.), *The handbook of person-centered psychotherapy* (pp. 293–304). New York, NY: Palgrave MacMillan.

Carroll, J. (1999). Compatibility of Adlerian theory and practice with the philosophy and practices of Alcoholics Anonymous. *Journal of Addictions & Offender Counseling, 19*(2), 50–61.

Carroll, J. S., & Doherty, W. J. (2003). Evaluating the effectiveness of premarital prevention programs: A meta-analytic review of outcome research. *Family Relations, 52,* 105–118.

Caselman, T. (2007). *Teaching children empathy, the social emotion.* Chapin, SC: Youthlight.

Cashdan, S. (1988). *Object relations therapy: Using the relationship.* New York, NY: W. W. Norton.

Cashwell, C. S., & Young, J. S. (Eds.). (2005). *Integrating spirituality and religion into counseling: A guide to competent practice.* Alexandria, VA: American Counseling Association.

Cedar, B., & Levant, R. F. (1990) A meta-analysis of the effects of parent effectiveness training. *American Journal of Family Therapy, 18,* 373–384.

Celani, D. P. (2010). *Fairbairn's object relations theory in the clinical setting.* New York, NY: Columbia University Press.

Chae, M., & Foley, P. (2010). Relationship of ethnic identity, acculturation, and psychological well-being among Chinese, Japanese, and Korean Americans. *Journal of Counseling & Development, 88,* 466–476.

Chambless, D. L., Baker, M. J., Baucom, D. H., Beutler, L. E., Calhoun, K. S., Crits-Cristoph, P., . . . Woody, S. R. (1998). Update on empirically validated therapies, II. *Clinical Psychologist, 51,* 3–16.

Chambless, D. L., & Hollon, S. D. (1998). Defining empirically supported therapies. *Journal of Consulting and Clinical Psychology, 66,* 7–18.

Chang, R., & Page, R. C. (1991). Characteristics of the self-actualized person: Visions from the East and West. *Counseling and Values, 36,* 2–11.

Chapman, A. H. (1978). *The treatment techniques of Harry Stack Sullivan.* New York, NY: Brunner/Mazel.

Charles, S. T., Mather, M., & Carstensen, L. L. (2003). Aging and emotional memory: The forgettable nature of negative images for older adults. *Journal of Experimental Psychology: General, 132,* 310–324.

Chodron, P. (1991). *The wisdom of no escape and the path of loving-kindness.* Boston, MA: Shambhala.

Claessens, M. (2009). Mindfulness and existential therapy. *Existential Analysis, 20,* 109–119.

Clark, D., & Beck, A. T. (2011). *Cognitive therapy of anxiety disorders: Science and practice.* New York, NY: Guilford Press.

Clark, D. A., Hollifield, M., Leahy, R., and Beck, J. S. (2009). Theory of cognitive therapy. In G. O. Gabbard (Ed.), *Textbook of psychotherapeutic treatments in psychiatry* (pp. 165–200). Arlington, VA: American Psychiatric Publishing.

Clarkin, J. F., Yeoman, F. E., & Kernberg, O. E. (2006). *Psychotherapy for borderline personality: Focusing on object relationships.* Washington, DC: American Psychiatric Publishing.

Clarkson, P. (1990). A multiplicity of psychotherapeutic relationships. *British Journal of Psychotherapy, 7*(2), 148–161.

Clarkson, P., & Mackewn, J. (1993). *Fritz Perls.* London, UK: Sage.

Clemmens, M. C. (2005). Gestalt approaches to substance use/abuse/dependency: Theory and practice. In A. L. Woldt & S. M. Toman (Eds.), *Gestalt therapy: History, theory, and practice* (pp. 279–300). Thousand Oaks, CA: Sage.

Coan, R. W. (1979). *Psychologists: Personal and theoretical pathways.* New York, NY: Irvington.

Cocks, G. (Ed.). (1994). *The curve of life: Correspondence of Heinz Kohut.* Chicago, IL: University of Chicago Press.

Coelho, H. F., Canter, P. H., & Ernst, E. (2007). Mindfulness-based cognitive therapy: Evaluating current evidence and informing future research. *Journal of Consulting and Clinical Psychology, 75,* 1000–1005.

Cogan, R. (2007). Therapeutic aims and outcomes of psychoanalysis. *Psychoanalytic Psychology, 24,* 193–207.

Cohen, K. H. (2010). On becoming meta. *American Journal of Psychology, 70,* 53–60.

Coleman, H. K. L., Wampold, B. E., & Casali, S. L. (1995). Ethnic minorities' ratings of ethnically similar and European American counselors: A meta-analysis. *Journal of Counseling Psychology, 42,* 55–64.

Coles, R. (1992). *Anna Freud: The dream of psychoanalysis.* New York, NY: Addison-Wesley.

Colman, W. (2011). Synchronicity and the meaning-making psyche. *Journal of Analytical Psychology, 56,* 471–491.

Comstock, D. L. (2004). Reflections on life, loss, and resilience. In M. Walker & W. B. Rosen (Eds.), *How connections heal: Stories from relational-cultural therapy* (pp. 83–102). New York, NY: Guilford Press.

Connell, G. M. (1996). Carl Whitaker: In memoriam. *Journal of Marital and Family Therapy, 22,* 3–8.

Conoley, C. W., & Garber, R. A. (1985). Effects of reframing and self-control directives on loneliness, depression and controllability. *Journal of Counseling Psychology, 32,* 139–142.

Conradi, H. J., & de Jonge, P. (2009). Recurrent depression and the role of adult attachment: A prospective and a retrospective study. *Journal of Affective Disorders, 116,* 93–99.

Constantino, M. J., & Wilson, K. R. (2007). Commentary: Negotiating cultural difference and the therapeutic alliance. In C. Muran (Ed.), *Dialogues on difference: Studies of diversity in the therapeutic relationship* (pp. 236–242). Washington, DC: American Psychological Association.

Conway, C. E. (2007). Using the crucial C's to explore gender roles with couples. *Journal of Individual Psychology, 56,* 495–501.

Cooper, M. (2008). Existential psychotherapy. In J. L. LeBow (Ed.), *Twenty-first century psychotherapies: Contemporary approaches to theory and practice.* New York, NY: Wiley.

Cooper, M., Schmid, P. F., O'Hara, M., & Wyatt, G. (2007). *The handbook of person-centered psychotherapy and counselling.* Basingstoke, UK: Palgrave.

Cooper, M., Watson, J. C., & Bolldampt, D. (Eds.). (2010). *Person-centered and experiential therapies work: A review of the research on counseling, psychotherapy, and related practices.* Ross-on-Wye, UK: PCCS Books.

Cooper, S. J. (2012). Contributors. In T. Malinen, S. J. Cooper, & F. N. Thomas (Eds.), *Masters of narrative and collaborative therapies: The voices of Andersen, Anderson, and White.* New York, NY: Routledge.

Corcoran, J., & Stephenson, M. (2000). The effectiveness of solution-focused therapy with child behavior problems: A preliminary report. *Families in Society: The Journal of Contemporary Human Services, 81*(5), 548–562.

Corey, G., Corey, M. S., & Callanan, P. (2011). *Issues and ethics in the helping professions.* Belmont, CA: Thompson Brooks/Cole.

Cornelius-White, J. H. D. (2005). Teaching person-centered multicultural counseling. *The Journal of Humanistic Counseling, Education, and Development, 44,* 225–239.

Cornelius-White, J. H. D. (2007). Learner-centered teacher-student relationships are effective: A meta-analysis, *Review of Educational Research, 77,* 113–143.

Cosby, B. (2009). *Little Bill: Young readers series.* New York, NY: Scholastic.

Cottone, J., Drucker, P., & Javier, R. A. (2003). Gender differences in psychotherapy dyads: Changes in psychological symptoms and responsiveness to treatment during three months of therapy. *Psychotherapy, 40,* 297–308.

Crane, N. (2009). *Mindfulness-based cognitive therapy.* New York, NY: Routledge.

Crane, R. (2012). *Mindfulness-based cognitive therapy: Distinctive features.* New York, NY: Routledge.

Crane, R. S., Kuyken, W., Hastings, R. P., Rothwell, N., & Williams, M. G. (2010). Training teachers to deliver mindfulness-based interventions: Learning from the UK experience. *Mindfulness, 1,* 74–86.

Crawley, S. A., Podell, J. L., Beidas, R. S., Braswell, L., & Kendall, P. C. (2010). Cognitive–behavioral therapy with youth. In K. S. Dobson (Ed.), *Handbook of cognitive behavioral therapies* (3rd ed., pp. 375–410). New York, NY: Guilford Press.

Crocker, S. F. (2005). Phenomenology, existentialism, and Eastern thought in Gestalt therapy. In A. L. Woldt & S. M. Toman (Eds.), *Gestalt therapy: History, theory, and practice* (pp. 65–80). Thousand Oaks, CA: Sage.

Crocket, K. (2008). Narrative therapy. In J. Frew & M. D. Spiegler (Eds.), *Contemporary psychotherapy for a diverse world* (pp. 489–533). Boston, MA: Houghton Mifflin.

Cuje, B. B. (2010). *Be the person you were meant to be: The choice cube method, step-by-step to choice and change.* Arlington, VA: Booksurge.

Curlette, W. L., & Kern, R. M. (2010). Ethics, research, and applications. *Journal of Individual Psychology, 66,* 133–134.

Curran, J., Ekers, D., McMillan, D., & Houghton, S. (2012). Behavioural activation. In W. Dryden (Ed.), *Cognitive behaviour therapies* (pp. 236–260). Thousand Oaks, CA: Sage.

Dallos, R. (2006). *Attachment narrative therapy: Integrating systemic, narrative and attachment approaches.* Maidenhead, Berkshire, UK: Open University Press.

Dalrymple, K. I., Fiorentino, L., Politi, M. C., & Posner, D. (2010). Incorporating principles from acceptance and commitment therapy into cognitive–behavioral therapy for insomnia: A case example. *Journal of Contemporary Psychotherapy, 40,* 209–217.

Damasio, A. R. (1994). *Descartes' error: Emotion, reason, and the human brain.* New York, NY: Putnam.

Damasio, A. R. (1999). *The feeling of what happens: Body and emotion in the making of consciousness.* Orlando, FL: Harcourt.

Danielian, J. (2010). Meta-realization in Horney and the teaching of psychoanalysis. *American Journal of Psychoanalysis, 70,* 10–22.

Dattilio, F. M. (2005). Restructuring family schemas: A cognitive–behavioral perspective. *Journal of Marital and Family Therapy, 31,* 15–30.

Dattilio, F. M., & Freeman, A. (2007). *Cognitive behavioral strategies in crisis intervention* (3rd ed.). New York, NY: Guilford Press.

Davanloo, H. (1979). Techniques of short-term psychotherapy. *Psychiatric Clinics of North America, 2,* 11–22.

Davanloo, H. (1980). A method of short-term dynamic psychotherapy. In H. Davanloo (Ed.), *Short-term dynamic psychotherapy.* Northvale, NJ: Aronson.

Davidson, P. R., & Parker, K. C. H. (2001). Eye movement desensitization and reprocessing (EMDR): A meta-analysis. *Journal of Consulting and Clinical Psychology, 69,* 305–316.

Day, S. X. (2008). *Theory and design in counseling and psychotherapy* (2nd ed.). Boston, MA: Houghton Mifflin.

Decker, H. S. (1998). Freud's "Dora" case. In M. S. Roth (Ed.), *Freud: Conflict and culture* (pp. 105–114). New York, NY: Knopf.

Deckersbach, T., Rauch, S., Buhlmann, U., & Wilhem, S. (2006). Habit reversal versus supportive psychotherapy in the treatment of Tourette's disorder: A randomized controlled trial and predictors of treatment response. *Behaviour, Research, and Therapy, 44,* 1079–1090.

Dehing, J. (1992). The therapist's interventions in Jungian analysis. *Journal of Analytical Psychology, 37,* 29–47.

De Jong, P., & Berg, I. K. (2012). *Interviewing for solutions* (4th ed.). Pacific Grove, CA: Brooks/Cole.

Demos, V. C., & Prout, M. F. (1993). A comparison of seven approaches to brief psychotherapy. *International Journal of Short-Term Psychotherapy, 8,* 3–22.

Department of Veterans Affairs & Department of Defense. (2004). *VA/DoD clinical practice guideline for the management of posttraumatic stress* (Publication10Q-CPG/PTSD-04). Washington, DC: Veterans Health Administration, Department of Veterans Affairs and Health Affairs, Department of Defense, Office of Quality and Performance.

DeRobertis, E. M. (2010). Winnicott, Kohut, and the developmental context of well-being. *The Humanistic Psychologist, 38,* 336–354.

DeRubeis, R. J., Hollon, S. D., Amsterdam, J. D., Shelton, R. C., Young, P. R., Salomon, R. M., . . . Gallop, R. (2005). Cognitive therapy vs. medication in the treatment of moderate to severe depression. *Archives of General Psychiatry, 62,* 409–416.

de Shazer, S. (1982). *Patterns of brief family therapy: An ecosystem approach.* New York, NY: Guilford Press.

de Shazer, S. (1985). *Keys to solutions in brief therapy.* New York, NY: W. W. Norton.

de Shazer, S. (1988). *Clues: Investigating solutions in brief therapy.* New York, NY: W. W. Norton.

de Shazer, S. (1991). *Putting difference to work.* New York, NY: W. W. Norton.

de Shazer, S., & Dolan, Y. (2007). *More than miracles: The state of the art of solution-focused brief therapy.* Binghamton, NY: Haworth Press.

DeYoung, P. A. (2003). *Relational psychotherapy: A primer.* New York, NY: Brunner-Routledge.

Diamond, G. S., & Stern, R. (2003). Attachment-based family therapy for depressed adolescents: Repairing attachment failures. In S. M. Johnson & V. Whiffen (Eds.), *Attachment processes in couple and family therapy* (pp. 191–214). New York, NY: Guilford Press.

Diamond, S. A. (2007). *Anger, madness, and the daimonic: The psychological genesis of violence, evil, and creativity.* Albany, NY: State University of New York Press.

Diamond, S. A. (2009). What is existential psychotherapy? In D. A. Leeming, K. Madden, & S. Marlan (Eds.),

Encyclopedia of psychology and religion (pp. 304–305). New York, NY: Springer Verlag.

DiGiuseppe, R. (1996). The nature of irrational and rational beliefs: Progress in rational emotive behavior therapy. *Journal of Rational-Emotive & Cognitive-Behavior Therapy, 14*(1), 5–28.

DiGiuseppe, R., & Bernard, M. (2006). REBT assessment and treatment with children. In A. Ellis & M. Bernard (Eds.), *Rational emotive behavior therapy application to childhood disorders* (Sec. 1, pp. 85–114). New York, NY: Springer

Dimeff, L. A., Koerner, K., & Linehan, M. (2007). *Dialectical behavior therapy in clinical practice: Applications across disorders and settings.* New York, NY: Guilford Press.

Dimidjian, S., Hollon, S. D., Dobson, K. S., Schmaling, K. B., Kohlenberg, R. J., Addis, M. E., . . . Jacobson, N. S. (2006). Randomized trial of behavioral activation, cognitive therapy, and antidepressant medication in the acute treatment of adults with major depression. *Journal of Consulting and Clinical Psychology, 74,* 658–670.

Dinkmeyer, D. C., & McKay, K. (1997). *Systematic training for effective parenting.* Circle Pines, MN: American Guidance Services.

Division 12 Task Force. (1996). An update on empirically validated therapies. *Clinical Psychologist, 49,* 5–18.

Dobson, K. S. (Ed.). (2010). *Handbook of cognitive behavioral therapies.* New York, NY: Guilford Press.

Dobson, K. S., & Dozois, D. J. A. (2010). Historical and philosophical bases of the cognitive–behavioral therapies. In K. S. Dobson (Ed.), *Handbook of cognitive behavioral therapies* (p. 38). New York, NY: Guilford Press.

Dollard, J., & Miller, N. E. (1950). *Personality and psychotherapy: An analysis in terms of learning, thinking and culture.* New York, NY: McGraw-Hill.

Dolliver, R. H. (1995). Carl Rogers's emphasis on his own direct experience. *Journal of Humanistic Psychology, 35,* 129–139.

Douglas, C. J. (2008). Teaching supportive psychotherapy to psychiatric residents. *American Journal of Psychiatry, 165,* 445–452.

Dourley, J. P. (2008). *Paul Tillich, Carl Jung, and the recovery of religion.* New York, NY: Routledge.

Drauker, C. B. (1998). Narrative therapy for women who have lived with violence. *Archives of Psychiatric Nursing, 7,* 162–168.

Dreikurs, R. (1973). Private logic. In H. H. Mosak (Ed.), *Alfred Adler: His influence on psychology today* (pp. 19–32). Park Ridge, NJ: Noyes.

Dreikurs, R., Cassel, P., & Ferguson, E. D. (2004). *Discipline without tears* (rev. ed.). Toronto, Canada: Wiley.

Dreikurs, R., & Soltz, V. (1991). *Children: The challenge.* New York, NY: Plume Books.

Dryden, W. (2011). *Dealing with emotional problems using rational emotive cognitive behavior therapy.* New York, NY: Routledge.

Dryden, W., & Branch, R. (2008). *The fundamentals of rational emotive behavior therapy: A training handbook* (2nd ed.). Chichester, UK: Wiley.

Dryden, W., DiGiuseppe, R., & Neenan, M. (2010). *A primer of rational emotive behavior therapy* (3rd ed.). Champaign, IL: Research Press.

Dryden, W., & Ellis, A. (2001). Rational emotive behavior therapy. In K. S. Dobson (Ed.), *Handbook of cognitive-behavioral therapy* (pp. 295–348). New York, NY: Guilford Press.

Duncan, B. L. (2010). Prologue: Saul Rosenzweig: The founder of the common factors. In: B. L. Duncan, S. D. Miller, B. E. Wampold, & M. A. Hubble (Eds.), *Heart and soul of change in psychotherapy* (2nd ed., pp. 3–22). Washington, DC: American Psychological Association.

Duncan, B. L., Miller, S. D., Wampold, B. E., & Hubble, M. A. (Eds.). (2010). *Heart and soul of change in psychotherapy* (2nd ed.). Washington, DC: American Psychological Association.

Dunkley, D. M., Blankstein, K. R., & Segal, Z. V. (2010). Cognitive assessment: Issues and methods. In K. S. Dobson (Ed.), *Handbook of cognitive behavioral therapies* (3rd ed., pp. 133–171). New York, NY: Guilford Press.

Duran, E. (2006). *Healing the soul wound.* New York, NY: Teachers College Press.

D'Zurilla, T. J., & Goldfried, M. R. (1971). Problem-solving and behavior modification, *Journal of Abnormal Psychology, 78,* 107–126.

D'Zurilla, T. J., & Nezu, A. M. (2007). *Problem-solving therapy: A positive approach to clinical intervention* (3rd ed.). New York, NY: Springer.

D'Zurilla, T. J., & Nezu, A. M. (2010). Problem-solving therapy. In K. S. Dobson (Ed.), *Handbook of cognitive behavioral therapies* (3rd ed., pp. 197–225). New York, NY: Guilford Press.

Eckardt, M. H. (2005). Karen Horney: A portrait. The 120th anniversary, Karen Horney, September 16, 1885. *American Journal of Psychoanalysis, 65,* 95–101.

Ecker, B., & Hulley, L. (2008). Coherence therapy: Swift change at the core of emotional truth. In J. D. Raskin & S. K. Bridges (Eds.), *Studies in meaning 3: Constructivist psychotherapy in the real world* (pp. 57–84). New York, NY: Pace University Press.

Eckstein, D. J., & Kern, R. M. (2002). *Psychological fingerprints: Lifestyle assessment and interventions.* Dubuque, IA: Kendall-Hunt.

Edwards, D., & Arntz, A. (2012). Schema therapy in historical perspective. In M. van Vreeswijk, J. Broersen, & M. Nadort (Eds.), *The Wiley-Blackwell handbook of schema therapy: Theory, research, and practice.* Malden, MA: Wiley.

Eifert, G. H., & Forsyth, J. P. (2005). *Acceptance and commitment therapy for anxiety disorders.* Oakland, CA: New Harbinger.

Eisenberg, M. (1989). Exposing prisoners to logotherapy. *International Forum for Logotherapy, 12,* 89–94.

Elliott, R., Bohart, A. C., Watson, J. C., & Greenberg, L. S. (2011). Empathy. In J. C. Norcross (Ed.), *Psychotherapy relationships that work: Evidence-based responsiveness* (2nd ed. pp. 132–152). New York, NY: Oxford.

Elliott, R., Watson, J., Goldman, R., & Greenberg, L. (2004). *Learning emotion-focused therapy: The process-experiential approach to change.* Washington, DC: American Psychological Association.

Elliott, T. R., Uswatte, G., Lewis, L., & Palmatier, A. (2000). Goal instability and adjustment to physical disability. *Journal of Counseling Psychology, 47,* 251–265.

Ellis, A. (1957). *How to live with a neurotic.* Oxford, UK: Crown Publishers.

Ellis, A. E. (1984). Foreword. In W. Dryden, *Rational-emotive therapy: Fundamentals and innovations* (pp. i–xv). London, UK: Croom Helm.

Ellis, A. E. (1986). An emotional control card for inappropriate and appropriate emotions using rational-emotive imagery. *Journal of Counseling and Development, 65,* 205–206.

Ellis, A. E. (1988). *How to stubbornly refuse to make yourself miserable about anything—Yes, anything!* Secaucus, NJ: Lyle Stuart.

Ellis, A. E. (1992). Secular humanism and rational-emotive therapy. *Humanistic Psychologist, 20*(2/3), 349–358.

Ellis, A. E. (1995). Changing rational-emotive therapy (RET) to rational emotive behavior therapy (REBT). *Journal of Rational-Emotive & Cognitive–Behavior Therapy, 13*(2), 85–89.

Ellis, A. E. (1996). The treatment of morbid jealousy: A rational emotive behavior approach. *Journal of Cognitive Psychotherapy, 10*(1), 23–33.

Ellis, A. E. (1997). Using rational emotive behavior therapy techniques to cope with disability. *Professional Psychology: Research and Practice, 28,* 17–22.

Ellis, A. E. (2001). *Overcoming destructive beliefs, feelings, and behaviors: New directions for rational emotive behavior therapy.* New York, NY: Brunner/Mazel.

Ellis, A. E. (2002). *Overcoming resistance: A rational emotive behavior therapy integrated approach.* New York, NY: Springer.

Ellis, A. E. (2003). Early theories and practices of rational emotive behavior therapy and how they have been augmented and revised during the last three decades. *Journal of Rational-Emotive & Cognitive–Behavior Therapy, 21,* 219–243.

Ellis, A. (2007). *Overcoming resistance: A rational emotive behavior therapy integrative approach* (2nd ed.). New York, NY: Springer.

Ellis, A. (2009). *All out! An autobiography.* New York, NY: Prometheus Books.

Ellis, A., & Dryden, W. (2007). *The practice of rational emotive behavior therapy* (2nd ed.). New York, NY: Springer.

Ellis, A., & Ellis, D. J. (2011). *Rational emotive behavior therapy.* Washington, DC: American Psychological Association.

Ellis, A., & MacLaren, C. (2005). *Rational emotive behavior therapy: A therapist's guide* (2nd ed.). Atascadero, CA: Impact Publishers.

Ellis, A., & Velten, E. (1998). *Optimal aging: Getting over getting older.* Chicago, IL: Open Court Books.

Ellison, J. A., Greenberg, L. S., Goldman, R. N., & Angus, L. (2009). Maintenance of gains following experiential therapies for depression. *Journal of Consulting and Clinical Psychology, 77,* 103–112.

Ellsworth, L. (2007). *Choosing to heal: Using reality therapy in treatment with sexually abused children.* New York, NY: Routledge.

Ellwood, R. (1999). *The politics of myth: A study of C. G. Jung, Mircea Eliade, and Joseph Campbell.* New York: State University of New York Press.

Emmelkamp, P. M. G. (2004). Behavior therapy with

adults. In M. Lambert (Ed.), *Bergin and Garfield's handbook of psychotherapy and behavior change* (5th ed., pp. 393–446). New York, NY: Wiley.

Emmelkamp, P. M. G., Ehring, T., & Powers, M. B. (2010). Philosophy, psychology, cases, and treatments of mental disorders. In N. Kazantzis, M. A. Reinecke, & A. Freeman. *Cognitive and behavioral theories in clinical practice* (pp. 1–27). New York, NY: Guilford Press.

Enns, C. (1987). Gestalt therapy and feminist therapy: A proposed integration. *Journal of Counseling and Development, 66,* 93–95.

Enns, C. Z. (1993). Twenty years of feminist counseling and psychotherapy: From naming biases to implementing multifaceted practice. *The Counseling Psychologist, 21,* 3–87.

Enns, C. Z. (2004). *Feminist theories and feminist psychotherapies: Origins, themes, and diversity* (2nd ed.). Binghamton, NY: Haworth Press.

Epp, L. R. (1998). The courage to be an existential counselor: An interview of Clemmont E. Vontress. *Journal of Mental Health Counseling, 20,* 1–12.

Epston, D. (2008). Saying hullo again: Remembering Michael White. *Journal of Systemic Therapies, 27,* 1–15.

Erford, B. T., Eaves, S. H., Bryant, E. M., & Young, K. A. (2010). *35 techniques every counselor should know.* Upper Saddle River, NJ: Pearson.

Erickson, D. B. (1993). The relationship between personality types and preferred counseling model. *Journal of Psychological Type, 27,* 39–41.

Erikson, E. H. (1982). *The life cycle completed.* New York, NY: W. W. Norton.

Erskine, R. G., Moursund, J., & Trautmann, R. L. (1999). *Beyond empathy: A theory of contact-in-relationship.* London, UK: Routledge.

Erwin, J. C. (2004). *The classroom of choice: Giving students what they need and getting what you want.* Alexandria, VA: Association for Supervision and Curriculum Development.

Esposito, M. A. (2009). *REBT with children and adolescents: A meta-analytic review of efficacy studies.* New York, NY: St John's University.

Evans, D. B. (1982). What are you doing? An interview with William Glasser. *Personnel and Guidance Journal, 60*(8), 460–466.

Evans, K., & Gilbert, M. C. (2005). *An introduction to integration psychotherapy.* London, UK: Palgrave.

Ewen, R. B. (1993). *An introduction to theories of personality* (4th ed.). Hillsdale, NJ: Erlbaum.

Eysenck, H. J. (1970). A mish-mash of theories. *International Journal of Psychiatry, 9,* 140–146.

Fabry, D. (2010). Evidence base for paradoxical intention: Reviewing clinical outcome studies. *International Forum for Logotherapy, 33,* 21–29.

Fagan, J., & Shepherd, I. L. (1970). *Gestalt therapy now.* Palo Alto, CA: Science and Behavior Books.

Farber, B. A., & Doolin, E. M. (2011). Positive regard and affirmation. In J. C. Norcross (Ed.), *Psychotherapy relationships that work: Evidence-based responsiveness* (2nd ed., pp. 168–186). New York, NY: Oxford.

Farber, B. A., & Metzger, J. A. (2009). Attachment theory. In. J. H. Obegi & E. Berant (Eds.), *Attachment theory and research in clinical work with adults* (pp. 46–70). New York, NY: Guilford Press.

Farrell, J. M., Shaw, I. A., & Webber, M. A. (2009). A schema-focused approach to group psychotherapy for outpatients with borderline personality disorder: A randomized controlled trial. *Journal of Behavior Therapy and Experimental Psychiatry, 40,* 317–328.

Fenell, D., & Weinhold, B. (2003). *Counseling families: An introduction to marriage and family therapy* (3rd ed.). Denver, CO: Love.

Ferenczi, S. (1980). Technical difficulties in the analysis of a case of hysteria: Including observations of larval forms of onanism and onanistic equivalents. In J. Rickman (Ed.), *Further contributions to the theory and technique of psychoanalysis* (pp. 291–294). New York, NY: Bruner/Mazel.

Fernald, P. S. (2000). Carl Rogers: Body-centered counselor. *Journal of Counseling and Development, 78,* 172–180.

Fernando, D. M. (2007). Existential theory and solution-focused strategies: Integration and application. *Journal of Mental Health Counseling, 29,* 226–241.

Finlay, L., & Evans, K. (2009). *Relational-centered research for psychotherapists.* Malden, MA: Wiley-Blackwell.

Finlay, S. W. (2000). Influence of Carl Jung and William James on the origin of Alcoholics Anonymous. *Review of General Psychology, 4,* 3–12.

Finn, A. (2011). Jungian analytical theory. In D. Capuzzi & D. R. Gross (Eds.), *Theories of counseling and psychotherapy* (pp. 77–94). Washington, DC: American Counseling Association.

Fisher, S. K., & Fisher, R. (2002). Chemical dependence

lifestyle assessment interview, *Counselor Magazine, 3.*

Fleuridas, C., Nelson, T. S., & Rosenthal, D. M. (1986). The evolution of circular questions: Training family therapists. *Journal of Marital and Family Therapy, 12,* 113–127.

Foa, E. B., Keane, T. M., & Friedman, M. J. (2000). *Effective treatments of PTSD: Guidelines from the International Society for Traumatic Stress Studies.* New York, NY: Guilford Press.

Foley, E., Baillie, A., Huxter, M., Price, M., & Sinclair, E. (2010). Mindfulness-based cognitive therapy for individuals whose lives have been affected by cancer. *Journal of Consulting and Clinical Psychology, 78,* 72–79.

Fonagy, P., & Luyten, P. (2009). A developmental, mentalization-based approach to the understanding and treatment of borderline personality disorder. *Developmental Psychopathology, 21,* 1355–1381.

Fonagy, P., & Target, M. (2009). Theoretical models of psychodynamic psychotherapy. In G. O. Gabbard, Ed., *Textbook of psychotherapeutic treatments* (pp. 3–42). Washington, DC: American Psychiatric Publishing.

Forcehimes, A. A. (2004). *De profundis*: Spiritual transformations in Alcoholics Anonymous. *Journal of Clinical Psychology, 60,* 503–517.

Forsyth, J. P., Fuse, T., & Acheson, D. T. (2009). Interoceptive exposure for panic disorder. In W. T. O. Donohue & J. E. Fisher (Eds.), *Cognitive behavioral therapy: Applying empirically supported techniques in your practice* (pp. 296–308). New York, NY: John Wiley & Sons.

Fox, A. P., & Leung, N. (2009). Existential well-being in younger and older adults with anorexia nervosa—A preliminary investigation. *European Eating Disorders Review, 17,* 24–30.

Frank, E. (2005). *Treating bipolar disorder: A clinician's guide to interpersonal and social rhythm therapy.* New York, NY: Guilford Press.

Frank, M. L. B. (2007). Existential theory. In D. Capuzzi & D. Gross (Eds.), *Counseling and psychotherapy: Theories and interventions* (4th ed., pp. 164–188). Upper Saddle River, NJ: Pearson/Prentice Hall.

Frankl, V. E. (1963). *Man's search for meaning.* Boston, MA: Beacon.

Frankl, V. E. (1967). *Psychotherapy and existentialism.* New York, NY: Washington Square Press.

Frankl, V. E. (1969). *The will to meaning: Foundations and applications of logotherapy.* New York, NY: Penguin Books.

Frankl, V. E. (1978). *The unheard cry for meaning.* New York, NY: Simon & Schuster.

Frankl, V. E. (1987). On the meaning of love. *International Forum for Logotherapy, 10,* 5–8.

Frankl, V. E. (1992). Meaning in industrial society. *International Forum for Logotherapy, 15,* 66–70.

Frankl, V. E. (2000). *Man's search for ultimate meaning.* New York, NY: Perseus.

Fransella, F., & Neimeyer, R. A. (2005). George Alexander Kelly: The man and his theory. In F. Fransella (Ed.), *The essential practitioner's handbook of personal construct psychology* (pp. 3–13). New York, NY: Wiley.

Freeman, J., Epston, D., & Lebovitz, D. (1997). *Playful approaches to serious problems: Narrative therapy with children and their families.* New York, NY: W. W. Norton.

Freeman, M. S., Hayes, B. G., Kuch, T. A., & Taub, G. (2007). Personality: A predictor of theoretical orientation of students enrolled in a counseling theories course. *Counseling Education and Supervision, 46,* 254–265.

Freud, S. (1938). *The basic writings of Sigmund Freud* (A. A. Brill, Trans.). New York, NY: Modern Library.

Freud, A. (1946). *The ego and the mechanisms of defense.* New York, NY: International Universities Press.

Freud, S. (1957). Mourning and melancholia. In J. Strachey (Ed.), *The standard edition of the complete psychological works of Sigmund Freud, Volume XIV (1914–1916): On the history of the psycho-analytic movement, papers on metapsychology and other works* (pp. 237–258). London, UK: Hogarth Press and Institute of Psycho-Analysis.

Freud, A. (1965). *Normality and pathology in childhood.* New York, NY: International Universities Press.

Freud, A. (1983). Excerpts from seminars and meetings. *Bulletin of the Hampstead Clinic, 6,* 115–128.

Freud, A., & Burlingham, D. T. (1943). *War and children.* New York, NY: Medical War Books, International Universities Press.

Freud, A., & Burlingham, D. T. (1944). *Infants without families: The case for and against residential nurseries.* New York, NY: Medical War Books, International Universities Press.

Freud, S. (1930/2005). *Civilization and its discontents.* New York, NY: W. W. Norton.

Freud, S. (1936). *The problem of anxiety* (H. A. Bunker, Trans.). New York, NY: W. W. Norton.

Freud, S. (1938). *The basic writings of Sigmund Freud* (A.

A. Brill, Trans.). New York, NY: Modern Library.

Frick, W. B. (1987). The symbolic growth experience and creation of meaning. *International Forum for Logotherapy, 10,* 35–41.

Fruzzetti, A. E., & Erikson, K. R. (2010). Mindfulness and acceptance interventions in cognitive–behavioral therapy. In K. S. Dobson (Ed.), *Handbook of cognitive behavioral therapies* (3rd ed., pp. 340–372). New York, NY: Guilford Press.

Fulkerson, M. (2003). Integrating the Karpman drama triangle with choice theory and reality therapy. *International Journal of Reality Therapy, 23*(1), 17–20.

Funderburk, J. R., & Fukuyama, M. A. (2001). Feminism, multiculturalism, and spirituality: Convergent and divergent forces in psychotherapy. *Women & Therapy, 24,* 1–18.

Gabbard, G. O. (2005). *Psychodynamic psychiatry in clinical practice* (4th ed.). Washington, DC: American Psychiatric Publishing.

Gabbard, G. O. (Ed.). (2009). *Textbook of psychotherapeutic treatments.* Washington, DC: American Psychiatric Publishing.

Gabbard, G. O. (2010). *Long-term psychodynamic psychotherapy: A basic text* (2nd ed.). Washington, DC: American Psychiatric Publishing.

Gaffney, S. (2008). Gestalt group supervision in a divided society. Theory, practice, perspective, and reflections. *British Gestalt Journal, 17,* 27–40.

Gaffney, S. (2012). A neo-Lewinian perspective on Gestalt group facilitation. In T. B. Levine (Ed.), *Gestalt therapy: Advances in theory and practice* (pp. 149–160). New York, NY: Routledge

Galanter, M., & Kaskutas, L. A. (Eds.). (2008). *Recent developments in alcoholism, Vol. 18: Research on Alcoholics Anonymous and spirituality in addiction recovery.* New York, NY: Humana Press.

Gallagher-Thompson, D., Steffen, A. M., & Thompson, L. W. (Eds.). (2008). *Handbook of behavioral and cognitive therapies with other adults.* New York, NY: Springer.

Gallup, G. (2006). *The Gallup Poll: Public opinion 2006.* Wilmington, DE: Scholarly Resources.

Ganley, A. L. (1988). Feminist therapy with male clients. In M. A. Dutton-Douglas & L. E. Walker (Eds.), *Feminist psychotherapies: Integration of therapeutic and feminist systems* (pp. 186–205). Norwood, NJ: Ablex.

Garrow, S., & Walker, J. A. (2001). Existential group ther-

apy and death anxiety. *Adultspan Journal, 3,* 77–87.

Gauvreau, P., & Bouchard, S. (2008). Preliminary evidence for the efficacy of EMDR in treating generalized anxiety disorder. *Journal of EMDR Practice and Research, 2,* 26–40.

Geller, J. D., Norcross, J. C., & Orlinsky, D. E. (Eds.). (2005). *The psychotherapist's own psychotherapy: Patient and clinician perspectives.* New York, NY: Oxford University Press.

Gendlin, E. T. (1996). *Focusing-oriented psychotherapy: A manual of the experiential method.* New York, NY: Guilford Press.

George, C., Kaplan, N., & Main, M. (1996). *Adult attachment interview.* Berkeley: University of California–Berkeley.

Gergen, K. J. (1991). *The saturated self: Dilemmas of identity in contemporary life.* New York, NY: Basic Books.

Gergen, K. J. (1995). The social constructionist movement in modern psychology, *American Psychologist, 40,* 266–275.

Gerson, M. J. (1996). *The embedded self: A psychoanalytic guide to family therapy.* London, UK: Routledge.

Gfroerer, K. P., Gfroerer, C. A., & Curlette, W. L. (2003). Psychological birth order and the Basis-A Inventory. *Journal of Individual Psychology, 59,* 30–41.

Giesen-Bloo, J., van Dyck, R., Spinhoven, P., van Tilburg, W., Dirksen, C., van Asselt, T., . . . Arntz, A. (2006). Outpatient psychotherapy for borderline personality disorder: A randomized trial of schema-focused therapy versus transference-focused therapy. *Archives of General Psychiatry, 63,* 649–658.

Gilbert, D. T, & Jones, E. E. (1986). Perceiver-induced constraint: Interpretations of self-generated reality. *Journal of Personality and Social Psychology, 50,* 269–280.

Gilligan, C. (1977). In a different voice: Women's conception of self and morality. *Harvard Educational Review, 47,* 481–517.

Gilligan, C. (1982). *In a different voice: Psychological theory and women's development.* Cambridge, MA: Harvard University Press.

Gilligan, C. (1993). *In a different voice: Psychological theory and women's development.* Cambridge, MA: Harvard University Press.

Gilligan, C. (1996). The centrality of relationship in human development: A puzzle, some evidence, and a theory. In G. G. Noam and K. W. Fischer (Eds.), *Development and vulnerability in close relationships* (pp. 237–261). Mahwah, NJ: Lawrence Erlbaum Associates.

Gilligan, C. (2008). *Exit-voice dilemmas in adolescent development.* New York, NY: Analytic Press.

Gilman, S. L. (2001). Karen Horney, M.D., 1885–1952. *American Journal of Psychiatry, 158,* 1205.

Gladding, S. T. (2007). *Family therapy: History, theory, and practice* (4th ed.). Upper Saddle River, NJ: Pearson/Prentice Hall.

Gladding, S. T. (2010). *Family therapy: History, theory, and practice* (5th ed.). Upper Saddle River, NJ: Pearson/Prentice Hall.

Glasser, W. (1961). *Mental health or mental illness?* New York, NY: Harper & Row.

Glasser, W. (1965). *Reality therapy: A new approach to psychiatry.* New York, NY: Harper & Row.

Glasser, W. (1975). *Reality therapy.* New York, NY: Harper & Row.

Glasser, W. (1976). *Positive addiction.* New York, NY: Harper & Row.

Glasser, W. (1984). *Control theory.* New York, NY: Harper & Row.

Glasser, W. (1986). *Control theory in the classroom.* New York, NY: Harper & Row.

Glasser, W. (1998a). *Choice theory.* New York, NY: HarperCollins.

Glasser, W. (1998b). *The quality school.* New York, NY: HarperCollins.

Glasser, W. (2000). *Counseling with choice theory.* New York, NY: HarperCollins.

Glasser, W. (2001). *Fibromyalgia: Hope from a completely new perspective.* Chatsworth, CA: William Glasser, Inc.

Glasser, W. (2003). *Warning: Psychiatry can be hazardous to your mental health.* New York, NY: HarperCollins.

Glasser, W., & Glasser, C. (1999). *The language of control theory.* New York, NY: HarperCollins.

Glasser, W., & Glasser, C. (2000). *Getting together and staying together: Solving the mystery of marriage.* New York, NY: HarperCollins.

Glasser, W., & Glasser, C. (2007). *Eight lessons for a happier marriage.* New York, NY: HarperCollins.

Glauser, A. S., & Bozarth, J. D. (2001). Person-centered counseling: The culture within. *Journal of Counseling and Development, 79,* 142–147.

Goldenberg, H., & Goldenberg, I. (2008). *Family therapy: An overview* (7th ed.). Pacific Grove, CA: Thomson-Brooks/Cole.

Goldenberg, H., & Goldenberg, I. (2012). *Family therapy: An overview* (8th ed.). Pacific Grove, CA: Thomson-Brooks/Cole.

Goldfried, M. R. (2004). Integrating integratively-oriented brief psychotherapy. *Journal of Psychotherapy Integration, 14,* 93–100.

Goldman, R., Greenberg, L., & Angus, L. (2006). The effects of adding emotion-focused interventions to the therapeutic relationship in the treatment of depression. *Psychotherapy Research, 16,* 537–549.

Goldner-Vukov, M., Moore, L., & Cupina, D. (2007). Bi-polar disorder from psychoeducational to existential group therapy. *Australasian Psychiatry, 15,* 30–34.

Goldstein, E. G. (2001). *Self-psychology and object relations theory in social work practice.* New York, NY: Free Press.

Goldstein, J., Freud, A., & Solnit, A. J. (1973). *Beyond the best interests of the child.* New York, NY: Free Press.

Goldstein, J., Freud, A., & Solnit, A. J. (1979). *Before the best interests of the child.* New York, NY: Free Press.

Goodman, G. (2010). *Therapeutic attachment relationships: Interaction structures and the processes of therapeutic change.* Lanham, MD: Jason Aronson.

Gordon, M. (2005). *Roots of empathy: Changing the world child by child.* Toronto: Thomas Allen.

Gordon, T. (1970). *Parent effectiveness training: The no-lose program for raising responsible children.* New York, NY: Wyden.

Gottlieb, D. T., & Gottlieb, C. D. (1996). The narrative/collaborative process in couples therapy: A postmodern perspective. *Women and Therapy, 19,* 37–47.

Graber, A. (2003). *Viktor Frankl's logotherapy: Method of choice in ecumenical pastoral psychology* (2nd ed.). Lima. OH: Wyndham Hall Press.

Green, J. G., McLaughlin, K. A., Berglund, P. A., Gruber, M. J., Sampson, N. A., Zaslavsky, A. M., & Kessler, R. C. (2010). Childhood adversities and adult psychiatric disorders in the national comorbidity survey replication I: Associations with first onset of DSM-IV disorders, *Archives of General Psychiatry, 67,* 113–123.

Greenberg, J. R., & Mitchell, S. A. (1983). *Object relations in psychoanalytic therapy.* Cambridge, MA: Harvard University Press.

Greenberg, L. S. (2002). *Emotion-focused therapy.* Washington, DC: American Psychological Association.

Greenberg, L. S. (2010). *Emotion-focused therapy.* Washington, DC: American Psychological

Association.

Greenberg, L. S., & Elliott, R. (2002). Emotion-focused therapy. In F. W. Kaslow (Ed.), *Comprehensive handbook of psychotherapy: Integrative/eclectic* (pp. 213–240). New York, NY: John Wiley & Sons.

Greenberg, L., Elliott, R., & Lietaer, G. (1994). Research on experiential psychotherapies. In A. E. Bergin & S. L. Garfield (Eds.), *Handbook of psychotherapy and behavior change* (4th ed., pp. 509–539). New York, NY: Wiley.

Greenberg, L. S., & Goldman, R. N. (2008). *Emotion-focused couples therapy: The dynamics of emotion, love, and power*. Washington, DC: American Psychological Association Press.

Greenberg, L. S., & Johnson, S. (1988). Emotion in systemic therapies, *Journal of Systemic Therapies, 17*, 1–17.

Greenberg, L. S., Rice, L., & Elliott, R. (1993). *Facilitating emotional change: The moment-by-moment process*. New York, NY: Guilford Press.

Greenberg, L. S., & Safran, J. D. (1987). *Emotion in psychotherapy*. London, UK: Guilford Press.

Greenman, P. S., & Johnson, S. M. (2012). United we stand: Emotionally focused therapy in the treatment of couples with posttraumatic stress disorder. *Journal of Clinical Psychology, 68*, 561–569.

Greenman, P., Young, M., & Johnson, S. M. (2009). Emotionally focused therapy with intercultural couples. In M. Rastogi & V. Thomas (Eds.), *Multicultural Couple Therapy*, pp. 143–166. Thousand Oaks, CA: Sage.

Grey, A. L. (1988). Sullivan's contributions to psychoanalysis: An overview. *Contemporary Psychoanalysis, 24*, 548–576.

Grey, L. (1998). *Alfred Adler, forgotten prophet: A vision for the 21st century*. Westport, CT: Praeger.

Grotstein, J. S., & Rinsley, D. B. (1994). *Fairbairn and the origins of object relations*. New York, NY: Guilford Press.

Gruber, J., & Kring, A. M. (2008). Narrating emotional events in schizophrenia. *Journal of Abnormal Psychology, 117*, 520–533.

Haberstroh, S., Duffey, T., Evans, M., Gee, R., & Trepal, H. (2007). The experience of online counseling. *Journal of Mental Health Counseling, 29*, 269–282.

Haley, J. (1963). *Strategies in psychotherapy*. New York, NY: Grune-Stratton.

Haley, J. (1984). *Ordeal therapy: Unusual ways to change behavior*. San Francisco, CA: Jossey-Bass.

Haley, J., & Richeport-Haley, M. (2007). *Directive family therapy*. Binghamton, NY: Haworth Press.

Hall, G. C. N. (2010). *Multicultural psychology* (2nd ed.). Upper Saddle River, NJ: Prentice-Hall.

Hall, N. G., & Okazaki, S. (Eds.). (2002). *Asian American psychology: The science of lives in context*. Washington, DC: American Psychological Association.

Hansen, J. T. (2002). Postmodern implications for theoretical integration of counseling approaches. *Journal of Counseling and Development, 80*(3), 315–321.

Hansen, J., Stevic, R., & Warner, R. (1986). *Counseling: Theory and process* (4th ed.). Boston, MA: Allyn & Bacon.

Hargaden, H., & Sills, C. (2002). *Transactional analysis: A relational perspective*. New York, NY: Taylor & Francis.

Harrington, N., & Pickles, C. (2009). Mindfulness and cognitive behavioral therapy: Are they compatible concepts? *Journal of Cognitive Psychotherapy: An International Quarterly, 23*, pp. 315–323.

Harris, M., & Brockbank, A. (2011). *An integrative approach to therapy and supervision: A practical guide for counselors and psychotherapists*. Philadelphia, PA: Jessica Kingsley.

Harris, T. A. (1967). *I'm ok—you're ok*. New York, NY: Avon.

Hart, J. J. (1982). Psychology of the scientist: XLCI: Correlation between theoretical orientation in psychology and personality type. *Psychological Reports, 50*, 795–801.

Hartling, L. M., & Ly, J. (2000). *Relational references: A selected bibliography of research, theory, and applications* (Project Report No. 7, Working Papers Series). Wellesley, MA: Stone Center Counseling Service.

Harwood, T. M., Beutler, L. E., & Charvat, M. (2010). Cognitive–behavioral therapy and psychotherapy integration. In K. S. Dobson (Ed.), *Handbook of cognitive-behavioral therapies* (3rd ed., pp. 94–130). New York, NY: Guilford Press.

Haule, J. R. (2010). *Jung in the 21st century Vol. II: Synchronicity and science*. New York, NY: Routledge.

Hayes, J. A., Gelso, C. J., & Hummel, A. M. (2011). Managing countertransference. In J. C. Norcross (Ed.), *Psychotherapy relationships that work* (2nd ed., pp. 239–260). New York, NY: Oxford University Press.

Hayes, S. C., Luoma, J. B., Bond, F. W., Masuda, A., & Lillis, J. (2006). Acceptance and commitment therapy:

Models, processes and outcomes. *Behaviour Research and Therapy, 44,* 1–25.

Hayes, S. C., Strosahl, K. D., & Wilson, K. G. (1999). *Acceptance and commitment therapy: An experiential approach to behavior change.* New York, NY: Guilford Press.

Hayes, S. C., Strosahl, K. D., & Wilson, K. G. (2012). *Acceptance and commitment therapy: The process and practice of mindful change* (2nd ed.). New York, NY: Guilford Press.

Hays, P. A. (2001). *Addressing cultural complexities in practice: A framework for clinicians and counselors.* Washington, DC: American Psychological Association.

Hays, P. A. (2008). *Addressing cultural complexities in practice: Assessment, diagnosis, and therapy* (2nd ed.). Washington, DC: American Psychological Association.

Hays, P. A. (2009). Integrating evidence-based practice, cognitive–behavior therapy, and multicultural therapy: Ten steps for culturally competent practice. *Professional Psychology: Research and Practice, 40,* 354–360.

Hazan, C., & Shaver, P. (1987). Romantic love conceptualized as an attachment process. *Journal of Personality and Social Psychology, 52,* 511–524.

Heidegger, M. (1962). *Being and time.* New York, NY: Harper & Row.

Henderson, V. L., O'Hara, M., Barfield, G. L., & Rogers, N. (2007). Applications beyond the therapeutic context. In M. Cooper, M. O'Hara, P. F. Schmid, & G. Wyatt (Eds.), *The handbook of person-centered psychotherapy* (pp. 306–324). New York, NY: Palgrave Macmillan.

Hendricks, M. N. (2002). Focusing oriented/experiential psychotherapy. In D. J. Cain & J. Seeman (Eds.), *Humanistic psychotherapies: Handbook of research and practice* (pp. 221–251). Washington, DC: American Psychological Association.

Herbert, J. D., & Forman, E. M. (2011). *Acceptance and mindfulness in cognitive behavior therapy: Understanding and applying the new therapies.* Hoboken, NJ: Wiley.

Hergenhahn, B. R. (2009). *An introduction to the history of psychology* (6th ed.). Belmont, CA: Wadsworth.

Hergenhahn, B. R., & Olson, M. H. (2007). *An introduction to the theories of personality* (7th ed.). Upper Saddle River, NJ: Pearson Prentice Hall.

Herlihy, B., & Corey, G. (2006). *ACA ethical standards*

casebook (6th ed.). Alexandria, VA: American Counseling Association.

Herrera, N. C., Zajonc, R. B., Weiczorkowska, G., & Cichomski, B. (2003). Beliefs about birth rank and their reflection in reality. *Journal of Personality & Social Psychology, 85,* 142–150.

Higdon, J. (2012). *Psychodynamic theory for therapeutic practice* (2nd ed.). New York, NY: Palgrave Macmillan.

Hill, C. E. (2009). *Helping skills: Facilitating exploration, insight, and action* (3rd ed.). Washington, DC: American Psychological Association.

Hill, C., Schottenbauer, M., Lui, J., Spangler, P., & Sim, W. (2008). Working with dreams in psychotherapy. What do psychoanalytic therapists report that they do? *Psychoanalytic Psychology, 25,* 565–573.

Hill, K. A. (1987). Meta-analysis of paradoxical interventions, *Psychotherapy: Theory, Research, Practice, Training, 24,* 266–270.

Hill, P., & Pargament, K. I. (2003). Advances in the conceptualization and measurement of religion and spirituality: Implications for physical and mental health research. *American Psychologist, 58,* 64–74.

Hillman, J. (1996). *The soul's code: In search of character and calling.* New York, NY: Random House.

Hinrichsen, G. A., & Clougherty, K. F. (2006). *Interpersonal psychotherapy for depressed older adults.* Washington, DC: American Psychological Association.

Hinterkopf, E. (2005). The experiential focusing approach. In L. Sperry & E. P. Shafranske, (Eds.), *Spiritually oriented psychotherapy* (pp. 207–234). Washington, DC: American Psychological Association.

Hinton, D. E., Rivera, E. I., Hofmann, S. G., Barlow, D. H., & Otto, M. W. (2012). Adapting CBT for traumatized refugees and ethnic minority patients: Examples from culturally adapted CBT (CA-CBT). *Transcultural Psychiatry, 49,* 340–365.

Hirschman, L. (1997). Restoring complexity to the subjective worlds of profound abuse survivors. In A. Goldberg (Ed.), *Conversations in self-psychology: Progress in self-psychology* (Vol. 13, pp. 307–323). Hillsdale, NJ: Analytic Press.

Hoch, A. L. (2009). Trauma-focused cognitive behavioral therapy for children. In A. Rubin & D. W. Springer (Eds.), *Treatment of traumatized adults and children: Clinician's guide to evidence-based practice* (pp. 179–253). Hoboken, NJ: John Wiley & Sons.

Hoffman, E. (1994). *The drive for self: Alfred Adler and*

the founding of individual psychology. Reading, MA: Addison-Wesley.

Hoffman, L. (2009). Introduction to existential psychology in a cross-cultural context: East-West dialogue. In L. Hoffman, M. Yang, F. Kaklauskas, & A. Chan (Eds.), *Existential psychology East-West* (pp. 1–67). Colorado Springs, CO: University of the Rockies Press.

Hoffman, L., Yang, M., Kaklauskas, F., & Chan, A. (Eds.). (2009). *Existential psychology East-West* (pp. 1–67). Colorado Springs, CO: University of the Rockies Press.

Hofmann, S. G. (2012). *An introduction to modern CBT: Psychological solutions to mental health problems*. Malden, MA: Wiley-Blackwell.

Hofmann, S. G., Sawyer, A. T., & Fang, A. (2010). The empirical status of the "new wave" of cognitive behavioral therapy. *Psychiatric Clinics of North America, 33,* 701–710.

Hoglend, P. (2003). Long-term effects of brief dynamic psychotherapy. *Psychotherapy Research, 13*(3), 271–292.

Hollon, S. D., Stewart, M. O., & Strunk, D. (2006). Enduring effects for cognitive behavioral therapy in the treatment of depression and anxiety. *Annual Review of Psychology, 57,* 285–315.

Holzel, B. K., Lazar, S. W., Gard, T., Schuman-Olivier, Z., Vago, D. R., & Ott, U. (2011). How does mindfulness meditation work? Proposing mechanisms of action from a conceptual and neural perspective, *Perspectives on Psychological Science, 6,* 537–559.

Horney, K. (1937). *The neurotic personality of our time.* New York, NY: W. W. Norton.

Horney, K. (1939). *New ways in psychoanalysis.* New York, NY: W. W. Norton.

Horney, K. (1945). *Our inner conflicts.* New York, NY: W. W. Norton.

Horney, K. (1950). *Neurosis and human growth: The struggle toward self-realization.* New York, NY: W. W. Norton.

Hornyak, M., Grossmann, C., Kohnen, R., Schlatterer, M., Richter, H. Voderholzer, U., . . . Berger, M. (2008). Cognitive behavioral group therapy to improve patients' strategies for coping with restless legs syndrome: A proof-of-concept trial. *Journal of Neurological Neurosurgical Psychiatry, 79,* 823–825.

Horowitz, M., Marmar, C., Krupnick, J., Wilner, N., Kaltreider, N., & Wallerstein, R. (2001). *Personality styles and brief psychotherapy.* New York, NY: Basic Books.

Horvath, A. O., & Symonds, B. D. (1991). Relation between working alliance and outcome in psychotherapy: A meta-analysis. *Journal of Consulting and Clinical Psychology, 38,* 139–149.

Houston, G. (2003). *Brief Gestalt therapy*. Thousand Oaks, CA: Sage.

Howatt, W. A. (2003). Choice theory: A core addiction recovery tool. *International Journal of Reality Therapy, 22*(2), 12–15.

Hubble, M. A., Duncan, B. L., Miller, S. D., & Wampold, B. E. (2010). Introduction. In B. L. Duncan, S. D. Miller, B. E. Wampold, & M. A. Hubble (Eds.), *The heart and soul of change* (2nd ed., pp. 23–46). Washington, DC: American Psychological Association.

Hughes, D., Rodriguez, Smith, E. P., Johnson, D. J., Stevenson, H. C., & Spicer, P. (2006). Parents' ethnic-racial socialization processes: A review of research and directions for future study. *Developmental Psychology, 42,* 747–770.

Hutson-Comeaux, S. L., & Kelly, J. R. (2002). Gender stereotypes of emotional reactions: How we judge an emotion as valid. *Sex Roles, 48,* 1–10.

Indelicato, N. A., & Springer, S. H. (2007). Feminist therapy. In J. Archer & C. J. McCarthy (Eds.), *Theories of counseling and psychotherapy: Contemporary applications* (pp. 310–339). Columbus, OH: Pearson Merrill Prentice Hall.

Jakupcak, M., Salters, K., Gratz, K. L., & Roemer, L. (2003). Masculinity and emotionality: An investigation of men's primary and secondary emotional responding. *Sex Roles, 49,* 111–120.

James, M. (1996). *Born to win: Transactional analysis with Gestalt experiments.* Reading, MA: Addison Wesley.

Jencius, M., & West, J. (2003). Traditional counseling theories and cross-cultural implications. In F. D. Harder & J. McFadden (Eds.), *Culture and counseling: New approaches* (pp. 339–349). Boston, MA: Pearson Education.

Johnson, S. M. (2002). *Emotionally focused couple therapy with trauma survivors: Strengthening attachment bonds.* New York, NY: Guilford Press.

Johnson, S. M. (2004). *The practice of emotionally focused couple therapy: Creating connection.* New York, NY: Brunner-Routledge.

Johnson, S. M. (2007). A new era for couple therapy: Theory, research, and practice in concert. *Journal of Systemic Therapies, 26,* 5–16.

Johnson, S. M. (2008). *Hold me tight: Seven conversations for a lifetime of love.* New York, NY: Little, Brown and Company.

Johnson, S. M., Bradley, B., Furrow, J., Lee, A., Palmer, G., Tilley, D., & Woolley, S. (2005). *Becoming an emotionally focused couple therapist: The workbook.* New York, NY: Routledge.

Johnson, S. M., & Greenberg, L. S. (1985). Emotionally focused couples therapy: An outcome study. *Journal of Marital and Family Therapy, 11,* 313–317.

Johnson, S. M., & Greenberg, L. S. (1987). Emotionally focused marital therapy: An overview. *Psychotherapy: Theory, Research & Practice, 24,* 552–560.

Johnson, S. M., & Greenman, P. S. (2006). The path to a secure bond: Emotionally focused couple therapy. *Journal of Clinical Psychology, 62,* 597–609.

Johnson, S. M., & Lee, A. C. (2000). Emotionally focused family therapy: Children in family therapy. In C. E. Bailey (Ed.), *Working with children in family therapy* (pp. 112–116). New York, NY: W. W. Norton.

Johnson, S. M., Makinen, J. A., & Millikin, J. W. (2001). Attachment injuries in couple relationships: A new perspective on impasses in couples therapy. *Journal of Marital and Family Therapy, 27,* 145–155.

Johnson, S. M., & Whiffen, V. E. (Eds.). (2005). *Attachment processes in couple and family therapy.* New York, NY: Guilford Press.

Johnson, S. M., & Woolley, S. (2009). Emotionally focused couples therapy: An attachment based theory. *Psychotherapeutic Treatments,* 121–142.

Jones, E. (1953). *The life and work of Sigmund Freud* (Vol. 1). New York, NY: Basic Books.

Jones, E. (1955). *The life and work of Sigmund Freud: Years of maturity, 1901–1919* (Vol. 2). New York, NY: Basic Books.

Jones, E. (1957). *The life and work of Sigmund Freud: The last phase, 1919–1939* (Vol. 3). New York, NY: Basic Books.

Jordan, J. V. (1999). *Toward connection and competence* (Work in Progress No. 83, Working Papers Series). Wellesley, MA: Stone Center Counseling Service.

Jordan, J. V. (2010). *Relational-cultural therapy.* Washington, DC: American Psychological Association.

Jordan, J. V., Handel, M., Alvarez, M., & Cook-Nobles, R. (2004). Application of the relational model to time-limited therapy. In J. V. Jordan, M. Walker, & L. M. Hartling (Eds.), *The complexity of connection.* New York, NY: Guilford Press.

Jung, C. G. (1907/1960). The psychology of dementia praecox. In *The collected works of C. G. Jung* (Vol. 4). Princeton, NJ: Princeton University Press.

Jung, C. G. (1912/1956). Symbols of transformation. In *The collected works of C. G. Jung* (Vol. 5). Princeton, NJ: Princeton University Press.

Jung, C. G. (1921/1971). Psychological types. In *The collected works of C. G. Jung* (Vol. 6). Princeton, NJ: Princeton University Press.

Jung, C. G. (1953). Two essays on analytical psychology. In *The collected works of C. G. Jung* (Vol. 7). Princeton, NJ: Princeton University Press.

Jung, C. G. (1960). *Collected works 8: The structure and dynamics of the psyche.* New York, NY: Pantheon.

Jung, C. G. (1963). *Memories, dreams, reflections.* New York, NY: Pantheon.

Jung, C. G. (1964). *Man and his symbols.* Garden City, NY: Doubleday.

Jusoh, A. J., & Ahmad, R. (2009). The practice of reality therapy from the Islamic perspective in Malaysia and variety of custom in Asia. *International Journal of Reality Therapy, 28,* 3–8.

Kabat-Zinn, J. (1982). An outpatient program in behavioral medicine for chronic pain patients based on the practice of mindfulness meditation: Theoretical considerations and preliminary results. *General Hospital Psychiatry, 4,* 33–47.

Kabat-Zinn, J. (1990). *Full catastrophe living: Using the wisdom of your body and mind to face stress, pain, and illness.* New York, NY: Delacorte.

Kakar, S. (2006). Culture and psychoanalysis. *Social Analysis, 50,* 25–44.

Kandel, E. R. (2008). *In search of memory: The emergence of a new science of mind.* New York, NY: W. W. Norton.

Kaner, A., & Prelinger, E. (2005). *The craft of psychodynamic psychotherapy.* Lanham, MD: Rowman and Littlefield.

Kanter, J., Busch, A., & Rusch, L. (2009). *Behavioural activation.* London, UK: Routledge.

Kaslow, N. J., Broth, M. R., Smith, C. O., & Collins, M. H. (2012). Family-based interventions for child and adolescent disorders. *Journal of Marital and Family Therapy, 38,* 82–100.

Kaufman, M. (2007, July 25). Albert Ellis, provoker of change in psychotherapy is dead at 93. *New York Times.*

Keith, D. V., Connell , G., & Whitaker, C. A. (1992). Group supervision in symbolic experiential family therapy. *Journal of Family Psychotherapy, 3,* 93–102.

Kellogg, S. H., & Young, J. E. (2008). Cognitive therapy. In J. L. Lebow (Ed.), *Twenty-first century psychotherapies: Contemporary approaches to theory and practice* (pp. 43–79). Hoboken, NJ: John Wiley & Sons.

Kelly, G. (1955). *The psychology of personal constructs.* New York, NY: W. W. Norton.

Kelly, W. L. (1990). *Psychology of the unconscious: Mesmer, Janet, Freud, Jung, and current issues.* New York, NY: Prometheus.

Kelsch, D. M. (2002). Multiple sclerosis and choice theory: It is a disease and choice theory works! *International Journal of Reality Therapy, 22*(1), 24–30.

Kern, R. (1992). *Kern lifestyle scale.* Coral Springs, FL: CMTI Press.

Kern, R. M., Wheeler, M. S., & Curlette, W. L. (1997). *BASIS-A interpretive manual.* Coral Springs, FL: CMTI Press.

Kerr, M. E. (1981). Family systems theory and therapy. In A. S. Gurman & D. P. Kniskern (Eds.), *Handbook of family therapy* (pp. 226–264). New York, NY: Bruner-Mazel.

Kierkegaard, S. (1941). *Concluding unscientific postscript.* Princeton, NJ: Princeton University Press.

Kierkegaard, S. (1944). *The concept of dread.* Princeton, NJ: Princeton University Press.

Kim, B. H. (2002). Church as a self-object environment: A self-psychological psychoanalytic exploration of male members of two Korean immigrant congregations. *Dissertation Abstracts International, 62* (10-A) (UMI No. 3438).

Kim, J. (2005). Effectiveness of reality therapy program for schizophrenic patients. *Taehan Kanho Hakhoe Chi, 35,* 1485–1492.

Kim, J. (2007). A reality therapy group counseling program as an Internet addiction recovery method for college students in Korea. *International Journal of Reality Therapy, 26,* 3–9.

Kim, J. (2011). Structuring background by letting go of clinging and avoidance. *Gestalt!, 11.*

Kim, R. I., & Hwang, M. (2006). A meta-analysis of reality therapy and choice theory group programs for self-esteem and locus of control in Korea. *International Journal of Reality Therapy, 1,* 25–30.

Kim-Cohen, J., Caspi, A., Moffitt, T. E., Harrington, H., Milne, B. J., & Poulton, R. (2003). Prior juvenile diagnoses in adults with mental disorders: Developmental follow-back of a prospective longitudinal cohort, *Archives of General Psychiatry, 60,* 709–717.

Kingdon, D., Rathod, S., Weiden, P., & Turkington, D. (2008). Cognitive therapy for schizophrenia. *Journal of Psychiatric Practice, 14,* 55–57.

Kirk, U., Downar, J., & Montague, P. R. (2011). Interoception drives increased rational decision-making in meditators playing the ultimatum game, *Frontiers in Decision Neuroscience, 5,* 49. doi:10.3389/fnins.2011.00049

Kirschenbaum, H. (2004). Carl Rogers's life and work: An assessment on the 100th anniversary of his birth. *Journal of Counseling and Development, 82,* 116–124.

Kirschenbaum, H. (2009). *The life and work of Carl Rogers.* Alexandria, VA: American Counseling Association.

Klever, P. (2009). Goal direction and effectiveness, emotional maturity, and nuclear family functioning. *Journal of Marital and Family Therapy, 35,* 308–324.

Klingberg, H. (2001). *When life calls out to us: The love and lifework of Viktor and Elly Frankl.* New York, NY: Doubleday.

Klinger, E., Bouchard, S., Legeron, P., Roy, S., Lauer, F., Chemin, I., & Nugues, P. (2005). Virtual reality therapy versus cognitive behavior therapy for social phobia: A preliminary controlled study, *CyberPsychology & Behavior, 8,* 76–88.

Knaus, W. J. (2005). Frustration tolerance training for children. In A. Ellis & M. E. Bernard (Eds.), *Rational emotive behavioral approaches to childhood disorders: Theory, practice and research* (pp. 133–155). New York, NY: Springer.

Knox, R., & Cooper, M. (2010). Relationship qualities that are associated with moments of relational depth: The client's perspective. *Person-Centered and Experiential Psychotherapy, 9,* 236–256.

Kohlberg, L. (1981). *The philosophy of moral development: Essays on moral development* (Vols. 1–2). San Francisco, CA: Harper and Row.

Kohut, H. (1971). *The analysis of the self: A systematic approach to the psychoanalytic treatment of narcissistic personality disorders.* New York, NY: International Universities Press.

Kohut, H. (1977). *The restoration of the self.* New York, NY: International Universities Press.

Kohut, H. (1982). Introspection, empathy, and the semicircle of mental health. *International Journal of Psychoanalysis, 63,* 395–407.

Krause, N. (2004). Stressors arising in highly valued roles, meaning in life, and the physical health status of older adults. *Journal of Gerontology: Social Sciences, 59,* S287–S297.

Kubany, E. S., Owens, J. A., McCaig, M. A., Hill, E. E., Iannuce-Spencer, C., & Tremayne, K. J. (2004). Cognitive trauma therapy for battered women with PTSD. *Journal of Consulting and Clinical Psychology, 72,* 3–18.

Lachmann, F. M., & Beebe, B. (1995). Self psychology: Today. *Psychoanalysis Dialogues, 5,* 375–384.

Laird, T. G., & Shelton, A. J. (2006). From an Adlerian perspective: Birth order, dependency, and binge drinking on a historically black university campus. *Journal of Individual Psychology, 62,* 18–35.

Lambert, M. J. (1992). Psychotherapy outcome research: Implications for integrative and eclectic therapists. In J. C. Norcross & M. R. Goldfried (Eds.), *Handbook of psychotherapy integration* (pp. 94–129). New York, NY: Basic Books.

Lambert, M. J. (2010). "Yes, it is time for clinicians to routinely monitor treatment outcome." In B. L. Duncan, S. D. Miller, B. E. Wampold, & M. A. Hubble (Eds.), *Heart and soul of change in psychotherapy* (2nd ed., pp. 239–266). Washington, DC: American Psychological Association.

Lambert, M. J., & Bergin, A. E. (1994). The effectiveness of psychotherapy. In A. E. Bergin & S. L. Garfield (Eds.), *Handbook of psychotherapy and behavior change* (4th ed., pp. 143–189). New York, NY: John Wiley & Sons.

Lambert, M. J., Bergin, A. E., & Garfield, S. L. (2004). Introduction and historical overview. In M. J. Lambert (Ed.), *Bergin and Garfield's handbook of psychotherapy and behavior change* (5th ed., pp. 3–15). New York, NY: John Wiley & Sons.

Lambert, M. J., & Cattani-Thompson, K. (1996). Current findings regarding the effectiveness of counseling: Implications for practice. *Journal of Counseling and Development, 74,* 601–608.

Lampropoulos, G. K. (2000). Definitional and research issues in the common factors approach to psychotherapy integration: Misconceptions, clarifications, and proposals. *Journal of Psychotherapy Integration, 10*(4), 415–438.

Landridge, D. (2012). *Existential counseling and psychotherapy.* Thousand Oaks, CA: Sage.

Lantz, J. (2000). Phenomenological reflection and time in Viktor Frankl's existential psychotherapy. *Journal of Phenomenological Psychology, 3,* 220–228.

Lantz, J., & Gregoire, T. (2000). Existential psychotherapy with couples facing breast cancer: A twenty-year report. *Contemporary Family Therapy, 29,* 315–327.

Lanza, M. L., Anderson, J., Boisvert, C. M., LeBlanc, A., Fardy, M., & Steel, B. S. (2002). Assaultive behavior intervention in the Veterans Administration: Psychodynamic group psychotherapy compared to cognitive behavior therapy. *Perspectives in Psychiatric Care, 38,* 89–97.

Lawe, C. F., Horne, A. M., & Taylor, S. V. (1983). Effects of pretraining procedures for clients in counseling. *Psychological Reports, 53,* 327–334.

Lazar, S. G. (Ed.). (2010). *Psychotherapy, is it worth it? A comprehensive review of its cost-effectiveness.* Arlington, VA: American Psychiatric Publishing.

Lazarus, A. A. (1976). *Multimodal behavior therapy.* New York, NY: Springer.

Lazarus, A. A. (Ed.). (1985). *Casebook of multimodal therapy.* New York, NY: Guilford Press.

Lazarus, A. A. (1989). *The practice of multimodal therapy (update).* Baltimore, MD: Johns Hopkins University Press.

Lazarus, A. A. (1996). Some reflections after 40 years of trying to be an effective psychotherapist. *Psychotherapy: Theory, Research, Practice, Training, 33,* 142–145.

Lazarus, A. A. (2006). *Brief but comprehensive psychotherapy: The multimodal way.* New York, NY: Springer.

Lazarus, A. A. (2008). Technical eclecticism and multimodal therapy. In J. L. Lebow (Ed.), *Twenty-first century psychotherapies: Contemporary approaches to theory and practice* (pp. 424–452). Hoboken, NJ: John Wiley & Sons.

Lazarus, A. A., & Beutler, L. E. (1993). On technical eclecticism. *Journal of Counseling and Development, 71*(4), 381–385.

Lazarus, A. A., & Lazarus, C. N. (1991). *Multimodal life history inventory* (2nd ed.). Champaign, IL: Research Press.

Lazarus, A., & Lazarus, C. (1998). *The multimodal life history.* Champaign, IL: Research Press.

Leahy, R. L., Tirch, D., & Napolitano, L. A. (2011). *Emotion regulation in psychotherapy: A practitioner's guide.* New York, NY: Guilford Press.

Lebow, J. L. (2008). Couples and family therapy. In J. L. Lebow (Ed.), *Twenty-first century psychotherapies:*

Contemporary approaches to theory and practice (pp. 307–346). Hoboken, NJ: John Wiley & Sons.

Lee, B. K., & Rovers, M. (2008). Bringing torn lives together again: Effects of the first congruence couple therapy training application to clients in pathological gambling. *International Gambling Studies, 8,* 113–129.

Lee, C. C. (2007). *Counseling for social justice* (2nd ed.). Alexandria, VA: American Counseling Association.

Lee, J. (1997). Women re-authoring their lives through feminist narrative therapy. *Women and Therapy, 20,* 1–22.

Lega, L. I., & Ellis, A. (2001). Rational emotive behavior therapy (REBT) in the new millennium: A cross-cultural approach. *Journal of Rational-Emotive & Cognitive–Behavior Therapy, 19,* 201–222.

Leichsenring, F. (2009). Psychodynamic psychotherapy: A review of efficacy and effectiveness studies. In K. N. Levy and J. S. Ablon (Eds.), *Handbook of evidence-based psychodynamic psychotherapy: Bridging the gap between science and practice, Part I* (pp. 3–28). New York, NY: Humana Press.

Lennon, B. (2003). Review: "Warning: Psychiatry can be hazardous to your mental health." *International Journal of Reality Therapy, 23*(1), 15–17.

Lerner, H. D. (2008). Psychodynamic perspectives. In M. Hersen & A. M. Gross (Eds.), *Handbook of clinical psychology* (Vol. 1, pp. 127–160). Hoboken, NJ: John Wiley & Sons.

Lesser, J. G. (2000). The group as self-object: Brief psychotherapy with women. *International Journal of Group Psychotherapy, 50,* 363–380.

Levant, R. F. (1996, Spring). What is the status of manhood today? *Bulletin of the Society for the Psychological Study of Men and Masculinity, 1*(2), 10–13.

Levant, R. F. (2001). Desperately seeking language: Understanding, assessing, and treating normative male alexithymia in men. In G. R. Brooks & G. E. Good (Eds.), *The handbook of psychotherapy and counseling with men: A comprehensive guide to settings, problems, and treatment approaches* (pp. 424–443). San Francisco, CA: Jossey-Bass.

Levant, R. F., & Wimer, D. J. (2009). The new fathering movement. In C. Z. Oren & D. C. Oren (Eds.), *Counseling fathers* (pp. 3–21). New York, NY: Routledge.

Levant, R. F., Wimer, D. J., Williams, C. M., Smalley, K. B., & Noronha, D. (2009). The relationships between masculinity variables, health risk behaviors and attitudes toward seeking psychological help. *International Journal of Men's Health, 8,* 3–21.

Levenson, E. A. (1992). Harry Stack Sullivan: From interpersonal psychiatry to interpersonal psychoanalysis. *Contemporary Psychoanalysis, 28,* 450–466.

Levenson, H. (2003). Time-limited dynamic psychotherapy: An integrationist perspective. *Journal of Psychotherapy Integration, 13,* 300–333.

Levenson, H. (2010). *Brief dynamic therapy.* Washington, DC: American Psychological Association.

Levenson, H., & Strupp, H. (1999). Recommendations for the future of training in brief dynamic psychotherapy. *Journal of Clinical Psychology, 55,* 385–391.

Levin, J., & Levine, T. B. (2012). Gestalt in the new age. In T. B. Levine (Ed.), *Gestalt therapy: Advances in theory and practice* (pp. 1–12). New York, NY: Routledge.

Levine, D. A. (2005). *Teaching empathy: A blueprint for caring, compassion, and community.* Bloomington, IN: Learning Tree.

Levine, T. B. (2012). *Gestalt therapy: Advances in theory and practice.* New York, NY: Routledge.

Levy, K. N., Ellison, W. D., Scott, L. N., & Bernecker, S. L. (2011). Attachment style. In J. C. Norcross (Ed.), *Psychotherapy relationships that work: Evidence-based responsiveness* (2nd ed.). New York, NY: Oxford University Press.

Levy, R. A., Ablon, J. S., & Kachele, H. (Eds.). (2012). *Psychodynamic psychotherapy research.* New York, NY: Humana Press.

Levy, R. A., Wasserman, R. H., Scott, L., & Yeomans, F. E. (Eds.). (2012). Empirical evidence for transference-focused psychotherapy and other psychodynamic psychotherapies for borderline personality disorder. In R. A. Levy, J. S. Ablon, and H. Kachele (Eds.), *Psychodynamic psychotherapy research* (pp. 93–120). New York, NY: Humana Press.

Lewis, B. (2011). Narrative and psychiatry. *Current Options in Psychiatry, 24,* 489–494.

Li, C. (1998). Impact of acculturation on Chinese-Americans' life and its implications for helping professionals. *International Journal of Reality Therapy, 17*(2), 7–11.

Li, Y., & Vivien, W. (2010). Applying the Satir Model of counseling in mainland China: Illustrated with case studies. *The Satir Journal: Transformational Systemic Therapy, 4*(1).

Licht, C., & Chabot, D. (2006). The Chabot Emotional Differentiation Scale: A theoretically and psychometrically sound instrument for measuring Bowen's intrapsychic aspect of differentiation. *Journal of Marital and Family Therapy, 32,* 167–180.

Lichtenberg, P. (2012). In gratitude. In T. B. Levine (Ed.), *Gestalt therapy: Advances in theory and practice* (pp. 116–122). New York, NY: Routledge.

Lieberman, J. A., & Murray, R. M. (2012). *Comprehensive care of schizophrenia: A textbook of clinical management.* New York, NY: Oxford University Press.

Linehan, M. (1993). *Cognitive–behavioral treatment of borderline personality disorder.* New York, NY: Guilford Press.

Linehan, M. M., & Kehrer, C. A. (1993). Borderline personality disorder. In D. A. Barlow (Ed.), *Clinical handbook of psychological disorders* (2nd ed., pp. 396–441). New York, NY: Guilford Press.

Linehan, M. M., McDavid, J., Brown, M. Z., Sayrs, J. H. R., & Gallop, R. J. (2008). Olanzapine plus dialectical behavior therapy for women with high irritability who meet criteria for borderline personality disorder: A double blind, placebo-controlled pilot study. *Journal of Clinical Psychiatry, 69,* 999–1005.

Livingston, M., & Livingston, L. (2000). Sustained empathic focus and the clinical application of self-psychological theory in group psychotherapy. *International Journal of Group Psychotherapy, 56,* 67–85.

Livneh, H., & Antonak, R. F. (2005). Psychosocial adaptation to chronic illness and disability: A primer for counselors. *Journal of Counseling and Development, 83,* 12–20.

Livneh, H., & Sherwood, A. (1991). Application of personality theories and counseling strategies to clients with physical disabilities. *Journal of Counseling and Development, 69*(6), 525–538.

Lombardi, D. M. (1996). Antisocial personality disorder and addictions. In L. Sperry & J. Carlson (Eds.), *Psychopathology and psychotherapy* (pp. 371–390). Washington, DC: Accelerated Development.

Looyeh, M. Y., Kamali, K., & Shafieian, R. (2012). An exploratory study of the effectiveness of group narrative therapy on the school behavior of girls with attention-deficit/hyperactivity disorder symptoms. *Archives of Psychiatric Nursing, 26,* 404–410.

Lubbe, T. (2011). *Object relations in depression: A return to theory.* New York, NY: Routledge.

Luborsky, L. (1984). *Principles of psychoanalytic psychotherapy: A manual for supportive-expressive treatment.* New York, NY: Basic Books.

Luborsky, L., & Mark, D. (1991). Short term supportive-expressive psychoanalytic psychotherapy. In P. Crits-Cristoph & J. P. Barber (Eds.), *Handbook of short-term dynamic psychotherapy* (pp. 110–136). New York, NY: Basic Books.

Luborsky, L., Singer, B., & Luborsky, L. (1975). Comparative studies of psychotherapies. *Archives of General Psychiatry, 32,* 995–1008.

Lundahl, B., & Burke, B. I. (2009). The effectiveness and applicability of motivational interviewing: A practice friendly review of four meta-analyses. *Journal of Clinical Psychology: In Session, 11,* 1232–1245.

Lundahl, B., Kunz, C., Brownell, C., Tollefson, D., & Burke, B. I. (2010). A meta-analysis of motivational interviewing: Twenty-five years of empirical studies. *Research on Social Work Practice, 22,* 137–160.

Lundin, R. W. (1977). Behaviorism: Operant reinforcement. In R. J. Corsini (Ed.), *Current personality theories* (pp. 177–202). Itasca, IL: Peacock.

Lynch, G. (1997). The role of community and narrative in the work of the therapist: A post-modern theory of the therapist's engagement in the therapeutic process. *Counseling Psychology Quarterly, 10,* 353–363.

Ma, S. H., & Teasdale, J. D. (2004). Mindfulness based cognitive therapy for depression: Replication and exploration of differential relapse prevention effects. *Journal of Consulting and Clinical Psychology, 72,* 31–40.

MacGeorge, E. L. (2003). Gender differences in attributions and emotions in helping contexts. *Sex Roles, 49,* 175–182.

MacIntosh, H. B., & Johnson, S. (2008). Emotionally focused therapy for couples and childhood sexual abuse survivors. *Journal of Marital and Family Therapy, 34,* 298–315.

Mackewn, J. (1997). *Developing Gestalt counseling: A field theoretical and relational model of contemporary Gestalt counseling and psychotherapy.* Thousand Oaks, CA: Sage.

Madanes, C. (1991). Strategic family therapy. In A. S. Gurman & D. P. Kniskern (Eds.), *Handbook of family therapy* (Vol. II). New York, NY: Brunner/Mazel.

Mahalik, J. R., Good, G. E., & Englar-Carlson, M. (2003). Masculinity scripts, presenting concerns, and help seeking: Implications for practice and training. *Professional Psychology: Research and Practice, 34,* 123–131.

Mahoney, M. J. (1988). Constructive metatheory. I: Basic features and historical foundations. *International Journal of Personal Construct Psychology, I,* 1–35.

Mahoney, M. J. (2003). *Constructive psychotherapy*. New York, NY: Guilford Press.

Mahrer, A. R. (1996/2004). *The complete guide to experiential psychotherapy*. Boulder, CO: Bull Publishing.

Malinen, T., Cooper, S. J., & Thomas, F. N. (2011). *Masters of narrative and collaborative therapies: The voices of Anderson, Anderson, and White*. New York, NY: Routledge.

Manaster, G. J. (2009). Private logic and the logic of social living. *Journal of Individual Psychology, 65*, 4–12.

Markowitz, J. C., & Weissman, M. M. (2012). *Casebook of interpersonal psychotherapy*. New York, NY: Oxford University Press.

Maroda, K. J. (2010). *Psychodynamic techniques: Working with emotion in the therapeutic relationship*. New York, NY: Guilford Press.

Marra, T. (2005). *Dialectical behavior therapy in private practice: A comprehensive and practical guide*. Oakland, CA: New Harbinger .

Martin, G., & Pear, J. (2007). *Behavior modification: What it is and how to do it* (8th ed.). Upper Saddle River, NJ: Pearson/Prentice Hall.

Mascher, J. (2002). Narrative therapy: Inviting the use of sport as metaphor. *Women and Therapy, 25*, 57–74.

Maslow, A. (1954). *Motivation and personality*. New York, NY: Harper & Row.

Maslow, A. (1968). *Toward a psychology of being* (2nd ed.). New York, NY: Van Nostrand.

Matlin, M. (1996). *The psychology of women*. Orlando, FL: Harcourt Brace.

May, R. (1950). *The meaning of anxiety*. New York, NY: Dell.

May, R. (Ed.). (1969a). *Existential psychology* (2nd ed.). New York, NY: Random House.

May, R. (1969b). *Love and will*. New York, NY: W. W. Norton.

May, R. (1975). *The courage to create*. New York, NY: W. W. Norton.

May, R. (1981). *Freedom and destiny*. New York, NY: W. W. Norton.

May, R. (1983). *The discovery of being: Writings in existential psychology*. New York, NY: W. W. Norton.

May, R. (1990a). On the phenomenological bases of therapy. *Review of Existential Psychology and Psychiatry, 20*, 49–61.

May, R. (1990b). Will, decision and responsibility. *Review of Existential Psychology and Psychiatry, 20*, 269–278.

May, R. (1996). *Psychology and the human dilemma*. New York, NY: W. W. Norton.

May, R., Angel, E., & Ellenberger, H. F. (Eds.). (1958). *Existence: A new dimension in psychiatry and psychology*. New York, NY: Simon & Schuster.

May, R., & Yalom, I. (1995). Existential psychotherapy. In R. J. Corsini & D. Wedding (Eds.), *Current psychotherapies* (5th ed., pp. 262–292). Itasca, IL: Peacock.

Mayes, L. C., & Cohen, D. J. (1996). Anna Freud and developmental psychoanalytic psychology. *Psychoanalytic Study of the Child, 51*, 117–141.

McFarlane, W. R., Dixon, L., Lukens, E., & Lucksted, A. (2003). Family psychoeducation schizophrenia: A review of the literature. *Journal of Marital and Family Therapy, 29*, 223–245.

McGoldrick, M. (1998). *You can go home again: Reconnecting with your family*. New York, NY: W. W. Norton.

McGoldrick, M., Gerson, R., & Petry, S. (2008). *Genograms: Assessment and intervention* (3rd ed.). New York, NY: W. W. Norton.

McGoldrick, M., Giordano, J., & Garcia-Preto, N. (2005). *Ethnicity and family therapy* (3rd ed.). New York, NY: Guilford Press.

McGoldrick, M., & Hardy, K. V. (2008). *Re-visioning family therapy: Race, culture, and gender in clinical practice* (2nd ed.). New York, NY: Guilford Press.

McMain, S. F., Links, P. S., Gnam, W. H., Gruimond, T., Cardish, R. J., Korman, L., & Steiner, D. L. (2009). A randomized trial of dialectical behavior therapy versus general psychiatric management for borderline personality disorder. *American Journal of Psychiatry, 166*, 1365–1374.

McMillan, M. (2004). *The person-centered approach to therapeutic change*. Thousand Oaks, CA: Sage.

Means-Christensen, A. J., Snyder, D. K., & Negy, C. (2003). Assessing nontraditional couples: Validity of the Marital Satisfaction Inventory–Revised with gay, lesbian, and co-habiting heterosexual couples. *Journal of Family and Marital Therapy, 29*, 69–83.

Mearns, D. (2003). *Developing person-centered counseling*. Thousand Oaks, CA: Sage.

Mearns, D., & Thorne, B. (1999). *Person-centered counseling in action* (3rd ed.). Thousand Oaks, CA: Sage.

Meichenbaum, D. (1969). The effects of instruction and reinforcement on thinking and language behaviors of schizophrenics. *Behaviour Research and Therapy, 7*, 101–114.

Meichenbaum, D. (1974). Self-instructional training: A cognitive prosthesis for the aged. *Human Development, 17,* 273–280.

Meichenbaum, D. (1977). *Cognitive–behavior modification: An integrative approach.* New York, NY: Springer.

Meichenbaum, D. (1985). *Stress inoculation training.* Elmsford, NY: Pergamon.

Meichenbaum, D. (1993). Changing conceptions of cognitive–behavior modification: Retrospect and prospect. *Journal of Consulting and Clinical Psychology, 61*(2), 202–204.

Meichenbaum, D. (1994). *A clinical handbook/practical therapist manual: For assessing and treating adults with post-traumatic stress disorder.* Waterloo, Canada: Institute Press.

Meichenbaum, D. (2007). Stress inoculation training: A preventative and treatment approach. In P. M. Lehrer, R. L. Woolfolk, & W. E. Sime (Eds.), *Principles and practice of stress management* (3rd ed., pp. 497–516). New York, NY: Guilford Press.

Meissner, W. W. (2007). Therapeutic alliance: Theme and variations. *Psychoanalytic Psychology, 24,* 231–254.

Melnick, J., & Nevis, S. M. (2005). Gestalt therapy methodology. In A. L. Woldt & S. M. Toman (Eds.), *Gestalt therapy: History, theory, and practice* (pp. 101–115). Thousand Oaks, CA: Sage.

Melton, A. M. A., & Schulenberg, S. E. (2008). On the measurement of meaning: Logotherapy's empirical contributions to humanistic psychology. *The Humanistic Psychologist, 36,* 31–44.

Menassa, B. M. (2009). Theoretical orientation and play therapy: Examining therapist role, session structure, and therapeutic objectives. *Journal of Professional Counseling, Practice, Theory, & Research, 37,* 13–26.

Mercadante, L. (2010). Helping addicts move beyond the spiritual wading pool: A new approach to religion and spirituality in the healing of addictions. *International Journal of Existential Psychology and Psychotherapy, 3,* 1–6.

Mesquita, B., & Walder, R. (2002). Cultural differences in emotions: A context for interpreting emotional experiences. *Behaviour Research and Therapy, 41,* 777–793.

Messer, S. B., & Warren, C. S. (1995). *Models of brief psychodynamic therapy: A comparative approach.* New York, NY: Guilford Press.

Metcalf, L. (1998). *Solution-focused group therapy: Ideas for groups in private practice, schools, agencies, and treatment programs.* New York, NY: Free Press.

Meyer, A. (1957). *Psycho-biology: A science of man.* Springfield, IL: Charles C. Thomas.

Miars, R. D. (2002). Existential authenticity: A foundational value for counseling. *Counseling and Values, 46,* 218–226.

Miklowitz, D. J. (2008). *Bi-polar disorder: A family-focused treatment approach* (2nd ed.). New York, NY: Guilford Press.

Miklowitz, D. J. (2010). A pilot study of mindfulness-based cognitive therapy for bipolar disorder. *International Journal of Cognitive Therapy, 2,* 373–382.

Miller, J. B. (1976). *Toward a new psychology of women.* Boston, MA: Beacon Press.

Miller, J. B., & Stiver, I. P. (1997). *The healing connection: How women form relationships in therapy and in life.* Boston, MA: Beacon Press.

Miller, L. (2009). Family survivors of homicide: Symptoms syndromes, and reaction patterns. *American Journal of Family Therapy, 37,* 67–79.

Miller, N. E., & Dollard, J. (1941). *Social learning and imitation.* New Haven, CT: Yale University Press.

Miller, S. D., Duncan, B. L., & Hubble, M. (1997). *Escape from Babel: Toward a unifying language for psychotherapy practice.* New York, NY: W. W. Norton.

Miller, S. D., Duncan, B. L., & Hubble, M. A. (2002). Client-directed, outcome-informed clinical work. In F. W. Kaslow & J. Lebow (Eds.), *Comprehensive handbook of psychotherapy: Vol. 4: Integrative/eclectic* (pp. 185–212). New York, NY: Wiley.

Miller, S. D., Hubble, M. A., Duncan, B. L., & Wampold, B. E. (2010). Delivering what works. In B. L. Duncan, S. D. Miller, B. E. Wampold, & M. A. Hubble (Eds.), *Heart and soul of change in psychotherapy* (2nd ed., pp. 421–430). Washington, DC: American Psychological Association.

Miller, W. R., & Rollnick, S. (2002). *Motivational interviewing: Preparing people for change* (2nd ed.). New York, NY: Guilford Press.

Mills, P. J. (2002). Spirituality, religiousness, and health from research to clinical practice. *Annals of Behavioral Medicine, 24,* 1–2.

Minuchin, S. (1974). *Families and family therapy.* Cambridge, MA: Harvard University Press.

Minuchin, S., Rosman, B. L., & Baker, L. (1978). *Psychosomatic families: Anorexia nervosa in context.* Cambridge, MA: Harvard University Press.

Miranda, J., Chung, J. Y., Green, B. L., Krupnick, J., Siddique, J., Revicki, D. A., & Belin, T. (2003). Treating depression in predominantly low-income young minority women: A randomized controlled trial. *Journal of the American Medical Association, 290,* 57–65.

Mitchell, S. A. (1986). Symposium. Interpersonal psycho-analysis: Its roots and its contemporary status. *Journal of Contemporary Psychoanalysis, 22,* 458–466.

Mitchell, S. A. (1988). *Relational concepts in psychoanalysis: An integration.* Cambridge, MA: Harvard University Press.

Mitchell, S. A. (1993). *Hope and dread in psychoanalysis.* New York, NY: HarperCollins.

Mitchell, S. A. (2000). *Relationality: From attachment to intersubjectivity.* Hillsdale, NJ: Analytic Press.

Mitchell, S. A. (2003). *Can love last? The fate of romance over time.* New York, NY: W. W. Norton.

Mitchell, S. A., & Black, M. J. (1995). *Freud and beyond: A history of modern psychoanalytic thought.* New York, NY: Basic Books.

Mobley, J. A. (2005). *An integrated existential approach to counseling theory and practice.* Lewiston, NY: Edwin Mellen Press.

Monk, G. (1997). How narrative therapy works. In G. Monk, J. Winslade, K. Crocket, & D. Epston (Eds.), *Narrative therapy in practice: The archaeology of hope* (pp. 3–31). San Francisco, CA: Jossey-Bass.

Moodley, R. (2010). In the therapist's chair is Clemmont E. Vontress: A wounded healer in cross-cultural counseling. *Journal of Multicultural Counseling and Development, 38,* 2–15.

Moodley, R., & Walcott, R. (Eds.). (2010). *Counseling across and beyond cultures: Exploring the work of Clemmont E. Vontress in clinical practice.* Toronto, Canada: University of Toronto Press.

Moon, B. L. (2009). *Existential art therapy: The canvas mirror.* Springfield, IL: Charles C. Thomas.

Moore, B. A. A. (2012). *Handbook of counseling military couples.* New York, NY: Routledge.

Moore, H. L. (2007). *The subject of anthropology: Gender, symbolism, and psychoanalysis.* Boston, MA: Polity.

Moretti, M. M., & Holland, R. (2003). The journey of adolescence: Transitions in self within the context of attachment relationships. In S. Johnson & V. Whiffen (Eds.), *Attachment processes in couple and family therapy* (pp. 234–257). New York, NY: Guilford Press.

Morgan, H. (2002). Exploring racism. *Journal of Analytical Psychology, 47,* 567–581.

Morris, E., & Oliver, J. E. (2012). Acceptance and com-mitment therapy. In W. Dryden (Ed.), *Cognitive behavior therapies* (pp. 70–92). Thousand Oaks, CA: Sage.

Morrison, M. O. (2009). Adlerian psychotherapy with a traumatized boy. *Journal of Individual Psychology, 65,* 57–68.

Mortberg, E., Clark, D. M., & Bergerot, S. (2011). Group cognitive therapy and individual cognitive therapy for social phobia: Sustained improvement at 5-year follow-up. *Journal of Anxiety Disorders, 25,* 994–1000.

Mosak, H. H. (1971). Lifestyle. In A. G. Nikelly (Ed.), *Techniques for behavior change* (pp. 77–84). Springfield, IL: Charles C. Thomas.

Mothersole, G. (2002). TA as a short-term cognitive therapy. In K. Tudor (Ed.), *Transactional analysis approaches to brief therapy* (pp. 54–82). London, UK: Sage.

Mottern, R. (2002). Using choice theory in coerced treatment for substance abuse. *International Journal of Reality Therapy, 22*(1), 20–24.

Mottern, R. (2003). Using the rule of six and traditional American Indian learning stories to teach choice theory. *International Journal of Reality Therapy, 23*(1), 27–34.

Moyers, T. B., Miller, W. R., & Hendrickson, S. M. L. (2005). How does motivational interviewing work? Therapist interpersonal skill predicts client involvement within motivational interviewing sessions. *Journal of Consulting and Clinical Psychology, 73,* 590–598.

Mueller, A., Mitchell, J. E., Crosby, R. D., Glaesmer, H., & de Zwaan, M. (2009). The prevalence of compulsive hoarding and its association with compulsive buying in a German population-based sample. *Behavioral Research Therapy, 47,* 705–709.

Mufson, L., Dorta, K. P., Moreau, D., & Weissman, M. M. (2011). *Interpersonal psychotherapy for depressed adolescents* (2nd ed.). New York, NY: Guilford Press.

Mulder, C. L., Emmelkamp, P. M. G., Antoni, M. H., Mulder, J. W., Sandfort, T. G. M., & de Vries, M. J. (1994). Cognitive–behavioral and experiential group psychotherapy for asymptomatic HIV-infected homosexual men: A comparative study. *Psychosomatic Medicine, 3,* 271–288.

Muller, U., & Tudor, K. (2002). Transactional analysis as brief therapy. In K. Tudor (Ed.), *Transactional analysis approaches to brief therapy* (pp. 19–44). London, UK: Sage.

Murdock, N. L. (2009). *Theories of counseling and psycho-*

therapy: A case approach (2nd ed.). Upper Saddle River, NJ: Pearson/Merrill.

Murphy, B. C., & Dillon, C. (2008). *Interviewing in action in a multicultural world* (3rd ed.). Pacific Grove, CA: Brooks/Cole.

Murphy, L. (1997). Efficacy of reality therapy in schools: A review of the research from 1980–1995. *Journal of Reality Therapy, 16*(2), 12–20.

Myers, I. B. (1998). *Introduction to type* (6th ed.). Palo Alto, CA: Consulting Psychologists Press.

Myers, I. B., McCaulley, M. H., Quenk, N. L., & Hammer, A. L. (1998). *MBTI manual* (3rd ed.). Palo Alto, CA: Consulting Psychologists Press.

Myers, J. E., & Young, J. S. (2012). Brain wave biofeedback: Benefits of integrating neurofeedback into counseling. *Journal of Counseling and Development, 90,* 20–29.

Nadort, M., Arntz, A., Smit, J. H., Giesen-Bloo, J., Eikelenboom, M., Spinhoven, P., . . . van Dyck, R. (2009). Implementation of outpatient schema therapy for borderline personality disorder with versus without crisis support by the therapist outside office hours: A randomized trial. *Behavior Research and Therapy, 47,* 961–973.

Najavits, L. M., & Strupp, H. H. (1994). Differences in the effectiveness of psychodynamic therapists: A process-outcome study. *Psychotherapy, 31*(1), 114–123.

Napier, A. Y., & Whitaker, C. (1978). *The family crucible.* New York, NY: Harper Collins.

Nathan, P. E., & Gorman, J. M. (Eds.). (2002). *A guide to treatments that work* (2nd ed.). London, UK: Oxford University Press.

Neenan, M., & Dryden, W. (2011). *Rational emotive behavior therapy in a nutshell* (2nd ed.). London, UK: Sage.

Neff, K., Kirkpatrick, K., & Rude, S. (2007). Self-compassion and adaptive psychological functioning. *Journal of Research in Personality, 41,* 139–154.

Neimeyer, R. A. (1993). An appraisal of constructivist psychotherapies. *Journal of Consulting and Clinical Psychology, 61,* 221–234.

Neimeyer, R. A., & Raskin, J. D. (2001). Varieties of constructivism in psychotherapy. In K. S. Dobson (Ed.), *Handbook of cognitive–behavioral therapies* (2nd ed., pp. 393–430). New York, NY: Guilford Press.

Nelson, T. S. (Ed.). (2010). *Doing something different: Solution focused brief therapy practices.* New York, NY: Routledge.

Nezu, A. M., Nezu, C. M., & D'Zurilla, T. J. (2010). Problem-solving therapy. In N. Kazantzis, M. A. Reinecke, & A. Freeman (Eds.), *Cognitive and behavioral theories in clinical practice* (pp. 76–114). New York, NY: Guilford Press.

Nichols, M. P. (2009). *The essentials of family therapy* (4th ed.). Boston, MA: Pearson Education.

Nichols, M. P. (2010). *Family therapy concepts and methods* (9th ed.). Boston, MA: Pearson Education.

Nicoll, W. G. (1994). Developing effective classroom guidance programs: An integrative framework. *School Counselor, 41,* 360–364.

Nicoll, W. G. (2007). Resilience-focused brief family therapy: An Adlerian approach. *Journal of Individual Psychology,67,* 206.

Nielsen, S. L., & Ellis, A. E. (1994). A discussion with Albert Ellis: Reason, emotion and religion. *Journal of Psychology and Christianity, 13,* 327–341.

Nisbitt, R. (2003). *The geography of thought: How Asians and Westerners think differently, and why.* New York, NY: Free Press.

Nolen-Hoeksema, S., & Hilt, L. M. (2009). *Handbook of depression in adolescents.* New York, NY: Routledge.

Nolte, T., Guiney, J., Fonagy, P., Mayes, L. C., & Luyten, P. (2011). Interpersonal stress regulation and the development of anxiety disorders: An attachment-based developmental framework. *Frontiers in Behavioral Neuroscience, 5,* 1–21.

Norcross, J. C. (2010). The therapeutic relationship. In B. L. Duncan, S. D. Miller, B. E. Wampold, & M. A. Hubble (Eds.), *Heart and soul of change in psychotherapy* (2nd ed., pp. 113–141). Washington, DC: American Psychological Association.

Norcross, J. C. (Ed.). (2011). *Psychotherapy relationships that work: Evidence-based responsiveness* (2nd ed.). New York, NY: Oxford University Press.

Norcross, J. C., & Beutler, L. E. (2011). Integrative psychotherapies. In R. J. Corsini & D. Wedding (Eds.), *Current psychotherapies* (9th ed., pp. 502–535). Belmont, CA: Brooks/Cole.

Norcross, J. C., & Goldfried, M. R. (Eds.). (2005). *Handbook of psychotherapy integration* (2nd ed.). New York, NY: Oxford University Press.

Norcross, J. C., & Lambert, M. J. (2011). Evidence-based therapy relationships. In J. C. Norcross (Ed.), *Psychotherapy relationships that work: Evidence-based responsiveness* (2nd ed., pp. 3–21). New York, NY: Oxford.

Norcross, J. C., & Wampold, B. E. (2011). Evidence-based therapy relationships: Research conclusions and clinical practices. *Psychotherapy, 48,* 98–102.

Nutt, R. L., & Brooks, G. R. (2008). Psychology of gender. In S. D. Brown & R. W. Lent (Eds.), *Handbook of counseling psychology* (4th ed., pp. 176–193). Hoboken, NJ: John Wiley.

Nylund, D. (2002). *Treating Huckleberry Finn: A new narrative approach to working with children diagnosed with ADD/ADHD.* San Francisco, CA: Jossey-Bass.

Nystul, M. S. (2006). *Introduction to counseling: An art and science perspective.* Upper Saddle River, NJ: Pearson-Merrill.

Oaklander, V. (1994). Gestalt play therapy. In K. J. O'Connor & C. E. Schaefer (Eds.), *Handbook of play therapy* (Vol. 2, pp. 143–156). New York, NY: Wiley Interscience.

Oaklander, V. (1997). The therapeutic process with children and adolescents. *Gestalt Review, 1,* 292–317.

Oaklander, V. (2007). *Hidden treasure: A map to the child's inner self.* London, UK: Karnac Books.

Obegi, J. H., & Berant, E. (Eds.). (2009). Attachment theory and research in *clinical application with adults.* New York, NY: Guilford Press.

Oberst, D., & Stewart, A. E. (2003). *Adlerian psychotherapy: An advanced approach to individual psychology.* New York, NY: Bruner-Routledge.

O'Connell, B. (1998). *Solution-focused therapy.* London, UK: Sage.

Odell, M., & Quinn, W. H. (1998). Therapist and client behaviors in the first interview: Effects on session impact and treatment duration. *Journal of Marital and Family Therapy, 24,* 369–388.

O'Grady, K. A., & Richards, P. S. (2010). The role of inspiration in the helping professions, *Psychology of Religion and Spirituality, 2,* 57–66.

Ohanian, V., & Rashed, R. (2012). Schema therapy. In W. Dryden (Ed.), *Cognitive behavior therapies* (pp. 166–188). Thousand Oaks, CA: Sage.

O'Hanlon, B., & Weiner-Davis, M. (1989). *In search of solutions: A new direction in psychotherapy.* New York, NY: W. W. Norton.

Olatunji, B. O., & Feldman, G. (2008). Cognitive–behavioral therapy. In M. Hersen & A. M. Gross (Eds.), *Handbook of clinical psychology* (Vol. 1, pp. 551–584). New York, NY: John Wiley & Sons.

Olson, M. E. (2001). Listening to the voices of anorexia: The researcher as an "outsider witness." *Journal of Feminist Family Therapy, 11,* 25–46.

O'Neill, B. (2012). Gestalt family therapy: A field perspective. In T. B. Levine (Ed.), *Gestalt therapy: Advances in theory and practice* (pp. 137–148). New York, NY: Routledge.

O'Neill, P., & Devlin, N. J. (2010). An analysis of NICE's "restricted" (or optimized) decisions, *Pharmacoeconomics, 28,* 987–993.

Organista, K. C. (2007). Commentary: The need to explicate culturally competent approaches with Latino clients. In C. Muran (Ed.), *Dialogues on difference: Studies of diversity in the therapeutic relationship* (pp. 168–175). Washington, DC: American Psychological Association.

Orgler, H. (1963). *Alfred Adler: The man and his works.* New York, NY: Liveright.

Orlinsky, D. E., Grawe, K., & Parks, B. K. (1994). Process and outcome in psychotherapy—*noch einmal*. In B. A. Garfield & S. L. Garfield (Eds.), *Handbook of psychotherapy and behavior change* (4th ed., pp. 270–276). New York, NY: Wiley.

Osborn, C. J. (1999). Solution-focused strategies with "involuntary" clients: Practical applications for the school and clinical setting. *Journal of Humanistic Education & Development, 37*(3), 169–182.

Ost, L. G. (2008). Efficacy of the third wave of behavioral therapies: A systematic review and meta-analysis. *Behaviour Research and Therapy, 46,* 296–321.

Otis, J. (2007). *Managing chronic pain: A cognitive behavioral therapy approach.* London, UK: Oxford University Press.

Packer, G. (2008, January 28). The choice. *New Yorker.*

Paivio, S., & Greenberg, L. S. (1995). Resolving "unfinished business": Efficacy of experiential therapy using empty chair dialogue. *Journal of Consulting and Clinical Psychology, 63,* 419–425.

Pantalone, D. W., Iwamasa, G. W., & Martell, C. R. (2010). Cognitive behavioral therapy with diverse populations. In K. S. Dobson (Ed.), *Handbook of cognitive behavioral therapies* (3rd ed., pp. 445–464). New York, NY: Guilford Press.

Pargament, K. I. (2007). *Spiritually integrated psychotherapy: Understanding and addressing the sacred.* New York, NY: Guilford Press.

Pargament, K. I., & Krumrei, E. J. (2009). Clinical assessment of clients' spirituality. In J. D. Aten, & M. M. Leach (Eds.), *Spirituality and the therapeutic process: A comprehensive resource from intake to termination* (pp. 93–119). Washington, DC: American Psychological

Association.

Paris, B. J. (1994). *Karen Horney: A psychoanalyst's search for self understanding.* New Haven, CT: Yale University Press.

Paris, B. J. (1996). Introduction to Karen Horney. *American Journal of Psychoanalysis, 56,* 135–140.

Parker, G., Roy, K., & Eyers, K. (2003). Cognitive behavior therapy for depression? Choose horses for courses. *American Journal of Psychiatry, 160,* 825–834.

Parker, W. D. (1998). Birth-order effects in the academically talented. *Gifted Children Quarterly, 42,* 29–38.

Parlett, M. (2005). Contemporary Gestalt therapy: Field theory. In A. L. Woldt & S. M. Toman (Eds.), *Gestalt therapy: History, theory, and practice* (pp. 41–64). Thousand Oaks, CA: Sage.

Passaro, P., Moon, M., Wiest, D., & Wong, E. (2004). A model for school psychology practice: Addressing the needs of students with emotional and behavioral challenges through the use of an in-school support room and reality therapy. *Adolescence, 39,* 503–517.

Paul, G. L. (1967). Strategy of outcome research in psychotherapy. *Journal of Consulting Psychology, 31,* 109–118.

Pavlov, I. P. (1927). *Conditioned reflexes* (G. V. Anrep, Trans.). London, UK: Oxford University Press.

Pavuluri, M. N. (2004). Child- and family-focused cognitive–behavioral therapy for pediatric bipolar disorder: Development and preliminary results. *Journal of the American Academy of Child and Adolescent Psychiatry, 43,* 528–537.

Payne, M. (2006). *Narrative therapy: An introduction for counselors* (2nd ed.). Thousand Oaks, CA: Sage.

Pedersen, P. B., Draguns, J. G., Lonner, W. J., & Trimble, J. E. (Eds.). (2007). *Counseling across cultures* (6th ed.). Alexandria, VA: American Counseling Association.

Perls, F. (1969a). *Gestalt therapy verbatim.* Lafayette, CA: Real Person Press.

Perls, F. (1969b). *In and out of the garbage pail.* Lafayette, CA: Real Person Press.

Perls, F., Hefferline, R. F., & Goodman, P. (1951). *Gestalt therapy: Excitement and growth in the human personality.* New York, NY: Julian.

Perls, F., & Philippson, P. (2012). *From planned psychology to Gestalt therapy.* Gouldsboro, ME: The Gestalt Journal Press.

Perls, L. (1992). Concepts and misconceptions of Gestalt therapy. *Journal of Humanistic Psychology, 32,* 50–56.

Persons, J. B. (1989). *Cognitive therapy in practice.* New York: W. W. Norton.

Petrocelli, J. V. (2002). Processes and stages of change: Counseling with the transtheoretical model of change. *Journal of Counseling and Development, 80*(1), 22–30.

Philippson, P. (2009). *The emergent self: An existential-Gestalt approach.* London: London, UK: Karnac Books Ltd.

Pierce, J. (2003). Mindfulness-based reality therapy. *International Journal of Reality Therapy, 23*(1), 20–24.

Piercy, K. W. (2010). *Working with aging families: therapeutic solutions for caregivers.* New York, NY: W. W. Norton.

Pike, K. M., Walsh, B. T., Vitousek, K., Wilson, G. T., & Bauer, J. (2003). Cognitive behavior therapy in the posthospitalization treatment of anorexia nervosa. *The American Journal of Psychiatry, 160,* 2046–2049.

Pinsof, W., & Wynne, L. (2000). Toward progress research: Closing the gap between family therapy practice and research. *Journal of Marital and Family Therapy, 26,* 1–8.

Polster, E. (2012). Flexibility in theory formation: Point and counterpoint. In T. B. Levine (Ed.), *Gestalt therapy: Advances in theory and practice* (pp. 15–25). New York, NY: Routledge.

Polster, E., & Polster, M. (1973). *Gestalt therapy integrated.* New York, NY: Brunner/Mazel.

Polster, E., & Polster, M. (1993). Fritz Perls: Legacy and invitation. *Gestalt Journal, 16,* 23–25.

Pos, A. E., Greenberg, L., & Elliott, R. (2008). Experiential therapy. In J. L. Lebow (Ed.), *Twenty-first century psychotherapies: Contemporary approaches to theory and practice* (pp. 80–122). Hoboken, NJ: John Wiley & Sons.

Powers, M. B., & Emmelkamp, P. M. G. (2008). Virtual reality exposure therapy for anxiety disorders: A meta-analysis. *Journal of Anxiety Disorders, 22,* 561–569.

Powers, M. B., Zum Vorde Sive Vording, M. B., & Emmelkamp, P. M. G. (2009). Acceptance and commitment therapy: A meta-analytic review. *Psychotherapy and Psychosomatics, 78,* 73–80.

Powers, R. L., & Griffith, J. (1986). *Individual psychology client workbook.* Chicago, IL: American Institute of Adlerian Studies.

Powers, R. L., & Griffith, J. (1987). *Understanding lifestyle: The psycho-clarity process.* Chicago, IL: American Institute of Adlerian Studies.

Powers, W. T. (1973). *Behavior: The control of perception.* Chicago, IL: Aldine.

Presbury, J. H., Echterling, L. G., & McKee, J. E. (2008). *Beyond brief counseling and therapy: An integrative approach* (2nd ed.). Upper Saddle River, NJ: Pearson Education.

Prochaska, J. O., & DiClemente, C. C. (1986). The transtheoretical approach. In J. C. Norcross (Ed.), *Handbook of eclectic psychotherapy* (pp. 163–200). New York, NY: Brunner/Mazel.

Prochaska, J. O., & DiClemente, C. C. (2002). Transtheoretical therapy. In F. W. Kaslow & J. Lebow (Eds.), *Comprehensive handbook of psychotherapy: Vol. 4. Integrative/eclectic* (pp. 165–183). New York, NY: Wiley.

Prochaska, J. O., & Norcross, J. C. (2009). *Systems of psychotherapy: A transtheoretical analysis* (7th ed.). Pacific Grove, CA: Brooks/Cole.

Psychotherapy Networker. (2007, March/April). The top ten: The most influential therapists of the last quarter century, pp. 24–37.

Quinn, W. H., Dotson, D., & Jordan, K. (1997). Dimensions of the therapeutic alliance and their associations with outcome in family therapy. *Psychotherapy Research, 74,* 429–438.

Rabung, S., & Leichsenring, F. (2012). Effectiveness of long-term psychodynamic psychotherapy: First meta-analytic evidence and its discussion. In R. A. Levy, J. S. Ablon, and H. Kachele (Eds.), *Psychodynamic psychotherapy research, Part 1* (pp. 27–49). New York, NY: Humana Press.

Rafaeli, A. K., & Markowitz, J. C. (2011). Interpersonal psychotherapy for PTSD: A case study. *American Journal of Psychotherapy, 65,* 205–223.

Rafaeli, E., Bernstein, D. P., & Young, J. (2011). *Schema therapy.* New York, NY: Routledge.

Rapport, Z. (2007). Using choice theory to assess the needs of persons who have a disability and sexual/intimacy/romantic issues. *International Journal of Reality Therapy, 27,* 22–25.

Rasheed, J. M., & Rasheed, M. N. (2011). *Family therapy: Models and techniques.* Thousand Oaks, CA: Sage.

Rasmussen, P. R. (2003). The adaptive purpose of emotional expression: A lifestyle elaboration. *Individual Psychology, 59,* 388–409.

Ratey, J. J., & Hagerman, E. (2008). *Spark: The revolutionary new science of exercise and the brain.* New York, NY: Little, Brown.

Reinecke, M. A., Dattilio, F. M., & Freeman, A. (2006). *Cognitive therapy with children and adolescents* (2nd ed.). New York, NY: Guilford Press.

Reis, B. G., & Brown, L. G. (1999). Reducing psychotherapy dropouts: Maximizing perspective convergence in the psychotherapy dyad. *Psychotherapy, 36,* 123–126.

Reker, G. T. (1994). Logotheory and logotherapy: Challenges, opportunities, and some empirical findings. *International Forum for Logotherapy, 17,* 47–55.

Remer, P. (2008). Feminist therapy. In J. Frew & M. D. Spiegler (Eds.), *Contemporary psychotherapies for a diverse world* (pp. 397–441). Boston, MA: Houghton Mifflin.

Rheem, K. D., Woolley, S. R., & Weissman, N. (2012). Using emotion focused therapy with military couples. In B. A. Moore (Ed.), *Handbook for counseling military couples* (pp. 89–112). New York, NY: Routledge.

Richards, P. S., & Bergin, A. E. (2005). *A spiritual strategy for counseling and psychotherapy* (2nd ed.). Washington, DC: American Psychological Association.

Richert, A. J. (2003). Living stories, telling stories, changing stories: Experiential use of the relationship in narrative therapy. *Journal of Psychotherapy Integration, 13,* 188–210.

Richert, A. J. (2010). *Integrating existential and narrative therapy: A theoretical base for eclectic practice.* Pittsburgh, PA: Duquesne University Press.

Ridge, D., & Zeibland, S. (2006). "The old me could never have done that": How people give meaning to recovery following depression. *Qualitative Healthcare Resolutions, 16,* 1038–1053.

Rigazio-DiGilio, S. A., & McDowell, T. (2008). Family therapy. In J. Frew & M. D. Spiegler (Eds.), *Contemporary psychotherapies for a diverse world* (pp. 442–488). Boston, MA: Houghton Mifflin.

Robb, C. (2006). *This changes everything.* New York, NY: Picador.

Robbins, M. S., Feaster, D. J., Horigian, V. E., Rohrbaugh, M., Shoham, B., Backrach, . . . Szapocznik, J. (2011). Brief strategic family therapy versus treatment as usual: Results of a multi-site randomized trial for drug abusing adolescents. *Journal of Consulting and Clinical Psychology, 79,* 713–727.

Roberts, R. L., Harper, R., Caldwell, R., & Decora, M. (2003). Adlerian lifestyle analysis of Lakota women: Implications for counseling. *Journal of Individual Psychology, 59,* 15–29.

Robertson, M. (1979). Some observations from an eclectic therapy. *Psychotherapy, 16,* 18–21.

Robey, P. (Ed.). (2011a). *Contemporary issues in couples counseling: A choice theory and reality therapy approach*. Portland, OR: Book News.

Robey, P. (2011b). Reality therapy and choice theory: An interview with Robert Wubbolding. *Family Journal, 19*, 231–237.

Robey, P., Burdenski, T. K., Britzman, M., & Crowell, J. (2011). Systematic application of choice theory and reality therapy: An interview with Glasser scholars. *Family Journal, 19*, 421–433.

Robinson, L. A., Berman, J. S., & Neimeyer, R. A. (1990). Psychotherapy for the treatment of depression: A comprehensive review of controlled outcome research. *Psychological Bulletin, 108*, 35.

Rochland, A. B., Zack, J. S., & Speyer, C. (2004). Online therapy: Review of relevant definitions, debates, and current empirical support. *Journal of Clinical Psychology, 60*, 269–283.

Rochlen, A., Beretvas, S., & Zack, J. (2004). The online and face-to-face counseling attitudes scales: A validation study. *Measurement & Evaluation in Counseling & Development, 37*, 95–111.

Rogers, C. R. (1942). *Counseling and psychotherapy*. Boston, MA: Houghton Mifflin.

Rogers, C. R. (1946). Significant aspects of client-centered therapy. *American Psychologist, 1*, 415–422.

Rogers, C. R. (1951). *Client-centered therapy: Its current practice, implications and theory*. Boston, MA: Houghton Mifflin.

Rogers, C. R. (1955). Person or science? A philosophical question. *American Psychology, 10*, 267–278.

Rogers, C. R. (1959). A theory of therapy, personality, and individual relationships as developed in the client-centered framework. In S. Koch (Ed.), *Psychology: A study of a science* (pp. 184–256). New York, NY: McGraw-Hill.

Rogers, C. R. (1961). *On becoming a person*. Boston, MA: Houghton Mifflin.

Rogers, C. R. (1967). The conditions of change from a client-centered viewpoint. In B. Berenson & R. Carkhuff (Eds.), *Sources of gain in counseling and psychotherapy*. New York, NY: Holt, Rinehart, & Winston.

Rogers, C. R. (1970). *Carl Rogers on encounter groups*. New York, NY: Harper & Row.

Rogers, C. R. (1975). Empathic: An unappreciated way of being. *The Counseling Psychologist, 5*, 2–10.

Rogers, C. R. (1980). *A way of being*. Boston, MA: Houghton Mifflin.

Rogers, C. R. (1987). Our international family. *Person-Centered Review, 2*, 139–149.

Rollnick, S., Miller, W. R., & Butler, C. C. (2008). *Motivational interviewing in health care: Helping patients change behavior*. New York, NY: Guilford Press.

Rosner, R. I., Lyddon, W. J., & Freeman, A. (Eds.). (2004). *Cognitive therapy and dreams*. New York, NY: Springer.

Rossano, F. (1996). Psychoanalysis and psychiatric institutions: Theoretical and clinical spaces of the Horney approach. *American Journal of Psychoanalysis, 56*, 203–212.

Roth, B., & Creaser, T. (1997). Mindfulness meditation-based stress reduction: Experience with a bilingual inner-city program. *Nurse Practitioner, 22*, 150–152, 154, 157.

Roth, M. S. (Ed.) (1998). *Freud: Conflict and culture*. New York, NY: Alfred A. Knopf.

Rothbaum, B. O. (2005). Commentary on Riva, G., Virtual reality in psychotherapy: Review. *Cyber Psychology & Behavior, 8*, 239–240.

Rowan, J. (1998). *The reality game* (2nd ed.). London, UK: Routledge.

Rowe, C. (2005). A brief treatment with a posttraumatic stress disordered patient—A self-psychological perspective. *Clinical Social Work Journal, 33*, 473–484.

Rowen, T., & O'Hanlon, B. (1999). *Solution-oriented therapy for chronic and severe mental illness*. New York, NY: Wiley.

Rule, M. L., & Bishop, W. R. (Eds.). (2005). *Adlerian lifestyle counseling: Practice and research*. New York, NY: Routledge.

Rule, W. R., & Comer, A. T. (2006). Family constellation and birth order: Variables related to vocational choice of dentistry. In W. R. Rule & M. Bishop (Eds.), *Adlerian lifestyle counseling practice and research* (pp. 255–263). New York, NY: Routledge.

Ryback, D. (2011). Humanistic psychology's impact and accomplishments, *Journal of Humanistic Psychology, 51*, 413–418.

Sabourin, S., Gendreau, P., & Frenette, L. (1987). The satisfaction level of drop-out cases in a university psychology service. *Canadian Journal of Behavioral Science, 19*, 314–323.

Sachse, R. (1993). The effect of intervention phrasing on therapist–client communication. *Psychotherapy Research, 3*, 260–277.

Safran, J. D., Muran, J. C., & Eubanks-Carter, C. (2011). Repairing alliance ruptures. In J. C. Norcross (Ed.),

Psychotherapy relationships that work: Evidence-based responsiveness (2nd ed.). New York, NY: Oxford.

Salande, J. D., & Perkins, G. R. (2011). An object relations approach to cult membership. *American Journal of Psychotherapy, 66,* 381–391.

Saltzburg, S. (2007). Narrative therapy pathways for re-authoring with parents of adolescents coming-out as lesbian, gay, and bisexual. *Contemporary Family Therapy, 29,* 57–69.

Saltzman, N. (1989). Integrating intensely emotional methods with psychodynamic, Gestalt, cognitive and behavioral therapeutic elements: I. Emotional freedom versus emotional control. *Psychotherapy in Private Practice, 7,* 57–67.

Samai, S., & Almagor, A. (2011). *The dialectical approach as a tool for changing perception and level of anxiety symptoms.* Unpublished manuscript, University of Haifa, Israel.

Sanchez, W., & Garriga, O. (1996). Control theory, reality therapy and cultural fatalism: Toward an integration. *Journal of Reality Therapy, 15*(2), 30–38.

Sanders, C. J. (2007). A poetics of resistance: Compassionate practice in substance misuse therapy. In C. Brown & T. Augusta-Scott (Eds.), *Narrative therapy: Making meaning, making lives* (pp. 59–76). Thousand Oaks, CA: Sage.

Sandler, A. (1996). The psychoanalytic legacy of Anna Freud. *Psychoanalytic Study of the Child, 51,* 270–284.

Sandler, J., & Freud, A. (1985). *The analysis of defense: The ego and the mechanisms of defense revisited.* New York, NY: International Universities Press.

Sands, T. (1998). Feminist counseling and female adolescents: Treatment strategies for depression. *Journal of Mental Health Counseling, 20,* 42–54.

Sapp, M. (2006). The strength-based model for counseling at-risk youths. *The Counseling Psychologist, 34,* 108–117.

Sapp, M., & Farrell. W. (1994). Cognitive–behavioral interventions: Applications for academically at-risk and special education students. *Preventing School Failure, 38*(2), 19–24.

Sapriel, L. (2012). Creating an embodied, authentic self: Integrating mindfulness with psychotherapy when working with trauma. In T. B. Levine (Ed.), *Gestalt therapy: Advances in theory and practice* (pp. 107–122). New York, NY: Routledge.

Saroglou, V. (2012). Are we born to be religious? *Scientific American Mind, 23,* 52–57.

Sartre, J. P. (1956). *Being and nothingness.* New York, NY: Philosophical Library.

Satir, V. (1975). *Conjoint family therapy.* Palo Alto, CA: Science and Behavior Books.

Sava, F. A., Yates, B. T., Lupu, V., Szentagotai, A., & David, D. (2009). Cost-effectiveness and cost-utility of cognitive therapy, rational emotive behavioral therapy, and fluoxetine (Prozac) in treating depression: A randomized clinical trial. *Journal of Clinical Psychology, 65,* 36–52.

Sayers, J. (1991). *Mothers of psychoanalysis: Helene Deutsch, Karen Horney, Anna Freud, Melanie Klein.* New York, NY: W. W. Norton.

Scharff, J. S., & Scharff, D. E. (2005). *The primer of object relations* (2nd ed.). Northvale, NJ: Aronson.

Scharwachter, P. (2008). Abortion decision making by focusing. *European Journal of Contraception & Reproductive Health Care, 13,* 191–197.

Schlosser, L. Z., & Safran, D. A. (2009). Implementing treatments that incorporate clients' spirituality. In J. D. Aten & M. M. Leach (Eds.), *Spirituality and the therapeutic process: A comprehensive resource from intake to termination* (pp. 193–216). Washington, DC: American Psychological Association.

Schneider, K. (2004). *Rediscovery of awe: Splendor, mystery, and the fluid center of life.* St. Paul, MN: Paragon House.

Schneider, K. (2008). *Existential-integrative psychotherapy: Guideposts to the core of practice.* New York, NY: Routledge.

Schnyder, U. (2009). Future perspectives in psychotherapy, *European Archives of Psychiatry and Clinical Neuroscience, 259,* Suppl. 2, S123–S128.

Schoen, D. E. (2009). *The war of the gods in addiction: C. G. Jung, Alcoholics Anonymous, and archetypal evil.* New Orleans, LA: Spring Journal.

Schoo, A. (2008). Motivational interviewing in the prevention and management of chronic disease: Improving physical activity and exercise in line with choice theory. *International Journal of Reality Therapy, 27,* 26–29.

Schottenbauer, M. A., Glass, C. R., & Arnkoff, D. B. (2005). Outcome research on psychotherapy integration. In J. C. Norcross & M. R. Goldfried (Eds.), *Handbook of psychotherapy integration* (pp. 459–493). New York, NY: Oxford University Press.

Schottenbauer, M. A., Glass, C. R., & Arnkoff, D. B. (2007). Decision making and psychotherapy integration: Theoretical considerations, preliminary data, and implications for future research. *Journal of Psychotherapy Integration, 17,* 225–250.

Schulenberg, S. E., Schnetzer, L. W., Winters, M. R., & Hutzell, R. R. (2010). Meaning-centered couples therapy: Logotherapy and intimate relationships. *Journal of Contemporary Psychotherapy, 40,* 95–102.

Schwartz, A. M. (1995). School reform and restructuring through the use of "quality school" philosophy. *Journal of Reality Therapy, 14*(2), 23–28.

Schwartz, J. P., & Waldo, M. (2003). Interpersonal manifestations of lifestyle: Individual psychology integrated with interpersonal theory. *Journal of Mental Health Counseling, 25*(2), 101–108.

Schwartz, S. E. (2007). Jungian analytical theory. In D. Capuzzi & D. Gross (Eds.), *Counseling and psychotherapy: Theories and interventions* (4th ed., pp. 98–122). Upper Saddle River, NJ: Pearson/ Prentice Hall.

Scott, C. (2010). Solution focused assessment. In T. S. Nelson (Ed.), *Doing something different: Solution focused brief therapy practices* (pp. 23–24). New York, NY: Routledge.

Scott, J., & Freeman, A. (2010). Beck's cognitive therapy. In N. Kazantzis, M. A. Reinecke, & A. Freeman (Eds.), *Cognitive and behavioral theories in clinical practice* (pp. 28–75). New York, NY: Guilford Press.

Sedgwick, D. (2001). *Introduction to Jungian therapy.* New York, NY: Brunner-Routledge.

Seeman, J. (2008). *Psychotherapy and the fully functioning person.* Bloomington, IN: AuthorHouse.

Seibel, C. A., & Dowd, E. T. (1999). Reactance and therapeutic noncompliance. *Cognitive Therapy and Research, 23,* 373–379.

Seiler, L. (2008). *Cool connections with cognitive behavioral therapy: Encouraging self-esteem, resilience and well-being in children and young people using CBT approaches.* London, UK: Jessica Kingsley.

Seligman, L. (1994). *Developmental career counseling and assessment.* Thousand Oaks, CA: Sage.

Seligman, L. (1996). *Promoting a fighting spirit: Psychotherapy for cancer patients, survivors, and their families.* San Francisco, CA: Jossey-Bass.

Seligman, L. (2004). *Diagnosis and treatment planning in counseling* (3rd ed.). New York, NY: Kluwer/Plenum.

Seligman, L. (2009). *Fundamental skills for mental health professionals.* Upper Saddle River, NJ: Pearson.

Seligman, L., & Reichenberg, L. W. (2012). *Selecting effective treatments: A comprehensive, systematic guide to treating mental disorders* (4th ed.). Hoboken, NJ: Wiley.

Seligman, M. E. P. (1995). The effectiveness of psychotherapy. *American Psychologist, 50*(12), 965–974.

Serlin, I. (1992). Tribute to Laura Perls. *Journal of Humanistic Psychology, 32,* 57–66.

Sexton, T. L. (1995). Competency survey results. In M. K. Altekruse & T. L. Sexton (Eds.), *Mental health counseling in the '90s* (pp. 25–44). Tampa, FL: National Commission for Mental Health Counseling.

Sexton, T. L., & Whiston, S. C. (1991). A review of the empirical basis for counseling: Implications for practice and training. *Counselor Education and Supervision, 30,* 330–354.

Shafranske, E. P. (2001). The religious dimensions of patient care within rehabilitation medicine: The role of religious attitudes, beliefs, and professional practices. In T. G. Plante & A. C. Sherman (Eds.), *Faith and health: Psychological perspectives* (pp. 311–338). New York, NY: Guilford Press.

Shafranske, E. P. (2005). A psychoanalytic approach to spiritually oriented psychotherapy. In L. Sperry & E. P. Shafranske, (Eds.). *Spiritually oriented psychotherapy* (pp. 105–131). Washington, DC: American Psychological Association.

Shainess, M. (1978). Reflections on the contributions of Harry Stack Sullivan. *American Journal of Psychoanalysis, 38,* 301–315.

Shamdasani, S. (Ed.). (2009). *Liber novus: The "red book" of C. G. Jung* (Philemon Series). New York, NY: W. W. Norton.

Shamdasani, S. (2011). *C.G. Jung: A biography in books.* New York, NY: W. W. Norton.

Shapiro, R. (2005). *EMDR solutions: Pathways to healing.* New York, NY: W. W. Norton.

Sharf, R. S. (2012). *Theories of psychotherapy and counseling.* Belmont, CA: Brooks/Cole.

Shea, M., Cachelin, F., Uribe, L., Striegel, R., Thompson, D., & Wilson, T. (2012). Cultural adaptation of a cognitive behavior therapy guided self-help program for Mexican American women with binge eating disorders. *Journal of Counseling & Development, 90,* 308–318.

Shedler, J. (2010). The efficacy of psychodynamic psychotherapy. *American Psychologist, 65,* 98–109.

Shedler, J. (2012). The efficacy of psychodynamic psychotherapy. In R. A. Levy, J. S. Ablon, & H. Kachele (Eds.), *Psychodynamic psychotherapy research* (pp. 9–26). New York, NY: Humana Press.

Sheldon, K. M., Arndt, J., & Houser-Marko, L. (2003). In search of the organismic valuing process: The human tendency to move towards beneficial goal choices. *Journal of Personality, 71,* 835–869.

Sherman, R., & Nwaorgu, A. (2002). Adlerian therapy: A century of tradition and research. In F. W. Kaslow (Ed.), *Comprehensive handbook of psychotherapy: Interpersonal/humanistic/existential.* New York, NY: John Wiley & Sons.

Shifron, R. (2010). Adler's need to belong as the key to mental health. *Journal of Individual Psychotherapy, 66,* 10–29.

Shilts, L. (2010). Using scaling questions to assess couples readiness for therapy. In T. S. Nelson (Ed.), *Doing something different: Solution focused brief therapy practices* (pp. 17–21). New York, NY: Routledge.

Shulman, B. H., & Mosak, H. H. (1988). *Manual for life style assessment.* Muncie, IN: Accelerated Development.

Siegel, D. J. (2009). Mindful awareness, mindsight, and neural integration. *The Humanistic Psychologist, 37,* 137–158.

Sifneos, P. E. (1979a). *Short-term dynamic psychotherapy: Evaluation and technique.* New York, NY: Plenum.

Sifneos, P. E. (1979b). *Short-term psychotherapy and emotional crisis.* Cambridge, MA: Harvard University Press.

Sifneos, P. E. (1984). The current status of individual short-term dynamic psychotherapy and its future: An overview. *American Journal of Psychotherapy, 38*(4), 472–483.

Simkin, J. S. (1975). An introduction to Gestalt therapy. In F. C. Stephenson (Ed.), *Gestalt therapy primer: Introductory readings in Gestalt therapy* (pp. 3–12). Springfield, IL: C. C. Thomas.

Simmonds, L. (2006). The oceanic feeling and a sea change: Historical challenges to reductionist attitudes to religion and spirit from within psychoanalysis. *Psychoanalytic Psychology, 23,* 128–142.

Singh, J., & Tudor, K. (1997). Cultural considerations of therapy, The Person-Centered Journal, 4, 32–46.

Skinner, B. F. (1938). *The behavior of organisms.* New York, NY: Appleton-Century.

Skinner, B. F. (1948/2005). *Walden II.* Indianapolis, IN: Hackett.

Skinner, B. F. (1957). *Verbal behavior.* New York, NY: Appleton-Century-Crofts.

Skinner, B. F. (1969). *Contingencies of reinforcement: A theoretical analysis.* New York, NY: Appleton-Century-Crofts.

Skinner, B. F. (1971). *Beyond freedom and dignity.* New York, NY: Knopf.

Skinner, B. F. (1974). *About behaviorism.* New York, NY: Knopf.

Sklare, G. (2000). Solution-focused brief counseling strategies. In J. Carlson & L. Sperry (Eds.), *Brief therapy with individuals and couples* (pp. 437–468). Phoenix, AZ: Zeig, Tucker & Theisen.

Smith, L. D., & Peck, P. L. (2004). Dialectical behavior therapy: A review and call to research. *Journal of Mental Health Counseling, 26,* 25–39.

Smith, M. L., Glass, G. V., & Miller, T. I. (1980). *The benefits of psychotherapy.* Baltimore, MD: Johns Hopkins University Press.

Smith, T. B., Rodriquez, M. M. D., & Bernal, G. (2011). Culture. In J. C. Norcross (Ed.), *Psychotherapy relationships that work: Evidence-based responsiveness* (2nd ed., pp. 316–335). New York, NY: Oxford.

Solnit, S. J. (1997). A legacy: Anna Freud's views on childhood and development. *Child Psychiatry and Human Development, 28,* 5–14.

Sommerbeck, L. (2011). An introduction to pre-therapy. *Psychosis, 3,* 235–241.

Spaulding, W., & Nolting, J. (2006). Psychotherapy for schizophrenia in the year 2030: Prognosis and prognostication. *Schizophrenia Bulletin, 32* (Suppl. 1), S94–S105.

Speca, M., Carlson, L. E., Mackenzie, M. J., & Angen, M. (2006). Mindfulness-based stress reduction (MBSR) as an intervention for cancer patients. In R. A. Baer (Ed.), *Mindfulness-based treatment approaches: Clinician's guide to evidence base and applications* (pp. 239–261). Burlington, MA: Elsevier.

Spencer, B., & Brown, J. (2007). Fusion or internalized homophobia? A pilot study of Bowen's differentiation of self hypothesis with lesbian couples. *Family Process, 46,* 257–268.

Sperry, L. (2006). *Cognitive behavior therapy of DSM-IV-TR personality disorders* (2nd ed.). New York, NY: Routledge.

Sperry, L. (2012). *Spirituality in clinical practice: Theory and practice of spiritually oriented psychotherapy* (2nd ed.). New York, NY: Routledge.

Sperry, L., & Shafranske, E. P. (Eds.). (2005). *Spiritually oriented psychotherapy.* Washington, DC: American Psychological Association.

Spiegler, M. (2008). Behavior therapy II: Cognitive behavior therapy. In J. Frew & M. D. Spiegler (Eds.), *Contemporary psychotherapies for a diverse world* (pp. 320–359). Boston, MA: Houghton Mifflin.

Spinelli, E. (2007). *Practising existential psychotherapy: The relational world.* London, UK: Sage.

Spinelli, M. G. (1997). *Interpersonal psychotherapy for depressed antepartum women.* New York, NY: College of Physicians and Surgeons, Columbia University Press.

Springer, P. R., & Wheeler, M. A. (2012). The relational self-esteem pot. A Satir intervention in family therapy. *The Satir Journal: Transformational Systemic Therapy, 5*(1).

Stafford-Clark, D. (1965). *What Freud really said.* New York, NY: Schocken.

Stasiewicz, P., Herrman, D., Nochajski, T., & Dermen, K. (2006). Motivational interviewing: Engaging highly resistant clients in treatment. *Counselor, 7.*

Stehno, J. T. (1995). Classroom consulting with reality therapy. *Journal of Reality Therapy, 15*(1), 81–86.

Stein, B. C., Jaycox, L. H., Kataoka, S. H., Wong, M., Tu, W., Elliott, M. N., & Fink, A. (2003). A mental health intervention for school children exposed to violence. *Journal of the American Medical Association, 290,* 603–611.

Stein, H. T. (2007). Adler's legacy: Past, present and future. *Journal of Individual Psychology, 63,* 205–213.

Stein, M. (Ed.). (2010). *Jungian psychoanalysis: Working the spirit of C. G. Jung.* Chicago, IL: Carus.

Steketee, G. (Ed.). (2011). *Handbook of obsessive compulsive and spectrum disorders.* New York, NY: Oxford University Press.

Steketee, G., Frost, R. O., Tolin, D. F., Rasmussen, J., & Brown, T. A. (2010). Waitlist-controlled trial of cognitive behavior therapy for hoarding disorder. *Depression and Anxiety, 27,* 476–484.

Stewart, R. E., & Chambless, D. L. (2007). Does psychotherapy research inform treatment decisions in private practice? *Journal of Clinical Psychology, 63,* 267–281.

Stifler, K., Greer, J., Sneck, W., & Dovenmuehle, R. (1993). An empirical investigation of the discriminability of reported mystical experiences among religious contemplatives, psychotic inpatients, and normal adults. *Journal for the Scientific Study of Religion, 32,* 366–372.

Stoehr, T. (2009). Perls, Hefferline, and Goodman: Gestalt therapy—An afterword. *Gestalt Review, 13,* 82–95.

Strasser, F., & Strasser, A. (1997). *Existential time-limited therapy: The wheel of existence.* New York, NY: Wiley.

Strean, H. S. (1994). *Essentials of psychoanalysis.* New York, NY: Brunner/Mazel.

Strean, H. S. (2001). *Controversies on countertransference.* Lanham, MD: Jason Aronson.

Stricker, G., & Gold, J. (2006). *A casebook of psychotherapy integration.* Washington, DC: American Psychological Association.

Stricker, G., & Gold, J. (2011). Integrative approaches to psychotherapy. In S. Messer & A. Gurman (Eds.), *Essential psychotherapies* (3rd ed., pp. 425–459). New York, NY: Guilford Press.

Strozier, C. B. (2001). *Heinz Kohut: The making of a psychoanalyst.* New York, NY: Farrar, Strauss and Giroux.

Strumpfel, U. (2006). *Therapie der Gefuehle: Forschungsbefunde zur Gestalttherapie.* Cologne, Germany: Edition Humansistiche Psychologie. Summary available at http://therapie-der-gefuehle.de/summary.html

Strumpfel, U., & Goldman, R. (2002). Contacting Gestalt therapy. In D. J. Cain & J. Seeman (Eds.), *Humanistic psychotherapies: Handbook of research and practice* (pp. 189–219). Washington, DC: American Psychological Association.

Strumpfel, U., & Martin, C. (2004). Research on Gestalt therapy. *International Gestalt Journal, 27,* 9–54.

Strupp, H. H. (1992). The future of psychodynamic psychotherapy. *Psychotherapy, 29*(1), 21–27.

Stuart, R. B. (1998). Updating behavior therapy with couples. *Family Journal, 6*(1), 6–12.

Sue, D. W., & Sue, D. (2008). *Counseling the culturally diverse: Theory and practice* (5th ed.). New York, NY: John Wiley & Sons.

Sullivan, H. S. (1947). *Conceptions of modern psychiatry.* Washington, DC: William Alanson White Institute.

Sullivan, H. S. (1953). *The interpersonal theory of psychiatry.* New York, NY: W. W. Norton.

Sullivan, H. S. (1970). *The psychiatric interview.* New York, NY: W. W. Norton.

Sulloway, F. J. (1995). Birth order and evolutionary psychology: A meta-analytic overview. *Psychological Inquiry, 6,* 75–80.

Sulloway, F. J., & Zweigenhaft, R. L. (2010). Birth order and risk taking in athletics: A meta-analysis and study of major league baseball players. *Personality and Social Psychology Review, 14,* 402–416.

Summers, R. F., & Barber, J. P. (2009). *Psychodynamic*

therapy: A guide to evidence-based practice. New York, NY: Guilford Press.

Surcinelli, P., Rossi, N., Montebarocci, O., & Baldaro, B. (2010). Adult attachment styles and psychological disease: Examining the mediating role of personality traits. *Journal of Psychology Interpersonal and Applied, 144,* 523–534.

Surrey, J. L. (1991). The "self-in-relation": A new theory of women's development. In J. V. Jordan, A. G. Kaplan, J. B. Miller, I. P. Stiver, & J. L. Surrey (Eds.), *Women's growth in connection: Writings from the Stone Center.* New York, NY: Guilford Press.

Swales, M. (2012). Dialectical behavior therapy. In W. Dryden (Ed.), *Cognitive behavioral therapies* (pp. 93–114). Thousand Oaks, CA: Sage.

Sweeney, D. S., & Homeyer, L. E. (2010). Sandtray therapy. In A. A. Drewes (Ed.), *Blending play therapy with cognitive behavioral therapy* (pp. 297–318). Hoboken, NJ: John Wiley & Sons.

Sweeney, T. J. (2009). *Adlerian counseling: A practitioner's approach* (5th ed.). Philadelphia, PA: Taylor & Francis.

Sweet, A. D. (2010). Paranoia and psychotic process: Some clinical applications of projective identification in psychoanalytic psychotherapy. *American Journal of Psychotherapy, 64,* 339–358.

Swift, J. K., & Callahan, J. L. (2010). A comparison of client preferences for intervention empirical support versus common therapy variables, *Journal of Clinical Psychology, 66,* 1217–1231.

Swift, J. K., Callahan, J. L., & Vollmer, B. M. (2011). Preferences. In J. C. Norcross (Ed.), *Psychotherapy relationships that work: Evidence-based responsiveness.* New York, NY: Oxford University Press.

Symonds, D., & Horvath, A. O. (2004). Optimizing the alliance in couples therapy. *Family Process, 43,* 443–455.

Tacey, D. (2009). *Edge of the sacred: Jung, psyche, and earth.* Einsiedein, Switzerland: Daimon Verlag.

Tarragona, M. (2008). Postmodern/poststructuralist therapies. In J. L. Lebow (Ed.), *Twenty-first century psychotherapies: Contemporary approaches to theory and practice* (pp. 167– 205). Hoboken, NJ: John Wiley & Sons.

Tavernese, S. (2012, May 17). Whites account for under half of births in U.S. *New York Times,* p. A-1.

Teasdale, J., Williams, J., Soulsby, J. M., Segal, Z. V., Ridgeway, V. A., & Lau, M. A. (2000). Prevention of relapse/recurrence in major depression by mindfulness-based cognitive therapy. *Journal of Consulting*

and Clinical Psychology, 68, 623–625.

Teyber, E., & McClure, F. H. (2011). *Interpersonal process in therapy: An integrative model* (6th ed.). Belmont, CA: Thomson/Brooks Cole.

Thomas, F. (2010a). 7-Eleven. In T. S. Nelson (Ed.), *Doing something different: Solution focused brief therapy practices* (pp. 5–6). New York, NY: Routledge.

Thomas, F. (2010b). Scaling agency with clients when they begin taking anti-depressants. In T. S. Nelson (Ed.), *Doing something different: Solution focused brief therapy practices* (pp. 11–15). New York, NY: Routledge.

Thompson, C. (2011). A meaning-centered therapy for addictions. *Journal of Mental Health and Addiction,* 9367–9411.

Thompson, R. A. (2003). *Counseling techniques.* Washington, DC: Accelerated Development.

Thorne, B. (1991). *Person-centred counseling: Therapeutic and spiritual dimensions.* London, UK: Whurr.

Thorne, B. (2002). *The mystical power of person-centred therapy: Hope beyond despair.* London, UK: Whurr.

Tillich, P. (1952). *The courage to be.* New Haven, CT: Yale University Press.

Tinker, R., & Wilson, W. (1999). *Through the eyes of a child.* New York, NY: W. W. Norton.

Toman, S. M., & Bauer, A. (2005). Adolescents: Development & practice from a Gestalt perspective. In A. L. Woldt & S. M. Toman (Eds.), *Gestalt therapy: History, theory, and practice* (pp. 179–200). Thousand Oaks, CA: Sage.

Tomm, K. (1984). Interventive interviewing: Part I. Strategizing as a fourth guideline for the therapist. *Family Process, 26,* 3–13.

Topolinski, S., & Hertel, G. (2007). The role of personality in psychotherapists' careers: Relationships between personality traits, therapeutic schools, and job satisfaction. *Psychotherapy Research, 17,* 378–390.

Tori, C. D., & Bilmes, M. (2002). Multiculturalism and psychoanalytic psychology: The validation of a defense mechanisms measure in an Asian population. *Psychoanalytic Psychology, 19,* 701–721.

Totton, N. (2010). *The problem with the humanistic therapies.* London, UK: Karnac Books.

Tremblay, J., Herron, W., & Schultz, C. (1986). Relation between therapeutic orientation and personality in psychotherapists. *Professional Psychology: Research and Practice, 17,* 106–110.

Truax, C., & Carkhuff, R. (2007). *Toward effective coun-*

seling and psychotherapy. Chicago, IL: Transaction Publishers.

Tuckey, M. R., & Brewer, N. (2003). The influence of schemas, stimulus ambiguity, and interview schedule on eyewitness memory over time. *Journal of Experimental Psychology: Applied, 9*, 101–118.

Tudor, K. (2002). *Transactional analysis approaches to brief therapy: What do you say between saying hello and goodbye?* London, UK: Sage.

Tudor, K. (2008). *The adult is parent to the child: Transactional analysis with children and young people.* Dorset, UK: Russell House Publishers.

Tudor, K., & Worrall, M. (2006). *Person-centered therapy: A clinical philosophy*. New York, NY: Routledge.

Tummala-Narra, P. (2009). The relevance of a psychoanalytic perspective in exploring religious and spiritual identity in psychotherapy. *Psychoanalytic Psychology, 26,* 83–95.

Turkington, D., Kingdon, D., & Weiden, P. (2008). Cognitive behavior therapy for schizophrenia. *Focus, 6,* 266. Arlington, VA: American Psychiatric Association.

Tursi, M. M., & Cochran, J. L. (2006). Cognitive behavioral tasks accomplished in a person-centered relational framework. *Journal of Counseling and Development,* 84, 387–396.

Uhlmann, E., Pizarro, D., & Bloom, P. (2008). Varieties of social cognition. *Journal for the Theory of Social Behavior, 38,* 293–322.

Vachon, M., Fillion, L., Achille, M., Duval, S., & Leung, D. (2011). An awakening experience: An interpretative phenomenological analysis of the effects of a meaning-centered intervention shared among palliative care nurses. *Qualitative Research in Psychology, 8,* 39–54.

Vallejo, Z., & Amaro, H. (2009). Adaptation of mindfulness-based stress reduction program for addiction relapse prevention. *The Humanistic Psychologist, 37,* 192–206.

van Deurzen, E. (2002). *Existential counseling and psychotherapy in practice* (2nd ed.). London, UK: Sage.

van Deurzen, E. (2010). *Everyday mysteries: A handbook of existential psychotherapy* (2nd ed.). New York, NY: Routledge.

van Deurzen, E., & Adams, M. (2011). *Skills in existential counseling and psychotherapy.* Thousand Oaks, CA: Sage.

Van Etten, M. L., & Taylor, S. (1998). Comparative efficacy of treatments for posttraumatic stress disorder: A

meta-analysis. *Clinical Psychology and Psychotherapy, 5,* 126–144.

Van Wagoner, S. L., Gelso, C. J., Hayes, J. A., & Diemer, R. A. (1991). Countertransference and the reputedly excellent therapist. *Psychotherapy, 28,* 411–421.

Veale, D., & Neziroglu, F. (2010). *Body dysmorphic disorder: A treatment manual.* Hoboken, NJ: John Wiley & Sons.

Veltro, F., Vendittelli, N., Oricchio, I., Addona, F., Avino, C., Figliolia, G., & Morosini, P. (2008). Effectiveness and efficiency of cognitive–behavioral group therapy for inpatients: 4-year follow-up study. *Journal of Psychiatric Practice, 14,* 281–288.

Verdeli, H., & Weissman, M. M. (2011). Interpersonal therapy. In R. J. Corsini & D. Wedding (Eds.), Current psychotherapies (9th ed., pp. 383–416). Belmont, CA: Brooks/Cole.

Vernon, A. (2006a). *Thinking, feeling, behaving: An emotional education curriculum for adolescents: Grades 7–12.* Champaign, IL: Research Press.

Vernon, A. (2006b). *Thinking, feeling, behaving: An emotional education curriculum for children: Grades 1–6.* Champaign, IL: Research Press.

Vernon, A. (2009). Rational emotive behavior therapy. In A. Vernon & T. Kottman (Eds.), *Counseling theories: Practical applications with children and adolescents in school settings* (pp. 154–184). Denver, CO: Love.

von Bertalanffy, L. (1968/1976). *General system theory: Foundations, development, application.* New York, NY: George Braziller.

Von Glasersfeld, E. (1996). *Radical constructivism: A way of knowing and learning.* Psychology Press.

Vontress, C. E. (1996). A personal retrospective on cross-cultural counseling. *Journal of Counseling and Development, 24,* 156–166.

Vontress, C. E. (2008a). Existential therapy. In J. Frew and M. D. Spiegler (Eds.), *Contemporary psychotherapy for a diverse world* (pp. 141–176). Boston, MA: Houghton Mifflin.

Vontress, C. E. (2008b). Preface. In P. B. Pedersen, J. G. Draguns, W. J. Lonner, & J. E. Trimble (Eds.), *Counseling across cultures* (6th ed., p. ix–xii). Alexandria, VA: American Counseling Association.

Vontress, C. E., & Epp, L. R. (1997). Historical hostility in the African American client: Implications for counseling. *Journal of Multicultural Counseling and Development, 25,* 170–184.

Vontress, C. E., Johnson, J. A., & Epp, L. R. (1999). *Cross-*

cultural counseling: A casebook. Alexandria, VA: American Counseling Association.

Vromans, L., & Schweitzer, R. (2011). Narrative therapy for adults with major depressive disorder: Improved symptom and interpersonal outcomes. *Psychotherapy Resolutions, 21,* 4–15.

Vygotsky, L. (1967). Play and its role in the mental development of the child. *Journal of Russian and East European Psychology, 5,* 6–18.

Vygotsky, L. (1986). *Thought and language.* Cambridge, MA: MIT Press.

Wachtel, P. L. (1977). *Psychoanalysis and behavior therapy: Toward an integration.* New York, NY: Basic Books.

Wachtel, P. L. (1997). *Psychoanalysis, behavior therapy, and the relational world.* Washington, DC: American Psychological Association.

Wachtel, P. L. (2008). *Relational psychotherapy.* New York, NY: Guilford Press.

Wachtel, P. L. (2010). *Relational theory and the practice of psychotherapy.* New York, NY: Guilford Press.

Wachtel, P. L. (2011). *Inside the session: What really happens in psychotherapy.* Washington, DC: American Psychological Association.

Wachtel, P. L. (2012). *Therapeutic communication: Knowing what to say and when* (2nd ed.), New York, NY: Guilford Press.

Wachtel, P. L., Kruk, J., & McKinney, M. K. (2005). Cyclical psychodynamics and integrative relational therapy. In J. C. Norcross & M. R. Goldfried (Eds.), *Handbook of psychotherapy integration* (2nd ed., pp. 172–195). New York, NY: Oxford University Press.

Wagner-Moore, L. E. (2004). Gestalt therapy: Past, present, and future research. *Psychotherapy: Theory, Research, Practice, Training, 41,* 180–189.

Waites, C. (2009). Building on strengths: Intergenerational practice with African American families. *Social Work, 54,* 278–287.

Walborn, F. S. (1996). *Process variables.* Pacific Grove, CA: Brooks/Cole.

Walen, S. R., DiGiuseppe, R., & Dryden, W. (1992). *A practitioner's guide to rational-emotive therapy.* New York, NY: Oxford University Press.

Wallach, H. S., Safir, M. P., & Bar-Zvi, M. (2009). Virtual reality cognitive behavior therapy for public speaking anxiety: A randomized clinical trial. *Behavior Modification, 33,* 314–338.

Walsh, F. (1998). *Strengthening family resilience.* New

York, NY: Guilford Press.

Walsh, F. (Ed.). (2012). *Normal family processes: Growing diversity and complexity* (4th ed.). New York, NY: Guilford Press.

Wampold, B. E. (2010). The research evidence for the common factors models: A historically situated perspective. In B. L. Duncan, S. D. Miller, B. E. Wampold, & M. A. Hubble. (Eds.), *Heart and soul of change in psychotherapy* (2nd ed., pp. 49–81). Washington, DC: American Psychological Association.

Wampold, B. E., Minami, T., Baskin, T. W., & Callen Tierney, S. (2002). A meta-(re)analysis of the effects of cognitive therapy versus "other therapies" for depression. *Journal of Affective Disorders, 68,* 159–165.

Warren, J. M. (2012). Mobile mind mapping: Using mobile technology to enhance rational emotive behavior therapy. *Journal of Mental Health Counseling, 34,* 72–81.

Waska, R. (2010). Moments of uncertainty in psychoanalytic practice: Interpreting within the matrix of projective identification, counter-transference, and enactment. New York, NY: Columbia University Press.

Watson, J. B. (1925). *Behaviorism.* New York, NY: W. W. Norton.

Watson, J. C., Gordon, L. B., Stermac, L., Kalogerakos, F., & Steckley, P. (2003). Comparing the effectiveness of process-experiential with cognitive–behavioral psychotherapy in the treatment of depression. *Journal of Consulting and Clinical Psychology, 71,* 773–781.

Watts, A. (1951). *The wisdom of insecurity: A message for an age of anxiety.* New York, NY: Pantheon Books.

Watts, A. (1957). *The way of Zen.* New York, NY: Pantheon Books.

Watts, R. E. (2000). Entering the new millennium: Is individual psychology still relevant? *Journal of Individual Psychology, 56,* 21–30.

Watts, R. E. (Ed.). (2003). *Adlerian, cognitive, and constructivist therapies: An integrative dialogue.* New York, NY: Springer.

Weakland, J., Fisch, R., Watzlawick, P., & Bodin, A. (1974). Brief therapy: Focused problem resolution. *Family Process, 13,* 141–168.

Weishaar, M. E. (1993). *Aaron T. Beck.* London, UK: Sage.

Weisler, S. (2006). Cancer as a turning point in life. *International Journal of Reality Therapy, 26,* 38–39.

Weiss, P. A. (2010). Time-limited dynamic psychotherapy as a model for short-term inpatient groups. *Journal of*

Contemporary Psychotherapy, 40, 41–49.

Weissman, M. M., Markowitz, J., & Klerman, G. L. (2007). *Clinician's quick guide to interpersonal therapy.* New York, NY: Oxford University Press.

Wheeler, G. (1991). *Gestalt reconsidered: A new approach to contact and resistances.* New York, NY: Gardner.

Whitaker, C. A., & Napier, A. Y. (1977). Process techniques of family therapy. *Interaction, 1*, 4–19.

Whitaker, C., Warkentin, J., & Malone, T. (2011). The involvement of the professional therapist. In C. Whitaker, J. Warkentin, T. Malone, & A. Burton (Eds.), *Case studies in counseling and psychotherapy* (pp. 218–256). Englewood Cliffs, NJ: Prentice Hall.

White, J., Campbell, L., & Steward, A. (1995). Associations of scores on the White-Campbell Psychological Birth Order Inventory and the Kern Lifestyle Scale. *Psychological Reports, 77*, 1187–1196.

White, K. J., Wagener, L. M., & Furrow, J. L. (2010). What am I here for? A qualitative examination on the expression, development and integration of purpose in at-risk and thriving male adolescents. *International Journal of Existential Psychology and Psychotherapy, 3*, 1–16.

White, M. (1986). Negative explanation, restraint, and double description: A template for family. *Family Process, 25*, 169–184.

White, M. (1988–1989, Summer). The externalization of the problem and the re-authoring of lives and relationships. *Dulwich Centre Newsletter*, pp. 3–20.

White, M. (1989). *Selected papers.* Adelaide, Australia: Dulwich Centre.

White, M. (1995). *Re-authoring lives.* Adelaide, Australia: Dulwich Centre.

White, M. (2007). *Maps of narrative practice.* New York, NY: W. W. Norton.

White, M. (2011). *Narrative practice: Continuing the conversation.* New York, NY: W. W. Norton.

White, M., & Epston, D. (1989). *Literate means to therapeutic ends.* Adelaide, Australia: Dulwich Centre.

White, M., & Epston, D. (1990). *Narrative means to therapeutic ends.* New York, NY: W. W. Norton.

White, M., & Morgan, A. (2006). *Narrative therapy with children and their families.* Adelaide, Australia: Dulwich Centre.

White, W. L., & Kurtz, E. (2008). Twelve defining moments in the history of Alcoholics Anonymous. In M. Galanter & L. A. Kaskutas (Eds.). *Recent developments in alcoholism, Vol. 18: Research on Alcoholics Anonymous and spirituality in addiction recovery* (pp. 37–58). New York, NY: Humana Press.

Wickers, F. (1988). The misbehavior reaction checklist. *Elementary School Guidance and Counseling, 23*, 70–73.

Wilcoxon, S. A., Remley, T. P., Gladding, S. T., & Huber, C. H. (2007). *Ethical, legal, and professional issues in the practice of marriage and family therapy* (4th ed.). Upper Saddle River, NJ: Pearson.

Williams, M. (2006). Mindfulness-based stress reduction (MBSR) in a worksite wellness program. In R. A. Baer (Ed.), *Mindfulness-based treatment approaches: Clinician's guide to evidence base and applications* (pp. 361–376). Burlington, MA: Elsevier.

Williams, M. (2010). Mindfulness and psychological process, *Emotion, 10*, 1–7.

Williams, M., Alato, Y., Crane, C., Bernhofer, T., Fennell, M. J. V., Duggan, D. S., . . . Goodwin, G. M. (2008). Mindfulness-based cognitive therapy (MBCT) in bipolar disorder: Preliminary evaluation of immediate effects on between-episode functioning. *Journal of Affective Disorders, 107*, 275–279.

Williams, M., Teasdale, J., Segal, Z., & Kabat-Zinn, J. (2007). *The mindful way through depression.* New York, NY: Guilford Press.

Williams, P. S. (1994). Harry Stack Sullivan: Opening the door for a transpersonal vision? *Humanistic Psychologist, 22*, 62–73.

Willock, B. (2001). Stephen A. Mitchell (1946–2000). *American Psychologist, 56*, 820.

Wilson, G. T. (1995). Behavior therapy. In R. J. Corsini & D. Wedding (Eds.), *Current psychotherapies* (5th ed., pp. 127–228). Itasca, IL: Peacock.

Wilson, W. P. (2009). Psychiatric treatments involving religion: Psychotherapy from a Christian perspective. In P. Huguelet & H. P. Koenig (Eds.), *Religion and spirituality in psychiatry* (pp. 283–300). New York, NY: Cambridge University Press.

Winbolt, B. (2011). *Solution focused therapy for the helping professions.* Philadelphia, PA: Jessica Kingsley.

Wingerson, D., Sullivan, M., Dager, S., Flick, S., Dunner, D., & Roy-Byrne, P. (1993). Personality traits and early discontinuation from clinical trials in anxious patients. *Journal of Clinical Psychopharmacology, 13*, 194–197.

Winslade, J., & Monk, G. (2000). *Narrative mediation: A new approach to conflict resolution.* San Francisco, CA: Jossey-Bass.

Winslade, J., & Smith, L. (1997). Countering alcoholic

narratives. In G. Monk, J. Winslade, K. Crocket, & D. Epston (Eds.), *Narrative therapy in practice: The archaeology of hope* (pp. 158–193). San Francisco, CA: Jossey-Bass.

Wintersteen, M. B., Mensinger, J. L., & Diamond, G. S. (2005). Do gender and racial differences between patient and therapist affect therapeutic alliance and treatment retention in adolescents? *Professional Psychology: Research and Practice, 36,* 400–408.

Witmer, J. M., & Sweeney, T. J. (1992). A holistic model for wellness and prevention over the lifespan. *Journal of Counseling and Development, 71,* 140–148.

Witt-Browder, A. S. (2000). Clients in partial hospitalization settings. In J. R. White & A. S. Freeman (Eds.), *Cognitive–behavioral group therapy for specific problems and populations* (pp. 361–384). Washington, DC: American Psychological Association.

Woldt, A. L., & Toman, S. M. (2005). *Gestalt therapy: History, theory, and practice.* Thousand Oaks, CA: Sage.

Wolf, E. S. (1994). Varieties of disorders of the self. *British Journal of Psychotherapy, 11,* 198–208.

Wolpe, J. (1969). *The practice of behavior therapy.* New York, NY: Pergamon.

Wong, E. C., Kim, B. S., Zane, N. W. S., Kim, I. J., & Huang, J. S. (2003). Examining culturally based variables associated with ethnicity: Influences on credibility perceptions of empirically supported interventions. *Cultural Diversity & Ethnic Minority Psychology, 9,* 88–96.

Wong, P. (2010). Meaning therapy: An integrative and positive existential psychology. *Journal of Contemporary Psychology, 40,* 85–93.

Wubbolding, R. E. (1988). *Using reality therapy.* New York, NY: Perennial.

Wubbolding, R. E. (1991). *Understanding reality therapy.* New York, NY: HarperCollins.

Wubbolding, R. E. (1995). Integrating theory and practice: Expanding the theory and use of the higher level of perception. *Journal of Reality Therapy, 15*(1), 91–94.

Wubbolding, R. E. (2000). *Reality therapy for the 21st century.* Bristol, PA: Accelerated Development.

Wubbolding, R. E. (2007a). Glasser quality school. *Group Dynamics: Theory, Research and Practice, 11,* 253–261.

Wubbolding, R. E. (2007b). Reality therapy theory. In D. Capuzzi & D. Gross (Eds.), *Counseling and psychotherapy: Theories and interventions* (4th ed., pp. 289–312). Upper Saddle River, NJ: Pearson/Prentice Hall.

Wubbolding, R. E. (2009). *Reality therapy training manual* (15th rev.). Cincinnati, OH: Center for Reality Therapy.

Wubbolding, R. E. (2011). *Reality therapy: Theories of counseling series.* Washington, DC: American Psychological Association.

Wubbolding, R. E., & Brickell, J. (2008). Frequently asked questions and not so brief answers: Part II. *International Journal of Reality Therapy, 27,* 46–49.

Wulf, R. (1998). The historical roots of Gestalt therapy theory. *Gestalt Journal, 21,* 81–92.

Xu, J. (2010). Logotherapy: A balm of Gilead for aging? *Journal of Religion, Spirituality & Aging, 22,* 180–195.

Yalom, I. D. (1980). *Existential psychotherapy.* New York, NY: Basic Books.

Yalom, I. D. (1989). *Love's executioner and other tales of psychotherapy.* New York, NY: Basic Books.

Yalom, I. (1998). *The Yalom reader: Selections from the work of a master therapist and master storyteller.* New York, NY: Basic Books.

Yalom, I. D. (2008). *Staring at the sun: Overcoming the terror of death.* San Francisco, CA: Jossey-Bass.

Yalom, I. (2009). *The gift of therapy: An open letter to a new generation of therapists.* New York, NY: Harper Collins.

Yalom, I., & Leszcz, M. (2005). *Theory and practice of group psychotherapy* (5th ed.). New York, NY: Basic Books.

Yontef, G. (1993). *Awareness, dialogue, and process: Essays on Gestalt therapy.* Highland, NY: The Gestalt Journal Press.

Yontef, G. (1998). Dialogic Gestalt therapy. In L. Greenberg, J. C. Watson, & G. Lietaer (Eds.), *Handbook of experiential psychotherapy* (pp. 82–102). New York, NY: Guilford Press.

Yontef, G. M. (2012). The four relationships of Gestalt therapy couples work. In T. B. Levine (Ed.), *Gestalt therapy: Advances in theory and practice* (pp. 123–137). New York, NY: Routledge.

Young, J. E. (1990/1999). *Cognitive therapy for personality disorders: A schema-focused approach.* Sarasota, FL: Professional Resource Exchange.

Young, J. E. (2003a). *Young Compensation Inventory.* New York, NY: Schema Therapy Institute.

Young, J. E. (2003b). *Young Parenting Inventory.* New York, NY: Cognitive Therapy Center of New York.

Young, J. E. (2005). *Young Schema Questionnaire.* New York, NY: Schema Therapy Institute.

Young, J. E., Arntz, A., Atkinson, T., Lobbastael, J., Weishear, M. E., vanVoleeswijk, M. F., & Klokman, J. (2007). *The Schema Mode Inventory*. New York, NY: Schema Therapy Institute.

Young, J. E., Klosko, J. S., & Weishaar, M. E. (2006). *Schema therapy: A practitioner's guide*. New York, NY: Guilford Press.

Young, S. (2010). Responding to bullying in primary schools. In T. S. Nelson (Ed.), *Doing something different: Solution focused brief therapy practices* (pp. 99–101). New York, NY: Routledge.

Young-Bruehl, E. (2008). *Anna Freud: A biography*. New Haven, CT: Yale University Press.

Zadeh, Z. H., Jenkins, J., & Pepler, D. (2010). A transactional analysis of maternal negativity and child externalizing behavior. *International Journal of Behavioral Development, 34,* 218–228.

Zarb, J. M. (2007). *Developmental cognitive behavioral therapy with adults*. New York, NY: Routledge.

Ziegler, D. J. (1999). The construct of personality in rational emotive behavior therapy (REBT) theory. *Journal of Rational-Emotive & Cognitive–Behavior Therapy, 17,* 19–32.

Zinbarg, R. E., & Griffith, J. W. (2008). Behavior therapy. In J. L. Lebow (Ed.), *Twenty-first century psychotherapies: Contemporary approaches to theory and practice* (pp. 8–42). Hoboken, NJ: John Wiley & Sons.

Zuroff, D. C., Kelly, A. C., Leybman, M. J., Blatt, S. J., & Wampold, B. E. (2010). Between-therapist and within-therapist differences in the quality of the therapeutic relationship: Effects on maladjustment and self-critical perfectionism. *Journal of Clinical Psychology, 66,* 681–697.

찾아보기

Linda Seligman, Ph. D

Linda Seligman 박사는 컬럼비아대학교에서 상담심리학 박사학위를 받았다. 그녀의 주요 관심 분야는 진단 및 치료 계획, 만성 환자 및 삶을 위협하는 질병을 가진 환자들을 상담하는 것이다. Seligman 박사는 조지메이슨 대학에서 25년간 교수로 재임했다. 또한 교육학과 박사과정 공동 책임자, 상담 개발 프로그램 담당자, 교육학과 부학과장, 지역 상담 프로그램 회장 등을 역임했다. 그리고 이후 명예교수직을 맡았다. Seligman 박사는 또, 존스홉킨스대학교의 일원으로, 그리고 월든대학교에서 상담심리 교수로 일했다.

Seligman 박사는 다음의 목록을 포함하여 총 15권의 교재를 저술했다. *Selecting Effective Treatments, Diagnosis and Treatment Planning in Counseling, Developmental Career Counseling and Assessment, Promoting a Fighting Spirit: Psychotherapy for Cancer Patients, Survivors, and Their Families.* 그녀는 80편 이상의 전문 학술논문과 교재를 출간했다. 그녀는 진단과 치료 계획을 주제로 미국 전역과 세계 각국에서 강의를 했으며, 이 주제에 관해 잘 알려진 권위자이기도 하다. 1990년에 미국 정신건강상담협회(AMHCA)는 Seligman 박사를 '올해의 연구자'로 선정했고, 2007년에는 '올해의 상담 교육자'의 칭호를 부여했다.

Lourie W. Reichenberg, MA, LPC

Lourie W. Reichenberg는 버지니아 주 폴스 처치에서 자격을 인정하는 전문 치료자이다. 그녀는 버지니아 주 비엔나 시 여성 센터에서 일하는 치료자들과 인턴들의 슈퍼바이저이기도 하다. 그녀는 메리마운트대학교에서 상담심리학 석사학위를 받았고, 대학원과 학부과정에서 위기상담, 임상심리학 및 이상심리, 상담 이론 등을 강의했다. 현재 버지니아 임상상담자협회 임원이며, 북부 버지니아 전문상담자협회의 임원이다.

Reichenberg는 CrisisLink LOSS 팀의 회원으로서 자살사고 발생 후 커뮤니티에 도움을 제공하는 일을 하고 있다. 그녀는 2003년부터 2006년까지 CrisisLink 임원으로 일했으며 현재는 고문을 맡고 있다. 그녀는 북부 버지니아 전문상담자협회의 편집위원을 역임했고, 1988년부터 1993년까지 *Journal of the College and University Personnel Association*의 편집자였다. 그녀는 Seligman과 공동으로 *Selecting Effective Treatments*(2007, 2012)를 저술했으며, *Crisis Assessment, Intervention and Prevention*(Jackson-Cherry & Erford, 2010, 2013)에서 애도와 상실에 관한 부분을 포함하여 수많은 전문 학술논문을 출간하였다. 그녀는 30권 이상의 교재와 전공 논문을 써왔다.

그녀의 주요 관심 분야는 위기상담, 애도와 상실, 삶의 전환기를 경험하고 있는 개인 · 부부 · 가족들을 돕는 것이다. 그녀는 자신을 치료자 · 교육자 · 지역사회 자원봉사자로서, 치료에서는 인본주의적이고 인간중심적이며 정서에 초점을 둔 관점과 마음챙김을 통합하여 작업하고 있다.

역자 소개

김영혜 서강대학교 수학과 졸업
이화여자대학교 대학원 상담심리전공 석사 및 박사
서울대학교 BK21 아시아태평양교육발전연구단 박사후 연구원
한국상담심리학회 상담심리사 1급, 청소년상담사 1급
서강대학교 학생생활상담연구소 상담교수
현재 원광디지털대학교 상담심리학과 교수
저서 및 역서 인지역동적 접근 : 정서적 갈등에서 성격의 통합까지(역), 심리적 문제의 인지도식
　　　　　　과 핵심믿음(역) 외

박기환 고려대학교 심리학과 졸업
고려대학교 대학원 임상심리전공 석사 및 박사
서울인지치료상담센터 상담실장 역임
고려대학교 학생상담센터 상담실장 역임
인제의대 서울백병원 정신과 심리학실 교수 역임
한국임상심리학회 부회장 역임
현재 가톨릭대학교 심리학과 교수
저서 및 역서 임상심리학(공저), 최신심리평가(공저) 외

서경현 산토토마스대학교 심리학전공 석사 및 박사
한국심리학회 건강심리전문가/중독심리전문가
한국상담학회 수련감독급 전문상담사
한국건강심리학회 부회장/한국중독상담학회 부회장/한국심리학회 정보이사
위스콘신대학교 알코올연구소 연구원, 한국심리학회 자격제도위원장/재무이사/대외이사,
　한국건강심리학회 재무이사/교육이사/수련위원장 역임
현재 삼육대학교 상담심리학과 교수
저서 및 역서 중독의 이해와 상담실제, 재미있는 골프심리, 건강심리학, 상담 및 심리치료 윤리
　　　　　　(역), 종교를 가진 내담자들을 위한 상담 및 심리치료(역) 외

신희천 서울대학교 심리학과 졸업
서울대학교 대학원 상담심리학전공 석사 및 박사
한국상담심리학회 상담심리사 1급, 부부 및 가족상담전문가
현재 아주대학교 심리학과 교수, 아주심리상담센터 소장
저서 및 역서 현대 상담심리치료의 이론과 실제, 성도착증과 성정체감장애, 반사회성 성격장애,
　　　　　　만남과 성장: 상담사례연구, 단기 심리치료(역), 상호작용중심의 집단상담(역) 외

정남운 서울대학교 심리학과 졸업
서울대학교 대학원 상담심리학전공 석사 및 박사
한국상담심리학회 상담심리사 1급
현재 가톨릭대학교 심리학과 교수
저서 및 역서 상담심리학의 기초, 정신분석적 진단, 지금-여기에서의 전이분석 외